1682 J.B.METZLER

Herausgegeben
von Hans-Martin
Lohmann und
Joachim Pfeiffer

Freud-Handbuch

Leben – Werk – Wirkung

Sonderausgabe

Verlag J. B. Metzler
Stuttgart · Weimar

Mit freundlicher Förderung durch Ulrike Crespo
und die Ursula Ströher Stiftung, Basel.

Die Herausgeber:
Hans-Martin Lohmann ist freier Publizist, ehem.
Chefredakteur der Zeitschrift »Psyche«;
zahlreiche Publikationen zu Freud.
Joachim Pfeiffer ist Professor für Neuere deutsche
Literatur und Literaturdidaktik an der Pädagogischen
Hochschule Freiburg; Mitherausgeber
des »Jahrbuchs Literatur und Psychoanalyse«.

Bibliografische Information der Deutschen
Nationalbibliothek
Die Deutsche Nationalbibliothek verzeichnet diese
Publikation in der Deutschen Nationalbibliografie;
detaillierte bibliografische Daten sind im Internet
über http://dnb.d-nb.de abrufbar.

ISBN 978-3-476-02514-2
ISBN 978-3-476-01242-5 (eBook)
DOI 10.1007/978-3-476-01242-5

© 2013 Springer-Verlag GmbH Deutschland
Ursprünglich erschienen bei J. B. Metzler'sche
Verlagsbuchhandlung und Carl Ernst Poeschel
Verlag GmbH in Stuttgart 2013
www.metzlerverlag.de
info@metzlerverlag.de

Vorwort

Wie alle wahrhaft großen Werke der Geistesgeschichte ist auch das Freudsche Werk keineswegs unumstritten. Aber jenseits der Frage, mit welchem Recht über Freud gestritten werden kann und soll, erhebt sich sein Werk als ein geistiges Monument, dessen Strahlkraft schwer zu überschätzen ist. Die Historiker der modernen Ideen- und Geistesgeschichte sind sich darin einig, daß Freud gleichrangig neben Gestalten wie Marx, Nietzsche und Max Weber steht – so etwa das Urteil Eric Voegelins. Freuds widerspruchsvolles Werk hat die unterschiedlichsten wissenschaftlichen Disziplinen und Theorien, aber auch unser Alltagsbewußtsein, unsere Sprache und unsere kulturellen Verhaltenscodes maßgeblich beeinflußt. Selbst da, wo es auf explizite Kritik und Ablehnung stößt, ist seine Wirkung noch spürbar. Trotz aller Zurückweisungen, die Person und Werk immer wieder erfahren haben, steht Freuds enorme Bedeutung für die Entzifferung von vergangener und gegenwärtiger Kultur- und Gesellschaftsgeschichte außer Frage. Für Michel Foucault gehört Freud zu den ›Diskursivitätsbegründern‹ der Moderne, d. h. zu den Begründern einer neuen Redeordnung – ein Attribut, das Foucault nur wenigen Autoren zuerkennen wollte.

Die Rezeption des Freudschen Werks war, zumal in den Kreisen professionell arbeitender Psychoanalytiker, lange Zeit von der einseitigen Konzentration auf den klinisch-therapeutischen Aspekt geprägt, während die kulturtheoretische Sichtweise Freuds, nicht zuletzt auch wegen ihrer unbequemen und schwer einzuordnenden Implikationen, eher mit Zurückhaltung aufgenommen wurde. Für Freud indessen war die Kulturtheorie – also sein Nachdenken über Ursprung und Entstehung von Kultur sowie über ihr mögliches Scheitern – nicht ablösbar von den klinischen und metapsychologischen Aspekten seiner Lehre; beide bilden vielmehr eine untrennbare Einheit. Welche zentrale Rolle in Freuds Selbstverständnis seine kulturtheoretischen Erörterungen und Reflexionen spielen, wird aus dem Nachtrag zur »Selbstdarstellung« (1935) deutlich, wo es heißt:

»Nach dem lebenslangen Umweg über die Naturwissenschaften, Medizin und Psychotherapie war mein Interesse zu jenen kulturellen Problemen zurückgekehrt, die dereinst den kaum zum Denken erwachten Jüngling gefesselt hatten. Bereits mitten auf der Höhe der psychoanalytischen Arbeit, im Jahre 1912, hatte ich in ›Totem und Tabu‹ den Versuch gemacht, die neu gewonnenen analytischen Einsichten zur Erforschung der Ursprünge von Religion und Sittlichkeit auszunützen. Zwei spätere Essays ›Die Zukunft einer Illusion‹ 1927 und ›Das Unbehagen in der Kultur‹ 1930 setzten dann diese Arbeitsrichtung fort. Immer klarer erkannte ich, daß die Geschehnisse der Menschheitsgeschichte, die Wechselwirkungen zwischen Menschennatur, Kulturentwicklung und jenen Niederschlägen urzeitlicher Erlebnisse, als deren Vertretung sich die Religion vordrängt, nur die Spiegelung der dynamischen Konflikte zwischen Ich, Es und Über-Ich sind, welche die Psychoanalyse beim Einzelmenschen studiert, die gleichen Vorgänge, auf einer weiteren Bühne wiederholt« (GW XVI, 32 f.).

Freud versteht die Psychoanalyse also keineswegs als eine psychologische Theorie atomisierter Individuen; vielmehr rückt bei ihm die Beziehung zwischen individueller und kultureller Entwicklung, zwischen Individuum und sozialer Organisation, zwischen Ontogenese und Phylogenese ins Zentrum der Aufmerksamkeit. Die Bestimmung der Relation von individueller »Menschennatur« und kollektiver »Menschheitsgeschichte« bildet den Dreh- und Angelpunkt der Freudschen Theorie. Von daher wird auch das inzwischen erwachte Interesse der Kulturwissenschaften an der Psychoanalyse verständlich, das sich in einer Vielzahl von interdisziplinär betriebenen Forschungsprojekten und Fragestellungen ausdrückt. Das Unbewußte im Freudschen Sinne ist – man muß dies freilich mit aller gebotenen Zurückhaltung formulieren, um Mißverständnissen aus dem Wege zu gehen – eben nicht nur eine Dimension des Individuums, sondern auch eine von kulturellen und zivilisatorischen Entwicklungen, von sozialen Prozessen und künstlerischen wie intellektuellen Schöpfungen.

Das vorliegende Handbuch will diesem Zusammenhang Rechnung tragen. Sein vorrangiges Interesse ist also kulturwissenschaftlich determiniert, wenngleich andere Gesichtspunkte, auch klinische, nicht gänzlich vernachlässigt werden. Freuds Werk wird in all seinen Facetten in den Blick genommen: Sämtliche Schriften werden in thematisch zentrierten, zuweilen auch chronologisch angeordneten Werkgruppen vorgestellt, die wichtigsten Themen und Thesen der Freudschen Theorie diskutiert und auf ihre Rezeption und Wirkung hin befragt. Der Werkpräsentation und -analyse geht ein umfangreiches Kapitel voraus, das den sozialhistorisch-politischen, wissenschaftsgeschichtlichen und biographischen Kontext von Freuds Werk skizziert. Das Auswahlkriterium für die »Themen und Motive« des dritten Teils verdankt sich vor allem kulturtheoretischen Aspekten und Fragestellungen; die klinisch-therapeutischen Gesichtspunkte, die in anderen psychoanalytischen Handbüchern und Nachschlagewerken breiten Raum einnehmen, traten dabei naturgemäß in den Hintergrund. Der Rezeption des Freudschen Werks in den unterschiedlichsten wissenschaftlichen Disziplinen und Ausfächerungen – von der Philosophie über die Literaturwissenschaft bis zur Theorie des Films, von der Ethnologie über die Soziologie bis zur Politischen Psychologie, vom Marxismus über die Kritische Theorie bis zum Feminismus – sind die Beiträge des vierten Teils gewidmet. Besonders hier wird die immense wirkungsgeschichtliche Bedeutung der Freudschen Psychoanalyse sichtbar – ihre produktive und kritische Kraft, alte Fragen wieder aufzugreifen und neue zu stellen. Mehr denn je gilt heute, was der Erfinder der Psychoanalyse vier Jahre vor seinem Tod, als sein Werk vom Nationalsozialismus tödlich bedroht war, noch als Wunsch und »Illusion« bezeichnet hatte: daß er »zu den Autoren gehört, denen eine große Nation wie die deutsche bereit ist, Gehör zu schenken« (GW XVI, 33). Wie aus vielen Beiträgen des Handbuchs hervorgeht, sind es nicht nur die Deutschen, bei denen Freuds Werk Widerhall und Aufnahme gefunden hat.

Ohne tatkräftige materielle und ideelle Unterstützung könnte ein Unternehmen wie dieses nicht gelingen. Der besondere Dank der Herausgeber geht deshalb an den ›Arbeitskreis für Literatur und Psychoanalyse‹ in Freiburg sowie an Lothar Bayer, Ulrike Crespo, Ute Hechtfischer und Katherine Stroczan.

Die Herausgeber

Inhalt

I. Freud und seine Epoche

1. Der Epochenkontext

1.1 Politik und Gesellschaft in Freuds Wien (1860–1938)

Das Habsburgerreich um 1860

Das habsburgische Österreich, obwohl territorial weit in den Osten und Südosten Europas ausgreifend, war über Jahrhunderte hinweg politisch und kulturell eng mit dem Schicksal des Deutschen Reiches verwoben. Erst im 19. Jh., zunächst unter den militärischen und politischen Schlägen Napoleons, dann im Zuge der sich anbahnenden »kleindeutschen« Lösung, die in der Niederlage Habsburgs im preußisch-österreichischen Waffengang von 1866 (Königgrätz) gipfelte, kam es zur endgültigen Trennung von Deutschland und Österreich. Fortan gingen die beiden zentraleuropäischen Mächte ihre eigenen Wege, wenn auch zumindest bündnispolitisch bald wieder geeint. In kultureller und politischer Hinsicht blieb die Habsburgermonarchie mit ihren deutschsprachigen Eliten ohnehin weiter stark deutschorientiert.

Nach den europäischen Revolutionen von 1848/49, die auch das multinationale Reich in seinen Grundfesten erschüttert hatte, war das Habsburger Regime unter Kaiser Franz Joseph I. (1848–1916) zunächst bemüht, die alten vorrevolutionären Verhältnisse zu restaurieren, indem eine föderative Gliederung des Vielvölkerstaats widerrufen, die Landtage aufgelöst und die ungarische Verfassung außer Kraft gesetzt wurden. Absolutismus und Zentralisierung, mittels eines ausgeklügelten bürokratischen Apparats – von Robert Musil in seinem epochalen Romanwerk *Der Mann ohne Eigenschaften* satirisch unter die Lupe genommen – exekutiert und von Armee und Geheimpolizei unterstützt, avancierten zu Leitmaximen des politischen Systems. Erst nach 1859, unter dem Eindruck der militärischen Schlappe in Italien und des damit einhergehenden Ansehensverlusts der Monarchie bei der Bevölkerung, bequemte sich das Regime widerstrebend zu gewissen innenpolitischen Reformmaßnahmen, die insgesamt freilich inkonsequent

und widersprüchlich ausfielen, besonders im Hinblick auf die Wünsche der unterworfenen Nationalitäten. So wurde 1861 zwar ein Zweikammer-Parlament für die gesamte Monarchie eingerichtet, zugleich aber durch das Wahlverfahren dafür gesorgt, daß die deutschen Vertreter stets die Mehrheit hatten.

Die Niederlage im Krieg mit Preußen, die Habsburg seiner europäischen Großmachtstellung zu berauben drohte, führte zu einem Kompromiß vor allem mit den Ungarn, die sich seit langem heftig gegen die politische und kulturelle Hegemonie der Deutschen sträubten. Die Errichtung der Doppelmonarchie im Jahre 1867 gewährte Ungarn weitgehende Zugeständnisse und innenpolitische Autonomie, während außen-, militär- und finanzpolitisch die beiden Reichsteile weiterhin gemeinsam regiert wurden. Der Kaiser von Österreich war zugleich König von Ungarn. Dieser Kompromiß sicherte einerseits den Fortbestand und die europäische Machtstellung der Habsburgermonarchie, sorgte aber andererseits auch dafür, daß das politische Arrangement zwischen der deutschen Minderheit in der westlichen und der ungarischen Minderheit in der östlichen Reichshälfte auf Kosten von Polen, Tschechen, Slowaken, Kroaten, Serben und Rumänen ging, die weiterhin in der Position unterdrückter Völker verharrten. Die Nationalitätenfrage blieb fortan stets virulent und wurde erst gelöst, als der alte Vielvölkerstaat 1918/19 aufhörte zu existieren.

Nicht nur politisch, sondern auch wirtschaftlich war das Habsburgerreich um die Mitte des 19. Jh.s, jedenfalls im Vergleich zur westeuropäischen Entwicklung, zurückgeblieben. Das hatte sich nicht zuletzt daran dramatisch gezeigt, daß im preußisch-österreichischen Konflikt von 1866 die österreichische Armeeführung aufgrund des mangelhaft ausgebauten Eisenbahnnetzes nicht in der Lage war, die benötigten Truppen von der italienischen Front rechtzeitig an den böhmischen Kriegsschauplatz zu verlegen (Craig 1974/1981, 176) – Indikator dafür, daß Österreich noch längst nicht den Anschluß an die industrielle Dynamik der Moderne gefunden hatte. Daran trug zum einen die deutsche Führungselite schuld, der die Historiker Indolenz, fehlendes Verantwortungsbewußtsein und zum Teil auch Unfähigkeit vorgeworfen haben. Das Problem lag aber auch beim Kaiser selbst, der das Zentrum der politischen Macht bildete, diese freilich nie wirklich konsequent einsetzte. Der Schriftsteller Karl Kraus charakterisierte Franz Joseph als eine »Unpersönlichkeit«, die gleichwohl allen Institutionen ihren Stempel aufdrücke: »Ein Dämon der Mittelmäßigkeit hatte unser Schicksal beschlossen« (zit. nach ebd., 294). Dem Dämon österreichischer Mittelmäßigkeit und Schwerfälligkeit insgesamt verlieh Musil den schönen Namen »Kakanien« (Musil 1952, 31 ff.).

Ein liberaler Aufschwung

In dieser Situation relativer Stagnation erhielten jene gesellschaftlichen Kräfte Auftrieb, die ein elementares Interesse an konstitutionellen Reformen und Liberalisierung der Verhältnisse hatten. Vor allem das aufstrebende Bürgertum – Industrielle, Kaufleute, Akademiker – wandte sich gegen den vorherrschenden Klerikalismus und die Privilegien des Adels, indem es im Interesse des kommerziellen Fortschritts und geistiger Freiheit energisch auf Reformen drängte. So kam es zu Beginn der 1860er Jahre, just zu dem Zeitpunkt, als sich die Familie Freuds in der Wiener Leopoldstadt niederließ, zu einer Reihe von Erlässen und gesetzgeberischen Maßnahmen, die den Immobilismus des Systems ins Wanken brachten. Die liberale Partei, um deren parlamentarische Unterstützung sich der Kaiser aus Gründen politischer Zweckdienlichkeit hinfort bemühte, erreichte beeindruckende Erfolge: Liberalisierung der Pressegesetze, Verbesserungen im Rechtsprechungsverfahren, Aufhebung von Gesetzen zur Einschränkung der Rechte von Juden sowie Militärreformen und Maßnahmen zur Förderung des ökonomischen Wachstums. Außerdem entzog man die Schulen der kirchlichen Bevormundung, der Religionsunterricht wurde freiwillig und die Zivilehe staatlich anerkannt.

Nicht zuletzt für die große jüdische Minderheit des Kaiserreichs bedeuteten diese Veränderungen, die ihr die volle bürgerliche Gleichberechtigung einbrachte, eine schlagartige Verbesserung ihrer Lage. Folgt man dem interessanten Hinweis Hannah Arendts (1951/ 1993, 89 f.), daß die Juden das eigentliche »Staatsvolk« der Donaumonarchie darstellten, da sie weder eine eigene Klasse bildeten wie etwa Adel, Bourgeoisie oder Arbeiterschaft noch eine eigene Nationalität wie etwa Deutsche, Tschechen, Polen oder Ukrainer,

die jeweils auf ihre partikularen Interessen pochten, sondern daß sie gewissermaßen unmittelbar zum staatlichen Machtzentrum standen, dann wird ihre singuläre oder »anomale« Stellung besonders deutlich: »Die Anomalie des jüdischen Verhältnisses zum Staat lag in der Tatsache, daß hier ein Volk in eine politische Rolle gedrängt wurde, das selbst keine politische Repräsentanz hatte« (ebd., 58). Freilich hatten sie als Juden gerade dadurch am meisten zu gewinnen. Denn ihre bürgerliche Existenz hing nicht von der Teilhabe an einer sozialen Klasse oder nationalen Gemeinschaft ab, sondern allein vom Maß der Freiheit und Freizügigkeit, die ein liberaler Staat garantierte. »Der Kaiser und das liberale System boten den Juden einen Status, ohne eine Nationalität zu fordern; sie wurden zum übernationalen Volk des Vielvölkerstaates und in der Tat zu dem Volk, das in die Fußstapfen der früheren Aristokratie trat. Ihr Glück stand und fiel mit dem des liberalen kosmopolitischen Staates« (Schorske 1980/1982, 123).

In der *Traumdeutung* hat Freud eine Episode aus seiner Jugendzeit erzählt, die in der Freud-Literatur immer wieder beispielhaft angeführt wird, weil sie ein Schlaglicht auf die veränderte Situation wirft, die sich für die Juden in den 1860er und 70er Jahren eröffnet hatte. Sein Vater Jacob pflegte den Jungen auf seinen Spaziergängen durch die Straßen Wiens mitzunehmen und ihm die Dinge der Welt zu erklären. Bei einer dieser Gelegenheiten erläuterte ihm Jacob, wie grundlegend sich die Verhältnisse zum Besseren für die Juden in Österreich gewandelt hätten: »Als ich ein junger Mensch war, bin ich in deinem Geburtsort am Samstag in der Straße spazieren gegangen, schön gekleidet, mit einer neuen Pelzmütze auf dem Kopf. Da kommt ein Christ daher, haut mir mit einem Schlag die Mütze in den Kot und ruft dabei: Jud, herunter vom Trottoir! ›Und was hast du getan?‹ Ich bin auf den Fahrweg gegangen und habe die Mütze aufgehoben, war die gelassene Antwort« (GW II/III, 203). Zwar war der Sohn nicht begeistert über die passiv-unterwürfige Reaktion des Vaters, aber die Geschichte illustrierte ihm doch sehr plastisch, wie sehr sich die Zeiten seitdem geändert hatten.

Der Sieg des Liberalismus in der Doppelmonarchie brachte also zumal der jüdischen Bevölkerung handfeste Vorteile, was sich nicht zuletzt darin zeigte, daß einige Juden zu Kabinettsmitgliedern im sog. Bürgerministerium aufstiegen. Karrieren wurden möglich, die man sich vor kurzem noch nicht hatte vorstellen können – im Wirtschaftsleben, im akademischen und wissenschaftlichen Feld, in der Politik. Noch Jahrzehnte später beschwor Freud jene Zeit als eine Ära, in welcher »jeder fleißige Judenknabe [...] das Ministerportefeuille in seiner Schultasche« trug (ebd., 199). Daß Freud selber sich um die Zeit seines Abiturs mit dem Gedanken trug, Jura zu studieren und eine politische Laufbahn einzuschlagen, ist verbürgt (ebd.; Jones I, 48; Gay, 34). Wie so viele andere Juden seiner Generation blieb Freud Zeit seines Lebens ein eingefleischter Liberaler, einfach deshalb, weil das Bündnis mit dem politischen Liberalismus das Selbstverständliche und Naheliegende war.

Die Krise des Liberalismus

Aber schon in den 1870er Jahren begann sich der Horizont einzutrüben. Der Börsenkrach des Jahres 1873, der nicht nur zum Bankrott großer Firmen und Banken führte, sondern auch zum Ruin von kleinen Geschäftsleuten, Handwerkern und Sparern, offenbarte, wie dünn die zivilisierte Decke war, die den traditionellen Antisemitismus der österreichischen Gesellschaft in den zurückliegenden Jahren eingedämmt hatte. Obwohl natürlich jüdische Geschäftsleute, Bankiers und Kleinsparer vom »Großen Krach« ebenso betroffen waren wie alle anderen auch, entluden sich in der Öffentlichkeit heftige antisemitische Exzesse, indem man »die Juden« zum Sündenbock stempelte. Im Grunde waren es die typischen Begleiterscheinungen einer überstürzten Industrialisierung und Kommerzialisierung, die mit dem Liberalismus in der k.u.k. Monarchie, wenn auch verspätet, Einzug gehalten hatten, die zu vorhersehbaren Verwerfungen führten: eine ›New Economy‹ gewissermaßen, deren überhitztes Wachstum zu sagenhaften Spekulationsgewinnen einerseits und zu ebensolchen Verlusten andererseits führte; ein im Entstehen begriffenes Industrieproletariat, das sich erst seine politische Form suchen mußte; dazu die weiterhin schwelende Nationalitätenfrage, durch die alle Errungenschaften und Kompromisse immer wieder infrage gestellt wurden. In der Krise von 1873 waren es also die Juden, die für das wirtschaftliche Desaster herhalten mußten.

Wien war in jenen Jahren eine Stadt, die sich in rapidem Tempo zur Großstadt und Metropole entwickelte. Als Freud sein Medizinstudium abschloß, hatte Wien mehr als 700.000 Einwohner, davon viele, nicht zuletzt Juden, die erst in den zurückliegenden Jahren aus den entfernten östlichen Reichsteilen zugewandert waren. 1857, als Freud ein Jahr alt war, gab es laut einer Volkszählung gerade einmal gut 6000 Juden in Wien, was etwa zwei Prozent der Bevölkerung entsprach. Nur zehn Jahre später, infolge der günstigen politischen Bedingungen und der verbesserten wirtschaftlichen Chancen, lebten bereits 40.000 Juden in der Kapitale mit einem Anteil von sechs Prozent an der Gesamteinwohnerschaft. 1880, als ihre Zahl auf über 72.000 gestiegen war, war jeder zehnte Einwohner von Wien Jude (Gay, 30; Hamann 1996/2004, 468).

Wenn schon gebildete Zeitgenossen wie der Schweizer Gelehrte Jacob Burckhardt das Zentrum der k.u.k. Monarchie als »verjudet« bezeichneten, verwundert es nicht, daß die *vox populi* dies nicht viel anders artikulierte. Für nicht wenige eingesessene deutsche Wiener war die massive »jüdische Invasion«, wie es im antisemitischen Jargon hieß, schwer erträglich. Das betraf zum einen die erkennbare äußere Andersartigkeit von Menschen, die, oft ärmlicher Herkunft, aus den peripheren östlichen Zonen des Habsburgerreiches, vor allem aus Galizien, zugewandert waren und ihre eigenen Gewohnheiten mitgebracht hatten. Peter Gay deutet an, daß auch der junge Freud, selber Sohn jüdischer Zuwanderer aus Mähren, die Neigung hatte, Ressentiments gegen die Eigenart der Ostjuden zu entwickeln (Gay, 29). Zum andern war auf Dauer nicht zu übersehen, daß viele jüdische Neubürger Wiens, fleißig, intelligent und ehrgeizig, wie sie waren, zunehmend einflußreiche gesellschaftliche Positionen gewannen und besetzten. Nicht wenige jüdische Industrielle, Bankiers und Kaufleute brachten es zu viel Geld und Einfluß. Jüdische Akademiker waren in bestimmten Berufsgruppen überproportional vertreten – man schätzt, daß in den 1880er Jahren mindestens die Hälfte aller Wiener Rechtsanwälte, Ärzte und Journalisten Juden waren.

Vor allem im kulturellen Leben der Stadt war die jüdische Dominanz eindrucksvoll. Verlagswesen und Zeitschriftenredaktionen, Musik und Theater, Literatur und bildende Kunst, Philosophie und Wissenschaft waren fast Synonyme für jüdische Geistigkeit und intellektuelle Begabung (Beller 1989/1993, 46 ff.). Namen wie Karl Kraus, Peter Altenberg, Arthur Schnitzler, Jakob Wassermann, Hugo Bettauer, Otto Weininger, Hans Kelsen, Otto Neurath und Gustav Mahler stehen für das enorme Potential an Bildung und Brillanz, über das die jüdische Population verfügte. Die Juden waren gewissermaßen die »Protestanten« Wiens (ebd., 264), insofern sie in einer eher statischen katholischen Umgebung jenes bewegliche Ferment bildeten, das Urbanität, Weltoffenheit und Geschäftssinn verkörperte (Wassermann 1921/2005, 107). Und obwohl sich viele Juden Wiens, eng dem politischen Liberalismus verbunden und um Assimilation an die Normen der nichtjüdischen Mehrheit bemüht – aus Karrieregründen konvertierten manche zum Katholizismus (ebd., 19) –, nahmen antisemitische Einstellungen im Laufe der Zeit wieder deutlich zu. Gordon Craig datiert das Ende der liberalen, relativ judenfreundlichen Ära in Österreich und damit das Wiedererstarken antisemitischer Strömungen auf das Jahr 1879 (Craig 1974/1981, 296). Für die Feinde der Juden waren Liberalismus und Judentum ein und dasselbe. Und da alle Nationalitäten Österreich-Ungarns, selbst viele Deutsche, die sich politisch am Deutschen Reich orientierten, antihabsburgisch eingestellt waren, waren sie zugleich auch alle antisemitisch eingestellt. Es sei daran erinnert, daß in ebendiesem Jahr antiliberal und nationalistisch eingestellte Figuren wie der protestantische Hofprediger Adolf Stoecker und der Historiker Heinrich von Treitschke (»Die Juden sind unser Unglück!«) in Deutschland eine heftige antisemitische Kampagne ins Rollen gebracht hatten (vgl. Craig 1978/1983, 146 f.; Winkler 2000, 228 ff.; Bergmann 2002, 40 ff.). Alles in allem, so Freuds Biograph Peter Gay, handelte es sich bei der kurzen liberalen Ära bloß um »ein nervöses Zwischenspiel zwischen dem alten Antisemitismus und dem neuen« (Gay, 30) oder, anders ausgedrückt, für die Juden Österreich-Ungarns um die »wohl glücklichste Phase ihrer Geschichte« (Hamann 1996/2004, 468).

Populistischer Antisemitismus

Die wiederaufgelebte Feindschaft gegen die österreichischen Juden organisierte sich um zwei Zentren oder Bewegungen. Sie scharte sich einmal um Georg von Schönerer (1842–1921), der für eine stramm deutschnationale Linie stand und die neue antijüdische Stimmung – einen lärmenden, zu Krawallen neigenden Antisemitismus – in der Öffentlichkeit salonfähig machte. Nach dem Urteil Carl Schorskes war Schönerer »der mächtigste und konsequenteste Antisemit« Österreichs (Schorske 1980/1982, 123), der vorzugsweise im Trüben fischte, dort, wo sich Benachteiligte und Deklassierte aller Art fanden. Auf Dauer einflußreicher und wirkungsmächtiger als Schönerer war freilich Karl Lueger (1844–1910), der aus kleinen Verhältnissen stammte und sich seit den 1870er Jahren in die Wiener Lokalpolitik einmischte. Ursprünglich ein Liberaler, der gegen die preußisch-kleindeutsche Lösung opponiert hatte, entwickelte sich Lueger im Laufe der Zeit zu einem antiliberalen Politiker, der die sozialen Interessen der Unterschichten und des Kleinbürgertums vertrat und sich den Demokraten zurechnete. Ende der 1880er Jahre schließlich, mit der Gründung der Christlich-Sozialen Partei, schuf sich Lueger jenes politische Instrument, das es ihm erlaubte, so heterogene Elemente

wie Demokratie, soziale Reformen, Antisemitismus und Katholizismus zu verschmelzen. In diesem neuartigen politischen Katholizismus fanden die soziale Unzufriedenheit der ›kleinen Leute‹, der Protest gegen das liberale Laisser-faire und die soziale Gleichgültigkeit des modernen Kapitalismus sowie der schwelende Antisemitismus Unterschlupf, so daß Lueger Mitte der 1890er Jahre zum einflußreichsten Politiker der österreichischen Kapitale avancierte. 1895 erzielte er bei der Bürgermeisterwahl die Mehrheit der Stimmen – was Freud in einem Brief an Wilhelm Fließ mit dem Hinweis kommentierte, sein eigener Wohnbezirk sei, gegen den allgemeinen Trend, liberal geblieben (F, 144). Auf Druck der Liberalen und Konservativen weigerte sich aber der Kaiser zunächst, Lueger zum Wiener Bürgermeister zu ernennen. Dies war, wie Schorske schreibt, der »letzte Posten« des Liberalismus (Schorske 1980/1982, 136). Zwei Jahre später sah sich Franz Joseph gezwungen, sein Veto aufzuheben, so daß Lueger triumphal sein Amt antreten konnte. Vielleicht ist es mehr als nur Zufall, daß Freud im selben Jahr 1897, als der antisemitische Agitator ins Wiener Rathaus einzog, der jüdischen Loge B'nai B'rith beitrat – ein Zeichen dafür, daß Freud nicht gewillt war, in unruhigen Zeiten seine Zugehörigkeit zum Judentum zu verleugnen. Es bleibt noch hinzuzufügen, daß sowohl Georg von Schönerer als auch Karl Lueger, gewissermaßen die Virtuosen eines neuen antisemitischen Stils, der nicht mehr primär religiös, sondern rassistisch begründet war, Modell für Adolf Hitler standen (zu Schönerer und Lueger ausführlich Schorske 1980/1982, 115 ff., 126 ff.; Hamann 1996/2004, 337 ff., 393 ff.).

Die katastrophale politische Niederlage des Liberalismus zwang das Judentum des Habsburgerreiches zu der bitteren Erkenntnis, daß trotz aller Assimilierungsanstrengungen der Versuch, zumindest vorläufig, gescheitert war, zu vollwertigen und gleichberechtigten Bürgern der Monarchie aufzusteigen. Freud selber mußte die Erfahrung machen, daß seine anhaltenden Bemühungen, als außerordentlicher Professor an die medizinische Fakultät der Wiener Universität berufen zu werden, immer wieder hintertrieben wurden (Eissler 1966). Erst im März 1902 – nach siebzehn Jahren des Wartens, während acht Jahre das Übliche waren – wurde er zum Titular-Extraordinarius ernannt, und das auch nur aufgrund von ›Beziehungen‹ (Schorske 1980/1982, 190; Charle 1997, 152): »So beschloß ich denn, mit der strengen Tugend zu brechen und zweckmäßige Schritte zu tun, wie andere Menschenkinder auch. Von etwas muß man sein Heil erwarten können und wählte den

Titel zum Heiland. [...] Ich habe gelernt, daß diese alte Welt von der Autorität regiert wird wie die neue vom Dollar. Ich habe meine erste Verbeugung vor der Autorität gemacht, darf also hoffen, belohnt zu werden« (F, 501, 503). Allgemein gilt, daß in den Krisenjahren um 1897 Karrieren und akademische Beförderungen von Juden schwieriger wurden. So berichtet Freud in der *Traumdeutung* in ironischem Ton von der Auskunft, die einem jüdischen Kollegen, ebenfalls auf eine Beförderung wartend, von einem höheren k.u.k. Beamten erteilt wurde: »daß allerdings – bei der gegenwärtigen Strömung – Se. Exzellenz vorläufig nicht in der Lage sei usw. [...] konfessionelle Rücksichten [...]« (GW II/III, 142). Es ist naheliegend, daß für Freud Karl Lueger zum bestgehaßten Gegner wurde, während er etwa für den Schriftsteller Emile Zola, der um dieselbe Zeit in Frankreich für den verfemten jüdischen Hauptmann Alfred Dreyfus stritt, die tiefsten politischen Sympathien entwickelte, aber auch für den ›semitischen‹ karthagischen Feldherrn Hannibal, der einst gegen Rom – welches Freud wiederum mit dem antisemitischen Katholizismus identifizierte – zu Felde gezogen war. Allerdings reagierte Freud in seiner Enttäuschung über das Scheitern des Liberalismus im ganzen eher unpolitisch auf die Verschlechterung des allgemeinen politischen Klimas, indem er den Kampf der äußeren Mächte gewissermaßen ins Innere des Menschen, in seine Psyche, verlegte und so eine »Politik der Seele« begründete (vgl. dazu ausführlich Schorske 1980/ 1982, 169 ff.).

Aber es gab auch ganz andere Reaktionen auf den anschwellenden Bocksgesang des Antisemitismus und auf die sich verschärfende Diskriminierung der Juden. Theodor Herzl (1860–1904), aus einer wohlhabenden jüdischen Familie Budapests stammend, religiös aufgeklärt, politisch liberal und kulturell deutsch, hatte in den 1890er Jahren als Pariser Korrespondent der *Neuen Freien Presse* die Erfahrung machen müssen, daß auch im Land der Aufklärung und der Revolution der Liberalismus in Bedrängnis geraten war. Das Frankreich der Dritten Republik war zerrissen von proletarischen Massenaufmärschen, staatlicher Korruption und antisemitischen Explosionen, die Herzls frankophile Haltung schwer erschütterten. Am Ende, nicht zuletzt unter dem Eindruck der Verurteilung von Dreyfus im Dezember 1894, kam er zu dem Schluß, daß die Toleranzbereitschaft der Nichtjuden höchst begrenzt und daß es sinnlos sei, durch Assimilation eine Versöhnung von Juden und Nichtjuden herbeiführen zu wollen. Als im Mai 1895 im französischen Parlament über die künftige Verhinderung einer jüdischen »Infiltration« debat-

tiert wurde und nur wenige Tage später Karl Lueger zum ersten Mal die Mehrheit im Wiener Gemeinderat errang, war für Herzl der Rubikon überschritten. Nach dem Besuch einer »Tannhäuser«-Aufführung, die ihn wie elektrisiert zurückließ (Schorske 1980/ 1982, 153 f.; Janik/Toulmin 1972/1998, 73), skizzierte er erstmals seinen Traum von der jüdischen Auswanderung aus Europa. Herzls zionistisches Projekt – die Gründung eines eigenen jüdischen Staates in Palästina –, zusammengefaßt in seiner Schrift *Der Judenstaat. Versuch einer modernen Lösung der Judenfrage* (1896/2004), war die entschiedenste Antwort auf die Herausforderung, die der Antisemitismus für die Juden in Österreich ebenso wie in anderen europäischen Ländern darstellte (vgl. Wassermann 1921/ 2005, 109 ff.). Es berührt noch heute eigenartig, daß in derselben Stadt, in der der radikalste jüdische Freiheits- und Emanzipationstraum geträumt wurde, auch die Idee der nationalsozialistischen »Endlösung« ihren Ursprung hat (Janik/Toulmin 1972/ 1998, 70) – Wien war eben nicht nur Herzls, Freuds und Wittgensteins, sondern auch Hitlers Wien (Hamann 1996/2004). Herzls Lösungsvorschlag scheint für Freud im übrigen wenig Anziehungskraft gehabt zu haben.

Kakanien im Abendlicht

Um die Jahrhundertwende präsentierte sich die Doppelmonarchie als ein Koloß auf tönernen Füßen. In Wien herrschte trotz des Anscheins einer gewissen Leichtlebigkeit und Sorglosigkeit so etwas wie permanente Untergangsstimmung, der »schale Geschmack von Niedergang« (Timms 1995/1996, 14), denn viele Zeitgenossen wußten oder ahnten zumindest, daß die Zukunft nichts Gutes bringen werde. Während die europäischen Großmächte, allen voran Deutschland, in einen hektischen Konkurrenzkampf um Kolonien, Einflußsphären und Schlachtflotten eingetreten waren und so die Dynamik eines neuen Zeitalters verkörperten, machte man in Wien weiter wie bisher. »Das Fortwursteln war zum politischen Prinzip der Habsburgermonarchie geworden« (Scheuch 2000, 8). Das Land war durch seine ungelösten Nationalitätenprobleme, d.h. durch die von Tschechen, Polen, Ukrainern, Rumänen und Kroaten ausgelösten Zentrifugalkräfte, die auch durch die über allen stehende Person des Kaisers nicht in Schach gehalten werden konnten, gelähmt und in seiner wirtschaftlichen Entwicklung nachhaltig gebremst. Im Vergleich zu Deutschland, Frankreich und Großbritannien hinkte der Vielvölkerstaat in fast allen Belangen hinterher – vor allem industriell und militärisch. Obwohl Österreich-Ungarn nach Rußland flächenmäßig das zweitgrößte Land Europas war und mit knapp fünfzig Millionen Einwohnern noch vor Frankreich und England den dritten Platz einnahm, steuerte es im Jahr 1900 nur 4.7 Prozent der Weltindustrieproduktion bei (Neitzel 2002, 49). Zwar gab es einige prosperierende Industrieregionen, in erster Linie Niederösterreich und Böhmen; zugleich aber verharrte das Land im Status eines Agrarstaates mit vollkommen zurückgebliebenen Gebieten. Wirtschafts- und finanzpolitisch war die Monarchie praktisch reform- und bewegungsunfähig, das Riesenreich trat gleichsam auf der Stelle: »[E]s war der Staat, der sich selbst irgendwie nur noch mitmachte, man war negativ frei darin, ständig im Gefühl der unzureichenden Gründe der eigenen Existenz«, wie Musil die Lage kommentierte (Musil 1952, 35).

Diese Misere machte sich auch außenpolitisch insofern geltend, als es dem Kaiserreich nicht gelang, seine traditionell auf den Balkan ausgerichtete Politik in Stabilität und dauerhafte Erfolge umzusetzen. Seit dem Berliner Kongreß 1878 hatte Österreich Bosnien und die Herzegowina okkupiert und seiner Kontrolle unterworfen, wenngleich diese Provinzen formell nach wie vor Teil des Osmanischen Reiches waren. Als man im Herbst 1908 daranging, Bosnien auch formell zu annektieren, löste dies nicht nur im benachbarten Serbien, sondern auch bei den Großmächten Rußland, England und Frankreich Besorgnis und Proteste aus. Letztlich führte die Politik der Doppelmonarchie dazu, daß an ihrer Südflanke ein großserbischer Nationalismus erstarkte und der slawische Irredentismus Auftrieb erfuhr, die beide für permanente Unruhe sorgten.

Gleichwohl gilt die Zeit zwischen 1900 und 1914, die das »lange« 19. Jh. abschloß, als eine Ära des Glanzes und der Saturiertheit. Das Wien der Belle Epoque war, in seiner Symbiose von deutscher und jüdischer Kultur, ohne Zweifel eine führende Metropole der Alten Welt, ein geistiges Zentrum von bedeutender Ausstrahlung. Ob freilich das Urteil Hannah Arendts zutrifft, die antisemitische Agitation, die in den 1880er und 90er Jahren durch Schönerer und Lueger so heftig angeheizt worden war, habe nach der Jahrhundertwende allmählich nachgelassen (Arendt 1951/1993, 88), kann bezweifelt werden. Brigitte Hamann zeichnet ein anderes Bild – nämlich das einer Stadt, in der die antisemitischen Obsessionen stets virulent blieben und zusätzlich dadurch Nahrung erhielten, daß man Juden, russische Revolutionäre und Sozialdemokraten kurzerhand in einen Topf warf (Hamann 1996/2004, 488 ff.). Der scheinbare Glanz

der Vorkriegsjahre wurde auch dadurch beeinträchtigt, daß im Gefolge von linken Massendemonstrationen im Dezember 1906 das allgemeine Wahlrecht (für Männer, für Frauen erst 1919) konzediert werden mußte, was bei den Parlamentswahlen von 1907 dazu führte, daß Sozialdemokraten und Christsoziale zu den stärksten politischen Kräften aufstiegen. Beide Parteien, als moderne Massenparteien organisiert, waren prohabsburgisch und gegen eine engere Bindung an das Deutsche Reich, wie sie von den Deutschnationalen angestrebt wurde. Beide überlebten auch den Sturz der Monarchie und avancierten zwischen den Kriegen zu den größten und einflußreichsten politischen Parteien (Arendt 1951/1993, 92). Bei den Wahlen von 1911 mußten Sozialdemokraten und Christsoziale freilich Verluste zugunsten der nationalistischen Strömungen hinnehmen, weil in der Zwischenzeit die sozialen Gegensätze erneut von nationalen Spannungen überdeckt worden waren.

Österreich im Krieg

Das Attentat von Sarajewo am 28. Juni 1914 beendete mit einem Schlag den trügerischen Stillstand, in dem die Monarchie so lange verharrt hatte. Die Ermordung des Erzherzogs Franz Ferdinand und seiner Frau durch den Studenten Gavrilo Princip, hinter der man serbische Drahtzieher vermutete, gab nunmehr all jenen Kräften in Wien Auftrieb, die der Politik des ewigen »Fortwurstelns« überdrüssig waren und jetzt für ein hartes Durchgreifen plädierten, indem man eine »Züchtigung« Serbiens verlangte wie etwa der österreichische Generalstabschef Conrad von Hötzendorf: »Nur eine aggressive Politik mit politischem Ziel vermag vor dem Untergang zu bewahren und Erfolg zu erzielen« (zit. nach Scheuch 2000, 30). Nachdem sich Wien einer Blankovollmacht Berlins, seines engsten Verbündeten, versichert hatte, die einen möglichen österreichischen Waffengang gegen Serbien einschloß (Winkler 2000, 330; Neitzel 2002, 168 f.), erging am 23. Juli ein hart formuliertes, auf Unannehmbarkeit hin angelegtes Ultimatum an Belgrad, dem die serbische Regierung zwar weit, aber nicht vollständig entgegenkam. Österreich zögerte nicht, Serbien am 28. Juli den Krieg zu erklären, was wiederum am 30. Juli die Gesamtmobilmachung Rußlands, der Schutzmacht Serbiens, auslöste. Daraufhin erfolgte umgehend die Kriegserklärung des Deutschen Reichs zunächst an Rußland (31. Juli), sodann an Frankreich, den Verbündeten Rußlands (3. August). Am 4. August, nachdem Deutschland durch seinen militärischen Einmarsch die Neutralität Belgiens verletzt hatte, trat Großbritannien mit der Kriegserklärung an Deutschland an der Seite Frankreichs und Rußlands in den Krieg ein. Zwei Tage später schloß sich Österreich-Ungarn der deutschen Kriegserklärung an Rußland an. »Der Topos vom ›unvermeidlichen Krieg‹ hatte schließlich objektiv erzeugt, was er subjektiv vorausgesagt hatte« (Neitzel 2002, 169). Die »Urkatastrophe« (George F. Kennan) des 20. Jh.s nahm ihren Lauf »Es sind schwere Zeiten«, schrieb Freud an Sándor Ferenczi (F/Fer II/1, 63).

In Österreich-Ungarn löste der Kriegsausbruch, ähnlich wie in Deutschland, in weiten Teilen der Bevölkerung, sogar bis in die Kreise der politischen Linken hinein, zunächst zustimmende Begeisterung aus. Endlich schien die Zeit des dekadenten Stillstands und entschlußlosen Abwartens vorbei. Manfred Scheuch spricht im Blick auf den patriotischen Kriegstaumel von einer »kollektiven Neurose« (Scheuch 2000, 35), obgleich es sich doch eher um eine kollektive Psychose gehandelt haben dürfte. Viele junge Männer meldeten sich als Freiwillige zur Armee, die Presse überschlug sich in antiserbisch-chauvinistischen Tönen (»Serbien muß sterbien«), und angesehene Schriftsteller wie Rainer Maria Rilke und Hugo von Hofmannsthal liehen ihre Feder dem »Kriegsgott« und der österreichischen Propagandamaschine (Gay, 394). Auch Freud war anfänglich nicht frei von nationalistischen und bellizistischen Anwandlungen, zumindest in seinen privaten Äußerungen (vgl. Brunner 1995/2001, 161 f.).

Je länger der Krieg freilich dauerte und je deutlicher wurde, daß die Mittelmächte nicht in der Lage waren, im Westen oder im Osten entscheidende militärische Siege zu erringen, desto angespannter wurde die Lage im Habsburgerreich. Nach dem Kriegseintritt Italiens auf Seiten der Entente (1915) sah sich die Monarchie gezwungen, eine weitere Front zu eröffnen, welche ihre militärischen und ökonomischen Kräfte vollends zu überdehnen drohte. Hinzu kamen die immensen Verluste im Feld, vor allem an der russischen Front: Bereits Ende 1914 hatte Österreich-Ungarn 200.000 Gefallene zu beklagen, ca. 250.000 Soldaten gerieten in russische Gefangenschaft. Die zunehmend schwierige Lage der Doppelmonarchie, die auch durch die militärischen Anstrengungen des Deutschen Reiches nicht kompensiert werden konnte, ermunterte die nationalistischen Kräfte mehr und mehr zu einer Politik der Opposition. Es schien nur noch eine Frage der Zeit zu sein, bis Tschechen, Slowaken, Polen und die Balkanvölker sich vollständig vom Reich lösen würden.

Mit dem Tod des alten Kaisers im November 1916, der das riesige Staatsgebilde in seiner Person bis dahin notdürftig zusammengehalten hatte, gewannen die zentrifugalen Bestrebungen erst recht die Oberhand. Schließlich signalisierte der Kriegseintritt der Vereinigten Staaten an der Seite Frankreichs, Großbritanniens und Italiens im Frühjahr 1917, daß die Mittelmächte immer hoffnungsloser in die Defensive gerieten. Der deutsche Sieg über Rußland, der mit dem Diktatfrieden von Brest-Litowsk besiegelt wurde, kam zu spät, um die Situation insgesamt noch retten zu können. Schon der »Notwinter« 1917/18 in Wien, der die Bevölkerung einer harten Prüfung unterwarf, hatte gezeigt, daß die Energien Österreichs erschöpft waren. An der Heimatfront wurde die Lage immer unerfreulicher, Lebensmittel und Heizmaterial waren knapp – Freud sprach Anfang 1918 von einem »Kältetremor«, der ihn und seine Familie erfaßt habe (F/A, 253) –, dazu kamen die schlechten Nachrichten von den Fronten und von hohen Verlusten. Allen Durchhalteparolen zum Trotz war klar, daß Karl Kraus recht behalten sollte: Es waren zwar nicht *Die letzten Tage der Menschheit*, aber doch die letzten Tage der Habsburgermonarchie, die angebrochen waren.

Am 3. November 1918, nachdem die militärische Niederlage des Deutschen Reiches im Westen komplett war, unterzeichnete die letzte kaiserliche Regierung einen Waffenstillstand – der »böse Kriegstraum« (ebd., 266) war vorbei. Am 11. November, zwei Tage nach Ausrufung der Republik in Berlin und am selben Tag, an dem die Deutschen im Wald von Compiègne einen Waffenstillstand mit den Alliierten schlossen, trat die Regierung zurück, und Kaiser Karl I. verzichtete auf den Thron. »Ich weine übrigens weder *dem* Österreich noch *dem* Deutschland eine Träne nach«, schrieb Freud (F/E, 140), und: »Die Habsburger haben nichts als einen Dreckhaufen hinterlassen« (F/Fer II/2, 186 f.). Am 12. November wurde die Republik Deutschösterreich ausgerufen. Durch Wien ging eine brutale Hunger- und Grippewelle, die Tausende von Menschen dahinraffte. Ein österreichischer Experte schätzte, daß im Winter 1918/19 die tägliche Energieaufnahme pro Person in Wien 746 Kalorien betrug (Gay, 429). Auf den Straßen der Hauptstadt kam es zu Unruhen und Auseinandersetzungen zwischen revolutionären und reaktionären Gruppen, und es dauerte Monate, bis sich die Verhältnisse wieder normalisierten.

Das kleine Österreich und das große Wien

Das nunmehr existierende neue republikanische Österreich umfaßte nur noch etwa ein Achtel des alten Staatsgebiets. Die Großstadt Wien mit ihren knapp zwei Millionen Einwohnern war zu einer Art Wasserkopf geworden, der ein radikal geschrumpftes Hinterland mit nur fünf Millionen Menschen regierte. Polen war ein selbständiger Staat geworden, ebenso Ungarn und die Tschechoslowakei. Die südslawischen Provinzen fanden sich im neu gebildeten Königreich der Serben, Kroaten und Slowenen (ab 1929 Königreich Jugoslawien) wieder. Im Versailler Vertrag und im Friedensvertrag von Saint-Germain-en-Laye mußte der neue Kleinstaat sowohl auf das deutschsprachige Sudetenland als auch auf Südtirol verzichten, ebenso mußte er das Verbot hinnehmen, sich dem, gleichfalls geschwächten und territorial beschnittenen, Deutschen Reich anzuschließen.

Nach den ersten Parlamentswahlen im Februar 1919, die mit einem Sieg der beiden maßgeblichen Vorkriegsparteien, der Sozialdemokratie (69 Mandate) und der Christlich-Sozialen (63 Mandate), endeten – hinzukamen 24 Sitze für die Großdeutschen –, stand Österreich vor einem mühseligen Neubeginn. Die neue Nationalversammlung bestätigte die Staatsbildung und annullierte durch das sog. Habsburgergesetz die monarchischen Strukturen. Um revolutionären Umtrieben und Forderungen vorzubeugen – im benachbarten Ungarn war eine Räterepublik ausgerufen worden –, beschloß die Regierung weitgehende Sozialgesetze, so die Einführung des Achtstundentages und eine Regelung von Frauen- und Kinderarbeit. Andererseits sah sich Österreich gezwungen, hohe Reparationsleistungen zu erbringen, die den politischen und wirtschaftlichen Neubeginn erschwerten. Am 1. Oktober 1920 trat eine neue demokratische Verfassung in Kraft, die unmittelbar darauf folgenden Wahlen bescherten, bei Verlusten für die Sozialdemokraten, den bürgerlichen Parteien, voran den Christsozialen, einen komfortablen Sieg. Fortan stellten die Konservativen den Bundeskanzler, während die Sozialdemokraten dauerhaft in die Opposition verbannt wurden.

Aber Wien war nicht Österreich. Während bürgerliche Regierungen bis 1934 das Land lenkten, blieb Wien in diesen Jahren unangefochten eine sozialdemokratische Bastion. Nachdem die unmittelbare Not der ersten Nachkriegsjahre vorüber war, gelang es der linken Kommunalverwaltung, ehrgeizige soziale Projekte zu verwirklichen, die die Stadt für viele im In- und Ausland höchst attraktiv machte, z. B. für die europäischen Juden, die nach dem Ersten Weltkrieg nach Palästina einwanderten und für die das sozialdemokratische Wien eine Art Vorbild und gesellschaftliches Modell war (Segev 2000/2005, 279). Das »Rote Wien«, wie es in den 1920er Jahren hieß

(Scheuch 2000, 71 ff.), förderte einen auch architektonisch anspruchsvollen sozialen Wohnungsbau, der vielen kleinen Arbeiter- und Angestelltenfamilien zugute kam, baute Schulen und führte eine Schulreform ein, die auch Kindern aus der Unterschicht den Zugang zu höheren Bildungseinrichtungen ermöglichte, und richtete insgesamt ein System umfassender Volksfürsorge und -wohlfahrt ein, das in vergleichbaren europäischen Großstädten seinesgleichen suchte. Wien, nach wie vor ein Zentrum der europäischen Kultur, wozu nicht zuletzt Freuds Psychoanalyse beitrug, die längst internationalen Ruf erworben hatte, erlebte in den 1920er Jahren einen Aufschwung des Liberalismus, der jenen der 1860er und 70er Jahre noch übertraf. Die Vermutung liegt nahe, daß Freud sich mit diesem politischen Milieu und Klima weitgehend identifizieren konnte, wofür einerseits die Tatsache spricht, daß er zu seinem 68. Geburtstag am 6. Mai 1924 von der sozialdemokratischen Stadtregierung zum »Bürger der Stadt Wien« ernannt wurde (vgl. F/Fer III/1, 217 f.), zum andern der Umstand, daß er im Wahlkampf 1927 einen Aufruf zur Unterstützung der Sozialdemokratie unterschrieb (Scheuch 2000, 75). Auch eine Reihe von Mitarbeitern und Schülern Freuds sympathisierte mehr oder minder offen mit den Linken.

Aber Österreich war eben auch nicht Wien. Die im restlichen Land dominierende christlich-soziale Partei und die Deutschnationalen agitierten nicht nur voller Haß gegen die Sozialdemokratie, sondern auch gegen die Juden, vor allem gegen die neuen jüdischen Einwanderer, die vor den Pogromen in Polen, Rumänien und der Ukraine flohen (Gay, 502). Genauso wie vor dem Krieg blieb der Antisemitismus der österreichischen Mehrheitsgesellschaft eine akute Bedrohung, was Freud im Jahre 1926 gegenüber einem Interviewer zu der Feststellung veranlaßte: »Meine Sprache ist deutsch. Meine Kultur, meine Bildung sind deutsch. Ich betrachtete mich geistig als Deutschen, bis ich die Zunahme des antisemitischen Vorurteils in Deutschland und Deutschösterreich bemerkte. Seit dieser Zeit ziehe ich es vor, mich einen Juden zu nennen« (zit. nach ebd., 504). Natürlich galt die Freudsche Psychoanalyse in den Augen der meisten Konservativen und Katholiken als »jüdische Wissenschaft«.

Finis Austriae

Die Weltwirtschaftskrise stürzte auch das bis dahin halbwegs stabilisierte Österreich in ökonomische Turbulenzen. Parallel zu diesen Turbulenzen vollzog sich der politische Aufstieg faschistischer Massenbewegungen und -parteien nach dem Vorbild Italiens, die ihre Anhänger vor allem aus der Mittelschicht und dem Kleinbürgertum, aber in gewissem Umfang auch aus der Arbeiterklasse rekrutierten (Hobsbawm 1994/1995, 158f.). Besonders die studentische Jugend war anfällig für die radikalen Parolen des Faschismus. Wie in Deutschland bildeten sich in Österreich bewaffnete Selbstschutzorganisationen – bei den Rechten die Heimwehren, bei den Linken der Republikanische Schutzbund –, die ihre politischen Gegensätze zunehmend auf der Straße austrugen. Auch in Österreich etablierte sich eine immer selbstbewußter und aggressiver auftretende nationalsozialistische Bewegung mit offen antisemitischer Stoßrichtung. Die seit Mai 1932 mit Notverordnungen regierende Dollfuß-Administration verbot zwar die NSDAP, konnte aber nicht verhindern, daß sie ihre Tätigkeit illegal fortsetzte. Der Aufstand des der Sozialdemokratie nahestehenden Republikanischen Schutzbundes vor allem in Wien, der blutig niedergeschlagen wurde, führte im Februar 1934 zum Verbot der SPÖ, wenig später, im Mai, wurde durch eine neue Verfassung die Abkehr von demokratisch-rechtsstaatlichen Prinzipien auch förmlich vollzogen. Fortan agierte als einzige zugelassene politische Partei die Vaterländische Front, die von den Verbänden der Heimwehr und einem autoritärem Katholizismus geprägt war – ein »semifaschistisches Regime« (ebd., 188). Als am 25. Juli 1934 bei einem nationalsozialistischen Putschversuch Bundeskanzler Dollfuß ermordet wurde, mußte sich Hitler davon offiziell distanzieren, weil sein späterer Verbündeter Mussolini Österreichs Unabhängigkeit garantierte und Truppen am Brenner aufmarschieren ließ.

Gleichwohl nahm der Druck Nazideutschlands auf das kleine Nachbarland in den folgenden Jahren ständig zu, erst recht, als sich Hitler und Mussolini nach dem italienischen Abessinienabenteuer näherkamen. Dollfuß' Nachfolger Kurt von Schuschnigg sah sich 1936 genötigt, seine Außenpolitik an Deutschland zu orientieren, wofür er als Gegenleistung die Zusicherung der staatlichen Integrität Österreichs erhielt. All das aber half wenig, denn der nationalsozialistische Druck und die Unterwanderung des Regierungsapparats gewannen immer größere Ausmaße. Im Februar 1938 mußte die Regierung Schuschnigg schließlich die Ernennung des Nationalsozialisten Arthur Seyß-Inquart zum Innenminister hinnehmen, womit das »trojanische Pferd« (Peter Gay) bereits *intra muros* stand und den »Anschluß« unmittelbar vorbereitete. Nachdem Schuschnigg die geplante Volksabstimmung über den Erhalt der österreichischen Unabhängigkeit auf deutsche

Pressionen hin fallengelassen hatte und am 11. März 1938 zurückgetreten war – »Finis Austriae«, notierte Freud am selben Tag (Freud 1992/1996, 62) –, marschierten am 12. März deutsche Truppen in Österreich und Wien ein: »Anschluß an Deutschland« (ebd.). Als der deutsche Diktator zwei Tage später in Wien einzog und auf dem Heldenplatz vor der Hofburg die »größte Vollzugsmeldung« seines Lebens erstattete, jubelte ihm eine riesige Menschenmenge zu. Wien war nicht mehr liberal und rot (das war es schon in den 1930er Jahren nicht mehr), sondern braun. Der Antisemitismus hatte gesiegt, und für die Wiener und österreichischen Juden begann eine Leidenszeit, die schlimmer war als alles, was sie in den 1880er und 90er Jahren erlebt hatten. Was der Journalist Hugo Bettauer im Jahre 1922 in seinem satirisch-utopischen Roman als Menetekel an die Wand geschrieben hatte (Bettauer 1922/1996), schickte sich jetzt an, Wirklichkeit zu werden: Wien wurde *Die Stadt ohne Juden.*

Literatur

Arendt, Hannah: *Elemente und Ursprünge totaler Herrschaft.* München 1993 (engl. 1951).

Beller, Steven: *Wien und die Juden 1867–1938.* Wien 1993 (engl. 1989).

Bergmann, Werner: *Geschichte des Antisemitismus.* München 2002.

Bettauer, Hugo: *Die Stadt ohne Juden. Ein Roman von übermorgen* [1922]. Hamburg/Bremen 1996.

Brunner, José: *Psyche und Macht. Freud politisch lesen.* Stuttgart 2001 (engl. 1995).

Charle, Christophe: *Vordenker der Moderne. Die Intellektuellen im 19. Jahrhundert.* Frankfurt a.M. 1997.

Craig, Gordon A.: *Geschichte Europas im 19. Jahrhundert.* München 1981 (engl. 1974).

–: *Deutsche Geschichte 1866–1945.* München 1983 (engl. 1978).

Eissler, Kurt R.: *Sigmund Freud und die Wiener Universität.* Bern 1966.

Freud, Sigmund: *Tagebuch 1929–1939. Kürzeste Chronik.* Hg. von Michael Molnar. Basel/Frankfurt a.M. 1996 (engl. 1992).

Hamann, Brigitte: *Hitlers Wien. Lehrjahre eines Diktators* [1996]. München 2004.

Herzl, Theodor: *Der Judenstaat. Versuch einer modernen Lösung der Judenfrage* [1896]. Hg. von Ernst Piper. Berlin/Wien 2004.

Hobsbawm, Eric J.: *Das Zeitalter der Extreme. Weltgeschichte des 20. Jahrhunderts.* München/Wien 1995 (engl. 1994).

Janik, Allan/Stephen Toulmin: *Wittgensteins Wien.* Wien 1998 (engl. 1972).

Musil, Robert: *Der Mann ohne Eigenschaften.* Hamburg 1952.

Neitzel, Sönke: *Kriegsausbruch. Deutschlands Weg in die Katastrophe 1900–1914.* Zürich 2002.

Scheuch, Manfred: *Österreich im 20. Jahrhundert. Von der Monarchie zur Zweiten Republik.* Wien/München 2000.

Schorske, Carl E.: *Wien. Geist und Gesellschaft im Fin de siècle.* Frankfurt a.M. 1982 (engl. 1980).

Segev, Tom: *Es war einmal ein Palästina. Juden und Araber vor der Staatsgründung Israels.* München 2005 (engl. 2000).

Timms, Edward (Hg.): *Freud und das Kindweib. Die Erinnerungen von Fritz Wittels.* Wien 1996 (engl. 1995).
Wassermann, Jakob: *Mein Weg als Deutscher und Jude* [1921]. Frankfurt a. M. 2005.
Winkler, Heinrich August: *Der lange Weg nach Westen.* Bd. 1. München 2000.

Hans-Martin Lohmann

1.2 Philosophischer Kontext

Freud verstand sich seit der Studentenzeit als ›Naturforscher‹ oder ›Empiriker‹, und das bedeutete für ihn, daß er die wissenschaftliche Sphäre von den ›unreinen‹ Einflüssen der Philosophie frei halten wollte. Der Empirismus des 19. Jh.s lehnte jede metaphysische, da nicht auf Erfahrung gegründete Erkenntnis ab und wollte »endlich wieder die Sache der Aufklärung und des wissenschaftlichen Fortschritts« vertreten (Schnädelbach 1983, 102 u. 110). Dadurch trug er maßgeblich zur Trennung von Wissenschaft und Philosophie und insbesondere zur ›Emanzipation‹ der wissenschaftlichen Psychologie von der Philosophie bei.

Im Spätwerk spricht Freud davon, daß die Psychoanalyse der »wissenschaftlichen Weltanschauung« (GW XV, 171 ff.) zuzurechnen sei, da es für sie keine andere Quelle der Weltkenntnis als »die intellektuelle Bearbeitung überprüfter Beobachtungen« gebe. Kann man daher überhaupt von einer Philosophie Freuds sprechen? Er selbst hätte die Frage klar verneint, weil er der Philosophie neben der exakten Wissenschaft gar keinen Wahrheitsanspruch zubilligte. Die den Philosophen zugeschriebenen ›Intuitionen‹ und ›Spekulationen‹ erschienen ihm beinahe ebenso verdächtig wie die der Theologen. Aber ist er damit nicht einfach dem anti-metaphysischen Zeitgeist erlegen, der glaubte, die bisherige metaphysische Philosophie durch die Naturwissenschaften ersetzen zu können? Hat er nicht ein verkürztes und verzerrtes Bild der Philosophie entworfen, indem er sie mit spekulativem Denken und ›Systembildung‹ gleichsetzte? Und tendierte er damit nicht zu einer Idealisierung der Wissenschaft, als ob sie von gesellschaftlichen Bedingungen und ideologischen Wertungen frei sei und deshalb allein die Erkenntnis der ›Wahrheit‹ verbürgen könne? Nietzsche stand der Wissenschaft viel skeptischer gegenüber und stellte vehement in Frage, ob es eine »voraussetzungslose Wissenschaft« überhaupt geben könne. Seine Antwort war ein klares Nein: »Ein ›Glaube‹ muß immer erst da sein, damit aus ihm die Wissenschaft eine Richtung, einen Sinn,

eine Grenze, eine Methode, ein Recht auf Dasein gewinnt« (1887, 400).

Die folgenden Ausführungen stehen in Widerspruch zu Freuds Selbstverständnis. Wie zu zeigen sein wird, hat er sich in allen Phasen seiner Denkentwicklung und auch seiner psychoanalytischen Theoriebildung im Rahmen von Problemstellungen der »eigentlichen Philosophie« bewegt, auch wenn er behauptete, eine Annäherung an sie »sorgfältig vermieden« zu haben (GW XIV, 86).

Materialismus, Naturalismus und Empirismus

Als Abiturient hatte Freud in einer populären Vorlesung das – irrtümlich Goethe zugeschriebene – Aufsatz-Fragment »Die Natur« gehört und war durch diesen naturphilosophischen Text so ergriffen, daß er sich für das Studium der Medizin entschied (GW II/III, 443; GW XIV, 34). Dieser Hymnus beginnt mit einer Anrufung an die Natur, in die wir Menschen hineingestellt sind, von ihr »umgeben und umschlungen«, und endet mit einem Abgesang, in dem uns nahegelegt wird, uns der Führung der Natur vertrauensvoll zu überlassen. Wird die Natur als idealisierte Imago zum Ersatz des früher sehnsüchtig verehrten Gottesbildes, so kann sich der Naturforscher in seiner Hingabe an die Natur wie der »Apostel eines weltlichen Evangeliums« (Carus) fühlen (Hemecker 1991, 75 ff.).

Wie viele Naturforscher in der zweiten Hälfte des 19. Jh.s vollzog Freud aber schon in den ersten Jahren seines Medizinstudiums (1873–81) den Übergang von einem pantheistisch-naturphilosophischen zu einem positivistisch-naturwissenschaftlichen Weltbild. Seine naturwissenschaftlichen Studien an der Wiener Universität waren vom Materialismus, Naturalismus und Empirismus bestimmt und implizierten damit eine ›philosophische‹ Grundorientierung. Dabei spielten vier Strömungen, die untereinander verbunden waren, eine herausragende Rolle: der Evolutionismus, der Biophysikalismus, der Englische Empirismus und der anthropologische Materialismus (vgl. Gödde 1991, 78 ff.).

Die Evolutionstheorie hat den traditionellen Glauben an einen Schöpfergott, der das Leben und seine Arten konstant und unveränderlich geschaffen habe, ad absurdum geführt und damit das Menschenbild revolutioniert. Man muß sich vergegenwärtigen, daß Darwins Pionierarbeit *Die Entstehung der Arten durch natürliche Zuchtwahl* 1859 und sein Werk über die *Abstammung des Menschen* erst 1871 erschienen waren. Ernst Haeckel baute die neuen Erkenntnisse

Darwins dann zu einem ideologisch-weltanschaulichen Evolutionismus aus. Kein Wunder, daß Darwin und Haeckel in einem Jugendbrief Freuds von 1875 als »unsere modernsten Heiligen« bezeichnet werden (S, 111). Wie er Jahrzehnte später in seiner »Selbstdarstellung« erklärte, habe ihn in seiner Jugend die damals aktuelle Lehre Darwins mächtig angezogen, weil »sie eine außerordentliche Förderung des Weltverständnisses versprach« (GW XIV, 34). Der Evolutionismus hat später auch die psychoanalytische Anthropologie und Theoriebildung grundlegend beeinflußt. Zu den drei großen Kränkungen der Menschheit rechnete Freud die Darwinsche Abstammungslehre, da sie »die vom Hochmut geschaffene Scheidewand zwischen Mensch und Tier« niedergerissen habe (GW XIV, 109).

Der Biophysikalismus entsprang der Reaktion auf die romantische Naturphilosophie und hatte zum Ziel, die Medizin von jeder Art von Vitalismus und Finalismus zu befreien. Im Zentrum der biophysikalischen Bewegung stand die Physiologie, die von Helmholtz, Du Bois-Reymond, Carl Ludwig und Freuds Lehrer Ernst Brücke repräsentiert wurde. Ihr ging es um den konsequenten Nachweis, daß »im Organismus keine anderen Kräfte wirksam sind, als die gemeinen physikalisch-chemischen; daß, wo diese bislang nicht zur Erklärung ausreichen, mittels der physikalisch-mathematischen Methode entweder nach ihrer Art und Weise der Wirksamkeit im konkreten Falle gesucht werden muß, oder daß neue Kräfte angenommen werden müssen, welche, von gleicher Dignität mit den physikalisch-chemischen, der Materie inhärent, stets auf nur abstoßende oder anziehende Componenten zurückzuführen sind« (zit. n. Bernfeld/Cassirer Bernfeld 1981, 62 f.). Mit dieser dezidiert antivitalistischen Einstellung trug der Biophysikalismus maßgeblich zur Entthronung der spekulativen Naturphilosophie bei. Die neuen Leitgedanken wie ›Einheit der Wissenschaften‹, ›Naturwissenschaft‹, ›physikalische Kräfte‹ waren nicht nur »Hypothesen für wissenschaftliche Arbeiten; sie wurden zu so etwas wie Kultgegenständen. Es ging nicht nur um Forschungsmethoden, sondern um Weltanschauung« (Bernfeld/Cassirer Bernfeld 1981, 69). Der Biophysikalismus wurde in den 1870er Jahren ähnlich missionarisch vertreten wie der Evolutionismus. Auch Freud, der fünf Jahre lang am physiologischen Labor Brückes forschte, gehörte zu seinen überzeugten Anhängern.

Der Englische Empirismus, dessen erkenntnistheoretisches Fundament Francis Bacon, John Locke und David Hume gelegt hatten, wurde im 19. Jh. von John Stuart Mill und Herbert Spencer weiter entwik-kelt. Erfahrung, Beobachtung und Experiment galten ihm als die wichtigsten Erkenntnismittel zur Erforschung der Natur. Streng genommen ist er nur ein Erkenntnisprinzip, als solches aber mit dem Materialismus eng verbunden, da mittels der empirischen Methodik der Forschungsgegenstand auf das sinnlich wahrnehmbare und feststellbare Sein und Geschehen beschränkt wird. Den Zugang zu Mill fand Freud durch eine Lehrveranstaltung bei Franz Brentano und die Übersetzung einiger Essays von Mill, die von dem Wiener Gräzisten Theodor Gomperz vermittelt worden war. Mills Denken stand »in klarem Gegensatz zu den metaphysischen Systemen, die man damals vorzugsweise ›Philosophie‹ nannte«, und »eher dem empirisch-physikalistischen Geist des Brückeschen Instituts nahe« (Bernfeld/Cassirer Bernfeld 1981, 142 f.). Mill, Gomperz und Brentano vertraten eine empiristische und liberalistische Geisteshaltung, die für Freuds geistige Orientierung zeitlebens eine wichtige Unterströmung bildete.

Der anthropologische Materialismus von Ludwig Feuerbach, in der er von den Bedingungen der realen sinnlichen Existenz des Menschen – Glückseligkeitsverlangen, Leiblichkeit, Schmerz und Tod – ausging, war ein Gegenentwurf zur Theologie und zur idealistischen Philosophie. Er nahm den Standpunkt des Menschen (statt den Gottes) und den der Endlichkeit (statt den des Absoluten) ein. Dementsprechend stellte er die Anschauung als das ›Prinzip des Lebens‹ dem Denken gegenüber, räumte der Natur den eindeutigen Primat vor dem Geistigen ein und suchte von dieser Basis aus das Wesen des Menschen auf naturwissenschaftlich-materialistische Weise zu erfassen. Freud wurde bereits als junger Student in den Bann der materialistischen Anthropologie und Religionskritik von Feuerbach und David Friedrich Strauß gezogen (F/B, 203 f.).

Die beschriebenen Positionen scheint der junge Freud unter dem Einfluß seines Philosophielehrers Franz Brentano, bei dem er vier Semester lang – vom Wintersemester 1874 bis zum Sommersemester 1876 – Vorlesungen und Seminare besuchte, etwas relativiert zu haben. Brentano war 1874 auf einen theologischen Lehrstuhl in Wien berufen worden. In seiner Antrittsvorlesung ließ er keinen Zweifel daran aufkommen, daß es »auch in philosophischen Dingen keine andere Lehrmeisterin geben kann als die Erfahrung und [...] daß der Philosoph wie jeder andere Forscher nur Schritt für Schritt erobernd auf seinem Gebiete vordringen kann« (zit. nach Fischer 1995, 3). Wie der traditionellen Metaphysik stand er aber auch dem Materialismus ablehnend gegenüber und war dezidierter Theist. Er hielt an der Lehre von der Unsterblichkeit der menschlichen Seele und der Realität Gottes fest und sah ein Hauptziel seiner Religionsphilosophie in der wissenschaftlichen Begründung der Existenz Gottes. Auf den jungen Freud machte Brentanos theistische Argumentationslogik einen starken Eindruck, so daß er seinem Jugendfreund Silberstein anvertraute, er sei »nicht im Stande, ein einfaches theistisches Argument zu widerlegen«. Aber er habe nicht die Absicht, sich »so schnell oder so vollständig gefangenzugeben«, sondern gedenke, sich »ein Urteil darüber sowie eine Entscheidung über Theism und Materialism vorzubehalten. Vorläufig bin ich nicht mehr Materialist, auch noch nicht Theist« (S, 118). Daraus wurde, wie Gay anmerkt (1987/1988, 49 ff.), allerdings nur ein flüchtiger »Flirt mit der philosophischen Theologie«. Freud war und blieb ein loyaler Sohn der Aufklärung und ihrer Nachfolger, von denen er Feuerbach als denjenigen bezeichnete, »den ich unter allen Philosophen am höchsten verehre und bewundere« (S, 111). Vermutlich hat die mit den Namen Voltaire, Diderot, Strauß, Feuerbach und Darwin verbundene Tradition der Religionskritik den Ausschlag dafür gegeben, daß er sich letztlich gegen Brentano und für den Atheismus entschied. Jahrzehnte später formulierte er in der Abhandlung »Die Zukunft einer Illusion« allgemein, was auch auf seine eigene Entscheidungsfindung anwendbar ist: »Der wissenschaftliche Geist erzeugt eine bestimmte Art, wie man sich zu den Dingen einstellt; vor den Dingen der Religion macht er eine Weile halt, zaudert, endlich tritt er auch hier über die Schwelle« (GW XIV, 362).

›Dekonstruktion‹ des metaphysischen und rationalen Menschenbildes

Die politische Herrschaft der liberalen Mittelschicht in Österreich begann um 1860, dauerte aber nur bis in die 1890er Jahre hinein. Ein wesentliches Charakteristikum der liberalen Wiener Kultur des 19. Jh. kann in ihrem Streben nach rationaler Beherrschung von Natur und Gesellschaft gesehen werden. Der Optimismus des Bürgertums gründete v. a. im Vertrauen auf den unwiderstehlichen Fortschritt der Wissenschaften und die enorme Ausweitung technischer Anwendungsmöglichkeiten. Man vertraute auf die Macht der individuellen Selbstbestimmung. In seinen Memoiren *Die Welt von Gestern* schreibt Stefan Zweig: »Das neunzehnte Jahrhundert war in seinem liberalistischen Idealismus ehrlich überzeugt, auf dem geraden und unfehlbaren Weg zur ›besten aller Welten‹ zu sein. Mit Verachtung blickte man auf die früheren Epochen mit ihren Kriegen, Hungersnöten

und Revolten herab als auf eine Zeit, da die Menschheit eben noch unmündig und nicht genug aufgeklärt gewesen. Jetzt aber war es doch nur eine Angelegenheit von Jahrzehnten, bis das letzte Böse und Gewalttätige endgültig überwunden sein würde, und dieser Glaube an den ununterbrochenen, unaufhaltsamen ›Fortschritt‹ hatte für jenes Zeitalter wahrhaftig die Kraft einer Religion; man glaubte an diesen ›Fortschritt‹ schon mehr als an die Bibel, und sein Evangelium schien unumstößlich bewiesen durch die täglich neuen Wunder der Wissenschaft und der Technik« (1944, 16).

Als Leitbild der liberalen Kultur galt der rationale Mensch, der seine gesellschaftlichen Pflichten ernst nimmt und seine Gefühle und Leidenschaften beherrscht; dem Irrationalen, Chaotischen und Unangepaßten stand man abwehrend gegenüber. Bereits ein Großteil der Jugendgeneration Freuds war von den kulturellen Idealen und der politischen Praxis des Liberalismus zutiefst enttäuscht. Auf fast allen kulturellen Gebieten setzte eine erste Gegenbewegung ein, die in dem 1871 gegründeten ›Leseverein der deutschen Studenten Wiens‹ ein Sammelbecken fand. Freud gehörte dem Leseverein fünf Jahre – von 1873 bis zu dessen Verbot im Jahre 1878 – an. Das politische, soziale und philosophische Programm des Lesevereins war in erster Linie deutschnational orientiert. Man setzte seine Hoffnungen auf eine politische Vereinigung zwischen dem Bismarck-Reich und der Habsburger Monarchie und damit auch auf eine ›kulturelle Wiedergeburt des deutschen Volkes‹. Im Kontext des Lesevereins spielte die Orientierung an Schopenhauer, Richard Wagner und dem noch jungen Nietzsche – drei Außenseitern mit antiakademischer Prägung – eine maßgebliche Rolle. Es ist nicht übertrieben zu sagen, daß sich das Interesse an Schopenhauer, Wagner und Nietzsche »im Verhältnis zum Grad der Enttäuschung mit den Idealen und Praktiken des österreichischen Liberalismus« entwickelte (McGrath 1974, 248).

Schopenhauers Anziehungskraft läßt sich daraus erklären, daß er den Optimismus und die Fortschrittsgläubigkeit der aufklärerischen und idealistischen Vernunftphilosophie ad absurdum geführt hatte. Einen Eindruck von Schopenhauers Wirkung auf die junge Generation vermittelt Hans Vaihinger im Rückblick auf sein Philosophiestudium in den 1870er Jahren: »Mir gab Schopenhauers Lehre Neues, Großes und Dauerndes: den Pessimismus, den Irrationalismus und den Voluntarismus [...] In allen Systemen der Philosophie, die ich bis dahin kennen gelernt hatte, war das Irrationale der Welt und des Lebens nicht oder wenigstens ganz ungenügend zur

Geltung gekommen: das Ideal der Philosophie war ja eben, alles rationell zu erweisen, d. h. als logisch, als sinnvoll, als zweckmäßig [...] Nun trat mir zum erstenmal ein Mann entgegen, der offen und ehrlich die Irrationalitäten anerkannte und in seinem philosophischen System zu erklären versuchte. So erschien mir Schopenhauers Wahrheitsliebe als eine Offenbarung« (1923, 188 ff.).

Im 19. Jh. wurde die Möglichkeit menschlicher Autonomie mit zunehmender Skepsis betrachtet. Um die Abhängigkeit des Ich zu unterstreichen, sprachen Schelling, Schopenhauer, Eduard v. Hartmann, Richard Wagner und Nietzsche von der Vorherrschaft des irrational-triebhaften ›Willens‹ und von der Macht des ›Unbewußten‹. Bei Nietzsche verband sich das Interesse am Irrationalen zunehmend mit dem am Pathologischen: an Dekadenz, Nervosität und psychophysischen Krankheiten. Mittels einer ›entlarvenden Psychologie‹ deckte er die hinter der Ich-Fassade sich verbergenden Triebkonflikte auf und problematisierte die krankmachenden Mittel der Triebunterdrückung.

In den 1890er Jahren mündete die schon lange schwelende Krise des Liberalismus und Rationalismus in die Gegenbewegung der ›Wiener Moderne‹ (ca. 1890–1910) ein. An der Auflösung der alten Wertorientierung, insbesondere ihrer wissenschaftlichen, erkenntnistheoretischen und metaphysischen Grundannahmen, waren sowohl Philosophen als auch Naturwissenschaftler beteiligt. Die Physiker Ernst Mach und Ludwig Boltzmann, die auf philosophischen Lehrstühlen in Wien saßen, sich aber als ›Naturforscher‹ bezeichneten, gaben den Wiener Neuerern wesentliche Impulse. In seinem Hauptwerk *Analyse der Empfindungen* (1886) erklärte Mach, daß nicht das Ich, sondern die Elemente das Primäre seien. Er sprach von der nur ›relativen Beständigkeit‹ des Ich. Die Hilfskonstruktion eines einheitlichen Ich sei nur ein Notbehelf zur vorläufigen Orientierung und für bestimmte praktische Zwecke. Von da aus war es nicht weit zu der vielbeachteten These vom ›unrettbaren Ich‹. Machs Psychologie der Empfindungen kann als Kern einer ›Philosophie des Impressionismus‹, der Auflösung jeder höheren Welt in einen Strom von Empfindungen gelten. Die Infragestellung dessen, worauf die liberalen Bürger so stolz waren: ihr Ich, ihre Subjekthaftigkeit, ihre Selbststeuerung stieß auch bei den Dichtern des ›Jungen Wien‹, bei Bahr, Hofmannsthal und Schnitzler, später auch bei Musil und Broch, aber auch bei Philosophen wie Wilhelm Jerusalem und Fritz Mauthner, später bei Ludwig Wittgenstein und dem ›Wiener Kreis‹ auf große Resonanz. Die Grundbegriffe der metaphysi-

schen Tradition, nämlich Wesen, Substanz, Vernunft, Geist, Bewußtsein, Ich, Subjekt, Wille u. a. wurden radikal in Frage gestellt.

Auch Freud mußte erst metaphysische Grundbegriffe wie Wille, Ich und Bewußtsein ›dekonstruieren‹, bevor er ein Fundament für seine neuartige Psychologie errichten konnte (vgl. Gödde 2000, 96 ff.). In dem Aufsatz »Eine Schwierigkeit der Psychoanalyse« (GW XII, 8 ff.) schildert er, wie ein rationaler Mensch sein Innenleben sieht: Sein Bewußtsein gebe dem Ich Kunde von allen bedeutungsvollen Vorgängen im seelischen Getriebe, und der durch diese Nachrichten gelenkte Wille führe aus, was das Ich anordne, oder ändere ab, was sich selbständig vollziehen möchte. Der Wille könne überallhin dringen, um seinen Einfluß geltend zu machen, und das Ich fühle sich sowohl der Verläßlichkeit der Nachrichten seitens des Bewußtseins als auch der Durchsetzbarkeit seiner Befehle durch den Willen sicher. Ein solches rationales Menschenbild hielt Freud jedoch für unhaltbar. Wie gerade die Neurosen zeigten, seien dem Bewußtsein nicht zugängliche Vorstellungen im Spiel, die sich dem Ich nicht unterwerfen und allen sonst so erprobten Machtmitteln des Willens widerstehen: »Du vertraust darauf, daß du alles erfährst, was in deiner Seele vorgeht, weil es nur wichtig genug ist, weil dein Bewußtsein es dir dann meldet. [...] Laß dich doch in diesem einen Punkt belehren! Das Seelische in dir fällt nicht mit dem dir Bewußten zusammen [...] Für gewöhnlich, ich will es zugeben, reicht der Nachrichtendienst an dein Bewußtsein für deine Bedürfnisse aus. [...] Aber in manchen Fällen [...] versagt er und dein Wille reicht dann nicht weiter als dein Wissen. In allen Fällen aber sind diese Nachrichten deines Bewußtseins unvollständig und häufig unzuverlässig« (GW XII, 10 f.). Diese beiden Aufklärungen kommen der Behauptung gleich, daß »*das Ich nicht Herr sei in seinem eigenen Haus*« (ebd., 11). Das rationale Menschenbild der liberalen Ära mußte seinen Platz »jenem reicheren, aber auch gefährlicheren und schwankenden Geschöpf, dem homo psychologicus« räumen (Schorske 1982, 4).

Bewußtseinsphilosophie versus Philosophie des Unbewußten

Freuds Berührung mit der Psychologie hatte zunächst unter dem Vorzeichen des Herbartianismus gestanden, der im 19. Jh. die main-stream-Psychologie in Österreich war. Der Lehrplan an den österreichischen Gymnasien sah ein ›Philosophisches Propädeutikum‹ in den beiden Fächern Logik und Psychologie vor, in dem zwei Lehrbücher des Herbartianers Gustav Adolf Lindner behandelt wurden.

Herbart war zu Beginn des 19. Jh.s angetreten, die idealistische Philosophie durch einen kritischen ›Realismus‹ zu ersetzen. Er entwickelte eine ›Wissenschaftliche Psychologie‹, die die Gesetzmäßigkeiten des psychischen Lebens mit naturwissenschaftlichen Methoden zu erklären suchte, aber noch der Metaphysik verhaftet blieb. Seine Vorstellungs- und Assoziationspsychologie war auf die Erforschung der im Bewußtsein gegebenen Tatsachen ausgerichtet.

In Lindners *Lehrbuch der empirischen Psychologie als inductiver Wissenschaft* wird das Bewußtsein als beständiger Fluß von Vorstellungen begriffen. Neben diesen klaren Vorstellungen bleibt die große Mehrzahl unserer Vorstellungen im Dunkel, weil sie unter die ›Bewußtseinsschwelle‹ herabgedrückt werden. Solche ›gehemmten‹, ›verdunkelten‹ oder ›verdrängten‹ Vorstellungen können nur unter Überwindung eines ›Widerstandes‹ wieder ins Bewußtsein zurückkehren. Zu einer ›Reproduktion‹ kann es psychologisch auf den Wegen der Assoziation kommen. Im Traum, den Lindner als »Vorbild der Seelenkrankheiten« bezeichnet, werde durch eine von den Vorstellungen des wachen Seelenlebens abgetrennte Vorstellungsmasse eine mehr oder minder vollkommene Verdunkelung unseres Bewußtseins herbeigeführt (Lindner 1873, 220). Diese Ausführungen lassen erkennen, daß in der Herbartianischen Psychologie die Dynamik zwischen bewußten und unbewußten Vorstellungen im Seelenleben schon tangiert, aber vornehmlich in abstrakter Begrifflichkeit behandelt wurde.

In einem 1875 mit dem jungen Freud und dessen Freund Josef Paneth geführten Gespräch wandte sich Franz Brentano entschieden gegen Herbarts »aprioristische Konstruktionen in der Psychologie, hielt es für unverzeihlich, daß es ihm nie eingefallen sei, die Erfahrung oder das Experiment zu Rate zu ziehn und [...] erzählte uns einige merkwürdige psychologische Beobachtungen, die die Haltlosigkeit der Herbart'schen Spekulationen zeigen. Es tue mehr not, über einzelne Fragen gründliche Untersuchungen anzustellen, um zu einzelnen sicheren Resultaten zu gelangen, als das Ganze der Philosophie umfassen zu wollen, weil die Philosophie und Psychologie eine noch ganz junge Wissenschaft sei und besonders von der Physiologie keinerlei Unterstützung erwarten könne« (S, 116). Auf dieser programmatischen Grundlage initiierte Brentano in den folgenden Jahrzehnten eine zweite große Psychologierichtung in Österreich. In seinem Werk *Psychologie vom empirischen Standpunkt* (1874) setzte er sich kritisch mit Eduard v. Hartmanns *Philosophie des Unbewußten* (1869) auseinander, das in den 1870er Jahren ein phi-

losophischer Bestseller war. Es ist beeindruckend zu sehen, mit welcher Sorgfalt er der Frage nachgeht, ob es unbewußte Vorstellungen geben kann. Er verkennt nicht, daß die Lehre von unbewußten psychischen Phänomenen »in neuester Zeit« zahlreiche Vertreter gefunden habe. Wenn man aber von einer im Bewußtsein gegebenen Tatsache auf die Wirkung unbewußter psychischer Phänomene schließen wolle, so müsse als erstes die Tatsache selbst hinreichend gesichert sein. Zudem sei es nötig, die Gesetze jener angenommenen unbewußten Phänomene darzulegen und empirisch abzusichern. Anstatt dieser Anforderung gerecht zu werden, rekurriere Hartmann immer dann auf ein »ewig Unbewußtes«, wenn mechanische Erklärungen nicht zum Ziel führen: »Ein solches hypothetisches Unding wird jeder [...] wenn er nur einigermaßen ein exakter Denker ist, als unzulässig verwerfen« (Brentano 1874, 152 f.). Letztlich gelangt Brentano zu dem Ergebnis, daß jeder psychische Akt von einem darauf bezüglichen Bewußtsein begleitet sei, und er behauptet, daß es neben dem Sachbewußtsein ein zweites auf die eigene Person bezogenes Bewußtsein gebe, das der ›inneren Wahrnehmung‹ zugänglich sei.

In den 1890er Jahren widmete sich Freud erstmals dem Projekt, auf der Grundlage seiner klinischen Erfahrungen in der Neurosentherapie (Hysterie, Neurasthenie, Zwangs-, Angstneurose u. a.) eine wissenschaftliche Psychologie aufzubauen. Dabei kam er nicht umhin, sich mit der traditionellen philosophischen Frage zu beschäftigen, ob es neben dem bewußten ein ›unbewußtes Psychisches‹ gebe. Zur Klärung dieser Frage bedurfte es der Auseinandersetzung mit der Bewußtseinsphilosophie und -psychologie.

Die gegenläufigen Konzeptionen des Bewußtseins und des Unbewußten stammen aus der Ära der Aufklärung im 18. Jh. Descartes hatte den zum Widerspruch reizenden Satz geäußert, die Seele sei immer im Zustand des Denkens (›anima semper cogitans‹). In diesem rationalen Seelenmodell blieb kein Platz für eine unbewußte Empfindungs-, Vorstellungs- und Denktätigkeit. Wenn man mit Descartes Bewußtsein und Cogitatio gleichsetzt, dann *hat* die menschliche Seele nicht Bewußtsein, sondern sie *ist* Bewußtsein. Wenn man weiter mit Kant von einer strikten erkenntnistheoretischen Orientierung an den Phänomenen ausgeht, dann bleibt kein Platz mehr für jene damals weit verbreiteten Seelenlehren, die ›hinter‹ dem Bewußtsein eine substanzielle Seele als Trägerin der psychischen Vorgänge annahmen.

Infolge der von Descartes vorgenommenen Trennung von Seele und Leib tat sich allerdings das Problem auf, wie sich seelische Vorgänge, die existieren, ohne daß wir uns ihrer unmittelbar bewußt sind, einordnen lassen. In dieser Frage schaltete sich Leibniz ein. Als grundlegende seelische Fähigkeiten betrachtete er die ›kleinen unmerklichen Vorstellungen‹, die am Rande des Bewußtseins stehen oder gar nicht ins Bewußtsein treten. In seinen *Neuen Abhandlungen über den menschlichen Verstand* (1704) schrieb er, daß wir in jedem Augenblick unendlich viele solcher ›unmerklichen Vorstellungen‹ besitzen, die uns nicht bewußt werden, weil sie entweder zu schwach und zu zahlreich oder zu gleichförmig seien. Jede auch noch so unklare und dunkle Kognition habe vielfältige Wirkungen auf die Wahrnehmung, das Denken, den Geschmack, die Gewohnheiten und gehe als Bestandteil in jede deutlich bewußte Vorstellung ein. Unmerkliche Vorstellungen könnten auch im Gedächtnis Spuren vergangener Seelenzustände hinterlassen, sich in diffuser Unentschlossenheit äußern oder den Willen aufstacheln, um seelischen Verstimmungen entgegenzuwirken. Mit dieser berühmten Lehre von den ›pétites perceptions‹ hat Leibniz eine philosophische Tradition angebahnt, die man als die des ›kognitiven Unbewußten‹ bezeichnen kann (vgl. Gödde 1999, 29 ff.). Sie wurde von Kant, Fechner, Helmholtz, v. Hartmann u. a. weitergeführt und reicht bis zur heutigen Kognitionspsychologie (Mertens 2005).

In der Entstehungsphase der Psychoanalyse war Freuds Aufmerksamkeit auf die Aspekte der Wirksamkeit und der Erkennbarkeit unbewußter psychischer Vorgänge und damit auf den Bereich des kognitiven Unbewußten zentriert. Wie wir sehen werden, ging er aber über Leibniz hinaus und entwickelte eine eigene Vorstellung vom Unbewußten. Dabei konnte er an die in der Herbartianischen Psychologie berücksichtigte Dynamik von Verdrängung, Widerstand und Reproduktion von Vorstellungen anknüpfen. Seine innovative Leistung bestand darin, dieses Theorem aus dem Bezugsrahmen jener abstrakten und rationalistischen Philosophie gelöst, sie in seiner klinischen Theorie und Praxis mit Leben erfüllt und damit in die Nähe zu den ›Entfremdungstheorien‹ gebracht zu haben (vgl. Marquard 1987, 229; Gödde 1999, 172 ff.).

Brentanos Psychologie stand zwar der Empirie wesentlich näher als diejenige Herbarts. Seine optimistische Annahme, die Urteile der inneren Wahrnehmung hätten jene »unmittelbare untrügliche Evidenz«, die sonst keiner anderen Erkenntnis zukomme (1874, 177), blieb aber noch allzu sehr dem rationalen Menschenbild verhaftet, so daß Freud sie mit seinen klinischen Erfahrungen in der Neurosentherapie nicht vereinbaren konnte.

Statt an Herbart und Brentano begann sich Freud an Denkern zu orientieren, die die anthropologische und psychologische Tragweite des Unbewußten erkannten. In seinen Briefen an Wilhelm Fließ aus den 1890er Jahren finden sich ausdrückliche Bezugnahmen auf den in Wien lehrenden Philosophen Wilhelm Jerusalem, auf den französischen Philosophen Hippolyte Taine, auf Gustav Theodor Fechner und auf Theodor Lipps, einen in München lehrenden Philosophieprofessor.

Fechner stammt aus der Herbartianischen Tradition. Erste Hinweise auf Fechner, von dem er »außer der Psychophysik noch manche andere Schriften gelesen« hatte (F/B, 202), finden sich bereits in Freuds Jugendbriefen (S, 202). Während Herbart seine Aufmerksamkeit noch auf die mehr oder weniger bewußten Vorstellungen gerichtet hatte, wandte sich Fechner den ›unbewußten Empfindungen‹ zu, die jenseits der ›psychophysischen Schwelle‹ liegen, aber nichtsdestoweniger wirksam seien (vgl. Wegener 2005). Der Begriff der psychophysischen Schwelle habe einen zentralen Stellenwert, wie er in seinem Hauptwerk *Elemente der Psychophysik* schrieb, weil er »für den Begriff des Unbewußtseins überhaupt ein festes Fundament gibt. Die Psychologie kann von unbewußten Empfindungen, Vorstellungen nicht abstrahieren. [...] Empfindungen, Vorstellungen haben freilich im Zustand des Unbewußtseins aufgehört, als wirkliche zu existieren, sofern man sie abstrakt von ihrer Unterlage faßt, aber es geht etwas in uns fort, die psychophysische Tätigkeit, deren Funktion sie sind, und woran die Möglichkeit des Wiedereintritts der Empfindung hängt« (1868, 438 f.). In diesem Kontext sei auch die Theorie der ›unbewußten Schlüsse‹ erwähnt, die Hermann v. Helmholtz in den Mittelpunkt seiner Wahrnehmungstheorie stellte.

Besonders gelegen kam es Freud, daß er in Theodor Lipps, der neben Wundt und Brentano zu den führenden Vertretern der Akademischen Psychologie gehörte, einen Kronzeugen für die Wissenschaftlichkeit einer Psychologie des Unbewußten fand. Lipps hatte sich in den 1880er Jahren einer von Brentano initiierten Bewegung angeschlossen, die sich gegen die überkommene, vorwiegend passive Assoziationspsychologie wandte, und war für eine Aktpsychologie eingetreten, die von einem aktiven Ich mit Wünschen und Intentionen ausging. Im Gegensatz zu Brentano war er jedoch davon überzeugt, daß der Begriff des Unbewußten in der Psychologie notwendig sei. 1896 hielt er auf dem III. Internationalen Kongreß für Psychologie in München einen programmatischen Vortrag zum Thema »Der Begriff des Unbewußten in der Psychologie«. Darin vertrat er die These, daß die

Frage des Unbewußten in der Psychologie »weniger eine psychologische Frage als die Frage der Psychologie« sei (zit. nach Lütkehaus 1989, 235; vgl. GW II/III, 616). Freud stimmte ihm mit begeisterten Worten zu. Noch in einer seiner letzten Arbeiten erinnerte er daran, daß Lipps als erster den Begriff des Unbewußten im wissenschaftlichen Sinne zu »verwenden« wußte. Die Psychoanalyse habe sich dann »dieses Begriffs bedient, ihn ernst genommen, ihn mit neuem Leben erfüllt« (GW XVII, 147).

Im VII. Kapitel der *Traumdeutung* hat Freud das Unbewußte als psychoanalytischen Grundbegriff eingeführt und ihn mit Hilfe seiner Theorie der Verdrängung begründet. Auf der klinischen Ebene bezeichnete er das Verdrängte als ›dynamisch‹ Unbewußtes, weil die verdrängten Wünsche, Leidenschaften und Phantasien von sich aus ins Bewußtsein zurückdrängen. Festzuhalten bleibt, daß Freuds genuine Entdeckung – das dynamische Unbewußte – ganz andere motivationale Hintergründe als das kognitive Unbewußte der philosophischen Tradition hat. Darum war er der Auffassung, daß das von Leibniz vertretene Prinzip der Kontinuität des Bewußtseins nicht auf das eigentliche Unbewußte anwendbar sei. Bei einer bloß kognitiven Ausrichtung bliebe die Erhellung und Aufklärung auf der Stufe des Vorbewußten stehen und wäre allzu sehr dem rationalen Menschenbild verhaftet.

Das Projekt ›Metapsychologie‹

Um die Wissenschaftlichkeit seiner neuen Psychologierichtung zu begründen, verfolgte Freud parallel zu seiner klinisch-therapeutischen Erforschung der Neurosen ein zweites, später ›Metapsychologie‹ genanntes Projekt, das eine allgemeine Theorie über das Psychische bzw. den ›psychischen Apparat‹ ermöglichen sollte. Mit der Metapsychologie hat Freud ein Terrain bearbeitet, das traditionellerweise Theologie und Philosophie für sich beansprucht haben: »Ich glaube in der Tat, daß ein großes Stück der mythologischen Weltanschauung, die weit bis in die modernsten Religionen hinein reicht, nichts anderes ist als *in die Außenwelt projizierte Psychologie*. Die dunkle Erkenntnis [...] psychischer Faktoren und Verhältnisse des Unbewußten spiegelt sich [...] in der Konstruktion einer *übersinnlichen Realität*, welche von der Wissenschaft in *Psychologie des Unbewußten* zurückverwandelt werden soll. Man könnte sich getrauen [...] die *Metaphysik* in *Metapsychologie* umzusetzen« (GW IV, 287 f.).

1895 erwähnte Freud erstmals sein Projekt einer »Psychologie für den Neurologen« (F, 124), bei dem er eine Brücke zwischen Physiologie und Psychologie schlagen wollte. Schon bald darauf nannte er dieses Projekt seinen »Tyrannen«, in dessen Dienst er nun kein Maß kenne: »Es ist die Psychologie, von jeher mein fern wirkendes Ziel, jetzt seitdem ich auf die Neurosen gestoßen bin, um soviel näher gerückt. Mich quälen zwei Absichten, nachzusehen, wie sich die Funktionslehre des Psychischen gestaltet, wenn man die quantitative Betrachtung, eine Art Ökonomik der Nervenkraft einführt, und zweitens aus der Psychopathologie den Gewinn für die normale Psychologie herauszuschälen« (F, 130 f.).

Wie bei der Frage nach dem Unbewußten ging es auch in diesem materialistischen Kontext um eine traditionell philosophische Fragestellung, nämlich um das Leib-Seele-Problem. Hier sei an die Formel vom ›L'homme machine‹ erinnert, die von dem französischen Aufklärer La Mettrie im 18. Jh. geprägt worden war. La Mettrie hatte nachzuweisen versucht, daß der Mensch nichts anderes sei als ein höchst komplizierter Mechanismus. In der Tradition des mechanistischen Materialismus stand auch und gerade die biophysikalische Bewegung.

Mit seinem »Entwurf einer Psychologie« (1895), jenem erst nach seinem Tod veröffentlichten Manuskript, verfolgte Freud die Absicht, »psychische Vorgänge darzustellen als quantitativ bestimmte Zustände aufzeigbarer materieller Teile« (Nachtr., 387). Vergleiche zwischen Herbarts und Freuds Grundkonzeptionen des ›psychischen Mechanismus‹, der nach Art physikalischer Gebilde gebauten ›Maschine‹ beziehungsweise des ›Apparates‹, haben große Ähnlichkeiten ergeben (Dorer 1932; Hemecker 1991). Ebenso ließ sich nachweisen, daß Fechners psychophysische Prinzipien von Stabilität und Lust/Unlust die Basis für Freuds ökonomische Grundannahmen vom Konstanz- und Lustprinzip bildeten. Das unmittelbare Modell für Freuds »Entwurf« dürfte der von Brückes Schüler Siegmund Exner 1894 veröffentlichte *Entwurf zu einer physiologischen Erklärung der psychischen Erscheinungen* gewesen sein, der eine Lehre von den Neuronen als materiellen Trägern des Psychischen enthielt.

Wenn sich Freud schon im November 1895 von seinem »Entwurf« distanzierte (F, 153 f. u. 158), so bedeutete dies nicht, daß er das – in Arbeitsteilung mit Fließ zu erarbeitende – Vorhaben einer Verbindung von Organologie und Psychologie schon damals aufgegeben hätte. Erst im September 1898 nahm er davon Abstand: »Ich bin [...] gar nicht geneigt, das Psychologische ohne organische Grundlage schwebend zu erhalten. Ich weiß nur von der Überzeugung aus nicht weiter, weder theoretisch noch therapeutisch, und muß also mich so benehmen, als läge mir nur das Psychologische vor« (F, 357).

Der »Entwurf« hat wichtige Aspekte der späteren Metapsychologie – wie das Konstanz- und Lustprinzip, den Primär- und Sekundärvorgang sowie die unbewußte und vorbewußte psychische Aktivität – vorweggenommen und damit einen »mächtigen heuristischen Effekt auf Freuds psychologisches Gesamtdenken ausgeübt« (Sulloway 1982, 182). In der *Traumdeutung* konstruierte er dann einen zum physiologischen Apparat des Nervensystems parallelen ›psychischen Apparat‹ und wandte sich damit der Eigenbedeutung des Psychischen zu, während das Somatische zunächst ausgeklammert war. Mit dieser strikten Trennung gehört Freud einer Bewegung an, die die Psychologie als eigenständige Wissenschaft einerseits vom somatischen Denken der Medizin und der physiologischen Psychologie und andererseits von den metaphysischen Voraussetzungen der Philosophie zu emanzipieren suchte. Dementsprechend sprach er nunmehr von psychischen statt physiologischen ›Energien‹, einem psychischen ›Konstanzprinzip‹ und von psychischen anstelle von ›Neuronensystemen‹. Ausgehend von einem Vergleich des menschlichen Seelenapparats mit einem Reflexapparat nahm er an, daß die psychischen Vorgänge bestimmte Systeme durchlaufen: vom Wahrnehmungssystem über die Erinnerungsspuren zum Unbewußten, evtl. zum Vorbewußten und schließlich zum motorischen Ende. Damit führte er auf der metapsychologischen Ebene eine psychische ›Topik‹ ein und grenzte das ›eigentlich‹ Unbewußte durch eine Zensurschranke von den Systemen des Vorbewußten und des Bewußten ab. Dem topisch Unbewußten werden besondere Merkmale und Funktionsweisen zugeschrieben, v. a. die Verdichtungs- und Verschiebungsarbeit, die Eigenschaften der Unzerstörbarkeit und Widerspruchsfreiheit, die Regulation nach dem Lustprinzip und die Funktionsweise des Primärvorgangs.

Zusammenfassend kann man sagen, daß sich Freuds Metapsychologie des Unbewußten am Schnittpunkt zweier philosophischer Traditionen bildete: einerseits jener philosophischen Tradition, die das Unbewußte dem Psychischen zurechnet; und andererseits der materialistischen Denktradition, die das Psychische, nunmehr in drei Systeme aufgeteilt, in ein Apparatemodell einzuordnen sucht.

Psychophysikalismus versus Psychovitalismus

Bereits die *Traumdeutung* geht stellenweise über den mechanistischen Vorstellungskreis des Apparatemodells hinaus. Im wunscherfüllten Träumen und Phantasieren, aber auch in den Sekundärprozessen wird eine Eigenaktivität des menschlichen Subjekts sichtbar. In diesem Zusammenhang greift Freud auf intentionale Kategorien wie Motiv, Absicht und Sinn zurück, die der Psychologie Brentanos und der aristotelischen Denktradition nahestehen, und wendet sie auf Träume, im weiteren auch auf Fehlhandlungen, Symptome und den Witz an. Den aus dem normalen Sinnverständnis ausgeschlossenen Phänomenen konnte damit »ein alternativer, anderer Sinn« zugesprochen werden. »Die Annahme dieses anderen, verstehbaren und deutbaren Sinns wird zur wissenschaftskonstituierenden Voraussetzung der Psychoanalyse« (Schöpf 1982, 135).

Darüber hinaus ist in der *Traumdeutung* eine ontologische Sicht des Unbewußten enthalten: »Das Unbewußte muß nach dem Ausdrucke von *Lipps* als allgemeine Basis des psychischen Lebens angenommen werden. Das Unbewußte ist der größere Kreis, der den kleineren des Bewußten in sich einschließt; alles Bewußte hat eine unbewußte Vorstufe, während das Unbewußte auf dieser Stufe stehen bleiben und doch den vollen Wert einer psychischen Leistung haben kann. Das Unbewußte ist das eigentlich reale Psychische [...]« (GW II/III, 617).

Als wissenschaftshistorischen Kontext muß man einen paradigmatischen Wechsel in den Naturwissenschaften berücksichtigen, der am Ende des 19. Jh.s einsetzte und die gesamte Anthropologie und Psychologie nachhaltig beeinflußte. Philipp Frank, einer der frühen Aktivisten des Logischen Empirismus, schreibt rückblickend über die Diskussionen im Jahre 1907: »Wir erkannten den allmählichen Verfall des Glaubens daran, daß die mechanistische Wissenschaft schließlich alle unsere Beobachtungen erfassen würde« (zit. nach Fischer 1995, 247). In der Psychobiologie wurde nach und nach das ›biophysikalische‹ durch ein ›biogenetisches‹ Modell abgelöst (Sulloway 1982). Wissenschaftsgeschichtlich kann man für diesen Übergang die Evolutionstheorien Darwins und Lamarcks, das Aufkommen der sexualwissenschaftlichen Forschung und die moderne Kinderheilkunde und Entwicklungspsychologie namhaft machen. Von der biogenetischen Sichtweise waren Freuds Theorien der infantilen Sexualität, der psychosexuellen Entwicklung, der Triebe, der organischen Verdrängung, der Fixierung und Regression – und damit

»der gesamte dynamisch-genetische Kern der psychoanalytischen Theorie« (Sulloway 1979/1982, 571)
– geprägt. Allgemein kann man sagen, daß die Anlehnung an die Physiologie und die Physik eher ein Ma-
schinenmodell des Psychischen, die Anlehnung an
die Biologie und Evolutionstheorie hingegen eher ein
Organismusmodell begünstigt.

Ergänzend hat Burkholz (1995) darauf aufmerksam gemacht, daß der in den 1880er Jahren aufkommende ›Neolamarckismus‹ zum Wiederaufleben vitalistischen Denkens beigetragen habe, wobei die ›Lebenskraft‹ der Naturphilosophie durch mentalisti-
sche Termini (Zell-, Pflanzenpsyche, Psychoid)
ersetzt wurde. Mit drei vitalistischen Konzeptionen
des Unbewußten hat sich Freud explizit auseinandergesetzt: mit C. G. Jungs Lehre von der ›unbewußten
psychischen Energie‹ (GW X, 108), mit den »unlösbaren Schwierigkeiten des psychophysischen Parallelismus« (GW X, 266) sowie mit der von Hans
Driesch entwickelten Konzeption eines ›Psychoids‹
(GW XIII, 241). Zugleich entwickelte er im Spätwerk
mit dem ›Es‹ eine eigene organismische Konzeption
des Unbewußten an. Schon 1917 in einem Brief an
Groddeck hatte er das Unbewußte als »die richtige
Vermittlung zwischen dem Körperlichen und dem
Seelischen, vielleicht das langersehnte ›missing link‹«
bezeichnet (F/G, 15).

Die Akzentverschiebung von einer mechanistischen zu einer vitalistischen Anthropologie zeigt
auch eine Textstelle in der Abhandlung »Das Unbewußte«: »Es wäre doch unrecht, sich vorzustellen,
daß das Ubw in Ruhe verbleibt, während die ganze
psychische Arbeit vom Vbw geleistet wird, daß das
Ubw etwas Abgetanes, ein rudimentäres Organ, ein
Residuum der Entwicklung sei. Oder anzunehmen,
daß sich der Verkehr der beiden Systeme auf den Akt
der Verdrängung beschränkt […] Das Ubw ist vielmehr lebend, entwicklungsfähig und unterhält eine
Anzahl von anderen Beziehungen zum Vbw […] es
ist den Einwirkungen des Lebens zugänglich, beeinflußt beständig das Vbw und ist seinerseits sogar Be-
einflussungen von seiten des Vbw unterworfen« (GW
X, 288 f.). An einer späteren Stelle wird die Möglichkeit »besonders vollkommener Leistungen« (GW X,
293) aus einem Zusammenspiel zwischen Vorbewuß-
tem und Unbewußtem erklärt. In diesem Kontext
muß man sich vergegenwärtigen, daß Leben, Entwicklung und Schöpferkraft ähnlich wie Trieb oder
Instinkt, Natur und Leib zu den zentralen Begriffen
vitalistischen Denkens gehören (vgl. Pongratz 1984,
196).

Die Einführung des ›Triebes‹ als Grenzbegriff zwischen dem Somatischen und Psychischen und die Be-

rücksichtigung des Aspekts frühkindlicher ›Triebschicksale‹ hat sicherlich die bis dahin wirksame
Tabuisierung vitalistischen Denkens in der Psychoanalyse gelockert. Man könnte von einem triebhaft-
vitalen Unbewußten sprechen, wenn man unter vital
die von Freud genannten Qualitäten wie lebendig,
unruhig, drängend, affektiv und entwicklungsför-
dernd versteht. An der aufklärerischen Zielsetzung
hat sich dadurch aber nichts geändert. Freud suchte
das Unbewußte weiterhin als eine spezifische innere
Ordnung zu verstehen, die der wissenschaftlichen Erforschung zugänglich ist, und scheint gerade die ro-
mantisch-vitale Tradition des Unbewußten im Visier
gehabt zu haben, als er davon sprach, daß das Unbewußte für die Philosophen »etwas Mystisches, nicht
Greifbares und nicht Aufzeigbares« (GW VIII, 406)
gewesen sei. Da er die Dynamik des Unbewußten zudem mit den grundlegenden Trieben der Selbst- und
Arterhaltung in Verbindung brachte, liegt es nahe,
seine triebpsychologische Konzeption als materiali-
stisch-evolutionär zu charakterisieren.

In der Eros-Todestrieb-Theorie erscheint das
Anorganisch-Leblose als die ältere Naturordnung, zu
der das Organisch-Lebende mit dem Tode zurückkehrt. In *Jenseits des Lustprinzips* heißt es: »Nach der
Theorie E. *Herings* von den Vorgängen in der lebenden Substanz laufen in ihr unausgesetzt zweierlei
Prozesse entgegengesetzter Richtung ab, die einen
aufbauend-assimilatorisch, die anderen abbauend-
dissimilatorisch. Sollen wir es wagen, in diesen beiden Richtungen der Lebensprozesse die Betätigung
unserer beiden Triebregungen, der Lebenstriebe und
der Todestriebe, zu erkennen? Aber etwas anderes
können wir uns nicht verhehlen: daß wir unversehens in den Hafen der Philosophie *Schopenhauers*
eingelaufen sind […]« (GW XIII, 53). Man mag der
Weltdeutung eines durchgängigen Antagonismus von
Eros und Todestrieb zustimmen oder nicht; wesentlich bleibt, sich ihrer philosophischen Dimension
nicht zu verschließen. Freud selbst räumte ein, »daß
man leider selten unparteiisch ist, wo es sich um die
letzten Dinge, die großen Probleme der Wissenschaft
und des Lebens handelt. Ich glaube, ein jeder wird da
von innerlich tief begründeten Vorlieben beherrscht,
denen er mit seiner Spekulation unwissentlich in die
Hände arbeitet. Bei so guten Gründen zum Mißtrauen bleibt wohl nichts anderes als ein kühles
Wohlwollen für die Ergebnisse der eigenen Denkbe-
mühung möglich« (GW XIII, 64 f.).

Die philosophische Tradition Schopenhauers und Nietzsches

Hatte Freud schon in der mittleren Schaffensperiode punktuell Übereinstimmungen mit Schopenhauer und Nietzsche eingeräumt, so tritt seine Affinität zur Macht des ›Willens‹ und zur Ohnmacht des ›Intellekts‹, wie er in der Lebensphilosophie vorgeprägt ist, im Spätwerk deutlich zutage. Anstelle der Dialektik von Bewußtem und Unbewußtem rückt diejenige von Selbst- und Fremdbestimmung in den Vordergrund.

Schopenhauer und Nietzsche können als Repräsentanten einer Traditionslinie des Unbewußten gelten, die aus einer Gegenposition zum Transzendentalen Idealismus und zur romantischen Naturphilosophie erwachsen ist. An Schellings Neubestimmung des ›Willens‹ als Drang, Trieb und Begierde anknüpfend, haben beide der Vorstellung von der gefährlichen Triebnatur des Menschen zum Durchbruch verholfen. Innerhalb dieser »Wende zur Wirklichkeit« verlor die Natur nach Odo Marquard (1987, 198 f.) »die Attribute der Harmonie, der Ichhaftigkeit, der Zweckmäßigkeit, des vernünftig-Geschichtlichen und organisch-Heilen«. Diesen Vorgang kann man die »Entzauberung der Romantiknatur« nennen.

Als Freud 1923 das ›Es‹ einführt, bringt er es ausdrücklich mit Nietzsche in Zusammenhang, »bei dem dieser grammatikalische Ausdruck für das Unpersönliche und sozusagen Naturnotwendige in unserem Wesen durchaus gebräuchlich ist«. Wenn er dann weiter ausführt, das Ich pflege »den Willen des Es in Handlung umzusetzen, als ob es der eigene wäre« (GW XIII, 251, Fn. 2 u. 253), so deutet diese Formulierung explizit auf jene antiidealistische Tradition vom späten Schelling über Schopenhauer zu Nietzsche hin, in der der ›Wille‹ als steuernde Macht ›hinter‹ den seelischen Erscheinungen betrachtet wird.

Im Hinblick auf Schopenhauer konstatierte Freud selbst eine Reihe wichtiger Übereinstimmungen. Die Annahme unbewußter seelischer Vorgänge habe Schopenhauer vorweggenommen, »dessen unbewußter ›Wille‹ den seelischen Trieben der Psychoanalyse gleichzusetzen ist« (GW XII, 12). Die grundlegende Übereinstimmung zwischen Schopenhauers Metaphysik, wie er sie in seinem Hauptwerk *Die Welt als Wille und Vorstellung* (Bd. I 1819, Bd. II 1844) dargelegt hat, und Freuds Metapsychologie hat Max Horkheimer (1972, 454 ff.) in einem Interview unterstrichen: »Das Unbewußte ist bei Schopenhauer eigentlich ›die große Realität: der Wille‹; der Wille, den der Mensch im allgemeinen eigentlich nicht zu beschreiben wüßte. Aber beide sind insofern identisch,

als man die Philosophie Schopenhauers, etwa seinen Schluß, wie er auf den Willen als das ›Wesen des Menschen‹ kommt, auch psychologisch deuten kann, und umgekehrt, wie man den Begriff des Unbewußten bei Freud auch im Sinne der Philosophie deuten kann […]«.

Freud hat auch darauf hingewiesen, daß Schopenhauer »den Primat der Affektivität und die überragende Bedeutung der Sexualität vertreten« und »selbst den Mechanismus der Verdrängung gekannt« (GW XIV, 86) hat. Tatsächlich finden sich in Schopenhauers Werk zahlreiche Anhaltspunkte dafür, daß das, was Freud ›Verdrängung‹ nennen sollte, dort bereits vorformuliert ist. Bei aller sachlichen Nähe darf freilich nicht übersehen werden, daß Freud im Hinblick auf die theoretische Erkenntnis und klinische Nutzung des Verdrängungsbegriffs weit über Schopenhauer hinausgegangen ist (Gödde 1999, 443 ff.).

Wie in Schopenhauer sah Freud auch in Nietzsche einen Philosophen, »dessen Ahnungen und Einsichten sich oft in der erstaunlichsten Weise mit den mühsamen Ergebnissen der Psychoanalyse decken« (GW XIV, 86). Dem positivistischen Wissenschaftsideal verpflichtet, hat er Nietzsche aber nur als Philosophen und Moralisten betrachtet und ihn als *Nicht-Wissenschaftler* in zwei Sitzungen der Mittwoch-Gesellschaft (im April und Oktober 1908) relativiert und ausgegrenzt (vgl. Nunberg/Federn 1962/1976, 334 ff. u. 1967, 22 ff.). Wahrscheinlich hat er auch Nietzsche gemeint, als er sich gegen jene »intellektuellen Nihilisten« wandte, die zwar von der Wissenschaft ausgingen, sie aber zur »Selbstaufhebung« drängten. Die Wissenschaft war für ihn die einzige Garantin der Wahrheit. Es sei nun einmal so, daß »die Wahrheit nicht tolerant sein kann, keine Kompromisse und Einschränkungen zuläßt, daß die Forschung alle Gebiete menschlicher Tätigkeit als ihr eigen betrachtet und unerbittlich kritisch werden muß, wenn eine andere Macht ein Stück davon für sich beschlagnahmen will« (GW XV, 190). Demgegenüber hatte Nietzsche den Anspruch auf Wahrheitserkenntnis zurückgewiesen: Wahrheit sei »ein bewegliches Heer von Metaphern, Metonymien, Anthropomorphismen, kurz eine Summe von menschlichen Relationen, die, poetisch und rhetorisch gesteigert, übertragen, geschmückt wurden, […] Illusionen, von denen man vergessen hat, dass sie welche sind, Metaphern, die abgenutzt und sinnlich kraftlos geworden sind, Münzen, die ihr Bild verloren haben und nun als Metall nicht mehr als Münzen in Betracht kommen« (Nietzsche 1873, 880 f.). Nietzsches perspektivistische Erkenntnis- und Wissenschaftskritik scheint Freud gänzlich fremd geblieben zu sein.

Es entbehrt nicht einer gewissen Ironie, daß sich Freud gerade in seiner Kritik an der »Konstruktion einer übersinnlichen Realität« und seinem Anliegen, »die Metaphysik in Metapsychologie umzusetzen« (GW IV, 287 f.), in den Bahnen von Nietzsches Denken bewegte. Beide gehören der großen Bewegung der Umkehrung der idealistischen Metaphysik des 19. Jh.s an (vgl. Wucherer-Huldenfeld 1994, 179 ff.). Nietzsche ging allerdings weiter als Freud und ließ selbst Heiligtümer wie ›Erkenntnis‹, ›Wahrheit‹ und ›Wissenschaft‹ nicht unverschont, wobei seine Deutungsperspektive der ›Macht‹ eine zentrale Rolle spielte. In dieser Hinsicht war er ein Vordenker der Postmoderne im Sinne von Foucault, Derrida, Deleuze u. a.

Kritische Moral- und Kulturphilosophie

Schopenhauer, Nietzsche und Freud kann man einer gemeinsamen Tradition ›entlarvenden‹ Denkens zurechnen, zu der die Vorurteilskritik Bacons, die europäische Moralistik, die Aufklärung, die Religions-, Ideologie- und Kulturkritik des 19. Jh.s und nicht zuletzt die psychologische Entlarvungskunst von Schriftstellern wie Shakespeare, Stendhal, Heine, Dostojewski, Ibsen, Schnitzler u. a. gehören.

Nietzsche hat »die entscheidende Wandlung der metaphysischen Ethik im 19. Jahrhundert« angebahnt (Schulz 1972, 641). Seine Kritik richtete sich in erster Linie gegen die im Christentum und noch bei Schopenhauer vorherrschenden moralischen Werte wie Mitleid, Güte, Askese und Heiligkeit und mündete in die Forderung nach einer ›Umwertung aller Werte‹ ein. In der *Genealogie der Moral* erklärte er die christliche Moral für lebensfeindlich, da sie beim Individuum eine schwerwiegende Triebunterdrückung bewirke, die ihrerseits zu einer ›Verinnerlichung‹ der nach außen gehemmten Affekte und damit zu einer ›Wendung gegen die eigene Person‹ führe. Diese krankhafte Dynamik war für Nietzsche (1887, 322–324) auch ein kulturelles Problem phylogenetischen Ursprungs. »Die ganze innere Welt, ursprünglich dünn wie zwischen zwei Häute eingespannt, ist in dem Maasse aus einander- und aufgegangen, hat Tiefe, Breite, Höhe bekommen, als die Entladung des Menschen nach Aussen *gehemmt* worden ist«. Mit dem Einsatz staatlicher Machtmittel sei erreicht worden, »daß alle jene Instinkte des wilden freien schweifenden Menschen sich rückwärts, sich *gegen den Menschen selbst* wandten«. Mit dem schlechten Gewissen sei die »größte und unheimlichste Erkrankung« in der Menschheitsgeschichte eingeleitet worden: »das Leiden des Menschen *am Menschen, an sich*«.

Freud hat in *Das Unbehagen in der Kultur* eine der Grundtendenz nach ähnlich kritische Position wie Nietzsche bezogen. Der entscheidende Schritt auf dem Weg zur Kultur sei, daß die Macht des Einzelnen, die als »rohe Gewalt« verurteilt wird, durch die der Gemeinschaft ersetzt wird. Das Wesentliche an dieser Ersetzung bestehe darin, »daß sich die Mitglieder der Gemeinschaft in ihren Befriedigungsmöglichkeiten beschränken, während der Einzelne keine solche Schranke kannte« (GW XIV, 454 f.). Auch was das weitere Schicksal der gehemmten Aggression anlangt, stimmt Freud mit Nietzsche überein: »Die Aggression wird introjiziert, verinnerlicht, eigentlich aber dorthin zurückgeschickt, woher sie gekommen ist, also gegen das eigene Ich gewendet« (GW XIV, 482).

Mit seinen weiteren Ausführungen zum ›schlechten Gewissen‹ und zum ›asketischen Ideal‹ drang Nietzsche in einen Themenbereich vor, den Freud als Pathologie des ›Über-Ichs‹ behandelt hat. Aus der Spannung zwischen dem gestrengen Über-Ich und dem ihm unterworfenen Ich entstehen – bewußte oder unbewußte – Schuldgefühle. Die Kultur bewältige »die gefährliche Aggressionslust des Individuums, indem sie es schwächt, entwaffnet und durch eine Instanz in seinem Inneren, wie durch eine Besatzung in der eroberten Stadt, überwachen läßt« (GW XIV, 282 f.). Ähnlich pointiert wie Nietzsche erklärt Freud, das Schuldgefühl sei »das wichtigste Problem der Kulturentwicklung«, da die Glückseinbuße »als Preis für den Kulturfortschritt« vor allem durch die Erhöhung des Schuldgefühls bezahlt werde (GW XIV, 493 f.).

In diesem Kontext postuliert Freud ein ›Kultur-Über-Ich‹, das der Gemeinschaft dazu dient, ihren Idealforderungen Nachdruck zu verleihen, aber zur Gefahr werden kann, wenn es überhöhte und unerreichbare Ideale von Selbstbeherrschung und Askese aufstellt. Ein solches Ideal ist das christliche Gebot der Nächstenliebe, das Freud – mit ähnlichem Tenor wie Nietzsche – als Überforderung betrachtet: »Das Gebot ›Liebe deinen Nächsten wie dich selbst‹ ist die stärkste Abwehr der menschlichen Aggression und ein ausgezeichnetes Beispiel für das unpsychologische Vorgehen des Kultur-Über-Ichs. Das Gebot ist undurchführbar; eine so große Inflation der Liebe kann nur deren Wert herabsetzen, nicht die Not beseitigen« (GW XIV, 505).

Von dieser Moralkritik ging Freud zu einer psychologischen Kritik an der christlichen Religion über, da sie die Menschen durch illusionäre Wunscherfüllung, anerzogene Autoritätsgläubigkeit und Denkhemmungen in emotionaler und geistiger Abhängigkeit halte. Letztlich stellte er das gesamte ethische System der christlichen Religion in Frage.

Insgesamt betrachtet trug Freuds These von der Pathologie des Kultur-Über-Ichs dazu bei, das Vertrauen in die Vernunft der Gesellschaft und ihrer Institutionen zu erschüttern.

Lassen sich Schopenhauer und Nietzsche zwei entgegengesetzten Bewältigungsstrategien des »Triebproblems« zuordnen, einerseits der ›Verneinung des Willens‹ im Sinne einer Trieb-Verneinung und -Abtötung, andererseits des ›Willens zur Macht‹ im Sinne einer Triebbejahung und -gestaltung, so zeigen Freuds Ausführungen in *Das Unbehagen in der Kultur*, daß er in dieser Hinsicht Nietzsche näher steht als Schopenhauer. Die Triebabtötung hat für ihn den großen Nachteil, daß man damit »auch alle andere Tätigkeit aufgegeben (das Leben geopfert)« habe. Demgegenüber hält er die »Beherrschung des Trieblebens« für das weitaus bessere Mittel zur Bewältigung der eigenen Triebkonflikte. Im Unterschied zu Nietzsche, der stets vom Standpunkt des Ideals aus philosophiert, betont Freud jedoch, daß die Sublimierung »nicht allgemein verwendbar, sondern nur wenigen Menschen zugänglich ist. [...] Auch diesen Wenigen kann sie nicht vollkommenen Leidensschutz gewähren, sie schafft ihnen keinen für die Pfeile des Schicksals undurchdringlichen Panzer und sie pflegt zu versagen, wenn der eigene Leib die Quelle des Leidens wird« (GW XIV; 437 f.).

»Wissenschaftliche Weltanschauung« und Philosophie

Mit seiner Kulturkritik verband Freud eine Kampfansage gegen alle Formen von Irrtum, Illusion, Aberglauben, Vorurteil und Kollektivpathologie. Um die von ihm angestrebte Über-Ich-Korrektur auf breiter Basis leisten zu können, wandte er sich prinzipiell gegen »die Fabrikation von Weltanschauungen« und verglich sie mit einem Baedeker, der auf der Lebensreise über alles Auskunft geben solle. Selbst die modernsten dieser »Lebensführer« seien lediglich Versuche, »den alten, so bequemen und so vollständigen Katechismus zu ersetzen« (GW XIV, 123). Jeder von ihnen liege »eine intellektuelle Konstruktion [zugrunde], die alle Probleme unseres Daseins aus einer übergeordneten Annahme einheitlich löst, in der demnach keine Frage offen bleibt und alles, was unser Interesse hat, seinen bestimmten Platz findet« (GW XV, 170). Im Kontrast zu solchen fest gefügten, unerschütterlich wirkenden Denksystemen wie dem Animismus, den Religionen und schließlich der Philosophie habe die ›wissenschaftliche Weltanschauung‹ stets nur vorläufigen Charakter.

In den *Protokollen der Wiener Psychoanalytischen Vereinigung* schloß sich Freud der positivistischen Geschichtsphilosophie an, die die Philosophie als überholtes Stadium in der Fortschrittsgeschichte des menschlichen Geistes eingeordnet hatte. Nach Auguste Comtes Dreistadiengesetz durchläuft die Denkentwicklung der Menschheit nacheinander ein theologisches, ein metaphysisches und ein wissenschaftliches (positives) Stadium. Die Aufgabe des wissenschaftlichen Zeitalters sah Comte darin, sich von den noch bestehenden theologischen und metaphysischen Spekulationen zu befreien und der ›positiven‹ Methode, die empirisch, objektiv und antispekulativ sei, auf allen Gebieten zum Durchbruch zu verhelfen. In *Totem und Tabu* griff Freud auf eine von Tylor modifizierte Version des Dreistadiengesetzes zurück und unterschied drei große Weltanschauungen: die animistische, die religiöse und die wissenschaftliche (GW IX, 96). Fehlt hier das metaphysische Stadium, so hat Freud doch an anderer Stelle klargestellt, daß er die Philosophie »als ›survival‹ aus der Periode der religiösen Weltanschauung« betrachtet (B, 389).

Als Freud in der *Psychopathologie des Alltagslebens* erstmals davon sprach, daß »ein großes Stück der mythologischen (oder animistischen) Weltauffassung, die bis in die modernsten Religionen hinein reicht«, nichts anderes sei als »in die Außenwelt projizierte Psychologie«, stellte er eine Analogie mit der Paranoia her (GW IV, 287 f.). An diese Stellungnahme knüpfte er 1907 in einer Sitzung der Mittwoch-Gesellschaft an und brachte nunmehr die »Delirien« ins Spiel: Als »kombinierte Leistungen, denen das Systematische anhafte«, könne man sie »den großen (philosophischen) Systemen analogisieren« (Protokolle I, 141). Im weiteren wurden die philosophischen Denkleistungen auch mit zwanghaftgrüblerischem Denken (Übergewicht der Logik) und mit narzißtischer Selbstbezogenheit (Überhandnehmen der Selbstbeobachtung) in Verbindung gebracht.

In den Diskussionen des Wiener Freud-Kreises hat auch die Thematik der Pathographie von Philosophen eine wichtige Rolle gespielt, wobei besonders Nietzsche ins Blickfeld der Psychoanalytiker rückte (Protokolle I, 334 ff. u. II, 22 ff.). In dem Aufsatz »Das Interesse an der Psychoanalyse« (1913) äußerte sich Freud erstmals eingehend zu der Aufgabe, die Philosophie selbst zum Objekt der Psychoanalyse zu machen. Erst der Psychoanalyse sei es möglich, die subjektive und individuelle Motivierung von philosophischen Lehren« zu erkennen. Zudem könne sie »der Kritik selbst die schwachen Punkte des Systems anzeigen«. Diese Kritik durchzuführen, sei aber nicht Sache der Psychoanalyse, »denn, wie begreiflich, schließt die psychologische Determinierung einer Lehre ihre wissenschaftliche Korrektheit keineswegs aus« (GW VIII, 407).

Die in der Wiener Psychoanalytischen Vereinigung aufkommende Philosophiekritik fällt in eine Zeit, in der Freud sein ursprünglich auf Psychologie und Psychotherapie zentriertes Forschungs- und Anwendungsgebiet erheblich ausgeweitet und Brücken zu den »nicht psychologischen Wissenschaften« wie Sprachwissenschaft, Philosophie, Biologie, Entwicklungsgeschichte, Kulturtheorie, Kunstwissenschaft, Soziologie und Pädagogik geschlagen hat. Die »Anwendung« der Psychoanalyse in den Geisteswissenschaften gehörte nunmehr zu seinen erklärten Zielen.

In der berühmten Programmschrift des ›Wiener Kreises‹, die 1929 unter dem Titel »Wissenschaftliche Weltauffassung« veröffentlicht wurde, findet sich ein Bezug zu Freud: »Von der wissenschaftlichen Weltauffassung wird die metaphysische Philosophie abgelehnt. Wie sind aber die Irrwege der Metaphysik zu erklären? Diese Frage kann von verschiedenen Gesichtspunkten aus gestellt werden: in psychologischer, in soziologischer und in logischer Hinsicht. Die Untersuchungen in psychologischer Richtung befinden sich noch im Anfangsstadium; Ansätze zu tiefgreifender Erklärung liegen vielfach in Untersuchungen der Freudschen Psychoanalyse vor« (zit. nach Fischer 1995, 133). Der Begriff ›Weltauffassung‹ war hier in betonter Absetzung von dem metaphysisch vorbelasteten Terminus ›Weltanschauung‹ gewählt.

Wenige Jahre später, in der letzten seiner *Vorlesungen zur Einführung in die Psychoanalyse*, hat Freud – sicher in Kenntnis der Programmschrift des Wiener Kreises – ein Plädoyer für die ›wissenschaftliche Weltauffassung‹ gehalten, wobei er selbst überwiegend von ›wissenschaftlicher Weltanschauung‹ spricht. Da die Psychoanalyse ungeeignet sei, eine eigene Weltanschauung zu bilden, müsse sie die der Wissenschaft annehmen. Dabei wird die wissenschaftliche Weltanschauung programmatisch von der Philosophie abgegrenzt: »Die Philosophie ist der Wissenschaft nicht gegensätzlich, sie gebärdet sich selbst wie eine Wissenschaft, arbeitet zum Teil mit den gleichen Methoden, entfernt sich aber von ihr, indem sie an der Illusion festhält, ein lückenloses und zusammenhängendes Weltbild liefern zu können, das doch bei jedem neuen Fortschritt unseres Wissens zusammenbrechen muß. Methodisch geht sie darin irre, daß sie den Erkenntniswert unserer logischen

Operationen überschätzt und etwa noch andere Wissensquellen wie die Intuition anerkennt« (GW XV, 173).

Freuds Kritik bezieht sich im Kern auf den mangelnden Erfahrungs- und Wirklichkeitsbezug der philosophischen Erkenntnisse. Dabei versieht er die Methode der ›Intuition‹ durchgängig mit negativem Akzent, als ob sie bloß beiläufig und zufällig zustande käme, und kontrastiert sie mit der theoriegeleiteten Erkenntnis, die nur in mühsamer Detailforschung zu erringen sei. Die Intuition diene der Erfüllung von Wunschregungen, vermische sich allzu leicht mit Phantasien und Projektionen und müsse daher zu den »Illusionen« gerechnet werden. Es sei nicht angebracht, »diese Wünsche verächtlich bei Seite zu schieben oder ihren Wert fürs Menschenleben zu unterschätzen«. Aber es wäre doch »unrechtmäßig und in hohem Grade unzweckmäßig«, solchen Wünschen und Illusionen einen Einfluß auf die Erkenntnis zuzubilligen (GW XV, 172 f.). Da sich die Philosophen zudem der Eigendynamik abstrakt-logischen Denkens und (spekulativen) Theoretisierens überlassen, würden sie sich dadurch erst recht vom Boden der Realität entfernen. Auch sprachkritische Überlegungen spielen eine Rolle, wenn Freud auf die Gefahren aufmerksam macht, »die Beziehungen der Worte zu den unbewußten Sachvorstellungen zu vernachlässigen« (GW X, 303) und den »Wortzauber« (XV, 178) zu überschätzen.

In Freuds Philosophiekritik ist die damit verbundene Gefahr von Klischeebildungen nicht zu verkennen: Erkenntnistheoretisch gesehen wird die Philosophie mit negativen Konnotationen wie Intuition, Spekulation, Systembildung und Weltanschauung versehen, während die Wissenschaft der Sphäre von Wahrheit, Objektivität und empirischer Absicherung zugeordnet wird. Aus pathologischer Perspektive wird die Philosophie mit Krankheitsattributen wie narzißtischer Selbstbezogenheit, Grübelsucht und paranoider Projektion ausgestattet, während die Wissenschaft mit Besonnenheit, klarer Wahrnehmungs- und Denkfähigkeit sowie Realitätstüchtigkeit identifiziert wird. Im Lichte der positivistischen Geschichtsphilosophie erscheint die Philosophie als rückständig, während allein die Wissenschaft als fortschrittlich gilt. Man kann sich in diesem Zusammenhang fragen, ob Freud »nicht in der Darstellung wissenschaftlicher Objektivität und ihrer praktischen Resultate zum Teil selbst eine Idealisierung unterlaufen ist, ob Wissenschaft nicht auch zum Gegenstand des Wunschdenkens und der Interessen werden und dann nur den Schein der Neutralität und wertfreien Objektivität wahren kann« (Schöpf 1978, 256).

Der Mythos vom ›Anti-Philosophen‹ Freud

Angesichts seiner philosophiekritischen Stellungnahmen wurde Freud zu Recht als ›Anti-Metaphysiker‹ bezeichnet. Er stand damit keineswegs allein. Auch andere in der österreichischen Philosophie einflußreiche Denker wie Nietzsche, Mach, Husserl und Wittgenstein strebten nach einer Überwindung der traditionellen Metaphysik. Für alle diese Denker, so verschieden sie waren, erschien ›Wissenschaftlichkeit‹ wie eine Erlösungsformel. Man kann von einer »gemeinsamen Grundeinstellung« bzw. »Familienähnlichkeit« dieser Denker sprechen (vgl. Giampieri 1990, 41 ff.).

Die viel weitergehende Charakterisierung als ›Anti-Philosoph‹ (vgl. Herzog 1988) hat dagegen zu erheblichen Mißverständnissen geführt. Zweierlei ist dabei zu bedenken. Zum einen würde man mit der Annahme fehlgehen, Freud hätte von den Jugendjahren an eine gleichbleibend negative Einstellung zur Philosophie gehabt. Seine diesbezüglichen Äußerungen weisen vielmehr in den verschiedenen Perioden seiner Denkentwicklung unterschiedliche Akzentuierungen auf und sind keineswegs frei von Ambivalenz. Zum andern besteht eine Diskrepanz zwischen Freuds publizierten und seinen inoffiziellen, v. a. brieflichen Stellungnahmen zur Philosophie. Während z. B. seine Briefe an Eduard Silberstein und Wilhelm Fließ zeigen, daß er im Medizinstudium und auch noch in der Entstehungsphase der Psychoanalyse der Philosophie mit großer Aufgeschlossenheit und Interessiertheit begegnete, hat er diese frühen persönlichen Erfahrungen in seinen Publikationen »geradezu systematisch ausgeblendet« (Hemecker 1991, 10).

Der deutlichste Hinweis auf Freuds philosophisches Interesse in seiner Studienzeit findet sich in zwei Briefen an Fließ von 1896, die in der Entstehungsphase der Psychoanalyse geschrieben sind. Im ersten heißt es: »Ich sehe, wie Du auf dem Umwege über das Arztsein Dein erstes Ziel erreichst, den Menschen als Physiologe zu verstehen, wie ich im geheimsten die Hoffnung nähre, über dieselben Wege zu meinem Anfangsziel, der Philosophie zu kommen. Denn das wollte ich ursprünglich, als mir noch gar nicht klar war, wozu ich auf der Welt bin« (F, 165). Einige Monate später schrieb Freud noch pointierter: »Ich habe als junger Mensch keine andere Sehnsucht gekannt als die nach philosophischer Erkenntnis, und ich bin jetzt im Begriffe sie zu erfüllen, indem ich von der Medizin zur Psychologie hinüberlenke« (F, 190).

Diese Äußerungen lassen sich ihrerseits zurückbeziehen auf einen Jugendbrief von 1873, in dem er ankündigt, daß er das erste Universitätsjahr »ganz und gar auf rein humanistische Studien verwenden werde, die mit meinem Fach noch nichts zu tun haben« (S, 30). Damit waren sicherlich auch die philosophischen Studien bei Franz Brentano gemeint. Es hat damals nicht viel gefehlt, und Brentano hätte den Medizinstudenten Freud für die Philosophie gewonnen. Drei Momente an Brentanos Projekt einer ›wissenschaftlichen Philosophie‹, die als Charakteristika der österreichischen Philosophie von 1874 bis 1936 gelten können, dürften den jungen Freud besonders angesprochen haben: der Empirismus, die Einteilung der menschlichen Denkentwicklung nach dem Comteschen Dreistadiengesetz und die Systemfeindlichkeit (vgl. Fischer 1996, IX ff.; Stadler 1997). Am 7. März 1875 vertraut der 19jährige seinem Jugendfreund Silberstein an, daß »zumal unter dem zeitigen Einfluß Brentanos in mir der Entschluß gereift ist, das Doktorat der Philosophie auf Grund von Philosophie und Zoologie zu erwerben« (S, 109 u. 115). Diesem Vorhaben stand aber entgegen, daß man nicht gleichzeitig an der zoologischen und philosophischen Fakultät studieren durfte.

Freuds Ambivalenz gegenüber der Philosophie ist zwar in den Jugendbriefen da und dort spürbar. Eine deutlichere Abgrenzung von der Philosophie findet sich aber nur im Brief vom 9. September 1875, nachdem er von einer mehrwöchigen Englandreise zurückgekehrt war: »[...] die Bekanntschaft englischer wissenschaftlicher Bücher, die ich gemacht habe, wird mich veranlassen, mich in meinen Studien immer auf Seiten der Engländer zu halten, die nun einmal ein höchst günstiges Vorurteil bei mir haben [...] Gegen Philosophie bin ich mißtrauischer als je [...]« (S, 144 f.). Wahrscheinlich war der Eintritt in das physiologische Labor Ernst Brückes im Jahre 1876 entscheidend für Freuds Abkehr von der akademischen Philosophie. Gerade an diesem exponierten Ort wurde empirisches Vorgehen im Sinne strenger Beobachtung zum obersten Gesetz erhoben; jegliches Spekulieren und Theoretisieren war strikt untersagt.

Freuds Pathologisierung der Philosophie kommt erstmals in den Diskussionen der Wiener Psychoanalytiker zum Ausdruck. Die Protokolle zeigen eine betonte Gegenüberstellung von objektiver Wissenschaft und subjektiv verzerrter Philosophie. Wenn »Philosophie subjektive persönliche Weltansicht einzelner kranker Individuen« war, dann bedeutete dies eine Bestätigung des »Objektivitätsanspruches« der Psychoanalyse (vgl. Behrendt 1986, 19 u. 46). Man kann hier eine recht erfolgreiche Strategie erkennen, die

Freud dazu diente, den wissenschaftlichen Status der Psychoanalyse auf Kosten der Philosophie zu etablieren (Herzog 1988, 165).

Im Rahmen dieser Strategie ging Freud auch auf die Suche nach Verbündeten. So unterzeichnete er 1911 gemeinsam mit Ernst Mach, Albert Einstein, Josef Popper-Lynkeus u. a. einen Aufruf für die Gründung einer »Gesellschaft für positivistische Philosophie«. Das Anliegen dieser Gesellschaft war, wie es in einem Flugblatt hieß, »eine umfassende Weltanschauung aufgrund des Tatsachenstoffes vorzubereiten, den die Einzelwissenschaften angehäuft haben« (zit. nach Wucherer-Huldenfeld 1994, 187).

Im Spätwerk erklärt Freud, er habe »nach großem Umweg die anfängliche Richtung wieder gefunden« und begründet dies mit dem in den Jugendjahren übermächtigen Bedürfnis, »etwas von den Rätseln dieser Welt zu verstehen« (GW XIV, 290). Bemerkenswert ist, daß er wieder zu naturphilosophischen Betrachtungen (in *Jenseits des Lustprinzips*) und zur Religions-, Kultur- und Weltanschauungsphilosophie (in *Die Zukunft einer Illusion, Das Unbehagen in der Kultur, Über einer Weltanschauung* und *Der Mann Moses und die monotheistische Religion*) zurückkehrt. Wenn er dennoch an der Abgrenzung der Psychoanalyse von der Philosophie festgehalten hat, so lag dies wohl in erster Linie an seiner empiristischen Wissenschaftstheorie, die nicht frei von unaufgelösten Widersprüchen zu sein scheint. Freud befürchtete, eine philosophisch-hermeneutische Lesart der Psychoanalyse könnte einem »Subjektivismus« den Weg ebnen, »der nicht nur den von ihm stets betonten wissenschaftlichen Charakter seiner Schöpfung bedroht, sondern diese auch selbst ganz aushöhlt, indem sie dem subjektiven Belieben anheimgestellt wird« (Lohmann 1998, 106).

Aus heutiger Sicht hat sich die Spaltung zwischen Wissenschaft und Philosophie als zeitbedingt und irreführend erwiesen, da sie zu einem Jahrzehnte währenden »gegenseitigen Berührungstabu« und einer damit verbundenen »Reflexionsblockade« geführt hat (Schmidt 1995, 9), die es abzubauen gilt. Entgegen dem Mythos vom Antiphilosophen kann man Freud als einen »wirklichen Aufklärer im philosophischen Sinne« betrachten. Seine Bemühungen, philosophische Gedankengänge als Illusionen und Rationalisierungen unbewußter Wünsche zu entlarven, sind nach Horkheimer (1948/1987, 379) selbst Ausdruck einer philosophischen Grundhaltung: »Philosophie ist dann die Überzeugung, daß es ohne Wahrheit kein menschliches Leben gibt, und der Wille, die kompromißlose Wahrheit zum Leitprinzip des eigenen Lebens zu machen, diesem Ziel alle persönlichen

Interessen unterzuordnen. Philosophie bedeutet weiterhin die Fähigkeit, wirkliche neue Erfahrungen machen zu können, die Kraft, den hypnotischen Zauber herrschender Ideologien zu durchbrechen, der ertötenden Wirkung der Alltagsroutine auf unser Wahrnehmungsvermögen zu widerstehen und unserem Verständnis der Natur und der Menschheit neue Horizonte zu eröffnen«.

Abschließende Überlegungen

Betrachtet man den philosophischen Kontext, in dem Freuds Werk sich entwickelt hat, so fällt ein Licht auf Freuds eigene ›Philosophie‹, die in meinen Augen einen wesentlichen Bestandteil seiner Metapsychologie darstellt. Auch wenn sie in allen Kapiteln berührt worden ist, bedarf es wohl noch des Hinweises, daß man ihre philosophische Relevanz in ihrer ganzen Tragweite erst erkennen könnte, wenn man sie in Freuds Gesamtwerk und in seinen Briefen systematisch und detailliert freilegen und die Lesarten bedeutender Freud-Interpreten wie Binswanger, Ricœur, Adorno, Lorenzer, Marquard, Lacan, Derrida u. a. heranziehen würde (vgl. Nagl, Vetter & Leupold-Löwenthal 1990; Hegener 1997; Buchholz/Gödde 2005a, b).

Freuds Kritik an der Philosophie, die in manchen seiner Stellungnahmen als generalisierende Ablehnung erscheint, sollte besser als Kritik an bestimmten Schulen der Philosophie, v. a. der Bewußtseinsphilosophie, der spekulativen Metaphysik und den Systemdenkern (auch des Neukantianismus) verstanden werden. Auch die Phänomenologie, die existenz- und transzendenzorientierte Philosophie sowie die gesellschaftsorientierte Philosophie blieben ihm fremd. Aber die Nähe seines Denkens zu so wichtigen Richtungen wie der wissenschaftsorientierten Philosophie, der materialistischen, naturalistischen und atheistischen Anthropologie, der Ideologie- und Kulturkritik sowie der Philosophie des Willens bzw. Unbewußten ist unverkennbar. Wenn Psychoanalyse und Tiefenpsychologie auf ihre philosophischen Grundannahmen zugunsten einer klinisch-psychologischen oder wissenschaftlichen Orientierung verzichten oder sie schlichtweg verleugnen, würde dies nicht nur einen erheblichen Substanzverlust bedeuten, sondern die Gefahr mit sich bringen, von unreflektierten Philosophien oder Weltanschauungen eingeholt und vereinnahmt werden zu können.

Literatur

Behrendt, Gisela: *Psychoanalytische Philosophiekritik: Die philosophiekritischen Beiträge der ›Imago‹*. Essen 1986.
Bernfeld, Siegfried/Suzanne Cassirer Bernfeld: *Bausteine der*

Freud-Biographik. Eingel., hg. u. übers. von Ilse Grubrich-Simitis. Frankfurt a. M. 1981.

Brentano, Franz: *Psychologie vom empirischen Standpunkt*. Hamburg 1874.

Buchholz, Michael B./Günter Gödde (Hg.): *Macht und Dynamik des Unbewußten. Auseinandersetzungen in Philosophie, Medizin und Psychoanalyse*. Gießen 2005a.

–: *Das Unbewußte in aktuellen Diskursen. Anschlüsse*. Gießen 2005b.

Burkholz, Roland: *Reflexe der Darwinismus-Debatte in der Theorie Freuds*. Stuttgart-Bad Cannstatt 1995.

Dorer, Maria: *Historische Grundlagen der Psychoanalyse*. Leipzig 1932.

Fechner, Gustav Theodor: *Elemente der Psychophysik*. 2 Bde. [1860]. Leipzig ²1868.

Fischer, Kurt Rudolf (Hg.): *Das goldene Zeitalter der Österreichischen Philosophie*. Wien 1995.

Gay, Peter: *»Ein gottloser Jude«. Sigmund Freuds Atheismus und die Entwicklung der Psychoanalyse*. Frankfurt a. M. 1988 (engl. 1987).

Giampieri, Patrizia: Freud und die österreichische Philosophie. In: Nagl/Vetter u. a. 1990, 41–54.

Gödde, Günter: Freuds philosophische Diskussionskreise in der Studentenzeit. In: *Jb. der Psychoanalyse* 27 (1991), 73–113.

–: *Traditionslinien des Unbewußten. Schopenhauer – Nietzsche – Freud*. Tübingen 1999.

–: Die Öffnung zur Denkwelt Nietzsches – eine Aufgabe für Psychoanalyse und Psychotherapie. In: *Psychoanalyse. Texte zur Sozialforschung* 4, H. 7 (2000), 91–122.

Goldmann, Stefan: Von der »Lebenskraft« zum Unbewußten – Stationen eines Konzeptwandels der Anthropologie. In: Buchholz/Gödde 2005a, 125–152.

Hegener, Wolfgang: *Zur Grammatik Psychischer Schrift. Systematische und historische Untersuchungen zum Schriftgedanken im Werk Sigmund Freuds*. Tübingen 1997.

Hemecker, Wilhelm: *Vor Freud. Philosophiegeschichtliche Voraussetzungen der Psychoanalyse*. München 1991.

Herzog, Patricia: The Myth of Freud as Anti-philosopher. In: Paul E. Stepansky (Hg.): *Freud: Appraisals and Reappraisals*. Bd. 2. Hillsdale, New Jersey 1988, 163–189.

Horkheimer, Max: Ernst Simmel und die Freudsche Philosophie [1948]. In: Ders.: *Gesammelte Schriften*. Bd. 5. Frankfurt a. M. 1987, 396–405.

–: Das Schlimme erwarten und doch das Gute tun (Gespräch mit Gerhard Rein) [1972]. In: Ders.: *Gesammelte Schriften*. Bd. 7. Frankfurt a. M. 1987, 442–465.

Lindner, Gustav Adolf: *Lehrbuch der empirischen Psychologie als inductive Wissenschaft*. Wien ³1872.

Lohmann, Hans-Martin: *Sigmund Freud*. Reinbek 1998.

Lütkehaus, Ludger (Hg.): *»Dieses wahre innere Afrika«. Texte zur Entdeckung des Unbewußten vor Freud*. Frankfurt a. M. 1989.

Mann, Thomas: Schopenhauer [1938]. In. Ders.: *Essays*. Bd. 3. Frankfurt a. M. 1978, 193–234.

Marquard, Odo: *Transzendentaler Idealismus, Romantische Naturphilosophie. Psychoanalyse*. Köln 1987.

McGrath, William: *Dionysian Art and Populist Politics in Austria*. New Haven 1974.

Mertens, Wolfgang (2005): Das Unbewusste in der Kognitionspsychologie – wird damit Freuds Unbewusstes hinfällig? In: Buchholz/Gödde 2005b, 264–309.

Nagl, Ludwig/Helmuth Vetter/Harald Leupold-Löwenthal (Hg.): *Philosophie und Psychoanalyse. Symposium der Wiener Festwochen*. Frankfurt a. M. 1990.

Nietzsche, Friedrich: *Ueber Wahrheit und Lüge im aussermoralischen Sinne* [1873]. Kritische Studienausgabe (KSA), hg. v. Giorgio Colli und Mazzino Montinari, Bd. 1, 873–890.

–: *Zur Genealogie der Moral* [1887]. KSA 5, 245–412.

Pongratz, Ludwig: Bewußtsein und Unbewußtes. In: Ders.: *Problemgeschichte der Psychologie*. München ²1984, 85–243.

Protokolle der Wiener Psychoanalytischen Vereinigung, Bd. I, 1906–1908. Hg. von Herman Nunberg und Ernst Federn. Frankfurt a. M. 1976 (engl. 1962).

Protokolle der Wiener Psychoanalytischen Vereinigung, Bd. II, 1908–1910. Hg. von Herman Nunberg und Ernst Federn. Frankfurt a. M. 1977 (engl. 1967).

Schmidt, Nicole D.: *Philosophie und Psychologie. Trennungsgeschichte, Dogmen und Perspektiven*. Reinbek 1995.

Schnädelbach, Herbert: *Philosophie in Deutschland 1831–1933*. Frankfurt a. M. 1983.

Schöpf, Alfred: Die psychoanalytische Kritik Freuds am Philosophieren. In: *Perspektiven der Philosophie*. Bd. 3. Hildesheim/Amsterdam 1978, 251–274.

–: *Sigmund Freud*. München 1982.

Schorske, Carl E.: *Wien. Geist und Gesellschaft im Fin de Siècle*. Frankfurt a. M. 1982 (engl. 1980).

Schulz, Walter: *Philosophie in der veränderten Welt* [1972]. Stuttgart ⁶1993.

Stadler, Friedrich: *Studien zum Wiener Kreis. Ursprung, Entwicklung und Wirkung des Logischen Empirismus im Kontext*. Frankfurt a. M. 1997.

Sulloway, Frank J.: *Freud, Biologie der Seele. Jenseits der psychoanalytischen Legende*. Köln-Lövenich 1982 (engl. 1979).

Vaihinger, Hans: Wie die Philosophie des Als Ob entstand. In: Raymund Schmidt (Hg.): *Die deutsche Philosophie der Gegenwart in Selbstdarstellungen*. Bd. II. Leipzig ²1923, 183–212.

Wegener, Mai: Unbewußt/das Unbewußte. In: Karlheinz Barck u. a. (Hg.): *Ästhetische Grundbegriffe. Historisches Wörterbuch in 7 Bden*. Bd. 6. Stuttgart/Weimar 2000 ff., 202–240.

Wucherer-Huldenfeld, Augustinus: Philosophisches im Denken Sigmund Freuds. In: Ders.: *Ursprüngliche Erfahrung und personales Sein*. Wien/Köln/Weimar 1994, 149–337.

Zweig, Stefan: *Die Welt von Gestern* [1944]. Frankfurt a. M. o. J.

Günter Gödde

1.3 Die Wiener Moderne

Die Alten: Liberalismus und Realismus

»Kennen Sie die Geschichte von der alten Dame, die beim: *Ite, missa est*, immer mitsang: *Il y mit une ânesse*? Als eine Freundin sie auf diesen Irrtum aufmerksam machte, antwortete sie ihr, daß sie sich in viel zu vorgerückten Jahren befände, um etwas an ihren Gewohnheiten zu ändern. Gerade in derselben Lage bin ich der modernen Genialität gegenüber.« Die Quelle dieser kleinen Geschichte ist ein Brief der österreichischen Realistin Marie von Ebner-Eschenbach (1830–1916) aus dem Jahr 1889. Der Wortwitz ist typisch für die bei zeitgenössischen Autorinnen übliche Praxis der Selbstverkleinerung. Die Pointe – »Er hat eine Eselin dorthin gestellt« statt des liturgischen »Geht, ihr seid ausgeschickt« – trifft nicht nur die in die Welt gesandten Figuren des Werks; die damals fast sechzigjährige Schriftstellerin richtet sie auch selbstironisch gegen sich. Mit der »modernen Genialität« meinte sie beispielsweise die von der jüngeren Generation enthusiastisch gefeierte amoralische Größe Friedrich Nietzsches. Die Struktur der Anekdote entspricht dabei durchaus der von Freud zehn (oder fünfzehn) Jahre später beschriebenen Technik des Witzes (oder der Fehlleistung), sich der Klangähnlichkeit zu bedienen; auch eine (auto-)aggressive Tendenz ist bei dieser Verwechslung nicht zu leugnen. Was Marie von Ebner-Eschenbachs Brief darüber hinaus interessant macht: Der Adressat war kein anderer als der ihr befreundete Hausarzt Josef Breuer (1842–1925), der spätere Koautor Freuds; zu den *Studien über Hysterie* (1895) ist allerdings kein Kommentar Ebner-Eschenbachs überliefert. Die Stelle im Briefwechsel kündigt einen literatur-, medizin- und ideengeschichtlichen Epochenwechsel an; das »Ite, missa est« bekommt retrospektiv auch noch den Nebensinn einer Schlußformel für den österreichischen Spätrealismus, der im kommenden Jahrzehnt hinter neuen literarischen Richtungen zurücktreten mußte (Ebner-Eschenbach/Breuer 1969, 20 f.). Daß Breuer sich seinerseits von der psychopathologischen Forschung abwandte, gleichsam erschreckt von den Konsequenzen seiner eigenen Entdeckungen, macht die Briefpartner entschieden zu Vertretern der »Alten«: Die Marginalisierung ihrer ästhetischen wie humanistischen Ideale erlebten sie bewußt.

1889 war in der Literaturszene der Habsburgermonarchie von einem Paradigmenwechsel aber kaum noch etwas sichtbar geworden. Nach wie vor wurde die literarische Produktion vom »poetischen«, »bürgerlichen« Realismus dominiert. Dabei fällt auf, daß der österreichische Realismus das Merkmal der »Bürgerlichkeit« nur auf übertragene Weise erfüllt. Seine Vertreter gehören dem Adel an, wie Ebner-Eschenbach selbst, geborene Gräfin Dubsky, oder Ferdinand von Saar (1833–1906), der aus dem Beamtenadel stammte, aber, schwer verschuldet, nur durch die Gastfreundschaft und die Zuwendungen der österreichischen Hocharistokratie über Wasser gehalten wurde. Oder sie waren aus dem Bauernstand aufgestiegen, wie Ludwig Anzengruber (geb. 1839), der im Dezember 1889 starb, und Peter Rosegger (1843–1918): Anzengrubers Großvater hatte einen Hof in Oberösterreich, Roseggers Vater war steirischer Waldbauer. Andere wiederum kamen aus dem östlichen Kronland Galizien, wie Leopold Ritter von Sacher-Masoch (1836–1895), der in Lemberg, und Karl Emil Franzos (1848–1904), Sohn eines jüdischen Arztes, der in Czortkow geboren wurde.

Liegt ihre Herkunft ober-, unter- oder außerhalb des bildungsbürgerlichen deutschsprachigen Mittelstandes, so diffundieren auch ihre Werke geographisch wie gattungsmäßig. Marie von Ebner-Eschenbachs »Dorf- und Schloßgeschichten« sind häufig in Mähren, ihrem eigenen Herkunftsland, angesiedelt. Sie umzirkeln das Bürgertum durch die Schilderung der ländlich-feudalen Gesellschaft; das wohl berühmteste dieser Werke, *Das Gemeindekind*, war erst 1887 erschienen. Seit 1877 veröffentlichte Ferdinand von Saar seine *Novellen aus Österreich*, die ein zeitgeschichtliches Panorama Österreich-Ungarns geben. Gerade Saar hat man dabei eine besondere »tiefenpsychologische« Begabung zugesprochen, womit eine Darstellungstechnik gemeint ist, die sozialhistorische Veränderungen als Irritationen der Figurenpsyche aufzeichnet. Anzengrubers »Volksstücke« wiederum spielen im selben ländlichen Milieu wie seine Bauernromane, und Roseggers Erzählungen aus der »Waldheimat« wurden trotz oder gerade wegen ihrer folkloristischen Züge ungemein populär. Als quasi-ethnographische Studien können Franzos' »Culturbilder« und Sacher-Masochs »Ghetto-Geschichten« gelten; sie präsentieren eine bereits entfremdete Herkunftswelt. Die soziale bzw. ständische Palette und die Vielfalt der literarisierten Regionen machen den österreichischen Realismus zu einer kulturgeschichtlichen Chronik der Habsburgermonarchie, die dabei explizit oder implizit auch die sozialen, nationalen, konfessionellen und ethnischen Spannungen der franzisko-josephinischen Ära spiegelt.

Die genannten Autoren verbindet dabei, zumindest ursprünglich, ein liberales und sozialkritisches Interesse. Bei Ebner-Eschenbach zeigt es sich gelegentlich philanthropisch, bei Saar schopenhauerisch-melancholisch gefärbt. Während Anzengruber seine volksaufklärerischen und antiklerikalen Intentionen konsequenter als Rosegger durchhielt, haben Sacher-Masoch und Franzos dezidiert für die jüdische Emanzipation und gegen den sich seit den 1880er Jahren politisch organisierenden Antisemitismus geschrieben. Literarisch ist hier, trotz aller Dementis der Wirklichkeit, ein prinzipieller Fortschrittsoptimismus konserviert worden. Diesen Aspekt der österreichischen Literaturtradition hat Sigmund Freud später durchaus wahrgenommen, und zwar anhand eines Zitates von Anzengruber, den er einen »unserer besten Dichter« (GW VII, 220) nannte. Es handelt sich um den »köstlichen Ausdruck« des Steinklopferhans aus der Komödie *Die Kreuzelschreiber* (1872): »Es kann dir nix g'schehen«. Laut Freud ist eine solche in sich selbst begründete Zuversicht das Kennzeichen des »Helden aller Tagträume wie aller Romane« (ebd.). In Anzengrubers Stück fällt der Satz als Credo einer Diesseitsethik, die unberührt von konfessionellen Gegensätzen und kulturkämpferischen Antagonismen als liberales Lebensvertrauen schlichtweg existiert. Der Satz wurde zum geflügelten Wort und hat eine »erstaunliche Karriere« gemacht: Ihn zitierten Rosegger und Saar ebenso wie Hugo von Hofmannsthal, Stefan Zweig und Ludwig Wittgenstein (Rossbacher 1992, 212 f.). Freud nennt ihn nicht nur im Aufsatz *Der Dichter und das Phantasieren* (1908) – als die Überzeugung »Seine[r] Majestät d[e]s Ich« –, sondern erwähnt ihn auch noch in der Schrift *Zeitgemäßes über Krieg und Tod* (1915): Heldentum beruhe wohl häufig auf der im Unbewußten verankerten »Zusicherung des *Anzengruber*schen Steinklopferhanns« (GW X, 351).

Nun ist der Satz gewiß ein geradezu therapeutisch wirksames Manifest des österreichischen Liberalismus und seines Fortschrittsglaubens; proklamiert wurde es allerdings im Jahr vor der großen Krise der österreichischen Gründerzeit. Daß einem »nix g'schehn« könne, war für die Betroffenen des Wiener Börsenkrachs (1873) nicht mehr zu glauben. Das Trauma dieses Zusammenbruchs prägte noch die nächste Generation und war dafür verantwortlich, daß die Vorgeschichte der Moderne von ihren Vertretern nicht als eine fortschrittsoptimistische Vorstufe, sondern als ein trügerisches Zeitalter der Sicherheit erlebt wurde. Die Urteile der nächsten Generation waren hart. »Nicht ungestraft habe ich meine Kindheit und meine erste Jünglingszeit in einer Atmosphäre verbracht, die durch den sogenannten Liberalismus der 60er und 70er Jahre bestimmt war. Der eigentliche Grundirrtum dieser Weltanschauung scheint mir darin bestanden zu haben, daß gewisse ideelle Werte von vornherein als fix und unbestreitbar angenommen wurden, daß in den jungen Leuten der falsche Glaube erweckt wurde, sie hätten irgendwelchen klar gesetzten Zielen auf einem vorbestimmten Wege zuzustreben, um dann ohneweiters ihr Haus und ihre Welt auf sicherem Grunde aufbauen zu können«, kommentierte Arthur Schnitzler (Schnitzler 1968, 325). Stefan Zweig hat retrospektiv das »Vertrauen, sein Leben bis auf die letzte Lücke verpalisadieren zu können gegen jeden Einbruch des Schicksals«, als »optimistischen Wahn« und als »Traumschloß« bezeichnet (Zweig 1981, 16 f., 19).

Dieses harsche – und in jedem Fall verspätete – Urteil der nachgeborenen österreichischen Autoren hat wohl auch damit zu tun, daß sie die Auseinandersetzung mit der vorangegangenen Generation nicht über politische Kategorien führte. Das programmatische Votum für eine literarische Erneuerung, wie es

mit »revolutionärem Elan« von den rund um 1860 Geborenen in den 1880er Jahren im Deutschen Reich abgegeben wurde (Sprengel 1998, 108), blieb in der Habsburgermonarchie aus. Man hat vielfach davon gesprochen, daß die österreichische Literatur den Naturalismus gewissermaßen übersprungen habe. Richtig daran ist sicher, daß bestimmte Sujets und Milieus, etwa das verelendete Industrieproletariat, ebenso fehlten wie sozialistisch oder wissenschaftlich fundierte literaturtheoretische Konzepte. Ein revoltierendes, gar ödipales Aufbegehren gegen die literarischen Vorgänger hat es jedenfalls in Österreich nicht gegeben. Wenn dann doch so etwas stattfand wie eine dezidierte Erneuerungsbewegung, so ging sie erst einmal dezentral von Brünn, der Hauptstadt Mährens aus – und sie hat sich irrtümlich selbst erst einmal für »naturalistisch« gehalten.

Zwei Monate nach Marie von Ebner-Eschenbachs »ânesse«-Brief an Josef Breuer begann jedenfalls die Wiener Moderne. Im Sommer hatte sich der damals 22jährige Student Eduard Michael Kafka (1868–1893) an Hermann Bahr gewandt, um mit ihm »eine Literatur in Österreich« zu gründen (Rieckmann 1985, 17, 43–67). Am 1. Januar 1890 erschien daraufhin in Brünn die erste Nummer der Zeitschrift *Moderne Dichtung*. An dieser bescheidenen Stelle sollte sich die »moderne Genialität« in Österreich versammeln.

Beginn einer Parallelaktion

Tatsächlich schien es so, als ob die *Moderne Dichtung* – sie existierte nur ein Jahr lang, wurde ab April 1891 in Wien als *Moderne Rundschau* weitergeführt und mußte im Januar 1892 mit der Berliner *Freien Bühne für modernes Leben* fusioniert werden – Österreich nun endlich mit einer naturalistisch-realistischen Literatur vertraut machen wollte. Die ersten Beiträge von Autoren wie Arthur Schnitzler und Felix Salten (1869–1945) segelten gleichsam unter falscher Flagge. Begann hier die Wiener Moderne mit einem Etikettenschwindel, so war ihr zweites Forum ein traditionelles Familienblatt, die Zeitschrift *An der schönen blauen Donau*, die sich aufgrund der Agilität eines jungen Redaktors um »neue« Literatur kümmerte. Ab der Jahreswende 1889/90 trafen sich die zuerst »Junges Österreich« genannten Autoren in ihrer Redaktionsstube oder in dem Café Griensteidl gegenüber dem alten Burgtheater: neben Schnitzler und Salten der Gymnasiast Hugo von Hofmannsthal, Richard Beer-Hofmann, Felix Dörmann und andere. Ein weiterer wichtiger Etablierungsschritt war die »Ibsen-Woche« im April 1891: Die Aufführungsreihe von Henrik Ibsens Dramen mit ihrer Verurteilung der »Lebenslüge« wurde ebenfalls zum Fanal für eine »neue Richtung« der Literatur. Allerdings entwickelte sich jetzt ein deutliches Differenzkriterium zum Naturalismus: Bahr hatte Ibsen – aus dessen Händen er später übrigens das »Junge Wien« übernommen haben wollte – schon 1887 als literarischen Johannes bezeichnet, der einem »Erlöser« den Weg weisen sollte; jetzt erklärte er im Essay *Zur Überwindung des Naturalismus* (1891) die Zeit für eine Literatur gekommen, die über Naturalismus und bloßen Psychologismus hinaus das »Nervöse« zu ihrem Gegenstand machen solle.

Damit war die Wiener Moderne tatsächlich eingeläutet. Bei großer Theorieabstinenz der bestreffenden Autoren bestand Übereinkunft darüber, daß man sich der Introspektion, der Darstellung von Gefühlen und Stimmungen bis hinein ins Neurasthenische und »Hysterische« widmen wolle, wobei adäquate Darstellungsstrategien noch zu finden waren. Die »Nervenkunst« des »Jungen Wien« beabsichtigte eine Synthese von Ästhetizismus und Tiefenpsychologie. Ob sich die Autoren in der zeitgenössischen Psychologie kundig machten oder nicht, sie privilegierten die »Seelenstände« – so Hermann Bahrs Übersetzung von Henri Frédéric Amiels »états d'âme« – vor den »Sachständen« und erklärten damit eine Poetik für überholt, die Innerlichkeit nur aus dem Erzählerkommentar erschließen kann. Das hieß aber, daß sich die Texte nun jeweils eine eigene Bewußtseinstheorie zu geben hatten. Für die nächsten zehn Jahre entstand damit so etwas wie eine Parallelaktion zwischen der Literatur und Sigmund Freuds Theoriebildung. Daß die Autoren des Fin de siècle seine Ergebnisse dabei »antizipiert« oder »vorweggenommen« haben sollen, ist eine ungenaue Aussage, die sich das Verhältnis von Literatur und Psychoanalyse außerdem nicht anders zu denken vermag als in Kategorien der Rivalität: Die tiefere oder vollständigere Einsicht ins Unbewußte ist dabei das epistemologische Ziel, das offenbar nur im Wettbewerb erreicht werden kann. Tatsächlich generieren die Texte »Psychologien«, die einerseits auf ältere wissenschaftsgeschichtliche Positionen rekurrieren, sich andererseits ebenso von ihnen wie von der späteren Psychoanalyse unterscheiden. Eine literarische »Seele« ist zuletzt von uneinholbarer Alterität.

Die »Kontaktstelle« zu Freud bildete sich jedenfalls in einem nunmehr sehr dichten Milieu, das sich im Gegensatz zur vorangegangenen Generation homogenisiert hatte: Die Autoren lebten in Wien, das jetzt als habsburgische Metropole einen beschleunigten kulturellen Austausch bot; ihre Familiengeschichten

weisen ein oder mehrere gemeinsame Merkmale auf: Sie waren jüdischer Herkunft; die Großväter oder Väter hatten sich geographisch zentripetal aus der Provinz in die Metropole und sozial nach oben in den Unternehmer- oder Akademikerstatus bewegt; bei politischer Abstinenz traf sie der grassierende Antisemitismus; nach einem Studium fiel die Entscheidung für eine schriftstellerische Tätigkeit, auch weil der Zwang zum Broterwerb aufgeschoben werden konnte; ausgeprägte kulturelle Interessen verbanden sich im Zeichen der nun ausgerufenen »nervösen« Moderne gelegentlich mit einer Rezeption psychopathologischer Forschung. So verzeichnete der fünfzehnjährige Hofmannsthal bereits 1889 »Ankauf der Bücher von Lombroso, Krafft-Ebing, Interesse für Psychiatrie« (Hofmannsthal 1979/80, Reden und Aufsätze III, 313). Wegen seines Medizinstudiums stand Arthur Schnitzler den Anfängen der Psychoanalyse natürlich besonders nahe. Sechs Jahre jünger als Freud, studierte er teilweise bei denselben Professoren, zum Beispiel beim Psychiater Theodor Meynert. Als Redakteur der medizinischen Zeitschriften seines Vaters, der *Wiener Medizinischen Presse* und der *Internationalen klinischen Rundschau*, besprach Schnitzler zwischen 1886 und 1892 immer wieder Arbeiten von Jean Martin Charcot und Hippolyte Bernheim, darunter Charcots *Neue Vorlesungen über die Krankheiten des Nervensystems* und Bernheims *Neue Studien über Hypnotismus, Suggestion und Psychotherapie*, wobei er nie zu erwähnen vergaß, daß »Dr. Freud« die Texte »in ganz mustergiltiger Weise« (Schnitzler 1988, 215) ins Deutsche übertragen habe. Persönliche Zusammentreffen gab es damals bekanntlich noch nicht, obwohl die »Wiener Kreise« vielfache Überlappungen zwischen Kunst, Publizistik, Wissenschaft und Medizin bildeten – was auch als notwendiges Substrat für die erstaunlichen schöpferischen Leistungen in Wien um 1900 erklärt worden ist. Getrennt, aber ähnlich vorbereitet, ging man an die Exploration der nervösen Psyche.

Mit dem Erscheinen der *Traumdeutung* (1900) und ihrer (langsamen) Rezeption wird diese Phase abgeschlossen sein: Freuds Theorie wird fortan auf die Konzeption literarischer Figuren mehr und mehr Einfluß nehmen, auch dort, wo man der Psychoanalyse noch Widerstand entgegenbringt. Daß trotz vielfacher diplomatischer Beziehungen zwischen den Nachbargebieten stets auch Grenzziehungen vorgenommen wurden – und zwar beiderseits –, zeigt zugleich die Anfangsschwierigkeit der neuen Wissenschaft, sich zwischen Belletristik und orthodoxer Medizin zu positionieren. Ignoranz, sogar Vermeidung bleiben nicht aus: In den Beziehungen zu dem dann schon gealterten »Jungen Wien« wird Freud sich jahrzehntelang »vertreten« lassen, und zwar durch seinen Schüler Theodor Reik (1888–1969), der Monographien zu Schnitzler (1913) und Beer-Hofmann (1912, 1919) schrieb. Erst in den 1920er Jahren sollte es zu sporadischen Kontakten kommen. Trotzdem gehören die Autoren der Wiener Moderne und Freud in das gemeinsame intellektuelle Milieu der Habsburgischen Metropole, das durch krasse Ungleichzeitigkeiten von Innovationsschüben und traditionalistischer Beharrung gekennzeichnet war. Was beide Seiten einander jedenfalls zugestanden, war das vehemente Bestreben, die »Wahrheit« des Seelischen gegen die gesellschaftlichen Rededispositive durchzusetzen.

Notunterkunft der Seele: Hermann Bahr

Eine Schlüsselrolle nimmt dabei Hermann Bahr (1863–1934) ein, und zwar nicht nur als Mentor des »Jungen Wien«. Bahr galt schon vielen seiner Zeitgenossen als publizistischer Konjunkturritter. »Ich machte stets alle geistigen Moden mit, freilich nur solange sie noch nicht Mode waren [...]; über mich war verhängt, das Ringelspiel aller Irrtümer der Zeit kennenzulernen«, schrieb er rückblickend (Bahr 1918, 98 f.). Seine Bedeutung besteht unstreitig darin, Umstrukturierungen des literarischen Feldes ebenso frühzeitig erkannt zu haben wie den Bedarf an neuen Ausdrucks- und Deutungsmodellen des psychischen Geschehens. Verdienste erwarb er sich jedenfalls auch als Vermittler der europäischen Moderne nach Österreich. Als Sohn eines liberalen oberösterreichischen Landtagsabgeordneten in Linz geboren, scheiterte er als österreichischer Student zunächst an seinen deutschnationalen Umtrieben, schloß sich dann in Berlin (1884–1887) der marxistisch-sozialistischen Partei an und rezipierte während seines Aufenthaltes in Paris (1888/89) nicht nur Balzac und Zola, sondern vor allem symbolistische Autoren wie Baudelaire, Maeterlinck und Huysmans. Als eine Art literarisches Konkurrenzunternehmen zur Berliner Moderne begann er nach seiner Rückkehr nach Wien eine literarische Richtung zu etablieren, die Naturalismus und Symbolismus amalgamieren und dabei so etwas wie eine psychische Seismographie entwickeln sollte. Ob Bahr bei dem Zusammenschluß der Autoren des »Jungen Wien«, der immer sehr locker und unverbindlich blieb, wirklich eine so eminente Rolle gespielt hat, wie er nachträglich angab, steht zwar dahin, richtig ist, daß er ihre Werke nach Kräften gefördert und ihnen vor allen Dingen einen Verleger

verschafft hat, der ihre Publizität sichern konnte: Im Berliner Verlag von Samuel Fischer erschienen zwar eigentlich die Vertreter der *naturalistischen* Moderne – etwa Emile Zola, Henrik Ibsen und Gerhart Hauptmann –, aber auch die österreichischen Schriftsteller kamen – trotz einiger Friktionen im Laufe der Jahre – unter seinem Dach zu Renommee, für einige wurde S. Fischer zur lebenslangen Verlagsheimat.

Bahr hatte noch während seines zweiten Berlinaufenthalts 1890/91 seinen ersten, in Paris entstandenen Roman *Die gute Schule* (1890) dort untergebracht. In dem mit dem Untertitel »Seelenstände« versehenen Buch geht es um einen jungen Maler, der seinen neuen Kunstideen keinen Ausdruck verschaffen kann und sich statt dessen mit seiner Geliebten dem Sinnengenuß ergibt; diese Entwicklung endet in zynischer Frustration. Die zeitgenössische Kritik reagierte meist mit Empörung auf den gewagten Inhalt. Skandal machten etwa die geschilderten homosexuellen Beziehungen; die »konträren Sexualempfindungen« galten nach Richard von Krafft-Ebings *Psychopathia sexualis* (1886) den Zeitgenossen noch als klinische Phänomene. Dazu kam die sadomasochistische Praxis des Helden der *Guten Schule*, ein in der europäischen Dekadenzliteratur bereits vielfach thematisiertes Phänomen. Der Begriff »Masochismus« war allerdings erst im Jahr zuvor, in Krafft-Ebings *Neuen Forschungen zur Psychopathia sexualis* (1890), geprägt worden, und zwar in Beziehung auf Leopold von Sacher-Masochs Novelle *Venus im Pelz* (1869), durchaus zum Mißfallen des Verfassers. Bahr hingegen ging es gerade um die Provokation; er verstand Avantgarde als Tabubruch und versuchte, den thematischen Devianzen eine entsprechende Form zu geben.

Die betreffenden psychologisch-poetologischen Überlegungen entfaltete er kurz nach dem Erscheinen des Romans in dem Aufsatz *Die neue Psychologie* (1890). Mehr als die vom Naturalismus dargestellten äußeren Tatsachen interessiere die Menschen, so Bahr, die inneren Zustände. Die geforderte »neue Psychologie« dürfe dabei aber nicht wieder hinter die empirisch-naturalistische Präzision zurückfallen; sie müsse »deterministisch, dialectisch und decompositiv« sein. »Deterministisch« nannte Bahr die vom Naturalismus übernommene Tendenz, die Milieubedingtheit literarischer Figuren anzunehmen. Als »dialectisch« bezeichnete er den Versuch, der Komplexität des Seelenlebens gerecht zu werden und den Umschlag des einen in ein anderes Gefühl darzustellen. »Decompositiv« schließlich müsse das Verfahren sein, »indem die Zusätze, Nachschriften und alle Umarbeitungen des Bewußtseins ausgeschieden und die Gefühle auf ihre ursprüngliche Erscheinung vor dem Bewußtsein zurückgeführt werden«. Die neue Psychologie strebt das Paradox an, nicht verbalisierte »erste Elemente« der Psyche zu versprachlichen, »die Anfänge in den Finsternissen der Seele, bevor sie noch an dem klaren Tag herausschlagen«. Die traditionelle, reflektierte »Ich«-Erzählung könne der neuen Psychologie höchstens eine »Noth-Unterkunft« gewähren. Man müsse eine Form finden für »die Erscheinungen auf den Nerven und Sinnen, noch bevor sie in das Bewußtsein gelangt sind, in dem rohen und unverarbeiteten Zustande«. Mit einer Geschichte in dieser Technik wäre dann wohl eine staunenswerte »Intensität der Wahrheit« zu erreichen (Wunberg 1976, I, 92–101).

Im Roman *Die gute Schule* wird allerdings noch in der dritten Person erzählt. Bahr versuchte, sowohl die Distanz eines allwissenden Erzählers als auch die eines rückblickenden Ich zu vermeiden, um ein gleichsam unzensuriertes Bewußtseinsprotokoll des Helden zu geben. Psychologische Dissoziationsphänomene sollten dabei analog zur malerischen Technik der Impressionisten, also in einer diskontinuierlichen Abfolge einzelner Wahrnehmungspartikel, aufgezeichnet werden. Dies allerdings leistet sein Roman gerade nicht (Thomé 1993, 393–433). Verbalisierbar ist natürlich nur, was das Bewußtsein des Helden tatsächlich erreicht, so daß im Grunde doch nur seine nachträgliche Gefühlsreflexion zur Sprache kommen kann. Die Schwierigkeit oder Unmöglichkeit, psychische Vorgänge überhaupt triftig in Worte zu fassen, wird allerdings mitbedacht, weshalb *Die gute Schule* auch frühzeitige sprachkritische Impulse gegeben hat. Kann das Seelenleben des Helden schon durch die Versprachlichung immer nur »nachträglich« und mittelbar dargestellt werden, so hat man sich unter seinem »Unbewußten« die Gefühlsproduktion der Nerven zu denken, die, wenn sie stark genug ist, ohnehin die Schwelle zum Bewußtsein überschreitet. Eine Vorstellung von »vergessenen«, gar »verdrängten« Inhalten liegt hier also noch gänzlich fern, weswegen Bahrs *Neue Psychologie* kaum als Vorgriff auf die Psychoanalyse bezeichnet werden kann. Zum Ausdruck kommt allerdings die Einsicht, daß die Introspektion das Figurenbewußtsein nicht ausreichend erschließt. Bahr erkennt die Defizite einer »realistisch« plausibilisierten Figurenpsychologie, etwa das Manko, Phänomene wie Gefühlsambivalenzen zu motivieren. Insofern ist sein Buch ein Indikator für die »neuen« Fragen, die durch die »alte« empirische Psychologie und durch die »alte« realistische Erzählform nicht mehr zu beantworten waren. Auf beiden Seiten wurden die Antworten nicht mehr von ihm selbst entwickelt.

Hypnose, Träume und Kritik: Arthur Schnitzler

Der Vater Arthur Schnitzlers, Johann Schnitzler (1835–1893), war ein jüdischer *selfmade man*: Aus der ungarischen Kleinstadt Groß-Kanisza zum Medizinstudium nach Wien gekommen, arbeitete er sich zum Gründer und Leiter der Wiener Poliklinik hoch, ein modellhafter Aufstieg für einen Angehörigen der Gründer-Generation. Unter dieser väterlichen Musterhaftigkeit hatte Arthur Schnitzler (1862–1931) vielfach zu leiden, zumal er sein Medizinstudium mit weit weniger Erfolg betrieb und als Assistent und Redakteur seines Vaters aus dessen Schatten kaum heraustrat. Der Interessenskonflikt zwischen Medizin und »Poesie« löste sich für Schnitzler erst nach dem Tod seines Vaters, als die Entscheidung für eine literarische Laufbahn endgültig fiel. Daß Schnitzlers medizinische Erfahrungen aber nicht nur die Sujets vieler Werke lieferten, sondern auch seine literarische Anthropologie prägten, liegt auf der Hand. Sein Interesse für Psychopathologie und vor allem für die Hysterieforschung war dabei von Anfang an groß gewesen, womit sich Schnitzler auch durchaus von orthodoxen Positionen der Wiener Schule unterschied. An der Hals-Nasen-Ohren-Abteilung der Poliklinik führte Schnitzler 1888 Hypnoseexperimente durch, die zu seiner einzigen klinischen Schrift, *Über funktionelle Aphonie und deren Behandlung durch Hypnose und Suggestion*, führten. Die Protokolle von Schnitzlers Versuchsanordnungen verzeichnen vielfach phantastische Einfälle und fiktive Inszenierungen, weshalb eine Literarisierung der hypnotischen Explorationen nicht verwundert. Der berühmte Einakter *Die Frage an das Schicksal* (entst. 1889) aus dem *Anatol*-Zyklus (1893) setzt eine private Ausbeutung der experimentellen Situation in Szene: Von Eifersucht geplagt, glaubt der melancholische Lebemann Anatol seiner Geliebten Cora die Treuebekundungen nicht und versucht, die Wahrheit aus ihr herauszuhypnotisieren. Als er sie bereits in Schlaf versetzt hat, fehlt ihm aber der Mut, die möglicherweise bevorstehende Kränkung seines Selbstgefühls hinzunehmen, und er weckt sie auf, ohne die ominöse Frage gestellt zu haben. Geht die Pointe bereits ebenso auf seine Kosten wie auf die Coras, deren Untreue dem Zuschauer durch den Kontext suggeriert wird, so desavouiert die unbekümmerte Verletzung ihrer psychischen Privatsphäre letztlich den Experimentator. Auf den ersten Blick liefert der Einakter das Stichwort für eine folgenreiche Entdeckung, was Coras Psyche betrifft:

ANATOL Mir ist nämlich noch etwas eingefallen.
MAX Und zwar ...?
ANATOL Das Unbewußte! (Schnitzler 1962, Bd. 1, 38)

Coras »Unbewußtes« imaginiert Anatol dann natürlich nur als einen tranceartigen Zustand unkontrollierter Verführbarkeit; an ihre Fehltritte, heißt es schon zuvor, könne sie sich schlicht nicht erinnern. Obwohl auf Seiten Anatols sehr viel altvertraute, weitgehend schopenhauersche männliche Psychologie im Spiel ist, deutet sein recht populistisches Psychemodell immerhin voraus auf das »Unbewußte« als Topos von Triebrepräsentanzen, das vom Bewußtsein durch Verdrängungsleistungen getrennt ist. Die Affinität wie auch der entscheidende Abstand zu Freuds bewußtseinsunfähigem ›System Ubw‹ lassen sich dem Einakter recht präzise ablesen.

Das Hypnosethema hat Schnitzler nochmals aufgenommen und in ein historisches Kostüm gesteckt. Der Einakter *Paracelsus* (1898) spielt im Basel des beginnenden 16. Jh.s, wo der geheimnisumwitterte Wunderheiler auftaucht und prompt in einen Konflikt mit der orthodoxen Basler Fakultät gerät. Im klassischen Blankvers wird also die Kontroverse zwischen der Wiener Schule und der französischen Hysterieforschung verschlüsselt. Paracelsus ist aber keineswegs ein Held des Fortschritts: Er versucht, seiner ehemaligen Geliebten Justina in Hypnose einen Ehebruch zu suggerieren, um an ihrem spießbürgerlichen Ehemann Rache zu nehmen. Untreue offenbart sich hier nicht, wohl aber unerfüllte Triebwünsche; die Handlung findet dann doch noch zu einem etwas mühsamen happy end. Gegenüber der *Frage an das Schicksal* geht es nunmehr eindeutig um ein weibliches Unbewußtes. Vor 1900 markiert *Paracelsus* wohl die entschiedenste Annäherung von Literatur und Psychoanalyse. Justinas Schwester Cäcilia zeigt hysterische Symptome, die auf ihre unerwiderte Liebe deuten, will sich von Paracelsus aber nicht behandeln lassen. Der Einakter mag daher wirken wie ein literarisches Fallbeispiel der *Studien über Hysterie* (die Schnitzler allerdings erst 1903 gelesen hat); überliefert ist, daß Freud nach einem Besuch der Aufführung Erstaunen darüber äußerte, »wieviel von den Dingen so ein Dichter weiß« (Jones I, 402, 19. 3. 1898). Im *Bruchstück einer Hysterie-Analyse* (1905) kommt Freud dann nochmals auf *Paracelsus* zu sprechen: Schnitzler habe das Phänomen des Krankheitsgewinns dort sehr richtig an Cäcilia erläutert (GW V, 203, Fußnote).

Neben der Hypnose thematisiert Schnitzler vor 1900 auch noch mehrfach den Traum. Als eine – recht plakative – Form der Wunscherfüllung führt er ihn im historistischen Renaissance-Drama *Der Schleier der Beatrice* ein: Die Heldin, Tochter eines Bologneser Wappenschneiders, Geliebte des Dichters Filippo, sieht sich eines Nachts träumend als Herzogin, worauf Filippo sie als »Dirne [ihres] Traums« davonjagt – und ihr Wunsch unglaublicherweise in Erfüllung geht. Das ohnehin unter Konstruktions- und Plausibilisierungsmängeln laborierende Schauspiel hat es nie zu großem Erfolg gebracht, seine Einsicht in den Wunscherfüllungscharakter des Traums ist aber unstrittig:

> Doch Träume sind Begierden ohne Mut,
> Sind freche Wünsche, die das Licht des Tags
> Zurückjagt in die Winkel unsrer Seele,
> Daraus sie erst bei Nacht zu kriechen wagen [...]
> (Schnitzler 1962, Bd. 1, 576)

Was ausbleibt, ist jedoch die Darstellung einer Verschlüsselungstechnik im Traum: Beatrices Triebziel stellt sich vollkommen unverhüllt dar, »unbewußt« ist ihr lediglich die Existenz des Wunsches selbst.

An Schnitzlers Figurenpsychologie der 1890er Jahre lassen sich also in der Tat erstaunliche »Familienähnlichkeiten« (Ludwig Wittgenstein) zu Freuds sich entwickelnder Theorie entdecken. Für Schnitzlers Rezeptionsgeschichte ist es bezeichnend, daß er auf sein frühes »vorfreudianisches« Figurenrepertoire – Anatol, das »süße Mädel« – festgelegt wurde, wobei man deren psychische Befindlichkeit vielfach als Krisensymptom des »impressionistischen Menschen« interpretierte: Ihre Diskontinuitäts- und Depersonalisationserfahrungen wurden vielfach auf Ernst Machs empiriokritizistische Theoreme bezogen. Allerdings begann die Mach-Rezeption des »Jungen Wien« erst ab 1903, weshalb Machs Satz vom »unrettbaren Ich« ohnehin nur als nachträgliches Deutungsinstrument eingesetzt werden kann. Zur Attraktivität von Schnitzlers Frühwerk trug freilich die Möglichkeit bei, es als Ausdruck von Fin de siècle-Klischees von traumhaft-stimmungsvoller Sinnlichkeit zu lesen.

Die Lektüre der *Traumdeutung* im Frühjahr 1900 führte nun fraglos zu Veränderungen an Schnitzlers Figurenkonzeption, die er – insbesondere was ihre Träume betraf – von nun an psychoanalytisch konform zu halten versuchte, wie er fortan auch seine eigenen Träume zu beobachten, zu notieren und gelegentlich zu interpretieren pflegte. Die Novellen *Frau Berta Garlan* und *Lieutenant Gustl* (entstanden von Januar bis April bzw. im Juli 1900) zeigen bereits freudianische Spuren: Berta Garlan, eine Witwe aus der Provinz, deren neuerlicher Liebesversuch drastisch scheitert, träumt bereits gemäß psychoanalytisch definierter Gegebenheiten wie Tagesrest, Mischpersonen oder Weckreiz. Gustl, der sich von einem

Bäckermeister beleidigt fühlt und sich aus gekränkter Ehre umbringen zu müssen glaubt, offenbart sein beschränktes Bewußtsein in der von Schnitzler eingeführten Erzähltechnik des präsentischen »Inneren Monologs«, einer Montage von Gedankensplittern und Assoziationen, die vor- und unbewußte, meist aggressive, Regungen unmittelbar anschaulich werden läßt.

Gegen bestimmte psychoanalytische Theoreme machte Schnitzler aber lebenslang entschiedene Vorbehalte geltend. Aus den verstreuten Aufzeichnungen *Über Psychoanalyse* spricht auch massive Skepsis. Gegen eine »monomanische« Symboldeutung erhob er ebenso Einspruch wie gegen die Immunisierungseffekte in der Therapie. Da Schnitzler an einer spätaufklärerischen Position festhielt, die moralische Postulate an ein Minimum von Willensfreiheit und Bewußtseinsfähigkeit band, entwickelte er das Konzept eines »Mittelbewußtseins«, das eigener Exploration durchaus zugänglich sei. Seine Würdigung der Psychoanalyse schließt eine reservatio mentalis ein: »Sie hat die Kenntnis von der Seele erweitert, indem sie ermutigte, in Tiefen zu forschen, die früher [...] aus Feigheit oder Grauen nicht durchforscht wurden. [-] Sie hat zugleich den Fehler begangen, in diesen Tiefen sich länger aufzuhalten und unablässig darin zu wühlen, als nötig und als nützlich war« (Schnitzler 1976, 281). Diese Distanz – oder Abwehr – hatte auch mit Schnitzlers Überzeugung zu tun, daß die Dichtung der Psychoanalyse gegenüber nicht nur autonom, sondern auch überlegen sei: Die ästhetische Gestaltung des Seelischen entzog sich aus seiner Sicht in mehrfachem Sinn der Determination.

Auch auf Schnitzlers Seite bestand daher wohl die notorische »Doppelgängerscheu«, die Freud in einem berühmten Brief zu Schnitzlers 60. Geburtstag am 15. Mai 1922 konstatierte (Freud 1955, 97) und dafür verantwortlich machte, daß eine persönliche Begegnung bis dato nicht stattgefunden hatte. Freuds Fallbeschreibungen und Schnitzlers Novellen zeigen einen hohen Grad von Permeabilität zwischen Literatur und Psychoanalyse an; zu einer Durchdringung wollte es Schnitzler aber nicht kommen lassen. Auch als es im Anschluß an Freuds Brief zu mehreren Besuchen und Zusammentreffen kam, gab er seine prinzipiellen Vorbehalte nicht auf. Nach 1900 hatten sich seine Werke zunehmend mit sprachlichem Mißbrauch und psychischer Manipulation auseinandergesetzt; die Frage nach der individuellen Verantwortung mochte Schnitzler an kein Unbewußtes delegieren.

Mythos und Psyche:
Hugo von Hofmannsthal

Die Theorie von der infantilen Sexualität konnte Schnitzler aber durchaus gelten lassen. Daß sich die sexuellen Strebungen des Kindes »an das erste anders-geschlechtliche Wesen knüpfen, mit dem das Individuum in Beziehung tritt«, schien ihm »fast eine Banalität«. Nicht akzeptieren wollte er, daß Freud diese Selbstverständlichkeit just am antiken Mythos demonstrierte. Während Freud Ödipus' Unwissen mit dem Unbewußten des Zuschauers korreliert, besteht Schnitzler auf einer Trennung der mythischen Fabel und dem psychologisch-empirischen Phänomen: »nur, wenn das Sexualgefühl sich [wie im Mythos, K. F.] auch an der ungekannten Mutter verankern würde, hätte der sogenannte Oedipuskomplex seine tiefere metaphysische Bedeutung. Gerade die Oedipuspassage hat mit dem sogenannten Oedipuskomplex nichts zu tun. Oedipus liebt seine Mutter, ohne zu wissen, daß sie seine Mutter ist« (Schnitzler 1976, 278). Schnitzler hat sich hier noch geweigert, eine antike Anagnorisis auch auf dem neuen Territorium des Unbewußten stattfinden zu lassen. Wer ihn – und Freud – hier auf erstaunliche Weise überholte, war Hugo von Hofmannsthal.

Hofmannsthal (1872–1929) hatte sich der Gruppe des »Jungen Wien« noch als allseits gefeiertes Wunderkind angeschlossen. Urenkel eines geadelten jüdischen Unternehmers und einziges Kind des Direktors der Wiener »Bodencreditanstalt«, wuchs er mit allen Bildungsprivilegien auf. »Loris«, so das Pseudonym des Gymnasiasten, der unter eigenem Namen noch nicht publizieren durfte, erstaunte nicht nur durch seine poetische Begabung, sondern auch durch seine stupende Fähigkeit zur Aneignung von Lektüreinhalten. Außerordentlich rasch nahm er sowohl überlieferte Stoffe als auch zeitgenössische Wissenshorizonte auf. In der Beziehung zu Freud vertrat er ein Feld, das andere Autoren des Umfelds freilassen mußten: das der Antikenrezeption.

Die *Studien über Hysterie* hat Hofmannsthal offenbar relativ spät gelesen. Erst im Frühjahr 1902 entlieh er sie von Hermann Bahr. Die *Traumdeutung* ist in seiner Bibliothek erhalten, ein Lektürenachweis aber nicht überliefert. Wie Schnitzler, suchte Hofmannsthal allerdings auch in seinem »vorfreudianischen« Werk nach ästhetischen Lösungen, die zugleich die Forderung nach einer »neuen Psychologie« befriedigen konnten. Auf Hermann Bahrs Abhandlung verwies Hofmannsthal ausdrücklich in einer Rezension (1891) von Paul Bourgets *Physiologie de l'amour moderne*, an der er sehr präzise das Moderne-Syndrom von Ich-Spaltung und Dissoziation beschreibt – allerdings noch als »neuropathisches« Phänomen. Im selben Jahr präsentierte er eine solche »moderne«, nervöse, ins Gewand der Frührenaissance gekleidete Figur im Vers-Einakter *Gestern* (1891): Der Held Andrea vertritt programmatisch und generationstypisch das diskontinuierliche »Augenblicksbewußtsein« und stellt sich selbst als »Impressionisten« vor:

Hat nicht die Laune Wechsel, nicht die Kraft?
Erwacht und stirbt nicht jede Leidenschaft?
Wer lehrte uns, den Namen »Seele« geben
Dem Beieinandersein von tausend Leben?

Die Untreue seiner Geliebten Arlette, die sich ganz ähnlich auf eine Psychologie der Diskontinuität beruft – »Ein Abgrund scheint von gestern mich zu trennen, / Und fremd steh ich mir selber gegenüber« –, kann er aber nicht überwinden (Hofmannsthal 1979/80, Dramen I, 223, 242).

Während das kleine Proverbe noch die elegante Widerlegung des Helden unternahm, stellte Hofmannsthal in der Prosa der 1890er Jahre alltagspsychologische Annahmen von Kausalität und Kontinuität sehr viel radikaler in Frage. *Das Märchen der 672. Nacht* (1895) erzählt die Geschichte eines Kaufmannssohnes, der mit vier Domestiken auf dem Land in luxuriöser Zurückgezogenheit lebt – bis er sich gezwungenermaßen mit der Stadt und ihren Häßlichkeiten konfrontiert muß. Alptraumhaft bedrängende Bilder laufen vor ihm ab; vom Huf eines Pferdes getroffen, stirbt er am Ende. Der Verzicht auf psychologische Plausibilisierung gibt Rätsel auf; das Motivationsdefizit ist lange mit lebensphilosophisch-moralischen Erklärungen – der Kaufmannssohn geht an seiner Lebensvermeidung zugrunde – oder mit dem, durchaus plausiblen, Nachweis ödipaler Konfigurationen *avant la lettre* aufgefüllt worden. In Anbetracht der Entstehungszeit ließe sich die mentale Befindlichkeit des Kaufmannssohns hingegen auf Pierre Janets Begriff der »désagrégation« (1889), der Dissoziation der Persönlichkeit und des Zerfalls von Wahrnehmungs- und Willensfunktionen beziehen.

Die *Reitergeschichte* (1898) berichtet von Wachtmeister Anton Lerch, der mit seiner Schwadron 1848 das verlassene Mailand besetzt, sich dann absondert und durch ein verlassenes Dorf reitet. In seinem Bewußtsein wechseln sexuelle Phantasien und die Wahrnehmung extremer Häßlichkeit und Verwahrlosung. In einem entgegenkommenden Reiter erkennt er plötzlich sein eigenes Spiegelbild. Nachdem er einen Befehl seines Rittmeisters verweigert hat, wird er erschossen. Auch hier erwiesen sich nachträgliche tiefenpsychologische Interpretamente – wie Otto Ranks *Doppelgänger*-Studie (1925) oder C.G.

Jungs Archetypen-Lehre – als stringent. Die Geschichte selbst erzählt, wie ein »Bewußtsein [...] von vielfältigen Bildern [...] ganz überschwemmt« wird (Hofmannsthal 1979/80, Erzählungen, 131), und inszeniert diese Bilder nach einer bereits filmisch zu nennenden Ästhetik.

Das romantische Motiv des verschütteten Bergmanns, dessen unverwester Leichnam nach Jahrzehnten von seiner Braut wiedererkannt wird, bildet schließlich den Stoff für *Das Bergwerk zu Falun* (entstanden 1899). Hofmannsthals Elis steht zwischen der lebensverkörpernden Anna und der lockenden Unterwelt der Bergkönigin, der er schließlich erliegt. Wieder bieten sich tiefenpsychologische Topoi an; rückblickend deutete Hofmannsthal selbst den Protagonisten Elis – im Sinne von Herbert Silbers *Probleme der Mystik und ihrer Symbolik* (1914) – als einen, der sich der Gefahr der »Introspektion« ausliefert (Hofmannsthal 1979/80, Reden und Aufsätze III, 601) und an einen Abgrund gelangt.

Während Hofmannsthal in diesen Texten Seelisches in Symbolbildern inszenierte, die auch für die psychoanalytischen Forschungen relevant werden sollten, floß in die Konzeption von *Elektra* (1904) und von *Ödipus und die Sphinx* (1906) die Lektüre der *Hysterie*-Studien und der *Traumdeutung* unmittelbar ein. Daß Josef Breuers Fallgeschichte der Anna O. gewissermaßen als »Vorlage« diente, läßt sich an vielen hysteroiden Symptomen von Hofmannsthals Elektra zeigen. Von der Erinnerung an den Tod des Vaters getrieben, lebt sie in Erwartung der Rache an ihrer Mutter, verfällt nach Orestes Tat einem ekstatischen Tanz und bricht dann zusammen. Das zweite Antikenstück, *Ödipus und die Sphinx*, geplant als Vorspiel zu einer Ödipus-Trilogie, behandelt gewissermaßen die Vorgeschichte des sophokleischen Dramas: In Delphi hat Ödipus sein zukünftiges Schicksal in einem Traum gesehen, den ihm das Orakel gleichsam nur mehr auslegt: »Des Erschlagens Lust / hast du gebüßt am Vater, an der Mutter / Umarmens Lust gebüßt, so ists geträumt, / und so wird es geschehen« (Hofmannsthal 1979/80, Dramen II, 397). *Ödipus und die Sphinx* endet mit der Erringung Jokastes, *vor* der Erkenntnis und Selbstbestrafung. Die Verbindung zu Freuds Theorien haben die Zeitgenossen an *Elektra* wohl gesehen – mitunter wurde sie lapidar als »hysterisch« bezeichnet –, bei *Ödipus* erst spät und vereinzelt bemerkt. Daß Hofmannsthal die antiken Stoffe durch Psychoanalyse aktualisierte, wäre aber auch eine zu schlichte Formel für seine Syntheseleistung. Hofmannsthals hochkomplexe, auch durch das Studium von Johann Jakob Bachofen oder Erwin Rohde facettierte Mythendeutung integriert vielmehr die psychoanalytische Auslegung – ohne sich je darauf zu beschränken. An Hofmannsthals Texten zeigt sich generell am deutlichsten der prinzipielle Unterschied von Literatur zu zeitgenössischen Diskursen, die sie aufnehmen kann, um sich zugleich von ihnen abzuheben. Die Distanz zwischen Freud und Hofmannsthal hat sich mit Hofmannsthals späterer Utopie einer konservativen Kultursynthese wohl noch vergrößert.

Judentum und Unbewußtes: Richard Beer-Hofmann

Als Schiedsrichter in Fragen des guten Geschmacks galt im Kreis des »Jungen Wien« Richard Beer-Hofmann (1866–1945), Sohn eines Rechtsanwalts und selbst studierter Jurist; dem Typus des europäischen Dandy kam er in den Anfangsjahren wohl am nächsten. Sein Werk blieb demgegenüber schmal: In den 1890er Jahren veröffentlichte er lediglich zwei Novellen, *Camelias* (1891) und *Das Kind* (1893), eine dritte, *Der Tod Georgs* (entstanden 1893–1899) erschien 1900. Held der ersten ist der narzißtisch fixierte und neurotisch gehemmte Freddy, der die Heirat mit einem jungen Mädchen aus Bequemlichkeit verwirft, um bei seiner langjährigen Mätresse zu bleiben. *Das Kind* ist die uneheliche Tochter Pauls aus seinem Verhältnis zu einem Dienstmädchen; es wird zu Pflegeeltern gegeben und stirbt an Vernachlässigung, worüber sich Paul mithilfe einer lebensphilosophisch grundierten Einheitserfahrung mit der Natur tröstet.

Hatte Beer-Hofmann schon hier die egozentrische Selbststilisierung des Fin de siècle-Ästheten aufs Korn genommen, führt *Der Tod Georgs* den Helden Paul aus seiner solipsistischen Isolation. Konfrontiert mit den Erfahrungen von Tod, Alter und Häßlichkeit, findet sich Paul aus seinem subjektivistischen Universum geworfen – um sich am Ende auf seine jüdische Herkunft zu besinnen und die Verbundenheit mit seinen Vorfahren geradezu physisch zu erleben: »Denn über dem Leben derer, deren Blut in ihm floß, war Gerechtigkeit wie eine Sonne gestanden, deren Strahlen sie nicht wärmten, deren Licht ihnen nie geleuchtet, und vor deren blendendem Glanz sie dennoch mit zitternden Händen, ehrfürchtig ihre leiderfüllte Stirne beschatteten. [...] Und von ihrem Blute war auch er« (Beer-Hofmann [1900], 133 f.). Voraus geht aber noch ein kompliziert strukturierter Traum: Paul träumt, eine Frau zu haben, die im Sterben liegt; Kindheitserinnerungen steigen auf und werden abgelöst von der Vision eines syrischen Tempelfestes; Naturbilder wechseln mit perseverierenden Vorstellun-

gen grotesk entstellter Gealterter. Das Enigmatische dieser Passagen hat psychoanalytische Lektüren geradezu eingeladen. Pauls Entwicklung zum Sozialen hin ist daher auch schon als analytische Selbsttherapie gedeutet worden. Vorsichtigere Interpreten haben auf bestimmte Übereinstimmungen mit der zeitgleich entstehenden *Traumdeutung* aufmerksam gemacht und die Erzählung als ein besonders markantes Beispiel der Parallelaktion von Literatur und Psychoanalyse in den 1890er Jahren aufgefaßt. Tatsächlich überwiegen aber Divergenzen: Pauls Assoziativlogik, die eine Kette traumhafter Bilder generiert, gehorcht viel eher ästhetisch-kompositorischen als unbewußten Determinanten. Das psychische Geschehen, das sich zuerst in Stimmungsbildern entfaltet, erhält eine überpersönliche historische Dimension: »Alle Stunden, die kamen, formten so mit unablässigen Fingern eine Seele [...]. Weil aber nichts wiederkommen konnte, [...] war auch jede Seele die Hüterin von nie gesehenen, unerhörten, einzigartigen Wundern« (Beer-Hofmann [1900], 122). Darüber hinaus werden, in der Tat etwas unvermittelt, hereditäre, ja genealogische Faktoren eingeführt. Jedenfalls erscheint Pauls Seelenleben zuletzt nicht von individuellen Triebregungen, sondern von kollektiven Prägungen gesteuert.

Auch nach 1900 nahm Beer-Hofmann von der Psychoanalyse kaum Notiz. Umgekehrt merkte Freud, wieder in einem Gratulationsbrief, diesmal zu Beer-Hofmanns 70. Geburtstag am 10. Juli 1936, vorsichtig an, daß »nach manchem, was ich über Sie hörte, [...] viele bedeutsame Übereinstimmungen zwischen Ihnen und mir« bestehen müßten (vgl. Scherer 1993, 354–363). Beer-Hofmann, der ab 1905 an einem biblischen, nie abgeschlossenen Dramenzyklus, *Die Historie von König David*, gearbeitet hatte, konstituierte die Psyche seiner Figuren aber nun entschieden anders. Ihr »Unbewußtes«, wenn es denn eine Rolle spielt, ist nichts Innerpsychisches, sondern etwas Metaphysisches: Es wird zum Topos für den Anspruch Gottes.

Neurosen und Diätetik: Felix Dörmann, Leopold von Andrian, Peter Altenberg

In enger oder loser Verbindung zum »Jungen Wien« stand in den 1890er Jahren noch eine Reihe weiterer Autoren, deren Arbeiten ebenfalls um psychologische oder psychopathologische Fragen zentriert sind. Im Zeichen der Dekadenz wird »Nervosität« zur Bedingung von Kreativität; die Literatur begibt sich auf das Feld der Neurose, um dort ästhetische Ausnahmezustände herzustellen. Als frühe Verständigungstexte gehandelt wurden beispielsweise die Gedichtbände *Neurotica* (1891) und *Sensationen* (1892) von Felix Dörmann (1870–1928). Dörmann, großbürgerlicher Herkunft, war Redakteur, Baudelaire-Übersetzer und Theaterkritiker, blieb als Autor jedoch immer epigonal. Umso charakteristischer war der Erfolg der *Neurotica*, der sich jedoch auch einer (verspäteten) Beschlagnahme und einem Prozeß wegen Gotteslästerung und Unsittlichkeit verdankt. Die Gedichte sind unschwer als Imitate der europäischen Dekadenzdichtung erkennbar; ein völlig auf sich selbst konzentriertes Ego, das sich selbst als einen »seelensiechen, armen Mann« bezeichnet, breitet seine sexuellen Obsessionen und seine Todessehnsüchte aus: »meine Seele wurde krank geboren: / Ihr fehlt die Lust, die Kraft, der Muth zum Leben« (Dörmann [1891], 11, 16). In den *Sensationen* tritt dann die Seele selbst in »kothbesudeltem Purpurgewande« vor das lyrische Ich (Dörmann 1892, 45). Diese Lyrik spekuliert mit der Faszination einer »modernen« Symptomatologie, welche aber mit einer noch völlig konventionellen Seelen-Allegorik verbunden wird. Insgesamt lieferten die Bände ein diagnostisch einwandfreies Bild von »Neurasthenie« – ein Terminus, der erst Anfang der 1880er Jahre von George Beard eingeführt worden war; die Müdigkeits-Neurose wurde auf die »moderne« Überreizung zurückgeführt. Bei Dörmann wird dieses generationstypische Leiden allerdings nur ästhetisch ausgestellt.

»Ego Narcissus« lautet eins der Motti eines anderen Kultbuches der 1890er Jahre: *Der Garten der Erkenntnis* (1895) von Leopold von Andrian (1875–1951), bei S. Fischer verlegt, wurde außerordentlich hochgeschätzt. Andrian, Sohn eines Anthropologen, in Wiener Internaten erzogen, begann nach dem Studium eine diplomatische Karriere, womit seine Laufbahn als Schriftsteller auch schon wieder abgeschlossen war. Selbst depressiv und schwer hypochondrisch veranlagt, schilderte Andrian einen jungen Fürstensohn auf der Suche nach dem »Geheimnis des Lebens«; hypersensibel und nervenschwach, stirbt »der Erwin«, ohne diese Erkenntnis erreicht zu haben. Seine Morbidität legiert sich aber mit einem Schönheitskult, der alle Wahrnehmungen zu einem kostbaren Ensemble von Kunstgegenständen stilisiert. Die Distanzierung des Ich von der Außenwelt führt zu einer traumhaften und märchenartigen Atmosphäre und erweckt die Sehnsucht nach einem »Anderen«, einem verbotenen und geheimen Bezirk. Allerdings wird die Wirklichkeit schließlich selbst noch als Projektion und als narzißtische Spiegelung erkannt: »er selber war die Welt, gleich groß und gleich einzig wie sie, [...] er hoffte, daß [...] ihm aus ihrem Bildnis

sein Bildnis entgegen schauen würde« (Andrian [1895], 54). Vier Jahre, bevor Havelock Ellis den Begriff »Narzißmus« prägte, ist der Melancholiker Erwin Opfer einer narzißtischen Neurose. Dieses Leiden wird gleichsam im Gegenzug für die Ästhetisierung der Realität eingesetzt; Pathologie ist das Substrat der Ästhetik.

Eine therapeutische Antwort auf die Epochenkrankheiten suchte schließlich Peter Altenberg (1859–1919), der mit dem »Jungen Wien« nur lose verbunden war. Seine Schriftstellerkarriere begann, als S. Fischer 1896 den Band *Wie ich es sehe* herausbrachte, bereits in der für Altenberg typischen Form der kleinen lyrischen Skizzen. Sohn eines jüdischen Großhandels-Gesellschafters, scheiterte er an Studium und Buchhändlerlehre; wegen »Überempfindlichkeit des Nervensystems« wurde ihm Berufsunfähigkeit attestiert, was zur Trennung von seiner Familie führte. Als notorischer Bohemien in ständigen finanziellen Nöten und gesundheitlichen Krisen, ausgelöst durch Medikamenten- und Alkoholsucht, verfaßte er gleichwohl diätetische Ratschläge; den Band *Pròdrōmōs* (1906) nannte er den »ersten physiologischen Roman« und eine Vereinigung von Dichtung und Hygiene. Seine aphoristischen Tips zu Ernährung, Verdauung, Bewegung, Massage und Frischluftzufuhr stehen im Kontext der Reformkultur um 1900, haben aber mit einem Gesundheitsratgeber kaum etwas zu tun: Die Dringlichkeit der Ausrufesätze bezieht sich vielmehr auf die Schwierigkeit, das Konzept einer leib-seelischen Einheit gegen die zeittypische Erfahrung von Dissoziation und Fragmentierung zu halten – einer Fragmentierung, der schließlich auch die Form der Aufzeichnungen kongenial ist: »Unser Nervensystem trägt keinerlei Verantwortung für seine Moment-Impressionen. Jede Minute hat ihre eigenen Gesetze. Frage mich um 6 Uhr, was ich um 5 für ein Mensch war?!? Vielleicht ein höherer, vielleicht ein niedrigerer – – –« (Altenberg 1906, 206). Die Utopie der Selbstheilung scheitert an dem Umstand, daß der »Dyspepsie der Seele« in Eigenregie nicht mehr abzuhelfen war.

Allianz und Abwehr: Karl Kraus

Während Schnitzler und Hofmannsthal sich auf eine – wenn auch distanzierte – Beschäftigung mit der Psychoanalyse einließen, andere Autoren des »Jungen Wien« auf Freud kaum reagierten, gab es für eine kurze Zeit auch eine Art von Allianz – allerdings mit einem bereits Außenstehenden. Karl Kraus (1874–1936) hatte sich schon mit den Vertretern des »Jungen Wien« überworfen, als er sich kurzfristig in ein

Bündnis mit der Psychoanalyse einließ. Geboren 1874 im nordböhmischen Jicín als Sohn eines jüdischen Papierfabrikanten, der mit seiner Familie 1877 nach Wien übersiedelte, hatte Kraus in Wien Jura, Philosophie und Germanistik studiert und Anfang der 1890er Jahre Kontakte zu den Schriftstellern des »Jungen Wien« gehalten. Allerdings betrachtete man ihn von Anfang an nicht als unmittelbar zugehörig, und umgekehrt nahm Kraus heftigen Anstoß an Hermann Bahrs publizistischer Tätigkeit und seiner Novitäten-Propaganda. Bereits 1893 veröffentlichte Kraus, der im Jahr zuvor seine Maturitätsprüfung abgelegt hatte, eine Polemik gegen Bahr unter dem Titel *Die Ueberwindung des Hermann Bahr*, in dem er nicht nur dessen »absurde Sensationsriecherei und Originalitätshascherei« aufs Korn nahm, sondern auch die »patschuliwedelnden Decadencepinsche[r] und artigen Bologneserhündchen«, die Bahr auf dem Fuß folgten (Wunberg 1976, I, 392). Zum endgültigen Bruch kam es im November 1896, als Kraus' Polemik *Die demolirte Litteratur* in Fortsetzungen in der »Wiener Rundschau« zu erscheinen begann. Der Titel der Satire spielt auf das Kaffeehaus Griensteidl am Wiener Michaelerplatz an, das abgerissen (»demoliert«) werden sollte, ein Treffpunkt der Autoren des »Jungen Wien«, den Kraus bereits als Gymnasiast frequentiert hatte. Nun galt – und gilt – das Kaffeehaus als besonders kreatives Milieu, als inspirierende Halböffentlichkeit, als offenes Kommunikationsforum, das die erstaunliche Produktionsdichte der Wiener Künstler überhaupt erst ermöglicht haben soll. Kraus räumte mit den folkloristischen Aspekten des Topos ebenso auf wie mit den Manierismen der Autoren; Ziel seiner Angriffe ist die Überstilisierung von Texten und Personen.

Im Jahr 1901 sollten sich Karl Kraus und Hermann Bahr dann auch als Prozeßgegner gegenüberstehen. Inzwischen hatte Kraus eine eigene, legendär gewordene Zeitschrift, *Die Fackel*, gegründet, in der er österreichische Zustände, vor allem im Pressewesen, aufs schärfste attackierte. Das erste Heft erschien im April 1899; ab 1911 alleiniger Verfasser, sollte Kraus bis zu seinem Tod die notorischen roten Hefte als Waffe gegen Rückständigkeit und Verlogenheit einsetzen, und zwar vielfach in der Form des kommentierten oder unkommentierten Zitats: Die korrumpierte Sprache verriet von selbst die Korruption ihrer Subjekte oder Sujets. Besonders heftige Angriffe richtete Kraus auch gegen die Rechtsprechung in Sittlichkeitsfragen. Den juristischen Eingriff ins Intimleben bei gleichzeitiger Doppelmoral in eroticis kritisierte er als »unselige Heuchelei« und attackierte eine Gesittung, welche »die Geldheirat erstrebenswerth

und die Geldbegattung verächtlich findet, die Frau zur Dirne macht und die Dirne beschimpft, die Geliebte geringer werthet als die Ungeliebte« (Kraus, *Die Fackel* 115, 17. September 1902, 23 f.). Tatsächlich bestand in der habsburgischen Hauptstadt eine Praxis der sexuellen Libertinage – um 1890 schätzte man die Zahl der Prostituierten in Wien auf 25.000 –, begleitet von einem scheinheiligen öffentlichen Diskurs. In vielen Polemiken richtete sich Kraus nun einerseits gegen die Unterdrückung vor allem der weiblichen Sexualität durch Schweigegebote und Sanktionen, andererseits gegen die Veröffentlichung und Vermarktung der Privatsphäre durch Justiz und Presse.

In der Opposition gegen die gesellschaftliche Scheinmoral schien es nun die Möglichkeit eines Bündnispartners zu geben. Im Oktober 1904 nahm Freud mit Kraus Kontakt auf und beglückwünschte ihn zu seinen Stellungnahmen zum neuesten »Sittlichkeitsskandal«. Kraus' Gesellschaftskritik und Freuds psychoanalytische Einsichten konvergierten in ihrem aufklärerischen Impetus, und Freud schlug Kraus im November 1906 ausdrücklich vor, daß »wir wenige« zusammenhalten sollten – eine Allianz der Vernunft gegen die gemeinsamen Gegner, die amoralisch zensurierenden gesellschaftlichen Instanzen und deren Widerstände, stand in Aussicht (Worbs 1983, 149–177; Timms 1986/1995, 141–174).

Diese Hoffnung bestand aber nur kurz; Kraus' Skepsis gegenüber einer doktrinären Verfestigung psychoanalytischer Theoreme nahm rapide zu; auf die Selbstimmunisierung des Analyseverfahrens reagierte er polemisch, wozu auch noch ein Zerwürfnis mit dem Freud-Schüler Fritz Wittels (1880–1950) kam. Ohne daß Freud je persönlich angegriffen wurde, mehrten sich in der *Fackel* nun die satirischen Ausfälle gegen seine Theorie; sie gipfelten im wohl berühmtesten psychoanalysekritischen Aphorismus: »Psychoanalyse ist jene Geisteskrankheit, für deren Therapie sie sich hält« (Kraus, *Die Fackel* 376/377, 30. Mai 1913, 21). Noch in Kraus' *Traumstück* (1922) singt der Chor der »Psychoanalen« vom »eignen Defekt«. Vollkommen untolerierbar war für Kraus das Eindringen wilder Interpreten in die für ihn geheiligten Gebiete der Dichtung: »Man glaubt, daß Gedichte / der Genius verrichte, / das ist blauer Dunst. / Privat onanieren / und für die Welt sublimieren / no ist das eine Kunst?« (Kraus 1989, 99). Auch dieser Bruch zwischen Kraus und der Psychoanalyse ist ein Ausdruck eines Autonomiebeharrens seitens der Literatur. Die ästhetische Höhe der Wortkunst wollte Kraus seinerseits als Tabuzone gesichert wissen; psychoanalytischen Deutungswünschen mußte er hier als schärfster Zensor entgegentreten.

Grenzverkehr zur »Nachbarmacht«: Robert Musil

Für Robert Musil (1880–1942) und Stefan Zweig (1881–1942) brauchte es keinen »freudian turn« mehr zu geben. Obwohl nur wenige Jahre jünger als Kraus, gehörten sie zur »zweiten Generation« der österreichischen Moderne. Ihre Werke wuchsen mit der Entwicklung von Freuds Arbeiten mit; wiewohl der Beginn der Freud-Lektüre nicht eindeutig nachgewiesen werden kann, gilt für beide Autoren, daß Kenntnisse der Psychoanalyse, wenn vielleicht auch in indirekter und popularisierter Form, bereits zu den Voraussetzungen ihres Frühwerks gehörten.

Für Robert Musil wurde Wien erst mit Verspätung Zentrum von Leben und Werk. In Klagenfurt geboren, studierte er in Brünn Maschinenbau, in Berlin Philosophie und Psychologie und lebte erst ab 1911 in der habsburgischen Hauptstadt. Sein erster Roman, *Die Verwirrungen des Zöglings Törleß* (1906), enthält Reminiszenzen seiner Internatszeit an der Militär-Oberrealschule in Mährisch-Weißkirchen: Törleß, dessen pubertäre Sinnlichkeit sich zuerst an die Besuche bei der Prostituierten Božena heftet, wird Zeuge sadistischer Praktiken zweier Mitschüler an dem Kadett Basini und verfällt damit einer tiefen Krise; später wird er von Basini verführt. Den Einfluß Freuds auf dieses Werk meinte man zweifelsfrei feststellen zu können, wobei der sichere Nachweis von Textkenntnissen bei Musil zu dieser Zeit noch fehlt. Daß Musil zumindest von den *Hysterie*-Studien Notiz genommen hatte, ist allerdings vorauszusetzen; er hatte die Hinweise wohl bei Ernst Mach, über den er dissertierte, und Otto Weininger gefunden. Weiningers Monographie *Geschlecht und Charakter* (1903), die bei einem biologischen Geschlechtsdimorphismus beginnt und bei einer fanatisch verfochtenen ontologischen Geschlechterpolarität endet, war von außerordentlicher Wirkung auf die Zeitgenossen; die Idee einer männlich-geistigen Sublimierungsleistung, die der bedrohlichen weiblichen Sexualität gegenübersteht, hat noch in der Zwischenkriegszeit vielfache Wurzeln in dieser obsessiven Schrift. Wie immer vermittelt, sind die Affinitäten zwischen Törleß' Empfindungen und Freuds Basisannahmen zum Ödipus-Komplex ganz offensichtlich. Die »Ideenverschlingung« (Musil 1978, 6, 33), die sich für Törleß zwischen seiner Mutter und Božena einstellt, wird ungemein plastisch geschildert und wirkt wie eine Vorwegnahme von Freuds Studie *Über einen besonderen Typus der Objektwahl beim Manne* (1910): Zum eigenen Entsetzen werden Mutter und Hure in einen ebenso peinigenden wie zwingenden Zusammenhang gestellt (Corino 1973, 151 ff.). Törleß, von dessen Position zwischen Realitätsverdopplung und Ich-Spaltung aus es auch den Vorschein einer »zweiten«, rational nicht zugänglichen Wirklichkeit gibt, entzieht sich am Ende den »Verwirrungen« und legt sie als vergangene Phantasmen gewissermaßen ad acta.

Musil, der sich in der Folge nicht nur mit der Terminologie von Pierre Janet und Charcot vertraut zeigte, sondern auch immer genauere Kenntnis der Psychoanalyse erwarb, teilte eine prinzipielle Einschätzung der Schriftsteller-Seite: daß die Psychoanalyse Redefreiheit für Tabubezirke erkämpft, mithin auch dem Literarischen geöffnet hatte: »Die Psychoanalyse hat bewirkt, daß über das Sexuelle (das bis dahin der Romantik und der Niedrigkeit überlassen war) gesprochen werden könne: das ist ihre ungeheure zivilisatorische Leistung« (Musil 1955, 573). Dieser Dank verband sich aber mit sehr komplizierten Abwehroperationen, da Musil zugleich davon ausging, daß die Psychoanalyse der Literatur umgekehrt auch den Boden entzog. Um 1926 notierte er: »Die Wissenschaft nimmt ihr Terrain ab, die Psychoanalyse ist nur solange eine finster drohende u lokkende Nachbarmacht für den Dichter als er wenig von ihr versteht u sie ein Durcheinander von wissenschaftl. Genialität u. Journalismus bildet. Sobald ein psychol. Gebiet geklärt ist, wird es ebensowenig dichtbar sein wie eine umständliche Beschreibung der Wunder einer Elektrisiermaschine« (Musil 1978, 8, 1404).

Gegenüber der »Nachbarmacht« besteht Musil auf Souveränität. Kritische, auch spöttische Bemerkungen fallen bei ihm späterhin nicht nur gegen die Psychoanalyse und ihre Immunisierungsstrategien, sondern vor allem gegen die psychoanalytische Literaturinterpretation: »Personen eines Dichtwerks wie lebende Menschen behandeln ist die Naivität des Affen, der in den Spiegel greift« (Corino 1973, 125). Diese ausdrückliche Distanznahme behält sich nicht nur Autonomie vor, sondern auch das Recht, die Psychoanalyse ihrerseits für eine »Teilwahrheit« (Musil 1978, 3, 1018) zu halten. Auf General Stumm von Bordwehrs Aufmarschplan des Geistes, von dem *Der Mann ohne Eigenschaften* hinreißend ironisch erzählt, wäre ihr Urheber als ein »Ideenbefehlshaber« (Musil 1978, 2, 374) unter anderen anzusehen.

Zum Abschied: Stefan Zweig

1881 als Sohn eines Wiener Textilunternehmers geboren, ist Zweig seit 1904 als Novellist, als historischer Biograph, als Autor von Persönlichkeitsbildern und Übersetzer hervorgetreten. Ein großer Reisender

und mit vielen seiner europäischen Zeitgenossen verbunden, setzte er sich nach dem Weltkrieg für pazifi-
stische und paneuropäische Ideen ein. Er verstand
sich selbst als Hermeneut großer Geister und verschiedener Völker und entwickelte in dieser Vermitt-
lerfunktion eine literarische Psychologie, die auf eine
konsequente und konsensuelle Plausibilisierung historischen Handelns aus ist. Nicht von ungefähr hat
seine Darstellung der Psychoanalyse daher ihre »an-
stößigsten« Züge entfernt und gemildert. Wenn die
Literatur in Gestalt von Stefan Zweig der Psychoanalyse ihren Dank abstattet, dann tut sie es nicht, ohne
ihrerseits zensurierend in Freuds Theorie einzugrei-
fen.

Ein direkter Kontakt zu Freud bestand seit 1908;
ab damals sandte man einander die Neuveröffent-
lichungen zu. Zweigs Essayband zu Hölderlin, Kleist
und Nietzsche, *Der Kampf mit dem Dämon* (1925),
ist Freud gewidmet. Im Briefwechsel mit Freud tritt
Zweig als Sprecher für eine freudianisch geprägte
Epoche auf: »Ich gehöre zu der geistigen Generation,
die kaum jemandem so sehr für Erkenntnis verschuldet ist als Ihnen«, schrieb er ihm im März 1920, und
im September 1926: »Sie haben, wie zahllosen einzelnen Menschen der Literatur einer ganzen Epoche *die
Hemmungen weggenommen*. Dank Ihnen *sehen* wir
vieles, – Dank Ihnen *sagen* wir vieles, was sonst nicht
gesehen oder gesagt worden wäre. [...] Und wir werden nie diesen großen Eröffner verleugnen« (Zweig
1989, 130, 142) – womit er die ödipale Revolte von
vornherein dementierte. In dieses durchaus patriarchalisch geprägte Schüler-Lehrer-Verhältnis ist Freud
denn auch mit Interesse an den Fortschritten und
wohlwollender, aber entschiedener Kritik eingetreten. Die Korrespondenz, in der Freud Zweigs Werke
ja nicht deutet, sondern seinen Deutungen historischer Persönlichkeiten aus professioneller Sicht zu-
stimmt oder nicht, markiert tatsächlich eine neue
Stufe der Kooperation zwischen Literatur und Psychoanalyse.

Allerdings hatte dieses Verhältnis, selbst psychoanalytisch betrachtet, auch seine Vertracktheiten:
Daß Zweig in wortreicher Bewunderung Freud zum
Heros machte und verklärte, ist offensichtlich; daß er
damit sein eigenes Ich-Ideal projizierte und eine »heroische Identifizierung« vollführte (Cremerius 1975),
erscheint plausibel; daß dabei auch eine unterdrückte
Auflehnung im Spiel war, läßt sich nicht von der
Hand weisen. Umgekehrt reagierte Freud mit vielsa-
genden Distanzierungen. In seinem eigenen Psycho-
porträt aus Zweigs Band *Heilung durch den Geist*
(1931) wollte er sich nur bedingt erkennen; bei späterer Gelegenheit machte er Zweig diskret darauf auf-

merksam, daß auch zwischen dem Biographen und
seinem Gegenstand Übertragung stattfindet (Zweig
1989, 173; Hoffer 1994). Zweig hatte einen asketischen Wahrheitsfanatiker erdichtet, der sich ausschließlich um die menschlichen Nachtseiten küm-
mert. Von dieser seiner eigenen Projektion wandte er
sich am Ende ab, um trotz aller Hochachtung vor
Freud eine »Psychosynthese« herbeizuwünschen, die
dem Menschen auch Trost und Erhebung spenden
könnte. Hier wird Psychoanalyse mit den Qualitäten
der Literatur, allerdings der vormodernen, übertrumpft. Wie Arthur Schnitzler seinerzeit seinen Biographen Reik wissen ließ: »Über mein Unbewußtes
[...] weiß ich aber immer noch mehr als Sie« (Urban
1975, 240 f.), so entgegnete diesmal Freud: »der Kerl
ist doch etwas komplizierter« (Zweig 1989, 154). Auf
dem Feld der Biographie lieferten sich Literatur und
Psychoanalyse also ein Patt: Während der Schriftsteller beanspruchen muß, daß Lebensgeschichte mehr
ist als die Psychographie der betreffenden Person,
kennt der Analytiker noch die unbewußten Strebungen des Biographen. Auch die Konkurrenz um die
gültigere Vermittlung von Lebens- und Werkge-
schichte mußte unentschieden ausgehen.

Schon 1934 gab Zweig seinen Salzburger Wohnsitz
auf, um nach London zu ziehen, wo er nach Ausbruch des Zweiten Weltkriegs die britische Staatsbür-
gerschaft annahm. Im Juni 1938 hat er den aus Wien
vertriebenen Freud dort begrüßt. In ihrer beider Heimat war der aufklärerische Impuls ihres Schaffens auf
tragische Weise gescheitert; weltweit war ihr Ruf unangefochten. Am 14. September 1939 richtete Zweig
seinen letzten Brief an den »Freund und Meister«.
Zwölf Tage später hat er an Freuds Sarg Abschieds-
worte gesprochen, deren Ambivalenz ihnen nichts
von ihrer Gültigkeit nimmt: »Sitte, Erziehung, Philosophie, Dichtkunst, Psychologie, alle und alle Formen geistigen und künstlerischen Schaffens und seelischer Verständigung sind seit zwei, seit drei Generationen durch ihn wie durch keinen zweiten unserer
Zeit bereichert und umgewertet worden – selbst die
von seinem Werk nicht wissen oder gegen seine Erkenntnisse sich wehren, selbst jene, die niemals seinen Namen vernommen, sind ihm unbewußt pflich-
tig und seinem geistigen Willen untertan. Jeder von
uns Menschen des zwanzigsten Jahrhunderts wäre
anders ohne ihn in seinem Denken und Verstehen,
jeder von uns dächte, urteilte, fühlte enger, unfreier,
ungerechter ohne sein uns Vorausdenken, ohne jenen
mächtigen Antrieb nach innen, den er uns gegeben«
(Zweig 1989, 188, 250).

Literatur

Altenberg, Peter: *Pròdrŏmŏs*. Berlin 1906.

Andrian, Leopold: *Der Garten der Erkenntnis* [1895]. Zürich 1990.

Bahr, Hermann: *1917. Tagebuch*. Innsbruck 1918.

Beer-Hofmann, Richard: *Der Tod Georgs* [1900]. Paderborn 1994.

Berlin, Jeffrey B. (Hg.): *Turn-of-the-century Vienna and its legacy*. Berlin/Wien 1993.

Brix, Emil/Allan Janik: *Kreatives Milieu. Wien um 1900*. München 1993.

– /Patrick Werkner (Hg.): *Wien um 1900. Aufbruch in die Moderne*. München 1986.

Corino, Karl: Ödipus oder Orest? Robert Musil und die Psychoanalyse. In: Uwe Baur/Dietmar Goltschnigg (Hg.): *Vom »Törless« zum »Mann ohne Eigenschaften«*. München/Salzburg 1973, 123–235.

Cremerius, Johannes: Stefan Zweigs Beziehung zu Sigmund Freud, »eine heroische Identifizierung«. In: *Jahrbuch der Psychoanalyse* 8 (1975), 49–89.

Dörmann, Felix: *Neurotica* [1891]. Leipzig ³1894 [Erstaufl. in Dresden].

–: *Sensationen*. Wien 1892.

Ebner-Eschenbach, Marie von/Dr. Josef Breuer: *Ein Briefwechsel, 1889–1916*. Hg. v. Robert A. Kann. Wien 1969.

Faure, Alain: Sigmund Freud et Stefan Zweig. In: *europe* 73 (1995), 794/5, 83–87.

Fischer, Jens Malte: *Fin de Siècle. Kommentar zu einer Epoche*. München 1978.

Freud, Sigmund: *Briefe an Arthur Schnitzler*. [Hg. v.] Henry Schnitzler. In: *Die Neue Rundschau* 66 (1955), 95–106.

Fuchs, Albert: *Geistige Strömungen in Österreich 1867–1918*. Wien 1949.

Greve, Ludwig/Werner Volke (Hg.): *Jugend in Wien. Literatur um 1900* [1974]. Marbach ²1987 (Sonderausstellungen des Schiller-Nationalmuseums 24).

Hoffer, Peter T.: Stefan Zweig, Freud, and the Literary Transference. In: *Literature and Psychology* 40 (1994), 1/2, 10–23.

Hofmannsthal, Hugo von: *Gesammelte Werke*. Hg. v. Bernd Schoeller. Frankfurt a.M. 1979/80.

Jones, Ernest: *Das Leben und Werk von Sigmund Freud*. 3 Bde. Bern/Stuttgart 1960–1962 (engl. 1953–1957).

Kraus, Karl: *Die Fackel* [1899–1936]. Reprint München 1968–1976.

–: *Dramen*. Frankfurt a.M. 1989.

Leiß, Ingo/Hermann Stadler: *Wege in die Moderne 1890–1918* [1997]. München ²1999.

Le Rider, Jacques: *Das Ende der Illusion. Die Wiener Moderne und die Krisen der Identität*. Wien 1990.

Lorenz, Dagmar: *Wiener Moderne*. Stuttgart/Weimar 1995.

Musil, Robert: *Gesammelte Werke*. 9 Bde. Reinbek 1978.

–: *Tagebücher, Aphorismen, Essays und Reden*. Hg. von Adolf Frisé. Hamburg 1955.

Nagl, Johann Willibald/Jakob Zeidler/Eduard Castle (Hg.): *Deutsch-Österreichische Literaturgeschichte. Ein Handbuch zur Geschichte der deutschen Dichtung in Österreich-Ungarn*. Bd. 4: Von 1890 bis 1918. Wien 1937.

Nautz, Jürgen/Richard Vahrenkamp (Hg.): *Die Wiener Jahrhundertwende. Einflüsse, Umwelt, Wirkungen*. Wien/Köln/Graz 1993.

Rasch, Wolfdietrich: *Die literarische Décadence um 1900*. München 1986.

Rieckmann, Jens: *Aufbruch in die Moderne. Die Anfänge des Jungen Wien. Österreichische Literatur und Kritik im Fin de Siècle*. Königstein, Ts. 1985.

Rossbacher, Karlheinz: *Literatur und Liberalismus. Zur Kultur der Ringstraßenzeit in Wien*. Wien 1992.

Scheible, Hartmut: *Literarischer Jugendstil in Wien*. München/Zürich 1984.

Scherer, Stefan: *Richard Beer-Hofmann und die Wiener Moderne*. Tübingen 1993.

Schnitzler, Arthur: *Die Dramatischen Werke*. 2 Bde. Frankfurt a.M. 1962.

–: *Jugend in Wien. Eine Autobiographie*. Hg. v. Therese Nickl u. Heinrich Schnitzler. Wien 1968.

–: Über Psychoanalyse. [Hrsg. von Reinhard Urbach.] In: *Protokolle* 1976, 2, 277–284.

–: *Medizinische Schriften*. [Hg. v.] Horst Thomé. Wien 1988.

Schorske, Carl E.: *Geist und Gesellschaft im Fin de Siècle*. Frankfurt a.M. 1982 (engl. 1980).

Sprengel, Peter: *Geschichte der deutschsprachigen Literatur 1870–1900. Von der Reichsgründung bis zur Jahrhundertwende*. München 1998.

Sprengel, Peter/Gregor Streim: *Berliner und Wiener Moderne. Vermittlungen und Abgrenzungen in Literatur, Theater, Publizistik*. Wien u.a. 1998.

Thomé, Horst: *Autonomes Ich und ›Inneres Ausland‹. Studien über Realismus, Tiefenpsychologie und Psychiatrie in deutschen Erzähltexten (1848–1914)*. Tübingen 1993.

Timms, Edward: *Karl Kraus. Satiriker der Apokalypse. Leben und Werk 1874–1918*. Wien 1995 (engl. 1986).

– /Ritchie Robertson (Hg.): *Vienna 1900. From Altenberg to Wittgenstein*. Edinburgh 1990.

Urban, Bernd: *Hofmannsthal, Freud und die Psychoanalyse. Quellenkundliche Untersuchung*. Frankfurt a.M. 1978.

– (Hg.): Vier unveröffentlichte Briefe Arthur Schnitzlers an den Psychoanalytiker Theodor Reik. In: *Modern Austrian Literature* 8 (1975), 3/4, 236–247.

Worbs, Michael: *Nervenkunst. Literatur und Psychoanalyse im Wien der Jahrhundertwende*. Frankfurt a.M. 1983.

Wunberg, Gotthart (Hg.): *Das junge Wien. Österreichische Literatur- und Kunstkritik 1887–1902*. 2 Bde. Tübingen 1976.

Zeman, Herbert (Hg.): *Die österreichische Literatur. Ihr Profil von der Jahrhundertwende bis zur Gegenwart (1880–1980)*. 2 Tle. Graz 1989.

Zweig, Stefan: *Die Welt von Gestern. Erinnerungen eines Europäers* [1944]. Frankfurt a.M. 1981.

–: *Über Sigmund Freud. Porträt – Briefwechsel – Gedenkworte*. Frankfurt a.M. 1989.

Konstanze Fliedl

1.4 Anfänge der modernen Sexualwissenschaft

Sexualwissenschaft in einem aufklärerischen Sinne kann es nur geben, wenn drei Voraussetzungen historisch erfüllt sind: (1) Der *Mensch* ist als selbstmächtiges Subjekt zum erkenntnistheoretischen Problem geworden. (2) Die *Wissenschaft* hat den Durchschlagsgrad eines Objektivs erreicht und liefert einen neuen, allgemein verbindlichen Maßstab zur Untersuchung und Beurteilung des Geschlechts- und Liebeslebens. (3) Das bisherige Geschlechts- und Liebesleben ist als Problem von anderen menschlichen Vermögen und Aktivitäten abgegrenzt und überwiegend als *Sexualität* zur gesellschaftlichen Form geworden.

Die erkenntnistheoretische Geburt der Sexualform

In den zwei bis drei Jahrzehnten vor und nach 1800 ereignete sich nach übereinstimmender Auffassung namhafter Philosophen ein epistemologischer Bruch: Der Mensch *als solcher* trat als selbstmächtiges Subjekt in die Ordnung des Wissens, die sog. Episteme. Vor dieser Schwellenzeit gab es kein erkenntnistheoretisches Bewußtsein vom Menschen als solchem. Weil die vorausgegangene Episteme kein spezifisches und eigenes Gebiet des Menschen isolierte, konnte Foucault in *Les mots et les choses* (1966/1971, 373) sagen: »Vor dem Ende des achtzehnten Jahrhunderts existierte der Mensch nicht.«

Erst jetzt traten Objektbereiche und Subjektvermögen ins Zentrum des Wissens, die uns epistemologisch noch vertraut sind, die aber wieder zurückzutreten scheinen: Arbeit und Arbeitskraft, Leben und Lebenswille, Sexualität und Sexualtrieb, Sprache und Sprachvermögen. Die fundamentale Opposition von Leben und Tod, von Lebendigem und Nichtlebendigem tauchte auf; Biologie konnte entstehen. Das Organische wurde zum Lebendigen, das produziert, indem es wächst und sich reproduziert; das Anorganische wurde zum Nichtlebendigen, das unfruchtbar und bewegungslos mit dem Tod zusammenfällt. Zwei Jahrhunderte später sind die Oppositionen nicht mehr fundamental, weil Leben und Tod diversifiziert wurden und ineinander übergehen. Und der Status des Subjekts ist epiphänomenal. Es ist nicht Herr – und schon gar nicht Frau – im eigenen Haus und in den Systemen, kein Integral, geschweige denn Konstituens. Im Zentrum der System-, Bedeutungs- und Bewußtseinskonstitution stehen Objektive (vgl. Sigusch 2005c, 192 f.), die »Subjektivität«, gedacht als allgemeines, »Personalität«, gedacht als besonderes, und »Individualität«, gedacht als einzelnes Selbstbewußtsein, deplazieren, in eine exzentrische Position zwingen.

Kein Wunder also, daß Sexualität als eine kulturell allgemein durchgesetzte, isolierte und dramatisierte Form nur in den europäisch-nordamerikanischen Arbeits- und Lebensgesellschaften entstand, eine Tatsache, die bis heute auf Weltkongressen der Sexuologie oder der Gesundheitsförderung für Verwirrung sorgt. Die Sexualform, die wir kennen, bildete sich als erkenntnistheoretisches, moralisches, ästhetisches, medizinisches und psychologisches Problem heraus, als sich die religiöse von der epistemischen

Sphäre trennte. Eine profane Weltsicht begann, mit Hilfe einer Reflexionsphilosophie und vieler Wissenschaften, die wie Pilze aus dem Diskursboden schossen, die neuen Fragmente, Körper, Seele, Sexualität, Selbstbewußtsein usw., ganz anders zu ordnen. Das Gefühl der Sexualität *als solcher* entstand – und die Voraussetzung der Undinge Erfahrungs-Seelenkunde, Subjekt-Sexuologie und Psycho-Analyse.

Vor diesem und verschränkt mit diesem Prozeß ereignete sich eine Anti-Masturbations-Kampagne, die einen eigenmächtigen, schwer zu kontrollierenden Akt durch Allo- und Autopathologisierung in eine nicht mehr versiegende Quelle von Fahrlässigkeit und Schuld der bewachenden und erziehenden Erwachsenen, von Schwäche und Lebenshypothek der Heranwachsenden sowie von Gestört- und Abnormsein beider transferierte, ein beängstigender Prozeß, der Überwachungs- und Reparaturmächte notwendig machte. Diese Kampagne zeigt, wie das bürgerliche Subjekt im Moment seines Entstehens zerrissen wurde, sich selbst zu vernichten suchte, paradoxerweise durch lustvolle Sensationen, die selbst für Kant (1797/98, 1803) zur Selbstschändung und Selbstvernichtung geworden waren.

Indem die Wonne des sog. Soulaschierens (heute: Onanieren) ausgetrieben wird, werden die Traktierten sexualisiert, und das Orgiastische läßt sich in den Fahndungsorgien nieder. Jetzt beginnen die Soulaschanten zu wissen, daß das, was ihnen eine ebenso harmlose, weil unproblematisierte Wohllust bereitet hatte, eine Wollust ist, die entweder in die überirdisch-seelische Hölle führt oder ins irdisch-körperliche Verderben – bis einem mit Tissot (1758/1760) das Hirn in der Schale rasselt. Das Wort ›Masturbation‹ erinnert noch an beide Zu- und Abflüsse, und das »Hand-an-sich-Legen« kann als Tertium comparationis von Selbsterregung und Selbstmord gelesen werden.

Die bis in die 1960er Jahre anhaltende Kampagne zeigt auch, wie die bürgerliche Sexualform im Moment ihres Entstehens dadurch deformiert wird, daß sich in ihr alte Raster der Sündhaftigkeit und des Verbrechens mit neuen des Viehischseins, der Unnatürlichkeit, der Unkontrolliertheit, der Entgleisung und Verschleuderung kostbarster Lebensgüter, des Raubbaues an sich selbst, der Dysfunktionalität und der Abnormität zu einem monströsen Konstrukt aus Unzucht/Delinquenz/Laster/Störung/Krankheit verschränken. Andererseits konnte eine allgemeine Sexualform nur entstehen, weil die Not der Menschen in der experimentell-ökonomischen Tausch- und Wissensgesellschaft nicht mehr überwiegend Hungersnot war und weil gleichzeitig alle menschlichen

Vermögen isoliert und als solche vergesellschaftet wurden. Nach und nach wurde die »sexuelle Frage«, nur ein Teil der »sozialen«, nicht mehr darauf begrenzt, »Selbstschändung« und Zwittrigkeit zu beseitigen, Zweigeschlechtlichkeit zu installieren und die Fort-»Pflanzung« je nach herrschendem Kalkül an- oder abzustellen.

Die Fabrikation des »Sexualwesens Mensch«

Am Ende des 19. Jh.s fiel die sexuelle Frage mit der Frage nach dem Sinn des Lebens, nach Glück und Leidenschaft, nach erregter Harmonie, nach dem Verhältnis von Mensch zu Mensch als einem menschlichen zusammen. Dazu konnte es nur kommen, weil die Bourgeoisie die Idee der freien, gleichen individuellen Geschlechtsliebe als einen neuen sittlichen Maßstab in die Welt gesetzt hatte: Liebe als ein Menschenrecht beider, des Mannes und der Frau, Liebe als freie Übereinkunft autonomer Subjekte, die Gegenliebe beim geliebten Menschen voraussetzt, Liebesverhältnisse als Gewissensverhältnisse von Dauer wie von Intensität.

Der hellhörige Hegel (1798, 268 f.) schrieb zu Beginn des bürgerlichen Zeitalters: »Das Bild besserer, gerechterer Zeiten ist lebhaft in die Seelen der Menschen gekommen, und eine Sehnsucht, ein Seufzen nach einem reineren, freieren Zustande hat alle Gemüter bewegt und mit der Wirklichkeit entzweit.« Das Gefühl der Not wird unerträglich, das Bedürfnis nach Veränderung gewaltig. Der Deutsche Karl Heinrich Ulrichs (1864), der Männer liebt, und der Italiener Paolo Mantegazza (1873), der Frauen liebt, drücken es aus, seufzen nach einem »reineren, freieren Zustande«, geben der Wissenschaft den Auftrag, das Geschlechtswesen Mensch jetzt auch als Liebes- und Sexualwesen zu erforschen und für beide »bessere, gerechtere Zeiten« zu erkämpfen.

Die Gegenwart erschien als »Zeitgeist«, als vorübergehend, als ein »allmähliche[s] Zerbröckeln« (Hegel 1807, 18). Mentalitäten und Begriffe der Veränderung entstanden: Bewegung, Krise, Entwicklung, Fortschritt, Emanzipation, Revolution usw. Da aber der autonome Bürger, der schon im Prozeß seines Entstehens zerfiel, »mit der Wirklichkeit entzweit« blieb, nicht zuletzt weil er das weibliche Geschlecht zum Sexus sequior, das heißt zum zweiten, abgeleiteten Geschlecht, degradierte, hielt das »Seufzen« an, verschwand die Not des Lebens nicht, verloren die Menschen das Gefühl des Unbehagens in der Kultur nicht. Und so schleppten sie sich von sexueller Revolution zu sexueller Revolution. Unverändert aber geht es bei uns seit zwei Jahrhunderten, anders als in anderen Kulturen, vorrangig um das materielle und manifeste und nicht um das immaterielle und spirituelle Befriedigen von Gier und Neugier. Leibhafte Bedürfnisse werden nicht wie in der europäischen Antike und im alten China maßvoll reflektiert begrenzt oder gar wie im alten Indien kunstvoll beseitigt; sie werden vielmehr maß- und kunstlos befriedigt, und zwar im allgemeinen auf einem niedrigen Ritualitäts- und Reflexivitätsniveau, um nicht zu sagen: auf dem Niveau einer Kulturbeutel-Kultur.

Den ihr angemessenen Namen, einen Kollektivsingular, der die zahllosen Vorgänger von Venus bis Nisus (heute: am ehesten Trieb) verschlingt, erhält die kulturelle Sexualform erst im 19. Jh. Erst dann wird das Adjektiv »sexuell« (wie das Adjektiv »modern«) in den europäischen Sprachen substantiviert: »Sexualität / sexualité / sexuality« gibt es zuerst bei den Pflanzen, dann bei den Tieren, eine epistemische Mitgift, die nach wie vor kausale Schatten wirft. Das Hauptwort »Sexualität« findet sich weder in der Bibel noch bei Homer noch bei Shakespeare. Für die Sexualwissenschaft ist das kein Nebenbefund, sondern die Sache selbst: Vergesellschaftung von Geschlecht und Liebe, von Eros, Minne, Wollust, Piacere, Amore usw. Was in den Jahrhunderten davor mit zahllosen Ausdrücken bezeichnet werden konnte, wird seit dem 19. Jh. oft nur noch mit einem Wort bedacht.

Die Fabrikation des »Sexualwesens Mensch«, wie Kentler (1984) es nannte, dauerte aber sehr viel länger und war blutiger als der Übergang vom Adjektiv zum Substantiv. Charakteristisch »für die mittelalterliche Gesellschaft, verglichen mit der neuzeitlichen«, ist »die extreme Uneinheitlichkeit des Verhaltens« (Elias 1969, Bd. 1, 157 f.). Jahrhunderte, einen einzigartigen »Prozeß der Zivilisation« lang, dauerte es, bis die Alteuropäer allgemein und effektiv für Lohnarbeit, Sittlichkeit und Sexualität disponiert waren, bis das Sexuelle gleichzeitig hervorgehoben und verschwiegen werden konnte, »so erhoben und erniedrigt« wie keine andere »Naturerscheinung« (Hirschfeld 1908, 9). Unvorstellbar für einen mittelalterlichen Menschen, was für uns einheitlich selbstverständlich ist: in einem dunklen Kino sitzen, einen exitierenden Film sehen, die »Sexualobjekte« in Greifnähe haben – und trieb- wie affektgedrosselt bleiben.

Das fabrizierte »Sexualwesen Mensch« war nicht einfach weiterhin unfrei oder gar erstmalig frei; es war vielmehr unfrei frei. Nach Hegels (1798–1800, 323) Beobachtung unterscheidet sich der wilde

»Mogulitze« vom ebenso vernünftigen wie sexuellen Repräsentanten der neuen europäischen Gesellschaft dadurch, »daß jener den Herrn außer sich hat, dieser aber den Herrn in sich trägt, zugleich aber sein eigener Knecht ist; für das Besondere, Triebe, Neigungen, pathologische Liebe, Sinnlichkeit, oder wie man es nennt, ist das Allgemeine notwendig und ewig ein Fremdes, ein Objektives; es bleibt eine unzerstörbare Positivität übrig, die vollends dadurch empörend wird, daß der Inhalt, den das allgemeine Pflichtgebot erhält, eine bestimmte Pflicht, den Widerspruch eingeschränkt und allgemein zugleich zu sein enthält und um der Form der Allgemeinheit willen für ihre Einseitigkeit die härtesten Prätentionen macht.« Das also meint *subiectum*. So also kann das Prinzip der Subjektivität als eines der Herrschaft verstanden werden.

Die ersten Sexualwissenschaftler der Moderne

Als sich Freud in den 1890er Jahren der sexuellen Frage zuwandte, existierte bereits eine Wissenschaft, die sich noch nicht Sexualwissenschaft nannte, aber insofern eine moderne Sexuologie war, als sie die Frage erörterte, was an Genus und Sexus natürlich/ gesund/essentiell und was unnatürlich/krank/konstruiert sei. Während die meisten Historiker die Sexualwissenschaft mit Richard von Krafft-Ebing (1840–1902) oder mit Iwan Bloch (1872–1922) beginnen lassen, halte ich Karl Heinrich Ulrichs (1825–1898) und Paolo Mantegazza (1831–1912) für die ersten Sexualwissenschaftler im emphatischen Sinne.

Aus einer angesehenen norditalienischen Familie stammend, stieg Mantegazza nach dem Studium der Medizin und Philosophie zum Abgeordneten und Senator des Königreichs sowie zum Professor für Pathologie in Pavia und für Anthropologie und Ethnologie in Florenz auf. Er begann bereits als 21jähriger eine enorme Wissensmenge zu sammeln und selbst durch Experimente an Tieren und Menschen, durch Beobachtungen und Weltreisen zu produzieren. Als einer der ersten Forscher begann er zu reflektieren, wie und warum Menschen einer anderen Kultur das, was für uns »erotisch« ist und unveränderbar scheint, mit ganz anderen Bedeutungen versehen. Seine wissenschaftlichen und populärwissenschaftlichen Bücher, die einmalig hohe Auflagen in Europa und Amerika erreichten, handeln von Liebe und Hass, Schmerz und Ekstase, von der Verlogenheit der christlich geprägten Liebes- und Geschlechtsmoral, von der Entrechtung der Frau als Genus, von der intellektuellen Impotenz und der sexuellen Potenz des

Weibes, von der insgesamt vergleichbaren Stärke der Geschlechter, vom Geschlechterverhältnis im eigenen Land und bei entfernten Völkern, von der Hygiene als Garant der Zukunft usw. Daneben schrieb Mantegazza Romane. Von der Wirkung und Verbreitung seiner Werke her ist er der Kinsey der Jahrzehnte zwischen 1870 und 1930. Grundsätzlich ging es Mantegazza um die Verwissenschaftlichung des »Geschlechtssinnes« und der Liebe zwischen Mann und Frau. Maßstab war dabei ein ideeller und optimistischer Naturalismus. Aus heutiger Sicht sind seine Abhandlungen zur Psychologie und Soziologie der heterosexuellen Liebe, zur gesellschaftlichen und materiellen Ungleichheit der Geschlechter und zur Ethnologie des Sexual- und Geschlechtslebens streckenweise der nachfolgenden Sexualwissenschaft um Jahrzehnte kritisch voraus (Mantegazza 1854, 1873, 1886, 1893; vgl. Sigusch 2007).

Der aus Ostfriesland stammende königlich hannoversche Amtsassessor, preisgekrönte Rechtsgelehrte, Lyriker und Latinist Karl Heinrich Ulrichs ist insofern im emphatischen Sinne ein Sexualwissenschaftler der ersten Stunde, als er auf einzigartige Weise auf der Lichtseite der Aufklärung zu operieren suchte. Seine kulturelle und politische Modernität läßt oft hinsichtlich Freisinn und Menschenrecht den Geist des 19. Jh.s weit hinter sich. So war für ihn selbstverständlich, daß alle Menschen mit der gleichen Würde ausgestattet sind und dieselben Rechte zu beanspruchen haben. Alle sexuellen Vorlieben werden respektiert, keine ist mehr wert, keine freiwillig unter Erwachsenen praktizierte wird bestraft, alle sind nachweislich gesund und natürlich, namentlich die mannmännliche Liebe. Diese subjektive Gewißheit versetzte Ulrichs in die Lage, der mutigste, entschiedenste und einflußreichste Vorkämpfer der Homosexuellen-Emanzipation zu werden. Dabei folgte er unwillkürlich willkürlich dem Gebot des inzwischen gesellschaftlich installierten Wissensobjektivs, nach dem noch das Intimste, Geheimste, Schamloseste und Unaussprechlichste bei einem Namen zu nennen ist. In den 1860er Jahren entwarf Ulrichs die erste moderne, das heißt »naturwissenschaftliche« Theorie der mannmännlichen Anziehung und stellte Überlegungen in Richtung auf eine »Geschlechtswissenschaft« an (Ulrichs 1865, 1868, 1994; vgl. Sigusch 1999). Mit Blick auf geschlechtlich und sexuell Auffällige und Verpönte, von den Zwittern bis hin zu den noch nicht Homosexuelle genannten »Urningen«, vertrat er eine Position, die erst heute für wenige Formen einigermaßen kulturell erreicht ist und mit Mühe wissenschaftlich gehalten wird: Es geht nicht um Krankheit, Mißbildung, Unzucht, Lasterhaftigkeit oder Übersättigung, sondern um Eigenart, Variation, ein Drittes, ein Viertes, ein Anderes.

Bei Mantegazza ist die Frau sexuell potenter als der Mann. Bei Ulrichs ist der Urning/Homosexuelle ein eigensinniges und gesundes Geschlechts-Subjekt. Beide mußten aber noch erleben, wie die Medizin, von einem inzwischen installierten Krankheitsobjektiv diskursiv aufgepeitscht, die weibliche Sexualität zur Minderwertigkeit und die mannmännliche Liebe zur Krankheit umkonstruierte – für zunächst einmal hundert Jahre.

Bekanntester Repräsentant jener Richtung, die die Vorstellungen und Vorarbeiten von Mantegazza und Ulrichs mißachtete, war Richard von Krafft-Ebing, der mit vollem Namen Richard Fridolin Joseph Freiherr Krafft von Festenburg auf Frohnberg genannt von Ebing hieß (Sigusch 2002b). Er stammte aus einer süddeutsch-österreichischen Familie, die väterlicherseits den Herrschenden als Amtmänner gedient und mütterlicherseits dem aufstrebenden Bürgertum freiheitliche Rechte eingeklagt hatte. Dieses Herkommen reflektiert sich in Krafft-Ebings Werk: Einerseits preßte er die erotisch-sexuellen Vorlieben und Auffälligkeiten in eine starre psychiatrische Systematik, andererseits zeigte er ein menschenzugewandtes Interesse an den ungewöhnlichsten Niederschlägen des Sexualtriebes und ließ die Pathologisierten und Inkriminierten in seinen Veröffentlichungen unzensiert zu Wort kommen. Sein Hauptwerk *Psychopathia sexualis* (1886) faßte das kasuistische Meinen und Wissen der europäisch-nordamerikanischen Psychiatrie und Gerichtsmedizin zusammen und ebnete als Bestseller der Sexualpathologie den Weg, indem es sie popularisierte. Krafft-Ebing, 1840 in Mannheim geboren, hatte nacheinander Professuren für Psychiatrie in Straßburg, Graz und Wien inne und war im 19. Jh. einer der angesehensten Vertreter seines Faches. Von den bekannten und einflußreichen deutsch-österreichischen Sexualforschern seiner Zeit war er der einzige, der kein Jude war und es wohl auch deswegen als einziger bis an die Spitze einer berühmten Universitätsklinik geschafft hat. Theoretisch und klinisch ist Krafft-Ebing sehr viel eher der Begründer einer modernen Forensischen Psychiatrie als einer modernen Sexualwissenschaft (Sigusch 2002a, 2004). Er lenkte den Blick der Medizin und des Rechts von der Tat auf den Täter, von einer strafbaren Handlung auf ein beschädigtes, gefährliches, leidendes Subjekt, betonte die Frage der Zurechnungsfähigkeit und stellte neben den Richter den Psychiater als unverzichtbaren Sachverständigen.

Der Vollständigkeit halber seien jene Forscher wenigstens kurz erwähnt, die die Sexualwissenschaft in den Jahrzehnten nach Mantegazza, Ulrichs und den zahlreichen deutschen, französischen, russischen, nordamerikanischen und italienischen, von Krafft-Ebing zusammengefaßten und angeführten Sexualpsychopathologen zur Disziplin gemacht haben, indem sie Zeitschriften, Fachgesellschaften und ein Institut gründeten, nationale und internationale Kongresse abhielten, Standard- und Handbücher verfaßten und vor allem viel diskutierte sexualwissenschaftliche Theorien i.e.S. entwickelten. Zu diesen Forschern gehören vor allem die Berliner Ärzte Albert Moll (1862–1939), Magnus Hirschfeld (1868–1935), Iwan Bloch (1872–1922) und Max Marcuse (1877–1963) sowie der englische Arzt Havelock Ellis (1859–1939), der in vielen Büchern auf einem hohen Niveau den jeweiligen Forschungsstand verläßlich und kreativ zusammenfaßte. Hinzu kommen viele Fachleute, die sich spezielle Verdienste erworben haben, beispielsweise Albert Eulenburg (1840–1917) als universitätsmedizinisch arrivierter Schutzpatron der neuen, »schmutzigen« Disziplin, Albert Blaschko (1858–1922) als engagierter Kämpfer gegen die Venerie, gegen Geschlechtskrankheiten und wilde Prostitution, Hermann Rohleder (1866–1934) als einer der ersten Sexualmediziner sowie als einzige, mit der disziplinierten Sexualwissenschaft enger verbundene Frau, Helene Stöcker (1869–1943), die sich vor allem für ledige Mütter und deren Kinder engagierte, gegen Patriarchalismus und Sexismus kämpfte und über die »freie« Liebe nachdachte.

Freud und die Sexualwissenschaft

Bis 1905 kaum als Sexualforscher hervorgetreten, setzte sich Freud, als er sein epochales, nur 83 Seiten umfassendes Werk *Drei Abhandlungen zur Sexualtheorie* veröffentlichte, über die Berge an experimentellen und empirischen Daten, an Begriffen und Theorien, die die Sexualwissenschaftler inzwischen aufgehäuft hatten, weitgehend hinweg. Die erste Fußnote der ersten Abhandlung, die eine gewisse Irritation hervorruft (Sigusch 2005a), lautet lapidar: »Die in der ersten Abhandlung enthaltenen Angaben sind aus den bekannten Publikationen von v. Krafft-Ebing, Moll, Moebius, Havelock Ellis, Näcke, v. Schrenk-Notzing [richtig: Schrenck-Notzing], Löwenfeld, Eulenburg, J. Bloch [richtig: I. Bloch] und aus den Arbeiten in dem von M. Hirschfeld herausgegebenen ›Jahrbuch für sexuelle Zwischenstufen‹ geschöpft. Da an diesen Stellen auch die übrige Literatur des Themas in erschöpfender Weise aufgeführt ist, habe ich mir detaillierte Nachweise ersparen können« (Freud 1905, 80).

Nach dieser Pauschalierung braucht sich Freud mit den Anschauungen der Sexualforscher nicht mehr im einzelnen auseinanderzusetzen, kann aber viel von ihnen entlehnen und immer wieder so tun, als sei er der Entdecker. Technisch gesehen, ist das ein äußerst geschickter Schachzug, durch den ausufernde Pro- und Kontra-Debatten sowie Richtungsbekenntnisse und -streitigkeiten vermieden werden. Inhaltlich gesehen, ist dieses formale Heraustreten aus dem historisch bereits enorm angeschwollenen Strom der mehr oder weniger dem bereits voll installierten Wissenschaftsobjektiv genügenden Literatur genial, ein wissenschaftlich-literarischer Strom, in dem bereits alle Zeichen und Probleme durcheinander schwimmen: *phantasia morbosa*, *piacere* und *amore*, *fisiologia della donna*, *dégénérescence*, *sens génésique*, *zones érogènes*, *auto-erotism*, *erotic symbolism*, *man and women*, Anthropologia sexualis, Libido, Kontrektations- und Detumeszenz-Trieb, Psychopathia sexualis, konträre Sexualempfindung, Neurasthenia sexualis, Aphrodisie und Anaphrodisie, Mutterschutz und freie Liebe, Frigidität, Klitoridektomie, Prostitution, Venerie, Malthusianismus usw. Der geniale Freud aber macht einen Strich unter das epistemologische und sonstige kulturelle Durcheinander und faßt in einem auch graphisch neuartigen, unaufgeregten, leicht lesbaren Stil den bisherigen sexualwissenschaftlichen Forschungsstand auf nur wenigen Seiten zusammen. (Man beachte beim historischen Argumentieren jedoch die inhaltlichen Differenzen zu den nachfolgenden erweiterten, sich über zwei Jahrzehnte erstreckenden Ausgaben der *Drei Abhandlungen*.) Albert Moll hatte für seine berühmte *Libido*-Studie (1897) das Zehnfache, 872 Seiten und zahllose Fußnoten, benötigt.

In der ersten Fußnote, die die Quellen zu nennen vorgibt, aus denen er »geschöpft« habe, ruft Freud kein einziges Werk seiner Vorgänger wenigstens durch das Nennen des Titels wach. Natürlich nicht *De mentis aberrationibus ex partium sexualium conditione abnormi oriundis* (1823) von Hermann Joseph Löwenstein oder *Ueber die Beziehungen des Sexualsystemes zur Psyche überhaupt und zum Cretinismus ins Besondere* (1826) von Joseph Häussler und natürlich nicht die erste *Psychopathia sexualis* (1844) von Heinrich Kaan mit ihrer theoretischen Anbindung eines funktionell-hydraulisch gedachten Geschlechtstriebes namens Nisus an die Phantasie, speziell an die furiose *phantasia morbosa* (vgl. Gutmann 1998; Sigusch 2002a, 2003a). Und auch nicht *Des aberrations du sens génésique* (1880) von Paul Moreau de Tours und *Die krankhaften Erscheinungen des Geschlechtssinnes* (1886) von Benjamin Tarnowsky oder das

weltweite Novum *Archivio delle Psicopatie Sessuali* (1896), herausgegeben von Pasquale Penta. Merkwürdigerweise aber auch nicht durchaus weichenstellende Abhandlungen wie Mantegazzas *Gli amori degli uomini. Saggio di una etnologia dell'amore* (1886) oder *Auto-erotism* (1898) und *The sexual impulse in women* (1902) von Havelock Ellis. Wenn schon all diese Werke nicht, dann hätte Freud normalerweise wenigstens zwei bedeutende Werke von Pionieren der Sexualwissenschaft nennen müssen: die *Untersuchungen über die Libido sexualis* (1897) von Albert Moll und die *Beiträge zur Aetiologie der Psychopathia sexualis* (1902, 1903) von Iwan Bloch.

Iwan Bloch wendet sich in seinen *Beiträgen* grundsätzlich von Krafft-Ebings (1886) Verständnis der Perversionen ab: Die sexuellen Anomalien seien »als allgemein menschliche, ubiquitäre Erscheinungen« anzusehen und damit als »physiologische«. Diese »Theorie«, die er »als die anthropologisch-ethnologische der medizinischen und historischen« gegenüberstellt, schränke »das Gebiet der ›Degeneration‹ bedeutend ein« (1902, XIV). Zuvor war schon Albert Moll theoretisch und geistig weit über das hinausgegangen, was sich Krafft-Ebing und die anderen, von der Morelschen Degeneratioshypothese beeinflußten Sexualpsychopathologen gedacht hatten (vgl. Morel 1857). Außerdem nahm er sexualtheoretisch etliches dem vorweg, was sich später Freud und die Psychoanalyse zugute halten werden (vgl. dazu im einzelnen Sulloway 1982; ferner Sigusch 1995).

Moll erörtert (wie etwas später vor allem auch Havelock Ellis) den »normalen Geschlechtstrieb«, über den bisher »fast gar keine eingehenden Untersuchungen veröffentlicht worden sind« (Moll 1897, V). Er hält die »Vererbung« der Heterosexualität und angeborene »inhalterfüllte Triebe« (ebd., 100) nicht für eine Selbstverständlichkeit, nimmt eine latente Homosexualität der Normalen und eine latente Heterosexualität der Homosexuellen an (ebd., 326ff.), plädiert für die Abschaffung des Paragraphen 175 (ebd., 841). Der Geschlechtstrieb, und zwar der »normale« ebenso wie der »perverse« (ebd., 521f.), setzt sich nach seiner Vorstellung aus zwei entwicklungsdynamischen Teiltrieben zusammen: einem »Detumescenztrieb«, der »als ein organischer Drang zur Entleerung eines Sekrets aufzufassen« sei (ebd., 94), und einem »Kontrektationstrieb«, der »zur körperlichen und geistigen Annäherung« dränge (ebd.). Moll meint, ein Fortpflanzungstrieb sei beim Menschen »kaum noch anzunehmen« (ebd., 4). Insgesamt ließen sich die Triebe des Menschen »am ehesten durch die Stammesgeschichte verständlich« (ebd., 522) machen. Ausführlich geht er zum Beispiel auf die Verkümmerung des Geruchssinnes beim Menschen ein (ebd., 133 f., 376 ff., 513), eine Frage, die auch Freud (Stichworte: organische Verdrängung und aufgelassene erogene Zonen) sehr beschäftigt hat. Übrigens spricht Moll mit Ernest Chambard (1881, 65) und anderen Franzosen wie Féré und Binet auch schon von erogenen Zentren resp. Zonen (»zones érogènes«, Moll 1897, 93).

Und er kennt und würdigt ausführlich sexuelle Reaktionen, Wollustempfindungen und Liebesgefühle von Kindern klinisch-empirisch (z. B. ebd., 13 ff., 45 ff.; vgl. auch Moll 1891 und 1909), beschreibt andeutungsweise, was später Ödipuskomplex genannt werden wird (1897, 43 ff.). Ich zitiere: »Neigung zum anderen Geschlecht mit allen Zeichen einer Liebesleidenschaft (kommt) bereits lange Zeit vor der Pubertät (vor). Es sind mir Fälle bekannt, wo im 5. oder 6. Jahre unzweifelhaft, vom Geschlechtstrieb herrührende Neigungen zum anderen Geschlecht auftraten.« Wie »der sexuelle Kontrektationstrieb schon vor der Reife der Genitalien vorkommen kann«, so auch der Detumeszenztrieb, den es schließlich auch beim weiblichen Geschlecht ohne eine dem Samen vergleichbare Absonderung gebe. Empfunden werde »eine Art Wollustgefühl, eine Art Kitzel« an den Genitalien; Erektionen träten »lange Zeit vor der Pubertät« auf, Masturbation werde bereits bei 1 bis 2 Jahre alten Kindern beobachtet (ebd., 44 ff.). Das Besondere ist, daß Moll, eindrucksvoll belesen, nicht nur theoretische Behauptungen aufstellt, sondern alle Behauptungen anhand von Fallvignetten zu belegen sucht.

Kein Wunder also, daß Molls Einfluß auf Freuds sexualtheoretische Vorstellungen und Begrifflichkeiten groß war, wie Sulloway (1979/1982) nicht zuletzt an Freuds heftigen Unterstreichungen in seinem Handexemplar der Mollschen Studie plausibel gemacht hat – von der stammes- und individualgeschichtlichen Dynamisierung der vordem statisch gedachten Libido sexualis, der Verschränkung von Ererbtem und Erworbenem, der Untrennbarkeit von Heterosexuellem und Homosexuellem, dem keineswegs monolithischen, unteilbaren Geschlechtstrieb bis hin zur präpuberalen kindlichen Sexualität von Jungen wie Mädchen.

Sexuelle Revolution um 1905

Als Freud seine *Drei Abhandlungen zur Sexualtheorie* veröffentlichte, erreichte die »erste sexuelle Revolution« in Mitteleuropa einen ihrer Höhepunkte. Folglich werden diese Jahre in einer Geschichte des Verhältnisses von Psychoanalyse und Sexualwissenschaft

als Jahre der Weichenstellung und der Dissoziation eine besondere Aufmerksamkeit beanspruchen können.

Von den vielen Ereignissen im Jahr 1905 greife ich einige heraus: Der Erreger der Syphilis wird entdeckt; ein Jahr später wird Salvarsan, das erste wirksame Heilmittel, entwickelt. Helene Stöcker initiiert den »Bund für Mutterschutz« und gründet eine *Zeitschrift zur Reform der sexuellen Ethik*. August Forel veröffentlicht seinen Bestseller *Die sexuelle Frage*, Havelock Ellis publiziert 1905 und 1906 die Bände 4 und 5 seiner *Studies in the Psychology of Sex*, u. a. über »Sexual selection« beim Menschen und »erotischen Symbolismus«. Magnus Hirschfeld ist 1905 und 1906 vor allem mit dem Kampf gegen den Alkohol, mit sog. Geschlechtsübergängen, dem »Wesen« der Liebe und der »Lösung« der Frage der Bisexualität befaßt.

Zu dieser Zeit, um 1904/05, kommt der Ausdruck »Sexualwissenschaft« auf, den Iwan Bloch später für sich reklamieren wird. Freud hat übrigens – vielleicht sogar als erster überhaupt – bereits in einem Aufsatz von 1898 beiläufig, aber gezielt von »Sexualwissenschaft« (GW I, 498) gesprochen, die leider noch als »unehrlich« gelte.

Zwei Jahre später veröffentlicht Bloch *Das Sexualleben unserer Zeit in seinen Beziehungen zur modernen Kultur* (1907), ein Werk, das der fortan »Sexualwissenschaft« genannten Wissenschaftsrichtung ein anthropologisch-ethisches Programm gab. Ein Jahr später gründet Hirschfeld die erste *Zeitschrift für Sexualwissenschaft* und Max Marcuse die Zeitschrift *Sexual-Probleme*. 1909 bringt Moll die *Zeitschrift für Psychotherapie und medizinische Psychologie* heraus, die später im Titel den Anspruch »mit Einschluß der Psychoanalyse« erhebt.

Die »sexualpolitische Bewegung« der sich emanzipierenden Frauen, der Angehörigen des »Dritten Geschlechts«, der Kämpfer gegen Prostitution und Venerie und für Licht und freie Körper, der Mutterschützer, der frei Liebenden usw., mit der die »sexuologische Bewegung« zum Teil zusammenfiel, interessierte Freud nur am Rande. Er war davon besessen, aus seinen Ideen eine eigene, eine »psychoanalytische Bewegung«, hervorgehen zu lassen. Freud versuchte zwar, sich mit den bekannten Sexuologen gutzustellen, weil sie nicht ohne Einfluß waren. Sie hatten bereits vor der Jahrhundertwende Standardwerke verfaßt wie Richard von Krafft-Ebing, »wissenschaftlich-humanitäre« Komitées eingerichtet wie Magnus Hirschfeld oder Zeitschriften herausgegeben wie Pasquale Penta und waren jetzt dabei, Handbücher und Fachgesellschaften in die Welt zu setzen, traten pressewirksam in Sensationsprozessen auf, veranstalteten Weltkongresse usw. Deshalb gab Freud ihnen auch einige Arbeiten zur Veröffentlichung in ihren Büchern oder Zeitschriften (vgl. Freud 1908a, 1908b, 1908c, 1923a, 1923b) – bis sich die theoretischen, politischen oder persönlichen Differenzen von beiden Seiten nicht mehr übertünchen ließen.

Rivalitäten

Wohl von Anfang an unüberbrückbar waren die Gegensätze zwischen Freud und Moll, der nach dem Tod Krafft-Ebings *die* europäische Autorität in sexuellen Fragen war. Moll hatte bereits 1889 das deutschsprachige Standardwerk über den Hypnotismus vorgelegt, 1891 eine umfangreiche Monographie über die noch »conträre Sexualempfindung« genannte Homosexualität und 1902 eine bis heute lesenswerte *Ärztliche Ethik* veröffentlicht. Er sah sich selbst als derjenige, der die aus Frankreich kommende Psychotherapie in Deutschland eingeführt hatte, und brachte tatsächlich als erster Krankenkassen dazu, Psychotherapie zu bezahlen. Es ist nicht übertrieben, ihn als den Begründer der Medizinpsychologie in Deutschland zu bezeichnen (vgl. Sigusch 1995).

Spätestens seit 1905 stritten Moll und Freud um Prioritätsrechte (vgl. Sulloway 1979/1982). So behauptete Moll: »Das Unbewußte Freuds ist in den ersten Arbeiten, wie Steyerthal sagt, nichts andres als das Unterbewußte von Dessoir und Moll« (Moll 1936, 71). Freud wiederum war auf den Geheimrat gar nicht gut zu sprechen, weil er sich einredete, Moll plagiiere ihn und mache ihm die »Priorität an der kindlichen Sexualität« streitig, die nun einmal, »so komisch das auch klingen mag, von ihm – Freud – entdeckt worden« sei (Nunberg/Federn, Bd. 2, 1977, 44). Das allerdings klingt nicht nur komisch, es ist auch falsch. Moll hatte bereits 1897 in seinen *Untersuchungen über die Libido sexualis*, die Freud sofort studiert und mit vielen aufmerkenden Anstreichungen versehen hatte, die »normale« infantile Sexualität nicht nur beiläufig wie die meisten vorausgegangenen Autoren, sondern gewissermaßen systematisch »entdeckt«, empirisch »bewiesen« und theoretisch eingeordnet, wie Freud wußte, aber öffentlich nicht eingestehen wollte.

Als die Wiener Psychoanalytische Vereinigung Molls Buch über *Das Sexualleben des Kindes* (1909) »diskutierte«, wird dessen schlechter Charakter mehrfach hervorgehoben. Freud soll laut Protokoll gesagt haben: »Er ist ein kleinlicher, gehässiger, beschränkter Charakter. Er gibt nicht eine entschiedene Meinung von sich« (ebd., 44 f.). Die Versammlung ist

so feindselig eingestellt, daß keine einzige Idee Molls gewürdigt wird. Und Freuds Behauptung, Moll habe keine »entschiedene Meinung« von sich gegeben, ist aus der Luft gegriffen (vgl. Sigusch 1995). Beispielsweise war Moll einer der wenigen namhaften Ärzte, der nicht nur Medizin und Psychologie wirksam ins Benehmen setzte, sondern auch einer der wenigen, der geistreich und mutig gegen das um sich greifende eugenische Denken und Handeln ankämpfte (zu Freuds Verhältnis zu anderen Sexualforschern wie Havelock Ellis, Magnus Hirschfeld und Max Marcuse, mit denen er zeitweilig, wenn auch nicht reibungslos zusammenarbeitet, vgl. Sigusch 2005b).

Differenzen

Insgesamt war das Verhältnis von Freud und den Sexuologen seiner Zeit nicht nur aus eher äußerlichen und persönlichen Gründen angespannt. Die Differenzen reichten sehr viel tiefer. Denn historisch hat sich die Psychoanalyse entlang der Differenz von Unbewußtem und Bewußtem, innerer Phantasie und äußerer Realität, Struktur und Symptom, Erleben und Verhalten, Latenz und Manifestation von der Sexuologie geschieden. Überspitzt gesagt: Affirmative Psychoanalytiker sind heilfroh, wenn die polymorphperverse Anlage in der Abstraktion bleibt, affirmative Sexuologen aber sind fasziniert, wenn sich Perversionen vielfältig manifestieren.

Auch konnten sich die meisten Sexuologen nicht damit abfinden, daß den Subjekten ihre eigene Vernunft, das hohe Ziel der Bourgeoisie, inkommensurabel sei, wie die durchdachte Lehre Freuds ergab. Früh sah Freud (GW I, 15) die »gehemmten Vorsätze« in einer Art von Schattenreich aufbewahrt, in dem sie »eine ungeahnte Existenz« fristen – »bis sie als Spuk hervortreten«. Solchen Spuk, von dem schon bei Marx (1867) die Rede war, als er seinen Begriff des Fetischcharakters verständlich machen wollte, setzte Freud den erhabenen Idealen, dem freien Willen und der selbstgewissen Vernunft entgegen, von denen Sexualforscher wie Iwan Bloch oder Albert Moll durchdrungen waren. Das siegreiche Handeln der Bürger gründete Freud zufolge nicht nur auf Triebverzicht, den die tonangebenden Sexuologen der Zeit auch einklagten, sondern ebenso auf Wunschverdrängung und Gedankenhemmung. Bekanntlich behauptete Freud, »daß das Ich nicht Herr sei in seinem eigenen Haus« (GW XII, 11). Er nannte das »die dritte Kränkung der Eigenliebe«, die als psychologische der kosmologischen des Kopernikus und der biologischen des Darwin gefolgt sei. Ahnen konnten die alten Sexuologen ebensowenig wie

Freud, daß Adorno (1966) eine vierte Kränkung hinzufügen würde, indem er das Transzendentalsubjekt als bewußtlos erkannte, und daß Foucault (1966/1971, 462) zur selben Zeit »archäologisch« darauf wetten würde, »daß der Mensch verschwindet wie am Meeresufer ein Gesicht im Sand.«

Linke und rechte Kulturphilosophien stimmten im 20. Jh. immer wieder darin überein, daß sich entlang der Subjektivität nicht mehr weiterdenken lasse, daß das Individuelle nur noch ein Epiphänomen sei, daß sich Hegels Subjekt historisch als Fiktion herausgestellt habe, daß Individualität philosophisch hintergehbar und praktisch schon lange hintergangen sei. So nahe diese Philosophien in der Diagnose des Allgemeinbefundes beieinanderliegen, so sehr gehen sie auseinander, wenn die grundsätzliche Wertentscheidung des Denkers zum Zuge kommt. Applaudieren die einen der Verramschung und Überwindung des Individuellen bis hin zur Ausmerzung, beklagen die anderen die Schwächung des individuellen Widerstandes und plädieren für seine Kräftigung wie jede Subjektsexuologie.

Trotz des weithin von den Philosophen geteilten Allgemeinbefundes hält die Psychoanalyse bis heute mehrheitlich am Individuellen fest. Sie will nicht wahrhaben, daß die Struktur, das Feld, die Episteme, die diskursive Formation oder die Imperative und Objektive dem Dividuum vorschreiben, was es wie zu praktizieren habe. Dessen Blick und Empfinden ist ihr nicht nur eingepflanzt, sondern immer noch selbsttätig. Sie ist wie die Subjektsexuologie davon überzeugt, daß die Individuen das Sexuelle immer wieder neu interpretieren, daß sie es mit neuen Bedeutungen versehen und damit irreduzibel machen, wie es auch gerade genannt werde. Denn wäre das Sexuelle nicht individuell, wären wir Sexualmaschinen, die nur das automatisch ausführten, was das Allgemeine, das System, die Regeln, die Diskurse, die Codes, die Machtstrategien (oder wie sonst das dem Individuellen total Vorgängige in den anthropofugalen Philosophien genannt wird) bestimmt und mit oder ohne ein molluskenhaftes Reflex-«Subjekt» realisiert. Dann wäre wirklich festgelegt, was Sexualität ist oder Liebe, und die Iterabilität dessen, was als sexuell oder triebhaft angesehen wird, auf die die herrschende Konvention trotz aller Assoziation und Dissoziation, trotz aller Dispersion und Diversifikation der Sexualität (Sigusch 1998, 2005c, 2006) angewiesen ist, wäre perfekt, nicht mehr *oder weniger* gegeben.

Die Distanzierung des Sexuellen vom Individuum durch die Konvention ist im Sexualakt selbst angelegt und für das, was wir seit zwei Jahrhunderten Sexualität nennen, konstitutiv. Denn das, was seine Bedeutung nur dadurch gewinnt, daß es sich von anderen Bedeutungen, hier solchen der Nichtsexualität, eindeutig und wiederholbar unterscheidet, distanziert sich zugleich von sich selbst. Das allgemeine und das individuelle Moment des Sexuellen durchdringen einander, sind miteinander und in sich selbst vermittelt, um es noch einmal altkritisch zu sagen, nicht aber identisch. Im Moment seiner Manifestation distanziert sich das Sexuelle vom Individuum, indem es sich allein durch Kommunikation in das transsubjektive Gefüge des gesellschaftlichen Sexualsystems einfügt, und vom gesellschaftlichen Sexualsystem, indem es sich ihm, wenn auch noch so ohnmächtig und marginal, als Beseeltes entzieht. In diesem Sichentziehen überwintert für die Psychoanalyse wie für die Subjektsexuologie die Hoffnung, daß die konventionelle Heuchelei nicht permanent sei und der Spuk der *facta bruta* nicht alles.

Literatur

Adorno, Theodor W.: *Negative Dialektik*. Frankfurt a. M. 1966.

Bloch, Iwan: *Beiträge zur Ätiologie der Psychopathia sexualis*. Dresden 1902 (1. Teil) und 1903 (2. Teil).

–: *Das Sexualleben unserer Zeit in seinen Beziehungen zur modernen Kultur*. Berlin 1907.

Chambard, Ernest: *Du somnambulisme en général: Analogies, signification nosologique et étiologie*. Paris 1881.

Elias, Norbert: *Über den Prozeß der Zivilisation. Soziogenetische und psychogenetische Untersuchungen* [1939]. 2 Bde. Bern ²1969.

Ellis, Havelock: Auto-erotism. A psychological study. In: *Alienist and Neurologist* (1898), 260–299.

–: The sexual impulse in women. In: *American Journal of Dermatology and Genito-Urinary Diseases* (1902), 46–57.

–: *Sexual selection in man*. Philadelphia 1905.

–: *Erotic symbolism. The mechanism of detumescence. The psychic state in pregnancy*. Philadelphia 1906.

Forel, August: *Die sexuelle Frage. Eine naturwissenschaftliche, psychologische, hygienische und soziologische Studie für Gebildete*. München 1905.

Foucault, Michel: *Die Ordnung der Dinge. Eine Archäologie der Humanwissenschaften*. Frankfurt a. M. 1971 (frz. 1966).

Freud, Sigmund: *Drei Abhandlungen zur Sexualtheorie*. Leipzig/Wien 1905, Reprint Frankfurt a. M. 2005.

–: Hysterische Phantasien und ihre Beziehung zur Bisexualität. In: *Zeitschrift für Sexualwissenschaft* (1908), 27–34 (= 1908a).

–: Die »kulturelle« Sexualmoral und die moderne Nervosität. In: *Sexual-Probleme* (1908), 107–129 (= 1908b).

–: Über infantile Sexualtheorien. In: *Sexual-Probleme* (1908), 763–779 (= 1908c).

–: Libidotheorie. In: Marcuse 1923, 296–298 (= 1923a).

–: Psychoanalyse. In: Marcuse 1923, 377–383 (= 1923b).

Gutmann, Philipp: *Zur Reifizierung des Sexuellen im 19. Jahrhundert*. Frankfurt a. M. u. a. 1998.

Häussler, Joseph: *Ueber die Beziehungen des Sexualsystemes zur Psyche überhaupt und zum Cretinismus ins Besondere*. Würzburg 1826.

Hegel, Georg Wilhelm Friedrich: *Daß die Magistrate von den*

Bürgern gewählt werden müssen [1798]. Werke in 20 Bänden. Bd. 1. Frankfurt a. M. 1971.

–: *Der Geist des Christentums und sein Schicksal* [1798–1800]. Werke in 20 Bänden. Bd. 1. Frankfurt a. M. 1971.

–: *Phänomenologie des Geistes* [1807]. Werke in 20 Bänden. Bd. 3. Frankfurt a. M. 1970.

Hirschfeld, Magnus: Über Sexualwissenschaft. Programmartikel. In: *Zeitschrift für Sexualwissenschaft* (1908), 1–19.

Kaan, Heinrich: *Psychopathia sexualis*. Leipzig 1844.

Kant, Immanuel: *Die Metaphysik der Sitten* [1797/1798]. In: Werke in 6 Bänden. Hg. von W. Weischedel. Bd. IV. Darmstadt 1956.

Kentler, Helmut (Hg.): *Sexualwesen Mensch. Texte zur Erforschung der Sexualität*. Hamburg 1984.

Krafft-Ebing, Richard von: *Psychopathia sexualis. Eine klinisch-forensische Studie*. Stuttgart 1886.

Löwenstein, Hermann Joseph: *De mentis aberrationibus ex partium sexualium conditione abnormi oriundis*. Med. Diss. Bonn 1823.

Mantegazza, Paolo: *Fisiologia del piacere*. Milano 1854 (dt. u. a.: *Physiologie des Genusses*. Leipzig 1881).

–: *Fisiologia dell'amore*. Milano 1873 (dt.: *Physiologie der Liebe*. Leipzig 1877).

–: *Gli amori degli uomini. Saggio di una etnologia dell'amore*. 2 Bde. Milano 1886 (dt.: *Anthropologisch-kulturhistorische Studien über die Geschlechtsverhältnisse des Menschen*. Jena 1886).

–: *Fisiologia della donna*. 2 Bde. Milano u. a. 1893 (dt. u. a.: *Physiologie des Weibes*. Jena 1893).

Marcuse, Max (Hg.): *Handwörterbuch der Sexualwissenschaft. Enzyklopädie der natur- und kulturwissenschaftlichen Sexualkunde des Menschen*. Bonn 1923.

Marx, Karl: *Das Kapital. Kritik der politischen Ökonomie*. Bd. I, Buch I: *Der Produktionsprozeß des Kapitals* [1867]. MEW, Bd. 23 [nach der 4., durchges. Aufl. von 1890]. Berlin 1972.

Moll, Albert: *Der Hypnotismus*. Berlin 1889.

–: *Die conträre Sexualempfindung. Mit Benutzung amtlichen Materials. Mit einem Vorwort von R. v. Krafft-Ebing*. Berlin 1891.

–: *Untersuchungen über die Libido sexualis*. Bd. 1 in 2 Teilen (alles Erschienene). Berlin 1897.

–: *Ärztliche Ethik*. Stuttgart 1902.

–: *Das Sexualleben des Kindes*. Berlin 1909.

– (Hg.): *Handbuch der Sexualwissenschaften. Mit besonderer Berücksichtigung der kulturgeschichtlichen Beziehungen*. Leipzig 1912.

–: *Ein Leben als Arzt der Seele. Erinnerungen*. Dresden 1936.

Moreau [de Tours], Paul: *Des aberrations du sens génésique*. Paris 1880.

Morel, Bénédicte-Auguste: *Traité des dégénérescences physiques, intellectuelles et morales de l'espèce humaine et des causes qui produisent ces variétés maladives*. Paris 1857.

Nunberg, Hermann/Ernst Federn (Hg.): *Protokolle der Wiener Psychoanalytischen Vereinigung*. 4 Bde. Frankfurt a. M. 1976–1981 (engl. 1962–1975).

Penta, Pasquale: *Archivio delle Psicopatie Sessuali* (1896).

Sigusch, Volkmar: Albert Moll und Magnus Hirschfeld. Über ein problematisches Verhältnis vor dem Hintergrund unver-

öffentlichter Briefe Molls aus dem Jahr 1934. In: *Zeitschrift für Sexualforschung* (1995), 122–159.

–: Die neosexuelle Revolution. Über gesellschaftliche Transformationen der Sexualität in den letzten Jahrzehnten. In: *Psyche* 52 (1998), 1192–1234.

–: Ein urnisches Sexualsubjekt. In: *Zeitschrift für Sexualforschung* (1999), 108–132, 237–276.

–: Richard von Krafft-Ebing zwischen Kaan und Freud. Bemerkungen zur 100. Wiederkehr seines Todestages. In: *Zeitschrift für Sexualforschung* (2002), 211–247 (= 2002a).

–: Richard von Krafft-Ebing: Bericht über den Nachlass und Genogramm. In: *Zeitschrift für Sexualforschung* (2002), 341–354 (= 2002b).

–: Heinrich Kaan – der Verfasser der ersten »Psychopathia sexualis«. Eine biografische Skizze. In: *Zeitschrift für Sexualforschung* (2003), 116–142 (= 2003a).

–: Richard von Krafft-Ebing (1840–1902). In: *Nervenarzt* (2004), 92–96.

–: Sexualwissenschaft als Fußnote. In: *Zeitschrift für Sexualforschung* (2005), 93–97 (= 2005a).

–: Freuds »Drei Abhandlungen zur Sexualtheorie« und die Sexualwissenschaft seiner Zeit. In: Ilka Quindeau/Volkmar Sigusch (Hg.): *Freud und das Sexuelle. Neue psychoanalytische und sexualwissenschaftliche Perspektiven*. Frankfurt a. M./New York 2005 (= 2005b).

–: Neosexualitäten. Über den kulturellen Wandel von Liebe und Perversion. Frankfurt a. M./New York 2005 (= 2005c).

–: *Strukturwandel der Sexualität. Frankfurter Beiträge zur Soziologie und Sozialphilosophie*. Hg. Axel Honneth. Frankfurt a. M./New York 2006 (in Vorb.)

–: *150 Jahre Sexualwissenschaft. Eine illustrierte Geschichte*. 2007 (in Vorb.).

Stöcker, Helene: *Die Liebe und die Frauen*. Minden 1906.

Sulloway, Frank J.: *Freud. Biologe der Seele. Jenseits der psychoanalytischen Legende*. Köln-Lövenich 1982 (engl. 1979).

Tarnowsky, Benjamin: *Die krankhaften Erscheinungen des Geschlechtssinnes*. Berlin 1886.

Tissot, Samuel Auguste David: *Tentamen de morbis ex manustupratione*. Lausanne 1758 [Anhang zu: *Dissertatio de febribus biliosis etc.* Lausanne 1755] (dt.: *Versuch von denen Krankheiten, welche aus der Selbstbefleckung entstehen. Aus dem Lateinischen übersetzt*. Frankfurt a. M./Leipzig 1760).

–: *L'onanisme, ou dissertation sur les maladies produites par la masturbation*. Lausanne 1760 (dt.: *Von der Onanie oder Abhandlung über die Krankheiten, die von der Selbstbefleckung herrühren*. Nach der 3., beträchtlich verm. Aufl. aus dem Franz. übers. Eisenach 1770).

Ulrichs, Karl Heinrich (u. d. Pseud. Numa Numantius): *Vindex. Social-juristische Studien über mannmännliche Geschlechtsliebe. Erste Schrift über mannmännliche Liebe*. Leipzig 1864.

–: *Formatrix. Anthropologische Studien über urnische Liebe. Vierte Schrift*. Leipzig 1865.

–: *Memnon. Die Geschlechtsnatur des mannliebenden Urnings. Siebente Schrift*. Schleiz 1868.

–: *Forschungen über das Räthsel der mannmännlichen Liebe*. 4 Bde. Hg. von Hubert Kennedy. Berlin 1994.

Volkmar Sigusch

2. Die intellektuelle Biographie

Über Freuds Leben ist viel gerätselt und gestritten worden – nicht verwunderlich bei einem Mann, der selber mit dem wissenschaftlichen Anspruch auftrat, die Rätsel des menschlichen Lebens psychologisch entschlüsselt zu haben. Es gab und gibt zahlreiche Mutmaßungen und Hypothesen über verbotene Liebschaften, über Phasen von Rauschgiftabhängigkeit, ja sogar über das wahre Datum seiner Geburt, das aus Schicklichkeitsgründen auf später verlegt worden sei. Zumal die Gegner Freuds und der Psychoanalyse haben es nicht an Eifer fehlen lassen, Freuds privater wie wissenschaftlicher Biographie manchen Makel anzuhängen (Zaretsky 1996/1999).

Dabei liegt es, nach allem, was die seriöse Freud-Forschung herausgefunden hat, näher, in Freuds äußerer Biographie eher die eines Musterknaben zu sehen, der sich zeitlebens bemühte, den Anforderungen von Familie, Karriere und Beruf vorbildlich zu genügen. Für Sensationen, Skandale und Aufruhr ist da wenig Platz. Als alter Mann erklärte Freud Edward Bernays gegenüber, sein Leben sei »äußerlich ruhig und inhaltslos verlaufen und mit wenigen Daten zu erledigen« (B, 408), und es gibt wenig Grund, diese Selbstaussage grundsätzlich in Zweifel zu ziehen. Auch Freuds Biograph Peter Gay teilt diese Auffassung: »Er wurde geboren, er studierte, er reiste, er heiratete, er praktizierte, er hielt seine Vorlesungen, er publizierte, er disputierte, er alterte, er starb« (Gay, 6). Zu diesem im ganzen unspektakulären Leben paßt, daß Freud praktisch sein gesamtes Leben, 78 Jahre, in Wien verbrachte, einer Stadt, der er in heftiger Haßliebe verbunden war. Als er sie kurz vor seinem Tod verlassen mußte, schrieb er: »Das Triumphgefühl der Befreiung vermengt sich zu stark mit der Trauerarbeit, denn man hat das Gefängnis, aus dem man entlassen wurde, immer noch sehr geliebt« (F/E, 903).

Komplizierte Familienverhältnisse – Freuds Elternhaus

Sigismund Schlomo Freud, wie gemäß Eintrag in die väterliche Familienbibel der vollständige Name lautete, wurde am 6. Mai 1856, im Todesjahr seines Lieblingsdichters Heinrich Heine, in dem mährischen Städtchen Freiberg (heute Příbor) geboren. Sein Vater Kallamon Jacob Freud, ein nicht eben betuchter jüdischer Wollhändler, hatte 1855, wahrscheinlich in dritter Ehe – eine zweite Ehe Jacobs, wenn es sie denn gab, liegt bis heute weitgehend im dunklen und ist in der Forschung umstritten (vgl. Schur 1972/1973, 32 ff.; Clark 1979/1981, 17 f.; Bernfeld/Cassirer Bernfeld 1944/1981, 82; Gay, 4, 830; Krüll 1992, 151 f.) –, die zwanzig Jahre jüngere Amalia Nathanson geheiratet, die ihm nach Sigmund, wie er sich seit seinem sechzehnten Lebensjahr nannte, sieben weitere Kinder schenkte.

Vor dem Hintergrund der Tatsache, daß familiäre Beziehungen und Verstrickungen, das ödipale Dreieck und die später damit verknüpften Phantasien in Freuds ausgearbeiteter psychoanalytischer Theorie eine markante Rolle spielen, ist es wenig überraschend, daß die familiären Konstellationen, unter denen das Kind aufwuchs, ziemlich kompliziert waren. So war seine Mutter Amalia jünger als Emanuel, der älteste Sohn Jacobs aus erster Ehe, der bereits verheiratet und seinerseits Kinder hatte, und nur wenig älter als Sigmunds zweiter Halbbruder Philipp. Aus der Perspektive des Kindes war es durchaus plausibel, daß die etwa gleichaltrigen Emanuel, Philipp und Amalia eher zueinander paßten als der wesentlich ältere Jacob zu seiner jungen, attraktiven Frau. In der *Psychopathologie des Alltagslebens* (GW IV, 60) hat Freud den Hinweis geliefert, daß der noch nicht Dreijährige bei der Geburt seiner Schwester Anna die Vorstellung hatte, daß nicht der Vater, sondern Philipp das Schwesterchen in den Leib der Mutter »hineinpraktiziert« haben könnte. Tatsächlich muß es für das Kind irritierend gewesen sein, daß seine beiden erwachsenen Halbbrüder der Mutter irgendwie näherstanden als der Vater, daß dieser ohne weiteres sein Großvater hätte sein können und daß einer der Söhne Emanuels, John, ein Jahr älter war als er, der Onkel. All das bildete wahrlich Stoff und Motiv genug für einen »Familienroman« (vgl. GW V, 127; GW VII, 227 ff.), den die Freud-Biographik entsprechend ausgeschlachtet hat (vgl. Jones I, 26 ff.; Bernfeld/Cassirer Bernfeld 1944/1981, 78 ff.; Clark 1979/1981, 14 f.; Krüll 1992, 159 ff.; zurückhaltend dagegen Eissler 1976, 11).

Zu den familiären Verwicklungen, die Freuds frühe Jahre prägten, gehört auch der Umstand, daß es in seinem Elternhaus eine Kinderfrau gab, von der Freud noch in der *Traumdeutung* berichtet. Diese »prähistorische Alte« (GW II/III, 253) namens Monica Zajíc war, so Freud in einem Brief vom 3. Oktober 1897 an Wilhelm Fließ, »meine Lehrerin in sexuellen Dingen und hat geschimpft, weil ich ungeschickt war, nichts gekonnt habe« (F, 290). Sie füllte jene Lücke aus, die seine Mutter hinterließ, als sie ihren zweiten Sohn Julius zur Welt brachte, der ein halbes Jahr später starb. Kurz zuvor war Amalias jüngerer Bruder Julius in Wien gestorben. Noch im selben Jahr, 1858, kam Freuds Mutter mit ihrer Tochter Anna nieder. Wenn man sich klarmacht, daß Amalia damals, während Sigmund im zweiten und dritten Lebensjahr stand, durch zwei Schwangerschaften, zwei Geburten und zwei Todesfälle belastet war, und weiter, daß sie nicht lange nach Sigmunds Geburt an Tuberkulose erkrankte, die sie zu einem längeren Kuraufenthalt zwang, dann leuchtet ein, daß die tschechische Kinderfrau für Freud eine regelrecht lebensrettende Bedeutung gehabt haben muß. Ihre Zuwendung half dem Kind, mit der Tatsache, eine zeitweise depressive »tote Mutter« (André Green) zu haben, an der sein Bedürfnis nach Halt und Sinn abprallte, besser fertig zu werden. Als sie um die Zeit der Geburt Annas wegen Diebstahls von der Familie entlassen wurde, muß dies für das Kind Sigmund ein herber emotionaler Verlust gewesen sein, dessen er sich noch vierzig Jahre später erinnerte (F, 289).

Diese biographische Episode ist insofern von Belang, als sie auf einen bemerkenswerten Sachverhalt im Freudschen Werk verweist, der dort mehrfach auftaucht. Freud interessierte sich auffällig für Männer und identifizierte sich mit ihnen, die zwei Mütter hatten: Ödipus, Moses, Leonardo da Vinci und Michelangelo Buonarroti (vgl. Harsch 1994). Ödipus wurde infolge eines Orakelspruchs von seiner Mutter entfernt und wuchs an einem fremden Königshof auf. Moses wurde von seiner (jüdischen) Mutter ausgesetzt, von der Tochter des Pharao gefunden und am ägyptischen Hof großgezogen. Leonardo wurde von seiner Mutter vielleicht nur in den ersten Lebensjahren versorgt und dann einer Ersatzmutter (seiner Stiefmutter?) in Obhut gegeben. Michelangelo kam einen Monat nach seiner Geburt zu einer Stillamme, seine Mutter starb, als er sechs Jahre alt war. Diesen mythologischen und historischen Figuren hat Freud in seinem Werk eindringliche Überlegungen gewidmet (GW II/III, 267 ff.; GW VIII, 127 ff.; GW X, 171 ff.; GW XVI, 101 ff.) und ihnen Bedeutungen zugeschrieben, die Rückschlüsse auf sein Bild von Männlichkeit/Väterlichkeit einerseits und Weiblichkeit/Mütterlichkeit andererseits erlauben – ein Bild, das bis heute stark umstritten ist.

Das Verhältnis Freuds zu seiner Mutter scheint alles andere als unkompliziert gewesen zu sein und keineswegs so »harmonisch«, wie K. R. Eissler glauben machen möchte (Eissler 1976, 30). In der *Neuen Folge der Vorlesungen zur Einführung in die Psychoanalyse* (GW XV) aus dem Jahr 1933 beschreibt Freud die Gefühle des kleinen Kindes, »wenn das nächste Kind in der Kinderstube erscheint«: »Es fühlt sich entthront, beraubt, in seinen Rechten beschädigt, wirft einen eifersüchtigen Haß auf das Geschwisterchen und entwickelt einen Groll auf die ungetreue Mutter […]« (ebd., 131; vgl. auch GW II/III, 257 ff.). Ebendies war die Situation des kleinen Sigmund, als sein Bruder Julius geboren wurde und die ganze Aufmerksamkeit und Fürsorge der Mutter auf sich lenkte. In der Literatur wird Amalia einesteils als liebevolle, wärmespendende Person charakterisiert und daraus geschlossen, die Beziehung zwischen Mutter und Sohn sei ebenso liebevoll und warm gewesen (Jones II, 479; Eissler 1976, 30 f.). Andererseits gibt es Darstellungen, die daran zweifeln lassen und auf Amalias fordernde, egoistische und dominante Art und auf starke Ambivalenzgefühle des Kindes gegenüber der Mutter hinweisen (Krüll 1992, 178; Hardin 1987–1988/1994). Feststeht, daß der erwachsene Freud sich relativ selten und stets zurückhaltend über seine Mutter geäußert hat. Eher herrscht ein Ton der Distanz vor: Nicht Freud liebte seine Mutter, sondern sie ihn, den begabten Erstgeborenen: »Wenn man der unbestrittene Liebling der Mutter gewesen ist, so behält man fürs Leben jenes Eroberergefühl, jene Zuversicht des Erfolges, welche nicht selten den Erfolg wirklich nach sich zieht«, heißt es in Freuds kleiner Schrift über eine Kindheitserinnerung aus Goethes *Dichtung und Wahrheit* (GW XII, 26). In der *Traumdeutung* findet sich eine ähnlich lautende Formulierung (GW II/III, 404). Daraus allerdings zu folgern, die »herzliche Ehrerbietung von seiten des Sohnes« (Schur 1972/1973, 499) gegenüber der Mutter, die sich in Freuds regelmäßigen Sonntagsbesuchen niederschlug, sei gleichbedeutend mit Liebe, ist sicherlich voreilig, eher scheint es sich um Gefühle von Respekt und Dankbarkeit als um Liebesgefühle gehandelt zu haben. Schließlich muß man die denkwürdige Tatsache erwähnen, daß der Sohn, als Amalia im Jahre 1930 hochbetagt starb, sich weigerte, beim Begräbnis persönlich anwesend zu sein. Statt dessen schickte er seine Tochter Anna zur Beerdigung (F/Fer III/2, 246), woraus man den psychologischen Schluß ziehen kann, das der Sohn gemäß dem Talionsgesetz ebendas vollstreckte, was seine Mutter ihm einst angetan hatte: Er schickte einen »Ersatzsohn«, so wie seine Mutter ihn während einer entscheidenden Phase seiner frühen Kindheit der Obhut einer Ersatzmutter überlassen hatte – Auge um Auge, Zahn um Zahn. Aus diesen Zeugnissen darf man vielleicht den vorsichtigen Schluß ziehen, daß Freud seine unbewußten Bindungen an diese ambivalent besetzte Mutterfigur (vgl. F/E, 660) nie wirklich durchgearbeitet hat (Gay, 20) und daß die in seinem Werk auffällig fehlbelichtete Weiblichkeit, die er als alter Mann in die Metapher des »dark continent« (GW XIV, 241) bannte, Konsequenz jenes mythologischen Geheimnisses war, das er mit der Gestalt der Mutter und der Frau zeitlebens verband.

Weniger komplex und undurchsichtig scheint Freuds Verhältnis zu seinem Vater gewesen zu sein. Jacob, ein alles in allem eher erfolgloser kleiner Geschäftsmann, der offenbar häufig auf die finanzielle Unterstützung anderer – etwa seiner nach England ausgewanderten Söhne Emanuel und Philipp – angewiesen war, selber zwar jüdisch-orthodox erzogen, aber in späteren Jahren in religiösen Dingen ein Freigeist, wird vom Sohn als ein Mann »von tiefer Weisheit und phantastisch leichtem Sinn« beschrieben, als ein »interessanter Mensch, innerlich sehr glücklich«, mit »Anstand und Würde« (F, 212, 206). Freud, seinerseits ein »Atheist strengster Observanz« (Eissler 1976, 12), der sich selbst als »ganz gottlosen Juden« titulierte (F/P, 64), scheint seinen Vater zwar geliebt zu haben, aber das Moment ödipaler Rivalität ist in manchen Äußerungen nicht zu überhören. Seine frühe Identifizierung mit dem Römer-Feind Hannibal, dessen Vater ihn einst schwören ließ, an den Römern Rache zu nehmen, verweist auf den Triumph des größeren Sohnes (Hannibal/Freud) über den großen Vater (Hamilkar Barkas/Jacob).

Trotz aller Umgänglichkeit und Freundlichkeit war Jacob freilich auch der strenge Patriarch der Familie – ein Zug, den der Sohn ziemlich ungebrochen fortführte. Als drohende und strafende Instanz, die er als autoritärer *pater familias* darstellte, soll er dem kleinen Sigmund verboten haben, an seinem Genital zu

spielen, und ihm die Kastration angedroht haben. Allerdings sind das eher Spekulationen als gesicherte Tatsachen, ebenso wie die Behauptung, Jacob habe seine älteren Söhne aus erster Ehe nicht zuletzt deshalb nach England geschickt, um Philipp und Amalia auseinanderzubringen, d. h. um Philipp für seine Triebhaftigkeit gegenüber Amalia zu bestrafen (Krüll 1992, 168, 191 f.). Jedenfalls scheint in diesen familialen Szenen jenes Thema schemenhaft auf, das in der entfalteten psychoanalytischen Theorie Freuds einen Eckpfeiler bildet: die Macht des Sexuellen, die »Tatsache geschlechtlicher Bedürfnisse bei Mensch und Tier« (GW V, 33) und die sich daraus für den ersteren ergebende Notwendigkeit, seine Triebe zu zügeln, um der Kastration und Vernichtung durch den Vater zu entgehen. Man kann deshalb mit einer gewissen Plausibilität vermuten, Freuds in *Totem und Tabu* (GW IX) entworfenes Bild der Urhorde, der gegen die sexuelle Diktatur des Vaters rebellierenden Söhne, die den Vater töten, um anschließend neue Verbotstafeln gegen Triebenthemmungen zu errichten, gehe auf Erfahrungen in der eigenen Familie zurück (Krüll 1992, 192). Auf jeden Fall kann man sagen, daß Freuds erste Kinderjahre, die sich in einem höchst unübersichtlichen familialen Beziehungsgeflecht und in einem fast als inzestuös zu bezeichnenden Klima zwischen verschiedenen Generationen abspielten, alles andere als unkompliziert, womöglich sogar traumatisierend waren (Kollbrunner 2001, 91 ff.).

Eine Jugend in Wien

Aufgrund wachsender wirtschaftlicher Schwierigkeiten Jacobs zog die Familie, nach einer kurzen Leipziger Episode, 1860 nach Wien um und ließ sich in der Leopoldstadt nieder, die mehrheitlich von Juden bewohnt war. Freiberg, der Ort seiner frühen Kinderjahre, blieb für Freud ein Sehnsuchtsort, dessen er sich immer wieder gerne erinnerte. Noch 1931, als eine Gedenktafel an seinem Geburtshaus enthüllt wurde, bekannte er sich als »das glückliche Freiberger Kind«, das »aus dieser Luft, aus diesem Boden die ersten unauslöschlichen Eindrücke empfangen hat« (GW XIV, 561). In der Hauptstadt der k.u.k. Monarchie, die in den 1860er und 70er Jahren vom Geist eines reformerischen Liberalismus durchweht war, besuchte Freud zunächst eine Privatschule, dann das Leopoldstädter Communal-Realgymnasium, an dem er mit siebzehn das Abitur ablegte – mit Auszeichnung, wie es sich für einen frühreifen Klassenprimus gehörte. Schon der Gymnasiast beherrschte, was auch seinen Lehrern auffiel, die deutsche Sprache in bemerkenswerter Vollendung, von Freud in einem Jugendbrief ironisch kommentiert: »Mein Professor sagte mir [...], daß ich hätte, was Herder so schön einen idiotischen Stil nennt, das ist ein Stil, der zugleich korrekt und charakteristisch ist« (B, 6). Bereits damals zeichnete sich offenbar ab, daß Freud das Zeug zu einem großen Schriftsteller hatte, der er dann ja auch wurde. Die deutsche Sprache war das Haus, in dem Freud zeitlebens wohnte und dem er sich tief und leidenschaftlich verbunden fühlte (vgl. Mahoney 1982/1989; Goldschmidt 1988/1999; Lohmann 1998/2004, 127 ff.).

Als stolzer und selbstbewußter Erstgeborener erfuhr Freud jene Förderung seiner Talente, die ehrgeizige und von der Begabung ihres Sohnes überzeugte Eltern zu investieren pflegen. Dahinter mußten die jüngeren Geschwister, vor allem die Schwestern, in jeder Hinsicht zurücktreten. Es ist überliefert, daß der Jüngling stets über ein eigenes Zimmer verfügte, so beschränkt die räumlichen Lebensumstände der Familie sonst sein mochten. Als deren erklärter Liebling, dem Großes zugetraut wurde, genoß Freud allerhand Privilegien.

Den Wunsch, angeregt durch seinen Jugendfreund Heinrich Braun – später ein bekannter österreichischer Politiker – Jura zu studieren und in die Politik zu gehen, gab Freud rasch zugunsten des Medizinstudiums auf. Im Herbst 1873 schrieb er sich an der Wiener Universität ein, wo er spät, im März 1881, promoviert wurde. In die frühen 1870er Jahre fällt auch Freuds erste Liebe, seine juvenile Zuneigung zu Gisela Fluss, der Schwester seines Schulfreundes Emil Fluss. Allerdings gibt die Korrespondenz mit dem Jugendfreund Eduard Silberstein zu erkennen, daß Freuds Gefühle weniger dem Mädchen als vielmehr ihrer Mutter galten, von deren Reizen er in einer Art verspäteter ödipaler Verliebtheit schwungvoll schwärmte und die er sogar gegen seine eigene Mutter ausspielte (S, 23). Daß die in den Silberstein-Briefen als »Ichthyosaura« (ebd., 151) verschlüsselte Person, für die der adoleszente Freud ebenfalls starke Worte fand, identisch mit Gisela Fluss ist, gehört in den Bereich der Legende (Heim 1992/1994). Es war offenbar noch eine andere junge Frau im Spiel, von der wenig bekannt ist, eine Frau, die für Freud die handfest-irdische Seite der Liebe verkörperte – eine bedrohliche Seite, die er vorerst abwehren und bekämpfen mußte.

Denn der Wille zum Wissen und der Wunsch, ein berühmter Mann oder doch wenigstens ein ordentlicher Professor zu werden, waren bei Freud stärker. Mehr Forscher als Student, ein »gottloser Mediziner und Empiriker« (S, 82), der sich nach einem kurzen Ausflug in die Philosophie rasch von der philosophischen »Neigung zum Spekulieren« (Jones I, 49) abkehrte – weshalb er auch später gewisse Probleme damit hatte, den Einfluß von Philosophen, namentlich von Nietzsche, auf seine Theorie einzubekennen (Yovel 1989/1994, 423 f.; Gasser 1997, 128 ff.) –, wandte Freud sich zunächst dem Feld der Zoologie zu, auf dem er offenbar so Beachtliches zustande brachte, daß ihm das Wiener Unterrichtsministerium zweimal ein Stipendium gewährte. Das Geld floß in zwei Studienaufenthalte in Triest, das damals noch zum Habsburgerreich gehörte, wo er an der Zoologischen Station das Nervensystem der Fische mikroskopierte und nach den Hoden von Flußaalen fahndete. Seine Forschungsergebnisse wurden 1877 publiziert. Hier ist daran zu erinnern, daß der begabte Neuroanatom Freud, dessen später entwickelte psychoanalytische Hermeneutik seine naturwissenschaftliche Frühzeit beinahe vollständig überdeckt hat, von der Nachwelt weitgehend vergessen wurde und erst heute, im Zuge der Annäherung von Neurowissenschaft und Psychoanalyse, wiederentdeckt und rehabilitiert wird (Kaplan-Solms/Solms 2000/2003; vgl. auch Der Spiegel 2005).

Unzufrieden mit seinen neuroanatomischen Forschungen, vielleicht auch mit seinem Lehrer Carl Claus (der in Freuds autobiographischen Schriften nirgends erwähnt wird), wechselte der Student die Richtung und schloß sich zwischen 1876 und 1882 dem Physiologischen Institut an, das von dem berühmten Gelehrten Ernst Wilhelm von Brücke geleitet wurde. Brücke, ein führender Vertreter der Helmholtz-Schule und radikaler Verfechter eines medizinischen Positivismus, der sich erfolgreich gegen den um die Mitte des Jahrhunderts blühenden Vitalismus wandte, war eine der wenigen Figuren, die Freuds wissenschaftliche Einstellungen lebenslang prägten (vgl. Bernfeld/Cassirer Bernfeld 1944/1981, 54 ff.). »Im physiologischen Laboratorium von Ernst Brücke fand ich endlich Ruhe und volle Befriedigung«, heißt es in Freuds »Selbstdarstellung« von 1925 (GW XIV, 35). Brücke war für ihn die größte Autorität, »die je auf mich gewirkt hat« (ebd., 290). Freuds Bindung an Brücke überlebte selbst seine Wendung von der physiologischen zur psychologischen Erklärung geistig-seelischer Phänomene, und wenn er noch 1932 schreiben konnte, die Psychoanalyse sei »ein Stück Wissenschaft und kann sich der wissenschaftlichen Weltanschauung anschließen« (GW XV, 197), so ist dies als eine späte Hommage an seinen Lehrer Brücke zu verstehen. Freuds gesamte Psychologie – das ist später oft heruntergespielt worden – steht im Banne eines Wissenschaftsverständnisses, wie es in der zweiten Hälfte des 19. Jh.s von Männern wie Charles Darwin, Emil Du Bois-Reymond, Hermann Helmholtz, Rudolf Virchow und eben Ernst von Brücke geprägt und propagiert wurde. Im Freudschen Selbstverständnis blieb die Psychoanalyse in letzter Instanz eine Naturwissenschaft der Seele auf biologischer Grundlage (vgl. Lohmann 1998/2004, 99 ff.).

Nach dem einjährigen Militärdienst, den Freud 1879/80 ableistete und den er sich aus Langeweile damit vertrieb, einige Schriften von John Stuart Mill, darunter den Essay über die Frauenemanzipation, ins Deutsche zu übersetzen, und dem Ende seiner Zeit am Brückeschen Institut, an dem ihm weitere Karrierechancen verbaut waren, stand Freud zunächst einmal vor dem Nichts. 1882 war er beides, arm und verliebt. Diese Konstellation zwang ihn, auf eine wissenschaftliche Laufbahn und damit auf seine Ambitionen auf den Professorenberuf zu verzichten. Schweren Herzens entschloß er sich, eine Stelle am Wiener Allgemeinen Krankenhaus anzutreten, zuerst als Aspirant, dann als Sekundararzt, obwohl er, wie er später mehrfach betonte, nie Arzt werden wollte (ebd., 110 ff.). Freuds allgemeine »schlechte materielle Lage« (GW XIV, 35) mochte ein Grund sein, Geld zu verdienen. Ein anderer, und wohl gewichtigerer, war, daß er im April 1882 Martha Bernays kennengelernt und sich Hals über Kopf in sie verliebt hatte.

Liebe und Beruf

Martha, fünf Jahre jünger als Freud, entstammte einer alten und kultivierten jüdischen Familie aus Hamburg. Ihr Großvater Isaac Bernays war Großrabbiner von Hamburg gewesen, zur Familie zählten bedeutende Gelehrte wie der Altphilologe Jacob Bernays.

Da Martha, mit der Freud sich schon im Juni 1882 verlobte, aus einer zwar angesehenen, aber ebenfalls mittellosen Familie kam, führte kein Weg an einer beruflichen Tätigkeit vorbei. So wurde Freud Kliniker, um in absehbarer Zeit einen bürgerlichen Haushalt gründen zu können.

Es waren harte und entbehrungsreiche Jahre, die Freud durchzustehen hatte. Nicht als »other Victorian« (Steven Marcus) wie jener anonyme Autor von *My Secret Life*, der sich glaubwürdigen Untersuchungen zufolge alle von ihm beschriebenen sexuellen Eskapaden selber geleistet haben soll, eher als streng erzogener Wiener Viktorianer, für den vor-, später außereheliche geschlechtliche Vergnügungen tabu waren, durchlitt der angehende Nervenarzt vier endlos lange Verlobungsjahre in, so gibt es Anlaß zu vermuten, vollkommener Enthaltsamkeit. Jahrzehnte später schrieb Freud in einem Brief an James Putnam, in dem es um das Thema größerer sexueller Freizügigkeit in der Jugend ging: »Ich vertrete ein ungleich freieres Sexualleben, wenngleich ich selbst sehr wenig von solcher Freiheit geübt habe« (zit. nach Jones I, 126). Wieviel Zorn und Erbitterung der Zwang zur Unterdrückung seines sexuellen Begehrens in Freud hervorrief, wissen wir aus seinen (bis heute nicht vollständig publizierten) Brautbriefen: »[...] ich bin ja nur ein halber Mensch im Sinne der alten platonischen Fabel, die Du gewiß kennst, und meine Schnittfläche schmerzt mich, sobald ich außer Beschäftigung bin.« Und fast im selben Atemzug, in einer Aufwallung von Empörung und Verachtung gegen die, die ohne Skrupel und Gewissen ihren Vergnügungen frönen, heißt es:

»Wir entbehren, um unsere Integrität zu erhalten, wir sparen mit unserer Gesundheit, unserer Genußfähigkeit, unseren Erregungen, wir heben uns für etwas auf, wissen selbst nicht für was – und diese Gewohnheit der beständigen Unterdrückung natürlicher Triebe gibt uns den Charakter der Verfeinerung. [...] So geht unser Bestreben mehr dahin, Leid von uns abzuhalten, als uns Genuß zu verschaffen, und in der höchsten Potenz sind wir Menschen wie wir beide, die sich mit den Banden von Tod und Leben aneinander ketten, die jahrelang entbehren und sich sehnen, um einander nicht untreu zu werden [...]« (Freud 1971, 36 ff.).

In Freuds leidenschaftlichem Ausbruch findet sich eine Reihe emotionaler Motive, in denen gleichsam *in nuce* vorweggenommen ist, was in seiner später ausgearbeiteten Theorie eine zentrale Rolle spielen sollte. Als er in den 1890er Jahren seine Gedanken zur sexuellen Ätiologie der Neurosen niederlegte und zu Beginn des 20. Jh.s mit sexualreformerischen Bestrebungen nach einem freizügigeren Umgang mit der Sexualität sympathisierte, hatte er die harten Erfahrungen seiner Verlobungszeit im Rücken. Als er das Konzept der Sublimierung der Triebe, deren Umarbeitung in »Kultur« formulierte, konnte er auf eine reale Lebenserfahrung zurückgreifen. Und das Motiv schließlich, nicht so sehr eigene Lust zu suchen als vielmehr »Unlust zu vermeiden« (Nachtr., 404) – ein Motiv, das Freud der berühmten *Bienenfabel* des englischen Schriftstellers und Satirikers Bernard Mandeville (1714/1968, 181) entlehnt haben könnte –, ist nachgerade ein psychologisches Leitmotiv des gesamten Freudschen Werkes.

Mit seiner schlecht bezahlten Tätigkeit am Wiener Allgemeinen Krankenhaus verfolgte Freud vor allem das Ziel, sich durch den Erwerb klinischer Praxis auf eine Existenz als niedergelassener Arzt vorzubereiten. Neben dieser Tätigkeit blieb ihm, dem ambitionierten Forscher und Wissenschaftler, immer noch genügend Zeit, seinem Wissensdrang zu gehorchen und seine Kenntnisse auf verschiedenen Gebieten der Medizin zu vertiefen, wobei freilich die Spezialisierung auf die Neuropathologie deutlich im Zentrum stand. Zunächst arbeitete Freud in der Abteilung des renommierten Internisten Hermann Nothnagel, seit Mai 1883 in der Klinik des nicht minder renommierten Hirnanatomen und Psychiaters Theodor Meynert – von beiden wohlwollend gefördert. Freuds Selbstbewußtsein war beträchtlich. Als er im Januar 1885 die Habilitation und damit die Stellung eines Privatdozenten an der Wiener Universität anstrebte, hatte er keinerlei Probleme, sich der Empfehlungen seines alten Lehrers Brücke sowie Meynerts und Nothnagels zu versichern. Das Ministerium zögerte nicht, Freuds Ernennung zum Dozenten umgehend zu bestätigen. Die Dozentur versprach eine gutgehende spezialärztliche Praxis und stellte wissenschaftlichen Gewinn in Aussicht.

In die 1880er Jahre fällt auch Freuds Beschäftigung mit dem Rauschgift Kokain, dessen suchterzeugender Drogencharakter damals freilich noch kaum bekannt war. Zwischen 1884 und 1887 veröffentlichte er fünf Arbeiten über das Tropanalkaloid Kokain (Freud 1884–1887/1996) in der Hoffnung, ein neues neurasthenisches Medikament zu entdecken und auf einem Forschungsgebiet zu reüssieren, das außerhalb dessen lag, was Freuds akademische Lehrer interessierte. Sein Pech war, daß er bei seinen Experimenten mit der Droge, die auch Selbstexperimente einschloß, die Morphiumabhängigkeit seines Kollegen Ernst Fleischl von Marxow mit der Verschreibung von Kokain zu bekämpfen versuchte und damit am Ende scheiterte. Und nicht er, obwohl er kurz davorstand, sondern sein Studienfreund Carl Koller entdeckte die lokalanästhesistische Wirkung des Kokains am Auge und heimste damit jenen wissenschaftlichen Ruhm ein, den Freud für sich selbst erhofft hatte (Bernfeld 1953/1981, 206 ff.). »Die Kokageschichte«, notierte er leicht ernüchtert schon im Herbst 1884, »hat mir allerdings viel Ehre eingebracht, aber doch den Löwenanteil anderen« (Freud/Bernays 2005, 96).

Währenddessen bereitete sich Freud weiter auf die Eröffnung einer Privatpraxis vor, immer mit Blick auf »Geld, Stellung und Namen« (B, 137). Bevor es allerdings soweit war, bot sich ihm dank eines sechsmonatigen Reisestipendiums die Möglichkeit zur Erlangung einer abschließenden Zusatzqualifikation – an der der Salpêtrière des berühmten Jean-Martin Charcot. (Es entbehrt nicht der Ironie, daß fast genau hundert Jahre später der schärfste Diagnostiker und Kritiker des klinischen Blicks, der Philosoph Michel

Foucault, ausgerechnet in der Salpêtrière sterben sollte.) Schon bevor Freud in Paris ankam, schrieb er voller Euphorie an seine Verlobte: »O wie schön wird das sein! Ich [...] komme dann mit einem großen, großen Nimbus nach Wien zurück, und dann heiraten wir bald, und ich kuriere alle unheilbaren Nervenkranken [...]« (Freud 1971, 94).

Ähnlich wie Brücke auf dem Feld der Physiologie galt Charcot damals als unumschränkter Herrscher auf dem Gebiet der Diagnostik und Behandlung spezieller Nervenkrankheiten, vor allem der Hysterie, die von der Medizin jener Zeit kaum ernstgenommen wurde. Freud war von der Persönlichkeit Charcots ebenso fasziniert wie von seinen Forschungen und seinen bisweilen theatralischen Krankendemonstrationen vor großem Auditorium. Die kurze, aber intensive Lehrzeit bei Charcot – erst bei ihm, bekannte Freud, habe er »klinisch sehen gelernt« (B, 228) –, dem es nicht nur gelang, der Hysterie einen angemessenen Platz im wissenschaftlichen Denken der Ärzte zu verschaffen, sondern dem auch der Nachweis glückte, daß hysterische Symptome bei hypnotisierten Patienten künstlich erzeugt werden können, öffnete Freud die Augen für die nicht-physiologischen, also möglicherweise eher psychologisch zu erklärenden Ursachen von Geistespathologien. Allerdings könnte er schon zuvor, dank der Bekanntschaft und Freundschaft mit dem bedeutenden Wiener Arzt Josef Breuer, auf diese Möglichkeit gestoßen sein.

Nach seiner Rückkehr aus Paris erlebte Freud einen herben Rückschlag, und es sollte nicht der letzte sein, den er im Kreis der Wiener medizinischen Kapazitäten erfuhr. Von Charcot darüber aufgeklärt, daß die Hysterie entgegen allen landläufigen Auffassungen auch bei Männern auftreten könne, trug Freud im Oktober 1886 seine Gedanken über männliche Hysterie vor und stieß damit auf einhellige Ablehnung. Es ist freilich möglich, daß solche Ablehnung nicht so sehr der Neuigkeit selber galt, die Freud mitzuteilen hatte, als vielmehr dem auftrumpfenden Ton, mit der er sie als Pariser *dernier cri* vorstellte – was die von sich überzeugten Wiener vielleicht kränkte. Aber wie tastend und schwankend auch immer – Freud hielt an seinen neuen Erkenntnissen fest, wobei er sich nicht sicher war, ob er Charcots Ansicht teilen sollte, der hypnotische Zustand könne allein bei Hysterikern erzeugt werden, oder die einer anderen französischen Schule um Ambrose Auguste Liébault und Hippolyte Bernheim, wonach beinahe jeder für die Hypnose empfänglich sein sollte. In seinem Nachruf auf den verehrten Lehrer Charcot, der im August 1893 gestorben war, schreibt Freud: »Die Beschränkung des Studiums der Hypnose auf die Hysterischen, die Unterscheidung von großem und kleinem Hypnotismus, die Aufstellung dreier Stadien der ›großen Hypnose‹ und deren Kennzeichnung durch somatische Phänomene, dies alles unterlag in der Schätzung der Zeitgenossen, als Liébaults Schüler Bernheim es unternahm, die Lehre vom Hypnotismus auf einer umfassenderen psychologischen Grundlage aufzubauen und die Suggestion zum Kernpunkt der Hypnose zu machen« (GW I, 34). Freud verhielt sich gewissermaßen salomonisch und gab beiden Seiten ein Stück weit recht. 1889 suchte er Bernheim auf und unterstrich auf diese Weise, daß er die Schule von Nancy als derjenigen von Paris ebenbürtig betrachtete, und wie um seine Unparteilichkeit zu betonen, übersetzte er sowohl Werke von Charcot wie von Bernheim ins Deutsche. Bis in die 1890er Jahre experimentierte Freud mit der hypnotischen Technik, bis er sie über mehrere Zwischenschritte nach und nach in die psychoanalytische transformierte und endlich ganz aufgab.

Inzwischen hatte Freud im Frühjahr 1886, nach seiner Rückkehr aus Paris, beim Allgemeinen Krankenhaus gekündigt und in der Rathausstraße 7 eine eigene Praxis aufgebaut, wohin ihm Nothnagel und Breuer Patienten überwiesen; zugleich arbeitete er drei Nachmittage in der Woche als Neurologe am Kinder-Krankeninstitut von Max Kassowitz. Entgegen gelegentlichen pessimistischen Anwandlungen, den »Kampf mit Wien« (Freud 1971, 136), d. h. um eine auskömmliche Existenz, nicht gewinnen zu können, erwies sich die Freudsche Praxis zunächst als durchaus einträglich. Endlich, nach vier Jahren qualvollen Wartens, konnte auch die Heirat mit Martha ins Auge gefaßt werden. Dank großzügiger Geldgeschenke von der Verwandtschaft der Braut und mit Hilfe von Anleihen und Geldzuwendungen betuchter Freunde war Freud in der Lage, einen eigenen Hausstand zu gründen. Die Ziviltrauung fand am 13. September 1886 in Wandsbek bei Hamburg statt. Ein Jahr später brachte Martha das erste Kind, die Tochter Mathilde, zur Welt, in kurzen Abständen folgten fünf weitere: Jean-Martin (1889), Oliver (1891), Ernst (1892), Sophie (1893) und Anna (1895). Die jüngste Tochter Freuds sollte das einzige Kind sein, welches das geistige Erbe des Vaters antrat.

Auf Dauer brachte die nervenärztliche Praxis nicht nur Vorteile, sondern auch neue Enttäuschungen. Die damals üblichen Heilverfahren – Elektrotherapie, Massagen und Heilbäder – erwiesen sich als nur begrenzt tauglich, wirkliche Besserung und gar vollständige Genesung blieben bei Freuds Patienten häufiger aus, als ihm lieb sein konnte. Also griff er zu-

nehmend auf die Hypnose zurück, deren Technik er in Nancy studiert hatte. Aber auch hier hielten sich die Heilerfolge in Grenzen. »Im Zeitraum von 1886–1891 habe ich wenig wissenschaftlich gearbeitet und kaum etwas publiziert. Ich war davon in Anspruch genommen, mich in den neuen Beruf zu finden und meine materielle Existenz sowie die meiner rasch wachsenden Familie zu sichern« (GW XIV, 41), lautet der wenig freundliche Kommentar im Rückblick, wobei Freud außer acht läßt, daß er zu Beginn der 1890er Jahre sich intensiv auf dem Gebiet der Gehirnanatomie und -physiologie betätigt hatte und daß eine Frucht seiner Forschungen die bedeutende Studie *Zur Auffassung der Aphasien* von 1891 war (Freud 1891/1992).

Freundschaften

Zwei enge Freundschaftsbeziehungen waren es, die Freuds privaten und wissenschaftlichen Weg in den 1990er Jahren prägten – einmal die Freundschaft mit dem älteren Josef Breuer, sodann die mit dem »charismatischen« (Eli Zaretsky) Wilhelm Fließ. Schon zu Beginn der 1880er Jahre hatte ihm Breuer von einer Patientin erzählt – in der medizinischen Literatur unter dem Pseudonym »Anna O.« geführt, hinter dem sich die später als jüdische Frauenrechtlerin bekannt gewordene Bertha Pappenheim verbarg (vgl. Konz 2005) –, die an schweren hysterischen Symptomen litt. Breuer, ein ungewöhnlich fähiger Arzt und Forscher, hatte eher zufällig die Beobachtung gemacht, daß die Patientin unter Hypnose in der Lage war, sich detailliert an die Ursprungssituation zu erinnern, die das hysterische Symptom hervorgerufen hatte, und dabei den seinerzeit unterdrückten Affekt zu artikulieren, woraufhin das Symptom verschwand. Dieser aufschlußreichen Beobachtung, die gewissermaßen am Anfang der Psychoanalyse steht – und Freud war später im ganzen fair genug, Breuers gewichtigen Anteil an seiner »Erfindung« zu würdigen (z. B. GW XIV, 46) –, hatte Freud zunächst wenig Beachtung geschenkt. Jetzt aber, wo er mit den herkömmlichen Heilmethoden gescheitert war, kam er darauf zurück, zumal sich diesmal wirkliche Erfolge zeigten. »Wir fanden […] zu unserer größten Überraschung«, heißt es im einleitenden Kapitel der gemeinsam mit Breuer verfaßten *Studien über Hysterie* von 1895, die zu Recht als das »Urbuch« der Psychoanalyse bezeichnet worden sind (Grubrich-Simitis 1995), »daß die einzelnen hysterischen Symptome sogleich und ohne Wiederkehr verschwanden, wenn es gelungen war, die Erinnerung an den veranlassenden Vorgang zu voller Helligkeit zu erwecken, damit auch den begleitenden Affekt wachzurufen, und wenn dann der Kranke den Vorgang in möglichst ausführlicher Weise schilderte und dem Affekt Worte gab.« Freud und Breuer kamen zu dem Fazit, »der Hysterische leide größtenteils an Reminiszenzen« (GW I, 85 f.), die, so muß man hinzufügen, mit einem ursprünglichen Trauma zusammenhängen.

Während aber Breuer seine sog. kathartische Methode nur bei dieser einen Patientin, eben »Anna O.«, erprobte, erkannte Freud ihren umfassenderen Sinn und erhob sie peu à peu in den Rang einer bevorzugten Behandlungstechnik. Dabei stellte er im Laufe der Zeit fest, »daß nicht beliebige Affekterregungen hinter den Erscheinungen der Neurose wirksam waren, sondern regelmäßig solche sexueller Natur, entweder aktuelle sexuelle Konflikte oder Nachwirkungen früherer sexueller Erlebnisse« (GW XIV, 48). Das Postulat der sexuellen Ätiologie der Neurosen, das in der Folgezeit eine so herausragende Bedeutung für Freud gewinnen sollte, galt zunächst ausschließlich der Hysterie, wurde dann aber auf alle Formen von Neurose übertragen. »Ich ging über die Hysterie hinaus«, heißt es in der »*Selbstdarstellung*«, »und begann, das Sexualleben der sogenannten Neurastheniker zu erforschen [...] Dieses Experiment kostete mich zwar meine Beliebtheit als Arzt, aber es trug mir Überzeugungen ein, die sich heute, fast dreißig Jahre später, noch nicht abgeschwächt haben. Man hatte viel Verlogenheit und Geheimtuerei zu überwinden, aber wenn das gelungen war, fand man, daß bei all diesen Kranken schwere Mißbräuche der Sexualfunktion bestanden« (ebd., 49).

Freud stand, kein Zweifel, an einem Wendepunkt seiner ärztlichen und wissenschaftlichen Karriere. Als die *Studien* erschienen, hatten sich seine und Breuers Wege längst getrennt, weil der Ältere nicht bereit war, Freud auf das riskante und anstößige Feld der sexuellen Ätiologie der Neurosen zu folgen, und die »Arbeitsgemeinschaft« (ebd., 47) aufgekündigt hatte. »Ich glaube, er verzeiht mir nie«, meldete Freud an Fließ, »daß ich in den ›Studien‹ ihn mitgerissen und für etwas engagiert habe, wo er immer nur drei Kandidaten für den Platz *einer* Wahrheit kennt und jede Allgemeinheit als Überhebung verabscheut« (F, 185). Aus den Fließ-Briefen wissen wir freilich auch, daß Freud die Trennung von Breuer, der ihn beruflich und finanziell stets freundschaftlich gefördert hatte, alles andere als leichtgefallen ist.

Die Stelle Breuers hatte längst der Berliner Hals-Nasen-Ohren-Spezialist Wilhelm Fließ eingenommen, mit dem Freud seit 1887 in brieflichem Kontakt stand. Obwohl Fließ' bizarre Zahlenspekulationen, seine Annahme einer physiologischen Beziehung

zwischen Nase und Genitalorganen und seine Theorie biorhythmischer Zyklen heute eher als verschroben gelten, war Freud bereit, Fließ mehr oder minder kritiklos zu vertrauen. »Ein intimer Freund und ein gehaßter Feind waren mir immer notwendige Erfordernisse meines Gefühlslebens; ich wußte beide mir immer von neuem zu verschaffen« (GW II/III, 487) – zuweilen in ein und derselben Person, wenn man an die Freundschaften mit Fließ und C.G. Jung denkt, die beide in tiefe Zerwürfnisse umschlugen. In Fließ fand er diesen dringend benötigten Intimus, und daß er ihn so heftig idealisierte und ihm in vielem so bedenkenlos folgte – in einem Fall bis zu einer schweren ärztlichen Panne, die beinahe böse Folgen gehabt hätte –, läßt sich nur damit erklären, daß Freud in seiner damaligen Situation relativer Isoliertheit – im Rückblick sprach er von »splendid isolation« (GW X, 60) – in einer Übertragungsbeziehung befangen war, die es ihm unmöglich machte, »de[n] einzige[n] Andere[n], de[n] alter« (F, 66), wie er Fließ enthusiastisch apostrophierte, realistisch wahrzunehmen.

In der Wiener Ärzteschaft stieß Freud mit seinen neuen sexologischen Ideen auf wenig Gegenliebe und Resonanz. Auch Martha, die den häuslichen und familiären Hintergrund intakt hielt und keinerlei intellektuelle Anteilnahme an jener »Art von Pornographie« (zit. nach Gay, 75) aufbrachte, fiel als verständige Gesprächspartnerin aus – einzig seine Schwägerin Minna, die seit 1896 im Freudschen Haushalt lebte, scheint zumindest in begrenztem Maße für Freuds Ideen aufgeschlossen gewesen zu sein (Freud/Bernays 2005). Diese schmerzliche Leere füllte Fließ, und Freud offenbarte sich ihm ihn einer Weise, die beispiellos zu nennen ist. Die dank seiner späteren Schülerin Marie Bonaparte erhaltenen Briefe Freuds an Fließ (während Freud umgekehrt Fließ' Briefe vernichtet hat) zeugen von einer fast brutal zu nennenden Rücksichtslosigkeit gegen sich selbst, von seinen Emotionen, Phantasien und Spekulationen, seinen physischen und seelischen Beschwerden, seiner Nikotinabhängigkeit, seinen ehelichen Freuden und Leiden. Die in jeder Hinsicht intensive und durchaus homophil gefärbte Freundschaft mit Fließ eröffnete ihm gerade wegen ihrer grenzenlosen Toleranz jenen Spielraum, in dem sich Freuds Gedankenexperimente ungehemmt entwickeln konnten. So paradox es klingt: Die genialische »Verrücktheit« von Fließ, seine wissenschaftlichen Marotten und haltlosen Spekulationen, in denen Freud sich verlor, bildeten den Boden für Freuds Kreativität, für seine Fähigkeit, die Zensurschranke zwischen der trieb- und affektnäheren Schicht des Vorbewußten und dem Bewußtsein zu lockern und damit Selbstbeobachtungen und

Einsichten zuzulassen, die gewöhnlich der Verdrängung unterliegen. Fließ war gleichsam der Katalysator für Freuds kreativen Prozeß und für das, wofür Freud die Bezeichnung »Selbstanalyse« fand (F, 288, 291 u. ö.), die bis heute als die eigentliche Geburtsstunde der Psychoanalyse gilt. Wenn Breuer Freud auf das Geheimnis der Patienten-Erinnerungen in der »talking cure« (Nachtr., 229) gestoßen hatte, so Fließ ihn auf die Abkömmlinge des eigenen Unbewußten.

Im selben Jahr, in dem die *Studien über Hysterie* erschienen, ein Buch, von dem Freud überrascht feststellte, »daß die Krankengeschichten, die ich schreibe, wie Novellen zu lesen sind« (GW I, 227), schickte er Fließ einen Text, der, postum (1950 bzw. 1987) veröffentlicht, jene Seite von Freuds Forscherinteresse herauskehrt, von der er ursprünglich herkam, der Neurologie. Diesen sog. *Entwurf einer Psychologie* bezeichnete er selber als »Psychologie für den Neurologen« (F, 129). Hatte er soeben noch in den *Studien* eine narrative Version seiner neuen Erkenntnisse über den Zusammenhang von sexuellem Trauma und hysterischer Erkrankung geliefert, so schlägt im *Entwurf* wieder der Naturwissenschaftler in ihm durch. Auch wenn Freud das ehrgeizige Projekt, das er später unter dem Titel »Metapsychologie« (ebd., 181) noch einmal aufgriff, offenbar bald aufgab, unterliegt es keinem Zweifel, daß das im siebten Kapitel der *Traumdeutung* entwickelte Modell vom psychischen Apparat in fast sämtlichen Annahmen den Gedanken des *Entwurfs* nachgebildet ist. Deshalb konnte er später, gegen jede vordergründige Evidenz, auch behaupten, die *Traumdeutung* sei »in allem Wesentlichen anfangs 1896 fertig« gewesen, d. h. zur Zeit der Beendigung des *Entwurfs*, obwohl sie »erst im Sommer 1899 niedergeschrieben« wurde (GW X, 60 f.).

Ansonsten aber blieb Freud auf der Spur seiner Selbstanalyse – »Der Hauptpatient, der mich beschäftigt, bin ich selbst« (F, 281) – und bei der schon in der Zusammenarbeit mit Breuer erprobten Methode der »freien Assoziation« (GW XI, 104), wonach der Patient in der Kur stets das sagen soll, was ihm gerade einfällt, egal, wie banal, anstößig oder sinnlos es scheinen mag. Die Erzählungen seiner Patienten überzeugten ihn mehr und mehr davon, daß alle Neurosen die Folge sexuellen Mißbrauchs eines Kindes durch einen Erwachsenen oder ein älteres Kind seien. Eher beiläufige Bemerkungen von Breuer, nervöse Störungen hätten immer mit »secrets d'alcôve« zu tun, und ein früher bei Charcot aufgeschnapptes »c'est toujours la chose génitale … toujours … toujours … toujours« (zit. nach Gay, 109)

mußten Freud in seiner Sicht noch bestärken, zumal Fließ sie teilte, so daß er sich schließlich ermutigt fühlte, sie öffentlich zu vertreten. Sein Vortrag *Zur Ätiologie der Hysterie*, den er am 21. April 1896 vor dem Verein für Psychiatrie und Neurologie hielt und mit dem er seine Ärztekollegen davon zu überzeugen suchte, daß der Ursprung der Hysterie regelhaft auf sexuellen Mißbrauch in der Kindheit zurückgehe, geriet zum Fiasko. Der bekannte Sexologe Richard von Krafft-Ebing sprach von einem »wissenschaftlichen Märchen« (F, 193), das professionelle Auditorium reagierte feindselig. Von diesem Moment an war Freud in Wien ziemlich isoliert.

Obwohl Freuds sexuelle Traumatheorie in ihrer Verallgemeinerung einigermaßen unplausibel ist, bedurfte es noch einer Weile, bis er sich von ihr trennte. Jedenfalls begann Freud allmählich zu realisieren, daß seine Patienten im Sprechzimmer Berichte produzierten, die mehr auf Phantasien und Wünschen beruhten denn auf wirklichen Ereignissen, daß deshalb die von ihnen behauptete »Verbreitung der Perversion gegen Kinder wenig wahrscheinlich ist« (F, 283) und »daß es im Unbewußten ein Realitätszeichen nicht gibt, so daß man die Wahrheit und die mit Affekt besetzte Fiktion nicht unterscheiden kann« (ebd., 284). Kurzum: »Ich glaube an meine Neurotica nicht mehr« (ebd., 283). Der Gewinn dieser Korrektur – die Aufgabe der sog. Verführungstheorie und die Anerkennung der Macht unbewußter Wünsche und Phantasien – ermöglichte es Freud, die verbreitete Vorstellung von der sexuellen Unschuld des Kindes als Köhlerglauben eines harmoniesüchtigen Zeitalters zu entlarven und die Entdeckung zu machen, daß es in der Entwicklung des (männlichen) Kindes den Ödipuskomplex gibt, insofern es mit dem Vater rivalisiere und sich der Mutter bemächtigen wolle: »Ich habe die Verliebtheit in die Mutter und die Eifersucht gegen den Vater auch bei mir gefunden und halte sie jetzt für ein allgemeines Ereignis früher Kindheit […]« (ebd., 293). Dieser ödipale Wunsch aber, so will es das Gesetz der menschlichen Psyche, müsse im Zuge der weiteren Entwicklung unerbittlich verdrängt werden, und das Verdrängte kehre beim Erwachsenen in Gestalt symptomatischer Mißbrauchs- und Verführungsphantasien wieder.

Mit der Revision der Verführungstheorie und dem Postulat des ödipalen Gesetzes, die zu der Bedeutung von Erinnerungen und der lösenden Wirkung der Redekur hinzutraten, hatte Freud einen zentralen Pfeiler seiner neuen psychoanalytischen Theorie aufgestellt. Allerdings muß man ergänzen, daß er die Verführungstheorie nie vollständig aufgab, sondern ihre Reichweite lediglich einschränkte – denn es war ja nicht zu leugnen, daß es sexuellen Mißbrauch und Verführung tatsächlich gab. In den *Drei Abhandlungen zur Sexualtheorie* heißt es: »[...] ich kann nicht zugeben, daß ich in meiner Abhandlung 1896 ›Über die Ätiologie der Hysterie‹ die Häufigkeit und die Bedeutung derselben [der Verführung] überschätzt habe, wenngleich ich damals noch nicht wußte, daß normal gebliebene Individuen in ihren Kinderjahren die nämlichen Erlebnisse gehabt haben können, und darum die Verführung höher wertete als die in der sexuellen Konstitution und Entwicklung gegebenen Faktoren. Es ist selbstverständlich, daß es der Verführung nicht bedarf, um das Sexualleben des Kindes zu wecken, daß solche Erweckung auch spontan aus inneren Ursachen vor sich gehen kann« (GW V, 91). Damit postulierte Freud zweierlei: einmal, daß bereits das Kind eine sexuelle Konstitution aufweist, zum andern, daß es keinen zwingenden Zusammenhang zwischen sexueller Verführung und Neurose gibt. Es zählt zu den Ironien der Freud-Rezeption, daß in den 1880er und 90er Jahren dieser Realismus preisgegeben wurde, indem man Freud vorwarf, er habe aus opportunistischen Interessen das Wohl des Kindes verraten (Masson 1984/1984).

Im ständigen Dialog mit Fließ setzte Freud seine Selbstanalyse fort als eine Art Introspektion bei erhöhter Aufmerksamkeit für Neben- und Untertöne, für das scheinbar Bedeutungslose und Nebensächliche, vor allem für seine Träume, aber auch die seiner Patienten. Zugleich entwickelte er jene Kunst der Deutung symbolischer Ordnungen, die das Freudsche Werk als etwas grundlegend Neues, ja Revolutionäres ausweist. In der *Traumdeutung* fand dieses Neue und Revolutionäre seine gültige Gestalt, und man darf sagen, daß es nur wenige Bücher gibt, die das kulturelle Selbstverständnis des Menschen im 20. Jh. nachhaltiger geformt haben als dieses. Die *Traumdeutung* ist es denn auch, deren Titel noch jedem einfällt, der nach Freuds Stellung und Rang in der modernen Geistesgeschichte gefragt wird.

Von der Psychopathologie zur Normalpsychologie

Die Traumdeutung erschien Ende 1899, vom Verleger programmatisch auf das Jahr 1900 vordatiert. Mit diesem Buch war Freud ein Durchbruch gelungen, und er wußte es. Auch wenn sich der Autor über die zurückhaltenden Reaktionen der fachlichen und nichtfachlichen Öffentlichkeit zunächst beklagte (Gay, 155 f.) und mit dem mangelnden Verkaufserfolg unzufrieden war, erwies sich das Werk auf lange Sicht durchaus als Erfolg – bis 1930 erschienen acht

Auflagen (Grubrich-Simitis 1999, 47). Mit fast jeder Neuauflage ergänzte Freud sein Jahrhundertbuch um weiteres Material, so daß sein Umfang im Laufe der Jahre erheblich anschwoll.

Wenn man es heute liest, fällt einem zunächst einmal die Harmlosigkeit des Textes auf. Was vor gut hundert Jahren in den Augen vieler Zeitgenossen als skandalös erscheinen mochte – vor allem das von Freud eingestreute autobiographische Material, das mit einem gewissen entlarvungspsychologischen Gestus dargeboten wird –, dürfte heute eher mit einem Achselzucken quittiert werden: Die Allgegenwärtigkeit sexuell aufgeladener Bilder in der Werbung und die Darstellung der menschlichen Sexualität in allen ihren Schattierungen und Varianten, wie sie uns in Kino, Fernsehen und Internet begegnen, lösen keinen Skandal, sondern eher Überdruß aus. Die enorme kultur- und geistesgeschichtliche Wirkung der *Traumdeutung* beruht denn auch nicht primär auf einzelnen Inhalten des Werkes als vielmehr darauf, daß sie einen Raum eröffnete, in dem sich bisher Ungesagtes zu entfalten vermochte. Wenn man das Unbewußte als *pars pro toto* für Gefühle gelten läßt (Hastedt 2005, 38), dann kann man sagen, daß Freud die Welt der Gefühle in einem Maße zugänglich gemacht hat, wie es bis dahin unbekannt war. Statt das Universum der Gefühle/des Unbewußten gemäß älterer Tradition dem Bereich des Irrationalen zuzuschlagen, schreibt ihm Freud eine eigene Logizität zu, die ihrerseits den Verstand dazu nötigt, seinen Allmachtsanspruch zu mäßigen. Mit der *Traumdeutung* wollte Freud die Unterwelt bewegen – »acheronta movebo«, wie es im Motto des Buches heißt (GW II/III, VI) –, d. h. jenen seelischen Bezirk erschließen, buchstäblich zum Sprechen bringen, der bis dahin aus dem allgemeinen Diskurs der Vernunft ausgeschlossen war.

Aber noch aus einem weiteren Grund muß das Buch zu den kulturellen Grundlagentexten des 20. Jh.s gerechnet werden. Im Gegensatz zu den meisten seiner früheren Schriften, die sich am ärztlichen Blick auf ein Krankheitsgeschehen orientieren, ist *Die Traumdeutung* die erste große Arbeit Freuds, die das begrenzte Terrain der Klinik verläßt und den Blick auf allgemeine psychische Phänomene lenkt, unabhängig von psychopathographischen Rücksichten. Was Freud in einem Brief einmal »Normalpsychologie« (zit. nach Gay, 153) nennen sollte, ist nichts anderes als das Eingeständnis, daß ihn sein Forschungsinteresse – Erkundung der Herkunft der Neurosen – unversehens auf ein Feld geführt hatte, das sich nicht mehr nur dem Feld psychischer Krankheiten zurechnen ließ, sondern Allgemeingültigkeit beanspruchen konnte. Weil jeder Mensch träumt und der Traum eine kulturell ubiquitäre Erscheinung ist, die schon die antiken Schriftsteller beschäftigt hatte, kann von Psychopathologie nicht mehr die Rede sein. Alle für das Verständnis des Traumes notwendigen Annahmen und Begriffe sind nicht an pathologische Prozesse gebunden, sondern an solche des allgemeinen und normalen menschlichen Seelenlebens (vgl. GW XIV, 73). Das vermeintlich Irrationale und scheinbar Sinnlose psychischer Produktionen erweist sich nicht länger als Privileg des kranken Menschen, vielmehr als berechtigter Teil der *conditio humana*.

In dieselbe Kerbe schlagen auch Freuds 1901 veröffentlichte Studie *Zur Psychopathologie des Alltagslebens* (GW IV) und das vier Jahre später publizierte Buch *Der Witz und seine Beziehung zum Unbewußten* (GW VI). Wie der Traum sind auch die Fehlleistungen und der Witz sozusagen normale psychische Hervorbringungen, wie sie jedem gesunden Menschen unterlaufen oder gelingen. Gemeinsam ist ihnen, daß sie aus einem Konflikt zwischen Wunsch und Wirklichkeit resultieren: Noch das harmloseste Versprechen, welches das bewußt angestrebte Ziel verfehlt, oder der geistreiche oder anzügliche Witz, der den Klartext vermeidet, ist Freud zufolge durch einen unbewußten Wunsch determiniert und stellt insofern eine geglückte Handlung dar; was auf der Ebene des Bewußtseins verfehlt wird, erfüllt sich auf der Ebene des Unbewußten – im Traum, im Witz, in der Fehlleistung.

Man kann also sagen, daß Freud mit diesen drei Büchern aus dem Bannkreis der Medizin heraustrat und sich auf das weite Feld einer wissenschaftlichen Psychologie begab, die den unbescheidenen Anspruch erhob, Psychologie schlechthin zu sein. Mit diesem fundamentalen Richtungswechsel seiner Forscherinteressen brachte Freud sich wie auch seine späteren Schüler freilich in eine spannungsvolle Situation: Sollte die Psychoanalyse nach dem Willen ihres Schöpfers fortan in erster Linie eine Wissenschaft sein, die in allgemeingültiger Form die Regelmäßigkeiten des menschlichen Seelenlebens und das Funktionieren des psychischen Apparats expliziert, so blieb sie im Gegensatz dazu, sofern ihr bis auf weiteres der Weg zum angestammten sozialen Ort der Wissenschaft, zur Universität, versperrt war, an die Erfahrung der Klinik, der ärztlichen Praxis verwiesen. Wie Freud selber, der es schließlich nur mit Verzögerung zum Extraordinarius brachte (vgl. Lohmann 1998/2004, 39 f.), waren die meisten seiner späteren Schüler niedergelassene Ärzte und damit isoliert vom Wissenschaftsbetrieb. Dennoch pochte Freud bis zuletzt darauf, daß die Psychoanalyse eine

Wissenschaft sei: »Ich sagte Ihnen, die Psychoanalyse begann als eine Therapie, aber nicht als Therapie wollte ich sie Ihrem Interesse empfehlen, sondern wegen ihres Wahrheitsgehalts, wegen der Aufschlüsse, die sie uns gibt über das, was dem Menschen am nächsten geht, sein eigenes Wesen«, heißt es in der *Neuen Folge der Vorlesungen zur Einführung in die Psychoanalyse* (GW XV, 169). Von daher versteht man vielleicht besser, warum Freud in späteren Jahren den Schweizern Eugen Bleuler, Ludwig Binswanger und vor allem Carl Gustav Jung, die dem akademischen Betrieb näherstanden als er und seine Wiener Anhänger, so ungewöhnliche Avancen machte.

Mit dem Paukenschlag von 1905, der Veröffentlichung des Witz-Buches und der *Drei Abhandlungen zur Sexualtheorie* (GW V, 27–145), schloß Freud sein »quinquennium mirabile« (K. R. Eissler) und damit die Konstitutionsphase der Psychoanalyse ab. In den *Drei Abhandlungen* kam er noch einmal auf die Thematik zurück, die ihn in den 1890er Jahren so mächtig ergriffen hatte – auf das Problem der menschlichen Sexualität, jenes »an die Biologie angrenzende Stück der Lehre« (ebd., 31), von dem er überzeugt war, daß es auf den anhaltenden Widerstand der gebildeten Öffentlichkeit stoßen werde. Ein solcher Widerstand war schon deshalb zu erwarten, weil Freud, neben dem Postulat einer eigenständigen infantilen Sexualität, das sich gegen den Mythos von der sexuellen »Unschuld« des Kindes richtete, es erstmals wagte, die »normale« oder »natürliche« Sexualität des Erwachsenen zu dekonstruieren – etwas, das uns heute eher als selbstverständlich erscheint, damals aber ein sexualtheoretischer und -politischer Stein des Anstoßes war. Wenn Freud, einer alten Idee seines Freundes Fließ folgend, beim Individuum von einem gewissen »Grad von anatomischem Hermaphroditismus« und von »einer ursprünglich bisexuellen Veranlagung« ausgeht (ebd., 40) und dann (in einer später angefügten Note) die Behauptung aufstellt, daß »das ausschließliche sexuelle Interesse des Mannes für das Weib ein der Aufklärung bedürftiges Problem und keine Selbstverständlichkeit« sei (ebd., 44), dann konnte dies nicht ohne Konsequenzen bleiben. Denn daß Heterosexualität ein natürlicher Chemismus sei und Homosexualität entsprechend unnatürlich, eben eine Perversion, galt zu Freuds Zeit als ausgemachte Sache, und Entrüstung gehörte zum guten Ton, wie die öffentlichen Reaktionen auf den Prozeß gegen Oscar Wilde hinreichend belegen. Mit Mut und Beharrlichkeit verfocht Freud die Ansicht, es sei nicht die Aufgabe des Arztes, sich in Sachen Sexualität als moralischer Richter aufzuführen. So heißt es im *Bruchstück einer Hysterie-Analyse*: »Was wir die sexuellen Perversionen heißen, die Überschreitungen der Sexualfunktion nach Körpergebiet und Sexualobjekt, davon muß man ohne Entrüstung reden können. Schon die Unbestimmtheit der Grenzen für das normal zu nennende Sexualleben bei verschiedenen Rassen und in verschiedenen Zeitepochen sollte die Eiferer abkühlen [...] Ein Stückchen weit, bald hier, bald dort, überschreitet jeder von uns die fürs Normale gezogenen engen Grenzen in seinem eigenen Sexualleben. Die Perversionen sind weder Bestialitäten noch Entartungen im pathetischen Sinne des Wortes« (GW V, 210). Im Abstand von rund hundert Jahren, in denen sich, zumindest in der westlichen Zivilisation, die Auffassungen von der Sexualität, von Norm und Abweichung, grundlegend gewandelt haben (vgl. Sigusch 2005, Quindeau/Sigusch 2005), kann man gut ermessen, wie weit Freud mit seinen sexualtheoretischen Vorstellungen seiner Zeit voraus war (vgl. ebd., 76 ff.).

Anfänge der Freud-Schule

An die Stelle der Freundschaft mit Fließ, die aus Freuds Sicht ihre Notwendigkeit und Unersetzlichkeit längst eingebüßt hatte und die mit einem kleinlichen Streit um Prioritätenfragen endete (F, 508 ff.), traten ab 1902 die Beziehungen zu vier Ärzten – Alfred Adler, Max Kahane, Rudolf Reitler und Wilhelm Stekel. Man traf sich an jedem Mittwochabend in Freuds Wohnung in der Berggasse 19, um mit ihm über seine neuartigen Theorien zu diskutieren. In den folgenden Jahren wuchs die Mittwoch-Gesellschaft, Vorläuferin der 1908 gegründeten Wiener Psychoanalytischen Vereinigung, deren Debatten dank der Mitschrift des Protokollführers Otto Rank zwischen 1906 und 1918 überliefert sind (vgl. Nunberg/Federn 1962–1975/1976–1981), langsam, aber stetig. 1903 schloß sich Paul Federn dem noch informellen Kreis an, es folgten Eduard Hitschmann, Isidor Sadger und Fritz Wittels, der erste Biograph Freuds (Wittels 1924). Auch Nicht-Ärzte, später »Laien« genannt, waren dabei, etwa Max Graf (der Vater des »Kleinen Hans« aus Freuds berühmter Fallgeschichte), der Verleger Hugo Heller und der Jurist Hanns Sachs, auf deren Interesse und Mitarbeit Freud stets besonderen Wert legte, war ihm doch im Sinne des umfassenden wissenschaftlichen Anspruchs seiner Sache daran gelegen, »daß die Lehren der Psychoanalyse nicht auf das ärztliche Gebiet beschränkt bleiben« (GW X, 64). Freuds in den 1920er Jahren offen und hart geführter Kampf um die Berechtigung der sog. Laienanalyse (vgl. GW XIV,

207 ff.), begann bereits in der ersten Dekade des 20. Jh.s (Schröter 2004), wenngleich es zu dieser Zeit, als die psychoanalytische Gruppenbildung erst in ihren Anfängen steckte, noch ein verdeckter, von den Protagonisten nicht als solcher wahrgenommener Kampf war.

Im Kreis seiner ersten Schüler und Anhänger war es Freud möglich, die theoretische Spannweite und die vielfältigen klinischen wie außerklinischen Implikationen seiner neuen Theorien zu testen und zur Diskussion zu stellen. Dabei ging es gelegentlich auch schon einmal hoch her, besonders dann, wenn Personalia zur Debatte standen. So wurde im Schutze der Intimität der kleinen Gruppe, die überwiegend aus Juden bestand, so manches thematisiert, was die Psychoanalyse vor einer größeren Öffentlichkeit unweigerlich diskreditiert hätte. Als tatsächlich einmal Diskussionsergebnisse nach außen drangen, nämlich als Wittels in der Mittwochsrunde seine Ansichten über die angebliche Neurose des in Wien allseits bekannten Herausgebers der Zeitschrift *Die Fackel* vortrug, bezahlte Freud dies prompt mit der Gegnerschaft des Satirikers. Es nützte nichts, daß Freud davor gewarnt hatte, »die Neurose dort in den Vordergrund zu stellen, wo es sich um eine bedeutende Leistung handelt« (Nunberg/Federn 1962–1975/1976–1981, Bd. II, 355; vgl. auch F/A 121) – was im Fall von Karl Kraus gewiß zutrifft. Dieser, obwohl der Psychoanalyse, vor allem Freuds sexualtheoretischen Neuerungen gegenüber anfänglich durchaus aufgeschlossen, ließ es sich nach diesem Eklat nicht nehmen, spitze Pfeile gegen sie zu schießen – Freud verlor in Wien einen wichtigen potentiellen Verbündeten (Timms 1986/1995, 141 ff.; vgl. auch F/Fer I/1, 213). Ob allerdings die Affäre Freud/Kraus, die eher eine Affäre Wittels/Kraus war, so negativ für Freud und seine Gruppe zu Buche schlägt, wie der Literaturhistoriker Edward Timms (1995/1996, 9) insinuiert, darf man bezweifeln.

Nach und nach sprach sich die Psychoanalyse auch außerhalb Wiens herum. Seit 1906/1907 schloß sich eine Reihe von Ausländern der Freud-Gruppe an, darunter Max Eitingon, späterer Gründer und Finanzier des Berliner Psychoanalytischen Instituts, Karl Abraham, Gründer der Berliner Psychoanalytischen Gesellschaft, Sándor Ferenczi, der die Psychoanalyse in Ungarn etablierte, der Waliser Ernest Jones, Freuds Statthalter in England, der sein Lebenswerk mit einer lange maßgeblichen Freud-Biographie krönen sollte, sowie der Schweizer C. G. Jung – allesamt Ärzte, die bedeutende Beiträge zur Weiterentwicklung der Psychoanalyse leisteten. Allerdings sollte sich im Laufe der Zeit zeigen, daß die intellektuelle Eigenständigkeit, die Leute wie Jung, Ferenczi und Jones in die Begegnung mit Freud einbrachten, auch Stoff für Konflikte enthielt, die in einigen Fällen schmerzlich endeten. In der Tat stellt sich die Frage, ob Freud als anerkanntes Schuloberhaupt, das bedingungslose Loyalität zu seiner Sache forderte, in der Lage war, geistige Originalität und Unabhängigkeit neben sich zu dulden – er selbst hielt sich jedenfalls für tolerant genug dafür (Gay, 276 f.). Insgesamt scheint es so, als sei er im Zweifels- und Konfliktfall mit den Ärzten weniger nachsichtig umgegangen als mit den »Laien«, den Nicht-Ärzten. Freuds »liebste Lou« (F/AS, 124 u. ö.), die russische Schriftstellerin Lou Andreas-Salomé, die in die 1908 gegründete Wiener Psychoanalytische Vereinigung, Nachfolgerin der Mittwoch-Gesellschaft, das geheimnisvolle Flair ihrer Begegnungen mit Nietzsche und Rilke trug, konnte es sich z. B. leisten, Freuds Lehren manchmal bis zum Lyrischen, ja Kitschigen zu literarisieren, ohne damit Freuds anhaltende Zuneigung zu ihr aufs Spiel zu setzen. Auch im Falle des Schweizer Pfarrers Oskar Pfister, zwischen dessen Protestantismus und Freuds militantem Atheismus Welten lagen, und des Dichters Arnold Zweig, dessen Auffassungen von der Psychoanalyse bedenklich zum Wohlmeinend-Weltanschaulichen neigten, ließ Freud erstaunliche Milde walten. Die Gefahr, so schien es aus Freuds Sicht, kam eher von den Ärzten, tendierten letztere doch ständig dazu, die Psychoanalyse auf das Feld der Heilkunst einzuschränken. Insofern war Freuds Mißtrauen gegen die Ärzte und sein Wohlwollen für die Nicht-Ärzte nur konsequent.

Die Psychoanalyse wird eine ›Bewegung‹

Freud hatte lange gebraucht und viel experimentiert, ehe er seinen endgültigen Weg als Wissenschaftler und Arzt gefunden hatte. Seit 1905, also um sein fünfzigstes Lebensjahr, stand die weitere Marschrichtung fest, die einer klaren Zielsetzung folgte. Auch die anhaltende Diskriminierung seiner neuartigen Theorien durch die Zunft der Neurologen und Psychiater – noch 1910 dekretierte der Geheime Medizinalrat Wilhelm Weygandt, Freuds Lehre sei eine »Sache der Polizei« (zit. nach Jones II, 136) – konnte sein Selbstvertrauen nicht ernsthaft erschüttern. Denn die zum Teil rüde vorgetragenen Attacken gegen Freud waren ja zugleich ein untrügliches Indiz dafür, daß seine wie immer umstrittenen Theorien öffentlich wahrgenommen und diskutiert wurden. Mehr als die manifeste Ablehnung der Psychoanalyse zählte letztlich die von Abraham kolportierte Frage amerikanischer Ärzte »what do you think about

Freud?« (F/A, 100). Tatsächlich erhielt Freud unerwarteten Zuspruch aus den Vereinigten Staaten. Der Präsident der Clark University in Worcester, Massachusetts, Stanley Hall, trug ihm die Ehrendoktorwürde an und lud ihn zu einer Vortragsreise nach Amerika ein. Im September 1909 reiste Freud in Begleitung von Ferenczi und Jung per Schiff von Bremen nach New York, wo sich ihm Jones und sein amerikanischer Übersetzer Abraham A. Brill anschlossen. Im »so prüden Amerika« (GW X, 70), gegen das Freud ansonsten bis an sein Lebensende solide Vorurteile pflegte, wurde er freundlicher als erwartet empfangen: » […] in Europa«, heißt es in der *Selbstdarstellung*, »fühlte ich mich wie geächtet, hier sah ich mich von den Besten wie ein Gleichwertiger aufgenommen. Es war wie die Verwirklichung eines unglaubwürdigen Tagtraumes, als ich in Worcester den Katheder bestieg […] Die Psychoanalyse war also kein Wahngebilde mehr, sie war zu einem wertvollen Stück Realität geworden« (GW XIV, 78).

Das Jahr 1910 markiert den ersten Höhepunkt in der von Freud initiierten und mit viel Umsicht geführten psychoanalytischen Bewegung. Inzwischen war die erste vereinseigene Zeitschrift, das *Jahrbuch für Psychoanalytische und Psychopathologische Forschungen* ins Leben gerufen worden (es folgten das *Zentralblatt für Psychoanalyse*, die *Imago* und die *Internationale Zeitschrift für ärztliche Psychoanalyse*), und in Salzburg hatte 1908 der erste internationale Kongreß der Psychoanalytiker stattgefunden. Vorläufiger Schlußpunkt dieser organisationspolitischen Erfolge war die Gründung der Internationalen Psychoanalytischen Vereinigung (IPV) 1910 in Nürnberg, zu deren Präsident auf Freuds ausdrücklichen Wunsch hin Jung gewählt wurde (Jones II, 90; Gay, 249).

Daß Freuds Wahl auf Jung gefallen war, hatte sowohl persönliche wie politische Motive. Wie aus der von beiden Seiten intensiv geführten Korrespondenz hervorgeht, war Freud offenbar bereit, Jung mehr Vertrauen entgegenzubringen als den meisten anderen seiner Anhänger, vor allem den Wienern, und mehr in ihn zu investieren, als er sich sonst gestattete. In Anspielung an den Makedonenkönig Philipp und dessen ambitionierten Sprößling titulierte Freud den Jüngeren einmal gar als seinen lieben »Sohn Alexandros«, indem er ihm für die Zukunft genügend Territorium zur Eroberung in Aussicht stellte (F/J, 331), wie überhaupt die Vater-Sohn-Konstellation in dem Briefwechsel eine unübersehbare Rolle spielt (z. B. ebd., 594). Andererseits war es mehr als nur eine persönlich motivierte Neigung Freuds, Jung zum Kronprinzen und »Erben« (ebd., 191) zu machen. Vielmehr hielt er es für einen klugen politischen Schachzug, einen Nichtjuden als seinen legitimen Nachfolger einzusetzen, dazu einen, der dank seiner einflußreichen wissenschaftlichen Verbindungen und seiner Stellung am Burghölzli, der Züricher psychiatrischen Universitätsklinik, ein Garant dafür war, daß die Psychoanalyse sowohl in der wissenschaftlichen Welt wie in der nichtjüdischen Öffentlichkeit auf freundlichere Resonanz rechnen konnte. »Die egoistische Absicht, die ich verfolge und natürlich offen eingestehe, ist, Sie zum Fortsetzer und Vollender meiner Arbeit einzusetzen, indem Sie auf die Psychosen anwenden, was ich bei den Neurosen begonnen habe, wozu Sie als starke, unabhängige Persönlichkeit, als Germane, der leichter die Sympathien der Mitwelt kommandiert, mir besser zu taugen scheinen als irgendein anderer, den ich kenne.« Und Freud fügte hinzu: »Nebenbei habe ich Sie ja auch lieb [...]« (ebd., 186).

Die offenbare Bevorzugung Jungs durch Freud mußten dessen Wiener Gefolgsleute, die er gelegentlich und wenig schmeichelhaft als seine »Bande« bezeichnete (zit. nach Gay, 205), als Affront empfinden. So kam es auf dem »Nürnberger Reichstag« (F/J, 338; F/Fer I/1, 235) zu einer regelrechten Revolte der Wiener gegen Freuds, von Ferenczi unterstützte, eigenmächtige Nominierung Jungs zum ersten IPV-Präsidenten (Jones II, 90 ff.; Gay, 249 ff.). Freud mußte zu stärksten rhetorischen Mitteln greifen, um die Inthronisierung Jungs schließlich durchzusetzen. Laut Wittels sagte er: »Ihr seid zum größten Teil Juden und deshalb nicht geeignet, der neuen Lehre Freunde zu erwerben. Juden müssen sich bescheiden, Kulturdünger zu sein. Ich muß den Anschluß an die Wissenschaft finden; bin alt, will nicht immer nur angefeindet werden. Wir alle sind in Gefahr.« Und er fügte hinzu: »Die Schweizer werden uns retten« (Wittels 1924, 124). Immerhin gelang es der Wiener Intervention, die weitreichenden, fast diktatorischen Vollmachten, die Freud Jung zugedacht hatte, in einigen wesentlichen Punkten einzuschränken.

Aber Freuds Kalkül ging nicht auf. Trotz allen Werbens um den Jüngeren konnte ihm auf Dauer nicht verborgen bleiben, daß Jung mit ihm scharf konkurrierte und zugleich mit ihm einen Vater-Sohn-Konflikt austrug, der ihn hinderte, Freuds Autorität, die ja nicht angemaßt, sondern in seinen brillanten Leistungen begründet war, anzuerkennen. Freud hatte sich lange darum bemüht, die emotionalen Konflikte durch Toleranz zu schlichten und wissenschaftliche Differenzen so weit wie möglich zu relativieren. Aber spätestens ab 1912 waren die theoretischen Unstim-

migkeiten – Jungs erweiterter Libidobegriff und die schwammigen mystisch-religiösen Anwandlungen des Pastorensohns, die dem Rationalisten und Atheisten Freud nur obskur vorkommen konnten – nicht mehr zu überspielen. Vor die Alternative gestellt, seinen bisher wichtigsten Mitstreiter zu verlieren oder die Grundüberzeugungen seiner Lehre preiszugeben, entschied sich Freud für ersteres. Auf Anregung von Ferenczi und Jones, seinen loyalsten Vasallen, und unter Einschluß von Abraham, Rank und Sachs (später kam noch Eitingon hinzu) unternahm Freud einen Schritt, der die Macht der psychoanalytischen Leitungsgremien, und das heißt auch der IPV-Präsidentschaft Jungs, faktisch außer Kraft setzte: Er gründete ein Komitee (vgl. Schröter 1995), das »streng geheim« (C, 148; im Original englisch) existieren und arbeiten sollte und dessen Aufgabe es war, die zentralen Freudschen Ideen zu bewahren und, wie Jones schrieb, »unsere eigenen unbewußten Absichten mit den Erfordernissen und Interessen der Bewegung in Einklang zu bringen [...] wie die Paladine Karls des Großen das Reich und die Politik ihres Herrn zu hüten« (ebd., 149; im Original englisch). Dieser nicht undubiose Schachzug, der das Machtzentrum der Psychoanalyse von den demokratisch gewählten Gremien auf eine informelle und geheime Gruppe unter Freuds persönlicher Kontrolle verlagerte, sicherte einerseits den Fortbestand der »reinen Lehre«, war aber andererseits auch dazu angetan, Zweifel an Freuds Aufrichtigkeit und Geradlinigkeit zu wecken. In der Politik, so Peter Gays Urteil, war Freud »unredlicher als in seinem übrigen Verhalten« (Gay, 249).

Schon mit der Veröffentlichung von *Totem und Tabu* (GW IX) 1912/13 machte Freud deutlich, daß er Jung nicht weiter ungestraft schalten und walten lassen wollte, indem er ihn auf dessen ureigenem Terrain, der Mythologie, zu übertrumpfen und ihn zugleich der väterlich verfügten Kastration zu unterwerfen suchte (Mahoney 1982/1989, 191). Der Bruch mit Jung, für Freud ein schwerer emotionaler Schlag, war endgültig, als er er im Sommer 1914 seine »Bombe« (F/Fer I/2, 297, 308, 312) platzen ließ, indem er *Zur Geschichte der psychoanalytischen Bewegung* (GW X, 43–113) publizierte, das eine unnachsichtige und polemische Abrechnung mit Jung und Adler enthält.

Denn auch der Letztere war der jungen psychoanalytischen Bewegung inzwischen abhanden gekommen. Alfred Adlers Theorie von der »Organminderwertigkeit« in bezug auf die Ätiologie der Neurosen, seine Ideen von »männlichem Protest« und einem »Willen zur Macht« mit ihren ichpsychologischen Implikationen (vgl. Mühlleitner 1992, 17; Handlbauer 1990/2002, 123 ff.), die, wie Freud anmerkt, die lächerliche Rolle des Ichs als eines »dummen August im Zirkus« (GW X, 97) verkennen, schließlich die daraus resultierende Vernachlässigung des Unbewußten sowie der Bedeutung der Sexualität, des Ödipuskomplexes und des Traums, die für Freud stets das »Schiboleth der Psychoanalyse« blieben (ebd., 101; vgl. auch GW V, 128) – in alldem sah Freud bloß ein ehrgeiziges und unberechtigtes Streben »nach einem Platz an der Sonne« (GW X, 95), das seinen eigenen Intentionen zuwiderlief. Ein psychologisches »Weltsystem ohne Liebe« sprengte den Rahmen des von Freud geschaffenen Systems, und so zögerte er wie im Falle Jungs am Ende nicht, an Adler »die Rache der beleidigten Göttin Libido […] zu vollziehen« (F/P, 47). Im Herbst 1911 konstatierte Freud, der Adler lange hatte gewähren lassen, weil er ihn für originell und intelligent hielt, die Unvereinbarkeit von dessen Theorien mit den seinen und attestierte ihnen »den Charakter einer feindseligen Konkurrenz« (Nunberg/Federn 1962–1975/1976–1981, Bd. III, 272), was den Ausschluß Adlers und seiner Sympathisanten aus der Wiener Vereinigung zur Folge hatte. Wilhelm Stekel, der gewisse Ansichten Adlers teilte, zunächst aber versucht hatte, zwischen den Kontrahenten zu vermitteln (vgl. Mühlleitner 1992, 321), verließ ein Jahr später ebenfalls die Vereinigung. Die Mehrzahl der Gruppe blieb allerdings bei Freud. Wittels vermerkt dazu bissig, um diese Zeit habe »die Verpapstung Freuds durch seine Schüler« begonnen (Wittels 1924, 207).

Wissenschaftliche Explorationen

Ungeachtet aller Konflikte und schmerzlichen Trennungen, die Freud in diesen Jahren durchzustehen hatte, fuhr er fort, seine Theorien an neuen Gegenständen zu erproben und unbekanntes Territorium zu erschließen. Das Jahrzehnt zwischen der Veröffentlichung der *Drei Abhandlungen zur Sexualtheorie* (1905) und von *Zur Einführung des Narzißmus* (1914), das mit dem beginnenden Abgesang des alten, des bürgerlichen Europa zusammenfällt, stand im Zeichen einer ungeheuren wissenschaftlichen Produktivität. In rascher Folge publizierte Freud Schrift um Schrift, womit er zugleich auch seine Schüler und Anhänger zu immer neuen Leistungen anspornte. Auf der einen Seite baute Freud seine Krankheitslehre und die Technik der psychoanalytischen Behandlung aus und erweiterte letztere um neue Aspekte und Einsichten, etwa in die Natur dessen, was er »Übertragung« nannte (GW VIII, 54 ff.;

ebd., 363 ff. u. ö.), an deren Nichterfassen nach eigenem Eingeständnis noch seine Behandlung der »Dora« gescheitert war (GW V, 282; Decker 1998). Diesen spontanen Mechanismus des Unbewußten, die Gegenwart – den ärztlichen Therapeuten – mit Eigenschaften und Zuschreibungen der Vergangenheit – Eltern, Geschwister usw. – auszustatten, hatte Freud bei der Behandlung »Doras« nicht durchschaut, weshalb die Geschichte für die Beteiligten so unbefriedigend endete (und bis heute in der Freud-Literatur heftig diskutiert wird). Um 1900 hatte Freud noch nicht erkannt, daß die Übertragungsleistungen und -angebote des Patienten therapeutisch nutzbar gemacht werden können, wenn man sie richtig übersetzt, und noch weniger, daß der Arzt seinerseits Gefühle mobilisiert, insofern er dem Einfluß des Patienten auf sein eigenes Unbewußtes ausgesetzt ist. Solche Affekte faßte er unter dem Begriff »Gegenübertragung« zusammen, die freilich »bewältigt« werden müsse (GW VIII, 108; F/Fer I/1, 312). Im Gegensatz zu vielen späteren Analytikern, vor allem aus der Schule Melanie Kleins, sah Freud in der Gegenübertragung eher einen zu beseitigenden Störfaktor, worin ihm wiederum die französische Schule Jacques Lacans folgte.

Zwischen 1905 und 1914 fallen auch die Publikationen von zwei der berühmtesten Fallgeschichten Freuds, der *Analyse der Phobie eines fünfjährigen Knaben* (GW VII, 243–377) und der *Bemerkungen über einen Fall von Zwangsneurose* (ebd., 379–463). Ergänzt und um einen klinisch so gut wie aussichtslosen Fall erweitert wurden die großen Krankengeschichten des »kleinen Hans« und des »Rattenmannes« durch seinen Kommentar zu Daniel Paul Schrebers *Denkwürdigkeiten eines Nervenkranken* (1903), der seitdem als Klassiker der Psychiatrie-Literatur gilt und Schreber gewissermaßen unsterblich gemacht hat. Der Zugang zum Schreberschen Wahnsystem war Freud deshalb möglich, weil er erkannte, daß die Paranoiker, »allerdings in entstellter Form, gerade das […] verraten, was die anderen Neurotiker als Geheimnis verbergen« (GW VIII, 240). Das paranoid Entstellte, so könnte man sagen, ist zugleich das Offenbare.

Auf der anderen Seite kämpfte Freud in diesen Jahren energisch darum, das Anwendungsfeld der Wissenschaft vom Unbewußten nach allen Seiten hin auszudehnen. Ihr ärztlich-medizinischer Hintergrund, die Neurosentheorie – »das Mutterland« (F/Fer I/1, 342) –, bildete zwar nach wie vor den Ausgangspunkt aller weiteren Explorationen. Aber für Freud stand spätestens seit der *Traumdeutung* fest, daß es um mehr ging als um die medizinische Anwendung der Psychoanalyse, wollte er deren Anspruch, eine allgemeine Psychologie zu sein, festigen und durchsetzen. Dazu gehörte auch die Strategie, daß Freud in nicht-medizinischen Journalen publizierte, etwa den Aufsatz über *Zwangshandlungen und Religionsübungen* (GW VII, 129–139) in der *Zeitschrift für Religionspsychologie* und die Arbeiten *Die »kulturelle« Sexualmoral und die moderne Nervosität* (ebd., 141–167) und *Über infantile Sexualtheorien* (ebd., 169–188) in der Zeitschrift *Sexualprobleme*, dem Folgeorgan der von der Frauenrechtlerin Helene Stöcker herausgegebenen Zeitschrift *Mutterschutz*, einem Blatt der bürgerlichen Frauenbewegung (Reiche 2005, 122). Schon solche Publikationsorte, von der Thematik zu schweigen, zeigten deutlich an, daß Freud gewillt war, einen wissenschaftlich expansiven Kurs zu verfolgen.

Es ist wichtig, in diesem Zusammenhang auf ein Mißverständnis aufmerksam zu machen, das sich, entgegen der erklärten Absicht Freuds, bis heute hartnäckig hält. Wenn von der »Anwendung« der Psychoanalyse die Rede ist, so versteht man darunter in der Regel ihre außerklinische Ingebrauchnahme, z. B. für die Betrachtung und Interpretation von Werken der Literatur, Musik und bildenden Kunst oder für kulturwissenschaftliche Disziplinen wie Religionswissenschaft, Mythenforschung, Ethnologie, Anthropologie, Philosophie und Soziologie. Im Freudschen Original liest es sich indessen anders. Dort ist nirgends die Rede von einem ärztlichen Prius der Psychoanalyse gegenüber ihren nicht-ärztlichen, sozusagen abgeleiteten Anwendungen, von ihrem »eigentlichen« medizinischen Zentrum, wie dies sogar ein profunder Kenner wie Gay nahelegt, wenn er von den »Schriften Freuds über angewandte Psychoanalyse« schreibt (Gay, 352) und damit deren kulturtheoretische Nutzung meint. Vielmehr etablierte Freud die Wissenschaft vom Unbewußten als Grundlagenwissenschaft, die unterschiedliche Anwendungen ermöglicht, von denen die ärztliche nur eine unter vielen und nicht einmal eine besonders privilegierte ist. In der in den 1920er Jahren geführten Debatte um die Legitimität der sog. Laienanalyse hob er hervor, die korrekte Grenzlinie verlaufe nicht zwischen der ärztlichen Analyse im Sinne einer »speziellen Pathologie und Therapie der Neurosen« (GW XIII, 419) und den sonstigen Anwendungen der Analyse, sondern »zwischen der wissenschaftlichen Psychoanalyse und ihren Anwendungen auf medizinischem und nichtmedizinischem Gebiet« (GW XIV, 295). Nachdrücklich setzte sich Freud dafür ein, »daß die Psychoanalyse kein Spezialfach der Medizin« (ebd., 289) und daß sie nicht »von der Medizin ver-

schluckt werde [...]: Der Gebrauch der Analyse zur Therapie der Neurosen ist nur eine ihrer Anwendungen; vielleicht wird die Zukunft zeigen, daß sie nicht die wichtigste ist« (ebd., 283). Mit dieser Prognose sollte Freud so falsch nicht liegen, obwohl der Anschein zunächst und bis auf weiteres gegen ihn sprach.

Vom allgemeinen »kulturellen Wert« (F/J, 375) seiner Entdeckungen zutiefst durchdrungen, wandte sich Freud in den Jahren vor dem Ersten Weltkrieg mit Neugierde und Eroberungsgeist verstärkt außerklinischen Phänomenen zu. An Wilhelm Jensens Erzählung *Gradiva. Ein pompejanisches Phantasiestück*, 1903 erschienen und von Freud in *Der Wahn und die Träume in W. Jensens »Gradiva«* (GW VII, 29–125) enthusiastisch rezipiert, exemplifizierte er seine Auffassung, daß es eine Entsprechung von Menschheitsgeschichte (Pompeji – Gegenwart) und individueller Seelen- und Entwicklungsgeschichte (Kindheit – Erwachsenenalter) gebe. Indem man die Archäologie des einen (Ontogenese) betreibe, komme man auch in der Archäologie des anderen (Phylogenese) weiter und vice versa. Darüber hinaus attestiert Freud dem Dichter, daß es ihm, anders als dem Neurotiker, gelinge, die Wirklichkeit in der Phantasie derart zu korrigieren, daß das Resultat »ästhetischen Lustgewinn« bewirkt und damit ein glückliches Gelingen, das »die eigentliche ars poetica« sei, wie es in der kleinen Schrift *Der Dichter und das Phantasieren* heißt (GW VII, 223).

Auch Freuds Arbeiten über *Eine Kindheitserinnerung des Leonardo da Vinci* (GW VIII, 127–211) und den *Moses des Michelangelo* (GW X, 171–201) fallen in das umfängliche Register jener außermedizinischen Anwendungen der Psychoanalyse, die in seinem Werk immer breiteren Raum beanspruchten. Schon die Bemerkung, seine Leonardo-Studie sei »das einzig Schöne, das ich je geschrieben« habe (F/AS, 100), bezeugt, welchen Stellenwert Freud seinen Exkursionen im Bereich von bildender Kunst und Literatur beimaß. Beide Texte, darauf ist in der Freud-Forschung oft hingewiesen worden (z. B. Jones II, 101), spiegeln in subtiler Weise auch Spuren und Fragen der Freudschen Biographie wider. Der gehemmte Homosexuelle Leonardo, als Kleinkind mit zwei Müttern aufgewachsen – man erinnere sich der beiden ›Mütter‹ Freuds –, der seine Sexualität zu großartigen künstlerischen und wissenschaftlichen Leistungen sublimiert und doch wie unter Zwang nicht imstande ist, seine geistigen ›Kinder‹« in Ruhe wachsen zu lassen, sondern sich immer neuen Projekten zuwendet, die kaum je vollendet wurden – auch Freud spricht rückwirkend vom »Stückwerk meiner

Lebensarbeit« (GW XI, 96): Diese Gestalt mußte einen ruhelosen Charakter wie Freud, dessen schöpferische Gewalt und sublimatorische Kraft gleichermaßen herrisch regierten, einfach faszinieren. Es tut hier wenig zur Sache, daß Freuds Leonardo-Deutung auf höchst wackligen Füßen steht und u. a. auf einem Übersetzungsfehler basiert, der sein Interpretationskonstrukt faktisch haltlos macht (vgl. Schapiro 1956, 150 f.; Chotjewitz 2004, 94 ff.; dagegen Eissler 1961/1992, 35 ff.). Was zählt und bleibt, ist, daß Freud mit dem Leonardo-Essay zu einem »der bedeutendsten Diskursbegründer unserer Epoche« (Herding 1998, 10) geworden ist, der bis heute die Kulturwissenschaften in seinen Bann zieht.

Gleiches gilt für Freuds Studie über den Moses des Michelangelo. Auch in ihr mag man Züge von einem »Selbstporträt« entdecken (Mannoni 1968/1971, 99), wenn man in dem religiösen Gesetzgeber Moses, der sich im Zorn über den Götzendienst des Volkes Israel anschickt, die Gesetzestafeln zu zertrümmern, einen Widergänger des psychoanalytischen Gesetzgebers Freud erkennt, der im Zorn über seinen abtrünnigen Schüler C. G. Jung seinen Affekten spontan die Zügel schießen lassen will, sich aber dann entschließt, sich um der Sache, des Gesetzes, willen zurückzunehmen. Moses wie Freud entscheiden sich »für das Niederringen der eigenen Leidenschaften zugunsten und im Auftrage einer Bestimmung, der man sich geweiht hat« (GW X, 198). Ähnlich wie im Fall des Leonardo-Aufsatzes ist Freud auch in seiner Deutung der Michelangelo-Statue ein markanter Fehler unterlaufen (Verspohl 1991, 158 ff.; Grubrich-Simitis 2004, 59 ff.; Lohmann 2004, 36), ohne daß diese Fehlleistung der Sache wirklich Abbruch tut. Es ist faszinierend zu sehen, wie ungebrochen die intellektuelle Herausforderung ist, die Freuds Moses-Studie bis heute für die Kunstwissenschaft darstellt.

Libido und Kultur

Für die Verhältnisse seiner Zeit war Freud ein sexualpolitischer Freigeist, wovon etwa die *Drei Abhandlungen zur Sexualtheorie* und die Schrift über die »kulturelle« Sexualmoral eindrucksvoll Zeugnis ablegen. Ohne allzu ängstliche Rücksicht auf die herrschenden Konventionen plädierte er offen für eine Ermäßigung der – vor allem die Frauen betreffenden, die am meisten darunter zu leiden hatten – repressiven kulturellen Sexualmoral mit ihren heuchlerischen Normen und Ansprüchen. Unter dem bunten Banner der Libido kämpfte Freud für eine Gesellschaft, die den »unterdrückten kulturfeindlichen Seelenkräfte[n]«, der Sexualität, so viel Raum gewährt,

daß »ein gewisses Maß von individueller Glücksbefriedigung« möglich wird (GW VII, 166 f.) – für Männer wie für Frauen. Andernfalls, so prophezeite Freud, besorge die vorherrschende sexuelle Repression ebendas, was sie zu verhindern vorgibt – eine allgemeine dumpfe Feindseligkeit gegen die Kultur schlechthin.

Gleichzeitig legte Freud in *Totem und Tabu* schlüssig dar, daß alle menschliche Kultur nur auf der Basis von sozialen Tabus, Verboten und Einschränkungen entstehen kann. So wie das Kind den Ödipuskomplex durchlaufen und lernen muß, die fundamentalen Regeln und Gebote des sozialen Zusammenlebens in der Familie zu akzeptieren und zu verinnerlichen, mußte Freuds primitive »Brüderschar« (GW IX, 172) die Leistung erbringen, ihre ursprünglichen Triebe und Impulse zu zügeln und sie in den Dienst einer gemeinsamen Sache – des kollektiven sozialen Überlebens, der Kultur – zu stellen. In diesem Sinne ist Ödipus immer ein »Oedipus Politicus« (Brunner 1998), sofern er gezwungen ist, sich mit den Macht- und Autoritätsverhältnissen innerhalb einer sozialen Gruppe auseinanderzusetzen. Aus der Überwältigung von Trieben und Wünschen, aus der Tabuisierung bestimmter Praktiken gehen laut Freud die Anfänge der Kultur hervor. Inzestverbot und Exogamiegebot statuieren Formen von Sozialität, die wiederum untrennbar mit der Evolution von Schuldgefühlen, des Gewissens und des ersten primitiven Rechts verbunden sind: Ohne das Faktum des schuldigen Menschen keine Kultur.

Mit diesem Tableau ist ein Spannungs- und Konfliktfeld bezeichnet, das in Freuds gesamter Kulturtheorie einen zentralen Platz einnimmt (Reiche 2005, 121 f.). Wenn Freud auf der einen Seite gegen die herrschende kulturelle Sexualmoral streitet, nimmt er eindeutig Partei für eine Sexualität, die er allenthalben unterdrückt und geknebelt sieht und der er deshalb mehr Freiheit und individuellen Ausdruck gönnt. Wenn er auf der anderen Seite der Kultur und ihren Notwendigkeiten und Zwängen das Wort redet, kommt er zumindest implizit nicht umhin, eine wie immer definierte »kulturelle« Sexualmoral zu legitimieren. Aus diesem Widerspruch findet die Freudsche Theorie nirgends heraus, und vielleicht liegt ihre Bedeutung (und ihr heuristisches Potential) nicht zuletzt darin, daß sie sich weigert, eine eindeutige Lösung des Konflikts zu postulieren. Freud zieht sogar die Möglichkeit in Betracht, »daß eine Ausgleichung der Ansprüche des Sexualtriebes mit den Anforderungen der Kultur überhaupt nicht möglich ist« (GW VIII, 91). Der prozessierende Widerspruch, in den alles Menschlich-Triebhafte in jeder nur denkbaren kulturellen Form verstrickt ist, findet in Freuds Kulturtheorie ihren adäquaten Ausdruck: Sie ist selber dieser prozessierende Widerspruch. Auch hundert Jahre nach Freuds bahnbrechenden Schriften bleibt im Zeichen entsublimierter Triebe und entfesselter »Neosexualitäten« (Sigusch 2005) die Frage offen, welches Maß an sexueller Freiheit und Gleichgültigkeit der modernen Zivilisation zuträglich ist und wo Grenzen überschritten werden, jenseits derer die kulturelle Regression droht.

Die Psychoanalyse im Krieg

Der Ausbruch des Ersten Weltkriegs im Sommer 1914 und die Polarisierung Europas in zwei einander erbittert bekämpfende Lager unterbanden bis auf weiteres den äußeren Fortschritt des psychoanalytischen Projekts. Viele Schüler und Kombattanten Freuds, z. B. Karl Abraham und Sándor Ferenczi, Viktor Tausk und Ernst Simmel, waren unmittelbar vom Kriegsgeschehen betroffen, indem sie den Arztkittel mit der Uniform tauschen und als Militärärzte Dienst tun mußten. Der Brite Ernest Jones wiederum gehörte nunmehr zur Allianz der Kriegsgegner Österreichs und Deutschlands und galt insofern, wenn auch ironisch, als »Feind« (F/A, 188 f.), und daß England überhaupt »auf der unrechten Seite« stand (ebd., 184), wurmte den anglophilen Freud. Auch der wissenschaftliche Austausch und die Publikationspolitik des Freud-Kreises gerieten durch die einschränkenden Bedingungen des Krieges empfindlich ins Stocken. Für Freud selber hatte der Krieg außerdem die unangenehme Konsequenz, daß ihm nach und nach die Patienten wegblieben.

Freuds Haltung zum Krieg ist nicht leicht zu bestimmen. In seinen privaten Äußerungen überwog zunächst ein nationalistischer und bellizistischer Ton, durchaus im Übereinklang mit der Mehrheit seiner Zeitgenossen. Er habe wie viele andere »plötzlich Libido für A[ustria]-U[ngarn] mobilisiert« (F/Fer II/1, 66): »Ich fühle mich […] vielleicht zum ersten Mal seit 30 Jahren als Österreicher und möchte es noch einmal mit diesem wenig hoffnungsvollen Reich versuchen« (F/A, 180). Auch dem verbündeten Deutschland traute er allerhand zu. In einem Anfall von Chauvinismus ging Freud so weit, Jones die »Borniertheit des Engländers« vorzuwerfen (F/Fer II/1, 86), weil der es in einem Brief an ihn gewagt habe, Deutschlands Fähigkeit zum militärischen Sieg infrage zu stellen (C, 303). Es dauerte noch eine geraume Zeit, bis Freuds Kriegseuphorie verflogen war und zunehmender Skepsis Platz machte. Solche Skepsis fand Nahrung in der rasch sichtbar werden-

den Tatsache, daß die k.u.k. Armeen bereits mit dem kleinen Serbien erhebliche militärische Schwierigkeiten hatten, um von denjenigen an der russischen Front ganz zu schweigen, so daß Freud nicht ganz zu Unrecht vermutete, daß »der hohe Verbündete«, Deutschland, »uns heraushauen« müsse (F/Fer II/1, 66). Was Freud indessen am meisten beschäftigte und seine patriotischen Gefühle im Verlauf des Krieges nach und nach dämpfte, war der Umstand, daß nicht nur seine engsten Mitarbeiter, sondern auch seine »drei Krieger« (F/Fer II/2, 142), die Söhne Martin, Oliver und Ernst, immer mehr in die Ereignisse und Gefahren des Krieges hineingezogen wurden (Näheres zum Soldatenschicksal der Söhne bei Jones II, 243 ff.). Im Mai 1917 war Freud schließlich in der Lage, den Krieg unumwunden ein »Unglück« zu nennen und den Frieden herbeizusehnen (F/A, 238). Zudem machten sich je länger, desto mehr kriegsbedingte Mangelerscheinungen aufgrund rationierter Nahrungs- und Heizmittel bemerkbar, die auch Freud und seine Familie betrafen (Jones II, 231). Als die Niederlage der Mittelmächte nicht mehr zu leugnen war, schrieb Freud an Ferenczi: »In Deutschland wird es nach meiner Erwartung furchtbar zu tagen beginnen. […] Und überdies wird dort Widerstand geleistet werden, blutiger Widerstand. Der Wilhelm ist ein unheilbarer romantischer Narr, er verrechnet sich mit der Revolution genauso wie eben mit dem Krieg. […] Bei Altösterreichs Untergang konnte ich nur hohe Befriedigung empfinden. Leider bin ich auch nicht deutsch-österreichisch oder alldeutsch« (F/Fer II/2, 185 f.).

Während Freud also zumindest in den ersten Kriegsjahren im privaten Kreise aus seiner Identifikation mit den militärischen Zielen der Monarchie keinen Hehl machte und nationalistische Töne anschlug, achtete er in seinen öffentlichen Äußerungen und Auftritten auf strenge Distanz zu jeglicher Form von Parteilichkeit. Als Wissenschaftler hielt er es für unvertretbar, den Krieg zu verherrlichen und vaterländische und bellizistische Einstellungen zu kultivieren, wie es viele seiner Kollegen taten. In der 1915 veröffentlichten Schrift *Zeitgemäßes über Krieg und Tod* (GW X, 323–355) beklagte er sich über die Verwirrtheit, die so viele Intelligenzen angesichts des Krieges erfaßt habe: »Selbst die Wissenschaft hat ihre leidenschaftslose Unparteilichkeit verloren; ihre aufs tiefste erbitterten Diener suchen ihr Waffen zu entnehmen, um einen Beitrag zur Bekämpfung des Feindes zu leisten. Der Anthropologe muß den Gegner für minderwertig und degeneriert erklären, der Psychiater die Diagnose seiner Geistes- oder Seelenstörung verkünden« (ebd., 324). Bezeichnenderweise rückte Freud in einer privaten Äußerung gegenüber Abraham sogleich wieder von seiner neutralen Haltung als Wissenschaftler ab, indem er seine Gedanken über Krieg und Tod als »zeitgemäßes Gewäsch« abtat (F/A, 205). In der 1916 publizierten Notiz über *Vergänglichkeit* (GW X, 357–361) wiederum geißelte er den Krieg als Kulturbarbarei: »Er beschmutzte die erhabene Unparteilichkeit unserer Wissenschaft, stellte unser Triebleben in seiner Nacktheit bloß, entfesselte die bösen Geister in uns, die wir durch die Jahrhunderte während Erziehung […] dauernd gebändigt glaubten« (ebd., 360). Tatsächlich praktizierte Freud in seiner Haltung zum Krieg eine strikte Trennung von privatem Nationalismus und öffentlichem Universalismus, was ihn in einen absoluten Gegensatz zur politisch festgelegten Rhetorik seiner Kollegen aus Medizin und Psychiatrie brachte (Brunner 1995/2001, 162).

Unter den restriktiven Bedingungen des Krieges, als vieles notwendig zum Erliegen kam, fand Freud Zeit und Kraft, ein Projekt in Angriff zu nehmen, das ihn bereits früher, im *Entwurf einer Psychologie* von 1895 und im siebten Kapitel der *Traumdeutung*, beschäftigt hatte: die Ausformulierung dessen, was er »Metapsychologie« taufte, von der schon in den Fließ-Briefen häufiger die Rede ist (F, 181, 228, 329). Unter Metapsychologie verstand Freud die allgemeinste und abstrakteste begriffliche Zusammenfassung seiner Psychologie des Unbewußten, und zwar »nach [ihren] dynamischen, topischen und ökonomischen Beziehungen« (GW X, 281), d. h. nach Maßgabe der Darstellbarkeit psychischer Phänomene in konfliktpsychologischer Hinsicht, was das dynamische Spiel der unbewußten Kräfte angeht, in differentieller Perspektive, was die unterschiedlichen Systeme und »Orte« der Psyche betrifft, sowie in energetischer Sicht, was die Quantitäten und Umwandlungen psychischer Energien anbelangt: »Absicht dieser Reihe [metapsychologischer Texte] ist die Klärung und Vertiefung der theoretischen Annahmen, die man einem psychoanalytischen System zu Grunde legen könnte« (ebd., 412). Analog der Metaphysik der Philosophen sollte die Metapsychologie, Freuds »Ideal- und Schmerzenskind« (F, 228), dazu taugen, die letzten Gründe und Zusammenhänge des menschlichen psychischen Kosmos zu erklären, und dies ausdrücklich unter Einschluß der Biologie, wie Freud immer wieder (z. B. GW VIII, 410), hervorhob. Daß die Anatomie »das Schicksal« sei (ebd., 90), war für ihn alles andere als eine Phrase. Obwohl er in seinen Briefen aus jener Zeit von insgesamt zwölf Abhandlungen zur Metapsychologie spricht (F/Fer II/1, 124; F/AS, 35), wurden zwischen 1915 und 1917 tatsächlich nur fünf gedruckt. Die übrigen gelten seitdem als verschollen (oder wurden nie geschrieben); erst 1983 wurde eher zufällig der Entwurf der zwölften Abhandlung gefunden und zwei Jahre später publiziert, die *Übersicht der Übertragungsneurosen* (Nachtr., 625–651). Freuds metapsychologische Schriften *Triebe und Triebschicksale* (GW X, 209–232), *Die Verdrängung* (ebd., 247–261), *Das Unbewußte* (ebd., 263–303), *Metapsychologische Ergänzung zur Traumlehre* (ebd., 411–426) und *Trauer und Melancholie* (ebd., 427–446), zu denen man noch die Arbeiten *Formulierungen über die zwei Prinzipien des psychischen Geschehens* (GW VIII, 229–238) von 1911 sowie *Jenseits des Lustprinzips* (GW XIII, 1–69) von 1920 und *Das Ich und das Es* (ebd., 235–289) von 1923 zählen muß, gehören sowohl zu den wichtigsten theoretischen Texten, die ihr Autor jemals verfaßt hat, als auch zu den schwierigsten und unzugänglichsten. In der Freud-Nachfolge hat es denn auch immer wieder Stimmen gegeben, die dazu rieten, die Metapsychologie ganz auf sich beruhen zu lassen.

Präsentiert sich die Freudsche Metapsychologie als ein äußerst opakes Gebilde, so die mitten im Krieg entstandenen *Vorlesungen zur Einführung in die Psychoanalyse* (GW XI) als eine allgemeinverständliche Synopse und gelungene Popularisierung der psychoanalytischen Lehre, die in Buchform schon zu Freuds Lebzeiten enorm hohe Auflagen erreichte. In den *Vorlesungen*, die mit der Erläuterung der Fehlleistungen, d. h. mit einem Element der Alltags- und Normalpsychologie beginnen, fand Freud zu der berühmten Formulierung von den drei narzißtischen Kränkungen, die das Menschengeschlecht durch die moderne Wissenschaft habe hinnehmen müssen, unter denen die durch die Psychoanalyse die »empfindlichste Kränkung« sei, indem sie zeige, daß das »Ich […] nicht einmal Herr im eigenen Hause [ist], sondern auf kärgliche Nachrichten angewiesen bleibt von dem, was unbewußt in seinem Seelenleben vorgeht« (ebd., 295). Diese kränkende Botschaft, die nur das Konzentrat alles dessen darstellt, was Freud seit der *Traumdeutung* zu sagen hatte, wiederholte er wenig später in seiner Schrift über *Eine Schwierigkeit der Psychoanalyse*, in der von »fremden Gäste[n]« die Rede ist, die das Ich nicht unter Kontrolle habe (GW XII, 9).

Gegen Ende des Krieges, als man am wenigsten damit rechnen konnte, erlebte Freud zwei Triumphe, die seiner Sache mächtigen Auftrieb gaben. Anton von Freund, ein reicher ungarischer Bierbrauer, den Freud in Behandlung hatte, vermachte dem psychoanalytischen Unternehmen, das durch den Krieg stark gelitten hatte, eine bedeutende Geldsumme, die

Freud in die Lage versetzte, sich von seinem nach Jones' Urteil (Jones II, 236) ungeliebten Verleger Hugo Heller zu trennen und einen eigenen Verlag zu gründen, der ihn von Verlegerlaunen unabhängig machte (ebd., 236 f.; Eissler 1976, 27; Gay, 423). In der Folge sollte sich herausstellen – und das gehört nicht zu den geringsten Lebensleistungen Freuds –, daß der 1919 eröffnete Internationale Psychoanalytische Verlag eine durchaus erfolgreiche, wenn auch stets zuschußbedürftige Gründung war, mit der Freud das weitere publizistische Schicksal seiner Schriften in die eigenen Hände nahm. Freud erwies sich als ein ebenso passionierter wie fähiger Verleger, auf den das Klischee vom weltfremden und unpraktischen Stubengelehrten ohne Sinn für kommerzielle Dinge in keiner Weise zutrifft (Grubrich-Simitis 1993, 31 ff.; Jones III, 46 ff.). Sein eigener Verleger zu sein und Schriften seines Geschmacks drucken zu können, muß für ihn, den »Bücherwurm«, dessen »erste Leidenschaft meines Lebens«, wie er in der *Traumdeutung* bekennt (GW II/III, 178), Bücher waren, ein unvorstellbares Glück bedeutet haben. Der Urheber dieses Glücks, von Freund, starb bereits 1920; Freud widmete ihm einen dankbar-noblen Nachruf (GW XIII, 435 f.).

Der andere Triumph hatte unmittelbar etwas mit den Folgen des Weltkriegs zu tun. Das Elend der sog. Kriegsneurotiker, wie man jene Soldaten nannte, die durch ihre Fronterfahrungen schwer traumatisiert waren, erwies sich gleichsam als Glücksfall für die Psychoanalyse. Während die meisten Militärpsychiater jener Zeit, wie selbstverständlich dem übergeordneten Interesse des kriegführenden Staates an einsatzfähigem ›Menschenmaterial‹ verpflichtet, den Teufel mit Beelzebub austrieben und die traumatisierten Frontsoldaten mit barbarischen Methoden – Isolationsfolter, Zwangsexerzieren, Anwendung von Elektroschocks – für neue Fronteinsätze ›therapierten‹, weshalb Freud diese Therapeuten mit »Maschinengewehren hinter der Front« verglich (Freud 1920/1972, 947), erkannten die Freudianer, daß sich bei den Kriegsneurosen ebendas zeige, was sie paradigmatisch an den »Friedensneurosen« (Nachtr., 707), etwa der Hysterie, herausgearbeitet hatten – die psychischen Ursachen dieser Neurosenform. Die fixe Idee der staatsfrommen Militärpsychiatrie, bei den Kriegsneurotikern handele es sich weithin um Simulanten und Drückeberger, wurde dementsprechend zurückgewiesen. Auf dem fünften internationalen Kongreß der Psychoanalytiker am 28./29. September 1918 in Budapest, bei dem auch österreichische, ungarische und deutsche Regierungsvertreter anwesend waren, erlebte Freuds Krankheitslehre samt ihren

therapeutischen Implikationen eine Art offiziellen Durchbruch – plötzlich war die Psychoanalyse in aller Munde. Die besten Kliniker aus Freuds Anhängerschaft – Karl Abraham, Max Eitingon, Sándor Ferenczi und Ernst Simmel – eroberten der Psychoanalyse mit ihren einschlägigen Arbeiten ein unerwartetes Renommee. Für sie war der Krieg wie »ein riesiges Laboratorium«, in dem man psychoanalytische Lehrsätze praktisch und mit Erfolg testen konnte (Gay, 423). Es war Freuds erster Triumph über die Psychiatrie, von der er bis dahin so vehemente Zurückweisung erfahren hatte. An dieser Stelle sei noch hinzugefügt, daß Ferenczi, einer von Freuds Lieblingsschülern, im April 1919 unter Béla Kuns kurzlebigem kommunistischen Regime zum weltweit ersten Professor für Psychoanalyse an der Universität Budapest ernannt wurde. Dieser Erfolg war allerdings nicht von Dauer, weil wenig später Admiral Miklós Horthys Konterrevolution die ungarische Räterepublik hinwegfegte, wodurch Ferenczi seine Position wieder verlor (F/Fer II/1, 23).

Der Triumph der Psychoanalyse

In der Nachkriegszeit begannen für Freud die Jahre des Ruhms. So armselig die äußeren Verhältnisse im auf Kleinstaatformat geschrumpften Österreich waren und so sehr auch Freud darunter zu leiden hatte, so unaufhaltsam stieg die Psychoanalyse nun zu einem international beachteten und geachteten Unternehmen auf – zwar gehe es »uns allen schlecht […], unserer Sache aber sehr gut«, vermeldete Freud Ferenczi (F/Fer III/1, 92). Sichtbares Zeichen dieses Aufstiegs war, neben der Etablierung eines eigenen Verlags, die Gründung psychoanalytischer Kliniken und Ausbildungsinstitute. Die erste Institution dieser Art, eine Poliklinik mit angeschlossener Lehrstätte für angehende Psychoanalytiker, entstand unter der Leitung Max Eitingons (der zugleich als großzügiger Mäzen des Instituts in Erscheinung trat) und Ernst Simmels zu Beginn der 1920er Jahre in Berlin und diente allen späteren Gründungen als richtungweisendes Vorbild (F/E, 7 ff.; F/Fer III/1, 59 f.).

Freud war nunmehr eine Zelebrität, deren Name und Rat gefragt waren. Aus den USA, England und anderen europäischen Ländern kamen Interessenten nach Wien, um vom Meister die höheren Weihen zu erlangen. Aus London reisten Joan Riviere sowie Alix und James Strachey an, Freuds spätere englische Übersetzer und Herausgeber der *Standard Edition* des Freudschen Werkes, die zugleich Verbindungen zum Bloomsbury-Kreis um Leonard und Virginia Woolf und deren avantgardistische Hogarth Press pflegten. Die Amerikaner waren durch den Psychiater und Anthropologen Abram Kardiner vertreten, der später ein Buch über *Meine Analyse bei Freud* veröffentlichte. Bis in die späten 1920er und frühen 30er Jahre behandelte Freud amerikanische Patienten wie Smiley Blanton und die Schriftstellerin Hilda Doolittle, an deren in harter Währung gezahlten Honoraren ihm stets gelegen war. Die Französin Marie Bonaparte, Mitglied des europäischen Hochadels und Verfasserin einer psychoanalytischen Studie über Edgar Allan Poe, stieß Mitte der 1920er Jahre zum engeren Zirkel um Freud (Bonaparte war es auch, die, nach dem Tod von Wilhelm Fließ das inzwischen in den Antiquariatshandel gelangte Konvolut von Freuds Briefen an Fließ aufkaufte und somit für die Nachwelt rettete), ebenso die Amerikanerin Dorothy Burlingham, die Anna Freuds engste Freundin werden sollte. In Italien kümmerte sich Edoardo Weiss um die Übersetzung und Verbreitung der Freudschen Lehre. Ganz zu schweigen von der zahlreichen neuen Anhängerschaft in Deutschland, Österreich und der Schweiz, darunter Freuds späterer Biograph Siegfried Bernfeld (Bernfeld/Cassirer Bernfeld 1981), Otto Fenichel, der ein Standardwerk zur psychoanalytischen Neurosenlehre verfaßte (Fenichel 1945/1974–1977), Karen Horney, Melanie Klein und Wilhelm Reich. Bekannte Schriftsteller, Künstler und Wissenschaftler – Romain Rolland, Arnold Zweig, Stefan Zweig, Thomas Mann, Salvador Dalí und Albert Einstein, um nur die wichtigsten Namen zu nennen – hielten sich etwas darauf zugute, in persönlichem Verkehr mit der Wiener Autorität zu stehen oder mit ihr zu korrespondieren.

Anfang der 1920er Jahre publizierte Freud, der jetzt in einem Alter stand, in dem berufstätige Menschen normalerweise in den Ruhestand treten, drei Schriften, die ein weiteres Mal dokumentierten, daß Freud sich auch jetzt noch nicht damit begnügen wollte, den Kanon psychoanalytischen Wissens abzurunden und zu verwalten, sondern daß er, neugierig und eroberungslustig wie eh und je, immer noch auf der Suche nach Neuem war. Mit der Veröffentlichung von *Jenseits des Lustprinzips* (GW XIII, 1–69), das, einem alten Projekt Freuds folgend, die biologischen Grundlagen der Psychoanalyse weiter ausbaute, mutete er der psychoanalytischen Welt eine Schrift zu, deren radikale Wucht und Schärfe von dieser allgemein nur als Zumutung empfunden werden konnte. An den Schreck, den er mit dem Postulat eines Destruktions- oder Todestriebs bei seinen Anhängern auslöste, machte er denn auch insofern gewisse Konzessionen, als er noch zehn Jahre später in *Das Unbehagen in der Kultur* eingestand: »Ich erin

nere mich meiner eigenen Abwehr, als die Idee des Destruktionstriebs zuerst in der psychoanalytischen Literatur«, nämlich bei der russischen Psychoanalytikerin Sabina Spielrein, die er im *Jenseits* ausdrücklich erwähnt (ebd., 59), »auftauchte, und wie lange es dauerte, bis ich für sie empfänglich wurde. Daß andere dieselbe Ablehnung zeigten und noch zeigen, verwundert mich weniger. Denn die Kindlein«, so Freud mit mildem Spott, »sie hören es nicht gerne […]« (GW XIV, 479). Wahrscheinlich war die Reaktion Eitingons auf die Veröffentlichung des schmalen Buches für die Mehrheit der Analytiker repräsentativ, wenn er Freud schrieb, das Werk mache ihm »sehr zu schaffen« (F/E, 217; vgl. auch Jones III, 315 ff.). Im übrigen spricht es für Freuds beträchtliche Fähigkeit zur Selbstironie, wenn er am Ende von *Jenseits des Lustprinzips* den Dichter Friedrich Rückert mit dem Satz zitiert: »Was man nicht erfliegen kann, muß man erhinken […]« (GW XIII, 69), und damit zu erkennen gibt, daß, was er in seiner Schrift triebtheoretisch gewonnen habe, nur ein erster mühevoller Schritt auf dem Wege zu neuer wissenschaftlicher Erkenntnis sei.

Ein Novum stellte auch der 1921 erschienene Essay über *Massenpsychologie und Ich-Analyse* (GW XIV, 71–161) dar, Freuds wichtigster Beitrag zur Sozialpsychologie (ebd., 73). Unter Rückgriff auf Gustave Le Bons *Psychologie der Massen* (1895) und nicht ganz ohne die zeittypische elitäre Verachtung des Intellektuellen für die Masse versucht sich Freud an der Beantwortung der Frage, wie der Zusammenhalt der Masse und deren Unterwerfung unter die Autorität einer Person, eines »Führers« zustandekommen und zu erklären sind. Liest man Thomas Manns im Jahre 1930, am Vorabend des deutschen Massenaufbruchs in den »Führerstaat« veröffentlichte Novelle *Mario und der Zauberer*, so könnte man bei der Lektüre bestimmter Passagen – etwa da, wo der Dichter die hypnotische Beziehung des »Führers« Cipolla zu seinem Publikum beschreibt – den Eindruck gewinnen, es handele sich um eine literarische Verarbeitung und Übersetzung von Freuds *Massenpsychologie*.

Schließlich stellte Freud 1923 seiner revidierten Triebtheorie, die von dem Dualismus von Lebens- und Todestrieben regiert wird, mit der Schrift über *Das Ich und das Es* (GW XIII, 235–289) eine neue Topik zur Seite, in der die ursprüngliche Topik von unbewußt-vorbewußt-bewußt durch die von Es, Ich und Über-Ich substituiert wird – eine der letzten großen theoretischen Neuerungen, die Freud in sein Lehrgebäude einfügte. Alles, was noch auf diese grundlegende Schrift folgte, trägt, so möchte man sagen, den Charakter absoluter Zwanglosigkeit. Auf der

Höhe seines Ruhms und im Zenit öffentlicher Anerkennung konnte Freud sich gestatten, sich als Schriftsteller jenen Neigungen und Interessen zuzuwenden,
die er, wie er rückblickend glaubte, jahrzehntelang
vernachlässigt hatte. Diese Verschiebung oder Um-
orientierung seiner Forscherleidenschaften begründete er 1935, in der Nachschrift zur »*Selbstdarstellung*«, »mit einem Stück regressiver Entwicklung.
[…] Nach dem lebenslangen Umweg über die Naturwissenschaften, Medizin und Psychotherapie war
mein Interesse zu jenen kulturellen Problemen zurückgekehrt, die dereinst den kaum zum Denken erwachten Jüngling gefesselt hatten« (GW XVI, 32).
Fortan beherrschten Themen das Feld, denen Freud
zwanzig Jahre früher nur sporadisch Raum gewährt
hatte: Kultur, Religion, Anthropologie, Geschichte
und Vorgeschichte, Literatur, Archäologie, Judentum,
ja sogar Okkultismus. Allerdings beharrte Freud darauf, daß er bei solcherlei Beschäftigungen sich keineswegs in sog. höheren Sphären bewege, sondern
sich weiterhin »im Parterre und Souterrain« seines
Denkgebäudes aufhalte (F/B, 236).

In Freuds Triumphe mischten sich freilich auch
persönliche Niederlagen. Im Januar 1920, fast zeitgleich mit Anton von Freund, starb seine Tochter Sophie, Freuds »Sonntagskind« (zit. nach Jones III, 33),
im Alter von sechsundzwanzig Jahren an der damals
in Europa grassierenden Spanischen Grippe. »Jahrelang«, schrieb Freud, »war ich auf den Verlust meiner
Söhne gefaßt, nun kommt der der Tochter. Da ich im
tiefsten ungläubig bin, habe ich niemand zu beschuldigen und weiß, daß es keinen Ort gibt, wo man eine
Klage anbringen kann« (F/Fer III/1, 51). Der Tod des
geliebten viereinhalbjährigen Enkels Heinele im Juni
1923 traf Freud emotional noch weit stärker als der
seiner Tochter – er registrierte bei sich die erste Depression seines Lebens (ebd., 169). Nur zwei Monate
zuvor, im April, war bei Freud eine Geschwulst in der
Mundhöhle entdeckt und operativ entfernt worden.
Die Diagnose, von den konsultierten Ärzten zunächst
unterdrückt, lautete schließlich auf Krebs (Jones III,
113 ff.; Schur 1972/1973, 424 f.; Gay, 470 ff.).

Das Karzinom

Obwohl die Ärzte also zunächst versuchten, Freud
über den Ernst seiner Erkrankung im unklaren zu
lassen, ließ dieser sich nicht täuschen: Er wußte, daß
er Krebs hatte (C, 521; Schur 1972/1973, 425). Auf
den ersten chirurgischen Eingriff folgten in den sechzehn Jahren bis zu Freuds Tod mehr als dreißig weitere Operationen. Bereits ein halbes Jahr nach dem
ersten Eingriff nahm Professor Hans Pichler, ein aus-

gewiesener Spezialist, eine radikale Operation vor:
Kiefer und Gaumen der erkrankten Seite wurden
entfernt und eine Prothese eingesetzt. »Es war ein
furchtbarer Eingriff, der chronische Folgen zeitigte
und die Vitalsphäre berührte« (Eissler 1976, 29). Daß
Freud trotz ständiger Schmerzen, trotz der einschnei-
denden physischen und psychischen Einschränkungen, die ihm der Krebs und die Prothese – das »Un-
geheuer« oder »Monster«, wie sie auch genannt
wurde (Jones III, 119; Kollbrunner 2001, 24) – auferlegten, und trotz seines fortgeschrittenen Alters weiterhin in der Lage war, seine ärztliche Praxis fort-
zuführen und geistig und schriftstellerisch produktiv
zu bleiben, muß man wohl als außergewöhnlich bezeichnen und mit seiner immensen Willensstärke
und Selbstdisziplin in Zusammenhang bringen. In einem Brief an Eitingon aus dem Jahr 1926 heißt es:
»Ich sehe einen Triumph darin, wenn man sein klares
Urteil unter allen Umständen bewahrt […]« (F/E,
448).

Zunächst einmal ist es natürlich naheliegend,
Freuds Krebs mit seiner lebenslangen Nikotinabhängigkeit zu erklären (Schur 1972/1973, 413 f.), die er
selber in seinen Briefen vielfach bezeugt hat. Die täg-
lichen Zigarren, von denen er durchschnittlich zwanzig Stück rauchte, galten ihm nicht zuletzt als Mittel,
seine geistige Produktivität und Gesundheit aufrecht
zu erhalten; das Rauchen helfe ihm, den »psychischen Kerl« gut zu behandeln, »sonst arbeitet er mir
nichts« (F, 134). Im übrigen sah Freud im Rauchen
einen Ersatz für die »Ursucht«, die Onanie (ebd.,
312 f.). Selbst nach der ersten Krebsoperation, als
ihm die Ärzte ein striktes Rauchverbot verordneten,
gab Freud seiner Sucht nach und rauchte weiter. Es
wäre also nicht sonderlich überraschend, zu dem Ergebnis zu kommen, Freuds starker Nikotinkonsum
sei der ausschlaggebende karzinogene Faktor gewesen.

Tatsächlich führen die meisten Biographen Freuds
– allen voran Ernest Jones, Max Schur, K. R. Eissler
und Peter Gay – in Anlehnung an das gängige biologische Wissenschaftsparadigma den Krebs wie
selbstverständlich auf das Rauchen zurück, so wie es
Freud ja auch selber tat. Weder er noch einer seiner
bedeutenden Biographen kam je auf die Idee, den
Krebs psychoanalytisch zu deuten, d. h. nach lebensgeschichtlichen und psychischen Hintergründen zu
fragen. Offenbar hat die offizielle Freud-Biographik
Freuds Abneigung gegen das Genre der Biographik
schlechthin sowie seinen ausgeprägten Hang, seine
private, nicht-wissenschaftliche Biographie mit einer
Mauer des Schweigens zu umgeben und zu diesem
Zweck, wie mehrfach geschehen, private Dokumente

zu vernichten, weitgehend verinnerlicht. Bei Jones & Co. dagegen finden wir, wenn von Freuds Krebs die Rede ist, hauptsächlich Hinweise auf die vorbildlich mutige und klaglose Haltung, mit welcher der alte Mann den Qualen seiner Krankheit sechzehn Jahre lang begegnete (paradigmatisch Eissler 1976, 29).

Erst der Schweizer Psychoonkologe Jürg Kollbrunner, der den psychobiographischen Hintergrund von Krebspatienten eingehend untersucht hat, hat es in jüngster Zeit unternommen, das Tabu über Freuds Krankheit zu brechen und Fragen zu formulieren, die bisher niemand zu formulieren wagte (Kollbrunner 2001). Sein Vorwurf an die Adresse der Freud-Biographen lautet, sie hätten sich zu sehr an Freuds »Selbstdarstellung« (GW XIV, 31–96) orientiert und es dergestalt versäumt, ›Indizien‹ zur Kenntnis zu nehmen, die ein anderes Bild als das eines heroisch Lebenden und Leidenden vermitteln. Kollbrunner hat das Werk Freuds sowie die zugänglichen Korrespondenzen und autobiographischen Zeugnisse akribisch durchleuchtet und ist dabei zu Schlüssen und Hypothesen gelangt, die der offiziellen Ikonographie Freuds stark widersprechen. In der psychoanalytischen und psychopathographischen Lesart Kollbrunners wird Freuds Satz aus dem Leonardo-Essay im Wort genommen, wonach es scheint, »daß die Kindheit nicht jenes selige Idyll ist, zu dem wir es nachträglich entstellen […]« (GW VIII, 198). Demgemäß rekonstruiert der Autor Freuds frühe Kindheit nicht als Idyll, sondern als eine Kette von komplizierten und schwerwiegenden familialen Ereignissen und psychischen Konstellationen, die in der Summe zu einer massiven Störung der Mutter-Kind-Beziehung geführt hätten (siehe oben S. 50). Kollbrunner zufolge hat Freud die Beziehung zu seiner Mutter – und damit zum weiblichen Geschlecht überhaupt (Lohmann 1998/2004, 116 ff.) – später nie wirklich durchgearbeitet und verstanden und deshalb seine Agressionen gegen die Mutter nach Kräften unterdrückt oder in Form wissenschaftlicher Kreativität sublimiert. Es ist immerhin aufschlußreich, daß Freud jeden Sonntag, wenn er seine alte Mutter besuchte, unter Verdauungsstörungen oder Magenverstimmung litt (Kollbrunner 2001, 170). Ebenso aufschlußreich ist die Tatsache, daß das Freudsche Werk fast ausnahmslos eine Auseinandersetzung mit der väterlichen Autorität (Ödipus) enthält, während die frühe Kindheit, der präödipale Raum – die Zeit des frühen Traumas –, fast gänzlich ausgespart bleibt.

Sicher läßt sich aus solchen biographischen Hinweisen, die Kollbrunner um eine ganze Palette weiterer ergänzt, nicht der simple und unumstößliche Schluß ziehen, Freuds Karzinom sei vor allem psy-chogener Natur gewesen. Aber mit Kollbrunner kann man zu dem vorsichtigen Urteil kommen, daß es im Falle Freuds neben rein somatischen Ursachen auch psychosomatische und psychosoziale Belastungsfaktoren gegeben haben könnte, die den Ausbruch der Krebserkrankung mitverursachten (ebd., 272 ff.). Freud hat sich, wie wir wissen, im Interesse der Vollendung seines geistigen Lebenswerkes und seiner ›Mission‹, der Psychoanalyse, vieles versagt – der Topos der Versagung spielt in Freuds Gefühlshaushalt und Rhetorik eine nicht zu unterschätzende Rolle. In seiner Schrift *Zur Einführung des Narzißmus* heißt es: »Ein starker Egoismus schützt vor Erkrankung, aber endlich muß man beginnen zu lieben, um nicht krank zu werden, und muß erkranken, wenn man infolge von Versagung nicht lieben kann« (GW X, 151 f.).

Dem dramatischen Auftritt des Karzinoms, der Freuds privates Leben hinfort bestimmen sollte, folgte der Auftritt eines Menschen, ohne den Freuds letzte Lebensjahre kaum vorstellbar sind (Gay, 481 ff.). Schon bei der ersten Operation im April 1923, die unter höchst unerquicklichen äußeren Umständen verlaufen war (ebd., 471 f.), hatte Anna, Freuds jüngste Tochter, sich geweigert, ihren Vater zu verlassen. Seitdem wich sie, die er schon als Kind als eine »Sehenswürdigkeit« gepriesen hatte (F, 277), bis zu seinem Tod nicht mehr von seiner Seite.

Anna, 1895 geboren und das jüngste der Freud-Kinder, war schon früh der auserkorene Liebling ihres Vaters. Sie wurde Lehrerin, zeigte aber bereits in jungen Jahren ein starkes Interesse an der Arbeit und den Schriften Freuds, der sie zwischen 1918 und 1924 in Analyse nahm – was damals, in den Anfangszeiten der Psychoanalyse, noch nicht als Regelverletzung galt. Annas Wunsch, Psychoanalytikerin zu werden und Medizin zu studieren, begegnete Freud mit der für ihn bezeichnenden Forderung, sie solle als Laienanalytikerin ihren Weg machen – Anna Freud, die später als Kinderanalytikerin einen glänzenden Ruf erwarb, war nicht die erste und nicht die letzte, der Freud von der Medizin abriet. Daß Anna unverheiratet blieb (was Freud eine Zeitlang beunruhigte) und sich neben ihrer eigenen Arbeit, die sie in bemerkenswerter intellektueller Unabhängigkeit von ihrem Vater betrieb, ganz der Sorge um ihn widmete – Kollbrunner (2001, 203 ff.) spricht von der »entfremdeten Statthalterin« –, paßt zum von Freud gewählten mythologischen Bild der »Antigone« (B, 439), die den blinden König Ödipus an der Hand führt. Und gewiß ist es von hoher symbolischer Aussagekraft, daß im Jahre 1930, als Freud der Goethe-Preis der Stadt Frankfurt am Main zuerkannt wurde,

Anna als Stellvertreterin ihres Vaters den Preis ent-
gegennahm und seine Dankesrede verlas (GW XIV,
547–550). In welchem Maße der alte Freud auf Annas
Fürsorge angewiesen war, belegt ein Brief an Lou Andreas-Salomé aus dem Jahr 1935: »Was an mir noch
erfreulich ist, heißt Anna« (F/AS, 222). Und kurz vor
seinem Tod gestand er Marie Bonaparte: »[…] ich
werde immer unselbständiger und abhängiger von
ihr« (B, 475).

Späte Kämpfe und Konflikte

In die zweite Hälfte der 1920er Jahre fallen die Trennung von Otto Rank, die zunehmende Entfremdung
Freuds von Sándor Ferenczi sowie der verschärfte
Kampf um die Berechtigung der Laienanalyse. Rank,
einer der ersten Laienanalytiker der Wiener Gruppe
und rund zwanzig Jahre lang einer der engsten Mitarbeiter Freuds und von diesem stets wohlwollend
gefördert, 1919 schließlich zum Leiter des Internationalen Psychoanalytischen Verlags avanciert – »For a
few years Rank was the Verlag […] his work there
culminated in the publication of Freud's Gesammelte
Schriften« (Jones zit. nach Mühlleitner 1992, 251) –,
hatte sich mit zwei Publikationen das Vertrauen
Freuds verscherzt. Sowohl die gemeinsam mit Ferenczi verfaßten *Entwicklungsziele der Psychoanalyse* als
auch *Das Trauma der Geburt*, beide 1924 erschienen,
betrachtete Freud als Affront gegen die Grundansich-
ten der psychoanalytischen Theorie und Praxis. Es
kam zu Trennungen und kurzzeitigen Wiederannä-
herungen, bis Rank sich schließlich ganz von Freud
lossagte und eigene Wege ging, zunächst in Paris,
dann in den Vereinigten Staaten. In den Tagebüchern
der Schriftstellerin Anaïs Nin, die seine Patientin und
Schülerin war, findet man ein plastisches Porträt des
späten Rank.

Mit Ferenczi kam es dagegen nie zum offenen
Bruch, vielleicht einfach deshalb, weil er zu früh
(1933) starb. Gleichwohl waren die Irritationen und
wechselseitigen Mißverständnisse zwischen ihm und
Freud beträchtlich, obschon Ferenczi immer wieder,
wenn auch vergeblich, versuchte, den bewunderten
und geliebten »Professor« davon zu überzeugen, daß
seine therapeutischen Experimente und Neuerungen
mit Freuds Psychoanalyse kompatibel seien. Freud
wollte sich auf Ferenczis technische Innovationen im
Umgang mit Patienten, vor allem auf die »Kußtechnik« nicht einlassen und verwahrte sich gegen dessen
»zärtliche Mutterrolle«, gegen welche er seine eigene
strenge »Vaterrolle« ausspielte (F/Fer III/2, 273 f.). In
seinem Nachruf auf Ferenczi schrieb Freud: »Das Bedürfnis zu heilen und zu helfen war in ihm über-

mächtig geworden« (GW XVI, 269). Für Freud blieb
der *furor sanandi* stets ein Bedürfnis, das man als
Analytiker zu bekämpfen habe. Ohne Zweifel haftet
dem Konflikt zwischen Freud und seinem vielleicht
treuesten und ihm emotional zugewandtesten Schüler und Freund etwas tief Tragisches an, wie auch der
Briefwechsel zwischen 1924 und 1933 deutlich zu erkennen gibt.

Als einer seiner Wiener Anhänger, der Literaturwissenschaftler Theodor Reik, der u. a. über Gustave
Flaubert und Arthur Schnitzler publiziert hatte, 1925
Opfer einer Anklage wegen Kurpfuscherei wurde,
packte Freud die Gelegenheit beim Schopf und veröffentlichte seine Schrift über *Die Frage der Laienanalyse* (GW XIV, 207–286), um grundsätzlich zu
klären, »ob es auch Nichtärzten erlaubt sein soll, die
Analyse auszuüben« (ebd., 209). Freuds Haltung in
dieser Frage war immer klar: Für ihn verlief, was die
Sache der Psychoanalyse angeht, die Grenze nicht
zwischen Ärzten und Nichtärzten, vielmehr zwischen
der Wissenschaft und ihren diversen Anwendungsge-
bieten. In der »*Selbstdarstellung*« heißt es kategorisch:
»Es ist nicht mehr möglich, die Ausübung der Psychoanalyse den Ärzten vorzubehalten und die Laien
von ihr auszuschließen« (GW XIV, 96). Tatsächlich
fürchtete Freud nichts mehr, als »daß die Psychoanalyse von der Medizin verschluckt werde und dann
ihre endgiltige Ablagerung im Lehrbuch der Psychiatrie finde«, wie er wiederum in der Schrift zur Laienanalyse formuliert (GW XIV, 283). Nicht nur mußte
Freud gegen die Front der amerikanischen Analytiker
angehen, die den Ausschluß der Laien am konse-
quentesten betrieben (was seinen ohnehin starken
Ressentiments gegen Amerika zusätzliche Nahrung
gab), sondern auch gegen einige seiner einflußreichsten Anhänger wie Karl Abraham und Ernest Jones,
die der Laienanalyse skeptisch bis ablehnend gegenüberstanden.

Nicht nur in dieser Sache zeigte sich Freud von
seiner kämpferischen Seite. Als er 1927 seine Schrift
Die Zukunft einer Illusion (GW XIV, 323–380) veröffentlichte, faßte er all das zusammen, was ihn seit
seiner Jugend geistig geprägt hatte. Freuds unbeirr-
bare Wissenschaftsgläubigkeit, ein Relikt des 19. Jh.s,
und sein unbeugsamer Atheismus lassen sich biographisch früh belegen, etwa in den Briefen an seinen
Jugendfreund Eduard Silberstein, wo es z. B. heißt:
»So essen wir denn mit an Sonn- und Feiertagen,
aber mit dem Unterschied, daß wenn die Frommen
meinen, sie hätten ein gutes Werk getan, wir Welt-
kinder uns bewußt sind: wir haben eine gute Schüssel
gegessen« (S, 75). Wie für die materialistischen Aufklärer des 18. und 19. Jh.s von Diderot und Voltaire

über Feuerbach und Darwin bis hin zu Haeckel und Helmholtz, in deren Nachfolge er sich sah, galt für ihn letztlich die Marxsche Maxime (obwohl Freud Marx wahrscheinlich nie gelesen hat), daß die Kritik der Religion die Voraussetzung aller Kritik sei. Freud zufolge ist Religion nicht das berühmte Opium – das vielleicht auch –, sondern eher eine kollektive Zwangsneurose (GW XIV, 367) oder, wie er in *Das Unbehagen in der Kultur* schreibt, ein Massenwahn (ebd., 440). Weil Wissenschaft und Religion prinzipiell unvereinbar sind, weil das moderne wissenschaftliche Weltbild das ältere religiöse hinter sich gelassen hat, ist für Freud auch seine Wissenschaft, die Psychoanalyse, frei von allen religiösen Schlacken, d. h. von der Illusion, es gebe eine Instanz, die sie zu transzendieren oder infragezustellen vermöchte. »Die wissenschaftliche Arbeit ist […] für uns der einzige Weg, der zur Kenntnis der Realität außer uns führen kann« (GW XIV, 354).

Seine kompromißlose Ablehnung jeglicher Religion, selbstverständlich auch der jüdischen, die nicht zuletzt in seinem langjährigen Briefwechsel mit dem Schweizer protestantischen Theologen Oskar Pfister immer wieder zum Ausdruck kommt, hinderte Freud indes nicht, sich entschieden mit dem Judentum zu identifizieren. Je offener und aggressiver der Antisemitismus auftrat, desto selbstbewußter bekannte sich Freud zu seinen jüdischen Wurzeln – selbstverleugnende und assimilatorische Tendenzen waren ihm, der sich zugleich den besten Traditionen der deutschen Kulturnation zugehörig fühlte, zuwider: »Obwohl der Religion meiner Voreltern längst entfremdet, habe ich das Gefühl der Zusammengehörigkeit mit meinem Volke nie aufgegeben […]« (B, 380). In seinem letzten großen Werk *Der Mann Moses und die monotheistische Religion* (GW XVI, 101–246) von 1939, das bereits in einem Verlag des Exils, bei Allert de Lange in Amsterdam, erscheinen mußte, thematisierte Freud sein Verhältnis zum Judentum ein letztes Mal. Hier wird die mythische Gestalt des Moses, entgegen der gängigen Lesart und im Sinne einer Wiederkehr des Verdrängten (Assmann 1998, 211 ff.), als eine von vornehmer ägyptischer Abkunft dargestellt und damit nichts Geringeres postuliert als die Sprengung der Generationenkette und die Befreiung von der Traditionslast der Väter: Moses wird Ägypter (Le Rider 2002/2004, 313 ff.). So ungebrochen Freud zeitlebens imstande war, sich gegenüber einer feindseligen Umwelt als Jude zu behaupten, so gebrochen und ambivalent erscheint im *Mann Moses* seine Einstellung gegenüber den Juden in der ägyptischen Sklaverei. Nimmt man Freuds notorische Identifizierung mit der Gestalt des Moses als »Befreier, Geset-

geber und Religionsstifter« (GW XVI, 103) als Maßstab, wie sie auch in der Schrift über den Moses des Michelangelo unschwer zu erkennen ist, dann drängt sich der psychologische Schluß auf, daß Freud auf dieser Ebene seiner Gefühle eher auf Distanz zu seiner jüdischen Herkunft geht. Denn das Volk der Juden ist beschränkt und wankelmütig, es zweifelt immer wieder an der Notwendigkeit der Mosaischen Unterscheidung (Assmann 2003), indem es in Aberglauben und Polytheismus zurückfällt und schließlich den »Tyrannen« Moses ermordet (GW XVI, 148 f.) – ein deutlicher Anklang an das Vatermordthema in *Totem und Tabu*, ebenso an das Verhalten von Freuds früheren Anhängern Jung, Adler, Stekel, Rank und Ferenczi, die wankelmütig und abtrünnig geworden und vom Freudschen monotheistischen Gesetz abgewichen waren. »Wenn Moses ein Ägypter war …« (GW XVI, 114), so Freuds Hypothese, dann, so müssen wir schließen, ist auch er selber – kein Jude. Vielmehr ein ferner geistiger Nachfahr jenes Pharao Echnaton, der in einem revolutionären Akt des Theo- und Ikonoklasmus die mythische Götterwelt gestürzt und an ihre Stelle die Eine Wahrheit gesetzt hatte. Freuds rationalistischer Monotheismus begreift sich als Tat der Aufklärung, als Entmythologisierung und Entzauberung der Welt im Sinne Max Webers. Für die Dialektik der Aufklärung fehlte ihm das notwendige Gespür.

So sehr Freuds Moses-Buch am Beginn des 21. Jh.s Quelle und Gegenstand fruchtbarer religionswissenschaftlicher und kulturhistorischer Debatten geworden ist, so sehr mußte es bei seinem Erscheinen am Vorabend des Zweiten Weltkriegs die zeitgenössischen Leser verstören. Denn zur selben Zeit sahen sich die deutschen und österreichischen Juden bereits schwerster Repression und Verfolgung durch den Nationalsozialismus ausgesetzt. Viele von Freuds Anhängern – darunter Max Eitingon, Otto Fenichel, Wilhelm Reich, Theodor Reik, Hanns Sachs – waren emigriert, Freud selbst und seine Familie hatten Wien im Frühsommer 1938 verlassen müssen und in London Zuflucht gefunden. Die psychoanalytischen Gesellschaften Deutschlands und Österreichs waren »arisiert« und faktisch zerschlagen worden, und die Nazis hatten den Internationalen Psychoanalytischen Verlag liquidiert. In einer solchen Situation konnte oder mußte ein Werk wie *Der Mann Moses*, das sich kritisch mit dem Judentum befaßt, als ein Zeichen der Entsolidarisierung Freuds mit der bedrängten Judenheit Europas verstanden werden. Dieser Eklat, der z. B. einen Gelehrten wie Martin Buber zu einer zornigen Reaktion veranlaßte (vgl. F/E, 919; Gay, 727), konnte nur wenig dadurch abgeschwächt werden, daß Freuds Buch auch eine heftige Attacke gegen das Christentum und das Phänomen des christlichen Antisemitismus enthält (GW XVI., 194 ff.).

Die letzten Jahre

Auch die chronischen Beschwernisse durch Alter und Krankheit vermochten Freud nicht davon abzuhalten, seinen geistigen Interessen wie eh und je zu folgen. Als immerhin Vierundsiebzigjähriger veröffentlichte er mit *Das Unbehagen in der Kultur* (GW XIV, 419–506) ein Buch, das neben der *Traumdeutung* sein wohl berühmtestes geworden ist. Noch während er daran schrieb, ließ er Eitingon wissen, er hege Zweifel am Gelingen des Werkes und plane, ihm den Titel »Das Unglück in der Kultur« zu geben (F/E, 646; vgl. auch Grubrich-Simitis 1993, 198, 214). Dieser Titel wäre nicht einmal unpassend gewesen, denn eine der Quintessenzen, die der Autor aus dem Dilemma des Individuums, das zwischen Triebwünschen und Triebversagungen, zwischen kulturerhaltenden und kulturzerstörenden Neigungen hin und her schwankt, lautet, es sei »im Plan der ›Schöpfung‹ nicht enthalten«, daß der Mensch glücklich werde, Glück sei »nur als episodisches Phänomen möglich« (GW XIV, 434). Zwar sei es das Programm des Lustprinzips, das den Lebenszweck setze. Aber, so fügt Freud hinzu, es sei als solches »überhaupt nicht durchführbar« (ebd.). Man darf konstatieren, und vielleicht liegt nicht zuletzt darin seine Größe, daß Freud gegen Ende seines Lebens nicht mehr Rat wußte als den, die Ungewißheit des Ausgangs im Kampf zwischen Trieb und Kultur, Eros und Thanatos stoisch zu ertragen (ebd., 506) und sich aller Glücksillusionen zu entledigen.

Trotz eines unübersehbaren Pessimismus, der sein Spätwerk mehr und mehr prägt, war Freud immer wieder bereit, gewissermaßen ›gegen den Strich‹ zu denken, d. h. der modernen Kultur einen Kredit einzuräumen, den er ihr sonst mit guten Gründen verweigerte. Als sich im Jahre 1932 der Physiker Albert Einstein mit der Bitte an ihn wandte, er möge doch darlegen, ob es Wege gebe, die Menschheit von der Geißel des Krieges zu befreien, antwortete Freud in einem knappen Text mit dem Titel *Warum Krieg?* (GW XVI, 11–27), er sehe einen solchen Weg, wenn es gelinge, den Prozeß der Zivilisation unumkehrbar zu machen. Dieser Prozeß sorge für eine allmähliche »Erstarkung des Intellekts« sowie für die »Verinnerlichung der Aggressionsneigung« und führe endlich zu psychischen Dispositionen, die eine »konstitutionelle Intoleranz« gegen den Krieg zur Folge habe: »Alles, was die Kulturentwicklung fördert, arbeitet auch gegen den Krieg« (ebd., 26 f.).

Ein Jahr später publizierte Freud eines seiner letzten großen Bücher, die *Neue Folge der Vorlesungen zur Einführung in die Psychoanalyse* (GW XV), eine Fortsetzung und Fortschreibung der im Ersten Weltkrieg begonnenen Vorlesungsreihe. Hier findet sich jene berühmt gewordene Formulierung, die man als Freuds geistiges Vermächtnis an die Nachwelt lesen mag. Es sei das Ziel der Psychoanalyse, »das Ich zu stärken, es vom Über-Ich unabhängiger zu machen, sein Wahrnehmungsfeld zu erweitern und seine Organisation auszubauen, so daß es sich neue Stücke des Es aneignen kann. Wo Es war, soll Ich werden« (ebd., 86).

Zu seinem achtzigsten Geburtstag am 6. Mai 1936 wurde Freud, der eine Zeitlang darauf spekuliert hatte, den Nobelpreis zu erhalten (Freud 1992/1996, 73), eine außergewöhnliche Ehrung zuteil, die ihn für die entgangene Auszeichnung durch das Stockholmer Preiskomitee zumindest ein wenig entschädigte. 191 Künstler und Schriftsteller, darunter Romain Rolland, H. G. Wells und Virginia Woolf, übermittelten ihm eine Glückwunschadresse, die von Thomas Mann und Stefan Zweig formuliert worden war. Wenig später erschien Thomas Mann persönlich in Wien und verlas im Haus in der Berggasse 19 seinen Vortrag über »Freud und die Zukunft« (Jones III, 244 f.). Außerdem wurde Freud Ende Juni zum korrespondierenden Mitglied der exklusiven Royal Society gewählt – »Foreign member Royal Society«, wie er stolz und lakonisch in seinem Tagebuch notierte (Freud 1992/1996, 58).

Exil und Tod

Bereits 1933, mit Beginn der Reichskanzlerschaft Adolf Hitlers in Deutschland, bekam Freud aus der Ferne zu spüren, daß die politisch ruhigen Jahre vorbei waren. Im Mai verbrannten die Nazis seine Werke, so wie sie die Werke von Heinrich Heine und Karl Marx, von Kurt Tucholsky und Franz Kafka und vielen anderen jüdischen und linken Schriftstellern verbrannten. Im Jahr darauf wurde die Demokratie in Österreich liquidiert und machte einem klerikofaschistischen Ständestaat Platz, den Freud im Vergleich mit dem nationalsozialistischen Deutschland noch als das kleinere Übel betrachtete – er war sogar der Ansicht, der reaktionäre österreichische Katholizismus sei der beste Schutz gegen die Nazis (F/AS, 224). Alles in allem verhielt sich Freud angesichts der bedrohlichen politischen Entwicklungen merkwürdig kühl und distanziert, so, als betreffe ihn das alles nicht. Vielleicht war es aber auch nur eine Frage des Alters. Jedenfalls erklärt dieser politische Quietismus, der ihn auch die realen Gefahren für sich und seine Familie verkennen ließ, vielleicht sein eher unglückliches Agieren, als es um das Schicksal der jüdischen Analytiker in Deutschland ging. Statt kompromißlos deren Belange zu vertreten, ließ er sich, in Kooperation vor allem mit Jones, der damals Präsident der Internationalen Psychoanalytischen Vereinigung war, auf allerlei Halbherzigkeiten und Kompromisse mit den Nazis ein – auf Kosten der Juden (vgl. Lohmann/Rosenkötter 1984/1994, 75 f.). Das betrifft nicht zuletzt auch Wilhelm Reich, einen bekennenden Kommunisten, der vermutlich wegen seiner politischen Einstellungen unter Befürwortung Freuds, der wiederum die Psychoanalyse politisch möglichst ›neutral‹ halten wollte, 1934 auf dem Luzerner Kongreß aus der Vereinigung ausgeschlossen wurde – als sei in jener Situation politische Neutralität eine Option gewesen.

Nach dem gewaltsamen »Anschluß« Österreichs an das Deutsche Reich im März 1938 war auch Freud klar, daß er und seine Familie aufs äußerste bedroht waren. Eine Welle antisemitischer Exzesse ging durch Wien; am 15. März wurden Freuds Wohnung und der Verlag durchsucht, eine Woche später mußte Anna zum Verhör. »Anna bei Gestapo« (Freud 1992/1996, 62). Die Repression der neuen Machthaber gegen sein liebstes Kind versetzte Freud in höchsten Alarmzustand. Wien war jetzt tatsächlich zum »Gefängnis« (F/E, 903) geworden, das es schnellstmöglich zu verlassen galt. Und Freud hatte, neben dem nach Rettung seiner Angehörigen, noch einen persönlichen Wunsch: »to die in freedom«, in Freiheit zu sterben (B, 459).

Mithilfe zuverlässiger Freunde wie Marie Bonaparte und Ernest Jones, aber auch auf dem Weg diplomatischer Interventionen konnten Freud und seine Familie im Juni 1938 über Paris nach London ausreisen, wo sie zunächst in einer provisorischen Bleibe in der Elsworthy Road, dann im hübschen Haus 20 Maresfield Gardens, dem heutigen Freud-Museum, ein neues Zuhause fanden. Die Begrüßung durch die englische Öffentlichkeit war überwältigend freundlich (Gay, 710), selbst traditionsbewußte Ärztezeitschriften wie der *Lancet* und das *British Medical Journal* hießen Freud aufs herzlichste willkommen (Jones III, 271 f.). Es ist erstaunlich, daß Freud trotz der Aufregungen und Strapazen der zurückliegenden Wochen und Monate in der Lage war, die durch die Abreise ins Londoner Exil unterbrochene Arbeit am *Mann Moses* unverzüglich wieder aufzunehmen (Freud 1992/1996, 65). Und bereits im Juli 1938 begann Freud mit seinem *Abriß der Psychoanalyse* (GW XVII, 63–138), der freilich unvollendet blieb und erst

postum veröffentlicht wurde. Erstaunlich ist auch, daß er immer noch alte Freunde und viele Besucher empfing, darunter die Schriftsteller Arthur Koestler und Stefan Zweig, den Zionistenführer Chaim Weizmann, den Anthropologen Bronislaw Malinowski und den Maler Salvador Dalí, der eine Porträtskizze von ihm anfertigte.

Im Frühjahr 1939 verschlechterte sich Freuds Gesundheitszustand, das Karzinom wurde von den Ärzten als nicht mehr operierbar und unheilbar eingestuft (Jones III, 284). Am 1. August schloß er seine Praxis. Das letzte Buch, das Freud las, war Balzacs Erzählung *Das Chagrinleder*: »Das war das richtige Buch für mich; es handelt von Einschrumpfen und Verhungern« (zit. nach Schur 1972/1973, 619). Freud hatte seinem Vertrauensarzt Max Schur, der ihn schon in Wien behandelt hatte, das Versprechen abgenommen, daß, »wenn es mal so weit ist, [...] Sie mich nicht unnötig quälen lassen« (ebd., 483). Im September 1939 war es so weit. Nachdem Schur mit Anna das Notwendige besprochen hatte, injizierte Schur Freud am 21. und 22. mehrere Dosen Morphin, die ein Koma bewirkten, aus dem Freud nicht mehr erwachte. Er starb am frühen Morgen des 23. September 1939. Freud hatte nicht warten wollen, bis Krankheit und Schmerz ihn vollends lähmen und zerrütten würden. Am Ende seiner Biographie erinnert Peter Gay an eine briefliche Äußerung Freuds gegenüber Oskar Pfister aus dem Jahr 1910: »Im Harnisch laßt uns sterben, wie König Macbeth sagt« (F/P, 33). Wie seine Biographen bevorzugte Freud die Metaphorik von Heroismus und Kampf, wenn es um die Selbstcharakterisierung seines Lebens ging.

Literatur

Assmann, Jan: *Moses der Ägypter. Entzifferung einer Gedächtnisspur*. München/Wien 1998.

–: *Die Mosaische Unterscheidung oder der Preis des Monotheismus*. München/Wien 2003.

Bernfeld, Siegfried: Freuds früheste Theorien und die Helmholtz-Schule [1944]. In: Bernfeld/Cassirer Bernfeld 1981, S. 54–77.

–: Freuds Kokain-Studien, 1884–1887 [1953]. In: Bernfeld/Cassirer Bernfeld 1981, 198–236.

– /Suzanne Cassirer Bernfeld: Freuds frühe Kindheit [1944]. In: Bernfeld/Cassirer Bernfeld 1981, 78–92.

– /Suzanne Cassirer Bernfeld: *Bausteine der Freud-Biographik*. Hg. von Ilse Grubrich-Simitis. Frankfurt a. M. 1981.

Brunner, José: *Psyche und Macht. Freud politisch lesen*. Stuttgart 2001 (engl. 1995).

–: Oedipus Politicus: Freud's Paradigm of Social Relations. In: Michael S. Roth (Hg.): *Conflict and Culture*. New York 1998, 80–93.

Chotjewitz, Peter O.: *Alles über Leonardo aus Vinci*. Hamburg/Leipzig/Wien 2004.

Clark, Ronald W.: *Sigmund Freud*. Frankfurt a. M. 1981 (engl. 1979).

Dannecker, Martin/Agnes Katzenbach (Hg.): *100 Jahre Freuds »Drei Abhandlungen zur Sexualtheorie«. Aktualität und Anspruch.* Gießen 2005.

Decker, Hannah S.: Freud's »Dora« Case: The Crucible of the Psychoanalytic Concept of Transference. In: Michael S. Roth (Hg.): *Conflict and Culture.* New York 1998, 105–114.

Der Spiegel: Hatte Freud doch recht? Hirnforscher entdecken die Psychoanalyse. In: *Der Spiegel* Nr. 16, 18. 4. 2005, 176–189.

Eissler, K. R.: *Leonardo da Vinci. Psychoanalytische Notizen zu einem Rätsel.* Basel/Frankfurt a. M. 1992 (engl. 1961).

–: Eine biographische Skizze. In: *Sigmund Freud. Sein Leben in Bildern und Texten.* Hg. von Ernst Freud, Lucie Freud und Ilse Grubrich-Simitis. Frankfurt a. M. 1976, 10–39.

Fenichel, Otto: *Psychoanalytische Neurosenlehre.* Freiburg/Olten 1974–1977 (engl. 1945).

Freud, Sigmund: *Schriften über Kokain* [1884–1887]. Hg. und eingel. von Albrecht Hirschmüller. Frankfurt a. M. 1996.

–: *Zur Auffassung der Aphasien. Eine kritische Studie* [1891]. Hg. von Paul Vogel, bearb. von Ingeborg Meyer-Palmedo, eingel. von Wolfgang Leuschner. Frankfurt a. M. 1992.

–: Gutachten über die elektrische Behandlung der Kriegsneurotiker [1920]. In: *Psyche* 26 (1972), 942–951.

–: *Brautbriefe. Briefe an Martha Bernays 1882–1886.* Ausgewählt und hg. von Ernst L. Freud. Frankfurt a. M. 1971.

–: *Tagebuch 1929–1939. Kürzeste Chronik.* Hg. von Michael Molnar. Basel/Frankfurt a. M. 1996 (engl. 1992).

– /Minna Bernays: *Briefwechsel 1882–1938.* Hg. von Albrecht Hirschmüller. Tübingen 2005.

Gasser, Reinhard: *Nietzsche und Freud.* Berlin/New York 1997.

Goldschmidt, Georges-Arthur: *Als Freud das Meer sah. Freud und die deutsche Sprache.* Zürich 1999 (frz. 1988).

Grubrich-Simitis, Ilse: *Zurück zu Freuds Texten. Stumme Dokumente sprechen machen.* Frankfurt a. M. 1993.

–: Urbuch der Psychoanalyse. Hundert Jahre »Studien über Hysterie« von Josef Breuer und Sigmund Freud. Beiheft zum Reprint der *Studien über Hysterie.* Frankfurt a. M. 1995.

–: Metamorphosen der »Traumdeutung«. Über Freuds Umgang mit seinem Jahrhundertbuch. In: Jean Starobinsky/Ilse Grubrich-Simitis/Mark Solms: *Hundert Jahre »Traumdeutung« von Sigmund Freud. Drei Essays.* Frankfurt a. M. 1999, 35–72.

–: *Michelangelos Moses und Freuds »Wagstück«. Eine Collage.* Frankfurt a. M. 2004.

Handlbauer, Bernhard: *Die Freud-Adler-Kontroverse* [1990]. Gießen 2002.

Hardin, Harry T.: Das Schicksal von Freuds früher Mutterbeziehung. In: *Psyche* 48 (1994), 97–123 (engl. 1987–1988).

Harsch, Herta E.: Freuds Identifizierung mit Männern, die zwei Mütter hatten: Ödipus, Leonardo da Vinci, Michelangelo und Moses. In: *Psyche* 48 (1994), 124–153.

Hastedt, Heiner: *Gefühle. Philosophische Bemerkungen.* Stuttgart 2005.

Heim, Cornélius: Eine »Prinzipien«-Frage: Gisela Fluss und Ichthyosaura. Eine Marginalie zu Freuds Jugendbriefen. In: *Psyche* 48 (1994), 154–159 (frz. 1994).

Herding, Klaus: *Freuds Leonardo. Eine Auseinandersetzung mit psychoanalytischen Theorien der Gegenwart.* München 1998.

Kaplan-Solms, Karen/Mark Solms: *Neuro-Psychoanalyse. Eine Einführung mit Fallstudien.* Stuttgart 2003 (engl. 2000).

Kollbrunner, Jürg: *Der kranke Freud.* Stuttgart 2001.

Konz, Britta: *Bertha Pappenheim (1859–1936). Ein Leben für jüdische Tradition und weibliche Emanzipation.* Frankfurt a. M./New York 2005.

Krüll, Marianne: *Freud und sein Vater. Die Entstehung der Psychoanalyse und Freuds ungelöste Vaterbindung.* Frankfurt a. M. 1992.

Le Rider, Jacques: *Freud – von der Akropolis zum Sinai. Die Rückwendung zur Antike in der Wiener Moderne.* Wien 2004 (frz. 2002).

Lohmann, Hans-Martin: *Sigmund Freud* [1998]. Reinbek 2004.

–: Beim Horne des Propheten. In: *Die Zeit,* 26. 8. 2004, 36.

– /Lutz Rosenkötter: Psychoanalyse in Hitlerdeutschland. Wie war es wirklich? In: Hans-Martin Lohmann (Hg.): *Psychoanalyse und Nationalsozialismus. Beiträge zur Bearbeitung eines unbewältigten Traumas* [1984]. Frankfurt a. M. 1994, 54–77.

Mahoney, Patrick J.: *Der Schriftsteller Sigmund Freud.* Frankfurt a. M. 1989 (engl. 1982).

Mandeville, Bernard: *Die Bienenfabel oder Private Laster, öffentliche Vorteile* [1714]. Hg. von Walter Euchner. Frankfurt a. M. 1968.

Mannoni, Octave: *Sigmund Freud in Selbstzeugnissen und Bilddokumenten.* Reinbek 1971 (frz. 1968).

Masson, Jeffrey Moussaieff: *Was hat man dir, du armes Kind, getan? Sigmund Freuds Unterdrückung der Verführungstheorie.* Reinbek 1984 (engl. 1984).

Mühlleitner, Elke: *Biographisches Lexikon der Psychoanalyse. Die Mitglieder der Psychologischen Mittwoch-Gesellschaft und der Wiener Psychoanalytischen Vereinigung 1902–1938.* Tübingen 1992.

Nunberg, Herman/Ernst Federn (Hg.): *Protokolle der Wiener Psychoanalytischen Vereinigung 1906–1918.* 4 Bde. Frankfurt a. M. 1976–1981 (engl. 1962–1975).

Quindeau, Ilka/Volkmar Sigusch (Hg.): *Freud und das Sexuelle. Neue psychoanalytische und sexualwissenschaftliche Perspektiven.* Frankfurt a. M./New York 2005.

Reiche, Reimut: Nachwort zu: Sigmund Freud: *Drei Abhandlungen zur Sexualtheorie. Reprint der Erstausgabe nach 100 Jahren.* Frankfurt a. M. 2005, 95–127.

Schapiro, Meyer: Leonardo and Freud: An Art-Historical Study. In: *Journal of the History of Ideas* 17 (1956), 147–178.

Schröter, Michael: Freuds Komitee 1912–1914. Ein Beitrag zum Verständnis psychoanalytischer Gruppenbildung. In: *Psyche* 49 (1995), 513–563.

–: The early history of lay analysis, especially in Vienna, Berlin and London: Aspects of an unfolding controversy (1906–24). In: *International Journal of Psychoanalysis* 85 (2004), 159–178.

Schur, Max: *Sigmund Freud. Leben und Sterben.* Frankfurt a. M. 1973 (engl. 1972).

Sigusch, Volkmar: *Neosexualitäten. Über den kulturellen Wandel von Liebe und Perversion.* Frankfurt a. M./New York 2005.

Timms, Edward: *Karl Kraus. Satiriker der Apokalypse.* Wien 1995 (engl. 1986).

–: *Freud und das Kindweib. Die Erinnerungen von Fritz Wittels.* Wien 1996 (engl. 1995).

Verspohl, Franz-Joachim: Der Moses des Michelangelo. In: *Städel-Jahrbuch* 13 (1991), 155–176.

Wittels, Fritz: *Sigmund Freud. Der Mann, die Lehre, die Schule.* Leipzig/Wien/Zürich 1924.

Yovel, Yirmiyahu: *Spinoza. Das Abenteuer der Immanenz.* Göttingen 1994 (engl. 1989).

Zaretsky, Eli: Freuds Rufmörder im Zeitalter der Entidealisierung. In: *Psyche* 53 (1999), 371–191 (engl. 1996).

Hans-Martin Lohmann

II. Werke und Werkgruppen

1. Frühe Schriften

1.1 Die sogenannten voranalytischen Schriften

Wann, wo und durch wen der Ausdruck ›voranalytisch‹ zur Bezeichnung von Freuds Frühwerk eingeführt worden ist, ist nicht genau zu klären. Sofern Freud selber diesen Ausdruck benutzte, wollte er damit einen Zeitraum markieren, in dem das Psychische noch nicht als eigenständiger Bereich im Zentrum seines Interesses stand (Grubrich-Simitis 1993, 349). In späteren Jahren stand Freud seinen frühen Schriften eher skeptisch gegenüber und reagierte auf die ersten Versuche, sie zu würdigen und bibliographisch zu erfassen, negativ: »Denn ich weiß, die meisten von ihnen taugen wenig, einige aber nichts. [...] So z. B. die [...] über die Lappenorgane des Aals [Freud 1877], die man nur als ›läppisch‹ bezeichnen kann. Ebenso schlecht war Jahre später (1882) die Arbeit über die Nervenelemente des Flußkrebses [Freud 1882]. [...] Auch die hirnanatomischen Beiträge [...] sind nicht mit jener Sorgfalt gearbeitet, die solche Studien erfordern«, schrieb er 1936 an Rudolf Brun (zit. nach Meyer-Palmedo/Fichtner 1999, 9).

Zunächst verfaßte der Student Freud zoologische Arbeiten, die immerhin in den Sitzungsberichten der Akademie der Wissenschaften in Wien publiziert wurden. In Brückes physiologischem Laboratorium arbeitete er an neurohistologischen Fragestellungen und entwickelte verbesserte Präparationstechniken (bibliographische Angaben zu diesen und den folgenden Arbeiten in ebd., 15 ff.). 1924 äußerte er über diese Zeit gegenüber Karl Abraham: »Es ist eine starke Zumutung an die Einheit der Person, daß ich mich mit dem Autor der Arbeit über die Spinalganglien von Petromyzon identisch fühlen soll. Indes, es dürfte doch so sein, und ich glaube, ich war über diesen Fund glücklicher als seither über andere« (F/A, 343). Als Sekundararzt bei Meynert beschäftigte sich Freud mit neuroanatomischen Arbeiten, die seine experimentelle Befähigung, seine genaue Kenntnis des damals aktuellen Forschungsstandes

und seine phylogenetische Betrachtungsweise zeigen (Wiest/Baloh 2002). Mit diesen Arbeiten erwarb Freud den akademischen Titel eines Privatdozenten, konnte eine Privatpraxis als Neurologe eröffnen und die Leitung der neurologischen Abteilung am öffentlichen Kinderkraninstitut von Max Kassowitz übernehmen (Eissler 1966; Gickelhorn 1960). Zehn Jahre lang, von 1886 bis 1896, arbeitete er an diesem Institut drei Tage pro Woche mit hysterischen Kindern, eine pädiatrische Arbeit, deren Bedeutung für die Entstehung der Psychoanalyse in der Regel bisher übersehen worden ist (Bonomi 1994). Ausgehend von seinen Erfahrungen am Kassowitzschen Institut, publizierte Freud Studien über Cerebrallähmungen bei Kindern, ein Thema, zu dem er 1897 seine letzte neurologische Arbeit veröffentlichte.

Zu Freuds voranalytischen Schriften sind auch seine Übersetzungen für die von Theodor Gomperz herausgegebenen Gesammelten Werke von John Stuart Mill (»Über Frauenemanzipation«, »Plato«, »Die Arbeiterfrage«, »Der Sozialismus«) und einiger Arbeiten von Jean-Martin Charcot und Hippolyte Bernheim aus den 1880er und frühen 1890er Jahren zu zählen. Seine erste Veröffentlichung überhaupt hat K. R. Eissler 1974 wieder zugänglich gemacht. Es handelt sich dabei um die in der Schülerzeitschrift Musarion des Leopoldstädter Kommunalreal- und Obergymnasiums veröffentlichten fünf Sentenzen, die unter dem Titel Zerstreute Gedanken 1871 erstmals gedruckt wurden (Freud 1871/1974, 101). Eissler und Klaus Schröter haben den Maximen und Reflexionen des Gymnasiasten Freud ausführliche Studien gewidmet (Eissler 1974, Schröter 1974).

Es ist auch heute noch nicht möglich, den genauen Umfang von Freuds Frühwerk zu bestimmen. Werden in den Inhaltsangaben der wissenschaftlichen Arbeiten des Privatdocenten Dr. Sigm. Freud 1877–1897 (GW I, 461–488) etwa 30 Arbeiten aufgezählt, die nicht in die Gesammelten Werke aufgenommen worden sind, so finden sich in der von Ingeborg Meyer-Palmedo 1975 herausgegebenen Sigmund Freud-Konkordanz und -Gesamtbibliographie bereits über 50 Ti-

tel (Meyer-Palmedo 1975) und in der zweiten Auflage
der von Meyer-Palmedo und Gerhard Fichtner 1999
herausgegebenen verbesserten Auflage der *Freud-Bi-*
bliographie mit Werkkonkordanz von 1989 über 160
Titel (Meyer-Palmedo/Fichtner 1999). Es ist anzunehmen, daß in den kommenden Jahren noch weitere unbekannte Arbeiten Freuds auftauchen werden.

Freuds Entschluß, seine zoologischen, histologi-
schen, neuroanatomischen und neuropathologischen
Arbeiten in die *Gesammelten Schriften* nicht aufzunehmen, sollte wohl die Stellung der Psychoanalyse
als eine von ihm entwickelte, neue und eigenständige
Wissenschaft hervorheben. Auch die Herausgeber der
Gesammelten Werke hielten sich an Freuds Wunsch:
»Die Absicht der Herausgeber, einige der voranalytischen Arbeiten Freuds in die ›Gesammelten Werke‹
aufzunehmen, wurde nach Besprechung mit dem
Autor auf seinen ausdrücklichen Wunsch hin wieder
fallengelassen«, notierte Anna Freud (GW I, VI). Als
Alexander Mitscherlich in den 1960er Jahren vor-
schlug, die voranalytischen Schriften in eine damals
geplante historisch-kritische Freud-Gesamtausgabe
aufzunehmen, wurde dieser Vorschlag unter Berufung auf Freuds negative Einstellung abgelehnt (Grubrich-Simitis 1993, 79). Alle späteren Versuche, diese
Schriften im Rahmen einer Gesamtausgabe zu veröffentlichen, sind bisher gescheitert (ebd., 78 ff.), und
auch die von Sigmund Freud Copyrights für 2001
angekündigte, von Mark Solms vorbereitete und
kommentierte Gesamtausgabe aller neurowissenschaftlichen Arbeiten Freuds ist bisher nicht erschienen. In vier Bänden sollen über 120 Arbeiten aus den
Jahren 1876 bis 1900, die zum Großteil seit ihrer
Erstveröffentlichung nicht mehr ediert worden sind,
gleichzeitig auf Englisch und Deutsch wieder veröffentlicht und damit für die Forschung leichter zugänglich gemacht werden. Einige Arbeiten wurden in
den 1987 bei S. Fischer erschienen *Nachtragsband* zu
den *Gesammelten Werken* aufgenommen, und Ingrid
Kästner und Christina Schröder publizierten 1989
eine Reihe von voranalytischen Arbeiten Freuds
(Kästner/Schröder 1989).

Die ablehnende Haltung Freuds und seiner geistigen Erben hat dazu geführt, daß das Frühwerk lange
Zeit wenig beachtet worden ist. Zwar hatte Freud, als
ihn Smith Ely Jelliffe 1937 um Unterstützung bei der
Zusammenstellung seiner voranalytischen Schriften
bat, geschrieben, daß er, Jelliffe, damit eine wenig
dankbare Aufgabe übernehme, die aber insofern von
Nutzen sein könne, als sie dokumentiere, daß er,
Freud, die Psychoanalyse nicht aus dem Hut gezau-
bert habe (Meyer-Palmedo/Fichtner 1999, 9). Gleich-

wohl machten es sich die ersten Historiker der Psychoanalyse zur Angewohnheit, Freuds wissenschaftliche Laufbahn in eine vorpsychoanalytische und in
eine psychoanalytische Periode einzuteilen und das
Frühwerk weithin zu ignorieren. Die Psychoanalyse-
Historiker, schreibt Henry F. Ellenberger, »sahen in
Freud einen Neurologen, der seinen Beruf aufgegeben hat, um eine neue Psychologie zu begründen«
(Ellenberger 1970/1996, 649).

Erst später erkannte man in den Schriften aus der
ersten Arbeitsperiode Freuds eine Arbeits- und For-
schungsperspektive, deren Kenntnis zum Verständnis
des geistigen Ursprungsortes der Psychoanalyse notwendig ist. Der erste, der Freuds wissenschaftliche
Anfänge systematisch erforscht hat, war Siegfried
Bernfeld (Bernfeld 1944/1981; 1949/1981). Er verfaßte und publizierte, teils zusammen mit seiner Frau
Suzanne Cassirer Bernfeld, zwischen 1944 und 1953
eine Reihe grundlegender Studien zur Biographie
Freuds, die für alle späteren Freud-Biographen wegweisend waren (Bernfeld/Cassirer Bernfeld 1981).
Frank J. Sulloway legte 1979 eine ausführliche Studie
über die Anfänge von Freuds wissenschaftlicher Tätigkeit vor (Sulloway 1979/1982), und im Gegensatz
zu einer Sichtweise, wie sie vor allem Ernest Jones in
seiner Freud-Biographie (Jones I–III) vertreten hat,
die eine immerwährende wechselseitige Feindseligkeit zwischen Freud und der akademischen Medizin
unterstellt, konnte Ulrike May anhand der Frühschriften nachweisen, daß Freud die Anfänge seiner
Metapsychologie und seiner klinischen Theorie in
ständiger Auseinandersetzung mit den von der Neuropathologie und Psychiatrie im Wien des ausgehenden 19. Jh.s vertretenen Auffassungen entwickelt hat
(May-Tolzmann 1996). Mark Solms kommt in einer
mit Michael Saling veröffentlichten Arbeit über zwei
frühe Schriften Freuds (Freud 1888) zu dem Schluß,
daß Freud seine Konzepte zwar unterschiedlichsten
Quellen entnommen, seine psychologische Theorie
aber, die davon ausgeht, daß psychische Prozesse nur
unabhängig von ihren organischen Grundlagen verstanden werden können, von allem Anfang an unabhängig von irgendwelchen neurophysiologischen Systemen entwickelt hat (Solms/Saling 1990).

Erst in den letzten Jahren ist ein deutlich zuneh-
mendes Interesse am Frühwerk Freuds festzustellen.
So fand im Mai 1995 in Gent ein internationaler
Kongreß über Freuds voranalytische Schriften statt,
aus dem eine französische (Geerardyn/Van de Vijer
1998) und eine englische Veröffentlichung (Van de
Vijer/Geerardyn 2002) hervorgegangen sind. Das
verstärkte Interesse am frühen Freud ist aber vor allem auf die Annäherung von Psychoanalyse und

Neurowissenschaften zurückzuführen, wobei immer deutlicher Entsprechungen und Schnittstellen zwischen den beiden ursprünglich getrennten und methodisch unterschiedlichen Theorieansätzen zu beobachten sind. Neurowissenschaftler sprechen heute von Verdrängung, Abwehr oder Trauma, und Psychoanalytiker bestätigen die neuesten Ergebnisse der Gehirnforschung. Ob allerdings Bewußtsein und Unbewußtes aus einer gemeinsamen psychoanalytisch-neurowissenschaftlichen Perspektive verstanden werden können und welche neuen Aussichten sich aus der Zusammenarbeit der beiden Disziplinen letztlich ergeben werden, ist heute noch schwer abzusehen.

Literatur

Bernfeld, Siegfried: Freuds früheste Theorien und die Helmholtz-Schule [1944]. In: Bernfeld/Cassirer Bernfeld 1981, 54–77.
–: Freuds wissenschaftliche Anfänge [1949]. In: Bernfeld/Cassirer Bernfeld 1981, 112–147.
–/Suzanne Cassirer Bernfeld: *Bausteine der Freud-Biographik.* Hg. von Ilse Grubrich-Simitis. Frankfurt a. M. 1981.
Bonomi, Carlo: Why have we Ignored Freud the »Paediatrician«? The Relevance of Freud's Paediatric Training for the Origins of Psychoanalysis. In: André Haynal/Ernst Falzeder (Hg.): *100 Years of Psychoanalysis.* Genf 1994.
Eissler, K. R.: Sigmund Freud und die Wiener Universität. Bern/Stuttgart 1966.
–: Psychoanalytische Einfälle zu Freuds »Zerstreute(n) Gedanken«. In: Ders. (Hg.): *Aus Freuds Sprachwelt und andere Beiträge.* Jahrbuch der Psychoanalyse, Beiheft 2 (1974), 103–128.
Ellenberger, Henry F.: *Die Entdeckung des Unbewußten.* Zürich 1996 (engl. 1970).
Freud, Sigmund: Zerstreute Gedanken [1871]. In: Eissler 1974, 101.
–: Beobachtungen über Gestaltung und feineren Bau der als Hoden beschriebenen Lappenorgane des Aals. In: Sitzungsbericht der Akademie der Wissenschaft Wien (Math.-Naturwiss. Kl.). 1. Abt., Bd. 75 1877, 419–431.
–: Über den Bau der Nervenfasern und Nervenzellen beim Flußkrebs. In: Sitzungsbericht der Akademie der Wissenschaft Wien (Math.-Naturwiss. Kl.). 3. Abt., Bd. 85 1882, 9–46.
–: Aphasie; Gehirn [unsignierte Artikel]. In: Albert Villaret (Hg.): *Handwörterbuch der gesamten Medizin.* Bd. 1. Stuttgart 1888, 88–90, 684–697.
Geerardyn, Filip/Gertrudis Van de Vijer (Hg.): *Aux Sources de la Psychanalyse.* Paris 1998.
Gicklhorn, Josef/Renée Gicklhorn: *Sigmund Freuds akademische Laufbahn.* Wien/Innsbruck 1960.
Grubrich-Simitis, Ilse: *Zurück zu Freuds Texten. Stumme Dokumente sprechen machen.* Frankfurt a. M. 1993.
Kästner, Ingrid/Christina Schröder: *Sigmund Freud (1856–1939). Hirnforscher. Neurologe. Psychotherapeut. Ausgewählte Texte.* Leipzig 1989.
May-Tolzmann, Ulrike: *Freuds frühe klinische Theorie.* Tübingen 1996.
Meyer-Palmedo, Ingeborg: *Sigmund Freud-Konkordanz und -Gesamtbibliographie.* Frankfurt a. M. 1975.
– /Gerhard Fichtner: *Freud-Bibliographie mit Werkkonkordanz. Zweite, verbesserte und erweiterte Auflage.* Frankfurt a. M. 1999.
Schröter, Klaus: Maximen und Reflexionen des jungen Freud. In: Eissler 1974, 129–186.
Solms, Mark/Michael Saling: *A Moment of Transition.* London/New York 1990.
Solms, Mark: *Une introduction aux travaux neuroscientifiques de Freud.* In: Geerardyn/Van de Vijer 1998, 23–42; engl.: An Introduction to the Neuroscientific Works of Sigmund Freud. In: Van de Vijer/Geerardyn 2002, 17–35.
Sulloway, Frank J.: *Freud. Biologe der Seele. Jenseits der psychoanalytischen Legende.* Köln 1932 (engl. 1979).
Van de Vijer, Gertrudis/Filip Geerardyn (Hg.): *The Pre-psychoanalytic Writings of Sigmund Freud.* London 2002.
Wiest, Gerald/Robert W. Baloh: Sigmund Freud and the VIIIth Carnial Nerve. In: *Otology & Neurotolgy* 23 (2002), 228–232.

Thomas Aichhorn

1.2 Die Kokain-Schriften

Zwischen 1884 und 1887 veröffentlichte Freud fünf Arbeiten über das Tropanalkaloid Kokain: *Über Coca* (1884; 1885 mit Nachträgen), *Beitrag zur Kenntnis der Cocawirkung* (1885), *Über die Allgemeinwirkung des Cocains* (1885), *Gutachten über das Parke Cocain* (1885) und *Bemerkungen über Cocainsucht und Cocainfurcht mit Beziehung auf einen Vortrag W. A. Hammonds* (1887). Eine weitere, in englischer Sprache abgefaßte Schrift, *Cocaine* (1884), wird gelegentlich, z. B. von Grinstein (1971), Freud zugeschrieben, was freilich nur geringe Plausibilität hat (Freud 1884–1887/1996, 136 ff.).

Freuds Beschäftigung mit Kokain fällt in seine Zeit als Assistenzarzt am Wiener Allgemeinen Krankenhaus. Um sich als Arzt zu etablieren und eine Familie gründen zu können, hoffte Freud, etwas Neues zu entdecken, »was die Welt in Atem hält« und ihm »den Zulauf [...] des geldzahlenden Publikums einträgt« (B, 106). Dieses Neue war das aus der Kokapflanze gewonnene und damals in seiner Wirkung noch wenig bekannte Gift Kokain. Freud konnte aufgrund vorhergehender Forschungsarbeiten über Kokain davon ausgehen, daß die Substanz als Arzneimittel brauchbar und in kleinen Dosen ungiftig war. Was fehlte, waren Selbstversuche und klinische Erprobung des Pharmakons, die Freud unverzüglich in Angriff nahm. In *Über Coca* heißt es: »Ich habe diese gegen Hunger, Schlaf und Ermüdung schützende und zur geistigen Arbeit stählende Wirkung des Coca etwa ein dutzendmal an mir selbst erprobt« (Freud 1884–1887/1996, 63). Auch in den Briefen an seine Verlobte Martha Bernays ist mehrfach von Kokainkonsum und dessen stimulierender Wirkung die Rede. Den klinischen Test machte Freud an einer eher zufälligen Auswahl von Kollegen, Patienten und Familienangehörigen (Jones I, 105).

Die im Juli 1884 erschienene Arbeit *Über Coca* ist die wichtigste und umfangreichste aus der Reihe der Freudschen Kokain-Studien. Sie referiert ausführlich die wissenschaftliche Literatur über das Thema, die Herkunft der Kokapflanze, ihre Verwendung durch die lateinamerikanischen Indianer, den Transfer nach Europa und die chemische Gewinnung von Kokain, dessen Wirkungen bei Tieren und Menschen sowie seine therapeutische Anwendung. Die Schrift erschließt wissenschaftliches Neuland und wurde in der Folge immer wieder anerkennend zitiert. Sie endet mit einem hoffnungsvollen Hinweis Freuds: »Anwendungen, die auf der anästhesierenden Eigenschaft des Cocains beruhen, dürften sich wohl noch mehrere ergeben« (ebd., 83).

Auf genau diesem Feld aber, dem der Anästhesie, kam Freud zu spät. Denn inzwischen hatte der Wiener Ophthalmologe Carl Koller, durch Freuds Studien auf das Kokain aufmerksam geworden, die lokalanästhesistische Wirkung des Kokains am Auge entdeckt und seine Entdeckung Anfang September 1884 umgehend publiziert. Koller wurde über Nacht berühmt und für seine bahnbrechende Leistung – die Einführung der Lokalanästhesie in der Chirurgie – in der ganzen Welt gefeiert (Bernfeld 1953/1981, 209 f.; Hirschmüller 1996, 17). Zwar vergaß Koller nicht, Freuds wichtige Vorarbeit zu erwähnen, aber für Letzteren blieb doch nicht viel mehr als eine herbe Enttäuschung, wie eine briefliche Äußerung gegenüber seiner künftigen Schwägerin Minna Bernays (Freud/Bernays 2005, 96) und eine Bemerkung in der *Traumdeutung* (GW II/III, 176) belegen. Freud seinerseits stand in seinem wenig später publizierten *Beitrag zur Kenntnis der Cocawirkung* nicht an zu konzedieren, daß nicht er selbst, sondern Koller »den glücklichen Gedanken gefaßt« habe, »durch das Cocain […] eine vollständige Anästhesie und Analgesie der Cornea und Conjunctiva zu erzeugen […]« (Freud 1884–1887/1996, 89).

Freuds zweite Kokain-Studie befaßt sich mit der Untersuchung eines Nebenalkaloids des Kokains, des Ecgonins, wozu ihn die Herstellerfirma Merck in Darmstadt gegen Honorar beauftragt hatte. Die dritte Schrift resümiert im wesentlichen die Resultate der beiden vorhergehenden Studien und hebt den Wert des Kokains für die Psychiatrie hervor. Neu ist, daß Freud hier ausdrücklich die subkutane Injektion bei Entziehungskuren, etwa bei Morphinabhängigkeit, empfiehlt (ebd., 106). Die folgende Schrift ist ein vergleichendes Gutachten für die amerikanische Firma Parke, Davis & Co., die verschiedene Kokain-präparate herstellte und in scharfer Konkurrenz zur Firma Merck stand. Gegen ein Honorar von sechzig Gulden veröffentlichte Freud seine Stellungnahme im Rahmen eines von anderer Hand verfaßten Artikels, der mehr den Charakter einer Werbeschrift als einer wissenschaftlichen Information trägt (ebd., 111 f.). Zwei Jahre später, 1887, publizierte Freud seine letzte Kokain-Studie, in der er seine früher formulierten Positionen noch einmal verteidigte und vor allem auf die inzwischen lebhafte öffentliche Diskussion über Kokainsucht und die dadurch ausgelösten Ängste einging.

Freuds Beschäftigung mit Kokain haftet bis heute der Ruch eines Mißbrauchs und einer Übertretung an (vgl. z. B. Shepherd 1985/1986, 21), was wohl nicht zuletzt damit zu tun hat, daß inzwischen die toxischen und suchterzeugenden Potenzen des Kokains wohlbekannt sind, was zu Freuds Zeit noch längst nicht so eindeutig der Fall war. Erst die Kokainwellen vor und nach dem Ersten Weltkrieg führten dazu, den Gebrauch der Droge zu ächten und sie rechtlich den gefährlichen Opiaten gleichzustellen (Hirschmüller 1996, 33). Hinzukommt ein Vorfall, der Freuds Ruf zusätzlich geschadet hat (Bernfeld 1953/1981, 202 f.; Hirschmüller 1996, 27 ff.). Er versuchte nämlich mit seinen ersten Experimenten mit Kokain im Frühjahr 1884, seinen morphinabhängigen Kollegen und Freund Ernst Fleischl von Marxow mithilfe des Kokains von seiner Sucht zu heilen, und er war vom Erfolg zunächst überzeugt. Erst später mußte er erkennen, daß Fleischl heimlich regelmäßig Kokain nahm und somit von der Morphin- zur Kokainabhängigkeit übergewechselt war. Um ihn nicht öffentlich bloßzustellen, verzichtete Freud im folgenden darauf, den Fehlschlag seines therapeutischen Versuchs einzugestehen und damit Fleischl als kokainsüchtig zu brandmarken. Erst in seiner letzten Kokain-Studie von 1887 spricht Freud in allgemeiner Form vom traurigen Ergebnis des Versuchs, »den Teufel durch Beelzebub auszutreiben« (Freud 1884–1887/1996, 125). Bereits 1885 hatte der deutsche Arzt Albrecht Erlenmeyer die therapeutische Wirkung des Kokains bei Morphiumsüchtigen öffentlich bezweifelt und die Kokainsucht als »würdige dritte Geißel der Menschheit« neben Morphiumsucht und Alkoholismus gestellt (zit. nach Hirschmüller 1996, 32).

Im Rückblick hat Freud seine frühen Kokain-Studien offenbar mit einer gewissen Distanz und Ambivalenz betrachtet. In einem Brief an seinen Biographen Fritz Wittels vom 18. Dezember 1923 bezeichnete er seine Arbeit über Koka als ein »Allotrion, mit dem ich bald abschließen wollte […]« (Nachtr., 756).

Drei Jahre vor seinem Tod unterschied er Rudolf Brun gegenüber zwischen der ersten und den weiteren Kokain-Studien, die nie hätten veröffentlicht werden sollen – Freud rubriziert sie unter »Jugendsünden« (zit. nach Hirschmüller 1996, 36). Auch die einschlägigen Passagen der »*Selbstdarstellung*« (GW XIV, 38 f.) mit ihren charakteristischen Auslassungen – Freud geht lediglich auf Kollers Triumph und auf den ihm selber entgangenen Gewinn ein, wofür er ironisch seine Braut verantwortlich macht (vgl. Gundlach/Métraux 1979, 437) – deuten darauf hin, daß Freud später Schwierigkeiten damit hatte, die psychotropen Eigenschaften des Kokains zu thematisieren, für die er sich ursprünglich interessiert und die er an sich selbst ausprobiert hatte. In der Freud-Nachfolge hat man die zwiespältige Haltung des Autors der Kokain-Schriften verinnerlicht und diese stillschweigend auf sich beruhen lassen. Es dauerte mehr als hundert Jahre, bis sie erstmals vollständig nachgedruckt und damit der Öffentlichkeit wieder zugänglich gemacht wurden (Freud 1884–1887/1996).

Literatur

Bernfeld, Siegfried: Freuds Kokain-Studien, 1884–1887 [1953]. In: Siegfried Bernfeld/Suzanne Cassirer Bernfeld: *Bausteine der Freud-Biographik*. Hg. von Ilse Grubrich-Simitis. Frankfurt a. M. 1981, 198–236.

Freud, Sigmund: *Schriften über Kokain* [1884–1887]. Hg. und eingel. von Albrecht Hirschmüller. Frankfurt a. M. 1996.

– /Minna Bernays: *Briefwechsel 1882–1938*. Hg. von Albrecht Hirschmüller. Tübingen 2005.

Grinstein, Alexander: Freud's First Publications in America. In: *Journal of the American Psychoanalytical Association* 19 (1971), 241–264.

Gundlach, Horst/Alexandre Métraux: Freud, Kokain, Koller und Schleich. In: *Psyche* 33 (1979), 434–451.

Hirschmüller, Albrecht: Einleitung zu: Freud 1884–1887/1996, 9–39.

Shepherd, Michael: *Sherlock Holmes und der Fall Sigmund Freud*. Rheda-Wiedenbrück 1986 (engl. 1985).

Hans-Martin Lohmann

1.3 *Zur Auffassung der Aphasien* (1891)

Bei dieser Arbeit handelt es sich um Freuds erste monographische Veröffentlichung. Der etwa 100 Seiten umfassenden Schrift war zunächst kein großer Erfolg beschieden; nach Jones wurden von 850 gedruckten Exemplaren binnen neun Jahren 257 verkauft; der Rest wurde eingestampft (Jones I, 257). Sachliche Bezugnahmen findet man z. B. bei Bergson (Bergson 1896/1982, 117), Goldstein (1971, 42) und Jakobson (1956/1979, 124); Jones' auf eine Untersuchung von Jelliffe gestütztes Urteil, Freuds Buch sei unter den Aphasieforschern kaum wahrgenommen worden (Jones I, 257), widerspricht Wolfgang Leuschner explizit für die engere Fachdiskussion (Leuschner 1992, 7). Freud selbst ist außer in dem 1893 auf französisch veröffentlichten Aufsatz *Quelques considérations pour une étude comparative des paralysies motrices organiques et hystériques* (GW I, 41, 44 f., 48 f., 51) über die Abgrenzung hysterischer von physisch bedingten Lähmungen thematisch nicht mehr auf das Werk eingegangen. In der »*Selbstdarstellung*« bezeichnet er es als »kleines kritisch-spekulatives Buch« und Nebenprodukt der Arbeit an einem Wörterbuchartikel (GW XIV, 41 f.). Besagter Artikel über »Aphasie« ist 1888 in Villarets *Handwörterbuch der gesammten Medicin* erschienen. Eine Zusammenfassung des Buches findet sich in dem von Freud zum Zweck seiner Habilitation eingereichten Abriß seiner Publikationen (GW I, 472 f.). Das Werk selbst wurde nicht in die Ausgabe der *Gesammelten Werke* aufgenommen; eine separate Neuausgabe ist 1992 erschienen.

Geringe Beachtung fand die Schrift folglich in der Psychoanalyse selbst; sie wurde von vornherein unter die »neurologischen« Arbeiten Freuds eingeordnet. Dieses Urteil ist voreilig. Denn obgleich sich Freud auf das Feld der pathologischen Anatomie begibt, bereitet sein Buch letztlich doch einer psychologischen Behandlung der Aphasie das Feld. Seitdem Broca 1861 durch einen Sektionsbefund nachweisen konnte, »daß Läsion der dritten [...] linken Frontalwindung völligen Verlust oder höchstgradige Einschränkung der artikulierten Sprache – bei sonstiger Intaktheit der Intelligenz und der anderen Sprachfunktionen – zur Folge hat« (Freud 1891/1992, 40), ist die Erforschung der Aphasie von der anatomischen Pathologie und im besonderen von der Lokalisationshypothese beherrscht. Letztere unterstellt die materielle Speicherung der Sinneseindrücke z. B. auf zellularer Ebene, zumindest aber die Verortbarkeit psychischer Funktionen in den verschiedenen Rindenbezirken des Gehirns. Freud setzt sich gezielt mit den Arbeiten von C. Wernicke auseinander, die von den anatomischen Modellen des Hirnaufbaus seines eigenen akademischen Lehrers Th. Meynert beeinflußt sind. Wernicke hatte nicht nur 1874 das »Gegenstück zur Brocaschen Aphasie« entdeckt, »den Verlust des Sprachverständnisses bei erhaltener Fähigkeit, sich der artikulierten Sprache zu bedienen« (ebd.), sondern der daraus folgenden Unterscheidung zwischen motorischer und sensorischer Aphasie noch einen dritten Typus hinzugefügt: die *Leitungsaphasie*. Diese Untergliederung beruht eben auf der festen »Lokalisierung« von motorischem und sensorischem Zentrum auf der Hirnrinde und der Notwendigkeit einer koordinierenden Vermittlung zwischen beiden mittels sog. ›weißer Fasern‹. Im Anschluß an Wernicke hatte L. Lichtheim eine Typologie von sieben verschiedenen Aphasiestörungen aufgestellt.

Freuds Vorgehen ist, in Ermangelung eigener anatomischer Befunde, das einer Sekundärinterpretation: In einer stets changierenden Argumentation zeigt er auf, daß Sektionsbefunde und die ärztliche Beobachtung der Kranken häufig nicht übereinstimmen. Als »unhaltbar« erweist sich v. a. die Leitungsaphasie (ebd., 55); Freuds Nachweis eines zusammenhängenden Sprachgebiets der Rinde macht ihre Annahme obsolet. Generell wären von der Lokalisationshypothese her scharf abgegrenzte Einbußen in den sprachlichen Fähigkeiten Aphasiekranker zu erwarten gewesen; zu beobachten ist aber vielmehr eine kontinuierliche und verteilte »Funktionsstörung, die auch durch nicht-materielle Schädigung zustande kommen könnte« (ebd., 71), und die Freud mit Hughlings Jackson durch eine »solidarische Reaktion« des Sprachapparats erklärt.

Doch Freuds Arbeit ist über die Diskussion um die Verursachung der Aphasie hinaus von Interesse. Denn in ihr finden sich zentrale Argumentationen, die bereits die spätere *Metapsychologie* indizieren, und dezidierte Stellungnahmen zum Verhältnis von Physiologie und Psychologie. Trotz des Bekenntnisses zum psychophysischen Parallelismus verwahrt sich Freud entschieden gegen jede »Verwechslung« und Übertragung von im Psychischen, etwa in der Verbindung der »Vorstellungen« untereinander, geltenden Verhältnissen auf die Beziehungen ihrer eventuellen physiologischen Substrate (ebd., 97 f.). In der Auseinandersetzung mit der Lokalisationshypothese gelangt Freud bereits hier zu der Einsicht, daß Empfindung und Assoziation topisch nicht zu trennen, daß »beide Namen von einem einheitlichen und unteilbaren Prozeß abstrahiert« sind (ebd., 100). Man kann eine direkte Linie zu Freuds späteren Überlegungen zum Verhältnis von Spur, Erinnerung, Gedächtnis und Bewußtsein ziehen. Freuds eigene Auffassung der Aphasie beruht auf einer weiteren Ausarbeitung des Modells des Sprachapparats, dessen Aufbau genetisch über die verschiedenen Stufen des Erlernens (Sprechen, Buchstabieren, Lesen, Schreiben usw.) und der jeweiligen Integration motorischer (»Sprachinnervationsbild«) und sensorischer (»Wortklangbild«) Momente rekonstruiert wird (117 ff.). Freud gelangt so zu einem differenzierten »Psychologische[n] Schema der Wortvorstellung« (121), die

über das Klangbild in einem Bezug zu den »Objektassoziationen« steht. Sowohl in die Wortvorstellung als auch in die »Objektvorstellung« gehen vielfältige »Elemente visueller, akustischer und kinästhetischer Herkunft« ein (122); dennoch unterscheiden sie sich deutlich: »Die Objektvorstellung erscheint uns also nicht als eine abgeschlossene, kaum als eine abschließbare, während die Wortvorstellung uns als etwas Abgeschlossenes, wenngleich der Erweiterung Fähiges erscheint« (122). Daß hier eine Linie zu Freuds späteren Erörterungen zum Verhältnis von Wortvorstellung und Sachvorstellung zu ziehen ist, haben bereits die Herausgeber der Freudschen *Studienausgabe* erkannt und dem Text über *Das Unbewußte* (GW X, 263–303) den entsprechenden Passus aus der Aphasie-Schrift als Beilage hinzugefügt.

Freuds eigene Typologie der Aphasien unterscheidet: »1. Eine Aphasie erster Ordnung, *verbale Aphasie*, bei welcher bloß die Assoziationen zwischen den einzelnen Elementen der Wortvorstellung gestört sind, und 2. eine Aphasie zweiter Ordnung, *asymbolische* Aphasie, bei welcher die Assoziation von Wort- und Objektvorstellung gestört ist« (Freud 1891/1992, 122). Ein weiterer Typus, »Aphasien dritter Ordnung oder agnostische Aphasien« (123), gehört nicht mehr in den engeren Bereich der Sprachstörungen, weil es in ihm um das Verhältnis »zwischen Objekt und Objektvorstellung«, also um eine Erkenntnisbeziehung, geht (123). Der von Jakobson als Gegensatz von syntagmatischer und paradigmatischer Ebene bzw. Metaphorik und Metonymik beschriebene »Doppelcharakter der Sprache« (Jakobson 1956/1979, 119 ff.) findet sich so bereits bei Freud erfaßt.

Erst aus der strukturalen Linguistik und Psychoanalyse ergab sich ein neues Interesse an Freuds Aphasie-Schrift. In Frankreich bemühte man sich im Umkreis Lacans um eine strukturale Rekonstruktion der frühen Sprachkonzeption Freuds mit dem Ziel, die Psychoanalyse endgültig von biologistischen Resten zu befreien (Nassif 1977); im deutschen Sprachraum griff Lorenzer im Gegenteil die Aphasie-Schrift auf, um den Zusammenhang von Physiologie und Psychologie wiederherzustellen und »die umstandslose Verwerfung des Freudschen Biologismus, in der sich Ich-Psychologie und Lacan einig sind, [zu] korrigieren« (Lorenzer 2002, 85). Forrester zeichnete historisch und systematisch die Verbindung zwischen dem Freudschen Verständnis von Aphasie und Hysterie nach (Forrester 1980/1985).

Literatur

Bergson, Henri: *Materie und Gedächtnis. Eine Abhandlung über die Beziehung zwischen Körper und Geist*. Frankfurt a. M./ Berlin/Wien 1982 (frz. 1896).

Forrester, John: Aphasie, Hysteria and the Talking Cure. In: Ders.: *Language and the Origins of Psychoanalysis* [1980]. Basingstoke/London 1985, 1–39.

Freud, Sigmund: Aphasie. In: Albert Villaret (Hg.): *Handwörterbuch der gesammten Medicin.* Bd. I. Stuttgart 1888, 88–90.

–: *Zur Auffassung der Aphasien. Eine kritische Studie* [1891]. Hg. von Paul Vogel, bearb. von Ingeborg Meyer-Palmedo, eingel. von Wolfgang Leuschner. Frankfurt a. M. 1992.

Goldstein, Kurt: Zur Frage der amnestischen Aphasie und ihrer Abgrenzung gegenüber der transcorticalen und glossopsychischen Aphasie. In: *Selected Papers/Ausgewählte Schriften.* Den Haag 1971, 13–57.

Gondek, Hans-Dieter: Aphasie und Angst – die Frühgeschichte der Psychoanalyse. In: Ders.: *Angst – Einbildungskraft – Sprache. Ein verbindender Aufriß zwischen Freud, Kant, Lacan.* München 1990, 27–87.

Jakobson, Roman: Zwei Seiten der Sprache und zwei Typen aphatischer Störungen. In: Ders.: *Aufsätze zur Linguistik und Poetik.* Frankfurt a. M./Berlin/Wien 1979, 117–141 (engl 1956).

Jelliffe, Smith Ely: Sigmund Freud as Neurologist. In: *Journal of Nervous and Mental Disease* 6 (1937), 696–711.

Leuschner, Wolfgang: Einleitung zu: Freud 1891/1992, 7–31.

Lorenzer, Alfred: *Über den Gegenstand der Psychoanalyse oder: Sprache und Interaktion.* Frankfurt a. M. 1973.

–: *Die Sprache, der Sinn, das Unbewußte.* Stuttgart 2002.

Nassif, Jacques: *Freud l'inconscient. Sur les commencements de la psychanalyse.* Paris 1977.

Stephan, Arnim: *Sinn als Bedeutung. Bedeutungstheoretische Untersuchungen zur Psychoanalyse Sigmund Freuds.* Berlin/ New York 1989.

Hans-Dieter Gondek

2. Hysterie-Studien

Das rätselhafte Erkrankungsbild der Hysterie, die sich wegen ihrer auffällig wandlungsfähigen Symptomatik mit einem ›Paradiesvogel‹ vergleichen läßt (Seidler 1996), war für Freud eine erste große Herausforderung auf seinem Weg zur Psychoanalyse. Die klinischen Erfahrungen und theoretischen Konzepte, die er an diesem Neurosentypus sammelte, legten den Grundstein für seine Konzeption des Unbewußten.

Entstehungskontext

Ausgangspunkt für Freuds Neurosenforschung war sein viermonatiger Studienaufenthalt (1885/86) bei dem französischen Neurologen Charcot an der Pariser Klinik Salpêtrière. Von diesem Zeitpunkt ab rückte die von Charcot als ›Königin der Neurosen‹ glorifizierte Hysterie in den Brennpunkt seiner Forschungsinteressen. Charcots hypnotische Experimente hatten gezeigt, daß hysterische Symptome künstlich hervorgerufen und wieder rückgängig gemacht werden können. Bei ihnen gelang der Nachweis, daß sie – in den Worten Freuds – »Erfolge von Vorstellungen seien, die in Momenten besonderer Disposition das Gehirn des Kranken beherrscht hatten« (GW I, 34). Zu den Errungenschaften der Schule der Salpêtrière, die Gilles de la Tourette (1891/1894) dokumentiert hat, gehören v. a. die klinische Symptomatologie, die differentialdiagnostische Abgrenzung und die ätiologischen Beobachtungen hinsichtlich des traumatogenen und ideogenen Ursprungs der Hysterie. Charcot war sich nach Freuds Einschätzung »des Sieges seiner Lehren von der Hysterie vollkommen sicher« und wiederholte bei verschiedenen Gelegenheiten, »die Hysterie sei allerorten und zu allen Zeiten die nämliche« (GW I, 33). Indessen erwies sich gerade diese – positivistische – Grundannahme eines quasi naturgesetzlichen Verlaufs der hysterischen Symptombildung zunehmend als fragwürdig. Die großen hysterischen Anfälle und die motorischen Lähmungen, die zu Charcots Zeiten das klinische Bild der Hysterie beherrscht hatten, sind im 20. Jh. weitgehend verschwunden und haben sich somit als zeit- und kulturbedingt erwiesen.

Nach seiner Rückkehr aus Paris (1886) hatte sich Freud zum Fürsprecher der Lehren Charcots gemacht. Erst in seinem Nachruf auf Charcot (1892) übte er Kritik an dessen ätiologischem Erklärungskonzept, das noch der Tradition der französischen Degenerationslehre verhaftet war: »Charcot überschätzte die Heredität als Ursache so sehr, daß kein Raum für die Erwerbung von Neuropathien übrig blieb.« Deshalb werde an den ätiologischen Theorien Charcots »wohl bald zu rütteln und zu korrigieren sein« (GW I, 35). Wie Freud später erklärte, sei Charcot »psychologischen Auffassungen nicht geneigt« gewesen. Erst dessen Mitarbeiter Pierre Janet habe »ein tieferes Eindringen in die besonderen psychischen Vorgänge bei der Hysterie« versucht. Josef Breuer und er seien dessen Beispiel gefolgt, als sie »die seelische Spaltung und den Zerfall der Persönlichkeit« ins Zentrum ihrer Aufmerksamkeit rückten (GW VIII, 17). Bei genauerer Betrachtung zeigte sich allerdings, daß Janet die von ihm erkannte Abfolge von ›Trauma‹, ›unbewußten fixen Ideen‹ und ›Bewußtseinsspaltung‹ nur auf die Entstehung der ›Zufallssymptome‹ bezog. Die eigentlichen Symptome der Hysterie, die ›Stigmata‹, seien Ausdruck einer konstitutionell bedingten ›Einengung des Bewußtseinsfeldes‹ (Janet 1892/1894). Dagegen wandten Freud und Breuer ein, daß sich Janets Auffassung »wesentlich in dem eingehenden Studium jener schwachsinnigen Hysterischen gebildet hat, die im Spitale oder Versorgungshause sind, weil sie ihrer Krankheit und ihrer dadurch bedingten geistigen Schwäche halber sich im Leben nicht halten können« (Nachtr., 291). Im Kontrast dazu hätten sich unter den von ihnen behandelten Hysterischen »die geistig klarsten, willensstärksten, charaktervollsten und kritischsten Menschen gefunden« (GW I, 92).

Breuer hatte in den Jahren von 1880 bis 1882 den später berühmt gewordenen Hysterie-Fall der Anna O. behandelt und den 14 Jahre jüngeren Freud schon 1882 in seine Therapie-Erfahrungen mit dieser Patientin eingeweiht. Der »Gegensatz zwischen der unzurechnungsfähigen, von Halluzinationen gehetzten Kranken am Tage und dem geistig völlig klaren Mädchen bei Nacht« hatte ihn immer wieder in staunende Faszination versetzt. In seiner Falldarstellung ist von ›Dissociation der geistigen Persönlichkeit‹ die Rede; die Kranke sei in zwei Persönlichkeiten »zerfallen« (Nachtr. 241 ff.). Dies zeigt, daß Breuer mit ähnlichen Phänomenen konfrontiert war, wie sie in der Geschichte der ›Dynamischen Psychiatrie‹, angefangen bei den Magnetiseuren Mesmer und Puységur, immer wieder beschrieben worden sind – als ›magnetische Krankheiten‹, ›multiple Persönlichkeit‹ oder ›doppeltes Selbst‹ (Ellenberger 1973, 178 ff.).

Die Disposition für die spätere ›Bewußtseinsspaltung‹ lag in Annas seit den Jugendjahren ausgeprägter Neigung zum Tagträumen. Aus dieser Disposition entwickelte sich in einem längeren Stadium, als sie um ihren kranken Vater bangte und sich in der Pflege für ihn verausgabte, eine Angsthalluzination, die nach dessen Tod zum Durchbruch kam. Zu Beginn der Behandlung litt sie an einem höchst intensiven Husten. Bald folgten noch schwerere Symptome: u.a. Sprechhemmungen bis hin zum Mutismus, Sehstörungen sowie eine Kontraktur und Anästhesie des rechten Armes, die sich auf das rechte und linke Bein und schließlich auch auf den linken Arm ausdehnte. Die erste Entdeckung eines ›psychischen Mechanismus‹ gelang Breuer, als er erriet, daß Annas Mutismus mit einer Kränkung durch den Vater in Zusammenhang stand. Als er sie dazu brachte, ihm von dem Kränkungserlebnis zu erzählen, fiel die Sprechhemmung weg. Als Breuer sie bei seinen ärztlichen Besuchen mehrfach in einer Art Autohypnose antraf, erkannte er, daß sie sich in diesen ›Absencen‹ jeweils intensiv mit einem bestimmten, offenbar sehr privaten Thema beschäftigte, und gab ihr daraufhin gezielt Stichworte, die sie zur Offenlegung ihrer geheimen Gedanken veranlaßten. Das Aussprechen in der Autohypnose war stets mit einer spürbaren Erleichterung verbunden. Einmal erzählte Anna voller Ekel, daß ihre Schwierigkeiten beim Hinunterschlucken von Wasser begonnen hatten, als sie sah, wie der kleine Hund ihrer Gouvernante Wasser aus einem Glas trank: Nachdem sie ihren »steckengebliebenen Ärger« zum Ausdruck gebracht hatte, trank sie ungehemmt eine große Menge Wasser und erwachte aus der Hypnose mit dem Glas an den Lippen; damit war die Störung »für immer verschwunden« (Nachtr. 233). Die geistreiche Patientin bezeichnete ihre quälenden Gedanken als ›clouds‹ (Wolken), und die therapeutische Prozedur als ›talking cure‹ (Redekur) oder mit einer humoristischen Wendung als ›chimney sweeping‹ (Kaminfegen).

In seinem ursprünglichen Krankenbericht von 1882 hatte Breuer notiert: »Sexuelles Element ist erstaunlich unterentwickelt; ich habe in den massenhaften Hallucinationen auch nicht einmal dasselbe vertreten gefunden. Jedenfalls ist sie noch nie verliebt gewesen, soweit nicht ihr Verhältnis zum Vater dieses ersetzt hat oder vielmehr damit ersetzt war« (zit. n. Hirschmüller 1978, 349). Als diese Falldarstellung später in den *Studien über Hysterie* veröffentlicht wurde, fehlte allerdings dieser auf eine ödipale Verliebtheit in den Vater hindeutende Satz. In Breuers einfühlsamer Darstellung gewannen die Entgleisungen im Gefühlsleben der Anna O. eine für die damaligen Verhältnisse erstaunliche innere Logik und Geschlossenheit, und man mußte den Eindruck haben, als habe seine Therapie zu einem Heilungserfolg geführt. Auf Grund von Archivmaterial, v. a. aus dem Sanatorium Bellevue in Kreuzlingen, ließ sich jedoch nachweisen, daß die Patientin nach der Therapie bei Breuer noch mehrfach in stationärer Behandlung war (vgl. Hirschmüller 1978, 152 ff. und 348 ff.).

Freuds erster psychodynamischer Erklärungsansatz der Hysterie

Breuer selbst hat nur einen Fall von Hysterie behandelt. Er überwies aber Freud, der seit 1886 eine neurologische Praxis führte, die neurologischen Fälle, bei denen er von hypnotischer bzw. analytischer Arbeit viel erwartete, und so wurde Freud nach und nach zu einem Spezialisten in der Hysterie- und Neurosentherapie. In gemeinsamer Diskussion suchten sie, die gewonnenen Erfahrungen theoretisch zu erfassen und publizierten auf Freuds Initiative 1893 die als ›Vorläufige Mitteilung‹ deklarierte Abhandlung *Über den psychischen Mechanismus hysterischer Phänomene*. Zwei Jahre später erschien dieser Text, um vier lange Krankengeschichten, einen theoretischen (Breuer) und einen therapeutischen Teil (Freud) erweitert, in den *Studien über Hysterie* (GW I, 75–312), die als ›Urbuch der Psychoanalyse‹ (Grubrich-Simitis 1995) gelten.

Breuers und Freuds Grundannahme war, daß die meisten Symptome von Hysterie traumatisch bedingt seien. Unter einem ›psychischen Trauma‹ sei ein Erlebnis zu verstehen, das peinliche Affekte wie Angst, Scham, Ekel, Trauer usw. hervorruft. Zweite Voraussetzung war die mangelnde ›Abreaktion‹ der traumatisch bedingten Affekte. Würden sie nicht adäquat bewältigt, sei es durch ein entlastendes Gespräch, durch eine Gefühlsentladung wie Klagen und Weinen oder durch eine Rachehandlung, so bleibe »das psychische Trauma respektive die Erinnerung an das selbe, nach Art eines Fremdkörpers« wirksam. Deshalb leide der Hysterische »größtenteils an Reminiszenzen«, die seinem normalen Gedächtnis nicht zugänglich seien (GW I, 95 f.). Für diese Annahme sprach, daß die einzelnen hysterischen Symptome immer dann beseitigt werden konnten, »wenn es gelungen war, die Erinnerung an den veranlassenden Vorgang zu voller Helligkeit zu erwecken, damit auch den begleitenden Affekt wachzurufen, und wenn dann der Kranke den Vorgang in möglichst ausführlicher Weise schilderte und dem Affekt Worte gab« (GW I, 85). Je nach den Bedingungen, die eine solche ›kathartische‹ Affektabfuhr verhindert haben, wird zwischen Hypnoid- und Abwehrhysterie unterschieden. Der ›Hypnoidhysterie‹ liege ein hypnoseähnlicher (›hypnoider‹) Zustand zugrunde. Eine adäquate – affektiv befreiende – Reaktion sei nicht möglich gewesen, weil die pathogenen Vorstellungen »in schweren lähmenden Affekten« wie z. B. in fortdauernder Angst oder »direkt in abnormen psychischen Zuständen, wie im halbhypnotischen Dämmerzustande des Wachträumens, in Autohypnosen u. dgl.« entstanden sind. Bei der ›Abwehrhysterie‹ komme hingegen deshalb keine Reaktion zustande, »weil es sich um Dinge handelte, die der Kranke vergessen wollte, die er darum absichtlich aus seinem bewußten Denken verdrängte, hemmte und unterdrückte« (GW I, 89 f.).

Die Beschreibung der Hypnoidhysterie war an Breuers Modellfall der Anna O. orientiert. Diese Patientin habe in einem hypnoiden Gemütszustand traumatische Erfahrungen gemacht, die in ›unbewußten Vorstellungen‹ ihren Niederschlag gefunden und zu einer ›Spaltung der Psyche‹ geführt hätten. Eine solche Spaltung bestehe in rudimentärer Weise bei jeder ›großen Hysterie‹ und die Fähigkeit und Neigung zu dieser Dissoziation sei ›das Grundphänomen dieser Neurose‹ (Nachtr., 286).

Als typisches Beispiel einer nur durch traumatische Erlebnisse erworbenen Abwehrhysterie betrachtete Freud den Fall Lucy R. Ihr Hauptsymptom waren quälende subjektive Geruchsempfindungen, die sie ständig verfolgten. Die Geruchsempfindung verbrannter Mehlspeise ließ sich in der Therapie auf einen inneren Konflikt zurückführen: Sie wollte ihre Stellung als Gouvernante aufgeben, weil sie es im Haus ihres Dienstherrn nicht mehr aushielt, hing aber sehr an den lieben Kindern, denen sie die verstorbene Mutter ersetzen wollte. Gerade in einer Situation, als dieser Konflikt aktualisiert wurde, unterlief ihr das Mißgeschick, daß sie die Mehlspeise anbrennen ließ. Die weiteren Einfälle der Patientin führten dann zu einem tiefer liegenden Konflikt. Lucy hatte sich in den Hausherrn verliebt, ohne Aus-

sicht auf Erfüllung ihres Wunsches, aber auch ohne Mut, sich diesen Liebeswunsch und die Enttäuschung eingestehen zu können: »Ich wußte es ja nicht oder besser, ich wollte es nicht wissen, wollte es mir aus dem Kopfe schlagen […]« (GW I, 175). An dieser Stelle kommt die zur Lösung des inneren Konflikts eingesetzte ›Verdrängung‹ zum Tragen. Die mit dem Ich unverträgliche Vorstellung werde »nicht zunichte gemacht, sondern bloß ins Unbewußte gedrängt«. Damit sei ein »Kern- und Kristallisationsmittelpunkt für die Bildung einer vom Ich getrennten psychischen Gruppe gegeben, um den sich in weiterer Folge alles sammelt, was die Annahme der widerstreitenden Vorstellung zur Voraussetzung hätte« (GW I, 182).

Die Bedeutung eines ›Initialbeispiels‹ für die Erkenntnis der Abwehrhysterie – eines in seiner Grundstruktur durchsichtig gemachten Einzelfalls, der auf das Typische einer Neurosenkonstellation abzielt (vgl. Schröter 1988, 152 f.) – kommt aber dem Fall Elisabeth v. R. zu. Diese Patientin litt seit zwei Jahren an starken Schmerzen in den Beinen und war dadurch im Gehen und Stehen behindert (Abasie/Astasie). Sie war als jüngste von drei Schwestern aufgewachsen und fühlte sich sehr zum Vater hingezogen, dem sie »einen Sohn und Freund« ersetzte. Er prophezeite ihr schon früh, daß sie es wegen ihres kecken und rechthaberischen Wesens nicht leicht haben werde, einen Mann zu finden. Auch sie selbst verspürte den starken Wunsch, sich ihre Freiheit nicht durch eine Ehe beschneiden zu lassen. Andererseits war sie von großem Stolz auf ihren Vater erfüllt und in ihrer Familienloyalität stets bereit, ihre eigenen Wünsche zugunsten der Familieninteressen zurückzustellen. Deshalb war sie sehr erschüttert, als ihr Vater schwer erkrankte und nach zweijähriger intensiver Pflege verstarb. Während eines anschließenden Sommeraufenthalts der Familie traten plötzlich Elisabeths Beinschmerzen und ihre Gehschwäche auf. Von jetzt ab war sie die ›Kranke‹ in der Familie.

Aus dieser Lebensschilderung ergab sich noch kein hinreichender Aufschluß darüber, warum Elisabeth eine schmerzhafte Abasie entwickelt hatte. Um in ›tiefere Schichten der Erinnerung‹ einzudringen, drückte Freud suggestiv mit der Hand an ihre Stirn und forderte sie nachdrücklich auf, ihm zu sagen, welche Bilder und Erinnerungen während des Drückens in ihr auftauchten: Die Patientin erinnerte sich jetzt an einen Tanzabend, an dem ein junger Mann sie aus einer Gesellschaft nach Hause begleitet hatte, an die Gespräche mit ihm und an die Empfindungen, mit denen sie dann nach Hause zurückkehrte. Sie hatte sich spontan in ihren Tanzpartner verliebt und sich der Hoffnung hingegeben, ihre Beziehung möge in eine Ehe einmünden. Diesen Wünschen nachzugehen, hätte jedoch bedeutet, ihren geliebten Vater mit seiner Krankheit im Stich zu lassen. Auf diesen Konflikt reagierte sie mit starken Selbstvorwürfen. Am nächsten Tag traten die Gehstörungen (als Ablehnung des Wunsches zu tanzen) zum ersten Mal auf, hielten allerdings nicht lange an, vermutlich weil sie sich bald dazu durchgerungen hatte, auf ihre Neigungen zu verzichten.

Nach dem Tod ihres Vaters verbrachte Elisabeth mit ihrer Familie einen gemeinsamen Urlaub. Einmal unternahm sie mit dem Ehemann der Schwester einen längeren Spaziergang, auf dem sie sich im Einklang mit allem fand, was er sagte. Nach der Rückkehr traten heftige Schmerzen in den Beinen auf, ähnlich wie damals nach dem Tanzvergnügen. Wenige Tage später machte sie allein einen Spaziergang zu einer herrlichen Aussichtsstelle. Ihre Einsamkeit war ihr schmerzlich bewußt, und sie sehnte sich nach einer ähnlich glücklichen Verbindung, wie sie offenbar zwischen ihrer Schwester und ihrem Schwager bestand. Nach diesem Ausflug traten wiederum heftige Schmerzen auf, die sich am Abend desselben Tages noch verstärkten und seither chronisch blieben. Kurze Zeit später starb die Schwester unerwartet. In der weiteren therapeutischen Arbeit gelang es Freud, eine wichtige Erinnerung freizulegen. Am Totenbett der Schwester war bei Elisabeth plötzlich der Gedanke aufgetaucht, daß der Schwager jetzt frei sei und sie seine Frau werden könne; aber sie hatte die aufkommenden Liebes- und Heiratswünsche sogleich wieder beiseite geschoben.

Auf diesem Weg erkannte Freud einen Zusammenhang zwischen Elisabeths unerfülltem Liebesleben und dem Auftreten der Schmerzen in den Beinen. Dem ersten Auftreten der Symptomatik lag ein Konflikt zwischen erotischen Wünschen und Loyalität gegenüber dem Vater zugrunde, und auch dem späteren Auftreten der Schmerzen ging ein ähnlich gelagerter Liebes- und Loyalitätskonflikt voraus. Daß so intensive erotische Vorstellungen, wie sie die Patientin erlebt hatte, vom Bewußtwerden ausgeschlossen werden konnten, ließ sich auf das Motiv der ›Verdrängung‹ zurückführen. Der ganze Mensch sträube sich dagegen, sich offen mit den unverträglichen erotischen Vorstellungen zu konfrontieren. Die ›Konversion‹ seelischer Schmerzen in körperliche diene der Patientin dazu, sich aus dem quälenden Konflikt zwischen Wunsch und moralischer Verpflichtung zu befreien. Im Rahmen dieser ersten psychodynamischen Erklärung der Hysterie ging Freud von einem Zusammenspiel von vier ätiologischen Faktoren aus:

dem psychischen Trauma als Veranlassung, dem nicht ›abreagierten‹ Affekt, der zentralen Dynamik der Verdrängung und der Konversion.

Annahmen zur ›sexuellen Ätiologie‹ der Hysterie bis zur ›Verführungshypothese‹

Auf der Suche nach bedeutsamen, noch nicht bewältigten Träumen seiner Patienten beobachtete Freud, daß es sich dabei sehr häufig um sexuelle Erlebnisse handelte. Diese Beobachtung veranlaßte ihn, das Sexualleben seiner Patienten systematisch zu erforschen. Dadurch rückte der Aspekt der Sexualität ins Zentrum seiner klinischen Beobachtungen und Hypothesenbildungen. Freud sah sich zunächst vor die Frage gestellt, ob die traumatisch bedingten Vorstellungen, die verdrängt werden mußten, in erster Linie sexuellen Inhalt hatten und ob das Hauptmotiv der Verdrängung in sexueller Scheu und Ablehnung bzw. in moralischen Skrupeln und Schuldgefühlen zu sehen sei.

Im therapeutischen Teil der *Studien über Hysterie* gab er eine knappe Einschätzung der dortigen Krankengeschichten unter sexuellem Gesichtspunkt. Die Fälle Anna O. und Elisabeth von R. seien noch nicht unter dem neueren Aspekt der Sexualneurose erforscht worden. Bei Lucy R. habe eine Hysterie »bei unverkennbar sexueller Ätiologie« vorgelegen (GW I, 257 f.). Die einzige Ausnahme bildete der Fall Katharina, in dem gerade das Problem der sexuellen Traumatisierung und Verdrängung zum Tragen kam.

Freud hatte im Sommer 1893 einen Berg in den Hohen Tauern bestiegen und genoß die Aussicht, als er von Katharina, der 18jährigen Tochter einer Hüttenwirtin, wegen eines Nervenleidens angesprochen wurde. Sie klagte über Atemnot, bei der sie Druck auf den Augen, Schwindel, Hämmern im Kopf und Beengungsgefühle im Hals verspürte. Zudem hatte sie Angst, von hinten überfallen zu werden, und sah des öfteren ein »grausliges Gesicht« vor sich, das sie aber nicht identifizieren konnte. Freuds erste Einschätzung ging dahin, daß es sich um einen hysterischen Angstanfall handelte.

Ein solcher Angstanfall war erstmals vor zwei Jahren aufgetreten und stand im Zusammenhang mit einem Erlebnis, an das sich Katharina ohne allzu große Schwierigkeiten erinnern konnte. Sie hatte damals ihren Vater zufällig beim Beischlaf mit ihrer Cousine Franziska entdeckt und war darüber sehr erschrocken, ohne sich ihre Betroffenheit recht erklären zu können. Einige Tage später traten die Symptome erneut auf, verschärft durch tagelange Brechanfälle, die auf Ekel hindeuteten. Im weiteren Gespräch erinnerte sich Katharina an eine Reihe von Szenen, bei denen der Vater ihr selbst sexuell nachgestellt hatte. So erwachte sie, erst 14 Jahre alt, eines Nachts und »spürte seinen Körper« im Bett. Sie wies ihn entschieden ab, so daß es nicht zu weiteren Zudringlichkeiten kam. Ein anderes Mal mußte sie sich seiner in einem Wirtshaus erwehren, als er in betrunkenem Zustand war. In diesen Situationen war bei Katharina jeweils eine Atemnot aufgetreten.

Für Freud ergab sich aus der Verbindung zwischen den verschiedenen Szenen eine schlüssige Erklärung der Symptome, die er der jungen Frau mit folgenden Worten nahebrachte: »Jetzt weiß ich schon, was Sie sich damals gedacht haben, wie Sie ins Zimmer geschaut haben. Sie haben sich gedacht: jetzt tut er mit ihr, was er damals bei Nacht und die anderen Male mit mir hat tun wollen. Davor haben Sie sich geekelt, weil Sie sich an die Empfindungen erinnert haben, wie Sie in der Nacht aufgewacht sind und seinen Körper gespürt haben« (GW I, 192). Sie hielt dies sehr wohl für möglich. Auch das Rätsel des unbekannten »grausligen Gesichts« konnte gelöst werden. Katharina sah auf einmal deutlich das wutverzerrte Gesicht des Vaters vor sich, der mehrmals drohend auf sie losgegangen war, weil sie ihre Entdeckung an die Mutter verraten hatte.

An diesem Fallbeispiel läßt sich zeigen, in welchem Zusammenhang der ätiologische Faktor der Sexualität mit den anderen vier Faktoren von Trauma, nicht abreagiertem Affekt, Verdrängung und Konversion steht. Der Verführungsversuch des Vaters erscheint als das ursprünglich traumatisierende Moment, das bei der Pubertierenden die Affekte von Ekel und Angst ausgelöst hat: »Angst bei jungen Mädchen hatte ich so oft als Folge des Grauens erkannt, das ein virginales Gemüt befällt, wenn sich zuerst die Welt der Sexualität vor ihm auftut« (GW I, 186). Nach Freuds Theorie blieb die verdrängte Vorstellung als ›Erinnerungsspur‹ zurück, die der seelisch-geistigen Verarbeitung nicht zugänglich sei und einen ›unbewußten‹ pathologischen Kern bilde: »Wenn einmal ein solcher Kern für die hysterische Abspaltung in einem ›traumatischen Moment‹ gebildet worden ist, so erfolgt dessen Vergrößerung in anderen Momenten, die man ›auxiliär traumatische‹ nennen könnte« (GW I, 64). Die von Katharina bemerkten Heimlichkeiten zwischen dem Vater und der Cousine, die schließlich in der großen Entdeckung kulminierten, können als solche auxiliär traumatische Momente betrachtet werden. In diesen Szenen kamen noch andere Affekte ins Spiel, nämlich Eifersucht auf die Cousine, enttäuschte Liebe und Rachegefühle, die ebenfalls der Verdrängung anheimfielen. Den we-

sentlichen Grund für die Symptomentstehung sah Freud aber darin, daß in der Entdeckungsszene die ursprünglichen Affekte des Ekels und der Angst wiederentdeckt wurden und wegen ihrer großen traumatischen Kraft einer entsprechenden stärkeren Konversion bedurften.

Alle Fälle in den *Studien über Hysterie* enden spätestens in einem Pubertätstrauma. Im Fall Katharina ereignete sich die Verführungsszene im 14. Lebensjahr. In anderen Fällen, die Freud später behandelte, erwiesen sich die Pubertätstraumen aber als so geringfügig, daß sie für eine Erklärung der Symptomatik nicht ausreichend erschienen. Als er seine Suche nach pathogenen Traumen und Verdrängungen weiter in die Lebensgeschichte zurückverfolgte, gelangte er zu einer Hypothese, die er erstmals im Brief vom 8. Oktober 1895 an Wilhelm Fließ formulierte: Für die Entstehung der Hysterie nehme er an, daß »ein primäres Sexualerlebnis (vor der Pubertät) mit Abneigung und Schreck« stattgefunden habe (F, 146). Kurze Zeit später bezeichnet er die Formel vom »infantilen Sexualschreck« als Lösung des Rätsels (F, 148). Aus diesem Keim erwuchs die ›Verführungshypothese‹, die bis Ende 1897 zu den Grundannahmen der Freudschen Neurosenlehre gehörte. Sie besagt im wesentlichen, daß die passive Verführung eines unschuldigen Kindes (zumeist eines Mädchens) durch Geschwister oder Erwachsene in der frühen Kindheit als ›unbewußte Erinnerung‹ im Seelenleben zurückbleibt. Wird diese Erinnerung nach Eintreten der sexuellen Reife wiederbelebt, so gelangt sie zu traumatischer Wirksamkeit und wird dadurch zur spezifischen Ursache der Hysterie.

Zu der Verführungshypothese sah sich Freud letztendlich durch die Analyse eines männlichen Patienten veranlaßt, »der in der Jugend Hysterie, später Beobachtungswahn gezeigt hat«. Dieser eine Fall – wahrscheinlich der in den Fließ-Briefen des öfteren genannte »Herr E.«, den Freud mehr als fünf Jahre lang behandelt hat – habe ihm das Erwartete: »infantiler Mißbrauch bei männlicher Hysterie« ergeben (F, 152 f.). Zu dieser Thematik wird in dem Aufsatz *Zur Ätiologie der Hysterie* (1896, GW I, 423–459) weiter ausgeführt: »Wenn wir die Ausdauer haben, mit der Analyse bis in die frühe Kindheit vorzudringen, so weit zurück nur das Erinnerungsvermögen eines Menschen reichen kann, so veranlassen wir in allen Fällen den Kranken zur Reproduktion von Erlebnissen, die infolge ihrer Besonderheiten sowie ihrer Beziehungen zu den späteren Krankheitssymptomen als die gesuchte Ätiologie der Neurose betrachtet werden müssen. Diese infantilen Erlebnisse sind wiederum sexuellen Inhalts, aber weit gleichförmigerer Art als die letztgefundenen Pubertätsszenen; es handelt sich bei ihnen nicht mehr um die Erweckung des sexuellen Themas durch einen beliebigen Sinneseindruck, sondern um sexuelle Erfahrungen am eigenen Leibe, um geschlechtlichen Verkehr (im weiteren Sinne)« (GW I, 437 ff.). In sämtlichen 18 Fällen, die er behandelt habe, sei er zur Kenntnis solcher sexuellen Erlebnisse im Kindesalter gelangt. Zumeist habe es sich um Verführung durch ältere Kinder oder Erwachsene, nicht selten um Inzest gehandelt.

Freuds Verführungstheorie wurde und wird oft einseitig unter dem Aspekt des äußeren traumatisierenden Eingriffs – des Kindesmißbrauchs – gesehen. Der psychologische Kern dieser Theorie wird aber erst bei genauerer Betrachtung der darin enthaltenen ätiologischen Hypothesen sichtbar: Traumatische Erfahrungen der frühen Kindheit seien eine notwendige Bedingung für die Entstehung der Hysterie. Eine weitere Bedingung sei, daß es sich dabei stets um sexuelle Traumen handle, deren Inhalt in wirklicher Irritation der Genitalien bestehe. Traumatisch wirke jedoch nicht die frühkindliche Erfahrung als solche, sondern ihre Wiederbelebung als unbewußte Erinnerung, nachdem der Betroffene die sexuelle Reife erlangt habe. Demnach sah Freud die spezifische Ursache der Hysterie in der aktuell wirksamen, aber unbewußten Vorstellung passiv erlebter Verführung. Der letztgenannte auch für die Verdrängungslehre relevante Punkt bedarf der Erläuterung. Freud unterscheidet zwischen einem frühkindlichen Realereignis, das eine Erinnerungsspur hinterlassen hat, und einer aktuellen Verdrängungsdynamik. Die Verdrängung einer peinlichen sexuellen Vorstellung reiferer Jahre erlange nur dann pathogene Wirkung, »wenn bei der betreffenden, bis dahin gesunden Person infantile Sexualspuren als unbewußte Erinnerungen vorhanden sind, und wenn die zu verdrängende Vorstellung in logischen oder assoziativen Zusammenhang mit einem solchen infantilen Erlebnis gebracht werden kann« (GW I, 448). Demnach ist die Existenz der infantilen Sexualerlebnisse nicht ausreichend. Es müsse noch eine ›psychologische Bedingung‹ hinzukommen, nämlich daß die Erinnerungen *unbewußt* seien: »nur solange und insofern sie unbewußt sind, können sie hysterische Symptome erzeugen und unterhalten […] Die hysterischen Symptome sind Abkömmlinge unbewußt wirkender Erinnerungen« (GW I, 448).

Die Verführungshypothese hat Freud schon am 21. September 1897 in einem vielzitierten Brief an Fließ wieder aufgegeben. Als Hauptgründe führte er an: das Ausbleiben der vollen Erfolge in der Therapie, die Überraschung, daß in sämtlichen Fällen der Vater als

pervers beschuldigt werden mußte, die Einsicht in die nicht erwartete Häufigkeit der Hysterie und v. a. das Zugeständnis, daß es »im Unbewußten ein Realitätszeichen nicht gibt, so daß man die Wahrheit und die mit Affekt besetzte Fiktion nicht unterscheiden kann« (F, 283 f.). Diese Revision führte zu einer erheblichen Abwandlung der bisherigen ätiologischen Hypothesen: Demnach kommt es nicht mehr entscheidend auf die ›äußere‹ oder ›materielle‹ Realität traumatischer Erfahrungen, sondern auf die ›*psychische*‹ Realität an. Die sexuelle Verführung in der frühen Kindheit wird nicht mehr als notwendige (wenn auch häufig vorkommende) Ursache der Hysterie angesehen. Da es sich bei der passiv erlittenen Sexualverführung auch um eine bloße Phantasie handeln kann, ist die unbewußte Erinnerung nicht mehr als spezifische, sondern nur als mögliche Ursache der Hysterie zu betrachten.

Was hat die Aufgabe der Verführungshypothese für die Entwicklung der Psychoanalyse bedeutet? Nach Masson (1984) hat Freud die Verführungstheorie aufgegeben, weil er nicht den Mut gehabt habe, die Ablehnung dieser Theorie seitens seiner Kollegen zu ertragen. Lorenzer (1984, 212) nimmt dagegen eine Wende von der Diagnose der traumatisierenden Ereignisse zur Erkundung der Phantasie – von der »Ereignisdiagnose zur Erlebnisanalyse« – an, die eine zweite Geburtsstunde der Psychoanalyse markiert habe. Fortan hätten sich neue Perspektiven für die Weiterentwicklung der Psychoanalyse, vor allem die Konzeptionen des Triebes und der psychosexuellen Entwicklung eröffnet. Die Kontroverse *Trauma- versus Triebtheorie* hat in den 1980er und 1990er Jahren im Rahmen der Auseinandersetzungen über sexuellen Mißbrauch eine Hochkonjunktur erlebt, bei der sich allerdings aufgrund der dramatisch inszenierten Enttabuisierung der Mißbrauchsthematik durch Autoren wie Masson und Alice Miller tiefsitzende Klischees über Freud und die Psychoanalyse festgesetzt haben, die nicht leicht zu korrigieren sind.

Die klassische Konzeption der Hysterie als ödipaler Triebdynamik

Mit der Aufgabe der Verführungstheorie setzte bei Freud eine Denkentwicklung ein, die zur Ausarbeitung der verschiedenen Konzepte der Triebtheorie, insbesondere derjenigen der ›infantilen Sexualität‹ und der ›psychosexuellen Entwicklungsphasen‹ führte. Eine wesentliche Beobachtung, die ihn zu der Annahme infantiler Sexualität bewog, war das lustvolle Saugen an der Mutterbrust, das dem Kleinkind eine orgasmusähnliche Entspannung verschafft: Werden orale und anale Trieblust, die schon das Kind erleben kann, als Ausdrucksformen der Sexualität verstanden, so wird ein erweiterter Sexualitätsbegriff zugrundegelegt, der alle mit Entspannung oder Lust verbundenen Bedürfnisbefriedigungen einbezieht.

Im Jahr 1897, als Freud erste Einblicke in die spontanen Äußerungen der infantilen Sexualität gewann, unterzog er sich einer intensiven Selbstanalyse, um seiner eigenen ›Hysterie‹ und den frühkindlichen Ursprüngen seiner Neurose auf den Grund zu gehen (F, 281 u. 288 f.). In dieser Selbstanalyse gelangte er zur Einsicht in eine familiäre Beziehungskonstellation, die er über die eigene Erfahrung hinaus als eine für alle unumgängliche Durchgangsstufe der Kindheitsentwicklung betrachtete: »Ich habe die Verliebtheit in die Mutter und die Eifersucht gegen den Vater auch bei mir gefunden und halte sie jetzt für ein allgemeines Ergebnis früher Kindheit, wenn auch nicht immer so früh wie bei den hysterisch gemachten Kindern. [...] Wenn das so ist, so versteht man die packende Macht des König Ödipus [...] die griechische Sage greift einen Zwang auf, den jeder verspürt hat. Jeder der Hörer war einmal im Keime und in der Phantasie ein solcher Ödipus und vor der hier in die Realität gezogenen Traumerfüllung schaudert jeder zurück mit dem ganzen Betrag der Verdrängung, der seinen infantilen Zustand von seinem heutigen trennt« (F, 293).

Vom Blickwinkel der neu konzipierten Triebtheorie aus erscheint die Verführungshypothese in einem völlig neuen Licht. Bisher waren ältere Geschwister, die Eltern oder andere Erziehungspersonen die Schuldigen, die ihre Sexualbedürfnisse ungehemmt ausgelebt und dadurch die Kinder traumatisiert hatten. Wenn aber die Kinder selbst von sexuellen Wünschen erfüllt waren, so durfte man annehmen, daß sie eine Verführung durch ihr erotisches Mitspielen stimuliert oder allein in der Phantasie inszeniert hatten. Die Sexualität wurde also nicht mehr von außen in die unschuldige Welt des Kindes hineingetragen. Das Kind selbst war aus inneren Bedürfnissen dafür empfänglich.

In den *Drei Abhandlungen zur Sexualtheorie* (1905; s. Kap. III.8) wird dann genauer ausgeführt, daß bei den späteren Neurotikern eine erhöhte ›Fixierbarkeit‹ der frühkindlichen Erfahrungen bestehe, die »zwangartig auf Wiederholung hinwirken und dem Sexualtrieb für alle Lebenszeit seine Wege vorzuschreiben vermögen« (GW V, 144). Genetisch gesehen, handelt es sich bei der Fixierung um eine ›Entwicklungshemmung‹, die mit fehlgeleiteter Befriedigung oder Versagung der Triebbefriedigung und mit dem gesamten Verdrängungsprozeß in der kindlichen Entwicklung

in Verbindung steht. Da Befriedigung, Versagung und Verdrängung an den jeweils phasenspezifisch vorherrschenden Partialtrieben ansetzen, kann man die Fixierung bzw. Regression auf die orale, anale und phallisch-ödipale Phase und die jeweils zugehörigen Triebregungen und Objektbeziehungen beziehen.

Die durch die Triebtheorie modifizierte Hysterietheorie läßt sich an der Therapiedarstellung der Patientin ›Dora‹ verdeutlichen, die Freud 1905 unter dem Titel *Bruchstück einer Hysterie-Analyse* (GW V, 161–286) publizierte. In ihr kommen erstmals die Intimitäten des sexuellen Lebens – als nunmehr entscheidende Ätiologie der Hysterie – zur ausführlichen Darstellung. Nach Freuds eigenen Worten bietet sie »Ausblicke auf das sexuell-organische Fundament des Ganzen« und ist »immerhin das Subtilste, was ich bis jetzt geschrieben und wird noch abschreckender als gewöhnlich wirken« (zit. n. Jones I, 421).

Als die 18jährige Patientin im Herbst 1899 die psychoanalytische Behandlung begann, litt sie unter periodischen Anfällen von Atemnot und nervösem Husten, der zeitweise zu völliger Stimmlosigkeit führte. In der Familie war sie chronisch verstimmt. Selbst dem Vater, den sie bisher sehr geliebt hatte, begegnete sie mit demonstrativer Ablehnung. Besonders beunruhigt waren die Eltern durch einen zufällig entdeckten Brief, in dem Dora von ihnen Abschied nahm, weil ihr das Leben unerträglich sei. Bald darauf kam es nach einem geringfügigen Wortwechsel mit dem Vater zu einem Anfall von Bewußtlosigkeit.

Die Symptome hatten teilweise schon eine längere Vorgeschichte. So war die Atemnot erstmals im Alter von 8 Jahren, der nervöse Husten seit dem 12. Lebensjahr wiederholt aufgetreten. Die psychische Krise und die Selbstmordgedanken schienen jedoch in engem Zusammenhang mit einer Art traumatischer Erfahrung zu stehen, die zwei Jahre zurücklag. Doras Eltern waren seit mehreren Jahren mit einem Ehepaar K. befreundet. Beide Ehen waren problematisch. Doras Mutter hatte sich ganz auf die Hausfrauenrolle verlegt. Frau K. war zu Doras Vater, den sie in den Jahren seiner Krankheit intensiv gepflegt hatte, eine Liebesbeziehung eingegangen. Herr K. hatte sich der noch jugendlichen Dora zugewandt und viel Zeit mit ihr verbracht. Die Szene, die Anlaß zu großer Unruhe und Empörung gewesen war, hatte sich ereignet, als Dora 16 Jahre alt war. Herr K. hatte es auf einem Spaziergang nach einer Seefahrt gewagt, ihr einen Liebesantrag zu machen, den sie mit einem Schlag ins Gesicht beantwortete. Später stritt Herr K. die von Dora gegebene Darstellung entschieden ab und betrachtete sie als bloßes Phantasiegebilde, was

Dora erst recht erzürnte. Doras Vater und Frau K. ergriffen Partei für Herrn K. und führten Doras Geschichte auf die Lektüre erotischer Bücher zurück.

In der Therapie erinnerte sich Dora alsbald an ein weiteres Erlebnis mit Herrn K., als sie 14 Jahre alt gewesen war. Sie wartete damals auf ihn, um gemeinsam das Haus zu verlassen, als er sie plötzlich an sich preßte und ihr einen Kuß gab: »Das war wohl die Situation, um bei einem 14jährigen unberührten Mädchen eine deutliche Empfindung sexueller Erregtheit hervorzurufen. Dora empfand aber in diesem Moment einen heftigen Ekel, riß sich los und eilte an dem Manne vorbei zur Treppe und von dort zum Haustor« (GW V, 186). Diese Ekelempfindung hielt Freud für eine typisch hysterische Reaktion. Wenn es normal sei, bei einem Anlaß zur sexuellen Erregung mit Lustgefühlen zu reagieren, wie lasse sich dann die ›Affektverkehrung‹ vom normalen Lustgefühl in Ekel erklären? Ein erster Anhaltspunkt ergab sich daraus, daß Dora bis zum 4. oder 5. Lebensjahr eine Daumenlutscherin gewesen war. Das ausgiebige Lutschen ließ sich als orale Selbstbefriedigung deuten, die aber durch das Eingreifen des Vaters verdrängt werden mußte. In der weiteren Analyse der Kindheitsentwicklung zeigte sich, daß die Patientin schon früh mit einem Scheidenpilz behaftet war und – auffälligerweise erst im 7. und 8. Lebensjahr – Bettnässerin wurde. Aus diesen und weiteren Indizien schloß Freud, daß Dora eine Phase intensiver Masturbation durchlebt hatte, die dann durch das Bettnässen und die späteren hysterischen Symptome der Atemnot und des hysterischen Hustens abgelöst wurde.

Masturbation, Bettnässen und Scheidenpilz führte er auf frühzeitige erotische Phantasietätigkeit zurück. Da sexuell frühreife und liebesbedürftige Kinder in besonderem Maße zu ödipalen Phantasien neigen, lag es für ihn nahe, Doras Beziehung zum Vater unter diesem Aspekt zu betrachten. Auffällig war, daß sie in ihrer Krise an fast nichts anderes als die Person des Vaters denken konnte. Vor allem konnte sie nicht verzeihen, daß er sich einer anderen Frau liebevoll zugewandt hatte. Nach Freuds Einschätzung handelte sie wie eine eifersüchtige Frau nach der Devise »Sie oder ich«. Daher lag der Schluß nahe, daß »ihre Neigung in höherem Maße dem Vater zugeneigt war, als sie wußte oder gern zugegeben hätte«. Doras Liebesverlangen betrachtete Freud als »Auffrischung infantiler Empfindungskeime« unter dem Druck eines belastenden Konflikts. In diesem Zusammenhang nahm er auf die Ödipussage Bezug, um das Typische an diesen Beziehungen zu charakterisieren: »Diese frühzeitige Neigung der Tochter zum Vater, des Sohnes

zur Mutter, von der sich wahrscheinlich bei den meisten Menschen eine deutliche Spur findet, muß bei den konstitutionell zur Neurose bestimmten, frühreifen und nach Liebe hungrigen Kindern schon anfänglich intensiver angenommen werden. Es kommen dann gewisse hier nicht zu besprechende Einflüsse zur Geltung, welche die rudimentäre Liebesregung fixieren oder so verstärken, daß noch in den Kinderjahren oder erst zur Zeit der Pubertät etwas aus ihr wird, was einer sexuellen Neigung gleichzustellen ist und was, wie diese, die Libido für sich in Anspruch nimmt. Die äußeren Verhältnisse bei unserer Patientin sind einer solchen Annahme nicht gerade ungünstig. Ihre Anlage hatte sie immer zum Vater hingezogen, seine vielen Erkrankungen mußten ihre Zärtlichkeit für ihn steigern; in manchen Krankheiten wurde niemand anders als sie von ihm zu den kleinen Leistungen der Krankenpflege zugelassen; stolz auf ihre frühzeitig entwickelte Intelligenz hatte er sie schon als Kind zur Vertrauten herangezogen. Durch das Auftreten von Frau K. war wirklich nicht die Mutter, sondern sie aus mehr als einer Stellung verdrängt worden« (V, 216 f.).

Diese Fallskizze läßt erkennen, daß sich Freuds triebtheoretische Sicht der Hysterie im Verhältnis zu seiner früheren Konzeption in den *Studien über Hysterie* stark gewandelt hat. Nunmehr betont er, »daß die Verursachung der hysterischen Erkrankungen in den Intimitäten des psychosexuellen Lebens der Kranken gefunden wird, und daß die hysterischen Symptome der Ausdruck ihrer geheimsten verdrängten Wünsche sind« (GW V, 164). Der Fall Dora kann als erste psychoanalytische Falldarstellung im engeren Sinne betrachtet werden. Zur genaueren Einordnung dieser Fallgeschichte im Entstehungs- und Entwicklungsprozeß der Psychoanalyse wird auf Vera Kings Studie »Die Urszene der Psychoanalyse« (1995) verwiesen.

Zum Abschluß von Freuds Hysterie-Studien seien noch zwei Arbeiten erwähnt. In *Hysterische Phantasien und ihre Beziehung zur Bisexualität* (1908, GW VII, 189–199) experimentiert er mit verschiedenen Formeln, um das Wesen des hysterischen Symptoms fortschreitend besser zu erfassen. Es sei Erinnerungssymbol gewisser traumatischer Erfahrungen, Ersatz für die Wiederkehr dieser traumatischen Erlebnisse, Realisierung einer der Wunscherfüllung dienenden, unbewußten Phantasie, Wiederkehr einer infantilen Sexualbefriedigung, Ausdruck einerseits einer männlichen, andererseits einer weiblichen unbewußten sexuellen Phantasie (VII, 196 f.). In *Allgemeines über den hysterischen Anfall* (1909, GW VII, 233–240) wird betont, daß es sich bei einem solchen Anfall um ins Motorische übersetzte, pantomimisch dargestellte Phantasien sexuellen Inhalts handle (VII, 236 ff.).

Für Freuds weitere Theoriebildung war und blieb maßgeblich, daß er den ›Ödipuskomplex‹ ins Zentrum der Ätiologie der Hysterie gerückt hatte. Bei den Hysterikern komme es zu einer Fixierung auf die phallisch-ödipale Phase bzw. zu einer Regression auf phallisch-narzißtische Phantasien. Diese Annahmen bildeten den Kern des klassisch psychoanalytischen Hysterieverständnisses.

Freuds Hysterie-Studien aus heutiger Sicht

Im 19. Jh. hat die weibliche Hysterie eine epidemische Verbreitung gefunden. Über die klassischen Falldarstellungen in der Neurologie, Psychiatrie und Psychoanalyse hinaus hat auch das Medium der Romanliteratur – Flauberts *Madame Bovary* kann als Prototyp einer Hysterikerin gelten (Kronberg-Gödde 2004) – große Wirkung erlangt. Viele Frauen haben sich an dieser ›Modellkrankheit‹ und ihrem ›Symptomrepertoire‹ orientiert, um ihre existenzielle Verunsicherung und ihren Protest gegen ihre gesellschaftliche Benachteiligung zum Ausdruck zu bringen (vgl. Bronfen 1998). Heute spielt die klassische Symptomsprache der Lähmungen und Anfälle als Ausdruck ohnmächtigen bzw. agitierten Leidens nur noch eine untergeordnete Rolle. Sie ist gleichsam ihrer Unschuld beraubt worden und hat sich in ihren Ausdrucksformen den jeweiligen soziokulturellen Bedingungen angepaßt.

Das psychoanalytische Interesse hat sich seit den 1930er Jahren von der Erklärung der hysterischen Symptomneurose zur Analyse des ›hysterischen Charakters‹ verlagert. Wurde die hysterische Charakterbildung zunächst auf ödipale Konflikte und Verdrängungen zurückgeführt, so besteht darüber längst keine Einigung mehr. Die auffälligen Abhängigkeits- und Anklammerungsbedürfnisse hysterischer Patienten gaben Veranlassung zu der Annahme, daß auch prägenitale, speziell orale Fixierungen und ein oraler Beziehungsmodus an der Entstehung dieser Neurose beteiligt seien. S. O. Hoffmann (1979, 296 ff.) geht in seiner dynamischen Definition des hysterischen Charakters von drei Hauptkonflikten – einem ödipalen, einem Abhängigkeits- und einem Selbstwertkonflikt – und fünf dynamischen Mechanismen – einer spezifischen Veränderung des Selbstbildes, einer spezifischen Verwendung von Emotionen, einem massiven Einsatz von Identifizierungen, einem besonderen Umgang mit Phantasien und Symbolen sowie einer spezifischen Rolle von Verdrängung und Verleugnung – aus. In der weiteren Entwicklung wurde der hysterische Charakter als Einheit zunehmend in Frage gestellt, so daß man es für notwendig hielt, verschiedene Unterformen der hysterischen Persönlichkeit zu unterscheiden. Grundlegend wurde die Abgrenzung zwischen einer hysterischen Persönlichkeit mit überwiegend ödipalen und einer ›hysteroiden‹ Persönlichkeit mit überwiegend präödipalen Konflikten. Weiterführende Perspektiven eröffnen sich mit Hilfe triadischer Erklärungsansätze (vgl. Buchholz 1993). So hält Rupprecht-Schampera (1997) mit Rückgriff auf ein Konzept der ›frühen Triangulierung‹ an einem einheitlichen genetischen Erklärungsmodell der Hysterie fest: Ausgehend von einer nicht gelungenen Separation von der Mutter wende sich das Mädchen dem Vater zu, der jedoch in seiner triangulären Funktion versage. Daraufhin suche es die Aufmerksamkeit des Vaters forciert durch ein sexualisiertes Beziehungsangebot zu erlangen. Die spätere Hysterikerin bleibe auf der Suche nach dem idealisierten Vater, auch wenn sie dazu »unterschiedlich laute, nicht immer sexuelle, aber doch gezielte Formen der Annäherung und des interesseheischenden Sich-bemerkbar-Machens gegenüber den in der jeweiligen Epoche idealisierten Vaterfiguren« verwende (ebd., 661).

In den letzten Jahrzehnten ist die Hysterie als diagnostische Kategorie immer wieder in Zweifel gezogen und schließlich aus den großen Klassifikationssystemen (ICD [International Classification of Diseases] 10 und DSM [Diagnostic and Statistical Manual of Mental Disorders] IV) verdrängt worden. Daß die nosographische Klarheit und Überzeugungskraft, die Charcot und auch noch Freud erreicht zu haben glaubten, an Glaubwürdigkeit verloren hat, zeigte sich auch und gerade in der wissenschaftshistorischen Forschung: Einerseits wurde die Klinik und Forschungsstätte der Salpêtrière durchleuchtet, wobei ein reichhaltiges mediales Inventar an Zeichnungen und Photographien zur ›Erfindung der Hysterie‹ (Didi-Hubermann 1982/1997) sichtbar wurde. Andererseits wurden die berühmten Hysteriedarstellungen Freuds in diagnostischer Hinsicht in Frage gestellt und mittlerweile unter verschiedensten Kriterien wie Schizophrenie, Borderline-Störung, Gilles-de-la-Tourette-Syndrom, psychosomatischen oder rein neurologischen Störungen neu diagnostiziert und interpretiert (vgl. Micale 1989, 249 ff.).

Um am Terminus der Hysterie festhalten zu können, schägt Mentzos (1980) vor, ihn nicht als nosologische Einheit, sondern als ›Modus der Konfliktverarbeitung‹ zu verwenden. Für den hysterischen Modus sei charakteristisch, daß sich der Betreffende in einen Zustand versetzt, in dem er sich selbst und den ihn umgebenden Personen in gewissen Aspekten seines Selbst anders erscheint als er in Wirklichkeit ist. Damit werde v. a. eine vorübergehend inszenierte Veränderung der eigenen Selbstrepräsentanz erreicht. Mentzos unterscheidet dabei eine ›pseudo-regressive‹ und eine ›pseudo-progressive‹ Entwicklungsrichtung. Im einen Fall will der Hysterische schwächer, kränker, ohnmächtiger erscheinen und rekurriert darum auf Lähmungen, Sprachstörungen, Ohnmachtsanfälle und ähnliche ›Konversionen‹. Im andern Fall will er sich dagegen von seiner stärkeren, gesünderen, mächtigeren Seite zeigen und neigt deshalb zu Don-Juanismus oder phallisch-narzißtischen Charakterzügen.

Dienten die hysterischen Körpersymptome im 19. Jh. vielen Frauen dazu, die ›Flucht in die Krankheit‹ anzubahnen und zu legitimieren, so kann man die Hysterie jener Epoche als eine ›ethnische Störung‹ betrachten, mit deren Hilfe sozial verpönte Wünsche dissoziiert und nicht verantwortet wurden. Sie eignete sich »besonders für Personen, denen aufgrund *ohnmächtiger Position* bzw. kultureller Tabus eine verantwortete Äußerung sexueller und aggressiver Gefühle gegenüber den jeweils Mächtigen unmöglich erscheint« (von Essen/Habermas 1989, 122). In den letzten Jahrzehnten spricht einiges dafür, daß die Hysterie als ethnische Störung durch die Eßstörungen, speziell die Bulimie abgelöst worden ist.

Die wissenschaftshistorische und interdisziplinäre Erforschung der Hysterie hat in jüngster Zeit eine erstaunliche ›Renaissance‹ erlebt und dabei vielfältige und immer weiter entwickelte theoretische Perspektiven hervorgebracht (vgl. Micale 1989, Seidler 1996). Dennoch wird es immer wieder zu Metamorphosen dieses ›Paradiesvogels‹ kommen, weil die jeweiligen Symbolisierungen keine konstante und überindividuelle Bedeutung haben, sondern stets von neuem als subjektive Botschaften innerhalb eines bestimmten sozialen, politischen und historischen Kontextes interpretiert werden müssen.

Bei aller zeitlichen und kulturellen Bedingtheit seiner Erklärungsansätze war es in erster Linie Freud zu verdanken, daß es seit Ende des 19. Jh.s zu einem Paradigmenwechsel von einer ›neurologischen‹ zu einer ›psychodynamischen‹ Theorie kommen konnte (vgl. Gödde 1994). Er bleibt der maßgebliche Begründer des Wissenschaftsdiskurses über die Hysterie. Dieses Erkrankungsbild eröffnete ihm den ersten Zugang zum Unbewußten, den er und seine Nachfolger dann in der Erforschung von Angst- und Zwangssymptomen, Träumen, Fehlleistungen, Witzen u. a. weiter ausgebaut haben.

Literatur

Bronfen, Elisabeth: *Das verknotete Subjekt. Hysterie in der Moderne*. Berlin 1998.

Buchholz, Michael B.: *Dreiecksgeschichten. Eine klinische Theorie psychoanalytischer Familientherapie*. Göttingen 1993.

– /Günter Gödde (Hg.): *Macht und Dynamik des Unbewussten. Auseinandersetzungen in Philosophie, Medizin und Psychoanalyse*. Gießen 2005.

Didi-Huberman, Georges: *Erfindung der Hysterie. Die photographische Klinik von Jean-Martin Charcot*. München 1997 (frz. 1982).

Ellenberger, Henry F.: *Die Entdeckung des Unbewußten* [1973]. Zürich 1985.

Essen, von Cornelie/Tilmann Habermas: Hysterie und Bulimie. Ein Vergleich zweier ethnisch-historischer Störungen. In: Annette Kämmerer/Barbara Klingenspor (Hg.): *Bulimie*. Stuttgart 1989, 104–125.

Gilles de la Tourette, Georges: *Die Hysterie nach den Lehren der Salpêtrière*. Leipzig/Wien 1894 (frz. 1891).

Gödde, Günter: Charcots neurologische Hysterietheorie – Vom Aufstieg und Niedergang eines wissenschaftlichen Paradigmas. In: *Luzifer-Amor* 7, H. 14, (1994), 7–54.

–: *Traditionslinien des Unbewußten. Schopenhauer – Nietzsche – Freud*. Tübingen 1999.

Grubrich-Simitis, Ilse: *Urbuch der Psychoanalyse. Hundert Jahre Studien über Hysterie nach Josef Breuer und Sigmund Freud*. Frankfurt a. M. 1995.

Hirschmüller, Albrecht: *Physiologie und Psychoanalyse im Leben und Werk Josef Breuers*. Bern 1978.

Hoffmann, Sven Olaf: *Charakter und Neurose*. Frankfurt a. M. 1979.

Janet, Pierre: *Der Geisteszustand der Hysterischen*. Leipzig/Wien 1894 (frz. 1892).

King, Vera: *Die Urszene der Psychoanalyse. Adoleszenz und Geschlechterspannung im Fall Dora*. Stuttgart 1995.

Kronberg-Gödde, Hilde: Die magischen Weltbezüge in Gustave Flauberts *Madame Bovary*. In: Eva Jaeggi/Hilde Kronberg-Gödde (Hg.): *Zwischen den Zeilen. Literarische Werke psychologisch betrachtet*. Gießen 2004, 77–90.

Lorenzer, Alfred: *Intimität und soziales Leid. Archäologie der Psychoanalyse*. Frankfurt a. M. 1984.

Masson, Jeffrey M.: *Was hat man dir, du armes Kind getan? Sigmund Freuds Unterdrückung der Verführungstheorie*. Reinbek 1984 (engl. 1984).

Mentzos, Stavros: *Hysterie. Zur Psychodynamik unbewußter Inszenierungen*. Frankfurt a. M. 1980.

Micale, Mark: Hysteria and its Historiography: A Review of Past and Present Writings. In: *History of Science* 27 (1989), 223–261, 319–351.

Rupprecht-Schampera, Ute: Das Konzept der ›frühen Triangulierung‹ als Schlüssel zu einem einheitlichen Modell der Hysterie. In: *Psyche* 51 (1997), 637–664.

Schröter, Michael: Freud und Fließ im wissenschaftlichen Gespräch. Das Neurastheniprojekt von 1893. In: *Jahrbuch der Psychoanalyse* 22 (1988), 141–183.

Seidler, Günter (Hg.): *Hysterie heute. Metamorphosen eines Paradiesvogels*. Stuttgart 1996.

Günter Gödde

3. Vorlesungen und einführende Schriften

Aus verschiedenen Anlässen verfaßte Freud Einführungstexte in die Psychoanalyse. Diese Texte zeigen seine immer verfeinerte Weiterentwicklung der Kunst, in die Psychoanalyse einzuführen.

Über Psychoanalyse (1909)

Als er im September 1909 durch G. Stanley Hall eingeladen wird, zur Gründungsfeier der Clark University in Worcester, Massachusetts, zu sprechen, hält er fünf Vorlesungen *Über Psychoanalyse*, die ein Jahr später veröffentlicht werden (GW VIII, 1–60). Die Einladung in die USA empfand Freud zu Recht als internationale Anerkennung durch einen psychologischen Fachvertreter, der höchstes Ansehen genoß und die akademische Psychologie in den USA mächtig vorangetrieben hatte. In diesen Vorlesungen erinnert er an seine mit Josef Breuer gemeinsam durchgeführten ersten Behandlungen mit der »kathartischen Methode« und erklärt, warum er sie aufgeben mußte: weil die feineren seelischen Kräfte so nicht zu studieren waren. Die Hypnose hat Freud immer als ein Stück »Unrecht an den Kranken« wegen der ihr eigentümlichen gewaltsamen Willensaufzwingung empfunden. Rasch erklärt er, wie wenig die medizinische Diagnose bringt, und er öffnet neue Weisen des Zuhörens, indem er von seiner Patientin die Beschreibung der Psychoanalyse als »talking cure« und als »chimney sweeping« übernimmt. Tatsächlich geschieht nicht mehr, als daß gesprochen wird, und dabei findet eine »Reinigung« besonderer Art statt.

Eine der vielen Metaphern in seinen Texten weist er besonders aus, die des Katalysators. Der Arzt nämlich spiele »nach einem vortrefflichen Worte von S. Ferenczi die Rolle eines katalytischen Ferments, das die bei dem Prozesse frei werdenden Affekte zeitweilig an sich reißt« (GW VIII, 55). Seine Präsenz im Gespräch ist wichtig, damit eine Reaktion bei seinem Patienten ablaufe, die ohne diese Entwicklungshilfe nicht stattfinden könne. Trotz dieses chemischen Bildfeldes bewegt sich Freud deutlich von der Medizin weg hin zu einer kultivierten Auffassung des the-rapeutischen Geschehens und diese Bewegung sekundiert derjenigen in seiner Theoriebildung. War er bis etwa 1906 noch ganz an neurowissenschaftlichen Anschlüssen interessiert (Reflexbogen-Modell, Energieerhaltungssatz), so beginnt er ab dieser Zeit, seine Bildgebungen aus anderen, v. a. aus sozial- und kulturwissenschaftlichen Zusammenhängen zu entlehnen, wofür das prominenteste Beispiel der Ödipus-Komplex ist (vgl. Kitcher 1992). Kurz, Freud vollzieht eine prägnante Wendung zu einer Deutung der Psychoanalyse als Kulturwissenschaft, die in seinen reichen Entlehnungen aus der schönen Literatur zwar vorher schon angelegt war, hier aber deutlich markiert wird. Das ist dem universitären Kontext, der selbständigen Etablierung einer gegenüber anderen Wissenschaften souveränen Psychologie durchaus angemessen.

Kurzer Abriß der Psychoanalyse (1924)

Dieser zunächst in englischer Sprache erschienene Text (GW XIII, 403–427) beginnt mit einer bemerkenswerten Selbst-Historisierung: »Die Psychoanalyse ist sozusagen mit dem zwanzigsten Jahrhundert geboren; die Veröffentlichung, mit welcher sie als etwas Neues vor die Welt tritt, meine ›Traumdeutung‹, trägt die Jahreszahl 1900. Aber sie ist, wie selbstverständlich, nicht aus dem Stein gesprungen oder vom Himmel gefallen, sie knüpft an Älteres an, das sie fortsetzt, sie geht aus Anregungen hervor, die sie verarbeitet« (GW XIII, 405; vgl. Buchholz/Gödde 2005). Zu diesen Anregungen zählt Freud nun wiederum nicht die Medizin, denn »mit dem psychischen Moment wußten sie [die Ärzte] nichts anzufangen«. Die Hypnose wurde von der »freien Assoziation« ersetzt. »Freud wurde dabei von der Erwartung geleitet, daß sich die sogenannte freie Assoziation in Wirklichkeit als unfrei erweisen werde, indem nach der Unterdrückung aller bewußten Denkabsichten eine Determinierung der Einfälle durch das unbewußte Material zum Vorschein käme« (GW XIII, 410 f.).

Aus dieser in den Einfällen dann sichtbar werdenden Ordnung und Determinierung lasse sich der unbewußte Sinn »erraten«. Das geht nicht ohne Widerstände ab, die von der Verdrängung ausgingen. Von ihr »betroffen wurden Regungen zur Selbstsucht und Grausamkeit, die man allgemein als böse zusammenfassen kann, vor allem aber sexuelle Wunschregungen, oft von der grellsten und verbotensten Art« (412). Entscheidend ist die kulturwissenschaftliche Wendung: »Die Psychoanalyse kam in dieser Zeit allmählich in den Besitz einer Theorie, welche über die Entstehung, den Sinn und die Absicht der neurotischen Symptome zureichende Auskunft zu geben schien« (413). Sinn und Absicht in ihren unbewußten Modalitäten waren damit als diejenigen Dimensionen ausgewiesen, mit denen es die Psychoanalyse zu tun hat. Symptome und Fehlleistungen, Träume und der Witz sowie die »Unarten« der Kinder – dies alles konnte nun als sinnhaft ausgewiesen werden, wenn man es nur in den Rahmen einer Theorie stellte, die diese Zusammenhänge zu sehen erlaubte. Freud stellt die Komponenten dieser Theorie hier zusammen: »Es sind: die Betonung des Trieblebens (Affektivität), der seelischen Dynamik, der durchgehenden Sinnhaftigkeit und Determinierung auch der anscheinend dunkelsten und willkürlichsten seelischen Phänomene, die Lehre vom psychischen Konflikt und von der pathogenen Natur der Verdrängung, die Auffassung der Krankheitssymptome als Ersatzbefriedigungen, die Erkenntnis von der ätiologischen Bedeutung des Sexuallebens, insbesondere der Ansätze zur kindlichen Sexualität« (413). Hierzu zählt er dann den Ödipus-Komplex und bezeichnet ihn als »Kern eines jeden Falles von Neurose« (413). Diese spezielle Kern-These ist mittlerweile in ihrem universellen Anspruch bestritten. Entscheidend aber ist die Umstellung auf »Sinn«, »Bedeutung«, »Absicht« in ihren unbewußten Dimensionen. Die sozial- und kulturwissenschaftliche Wendung wird mit allem Nachdruck intensiviert.

Psycho-Analysis (1926)

In diesem kleineren Text für die *Encyclopedia Britannica* (GW XIV, 297–307) verfährt er ebenfalls historisch und verwendet, zusätzlich zur knappen Wiederholung der hier schon geschilderten Theoriebestandteile, mit Nachdruck den älteren Begriff einer »Szene«, der den »Sinn« hysterischer Symptome aufschließt; es sind bestimmte Motivkonstellationen und auslösende Bedingungen, die für seine Patientinnen und Patienten eine unbewußte Figuration hervorrufen; eine Patientin weigert sich zu trinken, weil sie in der Nacht bei der Pflege ihres Vaters auf-

wachend sah, wie ein Hund aus einem Wasserglas zu schlabbern versuchte. Erst mit Aufhebung der Verdrängung ihres Ekels kann sie sich frei machen, wieder zu trinken. Sie kann die »Szene« erinnern, ohne Ekel und Abwehr wiederholen zu müssen.

Dieser Begriff der »Szene« findet später auch Eingang in die weitere Theorieentwicklung, etwa bei Alfred Lorenzer (1970), aber auch bei Lichtenberg (1989), der »Modellszenen« in der frühen Säuglingsentwicklung als Prototypen der Erfahrungsorganisation beschreibt. Die Theorie – um Sinn und Absicht schon zentriert – findet damit einerseits nachhaltigen Anschluß an die Hermeneutik, indem Lorenzer (1974) das »Szenische Verstehen« als genuinen Modus einer »Tiefenhermeneutik« zu begründen sucht; sie entwickelt sich aber auch zu einem eigenen Theorietypus, der nicht vorrangig die Hierarchie von Begriffen und die Begriffe nach Prädikaten ordnet, sondern sich für charakteristische Modell-Szenen sensibilisiert. Eine dieser Modellszenen ist der Ödipus-Komplex, andere wären infantile Töpfchen-Szenen (Kampf und Autonomie), Szenen des Voyeurismus und der Exhibition, »master-slave«-Themen (z. B. Greenberg 1994). Die Entwicklung der psychoanalytischen Theorie könnte als Hinzufügung solcher Szenen beschrieben werden, etwa zu Mann-Frau-Themen (Benjamin 1988). Der Analytiker in der professionellen Praxis wird so in den Stand gesetzt, seine Sensibilität für die Wiederholung solcher Szenen in der Übertragung zu verfeinern, die Aufforderung zum szenischen Mitspielen und zur Teilhabe zu entziffern, eine »exzentrische Position« (Plessner 1982; Buchholz 1990) dazu einzunehmen und sie schließlich zu deuten. Solche Szenen haben in ihrem prototypischen Charakter aber auch kulturelle Bedeutung, etwa in der familialen Sozialisation oder in Formen erwachsener Kommunikation. Neuerdings ist der Begriff der »Szene« auch neurowissenschaftlich (unter Anerkennung der Freud-Breuerschen Leistungen) genutzt worden (Edelman/Tononi 2002); szenische Erfahrungsorganisation bildet schon im subhumanen Bereich den »Unterbau« höherer kognitiver Leistungen und bleibt beim Menschen erhalten. Die Angst eines Panikanfalls kann dann so verstanden werden, daß ein »an sich harmloser« Auslösereiz für einen Patienten die gesamte szenische Konstellation evoziert, die einst angstauslösend war; mit den zur Verfügung stehenden Selbstaufklärungsmitteln des Denkens kann er diese Angst nicht verstehen und muß dem Fluchtimpuls folgend sich zurückziehen. Erst die szenische Rekonstruktion ermöglicht das volle, nämlich symbolisch repräsentierte Verständnis dieser Reaktion – und macht den Anfall überflüssig.

Die Differenz zwischen »Szene« und »Symbol« hat Lorenzer (1970, 1974) im Anschluß an Wittgenstein als »aufgespaltenes Sprachspiel« gefaßt und darin die Verdrängung sprachtheoretisch reformuliert.

Die *Vorlesungen* von 1916–1917 und die *Neue Folge der Vorlesungen* von 1933

Ein umfangreicher Einführungstext Freuds, die *Vorlesungen* von 1916–1917 (GW XI, 1–482), soll hier ausgiebiger betrachtet werden. Sie werden von Freud gehalten, um seinen Verpflichtungen als außerplanmäßiger Professor an der Wiener Universität nachzukommen. Es sind Vorlesungen für Hörer aller Fakultäten und, wie man im Gedanken an die damals aktuelle Frage, ob Frauen überhaupt studieren dürften, hinzufügen muß, für Hörer beiderlei Geschlechts (Gay 1984). Freud entwickelt hier die Kunst der Einführung zu einem Höhepunkt durch die Art und Weise, wie er seine Hörerinnen und Hörer anspricht. Die Vorlesungen sind in *drei große thematische Gruppen* eingeteilt.

Die erste Gruppe beschäftigt sich mit den *Fehlleistungen*, die Freud im Sinne eines Propädeutikums für besonders geeignet ansieht, mit dem Studium des Seelischen bekannt zu machen. Freud will seine Hörer einführen, er kann gar nicht anders, wenn er mit ihnen »diskutieren« will. Die zweite, umfangreichere Vorlesungsgruppe beschäftigt sich mit dem *Traum und dessen Deutung*. Daran schließt sich die größte Zahl an einzelnen Vorlesungen umfassende Gruppe mit dem Titel *Allgemeine Neurosenlehre* an.

1933 schließlich veröffentlichte Freud eine *Neue Folge der Vorlesungen zur Einführung in die Psychoanalyse* – zu einer Zeit, als er keine Vorlesungen mehr an der Universität hielt und wegen seines Kehlkopfkrebses auch nicht mehr halten konnte. In einer didaktischen Diktion, die den Vorlesungen nachgebildet ist, wendet er sich an eine fiktive Zuhörerschaft. So beginnt er jede dieser neuen, insgesamt sieben Vorlesungen mit der Anrede: »Meine Damen und Herren«. Die Kontinuität mit der ersten Vorlesungsreihe bringt die Fortsetzung der Numerierung zum Ausdruck. Immer wieder spricht er sein Publikum mit Nachdruck direkt an. Damit konstelliert er seinerseits höchst aktiv mit großem Geschick selbst bedeutungsvolle Szenen der Rezeption, die zu studieren nicht ohne Bedeutung für ein angemessenes Verständnis dieser Texte ist.

Aus der 27. Vorlesung der ersten Folge erwähne ich einen Zuruf: »Denken Sie nach!« (GW XI, 447). In der Vorlesung über Angst und Triebleben der »Neuen Folge« ruft er seinem imaginären Publikum zu: »Hal-

ten Sie aus!« (GW XV, 99). Die eine Anrede kann sich ein Lehrer gegenüber dem fast mündigen Schüler gestatten, die andere, passend zum Thema der Angst, ruft ein Retter dem zu, den er alsbald aus seiner Not befreien wird. Beides macht deutlich, wie Freud einen Subtext in seine offizielle Lehre dramatisch einwebt. Seine Darstellung der Psychoanalyse will bewegen.

Theoretisieren und/oder Mentalisieren

Freud kann seinen Hörern nicht einfach eine begriffshierarchische Theorie und Tatsachen als Beweise vorlegen. Er kann auch nicht, um es dem Anfänger leicht zu machen, Schwierigkeiten elegant umschiffen. Hier ruft er mit Nachdruck: »Aber das geht bei der Psychoanalyse nicht« (GW XI, 99). Er muß solche Hörererwartungen frustrieren. Um zu verstehen, was bei der Psychoanalyse »geht«, muß er eine bestimmte Rezeptionseinstellung erzeugen, er muß seinen Hörern erst zeigen, wie sie selbst denken, wie nachlässig und ungenau sie beobachten, eine wie geringe Meinung sie von psychischen Äußerungsformen haben – und erst dann kann er diese Einstellungen als nicht zufällig ausweisen, als determiniert vom Widerstand seiner Hörer. Zahllos sind die Beispiele dafür. Immer erneut führt er vor, wie seine Hörer wahrscheinlich denken werden und auf welche Irrwege sie mit ihrem »gesunden Menschenverstand« geraten werden.

Wenn er so das stille Denken seiner Hörer laut denkt, macht er von etwas Gebrauch, was man mit Luhmann (1997) methodisch eine »Beobachtung zweiter Ordnung« nennt oder im neueren Umfeld der Psychoanalyse als »Mentalisierung« zu bezeichnen begonnen hat (Fonagy/Gergely/Jurist/Target 2004; Dornes 2004). Mentalisierung meint die Fähigkeit, das Verhalten anderer Menschen als nicht nur von Reizen determiniert, sondern als von sinnvollen Absichten gesteuert anzusehen. Hier sind wir wieder bei Sinn und Absicht. Schon der Säugling (Köhler 2004) schließt vom Verhalten auf Absicht und Sinn, denkt sich, was andere denken, also wünschen, hoffen oder zum Ausdruck bringen möchten und er erfährt, daß er ebenso behandelt wird, als Wesen mit »Seele«, die sich artikulieren und entäußern möchte. »Denken des Denkens« war immer schon ein älterer Name für Philosophie, die darin ihren Sinn dafür bewahrte, daß die Art und Weise, *wie* wir etwas sehen, also denken, viel davon ausmacht, was uns die Dinge sind. Ein Stück Holz ist in einem bestimmten Kontext eine Schachfigur. Der Philosoph John Searle (1997) nennt das die »Zählt-als«-Umwandlung: Ein

Stück Papier in meiner Tasche »zählt als« Geld, wenn alle es glauben, wodurch es soziale und kulturelle Wirklichkeit wird. Im Kern vermeintlich empirischer »Tatsachen« ist so der Mythos des Empirismus sichtbar; man muß an Tatsachen *glauben*. Es kommt, wie wir seit Charles Sanders Peirce wissen, nicht nur auf die Beziehung zwischen dem Zeichen und dem Bezeichneten an, sondern auch darauf, wie ein Interpret diese Beziehung *auffaßt*. Das ist das neue Verständnis, das Freud hier vorführt, mit welchem er über die genannten anderen Einführungstexte hinausgeht.

Freud, der sich selbst freilich als harter naturwissenschaftlicher Empiriker versteht, entzaubert mit seiner Rhetorik der »Beobachtung zweiter Ordnung« eben diesen Glauben. Er hebt die Rolle des Interpreten von Tatsachen hervor. Kein Geringerer als Niklas Luhmann (1988, 299) hat darin die große Leistung von Freud gesehen, die er mit der von Marx in einem Atemzug nennt:

»Man kann auf diese Weise die Marxsche Kritik der politischen Ökonomie reformulieren und ebenso die Freudsche Kritik des verdrängenden, sublimierenden Bewußtseins. Es handelt sich in beiden Fällen um eine Beobachtung, die sich darauf spezialisiert, das zu beobachten, was die beobachtenden Systeme nicht beobachten können. Die Namen von Marx und Freud stehen hier nur für eine sehr einflußreiche, breitenwirksame Innovation des modernen Denkens, und es fällt rückblickend auf, daß die offizielle Erkenntnistheorie mit dieser Form des Beobachtens von Beobachtungen, des Beschreibens von Beschreibungen, des Wissens über Wissen, unüberwindliche Schwierigkeiten gehabt hat.«

Deshalb also präsentiert Freud nicht Tatsachen, denn als Beobachter seiner Beobachter weiß er, daß diese sie gar nicht wahrnehmen könnten. Er muß deshalb seinen Hörern eine Gesprächsform anbieten, die sie befähigt, das eigene Denken zu denken, das eigene Beobachten mitsamt dessen Beschränkungen zu beobachten – damit sie diejenigen Tatsachen, für die die Psychoanalyse sensibilisieren will, überhaupt in den Blick nehmen können. Sie *können* es »nicht beobachten« (Luhmann, ebd.) – und dafür hat die Psychoanalyse den Namen des »Widerstandes« ausgebildet. Der Widerstand sitzt im Zentrum der Wissenschaftsauffassung seiner Zuhörer. Freud muß seinen Hörern deshalb zeigen, wie sie als frühere Beobachter ihre »Tatsachen« beobachtet haben und kann ihnen dabei entdecken, warum ihnen Entscheidendes entgeht. Deshalb beginnt er gleich in der ersten Vorlesung: »Ich werde Ihnen zeigen, wie die ganze Richtung Ihrer Vorbildung und alle Ihre Denkgewohnheiten Sie unvermeidlich zu Gegnern der Psychoanalyse machen müßten und wieviel Sie in sich zu überwinden hätten, um dieser instinktiven Gegnerschaft Herr zu werden« (GW XI, 8).

Freud braucht den Widerstand (Forrester 2000), er soll überwunden werden. Er teilt seinem Publikum mit, »kein Anteil Ihres Interesses ist auf das psychische Leben gelenkt worden, in dem doch die Leistung dieses wunderbar komplizierten Organismus gipfelt« (GW XI, 12/13). Dann aber zeigt er, daß das Seelische – er spricht beinahe ausschließlich von der »Seele« und nicht pseudonaturwissenschaftlich von der »Psyche« – flüchtig ist, sich in »unscheinbaren Vorkommnissen« mitteilt; das sei kaum anders als beim Flirt ein schneller, zugeworfener Blick (GW XI, 20), doch gerade dem gilt alle Bedeutung. Anders beim Versprechen, beim Verlegen von Gegenständen, beim Vergessen von Namen. Das Flüchtige wird – beim Flirt – hoch geschätzt, aber von den gleichen Personen als Einwand gegen die Würdigung seelischer Phänomene genutzt. Das so entstandene »wissenschaftliche« Vorurteil will die Fehlleistungen als bedeutungslos abtun. Dies zu überwinden fordert Freud mit Nachdruck. Fehlleistungen kommen nicht durch Übermüdung, Ablenkung oder Zufall zustande. Sie sind vielmehr sinnvoll gebildet. Sie teilen einen Sinn – einen unbewußten Sinn freilich – mit, der dem Handelnden nicht recht ist. Der Redner, der die Tagungsgäste mit den Worten begrüßt: »Ich freue mich, Sie verabschieden zu dürfen«, wird gut verstanden. Die zweite Redeabsicht hat, gerade weil sie sich nicht äußern sollte, mit der bewußten Absicht »interferiert«. Bedingung der Fehlleistung ist, daß die zweite Absicht unbewußt gemacht werden sollte; dann entzieht sie sich der bewußten Kontrolle und kann sich durchsetzen.

Die manifeste Äußerung, die dann zustande kommt, ist somit Kompromißprodukt aus einander widersprechenden Absichten. So kann Freud gleich die theoretische Ernte einfahren, alles ist auf einen Schlag zusammen: a) die Unterscheidung zwischen bewußter und unbewußter Tendenz; b) die Sinnhaltigkeit scheinbar »sinnloser« Phänomene; c) der manifeste Kompromiß aus dem latenten Konflikt; d) der Verzicht auf die Unterscheidung von »normal« und »krank«.

Der letzte Punkt ist sozusagen ein Nebenprodukt, auf das Freud Wert legt. Immer wieder zeigt er, daß die »Bedingungen für die Symptombildung [...] auch bei den Normalen nachzuweisen« (GW XI, 373) sind, ja, er befasst sich mit den Fehlleistungen gerade deshalb, um zu zeigen, daß sich an ihnen die gleichen »Mechanismen« manifestieren, die auch die Neurose bestimmen. Einer konventionellen Einstellung würden diese Subtilitäten entgehen. Psychoanalytische Tatsachen erschließen sich erst dem, der bereit ist, solche Denk-Konventionen zu »überwinden«. Psychoanalytische Tatsachen, so scheint Freud mit seiner hörerorientierten Rhetorik sagen zu wollen, gibt es erst auf der Ebene der Beobachtung zweiter Ordnung. Während eines Gesprächs sind die Beteiligten wechselseitig immer Zuhörer, also Beobachter und können nicht anders als das Gehörte »deuten«. Dabei fällt dem Konversationsanalytiker Schegloff (2000) auf: »Wenn eine Äußerung vor ihrer Vervollständigung abgebrochen wird und man danach fragt, was mit dem unterdrückten Äußerungsanteil geschieht, läßt sich manchmal feststellen, daß das unterdrückte Objekt dann plötzlich im späteren Verlauf des Gesprächs auftaucht« (ebd., 3). Um es beobachten zu können, kann man sich nicht als »normaler Gesprächsteilnehmer« verhalten. Man muß beobachten, wie die Teilnehmer sich gegenseitig beobachten. Eben dies vollzieht Freud in schöner Vorwegnahme späterer wissenschaftlicher Entwicklungen; Schegloff erwähnt Freuds Theorie der Fehlleistungen nicht, worauf Kazanskaya und Kächele (2000) zu Recht hinweisen.

Im Alltagsdialog werden Fehlleistungen meist als müdigkeitsbedingt oder zufällig abgetan. Die Konvention, sie nicht ernst zu nehmen, schließt sich über ihnen stets rasch, man überhört sie oder lacht gemeinsam darüber. Das ist soziale Praxis, die Schegloff materialgenau an Transkripten analysiert. Die Konvention ist zugleich konversationelle Praxis, die die Irritation gemeinschaftlich vermeidet – und eben das kann nur analysiert werden, wenn man diese Praxis der *vermeidenden* Beobachtung beobachtet. Im Alltag mag diese Praxis eine Ressource zur Wiederherstellung der Konvention sein, aber der Wissenschaftler Freud macht sie zum Gegenstand seiner Beobachtung; er beobachtet, wie im Alltag das Unbewußte »weg«-beobachtet, d.h. ignoriert wird. Sind die Dinge aber erst einmal in den Fokus der Aufmerksamkeit geraten, kann Freud immer wieder zeigen: so verschieden ist das, was Normalbürger tun, von dem nicht, was Neurotiker tun. Auf die medizinische Unterscheidung »gesund/krank« will er mit Nachdruck verzichten, und so wiederholt er noch im hohen Alter, im *Abriß der Psychoanalyse* von 1938/1940: »Wir haben erkannt, daß die Abgrenzung der psychischen Norm von der Abnormalität wissenschaftlich nicht durchführbar ist, so daß dieser Unterscheidung trotz ihrer praktischen Wichtigkeit nur ein konventioneller Wert zukommt« (GW XVII, 125).

Statt dessen beobachtet er vom Standpunkt der Beobachtung zweiter Ordnung die alltagspraktische Unterscheidung von »normal/nicht-normal« als eine der konventionellen sozialen und kulturellen Praxis. Das erste ermöglicht ihm, noch in den flüchtigsten Manifestationen des Seelischen ein sinnhaftes Geschehen zu entziffern.

Paradoxales Traumwissen

Bei der Einführung in die zweite große Vorlesungsgruppe über den Traum kann er an das bei den Fehlleistungen schon Entwickelte anknüpfen. »Wir wollen den Sinn der Träume nachweisen, als Vorbereitung zum Studium der Neurosen [...] denn das Studium des Traumes ist nicht nur die beste Vorbereitung für das der Neurosen, der Traum selbst ist auch ein neurotisches Symptom, und zwar eines, das den für uns unschätzbaren Vorteil hat, bei allen Gesunden vorzukommen« (GW XI, 79).

Auch hier geht es um Sinn. Die Traum-Bildung wird erklärt in Analogie zu den Fehlleistungen. Der manifeste Traum entspricht der – entgleisten – Rede; er ist Kompromißprodukt eines Konflikts latenter Traumgedanken, die sich unter dem Einfluß der Traumzensur nicht haben äußern dürfen. Der Traum ist so wenig sinnloses seelisches Produkt wie die Fehlleistung, er hat Bedeutung. Hier treffen wir die verschiedenen Beobachtungsstufen wieder, diesmal im Verhältnis einer träumenden Person zu sich selbst. »Ich sage Ihnen nämlich, es ist doch sehr wohl möglich, ja sehr wahrscheinlich, daß der Träumer es doch weiß, was sein Traum bedeutet, *nur weiß er nicht, daß er es weiß, und glaubt darum, daß er es nicht weiß*« (GW XI, 98).

Dieser »Glaube« kann wiederum beobachtet werden als Teil derjenigen seelischen Kraft, die den Traum als sinnlos erscheinen lassen will, sich dafür aber in ein solches Paradoxon verstrickt. Das erfährt der Träumer, wenn er sich von der Gesamtgestalt des manifesten Traumes löst und seine latenten Traumgedanken zu den einzelnen Traumbestandteilen mitteilt; die Lockerung des assoziativen Netzes der Einfälle macht latente Traumgedanken sichtbar, deren deutende Verknüpfung auf der Ebene zweiter oder höherer Ordnung erfolgt. Dann wird erkennbar, daß die latenten Traumgedanken einen Wunsch enthalten, der sich im manifesten Traum entstellt erfüllt. Freud hält an der Wunscherfüllungstheorie des Traumes fest, verdeutlicht aber mit Nachdruck, diese These beziehe sich nicht auf den manifesten, sondern auf den latenten Traum. Und er wundert sich, daß seine vielfachen Klarstellungen, es gehe keineswegs nur um sexuelle Wünsche, von seinem Publikum so oft überhört wurden. Er beobachtet auch hier, wie diese Zuhörer ihn beobachtet haben. Wiederum mit Bezug auf die »Tatsachen« läßt er wissen, welche neue Einstellung sich auf dieser logisch höheren

Ebene ergibt: »Es heißt demütig sein, seine Sympathien und Antipathien zurückstellen, wenn man erfahren will, was in dieser Welt real ist« (GW XI, 146).

Es hat systematische Form, wie Freud seine These von der Wunscherfüllung selbst gegen den Einwand der Angst- und Strafträume begründet, bei denen doch offensichtlich keine Wünsche erfüllt werden. Hier greift er auf die Analogie eines Märchens zurück. Eine Fee bietet einem älteren Ehepaar drei Wünsche frei. Während die beiden beraten, dringt der Duft einer gebratenen Wurst in die Nase der Frau und sie ruft aus, jetzt hätte sie gerne ein solches Bratwürstchen. Sofort ist es da und darüber ist der Mann so verärgert, daß er wünscht, die Würstchen mögen der Frau an der Nase baumeln. Da sich auch das sofort erfüllt, bleibt beiden nur, als dritten Wunsch die Rückgängigmachung des zweiten zu wünschen – und demütig gegen die sofortige Wunscherfüllung zu werden. Den Sinn dieser kleinen Belehrung für das Thema der Angst- und Strafträume nutzt Freud nun zur Erläuterung, wie Wünsche zugleich Strafen sein können.

»[...] die Bratwürstchen auf dem Teller sind die direkte Wunscherfüllung der ersten Person, der Frau; die Würstchen an ihrer Nase sind die Wunscherfüllung der zweiten Person, des Mannes, aber gleichzeitig auch die Strafe für den törichten Wunsch der Frau. Bei den Neurosen werden wir dann die Motivierung des dritten Wunsches, der im Märchen allein noch übrigbleibt, wiederfinden. Solcher Straftendenzen gibt es nun viele im Seelenleben des Menschen; sie sind sehr stark, und man darf sie für einen Anteil der peinlichen Träume verantwortlich machen. Vielleicht sagen Sie jetzt, auf diese Weise bleibt von der gerühmten Wunscherfüllung nicht viel übrig. Aber bei näherem Zusehen werden Sie zugeben, daß Sie unrecht haben. Entgegen der später anzuführenden Mannigfaltigkeit dessen, was der Traum sein könnte, – und nach manchen Autoren auch ist –, ist die Lösung – Wunscherfüllung – Angsterfüllung – Straferfüllung doch eine recht eingeengte. Dazu kommt, daß die Angst der direkte Gegensatz des Wunsches ist, daß Gegensätze einander in der Assoziation besonders nahe stehen und im Unbewußten, wie wir gehört haben, zusammenfallen. Ferner, daß die Strafe auch eine Wunscherfüllung ist, die der anderen, zensurierenden Person« (GW XI, 224 f.).

Man darf das als Beispiel für geschickte Belehrung lesen; es ist aber auch eines für das Grundprinzip, wie Freud den »psychischen Apparat« aufgebaut sieht: als Mehrpersonendrama. Der Wunsch des Einen kann die Strafe des Anderen sein, der Wunsch zu strafen kann den Anderen ängstigen. Nicht nur hängen Wunsch und Strafe eng zusammen, die seelische Konstitution ist selbst auf diese Weise aufgebaut. Der »Nebenmensch«, wie er in einer an Goethe erinnernden Wendung öfter formuliert, repräsentiert auch eine andere seelische Seite bzw. diese den Anderen.

Daß dieser »Andere« im Ursprung schon in Freuds Perspektive die Mutter ist, kann hier nur angedeutet werden. Sie spricht den unorganisiert scheinenden, den zappelnden kindlichen Äußerungen Absicht, Intentionalität, Planung und sinnhafte Gestalt zu – und dadurch wird aus Verhalten Handlung. Sie gibt Sinn. Sinn liegt nicht »im« Verhalten, sondern in der Art, wie dies wahrgenommen wird. Bedeutung, so der evolutionäre Anthropologe Burling (2000), entsteht, wenn ein *Hörer* etwas *als* Zeichen auffaßt. So findet die zappelnde »erste« Rhetorik des Kindes Resonanz durch die »zweite« Rhetorik der Mutter, die die erste beobachtet, sprich: interpretiert, nämlich im Vollzug ihrer Liebe und der Erziehung. Mütter nutzen ihr intuitives Wissen um die Zuständlichkeit ihres Kindes, die baby-watcher haben uns genau beschrieben, wie sich das wiederum beobachten läßt (Shotter/Newson 1982; Stern 1985). Sie »interpretieren« im Vollzug.

»Interpretation« ist ganz praktisch zu verstehen. Als solche dialogische Rhetorik stellt Freud im Bratwurst-Vergleich seinen Hörern die Umwandlung der latenten Traumgedanken in den manifesten Traum vor. Latente Traumgedanken erfahren Widerspruch durch die Zensur, der sie sich fügen, indem sie sich verstellen, ihren affektiven Gehalt auf andere Themen verschieben oder sich mit anderen Themen verdichten, so daß die Zensur umgangen werden kann. Dabei müssen sich die Traumgedanken in Bilder verwandeln, sie müssen »Rücksicht auf Darstellbarkeit« nehmen. Die Rücksicht auf Darstellbarkeit zusammen mit Verdichtung und Verschiebung faßt Freud als Mechanismen der Traumarbeit zusammen. Es ist die Leistung der Traumarbeit, latente Gedanken in einen manifesten Traum umzuwandeln.

Die latenten Gedanken wandeln sich unter der Bedingung von Traum und Schlaf in Bilder um, nehmen andere Gestalt an. Deshalb warnt Freud davor, den manifesten Traum von seinem Bildwert her zu lesen, man müsse ihn vielmehr wie ein Bilderrätsel auffassen. Hier stellen Bilder Denkzusammenhänge dar, aber die Darstellung als Bild täuscht über den gedanklichen Inhalt. Das Visuelle des Traums ist, im Sinne der ersten Rhetorik, jene Bilderschrift, die durch die zweite Rhetorik narrative Form erhält (Stockreiter 2000).

Die Deutung des Traums kann die Ästhetik der Traumarbeit im Ergebnis des manifesten Traums würdigen, v. a. aber wird sie in den Einfällen die verschiedenen Stimmen zu berücksichtigen haben, die in der Traumgestalt erst hörbar werden, sobald man diese durch die freien Assoziationen zerbricht. Das führt Freud an vielfachen Beispielen überzeugend vor und gestaltet eben dadurch *im Hinblick auf seine*

Hörer jene Beziehungsform, von der er gerade *mit ihnen* spricht: er gibt dem unverständlichen Traumgezappel Sinn. Damit führt er ihnen *ad oculos* vor, wie die Traumdeutung bei ihrer Rekonstruktion verfährt: sie muß die dialogische Struktur des Traums selbst als dessen Konstruktionsprinzip berücksichtigen und kann nur so die »Osmose« zwischen dem Unbewußten und dem Visuellen (Pontalis 1992) beleuchten.

Die Deutung des Traums ist dann kein erkenntnistheoretisches Unternehmen allein, das Tatsachen des Seelischen in abstinenter Kühle objektivierend untersucht, sondern sie will die Traum*erfahrung* einholen, indem sie Schritt für Schritt re-konstruiert, was der Traum konstruiert hat. Die Position der Traumdeutung kann wegen der dialogischen Struktur nur wiederum Beobachtung zweiter (oder höherer) Ordnung sein: sie beobachtet, wie die zweite die erste Rhetorik »beschreibt«. Das geeignete sprachliche Mittel zur Bewältigung der dabei entstehenden Komplexität ist deshalb die Metapher oder verwandte figurative Sprachformen (wie Märchen, Gleichnis und Allegorie), weil die Metapher an der Grenze zwischen erster und zweiter Rhetorik gebildet wird. Hier integrieren sich Visualität und artikulierter Gedanke zu einer neuen Einheit (vgl. Buchholz 2003), eben der Sprachfigur der Trope. Figurative Sprachformen artikulieren in geeigneter Weise dann das Unbewußte und schützen zugleich gegen den Einbruch einer Realität, die den Traum zerstören, den Schläfer zum Aufwachen treiben müsste. »Das Unbewußte beschützt uns«, formulierte Christopher Bollas im Gespräch (Buchholz/Altmeyer 2001).

Das Reale ist für Freud die dialogische Struktur des Unbewußten. So hat es nicht nur eigenen Sinn, sondern auch eigenen Bestand und eigene Kraft, etwa bei der Schilderung jener Symbole, zu denen die Einfälle des Träumers versagen. Lange zigarrenförmige Gegenstände im Traum wie etwa ein Zeppelin seien immer als Phallus/Penis zu deuten, etwa. An dieser Auffassung von den Traumsymbolen hat sich die psychoanalytische Kontroverse damals schon entzündet (Jones 1970; Ferenczi/Rank 1924/1996), denn die Frage ist ja: Woher kennt Freud die Bedeutungen dieser Symbole? Tatsächlich bleibt Freud die Antwort schuldig, er verweist nur kursorisch auf den Einfluß von Mythen, Volksgut und altem Wissen. Das aber könnten auch seine Patienten haben. Tatsächlich ist dieses Stück seiner Theorie eher schwach – er gibt fast die mühsam errungene Position des Beobachters zweiter Ordnung auf, wenn er ein exklusives Wissen über Symbole beansprucht.

Neurosenlehre

Doch das Unbewußte hat eigene Kraft und die bekommt der praktische Analytiker zu spüren, wenn er Kranke behandelt, wovon die Neurosenlehre handelt. Auch hier treffen wir sofort wieder auf die beiden Ebenen des Wissens, die aus der Beobachtung der Beobachtung entstehen: »Was müssen wir tun, um das Unbewußte bei unserem Patienten durch Bewußtes zu ersetzen? Wir haben einmal gemeint, das ginge ganz einfach, wir brauchten nur dies Unbewußte zu erraten und es ihm vorzusagen. Aber wir wissen schon, das war ein kurzsichtiger Irrtum [...] Unser Wissen um das Unbewußte ist nicht gleichwertig mit seinem Wissen; wenn wir ihm unser Wissen mitteilen, so hat er es nicht *an Stelle* seines Unbewußten, sondern *neben* demselben, und es ist sehr wenig geändert« (GW XI, 453).

Zwei Arten von Wissen entstehen so, die durch einen Widerstand getrennt gehalten werden. Dasselbe wird gewußt, aber auf verschiedene Weise. Das vom Analytiker gehörte Wissen und das Reale des Unbewußten, demgegenüber Freud bezeugt, demütig geworden zu sein, fallen erst zusammen, wenn der Widerstand überwunden ist. Der richtet sich nun gegen bestimmte unbewußte Konflikte, wie den Ödipuskomplex, aber auch gegen Geschwisterkomplexe, Eifersuchts- und Neiddramen. Die unterschiedlichen Lösungen des Ödipuskomplexes machen die manifeste Gestalt der verschiedenen neurotischen Bilder aus, wenn Teile der Persönlichkeit an diese Dramen fixiert bleiben. Werden die darin gebundenen Energien durch die analytische Arbeit frei, kann man die Entdeckung machen, daß ihre besondere Besetzung, nämlich ihre libidinöse oder aggressive Aufladung sich auf den behandelnden Arzt richten, der nun beobachten muß, wie der, der doch Hilfe annehmen wollte, sie vehement ablehnt und statt dessen den Arzt bekämpft oder von ihm Liebe fordert: »Man hört nun aber unter diesen Umständen mit Erstaunen Äußerungen von seiten der Frauen und Mädchen, welche eine ganz bestimmte Stellungnahme zum therapeutischen Problem bekunden: sie hätten immer gewußt, daß sie nur durch die Liebe gesund werden können, und von Beginn der Behandlung erwartet, daß ihnen durch diesen Verkehr endlich geschenkt werde, was ihnen das Leben vorenthalten (hat)« (GW XI, 458). – Die Beziehung zum Arzt hat den Namen »Übertragung« bekommen. Sie ist immer der Versuch, den Analytiker zu bewegen, die Beobachtungsposition höherer Ordnung zu verlassen, sie selbst nicht einnehmen zu müssen und sie gegen reale Befriedigung einzutauschen.

Freud hat an der Traumdeutung das dialogische Modell für die Deutung der Übertragung entwickelt. Er muß Liebesforderungen oder aggressive Feindseligkeit nur als Äußerungen der ersten Rhetorik auffassen und ihnen nun mit Mitteln der zweiten Rhetorik jenen Sinn verleihen, der ihnen so zukommt, daß das Subjekt sich daran artikulierend entfaltet – er muß also eine narrative Form anbieten, die das Geschehen so rahmt, daß sein Sinn erkennbar wird. Das eine Angebot narrativer Formen ist die Lehre von der menschlichen Sexualität und ihrer Entwicklung, das andere ist die des Ödipuskomplexes. Wie Fehlleistungen und Traum haben neurotische Symptome einen Sinn, sie sind »Ersatz für etwas anderes, was unterblieben ist« (GW XI, 289).

Die Aufschlüsselung ihres Sinns führt erneut zu der Einsicht, daß Sexualität eine *dialogische* Tatsache des menschlichen Lebens ist, von der Freud die bekannten Erweiterungen nun vornimmt: Schon die Äußerungen des Säuglings sind von einer Lustsuche bestimmt, die sich um bestimmte Körperzonen, die als erogen ausgezeichnet werden, gruppieren. Ihre Kraft richtet sich auf die nächsten Personen, das sind die Eltern. Der Vater wird dabei vom Knaben als Rivale bei der Mutter bekämpft und an dieser familiären Konstellation bildet Freud sein narratives Format des Ödipuskomplexes aus. In der Tat: hat man einem Patienten erst einmal den Ödipuskomplex erläutert, richtet sich aller Widerstand gegen ihn, vor allem wird er den Arzt der Lächerlichkeit preiszugeben suchen. Genau damit aber wiederholt er, so zeigt Freud, den Kampf gegen den Vater und indem diese Wiederholung wiederum zeigt, wie sehr der Patient in dieser narrativen Form gefangen ist, wird er allmählich genötigt, sie aufzugeben. Er muß schließlich Verzicht üben und eigene, außerödipale Ziele im Leben zu realisieren suchen. Die narrative Form dient Freud als Rahmung des »Materials«, sie schafft Kohärenz, wo andere nur sinnloses Gezappel sähen. Sie schafft in diesem Sinne jene Tatsachen, die andere zu beobachten und vorzufinden erwarten – und deshalb nicht sehen.

Doch nur Suggestion?

Hier kommen kritische Einwände. Ist es nicht so, daß also doch mit Suggestion gearbeitet wird? Sieht der Deuter nicht doch nur, was er weiß? Drängt der Analytiker nicht auf, was er zu finden meint? Freud erläutert seinen Hörern die Herkunft der analytischen Technik aus der Suggestion, von der er sich bei Charcot in Paris, dann aber auch bei Bernheim in Nancy genügend Anschauung verschafft hat. Bücher beider

Koryphäen hat er ins Deutsche übersetzt. Und er stellt fest, daß diese Autoritäten die Herkunft der Suggestibilität nicht anzugeben wußten, vor allem nicht deren Abkunft von Sexualität und Betätigung der Libido in den Manifestationen der Übertragung:

»Soweit seine Übertragung von positivem Vorzeichen ist, bekleidet sie den Arzt mit Autorität, setzt sie sich in Glauben an seine Mitteilungen und Auffassungen um. Ohne solche Übertragung, oder wenn sie negativ ist, würde er den Arzt und dessen Argumente nicht einmal zu Gehör kommen lassen. Der Glaube wiederholt dabei seine eigene Entstehungsgeschichte; er ist ein Abkömmling der Liebe und hat zuerst der Argumente nicht bedurft. Erst später hat er ihnen so viel eingeräumt, daß er sie in prüfende Betrachtung zieht, wenn sie von einer ihm lieben Person vorgebracht werden. Argumente ohne solche Stütze haben nicht gegolten, gelten bei den meisten Menschen niemals im Leben etwas. Der Mensch ist also im allgemeinen auch von der intellektuellen Seite her nur insoweit zugänglich, als er der libidinösen Objektbesetzung fähig ist [...]« (GW XI, 463).

Die Ermöglichung solcher Besetzung ist deshalb erstes Ziel in der analytischen Behandlung. Freud ist hier ganz realistisch: Wie auch der Lehrer oder der Anwalt braucht er zunächst Glauben, der sich durch die Person des Arztes trägt. Argumente und ihre Prüfung sind erst späte Erwerbungen. Diese Betonung des Glaubens ist übrigens durch die neuere Psychotherapieforschung (überzeugend: Wampold 2001) durchaus gewürdigt worden; der Patient muß Sinn herstellen können zwischen seiner Störung, dem angebotenen Behandlungsvorschlag und der Art und Weise, wie der Behandler seine Vorschläge vertritt. Argumente für »wissenschaftlich nachgewiesene Methoden« überzeugen nicht, wenn die Integrität des Behandlers sie nicht gewährleistet und wenn der Patient keinen sinnreichen Zusammenhang mit seiner Störung nachvollziehen kann.

Freud ist hier zupackend, gerade als Wissenschaftler. In der letzten Vorlesung erläutert er seine Haltung als Wissenschaftler in einem illustrativen Vergleich. Die Wissenschaft gehe nicht nur experimentell vor, schon dem Astronomen müsse das Experimentieren mit den Himmelskörpern schwer fallen. Vielmehr verknüpfe der Wissenschaftler verschiedene lose Enden miteinander, prüfe ihre Passung, halte sich für neue unerwartete Momente offen und schließlich gewinne er eine Überzeugung, die er mit Offenheit für Kritik vertrete. Es sei nicht wahr, daß die Wissenschaft »blind von einem Versuch zum andern torkelt, einen Irrtum mit einem anderen vertauscht. In der Regel arbeitet sie wie der Künstler am Tonmodell, wenn er am rohen Entwurf unermüdlich ändert, aufträgt und wegnimmt, bis er einen ihn befriedigenden Grad von Ähnlichkeit mit dem gesehenen oder vorgestellten Objekt erreicht hat« (GW XV, 188 f.).

Dies Modellieren des Objekts basiert somit – vergleichbar dem Künstler – auf einem intuitiven Vorwissen, von dem Freud vielfach Beispiele gegeben hat. Bei den Fehlleistungen war es der Fall, wenn einer den Namen einer Person zu finden versucht, den er gerade nicht erinnert – hier erkennt er die richtige Lösung sofort, wenn sie ihm etwa zugerufen wird. Dann stellt sich der »befriedigende Grad von Ähnlichkeit« als Evidenzüberzeugung schnell ein. Im Traum ist es das dialogische Modell, wo die zweite Rhetorik die erste artikuliert; wir haben gesehen, daß dies der Mutter-Säuglings-Interaktion nachgebildet ist. Die Mutter »weiß« etwas von ihrem Säugling und wenn es das Richtige ist, stellt sich wiederum der befriedigende Grad von Ähnlichkeit her. Darin liegt alles Potential für Verkennungen, denn natürlich verkennen Mütter oft genug ihre Kinder. Aber Freud will uns hier anscheinend Mut zu einem solchen Vorwissen machen. In der Praxis der Neurosenlehre, in der Behandlungssituation also, kommt es genau darauf an, daß der Analytiker den Vorentwurf seines Patienten versteht, ihm eine narrative Form anbietet und so das Selbst des Patienten Gestalt zu werden eine Chance bekommt. Hier wird das Thema der unbewußten Kommunikation vorbereitet.

Neue Folge der Vorlesungen (1933)

Zur Zeit der *Neuen Folge der Vorlesungen* von 1933 (GW XV, 1–197) hatte Freud längst theoretische Umbauten vorgenommen. Er hatte das topische Modell mit der Unterscheidung bewußt/unbewußt aufgegeben. Die Abwehrleistungen des Ich mußten als unbewußt aufgefaßt werden. Abwehr kann jedoch nicht als *unbewußte* Leistung eines »Bewußtseins« beschrieben werden; ein solcher Widerspruch mußte gelöst werden, indem Freud die psychischen »Instanzen« nun im Strukturmodell als Es, Ich und Überich bezeichnet. Dann kann man von unbewußten Leistungen sowohl des Ich wie auch des Überich sprechen und hat auf diesem Weg sogleich eine Möglichkeit gefunden, das unbewußte Schuldgefühl mit dem Überich in Verbindung zu bringen. Auch seine Auffassungen von der Weiblichkeit werden zusammengefaßt und teils neu formuliert, etwa in der Vorlesung »*Die Weiblichkeit*«: »Den Analytikern sage ich zu wenig und überhaupt nichts Neues, Ihnen aber zu viel und solche Dinge, für deren Verständnis Sie nicht ausgerüstet sind« (GW XV, 119). Man muß »ausgerüstet« sein für die psychoanalytische Wahrnehmung, will er erneut zum Ausdruck bringen.

Er rät ab, weiblich und passiv gleichzusetzen und meint: »Dabei müssen wir achthaben, den Einfluß der sozialen Ordnungen nicht zu unterschätzen, die das Weib in passive Situationen drängen. Das ist alles noch sehr ungeklärt« (ebd., 123). Und wenn er seinen Eindruck beschreibt, »daß das kleine Mädchen intelligenter, lebhafter ist als der gleichaltrige Knabe« (125), sieht man, wie hoch Freud den Einfluß der »sozialen Ordnung« eingeschätzt hat; sie schränkt das Mädchen ein. Das Mädchen aber muß auch das erste Liebesobjekt, die Mutter, gegen den Vater tauschen, es muß die erogene Reizbarkeit von Klitoris zu Vagina verschieben – und daran ist von feministischer Seite besonders viel Kritik geübt worden. Für die psychoanalytische Theoriebildung aber ist es von Vorteil, daß Freud bei der Diskussion der Weiblichkeit dazu gelangt, der präödipalen Mutterbindung eine erhebliche Rolle zuzubilligen. Deshalb sieht er den Kastrationskomplex anders verlaufen. Die jungen Mädchen entwickeln die Phantasie, die Mutter sei für den Penismangel verantwortlich und diese (vermeintliche) Benachteiligung können sie kaum verzeihen. Während beim Knaben die Androhung der Kastration den Untergang des Ödipuskomplexes einleitet, werde in durch die Entdeckung der »Kastration« beim Mädchen erst geschaffen. Freud weiß, wie »unvollständig und fragmentarisch« (145) das ist, was er zur Weiblichkeit vorzutragen hat, und man spürt seinen Formulierungen die Unzufriedenheit an; das »Rätsel Weib« hat sich ihm nicht vollständig erschlossen.

Wenig Aufmerksamkeit ist seiner mühevollen Auseinandersetzung mit der Telepathie in weiteren Vorlesungen gezollt worden. Schon zu Beginn der *Neuen Folge* (GW XV, 6) gibt er den merkwürdig scheinenden Hinweis, die Traumlehre sei zwar »das Kennzeichnendste und Eigentümlichste der jungen Wissenschaft« geblieben, aber sie sei auch »der Mystik abgewonnen« worden. Zu Beginn der Vorlesung über »Traum und Okkultismus« wiederholt er diesen Hinweis (ebd., 32) auf die Mystik, um später erneut die Psychoanalyse mit »gewissen mystischen Praktiken« zu vergleichen, denen es »gelingen mag, die normalen Beziehungen zwischen den einzelnen seelischen Bezirken umzuwerfen, so daß z. B. die Wahrnehmung Verhältnisse im tiefen Ich und im Es erfassen kann, die ihr sonst unzugänglich waren« (86)

Wenn man bedenkt, daß die psychoanalytische Situation in der Tat Ähnlichkeit mit meditativer Praxis hat, ist der Vergleich mit mystischer Versenkung so abwegig nicht. Wir sehen einen *auch* spirituellen Freud (Stein 1997), den eine *nur* wissenschaftlich orientierte Rezeption unterschlägt.

Freud beschäftigt sich mit der Möglichkeit des Gedankenlesens und illustriert dies mit zahlreichen Beispielen. Sie sind detailreich und kaum wiederzugeben. Immerhin aber formuliert er gegen die wissenschaftlichen Skeptiker: »Wenn man sich für einen Skeptiker hält, tut man gut daran, gelegentlich auch an seiner Skepsis zu zweifeln« (GW XV, 57) und er will seinen Hörern »nahe legen, über die objektive Möglichkeit der Gedankenübertragung und damit auch der Telepathie freundlicher zu denken« (ebd., 58). Die Annahme, daß ein seelischer Akt des Einen den entsprechenden seelischen Akt beim Anderen anregt, ist für einen Psychoanalytiker so fremd nicht. Das Receiver-Gleichnis, wonach der Analytiker sein Unbewußtes dem des zu Analysierenden so einstellen solle wie der Telefonhörer gegenüber der Muschel, verwendet Freud immerhin, um den Kern der analytischen Haltung zu beschreiben. Vielfach weist er an anderen Stellen darauf hin, daß es diese Möglichkeit der unvermittelten Wahrnehmung im menschlichen Verkehr gibt. In der *Neuen Folge der Vorlesungen* erfolgt der Hinweis auf die familiären Beziehungen, indem Freud annimmt, das Kind verstehe das Unbewußte seiner Eltern, weshalb die Erziehung weniger von bewussten Prinzipien als vielmehr vom elterlichen Über-Ich geleitet sei. Freud hält die unbewußte Kommunikation für eine archaische Möglichkeit:

»Was zwischen den beiden seelischen Akten liegt, kann leicht ein physikalischer Vorgang sein, in den sich das Psychische an einem Ende umsetzt und der sich am anderen Ende wieder in das gleiche Psychische umsetzt. Die Analogie mit anderen Umsetzungen wie beim Sprechen und Hören am Telefon wäre dann unverkennbar. Und denken Sie, wenn man dieses physikalischen Äquivalents des psychischen Akts habhaft werden könnte! Ich möchte sagen, durch die Einschiebung des Unbewußten zwischen das Physikalische und das bis dahin ›psychisch‹ Genannte hat uns die Psychoanalyse für die Annahme solcher Vorgänge wie die Telepathie vorbereitet. Gewöhnt man sich erst an die Vorstellung der Telepathie, so kann man mit ihr viel ausrichten, allerdings vorläufig nur in der Phantasie. Man weiß bekanntlich nicht, wie der Gesamtwille in den großen Insektenstaaten zustande kommt. Möglicherweise geschieht es auf dem Wege solch direkter psychischer Übertragung. Man wird auf die Vermutung geführt, daß dies der ursprüngliche, archaische Weg der Verständigung unter den Einzelwesen ist, der im Lauf der phylogenetischen Entwicklung durch die bessere Methode der Mitteilung mit Hilfe von Zeichen zurückgedrängt wird, die man mit den Sinnesorganen aufnimmt. Aber die ältere Methode könnte im Hintergrund erhalten bleiben und sich unter gewissen Bedingungen noch durchsetzen, z. B. in leidenschaftlich erregten Massen« (GW XV, 59).

Von Möglichkeiten unbewußter Kommunikation ist Freuds Denken erfüllt, seine Hinweise in anderen Texten lassen sich nicht übersehen. Wie um einen Beleg dafür zu liefern, daß er deren Ursprung in der Mutter-Kind-Situation sieht, beschließt er die Vorlesung über die Telepathie mit den (damals) neueren

Befunden, die sich ergeben, wenn man Mutter und Kind gleichzeitig in Analyse hat. Freud beruft sich hier auf Dorothy Burlinghams erste behandlungstechnische Versuche. Die Osmose der Kommunikation wird zwischen Mutter und Kind am intensivsten sein; diese Kommunikationsform nicht abzulehnen, ist Freuds Anregung. Freud ist dabei ganz der Wissenschaftler, der seine Skepsis skeptisch betrachtet (erneut eine Beobachtung zweiter Ordnung) und gerade deshalb nicht leugnen kann, daß es hier etwas zu entdecken gibt, wovon andere wie die Mystiker ahnungsvoll sprachen.

Freud scheint recht behalten zu haben, die Wissenschaft (Görnitz/Görnitz 2002, 2005) beginnt, diese Dinge in der Tat zu klären. Die neuere psychoanalytische Forschung hat hier den Begriff des »impliziten Beziehungswissens« ausgebildet (Stern 1998; Bruschweiler-Stern u. a. 2002; Stern 2004). Er bringt zur Geltung, wie Teilnehmer einer gemeinsamen Interaktion ihre Erfahrung jenseits der Worte teilen. Erfahrung ist gemeinsam und körpernah, verbunden und prozedural; Wissen hingegen abstrakt, deshalb getrennt und repräsentational-symbolisch. Erfahrung geht voraus. Vergleichbar ist diese Art über implizites Beziehungswissen zu denken der erstmaligen Beschreibung eines »bi-personalen« Feldes durch die südamerikanischen Psychoanalytiker Baranger und Baranger (1966). Das ist neuerdings von dem italienischen Analytiker Ferro (2002, 2003) aufgegriffen und subtil weiterentwickelt worden. Auch ergeben sich erneut Bezüge zu Lorenzer (1970, 1974) und Argelander (1967). Die therapeutische Interaktion kann als »Szene« beschrieben werden, an der beide Beteiligte teilhaben. Freud legt in der dialogischen Anlage seiner Vorlesungen den Grundstein dazu.

Michael B. Buchholz

Die Frage der Laienanalyse (1926)

Freud fand früh, daß die Psychoanalyse über die Grenzen der Medizin hinausreiche, sowohl was das Potential ihrer psychologischen Annahmen als auch was ihre Praxis betraf. Nach 1918 ermutigte er einige seiner nicht-ärztlichen Schüler zur analytischen Tätigkeit, darunter Theodor Reik, der deshalb standes- und strafrechtliche Schwierigkeiten bekam (Fallend 1995, 130–140). Sie waren der Anlaß zur Niederschrift von *Die Frage der Laienanalyse* (GW XIV, 207–286) (»Laie« = Nicht-Arzt). Hinzu kam, daß sich in der Internationalen Psychoanalytischen Vereinigung (IPV) ein Konflikt um die Frage der Vorqualifikation des Analytikers anbahnte (Schröter 2002), den Freud mit dem kleinen Buch, das im Juni/Juli 1926 entstand, beeinflussen wollte.

Der Text ist mit literarischem Gusto als Dialog inszeniert. Als Partner imaginiert Freud einen »Unparteiischen«, mit dessen historischem Vorbild, dem Vorsitzenden des Wiener Landessanitätsrats Arnold Durig, er 1924 wirklich über den Fall Reik verhandelt hatte (Schröter 2003). Freud beschreibt seinem Gegenüber die analytische Therapie, stellt die Postulate eines Ich und eines Es vor, führt die Triebe ein und die Verdrängung, charakterisiert die Eigenart und Bedeutung der infantilen Sexualität. Alle diese Ausführungen haben den Zweck zu zeigen, daß man für die Ausübung der Analyse wenig medizinisches Wissen brauche, dagegen »viel Psychologie und ein Stück Biologie oder Sexualwissenschaft« (GW XIV, 247). Danach geht es um die psychoanalytische Deutung, die Widerstände des Patienten gegen den Erfolg der Therapie und um die Übertragung. Die behandlungstechnischen Komplikationen, die sich dadurch ergeben, begründen die Notwendigkeit einer speziellen Ausbildung zum Analytiker, und diese sei nur an den Lehrinstituten der IPV zu erlangen.

Erst jetzt lenkt Freud zum eigentlichen Thema über. Er wendet den Vorwurf der Kurpfuscherei, der gegen den Nicht-Arzt Reik erhoben worden war, gegen Ärzte, die ohne die erforderlichen Spezialkenntnisse Psychoanalyse praktizieren, und fordert, »daß niemand die Analyse ausüben soll, der nicht die Berechtigung dazu durch eine bestimmte Ausbildung erworben hat« (267). Eine ärztliche Vorbildung sei für Analytiker unpassend, weil im Medizinstudium vieles gelehrt werde, was sie nicht brauchten, und umgekehrt; in diesem Zusammenhang entwirft Freud die Utopie einer »psychoanalytischen Hochschule«, deren Lehrangebot von der Tiefenpsychologie über die Biologie bis zur Literaturwissenschaft reicht (281). Vor allem aber sei es für die Psychoanalyse als *Wissenschaft* unerläßlich, daß sie auch von nichtärztlichen Forschern betrieben werde; denn sie sei im wesentlichen nicht ein Teil der Psychiatrie, sondern eine Basistheorie für alle Geistes- und Sozialwissenschaften. Insgesamt imponiert das argumentative Raffinement, mit dem Freud aus der Natur der Sache die berufsständische Konsequenz, auf die es ihm ankommt, entwickelt.

Anknüpfend an Freuds Buch wurde in den psychoanalytischen Zeitschriften eine intensive, kontroverse Diskussion um die Laienanalyse geführt (Leupold-Löwenthal 1996/1987). Den letzten der 28 Beiträge lieferte Freud selbst; der im Juni 1927 geschriebene Text, der zu der Diskussion Stellung nimmt, wurde später der *Frage der Laienanalyse* als *Nachwort* beigefügt (GW XIV, 287–296). Freud betont darin nochmals seine Hauptpunkte: das Erfordernis einer be-

sonderen analytischen Ausbildung und das Verständnis der Psychoanalyse als »Psychologie«, sogar als deren »Fundament«, und als Wissenschaft, die nicht von der Therapie »erschlagen« werden dürfe (ebd., 289, 291). Aus seinem Widerspruch gegen seine New Yorker Anhänger, die ein ärztliches Monopol auf die Ausübung der Psychoanalyse vertraten, wurde für die Publikation eine scharfe Passage von drei Druckseiten gestrichen (Grubrich-Simitis 1993, 226–229). Freuds rückblickendes Fazit lautete (F/E, 596): »Unzweifelhaft war meine Schrift über die Laienanalyse ein Schlag ins Wasser. Ich habe mich bemüht, ein analytisches Gemeingefühl zu wecken, das sich dem ärztlichen Standesbewußtsein entgegenstellen sollte, aber es hat keinen Erfolg gehabt.«

Michael Schröter

Literatur

Argelander, Hermann: Das Erstinterview in der Psychotherapie, Teil I. In: *Psyche – Zeitschrift für Psychoanalyse* 21 (1967), 341–374.

Baranger, Madeleine/Wright Baranger: Insight and the analytic situation. In: R. E. Litman (Hg.): *Psychoanalysis in the Americas*. New York 1966, 22–41.

Benjamin, Jessica: *The Bonds of Love* New York 1988.

Bruschweiler-Stern, Nancy/Anne-M. Harrison/Karla Lyons-Ruth/Anne-C. Morgan/Jay-P. Nahum/Lynne-W. Sander/Daniel-N. Stern/Edward Z. Tronick: Explicating the Implicit: the Local level and the Microprocess of Change in the Analytic Situation. In: *International Journal of Psychoanalysis* (2002), 1051–1063.

Buchholz, Michael B.: Die Rotation der Triade. In: *Forum der Psychoanalyse* (1990), 116–134.

–: *Metaphern der ›Kur‹. Qualitative Studien zum therapeutischen Prozeß*. Gießen ²2003.

–: Metaphern und die Analyse im therapeutischen Dialog. In: *Familiendynamik* (2003), 64–94.

– /Martin Altmeyer: ›Das Unbewußte beschützt uns‹. Ein Gespräch mit Christopher Bollas. In: Annemarie Schlösser/Alf Gerlach (Hg.): *Kreativität und Scheitern*. Gießen 2001, 479–525.

– /Günter Gödde (Hg.) *Macht und Dynamik des Unbewussten*. Bd. I. *Auseinandersetzungen in Philosophie, Medizin und Psychoanalyse*. Gießen 2005.

Burling, Robbins: Comprehension, Production and Conventionalisation in the Origins of Language. In: Chris Knight/Michael Studdert-Kennedy/James R. Hurford (Hg.): *The Evolutionary Emergence of Language. Social Function and the Origins of Linguistic Form*. Cambridge/New York 2000, 27–40.

Dornes, Martin: Über Mentalisierung, Affektregulierung und die Entwicklung des Selbst. In: *Forum der Psychoanalyse* (2004), 175–200.

Edelman, Gerald M./Giulio Tononi: *Gehirn und Geist. Wie aus Materie Bewusstsein entsteht*. München 2002.

Fallend, Karl: *Sonderlinge, Träumer, Sensitive. Psychoanalyse auf dem Weg zur Institution und Profession. Protokolle der Wiener Psychoanalytischen Vereinigung und biographische Studien*. Wien 1995.

Ferenczi, Sandor/Otto Rank: *Entwicklungsziele der Psychoanalyse. Zur Wechselbeziehung von Theorie und Praxis*. Wien, Nachdruck der Ausgabe von 1924, 1996.

Ferro, Antonio: *In the Analyst's Consulting Room.* New York, 2002.

–: *Das Bipersonale Feld. Konstruktivismus und Feldtheorie in der Kinderanalyse.* Gießen 2003.

Fonagy, Peter/György Gergely/Elliot J. Jurist/Mary Target: *Affektregulierung, Mentalisierung und die Entwicklung des Selbst.* Stuttgart 2004.

Forrester, John: »Portrait eines Traumlesers«. In: Lydia Marinelli/Andreas Mayer (Hg.): *Die Lesbarkeit der Träume. Zur Geschichte von Freuds «Traumdeutung»,* Frankfurt a. M. 2000, 9–37.

Gay, Peter: *Erziehung der Sinne. Sexualität im bürgerlichen Zeitalter.* München 1984.

Görnitz, Thomas/Brigitte Görnitz: *Der kreative Kosmos. Geist und Materie aus Information.* Heidelberg/Berlin 2002.

–: Das Bild des Menschen im Licht der Quantentheorie. In: Michael B. Buchholz/Günter Gödde (Hg.) *Das Unbewusste in aktuellen Diskursen – Anschlüsse* Bd. II. Gießen 2005, 412–440.

Greenberg, Jay: Psychotherapy Research: a Clinicians View. In: P. Forrest Talley/Hans Strupp/Stephen F. Butler: *Psychotherapy Research and Practice.* New York 1994, 1–19.

Grubrich-Simitis, Ilse: *Zurück zu Freuds Texten. Stumme Dokumente sprechen machen.* Frankfurt a. M. 1993.

Jones, Ernest: Die Theorie der Symbolik (Teil I) In: *Psyche* (1970), 942–974.

Kazanskaya, Anna/Horst Kächele: Kommentar zu E. Schegloff: Das Wiederauftauchen des Unterdrückten. *Psychotherapie und. Sozialwissenschaft* (2000), 30–33.

Kitcher, Patricia: *Freuds Dream. A Complete Interdisciplinary Science of Mind.* Cambridge/London 1992.

Köhler, Lotte: Frühe Störungen aus der Sicht zunehmender Mentalisierung In: *Forum der Psychoanalyse* 20 (2004), 158–175.

Leupold-Löwenthal, Harald: Zur Geschichte der »Frage der Laienanalyse« (1984). In: Hans-Martin Lohmann (Hg.): *Hundert Jahre Psychoanalyse. Bausteine und Materialien zu ihrer Geschichte.* Stuttgart 1996, 196–219.

Lichtenberg, Joseph D.: Modellszenen, Affekte und das Unbewußte. In: Ernest S.Wolf/ A. Ornstein u. a.: *Selbstpsychologie.* München/Wien 1989, 37–52.

Lorenzer, Alfred: *Sprachzerstörung und Rekonstruktion.* Frankfurt a. M. 1970.

–: *Die Wahrheit der psychoanalytischen Erkenntnis.* Frankfurt a. M. 1974.

Luhmann, Niklas: Neuere Entwicklungen in der Systemtheorie. In: *Merkur* 42 (1988), 292–300.

–: *Die Gesellschaft der Gesellschaft.* 2 Bde. Frankfurt a. M. 1997.

Pontalis, Jean-B.: *Die Macht der Anziehung.* Frankfurt a. M. 1992.

Schegloff, Emanuel A.: Das Wiederauftauchen des Unterdrückten. In: *Psychotherapie und Sozialwissenschaft* 2 (2000), 3–29.

Schröter, Michael: Max Eitingon and the struggle to establish an international standard for psychoanalytic training (1925–1929). In: *International Journal of Psychoanalysis* 83 (2002), 875–893.

–: Hinweis auf zwei Briefe Freuds (1924/25) an Arnold Durig, den »Unparteiischen« in der »Frage der Laienanalyse«. In: *Werkblatt* 51, 20. Jg. (2003), H.2, 121–126.

Searle, John: *Die Konstruktion der gesellschaftlichen Wirklichkeit. Zur Ontologie sozialer Tatsachen* · Reinbek 1997.

Shotter, John/John Newson: An Ecological Approach to Cognitive Development: Implicate Orders, Joint Actions and Intentionality. In: George Butterworth/Peter Light (Hg.): *Social Cognition. Studies of the Development of Understanding.* Brighton 1982, 141–167.

Stein, Herbert: *Freud spirituell. Das Kreuz (mit) der Psychoanalyse.* Leinfelden-Echterdingen 1997.

Stein, Herbert: Quantenphysik und die Zukunft der Psychoanalyse. In: Michael B. Buchholz und Günter Gödde (Hg.): *Das Unbewusste in aktuellen Diskursen – Anschlüsse.* Bd. II. Gießen 2005, 441–461.

Stern, Daniel N.: *The Interpersonal World of the Infant. A View from Psychoanalysis and Developmental Psychology.* New York 1985.

–: The process of therapeutic change involving implicit knowledge: Some implications of developmental observations for adult psychotherapy. In: *Infant Mental Health Journal* 19 (1998), 9–25.

–: *The Present Moment in Psychotherapy and Everyday Life.* New York/London 2004.

Stockreiter, Karl: Traumrede. Der Bruch mit der klassischen Rhetorik in der Traumdeutung. In: Lydia Marinelli/Andreas Mayer (Hg.): *Die Lesbarkeit der Träume. Zur Geschichte von Freuds ›Traumdeutung‹.* Frankfurt a. M. 2000.

Wampold, Bruce E.: *The Great Psychotherapy Debate – Models, Methods and Findings.* Mahwah, NJ/London 2001.

4. Schriften zur Traumdeutung

Entstehung

Über hundert Jahre nach seinem Erscheinen dürfte Freuds *Traumdeutung* (GW II/III) der bekannteste psychoanalytische Text sein. Mit dem Thema ›Traum‹ hat Freud sich seit 1895 beschäftigt. Seit 1897 arbeitete er intensiver daran, und im Herbst 1899 schloß er *Die Traumdeutung* ab. Sein Verleger datierte den Erscheinungstermin auf 1900 vor. Unstrittig ist, daß mit der *Traumdeutung* nicht nur das »Urbuch« und »Stiftungswerk« der Psychoanalyse vorliegt, sondern daß sie auch das methodologische Fundament der Psychoanalyse in dem Sinne bildet, als hier die Wechselbeziehungen von Gegenstand, Methode und Theorie, wie sie für die Psychoanalyse als Wissenschaft spezifisch sind, erstmals formuliert werden. Das Neuartige der Psychoanalyse liegt nicht nur in der Theorie, sondern vor allem in der Methode, die Freud auch an seinen eigenen Träumen vorführt.

In der Geschichte der Psychoanalyse nimmt *Die Traumdeutung* aber nicht nur methodisch eine Schlüsselstellung ein; sie liefert zugleich eine Theorie psychischer Symptombildungen, zunächst bei Hysterien, Zwangsneurosen und Phobien, auf der Grundlage »normaler«, und das heißt nach Freud, bei allen Menschen vorkommender psychischer Prozesse.

Man kann Freuds *Traumdeutung* schwerlich lesen, ohne an sich selbst Fragen zu stellen. Freud führt uns mit einer unwiderstehlichen Anziehungskraft zu uns selbst zurück. Damit vollziehen wir seine eigene Entdeckung nach, der zufolge das Verstehen der eigenen Person die Voraussetzung dafür ist, andere zu verstehen. *Die Traumdeutung* enthält annähernd 200 Träume. Fünfzig davon sind Freuds eigene (vgl. Anzieu 1988/1990; Deserno 2002; Grinstein 1968; vom Scheidt 1974). An den ausführlichen Analysen von Freuds eigenen Träumen fällt die starke Bezugnahme auf die berufliche Situation auf. So definiert Anzieu in seiner umfassenden Rekonstruktion von Freuds Selbstanalyse die intellektuelle, berufliche und familiäre Situation des 39jährigen Privatdozenten zum Zeitpunkt des »Irma«-Traumes 1895 als »Krise der Lebensmitte« (Anzieu 1988/1990, 5 f.). Diese Krise verschärft sich, als 1896 Freuds Vater stirbt.

Mehrere Freud-Biographen stimmen darin überein, daß Freud nach dem Tod seines Vaters in systematischer Weise beginnt, sich selbst zu analysieren, und das vor allem durch die Analyse eigener Träume (vgl. Anzieu 1988/1990, 76; Gay 1987/1989, 104 f.; vom Scheidt 1974; Schur 1972/1973, 136). Freud selbst hielt den Tod des Vaters für »das bedeutsamste Ereignis, den einschneidendsten Verlust im Leben eines Mannes« (GW II/III, X). Er beschrieb seinen eigenen Zustand als »recht entwurzeltes Gefühl« (F, 213).

Zu dieser Zeit strebte Freud eine Professur an. Dadurch sollte sich sein Ruf verbessern und damit sein mäßiges Einkommen, das er aus seiner Praxis als Psychiater und Neurologe bezog. Zugleich wollte er, der bislang immer noch von jüdischen Kollegen, vor allem von Josef Breuer, finanziell unterstützt wurde, ökonomisch unabhängig werden. Da Freud jedoch in dem Sinne eine neue Wissenschaft begründete, als deren Methode und Ergebnisse nicht auf der Linie seiner bisherigen naturwissenschaftlich ausgerichteten Laufbahn lagen, mußte er auch fürchten, seine bisher erreichte Reputation zu verlieren. Hinzu kam, daß er mit einem nicht geringen Antisemitismus im politischen Milieu Wiens zu rechnen hatte. In mehreren Träumen, nicht nur im vielfach nachträglich interpretierten Irma-Traum, zeigte sich Freuds Angst, er könne beruflich und sozial bloßgestellt werden. Somit hatte Freud, indem er seine neuartige Psychotherapie vertrat (die mit der Aufgabe einiger prestigebesetzter ärztlicher Rollenaspekte einherging) seine Ängste selbst in Gang gesetzt. Erdheim hat diese Gefährdung zutreffend als drohenden »sozialen Tod« charakterisiert (1982, 34).

Aus medizinhistorischer Sicht ist Freuds Selbstanalyse, in der er seinen Größenphantasien und seinen Versagensängsten auf die Spur kommt, ein Selbstversuch, der sich den Selbstversuchen anderer naturwissenschaftlich und therapeutisch orientierter Ärzte vor ihm zur Seite stellen läßt (vgl. Schott 1985). Auch die Kokain-Experimente Freuds lassen sich, so sehr sie auch die ärztliche Reputation bedrohten, berufsbiographisch als Vorläufer des ungefähr zehn Jahre späteren psychoanalytischen Selbstversuchs, wie ihn *Die Traumdeutung* enthält, einordnen (vom Scheidt 1973).

Der psychoanalytische Selbstversuch bildet die Grundlage der von Freud in den Grundzügen entworfenen psychoanalytischen Therapie. An der eigenen Person entdeckte und entwickelte Freud, was Schott die zweite Forschungs-»Leitlinie« neben der bisherigen naturwissenschaftlichen nennt: Die Orientierung an dem, was die subjektive Mitteilung in der Therapie bedeutet (Schott 1985, 86f). An der *Traumdeutung* kann man nachvollziehen, wie Freuds Selbstanalyse auf seine Theoriebildung zurückwirkte. So ergab sich aus der Selbstanalyse der Anstoß, daß Freud seine ursprüngliche Auffassung, nach der jeder Neurose eine Situation sexueller Verführung zugrundeliegen sollte, relativieren mußte (Gay, 114).

Im Sommer 1897 schreibt Freud an Fließ: »Der Hauptpatient, der mich beschäftigt, bin ich selbst. Meine kleine, aber durch die Arbeit sehr gehobene Hysterie hat sich ein Stück weiter gelöst. Anderes steckt noch. Davon hängt meine Stimmung in erster Linie ab. Die Analyse ist schwerer als irgendeine andere. Sie ist es auch, die mir die psychische Kraft zur Darstellung des bisher Gewonnenen lähmt. Doch glaube ich, es muß gemacht werden und ist ein notwendiges Zwischenstück in meinen Arbeiten« (F, 281).

Charakteristisch ist der Wechsel von Stockungen der Selbstanalyse mit Verschlechterung des Befindens einerseits und Stimmungsaufhellungen andererseits, wenn es Freud gelingt, sich selbst besser zu verstehen und zu erkennen, daß er damit auch in seiner Traumforschung weiterkommt. In diesem Sinn schreibt Freud, als er sich an seine Kinderfrau erinnert und in ihr die »Urheberin« erkennt, was die eigene sexuelle Aufklärung betrifft: »[...] gelingt mir die Lösung der eigenen Hysterie, so werde ich dem Andenken des alten Weibes dankbar sein, das mir in so früher Lebenszeit die Mittel zum Leben und Weiterleben vorbereitet hat« (F, 289).

Oft wird von Freud das Bild eines »einsamen Helden« und eines »heroischen Schöpfers« der Psychoanalyse tradiert. Er selbst hat wesentlich dazu beigetragen, z.B. durch das Motto aus Vergils *Aeneis*, das er der *Traumdeutung* voranstellte: »Flectere si nequeo superos, Acheronta movebo« (Wenn ich die Götter nicht in Bewegung bringen kann, werde ich die Unterwelt aufwühlen) (GW II/III, VI). Dieser Heroismus, aber auch die zeitweise Einsamkeit, von Freud »splendid isolation« genannt, wird vor allem auf die Selbstanalyse bezogen. Jedoch ist diese Sicht auf Freud ebenso vereinfachend wie die Auffassung, man habe Freuds Ernennung zum Professor nicht nur wegen der Psychoanalyse, sondern vor allem wegen des antisemitischen Vorurteils verzögert. Es gibt auch eine Verzögerung auf Freuds Seite, da er seinen Erfolg mit der Entstehung und Aufnahme der *Traumdeutung* verknüpfte. Statt des »Konquistadoren-Temperaments«, von dem Freud selbst sprach, diagnostiziert Ellenberger (1970/1973, 610f.) eine »schöpferische Krankheit«. Mit dieser interessanten Formulierung wird ein Bogen gespannt, der von einem kühnen Forscher bis zu »einem kranken Helden [reicht, H.D.], [...] einem von neurotischen Symptomen geplagten Menschen, der sich vergeblich verschiedenen Therapieversuchen befreundeter Ärzte unterzieht und sich schließlich selbstanalytisch behandelt« (Schott 1985, 43). Es ist Freud offensichtlich gelungen, der Krise der Lebensmitte eine große schöpferische Lösung abzuringen.

Im Vorwort zur *Traumdeutung* ist nachzulesen, daß Freud wußte, welchen komplikationsreichen Weg er mit seiner Entscheidung einschlug, seine Hypothesen zum Traum an den eigenen Träumen voranzutreiben und diese Schritte zu publizieren. Er hat den Traum als *via regia* zum Unbewußten charakterisiert. Man muß hinzufügen: Für ihn war es ein selbstbeschrittener Königsweg, auf dem er nicht nur fürchten mußte, selbst als Neurotiker diagnostiziert zu werden – was auch heute noch geschieht –, sondern daß man deshalb seine Ergebnisse für ungültig erklären würde.

Die Bedeutung, die der Berliner Hals-Nasen-Ohrenarzt Wilhelm Fließ für Freuds Selbstanalyse hatte, wird unterschiedlich interpretiert, aber übereinstimmend für entscheidend gehalten. So sah Kohut (1974) in der spezifischen Wahl von Wilhelm Fließ eine Intuition Freuds, sich selbst eine Analysesituation zu erschaffen. Im Hinblick auf die Übertragung ist die Interpretation nicht zu gewagt, daß Freud am zeitweise realitätsfernen wissenschaftlichen Spekulieren von Fließ seine eigene Spekulationsneigung erkannte, abarbeitete und unter Kontrolle brachte. Jedenfalls wird gerade durch den Briefwechsel mit Fließ deutlich, daß genuine Selbstanalyse weitgehend nicht möglich ist. Auch die Selbstanalyse bedarf einer ihr günstigen Verankerung in unterstützenden Beziehungen wie Freundschaften, guten Arbeitsbeziehungen und – nicht zuletzt – in Liebesbeziehungen.

Freuds Einstellung zur Bedeutung der Selbstanalyse bewegte sich, wie Schott ausführt, zwischen zwei

Einstellungen: »Tatsächlich schwankt Freud, wem er die Priorität bei der psychoanalytischen Ausbildung zubilligen soll: der Selbstanalyse oder der Lehranalyse. In diesem Schwanken drückt sich die Konfusion zweier Konzepte bei Freud aus: das autodidaktische Konzept der Selbstanalyse und das pädagogische Konzept der analytischen Therapie, das er als ›Nacherziehung‹ bezeichnet hat« (Schott 1985, 50).

In der *Psychopathologie des Alltagslebens* setzte Freud seine Selbstanalyse an eigenen Fehlleistungen fort (z. B. das Signorellli-Beispiel, GW IV, 6 f.). Auch die späte Schrift *Der Mann Moses und die monotheistische Religion* kann, obgleich weniger offensichtlich als die über 30 Jahre jüngere *Traumdeutung*, als Dokument und Ergebnis der Selbstanalyse Freuds gelesen werden (Grubrich-Simitis 1991, 76).

Kurzcharakteristik der Inhalte

Während vor Freud der Text eines Traumes mit Hilfe feststehender Übersetzungsregeln (Traumlexika) ausgelegt wurde, geht Freud in der *Traumdeutung* einen neuartigen Weg. Er legt an eigenen Träumen seine Methodik ausführlich dar (vgl. den Irma-Traum in GW II/IIII, Kap. 2). Durch »freie« Einfälle (Assoziationen) zu den verschiedenen »Elementen« des »manifesten« Trauminhaltes (gemeint ist der erinnerte und erzählte, bzw. der schriftlich fixierte Traumtext) wird ein neuer, umfangreicher »Text« gewonnen, dessen Deutung erweisen soll, daß der manifeste Trauminhalt eine entstellte Darstellung »latenter« Traumgedanken sei.

Die populäre Rezeption der *Traumdeutung* rückte die *Wunscherfüllungstheorie* reduktionistisch in den Vordergrund, um sie in Verbindung mit den von Freud postulierten sexuellen Wünschen zugleich als einseitig und übertrieben abzulehnen. Freud legte indes großen Wert darauf, den Traum als »vollgültiges psychisches Phänomen« zu sehen und »in den Zusammenhang der uns verständlichen seelischen Aktionen des Wachens« einzureihen (GW II/III, 127). Allerdings hob Freud aus der Fülle in Frage kommender Wünsche, die im Traum erfüllt werden sollen, die unterdrückten infantilen sexuellen Wünsche als Triebkräfte der Traumbildung hervor.

Als Freud jedoch feststellte, daß »eine hochkomplizierte geistige Tätigkeit« (GW II/III, 127) den Traum aufbaue, setzte er den entscheidenden Akzent auf die dem Träumen spezifische Verarbeitung, auf die Traum*arbeit*. In dieser Argumentation liegt eine Entmystifizierung des Traumes, die nicht übersehen werden sollte: »Der Traum ist im Grunde nichts anderes als eine besondere *Form* unseres Denkens, die

durch die Bedingungen des Schlafzustandes ermöglicht wird. Die *Traumarbeit* ist es, die diese Form herstellt, und sie allein ist das Wesentliche am Traum, die Erklärung seiner Besonderheit« (GW II/III, 510, Anm. 2).

Als Traumarbeit konzipierte Freud verschiedene psychische Operationen oder »Mechanismen«, mit deren Hilfe aus »Traumquellen« wie körperlichen Reizen, Erinnerungen, unerledigten Wünschen und damit zusammenhängenden Ängsten zunächst ein latenter Traumgedanke und dann der manifeste Trauminhalt gebildet werden. Verdichtung, Verschiebung, Rücksicht auf Darstellbarkeit und sekundäre Bearbeitung entstellen einen unerledigten Wunschkonflikt nicht nur, sondern sie stellen ihn zugleich als erfüllt dar. In Freuds Worten: »Der Traum ist die (verkleidete) Erfüllung eines (unterdrückten, verdrängten) Wunsches« (GW II/III 166). Oder: »Der Traum kann aber nicht anders, als einen Wunsch als erfüllt darstellen« (GW II/III, 241).

Die spezifische Logik der Traumarbeit, einen Wunsch als erfüllt erscheinen zu lassen, hängt eng mit der Bestimmung des Traumes als »Hüter des Schlafes« zusammen. Auch der Schlafwunsch gehört zu den Traumquellen, wie später Bertram Lewin (1950/1982, 1953) mit seinem Konzept der »Traumleinwand« und seinem erweiterten Modell der Oralität, der »Trias oraler Wünsche« (verschlingen, verschlungen werden und schlafen) ausführte. Nach Freud, aber auch nach gegenwärtiger psychoanalytischer Auffassung können Träume keinesfalls nur Nebengeräusche oder Abfallprodukte neuronaler Prozesse sein. Stattdessen ist in der Fähigkeit zu träumen eine psychische, und das heißt, eine sinn- und bedeutungsvolle, auf Integration zielende Funktion zu sehen, die zwar ohne eine neuronale Basis nicht denkbar ist, aber auf diese auch nicht reduziert werden kann, ohne daß die eigenständige, zwischen Körper und Umwelt vermittelnde Funktion psychischer Aktivitäten und Prozesse, für die seit Freud die Traumarbeit modellbildend ist, verworfen würde.

Obgleich Freud bei den Mechanismen der Traumarbeit sich einer physikalischen Sprache bediente, gibt es Hinweise, daß er mit diesen Mechanismen verschiedene Formen der »Bedeutungsübertragung« und damit symbolische Prozesse konzipierte (Deserno 1992, 961 f.; Sharpe 1937/1984). So stellt die *Verdichtung* zweier oder mehrerer Bilder einen Vergleich dar, dessen Bezugspunkt jedoch nicht in Erscheinung tritt. Dem entspricht Freuds Formulierung (GW II/III, 498 f., 662 f.), daß eine unbewußte Vorstellung sich durch eine vorbewußte »decken« lasse. Freud wies auf die Galtonschen Mischphoto-

graphien hin, die der Feststellung genetisch bestimmter Merkmale dienten: Was in den übereinanderge-
legten Bildern gleich oder sehr ähnlich ist, tritt hervor, was sehr unterschiedlich ist, wird gelöscht. Palombo (1978) hat daran anknüpfend in der
Verdichtung eine archaische Ich-Leistung gesehen,
bei der ein kognitiver Vergleich durch »Überlagerung« angestellt wird. Dies entspricht sprachwissenschaftlich einer symbolischen Leistung, die sich mit
der Funktion der Metapher vergleichen läßt.

Bei der *Verschiebung* geht es um die »Übertragung«
eines bestimmten psychischen Akzentes von einem
Bild auf ein anderes, im durchsichtigsten Falle von
einer Person auf eine andere; sprachwissenschaftlich
kommt hier die Metonymie in Betracht (zu Metapher
und Metonymie vgl. Hock 2001, 213 f.; Sharpe
1937/1984, 40 f.; Widmer 1990, 72 f.). Mit der *Rücksicht auf Darstellbarkeit* versuchte Freud einzubeziehen, daß wir beim Träumen nicht anders können, als
in Bildern zu denken. Deshalb hat er auch wiederholt
die zu seiner Zeit stärker verbreiteten Bilderrätsel erwähnt, deren Lösung erfordert, daß wir die dargestellten Gegenstände in Worte zurückverwandeln
und, wie neben den Gegenständen angegeben, dann
bestimmte Buchstaben austauschen, um z. B. auf ein
Sprichwort wie »Jeder ist seines Glückes Schmied« als
des Rätsels Lösung zu kommen. Die *sekundäre Bearbeitung* dient nach Freud dazu, dem nächtlichen
Traumerlebnis mit seinen unerwarteten Bild- und
Szenenwechseln durch das Ausfüllen von Lücken und
Glätten von Brüchen eine Kohärenz zu verleihen, die
das Wachbewußtsein akzeptiert und den Traum »er-
zählbar« werden läßt.

Zur Illustration der Traumarbeit soll Freuds
Traum von der Botanischen Monographie dienen.
Neben die Annahme, daß jeder Traum einen Wunsch
(oder mehrere) als erfüllt darstellt, tritt Ende 1898
bei Freud eine weitere Hypothese: Der Wunsch, der
die Traumbildung in Gang setzt, soll der Vergangenheit angehören. Freund Fließ war, was diese Neuerungen und das Fortschreiten des Manuskripts betrifft, auch jetzt auf dem laufenden. Leider sind seine
Briefe nicht erhalten. Wie Freud in der *Traumdeutung* (GW II/III, 177) erwähnt, hat Fließ ihm am
Vortag zum folgenden Traum geschrieben, daß er
sich in Gedanken viel mit Freuds Traumbuch be-
schäftige; er sähe es fertig vor sich liegen und blättere
darin. Was ereignete sich noch an diesem Tag? Freuds
Blick war in ein Schaufenster und dort auf eine Monographie über die Pflanzenart der Zyklamen gefallen. Außerdem traf er Kollegen. Ein Gespräch entwickelte sich, in dem es um wissenschaftlichen Erfolg
ging – ein Thema, das Freud immer wieder in eine

erhebliche Aufregung versetzte. Der Frau eines erfolgreichen Kollegen machte er das Kompliment, sie
sehe blühend aus. Am nächsten Tag notierte er den
folgenden Traum: »Ich habe eine Monographie über
eine gewisse Pflanzenart geschrieben. Das Buch liegt
vor mir, ich blättere eben eine eingeschlagene farbige
Tafel um. Jedem Exemplar ist ein getrocknetes Spezi-
men der Pflanze beigebunden, ähnlich wie aus einem
Herbarium« (GW II/III 175).

Statt einzelner Assoziationen werden hier zusammenfassend die Themen genannt, um die sich Freuds
Einfälle drehen. Sie gehen vor allem von den manifesten Traumelementen »Pflanzenart« oder »Monographie« aus (GW II/III, 175 f. und 287 f.). Eine erste
Reihe von Einfällen führt über Zyklamen zu den
Lieblingsblumen von Freuds Frau und zum Bedau-
ern, daß sie nicht mehr so blühend sei, aber auch zu
Überlegungen, was eine erfolgreiche Behandlung
darstelle. Eine zweite Kette von Einfällen, von »Monographie« ausgehend, führt mehr als zehn Jahre zurück, als Freud an einem anderen Text schrieb, über
dem er sich einen großen Erfolg versprach: *Über
Coca*. Dieser Erfolg war nicht eingetreten. Die »Wun-
derdroge« hatte nicht gehalten, was sie versprach.
Statt dessen hatte Freud sich mit viel Kritik, sogar
mit Vorwürfen ärztlichen Fehlverhaltens und mit
dem Versäumnis, eine Entdeckung einem anderen
überlassen zu haben, auseinanderzusetzen.

Die nächste, dritte Reihe von Assoziationen reicht
weiter in die Vergangenheit und führt zum einen zu
der Erinnerung, daß der Vater ihn kritisierte: Aus
dem Jungen wird nichts werden, soll er gesagt haben.
In der Schule hatte Freud eine Prüfung über Pflanzen
nicht bestanden. Auch beschreibt er seine Leidenschaft fürs Büchersammeln. Eine vierte Assoziations-
reihe umkreist das Schicksal von Büchern. Freud erinnert sich zum anderen, daß ihm der Vater, als er
fünf Jahre alt war, ein Buch überließ, das der Sohn
wie eine Artischocke, die später seine »Lieblings-
pflanze« werden sollte, zerpflückte. »Zerpflücken«
wiederum ist das Stichwort für die Erinnerung, die
näher an der Gegenwart liegt: ein Buch seines Freundes Fließ wurde von einem Kritiker »zerrissen«. Aber
auch Freud selbst steht inzwischen dem Freund und
dessen Denken sowohl konkurrent als auch kritisch
gegenüber.

Welchen latenten Traumgedanken findet Freud,
wenn er den knappen manifesten Traumtext in den
angedeuteten, komplexen Kontext von Einfällen
stellt? »Der Traum bekommt wieder den Charakter
einer Rechtfertigung, eines Plädoyers für mein Recht,
wie der erstanalysierte Traum von Irmas Injektion; ja,
er setzt das dort begonnene Thema fort [...]. Es

heißt jetzt: Ich bin doch der Mann, der die wertvolle und erfolgreiche Abhandlung (über das Kokain) geschrieben hat, ähnlich wie ich damals zu meiner Rechtfertigung vorbrachte: Ich bin doch ein tüchtiger und fleißiger Student; in beiden Fällen also: Ich darf mir das erlauben [...]« (GW II/III, 179).

An anderer Stelle setzt Freud diese Deutung fort: »Ihm [dem Traum, H. D.] entspricht im Denken ein leidenschaftliches Plädoyer für meine Freiheit, so zu handeln, wie ich handle, mein Leben so einzurichten, wie es mir einzig und allein richtig erscheint. Der daraus hervorgegangene Traum klingt gleichgültig: Ich habe eine Monographie geschrieben, sie liegt vor mir [...]. Es ist wie die Ruhe eines Leichenfeldes; man verspürt nichts mehr vom Toben der Schlacht« (GW II/III, 470).

Die angeführten Einfälle mit ihren vielfältigen Verknüpfungen stellen eine Balance her zwischen gegensätzlichen Gefühlen Freuds durch die mehrfache Verwandlung des Konfliktes zwischen Ehrgeiz auf der einen und Versagensängsten auf der anderen Seite. Freud möchte unbedingt sein Ziel erreichen und seinen Ehrgeiz befriedigen, fürchtet aber, daß er, indem er seine Verpflichtungen der Familie und den Patienten gegenüber vernachlässigt, Schuld auf sich lädt.

Über diesen wichtigen Schritt in der Selbstanalyse hinaus kann Freud diesen Traum mitsamt dem assoziativen Kontext als wichtiges Beispiel für die Mechanismen Verdichtung und Verschiebung verwenden: die Grundpfeiler seiner Auffassung von der psychischen Arbeit des Träumens. Im gegebenen Beispiel macht er die Verschiebung für den affektiv indifferenten Eindruck des Traumes verantwortlich: So wie Freud am Tag zuvor im Schaufenster eine Monographie erblickte, so sieht er auch im Traum eine Monographie. Aber: Die Monographie hat es buchstäblich in sich, denn in ihr sind wichtige Themen, Gefühle der Vergangenheit, aber auch die Zukunft, wie Freud sie sich wünscht, konzentriert. Schließlich geht es um sein Traumbuch, auch in dem Sinne, daß er sich damit einen überragenden Erfolg wünscht. Die beschriebene Balance der Konfliktanteile stellt einen Kompromiß dar. Zwar ist einerseits der brennende Ehrgeiz der Zensur anheimgefallen und verschwunden; andererseits ist die gewünschte Monographie, jedenfalls im Traum und gemäß seiner Funktion, einen Wunsch als erfüllt darzustellen, schon erschienen.

Aspekte der Traumtheorie

Die mit der *Traumdeutung* geschaffene theoretische Grundlegung ermöglichte Freud weitere Schriften wie die *Zur Psychopathologie des Alltagslebens* (1901), *Der Witz und seine Beziehung zum Unbewußten* (1905) und das *Bruchstück einer Hysterie-Analyse* (1905 [1901]). Die letztgenannte Arbeit sollte zunächst »Traum und Hysterie« lauten und ist als »Dora«-Fallgeschichte bekannt geworden. Aber auch die Traumtheorie selbst hat Freud bis zu seinem Lebensende immer wieder aufgegriffen, z. B. in seinen *Vorlesungen* (1916–17, 1933). Sowohl von Freuds Situation als Wissenschaftler als auch von seiner therapeutischen Arbeit her betrachtet ist der Forschungsgegenstand ›Traum‹ ein »Stellvertreter«: Das Rätsel des Traumes stand, was Freuds Behandlung von psychisch Kranken betraf, für das Rätsel der neurotischen Symptombildung: »Das Studium des Traumes ist nicht nur die beste Vorbereitung für das der Neurosen, der Traum selbst ist auch ein neurotisches Symptom, und zwar eines, das den für uns unschätzbaren Vorteil hat, bei allen Gesunden vorzukommen« (GW XV, 79).

Nach dem *Gegenstand*, dem Traum als Stellvertreter des Symptoms, und der *Methode,* der Selbstanalyse als Stellvertreterin der Behandlung, ist der dritte Bestandteil der spezifischen Erkenntnislogik Freuds, die *Theorie*, näher zu bestimmen. Freud sah die theoretische Aufgabe darin, den unbewußten psychischen Prozessen, die er bei Symptombildung und Traumbildung gleichermaßen unterstellte, eine Lokalität zuzuordnen: »Wir können einen psychischen Apparat entwerfen, wenn wir gemerkt haben, daß man durch die Traumdeutung wie durch eine Fensterlücke in das Innere desselben einen Blick werfen kann« (GW II/III, 224).

Der psychische Apparat, den Freud entwirft, leistet *Arbeit*. Freud rückte, wie bereits ausgeführt, die Produktion von Sinn- und Bedeutungszusammenhängen in einen physikalischen Begriffshorizont. Im Fall des Traums heißt die »Leistung« dieses Apparats *Traumarbeit*. Neben den Mechanismen Verdichtung, Verschiebung, Rücksicht auf Darstellbarkeit und sekundäre Bearbeitung unterschied Freud zwei Funktionsweisen des psychischen Apparats: *Primärvorgang* und *Sekundärvorgang*. Er ordnete die Mechanismen der Traumarbeit dem Primärvorgang zu und charakterisierte ihn durch *Wahrnehmungsidentität*: Traumgedanken würden (halluzinatorisch) ins Bild gesetzt, als ob sie eine Wahrnehmung seien; bestimmend sei das Lust-Unlust-Prinzip. Nach heutiger Auffassung organisiert der Primärvorgang nonverbale Repräsentationen ganzheitlich und situativ. Da Repräsentation und Gedächtnis zusammenhängen, steht der Primärvorgang für die triebhafte bzw. emotionale Organisation unseres Gedächtnisses. Die Aufgabe des Sekundärvorgangs definierte Freud dagegen durch die Herstellung von *Denkidentität*. Heute findet die Mitwirkung des Sekundärvorgangs an der Traumbildung Berücksichtigung. Während der Primärvorgang die unerledigten, auf Abfuhr und unmittelbaren Ausdruck drängenden Tendenzen *situationsgerecht* bearbeitet, werden unter dem Einfluß des Sekundärvorgangs unbewußte Tendenzen *strukturgerecht* gestaltet.

Eine Traumtheorie, die sich auf unbewußte Wünsche, deren Übersetzung in latente Traumgedanken und deren Umarbeitung durch Traumarbeit zum manifesten Trauminhalt bezieht, definierte Freud so: »Eine Aussage über den Traum, welche möglichst viele der beobachteten Charaktere desselben von *einem* Gesichtspunkt aus zu erklären versucht (hier die *Wunscherfüllung*, H.D.) und gleichzeitig die Stellung des Traumes zu einem umfassenderen Erscheinungsgebiet bestimmt (die *Existenz unbewußter Prozesse*, evident durch die neurotischen Symptombildungen, H.D.), wird man eine Traumtheorie heißen dürfen« (II/III, 78).

Auch in der Theoriesprache selbst ist eine Art Stellvertretung erkennbar: Freuds naturwissenschaftlich orientierte Begriffssprache soll der sinnverstehenden Deutungsarbeit eine allgemein anerkannte Legitimation verleihen. Für Freud gehören »Bildung« (Entstehung) und »Deutung« des Traumes zusammen: *Die Deutung eines Traumes ist die Umkehrung seiner Entstehung*. Vom erzählten Traum ausgehend wird durch Assoziationen die Traumbildung gleichsam rückgängig gemacht; die latenten Traumgedanken und unbewußten Wünsche, die der manifeste Traumes entstellt repräsentiert, kommen wieder zum Vorschein.

Kontroversen der Forschungsdiskussion

»So oft ich auch an der Richtigkeit meiner schwankenden Erkenntnisse zu zweifeln begann, wenn es mir gelungen war, einen sinnlos verworrenen Traum in einen korrekten und begreiflichen seelischen Vorgang beim Träumer umzusetzen, erneuerte sich meine Zuversicht, auf der richtigen Spur zu sein« (GW XV, 37). – Wie diese 1933 rückblickende Äußerung zeigt, schien Freud in der *Traumdeutung* – trotz vieler eigener Ergänzungen (vgl. Grubrich-Simitis 1999) – das Fundament seiner gesamten Arbeit gesehen zu haben. Daran haben auch die schon zu seiner Zeit geführten Kontroversen wenig ändern können.

Ein kontroverses Thema der Traumtheorie waren schon zu Lebzeiten Freuds, auch bei ihm selbst, die

Angstträume. Angst als Motor von Abwehr scheint schlecht zur Theorie der Wunscherfüllung zu passen. Zum einen hat Freud über dreißig Jahre nach der *Traumdeutung* seine Auffassung über die Wunscherfüllung abgeschwächt und vom Versuch der Wunscherfüllung gesprochen (*Neue Folge der Vorlesungen*, 1933). Das impliziert auch das Scheitern dieses Versuches: Wenn ein Traum mit ängstlichem Aufwachen endet, dann vermochte die Traumarbeit zumindest den Schlafwunsch nicht als erfüllt darzustellen. Zum anderen konnte Freud gerade an den Prüfungsträumen zeigen, daß auch Angstträume der Wunscherfüllung dienen können. Er ging von einer Beobachtung aus, die sich leicht bestätigen läßt: Prüfungsangst kommt im Traum nur bei Personen vor, die früher ihre Prüfungen bestanden haben. Daraus folgerte Freud, eine gegenwärtige Angst ließe sich dadurch verringern, daß sie in der Verkleidung einer früheren auftritt, weil der Träumer damit seine Angst verringern könne. Da er die frühere Prüfung bestanden habe, könne er sich auch erhoffen, die bevorstehende ängstigende Situation zu meistern.

Eine Kontroverse mit personellen Folgen (nämlich den Ablösungen von Carl Gustav Jung und Alfred Adler) hängt auch mit der Traumtheorie zusammen. Freud konnte der *Kompensationstheorie* von Jung und Adler nicht zustimmen. Ihr zufolge sollten Träume das enthalten, was im bewußten Leben ausgespart bleiben müsse. Freud hielt dagegen, daß sich im Traum die unbewußte Abwehr des Ichs, wenn auch mit anderen Mitteln, fortsetze. Auf den ersten Blick leuchtet die Kompensationshypothese ein, macht aber in der Konsequenz die Abwehr und damit auch die präzise Bestimmung des Konfliktgeschehens eher überflüssig. In der Praxis führt sie dazu, daß die Arbeit mit Assoziationen entbehrlich erscheint. Im Gegensatz zu Freud ist bei Jung der Traum wieder eine Art Offenbarung: Etwas Übernatürliches (nach Jung das kollektive Unbewußte mit seinen Archetypen) spricht sich im Traum aus. Ähnlich wie der antike Traumdeuter übersetzt der Jungianische Analytiker die übernatürliche Botschaft für den Patienten.

Mit der Fallgeschichte des »Wolfsmannes« reagierte Freud auf die divergierenden Auffassungen seiner Schüler, insbesondere auf Jung (GW XII, 27–157). Die vielfach festgestellte Forciertheit von Freuds Argumentation läßt sich darauf zurückführen, daß er seine Theorie, nach der die neurotischen Symptombildungen infantil-sexuelle bzw. psychosexuelle Wurzeln haben, aber auch seine Hypothese der Wunscherfüllung – bei der ebenfalls infantile Wünsche eine große Rolle spielen – erneut belegen möchte. Zugleich spielte sich die Auseinandersetzung mit den abweichenden Auffassungen auf einer zweiten Ebene ab: Da es für Freud darauf ankam, die Situation in der psychoanalytischen Gruppe zugunsten seiner Auffassung zu entscheiden, wurde die spezifische Dynamik der Fallgeschichte, in der Freud außerdem erstmals den männlichen »umgekehrten« oder »passiven« Ödipuskomplex beschrieb, zum Zentrum der gruppendynamischen Auseinandersetzung, die auch zugunsten Freuds ausging (Davis 1993, 65–139; Deserno 1993, 60 f.).

Interessant ist, daß die Kompensationshypothese gegenwärtig wieder einen Platz in der psychoanalytischen Theorie einnimmt: In der noch jungen Psychotraumatologie haben Fischer und Riedesser (1998) dem klassischen Konflikt-Abwehr-Modell ein überzeugend ausgearbeitetes Trauma-Kompensationsmodell zur Seite gestellt. Es besteht kein Zweifel, daß es sowohl Träume gibt, für die vor allem das Konflikt-Abwehr-Modell gültig ist, als auch Träume, die man besser versteht, wenn man sich am Modell der Traumakompensation orientiert.

In der Unterscheidung, die Freud 1923 einführte, daß es nämlich Träume »von oben« und »von unten« gebe, ist vielleicht ein leichtes Einlenken zu erkennen; allerdings läßt sein letzter Satz keinen Zweifel daran, daß er die erkämpfte Position nicht mehr preisgeben wird:

»Träume von unten sind solche, die durch die Stärke eines unbewußten (verdrängten) Wunsches angeregt werden, der sich eine Vertretung in irgendwelchen Tagesresten verschafft hat. Sie entsprechen Einbrüchen des Verdrängten in das Wachleben. Träume von oben sind Tagesgedanken oder Tagesabsichten gleichzustellen, denen es gelungen ist, sich nächtlicherweise eine Verstärkung aus dem vom Ich abgesprengten Verdrängten zu holen. Die Analyse sieht dann in der Regel von diesem unbewußten Helfer ab und vollzieht die Einreihung der latenten Traumgedanken in das Gefüge des Wachdenkens. Eine Abänderung der Theorie des Traumes wird durch diese Unterscheidung nicht erforderlich« (GW XIII, 303 f.).

Auch *Freuds Symbolverständnis* führte zu einer Kontroverse, jedoch noch nicht zu seinen Lebzeiten. Da schlossen sich die Psychoanalytiker Freuds speziellem und eingeschränktem Symbolverständnis an, dem zufolge ein Symbol für etwas Abgewehrtes steht. Diese Sicht steht mit der Methode in Einklang: Sie rechtfertigt den assoziativen »Aufwand« der Traumanalyse, durch den die entstellten Konfliktelemente erst wieder »erraten« werden können. Zugleich vertrat Freud aber auch, daß sich manchmal die Traumdeutung verkürzen ließe, wenn man von der relativ feststehenden Bedeutung vieler Traumsymbole ausginge und sie in die Deutung einsetze. Die von ihm genannten und bekannten feststehenden Symbole

bestehen aus kaum entstellten Anspielungen sexueller Art, wie die Darstellung der männlichen und weiblichen Genitalien durch längliche oder höhlenförmige Gegenstände. In diesem Zusammenhang schloß sich Freud der Spekulation anderer an, die annahmen, daß die »Traumsprache« schon vor der Entwicklung unseres Denkens als eine Art Ursprache bestanden haben könnte (GW XI, 169 f.). Später hat vor allem Alfred Lorenzer den Freudschen Symbolbegriff zugunsten eines interdisziplinären und von der Abwehr gelösten Konzepts – gemeint sind die symbolischen Interaktionsformen – aus seinem einseitigen theoretischen Bezug befreit (Lorenzer 1970).

Mit der Frage, inwieweit die *psychoanalytische Traumdeutung als wissenschaftliches Verfahren* gelten könne, ist eine auf Dauer gestellte Kontroverse verbunden (vgl. Specht 1981). Die Umkehrbarkeit der Traumproduktion durch die Traumdeutung läßt Freuds Traumuntersuchung regelhaft und damit wissenschaftlich erscheinen. Dennoch hat die neue Wissenschaft Psychoanalyse eine weitere, unübersehbare Tendenz, die sich mit der immer wieder proklamierten Tendenzlosigkeit der Wissenschaft im Sinne von Naturwissenschaft schlecht verträgt: Sie ist kritisch, weil sie hilft, ein bestimmtes Bewußtsein auch als »falsches« bzw. »entstelltes« zu erkennen und mit Hilfe der Deutung zu einer tiefergehenden Selbsterkenntnis zu gelangen.

Genau damit brachte und bringt sich die Psychoanalyse weiterhin in ein Dilemma: Die Willkür, die sie mit der Deutungsmethode und dem Aufzeigen der Umkehrbarkeit eingeschränkt hat, werde sie, wie Kritiker immer wieder einwenden, deshalb nicht los, weil sie im Bereich des Subjektiven verbleibe. Leider übersieht dieser Einwand, daß die Psychoanalyse gerade im Subjektiven oder Partikularen das Objektive und Universale aufspüren kann. Diese Kontroverse wird so lange weiter bestehen, wie »science« im Sinne von Naturwissenschaft als Ideal einer Einheitswissenschaft mit Alleinvertretungsanspruch auf Wissenschaftlichkeit allen Gegenständen oder Fragestellungen gegenüber auftritt. Leider schieben die Befürworter einer Einheitswissenschaft eine wichtige Tatsache beiseite: Will man zu hochspezifischen Ergebnissen kommen, dann muß man anerkennen, daß zwischen dem jeweiligen Gegenstand und der Methode, mit der man ihn untersucht, kein beliebiges, sondern ein spezifisches Verhältnis bestehen sollte. Kurz gefaßt: *Die Untersuchung der psychischen Realität, unter Einschluß unbewußter Prozesse, erfordert eine andere Methode als die Untersuchung materieller Realität.*

Zu dieser Kontroverse gehört auch die Auseinandersetzung mit *Freuds Begrifflichkeit*, die er mit der

Traumdeutung einführte und später ausbaute. Wie Ricœur (1965/1969) sorgfältig darlegte, gehören Freuds theoretische Konzepte zumindest zwei unterschiedlichen »Sprachen« an. Der Gegenstand Traum wird von der Methode her »verstanden« (Hermeneutik) und von der Theorie her durch Kräfte »erklärt« (Energetik). Mit Energetik ist Freuds physikalische und physiologische Begriffssprache gemeint, die das Psychische mit Hilfe naturwissenschaftlicher Analogiebildungen begrifflich erfassen will. Die naturwissenschaftliche Analogie wird auch darin deutlich, daß in Freuds *Traumdeutung* nach einem determinierenden Ursprung gesucht wird, der in der Gegenwart des Deutens Vergangenheit ist. Unbewußte, abgewehrte Wünsche wirken im Seelenleben, als wären sie Ursachen. Werden sie bewußt, verlieren sie diesen »verdinglichten« Zug und werden, wieder oder erstmals, Bestandteile unserer Erfahrung.

Freud hat sich nie als Hermeneutiker definiert, obgleich er in seiner *Traumdeutung* hermeneutisch verfährt. Als naturwissenschaftlich ausgebildeter Forscher schrieb er so, als würden seine weitreichenden Kenntnisse in Literatur und Kunst ihm die Deutungsarbeit lediglich erleichtern. Die hier skizzierten kontroversen Themen finden sich ausführlich dargestellt u. a. bei Deserno (1999, 2001, 2002), Ermann (2005) und Mertens (1999, 2004).

Rezeption und Wirkung

Allein im deutschsprachigen Raum ist die Sekundärliteratur zu Freuds *Traumdeutung* im einzelnen kaum mehr zu überblicken. Als »Jahrhundertwerk« wurde sie in zahlreichen Aufsätzen und Büchern gewürdigt (u. a. Danckwardt 2000; Deserno 1999, 2001; Ermann 2005; Marinelli/Mayer 2000; Mertens/Obrist u. a. 1999, 2004; Starobinski/Grubrich-Simitis/Solms 1999). Im Rückblick sah Freud in der Traumtheorie den entscheidenden Wendepunkt seines Werkes: »Mit ihr [der Traumlehre] hat die Analyse den Schritt von einem psychotherapeutischen Verfahren zu einer Tiefenpsychologie vollzogen. [Sie] ist seither auch das Kennzeichnendste und Eigentümlichste der jungen Wissenschaft geblieben, etwas wozu es kein Gegenstück in unserem sonstigen Wissen gibt, ein Stück Neuland, dem Volksglauben und der Mystik abgewonnen« (GW XV, 6).

Zugleich fand Freud 33 Jahre nach dem Erscheinen der *Traumdeutung* deutliche Worte für seine Enttäuschung über die Aufnahme des Werkes, das er für sein wichtigstes hielt: »Die Analytiker benehmen sich, als hätten sie über den Traum nichts mehr zu sagen, als wäre die Traumlehre abgeschlossen« (ebd.).

Die ersten Rezensionen waren extrem gegensätzlich. Die Gruppe der »professionals«, Psychologen und Mediziner, zogen Freuds Thesen, vor allem seine Annahme, der Traum sei der Versuch einer Wunscherfüllung, in Zweifel. Freud habe die Rolle der Sexualität überbewertet und seine Methode sei unwissenschaftlich. Sie wiesen aber auch seine Theorie insgesamt zurück. Ein Beispiel dafür ist die Rezension des Breslauer Psychologen William Stern. Er stellte fest, daß »der Hauptinhalt des Buches als verfehlt und unannehmbar bezeichnet« werden könne (zit. n. Kimmerle 1986, 60–64) und kritisierte den Wert von Freuds Selbstanalyse wie folgt: »An diesem Verfahren ist nicht weniger als alles zu bestreiten. Weder ist die Selbstbeobachtung eine so einfache Sache, namentlich, wenn man, wie der Verf. durch seine Theorie [...] über den Wunschcharakter des Traumes beeinflußt ist [...]. Die Unzulässigkeit dieser Traumdeuterei als wissenschaftliche Methode mußte mit aller Schärfe betont werden [...]« (ebd.).

Dagegen haben die sogenannten Laien, vor allem Geisteswissenschaftler, Freuds *Traumdeutung* begeistert aufgenommen und für ihre Arbeit verwendet, eine Wahlverwandtschaft, die bis heute anhält (z. B. Pietzcker 1974); desgleichen die Kulturwissenschaften, wofür hier beispielhaft nur *Die unbewußte Gesellschaft* von Lenk (1983) genannt sei, in der mit Hilfe einer historischen Darstellung des Verhältnisses von Traum und Literatur eine gemeinsame Logik beider herausgearbeitet wird: Die spezifische Traumlogik läßt sich in sprachlichen, bildnerischen und musikalischen Kunstwerken nachweisen. Nicht zuletzt läßt sich aufzeigen, daß es zwischen individuellen Versuchen der Wunscherfüllung und den kulturellen Illusionsbildungen (wie z. B. in der Religion) Parallelen gibt.

Sowohl Freuds Enttäuschung darüber, daß seine Schüler die Traumlehre für abgeschlossen hielten, als auch die starke Polarisierung unterschiedlicher Schulen sind inzwischen überholt. Neben einzelnen Stimmen, die notorisch die Unsinnigkeit des Träumens wie des Traumdeutens behaupten, ist gegenwärtig ein Dialog zwischen den verschiedenen Wissenschaften, die sich mit dem Traum befassen, fest etabliert. So gibt es nebeneinander sich ergänzende Modelle der Traumgenerierung auf neurobiologischer (Leuzinger-Bohleber/Pfeifer u. a. 1998), kognitionspsychologischer (Bucci 1997; French 1953; Leuschner 1999; Leuzinger-Bohleber/Pfeifer u. a. 1998; Moser/von Zeppelin 1996) und neuropsychoanalytischer Grundlage (Kaplan-Solms/Solms 2000/2003; Solms 1999). Der Eindruck, die Psychoanalyse habe heute keine eigene Traumtheorie mehr, trifft in bestimmter

Weise zu. Indem wichtige Aspekte der Traumtheorie durch andere Wissenschaften und ihre Methoden bestätigt und ergänzt wurden, veränderte sich auch die Sprache der Theorie selbst: Sie ist pluralistisch geworden (Leuzinger-Bohleber/Deserno/Hau 2004). Neben diesem notwendigen theoretischen Pluralismus (ebd.), dessen Vorläufer sich schon bei Freud finden lassen, sollte aber nicht die eigenständige, mit der Traumdeutung eingeführte Methode als Kernstück der Psychoanalyse aus dem Blick geraten.

Der Übersicht halber werden in diesem Abschnitt nicht möglichst viele Wirkungen von Freuds *Traumdeutung* aufgeführt, sondern nur zwei Bereiche skizziert, die allerdings im Zentrum der aktuellen Traumforschung stehen: die psychoanalytisch inspirierte experimentelle Traumforschung als interdisziplinäres Forschungsfeld und das Verhältnis des Traumes zur psychoanalytisch-therapeutischen Situation. Gegenwärtige psychoanalytische Traumforschung ist prozeßhaft orientiert. In der experimentellen Forschung hat sie das »processing« subliminaler Stimulationen im Sinne von Dissoziation und Reassoziation herausgearbeitet (Leuschner 1999; Leuschner/Hau u. a. 2000). In der klinischen Traumforschung werden unterschiedliche Phasen der Konfliktdarstellung und Integration der unbewußten Konfliktanteile beschrieben (vgl. Döll/Deserno u. a. 2004). Zum einen entwickelte sich seit den 1950er Jahren mit der Entdeckung, daß bildhaftes Träumen häufig mit einem elektrophysiologisch gut definierbaren Schlafzustand, der sogenannten REM-Phase (rapid eye movements) kombiniert ist (Aserinsky/Kleitmann 1953), ein experimenteller Forschungsbereich in der Psychoanalyse. Zum anderen sind heute die therapeutische Anwendung der Psychoanalyse und ihre Erforschung an einem interaktiv-intersubjektiven Prozeßmodell orientiert, für das der Traum als Indikator wie auch als Modell von großer Bedeutung ist.

Was bedeutet *Interdisziplinarität in der Traumforschung*? In seinem fiktiven Dialog mit Freud hat Mertens die verschiedenen Positionen dargelegt (Mertens/Obrist u. a. 2004). Auf seiten der Psychoanalyse wird dieser Dialog von Forschern geführt, die ihre Traumforschung mit experimentalpsychologischen Verfahren – wie z. B. der subliminalen Traumstimulation – durchführen (vgl. Fiss 1993; Hartmann 1995; Leuschner 1999; Shevrin 2002). Andere arbeiten mit Computersimulation und kognitionswissenschaftlichen Modellen (French 1953; Bucci 1997; Moser/von Zeppelin 1996). Eine dritte Richtung gewinnt ihre Befunde aus der psychoanalytischen Therapie mit Patienten, die unterschiedliche Gehirnläsionen erlitten haben (Kaplan-Solms/Solms 2000; Solms 1999).

In seinem dreibändigen Werk *The Integration of Behavior* (1952, 1953, 1958) unternahm Thomas French den wohl ersten interdisziplinären Versuch, das Konfliktmodell der Freudschen Traumtheorie mit der Feldtheorie Kurt Lewins, den frühen kognitionspsychologischen Ansätzen Tolmans und der Gestalttheorie Köhlers zu verbinden. Er ging davon aus, daß alles Verhalten dazu tendiere, sich in Gegensätzen zu »polarisieren«, und nahm an, daß »integrative Felder« das Ausmaß der Polarisierung modifizieren würden. Bei neurotischen Konfliktlösungen sei, so eine weitere Annahme, die kognitive und affektive »Spannweite« dieser Felder eingeschränkt. Mit Hilfe der detaillierten Untersuchung einer Traumserie konnte French zeigen, wie mit fortschreitender Analyse sich die integrative Spannweite der kognitiven Felder vergrößert. Dennoch hielt er es eher für eine Ausnahme, daß im Traum eine Konfliktlösung erreicht werde. Charakteristisch für sein Modell ist, daß im Traum ein unerledigter Konflikt durch kognitiv akzeptablere Konfliktkonstellationen substituiert wird. Gelingt das nicht, kommt es zum Rückzug vom aktuellen Konfliktgeschehen, und das Traumgeschehen bricht ab.

Nach der modernen kognitionswissenschaftlichen Konzeptualisierung von Moser und von Zeppelin (1996) entstehen Träume dadurch, daß unter der Bedingung des Scheiterns einer Wunscherfüllung oder auch unter traumatischen Bedingungen negative Affekte vorherrschen und das aktuelle Geschehen deshalb nicht »desaffektuiert« und generalisierend im Gedächtnis abgelegt werden kann, sondern als »Komplex« gespeichert wird. Dieser wird durch affekthaltige Ereignisse des Vortages aufgerufen und führt zur Traumgenerierung. Das hier unterstellte Gedächtnismodell wird von Leuzinger-Bohleber/Pfeifer/Röckerath (1998) im Sinne der »embodied cognitive science«, d. h. durch die Betonung des sensomotorischen Gedächtnisses ergänzt.

Koukkou und Lehmann (1998) haben über lange Zeit ein systemtheoretisches Modell funktioneller Hirnzustände, insbesondere beim Träumen und Schlafen auf der Grundlage elektroenzephalographischer Messungen (EEG), entwickelt. Nach diesen Befunden darf angenommen werden, daß die festgestellten Ähnlichkeiten zwischen Entwicklungsphasen der frühen Kindheit und Schlafphasen des Erwachsenen auf eine funktionelle Entsprechung hinweisen: Der Erwachsene durchläuft im Schlaf funktionale Hirnzustände, die es ermöglichen, daß Gedächtnisspeicher der Kindheit wieder zugänglich werden.

Kaplan-Solms und Solms schließen aus der Beschreibung verschiedener Syndrome, die mit Traumverlust bzw. Verwischung von Traum und Realität einhergehen, auf eine neurodynamische Struktur des Träumens: Keine Funktion, die zum Träumen beiträgt, kann in einer bestimmten Region des Gehirns lokalisiert werden; das Träumen als neurodynamischer Prozeß entfaltet sich in der Interaktion zwischen verschiedenen Teilkomponenten des Gesamtsystems (Kaplan-Solms/Solms 2000/2003, 54).

Ebenso prozeßorientiert hat sich die klinische oder therapeutische Traumforschung weiterentwickelt. Neben den inhaltsorientierten Untersuchungen sind der Traum und seine Deutung in den Gesamtzusammenhang der psychoanalytischen Situation gerückt worden. Hier wird vom Traum als Paradigma der Eigengesetzlichkeit psychischer Realität ausgegangen und der Traumcharakter bzw. die Traumlogik der Übertragungs- und Gegenübertragungsprozesse untersucht. Im Sinne konzeptueller Grundlagenforschung entwickelte sich eine Forschungslinie, die mit den Arbeiten von Bertram Lewin (1948, 1950/1982, 1953, 1955/1999) beginnt, in den Auffassungen von Morgenthaler (1986) und Merton Gill (1982/1996, 1994/1997) sich fortsetzt und die Traumdeutung konsequent mit der Übertragungsanalyse verbindet (Deserno 1992; Ermann 2005). Sie hat den »Traumcharakter« oder die »Traumlogik« der psychoanalytischen Situation und des Agierens, bzw. Inszenierens der unbewußten Übertragung herausgestellt. Deserno geht theoretisch weiter, wenn er verschiedene psychische Realitäten mit unterschiedlichen symbolischen Modi in der psychoanalytischen Situation interdisziplinär zusammenführt und damit den Traum- bzw. Erinnerungscharakter der Übertragungsinszenierungen mit Hilfe unterschiedlicher Symbolisierungsformen erfaßt (1999, 2002, 2005).

Die früher kontrovers diskutierte Kompensationshypothese des Träumens hat auf einem neuen Weg Eingang in die klinische Psychoanalyse gefunden: Durch ihre psychotraumatologische Forschung konnten Fischer und Riedesser (1998) der klassischen Abwehrlehre ein Kompensationsmodell der Traumabewältigung gegenüberstellen. Vor allem konnten sie zeigen, daß der therapeutische Zugang zum Traumapatienten sich wesentlich von dem zum Patienten, der unter den Folgen eines ungelösten Konfliktes leidet, unterscheidet. Diese kompensatorischen Muster lassen sich auch an den Behandlungsträumen traumatisierter Patienten zeigen.

Es ist für die Forschung und für die Praxis sinnvoll, verschiedene Transformationen des Träumens anzunehmen: Zunächst kann man einen Traum in Echtzeit unterstellen, auch wenn er uns nicht unmittelbar zugänglich ist. Moser und von Zeppelin (1996)

nennen ihn den »geträumten« Traum. Der »erinnerte« und der »erzählte« Traum sind Transformationen des »geträumten« Traumes. Die Annahme einer Verzerrungs-Konsistenz-Hypothese erlaubt es, mit der uns am meisten zugänglichen Form des Traumes, dem erzählten Traum zu arbeiten. Allerdings werden nicht alle Träume, die erinnert werden, in der therapeutischen Situation auch erzählt. Immer wieder ist es gerade das Bewußtwerden einer Übertragungssituation, auf die das Erinnern und Erzählen eines Traumes oder eines weiteren Teils von einem schon berichteten Traumes folgt. Das »Traumähnliche« eines Agierens oder Inszenierens der Übertragung wird oft vom Psychoanalytiker erahnt und bestätigt sich später (vgl. Deserno 1999, 398–411).

Insgesamt versucht die neuere psychoanalytische Traumforschung, die klinisch-therapeutische, konzeptuelle und experimentelle Forschung zusammenzuführen. Nach den erwähnten klinischen und experimentellen Untersuchungen ist Freuds Annahme, der Traum sei der Versuch einer Wunscherfüllung, dahingehend zu erweitern, daß eine übergeordnete Funktion des Träumens in der Entwicklung, Aufrechterhaltung und notfalls auch der »Reparatur« psychischer Prozesse, vielleicht auch der psychischen Strukturen besteht; Träume sind also nicht nur Hüter des Schlafs, sondern, soweit möglich, auch der psychischen Struktur (Stolorow 1989, 102). Eine täglich bedeutsame Aufgabe des Träumens liegt schon allein darin, im Wachleben zunächst vernachlässigte Wahrnehmungen und Wünsche nochmals zu überprüfen und damit dem wachen Denken und Handeln potentiell zugänglich zu machen.

Eine andere Erweiterung von Freuds Wunscherfüllungshypothese liegt in der näheren Bestimmung, warum der Traum, aber auch die ihm psychologisch wahlverwandte Übertragung auf eine Wunscherfüllung drängen: Viele klinische Beobachtungen sprechen dafür, daß dieses Drängen nicht nur sich selbst Genüge tut, sondern immer wiederkehrende Verlust- oder Trennungserlebnisse zum Ausdruck bringt und zugleich lindert (Pontalis 1977/1998).

Wir träumen sehr viel mehr, als man Anfang des 20. Jh.s annahm: Jede Nacht ungefähr drei Stunden, im Laufe unseres Lebens durchschnittlich sieben Jahre. Daraus ist zu schließen, daß Träume keinesfalls nur als Resultat von Abwehrvorgängen und Zensurmotiven vergessen werden. Wir vergessen sie auch, weil sie ihre Funktion erfüllt haben. Die in den Traum eingehenden Ereignisse, Gedanken, Wünsche und Erinnerungen werden beim Träumen umgearbeitet, indem sie sowohl vorbewußten als auch unbewußten Operationen ausgesetzt werden. Unverändert ist davon auszugehen, daß Träume einen latenten Sinn haben und daß die Erlebnisse, die sie darstellen, systematisch entstellt sind. Diese Entstellung wiederum ist nur im Kontext individueller Erfahrung zu entschlüsseln.

Aus heutiger Sicht enthüllt sich die psychische Störung eines Menschen nicht in erster Linie durch die Inhalte seiner Träume und deren Interpretation, sondern dadurch, wie er den Traum schöpferisch »gebrauchen« kann oder auch nicht (Pontalis 1977/ 1998, 33). Die Auflösung neurotischer Hemmungen dieses schöpferischen Gebrauchs sind wesentlicher Bestandteil einer psychoanalytischen Therapie.

Literatur

Anzieu, Didier: *Freuds Selbstanalyse.* 2 Bde. München/Wien 1990 (frz. 1988).

Aserinski, Eugene/Nathaniel Kleitman: Regularly Occuring Periods of Eye Motility and Concurrent Phenomena During Sleep. In: *Science* 118 (1953), 273–74.

Bucci, Wilma: *Psychoanalysis and Cognitive Science. A Multiple Code Theory.* New York 1997.

Danckwardt, Joachim F.: Buchessay. Traum ohne Ende. In: *Psyche* 12 (2000), 1283–1296.

Davis, Russel H.: *Freud's Concept of Passivity.* Psychological Issues, Monograph 60. Madison 1993.

Deserno, Heinrich: Zum funktionalen Verhältnis von Traum und Übertragung. In: *Psyche* (46) 1992, 959–978.

–: Traum und Übertragung in der Analyse des Wolfsmannes. In: *Der Traum des Wolfsmannes.* Materialien aus dem Sigmund-Freud-Institut 15. Münster 1993, 123–151.

– (Hg.): *Das Jahrhundert der Traumdeutung.* Stuttgart 1999.

–: Zum Verhältnis von Traum, Übertragung und Erinnerung. In: Deserno 1999, 397–431.

–: Selbstanalyse. In: Wolfgang Mertens/Bruno Waldvogel (Hg.): *Handbuch psychoanalytischer Grundbegriffe.* Stuttgart 2000, 650–658.

–: Die Logik der Freudschen Traumdeutung. In: Ulrike Kadi/Brigitta Keintzel/Helmuth Vetter (Hg.): *Traum, Logik, Geld.* Tübingen 2001, 9–32.

–: Freuds *Traumdeutung und spätere Traumauffassungen.* In: Hau/Leuschner/Deserno 2002, 47–70.

–: Die gegenwärtige Bedeutung von Symboltheorien für die psychoanalytische Praxis und Forschung. In: Heinz Böker (Hg.): *Psychoanalyse und Psychiatrie.* Stuttgart/New York 2005, 346–358.

Döll, Susanne/Heinrich Deserno/Stephan Hau/Marianne Leuzinger-Bohleber: Die Veränderung von Träumen in Psychoanalysen. In: Leuzinger-Bohleber/Deserno/Hau 2004, 138–145.

Ellenberger, Henry: *Die Entdeckung des Unbewußten.* Zürich 1973 (engl. 1970).

Erdheim, Mario: *Die gesellschaftliche Produktion von Unbewußtheit.* Frankfurt a. M. 1982.

Erikson, Erik H.: Das Traummuster der Psychoanalyse. In: *Psyche* 8 (1955), 561–604 (engl. 1954).

Ermann, Michael: *Träume und Träumen.* Göttingen 2005.

Fischer, Gottfried/Peter Riedesser: *Lehrbuch der Psychotraumatologie.* München 1998.

Fiss, Harry: The »Royal Road« to the Unconscious Revisited. A Signal Detection Model of Dream Function. In: Moffit/Kramer/Hoffman 1993, 381–418.

Fosshage, James L.: The Psychological Function of Dreams. In: *Psychoanalysis and Contemporary Thought* 4 (1983), 641–669.

French, Thomas M.: *The Integration of Behavior.* Bd. 2: The Integrative Process in Dreams. Chicago 1953.

Gill, Merton M.: *Die Übertragungsanalyse. Theorie und Technik.* Frankfurt a. M. 1996 (amerik. 1982).

–: *Psychoanalyse im Übergang.* Stuttgart 1997 (amerik. 1994).

Greenson, Ralph R.: Die Sonderstellung des Traumes in der psychoanalytischen Praxis. In: Ders.: *Psychoanalytische Erkundungen.* Stuttgart 1982, 536–363 (engl. 1970).

Grinstein, Alexander: *On Sigmund Freud's Dreams.* Detroit 1968.

Grubrich-Simitis, Ilse: *Freuds Moses-Studie als Tagtraum. Ein biographischer Essay.* Frankfurt a. M. 1991.

–: Metamorphosen der Traumdeutung. In: Starobinski/Grubrich-Simitis/Solms 1999, 35–72.

Hartmann, Ernest: Making Connections in a Safe Place. In: *Dreaming* 5 (1995), 213–228.

Hau, Stephan/Wolfgang Leuschner/Heinrich Deserno (Hg.): *Traum-Expeditionen.* Tübingen 2002.

Hock, Udo: Lacan – Laplanche: Zur Geschichte einer Kontroverse. In: Hans-Dieter Gondek/Roger Hofmann/Hans-Martin Lohmann (Hg.): *Jacques Lacan: Wege zu seinem Werk.* Stuttgart 2001, 203–235.

Kimmerle, Gerd: *Freuds »Traumdeutung«: Frühe Rezensionen 1899–1903.* Tübingen 1986.

Kaplan-Solms, Karen/Mark Solms: *Neuro-Psychoanalyse. Eine Einführung mit Fallstudien.* Stuttgart 2003 (engl. 2000).

Kohut, Heinz: Kreativität, Charisma, Gruppenpsychologie. Gedanken zu Freuds Selbstanalyse. In: *Psyche* 29 (1974), 681–720.

Koukkou, Martha/Marianne Leuzinger-Bohleber/Wolfgang Mertens (Hg.): *Erinnerung von Wirklichkeiten.* Psychoanalyse und Neurowissenschaften im Dialog. Bd. 1: Bestandsaufnahme. Stuttgart 1998.

Koukkou, Martha/Dietrich Lehmann: Ein systemtheoretisch orientiertes Modell der Funktionen des menschlichen Gehirns und die Ontogenese des menschlichen Verhaltens: eine Synthese von Theorien und Daten. In: Koukkou/Leuzinger-Bohleber/Mertens 1998, 287–415.

Lansky, Melvin R.: The Legacy of The Interpretation of Dreams. In: Ders. (Hg.): *Essential Papers on Dreams.* New York/London 1992, 3–31.

Lenk, Gisela: *Die unbewußte Gesellschaft.* München 1983.

Leuschner, Wolfgang: Experimentelle psychoanalytische Forschung. In: Deserno 1999, 356–374.

– /Stephan Hau/Tamara Fischmann: *Die akustische Beeinflußbarkeit von Träumen.* Psychoanalytische Beiträge aus dem Sigmund-Freud-Institut. Bd. 3. Tübingen 2000.

Leuzinger-Bohleber, Marianne: Nachträgliches Verstehen eines psychoanalytischen Prozesses. In: Koukkou/Leuzinger-Bohleber/Mertens 1998, 36–95.

– /Rolf Pfeifer/Klaus Röckerath: Wo bleibt das Gedächtnis? Psychoanalyse und Embodied Cognitive Science im Dialog. In: Koukkou/Leuzinger-Bohleber/Mertens 1998, 517–588.

– /Heinrich Deserno/Stephan Hau (Hg.): *Psychoanalyse als Profession und Wissenschaft. Die psychoanalytische Methode in Zeiten wissenschaftlicher Pluralität.* Stuttgart 2004.

Lewin, Bertram D.: Inferences from the Dream Screen. In: *International Journal of Psycho-Analysis* 29 (1948), 224–231.

–: *Das Hochgefühl.* Frankfurt a. M. 1982 (amerik. 1950).

–: Reconsideration of the Dream Screen. In: *Psychoanalytic Quarterly* 22 (1953), 174–199.

–: Traumpsychologie und die analytische Situation. In: Deserno 1999, 113–139 (amerik. 1955).

Lorenzer, Alfred: *Kritik des psychoanalytischen Symbolbegriffs.* Frankfurt a.M. 1970.

Marinelli, Lydia/Andreas Mayer (Hg.): *Die Lesbarkeit der Träume: Zur Geschichte von Freuds »Traumdeutung«.* Frankfurt a.M. 2000.

Mertens, Wolfgang: *Traum und Traumdeutung.* München 1999.

– /Willy Obrist/Herbert Scholpp: *Was Freud und Jung nicht zu hoffen wagten ... Tiefenpsychologie als Grundlage der Humanwissenschaft.* Gießen 2004.

Moffitt, Alan/Milton Kramer/Robert Hoffman (Hg.): *The Functions of Dreaming.* Albany 1993.

Morgenthaler, Fritz: *Der Traum.* Frankfurt a.M. 1986.

Moser, Ulrich/Ilka von Zeppelin: *Der geträumte Traum.* Stuttgart 1996.

Palombo, Stanley R.: *Dreaming and Memory: A New Information-processing Model.* New York 1978.

Pietzcker, Carl: Zum Verhältnis von Traum und literarischem Kunstwerk. In: Johannes Cremerius (Hg.): *Psychoanalytische Textinterpretation.* Hamburg 1974, 57–68.

Pontalis, Jean-Bertrand: *Zwischen Traum und Schmerz.* Frankfurt a.M. 1998 (frz. 1977).

Ricœur, Paul: *Die Interpretation. Ein Versuch über Freud.* Frankfurt a.M. 1969 (frz. 1965).

Scheidt, Jürgen vom: *Freud und das Kokain. Die Selbstversuche Freuds als Anstoß zur ›Traumdeutung‹.* München 1973.

– (Hg.): *Der unbekannte Freud. Neue Interpretationen seiner Träume durch Erik H. Erikson, Alexander Grinstein, Heinz Politzer, Lutz Rosenkötter, Max Schur u.a.* München 1974.

Schott, Heinz: *Zauberspiegel der Seele. Sigmund Freud und die Geschichte der Selbstanalyse.* Göttingen 1985.

Schur, Max: *Sigmund Freud. Leben und Sterben.* Frankfurt a.M. 1973 (engl. 1972).

Sharpe, Ella Freeman: *Traumanalyse.* Stuttgart 1984 (engl. 1937).

Shevrin, Howard: Der Stellenwert des Traumes in der psychoanalytischen Forschung. In: Hau/Leuschner/Deserno Tübingen 2002, 91–113.

Solms, Mark: Traumdeutung und Neurowissenschaften (engl. 1997). In: Starobinski/Grubrich-Simitis/Solms 1999, 73–89.

Specht, Ernst K.: Der wissenschaftstheoretische Status der Psychoanalyse. Das Problem der Traumdeutung. In: *Psyche* 35 (1981), 761–787.

Starobinski, Jean/Ilse Grubrich-Simitis/Mark Solms: *Hundert Jahre »Traumdeutung« von Sigmund Freud.* Frankfurt a.M. 1999.

Stern, William: Sigmund Freud: Die Traumdeutung. In: Kimmerle 1986, 60–64.

Stolorow, Robert D.: The Dream in Context. In: Arnold Goldberg (Hg.): *Dimensions of Self Experience. Progress in Self Psychology.* Bd. 5. Hillsdayle/London 1989, 33–45.

Widmer, Peter: *Subversion des Begehrens. Jacques Lacan oder die zweite Revolution der Psychoanalyse.* Frankfurt a.M. 1990.

Heinrich Deserno

5. Theorie des Unbewußten

5.1 *Zur Psychopathologie des Alltagslebens* (1901)

In dem 1901 erschienenen Werk *Zur Psychopathologie des Alltagslebens* (GW IV) versuchte Freud, seine psychoanalytische Theorie des psychischen Determinismus, der Bedeutung des Unbewußten und der Wiederkehr des Verdrängten an alltagsweltlichen Erlebnisweisen zu verdeutlichen. Im Zentrum stehen dabei die sogenannten *Fehlleistungen*. Dazu gehören vor allem »die Fälle von Vergessen und die Irrtümer bei besserem Wissen, Versprechen, Verlesen, Verschreiben, Vergreifen und die sogenannten Zufallshandlungen« (268). Die Zusammensetzung der fraglichen Begriffe mit der Vorsilbe »Ver-« deutet die innere Gleichartigkeit dieser Phänomene bereits sprachlich an.

Fehlleistungen haben den Charakter einer momentanen, zeitweiligen Störung, die sich »innerhalb der Breite des Normalen« (267) abspielt. Der Betroffene kann sie sich selbst nicht erklären und schreibt sie seiner Unaufmerksamkeit oder dem Zufall zu (268). Wenn man das Verfahren der psychoanalytischen Untersuchung auf sie anwendet, erweisen sie sich aber als wohlmotiviert und durch dem Bewußtsein unbekannte Motive determiniert (267). Sehr häufig dienen sie der Vermeidung von Unlust, die mit dem Bewußtwerden unterdrückter unbewußter Inhalte verbunden wäre. Gleichzeitig läßt sich an ihnen demonstrieren, wie das Unterdrückte sich auf Umwegen dennoch Zugang zum Bewußtsein verschafft. Freud zeigt dies eindrücklich an dem folgenden Beispiel des Versprechens: Jemand »erzählt von Vorgängen, die er in seinem Innern für ›Schweinereien‹ erklärt. Er sucht aber nach einer milden Form und beginnt: ›Dann aber sind Tatsachen zum *Vorschwein* gekommen‹« (65).

Das »Aliquis«-Beispiel gibt Aufschluß über den Grund des Vergessens: Ein Bekannter Freuds hat Schwierigkeiten, ein Zitat aus Vergils *Aeneis* wiederzugeben, weil ihm das unbestimmte Pronomen »aliquis« (irgendeiner) entfallen ist. Freud versucht, den Grund für das Vergessen herauszufinden, und fordert den jungen Mann auf, zu »aliquis« zu assoziieren. Die Assoziationen führen über verschiedene Zwischenschritte (Reliquien – Liquidation – Flüssigkeit) schließlich zum Blutwunder des heiligen Januarius und der Bemerkung, daß sich das alljährliche Flüssigwerden des Blutes einmal verzögert habe. Von da an führt die Assoziationskette weiter zum Ausbleiben der Monatsblutung seiner Geliebten und der ängstlichen Erwartung, daß »das Blutwunder« doch möglichst bald geschehen solle (16). Die Angst vor dem Ausbleiben der Blutung und dem Eintreten einer Schwangerschaft verdichtete sich für Freud assoziativ in dem Wort »aliquis«, das deshalb dem Vergessen anheim fiel (16 f.). Ebenso stellte Freud eine Gleichartigkeit zwischen dem Vergessen von Eigennamen und dem Fehlerinnern fest. Dabei geht es um ein Fehlgehen der Erinnerung, und zwar auf dem Wege der Verschiebung von einem bedeutsamen Eindruck auf andere, assoziativ damit verbundene indifferente Erfahrungen (51). Dies betrifft auch die Bildung von Deckerinnerungen (52).

Unter Deckerinnerungen (51 ff.) versteht Freud Kindheitserinnerungen, deren Schärfe und Plastizität in merkwürdigem Gegensatz zu der Flachheit der Affekte steht, die den Inhalt der Erinnerungen betreffen. So hat ein 24jähriger Mann ein Bild aus seinem fünften Lebensjahr bewahrt, wo er im Garten eines Sommerhauses auf einem Stühlchen neben seiner Tante sitzt, die bemüht ist, ihm das Alphabet beizubringen. Die Unterscheidung von *m* und *n* bereitet ihm Schwierigkeiten, und er fragt die Tante, was der Unterschied zwischen den beiden Buchstaben sei. Die Tante sagt ihm, daß das *m* einen Strich mehr habe als das *n* (57). Die Bedeutung dieser Kindheitserinnerung erwies sich später, als sich zeigte, daß sie eine ganz andere Wißbegierde des Knaben überdeckte, nämlich die nach dem Unterschied zwischen Jungen und Mädchen, und er sich damals wohl sehr wünschte, daß die Tante darin seine Lehrmeisterin werde. Damals fand er heraus, »daß der Bub wiederum ein ganzes Stück mehr habe als das Mädchen« (57).

Oft setzt sich ein indifferenter Eindruck als Deckerinnerung im Gedächtnis fest, der diese Auszeichnung nur der Verknüpfung mit einem früheren (seltener auch einem späteren) Erlebnis verdankt, gegen dessen direkte Reproduktion sich Widerstände ergeben (52). Freuds Konzept der *Nachträglichkeit* von Bedeutungszuschreibungen bekommt hier besonderes Gewicht.

Für das Verlesen und Verschreiben zitiert Freud unter anderem ein Beispiel von Max Eitingon (jeder Neuauflage seiner Schrift pflegte Freud neues Material hinzuzufügen), der sich während des Ersten Weltkriegs im Kriegsspital in Igló befand. Leutnant X., der dort wegen einer kriegstraumatischen Neurose behandelt wurde, las Eitingon eines Tages in sichtlicher Ergriffenheit den Schlußvers eines Gedichts vor, dessen Autor früh im Krieg gefallen war: »Wo aber steht's geschrieben, frag' ich, daß von allen/ Ich übrig bleiben soll, ein andrer für mich fallen?/ Wer immer von euch fällt, der stirbt gewiß für mich;/ Und ich soll übrig bleiben? *warum denn nicht?*« Durch Eitingons Befremden aufmerksam gemacht, las er dann, etwas betreten, richtig: »Und ich soll übrig bleiben? Warum denn *ich*?« (126).

Die Beschäftigung mit Determinismus, Zufalls- und Aberglaube führte Freud zu der Frage, ob auch Zufälle und sog. »freie Einfälle« durch psychisches Material bedingt sind (267). Er glaubte, diese Frage in vielen Fällen bejahen zu können, und demonstriert dies an folgender Begebenheit: Ein Mann fährt auf seinen Reisen durch Spanien mehrmals mit der Bahn über den Bidossa-Fluß, wobei ihm jedesmal ein Gedicht von Uhland in den Sinn kommt: »Aber frei ist schon die Seele,/Schwebet in dem Meer von Licht«. Er kann sich dies nicht erklären, bis er zu Hause beim Blättern in einem Band Uhlandscher Gedichte entdeckt, daß einige Seiten nach diesem Gedicht ein anderes Gedicht den Titel »Die Bidossa-Brücke« trägt (281 f.).

Daß Fehlleistungen physiologisch (vor allem durch Ermüdung) oder auch durch die Kontaktwirkung von Lauten begründet sein können, wurde von Freud durchaus anerkannt. Eine Rückführung allein auf diese Ursachen erschien ihm aber nicht ausreichend, um die Störung des Redeflusses zu erklären (90 f.). Linguistische Argumente, wie sie unter anderem von Adolf Grünbaum (1984/1988) unter Berufung auf Sebastiano Timpanaro (1974/1976) benutzt wurden, um Freuds Verdrängungslehre am Beispiel des Vergessens des Wortes »aliquis« zu widerlegen, erweisen sich daher als kurzschlüssig (vgl. Köhler 1996, 132 f.).

Dies gilt schon deshalb, weil die von Freud in der *Psychopathologie des Alltagslebens* beschriebenen Fehlleistungen im Gegensatz zu Träumen und neurotischen Symptombildungen sich nicht stringent auf verdrängte infantile Wünsche zurückführen lassen. Sie beziehen sich eher auf vorbewußte als auf unbewußte Inhalte (Köhler 2000). Unabhängig davon hat die *Psychopathologie des Alltagslebens* wahrscheinlich wie kein anderes seiner Werke zur Verbreitung des Freudschen Gedankenguts beigetragen. Schon zu Freuds Lebzeiten erreichte das Buch zehn Auflagen und wurde in zwölf Sprachen übersetzt (Jones II, 395).

Literatur

Grünbaum, Adolf: *Die Grundlagen der Psychoanalyse. Eine philosophische Kritik.* Stuttgart 1988 (engl. 1984).
Köhler, Thomas: *Anti-Freud-Literatur von ihren Anfängen bis heute.* Stuttgart 1996.
–: *Das Werk Sigmund Freuds. Entstehung – Inhalt – Rezeption.* Lengerich 2000.
Timpanaro, Sebastiano: *The Freudian slip. Psychoanalysis and textual criticism.* London 1974/1976.

Christa Rohde-Dachser

5.2 *Der Witz und seine Beziehung zum Unbewußten* (1905)

Dies ist Freuds einzige Arbeit (GW VI), die einem ästhetischen Phänomen nachgeht, indem sie ein umfangreiches Material analysierend systematisiert. Das in der *Traumdeutung* (1900) Erkannte – der Kompromiß zwischen Wunsch und Realitätsanspruch und die Entstellung, die sich der Verfahren des Primärprozesses bedient – wird aus der Einpersonenpsychologie des Traumes in die Mehrpersonenpsychologie des Witzes überführt. Hinzu kommt das zur selben Zeit in den *Drei Abhandlungen zur Sexualtheorie* entwickelte Prinzip der Vorlust. Freud bewegt sich hier in drei Traditionen, aus denen er Gedanken aufgreift, psychoanalytisch neuformuliert und zusammenführt: die seit Aristoteles bekannte Vorstellung der sozialen Funktion des Lachens, wie sie ihm zuletzt mit Bergsons *Le rire* (1900) begegnete, die romantische Tradition vom subjektiven Charakter des Komischen, wie er sie in Jean Pauls *Vorschule des Ästhetischen* (1804, 1813) fand, und vor allem die physiologische Schule des 19. Jh.s, wie sie ihm mit Spencers *The Physiology of Laughter* (1868) begegnete. Ermutigt fühlte er sich durch *Komik und Humor* (1898) von Theodor Lipps. – *Der Witz und seine Beziehung zum Unbewußten* erschien 1905, angeregt durch eine

Bemerkung von Fließ, dem, als er Korrekturfahnen zur *Traumdeutung* las, auffiel, daß dort die Träume zu viele Witze enthielten. Freud, ein Sammler jüdischer Witze, fragt hier nach dem Wesen des Witzes und nähert sich von ihm her zurückhaltend den Phänomenen Komik und Humor.

Freud versteht den Witz als sozialen Vorgang zwischen Witzproduzent und Witzhörer und die Techniken des Witzes als Strategien, die dem Produzenten Witzarbeit und Gewinn an Witzeslust erlauben sowie dem Hörer zu Witzeslust verhelfen. Der Produzent begebe sich, wenn er mit der Sprache spielt und Unzusammenhängendes verdichtet oder verschiebt, auf eine Stufe, die er als realitätsbewußter Erwachsener hatte verlassen müssen. Die psychische Energie, der Hemmungsaufwand, den er eingesetzt hatte, um sich solches Spiel zu verbieten, sei nun unnötig geworden; so lache er ihn ab. Beim Spiel mit der Sprache sei ein vorbewußter Gedanke ins Unbewußte gesunken und nach den dort geltenden Gesetzen bearbeitet worden; so verändert, tauche er als plötzlicher Einfall wieder auf. Spiellust und Aufhebungslust eines harmlosen Witzes wirkten beim tendenziösen Witz als Vorlust: lockten zur Lust an stärker verdrängten, insbesondere aggressiven und sexuellen Regungen, die nun im witzigen Wortspiel durchbrächen, sich zugleich aber auch verbärgen; anders als der Traum richte der Witz sich ja an Adressaten, müsse also auch deren Zensur gerecht werden. Der Hörer führe lachend Energie ab, die er gegen die Lust am Wortspiel und gegen stärker verdrängte Regungen eingesetzt hatte, die nun aber unnötig werde. Beim Hörer, dessen Aufmerksamkeit durch mannigfache Techniken, z. B. durch Fassadenbildung abgelenkt sei, wiederhole sich der Vorgang der Witzarbeit, allerdings ohne den Energieaufwand des Produzenten. So könne er einen größeren Betrag Hemmungsenergie ablachen als dieser, den er mit seinem Lachen seinerseits anstecke. – Von diesem Verständnis des Witzes her blickt Freud auf Komik und Humor. Komik verlange nicht notwendig nach einem Hörer, sie vollziehe sich vorbewußt beim Betrachter, dem etwas komisch erscheine: Er versetze sich in das für ihn Komische und entwickle hierbei Erwartungen, die dann enttäuscht würden. Die hierbei ersparten Erwartungsenergien führe er lachend ab. Den Humor, eine Art des Komischen, versteht Freud als Vorgang, bei dem nicht nur der Zuhörer, sondern auch die komische Figur fehlen könne. Der Humorist erhebe sich lächelnd über sein eigenes Leiden und seine Emotionen und könne nun mit erspartem Gefühlsaufwand lächeln (s. Kap. II.10.11).

Freud hat sein Witzbuch nicht so hoch geschätzt wie andere seiner Beiträge (GW XIV, 92; 1925); er sah in ihm einen Seitensprung (ebd., 91), der ihn von seinem Weg abgeführt habe (GW XI, 242; 1916). Das setzte sich bei den an Unbewußtem und Therapie interessierten Psychoanalytikern fort. Auch sind die beigezogenen Witze wegen des Doppelsinns der Worte für nicht des Deutschen mächtige Leser öfters schwer zu verstehen. So stammen die meisten nichtdeutschen Arbeiten von Emigranten und an der jüdischen Thematik Interessierten. Die zum Teil recht groben, von Freud als selbstironisch verstandenen Judenwitze wurden nach dem Holocaust als Angriff auf die eigene Tradition interpretiert (Oring 1984); daß er deren jüdische Eigenart in den Hintergrund gedrängt und sie auf Universelles zurückgeführt hatte, deutete man als Zerschneiden seiner Abhängigkeitsbeziehungen, auch derer gegenüber seinen geistigen Vätern (Kofman 1990, 10–17); die aggressiven Witze über Frauen als Zeichen seines männlichen Überlegenheitsbedürfnisses. Er verstecke sein kastriertes, weibliches oder jüdisches Gesicht hinter universell Menschlichem (ebd., 163).

Die psychoanalytischen Arbeiten zu Witz und Komik haben die Ergebnisse Freuds schärfer herausgearbeitet, ergänzt und entfaltet. Schon früh hat Reik den Vorgang zwischen Witzproduzent und -hörer als Zusammenspiel gefaßt: Der Produzent lege mit dem Witz ein unbewußtes Geständnis ab, sei nun in schuldbewußter Sorge, aus der Gemeinschaft ausgeschlossen zu werden; die aber nehme ihm der Hörer durch sein Lachen ab. So könne der Produzent sich aufgenommen fühlen und seinen gegen das unbewußte Schuldgefühl eingesetzten Hemmungsaufwand ablachen. Zur Störung der Abfuhr komme es beim Produzenten aus vor- oder unbewußter Sorge um die Aufnahme des Witzes (Reik 1929, 220). Das wird durch Grotjahns These gestützt, daß sich in jedem Witz aggressive Tendenzen finden, ja daß Lachen im wesentlichen auf Freisetzung verdrängter Feindseligkeit beruhe (1974, 36), was zu Schuldgefühlen führt. Das Lachen selbst bezogen Grotjahn (1974, 61 f.) und z. B. Kofman (1990, 92, u. 164) auf das Lächeln des Säuglings. Mit ihm stelle sich in vorsprachlicher Kommunikation Einheit her. Wurde so von psychoanalytischer Seite herausgearbeitet, daß der Hörer den Erzähler durch sein Lachen in die Gemeinschaft aufnimmt, so betont Genazino (2004, 133 ff.), daß, wer über einen öffentlich erzählten Witz nicht lacht, seine eigene Vergesellschaftung zur Disposition stelle. Das mitlachende Publikum werde vergesellschaftet, wer nicht lache dagegen zum Spielverderber. Zu einzelnen Momenten des Witzes trugen mehrere Autoren Neues bei: Arieti zeigte, daß wir beim Hören eines Witzes lachen, wenn wir entdekken, daß wir auf primärprozeßhaftes Denken antworten, während wir doch auf logisches eingestellt waren (1976, 111); Reik betonte die magische Macht des Worts, die Erzähler wie Hörer beim Eintauchen ins Vor- und Unbewußte ergreife, Grotjahn, arbeitete unterschiedliche Charaktertypen von Witzproduzenten nach Arten ihrer Aggressivität heraus, z. B. den Hänsler oder den Witzbold (1974, 40 ff.).

»Von der Anwendung analytischen Denkens auf ästhetische Themata hat mein Buch über den ›Witz‹ ein erstes Beispiel gegeben«, schrieb Freud 1914 (GW X, 78). Reik hat dann das Paradigma Witzarbeit auf die Kunstarbeit übertragen und so dem Paradigma Traumarbeit, das die Literaturanalyse bis heute leitet, ein zweites an die Seite gestellt, das den ästhetischen Prozeß nun als sozialen begreifen läßt: das Angewiesensein des Dichters auf Beifall, der ihn von Schuldgefühlen befreie. – Von literaturwissenschaftlicher Seite wurde Freuds Modell des Witzes als Paradigma von Literatur vor allem mit Blick auf deren Techniken aufgegriffen. Für Hiebel (1978, 129) ist das Buch über den Witz aufschlußreicher als Freuds unmittelbar literaturtheoretische Arbeiten; nur hier habe er eine poetische Form mit Blick auf deren ästhetische Funktionsweise untersucht (ebd., 136). Hiebel konzentriert sich auf die Mechanismen der Witzarbeit, insbesondere Verschiebung und Verdichtung, die er in der Nachfolge Lacans als sprachliche versteht und als Metapher und Metonymie im literarischen Werk wiederfindet. Ähnlich sieht Bartels (1981, 24, 27) in der Weise, wie Freud die Technik des Witzes analysiert, ein Vorbild des Verstehens poetischer Gestaltungskunst, die mit Blick auf Form, nicht aber primär auf Inhalt zu untersuchen sei. – Die linguistische Analyse der Merkmale des Witzes erschöpft für die Literaturwissenschaft den paradigmatischen Charakter des Buches über den Witz freilich nicht. Das Modell einer psychoanalytischen Theorie des Kunstwerks als Modell eines sozialen Prozesses, wie es der Theorie des Witzes entspräche, steht allerdings noch aus.

Literatur

Anz, Thomas: *Literatur und Lust*. München 1998.
Arieti, Silvano: Creativity in Wit. In: ders.: *Creativity*. New York 1976, 101–134.
Bartels, Martin: Traum und Witz bei Freud. Die Paradigmen psychoanalytischer Dichtungstheorie. In: *Literatur und Psychoanalyse*. Hg. von Klaus Bohnen u. a. Kopenhagen/München 1981, 10–29.
Genazino, Wilhelm: *Der gedehnte Blick*. München 2004.
Grotjahn, Martin: *Vom Sinn des Lachens. Psychoanalytische Betrachtungen über den Witz, das Komische und den Humor*. München 1974 (amerik. 1957).
Hiebel, Hans: Witz und Metapher in der psychoanalytischen Wirkungsästhetik. In: *Germanisch-Romanische Monatsschrift*. Neue Folge (1978), 129–154.
Kofman, Sarah: *Die lachenden Dritten. Freud und der Witz*. München/Wien 1990 (frz. 1986).
Oring, Elliot: *The Jokes of Sigmund Freud*. Philadelphia Univ. of Pennsilvania Press 1984.
Reik, Theodor: Künstlerisches Schaffen und Witzarbeit. In: *Imago* 15 (1929), 188–220.
–: *Jewish Wit*. New York 1962.

Carl Pietzcker

5.3 *Das Ich und das Es* (1923)

In seiner Arbeit *Das Ich und das Es* (GW XIII, 235–289) entwickelt Freud das Konzept des psychischen Apparats mit den Instanzen Ich, Es und Über-Ich, das trotz der fortschreitenden wissenschaftlichen Entwicklung insbesondere auf dem Gebiet der psychoanalytischen Objektbeziehungstheorie und der Neurowissenschaften bis heute das psychoanalytische Denken prägt. Zunächst wird dazu der Begriff des Unbewußten weiter differenziert. Es gibt, so Freud, ein *deskriptiv Unbewußtes*, das jederzeit bewußt werden kann und insofern eigentlich *vorbewußt* ist, und ein *psychodynamisches Unbewußtes*, das nicht ohne weiteres bewußt werden kann, weil eine psychische Kraft sich dem widersetzt (240). Um diese Unterscheidung hervorzuheben, nennt Freud das deskriptiv Unbewußte nunmehr »vorbewußt«. Den Begriff »unbewußt« reserviert er hingegen für das *dynamische Unbewußte*, das jene Vorstellungen enthält, die der Verdrängung anheim gefallen sind (241).

Ebenso postuliert Freud eine zusammenhängende Organisation der seelischen Vorgänge und nennt diese *Ich* (243). Das Ich ist durch die psychischen Funktionen definiert, die ihm obliegen (vor allem Wahrnehmung, Realitätsprüfung, Denken, Motilität). Vom Ich gehen auch die Verdrängungen aus, mit denen gewisse seelische Strebungen vom Bewußtsein ausgeschlossen werden sollen, ebenso wie der Widerstand gegen ihre erneute Bewußtwerdung (243). Verdrängung und Widerstand sind aber unbewußte Vorgänge: Die Unterscheidung zwischen bewußt und unbewußt greift hier deshalb zu kurz. Es bedarf der Einführung eines weiteren Gegensatzes, nämlich des Gegensatzes zwischen dem *Ich* und dem von ihm abgespaltenen Verdrängten (244), das Freud *Es* nennt.

Das Ich ist dann der Teil des Es, der über das Wahrnehmungssystem mit der Außenwelt in Verbindung steht und den Einfluß der Außenwelt dem Es gegenüber zur Geltung bringt. Es vertritt zu diesem Zweck das *Realitätsprinzip*, im Gegensatz zum *Lustprinzip*, das im Es uneingeschränkt regiert. Das Ich repräsentiert Vernunft und Besonnenheit, im Gegensatz zum Es, das die Leidenschaften enthält (253). Das Ich ist vom Es aber nicht scharf getrennt, es fließt nach unten hin mit ihm zusammen (251). In seinem Verhältnis zum Es gleicht es dem Reiter, der die überlegene Kraft des Pferdes zügeln soll. Oft bleibt ihm aber nichts anderes übrig, als es dahin zu führen, wohin es gehen will (253). Um dieser Versuchung Einhalt zu gebieten, bedarf es einer moralischen Zensur. Diese geschieht durch das *Über-Ich* oder *Ichideal* als einem aus dem Ich heraus entwickelten System, das die Identifizierungen mit den Eltern der frühen Kindheit enthält.

Wenn ein frühes Sexualobjekt aufgegeben werden muß, so tritt nach Freud dabei nicht selten eine Ich-Veränderung auf, die man wie bei der Melancholie als eine Aufrichtung des Objekts im Ich beschreiben kann (258). Der Charakter des Ichs ist insofern ein Niederschlag der aufgegebenen Objektbesetzungen, der die Geschichte dieser Objektwahlen enthält (258). Die Objektbesetzungen gehen ursprünglich vom Es aus und enthalten die erotischen Strebungen, die ausschließlich dem Lustprinzip unterliegen. Mit der identifikatorischen Aneignung dieser Objektbeziehungen durch das Ich nimmt dieses aber auch Züge des Objekts an. Damit kommt es in die Versuchung, dem Es den Verlust seines Liebesobjekts zu ersetzen, in dem es sich sozusagen selbst dem Es als Liebesobjekt aufdrängt und sagt: »Schau her, du kannst auch mich lieben, ich bin dem Objekt ganz ähnlich« (258). Die Wirkung der ersten, im frühesten Alter erfolgten Identifizierungen wird dabei besonders nachhaltig sein. Dies gilt vor allem für die erste und bedeutsamste Identifizierung des Individuums, die mit dem Vater der persönlichen Vorzeit (259).

Das Über-Ich ist aber nicht nur Ergebnis der ersten Objektwahlen des Es, sondern es hat auch die Bedeutung einer energischen Reaktionsbildung gegen dieselben. Seine Beziehung zum Ich erschöpft sich deshalb auch nicht in der Mahnung: So (wie der Vater) *sollst* du sein, sie umfaßt auch das Verbot: So (wie der Vater) *darfst du nicht* sein, das heißt nicht alles tun, was er tut; manches bleibt ihm vorbehalten (262).

Das Über-Ich wird damit den Charakter des Vaters bewahren. Je stärker der Ödipuskomplex war und je beschleunigter seine Verdrängung erfolgte, desto strenger wird später auch das Über-Ich sein (263). Im Extremfall kann man den Eindruck haben, als habe sich die destruktive Komponente des Todestriebs im Über-Ich abgelagert und wüte nun von dort aus gegen das Es (283). Nach beiden Seiten hilflos, wehrt sich das Ich dann vergeblich gegen die Zumutungen des mörderischen Es wie gegen die Vorwürfe des strafenden Gewissens (283). Auch die Todesangst, für die es nach Freud im Unbewußten keine Entsprechung gibt, spielt sich für ihn zwischen Ich und Über-Ich ab (288). *Leben* ist für das Ich gleichbedeutend mit Geliebtwerden, vom Über-Ich geliebt werden (ebd.). »Das Es, zu dem wir am Ende zurückführen, hat keine Mittel, dem Ich Liebe oder Haß zu bezeugen. Es kann nicht sagen, was es will; es hat keinen einheitlichen Willen zustande gebracht. Eros und Todestrieb kämpfen in ihm [...] Wir können es so darstellen, als ob das Es unter der Herrschaft der stummen, aber mächtigen Todestriebe stünde, die Ruhe haben und den Störenfried Eros nach den Winken des Lustprinzips zur Ruhe bringen wollen, aber wir besorgen, doch dabei die Rolle des Eros zu unterschätzen« (289).

Freuds 1923 entworfenes Konzept des psychischen Apparats mit seinen Instanzen Ich, Es und Über-Ich hat in der Psychoanalyse seitdem eine Reihe von Fortentwicklungen erfahren. In der psychoanalytischen Objektbeziehungstheorie wurde der Ursprung des Über-Ichs hinter den Ödipuskomplex zurück in die frühe Mutter-Kind-Beziehung verlegt (Klein 1958/2000). Hartmann (1964/1972) hat dem Begriff des Ichs den des Selbst hinzugefügt. In der Selbstpsychologie wurde die Trennung von Über-Ich und Ich-Ideal weiter ausgebaut (Kohut 1971/1973). Chasseguet-Smirgel (1975/1981) sah das Ich-Ideal im Gegensatz zum Über-Ich als den unbewußten Niederschlag ursprünglichen (mütterlichen) Verheißung. Ich, Es und Über-Ich wurden als geschlechtsspezifische Metaphern der Vater-Mutter-Kind-Beziehung dekonstruiert (Rohde-Dachser 1993). Unter neurowissenschaftlichen Gesichtspunkten ist es vor allem der Begriff des prozeduralen (impliziten) und des deklarativen (expliziten) Gedächtnisses, mit dem Freuds Theorie des Unbewußten in die moderne neurowissenschaftliche Diskussion zurückgeholt wurde. Ein interessanter Vorschlag der Übersetzung der Freudschen Theorie des psychischen Apparats in eine neurowissenschaftlich fundierte Theorie des subjektiven Erlebens stammt von Deneke (1999/2001).

Literatur

Chasseguet-Smirgel, Janine: *Das Ichideal. Psychoanalytischer Essay über die »Krankheit der Idealität«*. Frankfurt a. M. 1981 (frz. 1975).

Deneke, Friedrich-Wilhelm: *Psychische Struktur und Gehirn. Die Gestaltung subjektiver Wirklichkeiten* [1999]. Stuttgart 2001.

Hartmann, Heinz: *Ich-Psychologie. Studien zur psychoanalytischen Theorie*. Stuttgart 1972 (engl. 1964).

Klein, Melanie: Zur Entwicklung psychischen Funktionierens [1958]. In: Dies.: *Gesammelte Schriften III: 1946–1963*. Stuttgart-Bad Cannstatt 2000, 369–386.

Kohut, Heinz: *Narzißmus. Eine Theorie der psychoanalytischen Behandlung narzißtischer Persönlichkeitsstörungen*. Frankfurt a. M. 1973 (engl. 1971).

Rohde-Dachser, Christa: Geschlechtsmetaphern im Diskurs der Psychoanalyse. In: Michael B. Buchholz (Hg.): *Metaphernanalyse*. Göttingen 1993, 208–228.

Christa Rohde-Dachser

5.4 Metapsychologische Schriften

Zwischen 1914 und 1915 verfaßte Freud eine Reihe von Abhandlungen mit dem erklärten Ziel, die theoretischen Annahmen der Psychoanalyse zu klären und zu vertiefen. Sie sollten als Buch mit dem Titel »Zur Vorbereitung einer Metapsychologie« erscheinen. Durch seine Korrespondenz (vgl. etwa F/Fer II/ 1, 102, 106 f., 120, 124, 127 ff.) wissen wir, daß Freud ursprünglich zwölf Schriften für diese Reihe plante, letztlich jedoch nur fünf von ihnen veröffentlichte: *Triebe und Triebschicksale* (GW X, 209–232), *Die Verdrängung* (ebd., 247–261) und *Das Unbewußte* (ebd., 263–303) im Jahr 1915 sowie die Arbeiten *Metapsychologische Ergänzung zur Traumlehre* (ebd., 411– 426) und *Trauer und Melancholie* (ebd., 427–446), die zwei Jahre später erschienen. Die anderen sieben Texte galten allesamt als verschollen. Im Jahr 1984 konnte Ilse Grubrich-Simitis ein unerwartet wiedergefundenes handschriftliches Manuskript Freuds als eine der verloren geglaubten Arbeiten identifizieren. Die Schrift wurde 1985 unter dem Titel *Übersicht der Übertragungsneurosen* veröffentlicht (Freud 1985; Nachtr., 647–651).

Freuds Bemühung, die theoretischen Grundlagen der Psychoanalyse zu entwickeln und zu differenzieren, ist keineswegs auf die genannten Schriften beschränkt. Sowohl in den später verfaßten Abhandlungen *Jenseits des Lustprinzips* (1920), *Das Ich und das Es* (1923), *Hemmung, Symptom und Angst* (1926) als auch in früheren Schriften, insbesondere im *Entwurf einer Psychologie* (1895) und im 7. Kapitel der *Traumdeutung* (1900), hat Freud vergleichbar umfassende theoretische Absichten verfolgt.

Der Begriff ›Metapsychologie‹ taucht das erste Mal 1898 im Briefwechsel mit Wilhelm Fließ auf. Dort eruiert Freud die Tauglichkeit dieses Begriffs für seine »hinter das Bewußtsein führende Psychologie« (F, 329). Der Briefwechsel enthält außerdem Freuds erstes umfassendes theoretisches Modell psychischen Geschehens, die unvollendet gebliebene, kurze Zeit später vom Autor verworfene Frühschrift *Entwurf einer Psychologie*. Der Text verfolgt die Absicht, »psy-

chische Vorgänge als quantitativ bestimmte Zustände aufzeigbarer materieller Teile« (Nachtr., 387) darzustellen. Zu diesem Zweck konstruiert Freud einen aus energieleitenden Neuronen zusammengesetzten »Apparat«, der dem sog. Konstanzprinzip zu folgen hat. Durch geeignete Abfuhr und assoziative Verarbeitung innerer Reize sowie Schutz- und Reduktionsmaßnahmen gegenüber äußeren Reizen soll das Spannungs- und Erregungsniveau des Apparats möglichst gering gehalten werden. Vor diesem energetisch-ökonomischen Hintergrund – dem »Lust-Unlust-Prinzip« – sollte die Hysterie ihre Erklärung finden: Die Erinnerungen an »vorzeitige Sexualerlebnisse«, die typischerweise die Krankengeschichten der Hysteriker prägen, bringen aufgrund ihrer unkontrollierbaren, überflutenden Affektentbindung das postulierte Funktionsgefüge aus dem Gleichgewicht.

Daß Freud seine Modellbildung in naturwissenschaftlichen Begriffen wie ›Kraft‹, ›Quantität‹, ›Energie‹, ›Ladung‹ etc. abgefaßt und zeitlebens die Aussicht auf Meßbarkeit und Sichtbarmachung der postulierten Vorgänge aufrechterhalten hat, führt bis heute zu kontroversen Debatten. Eine einflußreiche Position lautet, daß die Metapsychologie in ihrem szientistische Gepräge nicht zur Psychoanalyse als interpretative Disziplin passe (Habermas 1968, 300 ff.). Eine andere, nicht weniger einflußreiche Position will den szientistischen Anspruch Freuds aufnehmen und ihn mit ›zeitgemäßen‹ Mitteln in streng neurowissenschaftlicher Perspektive einlösen (Gedo 1998; Kaplan-Solms/Solms 2000/2003).

Freud selbst hat schon nach wenigen Wochen seinen ersten metapsychologischen Entwurf als »Wahnwitz« verworfen. Aus heutiger Perspektive erscheint dieses Urteil als übereilt, denn der *Entwurf* enthält in bewundernswerter Fülle und Klarheit die entscheidenden metapsychologischen Problemstellungen und z. T. geniale Lösungen derselben: etwa die Ableitung der strukturellen Verschränkung von Verdrängung und Sexualität, d. h. die Antwort auf die Frage, warum die Verdrängung ausschließlich an der Sexualität ansetzt. Es gilt noch darauf hinzuweisen, daß der *Entwurf* im Kontext der Verführungstheorie der Hysterie einen Schwerpunkt setzt, den die späteren metapsychologischen Konzepte vernachlässigen: Er betont den traumatischen Einfluß der Außenwelt, die in den psychischen Apparat eindringt, dort nach temporalen Gesetzmäßigkeiten als Engramm wirksam wird und bei Wiederbelebung pathologische Vorgänge auslöst. Im weiteren Verlauf seiner Theorieentwicklung legte Freud den Schwerpunkt auf endogene Reize, auf die Phantasie, die infantile Sexualität und den Trieb.

Im 7. Kapitel der *Traumdeutung*, der nächsten metapsychologischen Station, distanziert sich Freud vom früher verfolgten Substanzialismus: »Wir wollen ganz beiseite lassen, daß der seelische Apparat, um den es sich hier handelt, uns auch als anatomisches Präparat bekannt ist, und wollen der Versuchung sorgfältig aus dem Wege gehen, die psychische Lokalität etwa anatomisch zu bestimmen. Wir bleiben auf psychologischem Boden [...]« (GW II/III, 541). Mit »psychologischem Boden« meint Freud die Etablierung einer eigenständigen Betrachtungsweise seines Gegenstandes, die er weder in der phänomenologisch orientierten Psychologie noch im psychophysischen Parallelismus (vgl. GW XVII, 67) finden konnte. Die genuin psychoanalytische Betrachtungsweise beginnt mit der Annahme, daß die psychischen Vorgänge, das Denken und die Erinnerungen an sich unbewußt sind und nur ausschnittweise, unter bestimmten Bedingungen, bewußt werden. Die unbewußten Vorgänge haben dabei als wirksame, vollgültige psychische Akte (»Denkakte, Vorstellungen, Strebungen, Entschließungen«, vgl. GW X, 267) zu gelten. Sie sind zwar nicht beobachtbar, jedoch erschließbar und rekonstruierbar. In dieser Perspektive gelingt es Freud, das lückenhafte, unvollständige Bild, das die Selbstwahrnehmung des Subjekts und die Bewußtseinspsychologie vom psychischen Geschehen liefern, zu schließen. Anhand der Erscheinungen, in denen sich unbewußte Gedanken entstellt verkörpern – in Symptomen, Träumen, Fehlleistungen, Abkömmlingen –, wird es »möglich, die Gesetze festzustellen, denen sie gehorchen, ihre gegenseitigen Beziehungen und Abhängigkeiten über weite Strecken lückenlos zu verfolgen« (GW XVII, 79). Seine wachsende Kenntnis der Gesetzmäßigkeiten des Unbewußten, die sich von denen des Vorbewußten und Bewußten unterscheiden, sowie das spannungsvolle Gefüge dieser beiden Ordnungen systematisierte Freud im 7. Kapitel der *Traumdeutung* zur sog. ersten Topik. Hierbei handelt es sich um eine räumliche Modellvorstellung des psychischen Apparats, der Reize sensorisch aufnehmen und motorisch abgeben kann und in Systeme – psychische Orte – unterteilt ist. Dem System Unbewußt (Ubw) steht das System Vorbewußt-Bewußt (Vbw-Bw) gegenüber. Das Bewußtsein bekommt die Rolle »eines Sinnesorgans zur Wahrnehmung psychischer Qualitäten« (GW II/III, 620) zugesprochen. Diesem Sinnesorgan tritt von zwei Seiten Material entgegen: durch die Außenwelt und durch Vorgänge aus dem Inneren des psychischen Apparats.

Die topische Konzeption psychischen Geschehens wird in den folgenden Jahren von Freud kontinuierlich weiterentwickelt und avanciert 1915 zu einer der drei Koordinaten, nach denen er seine Theorie seelischen Lebens, die Metapsychologie, organisiert: In *Das Unbewußte* schreibt Freud: »Ich schlage vor, daß es eine metapsychologische Darstellung genannt werden soll, wenn es uns gelingt, einen psychischen Vorgang nach seinen dynamischen, topischen und ökonomischen Beziehungen zu beschreiben« (GW X, 281).

Während die topische Betrachtungsweise angibt, innerhalb welchen Systems oder zwischen welchen Systemen ein psychischer Akt sich abspielt, führt die dynamische Perspektive diesen auf das Spiel von konfligierenden Kräften zurück. Die ökonomische Betrachtung schließlich untersucht die Energieausstattung dieser Kräfte. Die Klärung der sog. Energiebesetzungen, die im psychischen Apparat bestehen, sich entlang von Vorstellungsketten verschieben und gemäß ihrer variierenden Stärke bestimmte psychische Effekte wie Bewußtsein, Affektdurchbrüche, Angst, Störung der Motilität usw. bewirken, ist nach Freuds eigener Einschätzung das ungeklärteste, jedoch entscheidende Moment der psychoanalytischen Theorie. 1920, in seiner Abhandlung *Jenseits des Lustprinzips*, reflektiert Freud dieses spannungsvolle Merkmal der psychoanalytischen Theorie mit den Worten, »daß wir nichts über die Natur des Erregungsvorgangs [...] wissen, [...] wir also stets mit einem großen X operieren« (GW XIII, 30 f.). Paul Ricœur (1965/1974) hat diese Beharrlichkeit Freuds aufgegriffen und die Spezifik der Metapsychologie wie der psychoanalytischen Deutung im allgemeinen als gemischten Diskurs zwischen Kraft und Sinn, zwischen Hermeneutik und Energetik beschrieben.

Das System Vbw unterscheidet sich vom System Ubw durch die Bewußtseinsfähigkeit seiner Inhalte. Der Übergang eines psychischen Vorgangs vom System Ubw ins System Vbw ist nur unter bestimmten Bedingungen, nämlich unter Erfüllung der Ansprüche einer Zensurinstanz, möglich. Die beiden Systeme stehen in Konflikt, sie sträuben sich gegeneinander. Unter dynamischem Aspekt besitzt das Unbewußte einen permanenten Manifestationsdrang, dem eine ebenso beständige Kraft entgegenwirkt, die ihm den Zugang zum Bewußtsein zu verwehren sucht. Der dynamische Charakter dieses Gefüges wird von der Verdrängung strukturiert. In den psychischen Regionen herrschen jeweils eigene Mechanismen und Funktionsweisen: im Unbewußten die Primärprozesse, im Vorbewußten die Sekundärprozesse.

Diese Unterscheidung entspricht der von Lust- und Realitätsprinzip. Der Primärvorgang ist eine Artikulationsdynamik besonderer Art. Sie hebt sich deutlich von der Alltagssprache ab und kommt besonders prägnant in der Traumbildung zum Tragen: In ihr werden psychische Elemente, Vorstellungen, Erinnerungsbilder ihres geläufigen Inhalts und ihrer Bedeutung entkleidet, werden verschoben, verdichtet und umgewertet, um Bestandteile (Artikuli) einer Bilderschrift zu werden, die mit ihren Bedeutungseffekten einem Ziel folgt: der Wunscherfüllung (GW II/III, 604), d. h. Spannungsabfuhr zu realisieren. Da diese Primärtendenz des psychischen Apparats, die halluzinatorische Wunscherfüllung, realitätsuntauglich ist, muß sie gemäßigt werden.

Zu diesem Zweck, angestoßen durch die »Not des Lebens« (Nachtr., 390), bildet sich im psychischen Apparat der Sekundärvorgang heraus. Durch Mäßigung, Hemmung und Bindung der Energie an bestimmte Vorstellungsgruppen und bestimmte Verknüpfungsregeln (etwa den Satz vom Widerspruch) wird realitätsgerechtes Denken möglich. Die unbewußten Wunschregungen bleiben jedoch der immer rege »Kern unseres Wesens« (GW II/III, 609). Die Rolle des Vorbewußten besteht lediglich darin, den Wunschregungen die zweckmäßigsten Wege anzuweisen und das freie Abströmen der Erregungsquantitäten in Richtung Wunscherfüllung zu verhindern.

In *Das Unbewußte* widmet sich Freud ausführlich einem metapsychologischen Kardinalproblem, der Differenzierung von vorbewußter und unbewußter Vorstellung. Die Bestimmung dieses Verhältnisses soll das theoretische Verständnis des Verdrängungsmechanismus vertiefen und die Frage des Übertritts einer unbewußten Vorstellung ins Bewußtsein bzw. deren Integration ins System Vbw klären: »Die beiden sind nicht, wie wir gemeint haben, verschiedene Niederschriften desselben Inhaltes an verschiedenen psychischen Orten, auch nicht verschiedene funktionelle Besetzungszustände an demselben Orte, sondern die bewußte Vorstellung umfaßt die Sachvorstellung plus der zugehörigen Wortvorstellung, die unbewußte ist die Sachvorstellung allein. Das System Ubw enthält die Sachbesetzungen der Objekte, [...] das System Vbw entsteht, indem diese Sachvorstellung durch die Verknüpfung mit den ihr entsprechenden Wortvorstellungen übersetzt wird« (GW X, 300). Durch Worte, so die voraussetzungsvolle und weitreichende Bestimmung, werden sekundärprozeßhafte Denkvorgänge, also der gemäßigtere, abfuhrgehemmte Energieablauf, begünstigt. Diese Differenzierung hat in der psychoanalytischen Theorieentwicklung nach Freud zu problematischen Interpretationen Anlaß gegeben. Das Unbewußte wurde zur vorsprachlichen Region archaischer Bilder und organismischer Exzitationen deklariert – eine

Sichtweise, in der die artikulative, sprachbezogene Dimension des Unbewußten, das unbewußte Denken, unterbestimmt bleibt.

1920 hat Freud eine zweite Topik, die sog. Strukturlehre mit den Instanzen Es-Ich-Überich entwickelt. Dieses Modell ist stärker genetisch ausgerichtet. Es beinhaltet die Annahme eines nicht verdrängten Unbewußten und zeigt u. a. die progressive Ausdifferenzierung des Ich aus dem Es. Die erste Topik, die im Rahmen der metapsychologischen Schriften zur Ausformung kam, ist auf die Strukturen der Systeme und deren Arbeitsweisen konzentriert und untersucht deren Zusammenhang mit den dynamischen und ökonomischen Bedingungen des psychischen Geschehens.

Topisch gesehen herrschen im Unbewußten die Sachvorstellungen, dynamisch-ökonomisch betrachtet besteht der »Der Kern des Ubw [...] aus Triebrepräsentanzen« (GW X, 285). Freud gebraucht den Begriff ›Trieb‹ seit 1905 und entwickelt ihn vor allem an der Beschreibung der menschlichen Sexualität und ihres universellen Kernkonflikts, des Ödipuskomplexes, in dem Wunsch und Verbot, dyadische und triadische Strukturen zusammenstoßen.

In *Triebe und Triebschicksale* gibt Freud eine umfassende Definition des Triebs als »Grenzbegriff zwischen Seelischem und Somatischem« (ebd., 214). Diese Definition ist kein Rückfall in den psychophysischen Parallelismus. Als Grenzbegriff ist der Trieb weder seelisch noch somatisch, vielmehr ermöglicht er, diesen Bereichen ihren spezifisch psychoanalytischen Sinn anzunehmen. Der Trieb indiziert ein konstantes Repräsentationsgeschehen: »Würde der Trieb sich nicht an eine Vorstellung heften oder nicht als ein Affektzustand zum Vorschein kommen, so könnten wir nichts von ihm wissen« (ebd., 276). Als innere Reizquelle und Arbeitsanforderung ist der Trieb vor allem Drang. Seine Energie wird Libido genannt. Die mit libidinöser Energie besetzten Triebrepräsentanzen – Vorstellungen und Vorstellungsgruppen – streben nach Abfuhr.

Freud stellt in seiner Triebtheorie Triebarten einander gegenüber: die Ich- und Selbsterhaltungstriebe und die Sexualtriebe. Was in der einen Vorstellungsgruppe Lust bedeutet, kann in der anderen Unlust bedeuten. Der Triebgegensatz ist die Grundlage des psychischen Konflikts.

In der Abhandlung *Die Verdrängung* fragt Freud in konfliktpsychologischer Perspektive nach der Entstehung des Unbewußten: Die Verdrängung kommt als Gründungsmechanismus nicht in Frage. Denn die Verdrängung, die zum Zweck der »Vermeidung von Unlust« (ebd., 256) »in der Abweisung und Fernhaltung vom Bewußten besteht« (ebd., 250), setzt »eine scharfe Sonderung von bewußter und unbewußter Seelentätigkeit« (ebd.) bereits voraus. Dieses Zirkularitätsproblem führt Freud zur Annahme einer »Urverdrängung«, durch die in einem konstitutiven Akt »der psychischen (Vorstellungs-)Repräsentanz des Triebes die Übernahme ins Bewußte versagt wird. Mit dieser ist eine Fixierung gegeben; die betreffende Repräsentanz bleibt von da unveränderlich bestehen und der Trieb an sie gebunden« (ebd.). Gleichursprünglich kommt es zu einer Gegenbesetzung, »durch welche sich das System Vbw gegen das Andrängen der unbewußten Vorstellung schützt« (ebd., 280). Im Sinne energetisch-ökonomischer Grundsätze, gemäß der Äquivalenzregel, hält Freud es für »sehr wohl möglich, daß gerade die der Vorstellung entzogene Besetzung zur Gegenbesetzung verwendet wird« (ebd.).

Nach der konstitutiven Urverdrängung, die die Teilung des psychischen Apparats in antagonistische Systeme bewirkt, ist die eigentliche Verdrängung ein »Nachdrängen«. Sie betrifft die psychischen Abkömmlinge der (ur-)verdrängten Repräsentanz. Die verdrängten Triebrepräsentanzen bestehen im Unbewußten fort, bleiben »aktionsfähig« (ebd., 279), ziehen anderes Vorstellungsmaterial an, »wuchern«, knüpfen Verbindungen nach ökonomisch-symbolischen Regeln und drängen kontinuierlich auf Manifestation. Da ihrer Bewußtwerdung ein Verdrängungswiderstand seitens Vbw/Bw entgegensteht, gilt: Je größer durch Entstellungsmechanismen der Abstand zum Verdrängten wird, desto größer ist die Chance, die Zensur zu überwinden. Die Aufrechterhaltung der Verdrängung ist ein ständiger Kraftaufwand für den psychischen Apparat. Zu ergänzen ist, daß die Verdrängung nicht nur die Vorstellungsrepräsentanz des Triebs, sondern auch den Affektbetrag, also den quantitativen Anteil derselben betrifft (vgl. ebd., 255). Letztlich entscheidet das Schicksal des quantitativen Faktors der Triebrepräsentanz über die Güte des Verdrängungsvorgangs, d. h. über die von ihr erreichte Unlustersparnis. Von besonderer Bedeutung ist die Umsetzung des Affektbetrags in Angst, die Freud am Beispiel der Angsthysterie erläutert: Im hysterischen Krankheitsgeschehen kommt es zur Verdrängung des ödipalen Liebesanspruchs. Während der Vorstellungsanteil der Triebregung aus dem Bewußtsein verschwindet, setzt sich der quantitative Anteil derselben, die Libidobesetzung, direkt in Angst um, die an einer Ersatzvorstellung, dem phobischen Objekt, durchbricht. Damit ist das Ziel der Verdrängung, die Verhütung von Unlustempfindungen, mißlungen. Die Ersatzvorstellung, die in diesem

Vorgang für das System Bw die Rolle einer Gegenbesetzung übernehmen, d. h. gegen das Verdrängte schützen soll, wird zur selbständigen Quelle der Angstentbindung. Der Verdrängungs-/Gegenbesetzungsprozeß muß erneut, letztlich unbegrenzt, ablaufen und ergibt die für die Phobie typischen Vermeidungsmaßnahmen.

In seinen Abhandlungen *Metapsychologische Ergänzung zur Traumlehre* und *Trauer und Melancholie* untersucht Freud die topischen, dynamischen und ökonomischen Bedingungen bei narzißtischen Affektionen. Der erstere Text würdigt vor allem den Schlaf in seiner narzißtischen Bedeutung. Der Schlafwunsch versuche alle vom Ich in die Außenwelt und in die Objektvorstellungen ausgeschickten Besetzungen einzuholen und einen absoluten Narzißmus herzustellen. Das gelinge nur unvollständig, denn das Verdrängte des Systems Ubw folge dem Schlafwunsch nicht. Die unbewußten Triebansprüche verschaffen sich im Material der Tagesreste Ausdruck, formen den vorbewußten Traumwunsch, der dann als (Traum-)Halluzination Erfüllung findet. Die Schlafbedingung ermöglicht es, daß die Traumwünsche das unbesetzte Bewußtseins-Wahrnehmungssystem vom Inneren des psychischen Apparats her überlisten, zumal diesem durch den Besetzungsentzug die Möglichkeit der Realitätsprüfung genommen ist.

Die Melancholie besteht ebenfalls in einer Regression von der Objektbesetzung auf den Narzißmus. Die typischerweise durch eine tiefe Ambivalenz gekennzeichnete Objektbesetzung des Melancholikers wird nach einer Enttäuschung aufgehoben, das Ich zurückgezogen und geht dort in eine narzißtische Identifizierung mit dem aufgegebenen Objekt über. Diese Identifizierung fungiert im Ich als Ersatzobjekt und wird an Stelle des Objekts beschimpft und erniedrigt. Sadismus und triebhafter Haß werden an ihm befriedigt. Sie gelten eigentlich dem Objekt, haben jedoch eine Wendung gegen die eigene Person erfahren.

Die Melancholie ist Beispiel einer mehrfach geschichteten Triebumwandlung. Die Umwandlungen des Triebs, ihre allgemeine Systematik und Sequentialität hat Freud in *Triebe und Triebschicksale* herausgearbeitet. Er beschreibt einen Entwicklungsverlauf, der von einer autoerotisch-narzißtischen über eine polymorph-perverse Stufe führt, in der sich Sexualtriebe aus vielfältigen Quellen unabhängig voneinander, nach Organlust strebend, betätigen, hin zu einer mehr oder weniger vollkommenen Synthese, die als genitale Libidoorganisation in den Dienst der Fortpflanzung tritt. Diese Entwicklung ist nicht als Reifung vorstellbar, sondern als strukturelles Konfliktgeschehen. In ihrer schub- und konflikthaft verlaufenden (Entwicklungs-)Geschichte sind die Triebrichtungen, die Triebziele und -objekte erheblichen Transformationen, Regressionen, Verstärkungen und Hemmungen, Verschränkungen und Substitutionen ausgesetzt. Die Triebschicksale folgen einer regelrechten Transformationsgrammatik. In ihr können aktive Triebformen in passive, in reflexive (lieben, geliebt werden, sich lieben) sowie in ihre gegensätzlichen Formen (lieben und hassen) übergehen; objektgerichtete Strömungen können sich in subjektgerichtete verwandeln, die eigene Person kann gegen die ähnliche und die fremde Person (auto-, homo-, heterophil), das Ich gegen die Außenwelt und ihre Objekte eingetauscht werden.

Freuds Rekonstruktion der Triebschicksale zeigt in komprimierter Form Anliegen und Ziel der metapsychologischen Betrachtungsweise: In ihrem kategorialen Rahmen gelingt die hypothetische Beschreibung einer latent stattfindenden, sinnstrukturierten Konflikt- und Transformationsdynamik, die, hinter den manifesten psychischen Erscheinungen liegend, diese in einen verständlichen Zusammenhang bringt. Dem Bewußtsein ist dieser Zusammenhang verborgen. Es bietet von ihm keine, bestenfalls eine lückenhafte Kenntnis. Die bewußtseinsüberschreitende Ausrichtung seiner Forschung habe es ihm, schreibt Freud, erlaubt, »die Psychologie zu einer Naturwissenschaft wie jede andere auszugestalten« (GW XVII, 79). Die Annahme, daß das Seelische an sich unbewußt sei, habe es nicht nur ermöglicht, in einem bislang unbekannten Gegenstandsbereich »Gesetz, Ordnung und Zusammenhang« (GW VIII, 401) aufzuzeigen, sondern auch diesen Bereich als Objekt psychologischer Forschung zu behandeln. Die Anbindung der Metapsychologie an die Naturwissenschaften folgt also keineswegs einem naturalistischen, sondern einem methodologischen Motiv, dem der Überwindung der psychologischen Phänomenologie, die ihrerseits in Gestalt des psychophysischen Parallelismus die innere Tendenz hat, ihr lückenhaftes Bild vom Psychischen außerhalb der Ordnung der Bedeutung, nämlich durch Rückgriff auf somatische Prozesse, zu schließen.

Freud rekurriert erkenntnistheoretisch auf Kant: »Das Unbewußte ist das eigentlich reale Psychische, uns nach seiner inneren Natur so unbekannt wie das Reale der Außenwelt, und uns durch die Daten des Bewußtseins ebenso unvollständig gegeben wie die Außenwelt durch die Angaben unserer Sinnesorgane« (GW II/III, 617 f.). Trotz seiner Unvollständigkeit bleibt die »Qualität der Bewußtheit [...] das einzige Licht, das uns im Dunkel des Seelenlebens

leuchtet und leitet« (GW XVII, 147). Freud erinnert mit Kant an die Bedingtheit und Begrenztheit unserer Erkenntnis. Das Reale von Innen- und Außenwelt erkennen wir nur, indem wir es den sinnlichen und kategorialen Formen der Anschauung und des Denkens anpassen. Diesem Schema folgt notwendigerweise auch der Psychoanalytiker, wenn er die, im Bewußtsein unvollständig repräsentierten psychischen Abläufe, die Bedeutungslücken, durch naheliegende Schlußfolgerungen ergänzt und in bewußtes Material übersetzt. Die erkundenden Vorstöße ins Unbekannte seien »nicht ohne neue Annahmen und die Schöpfung neuer Begriffe« (ebd., 81) möglich. Freud spricht von intellektuellen Hilfskonstruktionen mit Annäherungswert und stellt fest: »Es entspricht dann auch ganz unserer Erwartung, daß die Grundbegriffe der neuen Wissenschaft, ihre Prinzipien (Trieb, nervöse Energie u. a.) auf längere Zeit so unbestimmt bleiben wie die der älteren Wissenschaften (Kraft, Masse, Anziehung)« (ebd.).

Die psychoanalytische Erfahrung kommt nach Freuds Überzeugung zustande, indem wir bestimmte Denkformen ans Material anlegen, die diesem nicht unmittelbar entstammen, ihm aber seine erfahrungswerte Form aufprägen. Die Rechtfertigung der Kategorien liegt in ihren Resultaten, der Erkenntnisgenerierung. Die zahlreichen Veränderungen, die Freud bis 1939 an seinen metapsychologischen Konzepten vornahm (Einführung des Todestriebs, Strukturlehre, zweite Angsttheorie), sowie die Skepsis, mit der er nachträglich auf sein metapsychologisches Projekt zurückblickte (vgl. GW XIV, 85), zeigen, daß er kein geschlossenes Theoriesystem begründen wollte und konnte. Selbstbewußt hielt er jedoch daran fest, daß die Unabgeschlossenheit der theoretischen Grundlegung kein Mangel, vielmehr eine Stärke psychoanalytischer Theorie sei. Sie gestatte es dem Psychoanalytiker, in inniger Beziehung zum analytischen Material zu bleiben. Die spannungsvolle Uneinheitlichkeit und Unbestimmtheit der metapsychologischen Grundgedanken entspricht der nicht assimilierbaren Alterität und Heterogenität ihres Gegenstandes und ermöglicht das Lesbarwerden des unbewußten Geschehens. Die Ordnung des Unbewußten – eine Ordnung der Nichtidentität und der Differenz – wird durch die Freudsche Metapsychologie erschlossen und ist mit einem in sich homogen abgeschlossenen, positivistischen Wissenssystem unvereinbar.

Lothar Bayer

Übersicht der Übertragungsneurosen (1915)

Den 1983 unter Papieren Sándor Ferenczis überraschend entdeckten und zwei Jahre später veröffentlichten Entwurf zur zwölften Abhandlung der metapsychologischen Schriften (Freud 1985; Nachtr., 627–651) hatte Freud an Ferenczi geschickt, mit dem er damals bezüglich metapsychologischer und »bioanalytischer« Themen eng zusammenarbeitete. In dem Begleitbrief vom 28. Juli 1915 stellte er ausdrücklich fest, die Reinschrift folge dem Entwurf Satz für Satz und weiche nur wenig von ihm ab (F/Fer II/1, 137 f.).

Demzufolge vermittelt der Entwurf ein genaues, detailliertes Bild vom Inhalt der verschollenen zwölften metapsychologischen Abhandlung. Der Text zeigt eine deutliche Zweiteilung. Das erste Stück umfaßt, stichwortartig festgehalten, den systematischen Vergleich der ›Momente‹, die in den drei Übertragungsneurosen – Konversionshysterie, Angsthysterie, Zwangsneurose – wirksam sind: Verdrängung, Gegenbesetzung, Ersatz- und Symptombildung, Verhältnis zur Sexualfunktion, Regression, Disposition. Dargelegt wird also das, was der Titel, *Übersicht der Übertragungsneurosen*, ankündigt, auf sorgfältiger klinischer Beobachtung aufbauend und strikt auf die ontogenetische Ebene beschränkt. Vom sechsten Moment, der Beteiligung der ererbten Disposition an der Neurosenentstehung, gewissermaßen losstürmend, folgt dann als zweiter Teil, fast durchgehend ausformuliert, die innovative, aber zugleich hochgradig spekulative phylogenetische Rekonstruktion bzw. Konstruktion. Der Titel der Abhandlung wird nun insofern überschritten, als Freud auch die »narzißtischen Neurosen« – Dementia praecox, Paranoia, Melancholie-Manie – in seine Reflexion einbezieht.

Die vom Autor selbst als solche bezeichnete »phylogenetische Phantasie« liest sich wie eine Variation und zugleich Fortführung des in seinem ersten kulturtheoretischen Hauptwerk *Totem und Tabu* (GW IX) 1912/13 angeschlagenen Themas: nämlich der sich auf die Frühzeit der Stammesgeschichte beziehenden Hypothese von der Ermordung des tyrannischen Vaters der Urhorde durch die Söhne, mit der Folge der Etablierung des Inzesttabus und der Entstehung des Schuldgefühls als der Affektbasis für die Hervorbringung von Kultur. Im Entwurf zur zwölften metapsychologischen Abhandlung geht Freud nun der Frage nach, ob das, was heute in der neurotischen und psychotischen Innenwelt als krankhaft und lebenseinschränkend imponiert, in seinen evolutionären Anfängen einmal überlebensnotwendige Anpassungsreaktion der Spezies auf bedrohliche Veränderungen der äußeren Lebensumstände (z.B. Not der hereinbrechenden Eiszeit) sowie traumatische individuelle und kollektive Erfahrungen (z.B. Verbot der Fortpflanzung, Regression auf die Libidophase vor dem Primat der Genitalien, Kastration) gewesen sein könnte. »Was jetzt Neurosen sind, waren Zustandsphasen der Menschheit« (F/Fer II/1, 129).

Für jene »archaische Erbschaft« im Seelenleben des Menschen der Gegenwart, bestehend nicht nur aus erblichen Dispositionen, sondern auch aus unbewußt gewordenen inhaltlichen Erinnerungsspuren, setzt Freud einen neolamarckistischen Vererbungsmodus voraus. Diese Annahme ist wissenschaftlich nicht haltbar, und das mag einer der Gründe dafür gewesen sein, weshalb er schließlich auf eine Veröffentlichung verzichtete. Weitere selbstkritische Einwendungen sowie die Betonung des spielerischen, des Phantasiecharakters seiner Überlegungen stehen in der Schlußpassage des Entwurfs.

Auch wenn es sich um ein Dokument des Scheiterns handelt, ist dieser Text nichtsdestotrotz von aktuellem Interesse. Er kann nämlich als Freuds erster Versuch angesehen werden, Trieb-Modell und Trauma-Modell der Neurosenätiologie miteinander zu verbinden oder, anders ausgedrückt, die vorwiegend konflikttheoretische genuin psychoanalytische Auffassung von der Neurosenentstehung durch die Würdigung des pathogenen Gewichts tatsächlich erlittener Frühtraumen zu ergänzen: was jetzt in der inneren, der psychischen Realität Urphantasien sind, waren in der Urzeit tatsächliche traumatische Erfahrungen mit der äußeren Realität (Grubrich-Simitis 1985, 1987; Lorenzer 1986). Diesen theoretischen Integrationsversuch hat Freud in seinen späteren Schriften fortgesetzt, zumal in *Der Mann Moses und die monotheistische Religion* (GW XVI, 103–246).

Ilse Grubrich-Simitis

Literatur

Freud, Sigmund: *Übersicht der Übertragungsneurosen. Ein bisher unbekanntes Manuskript.* Hg. von Ilse Grubrich-Simitis. Frankfurt a. M. 1985.

Gedo, John E.: Überlegungen zur Metapsychologie, theoretischen Kohärenz, zur Hermeneutik und Biologie. In: *Psyche* 52 (1998), 1014–1040.

Grubrich-Simitis, Ilse: Metapsychologie und Metabiologie. Zu Sigmund Freuds Entwurf einer ›Übersicht der Übertragungsneurosen‹. In: Freud 1985, 83–119.

–: Trauma oder Trieb – Trieb und Trauma. Lektionen aus Sigmund Freuds phylogenetischer Phantasie von 1915. In: *Psyche* 41 (1987), 992–1023.

Habermas, Jürgen: *Erkenntnis und Interesse.* Frankfurt a. M. 1968.

Kaplan-Solms, Karen/Mark Solms: *Neuro-Psychoanalyse. Eine Einführung mit Fallstudien.* Stuttgart 2003 (engl. 2000).

Lorenzer, Alfred: *Die Wahrheit der psychoanalytischen Erkennt-*

nis. Ein historisch-materialistischer Entwurf. Frankfurt a. M. 1974.
–: Rezension von Freud 1985. In: *Psyche* 40 (1986), 1163–1166.
Ricœur, Paul: *Die Interpretation. Ein Versuch über Freud.* Frankfurt a. M. 1974 (frz. 1965).
Turnheim, Michael: *Das Andere im Gleichen. Über Trauer, Witz und Politik.* Stuttgart 1999.
Weber, Samuel: *Freud Legende.* Olten 1979.

5.5 Weitere Schriften zur Theorie des Unbewußten

Freuds Auffassungen über den Einfluß des Unbewußten auf das menschliche Handeln kommen in einer Reihe weiterer Werke zum Ausdruck. Besonders hervorgehoben wird dabei das hartnäckige Festhalten des Individuums an einmal erfahrenen Befriedigungen und seine Neigung, die abweisende Realität durch Phantasien zu ersetzen, in denen solche Befriedigungen möglich erscheinen. Die »Herrschaft des Lustprinzips« (GW XIV, 227) scheint ungebrochen.

So beschreibt Freud 1909 in seinem Aufsatz *Der Familienroman der Neurotiker* (GW VII, 225–231), wie Kinder als Reaktion auf die Enttäuschung an den realen Eltern sich in ihrer Phantasie einen Familienroman erschaffen, in dem sie die Abkömmlinge sozial höherstehender Eltern sind, während die realen Eltern z. B. in die Position von Stiefeltern versetzt werden. Für das kleine Kind sind die Eltern die einzige Autorität, und groß und wie die Eltern zu werden ist deshalb sein intensivster Wunsch (227). Früher oder später setzt aber dann die Kritik an den Eltern ein. Das Kind fühlt sich beispielsweise durch die Geburt eines jüngeren Geschwisters zurückgesetzt und beginnt, an der Liebe seiner Eltern zu zweifeln. Es entwickelt daraufhin die Idee, ein Stiefkind oder ein angenommenes Kind zu sein, während seine wirklichen Eltern ganz andere sind und es eines Tages zu sich nach Hause holen werden. Das feindselige Benehmen der eigenen Eltern wird auf diese Weise erklärt und erwidert (228). Während des Ödipuskomplexes neigt der Knabe zur Entwicklung derart feindseliger Gefühle vor allem gegenüber dem realen Vater, während er sich in seinem Familienroman einen Vater phantasiert, der entsprechend erhöht wird. Er neigt auch dazu, sich erotische und sexuelle Situationen auszumalen, in denen die Mutter in Situationen versetzt wird, die von geheimer Untreue und verbotenen Liebschaften handeln. Diese Phantasien sind lustvoll, weil sie dem Knaben die Gelegenheit geben, sich auch selbst als Beteiligter in diese Situa-

tion hineinzuphantasieren. Oft werden der Mutter auch so viele Liebesverhältnisse angedichtet, wie es ältere Geschwister gibt. Die Geschwister werden auf diese Weise als illegitim erklärt und beseitigt (230).

Trotzdem bleibt auch im Familienroman die ursprüngliche Zärtlichkeit des Kindes für seine Eltern bewahrt. Denn die großartigen Personen, durch die die Eltern ersetzt werden, sind durchweg mit Zügen ausgestattet, die von Erinnerungen an die realen Eltern herrühren (231). Unbewußt zielt der Familienroman also nicht auf die Beseitigung der Eltern, sondern auf ihre Erhöhung. Er ist der Ausdruck der Sehnsucht nach einer verlorenen glücklichen Zeit. Aus diesem Grund bleibt der Familienroman auch nach seiner Verdrängung erhalten und stellt unbewußt einen Ansporn dar, ihn im späteren Leben in die Wirklichkeit umzusetzen. Otto Rank hat in der kürzlich neu aufgelegten Arbeit *Die Geburt des Helden* (1909/2000) dargestellt, wie dieser Familienroman auch im Mythos seine Entsprechung findet.

Auch in der 1911 publizierten Schrift *Formulierungen über die zwei Prinzipien des psychischen Geschehens* (GW VIII, 229–238) geht es um die Rolle des Realitätsprinzips im Verhältnis zum Lustprinzip, das im Unbewußten vorherrscht. Am Anfang der menschlichen Entwicklung steht für Freud die halluzinatorische Wunscherfüllung, die ganz nach dem Lustprinzip organisiert ist (231). Früher oder später führt die Enttäuschung über das Ausbleiben der realen Befriedigung dazu, diesen Versuch aufzugeben. Damit wird der psychische Apparat gezwungen, die Außenwelt zur Kenntnis zu nehmen und *dort* nach einer Veränderung zu streben. Auf diese Weise wird das Realitätsprinzip in die psychische Tätigkeit eingeführt. Für Freud ist dies ein in mehrfacher Hinsicht folgenschwerer Schritt.

Der Mensch kann die wahrgenommene unliebsame Realität nun nicht mehr verdrängen. Statt dessen muß jetzt die Urteilsfällung entscheiden, ob eine bestimmte Vorstellung wahr oder falsch ist, d. h. mit der Realität im Einklang steht oder nicht (233). Die motorische Abfuhr erfolgt jetzt nicht mehr durch Innervationen des Körperinneren, sondern zielt auf die Veränderung der Realität durch Handeln. Aufgehalten wird sie dabei durch den Denkprozeß. Denken ist Probehandeln mit kleineren Besetzungsqualitäten (233). Das Ich ist aber nicht bereit, die zur Verfügung stehenden Lustquellen aufzugeben. Ein Teil des Denkens wird deshalb abgespalten und bleibt allein dem Lustprinzip unterworfen. Dazu gehört insbesondere das Phantasieren, das mit dem Spielen der Kinder beginnt und später als Tagträumen fortgesetzt wird (234). Auch der Sexualtrieb gerät durch seine anfänglich autoerotische Betätigung nicht so schnell in die Situation der Versagung, sondern verbleibt unter der Herrschaft des Lustprinzips. Daraus ergibt sich eine besonders enge Beziehung zwischen Sexualität und Phantasie. Denn im Bereich der Phantasie bleibt die Verdrängung allmächtig (235). Unter dem Einfluß des Realitätsprinzips wird die unsichere Lust scheinbar aufgegeben, aber nur, um damit eine spätere, gesicherte zu gewinnen. Dies erstreckt sich bis zur mythischen Projektion des Wunsches auf eine Belohnung im Jenseits (236).

Dem Unbewußten gilt die Realitätsprüfung nichts. Dort wird die in der Vorstellung erschaffene Realität mit der äußeren Wirklichkeit gleichgesetzt. Darum ist es auch so schwer, unbewußte Phantasien von unbewußt gewordenen Erinnerungen zu unterscheiden (237). Für die neurotische Symptombildung haben unbewußte Phantasien die gleiche Kraft wie ein reales Ereignis. Neurotische Symptome können deshalb auch nicht auf reale Ereignisse zurückgeführt werden. In der Neurose geht es für Freud immer um Wünsche und nicht um Realität (237 f.).

In seiner Fallschilderung *Aus der Geschichte einer infantilen Neurose* von 1918 (GW XII, 27–157) kommt Freud auf dieses Thema zurück. Beschrieben wird hier die Kindheitsneurose eines jungen Mannes russischer Herkunft, der von 1910 an vier Jahre lang bei Freud in Behandlung war. Von der gegenwärtigen Erkrankung des Patienten erfahren wir nur, daß er mit 18 Jahren im Anschluß an eine Gonorrhoe schwere psychische Symptome entwickelte, die Freud als Folge einer mit Defekt ausgeheilten Zwangsneurose verstand (30). Freud beschränkt sich in seiner Fallschilderung auf die Darstellung der infantilen Neurose des Patienten, deren Verständnis für ihn eine unabdingbare Voraussetzung für die Erklärung der Neurose des Erwachsenen ist (83).

Im Zentrum der Kindheitsneurose steht der sog. Wolfstraum, den der Patient im Alter von vier Jahren träumte. In diesem Traum geht nachts plötzlich das Fenster auf und der Patient sieht mit großem Schrecken, wie auf dem Nußbaum vor dem Fenster sechs oder sieben weiße Wölfe mit großen Schwänzen sitzen, die ihn aufmerksam anschauen. Vor Angst, von den Wölfen aufgefressen zu werden, schreit er auf und erwacht (55). Anschließend entwickelte der Patient eine phobische Angst vor der Abbildung eines Wolfs in einem Märchenbuch, der dort in aufrecht stehender Position dargestellt war. Der Patient hatte Angst, dieser Wolf könnte ihn auffressen, und geriet deshalb jedesmal in Panik, wenn er das Bild sah. Freud kommt nun über die Assoziationen des Patienten zu seinem Traum zu dem Schluß, daß dieser

Traum auf der latenten Ebene den Koitus *a tergo* zwischen den Eltern darstelle, den der Junge bereits im Alter von eineinviertel Jahren beobachtet hatte, aber erst durch die Erinnerung, die der Traum im Alter von vier Jahren in ihm hervorgerufen hatte, nachträglich mit der sexuellen Bedeutung versah, die der Vorgang besaß. Die sexuelle Verführung durch die Schwester im Alter von dreieinviertel Jahren hatte den Sexualwunsch des Jungen zu dieser Zeit bereits ins Passive gewendet. Der im Traum aktivierte sexuelle Wunsch des Patienten war deshalb der nach passiver sexueller Befriedigung, die er vom Vater ersehnte (62). Der Traum zeigte ihm aber auch die Bedingung dieser Befriedigung, nämlich Kastration. Im Traum wird die Kastration durch den Vater befürchtet, der damit zu einer Angst auslösenden Figur wird (63). In einem nächsten Schritt wird diese Angst dann vom Vater auf den in aufrechter Position abgebildeten Wolf aus dem Bilderbuch verschoben, das von da an phobisch gemieden wird. Der Motor dieser auffälligen Affektverwandlung besteht in der Angst vor Kastration (63).

Im Alter von sechs bis sieben Jahren entwickelte der Patient dann zwangsneurotische Symptome, die auf die gleiche Ambivalenz gegenüber dem Vater hindeuten. Der Patient war als Kind lange Zeit hindurch sehr fromm. Freud schildert, wie er als Kind vor dem Einschlafen jedes Mal lange beten und eine unendliche Reihe von Kreuzen schlagen mußte (40). Ebenso mußte er abends jedes einzelne Heiligenbild, das in seinem Zimmer hing, andächtig küssen. Es kamen ihm dabei aber auch lästerliche Gedanken in den Sinn, z. B. die Verbindung ›Gott – Schwein – Kot‹, oder das zwanghafte Denken an die Heilige Dreifaltigkeit, wenn er drei Häufchen Pferdemist auf der Straße liegen sah. Unter dem Einfluß eines verständnisvollen Lehrers traten diese Zwangssymptome bis zum zehnten Lebensjahr allmählich zurück (100 f.), bis durch den Ausbruch der Gonorrhoe im Alter von 18 Jahren die Kastrationsangst des Patienten einen neuen Höhepunkt erreichte und die neurotische Erkrankung einleitete, derentwegen der Patient schließlich zu Freud in Behandlung kam (133).

Hinter der Reaktion des damals vierjährigen Patienten auf die Beobachtung der durch den Traum reaktivierten Urszene vermutete Freud phylogenetische Schemata, die ein vorgeprägtes Wissen über die menschliche Sexualität enthalten, analog dem weitgehend instinktiven Wissen der Tiere (156). »Dieses Instinktive wäre [dann] der Kern des Unbewußten, eine primitive Geistestätigkeit, die später durch die zu erwerbende Menschheitsvernunft entthront und überlagert wird, aber so oft, vielleicht bei allen, die Kraft behält, höhere seelische Vorgänge zu sich hinab zu ziehen« (156).

Diese Feststellung Freuds hat bis heute nichts von ihrer Bedeutung verloren, auch wenn in der psychoanalytischen Behandlung dem Aufdecken der Kindheitsneurose nicht mehr die Bedeutung zugemessen wird, die Freud ihr noch zugestand. An ihre Stelle ist heute die Entfaltung von Übertragung und Gegenübertragung getreten, die sich in der psychoanalytischen Beziehung zwischen Analytiker und Patient entwickelt (Joseph 1985/1991).

In der Arbeit über *Das ökonomische Problem des Masochismus* (GW XIII, 369–383), 1924 veröffentlicht, befaßt sich Freud mit dem Problem, wie masochistische Strebungen erklärt werden können, wenn doch gilt, daß die unbewußten seelischen Vorgänge vom Lustprinzip beherrscht werden, dessen Ziel es ist, Unlust zu vermeiden, die der Masochist umgekehrt geradezu anzustreben scheint (371). Um diesen Widerspruch aufzuklären, wendet sich Freud nacheinander dem *erogenen*, dem *femininen* und dem *moralischen Masochismus* zu.

Der *erogene Masochismus* geht nach Freud auf eine physiologische Veranlagung zurück. Die Sexualerregung entsteht hier als Nebenwirkung psychischer Vorgänge, deren Intensität eine bestimmte Grenze überschritten hat (375). Auch Schmerz- und Unlustspannungen können sich auf diese Weise mit Sexualität koppeln. In den verschiedenen Sexualkonstitutionen wird diese physiologische Grundlage psychisch überbaut (375). Hier steht das Lustprinzip also eindeutig im Vordergrund.

Unter *femininem Masochismus* versteht Freud demgegenüber die homosexuelle Identifizierung des Mannes mit den für die Weiblichkeit charakteristischen Situationen des Kastriertwerdens, des Koitiertwerdens und des Gebärens (374). Die pervers-masochistischen Praktiken dienen dann der spielerischen Ausführung dieser phantasierten Situation (374). Der Masochist ist dabei in der Rolle eines hilflosen, abhängigen, vor allem aber schlimmen Kindes, das bestraft werden muß und diese Bestrafung auch verdient. Unbewußt geht es dabei immer um die Befriedigung passiv-homosexueller Wünsche. Auch der feminine Masochismus steht insofern im Dienste des Lustprinzips.

Anders ist dies auf den ersten Blick beim *moralischen Masochismus*. Dort stehen die unbewußten Schuldgefühle und das damit verbundene Strafbedürfnis ganz im Vordergrund. Das Leiden wird hier auch nicht mehr von einer geliebten Person erwartet, wie dies beim femininen Masochismus der Fall ist.

Es ist das Leiden als solches, worauf es ankommt; auch die Koppelung an die Sexualität ist hier entfallen. In der psychoanalytischen Behandlung manifestiert sich der moralische Masochismus als *negative therapeutische Reaktion,* die sich jeder Genesung energisch widersetzt (378 f.). Es scheint, als habe der auf das Ich zurückgewendete Destruktionstrieb hier klar die Oberhand gewonnen.

Auch Freud glaubt, daß die von der Kultur geforderte Triebunterdrückung zu einer Rückwendung des Destruktionstriebs auf das Ich führt und so zur Entwicklung des moralischen Masochismus beiträgt. Er läßt es bei dieser Erklärung freilich nicht bewenden. Denn das Über-Ich, das hier als richtende Instanz auftritt, repräsentiert – wenn auch in depersonifizierter Form – die Macht, Strenge, Neigung zur Beaufsichtigung und Bestrafung der introjizierten Eltern, nur daß seine Strenge gegenüber dem Ich die der introjizierten Eltern bei weitem übertrifft (383). Das unbewußte Schuldgefühl, das den moralischen Masochismus unterhält, läßt sich dann übersetzen als *Strafbedürfnis durch eine elterliche Macht* (382). Das Über-Ich – für Freud ein Zeichen für die Überwindung des Ödipuskomplexes – wird in diesem Kontext erneut sexualisiert (382). Das Bedürfnis, vom Vater bestraft (geschlagen) zu werden, läßt sich dann als regressive Entstellung des Wunsches nach einer homosexuellen (passiven) Beziehung mit ihm verstehen. Der negative Ödipuskomplex wird damit neu belebt (382). Auf diese Weise erhält für Freud auch der moralische Masochismus eine erotische Komponente.

In der modernen Psychoanalyse wird dem moralischen Masochismus über diese triebtheoretische Sicht hinaus eine Vielzahl weiterer Bedeutungen zugeschrieben. Im Mittelpunkt steht dabei die Vermeidung von seelischem Schmerz, der unerträglich ist und deshalb durch selbst induzierte masochistische Handlungen überdeckt werden muß (Khan 1979; Rohde-Dachser 1986/1994; Wurmser 1993).

In seiner *Notiz über den Wunderblock* (GW XIV, 1–8) untersucht Freud die Frage, wie der psychische Apparat sich immer neuen Wahrnehmungen offenhalten und das Wahrgenommene gleichzeitig auf Dauer bewahren kann. Menschen schreiben ihre Erinnerungen auf, um sie vor Entstellung und Veränderung zu bewahren. Schreibtafel oder Schreibpapier werden auf diese Weise zu materialisierten Stücken des Erinnerungsapparates (3). Schreibpapier kann allerdings immer nur eine begrenzte Anzahl von Informationen speichern; seine Aufnahmefähigkeit ist also begrenzt. Bei der Schiefertafel ist dies anders. Hier können die Aufzeichnungen jederzeit wieder zerstört und die Schiefertafel neu beschrieben werden. Es bleiben dann aber keine Dauerspuren erhalten. Das eine schließt also das andere aus (4).

Im Gegensatz dazu ist unser seelischer Apparat unbegrenzt aufnahmefähig und erzeugt gleichzeitig dauerhafte, wenn auch nicht unveränderliche Erinnerungsspuren. Möglich wird dies, weil der seelische Apparat dabei auf zwei verschiedene Systeme zurückgreifen kann, nämlich das System Wahrnehmung-Bewußtsein (W-Bw), das die Wahrnehmungen aufnimmt, aber keine Dauerspur von ihnen verwahrt, und das dahinterliegende »Erinnerungssystem«, das das Wahrgenommene als Dauerspur bewahrt. Freud hatte diese Hypothese bereits in der *Traumdeutung* entwickelt. Später, in *Jenseits des Lustprinzips*, fügte er dem die Annahme hinzu, daß das unerklärliche Phänomen des Bewußtseins im Wahrnehmungssystem an Stelle der Dauerspuren entstehe (Freud 1920, GW XIII, 1–69). Nun entdeckt Freud überraschend einen »Wunderblock«, der mehr kann als ein Blatt Papier oder eine Schiefertafel; er leistet beides, genauso wie der von ihm postulierte Wahrnehmungsapparat (5). Der Wunderblock ist eine in einen Papierrand gefaßte Tafel aus einer dunkelbräunlichen Harz- oder Wachsmasse, über welche ein dünnes, durchscheinendes Blatt gelegt ist, das aus zwei Schichten besteht, oben eine durchsichtige Zelluloidplatte, darunter ein durchscheinendes Wachspapier (5). Wenn diese Oberfläche mit einem spitzen Stift geritzt wird, dann ergeben die Vertiefungen die Schrift. Das Ritzen geschieht nicht direkt, sondern unter Vermittlung des darüber liegenden Deckblatts.

Freud sah hierin eine Annäherung an die Struktur des seelischen Wahrnehmungsapparats, wie er ihn bereits früher beschrieben hatte: Das Zelluloidblatt ist die schützende Hülle für das Wachspapier, die schädigende Einwirkungen von außen abhalten soll. Das Zelluloid dient hier also als Reizschutz. Die eigentlich reizaufnehmende Schicht ist das Papier. Hebt man das ganze Deckblatt – Zelluloid und Wachspapier – von der Wachstafel ab, verschwindet die Schrift und stellt sich auch nicht wieder her. Die Oberfläche des Wunderblocks ist dann schriftfrei und von neuem aufnahmefähig (7). Die Dauerspur des Geschriebenen bleibt aber auf der Wachstafel selbst erhalten und ist bei geeigneter Belichtung lesbar. Der Block liefert also nicht nur eine immer neu verwendbare Aufnahmefläche, so wie die Schiefertafel, sondern auch Dauerspuren der Aufschreibung wie der gewöhnliche Papierblock. Er löst auf diese Weise das Problem, die beiden Leistungen zu vereinigen, indem er sie auf zwei gesonderte, aber miteinander verbundene Systeme verteilt (7). Genauso erledigt unser seelischer Apparat die Wahrnehmungsfunktion: Das aus Zelluloid und Wachspapier bestehende Deckblatt entspricht dem System W-Bw und seinem Reizschutz, die Wachstafel dem dahinter liegenden Unbewußten, und das Sichtbarwerden der Schrift und ihr Verschwinden dem Aufleuchten und Vergehen des Bewußtseins während der Wahrnehmung (7). Freud nahm an, daß das Unbewußte mittels des Systems W-Bw der Außenseite eine Art Fühler entgegenstrecke, die rasch zurückgezogen werden, nachdem sie deren Erregungen verkostet haben. Sobald die Besetzung zurückgezogen wird, erlischt das Bewußtsein, und die Leistung des Systems ist stillgestellt (8).

Seither haben Neurowissenschaft und Kognitionspsychologie Theorien über die Wahrnehmung und das Gedächtnis entwickelt, die die von Freud auf der Grundlage der neurologischen Erkenntnisse seiner Zeit entwickelten Hypothesen weit hinter sich gelassen haben. Wie hellsichtig Freud andererseits mit seinen damaligen neurologischen Erkenntnissen diese moderne Entwicklung bereits vorweggenommen hat, haben unter anderem Kaplan-Solms/Solms (2000/ 2003) gezeigt.

Wenn das Unbewußte den Regeln des Primärprozesses folgt, welche Rolle spielt dann die Verneinung? In der kleinen Schrift über *Die Verneinung* (GW XIV, 9–15) aus dem Jahr 1925 konstatiert Freud, daß die Verneinung ein Modus ist, das Verdrängte zur Kenntnis zu nehmen, ohne es damit gleichzeitig auch zu akzeptieren (12). Wenn ein Patient sagt: »Ich habe von einer Person geträumt. Aber die Mutter ist es nicht«, dann können wir, so Freud, von der Verneinung absehen und berichtigen: »Also ist es die Mutter« (13). Ein verdrängter Inhalt kann zum Bewußtsein durchdringen unter der Bedingung, daß er verneint wird (12).

Der intellektuelle Ersatz für die *Verdrängung* ist die *Verurteilung* (12). Die Urteilsfunktion hat vor allem zwei Entscheidungen zu treffen: Sie soll dem Wahrgenommenen bestimmte Eigenschaften zusprechen (»Das will ich essen oder ausspucken« oder » Das soll in mir sein oder außer mir«) (13). Denn das ursprüngliche Lust-Ich will alles Gute sich introjizieren und alles Schlechte von sich werfen. Die Urteilsfunktion soll im Dienste des Realitätsprinzips aber auch über die reale Existenz eines Dings befinden (Realitätsprüfung) (13): Kann etwas in der Vorstellung Vorhandenes auch in der Realität wiedergefunden werden? Ist es nur innen oder auch außen? Eines Dings in der Außenwelt kann man sich bemächtigen. Das Urteilen ist insofern die zweckmäßige Fortwicklung der ursprünglichen Einbeziehung oder

Ausstoßung des Wahrgenommenen aus dem Ich. Es orientiert sich dabei an dem von Freud postulierten Dualismus von Lebens- und Todestrieb. »Die Bejahung – als Ersatz der Verneinung – gehört dem Eros an, die Verneinung – Nachfolge der Ausstoßung – dem Destruktionstrieb« (15). Die Schöpfung des Verneinungssymbols ermöglicht dem Denken darüber hinaus aber auch einen ersten Grad von Unabhängigkeit von den Erfolgen der Verdrängung und somit auch vom Zwang des Lustprinzips (15). In der analytischen Behandlung gibt es aus dem Unbewußten grundsätzlich kein »Nein«. Der Satz des Patienten »Daran habe ich nicht gedacht« weist vielmehr auf eine gelingende Aufdeckung des Unbewußten hin. An dieser Erkenntnis Freuds hat sich innerhalb der psychoanalytischen Behandlungsmethode bis heute nichts geändert.

In seiner Arbeit über *Fetischismus* (GW XIV, 309–317) geht Freud der Funktion des Fetischs nach, die dieser für die Aufrechterhaltung des psychischen Gleichgewichts besitzt. Für Freud ist der Fetisch ein Penisersatz, genauer: ein Ersatz für den Phallus der Mutter, an den der Knaben geglaubt hat und auf den er nicht verzichten will (312). Die Wahrnehmung, daß die Mutter keinen Penis hat, würde eine unerträgliche Kastrationsangst hervorrufen. »Nein, das kann nicht wahr sein«, sagt sich der Knabe (312). »Sonst könnte das Gleiche ja auch mir passieren.« Die Wahrnehmung wird deshalb verleugnet, der dazu gehörige Affekt verdrängt. Das bedeutet aber nicht, daß das Kind (genauer: der Knabe) seinen Glauben an den weiblichen Phallus unverändert aufrechterhalten hat. Im Konflikt zwischen dem Gewicht der unerwünschten Wahrnehmung und der Stärke des Gegenwunsches ist es vielmehr zu einem Kompromiß gekommen, wie er nur unter der Herrschaft des Primärprozesses möglich ist (313). Die Frau hat in der Vorstellung des Knaben zwar einen Penis, aber dieser Penis ist nicht mehr das, was er früher war. Etwas anderes ist an seine Stelle getreten und zu seinem Ersatz ernannt worden (313). Dieser Ersatz ist der *Fetisch als ein Zeichen des Triumphes über die Kastrationsdrohung* (315). Was die *Wahl* des Fetisches betrifft, so wird nach Freud der letzte Eindruck vor dem traumatischen Ereignis (das heißt dem gefürchteten Sichtbarwerden des weiblichen Genitales) als Fetisch festgehalten (314 f.). Im Schuhfetischismus beispielsweise erhält der weibliche Schuh, den der Knabe erblickte, bevor sein Blick weiter nach oben hin zum weiblichen Genitale wanderte, Fetisch-

charakter (314 f.). Wunsch- und realitätsgerechte Einstellungen bestehen dabei nebeneinander, ohne daß der Widerspruch zwischen beiden Beunruhigung erzeugt. Die Spaltung bleibt unverändert bestehen.

Etwas ganz Ähnliches geschieht auch mit der Verleugnung des Todes. Das läßt sich aus den weiteren Beispielen entnehmen, die Freud zur Erklärung des Fetischismus anführt (315 f.). Danach dient der Fetischismus keineswegs nur der Verleugnung der Kastration. Er zielt auf die Verleugnung der Geschlechter- und Generationsdifferenz, in dem unbewußten Streben, auf diese Weise das narzißtische Paradies zu bewahren, aus dem der Mensch mit der Entdeckung der Geschlechterdifferenz und damit auch der Urszene endgültig vertrieben worden ist (Rohde-Dachser 1999). Der Fetisch übernimmt dann die Funktion des Feigenblatts (317), das diese Realität verdeckt, so wie bereits Adam und Eva im Mythos der Genesis ihre Nacktheit mit einem Feigenblatt zu verbergen suchten. Die »Grundtatsachen des Lebens« (Money-Kyrle 1971), zu denen neben der Anerkennung der eigenen Abhängigkeit und des Ausgeschlossenseins aus der Urszene auch die Gewißheit des Todes gehört, werden auf diese Weise außer Kraft gesetzt: Das Unbewußte, das laut Freud (GW X, 341) den Tod nicht kennt, hat auch hier den Sieg davongetragen.

Literatur

Joseph, Betty: Übertragung – Die Gesamtsituation [1985]. In: Elizabeth Bott Spillius (Hg.): *Melanie Klein heute. Entwicklungen in Theorie und Praxis*. Bd. 2: Anwendungen. Weinheim 1991, 84–100.

Kaplan-Solms, Karen/Mark Solms: *Neuro-Psychoanalyse. Eine Einführung mit Fallstudien*. Stuttgart 2003 (engl. 2000).

Khan, M. Masud R.: *Entfremdung bei Perversionen*. Frankfurt a. M. 1983 (engl. 1979).

Money-Kyrle, Roger: The Aim of Psychoanalysis. In: *International Journal of Psychoanalysis* 52 (1971), 103–106.

Rank, Otto: *Der Mythos von der Geburt des Helden. Versuch einer psychologischen Mythendeutung* [1909]. Wien 2000.

Rohde-Dachser, Christa: Ringer um Empathie. Ein Interpretationsversuch masochistischer Inszenierungen [1986]. In: Dies. (Hg.): *Im Schatten des Kirschbaums. Psychoanalytische Dialoge*. Bern 1994, 32–46.

–: Todes- und Unsterblichkeitsphantasien bei Männern und Frauen – Über die Verbindung von Tod und Urszene. In: Anne-Marie Schlösser/Kurt Höhfeld (Hg.): *Trennungen*. Gießen 1999, 289–308.

Wurmser, Léon: *Das Rätsel des Masochismus. Psychoanalytische Untersuchungen von Über-Ich-Konflikten und Masochismus*. Berlin 1993.

Christa Rohde-Dachser

6. Zwangshandlungen, Phobien, Paranoia, Theorie der Angst

Angst

Es ist das zentrale Problem jeder Krankheitslehre, einen inhärenten Fixpunkt zu definieren, von dem aus sich die Mannigfaltigkeit symptomatischer Erscheinungen ordnen läßt. In der Psychoanalyse wird häufig und nicht zu Unrecht die Trieb-, Konflikt- und Abwehrlehre genannt, von der aus sich eine strukturelle Betrachtungsweise psychischer Erkrankungen vornehmen läßt. Darüber hinaus rückte Freud ein affektives Moment in den Mittelpunkt, dessen zentrale Stellung innerhalb der Psychopathologie oft übersehen wird: die Erfahrung der Angst. »Wie immer das sein mag, es steht fest, daß das Angstproblem ein Knotenpunkt ist, an welchem die verschiedensten und wichtigsten Fragen zusammentreffen, ein Rätsel, dessen Lösung eine Fülle von Licht über unser ganzes Seelenleben ergießen müßte«, heißt es programmatisch in den *Vorlesungen zur Einführung in die Psychoanalyse* (GW XI, 408). So unterschiedliche Symptome wie Zwangshandlungen, phobische Vermeidungen und Fluchten sowie paranoide Zuschreibungen werden von ihrem Erscheinungsbild her allgemein durch Ängste aufrecht erhalten. Wird z. B. der Zwangsneurotiker an der Ausübung seine Zwangshandlungen oder der Phobiker an seinen phobischen Verhaltensweisen gehindert, wird er massive Angst erleiden (ebd., 419). Dies fürchtet auch der Paranoiker und schützt sich vor ihr insbesondere durch den Mechanismus der Projektion. Zusammenfassend schreibt Freud: »Es schiene also in einem abstrakten Sinne nicht unrichtig zu sagen, daß Symptome überhaupt nur gebildet werden, um der sonst unvermeidlichen Angstentwicklung zu entgehen. Durch diese Auffassung wird die Angst gleichsam in den Mittelpunkt unseres Interesses für die Neurosenprobleme gerückt« (ebd.).

Für Freud ist das psychische Leben an den Körper und seine Bedürfnisse gebunden und muß Mittel finden, diese zu befriedigen. Dementsprechend ist auch sein Verständnis der Angst auf ein bestimmtes Prozessieren körperlicher Bedürfnisse orientiert. Angst –

wie alle Affekte – ist für ihn ein biologisches Substrat, das in unserer phylogenetischen Erbschaft wurzelt. In ihr sieht er das »Grundphänomen und Hauptproblem der Neurose« (GW XIV, 175), dem Angstaffekt gibt er den Vorzug vor allen anderen Affekten, d. h. eine »Ausnahmestellung in der seelischen Ökonomie« (ebd., 181), wie er in der Schrift *Hemmung, Symptom und Angst* (GW XIV, 111–205) aus dem Jahr 1926 festhält. Sie motiviert in dieser Sichtweise alle psychischen Abwehrprozesse und bildet somit einen zentralen Bestandteil sämtlicher psychischen Erkrankungen.

Freud entwickelte bekanntlich zwei unterschiedliche Theorien der Angst, die beide nicht ohne den jeweiligen Bezugsrahmen von topographischer und Strukturtheorie verständlich werden (vgl. Sandler u. a. 1997, 39). In der ersten Angsttheorie ist Angst ein im Bewußtsein auftauchender Affekt, in dem sich Libido aus dem Unbewußten manifestiert. In der zweiten Angsttheorie dagegen wird Angst als eine Ich-Reaktion, als ein Gefahrensignal auf eine innere Bedrohung verstanden.

Seine erste Angsttheorie faßte Freud in der 1895 erschienenen Arbeit über die Angstneurose zusammen (GW I, 315–342), und sie behielt ihre Gültigkeit bis zu deren Revision 1926. Er unterscheidet zwischen der Angst als Reaktion auf äußere Gefahren und einer neurotischen Angst, bezogen auf unbewußte Konflikte. Freud beschreibt hier eine breit gefächerte Symptomatik, d. h. neben dem eigentlichen Angstgefühl, den Angstanfällen und Phobien sind für ihn auch eine allgemeine Reizbarkeit, Schlaflosigkeit, hypochondrische Befürchtungen, Gewissensnöte, Zweifelsucht und körperliche Symptome wie Schweißausbrüche, Schwindel, Durchfälle, Harndrang, Heißhunger, Übelkeit und Atemnot von Bedeutung. Für alle diese Symptome meinte er 1895 eine einheitliche, nämliche sexuelle Ätiologie annehmen zu können. Sexuelle Abstinenz, frustrierte sexuelle Erregung und coitus interruptus waren hier die wesentlichen Auslöser. Die Angst ist in dieser Sichtweise eher außerhalb des Psychischen, nicht wie die Phantasie in einen Bedeutungsraum eingebunden, sondern auf der Ebene physiologischen Geschehens angesiedelt. Freud (GW XIV, 171) selber spricht von einem *ökonomischen* Erklärungsversuch der Angst.

Das Verständnis phobischer Symptombildungen, wie Freud sie in der Krankengeschichte des Kleinen Hans vorstellt, basiert in der ersten publizierten Fassung (GW VII, 241–377) ganz auf diesem ökonomischen Angstverständnis. Hans' phobische Ängste vor Pferden, Giraffen und beladenen Wagen versteht er als Folgen eines »Umschlags der sexuellen Erregung in Angst« (ebd., 352). Die in Angst verwandelte Libido sieht er »auf das Hauptobjekt der Phobie, das Pferd« (ebd.) projiziert. Trotz aller psychodynamischen Überlegungen zu diesem Fall bleibt Freud konsequent bei seiner ökonomischen These, daß bei all diesen psychischen Konflikten »die begleitenden Affekte uniform in Angst verwandelt erschienen« (ebd., 368).

Zwangsneurose

Auch Freuds Arbeiten über die Zwangserkrankungen gehen zurück auf die Zeit vor 1897, als er noch das sog. Affekt-Trauma-Modell zugrunde legte. Damals schuf er die heute noch anerkannte nosologische Kategorie der Zwangsneurose, arbeitete aber die dynamischen und strukturellen Aspekte im wesentlichen später in jenem Kontext aus, dem er das topographische Modell des psychischen Apparats zugrunde legte. In diesem zweiten Modell wird die Wahrnehmungsqualität eines unbewußten Wunsches im wesentlichen von seinem Konfliktpotential für die bewußte Wahrnehmung, und damit ganz besonders von der Angst, abhängig gemacht. Die Symptombildung der Zwangshandlungen erlaubt als Kompromißbildung die latente Befriedigung eines unbewußten Wunsches, freilich in einer verdeckten, für das Bewußtsein nicht ängstigenden Form. Die Unterlassung der Zwangshandlungen dagegen wird mit massiver Angst beantwortet. Die Zwangshandlung ist eine »Abwehr- oder Versicherungshandlung«, eine »Schutzmaßregel« (GW VII, 136). Der Zwangsneurotiker, der sich immer wieder die Hände waschen muß, versichert sich ihrer Sauberkeit und schützt sich somit vor allen mit ›Schmutz‹ assoziierten unbewußten Phantasien, z. B. Mordimpulsen. Mittels der zwanghaften Realisierung dieser Handlung übt er zugleich einen nicht unerheblichen aggressiven Druck auf Personen seiner Umgebung aus, befriedigt demnach den unbewußten aggressiven Impuls als auch das darauf reagierende Schuldgefühl.

In seiner Arbeit *Zwangshandlungen und Religionsübungen* (GW VII, 129–139) geht Freud nun weit über die Klinik der Zwangsneurose hinaus. Ihm war eine gewisse Ähnlichkeit zwischen zwangsneurotischen Zeremonien einerseits und religiösen Übungen andererseits aufgefallen. Das sind gewisse Tätigkeiten, die stets in der gleichen Anordnung und Abfolge ausgeübt werden müssen, soll nicht erhebliche Angst freigesetzt werden. Die angestrengte Sorgfältigkeit dieser rhythmischen Zwangshandlungen läßt sie ebenso als heiliges Zeremoniell erscheinen wie jene der Kirche. Bei beiden zeigt sich äußerste Gewissenhaftigkeit im kleinsten Detail. Freud geht sorgfältig den Gemeinsamkeiten und Unterschieden bei Zwangssymptomen und religiösen Riten nach und kommt zu dem Schluß: »Nach diesen Übereinstimmungen und Analogien könnte man sich getrauen, die Zwangsneurose als pathologisches Gegenstück zur Religionsbildung aufzufassen, die Neurose als eine individuelle Religiosität, die Religion als eine universelle Zwangsneurose zu bezeichnen. Die wesentlichste Übereinstimmung läge in dem zugrunde liegendem Verzicht auf die Betätigung von konstitutionell gegebenen Trieben; der entscheidendste Unterschied in der Natur dieser Triebe, die bei der Neurose ausschließlich sexueller, bei der Religion egoistischer Herkunft sind« (ebd., 138 f.). Beide Phänomene kann Freud nur deshalb in Beziehung zueinander setzen, weil sie Abwehrphänomene darstellen, in denen sich das Moment der Ritualisierung ausmachen läßt. Diese individuellen und sozialen Abwehrleistungen bringt er auf die Formel ›Zwangsneurose ist Privatreligion, Religion ist universelle Zwangsneurose‹ und verbindet derart Individuelles und Soziales unter dem Aspekt krankmachender Triebabwehr. In beiden Fällen dominiert ein strafendes Über-Ich, das den Zwangsneurotiker ebenso schuldbewußt sein läßt wie den frommen Sünder. Und beide müssen durch Zwangshandlungen einerseits und sich regelmäßig wiederholende Gebete andererseits ritualisiert zur Besänftigung ihres Schuldgefühls beitragen.

Unabhängig davon, wie man diese psychoanalytische Deutung der Religion heute beurteilen mag, hat sie ihre ideengeschichtliche Relevanz durch die Rückführung auf unbewußte Triebkonflikte behalten. Religion, ihrem Selbstverständnis nach dem Höheren im Menschen und dem Allerhöchsten überhaupt verpflichtet, sieht sich jetzt auf das Niedrigste im Sinne einer Abwehr des tief Unbewußten zurückgeführt.

Auch in seiner Untersuchung bürgerlicher Kardinaltugenden wie Ordnung, Sparsamkeit und Selbstbehauptungswillen findet Freud »Fortsetzungen der ursprünglichen Triebe, Sublimierungen derselben oder Reaktionsbildungen gegen dieselben« (GW VII, 209). Noch an dem ausgesprochen vorsichtigen Stil seiner Formulierungen kann man heute ablesen, daß Freud mit dem Nachweis einer unbewußten analerotischen Besetzung beim Zwangscharakter zu Anfang des 20. Jh.s ähnlich wie in seiner Religionsanalyse eine Tabuverletzung fürchtete. Führte er doch einen gesellschaftlich anerkannten Sozialcharakter auf seine neurotischen Motive zurück und bezog dergestalt das Geldinteresse auf die unbewußte Lust am Spiel mit den Faeces, dem ersten eigenständigen Produkt des heranwachsenden Kindes, dem dessen ganzer Stolz gilt. Während dieser ›erste Haufen‹ mit der weiteren Entwicklung der Ablehnung durch die Errichtung einer Scham- und Ekelgrenze verfällt, erfreut sich der ›Haufen Geld‹ allgemeiner Anerkennung und verleiht so unserer Gesellschaft ihren basal analen Charakter. Während hier psychodynamisch eine Verschiebung am Werk ist, resultiert Ordentlichkeit als Charaktermerkmal aus einer Reaktionsbildung gegen unbewußt gewünschte wie gefürchtete anale Vermischungen und Verschmierungen.

Klinisch macht Freud dies in seiner berühmtesten Krankengeschichte eines Zwangsneurotikers deutlich: in der des sog. Rattenmannes. Freud behandelte ihn seit Anfang Oktober 1907 etwa ein Jahr lang. Hier (GW VII, 379–463) läßt sich nachlesen, wie Freud Stunde um Stunde eine unbewußte Gegenwelt, die gegen die bewußt hohe Sittlichkeit des Patienten steht, herausarbeitet: die unbewußten Todeswünsche gegen den Vater im Kontrast zur bewußten Verehrung und Unterwürfigkeit, als auch die zentrale Rolle eines massiven, unbewußten Hasses, des »Todeskomplexes bei der Zwangsneurose« (ebd., 453), der einer gleich starken Liebe entgegensteht. Erstmals zeigt Freud, »daß bei der Zwangsneurose gelegentlich die unbewußten seelischen Vorstellungen in reinster, unentstellter Form zum Bewußtsein durchbrechen, daß der Durchbruch von den verschiedensten Stadien des unbewußten Denkprozesses her erfolgen kann« (445 f.). Freuds Interpretationen etwa des Verstehzwangs (412) zeigen zugleich, daß dem Zwangssymptom eine Dynamik innewohnt, die den Charakter eines terroristischen Überfalls hat: »Mitten im eifrigsten Studium fiel ihm da ein: […]« (410), »Da überfiel ihn […]« (410), »kam ihm […] plötzlich die Idee« (411), »[…] bemächtigte sich seiner ein Verstehzwang« (ebd., 412). Scheinbar aus dem Nichts heraus wird das Ich plötzlich von einem imperativen Gedanken dominiert, der die bisherige Tätigkeit unterbricht und sich alles Fühlen und Denken unterordnet. Im Kontext des topographischen Modells

verstand Freud diese Symptome »als Reaktion auf eine ungeheure, vom Bewußtsein nicht zu erfassende Wut« (411).

Das Ich und die Angst

Diese klinischen Beschreibungen enthalten implizit bereits einen Ich-Begriff, den Freud 1923 mit der Einführung der Strukturlehre ins Zentrum des psychischen Apparats rückte. Konsequent verabschiedete sich Freud nun auch von seiner ersten Angsttheorie: »Der Einspruch gegen diese Auffassung […] war also eine der Folgen der im *Ich und Es* versuchten Gliederung des seelischen Apparates« (GW XIV, 193). Der Widerruf und die Darstellung seiner zweiten Angsttheorie erfolgte in der nicht einfach zu lesenden, thematisch sehr heterogenen und viele neue Fragen aufwerfenden Arbeit *Hemmung, Symptom und Angst*. Das Ich wird nun zur eigentlichen Angststätte (ebd., 120, 171). Freuds Studium diverser Symptombildungen bei Phobikern (u. a. bei Kleinen Hans) und Zwangsneurotikern läßt ihn jetzt die Angst als »Motor der Verdrängung« (137) und nicht mehr als deren Folge sehen. Er versteht sie jetzt primär als ein Affektsignal, das psychische Abwehrmechanismen und Symptombildungen auf den Plan ruft. Angst ist nun eine Reaktion auf eine drohende Gefahr für das Ich – eine Sichtweise, die auch dem heutigen klinischen Verständnis zugrunde liegt.

Lediglich im Fall der traumatischen Neurose zieht Freud weiterhin in Betracht, daß durch übergroße Erregungsmengen der Reizschutz durchbrochen wird und in der Folge automatisch Angst entsteht (161, 168). Im Konzept dieser traumatischen Angst lebt also etwas von der ersten Freudschen Angsttheorie fort (172). In ihr sieht er den Anfang aller Gefahrensituationen, worauf jede spätere Angst i. S. eines Angstsignals reagiert (199).

Genetisch lokalisiert Freud den Anfang dieser traumatischen Angst in der Geburtsangst (121). Er folgert, daß alle ängstigenden Erfahrungen strukturell Elemente des Geburtserlebnisses enthalten und ihrem Wesen nach Trennungsängste bzw. Angst vor Objektverlust mobilisieren. Alle späteren Angstformen – und damit die Signalangst – sah er als entwicklungspsychologische Nachfolger dieser ersten traumatischen Trennungserfahrung: die Angst vor der Trennung von der Mutter, die Kastrationsangst, die Über-Ich-Angst, die soziale Angst und die Todesangst (169). Signalangst ist insofern das Erbe der traumatischen Angst und versucht diese schon im Vorfeld abzuwehren.

Freud blieb jedoch, wie wir wissen, skeptisch gegenüber dem Versuch – und damit gegenüber der zwei Jahre zuvor von Otto Rank (1924) publizierten Theorie der Geburtsangst –, alle späteren Angstformen auf ein traumatisches Geburtserlebnis zurückzuführen, und vertrat statt dessen eine Theorie der phasentypischen Angstsituationen (GW XIV, 172).

Diese neue Auffassung der Angst demonstriert Freud auch konsequent in einem veränderten Verständnis der Phobie, hier wiederum bezogen auf den Kleinen Hans. Freud (GW XIV, 130) verstand dessen phobische Symptome jetzt als Lösungsversuch eines psychischen Konflikts zwischen mörderischen ödipalen Impulsen gegen den Vater und seiner Liebe für ihn. Die Kastrationsangst ist jetzt das Motiv der Verdrängung. »Aber der Angstaffekt der Phobie, der ihr Wesen ausmacht, stammt nicht aus dem Verdrängungsvorgang, nicht aus den libidinösen Besetzungen der verdrängten Regung, sondern aus dem Verdrängenden selbst; die Angst der Tierphobie ist die unverwandelte Kastrationsangst [...] Hier macht die Angst die Verdrängung, nicht, wie ich früher gemeint habe, die Verdrängung die Angst. [...] Immer ist dabei die Angsteinstellung des Ichs das Primäre und der Antrieb zur Verdrängung. Niemals geht die Angst aus der verdrängten Libido hervor« (ebd., 137).

Freud begreift also diese Angst als ein Signal vor der Gefahr der Kastration, die sich bei Verwirklichung des ödipalen Triebwunsches einstellen würde (ebd., 157). Mit seiner zweiten Angsttheorie hatte er sich vom Begriff der Angst als einfachem Triebumwandlungsprodukt verabschiedet und sie als Signalaffekt mit Bedeutung versehen. Die nach Freud formulierten psychoanalytischen Objektbeziehungstheorien führten zu weiteren Entwicklungen und Differenzierungen im Verständnis der Angst (Plänkers 2003).

Auch das vorwiegend im Kontext des topographischen Modells entwickelte Verständnis der Zwangsneurose erfuhr im Rahmen der Strukturlehre und der zweiten Angsttheorie eine Reihe wichtiger Ergänzungen. Ähnlich wie bei der Phobie sieht Freud (GW XIV, 153) auch bei der Zwangsneurose in der Kastrationsangst das Motiv der vom Ich aktivierten Abwehrmechanismen wie Ungeschehenmachen und Isolierung. Auch die Überbesetzung des Denkens, die Vorliebe für rationalistische Konstruktionen, die Feststellung eines rigiden Ich-Charakters und eines überstrengen Über-Ichs gewannen ihr Gewicht erst im Zusammenhang der Gliederung des psychischen Apparats in Es, Ich und Über-Ich. Zwangshandlungen als Ich-Aktivität können nun nicht nur topographisch als Verkehrung einer unbewußten Absicht in ihr bewußtes Gegenteil, sondern auch als Einbruch

in das Ich verstanden werden, der dessen ganzes Fühlen und Denken plötzlich dominieren und verändern kann. Der von Freud diagnostizierte Zerfall der Persönlichkeit (GW VII, 463) führte z. B. im Fall des Rattenmanns dazu, daß auch sein seelisches Geschehen analog dem Modell der Rattenstrafe (bei der sich Ratten in das Gesäß des Gefolterten einbohren) funktionierte, d. h. daß sein Ich von plötzlich eindringenden Vorstellungen hinterrücks angegriffen wurde.

Paranoia

Solche gegen die Integrität des Ichs gerichtete Mechanismen beschreibt Freud darüber hinaus auch am Beispiel der Paranoia – zu einer Zeit, in der er die Strukturlehre noch gar nicht eingeführt hatte. Insofern zeigen auch Freuds klinische Arbeiten über Phobie, Zwangsneurose und Paranoia, daß der Gedanke eines abwehrenden Ichs schon lange vor der ab 1920 entwickelten Strukturtheorie bei ihm existierte. Im Fall der Paranoia gelangen ihm bahnbrechende Einsichten in deren unbewußte psychische Mechanismen, die sich einer sorgfältigen Detailanalyse verdanken. »Ich erinnerte mich daran, wie oft man in die Lage gekommen war, psychisch Kranke falsch zu beurteilen, weil man sich nicht eindringlich genug mit ihnen beschäftigt und so zu wenig von ihnen erfahren hatte« (GW X, 238). Am beeindruckendsten führt uns Freud diese methodische Haltung am Fall Schreber in seiner Arbeit *Psychoanalytische Bemerkungen über einen autobiographisch beschriebenen Fall von Paranoia (Dementia paranoides)* (GW VIII, 239–316), aber auch in der Studie über *Eine Teufelsneurose im 17. Jahrhundert* (GW XIII, 317–353) vor. Im Fall Schreber analysiert Freud den autobiographischen Text des ehemaligen Senatspräsidenten beim Oberlandesgericht Dresden *Denkwürdigkeiten eines Nervenkranken* (1903). Dessen Wahnsystem bestand darin, »die Welt zu erlösen und ihr die verloren gegangene Seligkeit wiederzubringen. Das könne er aber nur, wenn er sich zuvor aus einem Manne zu einem Weib verwandelt habe« (GW VIII, 248). Schreber fühlte sich besonders von seinem Arzt Flechsig, aber auch von anderen Personen verfolgt. Freuds sorgsame Materialanalyse macht erstmals die bedeutende Rolle der Projektion für das Verständnis paranoider Symptome verständlich, nämlich daß »der jetzt wegen seiner Verfolgung Gehaßte und Gefürchtete ein einstiger Geliebter und Verehrter« (ebd., 276) war. Im Zentrum der Paranoia identifiziert Freud eine unbewußte homosexuelle Wunschphantasie (295), im Fall Schreber eine »Sehnsucht nach Vater und Bruder« (286). Überraschend ergibt sich hier der Schluß, daß die Wahnbildungen des Paranoiden nicht die eigentlichen Krankheitserscheinungen sind, sondern ein Heilungsversuch. »Was wir für die Krankheitsproduktion halten, die Wahnbildung, ist in Wirklichkeit der Heilungsversuch, die Rekonstruktion« (308). Das eigentliche Krankheitsgeschehen dagegen sieht Freud in der »Ablösung der Libido von vorher geliebten Personen – und Dingen« (308). »Was sich uns lärmend bemerkbar macht, das ist der Heilungsvorgang« (308).

Auch im Fall des Malers Christoph Haitzmann, der im 17. Jh. an Krämpfen, Visionen und panischen Ängsten litt und behauptete, diese resultierten aus zwei Verschreibungen an den Teufel, weist Freud der Projektion als psychischem Mechanismus die zentrale Stellung zu, ebenso der unbewußten passiven Homosexualität. Haitzmann fand Erlösung von seinen paranoiden Befürchtungen durch den geistlichen Beistand von Kirchenmännern und trat am Ende in einen Mönchsorden ein. Mit detektivischem Gespür für Unstimmigkeiten in kleinsten Details arbeitet Freud den Tod des Vaters als Krankheitsanlaß heraus, die daraus resultierende Melancholie, die unbewußte Ambivalenz im Verhältnis zum Vater sowie frühe orale Ängste als Grundlage von Projektionen, in denen sich der Maler plötzlich in ›Visionen‹ Dämonen, Christus und dem Teufel gegenübersieht. So wurde der Teufel dem Maler zum projektiven Vaterersatz

und er legte in seiner Krankheit »den Weg vom Vater über den Teufel als Vaterersatz zu den frommen Patres zurück« (GW XIII, 352).

Manches an diesen Krankengeschichten würden wir heute vielleicht anders deuten, z. B. Freuds These, daß die Krankheit ganz auf dem »Vaterkomplex« (GW VIII, 291) fuße. Aber dies ist nicht entscheidend. Ideengeschichtlich ist es von zentraler Bedeutung, daß hier erstmals psychotische Erkrankungen als sinnhaft und eingebettet in einen psychodynamischen Zusammenhang verständlich gemacht wurden. Freud hat dadurch die Kluft, die das Neurotische vom manifest Paranoiden trennt, zu dem er auch Formen von Eifersuchts-, Liebes- und Größenwahn zählte, einerseits verringert, indem er zeigte, daß auch das sog. Verrückte nichts jenseits des unbewußten Konflikts mit den Primärobjekten liegt. Andererseits haben seine detaillierten Beschreibungen und Analysen den Weg für die heutige psychoanalytische Psychosentherapie überhaupt erst eröffnet.

Literatur

Plänkers, Tomas: Trieb, Objekt, Raum. Veränderungen im psychoanalytischen Verständnis der Angst. In: *Psyche* 57 (2003), 487–522.

Rank, Otto: *Das Trauma der Geburt und seine Bedeutung für die Psychoanalyse* [1924]. Frankfurt a. M. 1988.

Sandler, Joseph/Alex Holder/Christopher Dare/Anna Ursula Dreher: *Freuds Modelle der Seele. Eine Einführung.* Gießen 2003 (engl. 1997).

Tomas Plänkers

7. Behandlungstechnik

Freud hat seine behandlungstechnischen Auffassungen – angefangen bei den ersten, noch experimentierenden und zusammen mit Josef Breuer entwickelten Verfahrensweisen bis hin zur Gewinnung einer gewissen Standardisierung der Technik – während eines Zeitraums von etwa zwanzig Jahren entwickelt. Nicht wenigen gelten die behandlungstechnischen Methoden, mit denen Freud einen neuen und einzigartigen Zugang zum psychischen Leben des Menschen begründete, als sein wertvollster und wissenschaftlich erfolgreichster Beitrag (Gedo 2001). Insgesamt 27 Arbeiten Freuds beschäftigen sich ganz oder teilweise mit behandlungstechnischen Fragen. Sie werden hier berücksichtigt, soweit sie nicht bereits an anderer Stelle und in anderen Zusammenhängen, etwa der *Traumdeutung* (s. Kap. II.4), thematisiert werden.

Die in den Technik-Aufsätzen formulierten Empfehlungen Freuds entstanden einerseits aus dem Bedürfnis, das inzwischen angesammelte und differenziert vorliegende Erfahrungswissen zu systematisieren und an seine Schüler weiterzugeben. Zum anderen waren sie auch in berufspolitischer Hinsicht von Bedeutung. Freud wollte damit allen Diffamierungen seiner noch jungen Behandlungstechnik entgegentreten, und dies umso mehr, als die Regelverletzungen und sexuellen Grenzüberschreitungen etwa von Seiten seiner Schüler C. G. Jung und Sándor Ferenczi einer interessierten Öffentlichkeit auf Dauer nicht verborgen geblieben waren.

Erst in der nordamerikanischen Psychoanalyse mutierten die Empfehlungen und Ratschläge Freuds zu unumstößlichen Regeln, die so gut wie keine Ausnahme zuließen. Man hat diese »Nomothetisierung« der Behandlungstechnik mit der überwiegend naturwissenschaftlichen Einstellung der medizinalisierten Psychoanalyse in den Vereinigten Staaten in Verbindung gebracht. Sicherlich spielte aber auch der Wunsch der in die USA emigrierten deutschen und österreichischen Psychoanalytiker eine Rolle, die psychoanalytische Therapie als einen Regelkanon zu etablieren und sie auf diese Weise gegen konkurrierende Therapieformen, z. B. die Verhaltenstherapie, abzu-

grenzen. So entstand die Vorstellung von einer »rite«-Psychoanalyse, bei der jede Abweichung von einem ausschließlich die Übertragung deutenden Vorgehen als ein Parameter (Eissler 1953) aufgefaßt wurde. Diesen galt es so bald wie möglich zu analysieren, also wiederum einer analytischen Deutung zu unterziehen. Andernfalls – so die Befürchtung der lange Zeit dominierenden nordamerikanischen Ichpsychologie – degeneriere die Psychoanalyse zu einer lediglich stützenden Psychotherapie.

Als die eigentlichen behandlungstechnischen Arbeiten gelten jene Aufsätze, die Freud zwischen 1911 und 1915 veröffentlichte. Viele seiner Anhänger und Schüler hatten sich freilich mehr von diesen Schriften versprochen, galt doch die psychoanalytische Behandlungstechnik nicht nur in den Augen Außenstehender als *die* Psychoanalyse schlechthin. Aber Freuds Interessen waren bekanntlich weitaus breiter angelegt – die analytische Kur mit ihrem Regelwerk war lediglich eines unter vielen. Vielleicht ist das auch der Grund dafür, daß das von Freud ursprünglich geplante umfassende Werk über eine »Allgemeine Methodik der Psychoanalyse«, das er 1910 angekündigt hatte, von ihm niemals geschrieben wurde. Es war späteren Autoren wie Otto Fenichel (1941) und Ralph Greenson (1967) vorbehalten, Freuds ursprüngliche Absicht in die Tat umzusetzen. Dennoch hat eine Arbeitsgruppe des Sigmund-Freud-Instituts aus den behandlungstechnischen Schriften Freuds die Anweisungen zur Behandlungstechnik extrahiert und dabei die durchaus stattliche Anzahl von 249 Regeln identifizieren können (Argelander 1979; Köhler-Weisker 1978).

Die Freudsche psychoanalytische Methode (1904), Über Psychotherapie (1905)

Nach fast zehnjähriger Pause knüpfte Freud 1904 und 1905 wieder an die behandlungstechnische Thematik aus den *Studien über Hsyterie*, insbesondere an das Kapitel »Zur Psychotherapie der Hysterie« (GW I, 252–312), an. Dazwischen lag die so wichtige Beschäftigung mit dem Traum und den Fehlleistungen. In den kleinen Arbeiten von 1904 und 1905 (GW V, 1–10,11–26), die zahlreiche Überschneidungen aufweisen, beschäftigte er sich mit der analytischen Grundregel der freien Assoziation, mit den Unterschieden zwischen der analytischen und der suggestiven Technik der Hypnose und mit Fragen der Indikation für die analytische Kur, etwa Bildungsgrad und Alter, und schließlich mit dem Widerstand gegen die Analyse.

Die zukünftigen Chancen der psychoanalytischen Therapie (1910)

Während die oben erwähnten Aufsätze noch weitgehend den voranalytischen Erkenntnisstand wiedergaben, ging es Freud mit dieser Veröffentlichung (GW VIII, 103–115) um eine programmatische Festlegung seiner bis dato gewonnenen Erkenntnisse. Eine Zunahme der Wirksamkeit einer psychoanalytischen Behandlung versprach er sich vor allem durch Wissenszuwachs und behandlungstechnische Fortschritte. Hier bereits deutete er den wichtigen Sachverhalt an, daß die analytische Technik je nach Krankheitsform zu modifizieren sei, worauf er später noch einmal ausführlicher zu sprechen kam (GW XII, 191). Hoffnung setzte Freud zum zweiten auch auf den Zuwachs an Autorität seiner Sache; zugleich war er allerdings realistisch genug zu sehen, daß die Gesellschaft sich auch künftig weiterhin abweisend gegenüber der Psychoanalyse verhalten werde, denn sie müßte ja zugeben, »daß sie an der Verursachung der Neurosen selbst einen großen Anteil hat« (GW VIII, 111). Vor allem das sog. Freud-Bashing, das in den 1990er Jahren in den USA Mode wurde, zeigt, daß Freuds Prognose hinsichtlich der zukünftigen Chancen der psychoanalytischen Therapie durchaus hellsichtig war.

Zum dritten erhoffte sich Freud eine Besserung der therapeutischen Chancen durch die »Allgemeinwirkung« der Arbeit des Psychoanalytikers und verstand darunter, daß mit zunehmender Information über den Ersatzbefriedigungscharakter neurotischer Symptome der primäre Krankheitsgewinn keine Chance mehr erhalte. Wenn allgemein bekannt werde, daß z. B. übertrieben starke Fürsorglichkeit eine Reaktionsbildung darstellen kann, die gegenteilige Affekte wie Ablehnung und Ambivalenz abwehren hilft, dann werde der Krankheitsgewinn illusorisch (112 f.). Vor allem die Popularisierung der Psychoanalyse durch den Film hat freilich ungleich mehr als das gedruckte Wort dazu beigetragen, bestimmte psychoanalytische Konzepte ins Alltagsbewußtsein zu befördern (vgl. Mertens 2005).

Über ›wilde‹ Psychoanalyse (1910)

In diesem kurzen Aufsatz (GW VIII, 117–125) wandte sich Freud gegen eine populärpsychologische Verkürzung seiner Lehre vor allem durch schlecht ausgebildete Ärzte, die ihren neurotischen Patienten z. B. Selbstbefriedigung empfahlen in der Annahme, damit ganz im Sinne der ätiologischen Bedeutung der Sexualität gehandelt zu haben. Solche Ärzte ließen dabei völlig unberücksichtigt, so Freud, daß er den Begriff Sexualität »in demselben umfassenden Sinne, wie die deutsche Sprache das Wort ›lieben‹« (120) gebraucht, verstanden wissen wolle und daß darüber hinaus mit dem Konzept der Psychosexualität vor allem der seelische Anteil des Sexuellen gemeint sei: »Wer diese Auffassung der Psychosexualität nicht teilt, hat kein Recht, sich auf die Lehrsätze der Psychoanalyse zu berufen, in denen von der ätiologischen Bedeutung der Sexualität gehandelt wird« (121).

Abgesehen von dem irrigen Verständnis der Sexualität würden diese Ärzte aber auch keine Ahnung von der Wirkung des Widerstands bei einem Menschen haben, wenn Sexualbefriedigung an sich tatsächlich ein probates Mittel gegen die Vertreibung der Neurose sei. Ihre neurotischen Konflikte würden ihnen aber genau diese sexuelle Genußmöglichkeit verbieten; deshalb müsse man zuerst die Widerstände analysieren, was nur mittels einer gründlichen Analyse möglich sei und nicht auf dem Weg suggestiv vorgebrachter Ratschläge. Aber auch eine aufgeschlossene Öffentlichkeit verbreite häufig die Illusion, seelisch kranke Menschen litten lediglich unter einer Art Unwissenheit, und wenn man ihnen nur das richtige Wissen vermittle, würde ihr Leiden ein Ende finden. »Nicht dies Nichtwissen an sich ist das pathogene Moment, sondern die Begründung des Nichtwissens in *inneren Widerständen*, welche das Nichtwissen zuerst hervorgerufen haben und es jetzt noch unterhalten. In der Bekämpfung dieser Widerstände liegt die Aufgabe der Therapie« (123).

Zur Dynamik der Übertragung (1912)

Freud formulierte in diesem Text (GW VIII, 363–374) eine libidotheoretische Präzisierung des Übertragungskonzepts. Unerfüllte oder nicht restlos befriedigte Liebesbedürfnisse führen laut Freud dazu, daß sich Menschen mit »libidinösen Erwartungsvorstellungen jeder neu auftretenden Person zuwenden« (365). Genau dieser Vorgang ereigne sich auch in der psychoanalytischen Behandlungssituation.

Übertragung, »sonst der mächtigste Hebel des Erfolgs« (367), kann auch in den Dienst des Widerstands gestellt werden, vor allem dann, wenn diese dem Patienten ansatzweise bewußt wird: »Es ist ja klar, daß das Geständnis einer jeden verpönten Wunschregung besonders erschwert wird, wenn es vor jener Person abgelegt werden soll, der die Regung selbst gilt« (370). Daß die Übertragung auch zum Widerstand werden kann, gilt vor allem für die »negative Übertragung«. In der Regel zeigen sich freilich eher Mischformen von positiver und negativer Übertragung. »[...] ein hoher Grad von Ambivalenz der Gefühle ist gewiß eine besondere Auszeichnung neurotischer Personen« (373). Berühmt wurde vor allem Freuds Auffassung, daß die analytische Kur auf dem Feld der Übertragungsphänomene durchgeführt werden sollte, »denn schließlich kann niemand *in absentia* oder *in effigie* erschlagen werden« (374).

Die Übertragungsanalyse wurde, um ein von Freud gern gebrauchtes Wort zu zitieren, zum »Schiboleth« der Psychoanalyse (GW V, 128; GW X, 101), weshalb es nicht verwundert, daß diese behandlungstechnische Vorgehensweise immer wieder rekapituliert wurde. Angefangen bei Sándor Ferenczis und Otto Ranks (1924) Kritik am Übergewicht kognitiver, vor allem genetischer Deutungen in der Psychoanalyse, über James Stracheys Aufsatz (1935), der der Übertragungsdeutung die am meisten verändernde Kraft zuschrieb, und Merton Gills (1982) wegweisende Arbeit zur Übertragungsanalyse bis hin zu der jüngsten Diskussion darüber, inwieweit die Übertragungsanalyse bei Patienten mit gering ausgebildeten ichstrukturellen, kognitiven und sozioemotionalen Kompetenzen durch ein unmittelbares Eingehen auf die Beziehung ergänzt werden müsse (vgl. Moser 2001; Rudolf 2004), ist die Debatte über den Umgang mit der Übertragung zum konstantesten Thema der analytischen Technik geworden. Andere Therapieschulen, etwa die kognitive Verhaltenstherapie, die der Psychoanalyse in der Vergangenheit skeptisch bis ablehnend gegenüberstanden, haben mittlerweile ebenfalls die enorme Bedeutung der Übertragung für den Verlauf des therapeutischen Prozesses erkannt.

Ratschläge für den Arzt bei der psychotherapeutischen Behandlung (1912)

Hier (GW VIII, 375–387) stellt Freud heraus, daß sich seine Ratschläge »als die einzig zweckmäßigen für meine Individualität« (376) ergeben hatten, womit er offenließ, ob andere womöglich eine andere Vorgehensweise bevorzugen könnten. Andererseits dienten die Aufsätze zur Technik unübersehbar dem Zweck, die allzu freizügigen Ideen seiner Anhänger und Schüler in die richtigen, von ihm selbst bevorzugten Bahnen zu lenken. Diese Absicht Freuds ging bekanntlich nicht in Erfüllung. Schon bald schlug z. B. Otto Rank (1924) eine Verkürzung der psychoanalytischen Therapie mittels thematischer Fokussierung auf das Thema der Geburtsangst vor.

Freud vertrat in den *Ratschlägen* die Auffassung, daß es sich trotz der unzähligen Eindrücke, die man von seinen Analysanden in der Kur empfange, nicht empfehle, während des Zuhörens mitzuschreiben. Außerdem solle man erwartungsfrei zuhören, nämlich in einer Haltung der »gleichschwebende[n] Aufmerksamkeit« (377). Diese stellt das notwendige Gegenstück zur Grundregel der »freien Assoziation« dar. Damit überläßt sich der Psychoanalytiker seinem »unbewußten Gedächtnisse« (378). Protokollierungen zum Zweck einer wissenschaftlichen Publikation würden nur dem Schein nach eine Exaktheit vermitteln, ganz davon abgesehen, daß man dadurch »ein Stück seiner eigenen Geistestätigkeit« binde (379). Wichtig sei vor allem, »sich während der psychoanalytischen Behandlung den Chirurgen zum Vorbild zu nehmen, der alle seine Affekte und selbst sein menschliches Mitleid beiseite drängt« (380). Solche »Gefühlskälte« (381) helfe insbesondere, den therapeutischen Ehrgeiz zu zügeln, den Freud ohnehin als eher suspekt einstufte.

Alle diese Freudschen Empfehlungen begründeten eine explizite psychoanalytische Epistemologie, die ihr Erfinder auf folgende Formel brachte: »[...] dem gebenden Unbewußten des Kranken sein eigenes Unbewußtes als empfangendes Organ zuwenden, sich auf den Analysierten einstellen wie der Receiver des Telephons zum Teller eingestellt ist« (ebd.). Um diese Erkenntniseinstellung zu erreichen, sei es wichtig, sich der eigenen blinden Flecke bewußt zu werden. In Übereinstimmung mit Jung empfahl Freud deshalb jedem angehenden Psychoanalytiker eine Lehranalyse.

Gegen die Versuchung, vertrauliche Mitteilungen über die eigenen Defekte und Konflikte zu machen in der Hoffnung, damit den Widerstand des Patienten zu unterlaufen, forderte Freud in einer berühmten Metapher, der Arzt solle »undurchsichtig für den Analysierten sein und wie eine Spiegelplatte nichts anderes zeigen, als was ihm gezeigt wird« (384). Nur mit dieser versuchsleiteranalogen Haltung einer strikten Anonymität sei es möglich, die Übertragung des Patienten nicht mit der Subjektivität des Analytikers zu kontaminieren.

Nach de Swaan (1978) sind Freuds *Ratschläge* die erste professionstheoretische Abhandlung für den neuen Beruf des Psychoanalytikers. In ihnen formulierte Freud das Arrangement der psychoanalytischen Kur mit ihren Grundregeln der freien Assoziation und der Abstinenz als eine »experimentelle soziale Nullsituation«, in der es möglich sei, die Übertragungsleistungen von Patienten sozusagen »rein«, als Produkte ihrer psychischen Konflikte darzustellen.

Zur Einleitung der Behandlung (1913)

In dieser Arbeit (GW VIII, 453–478) macht Freud nach einem Vergleich der psychoanalytischen Behandlung mit dem Schachspiel im Hinblick auf die »unübersehbare Mannigfaltigkeit« (454) möglicher Züge nach der Spieleröffnung darauf aufmerksam, daß alle Regeln ihre jeweilige Bedeutung immer nur aus einem Gesamtzusammenhang gewinnen Deshalb sei es sinnvoll, die sog. Regeln lediglich als »Ratschläge« aufzufassen, die »keine unbedingte Verbindlichkeit« (454) beanspruchen können, denn eine »Mechanisierung der Technik« (455) sei keineswegs wünschenswert. Freud war realistisch genug zu erkennen, daß die schier unendliche Anzahl aller möglichen Kombinationen im Zusammenspiel eines ganz bestimmten Analytikers mit einem ganz bestimmten Patienten die Formulierung und Einhaltung rigider Regeln unmöglich mache.

Freud sprach sich dafür aus, Patienten, bei denen die Indikationsfrage unklar ist, für ein bis zwei Wochen zu sehen und sich erst nach einer solchen Probezeit endgültig zu entscheiden. Eine Abgrenzung gegenüber Vorformen der Schizophrenie – heute würde man von der Diagnose eines Borderline-Strukturniveaus sprechen – sei nicht immer einfach, aber doch sehr wichtig, denn ein Scheitern der psychoanalytischen Therapie bei diesen Patienten diskreditiere oftmals die gesamte Psychoanalyse. Heutzutage empfiehlt man zur Behandlung solcher Patienten eine modifizierte analytische Psychotherapie (Rudolf 2004).

Freud warnte davor, Patienten in Analyse zu nehmen, zu denen eine freundschaftliche oder gesellschaftliche Beziehung besteht, und auch nicht naiv darauf zu vertrauen, daß Patienten mit einem anfänglich hohen Zutrauen zur Psychoanalyse besonders erfolgreiche Patienten seien. Denn damit hätte man die Macht des Widerstandes ignoriert, mit dem nicht nur bei Patienten, sondern auch bei Lehranalysanden immer zu rechnen sei.

Während diese Einschätzungen Freuds auch heute noch Gültigkeit beanspruchen dürfen, sind seine Empfehlungen bezüglich der Sitzungsfrequenz von sechs Stunden pro Woche nicht übernommen worden, sondern auf vier, im Fall der analytischen Psy-

chotherapie auf drei, bei der tiefenpsychologisch fundierten Therapie gar auf eine Stunde reduziert worden. Das ist einerseits ein pragmatischer Kompromiß im Rahmen einer von den Krankenkassen finanzierten Therapie, andererseits aber auch ein Zugeständnis an den Zeitgeist. Die alles beherrschende gesellschaftliche Einstellung, Zeit sei ein knappes und kostbares Gut, läßt eine hochfrequente Psychoanalyse wie eine irrationale Verschwendung der Ressource Zeit erscheinen. Tiefgreifende seelische Veränderungen, so Freud, benötigen aber Zeit und entfalten zudem eine Eigendynamik, die auch in zeitlicher Hinsicht schwer zu prognostizieren ist.

Bezüglich des Honorars vertrat Freud die Meinung, daß es »doch würdiger und ethisch unbedenklicher [ist], sich zu seinen wirklichen Ansprüchen und Bedürfnissen zu bekennen, als […] den uneigennützigen Menschenfreund zu agieren« (464 f.). Freud erkannte hellsichtig, daß sich auch unter volkswirtschaftlichen Gesichtspunkten der Geldaufwand für eine analytische Behandlung durchaus rechne: »Es ist nichts Kostspieligeres im Leben als die Krankheit und – die Dummheit« (467).

Hinsichtlich der Durchführung der psychoanalytischen Behandlung im Liegen führte Freud neben dem sehr persönlichen Motiv, es nicht ertragen zu können, »acht Stunden täglich (oder länger) von anderen angestarrt zu werden« (467), vor allem das Argument an, auf diese Weise die Übertragung des Patienten besser isolieren zu können.

Wenn man den Patienten reden lasse, stelle man ihm die Wahl des Ausgangspunkts seiner Erzählung frei. Nur bei der korrekten Durchführung der Grundregel verlangte Freud Konsequenz: Äußere ein Patient z. B. Vorbehalte wegen des Sinns seiner Einfälle, dann solle man ihn immer wieder an die Einhaltung der Grundregel der freien Assoziation erinnern. Dazu sei es erforderlich, diese von allem Anfang an dem Patienten zu erläutern. Kommen Patienten mit vorbereitetem Material in die Stunde, so sei dies als Widerstand zu deuten, ebenso, wenn ein Patient mit anderen Personen über seine Analyse spricht. »Die Kur hat dann ein Leck, durch das gerade das Beste verrinnt« (470).

Wie geschickt Freud es verstand, auch auf körperliche Ausdruckshandlungen in der Analysestunde zu achten, wird aus einem von ihm angeführten Beispiel ersichtlich, in dem ein junges Mädchen verschämt seinen Rock richtet. Freud fiel es nicht schwer, daraus auf eine verdrängte Exhibitionsneigung zu schließen. Im weiteren gibt Freud die lange Zeit als eherne Regel aufgefaßte Empfehlung, das Thema der Übertragung so lange unberührt zu lassen, wie die Mitteilungen und Einfälle des Patienten »ohne Stockung« erfolgen (473). Eine Mitteilung über die unbewußte Bedeutung des Erzählten sei erst dann möglich, wenn sich ein »ordentlicher Rapport« (473) hergestellt hat. Axiomatisch heißt es dazu: »Das erste Ziel der Behandlung bleibt, [den Patienten] an die Kur und an die Person des Arztes zu attachieren. Man braucht nichts anderes dazu zu tun, als ihm Zeit zu lassen« (473). Zugleich warnte Freud vor unanalytischen, z. B. moralisierenden Interventionen, ebenso vor solchen, in denen man die Einfühlung mit dem Patienten aufgebe und sich etwa. mit dem Ehepartner identifiziere.

Ebenso würde man einen heftigen und berechtigten Widerstand bei einem Patienten auslösen, wenn man – z. B. aus Angst, vom Patienten nicht anerkannt zu werden – zu schnell die Übersetzung eines Symptoms vornehme. In der Regel falle es nicht schwer, bereits beim ersten Kontakt die verdrängten Wünsche eines Patienten zu erraten, aber es zeuge von Selbstgefälligkeit und Unbesonnenheit, diese dem Patienten nach kurzer Bekanntschaft zu deuten: »Der therapeutische Effekt wird in der Regel zunächst gleich Null sein, die Abschreckung von der Analyse aber eine endgültige« (474). Vorbei sei die Frühzeit der Psychoanalyse, in der eine intellektualistische Behandlungsauffassung vorherrschte und wo man glaubte, daß allein die Mitteilung von einem vergessenen Kindheitstrauma bereits einen therapeutischen Effekt habe. Freud zufolge müssen erst die Verdrängungswiderstände überwunden werden, bevor eine Verbindung des intellektuellen Wissens mit den verdrängten Gefühlskomplexen stattfinden kann. Aus heutiger Sicht, die von der Annahme zweier unterschiedlicher Gedächtnissysteme ausgeht, kann man dem ungeteilt zustimmen: Wenn die Verbindung zwischen dem deklarativen und dem nicht-deklarativen Gedächtnissystem unterbrochen ist, ergibt sich keine Veränderung, sofern lediglich das deklarativ-autobiographische Gedächtnis angesprochen wird (Davies 2001). Es müssen zugleich auch die emotional-prozeduralen Gedächtnisinhalte berührt werden.

Erinnern, Wiederholen und Durcharbeiten (1914)

In dieser kleinen Arbeit (GW X, 125–136) schildert Freud den Fall eines Patienten, der in der Behandlung nicht davon spricht, daß er sich erinnere, sich gegenüber der elterlichen Autorität trotzig und ungläubig verhalten zu haben, sondern der sich im Hier und Jetzt der Behandlung trotzig und ungläubig ge-

genüber dem Arzt verhält (129 f.). Der Patient erinnert sich mit anderen Worten nicht an zurückliegende Erfahrungen, sondern er verhält sich vielmehr aktuell so, wie er es früher getan hat. Gleichzeitig ist ihm nicht bewußt, daß sein gegenwärtiges Verhalten etwas mit früheren Erfahrungen, die sich der Erinnerung entziehen, zu tun haben könnte. Heute sehen Psychoanalytiker in derartigen Übertragungen nicht nur das Wirken des psychodynamischen Unbewußten, sondern über das deklarative und autobiographisch Verdrängte hinaus auch Anteile des nicht-bewußten, nicht-deklarativen Gedächtnisses, das nicht bewußt (im Unterschied zu unbewußt) und nicht symbolisierbar ist und sich gleichwohl permanent bemerkbar macht.

Bemerkungen über die Übertragungsliebe (1915)

Die Handhabung der Übertragung stellt vielleicht die größte behandlungstechnische Herausforderung für den Analytiker dar. Von verschiedenen Situationen her beleuchtete Freud vor allem die Übertragungsliebe, die bei Frauen auftritt, die auf Befriedigung ihres erotischen Verlangens nachdrücklich bestehen (GW X, 305–321). Solche Frauen sind Freud zufolge unwillig, einen Ersatz zu akzeptieren, und sehen nicht ein, was ihnen das bloße Reden über die Liebe bringen soll. Ob dies Frauen von »elementarer Leidenschaftlichkeit« (315) sind oder ob das Auftreten einer heftigen erotisierten Übertragung, die auf den realen Vollzug drängt, Anzeichen einer Borderline-Persönlichkeitsstörung, wenn nicht gar einer psychotischen Entwicklung ist, darüber gehen die Ansichten auseinander (Mertens 1991/2005). Bei der Handhabung dieser Übertragungsform handelt es sich oft um eine Gratwanderung. Denn die mehr oder weniger liebevolle Zuneigung eines Patienten und entsprechende Gefühle beim Analytiker bilden die Voraussetzung jeglicher erfolgreichen Behandlung.

Eine Schwierigkeit der Psychoanalyse (1917)

In diesem Aufsatz (GW XII, 1–12) wies Freud mit seinem bekannten Diktum, der Mensch sei nicht Herr im eigenen Hause (11; vgl. auch GW XI, 295), darauf hin, daß die ihm dadurch zugefügte narzißtische Kränkung die Anerkennung der Psychoanalyse erschwere. Der Neurowissenschaftler Ramachandran (2003) hat nahezu 90 Jahre später in ganz ähnlichen Worten darauf hingewiesen, daß diese Kränkung heutzutage durch die Erkenntnis bewirkt werde, daß das Ich aus neurobiologischer Sicht eine Illusion sei.

Wege der psychoanalytischen Psychotherapie (1919)

Auch dieser Text Freuds (GW XII, 181–194) wirbt für die Auffassung, daß die analytische Kur »in der Entbehrung – Abstinenz – durchgeführt« (187) werden müsse. Das Leiden soll nicht ein vorzeitiges Ende finden, indem Ersatzbefriedigungen außerhalb der Analyse gesucht werden (»z. B. voreilige Bindung an ein Weib«) oder indem das Übertragungsverhältnis durch eine allzu verwöhnende Haltung seitens des Analytikers selbst dazu wird. Wenn man einem Patienten aus übergroßer Hilfsbereitschaft zuviel gewährt, bindet man ihn laut Freud zu stark an sich, und er sieht womöglich dann gar keinen Anlaß, sich in der wirklichen Welt bewähren zu müssen. »Es ist zweckmäßig, ihm gerade die Befriedigungen zu versagen, die er am intensivsten wünscht und am dringendsten äußert« (189). Des weiteren wendet sich Freud gegen eine falsch verstandene Passivität im Sinne eines passiven Zuwartens. Er macht darauf aufmerksam, »daß die verschiedenen Krankheitsformen, die wir behandeln, nicht durch die nämliche Technik erledigt werden können« (191).

Die von Freud ausgearbeitete Behandlungstechnik war ursprünglich im Blick auf hysterische Patienten entwickelt worden; aber Patienten mit einer Angsthysterie, einer Zwangsneurose oder einer Phobie erforderten ein jeweils verändertes Vorgehen. Agoraphobe Patienten z. B. müsse man durch ein aktives Vorgehen dazu bewegen, auf die Straße zu gehen, und sich dabei tatkräftig mit der Angst auseinanderzusetzen. Bei den schweren Fällen von Zwangshandlungen sei ein passives Zuwarten noch weniger angezeigt als bei den Phobikern, weil das freie Assoziieren wie ein Zwangsritual ablaufen und zu unendlichen Analysen führen könne.

Schließlich wies Freud darauf hin, daß Psychoanalytiker sich mit dem betrüblichen Umstand abfinden müssen, gegen das weitverbreitete psychische Elend, das die Volksgesundheit nicht minder bedrohe als rein körperliche Erkrankungen, nur wenig ausrichten zu können. Ein Ausweg könnte sein, daß der Staat psychoanalytische Behandlungen unentgeltlich bereitstellen würde. Dann müßte in der Massenanwendung »das reine Gold der Psychoanalyse« aber auch reichlich »mit dem Kupfer der direkten Suggestion« (193) legiert werden.

Heutzutage versucht man unter Zugrundelegung differenzierter diagnostischer Kriterien, der Vielfalt seelischer Erkrankungen auch behandlungstechnisch Rechnung zu tragen. Vor allem die Unterteilung in verschiedene strukturelle Organisationsniveaus von überdauernden Kompetenzen des Ich (sog. Ich-Stärke bzw. sozioemotionale und kognitive Kompetenzen) eröffnet psychoanalytische Zugangsweisen zu Patienten, die früher als unbehandelbar galten (z. B. Patienten mit somatoformen Erkrankungen und Borderline-Persönlichkeitsstörungen oder psychotische Patienten). Auch Freuds Hoffnung, daß die psychoanalytische Behandlung eines Tages unentgeltlich sein werde (ebd.), ist Wirklichkeit geworden; seit 1967 übernehmen in der Bundesrepublik Deutschland die Krankenkassen die Behandlungskosten für analytische und tiefenpsychologisch fundierte Psychotherapie.

Die endliche und die unendliche Analyse (1937)

Es verwundert nicht, daß Freud gegen Ende seines Lebens so etwas wie eine Bilanz hinsichtlich der Heilungschancen von Neurosen zog. Im Unterschied zu seinen früheren optimistischen Äußerungen über die heilende Wirkung der Analyse muten die Gedanken des 81jährigen Freud eher resigniert an (GW XVI, 57–99). So weist er darauf hin, daß alte Konflikte nach erfolgreicher analytischer Arbeit wieder auftauchen können und daß es keinen definitiven Schlußpunkt der psychoanalytischen Arbeit gebe. Neben konstitutionellen Faktoren, ungünstigen Veränderungen des Ich und tiefverwurzelten Affekten beim Patienten gebe es auch noch die Person des Analytikers, die »nicht durchwegs das Maß von psychischer Normalität erreicht« hat, zu dem sie ihre Patienten erziehen will (93).

Auch wenn in der Gegenwart nur noch einige der von Freud veranschlagten Faktoren für die Zähigkeit so mancher psychoanalytischen Behandlung verantwortlich gemacht werden, so ist doch seine Skepsis in mancherlei Hinsicht immer noch berechtigt, vor allem dann, wenn allzu übertriebene Erwartungen an den Ausgang einer Analyse gestellt werden. Die traumatisierenden Auswirkungen einer bindungsgestörten, depressiven oder kaltherzigen Mutter z. B. lassen sich auch durch eine »gute Analyse« nur schwer korrigieren.

Konstruktionen in der Analyse (1937)

Freud vergleicht in dieser späten Arbeit (GW XVI, 41–56) die Tätigkeit der Konstruktion und der Rekonstruktion in der Analyse mit der des Archäologen, wobei der Analytiker den Vorteil habe, es mit Menschen zu tun zu haben, deren lebendige Übertragung in der Gegenwart ihm einen privilegierten

Zugang zu dem früh Verschütteten ermögliche. Er definiert die Deutung als eine Intervention, die sich auf ein einzelnes Element, einen Einfall, eine Fehlleistung bezieht, während die Konstruktion einen größeren Zusammenhang vermittle und komplexer sei. Die archäologische Metaphorisierung des psychoanalytischen Erkenntnisprozesses, derzufolge nach verdrängten und verschütteten Gedächtnisspuren in der Vergangenheit gesucht wird, ist inzwischen vor allem durch die gedächtnispsychologischen Befunde über die grundsätzliche konstruktivistische Tätigkeit des Erinnerns fragwürdig geworden (Mertens/Haubl 1996).

Die psychoanalytische Technik (1938/1940)

In diesem Kapitel aus dem posthum erschienenen *Abriß der Psychoanalyse* (GW XVII, 97–108) läßt der alte Freud noch einmal in komprimierter Form seine Erfahrungen Revue passieren, die er insbesondere in der Analyse mit schwierigen Patienten gewonnen hatte, und wirft am Ende seines Aufsatzes, vielleicht ein wenig zu selbstkritisch, die Frage auf, ob nicht »die Energiemengen und deren Verteilungen im seelischen Apparat« (108) zukünftig mit besonderen chemischen Stoffen direkt zu beeinflussen seien. Solange aber nichts Besseres zur Verfügung stehe als die psychoanalytische Technik, solle man diese trotz ihrer Beschränkungen nicht verachten.

Literatur

Argelander, Hermann: *Die kognitive Organisation des psychischen Geschehens. Ein Versuch zur Systematisierung der kognitiven Organisation in der Psychoanalyse.* Stuttgart 1979.
Davis, Timothy: Revising psychoanalytic interpretations of the past: an examination of declarative and non-declarative memory processes. In: *International Journal of Psychoanalysis* 82 (2001), 449–462.
Eissler, K.R.: The effect of the structure of the ego on psychoanalytic technique. In: *Journal of the American Psychoanalytic Association* 1 (1953), 104–153.
Fenichel, Otto: *Problems of psychoanalytic technique.* New York 1941.
Ferenczi, Sándor/Otto Rank: *Entwicklungsziele der Psychoanalyse.* Wien 1924.
Gedo, John: The enduring scientific contributions of Sigmund Freud. In: *Annual of Psychoanalysis* 29 (2001), 105–115.
Gill, Merton Max: *Analysis of transference. Theory and technique.* Bd. 1. New York 1982.
Greenson, Ralph: *Technik und Praxis der Psychoanalyse.* Stuttgart 1973 (engl. 1967).
Köhler-Weisker, Angelika: Freuds Behandlungstechnik und die Technik der klientenzentrierten Gesprächs-Psychotherapie nach Rogers. In: *Psyche* 32 (1978), 827–847.
Mertens, Wolfgang: *Einführung in die psychoanalytische Therapie* [1991]. Stuttgart 2005.
–: *Psychoanalyse. Grundlagen, Behandlungstechnik und Anwendung.* Stuttgart 2005.
–: Rolf Haubl: *Der Psychoanalytiker als Archäologe. Eine Einführung in die Methode der Rekonstruktion.* Stuttgart 1996.
Moser, Ulrich: »What is a Bongaloo, Daddy?« Übertragung, Gegenübertragung, therapeutische Situation. Allgemein und am Beispiel »früher Störungen«. In: *Psyche* 55 (2001), 97–136.
Ramachandran, Vilayanur: Das Ich im Schneckenhaus. In: *Gehirn und Geist* 3 (2003), 68–69.
Rank, Otto: *Das Trauma der Geburt und seine Bedeutung für die Psychoanalyse* [1924]. Gießen 1998.
Rudolf, Gerd: *Strukturbezogene Psychotherapie. Leitfaden zur psychodynamischen Therapie struktureller Störungen.* Stuttgart 2004.
Strachey, James: Die Grundlagen der therapeutischen Wirkung der Psychoanalyse. In: *Internationale Zeitschrift für Psychoanalyse* 21 (1935), 486–516.
Swaan, Abram de: Zur Soziogenese des psychoanalytischen »Settings«. In: *Psyche* 32 (1978), 793–826.

Wolfgang Mertens

8. Sexualtheorie und Triebtheorie

8.1 *Drei Abhandlungen zur Sexualtheorie* (1905)

Mit seiner 1905 publizierten Schrift *Drei Abhandlungen zur Sexualtheorie* (GW V, 33–145) legte Freud einen bis heute grundlegenden Beitrag zum Verständnis der menschlichen Sexualität vor. Schon früh, auf der Suche nach einer theoretischen Basis für die Psychopathologie, bewegte er sich auf dem Boden der Gewißheit *sexueller* Ursachen als Grundlage psychischer Störungen. Dies ist u. a. seinen Briefen an Wilhelm Fließ und der zu Freuds Lebzeiten nie veröffentlichten Arbeit *Entwurf einer Psychologie* zu entnehmen (May-Tolzmann 1996).

Die *Drei Abhandlungen zur Sexualtheorie* gelten neben der *Traumdeutung* als Freuds bedeutendster Beitrag zur Wissenschaft vom Menschen, ohne daß sie den Anspruch einer geschlossenen Theorie erheben oder gar erfüllen. Die Besonderheit dieser Schrift liegt nicht zuletzt darin, daß sie das metapsychologische Konzept psychoanalytischer Theorie mit der klinischen Theorie der Neurose in einer Weise zu vereinen sucht, wie es in anderen Werken Freuds nicht intendiert oder vielleicht auch nicht gelungen ist. Über 20 Jahre hinweg hat Freud anläßlich diverser Neuauflagen der *Drei Abhandlungen* Zusätze und Anmerkungen am ursprünglichen Text vorgenommen. Diese Methode Freuds, eigene Veröffentlichungen nachträglich umzuarbeiten und zu ergänzen, war für ihn ungewöhnlich und ist nur noch aus seiner Arbeit an der *Traumdeutung* bekannt. Die *Drei Abhandlungen zur Sexualtheorie* nehmen bis heute in der psychoanalytischen Aus- und Fortbildung einen prominenten Platz ein (Mühlleitner/Giefer/Reichmayr 2005).

Die verschiedenen Ergänzungen und Umänderungen bis zum Jahr 1924 umspannen den Bogen von der ersten zur zweiten Triebtheorie, von den Anfängen des Modells eines psychischen Apparats des Menschen bis zur Weiterentwicklung und Umformung des ursprünglichen Konzepts. Es ist damit ein äußerst komplexes, gleichzeitig offenes, teils in sich widersprüchliches Gesamtwerk entstanden, das als Grundlage sowohl für die Freudsche Triebtheorie wie für eine allgemeine psychoanalytische Entwicklungstheorie anzusehen ist.

Viel wurde vom Skandal, den dieser Text in der Öffentlichkeit zur Zeit seines Erscheinens erregt hat, gesprochen, und ein guter Teil der Empörung wurde aufs Konto der öffentlichen Prüderie des ausgehenden 19. und dem Beginn des 20. Jh.s gebucht. Liegt die »Anstößigkeit« dieses Textes nicht aber nach wie vor in der kühnen Art des Denkens, das es wagt, den Blick auf das untersuchende Subjekt selbst zurückzuwenden und dieses dadurch in Frage gestellte Subjekt mit seinen – immer auch verdrängten – Triebwünschen zu konfrontieren? (Reiche 1991, 2005; Quindeau/Sigusch 2005; Dannecker/Katzenbach 2005).

Die *Drei Abhandlungen zur Sexualtheorie* sind in drei große Themenkreise gegliedert: 1. »Die sexuellen Abirrungen«, 2. »Die infantile Sexualität« und 3. »Die Umgestaltungen der Pubertät«. Bereits diese Reihenfolge der Themen läßt eine Linie erkennen, die von der Untersuchung einer speziellen Pathologie zu einer allgemeinen Theorie der psychischen Entwicklung des Menschen verläuft.

»Die sexuellen Abirrungen«

Am Beispiel der sog. sexuellen Abirrungen – populär »Perversionen« – geht es Freud zunächst darum, die landläufigen Meinungen über den Geschlechtstrieb wissenschaftlich zu hinterfragen und damit weit verbreitete Vorurteile aufzubrechen. Der These von der angeborenen Konstitution des Geschlechtstriebes setzt Freud eine wesentlich psychologische Idee entgegen. Mit ihrer Hilfe kann er zeigen, daß die Verknüpfung von Sexualobjekt und Sexualziel, die ›normalerweise‹ als gegeben angenommen wird, einer genaueren Betrachtung bedarf. Die Trennung von Ziel und Objekt des Triebes, am Beispiel der Perversion untersucht, führt zu einer im Wortsinn umwerfenden

Erkenntnis: »Der Geschlechtstrieb ist wahrscheinlich zunächst unabhängig von seinem Objekt [...]« (GW V, 47). Mit diesem neuartigen Ansatz legt Freud einen Triebbegriff frei, der sein jeweils eigenes Wesen oder Unwesen im psychischen Haushalt des Menschen treibt. Aufgrund dieser differenzierten Betrachtungsweise erlaubt die theoretische Behandlung der »Abirrungen« folgerichtig die getrennte Bestimmung von Sexualobjekt und Sexualziel. Zu den von Freud erwähnten Perversionen – Pädophilie, Sodomie, Voyeurismus, Exhibitionismus, Fetischismus – ist anzumerken, daß gerade die Darstellung des Fetischismus mit der Einführung des Konzepts einer »nicht psychotischen« Spaltung, von Freud 1927 in einem eigenen Beitrag ausgearbeitet (GW XIV, 309–317), nicht mehr in die *Drei Abhandlungen* aufgenommen wurde. Der Hauptakzent der ins Auge gefaßten »Abirrungen« liegt auf der Untersuchung der Frage der Homosexualität sowie des Komplexes Sadismus/Masochismus. Im Hinblick auf diese beiden Phänomene diskutiert Freud auch die konstitutionell bisexuelle Anlage des Individuums (ebd., 40), die, im Gegensatz zu den Annahmen seines einstigen Freundes Wilhelm Fließ, freilich nicht als organisch vorprogrammierte, sondern als psychische Anlage aufgefaßt wird: Weibliche und männliche psychische Tendenzen existieren von Geburt an in jedem Individuum, während ihre definitive Ausgestaltung in dieser oder jener Form sich erst aus dem Verhältnis der gegensätzlichen Tendenzen zueinander bestimmt. Die bisexuellen Tendenzen werden in einer Formulierung Freuds von 1924 den männlichen/weiblichen Tendenzen an die Seite gestellt, ebenso wie die Begriffe aktiv/passiv (Reiche 1990). Revolutionär ist in diesem Kontext auch Freuds Hinweis, im Sinne des psychosexuellen Konzepts der Psychoanalyse sei auch das ausschließliche sexuelle Interesse des Mannes an der Frau – also die durchschnittliche Heterosexualität – »ein der Aufklärung bedürftiges Problem und keine Selbstverständlichkeit« (ebd., 44). Die erste Abhandlung faßt schließlich unter dem Verweis auf den »Infantilismus der Sexualität« eine neue und sicherlich unpopuläre Erkenntnis zusammen: Perversion, Neurose und normales Geschlechtsleben stehen in einer Reihe. »Bei keinem Gesunden dürfte irgendein pervers zu nennender Zusatz zum normalen Sexualziel fehlen [...]« (GW V, 60). Der oft (falsch) zitierte Satz, »die Neurose ist sozusagen das Negativ der Perversion« (ebd., 65), stellt Neurose und Perversion als verschiedenartige Formen dar, die den Triebkonflikt zu bewältigen versuchen, welcher aus allgemein infantilen Quellen gespeist wird. Die Anlage zur Perversion ist ein Stück der für normal geltenden Kon-

stitution (ebd., 71). Die Wurzeln des Sexualtriebes, nicht die Perversion selbst, können als angeboren angenommen werden.

»Die infantile Sexualität«

»Kein Autor hat meines Wissens die Gesetzmäßigkeit eines Sexualtriebes in der Kindheit klar erkannt [...]« (ebd., 74), heißt es in den einleitenden Sätzen des Kapitels über die infantile Sexualität. Eine Behauptung dieser Art hat provokativen Charakter. Denn natürlich haben Wissenschaftler verschiedener Disziplinen damals und später darauf hingewiesen, daß Freud nicht als erster und alleiniger Entdecker der kindlichen Sexualität zu gelten habe (Ellenberger 1970/1973; Sigusch 2005). Alle Argumente, die dahin gehen, Freuds Entdeckung der infantilen Sexualität sei keine Entdeckung, sondern ein längst bekanntes Phänomen gewesen, verfehlen allerdings die zentrale Aussage des Begriffs. Das Spezifische des Freudschen Begriffs der infantilen Sexualität und das gänzlich Neue liegt ja nicht in einer biologisch-phänomenologischen Feststellung kindlicher Sexualäußerungen, sondern in der Erkenntnis, daß die infantile Sexualität mit dem Schicksal der Verdrängung verknüpft ist und daß gerade die verdrängte infantile Sexualität als Ursache neurotischer oder perverser Symptome anzuerkennen sei. Vom gesicherten Wissen um die hysterische Amnesie ausgehend, kann Freud die infantile Amnesie (das Vergessen der Eindrücke der ersten Kinderjahre) erklären. Ihr Wesen bestehe »in einer bloßen Abhaltung vom Bewußtsein (Verdrängung)« (ebd., 76).

Der Vergleich zwischen dem »Seelenzustand des Kindes und des Psychoneurotikers« (ebd.) zeigt sich hier erneut als zentral im Freudschen Denken. Die infantile Sexualität ist mehr als eine klinisch beobachtbare Tatsache – sie ist auch ein theoretisches Konzept.

Der Aufbau des Kapitels über die infantile Sexualität verläuft von der Darstellung der Verdrängung – zunächst werden kindliche Amnesie und die sexuelle Latenzperiode untersucht – zu den »Äußerungen der infantilen Sexualität« (ebd., 80 ff.). Sobald die »Äußerungen« aber auf ihr »Inneres« befragt werden, stellt sich heraus, daß man der zuerst erwähnten kindlichen Sexualäußerung, nämlich dem »Ludeln oder Lutschen«, einen sexuellen Charakter nicht absprechen kann. Das »Ludeln« wird als autoerotische Betätigung eingestuft. Autoerotische Betätigungen finden an erogenen Zonen statt. Die erogenen Zonen, in diesem Fall die Mundschleimhaut bzw. der Mund, dienen vor allem der Nahrungsaufnahme. Die infantile Sexualität entsteht also in »Anlehnung an eine der lebenswichtigen Körperfunktionen« (ebd., 83). Als die drei Merkmale der infantilen Sexualität gelten: Autoerotismus, erogene Zone und Anlehnung an eine wichtige Körperfunktion.

Die wesentliche Stellung, die der Autoerotismus für Freud einnimmt, hat ihn zu einem Kernpunkt kontroverser Debatten schon innerhalb der Mittwochgesellschaft gemacht (Nunberg/Federn 1974/ 1979, 306–340). In den späteren Auseinandersetzungen der »Wiener Schule« mit Melanie Klein spielt die Frage angeborener oder nicht angeborener unbewußter Phantasien im Zusammenhang mit dem Autoerotismus eine zentrale Rolle.

Masturbation und autoerotische Betätigung sind die Möglichkeiten des Kindes, den Trieb zu befriedigen, oder sollte man sagen: um Erregungszustände abklingen zu lassen, da ja eine Befriedigung im Sinne der erwachsenen »Endlust« für das Kind nicht erreichbar ist? Die Annahme erogener Zonen, an denen durch masturbatorische Manipulation Aufhebung der Reizspannung möglich ist, führt Freud zur Formulierung einer »polymorph perversen« Anlage (ebd., 91) des Kindes, einer wahrscheinlich oft mißverstandenen Formulierung, die die Vielfältigkeit der Erregungsmöglichkeiten des kindlichen Körpers und einen präsexuellen Status für das Kind annimmt – im Unterschied zur Perversion des Erwachsenen. In diesem Zusammenhang wird die Frage der sexuellen Verführbarkeit des Kindes erneut zum Thema. Von seiner ursprünglichen »Verführungstheorie« hatte Freud sich bekanntlich bereits 1897 distanziert. Hier nun konzediert Freud, daß er seinerzeit die Bedeutung der Verführung zuungunsten der sexuellen Konstitution und Entwicklung überschätzt habe und daß es »selbstverständlich« der Verführung nicht bedürfe, »um das Sexualleben des Kindes zu wecken« (ebd.). Daß Freud in diesem Kontext die, seiner Schutzlosigkeit geschuldete, leichte Verführbarkeit des Kindes mit der des »unkultivierte[n] Durchschnittweib[es]« gleichsetzt (ebd., 92), gehört zum einschlägigen Repertoire Freuds, was seine Einschätzung von Frauen betrifft.

Mit der Verwerfung der Verführung als einzige Ursache des sexuellen Traumas wird Freuds Konzeptualisierung eines hereditär bedingten Sexualtriebes und eines Sexualtriebs, der durch das elterliche Pflegeverhalten geweckt wird (also doch Verführung?), deutlich. Im Pflegeverhältnis des Säuglings zur Mutter wird die »Verführung« als eine notwendige betont; zugleich wird sie zugunsten eines hereditär fixierten Triebes (sollte man dabei nicht von Instinkt sprechen?) vernachlässigt (Laplanche 2004). Von den erogenen Zonen ausgehend, postuliert Freud Partialtriebe, die das kindliche Sexualleben autonom regieren. Aber dann heißt es doch, daß »bei allem Überwiegen der Herrschaft erogener Zonen« Komponenten auftauchen, »für welche andere Personen als Sexualobjekte von Anfang an in Betracht kommen« (GW V, 92). Die einzelnen Partialtriebe suchen zunächst unverknüpft und unabhängig voneinander, dem Lusterwerb nachzugehen, bis sie sich schließlich unter dem Primat der Genitalzone zur Erreichung des »sogenannte[n] normale[n] Sexualleben[s]« des Erwachsenen« (ebd., 98) in einer festen Organisation zusammenschließen. Mit der Betonung eines »sogenannten« normalen Sexuallebens unterläuft Freud neuerlich eine rein biologisch determinierte Auffassung von Sexualität, holt letztere aber in der folgenden Phasenlehre von den »prägenitalen Organisationen« – orale, anale, phallische Phase – auf ihre biologisch- hereditär festgelegte Basis wieder zurück.

»Die Umgestaltungen der Pubertät«

Der Trieb, der bisher autoerotisch fixiert war, »findet nun das Sexualobjekt«, heißt es im dritten Abschnitt der *Drei Abhandlungen* (ebd., 108). Daß der Trieb – und nicht das Subjekt – »findet«, bedeutet für das menschliche Individuum, das unter der Bedingung der Zweizeitigkeit des Sexuallebens, d. h. der zeitlichen Aufeinanderfolge von infantiler Sexualität und Pubertät, geboren wurde und mit der Notwendigkeit der zweizeitigen Objektwahl erwachsen werden muß, keineswegs eine vorgegebene Lösung, sondern eine Aufgabe, die jeweils individuell zu bewältigen ist. Die biologisch-hormonellen Veränderungen, die die Pubertät bestimmen und den Menschen zu einem geschlechtsreifen Wesen machen, stellen im Leben jedes Individuums eine entscheidende Anforderung an seine bisherige psychosexuelle Organisation, die neu geordnet werden muß, um »funktionsfähig« zu sein. Häufig ist dies, oder in der nachfolgenden Adoleszenz, der Moment, wo neurotische Störungen oder Perversionen klarer hervortreten (Erdheim 1988; 1993).

Der Abschnitt über die Libidotheorie, 1915 vom Autor nachträglich hinzugefügt, stellt den Begriff ›Libido‹ als die Energie des Sexualtriebes vor, die als quantitativ veränderliche Kraft beschrieben wird, mit oder an der die Vorgänge der Sexualerregung feststellbar, ja sogar meßbar geworden seien (GW V, 118; vgl. Dahmer 1973/1982). Mit der Annahme einer eigenen Energie für die Sexualvorgänge wird zwischen einer allgemeinen Energie, Lebenserhaltungsvorgänge betreffend, und einer Energie der Sexualvorgänge unterschieden. Die Ausführungen über die Libido sind stark von Freuds 1914 erschienener Arbeit *Zur Einführung des Narzißmus* (GW X, 137–170) geprägt und erläutern die entscheidenden Begriffe: »Ichlibido« und »Objektlibido«. – Zuletzt kehrt Freud mit der Feststellung »Die Objektfindung ist eigentlich eine Wiederfindung« (GW V, 123) zu den Anfängen des menschlichen Sexuallebens bzw. zur Entstehung des Sexualtriebs und zur Frage des Autoerotismus zurück.

Die Arbeitsmethode Freuds, den Begriff der Sexualität aus dem herkömmlichen Rahmen herauszubrechen und in seine Einzelteile zu zerlegen: eben zu analysieren, hat die infantile Sexualität, die als das Herzstück der *Drei Abhandlungen* gelten können, aus dem engen Gefängnis bürgerlicher und schulmedizinischer Vorstellungen zweifellos befreit (Wiesbauer 1982). Andererseits und gleichzeitig wird an Freuds Text aber auch deutlich, daß die infantile Sexualität, gerade aus der Sicht des Erwachsenen, ein höchst widerspenstiges Ding ist, das sich nur schwer fassen läßt. Das weitere Schicksal der Freudschen Sexualtheorie war höchst wechselhaft (Parin 1986/2000; Koellreuter 2000; Reiche 2005). So kann Jean Laplanche mit Recht behaupten: »Leichtherzig war man über Freuds Leiche gegangen, um diese infantile Sexualität zu vergessen, nicht nur im Kind, sondern in jedem uns – gegenwärtig und verdrängt« (Laplanche 2004a, 39). Bereits die ersten Schüler Freuds, etwa Karl Abraham oder Sándor Ferenczi, haben den Begriff der infantilen Sexualität nach eigenem Gutdünken modifiziert. Melanie Klein und ihre Nachfolger (Susan Isaacs) haben mit der Auffassung, daß die Inhalte unbewußter Phantasien endogen vorgegeben seien, das Wesen der infantilen Sexualität verflacht. Ichpsychologie, Objektbeziehungstheorie und Selbstpsychologie haben den konflikthaften Gehalt der Sexualität zusätzlich entschärft und verharmlost. Die moderne Säuglingsforschung und die Bindungstheorie verzichten überhaupt weitgehend auf die Thematisierung der Sexualität, die sich zwischen »Bindung« und »Begehren« gänzlich verflüchtigt. Die Freudsche Sexualtheorie bewahrt ihre provokante Bedeutung, auch für den psychoanalytischen Prozeß (Morgenthaler 1978/2005; 1984/2004). Das Rätsel der infantilen Sexualität selbst ist lebendig geblieben. Es bevölkert Neurosen, Perversionen, Psychosen und die psychoanalytische Kur.

Literatur

Dahmer, Helmut: *Libido und Gesellschaft. Studien über Freud und die Freudsche Linke* [1973]. Frankfurt a. M. 1982.
Dannecker, Martin/Agnes Katzenbach (Hg.): *100 Jahre Freuds*
»*Drei Abhandlungen zur Sexualtheorie*«. *Aktualität und Anspruch*. Gießen 2005.
Ellenberger, Henry F.: *Die Entdeckung des Unbewußten*. Bern/Stuttgart/Wien 1973 (engl. 1970).
Erdheim, Mario: *Psychoanalyse und Unbewußtheit in der Kultur. Aufsätze 1980–1987*. Frankfurt a. M. 1988.
–: Psychoanalyse, Adoleszenz und Nachträglichkeit. In: *Psyche* 47 (1993), 934–950.
Fenichel, Otto: 175 Diskussionsfragen für Freud-Seminare über »Drei Abhandlungen zur Sexual-Theorie«. In: Dannecker/Katzenbach 2005, 162–170.
Koellreuter, Anna: *Das Tabu des Begehrens. Zur Verflüchtigung des Sexuellen in Theorie und Praxis der feministischen Psychoanalyse*. Gießen 2000.
Laplanche, Jean: Die rätselhaften Botschaften des Anderen und ihre Konsequenz für den Begriff des »Unbewußten« im Rahmen der Allgemeinen Verführungstheorie. In: *Psyche* 58 (2004), 898–913.
–: Das Sexualverbrechen. In: *Werkblatt* 21 (2004a), 35–53.
May-Tolzmann, Ulrike: *Freuds frühe klinische Theorien (1894–1896). Wiederentdeckung und Rekonstruktion*. Tübingen 1996.
Morgenthaler, Fritz: *Technik. Zur Dialektik der psychoanalytischen Praxis* [1978]. Gießen 2005.
–: *Homosexualität, Heterosexualität, Perversion* [1984]. Gießen 2004.
Mühlleitner, Elke/Michael Giefer/Johannes Reichmayr: Fenichels 175 Fragen zu Freuds »Drei Abhandlungen«. In: Dannecker/Katzenbach 2005, 151–159.
Nunberg, Herman/Ernst Federn (Hg.): *Protokolle der Wiener Psychoanalytischen Vereinigung 1906–1918*. Bd. III. Frankfurt a. M. 1979 (engl. 1974).
Quindeau, Ilka/Volkmar Sigusch (Hg.): *Freud und das Sexuelle. Neue psychoanalytische und sexualwissenschaftliche Perspektiven*. Frankfurt a. M./New York 2005.
Parin, Paul: Die Verflüchtigung des Sexuellen. In: Ders./Goldy Parin-Mathèy: *Subjekt im Widerspruch. Aufsätze 1978–1985* [1986]. Gießen 2000, 81–89.
Reiche, Reimut: *Geschlechterspannung. Eine psychoanalytische Untersuchung*. Frankfurt a. M. 1990.
–: Einleitung zu: Sigmund Freud: *Drei Abhandlungen zur Sexualtheorie*. Frankfurt a. M. 1991, 7–28.
–: Nachwort zu: Sigmund Freud: *Drei Abhandlungen zur Sexualtheorie. Reprint der Erstausgabe nach 100 Jahren*. Frankfurt a. M. 2005, 95–127.
Sigusch, Volkmar: Freud und die Sexualwissenschaft seiner Zeit. In: Ilka Quindeau/Ders. (Hg.): *Freud und das Sexuelle. Neue psychoanalytische und sexualwissenschaftliche Perspektiven*. Frankfurt a. M./New York 2005, 15–35.
Wiesbauer, Elisabeth: *Das Kind als Objekt der Wissenschaft*. Wien/München 1982.

Friedl Früh/Johannes Reichmayr

8.2 Die ›kulturelle‹ Sexualmoral und die moderne Nervosität (1908)

Freuds Aufsatz (GW VII, 141–167) wurde zum ersten Mal 1908 in der Zeitschrift *Sexualprobleme*, einer Fortsetzung der Zeitschrift *Mutterschutz*, veröffentlicht. Es handelte sich bei den Adressaten der Zeitschrift um eine Leserschaft, die nicht zum Fachpublikum zu rechnen war, und tatsächlich zeichnet Freuds Text eine Argumentations- und Schreibweise aus, die durch ihre klaren Thesen imponiert: »Unsere Kultur ist ganz allgemein auf der Unterdrückung von Trieben aufgebaut« (ebd., 149). Zugleich ist es Freuds erste Arbeit, in der er explizit den Antagonismus von Trieb und Kultur in den Mittelpunkt des Interesses rückt. Besonderes Augenmerk legt er dabei auf die Sexualeinschränkung durch die herrschende Sexualmoral mit ihren Forderungen nach Abstinenz bzw. Monogamie. Die Abhandlung ist ganz offensichtlich geschrieben unter dem Einfluß der Lektüre von Christian v. Ehrenfels' *Sexualethik*, der am 23. 12. 1908 vor der Wiener Psychoanalytischen Vereinigung sein wohl schon damals befremdlich wirkendes «Züchterisches Reformprogramm» zur Überwindung der Monogamie vorstellen konnte (Nunberg/Federn 1962–1975/1976–1981, Bd. 2, 84 ff.).

Zentral für den Aufbau des Freudschen Textes ist seine Erkenntnis, wonach nicht die Kultur an sich, sondern die »gegenwärtige ›kulturelle‹ Sexualmoral« die schädliche Unterdrückung des Sexuallebens der Kulturvölker herbeiführt und damit zugleich die moderne Nervosität verursacht. Freud differenziert dann innerhalb der Entwicklungsgeschichte des Sexualtriebs zwischen drei Kulturstufen resp. drei Formen der Kulturmoral: Dem Autoerotismus entspricht eine erste Stufe, auf der die Befriedigung des Sexualtriebs von Fortpflanzungszielen frei ist; auf einer zweiten Stufe wird die infantile polymorph-perverse Sexualität dem Primat des Genitalen und damit den Fortpflanzungszwecken geopfert (Sprung vom Autoerotismus zur Objektliebe). Und schließlich reduziert sich auf der dritten Stufe die Sexualtätigkeit auf die Fortpflanzung in der Ehe. Nach Freud sind die Folgen dieser Sexualmoral verheerend: Er macht sie verantwortlich für die Vielzahl von Perversionen und Neurosen sowie für die Homosexualität und zeigt sich überzeugt, »daß die Zunahme der nervösen Erkrankungen in unserer Gesellschaft von der Steigerung der sexuellen Einschränkungen herrührt« (ebd., 157). Auch die Aussicht auf sexuellen Verkehr in der Ehe bietet dafür keine Entschädigung. Nicht nur der lange Aufschub bis zum endlichen sexuellen Genuß wird denselben einschränken, auch die Verhütungsmittel wirken sich negativ auf die Befriedigungsmöglichkeiten aus und sind letztlich selbst krankmachend (Freud denkt hier ganz offensichtlich an die schädigende Wirkung des coitus interruptus). Schließlich diskutiert er den möglichen kulturellen Gewinn, der die durch Verzicht entstandenen Schädigungen nicht

nur kompensieren, sondern sogar rechtfertigen könnte. Freilich fällt ihm nicht viel dazu ein. Die lange Abstinenz hat sich nicht nur in das Aussehen der Sexualität eingraviert, sie führt nicht nur zu verringerter Potenz beim Mann und zu häufiger Frigidität bei der Frau, sondern ebensosehr zu verminderter Durchsetzungsfähigkeit und Tatkraft im Beruf. Sexuell wenig durchsetzungsfähige Personen sind dies auch beruflich, in der Sexualität gehemmte Menschen sind dies auch auf intellektuellen Gebieten.

Als Folge des Verbots koitaler Sexualität außerhalb der Ehe diagnostiziert Freud die Zunahme masturbatorischer Aktivität, die als regressive Hinwendung zu einer autoerotischen Befriedigung unter Umgehung des Objekts kritisiert wird. Auch die perversen Seitenwege der Sexualität werden durch die Untersagung geschlechtlicher genitaler Liebe gestärkt und erweisen sich in der späteren Ehe als potenzmindernd.

Schließlich beschwört Freud die neurotisierende Auswirkung unglücklicher Ehen auf das Verhältnis zu den Kindern, die dann von der Mutter überängstlich und überzärtlich, vom Vater dagegen in übermäßiger Strenge erzogen werden und somit alle Voraussetzungen mitbringen, um einmal selbst zu den nervösen Erwachsenen zu gehören.

Freuds Aufsatz ist eine Abrechnung mit der Sexualmoral seiner Zeit, der er sich auch selbst nicht entziehen konnte. Insofern handelt es sich um einen stark zeitgeschichtlich geprägten und zugleich auch sehr persönlichen Text. Seit den 1930er Jahren wurde er insbesondere unter dem Einfluß von Wilhelm Reich und Otto Fenichel zu einem wahren »Kulttext der Linken« (May 2005, 13), weil er seiner Tendenz nach sehr viel stärker als alle anderen Beiträge Freuds proklamiert, daß der Mensch primär an den durch die Außenwelt auferlegten Versagungen und nicht an inneren Konflikten erkrankt (ebd., 11). Hier ist noch keine Rede von einem Todestrieb, auch nicht von einem Wiederholungszwang, es gibt weder einen primären Masochismus noch eine Sexualität, der die Unfähigkeit zur vollen Befriedigung eingeschrieben ist. Diese Denkfiguren, die das Leiden an der eigenen Existenz innerpsychisch begründen, stehen Freud in dieser Abhandlung fern. Insofern handelt es sich um einen Aufsatz, der implizit revolutionäre Umwandlungen und radikale Sexualreformen propagiert.

Literatur

May, Ulrike: Das Verhältnis von politischer Überzeugung und analytischer Arbeit, erörtert anhand der Berliner Aufsätze von Edith Jacobson (1930–1937). In: *Luzifer-Amor* 18 (2005), 7–45.
Nunberg, Herman/Ernst Federn (Hg.): *Protokolle der Wiener*

Psychoanalytischen Vereinigung 1906–1918. 4 Bde. Frankfurt a. M. 1976–1981 (engl. 1962–1975).

Udo Hock

8.3 Beiträge zur Psychologie des Liebeslebens (1910–1918)

Bereits am 28. 11. 1906 hatte Freud in einer Sitzung der Mittwochgesellschaft eine Studie über das Liebesleben des Menschen angekündigt (Nunberg/Federn 1962–1975/1976–1981, Bd. I, 63). Er äußerte dort zum ersten Mal die Idee, das irrationale Moment der Liebe durch Rückführung auf das Infantile aufzuklären. Ein erster Entwurf stellte sein Diskussionsbeitrag zu Ranks Vortrag »Der Mythos von der Geburt des Helden« am 25. 11. 1908 dar (ebd., Bd. II, 64 f.). Am 19. 5. 1909 referierte er schließlich »Über einen besonderen Typus der männlichen Objektwahl« (ebd., 214 ff.), eine Woche später wurde das Thema ausführlich diskutiert (ebd., 226 ff.) Der Vortrag entwirft die Grundzüge des gleichnamigen Artikels, den Freud als ersten von drei *Beiträgen zur Psychologie des Liebeslebens* im Frühsommer 1910 verfassen wird. Es folgen im Jahr 1912 *Über die allgemeinste Erniedrigung des Liebeslebens* sowie im Jahr 1918 *Das Tabu der Virginität* (ursprünglich: »Das Tabu der Virginität und die sexuelle Hörigkeit«, am 12. 12. 1917 vorgetragen; ebd., Bd. IV, 306). Der letzte Text kann als Ergänzung zu »Das Tabu und die Ambivalenz der Gefühlsregungen«, dem zweiten der insgesamt vier Aufsätze, die zusammen *Totem und Tabu* (1912/1913) bilden, verstanden werden.

Die Texte stehen im Zusammenhang mit Freuds Ausarbeitung einer Sexualtheorie, deren Meilensteine die *Drei Abhandlungen zur Sexualtheorie* (1905) sowie *Zur Einführung des Narzißmus* (1914) sind; Zusammenfassungen finden sich bei Jones II, 352–354. Freud beansprucht, mit seinen Beiträgen verschiedene Besonderheiten des menschlichen Liebeslebens zu erhellen und damit ein Feld für die Psychoanalyse zu gewinnen, das bisher der Literatur vorbehalten war.

Über einen besonderen Typus der Objektwahl beim Manne

Der Titel (GW VIII, 65–77) bringt zum Ausdruck, daß sich bestimmte Männer nur dann verlieben können, wenn bestimmte Voraussetzungen erfüllt sind. In einem ersten Schritt benennt und beschreibt Freud vier »Liebesbedingungen«, die einen bestimm-

ten Typus der männlichen Objektwahl charakterisieren (ebd., 67–70). In einem zweiten Schritt sucht er diese Eigentümlichkeiten durch Rückführung auf eine »infantile Fixierung der Zärtlichkeit an die Mutter« zu erklären. Die vier Liebesbedingungen lauten: 1. Das Liebesobjekt muß gebunden sein. Im Extremfall wird das Begehren des Mannes erst geweckt, wenn die Frau nicht mehr alleinstehend ist, sondern in einer Beziehung lebt. Es muß einen »*geschädigten Dritten*« geben (67). 2. Das Liebesobjekt muß sexuell anrüchig sein, und sei es auch nur einem Flirt gegenüber nicht abgeneigt. Freud nennt diese Bedingung auch »*Dirnenliebe*« (68). Der Mann kann nur lieben, wenn er eifersüchtig ist. Merkwürdigerweise gilt diese Eifersucht aber nicht dem legitimen Ehepartner. Am Verhalten des Liebenden gegenüber seinem Liebesobjekt hebt Freud hervor: 3. Trotz seiner Dirnenhaftigkeit hat das Liebesobjekt für den Liebenden höchsten Wert. Die Treue zum Objekt verhindert jedoch nicht, daß sich solche Konstellationen im Liebesleben dieses Typus wiederholen; es kommt zur »*Bildung einer langen Reihe*« (70). 4. Der Liebende wird von der Überzeugung heimgesucht, die Geliebte retten zu müssen.

Nacheinander findet Freud nun folgende Antworten für diese Eigentümlichkeiten des männlichen Liebeslebens: Wenn die generelle Erklärung richtig ist, wonach eine Mutterfixierung für diese Konstellation verantwortlich zu machen ist, dann kann der geschädigte Dritte nur der Vater sein (Bedingung 1). Die Überschätzung des Liebesobjekts entspringt der Unersetzbarkeit der Mutter; gerade deshalb kann aber der Liebende durch kein Liebesobjekt je die ersehnte Befriedigung erreichen, es kommt zur Reihenbildung (Bedingung 3). Die Dirnenhaftigkeit des Liebesobjekts erklärt Freud durch die Entdeckung der sexuellen Beziehung der Eltern. Wenn die Mutter sexuell mit dem Vater verkehrt und dem Sohn dadurch untreu wird, dann ist der Unterschied zwischen ihr und einer Hure doch nicht so groß (Bedingung 2). Nachdem sich die Entdeckung des Ödipuskomplexes seit Freuds Selbstanalyse angekündigt hatte (F, 293), taucht der Begriff selbst zum ersten Mal in diesem Zusammenhang auf: Der Sohn begehrt die Mutter und haßt den Vater als Nebenbuhler, er gerät »unter die Herrschaft des Ödipuskomplexes« (GW VIII, 73). Für die Erklärung der Rettungsphantasie des Liebenden verweist Freud auf Ranks »Mythus von der Geburt des Helden«. Er entziffert sie als den unbewußten Wunsch des Sohnes, der eigenen Mutter ein Kind zu zeugen und damit »*sein eigener Vater zu sein*« (75, Bedingung 4).

Freuds Aufsatz enthält Einsichten, die weit über

die Psychoanalyse hinaus populär geworden sind, so etwa der Topos von der Aufspaltung der Mutter in Heilige und Hure. Die Fixierung an das mütterliche Liebesobjekt als Erklärungsmodell für die Besonderheiten des männlichen Liebeslebens gehört fast schon zum Selbstverständnis unserer Alltagskultur und hat nichts von ihrer Bedeutsamkeit eingebüßt.

Über die allgemeinste Erniedrigung des Liebeslebens

Freuds zweiter Beitrag zur Psychologie des Liebeslebens (GW VIII, 78–91) gründet auf seiner psychoanalytischen Erfahrung mit Fällen psychischer Impotenz. Für deren Zustandekommen macht er die Unvereinbarkeit »der zärtlichen und der sinnlichen Strömung im Liebesleben« (ebd., 83 f.) solcher Personen verantwortlich. Die zärtliche Strömung, so Freud, steht im Dienst der Selbsterhaltung und richtet sich auf die Personen, die das Kind versorgen. Die sinnliche Strömung gilt Freud als eigentliche Äußerung des Sexualtriebs. Sie tritt während der Pubertät in den Vordergrund und lehnt sich an die Objekte der zärtlichen Strömung an. Aufgrund der Inzestschranke ist sie freilich gezwungen, fremde Objekte zu suchen, an die mit der Zeit auch die zärtliche Strömung gebunden wird: »Der Mann wird Vater und Mutter verlassen […] und seinem Weibe nachgehen, Zärtlichkeit und Sinnlichkeit sind dann beisammen« (81). Für das Mißlingen dieser Entwicklung erscheinen Freud zwei Momente maßgeblich: zum einen übermäßige Versagungen der Außenwelt, zum anderen eine allzu starke Anziehung durch die inzestuösen Objekte. Je stärker eine solche inzestuöse Bindung im Unbewußten bei gleichzeitig versagender Außenwelt existiert, umso nachhaltiger erscheint Freud die psychische Impotenz. Dem Liebenden ist es dann nicht mehr möglich, ein Objekt sinnlich zu besetzen, zärtliche Regungen beherrschen sein Liebesverhalten. Weitaus häufiger kommt es vor, daß die sinnliche hinter der zärtlichen Strömung zurücksteht, ohne vollständig im Unbewußten fixiert zu sein. In diesen Fällen gelingt es nicht, dasselbe Objekt wertzuschätzen und zugleich zu begehren. Freud schreibt über das Liebesleben dieser Menschen: »Wo sie lieben, begehren sie nicht, und wo sie begehren, können sie nicht lieben« (82). Als Ausweg bleibt nur die titelgebende »psychische *Erniedrigung* des Sexualobjektes« (83). Unter dieser Bedingung löst sich die psychische Impotenz tendenziell auf, lustvolle und befriedigende Sexualität wird möglich.

In einem nächsten Schritt klärt Freud darüber auf, warum es sich um die ›allgemeinste‹ Erniedrigung

des Liebeslebens handelt. Damit ist nicht die am häufigsten anzutreffende Psychopathologie des männlichen Liebeslebens gemeint, sondern daß vielmehr jeder Mann unter einem gewissen Maß an psychischer Impotenz leidet, weil die dafür verantwortlichen Momente der starken Kindheitsfixierung, der Inzestschranke und der Versagungen während der Pubertätszeit bei jedem Kulturmenschen vorhanden sind. Hinzukommt die Unmöglichkeit, die verdrängten perversen Triebregungen »am geachteten Weibe zu befriedigen« (85). Vollen sexuellen Genuß verspricht nur das erniedrigte Sexualobjekt, das sich über die herrschende sexuelle Ästhetik hinwegsetzt und perverse Spielarten der Sexualität zuläßt. Eine analoge Einschränkung der Sexualität entdeckt Freud auch bei der Frau: So wie der Mann seine Impotenz durch die Erniedrigung des Sexualobjekts überwindet, so sucht die Frau ihre Frigidität aufzuheben, indem sie ihre Sexualität als etwas Verbotenes und Geheimes behandelt.

In einem letzten Abschnitt zieht Freud weitreichende Schlüsse für das Verhältnis von Sexualität und Kulturarbeit, die keineswegs veraltet erscheinen. So stellt er zunächst fest, daß das sexuelle Verlangen abnimmt, sobald ihm die Befriedigung erleichtert wird, die Liebe verliert dann ihren Wert (vgl. dazu Žižek 1996, 49 f., 136). Auch die uneingeschränkte Sexualfreiheit bietet keinen Ausweg aus den Versagungen, die das Kulturleben aufbürdet. Anders gesagt: Es gibt kein harmonisches Verhältnis zwischen Liebendem und Sexualobjekt, wie das des Alkoholikers zu seinem Wein. Statt dessen stellt Freud die Möglichkeit, im Sexualleben volle Befriedigung zu erfahren, infrage. Als Begründung führt er die Latenzzeit der Sexualität mit Dazwischenkunft der Inzestschranke sowie die Reduktion der infantilen polymorph perversen Sexualität auf die spätere Genitalität an. Die liebende Person verliert dadurch sowohl ihre ursprünglichen Liebesobjekte wie auch ihre ursprünglichen Befriedigungswege. In diesem Zusammenhang fällt der berühmte Satz: »[D]ie Anatomie ist das Schicksal« (ebd., 90). Er bedeutet, daß der Sexualtrieb entscheidend durch die Lage der Genitalien zwischen den Ausscheidungsorganen – »inter urinas et faeces« – bestimmt wird. Keineswegs ist damit eine biologistische, etwa hormonelle, Festlegung der Sexualität gemeint. Freud schließt mit der Überlegung, daß eine volle sexuelle Befriedigung jeder kulturellen Fortentwicklung entgegenstünde, da dadurch jedes Motiv für sublimatorische Leistungen verlorenginge.

Insbesondere der lacanianische Kultur- und Medientheoretiker Slavoj Žižek hat Freuds Aufsatz zum

Ausgangspunkt eigener Ausführungen unter dem Titel »Kino angesichts der ›allgemeinen Erniedrigung des Liebeslebens‹« gemacht (Žižek 1996, 125–141). Schließlich läßt sich der Beitrag Freuds für die Analyse zeitgenössischer Spielarten der Sexualität fruchtbar machen. Denn die inflationäre Ausbreitung der Pornoindustrie auf allen Kanälen der neuen Medien erscheint nicht denkbar ohne das von Freud kenntlich gemachte Bedürfnis des Mannes nach einer Erniedrigung vornehmlich weiblicher Sexualobjekte und nach der Befriedigung damit verbundener polymorph-perverser Triebregungen.

Das Tabu der Virginität

Im dritten und letzten Beitrag (GW XII, 159–180) bezieht sich Freud insbesondere auf zeitgenössische ethnologische Texte, um der psychischen Bedeutung der Virginität für Mann und Frau auf die Spur zu kommen. Ausgangspunkt seiner Ausführungen ist folgender scheinbarer Widerspruch: In der westlichen Kultur gibt es eine besondere Wertschätzung der Virginität, die zum einen auf dem durch die Virginität in die Vergangenheit ausgedehnten monogamen Anspruch des Mannes beruht (kein anderer Mann hat je meine Frau besessen), zum anderen aber sich aus der sexuellen Hörigkeit ableitet, die sich insbesondere zwischen Partnern einstellt, die miteinander ihre ersten sexuellen Erfahrungen gemacht haben. In scheinbarem Gegensatz dazu werde in archaischen Gesellschaften – Freud spricht von »primitiven Völkern«, vergißt freilich nicht, diesen Ausdruck selbst zu problematisieren (ebd., 170) – der Akt der Defloration nicht vom Ehemann, sondern von einer anderen Person (einer alten Frau, einem Priester, aber auch dem Vater) rituell, d. h. per Hand oder instrumentell, vollzogen und oftmals durch einen zeremoniellen Koitus ergänzt. Warum also wird die Virginität bei diesen Völkern mit einem Tabu belegt, und worin besteht die Bedeutung dieses Tabus?

Freud findet auf diese Fragen zunächst drei Antworten, die ihn freilich nicht wirklich zufriedenstellen: Daß im Deflorationsakt Blut vergossen wird, führt ihn zunächst zur »Blutscheu« (166) der Primitiven. Unzufrieden ist er mit dieser Erklärung, weil in den Beschneidungsriten der Knaben und Mädchen dieses Tabu überwunden wird. Als zweiten Erklärungsansatz führt er die »Erstlingsangst« an (167). Er vergleicht dafür den Primitiven mit dem Angstneurotiker und dessen großer Angstbereitschaft, die gerade in jeder neuen und unheimlichen Situation, z. B. dem ersten Sexualverkehr, Nahrung findet. Schließlich referiert Freud durchaus zustimmend die Erklä-

rung des Ethnologen Crawley, wonach das Tabu der Virginität als Spezialfall eines umfassenden Tabus des Sexualverkehrs und des weiteren sogar des Weibes im ganzen (Menstruation, Schwangerschaft, Entbindung, Kindbett usw.) zu verstehen sei. Freud resümiert: »Vielleicht ist diese Scheu [vor dem Weibe; U. H.] darin begründet, daß das Weib anders ist als der Mann, ewig unverständlich und geheimnisvoll, fremdartig und darum feindselig erscheint« (168). Feindselig bedeutet, daß von ihr eine Gefahr ausgeht, die im ersten Sexualakt besonders intensiv droht.

Die Erforschung dieser Gefahr und der dahinterliegenden Feindseligkeit gegenüber dem Mann ist der Ausgangspunkt für Freuds weitergehende Überlegungen, die jetzt die »heute lebenden Frauen unserer Kulturstufe« (171) thematisieren und damit von der Psychologie des Mannes zu der der Frau übergehen. Zunächst referiert Freud die psychoanalytische Erfahrung, wonach nicht nur bei enttäuschendem Sexualverkehr, sondern auch im Falle befriedigender Sexualität postkoital feindselige Reaktionen der Frau gegenüber dem Mann zu beobachten sind. Dies gilt dann umsomehr für den ersten Koitus, insofern die Defloration mit Schmerz verbunden ist und die Zerstörung des Hymens einer narzißtischen Kränkung gleichkommt. Freilich reicht diese Erklärung kaum aus, um zu verstehen, daß bei bestimmten primitiven Völkern auf die Zerreißung des Hymens ein ritueller Koitus folgt, der von einem anderen Mann vollzogen wird. Deshalb führt Freud zusätzlich die Enttäuschung der Frau angesichts der Diskrepanz von Erwartung und Erfüllung an. Hinzu tritt jedoch vor allem die frühe Fixierung der Libido insbesondere an den Vater: »Der Ehemann ist sozusagen immer nur ein Ersatzmann, niemals der Richtige« (174). Nicht nur der Akt selbst, auch das Objekt ist enttäuschend. Doch noch immer ist Freud mit seinen Ergebnissen nicht zufrieden. Als letzten Grund für die Feindseligkeit der Frau gegenüber dem Mann findet er schließlich die Reaktivierung des Penisneids und des Kastrationskomplexes, die er in der »männlichen Phase des Weibes« und vor jeder Objektwahl ansiedelt. Als eine Folge ihres Penisneids leitet Freud schließlich den Wunsch der Frau ab, den Ehemann zu kastrieren und den Penis des Mannes zu behalten.

Das Tabu der Virginität hätte folglich zum Ziel, dem künftigen Ehemann all diese feindlichen Reaktionen der Frau auf den ersten Sexualakt zu ersparen. Freud beschließt den Artikel mit einer Analyse von Hebbels Tragödie *Judith und Holofernes*, die den Zusammenhang zwischen der Defloration der Frau und der anschließenden Kastration des Mannes am literarischen Beispiel verdeutlicht. Kritisch vermerkt er schließlich, daß in der Lobpreisung der Virginität systematisch die archaische Feindseligkeit der Frau gegenüber dem Mann, wie sie noch in der Errichtung des Tabus der Virginität aufscheint, unterschlagen wird.

Jean Laplanche hat diesem Freud-Text einen langen Kommentar in seinen *Problématiques II: Castration-Symbolisations* gewidmet (Laplanche 1980/1983, 91–101), in dem er insbesondere hervorhebt, daß Freud darin das Tabu intersubjektiv und nicht projektiv erklärt: Das Tabu der Virginität sei keine einfache Projektion der inneren Ambivalenz des Mannes, sondern speise sich aus der unbewußten Wahrnehmung des Wunsches der Ehefrau bzw. ihrer Vorläuferinnen (Mutter usw.). Resümierend schreibt Laplanche: »Es ist einer der seltenen Texte, der mit dem Freudschen Ipsozentrismus bricht« (Laplanche 1992/1996, 126).

Insgesamt fällt jedoch auf, daß die Freudschen Beiträge zur Psychologie des Liebeslebens in der Literatur, etwa bei Bergmann (1987/1994) und Kernberg (1995/1998) oder in den Sammelbänden *Psychoanalyse der Liebe* (Höhfeld/Schlösser 1997) und *Im Garten der Lüste* (1994), wenig Wiederhall gefunden haben. Am ausführlichsten hat sich Reiche damit beschäftigt (Reiche 1994/2004). Freuds Theoretisierung der Liebe unter dem Vorzeichen des Sexualtriebs ist mehr und mehr Konzeptionen gewichen, in denen Aspekte der Objektbeziehung im Vordergrund stehen. Vor allem aber sein methodisches Vorgehen, aus pathologischen Besonderheiten des Liebeslebens, wie sie die Titel seiner drei Beiträge zum Ausdruck bringen, auf die Struktur von Liebesverhältnissen allgemein zu schließen, ist in der Geschichte der Psychoanalyse unwiederholt geblieben.

Literatur
Bergmann, Martin S.: *Eine Geschichte der Liebe*. Frankfurt a. M. 1994 (engl. 1987).
Höhfeld, Kurt/Anne-Marie Schlösser (Hg.): *Psychoanalyse der Liebe*. Gießen 1997.
Im Garten der Lüste. In: *Psyche* 48 (1994), 783–970.
Kernberg, Otto F.: *Liebesbeziehungen. Normalität und Pathologie*. Stuttgart 1998 (engl. 1995).
Laplanche, Jean: *Problématiques II. Castration-Symbolisations* [1980]. Paris 1983.
–: *Die unvollendete kopernikanische Revolution in der Psychoanalyse*. Frankfurt a. M. 1996 (frz. 1992).
Nunberg, Herman/Ernst Federn (Hg.): *Protokolle der Wiener Psychoanalytischen Vereinigung 1906–1918*. 4 Bde. Frankfurt a. M. 1976–1981 (engl. 1962–1975).
Reiche, Reimut: Einleitung. In: Sigmund Freud: *Schriften über Liebe und Sexualität* [1994]. Frankfurt a. M. 2004, 7–34.
Žižek, Slavoj: *Die Metastasen des Genießens. Sechs erotisch-politische Versuche*. Wien 1996.

Udo Hock

8.4 Zur Einführung des Narzißmus (1914)

Der Begriff ›Narzißmus‹ zählt bis heute zu den vieldeutigsten und widersprüchlichsten Konzepten der psychoanalytischen Theorie. Es gibt keine wirklich präzise, allgemein akzeptierte Definition, und er wird in Klinik und Metapsychologie in unterschiedlicher Bedeutungsfülle genutzt. Gleichzeitig behauptet dieser Begriff aber eine zentrale Stellung im Gebäude der Psychoanalyse.

In seiner Arbeit mit dem Titel *Auto-Erotism: A Psychological Study* von 1898 hatte der englische Sexualwissenschaftler Havelock Ellis erstmals auf eine »Narcissus-like tendency« aufmerksam gemacht. Im Unterschied zu dem deutschen Nervenarzt Paul Näcke, der 1899 den Begriff ›Narzißmus‹ ins Deutsche eingeführt hatte, ist bei Ellis narzißtische Selbstverliebtheit eine normale Erscheinung. Näcke benutzte den Begriff, um eine pathologische sexuelle Perversion zu bezeichnen, bei der der eigene Körper verbunden mit orgastischen Gefühlen zum Objekt genommen wird.

Im Gegensatz zu diesem deskriptiven pathologischen Symptombegriff der Sexualwissenschaft und Psychiatrie zu Beginn des 20. Jh.s erhielt der Begriff ›Narzißmus‹ bei Freud die Bedeutung eines normalen Phänomens der psychischen Entwicklung. Zugleich wurde er aber auch zur Erklärung pathologischer Zustände benutzt, bei denen die Libido vom Objekt abgezogen wird.

Erstmals äußerte Freud seine Ansichten über den Narzißmus in einem Diskussionsbeitrag zu einem Vortrag des Wiener Psychoanalytikers Isidor Sadger in der Mittwochgesellschaft vom 10. November 1909. Sadger hatte auf die Bedeutung des Narzißmus in der Ätiologie der männlichen Homosexualität hingewiesen. Er vertrat die Auffassung, daß die Sexualideale Homosexueller nicht nur »Züge von früheren Liebesobjekten aufweisen, sondern auch Ähnlichkeiten mit der eigenen Person. Folglich liebte der Homosexuelle in seinem Liebesobjekt sich selbst, d. h. es lag Narzißmus vor« (May-Tolzmann 1991, 75). Freud griff diesen Gedanken in seinem Diskussionsbeitrag auf und erweiterte ihn. »Dieser [der Narzißmus] sei keine vereinzelte Erscheinung, sondern eine notwendige Entwicklungsstufe des Übergangs vom Autoerotismus zur Objektliebe. Die Verliebtheit in die eigene Person (= in die eigenen Genitalien) sei ein notwendiges Entwicklungsstadium. Von da gehe man zu ähnlichen Objekten über« (Nunberg/Federn 1967/1977, 282).

1910 taucht der Begriff erstmals in Freuds Publikationen auf, in einer Fußnote der zweiten Auflage der *Drei Abhandlungen* (GW V, 44 ff.) und in *Eine Kindheitserinnerung des Leonardo da Vinci* (GW VIII, 169 f.). Bereits ausführlicher verwendet er ihn dann 1911 in seinen Arbeiten *Über einen autobiographisch beschriebenen Fall von Paranoia* (GW VIII, 296 ff.) und in *Totem und Tabu* (GW IX, 109 ff.). In seiner Arbeit *Zur Einführung des Narzißmus* (GW X, 137–170) behandelte Freud schließlich das Konzept grundlegend und leitete damit wesentliche Neuerungen und Veränderungen seiner psychoanalytischen Theorie ein, die teilweise erst Jahre später systematischer ausformuliert wurden. Das Narzißmuskonzept selbst unterzog er aber nach 1914 keiner entscheidenden Änderung mehr.

Primärer und sekundärer Narzißmus

Im ersten der in drei Teile gegliederten Arbeit entwickelt Freud seine Vorstellungen vom primären und sekundären Narzißmus und unterscheidet erstmals in seinem Werk Objektlibido von Ichlibido. Er postuliert, daß dem Autoerotismus, dem uranfänglichen, objektlosen Triebzustand, in dem Ichtriebe und Sexualtriebe noch nicht geschieden sind, eine Stufe der psychischen Entwicklung folge, in der sich die Sexualtriebe auf das Ich, gleichsam ein erstes Liebesobjekt, richten. Diese libidinöse Besetzung des Ich während der Phase des primären Narzißmus sei mit einem großartigen Hochgefühl verbunden. Beim späteren sekundären Narzißmus werde dann die Libido wieder von den Objekten abgezogen und dem Ich zugewandt. Dies sei erneut mit Größenwahn verbunden, wie man ihn bei Kindern, primitiven Völkern und Schizophrenen beobachten könne.

Die Hypothese einer entwicklungsgeschichtlich normalen libidinösen Ichbesetzung und der späteren regressiven Neubesetzung mit Abzug der Libido vom Objekt auf das Ich ermöglicht Freud, die Schizophrenie im Rahmen der Libidotheorie zu erklären und einzuordnen. Im Unterschied zum Hysteriker und Zwangsneurotiker, der seine Libido zwar vom realen Objekt abzieht, in der Phantasie aber daran festhält, ziehe der Schizophrene seine Libido von den Objekten ganz ab und führe sie seinem Ich zu. Dies erkläre dann dessen Größenwahn.

Diesen Prozeß der Libidoverschiebung vergleicht Freud mit einem Protoplasmatierchen, das seine Pseudopodien ausstreckt und wieder zurückzieht. Von der ursprünglichen (primären) Libidobesetzung des Ich werde Libido an die Objekte abgegeben (ein Teil bleibt im Libidoreservoir des Ich) und unter be-

stimmten Bedingungen (sekundär) wieder auf das Ich als Liebesobjekt zurückgenommen. Im Rahmen seines energetischen Modells formuliert Freud: »Je mehr die eine verbraucht, desto mehr verarmt die andere« (ebd., 141).

Mit dieser Erweiterung seiner Triebtheorie versucht er auch, C. G. Jungs Vorwurf zurückzuweisen, die Libidotheorie sei an der Erklärung der Schizophrenie gescheitert, die sexuellen Inhalte seien zugunsten einer allgemeinen psychischen Energie aufzugeben. Durch die Analyse der Übertragungsneurosen war Freud ursprünglich zur Unterscheidung von Sexualtrieb und Ichtrieb gelangt. Die Ichtriebe (Hunger) haben die Selbsterhaltung des Individuums zum Ziel, die Sexualtriebe (Liebe) streben nach Lustbefriedigung. Bereits 1910 hatte er den psychischen Konflikt zwischen diesen beiden Triebarten (GW VIII, 97 f.) beschrieben. Mit dieser Sonderung der beiden Triebqualitäten sollte die doppelte Funktion des Individuums als Selbstzweck und als Glied in einer Fortpflanzungsreihe widergespiegelt werden. Während die Ichtriebe immer auf Befriedigung von außen angewiesen seien, könne die Libido auch autoerotisch befriedigt werden, indem sie von den Objekten abgezogen und wieder dem Ich – wir sprechen heute vom Selbst – zugewandt werde.

Mit der hier eingeführten Unterscheidung zweier Arten von Libido erweitert Freud sein anfänglich stark von biologischen Modellen geprägtes Triebmodell um weitere psychologische Aspekte (Narzißmus vs. Objektliebe, Ichideal, Selbstgefühl), auch wenn er gleichzeitig betont, »daß all unsere psychologischen Vorstellungen einmal auf den Boden organischer Träger gestellt werden sollen«. Bis dahin seien diese »besonderen chemischen Stoffe durch besondere psychische Kräfte [zu] substituieren« (GW X, 144).

Narzißtische Liebe und Objektliebe

Zur weiteren Klärung des Narzißmus betrachtet Freud im zweiten Teil seiner Arbeit die organischen Erkrankungen, die Hypochondrie und das Liebesleben. Bei der organischen Erkrankung werde die Libido von den Objekten abgezogen und ganz dem Ich zugewendet, nach der Genesung fließe sie wieder den Objekten zu. Gleiches gelte für den Schlaf und das Träumen. Veränderungen von Ichzuständen seien daher mit einer Verschiebung der Libido vom Objekt zum Ich bzw. umgekehrt verbunden.

In der Hypochondrie besetze das Ich ein Körperorgan durch Abzug von Objektlibido narzißtisch. Das sei möglich, da die Erogenität eine allgemeine Eigenschaft aller Organe sei und das Genitale als erogene Zone vertreten könne. Der psychische Apparat, dessen Aufgabe darin besteht, als unlustvoll empfundene Spannungen infolge Libidostauung zu bewältigen, drängte ursprünglich das Ich, die Grenzen des primären Narzißmus zu überschreiten und seine Libido auf Objekte zu richten. Werde der Libido die Befriedigung an den realen oder phantasierten Objekten versagt und komme es infolge dessen zu einer Rückflutung der Libido auf das Ich, entwickle sich zunächst der Größenwahn. Wenn durch ihn die Ichlibido nicht genügend abgeführt werde, komme es zu einer Stauung der Ichlibido, entwickle sich die Hypochondrie, die der neurotischen Angst entspreche. Der Bewältigung der neurotischen Angst durch verschiedene Symptombildungen (z. B. Konversion, Phobie) entspreche dann der Restitutionsversuch bei der Schizophrenie mit seinen massiven Krankheitssymptomen, durch den Objekte wieder libidinös besetzt würden – was Freud bereits in seiner Schreber-Arbeit (GW VIII, 239–320) beschrieben hatte.

Freud wendet sich dann einem zentralen Thema, der Objektwahl, zu und untersucht deren libidinöse Dynamik. Da sich die Sexualtriebe entwicklungsgeschichtlich zunächst an die Ichtriebe anlehnen, werden die Sexualobjekte dem Befriedigungserleben der Ichtriebe entnommen. Dieser Anlehnung der Libido an die Ichtriebe bei der Objektwahl, die er als Anlehnungstypus bezeichnet, stellt er den narzißtischen Typus der Objektwahl gegenüber. Hierbei werde eine Person als Liebesobjekt gewählt, die dem Vorbild der eigenen Person entspreche. Den primären Narzißmus vorausgesetzt, habe der Mensch zwei ursprüngliche Sexualobjekte, die Mutter und sich selbst. Ihm stünden beide Wege offen, allerdings dominiere einer von beiden.

Die idealtypische Objektwahl betrachtend, schreibt Freud die Objektliebe nach dem Anlehnungstypus eher dem Mann, die nach dem narzißtischen Typus eher der Frau zu. Die aus dem primären Narzißmus stammende Sexualüberschätzung werde in der Verliebtheit ganz auf das Objekt übertragen, das Ich verarme zugunsten des Objekts. Bei der Frau scheine es in der Pubertät hingegen zu einer Steigerung des ursprünglichen Narzißmus zu kommen mit dem Ergebnis, daß sie geliebt werden will. Der Narzißmus einer Person übe großen Reiz auf diejenigen aus, die nach dem anaklitischen Typus liebten. Gleichzeitig sei dieser Narzißmus aber auch die Quelle für den Zweifel des Mannes an der Liebe der Frau und die Rätselhaftigkeit ihrer Person. Einschränkend fügt Freud hinzu, daß es auch viele Frauen gebe, die nach dem Anlehnungstypus liebten. Und durch ein eigenes Kind werde ihr die Möglich-

keit eröffnet, vom Narzißmus zur Objektliebe zu wechseln, wodurch ein Teil des eigenen Körpers ihr als Objekt entgegentrete. Hinter der liebevollen Zuwendung der Eltern, der emotionalen Überschätzung der eigenen Kinder werde zudem der eigene ursprüngliche Narzißmus nach seiner Umwandlung zur Objektliebe sichtbar. Das Kind solle die unerfüllten Wünsche der Eltern erfüllen und »die von der Realität hart bedrängte Unsterblichkeit des Ichs« (ebd., 158) sichern.

Den Typus der Objektwahl zusammenfassend, schreibt Freud: »Man liebt: 1) Nach dem narzißtischen Typus: a) was man selbst ist (sich selbst), b) was man selbst war, c) was man selbst sein möchte, d) die Person, die ein Teil des eigenen Selbst war. 2) Nach dem Anlehnungstypus: a) die nährende Frau, b) den schützenden Mann und die in Reihen von ihnen ausgehenden Ersatzpersonen« (ebd., 156 f.).

Es scheint Freud klar gewesen zu sein, daß seiner idealtypischen Darstellung der Objektwahl tatsächlich eine dialektische Verwobenheit von Objekt- und Selbstlibido zugrunde liegt, wenn er die verschiedenen Abweichungen bei der Objektwahl beschreibt.

Ichideal und Selbstgefühl

Im dritten Teil seiner Schrift befaßt sich Freud mit dem Triebschicksal des primären Narzißmus. Dieser sei vielfachen Störungen ausgesetzt, wovon wahrscheinlich der Kastrationskomplex der bedeutendste sei. Freud grenzt sich zunächst gegen Alfred Adler ab, der die alleinige Triebkraft zur Charakterbildung und Neurosenentstehung auf soziale Wertung (männlicher Protest) und nicht auf narzißtisch libidinöse Strebungen zurückführte. Hier zeigt sich einmal mehr das Bestreben Freuds, auch mit dieser Schrift seine Libidotheorie gegenüber den Dissidenten Adler und Jung zu behaupten – genauso wie mit der kurz zuvor verfaßten Arbeit *Zur Geschichte der psychoanalytischen Bewegung* (GW X, 43–113).

Wenn Teile der libidinösen Objektstrebungen in Konflikt mit den Anforderungen der Umwelt gelangen, werden sie verdrängt. Diese Verdrängung gehe von der Selbstachtung des Ich aus. Die Bedingung hierfür sei die Errichtung eines Ideals, an dem das aktuelle Ich gemessen werde. Die Entstehung dieses Ichideals, das für die weitere Theorieentwicklung in den 1920er Jahren noch bedeutsam werden sollte (vor allem bei der Entwicklung der Strukturtheorie von Ich, Es und Über-Ich), wird durch die kritischen Stimmen von Umwelt, Eltern, Erziehern und öffentlicher Meinung angeregt. Teile des primären Narzißmus seien in dieses Ideal geflossen, und der Verlust der frühen Vollkommenheit werde hierdurch ausgeglichen, ihm gelte die Selbstliebe. Dies sei eine notwendige Voraussetzung für den Verdrängungsvorgang.

Freud unterscheidet im weiteren Idealbildung und Sublimierung. Während letztere ein Prozeß ist, der sich an der Objektlibido abspielt und der Trieb auf ein anderes, nicht direkt sexuelles Ziel verschoben wird, ist die Idealbildung ein Vorgang am Objekt, das hierdurch vergrößert und erhöht wird. Die Umwandlung des Narzißmus in Idealbildung muß nicht mit Sublimierung einhergehen. Auch wenn diese gefordert werde, kann das Idealich sie nicht erzwingen. Während die Sublimierung einen Ausweg weise, wie die Anforderungen der Triebe eingelöst werden können, ohne daß eine Verdrängung zur Erreichung des Triebziels herbeigeführt werden muß, steigere die Idealbildung die Anforderungen an das Ich und begünstige die Verdrängung.

In einem weiteren Schritt beschreibt Freud dann das Gewissen als diejenige Instanz, die über die Sicherung der »narzißtischen Befriedigung aus dem Ichideal zu wachen« (162) hat, was mit Selbstbeobachtung verbunden ist. Dieser Ansatz ermöglicht ihm auch das Verständnis des Beobachtungswahns bei der Paranoia. Die verinnerlichten, einstmals äußeren Verbote werden in der Paranoia wieder als Einwirkung von außen erlebt, indem die Entwicklungsgeschichte des Gewissens »regressiv reproduziert« (163) wird. Das eigene Gewissen tritt dabei dem Paranoiker als »Einwirkung von außen feindselig entgegen« (163).

Mit dem Selbstgefühl führt Freud dann einen affektiven Begriff ein, den er als Ausdruck von Ichgröße begreift. Es entwickele sich aus den Resten des primären Narzißmus, der Erfüllung des Ichideals und der Befriedigung in der Objektlibido. Durch Erfolge werde das Selbstgefühl, das sehr stark von der narzißtischen Libido abhänge, gesteigert, und Reste der primitiven Allmachtsgefühle würden dadurch potenziert. In der Verliebtheit ströme die Ichlibido auf das Objekt über, es werde zum Sexualideal. Als befriedigend werde dabei vom anaklitischen Typus das erlebt, was die frühkindliche Liebesbedingung erfüllt, vom narzißtischen Typus das, was dem Ich zum Ideal fehlt.

Zum Abschluß stellt Freud erstmals eine Verbindung von Ichideal und Massenpsychologie her. Da das Ichideal infolge seiner Entwicklungsgeschichte auch einen sozialen Anteil hat, entsteht bei Nichterfüllung der sozialen Forderungen eine Nichtbefriedigung, die sich als soziale Angst und Schuldgefühl äußert. Ursprünglich war ein solches Schuldbewußtsein die Angst vor Liebesentzug durch die Eltern. In seiner Schrift *Massenpsychologie und Ich-Analyse* (GW XIII, 71–161; s. Kap. II.9.2) wird Freud dieses Thema näher erörtern.

Ausblick

Man kann die Narzißmus-Arbeit als einen Wendepunkt im Prozeß der Theoriebildung Freuds und insofern als wegweisend für spätere Entwicklungen betrachten. Der Text ist höchst komprimiert, manche Gedanken, etwa zum Thema Ichideal und Gewissen, werden lediglich angedeutet und erst in späteren Arbeiten explizit. Das Fehlen klarer Ich- und Objektkonzepte zum Zeitpunkt der Entstehung der Arbeit bereitete Freud zusätzliche Schwierigkeiten, seine Ideen zum Begriff des Narzißmus in ein klares Konzept zu fassen.

Die Auffassung von einem primärnarzißtischen Stadium hat unter Freuds Nachfolgern zu einer Reihe von Fragen und Kontroversen geführt. Geht der primäre Narzißmus den Objektbeziehungen voraus oder bildet er sich gleichzeitig mit der inneren Vorstellung von Objekten? Ist eine Entwicklung des Selbst ohne eine Bindung an Objekte möglich? Freud selbst scheint die Unzulänglichkeiten seines Konzepts gespürt zu haben, denn im März 1914 teilte er Karl Abraham mit: »Ich schicke Ihnen morgen den Narzißmus, der eine schwere Geburt war und alle Deformationen einer solchen zeigt. Er gefällt mir natürlich nicht besonders [...]. Er bedarf noch sehr der Retouche« (F/A, 163).

1923 machte sich Freud in *Das Ich und das Es* an eine Umarbeitung des ›Narzißmus‹, indem er einen primären Narzißmus postulierte, bei dem die gesamte Libido im Es angesiedelt ist. Die dadurch neu entstandenen Probleme für sein Narzißmuskonzept wurden aber so groß, daß er schließlich zu seiner früheren Auffassung vom Narzißmus zurückkehrte.

Auch wenn Freuds Schrift bis heute von verschiedenster Seite kritisiert und vermerkt wird, wo sie sich in Widersprüche verstrickt oder daß Aspekte wie Aggression oder die Bedeutung der Affekte für die Objektbeziehung überhaupt nicht vorkommen, muß man gleichwohl konzedieren, daß Freud hier wichtige Ansätze formuliert hat: etwa für das Konzept des Selbst im Unterschied zu dem des Ich, für die Objektbeziehungstheorie, die prädipale Gefühlswelt und die Grundlagen der späteren Strukturtheorie.

Narzißmus ist bis heute kein eindeutiger Begriff. Sieht man einmal von der schillernden Bedeutung des ›Narzißmus‹ in der Alltagssprache ab, herrscht selbst innerhalb der psychoanalytischen Schulen kein Konsens. Der primäre Narzißmus als entwicklungsgeschichtliche Stufe in der Triebtheorie findet heute nur noch bei wenigen Psychoanalytikern Anklang. Narzißtische Störungen werden vor allem als Fehlfunktionen des Selbst verstanden, denen primär keine Triebkonflikte zugrunde liegen. In den Vordergrund gerückt ist die Beschäftigung mit narzißtischen Persönlichkeitsstörungen und pathologischem Narzißmus (Kohut 1971/1973; Kernberg 1975/1978). Auch auf die Ansätze von Melanie Klein, Donald W. Winnicott, Jacques Lacan und Béla Grunberger sei hingewiesen, die je eigene Vorstellungen zur Problematik von Selbst- und Objektliebe entwickelt haben.

Literatur

Altmeyer, Martin: *Narzißmus und Objekt*. Göttingen 2000.
Kernberg, Otto F.: *Borderline-Störungen und pathologischer Narzißmus*. Frankfurt a. M. 1978 (engl. 1975).
Kohut, Heinz: *Narzißmus. Eine Theorie der psychoanalytischen Behandlung narzißtischer Persönlichkeitsstörungen*. Frankfurt a. M. 1973 (engl. 1971).
May-Tolzmann, Ulrike: Zu den Anfängen des Narzißmus: Ellis – Näcke – Sadger – Freud. In: *Luzifer-Amor* 4 (1991), 50–89.
Nunberg, Herman/Ernst Federn (Hg.): *Protokolle der Wiener Psychoanalytischen Vereinigung 1906–1918*. Bd. II. Frankfurt a. M. 1977 (engl. 1967).
Sandler, Joseph/Ethel S. Person/Peter Fonagy (Hg.): *Über Freuds »Zur Einführung des Narzißmus«*. Stuttgart-Bad Cannstatt 2000 (engl. 1991).

Michael Giefer

8.5 *Jenseits des Lustprinzips* (1920)

Jenseits des Lustprinzips (GW XIII, 1–69) wurde im Herbst 1920 als erste monographische Neuerscheinung eines Freud-Werks im soeben gegründeten Internationalen Psychoanalytischen Verlag veröffentlicht. In dieser Schrift entwickelt Freud die sog. zweite Triebtheorie, in der er die bislang geltende Fassung einer Gegenüberstellung von Sexual- und Selbsterhaltungstrieben umgestaltet. Bis heute wird diese Schrift kontrovers diskutiert, wobei die in *Jenseits des Lustprinzips* eingeführten Begriffe – »Eros«, »Todestrieb«, »Wiederholungszwang« – vielfach als unwissenschaftlich, philosophisch und höchst spekulativ eingeschätzt werden. Freud brachte seine neuen Thesen zunächst vorsichtig tastend vor, später aber betrachtete er sie für seine Theorie als notwendig und unerläßlich (Jones III, 58). In der »*Selbstdarstellung*« von 1925 heißt es, er habe »der lange niedergehaltenen Neigung zur Spekulation freien Lauf gelassen« (GW XIV, 84). Offensichtlich erfüllte er sich mit der philosophischen Grundlegung seiner psychologischen Theorien ein altes Vorhaben aus seiner Jugendzeit (Hemecker 1991; Reiter 1996), indem er sich, wie in keiner anderen seiner Schriften zuvor, auf philosophische Traditionen berief (Assoun 1976; Derrida 1980/1987; Gödde 1999).

Für einige wenige seiner Nachfolger wurde die in *Jenseits des Lustprinzips* erstmals vorgestellte neue Trieblehre theoretisch wie klinisch zu einem Grundlagentext der Psychoanalyse, allen voran für Jacques Lacan und Melanie Klein (vgl. Jones III, 316, 329; Weber 1979, 147; sowie Eissler 1955/1978; 1971/1980; Kimmerle 1988; Laplanche 1970/1974; 1986/1988; 1996; Perner 2005; Rosenberg 1989/2005; Schmidt-Hellerau 1995; Zagermann 1988). Für die Mehrheit der Analytiker stellt sie bis heute eine der Psychoanalyse als Institution, Theorie und vor allem Praxis schädliche, überflüssige, altersbedingte und metaphysische Entgleisung Freuds dar, die entweder kritisiert oder ignoriert wird (Fenichel 1935/1985; Schur 1966/1973; Reich 1942/1972).

Als sich Lou Andreas-Salomé im April 1919 bei Freud nach dem Schicksal seiner sieben noch nicht veröffentlichten metapsychologischen Abhandlungen erkundigte, antwortete er ihr, daß er an einem neuen Aufsatz mit dem Titel *Jenseits des Lustprinzips* arbeite (FA, 105). An Ferenczi hatte er bereits im März desselben Jahres geschrieben, daß er eben eine Arbeit über die Genese des Masochismus mit dem Titel *Ein Kind wird geschlagen* abgeschlossen habe und daß eine zweite, mit »der geheimnisvollen Überschrift« *Jenseits des Lustprinzips*, gerade im Entstehen sei (F/Fer II/2, 214). Im Mai 1919 berichtete er, daß er nicht nur den Entwurf zum *Jenseits*, sondern auch *Das Unheimliche* vollendet habe. Erst im Mai 1920 schrieb Freud Ferenczi, daß er wieder am *Jenseits* arbeite, und am 18. Juli 1920 heißt es, daß er die Arbeit abgeschlossen habe (Grubrich-Simitis 1993, 237).

Es waren also bestimmte Phänomene – die dämonisch-unheimliche Wiederholung des Gleichartigen in *Das Unheimliche* und der Masochismus in *Ein Kind wird geschlagen* –, die ihn von der Notwendigkeit überzeugten, eine neue Triebtheorie, eben den Dualismus der Lebens- und Todestriebe, in die Psychoanalyse einzuführen. Später wird Freud in der *Neuen Folge der Vorlesungen zur Einführung in die Psychoanalyse* schreiben: »Beide, Sadismus wie Masochismus, sind für die Libidotheorie recht rätselhafte Phänomene, der Masochismus ganz besonders, und es ist nur in der Ordnung, wenn das, was für eine Theorie den Stein des Anstoßes gebildet hat, für die sie ersetzende den Eckstein abgeben sollte« (GW XV, 111). Daran anschließend begründet er die Einführung der neuen Trieblehre mit Erfahrungen aus der analytischen Arbeit: Patienten, die in der Analyse Widerstand leisten, ist nicht nur die Tatsache ihres Widerstands unbewußt, auch die Motive desselben sind es. Als Motiv habe sich ein Strafbedürfnis herausgestellt, das als masochistischer Wunsch erkannt worden sei (ebd., 115).

K. R. Eissler schreibt, es sei falsch, die Aufnahme des Todestriebs in die Triebtheorie als einen unerwarteten und überraschenden Schritt Freuds zu bezeichnen, für den persönliche, unwissenschaftliche Motive verantwortlich zu machen seien. Eine ins Detail gehende Untersuchung von Freuds Werk werde nachweisen, daß sich dieser letzte Baustein seiner Theorien organisch an sein vorangehendes Werk fügt (Eissler 1955/1978, 18). Sowohl Laplanche (1970/1974) als auch Eissler (1955/1978; 1971/1980) haben derartige Untersuchungen vorgelegt. Die Einführung des Todestriebs entspricht inneren Notwendigkeiten des Freudschen Denkens und seiner Konzeption des Unbewußten. Freud selbst legte offen, daß die zweite Triebtheorie eine Replik auf eine innertheoretische Gewichtsverlagerung in Richtung einer Vorherrschaft des Narzißmus darstelle. Mit dem Eros/Todestrieb-Konzept reagierte Freud auf die von ihm erkannte Gefahr einer Auflösung der dualistischen Triebtheorie durch die *Einführung des Narzißmus* (GW X, 137–170) bzw. auf die Gefahr einer Annäherung an monistische Triebtheorien.

Freud hat, die Versuche vorausahnend, die neue Triebtheorie aus seiner Biographie zu erklären, vor allem die Vermutung zurückgewiesen, sie sei eine Reaktion auf den Verlust seiner Tochter – eine These, die Fritz Wittels in seiner 1924 veröffentlichten Freud-Biographie vertreten hat. Freud bemerkte dazu: »Das *Jenseits* wurde 1919 geschrieben, als meine Tochter gesund und blühend war. Sie starb im Jänner 1920. Im September 19 habe ich das Manuskript des kleinen Buches mehreren Freunden in Berlin zur Lektüre überlassen, es fehlte daran nur der Teil über die Sterblichkeit oder Unsterblichkeit der Protozoen. Das Wahrscheinliche ist nicht immer das Wahre« (Nachtr., 758). Ilse Grubrich-Simitis meint allerdings, daß Freud die Bedeutung des Umarbeitungsprozesses, dem er die Erstfassung des Textes nach dem Tod seiner Tochter unterzogen hat, mit dieser Äußerung verkleinert habe. Sie berichtet, daß in der Library of Congress in Washington zwei Manuskriptversionen von *Jenseits des Lustprinzips* aufbewahrt werden. Vergleiche man nun die beiden Versionen, so zeige sich, daß zwischen den beiden Fassungen sehr erhebliche Differenzen festzustellen sind. Die Erstfassung bestehe aus nur sechs Teilen, die zweite Fassung aber, die als Druckvorlage diente, aus sieben Teilen. Das gesamte, fast ein Drittel des Gesamtumfangs ausmachende sechste Kapitel, in dem der Begriff Todestrieb erstmals verwendet wird, sei erst nach dem Tod der Tochter eingefügt worden (Grubrich-Simitis 1993, 243).

Jenseits des Lustprinzips schließt zunächst an Gedanken an, die Freud bereits im *Entwurf einer Psychologie* (Nachtr., 387–477) von 1895 niedergelegt hatte (Sulloway 1979/1992, 415). Das wird besonders an den Überlegungen zur psychischen Energieverteilung und an der Bedeutung deutlich, die er den traumatischen Faktoren bei der Neurosenentstehung zumißt.

Das erste Kapitel (GW XIII, 1 ff.) beginnt mit ökonomischen Betrachtungen zum Lustprinzip. Das Phänomen ›Lust‹ ist demnach auf die energetische Verteilung im psychischen Apparat ausgerichtet, auf die quantitative Erhöhung bzw. Erniedrigung von Spannungen: Erhöhung der Spannung führt zu Unlust, Herabsetzung der Spannung zu Lust. Gemäß der Theorie Fechners sei es das Bestreben des seelischen Apparats, die in ihm vorhandene Quantität von Erregung möglichst niedrig oder konstant zu halten: »Das Lustprinzip leitet sich aus dem Konstanzprinzip ab« (5). Hiermit nimmt Freud eine entscheidende Weichenstellung vor: Während in früheren metapsychologischen Schriften, etwa im *Entwurf* und im siebten Kapitel der *Traumdeutung*, die unbewußten Prozesse, die verdrängten Triebregungen dem Trägheitsprinzip folgen sollten und nach voller Abfuhr und Nullspannung strebten, tragen sie nun einer »Tendenz zur Stabilität« (5), letztlich dem Selbsterhaltungs- und Ichprinzip Rechnung. In ökonomisch-energetischer Betrachtungsweise nähert Freud die unbewußten Wunsch- und Sexualvorgänge dem Realitätsprinzip und seinen gebundenen Energieformen an.

Das Trägheitsprinzip wird jedoch alles andere als aufgegeben, es wird im *Jenseits* als Primärprinzip vielmehr bekräftigt und unter anderem Namen, als Nirwanaprinzip, reetabliert. »Freuds Entscheidung, das Lustprinzip mit dem Konstanzprinzip, dem Prinzip der Bindung, zusammenzuführen, hat damit zu tun, daß das Lustprinzip, wie es sich in unbewußten Vorgängen zeigt, immer schon eine bestimmte Bindung der Triebenergie, und zwar die Bindung der Triebenergie an Vorstellungen, an Repräsentanzen voraussetzt« (Bayer 1996, 11). Im siebten Kapitel des *Jenseits* schreibt Freud: »Die Bindung der Triebregung wäre aber eine vorbereitende Funktion, welche die Erregung für ihre endgültige Erledigung in der Abfuhrlust zurichten soll« (GW XIII, 68).

Im zweiten Kapitel (9 ff.) wird die wiederholte Erfahrung von Unlust zunächst anhand der traumatischen Neurosen, der sog. Unfallsneurosen, beschrieben. Das Traumleben der Kranken zeige, daß sie immer wieder in die Situation des Unfalls zurückgeführt werden, aus der sie mit neuem Schrecken erwachen. In der Folge wird das Spiel von Freuds Enkel mit einer Holzspule untersucht. Das Kind bewältige einen unlustvollen Vorgang, das Fortgehen der Mutter, das es passiv hat erleben müssen, indem es ihn spielerisch aktiv immer neu wiederhole. Abschließend konstatiert Freud, daß auch die Beispiele von erfahrener Unlust die Existenz des Lustprinzips voraussetzen, man könne mit ihnen die Wirksamkeit von Tendenzen jenseits des Lustprinzips, ursprünglicher als dieses und von ihm unabhängig, freilich nicht beweisen.

Im dritten Kapitel (16 ff.) wird der zentrale Begriff des Wiederholungszwangs eingeführt. Da sich der Kranke in der psychoanalytischen Kur nicht an alles von ihm Verdrängte erinnern kann, ist er genötigt, das Verdrängte in der Übertragung neu zu beleben und als gegenwärtiges Erleben zu wiederholen. Dieser Zwang treibt ihn dazu, quälende Erlebnisse aus der Kindheit zu wiederholen, die aufgrund der Unverträglichkeit der infantilen Sexualwünsche mit der Realität und der Unzulänglichkeit der kindlichen Entwicklungsstufe einst aufgegeben werden mußten. Auch im Leben nicht neurotischer Personen kann man sich ständig wiederholende, unglückliche Vorgänge finden, die den Übertragungsphänomenen der Neurotiker entsprechen. Diese Beobachtungen und das Verhalten in der Übertragung berechtigt Freud zu der Annahme, daß es im Seelenleben einen Wiederholungszwang gibt, der ursprünglicher, elementarer und triebhafter ist als das von ihm zur Seite geschobene Lustprinzip.

Das vierte Kapitel (23 ff.) beginnt Freud mit der Bemerkung: »Was nun folgt, ist Spekulation, oft weitausholende Spekulation, die ein jeder nach seiner besonderen Einstellung würdigen oder vernachlässigen wird. Im weiteren ein Versuch zur konsequenten Ausbeutung einer Idee, aus Neugierde, wohin dies führen wird« (23). Das lebende Bläschen, schreibt er, ist mit einem Reizschutz gegen die Außenwelt ausgestattet. Erregungen von außen, die stark genug sind, diesen Schutz zu durchbrechen, werden traumatisch genannt. Sie bedingen, da der eingedrungene Reiz psychisch nicht gebunden werden kann, eine Störung im Energiehaushalt des Organismus. Auch die Träume der Unfallsneurotiker

und die in Träumen wiederkehrenden Erinnerungen an psychische Traumen der Kindheit gehorchen dem Wiederholungszwang.

Mit der Feststellung, daß es keinen Reizschutz gegen Erregungen von innen gibt, beginnt das fünfte Kapitel (35 ff.). Die wichtigste Quelle innere Erregungen sind die nach Abfuhr drängenden Triebe und ihre auf den seelischen Apparat übertragenen, nicht gebundenen Krafteinwirkungen. Die Aufgabe der höheren Schichten des seelischen Apparates ist es, die Erregung der Triebe zu binden. Nur unter dieser (Bindungs-)Bedingung kann sich die Herrschaft des Lustprinzips überhaupt durchsetzen. Es bleibt die wichtigste Aufgabe des Seelenapparates, die Erregung zu binden, und zwar unabhängig und ohne Rücksicht auf das Lustprinzip. Dies belegen die klinischen Äußerungen des Wiederholungszwangs. Freud fragt nach dem inneren Zusammenhang zwischen dem Triebhaften und dem Zwang zur Wiederholung: »Hier muß sich uns die Idee aufdrängen, daß wir einem allgemeinen, bisher nicht klar erkannten – oder wenigstens nicht ausdrücklich betonten – Charakter der Triebe, vielleicht alles organischen Lebens überhaupt, auf die Spur gekommen sind. *Ein Trieb wäre also ein dem belebten Organischen innewohnender Drang zur Wiederherstellung eines früheren Zustandes*, welchen das Belebte unter dem Einflusse äußerer Störungskräfte aufgeben mußte, eine Art von organischer Elastizität, oder wenn man will, die Äußerung der Trägheit im organischen Leben« (38). Diese beiden Charakteristika – Streben nach vollständiger Spannungsabfuhr (»Trägheit«, »Rückkehr zum Anorganischen«, 41) einerseits, Drang nach Wiederholung andererseits – zeichnen den Todestrieb aus, der damit zum Trieb par excellence wird. Als solcher übernimmt der Todestrieb die Merkmale, die der unbewußte Wunsch im Freudschen Denken bis 1900 und danach der Sexualtrieb bis zur Einführung des Narzißmus und der Einsicht in die libidinösen Grundlagen des Ich (1914) innehatte.

Wenn die Triebe konservativ und auf Wiederherstellung von Früherem gerichtet sind, dann kann jegliche Entwicklung nur durch äußere – störende und ablenkende – Einflüsse bedingt sein. Fortschritt, Wachstum und Vervollkommnung widersprächen aber der konservativen Natur der Triebe. »Wenn wir als ausnahmslose Erfahrung annehmen dürfen, daß alles Lebende aus inneren Gründen stirbt, ins Anorganische zurückkehrt, so können wir nur sagen: *Das Ziel alles Lebens ist der Tod*, und zurückgreifend: *Das Leblose war früher da als das Lebende*« (ebd., 40). In der »unbelebten Materie«, so folgert Freud, wurden »irgend einmal« (40) durch eine unvorstellbare Krafteinwirkung die Eigenschaften des Lebenden erweckt und zu Umwegen bis zur Erreichung des Todesziels genötigt. Freuds betont selbst, daß seine Hypothesen auf mythische Denkfiguren (62) zurückgreifen.

Nach Freuds Strukturbeschreibung kommt das Paradox zustande, daß die konservative Natur der Triebe (ursprüngliche Kraft zur Wiederholung) in der Realisierung ihres Ziels, das Leblose zu erreichen, das Lebendige, die immer größeren »Umwege zum Tode«, letztlich die »Lebenserscheinungen« (41) hervorbringt. Auf diese paradoxale Struktur und eine Ursprungsstörung als Anstoß der Dynamik (»unvorstellbare Krafteinwirkung«, ebd., 40) führt Freud die kulturelle und geistige Entwicklung des Menschen zurück: »Der verdrängte Trieb gibt es nie auf, nach seiner vollen Befriedigung zu streben, die in der Wiederholung eines primären Befriedigungserlebnisses bestünde; […] Der Weg nach rückwärts, zur vollen Befriedigung, ist in der Regel durch die Widerstände, welche die Verdrängungen aufrecht erhalten, verlegt, und somit bleibt nichts anderes übrig, als in der anderen, noch freien Entwicklungsrichtung fortzuschreiten, allerdings ohne Aussicht, den Prozeß abzuschließen und das Ziel erreichen zu können« (44 f.). Diese Entwicklungsdynamik lokalisiert Freud auf der Ebene eines grundlegenden Triebkonflikts. Dem Todestrieb werden die Sexualtriebe entgegengestellt. Sie sind die eigentlichen Lebenstriebe, die den anderen Trieben, die zum Tod führen, entgegenwirken.

Im sechsten Kapitel (46 ff.) versucht Freud, seine Annahmen mit Hilfe von Erkenntnissen aus der Biologie zu bestätigen, und diskutiert zunächst die Arbeiten von August Weismann. Für Weismann sind die Einzeller potentiell unsterblich, der Tod ist seiner Meinung nach eine späte Erwerbung, die erst bei den Metazoen auftritt, den Vielzellern, bei denen es zu einer Sonderung der Körperzellen in Soma und Keimplasma gekommen ist. Damit ist aber für die Annahme von Todestrieben, die sich vom Beginn des Lebens auf Erden ableiten, nichts gewonnen. Auch die Forschungsergebnisse an den Pantoffeltierchen führen zu keinen eindeutigen Ergebnissen.

Im Laufe der Entwicklung seiner Libidotheorie war Freud zunächst auf den Gegensatz von auf das Objekt gerichteten Sexualtrieben und Ichtrieben gestoßen. Als er sich näher mit dem Ich beschäftigte, hatte er erkannt, daß das Ich das eigentliche und ursprüngliche Reservoir der Libido, ein mit narzißtischer Libido besetztes Sexualobjekt sei. Damit war aber auch der Gegensatz zwischen Ichtrieben und Sexualtrieben weggefallen, man mußte den libidinösen Charakter der Selbsterhaltungstriebe anerkennen. In

Ablehnung einer monistischen Triebtheorie, wie sie etwa C. G. Jung vertrat, bestand Freud weiterhin auf seiner dualistischen, durch den Gegensatz von Lebens- und Todestrieben bestimmten, Auffassung.

Um zu erklären zu können, warum auch die lebenserhaltenden Sexualtriebe bestrebt sind, einen früheren Zustand wiederherzustellen, greift Freud das Gleichnis Platons vom zerschnittenen Kugelmenschen wieder auf, das er bereits in den *Drei Abhandlungen zur Sexualtheorie*, allerdings zu anderen Zwecken, verwendet hatte. Die lebende Substanz sei bei ihrer Belebung in kleine Partikel zerrissen worden, die seither mit Hilfe der Sexualtriebe ihre Wiedervereinigung anstrebten.

Im siebten Kapitel (67 ff.) resümiert Freud das Verhältnis zwischen Wiederholungszwang und Lustprinzip. Wenn es die früheste und wichtigste Funktion des seelischen Apparats ist, Triebregungen ohne Rücksicht auf Unlustempfindungen zu binden und den in ihnen herrschenden Primärvorgang durch den Sekundärvorgang zu ersetzen, also freibewegliche Besetzungsenergie in ruhende umzuwandeln, dann sei damit das Lustprinzip keineswegs aufgehoben. Vielmehr geschehe eine solche Transformation durchaus in seinem Dienst und solle seine Herrschaft einleiten und sichern. Das Lustprinzip kann seine Aufgabe, den seelischen Apparat erregungslos zu halten, um ihn zur Ruhe der anorganischen Welt zurückzuführen (oder den Betrag an Erregung in ihm zumindest konstant bzw. möglichst niedrig zu halten), nur durch Bindung der Triebenergie umsetzen. Ihr kommt eine vorbereitende, ja begründende Funktion zu. Die Wiederholung verweist auf ein Früheres, das seinerseits außerhalb der Bindung, vor ihr sein muß. Die Wiederholung kann aber nur sein und psychisch wirksam werden im Zusammenhang mit einer Vorstellungsrepräsentanz, d. h. einer Bindung. In der Wiederbesetzung (i. e. Widerholung) der ersten Befriedigungserlebnisse findet die Entbindung, d. h. die energetische Abfuhr statt. In *Jenseits des Lustprinzips* entfaltet Freud das Lustprinzip als dialektische Figur, in der die Wiederholungsbewegung Bindung und Entbindung widersprüchlich verklammert und nichts anderes darstellt als die »Äußerung der Trägheit im organischen Leben« (38). Es kann hier nur angedeutet werden, daß Freud mit dieser dialektischen Figur der Tatsache Rechnung trägt, daß die Psychoanalyse das Triebgeschehen auf der Ebene der Repräsentationen rekonstruiert (vgl. Bayer 1996).

Mit seiner Metapsychologie, an der er seit den 1915er Jahren laborierte, hinterließ Freud seinen Nachfolgern ein Erbe, das sie nur unter größtem Vorbehalt antraten. Eine auf ihre gesellschaftliche Reputation bedachte, klinisch-therapeutisch ausgerichtete Psychoanalyse lehnte die von Freud im *Jenseits* entwickelten neuartigen Vorstellungen weitgehend ab, nur in den romanischen Ländern fanden und finden sie eine gewisse Resonanz (Lohmann 1983/1985). In Frankreich waren es vor allem Jacques Lacan und Jean Laplanche, die Freuds provokante Thesen aufgenommen und weiterentwickelt haben. Die allgemeinste, in der Regel akzeptierte Interpretation behauptet, die große Entdeckung, die Freud in seiner Schrift von 1920 gemacht habe, sei die der Aggression: Der Todestrieb sei nichts als wilde, reine, nicht sexuelle, genetisch-biologisch vorgegebene Aggressivität. Nun hat Freud zwar die Idee eines ursprünglichen Aggressionstriebs bis 1920 in kritischer Abgrenzung gegen Alfred Adler, der ihn als Hypothese vorgeschlagen hatte, abgelehnt; gleichwohl verfügte Freud auch schon früher über eine Theorie der Aggression, des Sadomasochismus und des Hasses, wie z.B. die kleine Schrift über *Triebe und Triebschicksale* (GW X, 209–232) bezeugt. Laplanche schreibt, nur noch wenige Psychoanalytiker, die das Todestrieb-Konzept aufgegriffen haben – vor allem Melanie Klein und ihre Schule –, könnten sich daran erinnern, daß Freud damit eine uranfängliche Tendenz zur Selbstdestruktion und erst sekundär eine nach außen gelenkte Aggression gemeint habe (Laplanche 1996). Das Wesentliche bei der Akzeptanz des Todestriebs sei nicht in der Entdeckung und theoretischen Begründung der Aggression zu sehen. Vielmehr liege dieses Wesentliche gemäß der These von einem primären oder ursprünglichen Masochismus in der Idee, daß die Aggression sich zuerst gegen das Subjekt richtet und sich in ihm staut, bevor sie nach außen gelenkt wird. Diese These war allerdings radikal neu und entfaltete ihre Wucht erst im Zusammenhang mit der Postulierung eines Todestriebs (Laplanche 1970/1974, 127 f.).

Literatur

Assoun, Paul-Laurent: *Freud, la philosophie et les philosophes*. Paris 1976.

Bayer, Lothar: Wiederholung und Genießen. In: *Riss* 11 (1996), 9–17.

Derrida, Jacques: *Die Postkarte von Sokrates bis an Freud und jenseits*. Berlin 1987 (frz. 1980).

Eissler, K. R.: *Der sterbende Patient. Zur Psychologie des Todes*. Stuttgart-Bad Cannstatt 1978 (engl. 1955).

–: *Todestrieb, Ambivalenz, Narzißmus*. München 1980 (engl. 1971).

Fenichel, Otto: Zur Kritik des Todestriebes [1935]. In: Ders.: *Aufsätze*. Bd. 1. Frankfurt a.M./Berlin/Wien 1985, 361–371.

Gödde, Günter: *Traditionslinien des »Unbewußten«. Schopenhauer – Nietzsche – Freud*. Tübingen 1999.

Grubrich-Simitis, Ilse: *Zurück zu Freuds Texten. Stumme Dokumente sprechen machen*. Frankfurt a.M. 1993.

Hemecker, Wilhelm: *Vor Freud. Philosophiegeschichtliche Voraussetzungen der Psychoanalyse*. München/Hamden/Wien 1991.

Kimmerle, Gerd: *Verneinung und Wiederkehr. Eine methodische Lektüre von Freuds »Jenseits des Lustprinzips«*. Tübingen 1988.

Laplanche, Jean: *Leben und Tod in der Psychoanalyse*. Olten/Freiburg i.Br. 1974 (frz. 1970).

–: Der Todestrieb in der Theorie des Sexualtriebes. In: Ders.: *Die allgemeine Verführungstheorie*. Tübingen 1988, 178–198 (frz. 1986).

–: Der (sogenannte) Todestrieb: ein sexueller Trieb. In: *Zeitschrift für psychoanalytische Theorie und Praxis* 11 (1996), 10–26.

Lohmann, Hans-Martin: Wie harmlos dürfen Psychoanalytiker sein? Notizen zur verdrängten Thanatologie. In: Ders. (Hg.): *Das Unbehagen in der Psychoanalyse. Eine Streitschrift* [1983]. Frankfurt a.M. 1985, 50–59.

Perner, Achim: Freuds Theorie der Aggression. In: André Michels u.a. (Hg.): *Jahrbuch für klinische Psychoanalyse 6* (2005). Im Druck.

Reich, Wilhelm: *Die Funktion des Orgasmus. Die Entdeckung des Orgons* [1942]. Frankfurt a.M. 1972.

Reiter, Bettina: Dunkel ist das Leben, ist der Tod – Zu Freuds Todestriebtheorie. In: *Zeitschrift für psychoanalytische Theorie und Praxis* 11 (1996), 27–47.

Rosenberg, Benno: Todestrieb und Triebmischung oder Der Todestrieb in der Konstruktion des Objektes und des psychischen Apparats oder Der Todestrieb und die masochistische Dimension der Existenz [1989]. In: *Zeitschrift für psychoanalytische Theorie und Praxis* 20 (2005), 40–59.

Schmidt-Hellerau, Cordelia: *Lebenstrieb & Todestrieb, Libido & Lethe. Ein formalisiertes konsistentes Modell der psychoanalytischen Trieb- und Strukturtheorie*. Stuttgart 1995.

Schur, Max: *Das Es und die Regulationsprinzipien des psychischen Geschehens*. Frankfurt a.M. 1973 (engl. 1966).

Sulloway, Frank J.: *Freud.. Biologist of the Mind* [1979]. Cambridge/London 1992.

Weber, Samuel: *Freud Legende*. Olten 1979.

Zagermann, Peter: *Eros und Thanatos. Psychoanalytische Untersuchungen zu einer Objektsbeziehungstheorie der Triebe*. Darmstadt 1988.

Thomas Aichhorn

8.6 Psychosexualität der Frau

Freuds Theorie der Weiblichkeit, oft kritisiert, ist eine vom Modell männlicher psychosexueller Entwicklung abgeleitete Theorie. Im Zentrum der Kontroversen um diese Theorie steht die Frage nach einer ursprünglich eigenständigen weiblichen Entwicklung, die das Mädchen nicht als zunächst ›kleinen Jungen‹ sieht. Betrachtet man Freuds sexualtheoretischen Entwurf in den *Drei Abhandlungen* von 1905, so wird die logische Stringenz seines Denkens auch an seinem Konzept einer der männlichen Entwicklung analog verlaufenden weiblichen erkennbar. Denn Referenzpunkt für Freud ist die am biologischen Wissen seiner Zeit orientierte Herangehensweise des Wissenschaftlers: Samen- und Eizelle als die einzig klar getrennten Elemente der in männliche/weibliche Individuen zweigeteilten Menschheit entsprechen dem Gegensatzpaar aktiv/passiv. Zwar hebt Freud die wissenschaftliche Unklarheit der Begriffe männlich/weiblich und die grundsätzliche Bisexualität des Menschen hervor und problematisiert die vermeintlich klare Trennung von aktiv/passiv. Gleichwohl hält er an der Zuordnung männlich/aktiv und weiblich/passiv fest, indem er die Libido als »gesetzmäßig männlicher Natur« (GW V, 120) definiert, »denn der Trieb ist immer aktiv« (ebd., 121).

Mit dieser Setzung ist der Hintergrund bereitet, vor dem Freud den Unterschied der Geschlechter entfaltet und begründet. Zugleich bildet sie die Rahmenbedingungen dafür, daß die Konzeptualisierung der Geschlechter in ihrer jeweiligen psychosexuellen Spezifik erschwert und soziokulturell bedingte Zuschreibungen von Geschlechtscharakteren Platz greifen, denen Freud selbst durchaus kritisch gegenüberstand. So dementiert er in der *Neuen Folge der Vorlesungen zur Einführung in die Psychoanalyse* die Vorstellung, die sexuelle Polarität von männlich/weiblich beinhalte zugleich eine geschlechtsspezifische Libido: »Aber nichts dergleichen ist der Fall. Es gibt nur eine Libido, die in den Dienst der männlichen wie der weiblichen Sexualfunktion gestellt wird. Wir können ihr selbst kein Geschlecht geben; wenn wir sie nach der konventionellen Gleichstellung von Aktivität und Männlichkeit selbst männlich heißen wollen, dürfen wir nicht vergessen, daß sie auch Strebungen mit passiven Zielen vertritt. [...] die Zusammenstellung ›weibliche Libido‹ läßt jede Rechtfertigung vermissen« (GW XV, 141). Der Verweis auf die »konventionelle Gleichstellung« macht deutlich, wie vorsichtig Freud Widersprüche und Unzulänglichkeiten seiner Konzepte mitbedenkt. Trotz ihrer erkennbaren Defizite, die schon seine Zeitgenossen kritisierten, formulieren Freuds Arbeiten zur Weiblichkeitstheorie grundlegende Einsichten und Problemstellungen, die für die nachfolgenden Analytikergenerationen wegweisend blieben – auch wenn sie neue Wege suchten.

Beide Geschlechter beziehen sich laut Freud in der Erfahrung der anatomischen Differenz, deren Integration in ihr sexuelles Körperbild und dessen psychischer Besetzung auf den Phallus/Penis, hieran werde von beiden die Differenz erkannt – und bewertet. 1924 hatte Freud in *Die infantile Genitalorganisation* (GW XIII, 291–298) sein Konzept der infantilen Sexualität korrigiert und schon für das Kind die libidinöse Besetzung *eines* Objekts und die dominierende Bedeutung der Genitalien konstatiert. Als zentralen Unterschied zur Sexualität der Erwachsenen hält er

fest, »[...] daß für beide Geschlechter nur *ein Genitale*, das männliche, eine Rolle spielt. Es besteht also nicht ein Genitalprimat, sondern ein Primat des *Phallus*« (ebd., 94 f.). Damit ist die Differenz von ›ihn haben‹ versus ›ihn nicht haben‹ beiden Geschlechtern eingeschrieben und die Erfahrung des Mangels als Signifikant des Weiblichen eingeführt.

Für Freud ist das Mädchen bis zur Pubertät psychosexuell charakterisiert durch die Klitoris als der leitenden Genitalzone. Die Klitoris wird als männliches Lustorgan definiert, in dem die stärkere Bisexualität der Frau ihre anatomische Grundlegung finde. Freud lehnt alle Befunde und Reflexionen über eine infantile Wahrnehmung der Vagina ab bzw. mißt ihnen für die infantile Entwicklung keine Bedeutung zu. Die Vagina gilt Freud zwar als *das* weibliche Organ, aber sie werde erst mit der Pubertät von beiden Geschlechtern entdeckt und nun, bei gelingender weiblicher Entwicklung, das leitende genitale Organ für die weibliche Sexualität. Die u. a. von Karen Horney, Melanie Klein, Josine Müller und Ernest Jones vorgetragenen Argumente über die wichtige Rolle der Vagina in der Entwicklung des Mädchens vor der sexuellen Reife weist Freud zurück. So finden in Freuds Theorie der Weiblichkeit weder lustbetonte vaginale Sensationen noch dadurch ausgelöste Ängste einen Ort der Reflexion.

Die diesem Kapitel zugrundeliegenden Freud-Texte gehören in den historischen Kontext der ersten großen Kontroverse, die während der 1920er und 1930er Jahre in der Psychoanalyse über die Theorie der Weiblichkeit geführt und als ›Kontroverse Wien-London‹ in die Annalen eingegangen ist (Chasseguet-Smirgel 1964/1974; Fliegel 1986/1991).

Ödipuskomplex und Kastrationskomplex

In seiner allgemeinsten Beschreibung bereitet der Ödipuskomplex kein Problem, er ist für beide Geschlechter zutreffend: Das Kind liebt den jeweils gegengeschlechtlichen Elternteil, wodurch es in Rivalität mit dem eigengeschlechtlichen gerät. Seine Phantasien, den gleichgeschlechtlichen Rivalen beseitigen zu wollen, stürzen es in bedrohliche innere Konflikte und Ängste, von diesem ja ebenfalls geliebten Elternteil nun seinerseits bestraft zu werden. Das Kind gibt sein ödipales, besitzergreifendes Streben auf. In dieser populären Version ist der Ödipuskomplex gleichsam von seinem Skandalon, der Sexualität, befreit.

In *Der Untergang des Ödipuskomplexes* (GW XIII, 393–402) entfaltet Freud 1924 nun sein Konzept und hebt dessen Bedeutung hervor: »Immer mehr enthüllt der Ödipuskomplex seine Bedeutung als das zentrale Phänomen der frühkindlichen Sexualität« (395). Freud skizziert die ödipale Situation des Jungen entlang der Linie der Triebentwicklung, mit der sich die Objektbeziehungen dann verbinden bzw. in Konflikt geraten. Grundlage der ödipalen Entwicklung ist die phallische Organisation, der »Primat des Phallus«, d. h. der Penis in seiner konkreten Gestalt als Signifikant des Begehrens. Das Interesse des Knaben konzentriert sich auf sein Genitale, in dem libidinöse Strebungen der Objekt- wie der (narzißtischen) Ichlibido zusammenfließen und ihm eine genitale Abfuhr der Sexualerregung erlauben. Die ödipale Besetzung der elterlichen Objekte »bot dem Kinde zwei Möglichkeiten der Befriedigung, eine aktive und eine passive« (398) – aktiv in der Position des Vaters, die Mutter zu begehren, oder passiv in jener der Mutter, vom Vater begehrt zu werden. Der masturbatorischen Aktivität des Knaben tritt die Kastrationsdrohung in Form der Mißbilligung oder des Verbots entgegen, womit die aktive Position gefährlich wird. Die unvermeidliche Kenntnisnahme des weiblichen, penislosen Genitales zwingt den Knaben zur Einsicht, daß Kastration wirklich möglich sei, wodurch die passive Position die nämliche Gefahr, den Verlust des Genitales, bedeutet und gleichzeitig die Gefahr der Kastration in der aktiven Position realistisch erscheinen läßt. Mithin gerät er in einen Konflikt zwischen seinem narzißtischen Interesse an seinem Genitale und seiner libidinösen Besetzung der Eltern. Und hier »siegt normalerweise die erstere Macht; das Ich des Kindes wendet sich vom Ödipuskomplex ab« (398). An die Stelle der libidinösen Besetzung des ödipalen Objekts tritt eine Identifizierung mit dem Vater und seinem Verbot und bildet den Kern des Über-Ichs, das nun seinerseits das ödipale Gebot, den Verzicht auf den Inzest, vertritt. Die libidinösen Strebungen werden teilweise zu zärtlichen desexualisiert, und der Knabe tritt in die Latenzzeit ein. Später, mit der sexuellen Reife in der Pubertät, wird er den Schritt zum vollen Primat der Genitalien tun, sich endgültig von seinen inzestuösen Objekten lösen und sich an fremde Liebesobjekte binden.

Die Frage nach der weiblichen psychosexuellen Entwicklung wirft indes für Freud weit größere – und wie es zuweilen scheint: überraschende – Probleme auf, da sie sich nicht so linear wie jene der männlichen darstellt. So findet sich zunächst die Einschränkung: »Unser Material wird hier – unverständlicherweise – weit dunkler und lückenhafter« (400). Andererseits soll für die weibliche Entwicklung eine der männlichen ganz analoge gelten: »Die Klitoris benimmt sich zunächst ganz wie ein Penis, aber das Kind nimmt durch die Vergleichung mit einem

männlichen Gespielen wahr, daß es ›zu kurz‹ gekommen ist, und empfindet diese Tatsache als Benachteiligung und Grund zur Minderwertigkeit« (400). Der Kastrationsangst des Jungen entspricht also die Kastrationserfahrung des Mädchens. Der Junge entwickelt sich in Übereinstimmung mit seiner sexuellen Reife und seinem ursprünglichen Liebesobjekt gleichsam naturwüchsig in den Ödipuskomplex hinein. Es ist die Kastrationsdrohung, die ihn veranlaßt, ihn aufzugeben. Anders das Mädchen. Ihm droht keine Kastration, es erfährt dieselbe als gleichsam vollzogene Tatsache. Damit befindet es sich in einer anderen psychischen Grundposition. «Das Mädchen gleitet – man möchte sagen: längs einer symbolischen Gleichung – vom Penis auf das Kind hinüber, sein Ödipuskomplex gipfelt in dem lange festgehaltenen Wunsch, vom Vater ein Kind als Geschenk zu erhalten, ihm ein Kind zu gebären. Man hat den Eindruck, daß der Ödipuskomplex dann langsam verlassen wird, weil dieser Wunsch sich nie erfüllt« (401). Beide Wünsche, der »nach dem Besitz eines Penis und eines Kindes« (401), bleiben unbewußt stark besetzt und helfen laut Freud dem Mädchen, sich auf seine ›weibliche Rolle‹ einzustellen. Der Peniswunsch wird durch den Kinderwunsch ersetzt, den es an den Vater richtet.

1925 faßt Freud in der Schrift über *Einige psychische Folgen des anatomischen Geschlechtsunterschieds* (GW XIV, 17–30) die unterschiedliche Position von Junge und Mädchen bezüglich Kastration und ödipaler Situation zusammen: »Während der Ödipus-Komplex des Knaben am Kastrationskomplex zugrunde geht, wird der des Mädchens durch den Kastrationskomplex ermöglicht und eingeleitet« (ebd., 28). Der Junge tritt im Einklang mit seinem Begehren in den Ödipuskomplex ein: Er hat *ein* Liebesobjekt und *ein* Geschlechtsorgan, in und mit dem sich sein Begehren an sein Objekt richtet.

Diese unterschiedliche Position der Kastration gegenüber hat weitreichende Folgen für die Entwicklung der psychischen Struktur: Die Über-Ich-Entwicklung des Mädchens erfolgt nicht im gleichen Maße als innerer Prozeß, wie Freud ihn für den Jungen konzeptualisiert, da das Motiv der Kastrationsangst fehlt, sondern gründet sich stärker auf Erziehungsmaßnahmen, die mit Liebesentzug drohen, ist also in höherem Maße sozialinduziert, d. h. außengeleitet und objektabhängig.

Der Ödipuskomplex stellt mithin für das Mädchen eine »sekundäre Bildung« dar (ebd.). Sechs Jahre später führt Freud in seiner Schrift *Über die weibliche Sexualität* (GW XIV, 515–538) diesen Sachverhalt näher aus: Der Ödipuskomplex umfaßt alle Beziehungen des Kindes zu seinen Eltern, und seine ›negative‹ Form fällt für das Mädchen in die Präödipalität, in der der Vater nur als lästiger Rivale empfunden wird. Der ›positive‹ Ödipuskomplex mit seiner Hinwendung zum Vater wird in seinen Eigengesetzlichkeiten nicht näher untersucht. Er bleibt gleichsam im Schatten der ursprünglichen Beziehung zur Mutter, in der das Mädchen verharren kann, ohne den Weg zu einer eigenständigen Beziehung zum Vater, zum Mann zu finden (ebd., 518).

Diese Dynamik spielt schon 1920 in *Über die Psychogenese eines Falles von weiblicher Homosexualität* (GW XII, 269–302) eine große Rolle. Freud zeichnet hier den Weg der inneren Konflikte einer 18jährigen Patientin aus der ödipalen Situation nach: Aus Enttäuschung an der mit ihrer Jugendlichkeit konkurrierenden Mutter, die sie den drei Brüdern gegenüber zurücksetzte, gibt sie den Weg weiblicher Identifizierung mit dem Wunsch nach Mutterschaft auf, weicht also der Konkurrenz mit der Mutter aus und richtet ihren Narzißmus auf die Besetzung androgyner Anteile. Am Vater – der ihr das ödipale Kind vorenthielt und die Mutter schwängerte, als die Tochter bereits 15 Jahre alt war – rächt sie sich in ihrer Enttäuschung, indem sie die Männer als Liebesobjekte verwirft: »Nach diesem ersten großen Mißerfolg verwarf sie ihre Weiblichkeit und strebte nach einer anderen Unterbringung ihrer Libido« (ebd., 284).

Der Penisneid

1925 erörtert Freud in *Einige psychische Folgen des anatomischen Geschlechtsunterschieds* dann v. a. die Gründe, die das Mädchen veranlassen, den für seinen Ödipuskomplex erforderlichen Objektwechsel vorzunehmen. Diese Frage führt ihn zur Abwendung des Mädchens von der klitoralen Onanie. Wie für den Jungen sieht er für das Mädchen die Onanie als spontane Organbetätigung, die sich jedoch nicht wie beim Jungen mit dem Ödipuskomplex verbindet. Die Erfahrung der Kastration führt vielmehr zum Neid auf das entbehrte und begehrte Organ. Zentral für Freuds Theorie der Weiblichkeit sind in diesem Text die Folgen, die er dem unvermeidlichen Minderwertigkeitsgefühl und dem damit verbundenen Penisneid der Frau für ihre psychische Entwicklung zuschreibt: 1. Der »Männlichkeitskomplex« als Reaktionsbildung, mit der aufrechterhaltenen Hoffnung, noch einen Penis zu bekommen bzw. ein Mann zu werden. Dies stellt die radikalste Abwendung bzw. Verhinderung von Weiblichkeit dar und geht häufig mit manifester Homosexualität einher. 2. Freud sieht die größere Eifersucht der Frau zusätzlich und spezi-

fisch genährt durch den Penisneid, da dieser sich ins Feld der Eifersucht verschiebt. 3. Der Penisneid dient dem Mädchen zur Abwendung von der Mutter, da sie für den »Penismangel« verantwortlich gemacht wird. 4. Der enttäuschte Rückzug von der klitoralen/phallischen/männlichen Onanie, da sie an die »narzißtische Wunde« erinnert und dadurch von einem unlustvollen Gefühl begleitet wird. Diesem Aspekt mißt Freud die größte Bedeutung bei, da er schon auf den in der Pubertät zu meisternden Wechsel von der phallisch-männlich dominierten Sexualität hin zur Weiblichkeit vorbereitet und die ›normale‹ Entwicklung einleitet. Mit diesen »Folgen des Penisneides« hat Freud nun die innere Logik der Kastrationserfahrung des Mädchens beschrieben: Sie ist eine Enttäuschung am eigenen Genitale und das Motiv für das Mädchen, sich der Weiblichkeit/Passivität zuzuwenden.

Sechs Jahre später, in *Über die weibliche Sexualität*, nimmt Freud diese Fragen nach den Besonderheiten der weiblichen Entwicklung nochmals auf. Ist für den Jungen die Kontinuität von Geschlechtsorgan und Liebesobjekt als jeweils *ein* und dasselbe charakteristisch, so ist die weibliche Entwicklung durch die *zwei* und den notwendigen Wechsel von eins nach zwei gekennzeichnet: Klitoris *und* Vagina, primäres Liebesobjekt Mutter *und* sekundäres ödipales Objekt Vater, Verzicht auf phallische Aktivität *und* Hinwendung zu weiblicher Passivität. »Das Geschlechtsleben des Weibes zerfällt in zwei Phasen, von denen die erste männlichen Charakter hat; erst die zweite ist die spezifisch weibliche« (GW XIX, 520).

Die Bedeutung der präödipalen Phase

Das Mädchen gibt sein infantiles genitales Lustzentrum auf und wechselt sein Objekt, danach kann es in die ›normale ödipale‹ Situation eintreten. Sein Ödipuskomplex ist eine sekundäre Bildung: Mit diesen spezifischen Bedingungen weiblicher Entwicklung rückt die präödipale Phase in den Mittelpunkt. Denn gerade an jenen Analysandinnen, die eine ausgesprochen starke Vaterbindung aufwiesen, entpuppte sich diese als Erbe einer vorgängigen starken Mutterbindung.

In seiner Schrift *Über die weibliche Sexualität* von 1931 faßt Freud die strukturbildende, zentrale Bedeutung der präödipalen Phase für die weibliche Entwicklung in folgendem Vergleich zusammen: »Die Einsicht in die präödipale Vorzeit des Mädchens wirkt als Überraschung, ähnlich wie auf anderem Gebiet die Aufdeckung der minoisch-mykenischen Kultur hinter der griechischen« (GW XIV, 519). Hier findet sich auch Freuds Hinweis, weiblichen Analytikerinnen möge es besser als ihm gelingen, in den Analysen mit Frauen in jene frühe Entwicklungsphase vorzudringen. Der Ödipuskomplex wird also begrifflich erweitert: Er umfaßt alle Beziehungen des Kindes zu seinen Eltern, und seine ›negative‹ Form fällt für das Mädchen in die Präödipalität, in der der Vater nur als lästiger Rivale empfunden wird. Der ›positive‹ Ödipuskomplex mit seiner Hinwendung zum Vater wird in seinen Eigengesetzlichkeiten von Freud nicht näher untersucht. Er bleibt gleichsam im Schatten der ursprünglichen Beziehung zur Mutter. Mit diesem erweiterten Verständnis der weiblichen Entwicklung hin zur ödipalen Konstellation bzw. deren Verfehlen klären sich für Freud bislang unverständliche Phänomene. So erscheint nun feindseliges Verhalten dem Ehemann gegenüber als Ausdruck der Regression auf die Ebene der Mutterbeziehung, für die Feindseligkeit charakteristisch ist.

Die Feindseligkeit gegen die Mutter wird durch die ödipale Rivalität nur verstärkt. Ihre Ursprünge liegen in den Frustrationen der präödipalen Zeit. Freud nennt hier: 1. Die Eifersucht auf andere, die dem infantilen Anspruch auf Ausschließlichkeit widersprechen. 2. Das generelle Schicksal der infantilen Liebe, einer »Endbefriedigung« im Sinne des Orgasmus nicht fähig und deshalb enttäuschend zu sein und dadurch Feindseligkeit hervorzurufen. 3. Die Folgen des Kastrationskomplexes, die Freud mit dem Masturbationsverbot verknüpft, so daß der Groll wegen des Verbots jenem wegen des ›Zu-kurz-gekommen-Seins‹ vorausgeht und zusätzlich stärkt. Zudem unterliegt auch die Mutter der allgemeinen Entwertung der Weiblichkeit. Feindselige Gefühle und die ihr entspringende frühkindliche Ambivalenz veranlassen also das Mädchen, sich aus der ursprünglichen Mutterbindung zu lösen, in die ödipale Konstellation einzutreten und dann – mehr oder weniger – die inzestuösen Beziehungen aufzugeben, die der Junge über den Ödipuskomplex via Kastrationsdrohung und Inzestverbot verläßt.

In einer ausführlichen Diskussion über die »Sexualziele« der präödipalen Phase des Mädchens nimmt Freud seine Konzeption von passiv/aktiv wieder auf und fügt seine neuen Erkenntnisse dem Dualismus von weiblich/männlich ein. Er skizziert für das Mädchen das nämliche Bestreben wie für den Jungen, die passiv erfahrene Handlung in eine aktive zu überführen. »Die so überraschende sexuelle Aktivität des Mädchens gegen die Mutter äußert sich der Zeitfolge nach in oralen, sadistischen und endlich selbst phallischen, auf die Mutter gerichteten Strebungen. [...] Mitunter begegnen sie uns als Übertragungen auf das

spätere Vaterobjekt, wo sie nicht hingehören [...]« (ebd., 531). Freud kann nun die Abwendung von der Mutter nicht nur als wichtigen Objektwechsel sehen, sondern auch, »daß Hand in Hand mit ihr ein starkes Absinken der aktiven und ein Anstieg der passiven Strebungen zu beobachten ist« (ebd., 533).

Im letzten Teil seiner Abhandlung geht Freud explizit auf die damalige psychoanalytische Diskussion über die weibliche Sexualität ein, indem er auf Übereinstimmungen mit Karl Abraham, Jeanne Lampl-de Groot und Helene Deutsch und auf Differenzen mit Otto Fenichel und Melanie Klein hinweist. Von Ernest Jones und Karen Horney grenzt er sich deutlich ab, weil sie für seinen Geschmack den ursprünglichen infantilen Strebungen zugunsten der späteren einen zu geringen Stellenwert einräumen (ebd., 534 ff.).

Zur Rezeption

Angesichts zahlreicher Formulierungen Freuds über die Weiblichkeit liegt es nahe, ihm Befangenheit im Sinne patriarchalisch dominierter Wahrnehmung und eine Entwertung des weiblichen Geschlechts vorzuwerfen. Das hat vor allem die spätere feministische Kritik besorgt (vgl. IV.10). Hier sollen knappe Hinweise auf die Weiterentwicklung der Weiblichkeitstheorie innerhalb der psychoanalytischen Literatur genügen. Den feministischen wie den genuin psychoanalytischen Rezeptionsstrang verbindet die Frage nach einer eigenständigen weiblichen Entwicklung, die sich nicht aus einer primären Männlichkeit ableitet, sondern eigenen Gesetzmäßigkeiten folgt, die in der Anatomie des Geschlechterunterschieds mitbegründet, aber nicht einem »phallischen Monismus« unterstellt sind. Im Zentrum der Freud-Kritik stand dabei die Frage nach der angeblichen Kastriertheit der Frau, ihrem Penisneid resp. dessen Bedeutung sowie die Gleichsetzung von aktiv und männlich, in deren Konsequenz weibliche Selbstverwirklichungsbestrebungen jenseits von Familie und Mutterschaft als Ausdruck des Penisneides und der Verweigerung weiblicher Entwicklung betrachtet wurden. Den Penisneid selbst als Symptom und Abwehrformation als bedrohlich erlebter weiblicher Wünsche zu verstehen, hatten schon in den 1920er und 1930er Jahren v. a. Horney (1922/1984), Klein (1927/1985; 1932/1971) und Jones (1928; 1933; 1935) geltend gemacht. Die Kontroverse über klitorale versus vaginale Erogenität resp. über die Definition der Libido wurde fortgeführt in der Debatte um ein eigenständiges weibliches Begehren. Ähnlich wie Jones in der frühen Kontroverse, versuchte William

Gillespie später (1974), die einander widersprechenden Positionen zu integrieren. Für ihn war Freud einem angemessenen Verständnis der weiblichen sexuellen Erregung sehr nahe, als er 1905 von der Klitoris als Auslöser der sexuellen Erregung innerhalb des weiblichen Genitales sprach. Gillespie erkennt darin eine Vorwegnahme der Forschungsergebnisse von Masters und Johnson aus den 1970er Jahren und bedauert, daß Freud seinerzeit sich für die vermeintliche Opposition von Klitoris und Vagina entschieden habe.

Kleins Theorie der frühkindlichen Entwicklung mit den Frühstadien des Ödipuskomplexes (1927) wird in unterschiedlicher Weise fruchtbar für die Aufklärung der präödipalen Phase mit ihrer prägenden Beziehung zum mütterlichen Primärobjekt. Für Klein ist der Wunsch nach dem Penis zwar in Nachfolge des immer auch frustrierten Wunschs nach der Brust zu sehen, jedoch geht auch sie von einem – unbewußten – Wissen des Mädchens von seinem Körperinneren und der Vagina aus, und der Wunsch nach dem Penis wird zum genuin weiblichen Wunsch, daraus eigene Babies zu machen. Diese Linie findet sich auch bei Janine Chasseguet-Smirgel (1964/1974). Für sie ist der Penisneid Ausdruck des Wunschs, sich von der Mutter zu befreien und autonom Frau zu sein. Zehn Jahre später entwickelt die Autorin ihr Verständnis der Bedeutung der frühkindlichen Mutterbindung weiter und sieht im Penisneid eine Form des aus infantiler Hilflosigkeit geborenen, beide Geschlechter kennzeichnenden Rachewunsches der Mutter gegenüber. Deren Macht soll begrenzt, d. h. die Mutter soll ›kastriert‹ bzw. ihre ›Kastration‹ festgeschrieben werden mit Hilfe jenes Organs, das ihr mangelt: des Penis. Für Chasseguet-Smirgel (1974/1975) sind die psychoanalytischen Positionen zur Theorie der Weiblichkeit selbst ein Beispiel für die Auswirkungen dieses infantilen Wunsches, insofern sie den Penisneid, die notwendige Aufgabe der Klitoris, fehlende Sublimierungsfähigkeit und Überich-Schwäche als konstitutionell bedingte Mangelsituation behaupten.

Maria Torok (1964/1974) stellt den Autonomiekampf der Tochter in den Mittelpunkt ihrer Argumentation und analysiert den Penisneid als Abwehr der tieferliegenden Ängste vor der mächtigen Mutter der frühen kindlichen Entwicklung, die in der analen Phase Kontrolle über den töchterlichen Körper beansprucht und gegen deren Zugriff das Mädchen mit archaischer Wut regiert – einer Wut, die nun ihrerseits angstauslösend wirkt und entsprechend mit dem Penisneid abgewehrt und unkenntlich gemacht werden kann.

Alles in allem: Freuds ratlose Frage »Was will das Weib?« (zit. nach Jones II, 493) bleibt weiterhin offen und verweist auf den komplexen Charakter der psychosexuellen Entwicklung der Frau.

Literatur

Chasseguet-Smirgel, Janine: Die weiblichen Schuldgefühle. In: Dies. (Hg.): *Psychoanalyse der weiblichen Sexualität.* Frankfurt a. M. 1974, 134–191 (frz. 1964).

–: Bemerkungen zu Mutterkonflikt, Weiblichkeit und Realitätszerstörung. In: *Psyche* 29 (1975), 805–812 (frz. 1974).

Fliegel, Zenia O.: Die Entwicklung der Frau in der psychoanalytischen Theorie: Sechs Jahrzehnte Kontroversen. In: Judith Alpert (Hg.): *Psychoanalyse der Frau jenseits von Freud.* Berlin/Heidelberg/New York 1991, 11–40 (engl. 1986).

Gillespie, William: Freuds Ansichten über die weibliche Sexualität [1974]. In: *Psyche* 29 (1975), 789–804.

Horney, Karen: *Die Psychologie der Frau.* Frankfurt a. M. 1984 (engl. 1967).

Jones, Ernest: Die erste Entwicklung der weiblichen Sexualität. In: *Internationale Zeitschrift für Psychoanalyse* 14 (1928), 11–25

–: Die phallische Phase. In: *Internationale Zeitschrift für Psychoanalyse* 19 (1933), 322–357.

–: Über die Frühstadien der weiblichen Entwicklung. In: *Internationale Zeitschrift für Psychoanalyse* 21 (1935), 331–341.

Klein, Melanie: Frühstadien des Ödipuskomplexes [1927]. In: Dies.: *Frühstadien des Ödipuskomplexes. Frühe Schriften 1927–1945.* Frankfurt a. M. 1985, 7–21.

–: Die Auswirkungen früher Angstsituationen auf die weibliche Sexualentwicklung [1932]. In: Dies.: *Die Psychoanalyse des Kindes.* München 1971, 203–248.

Torok, Maria: Die Bedeutung des »Penisneids« bei der Frau. In: Chasseguet-Smirgel 1964/1974, 192–232.

Heidi Staufenberg

9. Kulturtheorie

9.1 *Totem und Tabu* (1912/13)

Entstehung (Kontext, Quellen, Inhalte)

Als Freud 1910/11 mit der Arbeit an *Totem und Tabu* (GW IX) begann, hatte er vor, ethnologische Belege für den Ödipuskomplex zu sammeln (Freud: Einleitungspassage zu *Über einige Übereinstimmungen im Seelenleben der Wilden und der Neurotiker.* Nachtr., 744 f.; Reichmayr 1995). Die rasche Veröffentlichung der ersten Abhandlung war eine Reaktion auf Jungs *Über Wandlungen und Symbole der Libido* (1911) und auf die drohende Spaltung der Psychoanalyse. Insoweit kann *Totem und Tabu* auch als Exotisierung der Institutionalisierungskonflikte der Psychoanalyse gelesen werden (Erdheim 2001). Entziffert wurde der Text auch als Dokument der Ablösung von Freuds jüdischer Herkunft (Blumenberg 2002) oder als Reflex auf die kulturelle Position des assimilierten Judentums (Gilman 1993; Hamburger 2005).

Totem und Tabu steht inhaltlich und methodisch in der Tradition des englischen Evolutionismus (Ritvo 1990; Wallace 1983), der jedoch seinen Zenit bereits überschritten hatte und spätestens seit dem Ersten Weltkrieg seine paradigmatische Funktion verlor (Erdheim 2001).

Kurzcharakteristik der Inhalte

Im ersten der vier zunächst getrennt erschienenen Kapitel wird der methodische Schlüssel präsentiert, die Gleichsetzung prähistorischer und indigener Völker mit Kindern und Neurotikern. Das universale Inzesttabu wird als Motiv der Exogamie und weiterer sozialer Vermeidungsregeln beschrieben.

In der zweiten Abhandlung werden Tabu und Zwangsneurose verglichen; beide verbindet das Moment unbewußter Feindseligkeit, im Falle der Zwangsneurose gegenüber geliebten Objekten, im Falle des Tabus gegenüber Feinden, Herrschern und Toten. Bewußt offen läßt Freud die Frage nach deren Ursprung. In einer eingeschobenen theoretischen Abhandlung (s. Kap. II.4) zur Parallele zwischen der Projektion als ursprünglicher kindlicher Wahrnehmungsweise und der animistischen Weltanschauung konstruiert Freud die Bildung gesellschaftlicher wie psychischer Instanzen aus der subjektiven Perspektive der kindlichen Entwicklung.

Auch im dritten Kapitel, das den Animismus als Vorstufe der religiösen Weltanschauung einführt, deutet Freud magisches Denken als »motorische Halluzination«, analog dem kindlichen Spiel. Hat in der Magie noch das Prinzip der ›Allmacht der Gedanken‹ regiert, so wird mit dem Animismus »ein Teil dieser Allmacht den Geistern abgetreten« (GW IX, 106). Wieder bleibt die Frage, woher der Übergang vom Narzißmus zum Triebverzicht rührt, bewußt ungelöst.

Alle offenen Fragen des bisherigen Textes soll die vierte Abhandlung über Totemismus und Exogamie klären. Nach einem langen, atemberaubend untergliederten Literaturreferat scheint Freud schon ermattet aufgeben zu wollen (»Wir […] wissen selbst nicht, worauf wir raten sollen«, ebd. 152) – da präsentiert er mit einer überraschenden Volte die Lösung: Die Darwinsche Urhorde, in der die Dominanz eines Männchens die Exogamie der vertriebenen jungen Männer erklärt. Analog zum Ödipuskomplex setzt Freud »den Vater an die Stelle des Totemtieres ein« (159) und hat somit das totemistische Tötungs- und Inzesttabu auf einmal erklärt. Robertson Smiths Auffassung des Tieropfers als symbolisch verbindender Clanmahlzeit liefert den letzten Baustein zur Schlußthese: »Eines Tages taten sich die ausgetriebenen Brüder zusammen, erschlugen und verzehrten den Vater […]« (171 f.). Damit ist der Mord als Ursprung der Sittlichkeit identifiziert. Um zu klären, wie aus dem Verbrechen ein Sozialvertrag erwachsen kann, postuliert Freud eine ursprüngliche Ambivalenz bei den mörderischen Brüdern der Urhorde und erklärt aus deren Schuldbewußtsein das Tabu der Tötung des Totemtieres. Das noch ungeklärte Inzesttabu leitet Freud aus den »homosexuellen Gefühlen« der Brüderhorde ab, ohne dies weiter auszuführen, jedoch in andeutungsweisem Zusammenhang mit dem Mutterrecht.

Abschließend diskutiert Freud die Religionsentwicklung. Götter entstehen aus der Rückführung der Vaterfigur aus der Tier- in die Menschengestalt in der weiterentwickelten Brüderhorde. Unter ausdrücklicher Übergehung der Muttergottheiten erklärt Freud das Christentum als Neufassung des Vaterfrevels bei gleichzeitiger Vergötterung des Sohnes. Der Ödipuskomplex erscheint somit als Ausgangspunkt von »Religion, Sittlichkeit, Gesellschaft und Kunst« (188).

Diskussion der zentralen Themen, Thesen und Begriffe

Gegen Freuds These gibt es gewichtige Einwände. Weder ein traumatischer Gründungsakt noch seine genetische Weitergabe oder totemistisch-kulturelle Festschreibung sind nachweisbar. Lévi-Strauss (1960/1965) sieht die Wurzel des Inzestverbots nicht in einem historischen Akt, sondern in dem der Vergesellschaftung inhärenten Tauschprinzip. Grundsätzliche Einwände sind auch dagegen erhoben worden, das Inzesttabu als Abwehr eines Inzestwunsches zu interpretieren. Die Ethologie geht von einem durch die Brutpflege begründeten Vermeidungsverhalten aus (›Westermarck-Effekt‹, Bischof 1985).

Auch der Totemismus, als scheinbar erste soziale Organisationsform seit 1880 ein hochbesetztes Thema der Ethnologie, kann heute nicht mehr als Forschungsgegenstand akzeptiert werden. Goldenweiser (1917) hat nachgewiesen, daß er ein nachträgliches Konstrukt darstellt. Freud erwähnt Goldenweisers frühe Arbeiten wie auch andere kritische Literatur zum Evolutionismus, ohne sie jedoch weiter zu beachten. Trotz der Kritik von Goldenweiser und Lévi-Strauss (1960/1965) ist die Totemismustheorie nicht ganz aus der Diskussion (vgl. Knight 1996a,b).

Die von Robertson Smith inspirierte Theorie des Opfers, Schlußstück von *Totem und Tabu*, die kulturelle Legitimität aus der symbolischen Wiederholung eines gewaltsamen Stiftungsaktes ableitet, gilt aber noch als bedeutsamer Schlüssel der Kulturanalyse (Girard 1972/1994; Haas 2002).

Kulturentwicklung beruht auf der Weitergabe von Erfahrungen an die nächste Generation. *Totem und Tabu* favorisiert die Annahme einer »Vererbung psychischer Dispositionen« (GW IX, 190), konkurrierend dazu aber auch den Rekurs auf unbewußte Kommunikation zwischen Eltern und Kindern. »Keine Generation (ist) imstande [...], bedeutsamere seelische Vorgänge vor der nächsten zu verbergen« (GW IX, 191).

Wichtige Aspekte der Forschungsdiskussion

Die Urhordenhypothese wurde in der Soziologie und Ethnologie weitgehend verworfen (Kroeber 1920, 1939; Róheim 1950; Westphal-Hellbusch 1960; Brauns 1981; Bryce Boyer 1980; Petermann 2004). Freuds Methode entsprach der heute obsoleten »konjekturalen Forschungsmethode« der evolutionistischen Ethnologie. Inzwischen hat die *Ethnopsychoanalyse* (s. Kap. IV.13) andere Wege eingeschlagen (Muensterberger 1974; Reichmayr 1995; Minsky 1998).

Totem und Tabu bildet den Übergang zu Freuds negativer Kulturtheorie. Hatte er noch 1908 die Kulturentwicklung auf die Triebunterdrückung zurückgeführt, die ihrerseits von sublimierten erotischen Trieben gesteuert werde, so wird er nach dem großen Wurf von *Totem und Tabu* den Gedanken einer sublimierten Traumatogenese der Kultur durch sein gesamtes Œuvre weiterverfolgen: im *Moses des Michelangelo* (1914) (s. Kap. II.10.11), motiviert durch die Kriegsgefahr und den Zerfall der psychoanalytischen ›Brüderhorde‹, stärker noch in *Zeitgemäßes über Krieg und Tod* (1915) (s. Kap. II.9.6), wo der offene Rückfall in die Barbarei der Kriegsbegeisterung die Fragilität einer gewaltbasierten Zivilisation offenbart. Kultur bleibt eine dünne Oberfläche: »unser Unbewußtes mordet selbst für Kleinigkeiten« (GW X, 351). Dem Masseneffekt, der aus unbewußten Phantasien eine real existierende »Rotte von Mördern« (ebd.) macht, widmet sich Freud in *Massenpsychologie und Ich-Analyse* (1921), wo er noch einmal ausführlich von der Urhorde handelt. Noch in Freuds letztem Werk *Der Mann Moses und die monotheistische Religion* (1939) (s. Kap. II.9.5) taucht die Urhorde wieder auf; trotz erheblicher Einwände aus seiner nächsten Umgebung beharrte er geradezu auf der Notwendigkeit einer lamarckistischen Theorie (Ritvo 1990, 53).

Jenseits von Freuds evolutionistischem Paradigma kann *Totem und Tabu* als Text über die eigene Gesellschaft aufgefaßt werden. Der Urmord als Gründungsmythos faßt die Konstitution des rationalen Diskurses (der kollektive Mord als erster Sozialvertrag) und seine Gewaltbasis ineins.

Schon Kroeber (1939) hatte in der Revision seiner Kritik eingeräumt, daß zwar nicht das punktuelle historische Ereignis des Vatermordes, wohl aber die grundsätzliche Gewaltförmigkeit vorkultureller Beziehungen für die Kulturtheorie relevant sei. Erdheim (2001) liest *Totem und Tabu* als Beitrag zum Verständnis zeitgenössischer Tabuisierungen und als Theorie der kulturbedingten Krise der Adoleszenz.

Girard (1972) setzt dagegen in seiner Theorie der »Gründungsgewalt« den Mord als Konstituens der Menschwerdung. Böhme (2001) differenziert diesen Gedanken und verbindet Freuds Kulturtheorie mit einem Kontinuum von Mythen, die sich mit dem Ursprung der Kultur aus der Technik beschäftigen und die sowohl die Überwindung mörderischer Kulturkonflikte durch den Fortschritt der Technik als auch die damit einhergehende Verfriedlichung von Binnenbeziehungen spiegeln.

Freuds entschlossen mythisierendes Verfahren in *Totem und Tabu* kann auch als Dekonstruktionsbewegung verstanden werden. Schneider (1991) sieht darin ein paradigmatisches Plädoyer gegen die Trennung von Theorie und Mythos.

Freuds erstaunliches Beharren auf der genetischen Weitergabe erworbener Eigenschaften (Sulloway 1979, 382 ff.; Eickhoff 2004) kann als Ersatz für die verlorene metaphysische Geborgenheit (Erdheim 2001, 13–18) oder als Verlegung der aufgegebenen Traumatheorie in die Geschichte (Grubrich-Simitis 1998, 107) gesehen werden. Wirksamer für die Geschichte der Psychoanalyse war jedoch die fast nebenbei eingeführte alternative Erklärung des Kulturtransfers: Die Annahme einer unbewußten Kommunikation zwischen Eltern und Kindern sieht Grossman (1998) als Meilenstein der Objektbeziehungstheorie und der Intersubjektivität des Seelenlebens.

Die präsentative Struktur von *Totem und Tabu*, die Rhetorik der Brüche und Auslassungen (Hamburger 2005) weist den Text als Versuch aus, eine autonom männliche Ordnung unter Ausweisung der Mütter zu schaffen. In der Konsequenz ersetzt Freud die kindliche Frühentwicklung durch den Ödipuskomplex, den mütterlichen Container durch den getöteten Vater. Das Theorem einer Fortzeugung von Kultur durch unbewußte Kommunikation zwischen Eltern und Kindern wird ersetzt durch die biologische Vererbung von Schuld. Diese Theorie bleibt jedoch unschlüssig: Denn der Vatermord alleine ist ja noch nicht der Schritt zur Kultur. Dieser wird erst in den selbstgesetzten Regeln der Brüderhorde vollzogen – und zwar, wie Freud zwischen den Zeilen andeutet, unter Mithilfe der Mutter.

Literatur

Bischof, Norbert: *Das Rätsel Oedipus. Die biologischen Wurzeln des Urkonfliktes von Intimität und Autonomie.* München 1985.

Blumenberg, Yigal: ›Vatersehnsucht‹ und ›Sohnestrotz‹ – ein Kommentar zu Sigmund Freuds ›Totem und Tabu‹. In: *Psyche* 56 (2002), 97–136.

Böhme, Hartmut: Von Affen und Menschen: Zur Urgeschichte des Mordes. In: Dirk Matejovski/Dietmar Kamper/Gerd-C. Weniger (Hg.): *Mythos Neanderthal. Ursprung und Zeitenwende.* Frankfurt a. M./New York 2001, 69–86.

Brauns, Hans-Dieter: Die Rezeption der Psychoanalyse in der Soziologie. In: Johannes Cremerius (Hg.): *Die Rezeption der Psychoanalyse in der Soziologie, Psychologie und Theologie im deutschsprachigen Raum bis 1940.* Frankfurt a.M. 1981, 31–133.

Bryce Boyer, L: Die Psychoanalyse in der Ethnologie. In: Helga Haase (Hg.): *Ethnopsychoanalyse.* Stuttgart 1996, 29–48 (engl. 1980).

Eickhoff, Friedrich-Wilhelm: Über die ›unvermeidiche Kühnheit‹, Erinnerungsspuren an das Erleben früherer Generationen anzunehmen. Wie unentbehrlich ist der von Freud erschlossene phylogenetische Faktor? In: *Psyche* 58 (2004), 448–457.

Erdheim, Mario: Einleitung. In: Sigmund Freud: *Totem und Tabu.* Frankfurt a. M. 2001, 7–42.

Gilman, Sander L.: *Freud, Identität und Geschlecht.* Frankfurt a. M. 1994 (engl. 1993).

Girard, René: *Das Heilige und die Gewalt.* Frankfurt a.M 1992 (frz. 1972).

Goldenweiser, Alexander A.: Religion and Society: A Critique of Emile Durkheim's Theory of the Origin and Nature of Religion. In: *The Journal of Philosophy, Psychology, and Scientific Methods* 14 (1917), 113–124.

Grossman, William: Freud's Presentation of ›The Psychoanalytic Mode of Thought‹ in Totem and Taboo and His Technical Papers. In: *International Journal of Psycho-Analysis* 79 (1998), 469–486.

Grubrich-Simitis, Ilse: Metapsychologie und Metabiologie. In: Sigmund Freud: *Übersicht der Übertragungsneurosen. Ein bisher unbekanntes Manuskript.* Frankfurt a. M. 1985.

–: Es war nicht der ›Sturz aller Werte‹. Gewichtungen in Freuds ätiologischer Theorie. In: Anne-Marie Schlösser/Kurt Höhfeld (Hg.): *Trauma und Konflikt,* Gießen 1998, 97–112.

Haas, Eberhardt Th.: *... und Freud hat doch recht: die Entstehung der Kultur durch Transformation der Gewalt.* Gießen 2002.

Hamburger, Andreas: Das Motiv der Urhorde. Ererbte oder erlebte Erfahrung in Freuds ›Totem und Tabu‹. In: *Freiburger literaturpsychologische Gespräche. Jahrbuch für Literatur und Psychoanalyse* 2 (2005), 45–86.

Jung, C. G.: *Über Wandlungen und Symbole der Libido.* Leipzig 1911.

Knight, Chris: Taboo. In: Allen Barnard/Jonathan Spencer (Hg.): *Encyclopaedia of Social and Cultural Anthropology.* London/New York 1996a, 542–544.

–: Totemism. In: Barnard/Spencer 1996b, 550 f.

Kroeber, Alfred L.: Totem and Taboo: An Ethnologic Psychoanalysis [1920]. In: Ders.: *The Nature of Culture.* Chicago 1952, 301–305.

–: Totem and Taboo in Retrospect [1939]. In: Ders.: *The Nature of Culture.* Chicago 1952, 306–309.

Lévi-Strauss, Claude: *Das Ende des Totemismus.* Frankfurt a. M. 1965 (frz. 1960).

Minsky, Rosalind: *Psychoanalysis and Culture. Contemporary States of Mind.* New Brunswick 1998.

Muensterberger, Werner (Hg.): *Der Mensch und seine Kultur. Psychoanalytische Ethnologie nach ›Totem und Tabu‹.* München 1974.

Petermann, Werner: *Die Geschichte der Ethnologie.* Wuppertal 2004.

Reichmayr, Johannes: *Einführung in die Ethnopsychoanalyse. Geschichte, Theorien und Methoden.* Frankfurt a. M. 1995.

Ritvo, Lucille B.: *Darwin's Influence on Freud: A Tale of Two Sciences.* New Haven 1990.

Róheim, Géza: *Psychoanalyse und Anthropologie. Drei Studien über die Kultur und das Unbewußte.* Frankfurt a. M. 1977 (engl. 1950).

Schneider, Peter: *Freud, der Wunsch, der Mord, die Wissenschaft und die Psychoanalyse.* Frankfurt a. M. 1991.

Sulloway, Frank J.: *Freud, Biologe der Seele. Jenseits der psychoanalytischen Legende.* Hohenheim/Köln-Löwenich 1982 (engl. 1979).

Wallace, Edwin R.: *Freud and Anthropology. A History and Reappraisal.* New York 1983.

Westphal-Hellbusch, Sigrid: Freuds ›Totem und Tabu‹ in der heutigen Ethnologie. In: *Zeitschrift für Psychosomatische Medizin* 7 (1960), Nr. 1, 45–58.

Andreas Hamburger

9.2 *Massenpsychologie und Ich-Analyse* (1921)

Massenpsychologie und Ich-Analyse (GW XIII, 71–161) ist die einzige Schrift von Freud, deren Gegenstand – das moderne Phänomen der Masse – der Soziologie im engeren Sinne zuzurechnen ist. Aber so sehr er in den Disziplinen der Archäologie und der damals noch jungen Ethnologie zu Hause war, so wenig war er mit der Soziologie seiner Zeit vertraut. Das mag sich daraus erklären, daß die Soziologie um die Jahrhundertwende im Wissenschaftsbetrieb des deutschen Sprachraums noch keineswegs anerkannt war, vielmehr ähnlich der Psychoanalyse ein Außenseiterdasein führte. Wie die Psychoanalyse von der Medizin, so mußte sich die Soziologie erst noch von der Philosophie emanzipieren. Jedenfalls waren die großen soziologischen Systeme von Auguste Comte oder Max Weber Freud so wenig zugänglich wie die Soziologie Georg Simmels oder gar die von Marx und Engels entwickelte Gesellschaftslehre des historischen Materialismus.

Freuds unbefangener, nur von psychoanalytischer Aufklärung geleiteter Blick auf gesellschaftliche Phänomene wie Religions- oder Massenbildung könnte uns naiv erscheinen, gemessen an unserem Blick, dem vielschichtige wissenschaftliche Deutungsmuster von Gesellschaft zur zweiten Natur geworden sind und der doch gleichzeitig verstellt ist von der Unübersichtlichkeit konkurrierender Erklärungssysteme. Gerade diese scheinbare Naivität ermöglicht den Reichtum an Entdeckungen, den sein Essay birgt. Ein Beispiel: Wenn Freud feststellt: »Jeder Einzelne ist ein Bestandteil von vielen Massen« (ebd., 144), dann assoziieren wir unwillkürlich die soziologischen Begriffe des Rollenträgers und der Rollensegmente, aus denen eine soziale Rolle zusammengesetzt ist. Aber im gleichen Atemzug machen wir die erstaunliche Entdeckung, daß Freud, der doch die soziologischen Theorien, die mit dem Begriff der Rolle operieren, gar nicht kannte, über die Beschränktheit des Rollenbegriffs schon wieder hinausweist, indem er der Sache nach auf die unbewußte Dynamik der Rolle abhebt und nun seinerseits die Naivität des Rollenbegriffs zerstört. Der eben zitierte Satz lautet ja vollständig: »Jeder Einzelne ist ein Bestandteil von vielen Massen, durch Identifizierung vielseitig gebunden, und hat sein Ichideal nach den verschiedensten Vorbildern aufgebaut« (ebd.). In diesem soziologisch so schlichten Satz ist eine Feststellung über die Überich-Fragmentierung als Resultat multipler unbewußter Identifizierungen des Individuums in modernen Großgesellschaften verborgen und damit ein Erkenntnisniveau angelegt, das sich die Rollen-Soziologie viel später erst mit Rückgriff auf die Psychoanalyse mühsam erarbeitet hat.

Auf solche Ungleichzeitigkeiten muß sich einstellen, wer die Frage ›Was kann man heute mit Freud noch anfangen?‹ dadurch beantwortet, daß er einfach mit Freud anfängt, also anfängt, Freud zu lesen. Und noch auf ein anderes hat er sich einzustellen: auf den geschichtlichen Horizont, vor dem *Massenpsychologie und Ich-Analyse* entstanden ist und auf den die Schrift antwortet. Wir schreiben das Jahr 1921 – und durch die Bewegung der Massen sind die Habsburger Monarchie, das zaristische Rußland und das deutsche Kaiserreich gerade eben gestürzt worden oder zerfallen, und an die Stelle der alten Ordnungen treten nun höchst beunruhigende und unerprobte neue Institutionen und Ordnungen, die sich auf Massenwillen stützen oder doch berufen und nicht mehr auf Kaiser und Gott. Freud nimmt nicht ausdrücklich Bezug auf Massenstreik, Revolution und Anarchie, auf neue demokratische Einrichtungen rings um ihn, aber wir wissen, daß er von all dem ebenso aufgewühlt war wie die Zeitgenossen um ihn, auch wenn diese Aufgewühltheit seinem Ideal stoischer Unbeteiligtheit keineswegs entsprach. Im März 1919 hatte der Psychoanalytiker Paul Federn in Freuds Beisein in der Wiener Psychoanalytischen Vereinigung *Zur Psychologie der Revolution: Die vaterlose Gesellschaft* vorgetragen und darin seine eigene politische Hoffnung psychoanalytisch begründet, die basisdemokratischen Institutionen der ›Arbeiter- und Soldatenräte« mögen die Kraft haben, gleichsam als sozialistische »Brüderhorde«, eine Neueinrichtung der Gesellschaft ohne irrationale Autoritätsbindungen zu bewerkstelligen (Federn 1919/1980). Freud zitiert Federn in der *Massenpsychologie* (GW XIII, 107), aber politisch konnte er ihm nicht zustimmen. Federn war

Sozialist und betonte die helle, kreative Seite der Massenbewegung (ohne die Gefahren zu leugnen, die von den unbewußten Schuldgefühlen ausgehen, die im Umsturz frei werden); Freud war und blieb skeptischer Individualist und zog es vor, dem dunklen, konservativ-autoritären Kulturpessimisten Gustave Le Bon (Le Bon 1895/1919) sein Ohr zu leihen (vgl. Brunner 1995/2001, 227).

Damit sind wir schon im Anfangskapitel der *Massenpsychologie*, in dem Freud zustimmend Gustave Le Bons Diagnose von Masse referiert: den hypnotischen Zustand des Individuums in der Masse, deren Affektsteigerung und Denkhemmung, ihren Illusionismus und ihr Verfallensein an die Herrschaft des Unbewußten (GW XIII, 76 ff.). Vor uns entsteht das bekannte Bild der sog. dumpfen, verführbaren Masse. ›Masse‹ ist hier all das Negative, was nicht ›Ich‹ ist – und von hier ist es nur ein kleiner Schritt zu dem beschränkten Bewußtsein, das, indem es von Masse spricht, sich von ihr ausgenommen und diese unter sich wähnt. Wir sehen hier Freud gefangen durch Le Bons Blick, dessen Topologie ihrerseits völlig befangen ist in dem Gegensatzpaar Elite und Masse. Anders kann Le Bon Gesellschaft nicht orten.

Das Neue an Freud gegenüber reaktionären Zivilisationskritikern wie Le Bon oder Nietzsche, aber auch gegenüber revolutionären Theoretikern wie Marx, der einen völlig anderen Zugang zum Phänomen der Masse gewinnt, ist also keineswegs die beschreibende Bestandsaufnahme von ›Masse‹. Seine Leistung besteht vielmehr darin, daß er die bislang gegebenen vulgärpsychologischen Deutungsstereotype – ›Suggestion‹ und ›Ansteckung‹ als erklärende Elemente – auflöst und aus alten Antworten neue Fragen formuliert. Darum ist auch die eigentliche Ausgangsfrage von *Massenpsychologie und Ich-Analyse*: Was verbirgt sich hinter dem »Zauberwort der Suggestion« (95)? Freud will sich nicht damit begnügen, »daß die Suggestion, die alles erklärte, selbst der Erklärung entzogen sein sollte« (97). Die schrittweise Entwicklung der Antwort bildet inhaltlich den Kern und quantitatv den Hauptteil des Essays; methodisch ist sie ein Musterbeispiel dessen, was wir heute Anwendung der Psychoanalyse auf gesellschaftliche Phänomene nennen.

Das Ergebnis läßt sich formelhaft zusammenfassen – und es war durchaus Freuds Absicht, seine Ergebnisse bis zu Formeln zu verdichten; an einer Stelle spricht er selbst von der »Formel für die libidinöse Konstitution einer Masse« (128): Massenbildung und Massenkohärenz verwirklichen sich in einer typischen »doppelte[n] Art der Bindung« (145), in der

»jeder Einzelne einerseits an den Führer [...], anderseits an die anderen Massenindividuen libidinös gebunden ist« (104). Die dabei investierte Libido ist zielgehemmt (127), es soll also keine direkte sexuelle Abfuhr erfolgen, und diese Zielgehemmtheit macht gerade die Dauerhaftigkeit von Massenbildungen aus. Die erwähnte Doppelbindung besteht, metapsychologisch gesprochen, a) in einer doppelten Identifizierung (128) – nämlich einerseits der Massenindividuen untereinander und andererseits der gemeinsamen, kollektiven Identifizierung mit dem Führer oder mit der den Führer ersetzenden Idee (Ideologie) und b) in einer Abtretung (Projektion) des Ich-Ideals der einzelnen an den Führer (bzw. die leitende Ideologie) (144 f.). Es handelt sich also genauer um einen in vier Schritte zerlegbaren Vorgang: 1) Identifizierung der Massenindividuen untereinander, 2) Identifizierung mit dem Führer (oder der Idee, Ideologie), 3) Projektion (Abtretung) des individuellen Ich-Ideals auf die Idee oder den Führer, die hierdurch magisch überhöht und gestärkt werden, und 4) Ersetzung des individuellen Ich-Ideals durch das ›Objekt‹, also den Führer oder die nun ›kollektiv‹ gewordene Idee (Ideologie). Die typische gemeinsame Art der Libidoverwendung läßt die Reihenbildung zu: Hypnose (Suggestion) – Massenbildung – Verliebtheit (160). Wie die hypnotische Beziehung »eine Massenbildung zu zweien« ist (126), so könnte man auch die Verliebtheit eine Masse zu zweien nennen oder umgekehrt die Masse eine vervielfältigte Verliebtheit mit dem Ausschluß sexueller Befriedigung.

Blicken wir nach der Vergegenwärtigung dieser Formeln noch einmal zurück auf den gesamten massenpsychologischen Essay, so fällt zunächst die Unbestimmtheit des von Freud verwendeten Massenbegriffs auf. Er reicht von dem, was Freud »stabile Massen« nennt (90) und was wir heute unter dem Begriff der Institutionen zusammenfassen, bis hin zu den »Massen kurzlebiger Art« (90), also spontanen, flüchtigen Gruppen- und Massenbildungen. Und er bleibt unbestimmt auch in dem, was wir heute das Verhältnis von Individuum und Gesellschaft nennen. Das abgegrenzte, autonome Ich – die Idealfiktion des Individuums der bürgerlichen Gesellschaft – wird gleichsam als fixer Vermessungspunkt vorausgesetzt. Es seien in diesem Kontext nunmehr einige Fragen umrissen, die sich aus der Entwicklung des gesamten Essays ergeben.

Die historisch und soziologisch so wichtige Frage der Verfestigung und dann sogar Erstarrung von Massenbewegungen zu Institutionen wird nur angedeutet – und zwar in dem Theorem der Urvater-Tötung (als dem Paradigma einer sozialen Revolte) und aus der ihr folgenden Ersetzung einer alten oder Prä-Institution (»Urhorde«) durch eine sozioökonomisch neue oder überhaupt erst Kultur schaffende Institution (»Brüderhorde«). Wenn wir Freuds Erklärungstypus folgen – ohne seine Hypothese inhaltlich unbedingt vertreten zu wollen –, dann spielen Triebangst, Verlassenheitsangst und Schuldgefühl bei der Bildung von Institutionen eine ebenso große Rolle wie die zielgehemmte libidinöse Bindung bei der Massenbildung überhaupt. In diesem Sinn binden Institutionen Affekte und Phantasien, die in unorganisierten Massen überschießen und zu einer Selbstzerstörung der Masse oder Bewegung führen würden. Nach unserer heutigen psychoanalytischen *und* soziologischen Sicht gibt es überhaupt keine unorganisierten Massen; jede Masse, jede Gruppe, jede Bewegung zeigt, wie alle Organismen, eine Tendenz zur Selbstregulation.

Diese Selbstregulation ist eng an die »libidinöse Struktur« (103) von Massen, Bewegungen und Institutionen gebunden. Und insofern wir Libido und Aggression als wesentlich zusammengehörig betrachten, untersucht die Psychoanalyse natürlich auch die ›aggressive Struktur‹ oder, übergreifend ausgedrückt, die Triebstruktur von Institutionen. Die psychoanalytisch konzipierten Libidostufen (vgl. Reiche 1991) sind ohne Organisation (in Phasen, Fixierungen, Komplexen usw.) überhaupt nicht zu denken. Das führt unmittelbar zum nächsten Problem. Psychoanalyse nach Freud war und ist oft versucht, nicht mehr nur die libidinöse und aggressive Struktur *von* Institutionen zu erforschen, sondern Institution – und dann Gesellschaft – überhaupt mit deren psychischer Struktur gleichzusetzen und sie auf diese zu reduzieren. Diese psychozentrische Gefahr ist bei Freud angelegt, freilich ist Freud nicht nur zurückhaltend, sondern auch weitblickend genug, um keinen Primat des Psychischen vor dem Gesellschaftlichen zu behaupten. Hier sei stellvertretend ein Zeuge des Psychozentrismus in der Psychoanalyse zitiert, nämlich Geza Róheim, der Kultur schlechthin als »Bildung eines Ersatzobjektes« und als »universelle neurotische Manifestation« deutete (Róheim 1950/1977).

Freud begreift ›Kultur‹ bzw. ›Gesellschaft‹ als durch einen Akt geschaffen, nämlich durch die Tat der Urvater-Tötung (kritisch dazu Erdheim 1991). Gesellschaft bildet sich nach seiner Vorstellung nicht in einem langen evolutionären Prozeß, dessen Anfänge sich im Tier-Mensch-Übergangsfeld verlieren. Wir haben es hier vielmehr mit einer Konstitutionstheorie, im Gegensatz zu einer Evolutionstheorie von

Gesellschaft zu tun, einer Sichtweise mithin, die ihrerseits eher einem religiös-mythischen Typus angehört und heutigem Denken und Wissen nicht mehr standhalten kann. In dieser Linie erhebt sich »der erste epische Dichter« (GW XIII, 152) als Synonym des fiktiven ›ersten‹ Individuums durch einen konstitutiven kreativen Akt aus der Masse. Indem dieser dichtend und objektivierend, also prinzipiell mit den Mitteln des Denkens und des Triebaufschubs, die kulturkonstitutive Tat der Urvater-Tötung festhält, schafft er den Kultur-Heros und damit das ›Ich‹, das sich aus der Masse (der »Brüderhorde«) löst.

Wenn Freud »nur die Liebe als Kulturfaktor« anerkennt (ebd., 112), dann dürfen wir dies weder in einem ethisch-altruistischen noch in einem vordergründig sexuellen Sinn verstehen. Liebe ist hier das Synonym für die immer größere Einheiten schaffende Kraft des Eros, wie es in *Jenseits des Lustprinzips* heißt (GW XIII, 45; vgl. auch GW XIII, 130 f.), und als Gegensatz zum Todestrieb (Thanatos) konzipiert, dessen zerstörerische Immanenz alle kulturellen Errungenschaften und letztlich die menschliche Gesellschaft überhaupt aufzulösen droht. Ein Jahrzehnt später, im *Unbehagen in der Kultur* (GW XIV, 419–506), wird Freud die geschichtliche Bewegung insgesamt unter dem Blickwinkel des Gegensatzes einer Eros-Strömung und einer Thanatos-Strömung in der Kultur betrachten. »Liebe als Kulturfaktor« ist also eher eine Metapher für die sublimierte, aufbauende, organisierende Arbeit, und zwar innere Arbeit (psychische Entwicklung) ebenso wie äußere Arbeit. So gesehen, besteht kein Gegensatz zwischen Freud und Marx, wenn letzterer in der menschlichen Arbeit allein das gesellschaftsbildende Prinzip erkennt. Wenn Marx feststellt: »In den Kulturanfängen sind die erworbenen Produktivkräfte der Arbeit gering, aber so sind die Bedürfnisse, die sich mit und an den Mitteln ihrer Befriedigung entwickeln« (Marx 1867/1974, 535), so können wir Marx mit Freud interpretieren: Die Kategorie des Bedürfnisses bezieht sich nicht nur auf die sog. materiellen Bedürfnisse, sondern auch auf die geistigen und seelischen Bedürfnisse, also auch auf die kollektiven Ich- und Über-Ich-Fähigkeiten, die sich im geschichtlichen Prozeß entwickeln. Dieser Prozeß ist zugleich Prozeß der Arbeit an der zielgehemmten libidinösen Entwicklung – Werk des Eros.

Freud weigert sich, die schöpferische Seite von Massenbewegungen zu sehen, und starrt, gefesselt durch Le Bons Blick, nur auf ihre regressive Seite. Heute wissen wir, daß alle schöpferischen, kulturinnovativen Leistungen auf die vorübergehende Auflösung bislang festgefügter Ich-Grenzen angewiesen sind. Diesen Vorgang nennen wir Regression im Dienste des Ich. Das gilt für kollektive, gesellschaftlich-politische Innovationen (z. B. Revolutionen) ebenso wie für individuelle künstlerische und intellektuelle Leistungen. Neue Stile des Verhaltens, der Wahrnehmung, der Erziehung usw. werden ebenso in kollektiven Bewegungen entwickelt, etwa in Jugendrevolten, wie neue gesellschaftliche Institutionen. Die Dialektik und oft auch die Tragik schöpferischer Bewegungen – kollektiver wie individueller – liegt darin, daß ihre Träger im Moment der Lockerung der Ich-Grenzen auch besonders gefährdet sind: Individuen für psychopathologische Entfremdungen, Kollektive für manipulative Fremdsteuerung.

Literatur

Brunner, José: *Psyche und Macht. Freud politisch lesen.* Stuttgart 2001 (engl. 1995).
Erdheim, Mario: Einleitung zu: Sigmund Freud: *Totem und Tabu.* Frankfurt a. M. 1991, 7–42.
Federn, Paul: Zur Psychologie der Revolution: Die vaterlose Gesellschaft [1919]. In: Helmut Dahmer (Hg.): *Analytische Sozialpsychologie.* Bd. 1. Frankfurt a. M. 1980, 65–87.
Le Bon, Gustave: *Psychologie der Massen.* Stuttgart 1919 (frz. 1895).
Marx, Karl: *Das Kapital.* Bd. 1 [1867]. In: Karl Marx/Friedrich Engels: *Werke.* Hg. vom Institut für Marxismus-Leninismus beim ZK der SED. Berlin 1974.
Reiche, Reimut: Einleitung zu: Sigmund Freud: *Drei Abhandlungen zur Sexualtheorie.* Frankfurt a. M. 1991, 7–28.
Róheim, Géza: *Psychoanalyse und Anthropologie. Drei Studien über die Kultur und das Unbewußte.* Frankfurt a. M. 1977 (engl. 1950).

(Nachdruck von: Reimut Reiche: Einleitung zu: Sigmund Freud: *Massenpsychologie und Ich-Analyse/Die Zukunft einer Illusion.* Fischer Taschenbuch Verlag Frankfurt a. M. 2002, 7–15. Mit freundlicher Genehmigung des Verlags.)

Reimut Reiche

9.3 *Die Zukunft einer Illusion* (1927)

Die Illusionsschrift (GW XIV, 323–380) erschien 1927 mit 91 Seiten Umfang und einer Auflage von 5000 Exemplaren im Internationalen Psychoanalytischen Verlag. 1928 erschien eine zweite Auflage (6.–16. Tausend). Die Schrift ist in drei Teilen aufgebaut. Im ersten Teil skizziert Freud, was er unter ›Kultur‹ versteht (Kap. I und II). Im zweiten Teil definiert er Religion und lokalisiert sie innerhalb seiner Auffassung von Kultur und ihrer Entwicklung (Kap. III und IV). Im dritten Teil greift er die Religion als einen unzeitgemäßen und überholten Kulturbesitz

an und argumentiert für ihre Ablösung durch rationelle Geistesarbeit und wissenschaftlichen Fortschritt, die sich im Gegensatz zur Religion ihrer Vorläufigkeit und Unvollkommenheit bewußt bleiben (Kap. V bis X). Freuds Text ist in weiten Passagen voller Affekt, mit Polemik und sarkastischem Witz und schließlich einigem Pathos geschrieben.

Kultur

Mit Kultur meint Freud »all das, worin sich das menschliche Leben über seine animalischen Bedingungen erhoben hat und worin es sich vom Leben der Tiere unterscheidet« (ebd., 326). Er stellt die Kultur dem Animalischen im Menschen gegenüber. Diese Grundbestimmung hat erhebliche Folgen. Freud sieht einen Antagonismus zwischen animalischen Bedingungen und Kultur, der nie aufzuheben ist. Aus ihm ergeben sich zwei Bewegungen: ein Unterdrücken und Eindämmen des Animalischen im Menschen und ein Sich-Erheben aus diesen Bedingungen durch ihre Umwandlung. »Jede Kultur muß auf Zwang und Triebverzicht aufbauen« (ebd., 328). Triebopfer sind unumgänglich. Freud hat insbesondere den Verzicht auf destruktive, antisoziale und antikulturelle Tendenzen im Sinn. Zunächst hatten in der Kulturentwicklung die Beherrschung der Natur, die Lebenserhaltung und damit das Materielle im Vordergrund gestanden. Nun treten nach seiner Ansicht die Regelung der Beziehung der Menschen zueinander und die Verteilung der erreichbaren Güter in den Vordergrund, also das Seelische und die Sozialität.

Kultur dient der Versagung von Triebwünschen – als deren älteste führt Freud Inzest, Kannibalismus und Mordlust an –, und sie entfaltet sich zugleich aus dieser Versagung. So wird sie zu einem psychologischen Besitz. Als Teil der Kulturentwicklung konstatiert Freud eine Entwicklung der menschlichen Seele, mit der die Verinnerlichung der äußeren Kulturvorschriften einhergeht. Sie werden zu einer seelischen Instanz umgewandelt: Das Über-Ich bildet sich aus, durch das der archaische Mensch und das Kind erst zu moralischen und sozialen Wesen werden. Die Ideale der Kultur werden ebenfalls verinnerlicht; sie zu befolgen, schenkt narzißtische Befriedigung. Die Kunst entwickelt sich und gewährt Ersatzbefriedigungen für die Kulturverzichte.

Religion

Als das vielleicht bedeutsamste Stück des psychischen Kulturbesitzes bezeichnet Freud die religiösen Vorstellungen. Er skizziert ihre Entwicklung von der frühesten Konfrontation mit der Übermacht der Natur bis hin zur Endgestalt in unserer heutigen westlich-christlichen Kultur. Hier nimmt er wiederum eine wichtige Weichenstellung vor, indem er den Begriff der Kultur sehr weit faßt und Religion als einen Teil der Kultur einführt und sie nicht neben, geschweige denn über sie stellt. Die Religion hat bestimmte Aufgaben der Kultur übernommen: die Schrecken der Natur zu bannen; mit der Grausamkeit des Schicksals zu versöhnen, besonders dem Tod; für die Leiden und Entbehrungen zu entschädigen, die dem Menschen durch den kulturell geforderten Triebverzicht auferlegt werden. Grundlegender noch hat sie die Aufgabe übernommen, die Kulturforderungen zu begründen, indem sie diese als göttliche Offenbarungen vorstellt. Dies gab ihr für lange Zeit eine unhinterfragbare Geltung, verdunkelte jedoch ihren Ursprung aus den Kulturnotwendigkeiten.

Nun folgt jenes Argument Freuds, das am wirkmächtigsten geworden ist, weil es das Göttliche als Ursprung der Religion angreift: »Die Kultur schafft die religiösen Vorstellungen« – nicht Gott. Er erläutert, »daß die Kultur dem Einzelnen diese Vorstellungen schenkt, denn er findet sie vor, sie werden ihm fertig entgegengebracht, er wäre nicht imstande, sie allein zu finden. Es ist die Erbschaft vieler Generationen, in die er eintritt, die er übernimmt wie das Einmaleins, die Geometrie u. a.« (ebd., 342 f.). Freud spricht es nicht aus, doch seine Meinung ist offensichtlich: Religion wird von Menschen gemacht. Wie alle Kulturproduktionen gehört sie zum *man made stuff*. Dabei ist das Subjekt der religiösen Produktion nicht der Einzelne, sondern die Kultur. Sie erfüllt einerseits seelische Bedürfnisse des Einzelnen und tritt ihm andererseits in fordernder Versagung gegenüber.

In einer kurzen Diskussion der »psychoanalytischen Motivierung der Religionsbildung« (345) greift Freud auf frühere Schriften zurück, in denen er die infantile Hilflosigkeit als tiefste Motivierung beschrieben hatte. Sie hält sich an die Mutter als ersten Angstschutz, sucht dann den Vater als zweiten und stärkeren Angstschutz und handelt sich dadurch die Ambivalenz des Vaterkomplexes ein, die sich allen Religionen tief eingeprägt hat. Dieser infantilen psychischen Motivierung setzt sich eine spätere auf, nämlich die Ohnmacht und Hilflosigkeit der Erwachsenen, auf die die Religion antwortet.

Bemerkenswert ist, wie Freud Religion faßt. Bisher hatte er von den religiösen Vorstellungen gesprochen. Nun erläutert er, was er damit meint: »Es sind Lehrsätze, Aussagen über Tatsachen und Verhältnisse der äußeren (oder inneren) Realität, die etwas mitteilen, was man selbst nicht gefunden hat, und die beanspruchen, daß man ihnen Glauben schenkt« (347). Er setzt also ganz auf das Inhaltliche der religiösen Lehren, nicht auf religiöses Erleben oder Handeln. Sein Focus liegt auf der Wahrheit und Realitätsentsprechung religiöser Inhalte. Lehrsätze dieser Art müßten überprüfbar sein, vergleichbar dem bekannten Studentenlied »Konstanz liegt am Bodensee. Wer's nicht glaubt, geh' hin und seh« (347). Dabei läßt er inneres Erleben oder ekstatische Zustände, denen die Überzeugung der Wahrheit von religiösen Lehren entspringt, nicht gelten, weil sie nicht allgemeingültig sind. »Es gibt keine Instanz über der Vernunft« (350). Nur die Wege des korrekten Denkens können die Wahrheit religiöser Lehrsätze beglaubigen. Hier konstatiert Freud einen unbestreitbaren Mangel an Beglaubigung – er spricht geradezu von den »religiösen Märchen« (351) – und wirft die Frage auf, weshalb religiöse Vorstellungen dennoch einen so außerordentlichen Einfluß auf die Menschen haben. Worin besteht ihre innere Kraft?

Illusion

Der Leser ist vorbereitet auf Freuds Formel für die Religion, die er nun benennt: »Diese, die sich als Lehrsätze ausgeben, sind nicht Niederschläge der Erfahrung oder Endresultate des Denkens, es sind Illusionen, Erfüllungen der ältesten, stärksten, dringendsten Wünsche der Menschheit; das Geheimnis ihrer Stärke ist die Stärke dieser Wünsche« (352).

Freud charakterisiert Religion als Illusion. Der zentrale Punkt an der Illusion ist deren Ableitung aus menschlichen Wünschen, also ihre psychische Genese. Diese illustriert er am Beispiel des Bürgermädchens, das sich die Illusion macht, daß ein Prinz kommen wird, um sie heimzuholen. Vollkommen unmöglich ist das nicht, doch der Wunsch hat einen weit höheren Anteil daran als die realistische Aussicht. Für noch viel weniger wahrscheinlich hält Freud, daß der Messias kommen und ein Goldenes Zeitalter begründen wird. »Wir heißen also einen Glauben eine Illusion, wenn sich in seiner Motivierung die Wunscherfüllung vordrängt, und sehen dabei von seinem Verhältnis zur Wirklichkeit ab, ebenso wie die Illusion auf ihre Beglaubigungen verzichtet« (354). An den religiösen Vorstellungen kritisiert er, daß die meisten von ihnen in ihrem Realitätswert weder beweisbar noch widerlegbar sind, und vergleicht sie mit der wissenschaftlichen Arbeit, die er im Gegensatz dazu als den einzigen Weg ansieht, der zur Kenntnis der Realität außer uns führen kann.

Was die Wahrheitsfrage angeht, so wird die Religion in Freuds Sicht durch die Wissenschaft kritisiert und abgelöst.

Freud vergleicht die Kulturentwicklung mit jener des Kindes. Zunächst plädiert er für eine rein rationale Begründung aller Kulturvorschriften und den Verzicht auf deren religiöse Herleitung und Verkleidung. Doch müsse man eingestehen, daß dies nicht so leicht gehe. Weshalb? Weil Gott aus einem inneren Drang der Menschen heraus aufgetreten ist. Neben den Wunscherfüllungen enthält die Religion eine zweite psychische Dynamik: jene der historischen Reminiszenzen (so wie die Hysterika an Reminiszenzen leidet, so auch die Menschheit). Hier greift Freud auf seine Schrift *Totem und Tabu* (GW IX) zurück, in der er die menschheitliche Urtat, den Vatermord am Urvater, als Ursprung von Kultur und Religion beschrieben hatte.

An dieser Stelle führt er den für seine Religionstheorie von nun an zentralen Begriff der *historischen Wahrheit* ein. Er setzt die historischen Reste der Menschheitsentwicklung in Analogie zur infantilen Neurose, die daraus entsteht, daß das Kind die unerläßlichen Triebverzichte wegen seiner Unwissenheit und intellektuellen Schwäche durch die rein affektiven Kräfte der Verdrängung leisten muß. Analog zu dieser kindlichen Situation sieht Freud die Religionsentwicklung als einen Prozeß der Verdrängung und der abwehrbedingten Kulturbildung an, der aus dem Urmord entsprang. Heute jedoch ist die Kultur dabei, erwachsen zu werden. Ihre infantil und affektiv bestimmten Reste wie die Ableitung aus »Gottes Willen« sind überflüssig geworden. Wenn wir die religiösen Lehrsätze »als gleichsam neurotische Relikte« der Menschheit ansehen (GW XIV, 368), können wir sie heute wie in der psychoanalytischen Therapie durch »rationale Geistesarbeit« ersetzen, was den Verzicht auf die historische Wahrheit ermöglicht. Sich selbst positioniert Freud dabei als einen verständigen Erzieher der Menschheit (367).

Er entwirft die Zukunft einer »irreligiösen Erziehung« (372) und wendet sich gegen die Denkverbote der zeitgenössischen Pädagogik. Diese versuche, die sexuelle Entwicklung zu verzögern und den religiösen Einfluß verfrüht einzusetzen, und bewirke dadurch eine Denkhemmung gegenüber sexuellen und religiösen Fragen. »Denken Sie an den betrübenden Kontrast zwischen der strahlenden Intelligenz eines gesunden Kindes und der Denkschwäche des durchschnittlichen Erwachsenen« (370). Freud ist überzeugt, daß gerade die religiöse Erziehung seiner Zeit ein Großteil Schuld an dieser Verkümmerung trägt. Religion wirkt als Schlafmittel, als Narkotikum und

süßes oder bittersüßes Gift, das zwar Trost bringt, freilich um den Preis der Verdummung. Dagegen setzt er sein Programm der »Erziehung zur Realität« (373) als den notwendigen Kulturfortschritt seiner Zeit.

Abschließend diskutiert Freud die Frage, inwieweit seine eigene Ansicht über den Wert der rationellen Geistesarbeit und der Wissenschaft nicht wie die religiöse Illusion wiederum einen illusionären Charakter trage. Er räumt ein, daß seine Forderung nach einem »Primat des Intellekts« (377) und seine pathetische Beschwörung der Rationalität – »unser Gott Logos« (378) – ebenfalls wunschbesetzt sind. Doch führt er an, daß die wissenschaftliche Arbeit im Gegensatz zur Religion auf Korrigierbarkeit durch Erfahrung und Vernunft setzt, immer vorläufig ist und ihre eigene Unvollkommenheit sieht. »Nein, unsere Wissenschaft ist keine Illusion« (380). So bleibt für ihn zu erwarten, daß auf Dauer der Vernunft und der Erfahrung nichts widerstehen kann, auch nicht die Religion, deren Widerspruch gegen beide allzu greifbar geworden ist.

Zum Kontext der Illusionsschrift

Freud hatte vom Frühjahr bis zum September 1927 an dem Buch gearbeitet. Er war gut siebzig Jahre alt. Wir wissen nicht, weshalb er das Thema zu diesem Zeitpunkt aufgegriffen hat. Jedenfalls eröffnet er mit dieser Schrift die Serie von Studien über kulturelle Fragen, die ihn für den Rest seines Lebens hauptsächlich beschäftigen sollten. Die Auseinandersetzung mit C. G. Jung und dessen Wendung zur Mystik ist ein wichtiger biographischer Hintergrund. In einem Gespräch mit Jung im Jahr 1910 hatte Freud sich vehement gegen die »schwarze Schlammflut des Okkultismus« gewandt, womit er so ziemlich alles meinte, was in Philosophie, Religion und Parapsychologie seiner Zeit gehandelt wurde (Jung 1961, 155). In den 1920er Jahren wird zudem der Psychotherapeut als säkularer Priester gefeiert (J. H. Schultz, A. Maeder und andere). Wollte Freud gegen den Strom der Zeit einen Damm schneidender Rationalität setzen?

In seinem Briefwechsel mit Oskar Pfister meint Freud, daß die Broschüre seine durchaus ablehnende Einstellung zur Religion behandelt – »in jeder Form und Verdünnung« (F/P, 116). Er hält fest, daß die Ansichten seiner Schrift keinen Bestandteil des analytischen Lehrgebäudes bilden, sondern seine persönliche Einstellung wiedergeben. Er will niemanden abhalten, die unparteiische Methodik der Analyse auch für die gegenteilige Ansicht zu verwerten. Doch hält er die Religion für ein Stück Infantilismus, der an der

Sättigung der Vatersehnsucht festhält. Nur wenige seien imstande, diesen zu überwinden (127). Er erwähnt seine zunehmende Skepsis gegenüber den therapeutischen Leistungen der Analyse und betont, »daß ich die wissenschaftliche Bedeutung der Analyse für wichtiger halte als ihre medizinische und in der Therapie ihre Massenwirkung durch Aufklärung und Bloßstellung von Irrtümern für wirksamer als die Herstellung einzelner Personen« (129).

Es ist naheliegend zu vermuten, daß Freuds 1923 ausgebrochene Krebserkrankung ihn besonders sensibilisierte für Tröstungen, die über die Härten des Schicksals hinweghelfen, und ihn deshalb den Trost der Religion zurückweisen ließ. Zudem dürfte sie ihm seine eigene Endlichkeit vor Augen geführt und ihn dazu gebracht haben, zum Ende seines Lebens die öffentliche Wirkung der Analyse zu forcieren und sich verstärkt als Erzieher und Lehrer der Menschheit hervorzuwagen.

Die Illusionsschrift bringt als psychoanalytische Arbeit kaum Neues. *Contra illusiones* nennt Eitingon sie in seinem Briefwechsel mit Freud, und tatsächlich bildet der Kampf gegen die Illusionen und die Infragestellung des religiösen Wahrheitsanspruchs ihr Zentrum. Freud stellt sich damit ausdrücklich in die Tradition der Aufklärung: »[…] habe ich nichts gesagt, was nicht andere, bessere Männer viel vollständiger, kraftvoller und eindrucksvoller vor mir gesagt haben.« Er habe bloß der Kritik seiner großen Vorgänger etwas psychologische Begründung hinzugefügt (GW XIV, 358). Seit dem 18. Jh. war ›Illusion‹ zu einem zentralen Begriff der Metaphysik- und Religionskritik geworden. Bei Hume, Holbach und Nietzsche entspringen Illusionen wie bei Freud der Einbildungskraft und den Leidenschaften der Menschen, bei Kant und Feuerbach werden sie erkenntnistheoretisch in Frage gestellt, für Marx dienen sie dem Trost der Ausgebeuteten und der Selbstrechtfertigung der Ausbeuter. Wie Gay (1987/1988) gezeigt hat, positioniert Freud sich mit der Illusionsschrift in dem zu seiner Zeit heftig wogenden Kampf zwischen Wissenschaft und Religion als der letzte *philosophe* der Aufklärung.

Zur Wirkungsgeschichte

Ihr Titel und der kämpferische und affektvolle Stil machen *Die Zukunft einer Illusion* zu einer religionskritischen Polemik. Als solche ist sie auch immer aufgefaßt worden. Wenige von Freuds Schriften haben über Jahrzehnte hinweg und bis heute ein vergleichbares Echo ausgelöst. Der Psychoanalyse freundlich gesonnene Theologen haben nach dem Vorbild Pfisters (1928) versucht, die Religion durch die Auseinandersetzung mit Freud zu läutern und zu fördern. Bis heute gibt es zahlreiche Versuche, einer infantilen und neurotischen Religion eine reife und fortgeschrittene Religion gegenüberzustellen. Andere wie T. S. Eliot antworteten auf Freuds Provokation mit einer Gegenpolemik und gaben sich gar nicht erst Mühe, ihn zu verstehen. Eliot nennt die Schrift »stupid« und wirft Freud »verbal vagueness and inability to reason« vor (1929, 350). Paul Ricœur (1966) hingegen hebt hervor, daß Freud mit seinem Zweifel den heutigen Menschen in seiner Tiefe anspricht und daß unsere Kultur durch Freud ihre eigene Selbstanalyse vollzieht. Die Psychoanalytiker selbst teilten fast durchgehend Freuds religionskritische Position. In den letzten Jahrzehnten lockerte sich diese Front, vor allem seitdem Winnicotts Verständnis von Illusion als einem kreativen Erfahrungsfeld im Übergangsraum und Bions »faith in O« an Einfluß gewannen (z. B. bei N. Symington, M. Eigen). Diese Ansätze repräsentieren eine Entwicklung, bei der Freuds fundamentale Frage nach der Wahrheit und Realität religiöser Glaubensinhalte unerheblich wird, was Rachel Blass (2004) wiederum kritisiert. Hans Loewald schließlich hält Freuds Konzept der Illusion überhaupt für inadäquat, um den Erfahrungsbereich der Religion zu erfassen, den er *vor* allen Unterscheidungen von Illusion und Realität, von Subjekt und Objekt ansiedelt (1988).

Literatur

Blass, Rachel B.: Beyond illusion: Psychoanalysis and the question of religious truth. In: *International Journal of Psychoanalysis* 85 (2004), 615–634.

Eliot, Thomas Stearns: The Future of an Illusion. By Sigmund Freud. In: *The Criterion* 3 (1929), 350–353.

Gay, Peter: *»Ein gottloser Jude«. Sigmund Freuds Atheismus und die Entwicklung der Psychoanalyse.* Frankfurt a. M. 1988 (engl. 1987).

Jung, Carl Gustav: *Erinnerungen, Träume, Gedanken.* Düsseldorf/Zürich 1971 (engl. 1961).

Loewald, Hans: *Sublimation. Inquiries into Theoretical Psychoanalysis.* New Haven 1988.

Pfister, Oskar: Die Illusion einer Zukunft. In: *Imago* 14 (1928), 149–184.

Ricœur, Paul: Der Atheismus der Psychoanalyse Freuds. In: *Concilium* 2 (1966), 430–435.

Herbert Will

9.4 *Das Unbehagen in der Kultur* (1930)

In *Das Unbehagen in der Kultur* (GW XIV, 419–506), eine seiner bekanntesten, aber auch schwierigsten Schriften, untersucht Sigmund Freud die dynamischen und affektiven Grundlagen des Kulturprozesses. Vor dem Hintergrund der zweiten Triebtheorie von 1920 arbeitet er seine früheren Überlegungen zur Kulturentwicklung (z. B. *Totem und Tabu*, GW IX) um und erweitert sie zugleich. Ins Zentrum des Freudschen Interesses rückt jetzt die These, daß die Kulturentwicklung unausweichlich mit einem Anwachsen des Schuldgefühls verbunden sei. Der strukturelle Zusammenhang von kulturell bedingtem Triebverzicht, Triebentmischung und Entbindung innerer Destruktivität wird metapsychologisch – ökonomisch und topologisch – abgeleitet und begründet die kulturpessimistische Grundierung der Schrift.

Nach Freud bezeichnet ›Kultur‹ »die ganze Summe der Leistungen und Einrichtungen [...], in denen sich unser Leben von dem unserer tierischen Ahnen entfernt und die zwei Zwecken dienen: dem Schutz des Menschen gegen die Natur und der Regelung der Beziehungen der Menschen untereinander« (GW XIV, 448 f.). Hierbei zielt die Kultur auf die »Vereinigung vereinzelter Menschen zu einer unter sich libidinös verbundenen Gemeinschaft« (499).

Freud geht von der Feststellung aus, daß die Menschen nach Glück streben, wobei diese Bestrebung zwei Seiten habe: Einerseits tendiert sie zur Abwesenheit von Schmerz und Unlust, andererseits zum Erleben starker Lustgefühle (434). Doch dieses zweckdienliche Programm – das Lustprinzip – ist »im Hader mit der ganzen Welt, mit dem Makrokosmos ebensowohl wie mit dem Mikrokosmos. [...] die Absicht, daß der Mensch ›glücklich‹ sei, ist im Plan der ›Schöpfung‹ nicht enthalten« (434). Die Forderungen des Lustprinzips sind nicht zu erfüllen (442). Glückserwerb und Leidensschutz, also auch das im Dienste des Lustprinzips operierende Realitätsprinzip, stoßen an unwiderrufliche Grenzen, sind konfrontiert mit drei Quellen menschlichen Leids: der Übermacht der Außenwelt, der Hinfälligkeit unseres eigenen Körpers und den sozialen Verhältnissen (434, 444), die ihrerseits die Ansatzstellen aller kulturellen Bemühungen sind. Doch auch diese ändern nichts Grundsätzliches an den inneren und äußeren Grenzen menschlichen Glücksstrebens.

Nüchtern beleuchtet Freud die Fortschritte von Wissenschaft, Technik und Naturbeherrschung.

Diese zivilisatorischen Errungenschaften haben den Kulturmenschen zwar zu einer »Art Prothesengott« (451) gemacht, doch auch in dieser »Gottähnlichkeit« fühle er sich nicht wirklich wohl. Im Gegenteil: »Die Menschen haben es jetzt in der Beherrschung der Naturkräfte so weit gebracht, daß sie es mit deren Hilfe leicht haben, einander bis auf den letzten Mann auszurotten. Sie wissen das, daher ein gut Stück ihrer gegenwärtigen Unruhe, ihres Unglücks, ihrer Angststimmung« (506).

Freud zufolge ist der Kulturprozeß durch jene Veränderungen charakterisiert, die er mit den menschlichen Triebanlagen vornimmt. Einige dieser Anlagen werden verdrängt, verschoben, ins Gegenteil verkehrt, in Charakterformen umgewandelt oder der Sublimierung zugeführt, die es ermöglicht, daß höhere psychische Tätigkeiten die ihnen zugedachte Rolle im Kulturleben übernehmen. Freud zieht aus diesen Transformationen den Schluß, daß »die Kultur auf Triebverzicht aufgebaut ist« und »die Nichtbefriedigung (Unterdrückung, Verdrängung oder sonst etwas?) von mächtigen Trieben zur Voraussetzung hat« (457). Er gibt zwei prägnante Beispiele in gattungsgeschichtlicher Perspektive: 1. Die Dienstbarmachung des Feuers erforderte den Verzicht auf die infantile Lust, es durch den Harnstrahl zu löschen und die männliche Potenz im homosexuellen Wettkampf zu genießen (449). 2. Infolge der Abwendung des Menschen von der Erde, seines Entschlusses zum aufrechten Gang, fielen die Geruchsreize einer »organischen Verdrängung« zum Opfer, die weitere Tabus, Reaktionsbildungen, Reinlichkeitsanforderungen usw. nach sich zog (459). Seit »der Entwertung des Geruchssinnes [...] [wird] die sexuelle Funktion von einem weiter nicht zu begründenden Widerstreben begleitet, das eine volle Befriedigung verhindert und vom Sexualziel wegdrängt [...]« (466). Demzufolge entstehen alle kulturellen Leistungen »auf Kosten untergegangener (virtueller) Sexualität« (F, 303) und bringen eine »unleugbare Herabsetzung der Genußmöglichkeiten« (GW XIV, 437) mit sich.

Diese »Kulturversagung« ist Freud zufolge die Ursache jener »Feindseligkeit, gegen die alle Kulturen zu kämpfen haben« (457). Charakteristisch sei, daß die Kulturmenschen ihren sozialen Institutionen die Schuld an ihrem Elend geben und glauben, sie seien glücklicher, »wenn wir sie aufgeben und in primitive Verhältnisse zurückfinden würden« (445). Das kulturelle Unbehagen ist für Freud unumgänglich und der notwendige Preis für das Überschreiten der animalischen Bedingungen. Die allgemeine Kulturfeindlichkeit beleuchtet die Trägheit der Libido, »deren Abneigung, eine alte Position gegen eine neue zu verlassen« (467) und zeigt, daß die Regression das negative Gegenstück der Vergesellschaftung ist. Aus psychopathologischer Sicht gibt Freud zu bedenken, daß es nicht »ungefährlich« sei, »einem Trieb die Befriedigung zu entziehen. [...] wenn man es nicht ökonomisch kompensiert, kann man sich auf ernste Störungen gefaßt machen« (457). Mit der Befähigung zur Neurose zahle der Mensch die ›große Neuerwerbung‹, nämlich den Gewinn kultureller Güter und Institutionen. Für die nicht verkrafteten Triebeinschränkungen und -versagungen schafft der Neurotiker sich symptomatische Ersatzbefriedigungen und bezeugt auf diese Weise seine archaische Vorgeschichte. Der Einblick in die Dynamik der Neurose, so Freud, ist für den Psychoanalytiker deshalb zugleich auch ein Einblick in die konflikthafte Entwicklungsdynamik der Kultur.

Freud geht es im *Unbehagen* keineswegs darum, die Kultur als Unterdrückungsinstanz herauszustellen. Eine solche Sicht würde Kultur und Individuum letztlich nur äußerlich und verdinglicht einander gegenüberstellen. Sein Interesse gilt vielmehr der Entstehungsdynamik der Kultur, er will Licht auf die Ursprünge unserer großen kulturellen Institutionen, der Religion, der Sittlichkeit, des Rechts usw. werfen. Damit nimmt Freud eine Frage auf, die er schon mehr als dreißig Jahre zuvor gestellt hatte, nämlich die Frage nach der »Affektgrundlage«, die imstande sei, die intellektuellen Vorgänge »wie Moral, Scham und dgl.« (F, 303) zu begründen. Auch wenn soziale Faktoren und kulturelle Ansprüche die Unlustentbindung im Sexualleben und damit Verdrängung und Neurose fördern, so können sie diese doch letztlich nicht begründen. Im Gegenteil: »Es muß eine [von sozialen Faktoren, d. V.] unabhängige Quelle der Unlustentbindung im Sexualleben geben; ist diese einmal da, so kann sie Ekelwahrnehmungen beleben, der Moral Kraft verleihen und dgl.« (ebd., 171). Freud geht davon aus, »daß etwas in der Natur des Sexualtriebs selbst dem Zustandekommen der vollen Befriedigung nicht günstig ist« (GW VIII, 89). In dieser Verfehlung, der inneren Konflikthaftigkeit und Negativität der Triebvorgänge, erkennt Freud die Ansatz- und Übergangsstelle, in der sich aus Natur Kultur entwickeln kann.

In genetisch-strukturaler Perspektive macht Freud die Annahme, daß im Innern der Kultur die »Entzweiung« (GW XIV, 462) fortbesteht, durch welche die Kultur sich, im Heraustreten aus der Naturordnung, erzeugt. Die Entzweiung besteht als nicht stillstellbare Konflikt- und Transformationsdynamik fort. In jeder ontogenetischen Entwicklung ist die Kulturleistung von neuem zu erbringen, im Heraustreten aus einer symbiotischen Einheit, der Verarbeitung des ödipalen Konflikts und der Übernahme von Triebverzicht und Schuld, von Autonomie und Begehren.

»Die Kultur verlangt auch noch andere Opfer als an Sexualbefriedigung« (467). Um die Dynamik des Kulturprozesses zu verstehen, muß es »einen von uns noch nicht entdeckten Faktor geben« (468): die »Aggressionsneigung« (470). Diese Neigung zur Aggression ist der »Abkömmling und Hauptvertreter des Todestriebs«, der seit *Jenseits des Lustprinzips* (GW XIII, 1–69) als ursprüngliche und eigenständige Triebanlage dem Lebenstrieb, dem Eros gegenübergestellt ist. »Die Existenz dieser Aggressionsneigung [...] ist das Moment, das unser Verhältnis zum Nächsten stört und die Kultur zu ihrem Aufwand nötigt. Infolge dieser primären Feindseligkeit der Menschen gegeneinander, ist die Kulturgesellschaft beständig vom Zerfall bedroht. [...] Die Kultur muß alles aufbieten, um den Aggressionstrieben der Menschen Schranken zu setzen, ihre Äußerungen durch psychische Reaktionsbildungen niederzuhalten. Daher also das Aufgebot von Methoden, die die Menschen zu Identifizierungen und zielgehemmten Liebesbeziehungen antreiben sollen, daher die Einschränkung des Sexuallebens und daher auch das Idealgebot, den Nächsten zu lieben wie sich selbst, das sich wirklich dadurch rechtfertigt, das nichts anderes der ursprünglichen menschlichen Natur so sehr zuwiderläuft« (GW XIV, 471). Das Schicksal des Aggressionstriebs und die dynamischen und strukturellen Konsequenzen seiner Hemmung, die die kulturellen Institutionen ebenso betreffen wie das Individuum, treten ins Zentrum des Freudschen Untersuchungsinteresses.

Freud gibt eine erste Antwort, die allerdings mehr Rätsel als Lösungen beinhaltet:

»Etwas sehr Merkwürdiges [geht vor], das wir nicht erraten hätten und das doch so nahe liegt. Die Aggression wird introjiziert, verinnerlicht, eigentlich aber dorthin zurückgeschickt, woher sie gekommen ist, also gegen das eigene Ich gewendet. Dort wird sie von einem Anteil des Ichs übernommen, das sich als Über-Ich dem übrigen entgegenstellt, und nun als ›Gewissen‹ gegen das Ich dieselbe strenge Aggressionsbereitschaft ausübt, die das Ich gerne an anderen, fremden Individuen befriedigt hätte. Die Spannung zwischen dem gestrengen Über-Ich und dem ihm unterworfenen Ich heißen wir Schuldbewußtsein; sie äußert sich als Strafbedürfnis. Die Kultur bewältigt also die gefährliche Aggressionslust des Individuums, indem sie es schwächt, entwaffnet und durch eine Instanz in seinem Innern, wie durch eine Besetzung in der eroberten Stadt, überwachen läßt« (482 f.).

Die Schuldfrage wird für Freud zum Kardinalproblem seiner Kulturtheorie. Die Kultur bedient sich nicht nur des Schuldgefühls, sie setzt es als Bedingung ihrer Möglichkeit auch wiederum voraus. Dieses Bedingungsgefüge hat Freud in *Totem und Tabu* untersucht. In dieser Schrift leitet Freud »die Erwerbung der Urschuld, mit der auch die Kultur begann« (GW XIV, 495), aus dem Urvatermord ab: »Im Anfang war die Tat« (GW IX, 194), lautet seine These. Nach Freuds Kultur-Gründungsmythos vollzieht sich die Umwandlung der tyrannischen Urvaterherrschaft zur Brüderhorde, der ersten Solidargemeinschaft der exogam Heiratenden, vermittels dieser Verschuldigung. Zur Abarbeitung ihrer Schuld sowie zur Absicherung des neuen Zustands gründete die Brüderschar die totemistische Kultur und die vorläufige ›Rechtsform‹ der Tabuvorschriften.

In *Das Unbehagen in der Kultur* überarbeitet Freud die Verschuldigungstheorie. Als Problem dieser Theorie hatte er erkannt, daß sie voraussetzt, was sie zu erklären versucht. »Wenn man ein Schuldgefühl hat, nachdem und weil man etwas verbrochen hat, so sollte man dies Gefühl eher Reue nennen. Es bezieht sich nur auf eine Tat, setzt natürlich voraus, daß ein Gewissen, die Bereitschaft sich schuldig zu fühlen, bereits vor der Tat bestand. Eine solche Tat kann uns also nie dazu verhelfen, den Ursprung des Gewissens und des Schuldgefühls überhaupt zu finden« (GW XIV, 491). Dieses Zirkularitätsproblem löst Freud auf, indem er zeigt, daß die Reue – dies ist eine der zentralen Einsichten in *Das Unbehagen in der Kultur* – nicht ein Erkenntnisvermögen, das Unterscheidungsvermögen von Gut und Böse, zur unbedingten Voraussetzung hat, sondern eine ›uranfängliche Ambivalenz‹, deren Ausdruck sie gewissermaßen ist. »Die Reue war das Ergebnis der uranfänglichen Gefühlsambivalenz gegen den Vater, die Söhne haßten ihn, aber sie liebten ihn auch; nachdem der Haß durch die Aggression befriedigt war, kam in der Reue über die Tat die Liebe zum Vorschein […]« (492).

Die Bereitschaft, sich schuldig zu fühlen, gründet demnach im Triebantagonismus, im zeitlos ewigen Kampf zwischen Eros und Todestrieb. Dieser Antagonismus sei letztlich verantwortlich für die »verhängnisvolle Unvermeidlichkeit des Schuldgefühls« (492) bzw. dafür, daß Trieb und Schuld eine unlösbare, aber widersprüchliche Einheit bilden, die zwangsläufig aus sich heraus das Neue, eben die Kultur, heraustreibt. Die von Freud vorgenommene Verankerung der Schuld in der Triebdynamik entspricht ihrer Universalität und ihrer konstitutionslogischen Bedeutung für den Kulturprozeß. Die Fundierung im Triebkonflikt ermutigt Freud dazu, die historisch-diachronische Betrachtungsweise der Schuld zu relativieren und ihr eine strukturtheoretische Formulie-

rung voranzustellen: »Es ist wirklich nicht entscheidend, ob man den Vater getötet oder sich der Tat enthalten hat, man muß sich in beiden Fällen schuldig finden […]« (492).

Unter genetischen Gesichtspunkten hat das Schuldgefühl einen Vorläufer: die soziale Angst vor Liebesverlust und Strafe seitens einer Autorität bzw. der überlegenen Elternfigur. Erst wenn diese Autorität verinnerlicht und aus einer äußeren Unterwerfungskonstellation eine innere Spannung, aus einer heteronomen eine autonome Moral geworden ist, sollte, so Freuds Verständnis, von Gewissen und Schuldgefühl gesprochen werden. Dann erst entfällt der Unterschied zwischen »Böses tun und Böses wollen, denn vor dem Über-Ich kann sich nichts verbergen, auch Gedanken nicht« (484). In dem besagten Verinnerlichungsvorgang entsteht das Über-Ich, das nun als Gewissen gegen das Ich dieselbe strenge Aggressionsbereitschaft ausübt, die das Ich gerne an der Elterninstanz befriedigt hätte. Dieser Vorgang ist geprägt von der grundsätzlichen Triebambivalenz; er zeugt einerseits von der Liebe zur Elternfigur, andererseits von der ursprünglichen, gegen sie gerichteten Aggression. Die Aggression, deren Befriedigung unterlassen wurde, wird im Über-Ich aufgenommen und wendet sich gegen das Ich. »Was nun im Über-Ich herrscht, ist wie eine Reinkultur des Todestriebes, und wirklich gelingt es diesem oft genug, das Ich in den Tod zu treiben […]«, heißt es in *Das Ich und das Es* (GW XIII, 283). Für die Ökonomie des Todestriebs gilt allgemein, daß er teils durch Mischung mit erotischen Komponenten neutralisiert, teils als Aggression nach außen gelenkt wird, zum größeren Teil aber nach innen wirkt (ebd., 284). Die Verwendung und Gewichtung der beiden Triebarten Eros und Thanatos, ihre Vermischung und Entmischung, ihre Internalisierung und Externalisierung, ihre relative Verminderung und Verstärkung zueinander folgen ebenfalls ökonomisch-quantitativen Prinzipien.

Vor dem Hintergrund einer metapsychologischen Betrachtungsweise wird das folgende Paradoxon erklärbar: Das Über-Ich oder das Gewissen »benimmt sich […] umso strenger und mißtrauischer, je tugendhafter der Mensch ist, so daß am Ende gerade, die es in der Heiligkeit am weitesten gebracht, sich der ärgsten Sündhaftigkeit beschuldigen« (GW XIV, 485). Je ›moralischer‹ das Subjekt, desto weniger Möglichkeiten stehen ihm zur Verfügung, mit ökonomischen Beträgen des Todestriebs libidinös amalgamiert und/oder externalisierend umzugehen. »[J]e mehr er [der Mensch] seine Aggression nach außen einschränkt, desto strenger, also aggressiver [wird er] in seinem Ichideal […] Je mehr ein Mensch seine

Aggression meistert, desto mehr steigert sich die Aggressionsneigung seines Ideals gegen sein Ich. Es ist wie eine Verschiebung, eine Wendung gegen das eigene Ich« (GW XIII, 284; vgl. auch GW XIII, 383). Diese Einsicht ist folgenschwer, bedeutet sie doch eine strukturelle Grenze bei der Befolgung moralischer Maximen, in Sachen Aggressionseinschränkung, Nächstenliebe und harmonischer Vergemeinschaftungsideale. Das Bedenken dieser Konsequenzen wird zum Schibboleth der Freudschen Ethik.

Die Erklärung für die Steigerung der Strenge des Über-Ichs liegt für Freud in der Triebentmischung, der Entbindung todesträchtiger Destruktivität, die für ihn notwendigerweise mit Vergesellschaftung einhergeht. »Das Über-Ich ist ja durch eine Identifizierung mit dem Vatervorbild entstanden. Jede solche Identifizierung hat den Charakter einer Desexualisierung oder selbst Sublimierung. Es scheint nun, daß bei einer solchen Umsetzung auch eine Triebentmischung stattfindet. Die erotische Komponente hat nach der Sublimierung nicht mehr die Kraft, die ganze hinzugesetzte Destruktion zu binden, und diese wird als Aggressions- und Destruktionsneigung frei. Aus dieser Entmischung würde das Ideal überhaupt den harten, grausamen Zug des gebieterischen Sollens beziehen« (GW XIII, 285). Freud verknüpft die Triebentmischung mit den elementaren sozialen Vorgängen, er bindet sie an die Bedingung von Sozialität und Kultur. Sie tritt auf, »*sobald* den Menschen die Aufgabe des Zusammenlebens gestellt wird« (GW XIV, 492).

Im *Unbehagen in der Kultur* nimmt dieser Strukturzusammenhang die generellere Gestalt des Triebverzichts an. Er wird zum entscheidenden *tertium datur*, das den Eros-Todestriebkonflikt zum strukturbildenden Konflikt dynamisiert. »[A]nfangs ist zwar das Gewissen (richtiger: die Angst, die später Gewissen wird) Ursache des Triebverzichts, aber später kehrt sich das Verhältnis um. Jeder Triebverzicht wird nun eine dynamische Quelle des Gewissens, jeder neue Verzicht steigert dessen Strenge und Intoleranz« (488). Mit dieser metapsychologischen Strukturformel leuchtet Freud das unausrottbare Unbehagen in der Kultur aus. Der Kulturmensch hat gegen ein »drohendes äußeres Unglück [...] ein andauerndes inneres Unglück, die Spannung des Schuldbewußtseins, eingetauscht« (487). Diese Transformation findet ihre Erläuterung als Triebschicksal – als Schicksal des Todestriebs.

Mit dem Triebverzicht, der Verklammerung von Trieb, Über-Ich und Schuld, eröffnet sich die humane Welt, eröffnen sich Natur und Geschichte. Vor dem Hintergrund des Eros-Todestriebkonzepts gelingt es Freud, den Eintritt in die Kultur als eine dialektische Strukturkonstellation darzustellen und aus ihr die Transformationsdynamik abzuleiten, in der der Mensch für seinen Kulturfortschritt die Glückseinbuße zahlt und für immer »der Natur einen Tod schuldig« bleibt (GW II/III, 211). Ursprünglich wollte Sigmund Freud seine Abhandlung »Das Unglück in der Kultur« (F/E, 646) nennen.

Literatur

Kaufmann, Pierre: Freud: Die Freudsche Kulturtheorie. In: *Geschichte der Philosophie*. Bd. VIII. Frankfurt a. M./Berlin/Wien 1975 (frz. 1973).

Lacan, Jacques: *Das Seminar Buch VII: Die Ethik der Psychoanalyse*. Weinheim/Berlin 1996 (frz. 1986).

Lacoue-Labarthe, Philippe/Nancy, Jean-Luc: Panik und Politik. In: *Fragmente. Schriftenreihe zur Psychoanalyse 29/30*. Kassel 1989 63–98 (frz. 1979).

–: Das jüdische Volk träumt nicht. In: *Fragmente. Schriftenreihe zur Psychoanalyse 29/30*. Kassel 1989 99–128 (frz. 1981).

Marcuse, Herbert: *Triebstruktur und Gesellschaft. Ein philosophischer Beitrag zu Sigmund Freud*. Frankfurt a. M. 1970 (engl. 1955).

Piaget, Jean: *Das moralische Urteil beim Kinde*. Frankfurt a. M. 1973 (frz. 1932).

Reiche, Reimut: Total Sexual Outlet. Eine Zeitdiagnose [2000]. In: Ders.: *Triebschicksal der Gesellschaft. Über den Strukturwandel der Psyche*. Frankfurt a. M./New York 2004, 147–176.

Lothar Bayer/Kerstin Krone-Bayer

9.5 *Der Mann Moses und die monotheistische Religion* (1939 [1934–38])

Der »historische Roman«

Die Arbeit an Freuds letztem Buch, das kurz vor seinem Tod im Verlag Allert de Lange in Amsterdam erschien, geht bis ins Jahr 1934 zurück. Von einer ersten Fassung mit dem Titel *Der Mann Moses. Ein historischer Roman* haben sich 28 handschriftliche Seiten sowie 10 Seiten eines »Anhangs« kritischer Auseinandersetzung mit Sekundärliteratur, sowie 13 Seiten mit »Noten« (Grubrich-Simitis 1991) erhalten. Dieser Anhang nimmt auf den »Roman« als ein vollendetes Werk Bezug. Auch in seinem Brief an Arnold Zweig vom 30. 9. 1934 schreibt Freud von seinem Buch und den Gründen, es nicht zu veröffentlichen. So darf man annehmen, daß Freuds Mosesbuch schon 1934 in seinen Umrissen vorlag. Der »historische Roman« sollte sich, einem (nicht von

Freuds Hand stammenden) Inhaltsentwurf zufolge, in drei Teile gliedern (Grubrich-Simitis 1991, 81 f.):

Der Mann Moses. Ein historischer Roman
[I]
a) Hat Moses gelebt?
b) Die Herkunft Mosis
c) Die neue Religion
d) Der Auszug aus Ägypten
e) Das auserwählte Volk
f) Das Zeichen des Bundes und der Gottesname
Kritischer Anhang

II
[a]Das Volk Israel
b) Der grosse Mann
c) Der Fortschritt in der Geistigkeit
d) Triebverzicht

III
[a]Der Wahrheitsgehalt der Religion
b) Die Tradition
c) Die Wiederkehr des Verdrängten
d) Die historische Wahrheit
e) Die geschichtliche Entwicklung

Wenn man das spätere Werk mit diesem Entwurf zusammenhält, zeigt sich, daß Freud den Stoff ursprünglich in drei Aspekte gliedern wollte: den historischen (in der Form des »Romans«), den religionsgeschichtlichen und den psychohistorischen. Der historische Teil entspricht den ersten beiden Abhandlungen des späteren Buches bzw. ihrer Erstveröffentlichung in *Imago*. Die (in der Urfassung nicht erhaltenen) Kapitel des zweiten und dritten Teils sind bis auf eine Ausnahme (III b) in den zweiten Teil der dritten Abhandlung »Moses, sein Volk und die monotheistische Religion« eingegangen:

»Das Volk Israel«	II a = 3 II a
»Der grosse Mann«	II b = 3 II b
»Der Fortschritt in der Geistigkeit«	II c = 3 II c
»Triebverzicht«	II d = 3 II d
»Der Wahrheitsgehalt der Religion«	III a = 3 II e
(»Die Tradition«	III b = 3 I b
	»Latenzzeit und Tradition«?)
»Die Wiederkehr des Verdrängten«	III c = 3 II f
»Die historische Wahrheit«	III d = 3 II g
»Die geschichtliche Entwicklung«	III e = 3 II h

Was konnte den 78jährigen, schwer krebskranken Freud im Jahr 1934 dazu bestimmen, einen »historischen Roman« zu schreiben? Was die Form angeht, zu der ihn vermutlich die ersten beiden Joseph-Romane Thomas Manns anregten, die 1933 und 1934 erschienen, so muß man sagen, daß schon das Fragment von 1934 sie gründlich verfehlte. Stilistisch unterscheidet es sich in nichts von den später veröffentlichten »Abhandlungen«; ja, diese nähern sich sogar in ihrer Inszenierungsform des Suchens und Findens (mit zweimaligem Abbruch und Neubeginn) noch

stärker dem Literarischen. Literarischer Ehrgeiz, das Interesse an der Form, waren es also nicht, und die Gattungsbezeichnung ist eher als ein Indiz zu verstehen, daß Freud, der sich der fiktionalen Anteile seiner (wie jeder anderen) historischen Rekonstruktion nur allzu bewußt war, diesen Text ein wenig abseits seiner sonstigen, streng wissenschaftlichen Publikationen situieren wollte. Es war die Sache, das Thema, das ihn fesselte und für die letzten fünf Jahre seines Lebens nicht mehr los ließ. In einem Brief an Lou Andreas Salomé vom 6. 1. 1935, also bald nach der mutmaßlichen Vollendung der Erstfassung, beschreibt er seine Studie in unübertrefflicher Präzision:

»Sie ging von der Frage aus, was eigentlich den besonderen Charakter des Juden geschaffen hat, und kam zum Schluß, der Jude ist eine Schöpfung des Mannes Moses. Wer war dieser Moses und was hat er gewirkt? Das wurde in einer Art von historischem Roman beantwortet. Moses war kein Jude, ein vornehmer Ägypter, hoher Beamter, Priester, vielleicht ein Prinz der königl. Dynastie, ein eifriger Anhänger des monotheistischen Glaubens, den der Pharao Amenhotep IV so um 1350 v. Chr. zur herrschenden Religion gemacht hatte. Als nach dem Tode des Pharao die neue Religion zusammenbrach und die 18te Dynastie erlosch, hatte der hochstrebende Ehrgeizige all seine Hoffnungen verloren, beschloß das Vaterland zu verlassen, sich ein neues Volk zu schaffen, das er in der großartigen Religion seines Meisters erziehen wollte. Er ließ sich zu dem semitischen Stamm herab, der seit den Hyksoszeiten noch im Lande verweilte, stellte sich an ihre Spitze, führte sie aus dem Frondienst in die Freiheit, gab ihnen die vergeistigte Atonreligion und führte als Ausdruck der Heiligung wie als Mittel zur Absonderung die Beschneidung bei ihnen ein, die bei den Ägyptern und nur bei ihnen heimische Sitte war. Was die Juden später von ihrem Gott Jahve rühmten, daß er sich zu seinem Volke auserwählt und aus Ägypten befreit, traf wörtlich zu – für Moses. Mit der Erwählung und dem Geschenk der neuen Religion schuf er den Juden.

Dieser Jude vertrug den anspruchsvollen Glauben der Atonreligion so wenig wie früher der Ägypter. Ein christlicher Forscher Sellin hat es wahrscheinlich gemacht, daß Moses wenige Jahre später in einem Volksaufstand erschlagen und seine Lehre abgeworfen wurde. Gesichert scheint, daß der aus Ägypten zurückgekehrte Stamm sich später mit anderen verwandten vereinigte, die im Lande Midian (zwischen Palästina und der Westküste von Arabien) wohnten und dort die Verehrung eines auf dem Berge Sinai hausenden Vulkangottes angenommen hatten. Dieser primitive Gott Jahve wurde der Volksgott des jüdischen Volkes. Aber die Mosesreligion war nicht ausgelöscht, eine dunkle Kunde war von ihr und ihrem Stifter geblieben, die Tradition verschmolz den Mosesgott mit Jahve, schrieb ihm die Befreiung aus Ägypten zu und identifizierte Moses mit Jahvepriestern aus Midian, die den Dienst *dieses* Gottes in Israel eingeführt hatten. In Wirklichkeit hat Moses den Namen Jahve's nicht gekannt, die Juden sind nie durch das rote Meer gegangen, nie am Sinai gewesen. Jahve hatte für seine Anmaßung auf Kosten des Mosesgottes schwer zu büßen. Der ältere Gott stand immer hinter ihm, im Laufe von 6–8 Jahrhunderten war Jahve zum Ebenbild des Mosesgottes verändert worden. Als halb erloschene Tradition hatte die Religion des Moses sich endgültig durchgesetzt. Dieser Vorgang ist für die Religionsbildung vorbildlich und war nur die Wiederholung eines früheren. Die Religionen verdanken ihre zwingende Macht der *Wiederkehr des Verdrängten*, es sind Wiedererinnerungen von uralten, verschollenen, höchst effektvollen Vorgängen der Menschengeschichte. Ich habe das schon in Totem und Tabu gesagt, fasse es jetzt in die Formel: Was die Religion stark macht, ist nicht ihre *reale*, sondern ihre *historische* Wahrheit« (F/AS, 222 ff.; Grubrich-Simitis 1991, 21–24).

Klarer und knapper kann man das Thema nicht nur der Urfassung, sondern auch der späteren Publikation nicht zusammenfassen. Zwei spezifisch jüdische Aspekte seines Projekts blendet Freud allerdings seiner nichtjüdischen Briefpartnerin gegenüber aus. Das eine ist die Frage des Antisemitismus; es geht ja angesichts der Verfolgungen nicht nur um die Frage, »wie der Jude geworden ist«, sondern auch, »warum er sich diesen unsterblichen Haß zugezogen hat« (Brief an Arnold Zweig vom 30. Sept. 1934; B, 436). Das andere ist die »monotheistische Religion«, unter der Freud das Judentum versteht. Ist die monotheistische Religion wirklich nur »vorbildlich« für die »Religionsbildung« überhaupt? Ist die »zwingende Macht« allen Religionen eigen und nicht vielmehr das Kennzeichen der monotheistischen Religion als einer Vaterreligion? Obwohl Freud auch in seiner späteren Publikation eine eindeutige Antwort auf die Frage nach dem Ursprung des Judenhasses vermeidet, wird doch deutlich genug erkennbar, daß er ihn als eine Reaktion auf die »monotheistische Religion« mit ihren Ansprüchen nach Vergeistigung und Triebverzicht deutet.

Die Frage nach dem Kontext läßt sich in den Briefen an Lou Andreas Salomé und Arnold Zweig hinreichend klären. Es ist der bedrohlich anschwellende Antisemitismus, der Freud die Frage nach dem Ursprung des Judentums, d. h. der monotheistischen Religion als vordringlich erscheinen ließ. Er nahm sie mit dem methodischen Instrumentarium einer auf die Ebene des Kollektiven und Kulturellen makroskopierten psychoanalytischen Erinnerungsarbeit in Angriff, bediente sich aber für seine historische Rekonstruktion der ihm seit langem vertrauten ägyptologischen Fachliteratur (Breasted 1905; Weigall 1910), der alttestamentlichen Wissenschaft (Sellin 1922, 1928; Gressmann 1913) und Alten Geschichte (Meyer 1906), und zwar nicht ohne Unbehagen, denn mehrfach bedauert er, einen »Koloss auf tönerne Füße stellen« zu müssen. Der »Koloss« ist seine psychohistorische Analyse des Monotheismus, die »tönernen Füße« die Rekonstruktion des »ägyptischen Moses«. Diese (für den Mediziner Freud, bei aller Begeisterung für die Archäologie, s. Armstrong 2005, kennzeichnende) Einschätzung des Wahrheitswertes historischer Konstruktionen spricht auch aus der Gattungsbezeichnung »historischer Roman«. Aus ihr ergeben sich aber auch Rückschlüsse auf den von Freud ins Auge gefaßten Leserkreis. Mit dieser Schrift wandte sich Freud an das große Publikum und nicht an den engeren Kreis der Schüler und Kollegen.

Erst drei Jahre später, 1937, bricht Freud mit seinem Vorsatz, seine Moses-Studie nicht zu veröffentlichen und publiziert das Material der ersten beiden Teile des »historischen Romans«, das sich mit dem Wirken des ägyptischen Moses beschäftigt, in zwei Aufsätzen in der Zeitschrift *Imago* (23, 1937 H.1, 5–13 und H.4, 387–419). Zu diesem Zweck gibt er seinem Text die Form eines Fortsetzungsromans. Er läßt seinen ersten Artikel »Moses ein Ägypter« an einem scheinbar unlösbaren Problem scheitern und wartet dann in seinem zweiten Aufsatz »Wenn Moses ein Ägypter war …« mit der Lösung auf. Im ersten Aufsatz verteidigt er die These, daß Moses ein Ägypter war, verfolgt sie aber dann nicht weiter, weil die Unterschiede zwischen dem ägyptischen Polytheismus und dem biblischen Monotheismus doch gar zu gewaltig sind, um diese Verbindung plausibel erscheinen zu lassen. Der zweite Aufsatz bringt dann die Lösung des Problems: Nicht den ägyptischen Polytheismus hat der Ägypter Moses den Juden gebracht, sondern den Monotheismus des Ketzerkönigs Echnaton. Diese an der »quest«, der Dramaturgie des Suchens und Findens orientierte Darstellungsform wendet Freud innerhalb des zweiten, sehr viel längeren (und vielleicht ursprünglich als zwei Artikel geplanten) zweiten Aufsatzes noch einmal an. Auch hier inszeniert Freud nach drei Abschnitten, die seine These eines ägyptischen Moses im Licht der Amarna-Religion bestätigen und zusammenfassen, ein Scheitern: Zu groß ist der umgekehrte Widerspruch, der sich nun ergibt zwischen dem sublimen ägyptischen Monotheismus und der eher kruden Jahve-Verehrung, die die historische Wissenschaft (E. Meyer) als Urform des biblischen Monotheismus erschlossen hat.

Und auch hier eröffnet dann der fünfte Abschnitt einen überraschenden Ausweg. Der biblische Monotheismus hat zwei Wurzeln, eine ägyptische und eine midianitische. Die ägyptische Tradition führt auf den Gott Echnatons zurück, die midianitische auf einen primitiven Vulkangott namens Jahve. Die biblische Überlieferung hat beide Traditionen verschmolzen, in der Geschichte setzte sich aber schließlich die ägyptische gegenüber der midianitischen durch. Abschließend deutet Freud die weiteren Perspektiven an, um die es ihm eigentlich geht: »Worin die eigentliche Natur einer Tradition besteht und worauf ihre besondere Macht beruht, wie unmöglich es ist, den persönlichen Einfluß einzelner großer Männer auf die Weltgeschichte zu leugnen, [...] aus welchen Quellen manche, besonders die religiösen, Ideen die Kraft schöpfen, mit der sie Menschen wie Völker unterjochen [...]. Eine solche Fortsetzung meiner Arbeit würde den Anschluß finden an Ausführungen, die ich vor 25 Jahren in ›Totem und Tabu‹ niedergelegt habe. Aber ich traue mir nicht mehr die Kraft zu, dies zu leisten« (GW XVI, 154 f.). Wieder bricht der Aufsatz ab mit dem Ausdruck scheinbaren Scheiterns. Dabei lag die Darstellung, zu der ihm angeblich die Kraft fehlte, zumindest in Umrissen ausgearbeitet in seiner Schublade.

Das Buch *Der Mann Moses und die monotheistische Religion*

Nach der Vertreibung aus Wien und der Übersiedlung nach London entschließt sich Freud, die beiden Aufsätze um den zurückgehaltenen, in seinen Augen wichtigsten Teil ergänzt als Buch herauszugeben (GW XVI, 101–246). Diese dritte Abhandlung beginnt mit zwei »Vorbemerkungen«, die eine (angeblich?) vor, die andere nach dem »Anschluß«, der Vertreibung aus Wien und der Übersiedlung nach London geschrieben. Die erste Vorbemerkung begründet den Vorsatz der Nichtveröffentlichung mit der Rücksicht auf die katholische Kirche als dem einzigen noch wirksamen Bollwerk gegen Faschismus und Antisemitismus. Die zweite Vorbemerkung begründet den Entschluß zur Veröffentlichung. Die katholische Kirche hatte sich »mit biblischen Worten zu reden, als ein ›schwankes Rohr‹« erwiesen und »in dem schönen, freien, großherzigen England« darf Freud es wagen, »das letzte Stück meiner Arbeit vor die Öffentlichkeit zu bringen« (159).

Auch diese beiden Vorbemerkungen sind natürlich eine Inszenierung, die in denkbarster Prägnanz den geschichtlichen Kontext vergegenwärtigt, in dem diese Studie entstanden und in den sie hineingeschrieben ist. Aus dem Vergleich mit dem Entwurf von 1934 ergibt sich, daß Freud den ersten Teil der dritten Abhandlung weitgehend neu geschrieben hat. Die Kapitelüberschriften des zweiten Teils dagegen decken sich mit denen des frühen Entwurfs.

Der Inhalt der ersten beiden »Abhandlungen« muß hier nicht noch einmal rekapituliert werden. Die dritte Abhandlung stellt diese Befunde nun in die weitere religionsgeschichtliche Perspektive ein, die Freud in *Totem und Tabu* entwickelt hatte. Der Monotheismus ist eine Vaterreligion; in ihr kehrt der Urvater der Urhorde in fast unverstellter Form zurück. Der Mord am Urvater hatte nach Freud unauslöschliche Spuren in der menschlichen Seele hinterlassen und eine patri-ödipale Grundstruktur ausgebildet, die allen Menschen gemeinsam ist. Freud verweist hierfür auf die Parallele der paulinischen Erbsündenlehre. Die endliche Überwindung des Urhorden-Stadiums bedeutete die Geburt der Kultur und der Religion. Der tote Vater wurde als Totemtier vergöttlicht und die Söhne schlossen eine Art Gesellschaftsvertrag auf der Basis des Inzesttabus, des Tötungsverbots und einiger anderer fundamentaler Gesetze, die eine Wiederkehr des Urhordensystems für immer ausschließen sollten. Der Monotheismus nun, der sich nach Ansicht Freuds im Ägypten der 18. Dynastie im Zusammenhang der ägyptischen Weltmachtpolitik entwickelt und den König Echnaton zu einer alle anderen Götter ausschließenden Religion radikalisiert, bricht gewissermaßen von außen in diese religionsgeschichtliche Entwicklung ein, die allein aus der Dynamik der verdrängten und in der archaischen Erbschaft gespeicherten Urhordenerlebnisse gespeist ist. Die Menschheit reagiert auf diese Revolution, für die die Zeit noch nicht reif ist, ablehnend. Die Ägypter warten den Tod des königlichen Religionsstifters ab, um dann alsbald reumütig zur alten polytheistischen Religion zurückzukehren, die Hebräer aber oder, wie Freud schreibt, »die wilden Semiten [nahmen] das Schicksal in ihre Hand und räumten den Tyrannen aus dem Wege« (149). Damit hätte auch hier der Monotheismus ein Ende finden und eine Episode bleiben können. Es kam aber anders, und der Monotheismus trat einen beispiellosen Siegeszug über die Erde an. Dies versucht Freud in der dritten Abhandlung mit Hilfe einer psychohistorischen Religionstheorie zu erklären.

Diese Theorie steht, was bisher nicht ausreichend gesehen wurde, auf den beiden Beinen einer Traditions- und einer Resonanztheorie (A. Assmann 2005, 100). Mit der einen Theorie will Freud erklären, wie sich die Botschaft des Ägypters Mose über 6–800 Jahre bis zu den Propheten erhalten konnte, mit der anderen, wie sie bei ihrem Wiederauftauchen aus vergleichsweiser Versenkung eine so ungeheure, »die Massen in Bann« schlagende Wirkung entfalten konnte. Freuds Traditionstheorie ist durchaus konventionell und kommt ohne Begriffe wie ›Trauma‹, ›Latenz‹, ›Verdrängung‹ und ›phylogenetisches Gedächtnis‹ aus. Das kommunikative, in der ägyptischen Gruppe seiner engsten Umgebung verkörperte Gedächtnis war zwar nach einigen wenigen Generationen ausgestorben, aber entscheidende Punkte waren durch den Kompromiß mit der Jahve-Gruppe in das kulturelle Gedächtnis übergegangen und dort festgeschrieben worden, so daß dann die Träger der prophetischen Bewegung Jahrhunderte später daran anknüpfen und dem reinen Monotheismus allmählich zum Durchbruch verhelfen konnten (vgl. 218, 232 f.).

Für Freud haben die biblischen Texte nur den Wert, den er auch den bewußten Erinnerungen des Patienten zugesteht, die ebenso viel verbergen wie verhüllen und durch die es zur eigentlichen historischen Wahrheit erst durchzustoßen gilt. Er liest sie gewissermaßen gegen den Strich und klopft sie auf bestimmte Widersprüche und auf unbewußt stehengebliebene Erinnerungsspuren des verdrängten Traumas ab. Dieses auf bewußter Weitergabe beruhende Gedächtnis reicht für Freud nicht aus, um die pathogene Dynamik der Religionsgeschichte zu erklären. Er erweitert es um eine Tiefendimension, in der kollektiv verdrängte Erfahrungen einen Ort finden können. Träger dieser Tiefendimension ist nichts anderes als das individuelle Unbewußte, daher lehnt Freud ausdrücklich den Ansatz eines »kollektiven Unbewußten« ab (170). Kollektiv ist nicht der Träger, aber der Inhalt. Freud bestimmt dieses unbewußte Gedächtnis als ein »phylogenetisches Gedächtnis« und schreibt dazu: »Das Verhalten des neurotischen Kindes zu seinen Eltern im Ödipus- und Kastrationskomplex ist überreich an Reaktionen, die individuell ungerechtfertigt erscheinen und erst *phylogenetisch, durch die Beziehung auf das Erleben früherer Geschlechter*, begreiflich werden« (206; Hervorh. J.A.).

Das Unbewußte umfaßt also ein »phylogenetisches« und ein »ontogenetisches Gedächtnis«. Dem ontogenetischen Gedächtnis prägen sich die selbsterlebten, aus dem bewußten Gedächtnis verdrängten traumatischen Erfahrungen ein, während das phylogenetische Gedächtnis durch traumatische Erfahrungen früherer Geschlechter geprägt ist. Das ist die schon erwähnte archaische Erbschaft aus der Urhorde, die daher, in Freuds Worten, »nicht nur Dispositionen, sondern auch Inhalte umfaßt, Erinnerungsspuren an das Erleben früherer Generationen. Damit wären Umfang wie Bedeutung der archaischen Erbschaft in bedeutungsvoller Weise gesteigert« (206), denn: »Wenn wir den Fortbestand solcher Erinnerungsspuren in der archaischen Erbschaft annehmen, haben wir die Kluft zwischen Individual- und Massenpsychologie überbrückt, können die Völker behandeln wie den einzelnen Neurotiker« (207).

Auf dem Fortbestand dieser Erinnerungsspuren beruht die Analogie zwischen dem Ablauf einer individuellen Neurose und dem Gang der Religionsgeschichte: »Frühes Trauma – Abwehr – Latenz – Ausbruch der neurotischen Erkrankung – teilweise Wie-

derkehr des Verdrängten: so lautete die Formel, die wir für die Entwicklung einer Neurose aufgestellt haben. Der Leser wird nun eingeladen, den Schritt zur Annahme zu machen, daß im Leben der Menschenart Ähnliches vorgefallen ist wie in dem der Individuen« (185 f.).

Die religionsgeschichtliche Entwicklung läßt sich also niemals allein mit einer Traditionstheorie, sondern nur durch eine Interaktion zwischen Tradition und Resonanz erklären.

»Eine Tradition, die nur auf Mitteilung gegründet wäre, könnte nicht den Zwangscharakter erzeugen, der den religiösen Phänomenen zukommt. Sie würde angehört, beurteilt, eventuell abgewiesen werden wie jede andere Nachricht von außen, erreichte nie das Privileg der Befreiung vom Zwang des logischen Denkens. Sie muß erst das Schicksal der Verdrängung, den Zustand des Verweilens im Unbewußten durchgemacht haben, ehe sie bei ihrer Wiederkehr so mächtige Wirkungen entfalten, die Massen in ihren Bann zwingen kann, wie wir es an der religiösen Tradition mit Erstaunen und bisher ohne Verständnis gesehen haben« (208 f.).

In der Vehemenz und Nachhaltigkeit, mit der sich die prophetische Botschaft im Volk durchsetzt und von ihm Besitz ergreift, äußert sich, und das ist in Freuds Augen wohl mehr als eine bloße Analogie, das zwanghafte, pathologische Element des Monotheismus:

»Es ist besonderer Hervorhebung wert, daß jedes aus der Vergessenheit wiederkehrende Stück sich mit besonderer Macht durchsetzt, einen unvergleichlich starken Einfluß auf die Menschenmassen übt und einen unwiderstehlichen Anspruch auf Wahrheit erhebt, gegen den logischen Einspruch machtlos bleibt. Nach Art des *credo quia absurdum*. Dieser merkwürdige Charakter läßt sich nur nach dem Muster des Irrwahns der Psychotiker verstehen. Wir haben längst begriffen, daß in der Wahnidee ein Stück vergessener Wahrheit steckt, das bei seiner Wiederkehr Entstellungen und Mißverständnisse gefallen lassen mußte, und daß die zwanghafte Überzeugung, die sich für den Wahn herstellt, von diesem Wahrheitskern ausgeht und sich auf die umhüllenden Irrtümer ausbreitet. Einen solchen Gehalt an *historisch* zu nennender Wahrheit müssen wir auch den Glaubenssätzen der Religionen zugestehen, die zwar den Charakter psychotischer Symptome an sich tragen, aber als Massenphänomene dem Fluch der Isolierung entzogen sind« (190 f.).

Nach Freuds Erklärung reagieren die Menschen so überstark auf die monotheistische Botschaft, weil ihr etwas von innen entgegenkommt, weil sie auf eine psychische Disposition trifft, die ihr eine unwiderstehliche Evidenz verleiht. Es ist die Evidenz der Vaterreligion für die ödipal geprägte Seele. Die Vaterreligion bezieht ihre Evidenz aus der »historischen Wahrheit« des Urvaters; in ihr kehrt der durch das Tätertrauma des Vatermords verdrängte Urvater in kaum verhüllter Form in das Bewußtsein der Menschheit zurück.

Das Zwanghafte der religiösen Überzeugungen heftet sich an diesen Wahrheitskern und breitet sich von dort auf die umhüllenden Irrtümer aus. Das heißt erstens: da muß etwas vorgefallen sein, die Gruppe, die sich mit solcher alle kritische Vernunft in den Wind schlagender Inbrunst an eine religiöse Überzeugung hängt, muß in ihrer Frühzeit etwas erlebt haben, was dieser Botschaft inhaltlich nahe kommt, und dieses Erlebnis, das ist der entscheidende Punkt, muß traumatisch gewesen sein, damit es nicht einfach vergessen, sondern verdrängt und auf diese Weise im unbewußten Gedächtnis bewahrt werden konnte. Dieses Erlebnis ist einerseits der Mord am Urvater, dessen Erinnerungsspuren sich allen Menschen in Gestalt der archaischen Erbschaft eingeschrieben haben, und andererseits der Mord an Mose, in dem die Juden diese Spur ausagiert haben, was zu einer Retraumatisierung und zu einer Verschärfung der ödipalen Disposition führte:

»Es wäre der Mühe wert, zu verstehen, wie es kam, daß die monotheistische Idee gerade auf das jüdische Volk einen so tiefen Eindruck machen und von ihm so zähe festgehalten werden konnte. Das Schicksal hatte dem jüdischen Volke die Großtat und Untat der Urzeit, die Vatertötung, näher gerückt, indem es dasselbe veranlaßte, sie an der Person des Moses, einer hervorragenden Vatergestalt, zu wiederholen. Es war ein Fall von ›Agieren‹ anstatt zu erinnern, wie er sich so häufig während der analytischen Arbeit am Neurotiker ereignet.« (195).

Der Mord an Mose, den Freud von dem Alttestamentler Ernst Sellin übernimmt und den ja auch schon Goethe postuliert hatte, hat in Freuds Psychoanalyse des Judentums denselben methodischen Stellenwert wie der Mord am Urvater, nämlich den einer therapeutischen Konstruktion. Freud braucht diese Konstruktion, um die »Latenz« der monotheistischen Botschaft zwischen Mose und den Propheten erklären zu können. Diese Latenz nun ist alles andere als eine Konstruktion, sie ist in Freuds Augen eine unabstreitbare historische Tatsache und sein eigentlicher Trumpf, den er immer wieder ausspielt. Denn diese jahrhundertelange Latenz beweist ihm, daß eine Traumatisierung vorangegangen sein muß und erklärt, warum die wiederkehrende Erinnerung sich mit der Gewalt des Verdrängten durchsetzen konnte.

Die Retraumatisierung durch den Mord an Mose machte die Juden, im Unterschied zu den Ägyptern und anderen Völkern, für die monotheistische Botschaft auf lange Sicht ganz besonders empfänglich, zumal ihnen diese Botschaft nicht nur verbal verkündet, sondern in einer Fülle einschneidender Gebote, insbesondere dem Gebot der Beschneidung, buchstäblich auf den Leib geschrieben wurde (Maciejew-

ski 2002; Mark 2003). Die ödipale Struktur der archaischen Erbschaft hatte sich bei ihm verschärft und war dem Vorbewußten und dem Bewußtsein nähergerückt:

»Die Wiedereinsetzung des Urvaters in seine historischen Rechte war ein großer Fortschritt, aber es konnte nicht das Ende sein. Auch die anderen Stücke der prähistorischen Tragödie drängten nach Anerkennung. Was diesen Prozeß in Gang brachte, ist nicht leicht zu erraten. Es scheint, daß ein wachsendes Schuldbewußtsein sich des jüdischen Volkes, vielleicht der ganzen damaligen Kulturwelt bemächtigt hatte als Vorläufer der Wiederkehr des verdrängten Inhalts. [...] *Paulus*, ein römischer Jude aus *Tarsus*, griff dieses Schuldbewußtsein auf und führte es richtig auf seine urgeschichtliche Quelle zurück. Er nannte diese die ›Erbsünde‹, es war ein Verbrechen gegen Gott, das nur durch den Tod gesühnt werden konnte. Mit der Erbsünde war der Tod in die Welt gekommen. In Wirklichkeit war das todwürdige Verbrechen der Mord am später vergötterten Urvater gewesen. Aber es wurde nicht die Mordtat erinnert, sondern anstatt dessen ihre Sühnung phantasiert [...]. (192)

Was aber den jüdischen Volkscharakter so entscheidend geprägt und bis auf den heutigen Tag erhalten hat, ist nun allerdings eine Sache nicht des im Unbewußten wirksamen phylo- und ethnogenetischen, sondern des kulturellen Gedächtnisses, der »Tradition«. Freud führt hier an erster Stelle ein besonderes Selbstwertgefühl an. Die Juden, schreibt er, »haben eine besonders hohe Meinung von sich, halten sich für vornehmer, höher stehend, den anderen überlegen, von denen sie auch durch viele ihrer Sitten geschieden sind. [...] Sie halten sich wirklich für das von Gott auserwählte Volk, glauben ihm besonders nahe zu stehen, und dies macht sie stolz und zuversichtlich« (212).

Ebenso entscheidend wie die Auserwähltheit ist für Freud der vom Bilderverbot auferlegte Triebverzicht und damit verbundene »Fortschritt in der Geistigkeit«: »[...] wenn man dies Verbot annahm, mußte es eine tiefgreifende Wirkung ausüben. Denn es bedeutete eine Zurücksetzung der sinnlichen Wahrnehmung gegen eine abstrakt zu nennende Vorstellung, einen Triumph der Geistigkeit über die Sinnlichkeit, streng genommen einen Triebverzicht mit seinen psychologisch notwendigen Folgen« (220).

Freuds Religions- und Kulturtheorie basiert also auf einem Zusammenspiel aus Tradition und unbewußten Dispositionen, denen er mit seiner Resonanztheorie auf die Spur kommen will.

Rezeption

Freuds Mosesbuch blieb lange Zeit fast unbeachtet. Den Psychoanalytikern war es zu religionsgeschichtlich, den Religionsgeschichtlern, falls sie es überhaupt wahrnahmen, zu spekulativ. Auch heute wird man Freud in seinen historischen Konstruktionen nicht folgen. Die von ihm behaupteten Parallelen zwischen der Aton-Religion und dem biblischen Monotheismus existieren nicht, weil die wichtigste, die ethische Dimension, der Sonnenreligion Echnatons fehlt (Assmann 1998). Nichts spricht für einen in der biblischen Darstellung verdrängten Mord an Mose, vielmehr betont die Bibel selbst mehrfach die Absicht der Israeliten, Mose zu töten, und beschönigt in dieser Hinsicht nichts (Yerushalmi 1991). Unerträglich erschien vor allem Freuds Psycholamarckismus (Yerushalmi 1991). Aber gerade Yerushalmis Kritik leitete die Wende ein, weil sie Freuds Traditionstheorie als das eigentliche Thema des Buches herausstellte. An diesem Punkt entzündete sich eine lebhafte Debatte. Dabei ist allerdings die Unterscheidung zwischen Tradition und Resonanz bisher nicht beachtet worden. Im Lichte dieser Unterscheidung lassen sich die divergierenden Standpunkte von Yerushalmi (1991) und J. Assmann (2004) einerseits und Derrida (1995) und Bernstein (1998) andererseits vermitteln. Als Resonanztheorie läßt sich Freuds Ansatz eines kulturellen Unbewußten auch leicht im kulturwissenschaftlichen Sinne reformulieren. An die Stelle des Urhordentraumas und seiner Wiederholung durch den Mord an Mose träten dann die schweren historischen Traumatisierungen des jüdischen Volkes von der assyrischen Eroberung des Nordreichs 722 v. Chr. bis zur endgültigen Vertreibung aus Palästina nach dem Bar-Kochba-Aufstand 135 n. Chr. Eine andere Debatte entspann sich im Zusammenhang der Diskussion um Freuds Judentum: War Freud der aufgeklärte »gottlose« Jude, als den er sich selbst bezeichnete (Gay 1987) oder kehrte er in diesem letzten Werk zum Judentum zurück (Rice 1990, Yerushalmi 1991, McGrath 1991)? Auch im Kontext der Monotheismus-Diskussion gewann Freuds Buch neues Interesse. Ging es Freud um eine »Dekonstruktion« des Monotheismus (Assmann 1998) oder um seine Fortsetzung im Sinne eines »Fortschritts in der Geistigkeit« (Assmann 2002, kritisch dagegen Schäfer 2003)? Schließlich lenkte die Wiederentdeckung des frühen »historischen Romans« durch Pier Cesare Bori 1979 die Aufmerksamkeit auf die literarische Qualität des Werkes, das unbeschadet der unbewältigten Form, für die sich Freud bei seinen Lesern mehrfach entschuldigt, stilistisch zu seinen glanzvollsten Texten zählt.

Literatur

Armstrong, Richard H.: *A Compulsion for Antiquity. Freud and the Ancient World*. Ithaca/London 2005.

Assmann, Aleida: Neuerfindungen des Menschen. Literarische Anthropologien im 20. Jahrhundert. In: Dies./Ulrich Gaier/Gisela Trommsdorff (Hg.): *Positionen der Kulturanthropologie*. Frankfurt a.M. 2005, 90–119.

Assmann, Jan: *Moses der Ägypter. Entzifferung einer Gedächtnisspur*. München 1998.

–: Der Fortschritt in der Geistigkeit. Freuds Konstruktion des Judentums. In: *Psyche* 56 (2002), 154–171.

–: Sigmund Freud und das kulturelle Gedächtnis. In: *Psyche* 58 (2004), 1–25.

Ater, Moshe: *The Man Freud & Monotheism*. Jerusalem 1992.

Bernstein, Richard J.: *Freud and the Legacy of Moses*. Cambridge 1998.

Bori, Pier Cesare: Una pagina inedita di Freud. Il romanzo storico su Mosè. In: *Rivista di storia contemporanea* 8 (1979), 1–17.

Breasted, James Henry: *A History of Egypt*. New York 1905.

Derrida, Jacques: *Mal d'Archive*. Paris 1995.

Gay, Peter: *A Godless Jew. Freud, Atheism, and the Making of Psychoanalysis*. New Haven 1987.

Goldstein, Bluma: *Reinscribing Moses. Heine, Kafka, Freud, and Schoenberg in a European Wilderness*. Cambridge, Mass. 1992.

Gressmann, Hugo: *Mose und seine Zeit. Ein Kommentar zu den Mose-Sagen*. Göttingen 1913.

Grubrich-Simitis, Ilse: *Freuds Moses-Studie als Tagtraum*. Weinheim 1991.

Maciejewski, Franz: *Psychoanalytisches Archiv und jüdisches Gedächtnis. Freud, Beschneidung und Monotheismus*. Wien 2002.

Mark, Elizabeth Wyner (Hg.): *The Covenant of Circumcision: New Perspectives in Ancient Jewish Rite*. Hanover, N.H. 2003.

McGrath, William: »How Jewish Was Freud?« Rev. of *Freud's Moses: Judaism Terminable and Interminable* by Yosef Hayim Yerushalmi, and *Freud and Moses: The Long Journey Home* by Emanuel Rice. In: *New York Review of Books* (1991), 27–31.

Meyer, Eduard: *Die Israeliten und ihre Nachbarstämme*. Halle 1906.

Rice, Emanuel: *Freud and Moses. The Long Journey Home*. New York 1990.

Schäfer, Peter: *Der Triumph der reinen Geistigkeit. Sigmund Freuds ›Der Mann Moses und die monotheistische Religion‹*. Berlin/Wien 2003.

Sellin, Ernst: *Mose und seine Bedeutung für die israelitisch-jüdische Religionsgeschichte*. Leipzig/Erlangen 1922.

–: Hosea und das Martyrium des Mose. In: *Zeitschrift für die alttestamentliche Wissenschaft* 46 (1928), 26–33.

Weigall, Arthur E.P.: *The Life and Times of Akhnaton, Pharaoh of Egypt*. Edinburgh 1910.

Yerushalmi, Yosef Hayim: *Freuds Moses. Endliches und unendliches Judentum*. Berlin 1992 (amerikan. 1991).

Jan Assmann

9.6 Schriften zum Thema Krieg und Tod

Zweimal hat sich Freud öffentlich über den Krieg geäußert – einmal unter dem Eindruck der Erfahrung des Ersten Weltkriegs in der Schrift *Zeitgemäßes über*

Krieg und Tod aus dem Jahr 1915 (GW X, 323–355), sodann in dem 1933 erschienenen Brief an Albert Einstein unter dem Titel *Warum Krieg?* (GW XVI, 11–27). Beide Texte thematisieren und reflektieren Freuds widersprüchliche und ambivalente Haltung zu dem, was er unter ›Kultur‹ verstand.

Zeitgemäßes über Krieg und Tod (1915)

Die Schrift hebt an mit dem Bekenntnis Freuds, für ihn und seinesgleiches, d. h. für die Angehörigen zivilisierter Nationen – die »Kulturweltbürger« (GW X, 327) – sei es eine »Enttäuschung«, mitansehen zu müssen, wie eben diese zivilisierten Nationen übereinander herfallen und einen erbarmungslosen Krieg gegeneinander führen. Während man zwar damit rechnen müsse, daß Kriege zwischen primitiven und zivilisierten Völkern, zwischen verschiedenen Menschenrassen und Hautfarben in gewisser Weise normal sind, könne man nur schwer akzeptieren, daß die »weltbeherrschenden Nationen weißer Rasse, denen die Führung des Menschengeschlechtes zugefallen ist« (ebd., 325), sich wechselseitig bekriegen. An die Stelle des Universalismus sittlicher Normen, die den Krieg ächten oder die, wenn der Krieg schon unvermeidlich ist, wenigstens für die Einhaltung humanitärer Gebote und völkerrechtlicher Begrenzung sorgen, sei der Partikularismus blanken Hasses getreten. Dieser Krieg, schreibt Freud, »ist nicht nur blutiger und verlustreicher als einer der Kriege vorher, infolge der mächtig vervollkommneten Waffen des Angriffes und der Verteidigung, sondern mindestens ebenso grausam, erbittert, schonungslos wie irgend ein früherer. Er setzt sich über alle Einschränkungen hinaus, [...] anerkennt nicht die Vorrechte des Verwundeten und des Arztes, die Unterscheidung des friedlichen und des kämpfenden Teiles der Bevölkerung, die Ansprüche des Privateigentums. [...] Er zerreißt alle Bande der Gemeinschaft unter den miteinander ringenden Völkern [...]« (328 f.).

Nach diesem resignativen, Enttäuschung artikulierenden Auftakt seiner Schrift – ein rhetorisch geschickter Schachzug, um das Folgende desto effektvoller in Szene setzen zu können – schreitet nun Freud energisch ein, indem er darlegt, daß jene Enttäuschung in Wahrheit auf einer Illusion beruhe – auf der Illusion nämlich, man könne »das Böse« ausrotten oder unschädlich machen. Psychologisch bzw. psychoanalytisch betrachtet, bestehe der Mensch aus elementaren Triebregungen, die auf die Befriedigung ursprünglicher Bedürfnisse zielten und ›an sich‹ weder gut noch böse seien. Was beim erwachsenen Individuum z. B. als »gut« imponiert, ist Freud zufolge

das Resultat innerer und äußerer Einflüsse auf das individuelle Triebschicksal: Der innere Faktor besteht in der Umwandlung der »bösen« oder eigensüchtigen Triebe mittels der erotischen Komponente in soziale Triebe; der äußere Faktor leitet sich aus den Imperativen der Erziehung und den Ansprüchen der kulturellen Umgebung, des »Kulturmilieus« ab. Kultur, für Freud das einzige Bollwerk gegen den Krieg, ist nichts anderes als Verzicht auf Triebbefriedigung (333). Zugleich stellt er aber nüchtern fest – und das liegt ganz auf der Linie seiner ersten Triebtheorie, die den Schicksalen des Sexualtriebes und der »kulturellen« Sexualmoral gilt –, daß ein solch dauerhafter Verzicht die meisten Menschen überfordere, weshalb deren »Kultureignung« letztlich auf einer »Art von Heuchelei« beruhe (336). »Es gibt [...] ungleich mehr Kulturheuchler als wirklich kulturelle Menschen, ja man kann den Standpunkt diskutieren, ob ein gewisses Maß von Kulturheuchelei nicht zur Aufrechterhaltung der Kultur unerläßlich sei [...]« (ebd.).

Kultur bzw. Zivilisation, so belehrt Freud sich und seine Zeitgenossen, ist nur ein dünner Mantel, der notdürftig überdeckt, daß unter der glatten Oberfläche Kräfte am Werk sind, die jederzeit durchzubrechen drohen, wie Freud unter Hinweis auf die Analyse der Traums betont. Die Deutung von Träumen zeige, »daß wir mit jedem Einschlafen unsere mühsam erworbene Sittlichkeit wie ein Gewand von uns werfen – um es am Morgen wieder anzutun« (338). Diese Plastizität des Seelenlebens, d. h. die Fähigkeit, von einem psychischen Zustand in einen anderen überzuwechseln, geht Freud zufolge hauptsächlich in eine Richtung – von einem späteren zurück zu einem früheren, archaischen Zustand, wofür der Begriff »Regression« steht (337). Der Rückgang auf einen älteren psychischen Zustand ist deshalb möglich, weil, so Freud, »das primitive Seelische [...] im vollsten Sinne unvergänglich ist« (337). Der zentrale Punkt von Freuds Annahme, daß die menschliche Kultur auf Sand gebaut und insofern jederzeit gefährdet ist, besteht in seiner Behauptung, daß der Krieg zu jenen »Einwirkungen des Lebens« (338) gehört, die beim Individuum die Regressionsneigung befördern und beschleunigen und so dafür sorgen, daß Menschen, die ›an sich‹ friedfertig und kultiviert sind, plötzlich alle Hemmungen verlieren und einander umbringen.

In der *Traumdeutung* wie in den *Drei Abhandlungen zur Sexualtheorie* geht es Freud auch in *Zeitgemäßes über Krieg und Tod* darum, den kulturell »veredelten« bzw. domestizierten Individuen die Illusion von ihrer primären »Kultureignung« zu nehmen und ihnen nahezulegen, die Macht des Intellekts nicht zu überschätzen, denn Letzterer sei doch nichts anderes als »Spielball und Werkzeug unserer Triebneigung und Affekte« (zit. nach Jones II, 434). Es ist dies ein Zug, der das gesamte Freudsche Werk wie ein roter Faden durchzieht und auf unübersehbare Weise daran erinnert, daß die Quellen dieses Werkes nicht nur im Rationalismus und Physikalismus des wissenschafts- und fortschrittsgläubigen 19. Jh.s zu suchen sind, sondern ebensosehr in den szientismuskritischen und vernunftsubversiven Überlieferungen, die mit Namen wie Schelling, Baader, Carus und Schopenhauer verbunden sind (vgl. Marquard 1987).

Krieg und Tod sind nächste Verwandte, und so untersucht Freud im zweiten Teil seines Essays das Verhältnis des Kulturmenschen zum Tod. Als erstes konstatiert er die Unaufrichtigkeit dieses Verhältnisses, denn trotz der wohlfeilen Übereinkunft, »daß jeder von uns der Natur einen Tod schulde« (GW X, 341), glaube recht eigentlich niemand an den eigenen Tod – unbewußt sei nämlich jedermann von seiner Unsterblichkeit überzeugt, weil dem Todesglauben, wie Freud schreibt, »nichts Triebhaftes in uns« entgegenkomme (350). Insgesamt neige der Mensch dazu, den Tod als einen Einbruch des Zufalls ins Leben, nicht als eine Notwendigkeit zu betrachten. Diese konventionelle Einstellung zum Tod hat Freud zufolge allerdings eine dramatische Konsequenz: Wenn der Tod kulturell verleugnet wird, verliert das Leben selber an Wert und Intensität, denn wo nicht mehr der höchste Einsatz gilt, wo also das Leben nicht mehr gewagt wird, muß dieses arm und leer werden »wie etwa ein amerikanischer Flirt« (343). Erst der Krieg stößt den Kulturmenschen unmißverständlich auf die Tatsache, daß es den Tod gibt und daß er nicht zufällig, sondern notwendig ins Leben tritt, das dadurch »freilich wieder interessant geworden [ist], es hat seinen vollen Inhalt wieder bekommen« (344). Freud läßt diesen letzten Satz, der Heinz Politzer an Darwin und dessen »survival of the fittest« erinnert (Politzer 2003, 126), unkommentiert stehen, während der Leser sich fragt, ob er damit dem anthropologischen Ansatz etwa des Militärhistorikers Martin van Creveld vorgreift, der in seinem Standardwerk über den Krieg postuliert, das Töten im Krieg sei die einzige schöpferische Tätigkeit, die den unbegrenzten Einsatz aller menschlichen Fähigkeiten erlaubt: »Seit Homer hat sich der Gedanke festgesetzt, daß nur jene, die ihr Leben willentlich, ja voller Freude aufs Spiel setzen, ganz sie selbst, ganz Mensch sein können« (van Creveld 1991/1998, 245).

In einem weiteren Schritt läßt Freud seinen »Ur-

menschen« auftreten, mit dem er sich schon ausführlich in *Totem und Tabu* befaßt hatte, um an dieser psychologischen Kunstfigur zu demonstrieren, daß der moderne Kulturmensch – der dem Urmenschen nähersteht, als man für gewöhnlich glaubt (GW X, 350) – unbewußt ein ebenso gebrochenes, ambivalentes Verhältnis zum Tod nahestehender Menschen habe wie jener. Diese Ambivalenz rühre daher, daß die nahestehende bzw. geliebte Person einerseits Teil von uns selbst, »innerer Besitz« (ebd., 353), also gemäß der Logik des Unbewußten unsterblich ist, während sie andererseits zugleich Nicht-Ich, ein Fremdes oder gar Feindliches ist, das gemäß der Logik des Unbewußten vernichtet werden darf: Im Gleichen – meinem Ebenbild – gibt es das schlechthin Andere. In diesem Zusammenhang ist es vielleicht nicht unangemessen, darauf hinzuweisen, daß Freud selber ein sprechendes Exempel für die von ihm behauptete Gefühlsambivalenz gegeben hat. In einem Brief an Karl Abraham vom 29. Mai 1918 schreibt er über seine hochbetagte Mutter: »Meine Mutter wird heuer 83 Jahre alt und ist nicht mehr recht solid. Manchmal denke ich, es wird ein Stück Freiheit mehr für mich sein, wenn sie stirbt, denn die Annahme, daß man ihr mitteilen muß, ich sei gestorben, hat etwas, wovor man zurückschreckt« (F/A, 259). Unschwer kann man erkennen, wie hier im Fall eines geliebten Menschen ein starker Bindungswunsch *und zugleich* ein Todeswunsch am Werk sind. In diesem von der Psychoanalyse aufgedeckten Ambivalenzkonflikt, der vor dem Bewußtsein in der Regel streng verborgen werden muß, sieht Freud die schärfste Provokation der kulturell herrschenden Einstellung zum Tod (GW X, 353).

Schließlich lenkt Freud den Blick auf die Bedeutung des kulturell geforderten Tötungsverbots und entlarvt es im Angesicht des Krieges als haltlos. Denn die Stärke des Verbots verweise darauf, daß es sich gegen einen ebenso starken Impuls richte: »Was keines Menschen Seele begehrt, braucht man nicht zu verbieten […] Gerade die Betonung des Gebotes: Du sollst nicht töten, macht uns sicher, daß wir von einer unendlich langen Generationsreihe von Mördern abstammen, denen die Mordlust, wie vielleicht noch uns selbst, im Blute lag« (350). Dieser Krieg, so Freuds Resümee, bringt unser konventionelles Verhältnis zum Tod ins Wanken, indem er die mühsam erworbenen »Kulturauflagerungen« verschwinden und »den Urmenschen in uns« wieder hervortreten läßt (354) – und so schließt der Text mit der »zeitgemäßen« Forderung: »*Si vis vitam, para mortem.* Wenn du das Leben aushalten willst, richte dich auf den Tod ein« (355).

Handelt es sich beim zweiten Teil des Freudschen Textes tatsächlich um eine »Verherrlichung des Todes« (Turnheim 1999, 35)? Eher geht es Freud wohl um die kulturell verdrängte Wahrheit des Todes, um dessen Präsenz mitten im Leben, um seine unhintergehbare Gewalt – mehrmals gebraucht Freud mit einer Emphase, die an spätere Formulierungen Heideggers gemahnt, die Begriffe »Wahrheit« und »Wahrhaftigkeit«, um seine Zeitgenossen daran zu erinnern, daß Krieg und Tod Tatsachen sind, mit denen der Kulturmensch jederzeit zu rechnen hat. Statt den Tod zu verdrängen oder zu verniedlichen und damit, wie Freud meint, psychologisch über unsere Verhältnisse zu leben (was letztlich in die Neurose führt), sollen wir anerkennen, daß der katastrophische Einbruch, den Krieg und Tod für den modernen Menschen bedeuten, die Rückkehr zum »vollen Inhalt« des Lebens ist. Nur in der Zerstörung aller Illusionen liegt die Voraussetzung, das Leben erträglich zu machen.

Was für den späteren und späten Freud gilt – die eindeutige Absage an das Gute und Friedliche im Menschen und die Feststellung der Unmöglichkeit der Befolgung des Gebots »Liebe deine Feinde« (GW XIV, 469) –, gilt ein Stück weit auch bereits für den mittleren Freud. In *Zeitgemäßes über Krieg und Tod* geht Freud, das erst später formulierte Postulat eines ursprünglichen Aggressionstriebes und Wiederholungszwangs (vgl. GW XIII, 1–69) antizipierend, zumindest implizit mit den Wunschbildern der liberalen Zeitalters, mit dessen Vorstellungen vom friedlichen Ausgleich konkurrierender und widerstreitender Interessen, vom steten Fortschreiten zu einer besseren Welt scharf ins Gericht. Es gibt Stimmen, die Freud sogar mit Carl Schmitt in Verbindung bringen (Bendersky 2000), für den bekanntlich die Unterscheidung von Freund und Feind konstitutiv für die Dimension des Politischen war. Auch der zunehmend pessimistische Charakter des Freudschen Denkens, der unter dem Eindruck der traumatischen Erfahrungen des Ersten Weltkriegs in der Schrift von 1915 unübersehbar hervortritt, erinnert an bestimmte theoretische Prämissen Schmitts, mehr noch an solche des englischen Staatstheoretikers Thomas Hobbes (vgl. Rieff 1961, 243 f.; Waibl 1980; Gay, 614). Zusammenfassend kann man sagen, daß Freud bereits in *Zeitgemäßes über Krieg und Tod*, deutlicher und entschiedener allerdings erst in *Das Unbehagen in der Kultur*, die Möglichkeit einer dauerhaft befriedeten Welt mit größter Skepsis beurteilte.

Bleibt nachzutragen, daß Freud den zweiten Teil seines Essays (»Unser Verhältnis zum Tode«) kurz vor der Veröffentlichung vor seinen jüdischen Freunden der Loge B'nai B'rith, deren Mitglied er war, unter dem Titel »Wir und der Tod« vortrug (Freud 1915; der Text weicht von der in den *Gesammelten Werken* gedruckten Fassung im Detail erheblich ab, während er im Grundsätzlichen mit ihm übereinstimmt). Im Augenblick der Konfrontation mit dem Anderen, dem Feind im Weltkrieg, wendet sich Freud an die Gleichen, d. h. an die Juden als seine »lieben Brüder« (ebd., 132) und schließt damit den allgemeinen Adressaten der zuerst in der Zeitschrift *Imago* abgedruckten Version (GW X, 341–355) ausdrücklich aus, merkt Freud doch an, statt »*Wir* und der Tod« könne der Vortragstitel auch lauten »*Wir Juden* und der Tod« (ebd.). Michael Turnheim gibt zu bedenken (Turnheim 1999, 28), daß dieser spezifisch jüdische Kontext, in den das Thema Krieg und Tod hier gestellt wird, damit zu tun habe, daß es für die österreichischen und deutschen Juden keineswegs klar war, wie man sich angesichts der Gegenwart des Krieges zu verhalten habe – sollte man, wie z. B. der Schriftsteller Karl Kraus, die Greuel des Krieges anprangern und damit unpatriotisch handeln, oder sollte man lieber, wie etwa der Philosoph Hermann Cohen, eine hyperpatriotische Haltung einnehmen? Freud bezog weder die eine noch die andere Position, sondern legte den Juden vielmehr nahe, die für sie besonders typische (Freud 1915, 132) Verkennung des Todes aufzugeben und dessen Realität endlich zu akzeptieren. Man weiß nicht, ob sich mit dieser Empfehlung Freuds an seine jüdischen Brüder womöglich die Hoffnung verband, ihnen werde so das Ärgste erspart bleiben – nämlich Opfer der Ambivalenz ihrer unmittelbaren sozialen und politischen Umgebung zu werden. Im Brief an Ferenczi vom 8. April 1915 wiederum spricht Freud von einem »von Galgenhumor inspirierten Vortrag […], den ich hier im Judenverein gehalten habe« (F/Fer II/1, 116). Warum »Galgenhumor«? Was ahnte Freud im Hinblick auf das künftige Schicksal der Juden?

Warum Krieg? (1933)

1932 schrieb der Physiker Albert Einstein unter dem Datum des 30. Juli einen Brief an Freud, in welchem er ihn auf Anregung des Völkerbundes und seines Internationalen Instituts für geistige Zusammenarbeit dazu aufforderte, mit ihm in einen Gedankenaustausch über die Frage einzutreten, ob es einen Weg gebe, die Menschen vom Verhängnis des Krieges zu befreien. Freud griff den Vorschlag auf und antwortete Einstein im September 1932. Der Briefwechsel zwischen dem berühmten Physiker und dem berühmten Psychoanalytiker erschien Anfang 1933,

d. h. im historischen Kontext der Machtergreifung Hitlers in Deutschland, unter dem Titel *Warum Krieg?*, *Pourquoi la guerre?* und *Why war?* zugleich in deutscher, französischer und englischer Sprache in Paris.

Zunächst erörtert Freud die Möglichkeit der Herstellung und Bewahrung des Friedens dadurch, daß Gesellschaften von der Gewalt zum Recht übergehen, indem sie die Gewalttätigkeit einzelner Starker mittels des Zusammenschlusses der vielen Schwachen zähmen. Aber auch der Übergang von der Gewalt zum Recht schafft laut Freud keine dauerhaft friedlichen Zustände, da innerhalb einer größeren rechtsförmig organisierten Gemeinschaft neue Machtverhältnisse entstehen, die wiederum zu Interessenkonflikten und neuer Gewalttätigkeit führen. Auch nach außen sehen sich Gemeinschaften immer wieder gezwungen, Konflikte gewaltsam auszutragen, und Freud kommt zu dem Schluß, daß der Fortschritt, den die Menschheit erreicht habe, lediglich darin besteht, daß sie permanente Kleinkriege »gegen seltene, aber umsomehr verheerende Großkriege« eingetauscht hat (GW XVI, 18). Auch die Macht von »Ideen«, wie sie etwa die supranationale Institution des Völkerbundes oder die »bolschewistische Denkungsart« (19) vertrete, garantiere keinen stabilen Frieden. »Es ist ein Fehler in der Rechnung, wenn man nicht berücksichtigt, daß Recht ursprünglich rohe Gewalt war und noch heute der Stützung durch die Gewalt nicht entbehren kann« (19 f.).

Im weiteren argumentiert Freud mit der »mythologischen Trieblehre« der Psychoanalyse (23), d. h. mit dem Antagonismus von Eros und Thanatos, Lebenstrieb und Todestrieb. Um die aggressiven Äußerungen des Letzteren einzudämmen, d. h. um künftige Kriege zu verhindern, sei es notwendig, die im weitesten Sinne erotischen Bindungen unter den Menschen, das Gefühl der Gemeinsamkeit und des Zusammenhalts zu stärken, was nur mittels Identifizierung zu leisten sei. Aber: »Das ist nun leicht gesagt, aber schwer zu erfüllen« (23). Und daß die Individuen vollends auf ihre triebhaften Bedürfnisse verzichten und sich der »Diktatur der Vernunft« unterwerfen, sei schon gar utopisch (24) bzw. allenfalls eine »Zukunftshoffnung«, wie es in der *Neuen Folge der Vorlesungen zur Einführung in die Psychoanalyse* heißt (GW XV, 185).

So bleibt Freud am Ende nur die Beteuerung, man müsse »aus organischen Gründen« (GW XVI, 25) Pazifist sein. Der Prozeß der allgemeinen Kulturentwicklung, Freud zufolge eine Art kollektiver Triebdomestizierung der Gattung, die körperliche wie seelische Veränderungen bewirke, führe schließlich zur »Erstarkung des Intellekts« und zur »Verinnerlichung der Aggressionsneigung«. Dieser vom Kulturprozeß begünstigten wachsenden »konstitutionelle[n] Intoleranz« (26) gegen Aggression und Gewalt ist der Krieg nicht mehr kompatibel, und zwar sowohl in ästhetischer wie in anderer Hinsicht – Krieg ist keine Option mehr: »Alles, was die Kulturentwicklung fördert, arbeitet auch gegen den Krieg« (27).

Anders als sonst, etwa in *Das Unbehagen in der Kultur*, wo Freud ausdrücklich festhält, Kultur sei keineswegs das Kostbarste, was der Mensch besitzen oder erwerben könne, und alle Kulturanstrengungen seien »nicht der Mühe wert« (GW XIV, 505), da sie mit zu vielen (Trieb-)Opfern erkauft seien, votiert er in *Warum Krieg?* ohne Wenn und Aber für die Kultur. Nicht wenige Leser sehen in diesem Sinneswandel Freuds einen Bruch in seinem Denken. Denn hier habe Freud, der doch sonst von der Annahme eines ursprünglichen Aggressionstriebes ausgegangen sei und den gewaltsam ausgetragenen Konfliktfall für wahrscheinlicher gehalten habe als dessen friedliche Beilegung, sich angesichts der vorgestellten Schrecken des Krieges als Pazifist bekannt, der vermutlich kaum war. Tatsächlich kann man *Warum Krieg?* als Dokument eines Vernunftpazifismus lesen, der alle nur denkbaren sachlichen Einwände zugunsten des Bekenntnisses zur Zukunft der Kultur beiseiteschiebt, oder auch als Ausdruck von »wishful thinking« (Bendersky 2000, 630). Wenig einleuchtend ist das Gegenargument Alfred Schöpfs, wonach Freuds überraschender Pazifismus, wie er sich in dem Brief an Albert Einstein artikuliert, das Resultat einer den Freund-Feind-Gegensatz transzendierenden Konfliktlösungsstruktur gemäß einem in der Freudschen Theorie angelegten triangulär-ödipalen Muster ist (Schöpf 2004, 530).

Literatur

Bendersky, Joseph W.: Schmitt and Freud. Anthropology, Enemies and the State. In: Dietrich Murswiek u. a. (Hg.): *Staat – Souveränität – Verfassung. Festschrift für Helmut Quaritsch zum 70. Geburtstag.* Berlin 2000, 623–635.

Creveld, Martin van: *Die Zukunft des Krieges.* München 1998 (engl. 1991).

Freud, Sigmund: Wir und der Tod [1915]. In: *Psyche* 45 (1991), 132–142.

Marquard, Odo: *Transzendentaler Idealismus, Romantische Naturphilosophie, Psychoanalyse.* Köln 1987.

Nitzschke, Bernd: Freuds Vortrag vor dem Israelitischen Humanitätsverein »Wien« des Ordens B'nai B'rith: Wir und der Tod [1915] · Ein wiedergefundenes Dokument. In: *Psyche* 45 (1991), 97–131.

Politzer, Heinz: *Freud und das Tragische.* Hg. von Wilhelm W. Hemecker. Wiener Neustadt 2003.

Rieff, Philip: *Freud. The Mind of the Moralist.* New York 1961.

Schöpf, Alfred: Freund und Feind: Das Destruktive und seine praktische Bewältigung. In: *Psyche* 58 (2004), 515–532.

Turnheim, Michael: *Das Andere im Gleichen. Über Trauer, Witz und Politik.* Stuttgart 1999.

Waibl, Elmar: *Gesellschaft und Kultur bei Hobbes und Freud.* Wien 1980.

Hans-Martin Lohmann

10. Literatur und Kunst

10.1 *Der Wahn und die Träume in W. Jensens ›Gradiva‹ (1907)*

Nachdem bereits 1903 Wilhelm Stekel auf die soeben erschienene Novelle *Gradiva. Ein pompejanisches Phantasiestück* aufmerksam gemacht hatte, wies 1906 C. G. Jung Freud noch einmal auf die Erzählung hin. Zwischen beiden begann in diesem Jahr ein intensiver Briefwechsel, und Freud soll im Sommer 1906 seine *Gradiva*-Analyse angefangen haben, um Jung ›Freude zu machen‹ (Biograph Jones); die Schrift *Der Wahn und die Träume in W. Jensens ›Gradiva‹* (GW VII, 29–125) erschien im Mai 1907. Freud legte hier erstmals die Interpretation eines geschlossenen literarischen Werks vor, wobei er – im Gegensatz zu den späteren Psychopathographien über Leonardo und Dostojewski – sich auf die binnenliterarische Psychologie der handelnden Personen konzentrierte und den Autor aussparte.

Der 1837 in Heiligenhafen geborene, lange in München lebende Wilhelm Jensen war ein äußerst produktiver Verfasser historischer Romane und von entschiedener Unterhaltungsliteratur. Literaturgeschichtlich rechnet man ihn dem Realismus zu. Studierter Mediziner und promovierter Philologe, stand er in Kontakt mit den geistigen Strömungen seiner Zeit, bekannte sich zu Schopenhauer und war nicht nur mit Storm und Raabe, sondern auch mit Ernst Haeckel und Wilhelm Wundt befreundet. Die Entstehungsumstände der *Gradiva* sind insofern wichtig, als Jensen darin wieder einmal von einem zentralen persönlichen Motiv (Liebe zur ›Schwester‹) handelt und – im Briefwechsel mit Freud – von einem besonders starken kreativen Impuls spricht. Mit der Psychoanalyse war Jensen nicht bekannt, als Schopenhauerianer hatte er aber einen Begriff vom Illusionscharakter der Zeit, vom zeitlosen Unbewußten und von ›den Trieben‹. Allgemeine psychologische Konzepte wie die *idée fixe* und die Unterscheidung von ›bewußt‹ und ›unbewußt‹ waren ihm vertraut.

Freud konnte sich bei seiner Deutung mit einer psychologischen Organisation des Novellentextes kurzschließen, die sich nicht nur starker unbewußter Dynamik, sondern auch deren informierter Kontrolle verdankte.

Der Inhalt läßt sich folgendermaßen zusammenfassen: Norbert Hanold, ein junger deutscher Gelehrter, dem die Archäologie alles bedeutet und die Frauen und die Liebe wenig, wird eines Tages im Monat Mai von großer Unruhe befallen. Nachts träumt er vom Ausbruch des Vesuvs im Jahre 79 n. Chr., wobei ihm eine reizvolle junge Frau erscheint, die eigentümlich ihren linken Fuß aufsetzt. Am Morgen weiß er, daß er von der Gradiva geträumt hat. ›Gradiva‹, ›die Vorschreitende‹, hat er das Reliefbild einer jungen Pompejanerin getauft, das an einer Wand seines Arbeitszimmers hängt und für ihn eine intensive – für wissenschaftlich gehaltene – Attraktion besitzt. Plötzlich wird der Drang, dem Schicksal der jungen Pompejanerin nachzuforschen, in Hanold unwiderstehlich. Er reist nach Italien, hier von Rom nach Neapel, dann landet er wie unabsichtlich in Pompeji. Begleitet und dirigiert wird seine Reise von einer Reihe von Träumen, teils deutlich erotischen Charakters. Hanold gerät in Pompeji in einen wahnhaften Zustand, der sich noch verstärkt, als er in den Ruinen tatsächlich auf die Gradiva trifft, die offenbar Urlaub vom Hades hat. Wirklichkeit und Phantasie treten ihm jetzt gefährlich zusammen. Mit Hilfe aufdeckender Träume und des psychagogisch sehr geschickten Verhaltens der jungen Frau wird Norbert Hanold schließlich von seinem Wahn befreit und kann den wahren Sachverhalt erkennen: Die vermeintliche Gradiva in Pompeji ist in Wirklichkeit seine Kindheitsfreundin Zoe Bertgang, an der einmal seine ganze Liebe hing, bevor er sie der Wissenschaft opferte. Diese Liebe ist jetzt wieder erwacht – wie Pompeji ›aus der Verschüttung wieder ausgegraben‹. Hanold wird gesund, ist mit Zoe wieder dem Leben zugewandt und wird sie vermutlich bald heiraten.

Freud hat es in der *Gradiva* Jensens nicht mit einem Text zu tun, dessen psychologische Errungenschaften sich gleichsam hinter dem Autors aus seinem Unbewußten ergeben hätten. Die *Gradiva* weist die klare und bewußte Textintention auf, von einer »verschütteten« (Jensen/Freud, 216) Kindheitsliebe zu erzählen, die sich spurenweise an ein Bildwerk heftet und eines Frühlingstages wiederkehren möchte, womit sie den widerstrebenden Helden krank macht. Auch die ›kathartische‹ Gesundung des Helden durch die Wiedergewinnung der persönlichen Kindheitsvergangenheit ist bei Jensen bewußt angelegt. Selbst die damals für die Psychoanalyse immer wichtiger werdende Gleichung aus der Evolutionstheorie ›Ontogenese=Phylogenese‹ ist Teil der kalkulierten Konstruktion der Wahnzustände: Die ›verschüttete‹ Kinderliebe Zoe erscheint Hanold als Pompejanerin aus dem Jahr 79, die ›ontogenetische‹ Vergangenheit findet also ihre Entsprechung in der ›phylogenetischen‹ Antike. Diese Beobachtungen zeigen, wie nahe eine psychologisch sensible Literatur von sich aus den neuen Konzepten der Psychoanalyse bereits gekommen war – oder *vice versa*.

Freuds Interpretation des Textes simuliert eine fortlaufende klinische Anamnese des Norbert Hanold, wobei sie erkennbar schon von fünf vorgängigen Annahmen geleitet wird: 1. Bei Hanolds Reisedrang und seinem ›Wahn‹, die Gradiva erscheine ihm leibhaftig in Pompeji, handelt es sich um die Wiederkehr einer verdrängten Triebbesetzung. 2. Hinter dieser verdrängten Triebbesetzung verbirgt sich die Kinderliebe zu Zoe Bertgang. 3. Das Mittel der Verdrängung war die archäologische Wissenschaft, und diese ist zugleich der Bereich, in dem das Verdrängte zurückkehrt. 4. Die Träume spiegeln die Wiederkehr des Verdrängten und Hanolds Widerstand dagegen. 5. Das 79 verschüttete und nach vielen Jahrhunderten wieder ausgegrabene Pompeji ist das Sinnbild für die in Kindheit/Jugend erfolgte Verdrängung einer frühen Liebe und für ihre Wiederkehr. Diese fünf Hypothesen bewähren sich dann an allen wichtigen Details der Novelle, die Freud noch einmal nacherzählt. Er führt dabei seine Nachweise wie in einem therapeutischen Prozeß und erklärt überdies für den Nichtinformierten die Axiome der Psychoanalyse.

Freuds weitläufiges Vorgehen ist hier nicht reproduzierbar, wir geben ein Beispiel: Die Ausgangsfrage ist, wie man in der Literatur vorkommende Träume aufzufassen habe und ob man sie behandeln könne wie tatsächlich geträumte. Freud verspricht die Antwort am Beispiel der *Gradiva* zu geben. Er beschreibt den Helden Norbert Hanold, dessen Faszination durch das Marmorrelief der jungen Pompejanerin und seine fixe Idee, etwas über ihr historisches Urbild herauszufinden. Dann referiert Freud den ersten Traum Hanolds, in dem dieser sich zeitgleich mit der Gradiva in Pompeji befindet, und zwar am 24. August 79, dem Zeitpunkt der Verschüttung. Alles flüchtet vor der hereinbrechenden Katastrophe, nur die Gradiva, die er plötzlich erkennt, legt sich vor dem Jupitertempel ruhig zum Schlaf nieder. Hanold möchte sie retten, doch ihr Gesicht färbt sich immer blasser, als ob es sich zu weißem Marmor umwandle. Dann hat der Aschenregen sie begraben. Der Traum wirke in Hanold fort, führt Freud aus, und bewege ihn zu seiner spontanen Italienreise. Deuten kann Freud ihn noch nicht. In Pompeji trifft Hanold dann, wie er wahnhaft glaubt, tatsächlich auf die Gradiva. Freud beschreibt nun psychoanalytisch den gesamten Vorgang der Wahnverstärkung bei Hanold und des ›therapeutischen‹ Mitvollzugs durch Zoe Bertgang, der in die Auflösung des Wahns mündet, als Hanold sie schließlich wiedererkennt. An diesem Punkt, an dem die Verdrängung aufgehoben ist, kann sich Freud wieder dem Pompejitraum Hanolds zuwenden und ihn ausführlich analysieren. Jetzt kann er sich auf die Annahmen und die Interpretationsmethode seiner *Traumdeutung* beziehen und sie am literarischen Gegenstand erläutern. Der Leser erfährt das Wichtigste aus der *Traumarbeit* (z. B. über die *Verschiebung* als Folge des *Widerstands*: Hanold, der sich die Erotik nicht eingestehen will, träumt sich mit Zoe aus der Gegenwart zurück ins alte Pompeji; in diesem Kompromiß ist dann ihre gemeinsame Anwesenheit im Traum möglich); *latenter Traumgedanke* und *manifester Trauminhalt* werden definiert und die Angst als verkappter Sexualaffekt erklärt. Am Ende kennt der Leser die Quintessenz von Freuds *Traumdeutung*, und die Dichtung wurde zum Zeugnis ihrer Wahrheit.

Pompeji ist im 19. Jh. ein vielfach besetztes Kultursymbol. Um 1750 beginnt die bunte und populäre Rezeptionsgeschichte der wiedergefundenen Stadt, in der man ihr eine ganze Reihe gerade relevanter Bedeutungen zuschreibt (Venusstadt, Ort der Wiedergeburt, Geisterstadt usw.). Hier genügt, daß ›Pompeji‹ mit einfachen, verständlichen Strukturen bestimmte Zeit- und Raumverhältnisse darstellt, in die man eine Bedeutung eintragen konnte. Von dieser Möglichkeit profitierte sowohl Jensens Italien-Novelle wie Freuds psychoanalytische Deutung, und hier liegt wohl eine Erklärung für die verblüffenden Strukturanalogien zwischen beiden. Es sind vor allem verschiedene Erscheinungsformen von Zeit.

1. *Zeitlosigkeit*: Wie das Unbewußte der Psychoanalyse keine Zeit hat – das heißt: infantile Inhalte immer in die Präsenz treten können –, so führt auch *Gradiva* die Zeitlosigkeit der erinnerten Kindheit vor.

Zoe versucht, als sie in den Ruinen beieinandersitzen, Hanold die gemeinsame Kinderzeit in Erinnerung zu bringen: »Mir ist's, als hätten wir schon vor zweitausend Jahren einmal so zusammen unser Brot gegessen. Kannst du dich nicht darauf besinnen?« (Jensen/Freud, 196). Dies dürfte das Echo einer berühmten Schopenhauer-Stelle über die *Unzerstörbarkeit unsers wahren Wesens durch den Tod* sein.

2. *Ontogenese = Phylogenese*: Nach eben diesem Haeckel-Freudschen Prinzip, das bald auch für die psychoanalytische Kulturtheorie Freuds wichtig wird, versteht *Gradiva* die linearen Zeitverhältnisse in der Handlung: als »Gleichstellung von Verschüttung und Verdrängung, Pompeji und Kindheit« (GW VII, 112).

3. *Zeitschichten als Sedimentschichten*: Die bedeutende Rolle der Geologie, der Evolutionstheorie und der Archäologie im 19. Jh. beförderte eine stratigraphische Zeitvorstellung: Entwicklungen sedimentieren sich in feststellbaren Schichten. Beliebtes Beispiel war Schliemanns ›trojanische Torte‹ mit den verschiedenen Siedlungsschichten Trojas. Das stratigraphische Muster findet sich im psychoanalytischen Erinnerungskonzept wie im Pompeji der *Gradiva*: für den gesundenden Hanold steigt die Kindheitserinnerung herauf aus einer tiefer liegenden Gedächtnisschicht – wie ›aus der Verschüttung wieder ausgegraben‹.

4. *Lineare Zeit vs. Konservierung*: Der Widerspruch zwischen dem Zeitpfeil und der mystischen Idee der Zeitlosigkeit (*nunc stans*) wird in der Literatur des 19. Jh. häufig behandelt und oft aufgelöst im geologisch-archäologischen Motiv der Konservierung von Zeitlichem. Beispiel ist die vielfach bearbeitete Anekdote des jung verschütteten und als Jüngling nach Jahrzehnten wieder ausgegrabenen Bergmanns von Falun. Entsprechendes Interesse galt den petrifizierten Leibern der im Jahr 79 umgekommenen Pompejaner. Das psychoanalytische Konzept der *Verdrängung* versteht die Inhalte des Unbewußten ja nicht anders: mit unverminderter Energie können sie nach Jahrzehnten wieder in ihr Recht treten. Auch hier trifft sich Freud mit Jensens *Gradiva*-Phantasie: Zoe für etwas Ausgegrabenes und wieder lebendig Gewordenes anzusehen.

Das Relief der *Gradiva* ist, seit Freud selbst es sich über der Behandlungscouch aufhängte, zu einer Ikone der Psychoanalyse geworden und findet noch heute die erstaunlichste Verwendung bis hin zum Logo auf persönlichen Internetseiten. Von der engeren inhaltlichen Bedeutung, die ihm Jensen und Freud gegeben haben, hat es sich meist gelöst. Ohne Freuds Interpretation, die als erzählte Einführung in

die Psychoanalyse eine Zeit lang große didaktische Wirkung ausgeübt hat, bestünde diese Popularität allerdings nicht. Die Rezeptionsgeschichte der Studie muß noch geschrieben werden. Vor allem in der französischen und englischen Literaturwissenschaft ist ihr Einfluß feststellbar. Vermutlich hat sie ihre größte Wirkung aber auf die Künste selbst ausgeübt. So kann man einen Einfluß der *Gradiva* und ihrer Deutung auf Thomas Manns Novelle *Der Tod in Venedig* annehmen, die ja ebenfalls von der Wiederkehr des Verdrängten handelt (das ist auch Thema des Romans von Manfred Dierks *Der Wahn und die Träume*). Den zweifellos produktivsten Einfluß erkennt man bei den französischen Surrealisten im Zuge ihrer Psychoanalyse-Aneignung, und hier nicht zuletzt über das Reliefbild der Gradiva und ihre ›mannequinhafte‹ Gangart. Bei Dalí tritt die Gradiva/Zoe zusammen mit seiner Frau Gala unter dem Doppelaspekt von Therapeutin und Muse auf. Auch Max Ernst, André Breton und André Masson haben das Motiv bearbeitet, und Marcel Duchamp hat für Bretons 1937 eröffnete Galerie GRADIVA eine Durchgangstür geschaffen, auf der, wer will, das Paar Zoe und Norbert Hanold erkennen kann (s. hierzu auch Kap. IV.10).

Literatur

Dierks, Manfred: Der Wahn und die Träume im ›Tod in Venedig‹. In: *Psyche* 44 (1990), 240–268.
–: *Der Wahn und die Träume. Eine fast wahre Erzählung aus dem Leben Thomas Manns.* Düsseldorf/Zürich 1997.
Freud, Sigmund: *Der Wahn und die Träume in W. Jensens ›Gradiva‹.* Mit der Erzählung von Wilhelm Jensen. Hg. und eingeleitet von Bernd Urban. Frankfurt a.M. 1995.
Jensen, Wilhelm: *Gradiva. Ein pompejanisches Phantasiestück.* Dresden/Leipzig 1903. In: Jensen/Freud.
Rohrwasser, Michael u.a. (Hg.): *Freuds pompejanische Muse. Beiträge zu Wilhelm Jensens Novelle ›Gradiva‹.* Wien 1996.

Manfred Dierks

10.2 *Der Dichter und das Phantasieren* (1908)

Dezember 1907 sprach Freud zu diesem Thema im Salon seines Verlegers Heller; als Essay ausgearbeitet erschien der Vortrag im März 1908 in der literarischen Zeitschrift *Neue Revue*. Freud verstand ihn »als ein zu dürftiges Schema [...], aber eine erste Annäherung an den realen Sachverhalt« (GW VII, 221f.), betonte jedoch bald, daß die Psychoanalyse Dichtung hier nicht mehr bloß nutze, um ihre Erkenntnisse zu bestätigen, sondern sie erstmals um ihrer selbst willen befrage (ebd., 123). Schon Kant hatte in der *Kritik der Urteilskraft* Dichtung und Spiel einander angenähert, Schiller dann in *Über die ästhetische Erziehung* und zu Freuds Zeit der von ihm gelesene Karl Groos (GW VI, 135). Wilhelm Dilthey hatte in *Die Einbildungskraft des Dichters* (1887) die Funktionsweisen dichterischen Phantasierens psychologisch und historisch auf Erfahrungen des Dichters und auf geistesgeschichtliche Rahmenbedingungen hin untersucht. Jetzt wendet sich Freud, nachdem er in *Die Traumdeutung* (1900) Gesetzlichkeiten des Träumens, in der *Gradiva*-Studie (1907) die Verwandtschaft von Wahn und Träumen sowie in seinem Buch über den Witz (1905) die Funktion ästhetischer Vorlust vor Augen geführt hatte, von hier aus dem dichterischen Phantasieren zu (GW VII, 211–223). Er fragt aus triebtheoretischer Perspektive produktionsästhetisch nach dem Material der Dichter und wirkungsästhetisch nach Techniken, mit denen sie Rezipienten erregen.

Er verankert Dichtung durch Reihenbildung in weiteren psychischen Kontexten, knüpft an bewußt Erfahrbares an und gelangt über psychoanalytisch Erkanntes zu Ansätzen einer ästhetischen Theorie. Die erste Reihe führt vom Spiel über den Tagtraum zur Dichtung: Das Kind spiele, indem es in Anlehnung an die wirkliche Welt eine eigene schaffe, sie mit großen Affektbeträgen besetze, ernst nehme, aber deutlich von der Wirklichkeit abgrenze. Der Heranwachsende verinnerliche das Realitätsprinzip und gebe das kindliche Spiel auf. Statt dessen phantasiere er, gehe in einem von der Wirklichkeit getrennten Raum seinen Wunschvorstellungen nach, verberge diese Tagträume jedoch; denn er müsse in der wirklichen Welt handeln und dürfe keine verbotenen Wünsche zugeben. Der Dichter verstehe es dann, seine Tagträume so zu gestalten, daß andere nicht abgestoßen werden und sie genießen. Diese Reihenbildung erlaubt es, Dichtung vom kindlichen Spiel und vom Phantasieren her zu begreifen. Die zweite Reihe führt vom Traum über den Tagtraum zur Dichtung, eine Ergänzungsreihe, in der bewußte und vorbewußte Momente zunehmen, das in der *Traumdeutung* entwickelte Modell prinzipiell aber erhalten bleibt. Der offenen Auges geträumte Tagtraum sei sekundär stärker bearbeitet, konsistenter und beziehe die Wirklichkeit stärker ein. Das setze sich mit der Dichtung fort, die von möglichst vielen akzeptiert werden wolle. So versteht Freud über das Verbindungsglied des Tagtraums Dichtung vom Modell des Traums und Dichtungsarbeit von dem der Traumarbeit her.

Wesentliches Moment dieser Reihen ist das Phantasieren, das Verbindungsglied zwischen Freuds phy-siologischem und seinem psychologisch-hermeneutischen Denken. Phantasien sind ihm durch Abwehrvorgänge entstellte Wunschinszenierungen, Abkömmlinge verdrängter Erinnerungen, die einen Mangel zur Voraussetzung haben: »der Glückliche phantasiert nie« (216). Sie entstehen im Wechselspiel zwischen einem aktuellen Eindruck, der einen Wunsch weckt, der seinerseits frühere Erlebnisse erinnern läßt und sich nun auf künftige Erfüllung bezieht. So schwebe eine Phantasie zwischen Gegenwart, Vergangenheit und Zukunft und ändere sich mit ihnen. Von ihr aus begreift Freud Verwandtschaft und Differenz unterschiedlicher Phänomene: Je nach Abwehrmechanismen, Stärke der Besetzung und verinnerlichtem Realitätsprinzip ergäben sich aus identischen Phantasien Neurose, Psychose, Perversion, Traum, Tagtraum, Mythen oder Literatur; diese erstrecke sich in lückenloser Reihe von trivialer Unterhaltungsliteratur bis zu anspruchsvollen dichterischen Schöpfungen. So kann Freud durch Reihenbildung dichterisches Schaffen, insbesondere literarische Stoffwahl, mit zahlreichen der Psychoanalyse zugänglichen Phänomenen verbinden und zeigen, wie sie aufeinander einwirken; er kann literarisches Schaffen von anderswo erkannten Gesetzen her verstehen und sich von der Theorie des Phantasierens aus dem phantasierenden Autor nähern.

Mit diesen Reihen hat Freud einen Weg zur Psychoanalyse von Literatur gewiesen, zu ihrem Verständnis als Literatur freilich erst wenig beigetragen. Das versucht er, indem er nach den Mitteln fragt, mit denen Dichter die Abstoßung zwischen Ich und Ich überwinden; hier sieht er die eigentliche *Ars poetica*, die jedoch Geheimnis bleibe. Zwei Mittel könne er erraten: der Dichter mildere den egoistischen Charakter des Tagtraums durch Änderung und Verhüllung und er besteche durch Form mit ästhetischem Lustgewinn. Diesen versteht er nach dem Modell der erotischen Vorlust, die zur genitalen Lust locke, als Verlockungsprämie, welche zum eigentlichen Genuß des Werks führe, der sich aus der Befreiung von psychischer Spannung ergebe.

Der Essay enthält die psychoanalytische Literaturwissenschaft in Keimform. Das am Traummodell ausgerichtete Verständnis von Literatur als einer auf Anteilnahme Anderer bezogenen Phantasiebefriedigung unbewußter Wünsche führte zu Interpretationen, die sich an der Traumdeutung orientierten. Sie fragten nach latentem Inhalt, unbewußtem Wunsch, Trauma, Verfahren des Primärprozesses (Verdichtung, Verschiebung, Symbolbildung), nach Abwehrprozessen und nach dem Autor. Oft wurden nur einzelne Momente untersucht, selten Kunstarbeit nach dem Modell der Traumarbeit als ganze rekonstruiert. Dennoch gelang es oft, den Zusammenhang zwischen Phantasieren, Schreiben und Lebensgeschichte zu erhellen. – An solchen Interpretationen wurde kritisiert, daß sie den Text willkürlich auf latente Wünsche hin interpretierten, Künstlerisches auf Neurotisches zurückführten, Form als Verhüllung und Vorlustlieferant mißverstünden, banausisch eher triviale Texte analysierten und den historisch-gesellschaftlichen Ort von Literatur ausblendeten. Solche Kritik ist gerechtfertigt, wo Deutungen nicht die gesamte Traumarbeit rekonstruieren oder ihren Ort in ihr nicht reflektieren (Schönau/Pfeiffer 2003, 75–114).

Inzwischen wurden literaturpsychoanalytische Theoriebildung und Praxis, die auf Freuds Essay gründen, fortentwickelt. Sie stützen sich auf Winnicott (1971), dessen Konzept vom Übergangsobjekt den Zusammenhang von Spiel, Phantasieren, literarischem Schaffen und Rezipieren plausibler macht, und auf Sachs (1924), der mit den gemeinsamen Tagträumen Jugendlicher das *missing link* zwischen Tagtraum und Literatur entdeckte: Der Tagträumer finde einen Komplizen seiner verbotenen Phantasie, Gefühle von Scham und Schuld verringerten sich, er erfahre Geborgenheit, jene Abstoßung zwischen Ich und Ich könne überwunden und die private Phantasie zur gemeinsamen, schließlich gesellschaftlichen werden. Von Matt hat in die Diskussion zwei nützliche Begriffe eingebracht: das psychodramatische Substrat, die abstrakte unbewußte Phantasiestruktur eines Textes (1972), und die Opus-Phantasie darüber, wie das Werk sein sollte (1979). Sie speise sich aus Traditionen und gestalte die private Phantasie in überlieferte Formen, z. B. in die einer Gattung ein. Das Wechselspiel möglichst aller Momente eines literarischen Textes untersuchte Pietzcker (1983). Dem Zusammenhang zwischen geschichtlicher und psychoanalytischer Deutung eines Textes gelten zahlreiche Arbeiten (z. B. Cremerius 1995). Der von Freud nur andeutend beantworteten Frage nach dem Literarischen von Literatur hat sich die Forschung inzwischen mehrfach angenommen (Pietzcker 1990): Aus ich-psychologischer Perspektive wurden formale Momente als ich-funktionale Abwehrmechanismen verstanden, die Befriedigung kontrollieren und Ängste konterkarieren, sowie als Organisatoren von Wahrnehmung, Verständlichkeit und Abgrenzung zwischen Schein und empirischer Welt. Das synthetisierende Ich sei unbewußten Ausdruckszwängen, Traditionen und gesellschaftlichen Normen nicht gänzlich unterworfen und könne mit ihnen spielen. Aus selbstpsychologischer Perspektive dienen formale Vollständigkeit und Harmonie dazu, Integrität von Objekt und Subjekt zu sichern; Form verschaffe als Symbol wiedergewonnener Vollkommenheit Selbstgenuß, schütze vor Schuldgefühlen und Objektverlust. Aus literaturwissenschaftlicher Perspektive wurde literarische Form als eine im Kompromiß durchlässige Grenze zwischen Wunsch und Realitätsprinzip verstanden: Von seinen unbewußten bis hin zu seinen bewußten Momenten vollziehe das Werk sich in solchen Kompromissen als Abfolge von Grenzen, deren bewußtseinsnächste als literarische Form wahrgenommen werde. – Eine umfassende Theorie des Literarischen, die auf *Der Dichter und das Phantasieren* aufbaut, gibt es noch nicht, doch die Phase inhaltsbezogener Forschung ist überwunden.

Literatur

Cremerius, Johannes (Hg.): *Psychoanalyse und die Geschichtlichkeit von Texten. Freiburger literaturpsychologische Gespräche* 14 (1995).

Matt, Peter von: *Die Opus-Phantasie. Das phantasierte Werk als Metaphantasie im kreativen Prozeß.* In: *Psyche* 33 (1979), 193–212.

–: *Literaturwissenschaft und Psychoanalyse* [1972]. Stuttgart ²2001.

Pietzcker, Carl: Zum Verhältnis von Traum und literarischem Kunstwerk. In: *Psychoanalytische Textinterpretation.* Hg. von J. Cremerius. Hamburg 1974, 57–69.

–: *Einführung in die Psychoanalyse des literarischen Kunstwerks am Beispiel von Jean Pauls Rede des toten Christus.* Würzburg ²1983.

– (Hg.): *Zur Psychoanalyse der literarischen Form(en). Freiburger literaturpsychologische Gespräche* 9 (1990).

Sachs, Hanns: *Gemeinsame Tagträume.* Wien 1924.

Schönau, Walter/Joachim Pfeiffer: *Einführung in die psychoanalytische Literaturwissenschaft.* Stuttgart/Weimar ²2003.

Winnicott, Donald W.: *Vom Spiel zur Kreativität* [1971]. Stuttgart ⁹1997.

Carl Pietzcker

10.3 *Eine Kindheitserinnerung des Leonardo da Vinci* (1910)

Konzipiert ab Oktober 1909, wurde die Niederschrift der Studie (GW VIII, 127–211) im April 1910 beendet – sie erschien im Mai 1910 als Heft 7 der *Schriften zur angewandten Seelenkunde.* Der wichtigste Kontext ist die Beziehung zu C. G. Jung. Sie scheint sich auf ihrem positiven Höhepunkt zu befinden, Jung gilt als erwählter ›Kronprinz‹ Freuds. Tatsächlich aber strebt sie auf den endgültigen Konflikt zu; treibende Kraft auf seiten Jungs ist, wie er selbst bemerkt, sein ›Vaterkomplex‹. Beide Konkurrenten stoßen in dieser Zeit in die phylogenetische Frühphase der menschlichen Seelenentwicklung vor, die sie vor allem auf dem Gebiet der Mythologie studieren. Jetzt bereitet sich – bis Ende des Jahres 1911 – der Abfall Jungs von der Psychoanalyse besonders in der zentralen Libidotheorie vor, ausgehend von einer unterschiedlichen Fassung des Inzest-Problems. Von hier an ziehen Freud und Jung aus den vorliegenden Phylogenese-Konzepten und aus Mythologie und Kulturgeschichte ihre unterschiedlichen Schlüsse – Zeugnisse dafür sind der *Briefwechsel Freud/Jung*, Jungs *Wandlungen und Symbole der Libdido* (1912) und Freuds *Totem und Tabu* (1912/13).

Die Beweislage von Freuds Interpretationen ist oft dürftig, seine Kombinationen sind vielfach spekulativ und – vor allem zur zentralen ›Geierphantasie‹ Leonardos – manchmal nachweislich falsch. Freud selber hat die Studie eine »halbe Romandichtung« (B, 317) genannt. Das bestimmt den Status der beweisabhängigen inhaltlichen Erkenntnisse, etwa für die Leonardo-Forschung. Den Wert als eine eher intuitive psychoanalytische Charakterstudie berührt das allerdings entschieden weniger.

Freud geht aus von einer doppelten Hemmung, die Leonardos Leben und Persönlichkeit beeinträchtigt habe: In seinem *Sexualleben* habe er das heterosexuelle Liebesobjekt mit dem homosexuellen vertauschen müssen, sich aber vermutlich geschlechtlicher Betätigung enthalten. Als *Künstler* habe er die Eigenart entwickelt, ihm wichtige Werke unvollendet zu lassen, und seine Kunstübung sei zunehmend durch seinen Forschertrieb zurückgedrängt worden. Dieser Zwangsstruktur will Freud auf den Grund gehen.

In der einzigen verbürgten Kindheitserinnerung Leonardos erkennt er eine Erwachsenenphantasie mit allerdings infantilen Rudimenten: Ein Geier sei zur Wiege Leonardos herabgekommen und habe mit seinem Schwanz gegen seine Lippen gestoßen. Sexuell ist das eine Fellatio-Phantasie. Die Frage, warum es sich hier aber um einen Geier handelt, löst Freud durch einen Rückgriff auf die ägyptische Mythologie: Dort sei der mütterliche Geier ein Tier, das nicht vom Manne, sondern vom Winde empfange. Der Geier bedeute: Leonardo sei ein vaterloses Geierkind, das allein mit der (überzärtlichen) Mutter lebt. Dies treffe ja auch realiter auf seine ersten drei Lebensjahre zu. Die Frage der Androgynität des mütterlichen Geiers – er hat ja einen ›Schwanz‹ – löst Freud doppelt: über altägyptische Beispiele und über die – angenommene – infantile Sexualforschung Leonardos, der aus Kastrationsangst der Mutter (nun repräsentiert durch den Geier) ein männliches Genital zugesprochen habe. In einem weiteren Schritt bezeichnet Freud diese biographischen und Phantasie-Verhältnisse Leonardos, die sich in der Geier-Vorstellung verdichten, als eine Voraussetzung für Homosexuali-

tät. Leonardo vertritt danach einen bestimmten Typ des Homosexuellen, der aus einer nicht aufgegebenen erotischen Einheit mit der Mutter hervorgeht. So erkläre sich seine *sexuelle* Hemmung.

Die *künstlerische* Hemmung hängt, nach Freud, damit zusammen: Die Identifizierung mit dem Vater, die die erotische Einheit mit der Mutter erst ermöglichte, wurde mit der Entscheidung zur Homosexualität aufgegeben. Sie setzte sich jedoch auf dem Gebiet der Kunst als Zwang fort: Leonardo behandelte seine Kunstwerke so nachlässig wie sein Vater einst den Sohn. Seine grandiose Forscherleistung hingegen, die ihn als Künstler zunehmend einschränkte, verdankte Leonardo der Auflehnung gegen seinen Vater – er fühlte sich durch keine Autorität gebunden und konnte frei denken. Aus diesen Zusammenhängen gewinnt Freud schließlich auch noch eine Deutung des ›ambivalenten‹ *leonardesken Lächelns*, wie es die Mona Lisa zeigt, und eine psychoanalytische Auslegung des Gemäldes von der *Hl. Anna selbdritt*.

Die zentrale Geierphantasie Leonardos, von der aus Freud Leonardos infantile Seelenverhältnisse und die zugehörige phylogenetische – ägyptische – Entsprechung interpretiert, fällt als Beweismittel aus. Freud ist in der von ihm hinzugezogenen Literatur einem Übersetzungsfehler aufgesessen: Leonardos Notiz handelt nicht von einem Geier, sondern von einem recht unterschiedlichen Raubvogel, dem *Milan (nibio)*. Dieser besitzt die von Freud herausgearbeiteten mythologisch-psychologischen Bedeutungen nicht. Trotz des Ausfalls dieser vermeintlich ideal verdichteten Schlüsselphantasie hat, davon unabhängig, Freuds Persönlichkeitsskizze bemerkenswerte Konsistenz und ist mit wichtigen Lebensdaten Leonardos vereinbar. Sie zeigt allerdings auch sehr deutlich, von welchen Imponderabilien solche historischen Ferndiagnosen abhängig sind.

Für die Geschichte der Psychoanalyse ist an der Leonardo-Studie zweierlei wertvoll geblieben: 1. Einführung oder Ausbau von Theoriestücken wie des *primären Narzißmus* und 2. prinzipielle Aussagen zum Verhältnis von Psychoanalyse und Kunst:

1. Freuds Analysen zur Homosexualität, die er in den *Drei Abhandlungen zur Sexualtheorie* (1904/5) vorgelegt hatte, werden am Beispiel Leonardos noch einmal erläutert und erstmals mit dem *Narzißmus* verbunden: Das kleine Kind nimmt in der Regel sich selbst in ›[primärem] Narzißmus‹ zum Liebesobjekt. Diese libidinöse Besetzung wird beim Knaben abgelöst durch die Liebe zur Mutter, die er später unter dem Druck der Kastrationsangst verdrängt. Bleibt er jedoch auf die Mutter fixiert, wird der Heranwachsende sich Knaben als neue Objekte wählen, die er so

liebt, wie die Mutter ihn als Kind geliebt hat. Im Grunde handelt es sich dabei um »Ersatzpersonen und Erneuerungen seiner eigenen kindlichen Person« (GW VIII, 170). Dies ist also eine spätere Regression auf die frühkindliche Stufe des ersten Narzißmus und wird dann von Freud den Namen des ›sekundären Narzißmus‹ erhalten. Die Grundfigur des von nun an immer wichtiger werdenden *Narzißmus*-Konzepts ist in der Leonardo-Studie bereits entwickelt. – Die in diesen Jahren für Freud dominante Gleichung aus der Evolutionstheorie ›Ontogenese = Phylogenese‹ läßt ihn das kindliche Seelenleben in eine Verbindung mit ›urzeitlichen Analogien‹ bringen: Da »die seelische Entwicklung des Einzelnen den Lauf der Menschheitsentwicklung abgekürzt« (GW VIII, 167) repetiere, habe sich wohl auch in Leonardos Kindheits-Phantasie von der schwanzbewehrten Geiermutter eine alte Androgynie-Vorstellung wiederholt. Das entspreche auch dem genetischen Zusammenhang von frühmenschlicher Sexualforschung und Religionsentwicklung, in der die Androgynie als göttlich aufgefaßt wurde.

2. Der immer wieder erhobene Vorwurf, die Psychoanalyse versuche, die Kunstschöpfung zu ›erklären‹, trifft auf Freud von Anfang an nicht zu. Sein Verhältnis zur Kunst – vor allem zur Literatur – wird in hohem Maße vom tradierten Genie-Gedanken bestimmt, der einen analytischen Zugang zum kreativen Prozeß selbst ausschließt. Allerdings verteidigt Freud (in Kapitel VI) die Möglichkeit einer *Pathographie* des Künstlers: Die ›Spuren seines Lebenskampfes‹ mit ihren inneren und äußeren Hemmungen könnten herausgearbeitet und psychologisch gedeutet werden. Man kenne dann den Preis, den er für diese oder jene Eigentümlichkeit gezahlt habe und damit einige Bedingungen seiner künstlerischen Leistung – deren eigentliches Wesen jedoch nicht. Freud zeigt das am Verhältnis der persönlichen Konstitution Leonardos zu seinen Verdrängungs- und Sublimierungsleistungen. Die letzteren seien eine Voraussetzung seiner Schöpfungen – wie sie aber zustande gekommen seien, bleibe das Geheimnis seiner ›organischen‹ Anlagen. Ein zentraler Passus lautet: »Die Triebe und ihre Umwandlungen sind das letzte, das die Psychoanalyse erkennen kann. Von da an räumt sie der biologischen Forschung den Platz. Verdrängungsneigung sowie Sublimierungsfähigkeit sind wir genötigt, auf die organischen Grundlagen des Charakters zurückzuführen, über welche erst sich das seelische Gebäude erhebt. Da die künstlerische Begabung und Leistungsfähigkeit mit der Sublimierung innig zusammenhängt, müssen wir zugestehen, daß auch das Wesen der künstlerischen Leistung uns

psychoanalytisch unzugänglich ist« (GW VIII, 209). Diese Positionsbestimmung im VI. Kapitel der Leonardo-Studie hat Freud niemals grundsätzlich verändert.

Ein literarisches Echo ist in Timothy Findleys phantasievollem C. G. Jung-Roman *Der Gesandte* (1999) zu erkennen. Kunstwissenschaft und Leonardo-Forschung berücksichtigen die Studie durchaus und erörtern auch im – überwiegenden – Fall der Ablehnung die psychologischen Einsichten. Meyer Schapiro (1956/1994) vermißt in Freuds Vorgehensweise naturwissenschaftliche Exaktheit. Manfred Clemenz (2003) rekonstruiert Freuds Argumentation in kritischer Absicht. Eine nützliche Reflexion über Freuds Umgang mit den Daten und zum wissenschaftstheoretischen Status seiner Leonardo-Hypothese bietet die Entgegnung Christfried Tögels (Internet o. J.) auf eine Kritik Han Israels (1992).

Literatur
Clemenz, Manfred: *Freud und Leonardo. Eine Kritik psychoanalytischer Kunstinterpretation.* Frankfurt a. M. 2003.
Findley, Timothy: *Der Gesandte* München 2000 (engl. 1999).
Israel, Han: Freuds Phantasien über Leonardo da Vinci. In: *Luzifer-Amor* 5 (1992), H. 10, 8–42.
Luzifer-Amor. Zeitschrift zur Geschichte der Psychoanalyse 5 (1992), Themenheft 10: *Freuds Leonardo-Studie.*
Schapiro, Meyer: Leonardo and Freud. An Art-Historical Study [1956]. In: Ders.: *Selected Papers* IV. New York 1994.
Tögel, Christfried: *Freud, Leonardo und die Wissenschaftstheorie.* In: www.freud-biographik.de/feyer.htm [o. J.].

Manfred Dierks

10.4 *Das Motiv der Kästchenwahl* (1913)

Der Aufsatz (GW X, 23–37) entstand im Juni 1912, also im Umkreis von *Totem und Tabu* (1911–12) und damit der entschiedenen Hinwendung zu phylogenetischen und kulturhistorischen Aspekten der Psychoanalyse. Dominierende Themen dieser Zeit sind der Ödipuskomplex, die Vatertötung und der Tod. Den entscheidenden Anstoß dürfte aber die Briefdiskussion (Mai/Juni 1912) mit C. G. Jung über dessen abweichende Auffassung des Inzestbegriffs gegeben haben: Jung befindet sich mit *Wandlungen und Symbole der Libido* (1911–12) auf dem Absprung von den Grundlagen der Psychoanalyse, insbesondere vom Lustprinzip. Er versteht das Inzestverbot nicht mehr als realistisch gemeint, sondern als symbolisch und legt dies Freud unter anderem an der Tatsache dar, daß das Verbot (nach Mose 3) merkwürdigerweise nicht das Vater-Tochter-Verhältnis umfaßt. Das Interpretationsverfahren der beiden Autoren im Hinblick auf phylogenetisch-kulturgeschichtliches Material stellt sich jetzt als direkt gegensätzlich heraus: Jung bezieht seine Deutungen aus stammesgeschichtlich-kultureller Frühzeit und versteht von dort her die Einzelseele. Freud dagegen geht von dem Seelenmodell aus, das er in seiner aktuellen Praxis an Individuen gewonnen hat, und wendet es auf frühmenschheitlich-frühkulturelle Erscheinungen an. – Es spielt biographisch eine Rolle, daß Freud wie König Lear drei Töchter hat und wie dieser einer davon (Anna) den Vorzug gibt.

Freud geht aus von der Kästchenwahl-Szene im *Kaufmann von Venedig*:

Er möchte hinter die ›eigentliche‹ (= mythologische) Bedeutung der drei Kästchen kommen, die er psychoanalytisch als Symbole für die Frau auffaßt. Nach einem Durchgang durch Mythos, Märchen und Dichtung, der ihm ähnliche Konstellationen einträgt, stellt er fest, daß es sich hier um die drei Schicksalsgöttinnen handelt: Cordelia in *König Lear* symbolisiert deshalb den Tod.

Freud bezieht sich auf zwei Szenen aus Shakespeare, an denen ihm ein Problem aufgeht. Im *Kaufmann von Venedig* bewerben sich drei Freier um die schöne Porzia. Ihnen werden jeweils drei Kästchen vorgelegt: ein goldenes, eins von Silber und eins aus Blei. Von diesen müssen sie eines wählen. Bassanio, der dritte Bewerber, dem die Liebe Porzias bereits gehört, entscheidet sich für das Blei und gewinnt damit die Braut. Freuds Frage ist natürlich, warum ausgerechnet das Blei siegt.

Er schlägt nun eine Volte, die eher eine didaktische Finte ist: Bei Eduard Stucken, einem Vertreter der Astralmythologie, holt er sich die Auskunft, der Kern der Werbungsszene sei eine Sternenkonstellation, die frühzeitig auf menschliche Verhältnisse übertragen worden sei. Die Braut gehöre dem Dritten, denn er sei in bleiernem Glanz der zum Sieg bestimmte ›Sternenknabe‹. Freud ist damit nicht zufrieden, denn »wir glauben nicht mit manchen Mythenforschern, daß die Mythen vom Himmel herabgelesen worden sind, vielmehr [...], daß sie auf den Himmel projiziert wurden, nachdem sie anderswo unter rein menschlichen Bedingungen entstanden waren« (GW X, 25). Mit diesen ›rein menschlichen Bedingungen‹ stellt sich die Untersuchung auf den Boden der Psychoanalyse. Das heißt methodisch: Die literarischen Texte, die Mythen und Sagen, die Freud heranzieht, werden nach Analogie des Traumes behandelt. Sie werden als Produkte einer Form der Traumarbeit verstanden und erschließen sich dem Verfahren der *Traumdeutung*.

Die drei Kästchen – Kästchen als »Symbol des Wesentlichen an der Frau« (GW X, 26) – bedeuten danach die Wahl eines Mannes zwischen drei Frauen. Dies Dreiermuster führt zur zweiten Shakespeare-Szene: König Lear verteilt sein Reich an seine drei Töchter, von denen die jüngste die vorzüglichste ist, wenngleich sich Lear gerade darüber täuscht. Das Muster führt weiter zur Schönheitswahl des Paris, zu Aschenputtel, zur Psyche des Apuleius: die Dritte und Jüngste ist immer die beste. Wer sind nun diese drei Frauen ›eigentlich‹? Freud vermutet hinter ihnen ein sehr altes Motiv.

Die Deutung der Kästchenwahl ergibt psychoanalytisch jetzt eine Gleichung: Das stumpfe Blei und Cordelias Stummheit symbolisieren beide, daß es sich bei der jüngsten Tochter um eine Tote handelt. Die Annahme einer *Verschiebung* (wie in der Traumarbeit) ergibt sogar, daß es sich um die Todesgöttin selbst handelt. Hinter dem Ensemble der drei Frauen erscheint nun der alte Mythos der drei Schicksalsschwestern. Wie aber verträgt sich die furchtbare Tatsache des Todes mit seiner Erscheinung als schönste, treueste, jüngste Schwester? Die psychoanalytische Antwort: Die Angst vor dem Tod führte zu seiner mythopoetischen *Ersetzung durch das volle Gegenteil* von ihm. Dabei konnte die mythenbildende Phantasie auf eine uralte *Ambivalenz* zurückgreifen, auf die archaische Identität von Liebes- und Todesgöttin. Auch die Unerbittlichkeit des Todes wird durch ihr Gegenteil ersetzt: Es besteht freie Auswahl.

Auf diese Weise sind die Umformungen des Mythos von den drei Schicksalsschwestern rekonstruiert: Die jüngste war ursprünglich die Todesgöttin und erscheint – durchs Gegenteil ersetzt – in späteren Mythen und in den Fabeln Shakespeares als die trefflichste Wahl, die der Mensch treffen kann. In einem letzten Schritt bezieht Freud seine Entdeckung noch enger auf die *condition humaine*, wobei seine Hochschätzung der Dichtung zum Ausdruck kommt: Shakespeare habe den von Wunschvorstellungen (*Ersetzungen* usw.) entstellten Mythos ›regressiv‹ auf seinen alten Sinn hin zu bearbeiten vermocht: die Fabel von der Kästchenwahl wird wieder durchsichtig auf ihren Kern hin. Cordelia, die Todesgöttin, wird den alten Mann Lear bald in ihre Arme nehmen. Sie vertritt die einzige Beziehung des Mannes zur Frau, die ihm das Alter noch verstattet.

Diese Gelegenheitsarbeit aus dem Umfeld von *Totem und Tabu* zeigt sehr schön auf kleinem Raum, wie sich bei Freud persönliche Impulse (das Vater-Tochter-Verhältnis), das wissenschaftliche Konkurrenzverhältnis zu Jung (Insistieren auf dem Primat der Individualpsychologie) und die neueroberte mythologisch-kulturhistorische Tiefenperspektive (Mythologie, Völkerpsychologie) miteinander verbinden.

Eine grundsätzliche Vorannahme ist die Gleichsetzung frühkultureller, vorgeschichtlicher Bewußtseinsformen und ihrer Produkte mit dem *Traum.* Hier bezieht sich Freud seit *Totem und Tabu* auch auf völkerpsychologische Forschungen, vor allem James Frazers und Wilhelm Wundts. Die Position bleibt individualpsychologisch: Er interpretiert das mythopoetische Material mit den Verfahren der *Traumdeutung.*

Daß aber Freuds ›völkerpsychologische‹ Tiefenperspektive immer wieder einmal die ontogenetisch-individualpsychologischen Grenzen überschreitet – zu Konzepten, wie sie etwa Jung gleichzeitig mit dem *Kollektiven Unbewußten* entwickelt –, zeigt seine Auffassung des *Dichters:* Dem Dichter Shakespeare gelinge die »Reduktion des Motivs auf den ursprünglichen Mythus […], so daß der ergreifende, durch die Entstellung abgeschwächte Sinn des letzteren von uns wieder verspürt wird« (GW X, 35). Freud nennt diese ›teilweise Rückkehr zum Ursprünglichen‹ ›regressiv‹. Insofern, als der Dichter phylogenetische Erinnerung in sich wieder erwecken kann, besitzt er Zugang zu einem kulturellen Gedächtnis von der Art des *Kollektiven Unbewußten.* Freud steht hier auch in der Tradition des deutschen Geniegedankens seit dem Sturm und Drang.

Literarisch hat die Studie bei Italo Svevo ein Echo gefunden. Sein süffisanter Psychotherapie-Roman *Zenos Gewissen* (1923) enthält eine spiritistische Sitzung, mit der das Motiv und Freuds Deutung persifliert werden. In der Literaturwissenschaft wurde die Arbeit in jüngerer Zeit von feministischer Seite ›wiedergelesen‹. Gerburg Treusch-Dieter konzentriert sich vor allem auf die Nähe zu *Totem und Tabu* und rekonstruiert die bei Freud enthaltene, aber nicht voll ausgeführte weibliche Position: Die Entsprechung zur klassischen ödipalen Konstellation ist der Vaterinzest und das Mutteropfer. Auch der Vatermord durch den Sohn findet seine Entsprechung durch das ›den Vater tötende Weib‹ Cordelia (Treusch-Dieter 2001, 209–227; vgl. auch Weigel 1996).

Literatur

Treusch-Dieter, Gerburg: *Die Heilige Hochzeit. Studien zur Totenbraut* [1997]. Pfaffenweiler ²2001.
Weigel, Sigrid: ›Shylock‹ und ›Das Motiv der Kästchenwahl‹. Die Differenz von Gabe, Tausch und Konversion im ›Kaufmann von Venedig‹. In: Hartmut Böhme/Klaus R. Scherpe (Hg.): *Literatur und Kulturwissenschaften. Positionen, Theorien, Modelle.* Reinbek 1996, 112–133.

Manfred Dierks

10.5 *Einige Charaktertypen aus der psychoanalytischen Arbeit* (1916)

Die hier versammelten Arbeiten (»I. Die Ausnahmen«, »II. Die am Erfolge scheitern« und »III. Die Verbrecher aus Schuldbewußtsein«) erschienen 1916 in Band 4 (6) der *Imago* (317–336). Es handelt sich um Beiträge zur psychoanalytischen Charakterologie, aber auch zur Literaturinterpretation; Freud erläutert seine Typen mit Hilfe von Dichtungen Shakespeares, Ibsens und Nietzsches (GW X, 363–391). Sie waren im Freudkreis wiederholt erörtert worden. Lou Andreas-Salomé hatte schon 1892 eine Monographie über *Henrik Ibsens Frauengestalten* publiziert, Otto Rank 1912 (²1926) das Inzestmotiv in *Rosmersholm* erkannt. Freud und Rank nehmen wechselseitig aufeinander Bezug.

Den Charakter sieht Freud durch Widerstände bedingt: In der Arbeit am Widerstand könnten »überraschende Charakterzüge« zutage treten. Als »Ausnahmen« (I.) faßt er Menschen, die aus ererbter Benachteiligung oder Schädigungen in früher Kindheit das Recht ableiten, sich den Ansprüchen der Sozietät auf Lusteinschränkung oder Gesetzestreue zu widersetzen. Richard III. leite aus seiner Mißgestalt das Recht ab, Unrecht zu tun, sei doch an ihm Unrecht begangen worden. Aus dem Makel werde so ein Aggressor konstruiert – hier die Natur – und das Recht zur Gegenaggression hergeleitet.

Beim Typus derer, die »am Erfolge scheitern« (II.), erörtert Freud das Paradoxon, daß nicht die Versagung, sondern die Erfüllung der Wünsche zur Erkrankung führt. Der Wissenschaftler, der sich lange Jahre als Nachfolger seines akademischen Lehrers sieht, dekompensiert, als er nach dem ›Rücktritt des Alten‹ am Ziel seiner Wünsche ist. Freud löst das Paradoxon, indem er eine innere Versagung annimmt, die verhindere, daß aus der glückhaft veränderten Konstellation der erhoffte Gewinn gezogen werden kann. Mutmaßt Freud im Fall der Lady Macbeth, ihr Zusammenbruch und früher Tod seien Selbstbestrafung für das Vergehen an der Natur, an der Generativität, gelangt er in seiner weitausholenden Analyse von *Rosmersholm* zu seiner Zentralthese: Es sei das ödipale Schuldgefühl, welches das Scheitern herbeiführe, hier Rebekka West verbiete, das so ersehnte Heiratsangebot Rosmers anzunehmen. Mit der analytischen Dramenstruktur ist die Nähe zum *Ödipus Rex* gegeben: Rebekka habe unwissentlich mit ihrem illegitimen Vater inzestuös zusammengelebt und nach dessen Tod mit dem Ersatzvater/Geliebten Rosmer und dessen Ehefrau erneut die ödipale Situation konstelliert. Am Schluß erkenne sie, daß sie wiederholt unter der »Herrschaft des Ödipuskomplex« gestanden habe, die Mutter beim Vater zu ersetzen bzw. sie mörderisch zu beseitigen, und sühne diese Schuld mit dem Tod.

Beitrag III ist nach gleichem Muster gebaut: Ausgangspunkt ist diesmal das Paradox, daß bei bestimmten Personen das Schuldgefühl dem Verbrechen vorausgeht, statt ihm zu folgen. Die Auflösung erfolgt wiederum über die zeitliche Interferenz, den Zusammenhang von vergangener und gegenwärtiger Schuld/Tat: Jemand, der unter einem drückenden Schuldbewußtsein leide, begehe (auch wiederholt) eine kriminelle Handlung, um durch die Bestrafung eine Linderung jenes ›präexistenten‹ Schuldgefühls zu erfahren. Das aktuelle Verbrechen und seine Bestrafung mildern also ein Schuldgefühl, das ganz woanders her stammt, laut Freud wiederum aus dem Ödipuskomplex.

Charakterologisch gesehen, gehören die drei Typen Freuds zu den eklektischen, nicht systematisierten Typologien. Freud (Hoffmann 1984, 50) habe zwei Konzeptionen von Charakter ausgearbeitet: Charakter als Triebschicksal und Charakter als Folge von Identifizierung; eine Synthese beider, d. h. von Triebtheorie und Objektbeziehungstheorie, sei Freud nie gelungen. Insofern stehen auch hier die Beiträge I. und II./III. unvermittelt nebeneinander. Mit Blick auf die Entstehungszeit zwischen *Zur Einführung des Narzißmus* (1914) und *Trauer und Melancholie* (1917) – Schriften, in denen die Identifizierungs- und Introjektionsvorgänge sowie die präödipalen Entwicklungsphasen in den Vordergrund treten – stellt »I. Die Ausnahmen« die fortgeschrittenste Position dar, eröffnen sich doch hier Ausblicke auf Selbstpsychologie und Psychotraumatologie. Da Freud von Entschädigungen für »frühzeitige Kränkungen unseres Narzißmus« spricht, könnte man »die Ausnahmen« mit Kohut zu den Modi narzißtischer (Selbst-) Kompensierung rechnen. Daß Freud jedoch die ›Ansprüche der Frauen auf Vorrechte‹ mit denen eines Richard III. auf eine Stufe stellt – sie sähen sich als ebenso infantil geschädigt, da »um ein Stück verkürzt« –, zeugt von bestenfalls naiver Misogynie, vor allem aber von Mangel an Einsicht in das Kränkungspotential der Psychoanalyse selbst, die phallisch-monistisch Frauen als defekte Mängelwesen konstruiert. Kulturkritisch wäre gegen Freud eine Anerkennung weiblicher »Erbitterung« jenseits von narzißtischer Kränkung zu fordern.

Die Arbeiten II. und III. wirken rückwärtsgewandt in ihrem Beharren auf Triebtheorie und Ödipuskom-

plex. Die innerpsychoanalytische Kritik setzte daher, wenn auch spät, so doch konsequent, bei einer differenzierten Kategorisierung des Schuldgefühls an, wobei einerseits dessen Bedingtheit durch die Umwelt (bis hin zum Trauma), andererseits Schuldgefühle auf Grund von nicht-triebbedingten Bestrebungen in Anschlag gebracht wurden; so unterscheidet Hirsch (1997) vier Typen von Schuldgefühl: Beim »Scheitern am Erfolg« könne ein »Schuldgefühl aus Vitalität« (»Erfolg bedeutet Übertreffen«, 198 ff.) oder auf Grund von »Autonomiebestrebungen« (»Erfolg bedeutet Trennung«, 238 ff.) wirksam sein. Welche Objekterfahrungen, wäre also zu fragen, führen zu einem Über-Ich, das Autonomie oder Trennung verbietet? Hinsichtlich des pathologischen Ödipuskomplexes stellt Hirsch lapidar fest, daß erst die Abwehr der eigenen inzestuösen Wünsche der Eltern im Kind ein »ödipales« Schuldgefühl erzeuge (194 f.). Von hier aus werden die Vorurteile in Freuds Ibsen-Deutung sichtbar, die alle Schuld auf der Kind-Position, den ödipalen Regungen der Tochter, anhäuft und die Väter/Männer schont. Dennoch ist diese phallisch-hegemoniale Lesart – auch lacanianisch umformuliert (Hiebel 1990) – bis heute wirksam, eine psychotraumatologische dagegen, die am Mißbrauch durch den Adoptivvater, Dr. West, ansetzte, noch nicht in Angriff genommen. Schließlich ließe sich das Handeln der Protagonisten, also auch das des Vater-Geliebten Rosmer, als Agieren bzw. Re-inszenieren von traumatischen Erfahrungen verstehen, die sogar über Generationen hinweg wirksam sind. – Das Konzept vom ›Verbrecher aus Schuldgefühl‹ ist inzwischen Allgemeingut geworden und fehlt in keinem Handbuch zur Kriminologie. Der Freudsche Ansatz wurde weiterentwickelt von Reik (1925) und Alexander/ Staub (1929), vgl. Schneider (1981). Als Quelle des ›präexistenten‹ Schuldgefühls wird noch bis Winnicott (1958) der Ödipuskomplex angenommen. Inzwischen haben das Denken in Objektbeziehungen, die Einsicht in die Wiederholungsstruktur der provozierten Strafen sowie ihre Nähe zu autoaggressiven Handlungen jedoch dazu geführt, die schweren Schuldgefühle auf traumatische Introjekte zurückzuführen. Das wiederholte Straffälligwerden würde damit eine kommunikative Funktion erfüllen: auf das erlittene Trauma aufmerksam zu machen.

Literatur

Alexander, Franz/Staub, Hugo: *Der Verbrecher und seine Richter.* Wien 1929.
Andreas-Salomé, Lou: *Henrik Ibsens Frauengestalten.* Berlin 1892.
Hiebel, Hans H.: *Henrik Ibsens psycho-analytische Dramen.* München 1990.
Hirsch, Mathias: *Schuld und Schuldgefühl.* Göttingen 1997.

Hoffmann, Sven O.: *Charakter und Neurose. Ansätze zu einer psychoanalytischen Charakterologie* [1979]. Frankfurt a. M. 1984.

Kohut, Heinz: *Die Heilung des Selbst* [1977]. Frankfurt a. M. 1979.

Mertens, Wolfgang: Scheitern am Erfolg – wrecked by sucess. In: Ders.: *Psychoanalytische Grundbegriffe. Ein Kompendium*. Weinheim ²1998, 203–205.

Rank, Otto: *Das Inzestmotiv in Dichtung und Sage* [1912]. Leipzig/Wien ²1926.

Reik, Theodor: *Geständniszwang und Strafbedürfnis*. Leipzig u. a. 1925.

Schneider, Hans J.: Psychoanalytische Kriminologie. In: *Die Psychologie des 20. Jahrhunderts*. Bd. XIV. Zürich 1981, 114–140.

Winnicott, Donald W.: Psychoanalyse und Schuldgefühle [1958]. In: *Reifungsprozesse und fördernde Umwelt* [1965]. München 1984, 17–35.

Astrid Lange-Kirchheim

10.6 *Eine Kindheitserinnerung aus ›Dichtung und Wahrheit‹* (1917)

Dieser Text (GW XII, 13–26) basiert auf zwei Vorträgen, die Freud vor der Wiener Psychoanalytischen Vereinigung hielt (13. 12. 1916 und 18. 4. 1917). Die Publikation erfolgte 1917 in der *Imago*, Bd. 5 (2), 49–57 (vgl. Studienausgabe X, 256). Die Darstellung, zu der die Goethekenner Hanns Sachs und Eduard Hitschmann beitrugen, steht im Kontext der Erforschung der Künstlerbiographie sowie der Funktion frühester Erinnerungen im allgemeinen. Freud selbst stellt die Verknüpfung mit seiner Arbeit *Eine Kindheitserinnerung des Leonardo da Vinci* (1910; vgl. Kap. 10.3) her, indem er dort 1919 eine längere, den Goetheaufsatz resümierende Anmerkung einfügt (GW VIII, 128–211, 153).

Für die auf den ersten Seiten von Goethes Autobiographie *Dichtung und Wahrheit* geschilderte Kindheitsbegebenheit vermutet Freud »die Jahre bis vier«. Die Szene ist das ›Geräms‹, ein vogelbauerartiger Holzgitteranbau neben der Eingangstür des Elternhauses, Akteure sind das Kind und drei Erwachsene, die Gebrüder Ochsenstein, die als Zuschauer fungieren. Vorausgegangen ist der ›Topfmarkt‹: Man hatte die Küche neu ausgestattet und die Kinder mit Spielzeuggeschirr versehen. Das allein spielende Kind initiiert mit dem Hinauswerfen ›eines Geschirrs auf die Straße‹ ein ›Schauspiel‹, das sich unter dem Beifall und den anfeuernden Rufen der drei Brüder steigert, bis auch sämtliche schweren Teller aus Mutters Küche klirrend zu Bruch gegangen sind. Bestärkt durch zwei eigene und zwei von der Kinderanalytikerin Hermine von Hug-Hellmuth beigesteuerte Fall-

beispiele deutet Freud das Hinausbefördern des Geschirrs als magische Handlung, die gegen die Ankunft eines Geschwisters gerichtet ist. Da Goethe vier nach ihm Geborene, zwei Brüder, zwei Schwestern, sterben sah – nur die ein Jahr jüngere Cornelia, mit der er zwillingshaft verbunden war, überlebte –, liest Freud die an den Anfang der Autobiographie gesetzte Erinnerung als narzißtischen Triumph: Kein männlicher Rivale habe Goethe die Position des Lieblingssohnes bei der Mutter streitig machen können.

Die Studie ist ein Beitrag zur psychoanalytischen Biographik (auch zu Freud selbst), zur Geschwisterbeziehung und auf Grund des privilegierten Mutter-Sohn-Verhältnisses zur Geschlechterkonzeption. Der frühesten (und in der Analyse als erste erzählten) Kindheitserinnerung spricht Freud eine Schlüsselfunktion zu. Als Deckerinnerung enthält sie, modern formuliert, ein Selbstkonzept, dessen unbewußte Dimensionen sich hinter einer Fassade von »Harmlosigkeit« und »Beziehungslosigkeit« auftun. Erkennbar ist die ab 1910 sich entwickelnde narzißmustheoretische Argumentationslinie Freuds, die jedoch immer wieder ödipal überschrieben wird. Die Geschwisterrivalität steht neben der Konkurrenz um die Mutter als Liebesobjekt; Freud ist auf das männliche Kind (es gibt nur *ein* weibliches Fallbeispiel) und die Jahre zwischen 3 und 4 ausgerichtet. So vermutet er in der Goetheschen Geschwisterreihe eher im Bruder (Hermann Jakob Goethe) als in der Schwester den Störenfried. Faktisch war seine Mutter aber im 5. Monat mit der Schwester Elisabeth schwanger und Goethe 4 ¾ Jahre alt (von Gersdorff 2001, 54). Freuds Schwierigkeiten mit prädödipalen bzw. psychotraumatologischen Zusammenhängen sind daran erkennbar, daß er die Schuldgefühle übergeht, die sich einstellen, wenn die Vernichtungswünsche des Kindes Erfolg haben, das Geschwister tatsächlich stirbt. Er exkulpiert den Sohn, indem er die Täterschaft dem Schicksal zuweist, das den Bruder beseitigt und die Liebe der Mutter sichert.

Goethesch maskiert scheint hier Freud die Traumata seiner eigenen Kindheit ins Spiel zu bringen *und* zu verleugnen. Den 17 Monate jüngeren Bruder Julius hatte er »mit bösen Wünschen und echter Kindereifersucht begrüßt«, sein Tod mit 6 Monaten habe dann den Keim zu lebenslangen Vorwürfen gelegt, bekannte er 1897 gegenüber Fließ (F, 288 f.). Daß diese Schuldvorwürfe sich beim Tod des Vaters wiederholten, haben Krüll (1979/1992) u. a. wahrscheinlich gemacht.

Dient also die Goethe-Studie der Selbstentschuldung? Für Freud standen die feindseligen Geschwisterregungen im Zentrum, und deren traumatische

Qualität bedingte vermutlich die bis heute beklagte Vernachlässigung der Geschwisterbeziehung in der Psychoanalyse (Wellendorf 2000). Unverkennbar ist zudem die Idealisierung der Muttergestalt, die eine Spaltung abwehrt: Die Freudbiographik hat auf den Gegensatz zwischen einer eher distanzierten leiblichen Mutter und einer liebevollen, warmherzigen Kinderfrau hingewiesen; deren plötzliches Verschwinden in einer kritischen Phase der Familiensituation, als Freud 2½ Jahre alt war, sei einer traumatischen Erfahrung gleichgekommen, welche forderte, mit »Objektveränderung und Objektwechsel« fertig zu werden (Grubrich-Simitis 1991/1994, 42). »Freuds Identifizierung mit Männern, die zwei Mütter hatten« (Harsch 1994), scheint sich hier auch auf Goethe zu erstrecken, insofern Freud zum Schluß die Großmutter Goethes in seine Betrachtungen einschließt: diese »in jener Frühzeit Verstorbene […], die wie ein freundlicher, stiller Geist in einem anderen Wohnraum hauste« (GW XII, 26), läßt an die in Freuds Frühzeit verschwundene Kinderfrau denken.

Es ist heute unbestritten, daß Freuds mehrfach wiederholte Auffassung, die Liebe der Mutter zum Sohn sei »die vollkommenste und am ehesten ambivalenzfreie aller menschlichen Beziehungen« (XV, 143), eine verklärende Fehleinschätzung darstellt, unbestritten inzwischen auch, daß traumatische frühe Erfahrungen es Freud verwehrten, seine Selbstanalyse bis in diesen dunklen Bereich voranzutreiben (Grubrich-Simitis 1991/1994, 42). Winnicott (1947/1976) hat die zahlreichen Gründe aufgelistet, welche die Ambivalenz der Mutter gegenüber dem Kind, auch wenn es ein Junge ist, bedingen. Daß Freuds Verklärung der Mutter-Sohn-Beziehung solange unwidersprochen blieb – Eissler affirmiert die Freudsche Deutung der Episode aus *Dichtung und Wahrheit* noch 1963 –, liegt auch an der spät einsetzenden grundsätzlichen Kritik an Freuds phallisch-monistischer Geschlechterkonzeption. Wenn die Frau als kastrierter Mann vorgestellt wird und das Kind die Funktion eines Penisersatzes erfüllt, dann ist es der Sohn, der die beschädigte Frau am besten komplettiert, ihr »uneingeschränkte Befriedigung« verschafft (GW XV, 143).

Daß »der unbestrittene Liebling der Mutter« zu sein nicht heißt, bedingungslos von ihr geliebt zu werden, hat Marianne Krüll zu überlegen gegeben. In Freuds Mutter sieht sie keine gebende, warmherzige Gestalt, sondern eine tyrannisch fordernde (1979/1992, 178 f.). Ihre Kritik an Freuds Biographen ließe sich auf die Goethes ausdehnen. Dem verklärenden Blick auf die Mütter entgeht, daß aus der Entwertung

des weiblichen Geschlechts die Tendenz erwächst, Söhne zu Delegierten zu machen.

Die Konzentration auf das Hinausbefördern des Geschirrs (das Geschwisterchen bzw. die schwangere Mutter selbst symbolisierend) als magische Handlung verstellt Freud den Blick für die kommunikative Dimension, welche diese Inszenierung des Knaben im ›Geräms‹ auch aufweist. Es ist der Beifall der Zuschauer, der das ›Schauspiel‹ der ›Topf‹-Zerstörung in Gang hält und steigert und – für die abwesende Mutter narzißtischen Ersatz schafft. Im spielenden Kind ist der spätere Autor enthalten, in die Szene ein Verständnis von Kreativität eingegangen, welche Zerstörung zur Voraussetzung hat: »Das Unglück war geschehen«, so Goethe, aber »man hatte […] eine lustige Geschichte« (GW XII, 16). In dieser poetologisch-strategisch an den Anfang von *Dichtung und Wahrheit* gestellten Episode konstituiert sich also auch der große Autor, der aus den Berichten der anderen über seine Kindheit (Bettinas von Arnim, der Mutter, der Nachbarn) seine eigene Geschichte macht, um seine schöpferische Potenz in der Bewältigung von Mutterabwesenheit mittels Schauspiel und Erzählung zu bestätigen.

Literatur

Eissler, Kurt R.: *Goethe. Eine psychoanalytische Studie 1775–1786.* 2 Bde. Basel/Frankfurt a. M. 1983 (engl. 1963).

Gersdorff, Dagmar von: *Goethes Mutter. Eine Biographie.* Frankfurt a. M./Leipzig 2001.

Goethe, Johann Wolfgang: *Aus meinem Leben. Dichtung und Wahrheit.* Hg. von Klaus-Detlef Müller. Frankfurt a. M. 1986.

Grubrich-Simitis, Ilse: *Freuds Moses-Studie als Tagtraum. Ein biographischer Essay* [1991]. Frankfurt a. M. 1994.

Harsch, Herta E.: Freuds Identifizierung mit Männern, die zwei Mütter hatten: Ödipus, Leonardo da Vinci, Michelangelo und Moses. In: *Psyche* 48 (1994), 124–153.

Krüll, Marianne: *Freud und sein Vater. Die Entstehung der Psychoanalyse und Freuds ungelöste Vaterbindung* [1979]. Frankfurt a. M. 1992.

Wellendorf, Franz: Geschwisterbeziehung. In: Bruno Waldvogel/Wolfgang Mertens (Hg.): *Handbuch psychoanalytischer Grundbegriffe.* Stuttgart u. a. 2000, 249–253.

Winnicott, Donald W.: Haß in der Gegenübertragung [1947]. In: *Von der Kinderheilkunde zur Psychoanalyse* [1958]. München 1976, 75–88.

Astrid Lange-Kirchheim

10.7 *Das Unheimliche* (1919)

Der Artikel (GW XII, 227–268) wurde im Mai 1919 verfaßt, es hat jedoch einen – nicht datierbaren – früheren Entwurf gegeben. – Das Interesse für das eigentümliche Gefühl des *Unheimlichen* gehört in den Umkreis des Okkulten, zu dem Freud zeitlebens eine ambivalente Beziehung gehabt hat. Zwei Jahre später nimmt er die okkulte Thematik wieder auf – in *Psychoanalyse und Telepathie* (erschienen erst 1941) – und behandelt sie wesentlich positiver als in der vorliegenden Schrift.

Freud behauptet für die psychische Herkunft des *Unheimlichen* zwei Ursachen: Es entsteht entweder als Wiederkehr von verdrängten infantilen Inhalten oder im Auftauchen überwundener ›animistischer‹ Denkformen. Er gewinnt die wesentlichen Einsichten aus einer Analyse von E.T.A. Hoffmanns Erzählung *Der Sandmann:* Ihr Held, der Student Nathanael, steht unter dem Einfluß einer ambivalenten infantilen Vater-Imago. Als er sich in das Mädchen Klara verliebt, steigt der verdrängte Kastrationskomplex wieder auf, der an die Vorstellung vom Sandmann gebunden ist. Die bedrohlichen Vater-Figurationen Coppelius und Coppola werden deshalb *unheimlich.* Eine Anmerkung gibt die gedrängte psychoanalytische Deutung der gesamten Erzählung. – Da das *Unheimliche* in der literarischen Fiktion unter besonderen Bedingungen zustande kommt, trifft Freud auch Feststellungen zur Eigengesetzlichkeit von Dichtung, die für die Rekonstruktion einer psychoanalytischen Ästhetik von Bedeutung sind.

In einem ersten Schritt behauptet Freud, das »Unheimliche sei jene Art des Schreckhaften, welche auf das Altbekannte, Längstvertraute zurückgeht« (GW XII, 231). Man müsse also verfolgen, »unter welchen Bedingungen das Vertraute unheimlich, schrecklich werden kann« (ebd.). Nach einem Durchgang durch die sprachlichen Bedeutungsnuancen von ›heimlich‹ stößt er auf eine Variante, in der es mit seinem Gegensatz ›unheimlich‹ zusammenfällt – also auf eine begriffliche Ambivalenz, hinter der immer ein unauflöslicher affektiver Gegensatz vermutet werden darf. Freud übernimmt (ab 1912) mit ›Ambivalenz‹ einen (1910) von Eugen Bleuler in die Schizophrenie-Forschung eingeführten Terminus und wendet ihn im Laufe der Theorieentwicklung auf verschiedene Bereiche des Seelenlebens an. In der zweiten Abhandlung von *Totem und Tabu* (»Das Tabu und die Ambivalenz der Gefühlsregungen«) findet der Terminus bereits ›völkerpsychologische‹ Verwendung – er bezeichnet einen phylogenetischen Sachverhalt. Hier beginnt die Einflußspur des heute in den Kulturwissenschaften so leistungsfähigen Begriffes. Die Ambivalenz von ›heimlich‹ ist einer seiner Fälle.

Freud untersucht diesen Fall nun an E.T.A. Hoffmanns »Nachtstück« *Der Sandmann.* Er zerlegt die Erzählung in die ›Kindergeschichte‹ und den gegenwärtigen Zustand des Studenten Nathanael. Freud rekonstruiert also nach dem klassischen Modell einer Individualanalyse. So gelangt er zum symbolischen Inhalt und zu den Akteuren von Nathanaels Kastrationskomplex. Die Kastrationsdrohung geht aus vom Advokaten Coppelius, dem ›Sandmann‹, der dem Knaben Nathanael die Augen entfernen möchte (Blendung = Kastration). Er stellt den bedrohlichen Part in der ambivalenten Vaterimago dar – der reale Vater dagegen vertritt den guten Anteil, er bittet dem Jungen die Augen wieder frei. Nathanaels Todeswunsch gegen den von Coppelius vertretenen bösen Vateranteil wird tatsächlich realisiert, jedoch stirbt – Verschiebung – statt des bösen der gute Vater. Die Schuld wird dem Coppelius zugesprochen. Der gesamte Komplex unterliegt nun der *Verdrängung.* Als der erwachsene Nathanael sich verliebt, taucht sein Kastrationskomplex jedoch aus der Verdrängung wieder auf. Das gut-böse Väterpaar der ambivalenten Vaterimago findet neue Stellvertreter im (wohlwollenden) Professor Spalanzani und im (bedrohlichen) Optiker Coppola. Die Puppe Olimpia, deren Väter beide sind, stellt sich als eine Personifizierung von Nathanaels femininer Einstellung zu seinem Vater heraus. »Olimpia ist sozusagen ein von Nathanael losgelöster Komplex, der ihm als Person entgegentritt; die Beherrschung durch diesen Komplex findet in der unsinnig zwanghaften Liebe zur Olimpia ihren Ausdruck« (GW XII, 244). Diese Liebe ist rein narzißtisch und entfremdet ihn seinem realen Liebesobjekt Klara.

Das *Unheimliche* heftet sich hier also an den ›Sandmann‹ (Coppelius) als den Vertreter des bösen Vateranteils im verdrängten infantilen Kastrationskomplex. Wenn er – im erwachsenen Leben des Nathanael – als Optiker Coppola wieder auftaucht, wird es *unheimlich,* denn die einst vertraute (= ›heimliche‹) Kinderangst vor der Kastration ist wieder erschienen. Das *Unheimliche* des Sandmanns erfüllt also die Bedingung, es sei genau ›jene Art des Schreckhaften, welche auf das Altbekannte, Längstvertraute zurückgeht‹. Freud formuliert diesen Sachverhalt schließlich als eine Art Regel: 1. Das *Unheimliche* ist eine wiederkehrende verdrängte Gefühlsregung. 2. Der Sprachgebrauch läßt das ›Heimliche‹ in seinen Gegensatz, das *Unheimliche,* bruchlos übergehen, weil dieses in der Tat etwas dem Seelenleben von alters her (positiv oder negativ) Vertrautes ist, das ihm nur durch die Verdrängung entfremdet war.

Die gefundene Regel wird von Freud dann an Hoffmanns Roman *Die Elixiere des Teufels* überprüft, indem er auch für dessen *unheimliche* Motive eine Ableitung aus infantilen Quellen versucht. Damit begründet Freud ein Modellverfahren für die psychoanalytische Erklärung scheinbar rein stofflich oder rein ästhetisch bestimmter literarischer Motive. Das gilt etwa für das in der Romantik so beliebte ›Doppelgänger‹-Motiv. Freud führt es auf den uneingeschränkten Narzißmus des Kindes zurück: Der Doppelgänger versichert gegen den Untergang des Ichs.

In einem letzten Schritt stabilisiert Freud die von ihm gefundene Begründung des *Unheimlichen*, indem er sie der Gleichung ›Ontogenese = Phylogenese‹ unterstellt. Danach wiederholt in der Kindheit die individuelle Psyche überwundene Entwicklungsphasen der menschheitlichen Frühzeit. Dieses von Ernst Haeckel zugespitzte Evolutionsgesetz bestimmte damals den psychoanalytischen Blick auf ›völkerpsychologische‹ Verhältnisse und erlaubte es, in *Totem und Tabu* primitive ›Wilde‹ und zeitgenössische Neurotiker aufeinander zu beziehen. Bei der Untersuchung *unheimlicher* Erscheinungen wie bestimmter neurotischer Zwangsideen oder dem noch heute von Abergläubischen gefürchteten ›bösen Blick‹ stößt Freud auch hier auf das Prinzip der ›Allmacht der Gedanken‹. Diese unheimlichen Erscheinungen entsprechen damit der frühzeitlichen Weltauffassung des *Animismus,* in der beispielsweise bestimmte Personen mit magischen Geisteskräften begabt schienen. So spricht auch der Knabe Nathanael dem ›Sandmann‹ magische Kräfte zu. Es ist deshalb immer auch ein (kleiner) Rest frühzeitlicher animistischer Seelentätigkeit, der in der individuellen Psyche aufwacht, wenn etwas Vertrautes aus der Verdrängung zurückkehrt und als *unheimlich* empfunden wird. Am *Unheimlichen* ist also immer auch eine Spur des phylogenetischen Animismus beteiligt.

Solche Vermischung ändert nichts an der prinzipiellen Unterscheidung, daß das *Unheimliche* erzeugt wird von zweierlei Formen der erlebten Wiederkehr: Entweder kehrt ein verdrängter infantiler Vorstellungsinhalt (wie der Kastrationskomplex) zurück und ist psychische Realität. Oder eine überwundene frühmenschheitliche Denkweise kehrt zurück – wie die geglaubte Wiederkehr eines Toten oder ein geglaubter magischer Akt. In letzterem Fall ist die *Realitätsprüfung* zuständig, die den Glauben an den vermeintlichen Sachverhalt aufheben muß. Im Falle wiederkehrender infantiler Vorstellungen kann jedoch nichts als unwirklich aufgehoben werden – sie sind psychische Tatsache.

An dieser Stelle geht Freuds Untersuchung zu einer *ästhetischen* Fragestellung über: Warum gilt die Realitätsprüfung, mit der wir in realiter erlebten Gefühl des *Unheimlichen* Erfolg haben, in der *Fiktion* – in der Dichtung – nicht? Freud greift hier ein Problem auf, das besonders seit der Aufklärung von der Ästhetik untersucht worden ist (›Geister auf der Bühne‹)

und das in jüngerer Zeit am klarsten in Käte Hamburgers *Logik der Dichtung* (1957) ausformuliert wurde: daß das ›System Dichtung‹ sich andere Realitätsbedingungen erschafft. So unterliegt die Welt der Märchen nicht unserer Realitätsprüfung, weil sie sich offen zur Übernahme animistischer Überzeugungen bekennt, auf die wir uns als Bedingung der Märchenwirklichkeit einlassen müssen. Das *Unheimliche* als das überwundene Unglaubwürdige, das dennoch plötzlich eintritt, kann deshalb nicht aufkommen. Ebenso akzeptieren wir die Geistererscheinungen Shakespeares. Anders verhält es sich aber, wenn Dichtung sich auf den Boden der normalen Realität stellt. Dann unterliegt sie in hohem Maße der Realitätsprüfung durch den Rezipienten, wie das etwa die Dichtung des deutschen ›Realismus‹ forderte: das Wunderbare ist hier ausgeschlossen. Allerdings bezieht sich das Vorstehende fast nur auf *Unheimliches,* das aus der überwundenen animistischen Denkweise entsteht. Das *Unheimliche* aus verdrängten individuellen Komplexen dagegen bleibt in jeder Dichtung ebenso unheimlich wie im realen Erleben. – Es sind im Grunde *rezeptionsempirische* Überlegungen, die Freud anstellt. Gleichwohl wird deutlich, daß wichtige Ansätze zu einer allgemeinen psychoanalytischen Ästhetik formuliert sind. Die hier gestellte Grundfrage ist, wieweit es der Dichtung mit ihren Mitteln gelingt, beim Leser kollektiv Überwundenes und individuell Verdrängtes anzusprechen und zu ›manipulieren‹.

Der Sandmann ist Hoffmanns meistdiskutierter Text, was sich der Erzählstruktur und den Grundmotiven verdankt. Zeitenfolge und Raumordnungen sind ineinander verschränkt, variierende Wiederholungen erlauben das Spiel mit Identitäten – der Text bietet einen erheblich unterbestimmten Imaginationsraum an. Zentrale Motive wie Augen, Spiegel, Fragmentierung, Automatenmensch, Subjekt und Wahn reizten in jüngerer Zeit vor allem zu psychoanalytischen, diskursanalytischen und dekonstruktivistischen Lesarten. Daneben besteht eine erzähltheoretische und sozialgeschichtliche Deutungstradition, so daß man geradezu von einer *Sandmann*-Philologie sprechen kann. Freuds Studie hat innerhalb dieser Konjunktur einen bedeutenden Platz. Sie wird von den meisten Arbeiten berührt, kritisch verwendet (etwa von feministischer Seite) oder in bestimmter Richtung weitergeführt, etwa (von der Neurose zur Psychose) zur Position Lacans. – Freuds Bestimmung des Unheimlichen behauptet sich sogar noch im Bereich der Neurowissenschaften, wenn sich die Bildproduktionen der Hirnrinde der Realitätsprüfung entziehen (Hagner 2005).

Literatur

Liebrand, Claudia: *Aporie des Kunstmythos. Die Texte E.T.A. Hoffmanns*. Freiburg i.Br. 1996 [mit weiterführender Bibliographie].

E.T.A. Hoffmann-Jahrbuch. Hg. von Hartmut Steinecke u.a. Bamberg 1992 ff.

Hagner, Michael: Der Hirnspiegel und das Unheimliche. In: *Röntgenportrait*. Hg. von Torsten Seidel u.a. Berlin 2005, 90–101.

Hamburger, Käte: *Logik der Dichtung*. Stuttgart 1957.

Manfred Dierks

10.8 *Der Humor* (1927)

Freud schrieb diesen kurzen, einige Aspekte des Humors entwickelnden Essay 1927 (GW XIV, 381–389); er wurde im selben Jahr veröffentlicht. Nach dem Tod der Tochter (1920), des Enkels (1923) und Karl Abrahams (1925), insbesondere aber nach der Entdeckung seines Gaumenkrebses (1923), nach Schmerzen und zahlreichen Operationen lag es nahe, daß der Einundsiebzigjährige über Humor nachdachte. »Welches Maß von Gutmütigkeit und Humor gehört doch dazu, das grausliche Altwerden zu ertragen«, schrieb er später (F/AS, 225). Im Licht seiner neuen Konzepte griff er Überlegungen aus seiner 1905 erschienenen Abhandlung *Der Witz und seine Beziehung zum Unbewußten* auf (GW VI, 260–269). Dort hatte er den Humor als eine der höchsten psychischen Leistungen verstanden. Er erlaube es, trotz peinlicher Affekte Lust zu gewinnen, die aus erspartem Affektaufwand erwachse, der unterschiedlichen Gefühlsregungen entspringen könne, Mitleid z.B., Ärger, Schmerz, Grausamkeit oder Ekel. Dem entsprächen unterschiedliche Arten des Humors. Dieser vollziehe sich in vorbewußter oder automatischer Verschiebung von Affekten, die von peinlichen Vorstellungsinhalten, welche bewußt blieben, abgezogen und in humoristische Lust verwandelt würden – eine Abwehrleistung, sogar die höchste; denn anders als etwa die Verdrängung entziehe sie den Vorstellungsinhalt nicht der Aufmerksamkeit. Zu solcher Seelengröße käme es wohl, wenn sich das Ich auf die Position eines Erwachsenen erhebe und der Humorist von ihr aus dann auf sich und seine peinlichen Affekte hinabblicke wie auf die eines Kindes. – Der Humor benötige nur eine einzige Person: den Humoristen. Der Rezipient gewinne seine Lust, indem er die bereitgehaltene Affektentwicklung und deren Enttäuschung nachfühle.

Nachdem er 1905 unter ökonomischem Gesichtspunkt triebtheoretisch die Quelle der Lust am Humor behandelt hatte, fragt Freud, nachdem er 1923 in *Das Ich und das Es* sein zweites topisches Modell und schon 1914 in *Zur Einführung des Narzißmus* eine strukturelle Definition des Narzißmus versucht hatte, von diesen neuen Theorien her nach der psychischen Einstellung des Humoristen und danach, wie sie zustande kommt. Er verhalte sich zu sich selbst wie ein Erwachsener zu einem Kind, indem er von der Position des Über-Ich, der verinnerlichten Elterninstanz, zu dem Ich hinabschaue, das von hier aus klein erscheine. Das geschehe durch Verschiebung des psychischen Akzents vom Ich auf das Über-Ich, also durch einen Wechsel der Energiebesetzungen, der das Über-Ich aufschwelle und das Ich mit seinen Affekten unwichtig erscheinen lasse, so daß diese im Lächeln abgeführt werden könnten. Das sonst so strenge Über-Ich nehme hier tröstende Züge an; das entspräche seiner Abkunft von der Elterninstanz. Die Besetzungsverschiebung führe zu einem Triumph des Narzißmus, einem befreienden Gefühl der Unverletzlichkeit, einer Weigerung, sich durch die Realität kränken zu lassen, ja dazu, daß auch das Leiden noch zum Anlaß von Lustgewinn werde. So nähere der Humor sich jenen regressiven Prozessen, mit denen das Individuum sich dem Zwang des Leidens entziehe; den Boden seelischer Gesundheit gebe er jedoch nicht auf.

Der alltagssprachliche Begriff Humor umfaßt unspezifisch alles, was mit Lachen und guter Laune in Beziehung steht; ihm oder einzelnen seiner Aspekte gilt eine Fülle von Forschungsarbeiten und Theorien, auch psychologische (Strotzka 1976, 305–307; Frings 2000, 294). Der Humor im Freudschen Sinn, eine Haltung im Umgang mit Affekten, die es erlaubt, Lust aus kränkenden Erfahrungen dadurch zu gewinnen, daß peinliche Gefühle in Distanzierung, Perspektivenwechsel, unerwarteter Verknüpfung und spielerischem Umgang transformiert werden, hat bislang noch keine Neukonzeptualisierung erfahren, wohl aber Differenzierungen und Erweiterungen. Mehrfach wurde die Bedeutung des Ich und seiner Stärke betont; aus ich-psychologischer Sicht wurde Humor gar als autonome Ich-Funktion verstanden (Frings 2000, 295). – Strotzka (1976, 317) sieht die Besetzungsverschiebungen auf Über-Ich bzw. Ich-Ideal als Folge einer Ich-Aktivität, die sich aus der Notwendigkeit ergebe, Depression abzuwehren. Nach Critchley wirkt der Humor durch eine Ich-Spaltung, in der das Subjekt sich selbst zum Objekt werde, als Antidepressivum (2004, 111–132). Ietswaart betont, daß die Fähigkeit, eigenes Leiden, eigene Widersprüchlichkeit und Unsicherheit bewußt zu akzeptieren, Selbstsicherheit voraussetze (1988, 187 f.).

Im humoristischen Akt würden nicht nur freundliche Ich-Ideal-, sondern auch strafende Über-Ich-Anteile besetzt; so gebe es nicht nur konstruktive Ausprägungen heiter gelassenen Humors, sondern auch destruktive, zynisch-sarkastische (Frings 2000, 294). – Insbesondere Strotzka kann Freuds Hochschätzung des Humors nicht teilen; für ihn ist er Versuch einer Problemlösung in einem unreifen Stadium der Persönlichkeit. Er bringe nur temporäre Scheinlösungen (Strotzka 1976, 311). Insoweit der Humorist die Kindposition einnehme, rette er den großartigen Narzißmus der Erwachsenenpositionen durch scheinbare Unterwerfung als ein Kind, zu dem man trotz allem freundlich lache. Humor hebe zwar Besetzungen vorübergehend auf, mildere die Ambivalenz und führe zu Spannungserleichterung, bringe jedoch keine rationale Dauerlösung: Der Gefangene, der seiner Fesseln lache, sei noch lange nicht frei. Allerdings helfe der Humor, unnötigen Konflikten auszuweichen. Während Strotzka die Momente der Abwehr und des Illusionären betont, wertet Kohut, der im Rahmen seiner Selbstpsychologie vom entwicklungspsychologischen Konzept einer Umformung des Narzißmus vom primären hin zum reifen Narzißmus ausgeht, den Humor als Ausdruck narzißtischer Reife. Zu ihr komme es, wenn Besetzungen vom narzißtischen Selbst abgezogen und, neu verteilt, in starke Idealisierung des Über-Ichs umgewandelt würden. Das leiste ein intaktes Ich, welches dieses Selbst so beherrsche, daß es dessen Forderungen nicht mehr erliege und fähig werde, seine eigene Endlichkeit ohne Verleugnung zu ertragen. Das Abziehen der Besetzungen vom narzißtisch geliebten Selbst führe zum Rückgang von Größenideen, zu dem vom Glauben an narzißtische Vollkommenheit, sowie zum ruhigen inneren Triumph mit einer Beimischung von Melancholie (Kohut 1975, 163–166). – Literaturwissenschaftliche und kulturgeschichtliche Konzeptualisierungen des psychoanalytischen Humorbegriffs lassen sich bisher nicht finden.

Literatur
Critchley, Simon: *Über Humor.* Wien 2004 (engl. 2002).
Frings, Willi: Humor. In: Wolfgang Mertens/Bruno Waldvogel (Hg.): *Handbuch psychoanalytischer Grundbegriffe.* Stuttgart 2000, 293–296.
Grotjahn, Martin: *Vom Sinn des Lachens.* München 1974.
Ietswaart, Willem L.: Humor and the Psychoanalyst. In: *Zeitschrift für Psychoanalytische Theorie und Praxis* 3 (1988), 187–198.
Kohut, Heinz: *Die Zukunft der Psychoanalyse.* Frankfurt a. M. 1975.
Preisendanz, Wolfgang: Humor. In: Joachim Ritter (Hg.): *Historisches Wörterbuch der Philosophie.* Bd. 3. Basel 1974, 1232–1234.
Roeckelein, Jon E.: *The Psychology of Humor: A Reference Guide and Annotated Bibliography.* Westport 2002.
Strotzka, Hans: Witz und Humor. In: Dieter Eicke (Hg.): *Die Psychologie des 20. Jahrhunderts II.* München 1976, 305–321.

Carl Pietzcker

10.9 *Dostojewski und die Vatertötung* (1928)

Es handelt sich um eine Gelegenheitsarbeit für die große, von Moeller van den Bruck herausgegebene Dostojewski-Gesamtausgabe. Freud schrieb die Studie (GW XIV, 397–418) in der Zeit von Juni 1926 bis vermutlich Mitte/Ende 1927.

Im Hauptteil konzentriert sich Freud auf Dostojewskis Epilepsie. In mehreren Analyseschritten trennt er sie von akzidentellen Elementen und führt sie auf den Wunsch der Vatertötung zurück: Die schein-epileptischen ›Todesanfälle‹ seien eine Form der Selbstbestrafung für Mordphantasien, deren Ausführung dann allerdings die wirklichen Mörder des Vaters übernommen hatten – was psychoanalytisch jedoch keinen Unterschied mache. Von dieser Schuldzuweisung her erkläre sich auch Dostojewskis Unterwerfung unter die ›väterlichen‹ Domänen der staatlichen und der religiösen Autorität. Freud zeigt, daß das Gewicht des Ödipuskomplexes die *Brüder Karamasow* neben *König Ödipus* und *Hamlet* stelle. – Im Schlußteil wird Dostojewskis Spielzwang analysiert.

Dostojewskis Persönlichkeit präsentiert sich Freud in vier ›Fassaden‹: als Dichter, als Ethiker, als Sünder und als Neurotiker. Entsprechend psychoanalytischer Auffassung, daß künstlerische Begabung nicht analysierbar sei, steht eingangs der berühmte Satz: »Leider muß die Analyse vor dem Problem des Dichters die Waffen strecken« (GW XIV, 399). Besser erfaßbar ist der *Ethiker.* Seine große Leistung war die Zähmung seiner Triebansprüche, doch verschenkte er den Sieg, indem er sich am Ende den traditionellen Autoritäten unterwarf – dem Zaren, dem Christengott und dem russischen Nationalismus. Dies ethische Scheitern verdankte Dostojewski seiner Neurose.

Der *Sünder* (die Anlage zum Verbrecher) verrät sich in der Stoffwahl. Es sind die gewalttätigen und mörderischen Charaktere, die auf ähnliche Neigungen im eigenen Inneren des Dichters hindeuten. Diese richten sich jedoch gegen ihn selber: Er ist Sadist nach innen, also Masochist.

Die *Neurose* Dostojewskis gewinnt Freud aus seiner Einschätzung der Epilepsie: Er versteht sie als schwere Hysterie, deren Symptom der epileptoide

Anfall war. Hier kommt nun mit einer gewissen, kaum irritierbaren Mechanik die psychoanalytische Neurosenlehre zum Zuge und erzwingt bestimmte Sachverhalte als notwendige Implikation – auch bei dürftiger äußerer Beweislage. Tatsächlich ist diese völlig unzureichend, wie Freud selber zugibt: Man weiß biographisch zu wenig, um die epileptoiden Anfälle mit dem Seelenleben in Verbindung bringen zu können. Mit den wenigen vorhandenen biographischen Elementen unternimmt Freud dennoch eine Konstruktion, die auf einer einzigen (psychoanalytischen) Gewißheit ruht: auf der Allgegenwart des Ödipus-Komplexes.

Manifest wurde die ›Epilepsie‹ nach der Ermordung des Vaters durch leibeigene Bauern, in Dostojewskis achtzehntem Lebensjahr. Von diesem ›schwersten Trauma‹ aus rekonstruiert Freud die Neurose – auch rückwärts, da sie sich ja notwendig schon früh erweisen muß. Er findet in der Kindheit lethargische Schlafzustände mit Todesangst: Selbstbestrafung für den Todeswunsch gegen den gehaßten Vater. Die Annahme eines Todeswunsches bekräftigt Freud mit Hinweis auf seinen Text *Totem und Tabu*, in dem der (hypothetische) Vatermord der frühzeitlichen Menschen mit dem Todeswunsch der gegenwärtigen Neurotiker erklärt wurde. Diese zirkuläre Argumentation mit historisch und individualgeschichtlich frühem Vatermordgeschehen hat keine Beweisstruktur, sondern dient der Erhöhung von Plausibilität. Dafür sorgt auch eine einfühlsame und elegante Rhetorik. Sie macht überdies die nun folgenden Annahmen besonders für Nichtinitiierte akzeptabler: Dazu gehört das Postulat einer ausgeprägten *Bisexualität* Dostojewskis und damit starker Verliebtheit in den Vater. Gegen diese wehrt er sich mit Todeswünschen gegen ihn. Für die Todeswünsche bestraft er sich unbewußt schon früh mit ›Anfällen‹, die nach der tatsächlichen Tötung des Vaters die Schwere von ›Epilepsie‹ annehmen. Dies ist der Kreislauf von Schuld und Sühne bei Dostojewski.

Am Schluß des Hauptteils über die Epilepsie versichert sich Freud, wie so oft, des Beistandes der Literatur: Er stellt die *Brüder Karamasow* in eine Reihe mit Sophokles' *König Ödipus* und Shakespeares *Hamlet* als drei weltliterarische Ausformungen des Ödipus-Komplexes. Dostojewski ist also mit seinem Roman zum menschheitlichen ›Urverbrechen‹, dem Vatermord, zurückgekehrt und legt mit ihm über die eigene Schuld ›sein poetisches Geständnis‹ ab.

Freud versteht die *Brüder Karamasow* als ein »poetisches Geständnis« (GW XIV, 414), in dem sich Dostojewski zu seiner frühen Vatermord-Phantasie bekennt, die in ihren Konsequenzen sein Leben bestimmt hat. Von dieser Grundannahme her wird ihm die zentrale biographische Tatsache, die Epilepsie Dostojewskis, verständlich als immer wiederholte Erinnerung dieses Tötungswunsches: Der reale Tod des Vaters wird in der epileptischen *Aura* als Triumph erlebt, jedoch sofort gefolgt von der Selbstbestrafung in den Qualen des Anfalls. Eben diese Ambivalenzstruktur – Triumph und Reue – besitzt auch das Erinnerungsfest, das die frühzeitliche Urhorde der mörderischen Söhne feiert: die Totemmahlzeit. Man hat hier ein gutes Beispiel, wie die phylogenetischen und die individualpsychologischen Hypothesen der Psychoanalyse einander stützen, indem sie sich wechselseitig ihre Plausibilität bestätigen.

Diese zirkuläre Argumentationsstruktur ist weniger ein wissenschaftlicher Beweis, als eine Basierung des Behaupteten auf Evidenz, bei sehr geschicktem rhetorischem Nachdruck. Nur wer die Psychoanalyse als eine intersubjektiv nachweispflichtige, durchweg positive Wissenschaft postuliert, wird hier Anstoß nehmen. Wir haben es bei der Psychoanalyse mit einem Seelenmodell zu tun, das eine Reihe angenommener seelischer ›Tatsachen‹ ihrer Qualität nach nicht ›nachweisen‹ kann, da sie unbewußt sind. Der vorliegende Aufsatz zu Dostojewski ist ein gutes Beispiel für die Künstler-*Pathographie*, das erste Interpretationsverfahren der Psychoanalyse, mit dem sie ein Kunstwerk vom Leben des Autors her versteht und dessen Biographie wiederum vom Kunstwerk her. Man wird eine solche Interpretation in dem Maße akzeptieren, wie man das psychoanalytische Modell akzeptiert. In diesem Maße werden – im Falle Dostojewskis – auch Freuds philologisch unzureichende Nachweisverfahren durch die implizierten psychologischen Annahmen befriedigend ergänzt. Die heutige Dostojewski-Forschung stellt sich offenbar auf einen ähnlichen Standpunkt: Sie spricht von *Freuds Phantasien über Dostojewski*.

Eine literarische Wirkung der Studie ist nicht feststellbar. – Die Dostojewski-Forschung reagierte nach der Publikation (1928) ablehnend, wofür sie gute philologische und biographische Gründe anzuführen hatte. Eine aktuelle literaturwissenschaftliche Einschätzung befaßt sich eher mit Freuds Phantasien als mit denen Dostojewskis (Schult 2003, 43–55). Der niederländische Russist Karel van het Reve nimmt die Studie zum Anlaß einer scharfen Polemik gegen Freuds Beweisverfahren (Reve 1994). Der norwegische Russist Jostein Bortnes stimmt Freuds Annahme einer homosexuellen Unterströmung bei Dostojewski zu und gibt auch einen Überblick über englischsprachige psychoanalytische Veröffentlichungen zu diesem Thema (Bortnes 2000, 3).

Literatur

Bortnes, Jostein: Male Homosexual Desire in the *Idiot*. In: *Severnyj Sbornik. Proceedings of the Norfa Network in Russian Literature 1995–2000*. Hg. von Peter Alberg Jensen/Ingunn Lunde. Stockholm 2000, 103–120.

Neufeld, Jolan: *Dostojewski. Skizze zu seiner Psychoanalyse*. Wien 1923.

Reve, Karel van het: *Dr. Freud und Sherlock Holmes*. Frankfurt a. M. 1994.

Schult, Maike: Verlockende Vatertötung. Freuds Phantasien zu Dostojewskij. In: Deutsche Dostojewskij-Gesellschaft (Hg.): *Jahrbuch* 10 (2003), 43–55.

Manfred Dierks

10.10 *Psychopathische Personen auf der Bühne* (1942)

Der Essay (Nachtr., 655–661) entstand Ende 1905 oder Anfang 1906. Freud schenkte ihn Max Graf, der ihn, unvollständig ins Englische übersetzt, 1942 veröffentlichte. 1962 erschien er, vollständig und deutsch, in *Die neue Rundschau*. 1904 hatte Hermann Bahrs *Dialog vom Tragischen* die Diskussion um die Katharsis neu angefacht, die nach den *Zwei Abhandlungen über die aristotelische Theorie des Dramas* (1880) von Jacob Bernays, dem Onkel von Freuds Frau Martha, geb. Bernays, in Wien geführt wurde. Freud hatte mit Josef Breuer in den 1890er Jahren die »kathartische« Methode entwickelt, mit ihr bei den Patienten intensive Erinnerungen an traumatische Ereignisse wiederbelebt und mit ihnen verbundene Affekte abführen lassen, diese Methode dann jedoch aufgegeben. Er, der in der *Traumdeutung* den ödipalen Konflikt auf die *Ödipus*-Tragödie und den *Hamlet* bezogen, an beiden seine Theorie demonstriert und deren Wirkung auf den Zuschauer reflektiert hatte, wendet sich hier einem Spezialproblem zu: der Bühnentauglichkeit psychopathischer Figuren.

Freud geht vom Schauspiel allgemein aus, um sich dann stufenweise seinem Spezialproblem zu nähern. Er formuliert die aristotelische Bestimmung, die Tragödie errege Furcht und Mitleid, um die Zuschauer zur Katharsis gelangen zu lassen, psychoanalytisch um: Sie eröffne Genußquellen aus dem Affektleben; die Affekte tobten sich unter sexueller Miterregung aus, würden also abgeführt. Der Genuß ergebe sich aus psychischer Höherspannung beim Austoben und durch Spannungserleichterung. Voraussetzung sei, daß der Zuschauer sich mit dem Helden identifiziere, mit ihm fühle, ja mit ihm leide, selbst jedoch nicht leide, sich sicher wisse und sein Leiden lustvoll kompensiere. Das leiste die Illusion. Freud versteht sie

vom Spiel her: Wie das Kind seine Unterlegenheit überwinde, indem es einen Erwachsenen spiele, jedoch wisse, daß es keiner ist, so könne der Erwachsene, der das Realitätsprinzip verinnerlicht und auf eigene Größe und intensive Gefühle verzichtet habe, beide in Identifizierung mit dem Helden erleben, sich zugleich aber im Bewußtsein des Fiktiven der heldenhaften Szenen sicher vor Gefahren wissen, wie sie dem Helden drohen. Gelte das für alle Gattungen, so steige das Drama tiefer in die Affektmöglichkeiten und gestalte sogar das Leiden zum Genuß. Von diesen Überlegungen her bewegt sich Freud in einem kultur- und genregeschichtlichen Parcours von der antiken Tragödie über bürgerliches Trauerspiel, Charaktertragödie und psychologisches Drama hin zur Frage, wie psychopathische Figuren angelegt sein müssen, damit die Zuschauer genußvoll mitfürchten und mitleiden. Am *Hamlet*, dem für ihn ersten psychopathologischen Drama, zeigt er, daß dies gelinge, 1. wenn der Held nicht psychopathisch sei, sondern es erst werde, so daß der Zuschauer dessen Pathologie übernehmen könne; 2. wenn die verdrängte Regung, an deren Verdrängung das Drama rüttle, sich bei allen Zuschauern finde, so daß deren Verdrängungsaufwand, wenn sie diesen Konflikt anerkennen, erspart werde, und 3., wenn das Verdrängte nicht als es selbst ins Bewußtsein dringe, sondern in Gestalt eines Abkömmlings, und das auch nur bei abgewandter Aufmerksamkeit. Werde dem nicht entsprochen, so werde der Zuschauer von psychopathischen Personen abgestoßen und könne den Konflikt nicht genußvoll leidend nachvollziehen. Das kritisiert Freud an Hermann Bahrs *Die Andere* (1905). – Die Verwendbarkeit psychopathischer Charaktere auf der Bühne sei begrenzt durch die Kunst des Dichters, Widerstände gegen die Identifizierung zu meiden und ästhetische Vorlust zu gewähren sowie durch die neurotische Labilität des Publikums, d. h. durch dessen Disposition, Verdrängung, wenn sie bedroht wird, zu stützen, dann jedoch aufzugeben.

Freud hat diesen ersten Versuch, in einem eigenständigen Text psychoanalytisch über Literatur nachzudenken, nie veröffentlicht, ihn jedoch verschenkt: Das ist wohl ein Zeichen dafür, daß er ihn für bewahrenswert hielt, nicht aber für so ausgearbeitet, daß er sich mit ihm öffentlich in die große Tradition des Aristoteles und seines Schwiegeronkels Jacob stellen könnte. In deren Spuren hatte er mit dem Begriff Katharsis als befreiender Reinigung ein wirkungsästhetisches Verständnis des Dramas übernommen und psychoanalytisch neu formuliert. Eine eigene Dramentheorie hatte er jedoch nicht entwickelt, sondern auf einen Spezialfall hingearbeitet. Er hatte neu eingebracht: die Bedeutung des Unbewußten, das Prinzip der abgelenkten Aufmerksamkeit und das der Vorlust. Und er hatte seine Überlegungen zum *Hamlet* wirkungsästhetisch weiterentwickelt. So sehr er sich mit anerkannten Theoretikern gemessen und sie psychoanalytisch übertrumpft hatte, so wenig konnte er dem Anspruch auf eine ausgearbeitete Theorie gerecht werden. Er legte vermutlich wegen solcher Ambivalenz den Versuch beiseite und führte seine Überlegungen in weniger ambivalenzbesetzten Bereichen fort. Vermutlich spielte auch die Ambivalenz gegenüber Bahr eine Rolle. Dieser hatte in seinem *Dialog* die Tragödie von Freuds und Breuers *Studien über Hysterie* her verstanden und mit Bernays Deutung der aristotelischen Katharsis verbunden, nach der diese unter heftiger, gegen das Bewußtsein anschäumender Erregung als lustvolle Entladung erfolge. Wie die beiden Ärzte ihre Patienten, so unterziehe die Tragödie die Zuschauer einer tragischen Kur, lasse bei ihnen das Tier los, »bis es sich ausgetobt hat«, zwinge sie, ihre Wünsche zu erkennen und heile sie so. Freud, der die hypnotisch-kathartische Methode inzwischen abgelegt hatte, nimmt Gedanken von Bahr und Bernays auf › kritisiert beide jedoch implizit, indem er von der Arbeit am Widerstand her Voraussetzungen für das Gelingen solchen Austobens an Dramen, nicht aber an der psychoanalytischen Kur darstellt und das Mißlingen an einem Drama Bahrs, dessen Titelfigur sich allzu deutlich an Fälle der *Studien über Hysterie* (Anna O., Katharina) anlehnt und sich einem Versuch unterzieht, durch Erinnern zu gesunden; was mißlingt. Die Auseinandersetzung mit Bahr, dem er sich wohl verpflichtet fühlte, gegen dessen Überdehnung einer von ihm bereits abgelegten Methode er sich aber wohl auch wehrte, hatte den Aufsatz vermutlich angeregt, aber auch so verengt, daß er Freuds Ansprüchen nicht genügte.

Das späte Erscheinen, die verengende Ausrichtung auf einen Sonderfall, die triebtheoretische Perspektive, die nur schwache Beachtung des Kunstcharakters und die geringe Eignung zur Analyse einzelner Dramen haben bislang zu keiner gezielten Auseinandersetzung mit dem Essay geführt; meist wird er im Zusammenhang der *Hamlet*-Forschung diskutiert. Einzelne der hier angedeuteten Momente wurden ohne Bezug zu ihm weitergedacht: die masochistische Befriedigung am Unterliegen des Helden, aus dem der Zuschauer Genuß schöpft, also der Genuß am Leiden, vom Strafbedürfnis des Masochisten her; der Genuß durch Illusion von der Angstlust Balints (Anz 1998, 145 f.) und ich-psychologisch von der Schutzfunktion der ästhetischen Lust her, welche es

dem Ich erlaube, durch Katharsis seine wegen aufgestauter Triebwünsche bedrohte Herrschaft wiederzugewinnen: Die Illusion garantiere Freiheit von Schuld und lasse im sozial gebilligten Raum der Kunst intensive affektive Reaktionen zu (Kris 1952/1977, 40 f.). – Schon bald wurde darauf hingewiesen, daß Freuds bildungsbürgerlich-klassizistisches Kunstverständnis sich hier in seiner Ablehnung der für die Moderne charakteristischen psychopathischen Figuren zeige, daß er ihnen aber auch bei entsprechendem Publikum und entsprechender Technik einen weiten Raum zugestehe (Spector 1972/1973, 152 f.).

Literatur

Anz, Thomas: *Literatur und Lust. Glück und Unglück beim Lesen.* München 1998.
Bahr, Hermann: *Dialog vom Tragischen.* Berlin 1904.
Bernays, Jacob: *Zwei Abhandlungen über die aristotelische Theorie des Dramas.* Berlin ²1880.
Kris, Ernst: *Die ästhetische Illusion. Phänomene der Kunst in der Psychoanalyse.* Frankfurt a. M. 1977 (engl. 1952).
Spector, Jack: *Freud und die Ästhetik. Psychoanalyse, Literatur und Kunst.* München 1973 (engl. 1972).
Wakeman, Mary: Dynamics of the Tragic Catharsis. In: *Literature and Psychology* 9 (1959), 39–41.

Carl Pietzcker

10.11 *Der Moses des Michelangelo* (1914)

Zu Beginn des 1914 veröffentlichten Essays (GW X, 171–201) bekennt der Autor, daß unter Kunstwerken Dichtungen und Skulpturen die stärkste Wirkung auf ihn ausübten. Keine Schöpfung der Bildhauerkunst hat Freud tatsächlich mehr ergriffen als Michelangelos Moses-Statue, die in der römischen Kirche San Pietro in Vincoli steht und zum 1545 vollendeten Grabmal für Papst Julius II. gehört. Er hat sie zwischen 1901 und 1923 immer wieder aufgesucht, vielmals in den Jahren 1912/13.

Eingangs spricht er auch davon, daß die rätselhafte Wirkungsmacht großer Kunst eng mit der Absicht des Künstlers verquickt sei, sofern es diesem glücke, sie in seinem Werk aufs prägnanteste auszudrücken und so vom Betrachter Besitz ergreifen zu lassen. Diese Absicht müsse also entschlüsselt und in Worte gefaßt werden, wollten wir begreifen, was uns ergreift (ebd., 172). Zunächst stellt Freud fest, was an Michelangelos Moses nicht rätselhaft sei: Zweifelsfrei stelle sie den Gesetzgeber der Juden dar, der die Tafeln mit den heiligen Geboten halte. Als er dann im zweiten Schritt eine Vielzahl gelehrter Autoren vorwiegend des 19. Jh.s zu Wort kommen läßt, entfaltet sich jedoch ein Wirrwarr höchst verschiedener, teils krass widersprüchlicher Beschreibungen und Auffassungen. Sofern sie davon ausgingen, daß ein bestimmter Moment im Leben des biblischen Helden dargestellt ist, schienen sich die Zitierten allerdings einig: es sei der Augenblick, da er nach der Herabkunft vom Berge Sinai, wo er von Gott die Gesetzestafeln in Empfang genommen hatte, wahrnehmen müsse, daß das Volk Israel unterdessen abtrünnig geworden war und um das Goldene Kalb tanzte. Auf dieses ihn empörende Bild sei der Blick des Michelangelo-Moses mit seiner Mischung aus Zorn, Schmerz und Verachtung in einem letzten Moment der Ruhe vor dem Sturm gerichtet, nämlich ehe er aufspringen und die Tafeln am Boden zerschmettern werde.

In seinem eigenen Versuch, die Darstellungsabsicht Michelangelos zu erraten, zentriert Freud sein Augenmerk vorwiegend auf Brustbereich, Bartverlauf sowie rechten Arm samt rechter Hand und entwickelt die Hypothese einer Bewegung, die *vor* der marmornen Stillstellung durch Michelangelo abgelaufen sei. Er ließ sich diese Bewegung von einem Künstler zeichnen und veröffentlichte die Skizzen mit dem Essay (ebd., 191 f.): Ursprünglich habe dieser Moses ruhig dagesessen und die aufrechtstehenden Gesetzestafeln sicher unter dem Arm gehalten. Dann sei das Geräusch des dem Götzendienst huldigenden Volkes an sein Ohr gedrungen, er habe den Kopf nach links in die Richtung gedreht, aus der es kam, und die Szene sofort begriffen. Jäh sei er in Zorn geraten und habe sich zum Aufspringen bereitgemacht. Die rechte Hand habe ihren Griff an den Tafeln aufgegeben und sei nach oben links in den Bart gefahren. Dadurch

seien die Tafeln in Gefahr geraten abzustürzen. Um dies zu verhindern, sei der rechte Arm eilends zu ihnen zurückgekehrt, und dabei habe die Hand einen Teil des Bartes unwillkürlich mitgezogen. Gezeigt werde nicht die Vorbereitung auf die unmittelbar bevorstehende Tafelzerschmetterung, sondern das Ende einer heftigen Bewegung, die, im Dienste der Bewahrung der Gesetzestafeln, in Selbstbeherrschung auslaufe. Freud unterstellt Michelangelo also, daß er den Bibeltext absichtlich emendiert und den dort beschriebenen jähzornigen Charakter des Moses umdefiniert habe: »Damit hat er etwas Neues, Übermenschliches in die Figur des Moses gelegt, und die gewaltige Körpermasse und kraftstrotzende Muskulatur der Gestalt wird nur zum leiblichen Ausdrucksmittel für die höchste psychische Leistung, die einem Menschen möglich ist, für das Niederringen der eigenen Leidenschaft zugunsten und im Auftrage einer Bestimmung, der man sich geweiht hat« (ebd., 198).

Zeitlebens hielt Freud an dieser Deutung fest, obgleich er seine Zweifel an deren Stimmigkeit nie ganz beschwichtigen konnte; er nannte die Arbeit nicht zufällig ein »Wagstück« (F/Fer I/2, 285). Als er später auf eine aus dem 12. Jh. stammende Moses-Statuette des Nicolas von Verdun aufmerksam gemacht wurde, die ihm seine Deutung zu bestätigen schien, verfaßte er den 1927 veröffentlichten kurzen *Nachtrag zur Arbeit über den Moses des Michelangelo* (GW XIV, 319–322).

Tatsächlich ist Freuds Deutung unzutreffend. Dies wurde in mehreren Stufen nachgewiesen (implizit bereits von Reik 1919, explizit von Rosenfeld 1951;

vgl. auch Grubrich-Simitis 2004). Ungeachtet der Tatsache, daß er sich hinsichtlich seiner Methode ausdrücklich auf Giovanni Morelli berief, der mit dem von ihm eingeführten morphologischen Verfahren vergleichender Gemäldebetrachtung das Augenmerk gerade auf scheinbar untergeordnete Details gelenkt hatte, schenkte Freud, wie übrigens auch die von ihm zitierten Autoren, einem eigentlich unübersehbaren Charakteristikum, nämlich den Hörnern auf dem Haupt des Moses, keine Beachtung. Hätte er dies getan, hätte er den dargestellten Augenblick nicht der ersten Herabkunft vom Sinai, kurz vor Zerschmetterung der ersten Gesetzestafeln, also Exodus 32, zuordnen und damit Michelangelo auch nicht unterstellen können, er zeige einen Moses, der im Gegensatz zum Bibeltext, im Dienste der Bewahrung der Gesetzestafeln, seinen zerstörerischen Affektausbruch zu beherrschen weiß. Denn diese Hörner ordnen die Skulptur eindeutig der in Exodus 34 beschriebenen späteren Herabkunft vom Sinai zu, mit den zweiten Gesetzestafeln, nachdem die ersten zerschmettert worden waren: erst bei dieser späteren Herabkunft hatte Moses' Antlitz infolge seines diesmal besonders langen Verweilens in Gottes Gegenwart gestrahlt, was das Volk Israel sich vor ihm fürchten ließ und weswegen er sich mit einem Tuch verhüllte; Michelangelo drapierte ein solches – von Freud gleichfalls ausgeblendetes – Tuch über das rechte Knie seiner Statue. Das Hörnerdetail, das auch andere Moses-Darstellungen kennzeichnet, wird heute auf die Doppelbedeutung des hebräischen Wortes »karan« (strahlen/gehörnt sein) zurückgeführt, kann aber auch als Metonymie aufgefaßt werden.

Innerhalb des Œuvres nimmt der Michelangelo-Essay eine Sonderstellung ein. Es handelt sich nicht um eine psychoanalytische, sondern eher um eine kunstkritische Abhandlung. Im Unterschied zu der vier Jahre zuvor publizierten Leonardo-Studie (GW VIII, 128–211), mit der Freud sein psychopathographisches Urmodell für die genuin psychoanalytische, also unbewußte Konfliktdynamik sowie Kindheitsschicksale, Sexualentwicklung und Traumawirkung ins Zentrum rückende Untersuchung von Kunstwerk und Künstler inaugurierte, geht es ihm hier gleichsam wie einem Kunsthistoriker um die Entschlüsselung der *bewußten* Darstellungsabsicht Michelangelos, also nicht um Aufdeckung *unbewußter* Bedeutungen, wofür er sich doch eigentlich zuständig fühlte. Sein ihn beschämender Dilettantismus war aber nicht der einzige Grund, weshalb er die Studie, für ihn höchst ungewöhnlich, zunächst anonym in der Zeitschrift *Imago* erscheinen ließ – erst 1924

nahm er sie im Kontext der *Gesammelten Schriften* unter seinen Namen. Das Hauptmotiv für die Anonymisierung dürfte vielmehr die Tatsache gewesen sein, daß es sich um einen verdeckt autobiographischen Text handelt. In der sich selbst zügelnden Gestalt, die Michelangelo in Opposition zum Bibelwortlaut vermeintlich vor uns hingestellt hat, erschuf Freud sich in Wahrheit seine zentrale Identifikationsfigur, ein haltgebendes, konkretes Ichideal von Affektbeherrschung und höchster Sublimierungsleistung, dem er in seinem 1912/13 vom Konflikt und schließlichen Bruch mit C. G. Jung ausgelösten Zorn nacheifern konnte, im Dienste der Bewahrung seines Lebenswerks. Für die Entstehung psychoanalytischer Kernkonzepte ist von Interesse, daß fast zeitgleich mit dem Michelangelo-Essay die bahnbrechende theoretische Schrift *Zur Einführung des Narzißmus* (GW X, 138–170) entstand, mit der Freud die psychotische Dimension der inneren Welt systematisch zu untersuchen begann und den Begriff des ›Ichideals‹ einführte, auf dem Wege zum späteren Begriff des ›Überichs‹.

Die Beschäftigung mit Moses als dem Repräsentanten eines »Fortschritts in der Geistigkeit« hat Freud in seinem religionspsychologischen Alterswerk *Der Mann Moses und die monotheistische Religion* (GW XVI, 103–246) fortgeführt. Die heute so leidenschaftliche Diskussion dieses jahrzehntelang kaum beachteten Buchs könnte als Zeichen dafür verstanden werden, daß in der gegenwärtigen Phase einer beklemmenden kulturellen Regression Freuds Identifikationsfigur und Sublimierungsideal generell an Attraktion gewinnt.

Die Sekundärliteratur zu *Der Moses des Michelangelo* ist umfangreich (zuletzt Spero 2001; Grubrich-Simitis 2004; für einen Überblick vgl. Goldsmith 1992). Obgleich Freuds Deutung heute allgemein als unzutreffend gilt, erfreut sich der Essay vor allem unter Kunsthistorikern unverminderter Wertschätzung (vgl. zuletzt Verspohl 2004), vor allem wegen der meisterhaften Beschreibung der Statue, der unübertroffenen Umsetzung des simultanen visuellen Sinneseindrucks in das Nacheinander des linearen Sprachtexts durch den großen Schriftsteller Freud.

Literatur

Goldsmith, Gary N.: Freud's Aesthetic Response to Michelangelo's *Moses*. In: *The Annual of Psychoanalysis* 20 (1992), 245–269.

Grubrich-Simitis, Ilse: *Michelangelos Moses und Freuds »Wagstück«. Eine Collage.* Frankfurt a. M. 2004.

Reik, Theodor: *Probleme der Religionspsychologie. I. Teil: Das Ritual.* Leipzig/Wien 1919.

Rosenfeld, Eva M.: The Pan-Headed Moses – A Parallel. In: *The International Journal of Psycho-Analysis* 32 (1951), 83–96.

Spero, Moshe Halevi: Self-Effacement as Self-Inscription: Reconsidering Freud's Anonymous »Moses of Michelangelo«. In: *Psychoanalysis and Contemporary Thought* 24 (2001), 359–462.

Verspohl, Franz-Joachim: *Michelangelo Buonarroti und Papst Julius II. Moses – Heerführer, Gesetzgeber, Musenlenker.* Göttingen/Bern 2004.

Ilse Grubrich-Simitis

11. Autobiographische Schriften

Autobiographisches ist in vielen Freud-Schriften enthalten, obwohl nur wenige sich explizit autobiographisch geben (Grubrich-Simitis 1971/1973). Die wichtigsten sind die *Geschichte der psychoanalytischen Bewegung* von 1914 und die »*Selbstdarstellung*« von 1925; dazu kommen kurze Texte wie *Zur Psychologie des Gymnasiasten* (1914) oder die Ansprache an den jüdischen Verein B'nai B'rith (1926) (vgl. außerdem Meyer-Palmedo/Fichtner 1989/1999, 179). Aber die tiefsten Einblicke in sein persönliches Leben gewährte Freud (abgesehen von seinen Briefen) gar nicht in diesen, sondern in Arbeiten allgemein-psychologischer Natur, wo ihm seine Selbstbeobachtung entscheidende Belege lieferte. Das gilt insbesondere für die *Traumdeutung* (1900) und die *Psychopathologie des Alltagslebens* (1901); auch Aufsätze wie *Über Deckerinnerungen* (1899) oder *Eine Erinnerungsstörung auf der Akropolis* (1936) kreisen um eigene Erlebnisse. Ein zweiter Schwerpunkt des autobiographischen Schreibens bei Freud sind paradoxerweise Gesamtdarstellungen seiner Lehre wie die fünf Vorlesungen *Über Psychoanalyse* (1910) oder der *Kurze Abriß der Psychoanalyse* (1924). Statt einer abstrakten Systematik bot er in solchen Fällen vielfach eine historische Beschreibung, getreu dem Motto: »Man versteht die Psychoanalyse immer noch am besten, wenn man ihre Entstehung und Entwicklung verfolgt« (GW XIII, 211). Als echte Autobiographie hat Freud keine seiner Publikationen verstanden; als er 1929 aufgefordert wurde, eine solche abzufassen, lehnte er mit den Worten ab: »Was alle Autobiographien wertlos macht, ist ja ihre Verlogenheit« (B, 408).

Zur Geschichte der psycho-analytischen Bewegung

Freuds erste autobiographische Schrift im engeren Sinn entsprang einem kriegerischen Impuls (Schröter 1995). Seit dem Jahreswechsel 1912/13 war seine Beziehung zu C. G. Jung aufgrund persönlicher und sachlicher Differenzen zerrüttet. Schon bei dem vor-

angegangenen Konflikt mit Adler hatte er deutlich gemacht, daß er niemand in seiner Schule dulden wollte, der nicht bestimmte Kernpunkte seiner Lehre akzeptierte; es war daraufhin zur Trennung gekommen. Und nun wiederholte sich die Geschichte. Diesmal aber wog das Problem schwerer, denn Jung besetzte, als Präsident der IPV und als Redakteur des *Jahrbuchs für psychoanalytische und psychopathologische Forschungen*, die zentralen Machtpositionen der psychoanalytischen Bewegung, ganz zu schweigen von seinem sonstigen Renommee. Eine Trennung von ihm brachte die Gefahr mit sich, daß er sowohl den Verein, einschließlich der neutralen Mitglieder, als auch die wichtigste psychoanalytische Zeitschrift mitnehmen würde. Deshalb arbeitete Freuds *inner circle*, das »Komitee«, gleichermaßen darauf hin, Jung zu entmachten und jener Gefahr vorzubeugen.

Ende Oktober 1913 gab Jung die Redaktion des *Jahrbuchs* ab. Wenig später beschloß Freud, eine *Geschichte der psychoanalytischen Bewegung* zu schreiben (zeitweiliger Titel »Beiträge zur Geschichte [etc.]«: F/A, 161). Der Plan taucht erstmals in einem Brief vom 3. 1. 1914 auf (F/Fer I/2, 272), wird aber schon ein bis zwei Monate länger bestanden haben. Ein äußerlicher Zweck der Schrift (wie auch der theoretischen Schwesterschrift *Zur Einführung des Narzißmus*) war gewiß, die Seiten des *Jahrbuchs*, das bisher überwiegend mit Züricher Beiträgen versorgt worden war, zu füllen. Substantiell wollte Freud Aufschluß über die Hintergründe des Redaktionswechsels geben, das Proprium der Psychoanalyse aufzeigen und eine Abgrenzung gegen vormalige Anhänger, die davon abwichen, vollziehen bzw. als gerechtfertigt erweisen (GW X, 44). Am 15. Februar war der Text fertig (F/Fer I/2, 285). Er hieß komitee-intern die »Bombe« und sollte helfen, die Trennung von Jung und seinen Anhängern möglichst noch vor dem nächsten Kongreß (der dann wegen des Kriegs ausfiel) herbeizuführen. Bevor er erschienen war, dankte Jung im April, provoziert durch eine Serie kritischer Rezensionen in der *Internationalen Zeitschrift für Psychoanalyse*, auch als IPV-Präsident ab. Freud forcierte daraufhin eine separate Produktion seiner *Geschichte* und konnte die Sonderdrucke Ende Juni, einen Monat vor Fertigstellung des *Jahrbuchs*, verschikken. Das Manöver hatte den gewünschten Erfolg. Am 25. Juli traf die offizielle Nachricht vom Austritt der »Züricher« ein, gleichzeitig mit der Kriegserklärung Österreich-Ungarns gegen Serbien, die den Ersten Weltkrieg einleitete (F/A, 180).

Der mit wütender Verve geschriebene Text gliedert sich in drei Teile. Im ersten schildert Freud die Entwicklung der Psychoanalyse bis 1902/06, ausgehend vom kathartischen Verfahren Breuers und von der hypnotischen Suggestion. Er entfaltet dabei insbesondere drei Aspekte, die er als Essentials der Psychoanalyse hinstellt (GW X, 53): »Die Lehre von der Verdrängung und vom Widerstand, die Einsetzung der infantilen Sexualität und die Deutung und Verwertung der Träume zur Erkenntnis des Unbewußten«. Die abweisende Reaktion der Fachkollegen auf seine Ansichten zur Rolle der Sexualität in der Ätiologie der Neurosen habe ihn veranlaßt, sich in eine »splendid isolation« zurückzuziehen. Das Ziel dieser Ursprungserzählung ist der Nachweis, daß die Psychoanalyse ganz und gar Freuds »Schöpfung« sei, mit der Implikation, daß er deshalb auch das Recht habe, ihre Grenzen zu definieren. – Der zweite Teil behandelt die Anfänge der psychoanalytischen Gruppenbildung, beginnend mit der »Mittwoch-Gesellschaft« in Wien. Sehr klar wird betont, welchen Durchbruch es für Freud bedeutete, daß sich der Zürcher psychiatrische Lehrstuhl mit dem Ordinarius Eugen Bleuler und dem Oberarzt C. G. Jung seiner Lehre zugewandt hatte. Seitdem habe seine Schule einen großen Aufschwung erlebt, dessen internationaler Verlauf skizziert wird. Zur geographischen Ausweitung sei eine inhaltliche Erweiterung des Anwendungsbereichs der Psychoanalyse auf alle möglichen Geisteswissenschaften gekommen.

Der dritte Teil enthält die Polemik, um deretwillen der ganze Text geschrieben wurde. Zunächst rechtfertigt Freud die Gründung der IPV und die Wahl von Jung zum IPV-Präsidenten. Dann kommt er auf die beiden »Abfallsbewegungen« unter seinen Anhängern zu sprechen, zuerst auf die von Adler. Die zuvor benannten Essentials werden jetzt als Maßstab benutzt, um zu zeigen, daß Adlers Lehre mit ihrer Betonung der Ichpsychologie auf Kosten der libidinösen Triebregungen nicht mehr zur Psychoanalyse gerechnet werden könne. Ähnlich wird bei Jung herausgearbeitet, daß er auf die Annahmen der Verdrängung, der kindlichen Sexualität etc. verzichte. Als Motiv unterstellt Freud, daß Jung den Familien- und Ödipuskomplex habe entsexualisieren wollen, um die

Sublimität von Ethik und Religion zu retten. Mit seiner Kritik will er nicht den »etwaigen Wahrheitsgehalt der zurückzuweisenden Lehren« bestreiten, sondern lediglich demonstrieren, daß sie »die Grundsätze der Analyse verleugnen« und darum nicht unter demselben Namen firmieren sollten (93). Daß ihre Vertreter dann auch keinen Platz mehr in der psychoanalytischen Vereinigung haben könnten, ist eine stillschweigende Konsequenz. Einige bissige Äußerungen *ad personam* – »kleinliche Bosheiten« in Arbeiten Adlers, »Unaufrichtigkeit« in der Haltung Jungs (95, 105) – ergänzen den Aspekt der sachlichen Unvereinbarkeit durch den der persönlichen Unverträglichkeit.

Ein Grundzug der ganzen Darstellung ist, daß sie die wissenschaftliche Landschaft mit scharfen Strichen in Freund und Feind aufteilt. Im Blick auf seine früheren Jahre beschreibt sich Freud nicht nur als einsam, sondern auch als umgeben von Unverständnis und Mißachtung. Später habe die Fachwelt zwar immer mehr Notiz von ihm genommen, aber, abgesehen von der kleinen Schar seiner Anhänger, seine Lehren zumeist abgelehnt. Je stärker die Einsprüche und Anfeindungen, desto mehr habe er daran festgehalten, daß er »besonders bedeutungsvolle Zusammenhänge« entdeckt hatte (60). Dies war das Temperament des »Konquistadors«, das er sich gelegentlich zusprach (F, 437), »mit der Neugierde, der Kühnheit und der Zähigkeit eines solchen«. Die negativen Reaktionen der Kollegen wie auch den »Abfall« von Adler und Jung faßte er als Zeichen eines »Widerstands« auf, analog dem Widerstand seiner Patienten gegen die Aufdeckung verpönter Sachverhalte, und damit nicht nur als unvermeidlich, sondern fast schon als eine Bestätigung, daß er recht hatte (GW X, 62, 92). So schweißte er seine Gruppe als Besitzer der »Wahrheit« in einer feindlichen Umwelt zusammen (vgl. F/Fer I/2, 216). Abgrenzung nach außen und Festigung nach innen gingen Hand in Hand.

»Selbstdarstellung«

Der Anlaß für die Entstehung dieser Schrift war wenig spektakulär. Der Leipziger Verlag Felix Meiner hatte 1921 eine Reihe *Philosophie der Gegenwart in Selbstdarstellungen* eingerichtet, zu der ab 1923 eine analoge Reihe für die Medizin hinzutrat; weitere folgten. Im Konzept des Unternehmens lag das Schwergewicht auf der »Autoergographie«: Die Autoren sollten eine »authentische« Darstellung ihres Lebenswerks geben mit Hinweisen auf das »persönliche Moment« darin (Grote 1923). Von allen Reihen war die

Medizin der Gegenwart in Selbstdarstellungen die umfangreichste; sie brachte es auf acht Bände. Jeder umfaßte fünf bis acht Beiträge, die nicht nur durchlaufend im Band, sondern auch je für sich paginiert waren, so daß sie sich zugleich für den Einzelverkauf eigneten. Herausgeber war der Internist Louis R. Grote. Er bat »hervorragende« Mediziner um einen Beitrag; das heißt, die Auswahl war per se Zeichen eines gewissen Ruhms. Freud eröffnete den vierten Band. Er war der Psychiatrie zugeordnet, aus der außer ihm Alfred Erich Hoche, der notorische Feind der Psychoanalyse (Bd. 1), Wladimir Bechterew, August Forel (Bd. 6) und Konrad Rieger (Bd. 8) vertreten waren (vgl. Grote 1930, wo diese fünf Texte versammelt sind). Im Vergleich zur *Geschichte der psychoanalytischen Bewegung* ist Freuds »Selbstdarstellung« (deren Titel nicht von ihm stammt, sondern dem Reihentitel entnommen wurde) viel ruhiger, ausgewogener und detailfreudiger. Es handelt sich um eine Gelehrtenautobiographie nach den Vorgaben der Reihe, ohne jede selbstanalytische Deutung.

Freud schrieb den Beitrag im Sommer 1924 während seiner Ferien auf dem Semmering nahe Wien. Am 16. 7. berichtete er Ferenczi von der Niederschrift, am 6. 8. war das Manuskript abgeliefert (F/Fer III/1, 222, 227). Mehrfach äußerte er, daß die »Selbstdarstellung« nur ein Wiederaufguß von Früherem sei, daß er sie »ohne inneren Drang nur auf das Drängen des Herausgebers« verfaßt habe (F/G, 78). Er wollte den Text zur Beziehungspflege nutzen und ließ sich deshalb sein Honorar in Sonderdrucken auszahlen. Sie trafen im Februar 1925 ein (C, 569), reichten aber nicht, so daß er eine Nachlieferung bestellte, die er im Juni verteilte (C, dt. 37). Für eine amerikanische Neuauflage, die 1935 erschien, verfaßte er eine aktualisierende *Nachschrift* und fügte dem ursprünglichen Text einige Ergänzungen und Fußnoten hinzu (Freud 1973/1971, 37 f.).

Die »Selbstdarstellung« bietet, so Freud, gegenüber früheren Texten »ein neues Mengungsverhältnis zwischen subjektiver und objektiver Darstellung, zwischen biographischem und historischem Interesse« (GW XIV, 34). Das heißt zunächst, daß er diesmal freigebiger ist mit persönlichen Mitteilungen: in bezug auf seine Familie und sein Judentum, seine Laufbahn in Schule und Universität. Er schildert, wie und warum er sich auf die Nervenkrankheiten spezialisierte, erzählt von seinen Erfahrungen mit Charcot und dem großen Mann des Hypnotismus, Bernheim. Aus der weiteren Erzählung geht hervor, daß die Psychoanalyse ein spezifisches Produkt der nervenärztlichen Praxis war, weil Freud eine *wirksame* Methode für *ambulante* Behandlungen suchte. – Das erste Kapitel, das bis ca. 1890 reicht, ist der wertvollste Teil der Schrift, weil mit seiner autobiographischen Ausführlichkeit in Freuds Œuvre singulär. Das wird durch den Petitsatz verdunkelt, der von der Erstveröffentlichung in die Gesamtausgaben übernommen wurde und dem werkbezogenen Konzept der Meiner-Reihe entsprach. Von dem Punkt an, wo der Großdruck beginnt, verwandelt sich die »Selbstdarstellung« überwiegend in eine Darstellung klinischer, theoretischer und organisatorischer Aspekte der Psychoanalyse und damit tatsächlich in eine Wiederholung von Dingen, die man auch anderswo nachlesen kann. Gleichwohl imponiert die Frische, mit der Freud immer wieder, und so auch hier, seine Lehre in neue Worte zu gießen verstand. Sie verblaßte in seinem Denken offenbar nicht zur Routine.

Zunächst erzählt er (Kap. 2), wie er dem zudeckenden Verfahren der hypnotischen Suggestion das aufdeckende, kathartische Verfahren Breuers vorzuziehen begann, das er einerseits als effektiver, andererseits als befriedigender empfand, weil es zugleich einen Aufschluß über die Herkunft der Symptome zu geben versprach, also einem Forschungszweck diente. Dann kommt er auf seine Erfahrung zu sprechen, daß sowohl die Hysterie als auch alle anderen Neurosen durch Störungen der Sexualfunktion verursacht seien. In seinem Bericht über den Schritt von der kathartischen zur eigentlich psychoanalytischen Therapie, die ganz auf die Hypnose verzichtete, ist die Episode, wie er mit der Übertragungsliebe einer Patientin zusammenstieß, besonders eindrucksvoll. Die folgende Abhandlung (Kap. 3) über Widerstand, Verdrängung und das Unbewußte bewegt sich vollends in bekannten Geleisen. In der Zusammenfassung seiner Sexualtheorie betont Freud seinen erweiterten Begriff der Sexualität. Kapitel 4 beschreibt die Eigenart der psychoanalytischen Technik: die freie Assoziation mit der »Grundregel«, die analytische Deutungskunst und die Handhabung der Übertragung. Angefügt ist ein Abriß der Traumlehre, den Freud mit dem oft wiederholten Hinweis beschließt, daß sie gezeigt habe, daß die Psychoanalyse nicht eine »Hilfswissenschaft der Psychopathologie« sei, sondern vielmehr »der Ansatz zu einer neuen und gründlicheren Seelenkunde, die auch für das Verständnis des Normalen unentbehrlich wird« (GW XIV, 73).

Kapitel 5 wendet sich den äußeren Schicksalen der Psychoanalyse zu: dem Wachstum der psychoanalytischen Bewegung, dem teilweise bösartigen Widerstand der Fachwelt vor allem in Deutschland, der internationalen Ausbreitung, den ersten »Abfallsbewegungen«. Im Kontext der letzteren verteidigt sich

Freud gegen den Vorwurf der »Intoleranz«. Der Erste Weltkrieg habe der Psychoanalyse die Genugtuung gebracht, daß einige ihrer Annahmen zur Psychogenese neurotischer Störungen im Blick auf die Kriegsneurotiker populär wurden. Anschließend werden der Plan einer Zentrale der Psychoanalyse in Budapest und der Aufbau der Berliner psychoanalytischen Poliklinik erwähnt. Aus der theoretischen Entwicklung seines Werks nach 1906/1907 hebt Freud als seine eigenen Beiträge hervor: die Konzeption des Narzißmus, die Spekulationen zum Triebdualismus von Eros und Todestrieb, die metapsychologischen Formulierungen zu Es, Ich und Über-Ich, die Bemühungen um das analytische Verständnis der Psychosen. Unter den jüngeren deutschen Psychiatern konstatiert er »eine Art von *pénétration pacifique* mit analytischen Gesichtspunkten« (87). Das 6. Kapitel erörtert die Anwendungen der Psychoanalyse auf Literatur und Kunstwissenschaft, Religionsgeschichte und Prähistorie, auf Mythologie, Volkskunde, Pädagogik usw., soweit Freud selbst daran beteiligt war. *Totem und Tabu* wird besonders breit behandelt; zur Mythologie, Symbolik und Pädagogik habe er nur wenig beigetragen.

In der *Nachschrift* von 1935 bemerkt Freud, daß sein Interesse in der zweiten Hälfte der 1920er Jahre, nach einem »lebenslangen Umweg über die Naturwissenschaften, Medizin und Psychotherapie«, zu den kulturellen Problemstellungen seiner Jugend zurückgekehrt sei. Seine betreffenden Schriften, die *Zukunft einer Illusion* und *Das Unbehagen in der Kultur*, hätten viel Anklang gefunden und bei ihm die – bald widerlegte – Illusion gestiftet, »daß man zu den Autoren gehört, denen eine große Nation wie die deutsche bereit ist, Gehör zu schenken«. Aber sie seien keine wesentlichen Beiträge zur Psychoanalyse mehr gewesen und hätten »schadlos wegbleiben können« (GW XVI, 32 f.). Ein abschließender Absatz konstatiert das Gedeihen der IPV, als Gewähr für den Fortbestand seines Werks.

Nachwirkung

In seinen autobiographischen Schriften hat Freud die Entstehung und Entwicklung seiner Lehre als Geschichte eines heroischen Kampfs konstruiert, den er zuerst allein, dann mit Hilfe einer wachsenden Schar von Getreuen gegen eine bornierte bis feindliche Umwelt führte. In konsequenter empirischer Arbeit und im festen Vertrauen auf die Richtigkeit der erhobenen Befunde seien die Erkenntnisse der Psychoanalyse auf- und ausgebaut worden, bis sie bei einer größeren Zahl von Menschen Anerkennung fanden.

Mit dieser affektiv betonten Sicht der Dinge identifiziert sich seitdem jede Analytikergeneration, die Freuds Werke liest, aufs Neue. Sie hat das historische Selbstbild und dann auch die Geschichtsschreibung der Freud-Schule über viele Jahrzehnte geprägt; siehe etwa die Freud-Biographie von Ernest Jones. Speziell was die »Abfallsbewegungen« betrifft, blieb Freuds *Geschichte der psychoanalytischen Bewegung* prägend, weil weder Adler noch Jung mit einer Gegendarstellung reagierten; der einzige, der das tat, war Wilhelm Stekel (1926).

Ein Paradigmenwechsel wurde durch das Werk von Henry Ellenberger über *Die Entdeckung des Unbewußten* (1970/1973) herbeigeführt. Es war Ellenbergers große Leistung, daß er die Geschichte der Psychoanalyse aus der Isolation, in der Freud (und Jones) sie dargestellt hatten, in ihren historischen Kontext zurückholte, daß er Vorläufer benannte und auf einer breiten Materialbasis den intellektuellen Raum beschrieb, in dem die Psychoanalyse entstand. Der Eindruck einer fast autochthonen Arbeit, den Freud erweckt hatte, und seine Schwarz-Weiß-Zeichnung von analytischen Wahrheitssuchern und einer verblendeten Umwelt wurden durch Ellenberger gründlich zerstört. An vielen Punkten konfrontierte er Freuds eigene Erzählung mit anderen Quellen und stellte sie damit in Frage. Etwas später legte Sulloway eine veritable Liste von »Freud-Mythen« vor (1979/1982, 664–672), die zumeist auf Freuds autobiographische Schriften zurückgingen und die er zu destruieren suchte. Die neuere Jung-Forschung verwahrt sich dagegen, daß Jung als »Abtrünniger« gezeichnet wird statt als ein eigenständiger Denker, dessen Allianz mit Freud eine Episode in seiner eigenen Kontinuität war (Shamdasani 2003). Infolge der geballten Kritik dieser und anderer Autoren steht der Autobiograph Freud heute fast unter einem Generalverdacht.

Nun gibt es in der Tat Angaben Freuds, bei denen Mißtrauen angebracht ist: Die erste Patientin Breuers wurde durch die kathartische Methode gewiß nicht geheilt, und am Widerstand seiner Kollegen, auf den er ab 1894 stieß, war Freud zum Teil selbst schuld, weil er im Brustton der Überzeugung weitreichende, schlecht belegte Generalisierungen vortrug. Anderes dagegen ist zu Unrecht in Zweifel gezogen worden, z. B. seine Aussage, daß er ab 1896 zehn Jahre lang in einer »splendid isolation« verharrte oder daß die *Traumdeutung* in der psychiatrisch-neurologischen Fachpresse kaum besprochen wurde und wenn, dann im Grunde ablehnend. So hat die Freud-kritische Historiographie manches korrigiert, ist aber weit übers Ziel hinausgeschossen (Köhler 1989). Im allgemeinen sind Freuds autobiographische Schriften, wenn man ihnen mit Fairness begegnet, erstaunlich zuverlässig – allerdings auch kompromißlos selbstbezogen. Gewiß treiben sie Geschichtspolitik im Interesse der Gruppenbildung. Und sie bezeugen eine Neigung, sich aus der breiteren wissenschaftlichen Diskussion auszuklinken, Widersprüche von außen *a limine* abzuweisen und interne Meinungsverschiedenheiten durch Ausschluß zu erledigen, die einerseits zur Profilierung der Freud-Schule beigetragen, andererseits eine Selbstisolierung begünstigt hat, die bis heute nachwirkt.

Literatur

Ellenberger, Henry S.: *Die Entdeckung des Unbewußten.* 2 Bde. Bern/Stuttgart/Wien 1973 (engl. 1970).

Freud, Sigmund: *»Selbstdarstellung«. Schriften zur Geschichte der Psychoanalyse.* Hg. von Ilse Grubrich-Simitis [1971]. Frankfurt a. M. ²1973.

Grote, L. R.: Vorwort des Herausgebers. In: *Die Medizin der Gegenwart in Selbstdarstellungen.* Bd. 1. Leipzig 1923, III–XI.

– (Hg.): *Führende Psychiater in Selbstdarstellungen.* Leipzig 1930.

Grubrich-Simitis, Ilse: Sigmund Freuds Lebensgeschichte und die Anfänge der Psychoanalyse. In: Freud 1971/1973, 7–33.

Köhler, Thomas: *Abwege der Psychoanalyse-Kritik. Zur Unwissenschaftlichkeit der Anti-Freud-Literatur.* Frankfurt a. M. 1989.

Meyer-Palmedo, Ingeborg/Gerhard Fichtner: *Freud-Bibliographie mit Werkkonkordanz* [1989]. Frankfurt a. M. ²1999.

Schröter, Michael: Freuds Komitee 1912–1914. Ein Beitrag zum Verständnis psychoanalytischer Gruppenbildung. In: *Psyche* 49 (1995), 513–563.

Shamdasani, Sonu: *Jung and the Making of Modern Psychology: The Dream of a Science.* Cambridge/New York 2003.

Stekel, Wilhelm: Zur Geschichte der analytischen Bewegung. In: *Fortschritte der Sexualwissenschaft und Psychoanalyse* 2 (1926), 539–575.

Sulloway, Frank J.: *Freud – Biologe der Seele. Jenseits der psychoanalytischen Legende.* Köln-Lövenich 1982 (engl. 1979).

Michael Schröter

12. Briefe

Freud hatte ein starkes Bedürfnis zu schreiben. So entstanden die vielen tausend Seiten seiner wissenschaftlichen Werke; so entstanden Arbeitsnotizen und andere Aufzeichnungen; und so entstand eine riesige Menge von Briefen. Ihre Zahl ist auf ca. 20.000 geschätzt worden, von denen mindestens die Hälfte erhalten sei (Fichtner 1989, 810). Damit wäre Freuds Brief-Œuvre umfangreicher als sein wissenschaftliches Werk. Einen Querschnitt, der Freuds Kunst als Briefschreiber *at its best* zeigt, bietet die Auswahlausgabe *Briefe 1873–1939* (B). Eine umfassende Diskussion, auf weit überholter Materialbasis, findet sich bei Grotjahn (1976). Über einzelne Korrespondenzen informieren die Einleitungen oder Nachworte der jeweiligen Editionen (F, S, F/B, C, F/Fer, F/E). Fichtner (1989) hat den Briefschreiber Freud sorgfältig gewürdigt; siehe außerdem die Mijolla (1989/1997).

Sämtliche Briefe Freuds, die bis 1998 veröffentlicht waren, sind in der *Freud-Bibliographie* von Meyer-Palmedo/Fichtner (1989/1999) angeführt und durch einen »Index der Briefempfänger« erschlossen, der 387 Eintragungen enthält. Im Katalog der größten archivalischen Sammlung von Freud-Briefen (Library of Congress, Washington) sind unter »Family Papers/Correspondence with Sigmund Freud« ca. 40, unter »General Correspondence« knapp 600 Namen verzeichnet. Immer wieder tauchen, z. B. bei Auktionen, neue Freud-Briefe auf. Vor allem aber nimmt die Zahl der gedruckten Briefe laufend zu.

Wenn man den ganzen Bestand zu ordnen versucht, treten als erste Gruppe die Familienbriefe hervor, darunter die Braut- oder Verlobungsbriefe. Den markantesten Komplex bilden dann die klassischen Freundes- und Schülerbriefwechsel. Im verbleibenden Rest gibt es viele interessante kleinere Konvolute und Einzelbriefe. Die folgende Darstellung konzentriert sich auf veröffentlichtes Material. Offene, zur Publikation bestimmte Briefe – das bedeutendste Beispiel ist Freuds Beitrag zum Briefwechsel mit Albert Einstein über die Frage *Warum Krieg?* (1932) – werden vernachlässigt (bzw. in Kap. II.9.6 abgehandelt). Bibliographische Nachweise werden nur für Ti-

tel geboten, die sich noch nicht bei Meyer-Palmedo/Fichtner finden. Dort sind auch genauere Daten zur Entstehungszeit genannt, die für bisher ungedrucktes Material in den allermeisten Fällen durch die Webseite der Library of Congress ergänzt werden.

Familienbriefe

1882 verlobte sich Freud mit *Martha Bernays*, die ein Jahr später in ihre Heimat, nach Wandsbek bei Hamburg, zurückkehrte. Die Zeit der Trennung bis zur Hochzeit 1886 überbrückte das Brautpaar durch Briefe. Ca. 750 Stücke von Freud sind erhalten, ca. 800 von Martha. Eine Auswahl der ersteren erschien in den *Briefen 1873–1939*; eine vollständige Ausgabe wird gegenwärtig vorbereitet. Sie wird einen großen Liebes-Briefwechsel präsentieren, wie er nur in einer Epoche strenger Sexualnormen, wenig entwickelter Verkehrsnetze und ohne Telefon entstehen konnte. Sie wird die Jahre, in denen sich Freud nach dem Studium auf die Niederlassung als Nervenarzt vorbereitete, vollends zur bestbekannten Zeit seines Lebens machen. Und sie wird nicht zuletzt Marthas Anteil und Persönlichkeit zu ganz neuem Recht kommen lassen.

Schon aus der bisher veröffentlichten Auswahl geht hervor, daß Freud seiner Verlobten nicht nur berufliche und private Begebenheiten bis ins Kleinste mitteilte, sondern ihr auch tiefen Einblick in seine Gedanken und Gefühle gab. Wir lesen von seinen Angehörigen, seinen Lehrern und Freunden, von seinen wissenschaftlichen Arbeiten, unter denen die pharmakologischen Untersuchungen über das Kokain (das er auch selber nahm) herausragen, von seiner Studienreise nach Paris mit dem überwältigenden Erlebnis Charcots, von seinen Geldnöten. In berühmt gewordenen Passagen offenbart er seine konservative Sicht der Rollenverteilung von Mann und Frau (B, 81–83), der Habitus-Differenzen zwischen Mittel- und Unterschichten (»Das Gesindel lebt sich aus und wir entbehren«, B, 56) oder berichtet von der Vernichtung seiner Papiere, um es künftigen Biographen schwer zu machen (B, 144 f.). Wie nie mehr sonst gibt er sich gegenüber der Braut als ein leidenschaftlicher Mensch zu erkennen: eifersüchtig und ehrgeizig, selbstbewußt, hoch impressionabel, gepeinigt von der sexuellen Entbehrung. Und lange vor der Erfindung der Psychoanalyse beeindruckt er bereits als scharfer Selbst- und Menschenbeobachter.

Nach der Heirat hat Freud vor allem auf Ferienreisen, die er ohne seine Frau zu unternehmen pflegte, an Martha geschrieben; ein anderes umgrenztes Konvolut sind die Briefe von seinen Berlin-Aufenthalten zur Anfertigung und Anpassung einer Kieferprothese 1928 bis 1930. Unter den Reisebriefen (Freud 2002) gibt es Juwelen behaglicher Beschreibungskunst, z. B. über eine *Carmen*-Aufführung 1907 in Rom (ebd., 228–233). Die meisten der späteren Briefe jedoch sind in einem schmucklosen Berichtsstil gehalten und dienen vor allem dem Zweck – oder vielmehr: dem Bedürfnis Freuds, die Symbiose des familiären Alltags aufrechtzuerhalten. Aus dem »süßen Schatz« der Brautbriefe ist die »geliebte Alte« geworden. Vielfach aber tragen diese Schreiben auch die Anrede »Meine Lieben«, sind also gar nicht mehr an die Ehefrau als Individuum gerichtet, sondern – zum Vorlesen oder Weitergeben bestimmt – an die Familie als Kollektiv.

Zu dieser Familie gehörte auch *Minna Bernays*, die ab 1896, unverheiratet, im Haushalt ihrer Schwester lebte. Fast die Hälfte der Briefe, die Freud an sie gerichtet hat (Freud/Bernays 2005), stammt aus seiner Verlobungszeit. Danach erzählte er der Schwägerin u. a. von der Geburt seiner Kinder, von Alpenwanderungen und von seiner Reise nach Berlin 1893 zu Wilhelm Fließ. Minna erweist sich in ihren Briefen als zupackend-kluge, scharfzüngige Frau, bei der es nicht überrascht, daß sie viel mehr als Martha zur Teilhaberin von Freuds wissenschaftlichen Interessen wurde. Am Ende steht eine Briefserie von Mai bis Juni 1938, in der Freud vom quälenden Warten auf die Emigration berichtet. Das Verhältnis zwischen der »lieben Minna« und dem »geliebten Sigi« oder »lieben Alten« war offenbar geprägt von geschwisterlicher Intimität.

Von Freuds Briefwechseln mit seinen Kindern ist der mit der jüngsten Tochter *Anna*, die seine Kronprinzessin, Vertraute und Pflegerin wurde, der gewichtigste (Freud/A. Freud i. V.). Man sieht darin, wie der Vater die Tochter in ihren Jugendkrisen anspricht, auch mit behutsamen analytischen Deutungen, und wie diese um seine Zuwendung ringt, z. B. durch die Mitteilung von Träumen. Der 18jährigen bescheinigt Freud, daß sie »mehr geistige Interessen« habe als ihre Schwestern und sich nicht leicht mit

einer »rein weiblichen Tätigkeit« zufrieden geben werde. Gut dokumentiert ist Annas Übergang vom Lehrerberuf zur Übersetzertätigkeit 1915 bis 1920. Besonders interessant, wie sie sich mit Unterstützung ihres Vaters der Kinder ihrer verstorbenen Schwester Sophie annimmt, im Vorgriff auf ihre kinderanalytische Praxis. Und bezaubernd, gerade in den früheren Briefen, ihr hellwacher Mädchen-Charme. Ab 1923 freilich reduziert sich die Korrespondenz auf eine Abfolge von Telegrammen oder Berichten im Telegrammstil.

Größere Konvolute sind auch von Freuds Korrespondenzen mit seinen anderen Kindern, einschließlich der Schwiegertöchter und -söhne, erhalten; nur *Oliver* hat das Gros der Briefe seines Vaters in den Wirren der Emigration verloren. Naturgemäß wurde an die Kinder, die nicht in Wien lebten (an *Ernst* in Berlin und *Sophie/Max Halberstadt* in Hamburg), mehr geschrieben als an die anderen. Die Kinder-Briefe imponieren, wie die Familienbriefe generell, als Äußerungen eines Patriarchen, der seine ausgedehnte Familie zusammen- und in Ordnung hält; es geht darin immer wieder um Geld, Gesundheit, Ferienplanungen und -erlebnisse. Aus ihren Beständen sind bisher nur vereinzelte Stücke veröffentlicht, so jener Trostbrief von 1908 an Mathilde, die sich sorgte, »nicht schön genug zu sein und darum keinem Mann zu gefallen« (B, 287).

Was Freuds Geschwister betrifft, so gibt es erwähnenswerte Korrespondenzen mit den Schwestern *Rosa* und *Maria* sowie mit dem Bruder *Alexander*. Komplett veröffentlicht sind bisher nur die erhaltenen Briefe an Maria und ihre Kinder (Freud 2004). Auf englisch korrespondierte Freud über Familienereignisse mit *Sam Freud*, einem Sohn seines nach Manchester emigrierten Halbbruders Emanuel. Sein New Yorker Neffe *Edward Bernays* fungierte in den 1920er Jahren eine Zeitlang als amerikanischer Agent seines Onkels und hat eine Auswahl von dessen diesbezüglichen Briefen in seiner Autobiographie dokumentiert.

Briefe an Freunde und Schüler: Die großen Konvolute

Die großen Freundes- und Schülerkorrespondenzen Freuds sind fast alle veröffentlicht, obwohl nicht immer ungekürzt. Nennenswerte Ausnahmen, die noch weitgehend der Publikation harren, sind die Briefe an *Jeanne Lampl-de Groot* sowie die Briefwechsel mit *Abraham A. Brill* und *Marie Bonaparte*. Auch von der erhaltenen Korrespondenz mit *Otto Rank*, die 50 Briefe von Freud und 200 von Rank umfaßt, sind

bisher nur wenige Stücke publiziert, so die bedrük-
kenden Dokumente des Sommers 1924, als sich der
Bruch zwischen beiden anbahnte. Die zahlreichen,
zumeist ungedruckten Briefe an *Paul Federn* bieten
aktuell-geschäftliche Mitteilungen.

Briefe an Eduard Silberstein

Diese Briefe an einen Freund, von dem ansonsten
wenig bekannt ist, erstrecken sich über die letzten
Gymnasiumsjahre und die Studienzeit Freuds (S).
Zwei Jugendlieben haben darin ebenso ihren Niederschlag gefunden wie Freuds erste, zoologische Forschungsarbeiten, die er u. a. in Triest durchführte.
Unschätzbar die zahlreichen Mitteilungen über
Freunde, intellektuelle Interessen und gelesene Bücher. Viele der Briefe sind in einem etwas dilettanti-
schen Spanisch abgefaßt, das die beiden Freunde als
ihre Privatsprache verwandten; die Namen »Cipion«
und »Berganza«, mit denen sie sich anredeten, entstammen der Cervantes-Novelle *Zwiegespräche der
Hunde.*

Briefe an Wilhelm Fließ

In den Briefen an den Berliner Hals- und Nasenarzt
Wilhelm Fließ (F) (deren Verständnis durch das Fehlen der Gegenbriefe gestört ist) läßt sich Freuds Entwicklung vom Gehirnanatomen und Hypnosearzt
zum Schöpfer der Psychoanalyse als Theorie und
Praxis beobachten. Es gibt wenige Quellen der Wissenschaftsgeschichte, in denen der Durchbruch zu einem neuen Paradigma ähnlich genau bezeugt ist wie
hier. Wie sensationell dieses Material, als es erstmals
(in Auswahl) bekannt wurde, auf die Gruppe der
Analytiker gewirkt hat, läßt sich an Eriksons Buch-
Essay von 1955 ablesen.

Freud berichtete Fließ, wie der Gedanke einer sexuellen Ätiologie der Neurosen von ihm Besitz ergriff, wie er seine Suche nach den Krankheitsursa-
chen immer weiter in die Kindheit ausdehnte und
sich dabei in der Sackgasse der sog. Verführungstheorie verlor. Sein Projekt einer neurologisch inspirierten Psychologie, das er parallel mit dem einer ätiolo-
gisch angelegten Neurosenlehre verfolgte, verkörperte sich im »Entwurf einer Psychologie« von 1895,
der für Fließ zu Papier gebracht wurde (der Text ist in
GW Nachtr. abgedruckt). Ab 1897 gewann seine
Theoriebildung im Zuge der Niederschrift der
Traumdeutung an Profil. Freud konzentrierte sich
nun, anknüpfend an die *Studien über Hysterie*, auf
psychologische Zusammenhänge und Mechanismen
und entwickelte sein Modell des Unbewußten. Ein

wesentliches Forschungsinstrument dabei war seine
Selbstanalyse, deren Anfänge und frühe Ergebnisse
ebenfalls in den Fließ-Briefen greifbar werden, zum
Beispiel: »Ich habe die Verliebtheit in die Mutter und
die Eifersucht gegen den Vater auch bei mir gefunden
und halte sie jetzt für ein allgemeines Ereignis früher
Kindheit« (F, 293).

Freuds Freundschaft und so auch seine Korrespondenz mit Fließ – dem letzten Freund, mit dem er sich
duzte – lebte von der Bedürftigkeit zweier Außen-
seiter, die sich als große Erneuerer der Wissenschaft
empfanden und einander in ihren Größenphantasien
bestätigten. Diese Bestätigung wog für Freud um so
schwerer, nachdem er sich 1896 aus dem Normaldis-
kurs seines Fachs entfernt hatte. Nun wurde Fließ für
ihn zur Inkarnation des Publikums, zum Adressaten
seiner Arbeit schlechthin. Er diente ihm auch im pre-
kären Unternehmen der Selbstanalyse als unentbehr-
liches Gegenüber. Nach der Veröffentlichung der
Traumdeutung, in der Freud seinen Anspruch auf
Größe erstmals in die Tat umgesetzt hatte, zerbrach
die Beziehung der beiden an der Erkenntnis, daß sie
mit dem Denken des jeweils anderen nichts mehr anfangen konnten. Die Briefe nach Sommer 1900 reflektieren ihre zunehmende Entfremdung.

Briefwechsel mit C. G. Jung

Zwischen dem Auslaufen der Fließ-Briefe und dem
Beginn der Korrespondenz mit Jung 1906 liegt eine
terra incognita in Freuds Erwachsenenleben. Der
Strom seiner Briefe setzt erst wieder ein, als die Züricher Universitätspsychiater um Eugen Bleuler, die
seine Lehre akzeptierten, den Kontakt mit ihm aufnahmen. Aus oder über Zürich kamen die Haupt-
personen, die fortan die Ausbreitung der Psychoanalyse betrieben. Freuds Korrespondenzen mit ihnen
waren das wichtigste Mittel zum Aufbau seines internationalen Imperiums; entsprechend spielen organi-
satorische Fragen darin durchweg eine, wenn nicht
die dominante Rolle. In der Art, wie Freud diese Beziehungen pflegte, mit intellektueller Überzeugungskraft, werbendem Schmelz, affektiver Präsenz, huma-
ner Großzügigkeit und autoritativer Strenge, zeigt
sich eine charismatische Kunst der Menschenbe-
handlung, deren er für die Bildung seiner Schule, die
bald nur noch für sich stand, in hohem Maße bedurfte. Durch alle affektive Motive hindurch behielt
er das Ziel im Auge: den wissenschaftlichen und sozialen Erfolg seiner »Sache«.

Spiritus rector der Züricher Freud-Bewegung war
C. G. Jung. Der Briefwechsel mit Jung (F/J) ist das
Dokument von Freuds Versuch, noch einmal in den

Diskurs der akademischen Medizin einzutreten, und er belegt das Scheitern dieses Versuchs, den Schritt der Freud-Schule in die Selbstbezogenheit, mit eigenen Zeitschriften, exklusiven Kongressen und einem eigenen Verein. Diese Entwicklung, mit ihrer polarisierenden Dynamik, kommt in den Jung-Briefen facettenreich zur Sprache, wobei die Korrespondenten nicht mit bissigen Bemerkungen über wissenschaftliche Gegner oder ungeschminkten Aussagen über Vertreter der frühen Psychoanalyse sparen.

Zugleich hat sich Freud mit keinem seiner Anhänger ebenso intensiv, quasi auf Augenhöhe, über klinische und theoretische Probleme ausgetauscht wie mit Jung. Insbesondere diskutierten die beiden über das Verständnis der Dementia praecox (Schizophrenie), ein Themenfeld, das erst durch die Verbindung mit Zürich ins Zentrum von Freuds Aufmerksamkeit rückte; ein früher Streitpunkt dabei war die Frage der psychischen oder toxischen Ätiologie. Zahlreich sind auch die Mitteilungen über entstehende Werke (z.B. Freuds Leonardo-Studie). Das wissenschaftliche Gespräch begann zu verdorren, als Jung 1910 seine mythologischen Forschungen aufnahm, die Vorarbeit für sein Werk *Wandlungen und Symbole der Libido* (1911/12), mit dem er sich von Freud wieder abwandte.

Auf einer dritten Ebene ist Freuds Briefwechsel mit Jung ein bewegendes menschliches Dokument; Eissler (1982, 7) hat ihn gelesen, »als ob er der Briefroman eines großen Schriftstellers wäre, in dem die tragische Freundschaft eines älteren Mannes mit einem jüngeren dargestellt wird«. Freud war fasziniert von Jungs Intelligenz und Vitalität, schätzte auch, daß dieser akademisch etabliert und Nicht-Jude war; Jung erkannte die klinische Überlegenheit des Älteren an und ließ sich durch dessen innovatorische Ansichten über das Unbewußte (weniger durch seine Sexualtheorie) beeinflussen. Aber während Freud, maßlos in seinen Forderungen nach Nähe und Anhängerschaft, den »Nachfolger und Kronprinzen« suchte (F/J, 241), wollte Jung seinen eigenen Weg gehen. Am Ende wurde er grob, betitelte Freud als Neurotiker und leitete damit den endgültigen Bruch ein.

Briefwechsel mit Max Eitingon

Der erste ›Züricher‹, der den isolierten Freud Anfang 1907 aufsuchte, war Max Eitingon, ab 1909 in Berlin. Allerdings kam der Briefwechsel zwischen den beiden Männern (F/E), wie ihre Freundschaft, erst 1918 richtig in Gang. Es handelt sich um die zahlenmäßig zweitgrößte Schülerkorrespondenz Freuds. Klinische

und theoretische Themen finden sich darin kaum, vordringlich sind administrative und nicht zuletzt Geldfragen. Sie betreffen den Internationalen Psychoanalytischen Verlag, den Freud für das wichtigste Organ seiner Bewegung hielt, die Berliner Psychoanalytische Poliklinik (verbunden mit einem Lehrinstitut), die Eitingon 1920 gründete und bis 1933 leitete, sowie, von 1926 bis 1932, als Eitingon Präsident der Internationalen Psychoanalytischen Vereinigung (IPV) war, das Problem einer internationalen Standardisierung der psychoanalytischen Ausbildung (Stichwort: »Laienanalyse«). Die Eitingon-Briefe bezeugen besonders nachdrücklich, daß der Verein der Psychoanalytiker nach dem Ersten Weltkrieg zu einer weitgespannten Organisation der Forschung, Publikation und Lehre heranwuchs, die spezifische Anstrengungen erforderte und ein entsprechend kompetentes Personal, und daß Freud diese Entwicklung im allgemeinen realistisch-geschickt, manchmal auch ungeduldig-erregt, aber möglichst aus dem Hintergrund vorantrieb und steuerte.

Abgesehen von seiner Managerfunktion war Eitingon derjenige Schüler (neben Rank), der gegenüber Freud am ehesten die Position eines »Sohnes« erlangte, symbolisiert durch die Anrede »Lieber Max«, während bei den anderen (soweit sie Männer waren) die Vertraulichkeit nicht über »Lieber Freund« hinausging. Mehr als in anderen Fällen sind Freuds Briefe an ihn voll von Familiennachrichten und Auskünften über seine Gesundheit bzw. Klagen über seine Beschwerden nach der Krebsoperation. Wie Grubrich-Simitis schreibt (2005, 270): Der Briefwechsel »gleicht in vielen Zügen einer Familienkorrespondenz«. Er flaute ab, als Eitingon 1934 nach Palästina emigrierte, aber den inhaltsreichsten Bericht über seine Ausreise nach London hat Freud diesem jüdischsten seiner engen Anhänger geschrieben (F/E, 901–903). Eitingons Liebe und Anpassungsbereitschaft gegenüber Freud erwiesen sich als nahezu unbegrenzt; unter den zentralen Schülerbeziehungen Freuds war dies die einzige ohne schweren Konflikt.

Briefwechsel mit Karl Abraham

Ebenfalls aus Zürich stieß Karl Abraham zu Freud. Seine erfolgreichen Bemühungen, sich in Berlin, wohin er 1908 zurückkehrte, im Rahmen der nervenärztlichen Praxis eine Existenz als Berufsanalytiker aufzubauen – er war der erste in der Schülergeneration, der diesen Schritt wagte –, sind in den Anfängen seines Briefwechsels mit Freud (F/A; Freud/Abraham i.V.) ebenso ein Leitmotiv wie die Entwicklung der Berliner Analytikergruppe, deren unbestrittener Führer Abraham bis zu seinem frühen Tod blieb. Freud kommentierte die Arbeiten des jüngeren Kollegen, supervidierte per Brief dessen erste Fälle und schickte ihm Patienten, über die er Rapport empfing. Unter den klinischen und theoretischen Diskussionen der Korrespondenten sticht die über die Melancholie hervor, mit der sich beide in klassischen Arbeiten befaßt haben. Der Kampf um die Trennung von Jung, dessen wesentliche Funktionen Abraham übernahm, bestimmte die Briefe 1913/14. Während des Kriegs gewann die Korrespondenz eine besondere Intensität.

Abraham wurde in der psychoanalytischen Bewegung zum »Leader unserer Konservativen« (F/E, 340). Freud lobte die Klarheit, Vielseitigkeit und »Korrektheit« seiner Schriften (F/A, 225) und schätzte seine zuverlässige Tatkraft, die ab 1920 im Aufbau des Berliner Instituts, der ersten spezialisierten Lehrstätte für Psychotherapie in Deutschland, ein neues, fruchtbares Aktionsfeld fand. Daß Abraham die Psychoanalyse als eine entschieden ärztliche Praxis vertrat, nahm er widerstrebend hin. Ein Schatten fiel auf die Freundschaft der beiden, als Abraham 1924 Rank als Jung *redivivus* denunzierte. In ihren letzten Briefen, kurz vor Abrahams Tod, stritten sie sich wegen der konkurrierenden Projekte eines psychoanalytischen Films, die in Berlin und in Wien betrieben wurden. Diese Episoden belegen, daß die Beziehung zwischen Freud und seinem Berliner Statthalter gespannter war, als die Oberfläche ihrer Korrespondenz, die vor allem von Abraham möglichst ruhig gehalten wurde, verrät.

Briefwechsel mit Sándor Ferenczi

Freuds Briefwechsel mit seinem ungarischen Paladin Sándor Ferenczi (F/Fer) ist nicht nur die umfangreichste, sondern nach oder neben den Jung-Briefen auch die gehaltvollste und lebendigste seiner Schülerkorrespondenzen. Dazu trugen Ferenczis Wärme und sprühende Intelligenz ebenso bei wie seine ausgeprägte Abhängigkeit von Freud. Eine Vielzahl von theoretischen und klinischen Themen kommt in diesen Briefen zur Sprache, wobei nicht zuletzt Fragen der therapeutischen Technik hervortreten. Zur Paranoia überließ Freud dem Freund seine Formel, daß sie aus der »Lösung der Libido von der homosexuellen Komponente« erwachse (ebd. I/1, 53). Ferenczis Forschungen zur Telepathie begleitete er mit großem, ambivalentem Interesse. Während des Kriegs verfolgten beide ein Gemeinschaftsprojekt »Lamarck und die Psychoanalyse«. Am Ende ihres sachlichen Austauschs steht jener harsche Brief von 1931, in dem

Freud sich von Ferenczis neuer Technik – er nannte sie »Kußtechnik« – distanzierte (ebd. III/2, 272–274).

Auf der organisatorischen Ebene enthalten Freuds Briefe an Ferenczi ausführliche Mitteilungen über die Entwicklung seiner Konflikte mit Adler, Stekel und Jung, während der andere über das wechselvolle Schicksal seiner Budapester Gruppe berichtete. Schmerzhaft zu lesen sind die Briefe aus der Rank-Krise 1924, in der Ferenczi zunächst auf der Seite Ranks stand, den Gegensatz zu Freud nicht ertrug und mit Mühe den Rückweg zu ihm fand. 1926/27 hatte er viel von einem langen Amerika-Aufenthalt zu erzählen. Im Streit um die Laienanalyse setzte sich Ferenczi genauso entschieden wie Freud für die Ausübung der Psychoanalyse durch Nicht-Ärzte ein. Die undiplomatische Radikalität, mit der er dies tat, kostete ihn die IPV-Präsidentschaft.

Ferenczi suchte die persönliche Nähe Freuds, die ihn zugleich lähmte. Nach einer gemeinsamen Ferienreise 1910 äußerte er den Wunsch nach völliger Offenheit im Umgang miteinander und wurde zurückgewiesen. Unter der Hand bemühte er sich, z. B. durch die Übersendung langer Traumdeutungen, die Korrespondenz mit Freud für eine Psychoanalyse in Briefen zu nutzen; aber Freud ging nicht darauf ein und gewährte ihm erst im Krieg drei Abschnitte von insgesamt neun Wochen regelrechter Analyse (Dupont 1994). Ebenso bezeichnend wie verwirrend ist die Geschichte, wie Ferenczi die Tochter seiner Geliebten analysierte, sich in sie verliebte und Freud die Analyse fortführte, um schließlich dem Freund von einer Verbindung mit dem Mädchen abzuraten. Das bittere Zerwürfnis der letzten Jahre, als Ferenczi auf Freuds alte Theorie von einer traumatischen Verursachung der Psychoneurosen zurückgriff und seine technischen Experimente forcierte, kommt im Briefwechsel vor allem durch zunehmende Pausen und Beschränkung auf Geschäftliches zum Ausdruck.

Briefwechsel mit Ernest Jones

Mit Ernest Jones, seinem wichtigsten englischen Schüler, der bis 1912/13 in Toronto lebte und danach in London eine Analytikerpraxis und eine IPV-Gruppe aufbaute, korrespondierte Freud weitgehend auf englisch, weil es ihm unmöglich war, »deutsche Worte mit lateinischen Buchstaben« zu schreiben (C, 181), und Jones seine deutsche (»gotische«) Schrift kaum lesen konnte; seinem spröden, nicht ganz fehlerlosen Englisch bescheinigte der Brite einen »klassischen Alte-Welt-Klang« (ebd., 212). Auch in diesem Briefwechsel stehen Belange der psychoanalytischen

Bewegung im Vordergrund. Das liegt nicht zuletzt daran, daß Jones von allen Mitgliedern des inneren Kreises um Freud am stärksten und eindeutigsten nach Macht strebte. Zugleich war er mit seiner Geschmeidigkeit, Zähigkeit und Realitätstüchtigkeit für Vereinspolitik besonders begabt. Er verband sein Machtstreben mit einer tiefen Anhänglichkeit an Freud und stand Konflikte mit diesem durch, an denen andere zerbrochen wären.

Zu Beginn geht es in den Briefen vorrangig um die Entwicklung der Psychoanalyse in den USA. Schon hier tritt eine Ambition zutage, die Jones zeit seines Lebens verfolgte: daß er der Führer der organisierten Psychoanalyse in der ganzen angloamerikanischen Welt sein wollte. Angesichts der heraufziehenden Jung-Krise regte er 1912 die Gründung eines informellen Gegenpräsidiums der IPV, des »Komitees«, an. Etwa ab 1920 ist sein Briefwechsel mit Freud durch scharfe Spannungen gezeichnet, weil Jones konsequent seine eigenen Interessen vertrat: durch den Anspruch auf Alleinzuständigkeit für die offiziellen psychoanalytischen Publikationen, insbesondere von Freuds Werken, in englischer Sprache und durch den Widerstand gegen eine zentralistische Regulierung der Analytikerausbildung. Der Gipfel der Entfremdung war 1927 erreicht, als Jones das von Freud mißbilligte Modell der frühkindlichen Entwicklung, das Melanie Klein zu entwerfen begann, als Grundlage einer ›modernen‹, spezifisch englischen psychoanalytischen Schule akzeptierte und die Kleinsche Polemik gegen Anna Freud unterstützte. Danach aber fand Freud die versöhnlichen Worte, daß die Streitigkeiten »nur Mißhelligkeiten in einer Familie waren, so wie man an einem Band zerrt, das man als unzerreißbar verspürt« (C, 643/dt. 60). Als ein menschlicher Höhepunkt des Briefwechsels erscheint die Zeit 1912 bis 1914, in der Jones' Lebensgefährtin bei Freud in Analyse war – und einen anderen Mann heiratete.

Briefwechsel mit Ludwig Binswanger und Oskar Pfister

Ludwig Binswanger und Oskar Pfister sind die beiden letzten Züricher, mit denen Freud einen längeren Briefwechsel begann (F/B; F/P). Sie bewegten sich aus verschiedenen Gründen am Rand der psychoanalytischen Bewegung und waren vielfach anderer Meinung als Freud, was diesen nicht hinderte, mit ihnen freundschaftlich verbunden zu bleiben.

Binswanger, der Sproß einer Psychiater-Dynastie und Erbe eines Sanatoriums, hatte Jung bei seiner ersten Reise nach Wien begleitet. Wenig später begann ihm Freud Patienten zu überweisen und klinische Aufsätze von ihm zu glossieren. 1912 wollte er ihn als Jungs Nachfolger in der Schweiz aufbauen, was mißlang. Er beobachtete Binswangers Versuche, die Psychoanalyse kritisch in den Rahmen einer philosophischen Psychologie zu stellen, mit Unwillen, hielt aber den Kontakt mit ihm, was durch die taktvolle Verehrung des Schweizers für den ›großen Mann‹ ermöglicht wurde. Freuds Beileidsbriefe nach dem Tod zweier Binswanger-Söhne sind von ergreifender Herzlichkeit.

Der Pfarrer und Religionspsychologe Oskar Pfister war vor dem Ersten Weltkrieg der Hauptrepräsentant der Anwendung der Psychoanalyse auf die Pädagogik. Freud denkt in seinen Briefen an ihn über die Eigenart seiner rein analytischen Technik nach, während der Pädagoge und Seelsorger Synthese, Sublimierung, Übertragung aktiv unterstützen könne. Ein später Höhepunkt des Briefwechsels ist der Austausch über *Die Zukunft einer Illusion*. Pfisters regellose Ausbildungstätigkeit, die dem nach 1918 aufkommenden Professionalisierungsstandard in der Psychoanalyse nicht mehr entsprach, wurde von Freud getadelt.

Briefwechsel mit Lou Andreas-Salomé

Lou Andreas-Salomé, die als Schriftstellerin bereits einen Namen hatte, hielt sich 1912/13 ein halbes Jahr lang in Wien auf, um Freuds Lehre zu studieren. Kurz darauf begann sie, die Psychoanalyse auszuüben, nach 1918 auch zum Gelderwerb. Sie war fast gleichaltrig mit Freud – unter den Partnern der großen Freud-Korrespondenzen, nach Fließ, ein Unikum. Der Briefwechsel der beiden (F/AS) verstärkte sich im Ersten Weltkrieg und wurde vollends vertraulich, als sich Andreas-Salomé mit Anna Freud befreundete. Freud schickte ihr Patienten und beriet sie auf brieflichem Weg, wenn sie mit einem Fall nicht weiterkam. Einzigartig die langen, gedankenreichen Kommentare, mit denen die »Liebste Lou« das Erscheinen neuer Freud-Schriften quittierte; sachliche Schwerpunkte waren dabei Narzißmus und Weiblichkeit. Freud genoß die Reflexionen der »Versteherin par excellence« (ebd., 50) und bewunderte graziös-befremdet die Kunst, »wie Sie sich seherisch bemühen, meine Bruchstücke zum Bau zu ergänzen« (ebd., 68).

Briefwechsel mit Arnold Zweig

Der alternde Freud ging kaum noch Beziehungen zu Männern ein, aus denen ein langdauernder, intensiver Briefwechsel erwuchs. Die einzige Ausnahme ist die Freundschaft mit Arnold Zweig, der seine Bewunderung für die Psychoanalyse und ihren Begründer offen zeigte und Freud mit seiner wortmächtigen Expressivität den Kontakt leicht machte. Hauptthemen des Gesprächs zwischen dem »Lieben Vater Freud« und dem ab 1933 in Palästina lebenden »Lieben Meister Arnold« waren, abgesehen von der »sogenannten Gesundheit« (F/Z, 103), das Schicksal der Juden, die Tagespolitik und vor allem die gerade geplanten, entstehenden oder entstandenen Werke. Freud kommentierte begeistert Zweigs *Erziehung vor Verdun*, riet ihm von einem Nietzsche-Roman (und von einer Freud-Biographie) ab und berichtete von seiner eigenen schriftstellerischen Obsession, dem *Mann Moses*. Mit keinem anderen Briefpartner hat er so locker über Politik, Literatur und Geschichte geplaudert.

Komitee-Rundbriefe

Ein Sonderfall unter den Korrespondenzen Freuds sind die Rundbriefe des sog. geheimen Komitees, die 1920 auf seinen Vorschlag eingerichtet wurden. Es handelt sich um eine Geschäftskorrespondenz, bei der sich die Teilnehmer in festen (mit der Zeit wachsenden) Abständen über Vorgänge in ihren Ortsgruppen und in der IPV, einschließlich des Verlags, informierten und Fragen von gemeinsamem Interesse besprachen. Je ein Durchschlag ging nach Wien, London, Berlin und Budapest. Die ursprüngliche Hoffnung war, daß die Briefe synergetische Kräfte mobilisieren würden. Statt dessen wurden sie zum Schauplatz von Konflikten, gipfelnd in der Rank-Krise, in der das Komitee aufgelöst und seine Korrespondenz eingestellt wurde. Die Wiener Rundbriefe wurden gewöhnlich von Rank nach Absprache mit Freud verfaßt und von diesem mitunterzeichnet. Zweimal, 1922 und 1924, ergriff Freud allein das Wort, mit der vergeblichen Mahnung »Seid einig – einig – einig« (Rundbriefe III, 235). Nach der Neugründung des Komitees im Herbst 1924 bis zu seiner Überführung in den formellen IPV-Vorstand 1927 wurden die Wiener Rundbriefe von Freud diktiert und von Anna Freud, die sie tippte, mitunterschrieben. Die Komitee-Rundbriefe stellen in den betreffenden Jahren eine Parallel-Korrespondenz zu Freuds Einzelkorrespondenzen mit Eitingon, Abraham, Ferenczi und Jones dar, mit denen sie sich vielfach verschränken.

Kleinere Briefkonvolute und Einzelbriefe

Neben den zuvor behandelten Korrespondenzen, die umfangreich sind durch die Frequenz der Briefe und die Dauer des zugrunde liegenden Kontakts, gibt es eine Fülle von kleineren Briefkonvoluten und Einzelbriefen Freuds an Freunde, Patienten, Kollegen, Schüler, Schriftsteller, Ratsuchende etc. Sie können hier nur in Auswahl berücksichtigt werden. Als ›kleiner‹ werden Konvolute definiert, die weniger als 50 Freud-Briefe umfassen.

Die Reihe beginnt mit dem zweiten Bestand von Jugendbriefen, der von Freud erhalten ist: seinen Briefen an *Emil Fluss*. Zu ihnen gehört der sog. Maturabrief, in dem Freud von seinem schriftlichen Abitur berichtet. In Deutsch habe er ein »Ausgezeichnet« bekommen und von seinem Professor erfahren, »daß ich hätte, was Herder so schön einen *idiotischen* Stil nennt, das ist einen Stil, der zugleich korrekt und charakteristisch ist« (B, 6). Aus Freuds Nachstudienzeit stammt eine Gruppe von Briefen an den Ophthalmologen *Carl Koller*, dem er zur Emigration nach Amerika riet.

Briefe aus der therapeutischen Praxis Freuds scheinen kaum erhalten zu sein. Das wertvollste frühe Konvolut sind 24 Schreiben an seine Patientin *Anna v. Vest*, 1903–1926. Manche von ihnen, aus den Ferien, bilden einen Teil der Behandlung, in anderen wehrt sich Freud gegen die Zumutung, die beendete Kur wieder aufzunehmen. Von ähnlichem Charakter sind einige Briefe an *Emma Eckstein*. Der 23jährige *Arthur Fischer-Colbrie* erreichte es mit seiner jugendlichen Verve, daß Freud ihn gegen alle Regeln der Technik »auf dem Du-Fuß« behandelte (Goldmann 1985, 271). Nach 1918 verwischte sich bei Freud die Grenze zwischen Patienten und Schülern, da er meist Leute in Analyse nahm, die zugleich von ihm lernen wollten. Eine lockere, aber herzliche nach-analytische Fortsetzung des Kontakts zu einer Ex-Patientin bezeugen seine Mitteilungen aus den 1930er Jahren an die amerikanisch-englische Dichterin *Hilda Doolittle*.

Freud-Briefe an ältere oder gleichaltrige Kollegen sind erstaunlich selten. Aus der Korrespondenz mit *Eugen Bleuler*, deren intensive Phase 1913 endete, sind bisher nur einige lange Briefe Bleulers, in denen er Freud eigene Träume zur Analyse vorlegte, und Auszüge aus den Jahren 1910 bis 1913 bekannt, in denen die beiden Korrespondenten um die Frage von Pluralität oder Exklusivität in der Psychoanalyse bzw. in der Wissenschaft stritten. In zwei langen Briefen an den Psychiater *Paul Näcke* verteidigte Freud recht unverblümt seine Theorie der Fehlleistungen, wobei er vorausschickte, es sei ihm »immer merkwürdig erschienen, daß jemand, der kritisiert, sich darum schon für einen kritischen Kopf hält«. Eine gehaltvolle Korrespondenz, vor allem über Fragen der Religion und Moral, führte er 1909 bis 1916 mit dem Bostoner Professor für Neuropathologie *James J. Putnam*. Er bestätigte darin, daß die Psychoanalyse ihre Adepten nicht zu Heiligen mache, und bekannte sich zu dem Satz von Friedrich Theodor Vischer: »Das Moralische versteht sich von selbst.« Eine Handvoll späterer Briefe an den Sexualwissenschaftler *Havelock Ellis* verbleibt in den Grenzen freundlicher Indifferenz.

Das Gros der ›kleineren‹ Konvolute bilden wieder die Briefe an Schüler. Soweit und solange diese in Wien lebten, hat Freud ihnen nur sporadisch und geschäftsmäßig geschrieben, so daß sich aus den Mitteilungen kein kontinuierliches Bild der Beziehung ergibt. Die 27 erhaltenen Briefe und Karten an *Alfred Adler* wurden bisher nicht komplett publiziert; es geht darin überwiegend um Patienten (Überweisungen, konsiliarische Äußerungen) sowie um das von Adler mitredigierte *Zentralblatt für Psychoanalyse*. Freuds früher Briefwechsel mit dem Philosophen *Hermann Swoboda* dreht sich um den von Fließ initiierten Plagiatsstreit in bezug auf die Ideen der Bisexualität und Periodizität (Tögel/Schröter 2002). In den zahlreichen Mitteilungen an *Theodor Reik* bekundet Freud immer wieder seine Anerkennung für dessen Schriften. Von den Briefen an seinen ungebetenen Biographen (1924) *Fritz Wittels* ist ein Teil veröffentlicht, darunter drei aufschlußreiche Stücke mit Kommentaren und Korrekturen zur Biographie. Fünf publizierte Briefe an *Wilhelm Reich* befassen sich vor allem mit dessen umstrittener Position als Leiter des Technischen Seminars in Wien bis 1930. Bei seinem »Leibarzt« *Max Schur* beschwerte sich Freud über unangemessen niedrige Rechnungen.

Die Briefe an auswärtige Schüler sind im allgemeinen aussagekräftiger für die Beziehung der Korrespondenten als die zuletzt genannten. Ein erstes, bedeutsames Beispiel ist Freuds Briefwechsel mit dem Baden-Badener Arzt und Sanatoriumsbesitzer *Georg Groddeck* (F/G; Freud/Groddeck i. V.), der ihn 1917 mit der Nachricht überraschte, daß er die Psychoanalyse für das Verständnis und die Behandlung von Körperkrankheiten benutze, woraufhin ihn Freud als Anhänger reklamierte. In vielen Briefen äußerte er sein Wohlgefallen an den krausen Werken Groddecks, dem er den Begriff des »Es« verdankte, beklagte aber auch dessen mystischen Hang zur Aufhebung des Unterschieds zwischen Körperlichem und Seelischem. Der ähnlich umfangreiche Briefwechsel

mit dem Berliner *Ernst Simmel*, von dessen Bestand bisher weniger als die Hälfte (auf englisch) veröffentlicht ist, beginnt ebenfalls mit der Äußerung von Freuds Genugtuung, daß ein ihm Unbekannter seine Ansichten rezipiert und auf einem neuen Gebiet, hier dem der Kriegsneurosen, angewandt habe. Vertreter einer nächsten Generation sind *Heinrich Meng* (Stuttgart, dann Frankfurt) und die beiden Wahl-Berliner *Franz Alexander* und *Sándor Radó*, die Freud schätzte und denen er noch relativ ausgiebig schrieb, obwohl er zu ihnen keine engere Beziehung mehr aufbaute. In den meist kurzen Mitteilungen an Meng sparte er nicht mit Lob für dessen Verdienste um die Ausbreitung der Psychoanalyse. Von den Alexander-Briefen sind bisher wenige Stücke publiziert, darunter ein Kommentar zur Über-Ich-Theorie. Freuds Briefe an Radó liegen in englischer Übersetzung vor; es handelt sich um einen Austausch zwischen dem Herausgeber und dem exekutiven Redakteur (seit 1925) der *Internationalen Zeitschrift für Psychoanalyse*.

Durchgehendes Thema in Freuds Briefen an die gebürtige Russin *Sabina Spielrein* ist ihre Ablösung von ihrem Analytiker Jung, mit dem sie eine unglückliche Liebesgeschichte gehabt hatte. Die 1919 beginnenden Briefe an den Italiener *Edoardo Weiss* zeichnen sich durch eine Fülle von Ratschlägen zur analytischen Praxis aus. An seine englische (Lehr-)Analysandin und anfängliche Hauptübersetzerin *Joan Riviere* schrieb Freud in Sachen der englischen Ausgabe seiner Schriften, gelegentlich auch zur Abwehr der englischen Angriffe gegen Anna Freud. Die ausgedehnte, auf deutsch geführte, aber bisher nur auf französisch veröffentlichte Korrespondenz mit *René Laforgue*, die sich von 1923 bis 1937 erstreckt, hat ihren Schwerpunkt in den Versuchen Freuds, seinen Partner von vorschnellen theoretischen und technischen Neuerungen abzuhalten. Aus dem Halbdutzend Mitteilungen an seinen Genfer Ex-Analysanden *Raymond de Saussure* ist jene von 1938 aus London unvergeßlich, in der Freud den Verlust der deutschen Sprache beklagt. Nach Peru gingen strategisch bezweckte Briefe an *Honorio F. Delgado*. Von weiteren Konvoluten mit Briefen an Schüler, so an den Schweizer *Emil Oberholzer* und den Russen *Nikolai Ossipow*, sind bisher nur vereinzelte Stücke publiziert. Die wenigen Vorkriegs-Briefe an den Nervenarzt *Willy Hellpach* und an den jungen Schriftsteller *Hans Blüher* sind aufschlußreich als Zeugnisse dafür, wie Freud um Bundesgenossen oder potentielle Schüler warb und mit deren Eigenwillen kollidierte.

Eine ergiebige Gruppe für sich sind die Korrespondenzen, die Freud mit namhaften Schriftstellern geführt hat. Am frühesten setzen die Briefe an *Karl Kraus* ein, die aber fast nur vom Plagiatsstreit mit Fließ handeln. Dagegen sind die Briefe an *Arthur Schnitzler* ein Beispiel dafür, wieviel Mühe sich Freud gedanklich und sprachlich im Verkehr mit ›Dichtern‹ gab. Höhepunkt jener Brief von 1922, in dem er Schnitzler gestand, er habe bisher die persönliche Begegnung mit ihm »aus einer Art von Doppelgängerscheu« gemieden (B, 257). Umfang- und inhaltsreicher ist die über 30 Jahre gehende Korrespondenz mit *Stefan Zweig*, dem Freud eindringliche Würdigungen z. B. einer Novelle über das Tabu der männlich-homosexuellen Liebe schickte und der umgekehrt Freud versicherte, er habe durch den Mut seiner Psychologie den Schriftstellern einer ganzen Epoche die Hemmungen genommen. Dem Briefaustausch mit *Romain Rolland* verdankte Freud den Begriff des »ozeanischen Gefühls« als Basis der Religiosität. Bei *Thomas Mann* bedankte er sich dafür, daß dieser ihn »gegen den Vorwurf eines reaktionären Mystizismus« verteidigt hatte. An *Georg Hermann* schrieb er 1936 u. a. über die Nationalsozialisten, sie schienen »eine kulturelle Regression durchzumachen vom Schuldgefühl zur Aggression, die die ursprüngliche Quelle des Gewissens ist«.

Die Zeugnisse von Freuds Kontakt mit dem deutsch-amerikanischen Schriftsteller *George Sylvester Viereck*, den er nach dem Weltkrieg Reklame für die Psychoanalyse in den USA machen ließ, sind noch weitgehend unerschlossen. Mit der von ihm hochgeschätzten Diseuse *Yvette Guilbert* korrespondierte Freud über die Wurzeln ihrer Fähigkeit, sich in die von ihr verkörperten Figuren hineinzuversetzen. Bei *William Bullitt*, mit dem er um 1930 ein Dutzend karge Briefe wechselte (Roazen i. V.), überlagerten sich die Rollen von Patient und Koautor (eines Buches über Präsident Wilson). Von Freuds Briefen an die bildenden Künstler *Hermann Struck* und *Max Pollak*, die ihn beide porträtiert haben, ist bisher nur wenig veröffentlicht, darunter ein Kommentar über das Struck-Porträt. Gegenüber *Albert Einstein* hob Freud u. a. hervor, daß er ihn beneide, weil der Physiker nicht so leicht auf Widerspruch stoße wie der Psychologe, auf dessen Feld jedermann Sachkenntnis beanspruche. Diese Korrespondenz ist übrigens ein Beispiel dafür, wie sehr die epistolaren Gipfeltreffen Freuds mit anderen Geistesgrößen durch runde Geburtstage bestimmt waren.

Aus der Restgruppe seien zur Illustration der thematischen Spannweite noch wenige Briefe genannt – teils Einzelstücke, teils Einzelveröffentlichungen aus einer größeren Reihe: an den Philosophen *Heinrich Gomperz*, der bei Freud (erfolglos) das Traumdeuten

lernen wollte; an den Arzt *Arthur Muthmann*, den er an die Beschränkungen der Hypnose gemahnte; an den Altphilologen *David Ernst Oppenheim*, den er als Mitarbeiter bei Folklorestudien gewann; an den Wiener Obersanitätsrat *Arnold Durig*, den er für die Laienanalyse einzunehmen versuchte; an *Julie Braun-Vogelstein*, der er Erinnerungen an seinen Schulfreund, den späteren Sozialisten Heinrich Braun, zur Verfügung stellte; an *Viktor v. Weizsäcker*, dem er Überlegungen zur Psychosomatik mitteilte; an die Mutter eines amerikanischen Homosexuellen, der er erklärte, daß die Psychoanalyse niemanden von seiner Homosexualität »heilen«, sondern im besten Fall einen unglücklichen Menschen zu einem glücklicheren machen könne.

Freud als Briefschreiber

Freud schrieb, die Zeit ausnützend, in den Pausen seiner nervenärztlichen Berufs- und Erwerbstätigkeit. Das gilt im großen für seine Werke, die überwiegend in den Sommerferien entstanden oder in Perioden, wenn seine Praxis schlecht ging. Es gilt auch im kleinen für seine Korrespondenz, die er oft nachts erledigte und insbesondere am Sonntag. Viele Mitteilungen aus den Ferien bezeugen eine entspannte Schreibfreude. Bei seinen Briefpartnern war Freud bekannt für die Promptheit und Zuverlässigkeit, mit der er antwortete. Umgekehrt vertrug er es schlecht, wenn andere ihn auf Antwort warten ließen. Er führte Listen über ein- und ausgegangene Briefe und klagte nach runden Geburtstagen wochenlang über die Berge von Gratulationen, die er abzuarbeiten hatte – und abarbeitete (beim 75. und 80. Geburtstag mit Hilfe vorgedruckter Dankeskarten).

Für seine Mitteilungen benutzte er je nachdem, wieviel er zu sagen hatte, größeres oder kleineres Briefpapier oder Briefkarten, allermeist mit gedrucktem Briefkopf. Die Bogen wurden gewöhnlich vollgeschrieben; die Mehrzahl der Freud-Briefe sind zwei Seiten lang. Er selbst schrieb mit der Hand, in einer energischen deutschen Schrift, die nur bei Eigennamen, fremdsprachigen Wendungen und medizinischen Fachausdrücken zu lateinischen Buchstaben überwechselte. Erst nach der Krebsoperation begann er, in die Maschine zu diktieren. Aber die einzige Sekretärin, der er sich anvertraute, war seine Tochter Anna, die ab Sommer 1927 kaum mehr Zeit dafür hatte. Seine Handschrift wurde mit fortschreitendem Alter besser lesbar und erreichte im Alter (oft) eine kalligraphische Klarheit. Fast hypochondrisch kommentierte er immer wieder ihre Qualität, z. B. wenn sie durch Kälte beeinträchtigt war. Konzepte fertigte

Freud allenfalls für offiziöse Briefe an und nur in der kurzen Zeit, in der seine Tochter für ihn arbeitete, als handschriftliche Vorlage für ihr Typoskript. Ansonsten entstanden seine Briefe frisch von der Feder weg, mit wenigen Korrekturen, und nicht selten bezog er den Schreibvorgang selbst – Verschreibungen, äußere oder innere Unterbrechungen – in den Text mit ein. So wurden seine Briefe zu Abbildern des assoziativen Prozesses, der sie hervorbrachte.

Freud schrieb nicht nur gern, sondern wie unter einem Zwang. Den höchsten Wert hatte für ihn das Schreiben zum Zweck der Veröffentlichung; mit der Abfassung einer Arbeit beschäftigt, vernachlässigte er seine Briefpflichten. Aber auch das Briefschreiben galt ihm als eine ernsthafte Form der geistigen Aktivität, die er brauchte, um sich wohlzufühlen; schon als junger Mann sagte er von sich:»wenn ich nicht Briefe schreiben und lesen kann, fürchte ich vor tödlicher Langeweile die ††† Cholera ††† zu bekommen« (S, 35). Andererseits gibt es viele Aussagen wie diese:»ich habe heute einen müden Tag und bin nur zum Briefschreiben zu gebrauchen« (F/Fer I/1, 319). Im Alter meinte er sogar, daß »Briefschreiben die einzige Art von Produktivität ist, die sich mir noch zur Verfügung stellt« (F/E, 485). Wo er einem Freund (Fließ, Ferenczi, Jung) erstmals eine neue Idee mitteilte oder eine der Aufzeichnungen schickte, in denen er solche Ideen für sich festhielt, gingen beide Arten des Schreibens Hand in Hand – Symbol einer dialogischen Qualität, die auch seine wissenschaftlichen Texte prägt. Häufiger kam es vor, daß er seinen Briefpartnern ein zur Publikation bestimmtes Manuskript oder einen Sonderdruck schickte, in der expliziten oder impliziten Hoffnung auf einen Kommentar.

Welche Funktion hatte diese rastlose Schreibtätigkeit? Da war zunächst das Bedürfnis eines hoch impressionablen Menschen, die Eindrücke des Tages in Worte umzusetzen und sie damit zu neutralisieren. Zugleich diente das Briefschreiben der Kontrolle seines weitgespannten Lebens, so in den Stakkato-Berichten, die er von Reisen an seine Familie schickte, deren Berichte er seinerseits erwartete. Später war es vor allem seine internationale psychoanalytische Bewegung, die er durch Briefe überwachte und förderte. Das Ausmaß des Netzwerks von Verwandten, Freunden, Kollegen, Schülern, Gesprächspartnern, das Freud auf diese Weise lebendig erhielt, war immens. Es ist ein eindrucksvolles Zeichen der Prägnanz seiner Beziehungen, wie er bei jedem Korrespondenten einen spezifischen Ton anschlägt und Themen wählt, für die er bei ihm Interesse voraussetzen kann. Diese Abstimmung auf das Gegenüber

ist in der Überlieferung partiell verdunkelt, weil oft die Gegenbriefe verloren sind. Wir wissen von drei Gelegenheiten, bei denen Freud viele seiner Papiere vernichtete: 1885 im Gefühl, »das Zeug legt sich um einen herum wie der Flugsand um die Sphinx« (B, 144); 1908 bei einem Umzug; und 1938 vor der Emigration. So läßt sich die Gegenseitigkeit seiner brieflichen Beziehungen nur in den Fällen verfolgen, die ihm selbst wichtig genug waren, daß er die Briefe der Partner aufbewahrte bzw. soweit diese Konzepte oder Kopien ihrer eigenen Briefe zurückbehielten.

Wenn Freud wollte, stand ihm eine bestrickende Höflichkeit und Überredungskraft zur Verfügung – oder auch eine schneidende Schärfe der Kritik und Abgrenzung. Sein Gedächtnis für Einzelheiten, die er an diesen oder jenen geschrieben oder von ihm erfahren hatte, begann erst spät zu erlahmen. Der große soziale Erfolg der Psychoanalyse, unter ungünstigen institutionellen Bedingungen, ist ohne Freuds enorme, nuancierte Beziehungsfähigkeit, von der die Korrespondenzen zeugen, nicht zu verstehen. Bei alledem erwies er sich (in seinen Erwachsenenjahren) als meisterlicher Stilist, der seine Beobachtungen, Erlebnisse und Gedanken ohne literarische Manier in eine farbige, kernige – eben: in eine »idiotische« Form goß. Es gibt prachtvolle Reiseberichte von ihm, so über eine Fahrt nach Aquileja im Frühjahr 1898 (F, 336–338). Über viele Ereignisse – die Ernennung zum Professor 1902 (F, 501–503), Zurechtweisungen von Jung (F/Fer I/2, 157–159) und Rank (F/E, 371–373) – hat er Berichte verfaßt, die faszinieren. Seine Beileids- oder Gratulationsbriefe sind oft voller Wärme und Weisheit. Aus einzelnen brieflichen Äußerungen ließe sich ein Vademecum von Sinnsprüchen gewinnen:»Glück ist die nachträgliche Erfüllung eines prähistorischen Wunsches. Darum macht Reichtum so wenig glücklich; Geld ist kein Kinderwunsch gewesen« (F, 320); »Mir kam immer vor, daß die Eigenmächtigkeit und das selbstverständliche Selbstvertrauen die unentbehrliche Bedingung dessen sei, was uns dann, wenn es zum Erfolg geführt hat, als Größe erscheint« (F/B, 97); »man hat Autorität, solange man sie nicht in Anspruch nimmt« (F/E, 747).

Aber es sind nicht nur die Glanzstücke, an denen sich die Pranke des Löwen zeigt – alles, was Freud schrieb, war eigenartig geprägt, »noch der kleinste und unwichtigste Brief trägt«, so Fichtner (1989, 806), »den Stempel seiner Sprache und seines Denkens«. Freud selbst hat nie gewollt, daß seine Korrespondenzen veröffentlicht werden. Daß die Nachwelt seinen Wunsch ignoriert, läßt sich nicht besser rechtfertigen als mit den Worten von Walter Jens anläßlich des Erscheinens der *Briefe 1873–1939*:»unser Land ist um einen bedeutenden, endlich entdeckten Schriftsteller reicher geworden« (ebd., 804 f.).

Zur Editionsgeschichte

Gleich nach dem Tod ihres Vaters faßte Anna Freud den Plan, seine Briefe zu sammeln »in Originalen oder in Abschriften, wie die Eigentümer sie eben hergeben« (F/B, 251). Von dieser Sammlung hat die Jonessche Freud-Biographie sehr profitiert. Die erste große Brief-Veröffentlichung war 1950 die von Anna Freud mitbesorgte Ausgabe der Fließ-Briefe, deren Kommentierung durch Ernst Kris einen Meilenstein der Freudforschung darstellt. Es handelte sich um eine gekürzte Ausgabe, die Material berücksichtigte, das sich auf Freuds wissenschaftliche Arbeit sowie auf die politisch-kulturellen Bedingungen seines Lebens bezog, während Äußerungen über Patienten, familiäre Ereignisse, Alltags- oder als zu intim empfundene Vorgänge (z. B. Krankheiten) eher wegfielen.

Eine ähnliche Selektivität charakterisierte die nächsten großen Brief-Ausgaben, die unter der Direktion von Ernst Freud herauskamen: die Querschnitts-Auswahl von 1960, die auf Aspekte »des empfindenden, denkenden und kämpfenden Mannes« zugespitzt war (B, 480), sowie die Korrespondenzen mit Pfister (1963), Abraham (1965) und A. Zweig (1968). So dankenswert diese Bände waren, die eine Fülle von anregendem und anrührendem Material darboten – die Kürzungen waren ein Problem (vgl. Falzeder 1997, betreffend F/P und F/A). Sie waren es, weil sie oft nachlässig durchgeführt wurden, so daß man z. B. Antworten zu lesen bekam auf Fragen, die fehlten. Sie waren es, weil die Herausgeber den Lesern ihre eigenen Prioritäten aufdrängten, z. B. für Theorie- und gegen Organisationsgeschichte. Dadurch, daß in den Gegenbriefen mehr gestrichen wurde als in den Briefen Freuds, verschob sich die Balance zwischen den Korrespondenten (so auch in F/Z). Ferner erkennt man in den Kürzungen eine Absicht, das öffentliche Freud-Bild zu schönen: ihn weniger leidenschaftlich oder grimmig, weniger irrtumsanfällig, weniger als Geschäftsmann oder Chef, weniger alltäglich und weniger jüdisch zu zeigen, als er war. Auch wenn man die Motive für solche Retuschen – die Pietät der Kinder, die Rücksicht auf lebende Personen und auf die Interessen eines breiten Publikums – respektiert, bleibt es ein Stein des Anstoßes, daß die vorgenommenen Eingriffe vielfach nicht markiert wurden. *Last but not least* waren die Herausgeber allzu sparsam mit erläuternden Anmerkungen und stützten sich auf unzuverlässige Transkriptionen.

Die erste Edition, die historisch-philologischen Ansprüchen halbwegs genügte – sowohl in der Intensität der Kommentierung als auch in der Beschränkung auf wenige Kürzungen –, war die der Korrespondenz zwischen Freud und Andreas-Salomé (1966). Maßstabsetzend wurde dann die Ausgabe der Jung-Briefe (1974), die hauptsächlich dem Jung-Forscher William McGuire zu verdanken war. Sie bot grundsätzlich den vollständigen Text aller Briefe in zuverlässiger Transkription, mit einem Anmerkungsapparat, der bis heute eine Fundgrube von Basisinformationen darstellt, und einem vorbildlichen Register; nur eine angemessene Einleitung fehlte. Patientennamen wurden verschlüsselt und einige Stellen, an denen noch lebende Personen hätten Anstoß nehmen können, weggelassen. Mit diesem Band war für die Publikation von Freud-Korrespondenzen der Durchbruch zur Wissenschaftlichkeit erreicht. Er begründete eine editorische Tradition, die im S. Fischer-Verlag unter der Regie eines auf Freud spezialisierten Lektorats fortgesetzt wurde: mit der Ausgabe der vollständigen Fließ-Briefe (1986) (die erstmals auch einen textkritischen Apparat enthielt) sowie der Silberstein- (1989) und der Binswanger-Briefe (1992).

Eine dritte Phase der Editionsgeschichte setzte ein, als der literarische Agent der Freud-Erben, Sigmund Freud Copyrights, den Gang des Geschehens zu bestimmen begann. Nun kam es darauf an, möglichst rasch möglichst viele Briefe herauszubringen, im jeweils meistbietenden Verlag. Repräsentanten dieser Phase sind die Editionen der Jones- (1993), der Ferenczi- (1993–2005), der vollständigen Abraham- (2002/i. V.) und der Eitingon-Korrespondenz (2004); einige weitere stehen kurz vor dem Erscheinen. Zweifellos wurde nun das Publikationstempo beschleunigt. Aber die Bände entstanden oft isoliert, ohne kontinuierliche, kompetente Moderation, was Auswirkungen auf die editorische Qualität hatte (vgl. Schröter 1994). Die Ausgabe der Jones-Briefe blieb weit hinter dem zuvor etablierten Niveau zurück, und auch die der Ferenczi-Briefe gab Anlaß zur Kritik. Ein spezielles, bis heute umstrittenes Problem ist, daß manche Herausgeber nicht mehr bereit waren, Patientennamen zu anonymisieren, d. h. die Normen ärztlicher Diskretion ins historisch-philologische Feld zu übertragen. In der Textgestaltung zeichnet sich neuerdings ein Paradigmenwechsel ab, insofern immer häufiger die Originale diplomatisch getreu, ohne Normalisierungen wiedergegeben werden.

Die zuletzt skizzierte Phase wird Ende 2009 auslaufen, wenn die Rechte an Freuds Schriften frei werden. Danach ist eine neue Welle der editorischen Beschäftigung mit seinen Werken und so auch mit seinen Korrespondenzen zu erwarten. Gegenwärtig ist das Interesse daran jedenfalls so groß, daß immer wieder einzelne bisher unveröffentlichte Freud-Briefe zum Fokus ganzer Aufsätze genommen werden. Wie die entsprechende Serie von Fichtner (2003 ff.) exemplarisch zeigt, sind in diesem Brief-Œuvre noch viele schöne Funde zu holen.

Literatur

Dupont, Judith: Freud's Analysis of Ferenczi As Revealed by Their Correspondence. In: *International Journal of Psycho-Analysis* 75 (1994), 301–320.

Eissler, Kurt R.: *Psychologische Aspekte des Briefwechsels zwischen Freud und Jung.* Stuttgart-Bad Cannstatt 1982.

Erikson, Erik H.: Freud's »The Origins of Psycho-Analysis«. In: *International Journal of Psycho-Analysis* 36 (1955), 1–15.

Falzeder, Ernst: Wem eigentlich gehört Freud? Anmerkungen zur Herausgabe von Freuds Briefen. In: *Jahrbuch der Psychoanalyse* 38 (1997), 197–220.

Fichtner, Gerhard: Freuds Briefe als historische Quelle. In: *Psyche* 43 (1989), 803–829.

–: Freud als Briefschreiber [Kolumne]. In: *Jahrbuch der Psychoanalyse* 46 ff. (2003 ff.).

Freud, Sigmund: Briefe an Maria (Mitzi) Freud und ihre Familie. Hg. von Christfried Tögel und Michael Schröter. In: *Luzifer-Amor. Zeitschrift zur Geschichte der Psychoanalyse* 17. Jg. (2004), H. 33, 51–72.

–: *Unser Herz zeigt nach dem Süden. Reisebriefe 1895–1923.* Hg. von Christfried Tögel. Berlin 2002.

– /Karl Abraham: *Briefwechsel 1907–1925.* Ungekürzte Ausgabe. Hg. von Ernst Falzeder und Ludger M. Hermanns. Wien (in Vorb.) (engl. 2002).

– /Minna Bernays: *Briefwechsel 1882–1938.* Hg. von Albrecht Hirschmüller. Tübingen 2005.

– /Anna Freud: *Briefwechsel 1904–1938.* Hg. von Ingeborg Meyer-Palmedo. Frankfurt a. M. (in Vorb.).

– /Georg Groddeck: *Briefwechsel 1917–1934.* Hg. von Michael Giefer und Beate Schuh. Frankfurt a. M./Basel (in Vorb.).

Goldmann, Stefan (Hg.): Sigmund Freuds Briefe an seine Patientin Anna v. Vest. In: *Jahrbuch der Psychoanalyse* 17 (1985), 269–295.

Grotjahn, Martin: Freuds Briefwechsel. In: *Die Psychologie des 20. Jahrhunderts,* Bd. II: *Freud und die Folgen (1). Von der klassischen Psychoanalyse ...* Hg. von Dieter Eicke. München 1976, 35–146.

Grubrich-Simitis, Ilse: »Wie sieht es mit der Beheizungs- und Beleuchtungsfrage bei Ihnen aus, Herr Professor?« Zum Erscheinen des Freud-Eitingon-Briefwechsels. In: *Psyche* 59 (2005), 266–290.

Library of Congress, Sigmund Freud Collection: http://lcweb2.loc.gov/service/mss/eadxmlmss/eadpdfmss/2004/ms004017.pdf.

Meyer-Palmedo, Ingeborg/Gerhard Fichtner: *Freud-Bibliographie mit Werkkonkordanz* [1989]. Frankfurt a. M. ²1999.

de Mijolla, Alain: Images of Freud from His Correspondence. In: Patrick Mahony u. a. (Hg.): *Behind the Scenes. Freud in Correspondence.* Oslo 1997, 369–412 (frz. 1989).

Roazen, Paul: *Biography of a Book. The Story of Freud, Bullitt and Woodrow Wilson.* (in Vorb.).

Die Rundbriefe des »Geheimen Komitees«. Hg. von Gerhard Wittenberger und Christfried Tögel, 4 Bde. Tübingen 1999–2006.

Schröter, Michael: Freud und Ferenczi. Zum ersten Band ihres Briefwechsels. In: *Psyche* 48 (1994), 746–774.

Tögel, Christfried/Michael Schröter: Sigmund Freud und Hermann Swoboda. Ihr Briefwechsel (1901–1906). In: *Psyche* 56 (2002), 313–337.

Michael Schröter

13. Der Autor Freud

Als Freud 1935 die zehn Jahre zuvor verfaßte »Selbstdarstellung« für die zweite Auflage ergänzte und erweiterte, kam er ausdrücklich auf die 1930 erfolgte Verleihung des Goethepreises der Stadt Frankfurt am Main zu sprechen. Diese offizielle Würdigung und der Erfolg seiner Schriften bei einem breiteren Publikum hätten, heißt es rückblickend, bei ihm die »Entstehung der kurzlebigen Illusion« befördert, »daß man zu den Autoren gehört, denen eine große Nation wie die deutsche bereit ist, Gehör zu schenken. […] Es war der Höhepunkt meines bürgerlichen Lebens […]« (GW XVI, 33).

Es ist kein Zugeständnis Freuds an den Namenspatron des Preises, wenn er sich selbst als Autor bezeichnet. Zu den großen Autoren einer Nation gezählt zu werden, wäre ihm die höchste Bestätigung seiner Forschungen und seines Schreibens gewesen. Unüberhörbar klingt aus diesen Worten, wie stark Freud die Psychoanalyse in der deutschen Kultur verankert sah und seine Veröffentlichungen als Werke dieser Kultur anerkannt zu wissen hoffte.

Was bald danach geschah, machte daraus in der Tat eine »kurzlebige Illusion«. Die Frage, die Freud schon Jahre zuvor vorsichtig aufwarf, ob nicht »seine eigene Persönlichkeit als Jude, der sein Judentum nie verbergen wollte«, Anteil an der Ablehnung der Psychoanalyse gehabt habe (GW XIV, 110), war nunmehr beantwortet.

Im Deutschen Reich Hitlers existierte der Autor Freud nicht mehr. Die Edition der Gesammelten Werke (GW), kurz nach Freuds Tod begonnen, wurde in London auf den Weg gebracht, wo auch die Standard Edition (SE) erschien. Und die Rückkehr der Psychoanalyse in den Raum ihrer Herkunft blieb durch diese Vertreibung stigmatisiert. In dieser Hinsicht muß selbst die Einrichtung des »Sigmund Freud Preises für wissenschaftliche Prosa«, den die Darmstädter Akademie für Sprache und Dichtung jährlich verleiht, als zweifelhafte Ehrung erscheinen. Gedacht als Wiedergutmachung an einem verfemten Autor, kann sie doch nicht die Blöße verdecken, daß es bis heute keinen renommierten Preis für psychoanalytische Forschung und keine kritische Freud-Edition gibt. Und wenn mit der Namensgebung des Preises angezeigt werden soll, Freud habe das Muster einer Wissenschaftsprosa geliefert, die auch der Nichtakademiker versteht, so bliebe das eine zu armselige Würdigung. Im folgenden ist zu zeigen, daß die Frage nach Freuds Autorschaft und Schreibweise mehr umfaßt.

Der Autor und sein Werk

Was ist das Werk Freuds: die Bände der Gesammelten Werke oder die Psychoanalyse? Die Frage läßt sich nicht nach der einen oder anderen Seite entscheiden. Wie eng beides zusammenhängt, geht schon aus dem bekannten Faktum hervor, daß das Erscheinungsjahr der Traumdeutung auf 1900 vordatiert wurde (vgl. GW XVI, 261), womit der epochale Anspruch des Werks als Gründungsakte der Psychoanalyse auch nach außen hin als Geschichtsdatum kenntlich gemacht wurde.

Für Freud gingen die Sorge um die Fortentwicklung der Psychoanalyse und um eine erkennbar eigenständige Präsentation seiner Schriften als Gesamtwerk Hand in Hand. Diese sehr bewußte Werk-, Publikations- und Organisationspolitik wird im ersten Teil der Untersuchung von Ilse Grubrich-Simitis Zurück zu Freuds Texten ausführlich dargestellt. Der besondere Wert dieser Untersuchung besteht darüber hinaus in der Sichtung des Freudschen Nachlasses im Blick auf eine textkritische Freud-Edition. Zwar hat Freud mehrfach seinen Schreibtisch rigoros aufgeräumt, also Manuskripte, Aufzeichnungen und Exzerpte vernichtet (Grubrich-Simitis 1993, 117 f.); aber was der Nachlaß an Notizen und Manuskripten – einiges wird hier auszugsweise publiziert – enthält, ist umfangreicher als angenommen und dürfte für die Einsicht in Freuds lebenslange Schreibarbeit ebenso wie für die kritische Kommentierung der Textgeschichte einzelner Werke beträchtlich sein.

Neben der Arbeit von Grubrich-Simitis bietet die Untersuchung von Patrick J. Mahony Der Schriftstel-

ler Sigmund Freud die beste Einführung in die Thematik der Autorschaft Freuds. Hier findet sich die wichtigste einschlägige Literatur referiert. Mahonys eigener Vermittlungsversuch zwischen dekonstruktivistischer Texttheorie, die von Freuds Schriften fasziniert ist, und der etablierten Psychoanalyse, die sich für Autorschaft und Schreibweise nicht interessiert, bleibt allerdings halbherzig. Er läuft im wesentlichen auf das Plädoyer für eine Offenheit gegenüber Freuds »prozessualem Stil« (Mahony 1987/1989, 142 ff.) hinaus, womit richtigerweise soviel gesagt wird, daß der Leser Freuds sich dem Rhythmus und der Autorpräsentation des Textes überlassen solle, statt vorschnell auf Zusammenfassung und Begriffsdefinition aus zu sein.

Der einbezogene Leser

Der Erfolg der Psychoanalyse im allgemeinen kulturellen Selbstverständnis zeigt sich nicht zuletzt in der Etablierung von Fach-Termini, die, auch wenn sie nicht in jedem Fall von Freud erfunden wurden, als seine genuine Prägung in den Sprachgebrauch eingegangen sind. Das Unbewußte, Ödipuskomplex, durcharbeiten/verarbeiten, Narzißmus, Fetischismus, Verdrängung, Fehlleistung, Tagesreste, Lustprinzip, Übertragung, Deckerinnerung, Idealisierung, Über-Ich, Sublimierung ...: Es fällt schwer, Ausdrücke zu finden, die aus dem Vokabular der Psychoanalyse nicht in den allgemeinen Sprachgebrauch eingegangen sind.

An den Begriffen allein freilich kann solche Popularität nicht liegen, eher schon daran, daß Freud die Psychoanalyse zu einem Zeitpunkt entwickelte, da die tradierten Diskurse über die Seele, über Sexualität, über das Bewußtsein und über die Sonderstellung des Menschen sich in einem gewaltigen Umbruch befanden.

Aber auch dies reicht zur Erklärung nicht aus. Daß Freuds Begriffe Eingang in den allgemeinen Sprachgebrauch fanden, beruht nicht nur darauf, daß seine Forschung etwas traf, das die Epoche beunruhigte und umtrieb, sondern eben auch an der Art, wie dies geschah, nämlich wie er seine Texte schrieb. »Schon seine ersten Krankengeschichten«, notiert Arnold Zweig in seiner *Bilanz der deutschen Judenheit*, »bewiesen ihn als großen Schriftsteller, seither hat er auch diese Gabe immer reiner ausgebildet und durch seine Terminologie und Begriffsbildung der deutschen Sprache neue Ausdrucksmittel geschenkt« (Zweig 1998, 179 f.).

Zu Freuds enormer Wirkung trug zweifellos wesentlich bei, daß er im Horizont einer klassischen Bildung schrieb und sich in Zitaten Anspielungen und Verweisen als jemand präsentierte, dem Sophokles, Shakespeare und Goethe, die Kunst der Renaissance wie die Antike zu Gebote steht. Das machte es sehr viel schwieriger, ihn als ›wilden Mann‹, der in obszöner Weise das seelische Geschehen immer nur aufs Sexuelle reduziert und dies auch dem unschuldigen Kind zuschreibt, abzustempeln.

Ein weiterer, ganz entscheidender Faktor bei der Popularisierung des Freudschen Werks und damit der Psychoanalyse war indessen die von Freud selbst inszenierte Beteiligung der Leser an seinem Werk. Die Bindung und Einbeziehung des Lesers an und in Freuds Werk hat niemand früher und präziser erkannt als der Literaturhistoriker Walter Muschg in seinem glänzenden Essay *Freud als Schriftsteller* von 1930. Freud erhoffte und suchte nicht nur eine breite Leserschaft, er köderte sie auch durch die Instanz ›des Lesers‹, die immer wieder in den Prozeß der Gedankenentwicklung hineingenommen wird.

Dies geschieht auf zwei Ebenen: Zum einen arbeitet Freud durchgängig mit ›vorgefundenem Material‹, das er dem Leser zur Verfügung stellt. Das betrifft nicht nur die Fallgeschichten, die vor der Deutung zunächst erzählt werden, sondern ebenso auch das, was man den wissenschaftlichen Forschungsstand nennt. »Wenn er sich irgendwo einer neuen Problemstellung nähert, wird er unfehlbar zuerst die bisherigen Anschauungen über den Gegenstand auseinandersetzen, von denen man ahnt, daß er sie weitgehend zu verwerfen denkt, und er entledigt sich dieser Vorpflichten mit einer Gewissenhaftigkeit, in der man beste wissenschaftliche Tradition [...] am Werk sieht. Freud versteht es ganz großartig, zuzuhören. Er läßt seine Vorgänger in Ruhe, hinter geschlossenen Türen gleichsam, zu Worte kommen [...]« (Muschg 1930/1975, 29).

Die Darstellung des Materials wird zweifellos in bestimmter Weise präpariert und komponiert; doch geschieht das auf eine Weise, die dem Leser den Eindruck vermittelt, er werde in die Lage versetzt, die dargelegten Argumentationen und Überlegungen kritisch prüfen zu können. Hinzukommt, daß der Autor Freud immer wieder auf persönliche Erfahrungen rekurriert, eigene Träume erzählt und eigene Fehlleistungen analysiert, sich damit also selbst der Überprüfung preiszugeben scheint.

Die zweite Ebene betrifft die Dramaturgie der Freudschen Schriften. Freud weiht nicht nur in Vorworten und Einleitungen den Leser in sein jeweiliges Vorhaben ein, er hält auch dauernd Kontakt mit ihm, beteiligt ihn an seinen eigenen Schwierigkeiten und Zweifeln, entschuldigt sich bei ihm für unerfüllte Erwartungen, stellt Vermutungen über von ihm zu erwartenden Widerspruch an. Hierbei handelt es sich freilich nicht um stereotyp eingesetzte rhetorische Floskeln, sondern um ein erstaunlich variantenreiches Repertoire, das offenkundig für die Ausarbeitung der Texte unentbehrlich ist und sich kaum sonst bei einem Theorie-Autor findet. Dies betrifft auch die Wahl der erläuternden Vergleiche. Muschg hebt hervor, wie häufig der Vergleich der Arbeit des Psychoanalytikers mit der des Archäologen, der Altertümer ausgräbt und zu entziffern sucht, in Freuds Schriften auftaucht (ebd., 43–47). Der Leser soll mitgraben. Er wird in ein Arbeitsbündnis mit dem Autor gezogen und dergestalt zum Mitdenker gemacht, beteiligt an der Erkundung der noch weitgehend unerschlossenen *terra incognita* des Unbewußten.

»Herr über die Sprache«?

Das durch sein außerordentliches Werkgespür beeindruckende Porträt, das Muschg von dem damals 74jährigen Freud als Schriftsteller entwirft, ist von der gegenwärtigen Freud-Rezeption weit entfernt. Gleichwohl gebührt seinem Essay auch heute noch Anerkennung, weil er sich von jeglicher Versuchung fernhält, mittels psychoanalytischer Deutungsverfahren und im billigen Triumph des Zwergen auf den Schultern eines Riesen dem Autor am Zeug zu flikken.

Was wäre damit gewonnen, zu behaupten, daß in Freuds Dialog mit dem Leser sich nur eine Strategie der Unterwerfung verberge, um die Position eines übermächtigen Vaters zu etablieren? Wozu taugte der Nachweis, der Autor Freud habe seine Fallberichte geschönt oder seine Träume nur im Modus der Selbstzensur berichtet (vgl. dazu die ambivalente Argumentation bei Mahony 1982/1989, 226 ff.)? Und warum sollte man dem Autor nicht die Befriedigung zugestehen, mit der er sich selbst auf die Schliche kommt, wenn er z. B. in der *Psychopathologie des Alltagslebens* im Kapitel »Irrtümer« vermerkt, er habe sich in der *Traumdeutung* »einer Reihe von Verfälschungen an geschichtlichem und überhaupt tatsächlichem Material schuldig gemacht« (GW IV, 242), auf die er erst nachträglich aufmerksam wurde und die er nun als Fehlleistungen genauer aufklärt?

Wenn Muschgs Porträt dennoch überholt erscheint, so wird dies in der gleich anfangs formulierten Prämisse greifbar, in seinen Schriften erweise sich der Autor Freud »bewußt als Herr über die Sprache« (Muschg 1930/1975, 7 f.). Aber wer anders als die Freudsche Psychoanalyse hat solche Vorstellung von Sprachherrschaft am nachhaltigsten unterminiert?

Freud hat unter dem Titel des Triebhaft-Unbewußten und der Verdrängung etwas in Bewegung gesetzt, das er selbst nicht vollständig beherrschen konnte und das zu beherrschen auch dem eigenen Programm zufolge gar nicht möglich war.

In seinem kuriosen Briefwechsel mit dem Surrealistenpapst André Breton über dessen *Vases communicants* versteckt Freud seinen Ärger über einen solch unerwünschten Bündnispartner in einem Streit um eine bibliographische Inkorrektheit, um sodann mit dem Geständnis zu enden: »ich selbst bin nicht im Stande mir klarzumachen, was Ihr Surréalisme ist und will. Vielleicht brauche ich, der ich der Kunst so fern stehe, es gar nicht zu begreifen« (Breton 1932/1973, 131). Aber der Autor, der die Technik der freien Assoziation als wissenschaftliche Methode etabliert hat und dem tollsten Wortwitz nachzuspüren weiß, wird sich kaum dagegen verwahren können, als Bruder Christian Morgensterns und der Surrealisten gepriesen zu werden.

Und umgekehrt: Daß sich beim Sprechen Versprecher einstellen, hat nicht Freud erfunden. Das gab es schon immer. Aber daß es keinen unschuldigen Versprecher gibt und es demjenigen, der sich verspricht, nicht mehr möglich ist, sich auf eine Unkenntnis Freuds herauszureden, wurde erst durch den kulturellen Siegeszug der Psychoanalyse möglich.

Beides sind Beispiele für die Folgen einer Theorie, die sich nicht mit der Intention des Autors decken, die aber bei einer Theorie gerade deshalb ins Auge springen, weil sie gelehrt hat, der Souveränität des intentionalen Bewußtseins zu mißtrauen. Durch die Grundannahme eines Unbewußten und der entstellten Wiederkehr des Verdrängten haben die Instanzen des selbstpräsenten Sinns, der auktorialen Urheberschaft und der Subjektzentriertheit des Ichs eine Tiefendimension erlangt, die der restlosen Auflösung widersteht. Kein Traum läßt sich Freud zufolge bis zu Ende deuten – und diese Erfahrung geht auch in das Deutungsverfahren selbst ein.

Um in dieser Hinsicht die Eigenart des Werks und der Autorschaft präziser zu erfassen, bieten sich drei Zugänge an: zum einen über die Bedeutung von Sprache und Schrift; zum andern über die Frage nach der Hermeneutik der Texte und schließlich über die Bestimmung von Freuds Autorschaft als Diskursbildung.

Einschreibungen – Deutsche Sprache

Sprache und Schrift stellen zwei Pole dar, in deren Spannungsfeld Freuds Texte angesiedelt sind. Wichtig ist zu bedenken, daß sie, als Paradigmen genommen, nicht zusammenfallen, sondern als getrennt zu betrachten sind.

Zunächst zur Schrift. Ein Blick auf die Reinschriftmanuskripte Freuds oder auf eine Photographie seines Schreibtisches genügt, um zu erkennen, welch hohen Wert das Schreiben, die handschriftliche Fixierung seines Gedankengangs, für ihn besaß. Das ist für einen Autor jener Generation, der Freud angehörte, nicht ungewöhnlich. Interessant wird die Sache aber in dem Moment, wo sie mit den Basistheoremen der Psychoanalyse unmittelbar zusammentrifft.

Unabhängig davon, daß Freud mit sehr unterschiedlichen epistemologischen Modellen operierte, kommt dem Paradigma der Schrift eine herausgehobene Bedeutung zu. Man muß nicht erst an den kleinen Text über den Wunderblock (GW XIV, 1–8) denken, in dem Freud ein Modell für den dreifältigen Vorgang des Einschreibens, des Löschens und der Hinterlassung einer Spur fand. Freuds lebenslanges Nachdenken über das Rätsel des Gedächtnisses, des ungewollten Erinnerns wie des Vergessens, bewegt sich um die Hauptvorstellung der Schrift und der Spur.

Jacques Derrida gebührt das Verdienst, bereits in einer frühen Arbeit die Aufmerksamkeit auf die Schrift-Metaphern und -Modelle in Freuds Denken und Schreiben gelenkt zu haben, die das strukturalistisch-linguistische Konzept des Zeichens überschreiten (Derrida 1967/1972.) Heranzuziehen wäre weiter Hans Blumenbergs scharfsinniges Freud-Kapitel über »Die Lesbarmachung der Träume«, das ebenfalls das Paradigma der Schrift ins Zentrum rückt (Blumenberg 1986). Auch wenn beide Philosophen eher die Aporien herausstellen, in die die Schrift als Begründungsparadigma der Psychoanalyse gerät, ergeben sich doch von hier aus sehr produktive Zugänge. Freuds Grundidee, daß das System, das die Dauerspuren der Erregung einschreibt, nicht identisch mit dem System des Wahrnehmungs-Bewußtseins sein könne, bleibt in allen Versionen, die Freud zur Topik des Psychischen ausgearbeitet hat, bestehen.

Während die Schriftmetaphorik und die Reflexion auf Schrift sich wesentlich im gedächtnistheoretischen Rahmen des Einschreibens von Spuren bewegt, ist Freuds Verhältnis zur Sprache hauptsächlich auf den Assoziationsreichtum der Wörter und den (glükkenden oder mißglückenden) Vollzug des Sprechakts ausgerichtet. Die Erfindung der »talking cure« beruht auf nichts anderem als auf der »alten Zauberkraft« der Worte (GW XI, 10).

Im Blick auf das Thema Autorschaft muß dieser Aspekt noch auf andere Weise bedacht werden, die in der heutigen Freud-Rezeption immer noch zu wenig berücksichtig wird: nämlich im Blick auf Freuds Bindung an die deutsche Sprache. In *Zeitgemäßes über Krieg und Tod*, mitten im Ersten Weltkrieg geschrieben, findet sich eine lange Passage über den »Kulturweltbürger«, die zugleich ein Selbstporträt enthält. Freud schildert, wie er aus den überlieferten Schätzen der Kunst und der Literatur vieler Völker sich »ein neues größeres Vaterland« zusammengesetzt habe, um mit den Worten zu schließen: »[N]iemals warf er sich dabei vor, abtrünnig geworden zu sein der eigenen Nation und der geliebten Muttersprache« (GW X, 327 f.).

Um Freuds tiefe Bindung an die deutsche Sprache zu erkennen, bedurfte es vielleicht erst eines besonderen Zugangs, wie ihn das Buch des Schriftstellers und Übersetzers Georges-Arthur Goldschmidt eröffnet, der selber deutsch-jüdischer Herkunft ist und in Frankreich der Judendeportation glücklich entkam. Goldschmidts Essay knüpft an die Erfahrung der Unübersetzbarkeit Freuds an, die er bei der Neuübersetzung von Freuds Text über *Die Verneinung* machte. Goldschmidt schreibt über sein Vorhaben, es gehe ihm »darum, die deutsche Sprache, wie sich Freud ihrer bedient hat und wie sie ihm zu denken gab, dem französischen Publikum […] darzulegen […]« und zugleich »die Sprache Freuds im Lichte jenes Verdrängten zu analysieren, das im Nationalsozialismus wirksam wurde« (Goldschmidt 1988/ 1999, 11, 31). Für das deutsche Publikum sind diese Darlegungen umso wertvoller, als sich hier jemand von der Sprachverwüstung der ›Endlösung‹ den Zugang zu den geschichtlichen Sprachkräften des Deutschen nicht verstellen läßt.

An Ausdrücken wie ›Trieb‹, ›Wahn‹, ›Seele‹, ›Scham‹ oder dem Präfix ›ver-‹ zeigt Goldschmidt eindringlich, wie stark die Freudsche Psychoanalyse in der deutschen Sprache verwurzelt ist und wie intensiv Freud diese Bindung selbst reflektiert hat, allerdings ohne die Übersetzungsproblematik zu berühren. Was Goldschmidt glücklich hinzufügt, ist der gleichzeitige Blick auf die Verschiedenheit der analogen Sprachbildungen des Französischen, die unvermeidlich das Objekt der Psychoanalyse anders kontextualisieren, aber auch produktiv umformen. (Es ist kein Sakrileg, das Fehlen einer derartigen Sprachkompetenz der verdienstvollen englischen *Standard Edition* der Werke Freuds anzukreiden).

In dieser Perspektive erscheinen die Eigenbewegungen der gesprochenen Sprache nicht bloß als Übersetzungsproblem, sondern auch als integraler Bestandteil der Psychoanalyse selbst, ihrer Ursprungsbindung an die deutsche Sprache zum einen und ihres universalistischen Wissenschaftsanspruchs zum andern. Man kann nun aus Goldschmidts Überlegungen die näher zu prüfende Hypothese ableiten, daß, gerade weil die Unübersetzbarkeit der Schriften Freuds so eng mit ihrem Gegenstand (Unübersetzbarkeit des Traums, der Symptome etc.) zusammenhängt, sich mit der geglückten Übertragung in eine andere Sprache diese zirkelhafte Verklammerung auflösen und sich darin eine polykulturelle Wirksamkeit der Psychoanalyse erst eigentlich entfalten könnte.

Kryptologie der Texte

Ein weiteres Problem stellt sich mit der Frage, wie die Texte Freuds zu lesen seien. In der späten Schrift *Der Mann Moses und die monotheistische Religion* gibt es eine längere Passage, in der Freud überlegt, wie mit den Ungereimtheiten der biblischen Quellen zu Moses – »auffällige Lücken, störende Wiederholungen, greifbare Widersprüche« – umzugehen sei.

Dann heißt es: »Man möchte dem Worte ›Entstellung‹ den Doppelsinn verleihen, auf den es Anspruch hat, obwohl es heute keinen Gebrauch davon macht. Es sollte nicht nur bedeuten: in seiner Erscheinung verändern, sondern auch: an eine andere Stelle bringen, anderswohin verschieben. Somit dürfen wir in vielen Fällen von Textentstellung darauf rechnen, das Unterdrückte und Verleugnete doch irgendwo versteckt zu finden, wenn auch abgeändert und aus dem Zusammenhang gerissen« (GW XVI, 144). Freud wiederholt hier eigentlich nur, was er bei der Entschlüsselung des Traums oder anderer psychischer Phänomene immer schon verfolgt hat.

Wäre dies nun ein sozusagen vom Autor vorgegebenes kryptologisches Dechiffrierungsmodell, nach dem seine eigenen Texte zu lesen seien? Nichts wäre freilich unproduktiver, als derart verfahren zu wollen. Was hier »Kryptologie der Texte« genannt wird, ist etwas ganz anderes. Es geht nämlich um die Lektüreweisen, die das Problem der Sinn-Interpretationen in der Lektüre noch einmal thematisieren. Und hier hat Freud ganz wesentlich vorgearbeitet, auch wenn er die Folgen am wenigsten vor Augen gehabt haben dürfte.

Wenn Freuds Aufmerksamkeit den Bildungen der Verdrängung und Entstellung, der Fehlleistungen und der Symptome gilt, so hat er die Tür zu einer Theorie des Textes und der Textualität (und vergleichbarer kultureller Ausdrucksformen) aufgestoßen, die sich vom alten hermeneutischen Modell eines erschließbaren und verfügbaren Sinns, der hinter den Mehrdeutigkeiten der textlichen Artikulation zu gewinnen wäre, abkehrt. Die Polysemie der Wörter,

die Figuralität des sprachlichen Ausdrucks, die Repräsentation des Autors im Text, die Gegenstrebigkeit der Sinnproduktion: Das sind Eigenschaften des Textes, die der Annahme einer restlosen Präsenz des Sinns im Text widerstreiten. Entstellungen und Verschiebungen bilden eine ›Grundqualität‹, die keineswegs auf den engeren Kreis literarischer und poetischer Texte beschränkt bleibt, sondern ebenso in theoretischen Texten wirksam ist. Sie erfordert die Reflexion auf die Bedingungen der Möglichkeit ihrer Lektüre; denn diese Texte sind in einem Maße der Eigenbewegung des Sprachlichen ausgesetzt, die sich nicht restlos kontrollieren läßt.

Die Radikalität des Aufklärers Freuds, das Abenteuer seiner Schreib- und Theorieproduktion, erschließt sich dann gerade nicht in lehrbuchartigen Zusammenfassungen, sondern in der Verfolgung jener Prozesse, in denen die Mühen der Begriffsbildung und die Widerspenstigkeit des Gegenstands am Werk sind.

Daß Freud sich z. B. ernstlich genötigt sah, das Buch vom Mann Moses, der ein Ägypter war, zunächst als einen »historischen Roman« zu beginnen (vgl. Grubrich-Simitis 1993), ist dann keine literarische Selbstüberschätzung, sondern Teil des fertiggestellten Textes selber, seiner Darstellungsimpulse und seiner Problematik. Oder wenn Freud notiert, sein Buch *Der Witz und seine Beziehung zum Unbewußten* sei »direkt ein Seitensprung von der ›Traumdeutung‹ her« und er habe es schreiben müssen, weil Fließ ihn auf den witzigen Charakter vieler Träume aufmerksam gemacht habe (GW XIV, 91), so ist damit wenig erklärt. Aber die genaue Analyse der eigenartigen Konstruktion und Komposition des Buchs, in dem bis zum Schluß das ungelöste Verhältnis von Witz und Komik die Untersuchung vorantreibt, kann erweisen, wie das selbstauferlegte Vorbild der *Traumdeutung* immer wieder von der Textbewegung unterlaufen wird.

Die Kryptologie der Texte – also die Freud-Lektüre im Lichte avancierter Texttheorien – führt nicht allein zu Einsichten in schriftstellerische Dimensionen des Freudschen Werks, welche die etablierte Psychoanalyse nach Freud immer ausgeblendet hat. Sie hat vor allem auch zur Folge, daß Freuds Texte anders als in Gestalt dürrer Theoreme in den Geistes- und Kulturwissenschaften eine Heimat gefunden haben.

Wenigstens ein herausragendes Beispiel muß hier genannt werden: Freuds Schrift über *Das Unheimliche*. Sie stellt in ihrer Textgenese wie in ihrer Textgestalt eine der merkwürdigsten Arbeiten dar, die Freud verfaßt hat. Am Anfang heißt es, daß ein »abseits liegendes« Gebiet erschlossen werden solle. Am Ende heißt es: »Wir sind auf dieses Gebiet der Forschung ohne rechte Absicht geführt worden [...]« (GW XII, 229, 267). Bis zuletzt sieht sich Freud im Fortgang des Textes in unheimliche Wiederholungen verwickelt, erinnert sich an eigene peinliche Erlebnisse, fragt sich, in welche Irre er sich mit diesem Thema hat führen lassen, und behilft sich mit einer ständigen Umänderung der Textstrategie. Die Re-Lektüre dieses Freud-Textes hat den Begriff des Unheimlichen in den Kulturwissenschaften erst eigentlich etabliert und mit einer großen Zahl von Untersuchungen einen ganz eigenen Diskurs begründet (Cixous 1972; Derrida 1993/1996; Hertz 1985/2001; Lindner 2006).

Der Autor als Diskursivitätsbegründer

Der Freudsche Begriff der Übertragung ist jenseits seiner klinischen Verwendung auch insofern von Bedeutung, als er den Blick darauf lenkt, daß Freuds Texte immer wieder gelesen und sozusagen nie aus- und zu Ende gelesen werden. Freuds anhaltende Wirkung besteht unabhängig von der Geschichte der psychoanalytischen Schulen oder der Zurückweisung der Psychoanalyse durch andere Wissenschaften. Warum will man also trotzdem ›Freud‹ lesen?

Michel Foucault hat in seinem einflußreichen Aufsatz *Was ist ein Autor?* eine bestimmte Art von Autoren »Diskursivitätsbegründer« genannt. Er grenzt sie von der allgemeinen Kategorie berühmter Denker und Forscher ab, die neue Diskurse etabliert haben und im kulturellen Gedächtnis als große Namen geführt werden. Zwar erstreckt sich auch bei ihnen die Autor-Funktion über die bloße Verfasserschaft bestimmter Werke hinaus; aber diese Funktion wird in den Diskursen, die sie in Gang gesetzt haben, gewissermaßen aufgezehrt. Niemand, der über Genforschung schreibt, muß deshalb die Schriften des Jesuitenpaters Mendel neu lesen.

Wenn Foucault hingegen ausdrücklich Freud und Marx als Diskursivitätsbegründer bezeichnet, so spricht er ihnen als Autoren einen höchst seltenen Gründungsakt zu. Bei den Theorien von Freud und Marx bleibt »die Begründung einer Diskursivität heterogen«, d. h. widerständig in Bezug zu »ihren späteren Transformationen« (Foucault 1969/1974, 26). Dazu gehört, daß sich in periodischen Abständen der Ruf nach der Rückkehr zum Autor als Rückkehr zum Ursprung geltend macht. Foucaults Erklärung für dieses Phänomen läuft darauf hinaus, daß in diesen Texten ein »Riegel des Vergessens« eingebaut sei, der sozusagen ein ständiges Spiel der Anziehung und Abstoßung eröffnet, in dem man sagt: »[D]as war ja schon da, man brauchte nur zu lesen, alles steht da,

man mußte schon blind und taub sein, um nicht zu sehen und zu hören; und umgekehrt: nein [...] kein sichtbares oder lesbares Wort sagt das, worum es jetzt geht, es handelt sich vielmehr um das, was zwischen den Zeilen (den Worten) gesagt wird [...]« (ebd., 28). Diskursivitätsbegründer operieren am Ursprung, den sie selber setzen. Daher rührt der spezifische Sog, die unablässige Anziehungskraft ihrer Texte.

Seltsamerweise läßt Foucault einen grundlegenden Punkt außer acht. Damit dieses Spiel gespielt werden und der Sog sich entfalten kann, bedarf es eines besonderen Zusammentreffens von Wissenschaftsentwurf und literarischer Autorschaft. Das ›Schriftstellerische‹ ist hier nicht äußerlich, etwa als Mittel der Popularisierung eingesetzt, sondern Teil des Entwurfs selbst. Daß Freuds Werk, völlig unbeschadet seiner widersprüchlichen Rezeption, immer wieder die Rückkehr zu den Texten einfordert und einfordern wird, beruht auf nichts anderem als auf der literarischen Autorschaft Freuds.

Literatur

Blumenberg, Hans: *Die Lesbarkeit der Welt.* Frankfurt a. M. 1986.

Breton, André: *Die kommunizierenden Röhren.* München 1973 (frz. 1932).

Cixous, Hélène: La fiction et ses fantômes. Une lecture de l'Unheimliche de Freud. In: *Poétique* III (1972), 199–216.

Derrida, Jacques: Freud und der Schauplatz der Schrift. In: Ders.: *Die Schrift und die Differenz.* Frankfurt a. M. 1972, 302–350 (frz. 1967).

–: *Marx' Gespenster. Der Staat der Schuld, die Trauerarbeit und die neue Internationale.* Frankfurt a. M. 1996 (frz. 1993).

Foucault, Michel: Was ist ein Autor? In: Ders.: *Schriften zur Literatur.* München 1974, 7–31 (frz. 1969).

Goldschmidt, Georges-Arthur: *Als Freud das Meer sah. Freud und die deutsche Sprache.* Zürich 1999 (frz. 1988).

Grubrich-Simitis, Ilse: *Zurück zu Freuds Texten. Stumme Dokumente sprechen machen.* Frankfurt a. M. 1993.

–: *Freuds Moses-Studie als Tagtraum. Ein biographischer Essay* [1991]. Frankfurt a. M. 1994.

Hertz, Neil: Freud und der Sandmann. In: Ders.: *Das Ende des Weges. Die Psychoanalyse und das Erhabene.* Frankfurt a. M. 2001, 127–156 (engl. 1985).

Lindner, Burkhardt: Freud liest den »Sandmann«. In: Klaus Herding/Gerlinde Gehrig (Hg): *Orte des Unheimlichen. Die Faszination verborgenen Grauens in Literatur und Bildender Kunst.* Göttingen 2006 (im Erscheinen).

Mahony, Patrick J.: *Der Schriftsteller Sigmund Freud.* Frankfurt a. M. 1989 (engl. 1982).

Muschg, Walter: *Freud als Schriftsteller* [1930]. München 1975.

Pontalis, Jean-Bertrand: Das Beunruhigende an den Wörtern. In: Ders.: *Die Macht der Anziehung. Psychoanalyse des Traums, der Übertragung und der Wörter.* Frankfurt a. M. 1992, 79–93 (frz. 1990).

Zweig, Arnold: Freud und die Psychoanalyse. In: Ders.: *Bilanz der deutschen Judenheit 1933. Ein Versuch.* Berlin 1998, 178–181.

Burkhardt Lindner

III. Themen und Motive

1. Kulturbegriff

Freud entwickelte seine Vorstellungen zur Kultur vor allem in seinen kulturtheoretischen und gesellschaftskritischen Schriften, die er überwiegend erst nach den grundlegenden Arbeiten zur Individualpsychologie in der Zeit vor und nach dem Ersten Weltkrieg verfaßte. Ausgehend von der Erkenntnis, daß der Mensch seine ursprüngliche, auf unmittelbare Bedürfnisbefriedigung ausgerichtete Existenzweise nur durch konflikthafte, nicht selten pathogene Prozesse umzustrukturieren vermag, fragt er nach den gesellschaftlichen Zusammenhängen, welche den psychosozialen Entwicklungsprozeß erst ermöglichen und doch so prekär werden lassen. Es geht ihm also um nichts weniger als um die Frage, wie sich Kultur als unumgängliche Vergesellschaftungsform und Antagonismus zur Natur des Menschen fassen läßt.

In einer zunächst ganz basalen Festlegung resümiert Freud in *Das Unbehagen in der Kultur*, »daß das Wort ›Kultur‹ die ganze Summe der Leistungen und Einrichtungen bezeichnet, in denen sich unser Leben von dem unserer tierischen Ahnen entfernt und die zwei Zwecken dienen: dem Schutz des Menschen gegen die Natur und der Regelung der Beziehungen der Menschen untereinander« (GW XIV, 448 f.). Damit wird Kultur in Gegensetzung zur Natur bestimmt und als Fähigkeit des Menschen gefaßt, seine natürliche Umwelt im Dienste der eigenen Subsistenzsicherung durch zweckrationales Handeln zu unterwerfen und zu kultivieren. Gegenüber einer als ursprünglich und vorgängig gedachten Natur wird Kultur aber nicht als deren prinzipiell Anderes, sondern evolutionstheoretisch als ihre spezifische Weiterentwicklung innerhalb der menschlichen Gattung verstanden. Kultur setzt durch jenen gravierenden Entwicklungsschritt ein, mit dem der Mensch fähig wird, seine Natur zu beherrschen und zu kontrollieren, um dadurch auch verbindliche Regeln und Organisationsformen schaffen zu können, mit denen die Lebensmöglichkeiten innerhalb einer Gemeinschaft verbessert und gesichert werden.

Kultur umfaßt, wie es in *Die Zukunft einer Illusion*

heißt: »all das, worin sich das menschliche Leben über seine animalischen Bedingungen erhoben hat« (GW XIV, 326) und bleibt doch an eben diese Bedingungen immer gebunden. Denn es ist nicht nur die äußere, sondern auch die innere, durch Triebe bestimmte Natur, die durch Kontrollinstanzen domestiziert und gelenkt werden muß, damit Kulturentwicklung überhaupt beginnen kann, wie es in *Die Widerstände gegen die Psychoanalyse* gefaßt wird: »Die menschliche Kultur ruht auf zwei Stützen, die eine ist die Beherrschung der Naturkräfte, die andere die Beschränkung unserer Triebe« (GW XIV, 106). Nun ist der Mensch zwar durch seine Triebe bestimmt, die Freud als »Repräsentanz[en] einer kontinuierlich fließenden, innersomatischen Reizquelle« (GW V, 67) faßt, aber er ist auch das einzige Lebewesen, das fähig ist, sie zu lenken und sozial erwünschten Zielen zu unterstellen. Somit stehen die Triebe in Widerspruch zur Kultur und sind doch zugleich Bedingung ihrer Möglichkeit, da erst durch die Einschränkungen und Lenkung der Triebe Kulturleistungen überhaupt erbracht werden können.

Freuds Kulturbegriff ist in kritischer Absicht konzipiert, da er die Reflexion auf die Gestehungskosten von Kultur für den Einzelnen mit einschließt und von daher in enger Verbindung, teilweise auch synonym, mit ›Zivilisation‹ oder ›Gesellschaft‹ verwendet wird. Deshalb nimmt Freud mit seiner triebfundierten Konzeption von Kultur auch eine dezidiert skeptische Position gegenüber einem normativ-emphatischen Kulturbegriff ein, der nur jene ästhetisch-künstlerischen und ethisch-moralischen Errungenschaften umfaßt, die den Idealforderungen einer Gemeinschaft zu entsprechen suchen. So ist auch individuelle Freiheit für ihn kein Wert, der durch entsprechende kulturelle Organisation erreicht werden kann, da er von der Annahme ausgeht, daß die Möglichkeit zur ungehemmten Triebabfuhr für den Einzelnen vor aller Kultur ohnehin am größten war. Im Konflikt zwischen individuellen Triebansprüchen und kulturellen Forderungen verfangen, sind die Kulturleistungen des Menschen notwendigerweise

Kompromißbildungen. Gerade dadurch eröffnet sich jedoch auch eine spezifische Lesbarkeit von Kultur, denn insofern kulturelle Formen und Praktiken als Ausdruck von Triebregelungen im Dienste sozialer Verträglichkeit und Wertschöpfung verstanden werden, vermag psychoanalytische Deutung auch die in ihnen Form gewordenen Triebansprüche und Entstehungsbedingungen zu erschließen. Freuds Kulturbegriff geht damit über enge definitorische Festlegungen weit hinaus. Denn nach seinem Ansatz vermag erst die Analyse konkreter kultureller Objektivationen Aufschluß über Entstehungsbedingungen und Bedeutungsdimensionen von Kultur zu geben.

Die Entwicklung von Kultur aus dem Vatermord

Da der Ursprung kultureller Entwicklung in einer historisch uneinholbaren Vorzeit liegt, der direkt »nirgends Gegenstand der Beobachtung« (GW IX, 171) werden kann, ist er nur indirekt erschließbar und somit prinzipiell spekulativ. Freud geht in seinen kulturkritischen Schriften jedoch von der Annahme aus, daß Kultur immer auch Gedächtnis ihrer selbst ist, insofern sie über Artefakte auch ihre eigene Entstehungsgeschichte speichert und dem rekonstruierenden Verstehen grundsätzlich zugänglich macht. Nicht allein durch Überreste und Funde früherer Kulturen oder mündliche und schriftliche Tradition kann demnach also Wissen um ursprüngliche Geschehnisse und Erfahrungen tradiert werden, sondern auch durch symbolische Ausdrucksformen. Über archäologische und historische Erklärungsansätze zur Entstehung von Kultur hinausgehend versuchte Freud, das kulturelle Gedächtnis zu erschließen, das insbesondere in den Geboten des sozialen Miteinanders seinen Ausdruck findet. So folgert er aus dem ubiquitär gültigen Tötungsverbot als zentralem gesellschaftlichen Regulativ, daß ihm ein starkes Begehren zugrundeliegen muß: »Was keines Menschen Seele begehrt, braucht man nicht zu verbieten, es schließt sich von selbst aus. Gerade die Betonung des Gebotes: Du sollst nicht töten, macht uns sicher, daß wir von einer unendlich langen Generationsreihe von Mördern abstammen, denen die Mordlust, wie vielleicht noch uns selbst, im Blute lag« (GW X, 350). In seiner umfänglichen Schrift *Totem und Tabu* entwickelt Freud deshalb die Vorstellung, daß am Anfang der Kultur ein Mord stehen müsse und die Erinnerung daran mit großem Schuldgefühl besetzt wurde. Diese Erinnerung sank im Laufe der Zeit ins kollektive Unbewußte ab und wird gerade deshalb von Generation zu Generation tradiert.

Freud versuchte, mit dieser Idee kein reales Geschehen zu rekonstruieren, sondern seinen triebfundierten Ansatz von Kultur zu einer Gedächtnisgeschichte auszuweiten. Aus einer Reihe von Befunden zur Menschheitsgeschichte konstruierte er eine kohärente Ereignisfolge. Denn es war sein Anliegen, den epochalen Umbruch vom Naturzustand zur Kultur, der sich real als kumulative kulturelle Evolution über eine lange Zeit und viele Generationen hinweg vollzogen haben muß, in einer szenisch verdichteten Erzählung zu verdeutlichen (GW XIV, 458 f.). Dieses Narrativ entfaltet die Vorstellung von einem Urzustand, der durch eine ›revolutionäre‹ gemeinschaftliche Tat beendet wurde: daß nämlich die Menschen in einer vorhistorischen Frühzeit als Urhorde unter der Herrschaft eines übermächtigen Vaters lebten, der die heranwachsenden Söhne aus Eifersucht getötet oder vertrieben hat, bis sich eine Brüderhorde gegen ihn verbündete, ihn tötete und verspeiste. Um die Brüderhorde zu stärken, wurden wechselseitige Schonung und sexuelle Abstinenz gegenüber den Frauen des Vaters beschlossen und das Gebot der Exogamie durchgesetzt. Über das Tötungs- und Inzesttabu konnte so »die erste Form einer sozialen Organisation mit *Triebverzicht*« (GW XVI, 188) etabliert und eine Art »Gesellschaftsvertrag« (ebd.) geschlossen werden. »Diese Ersetzung der Macht des Einzelnen durch die der Gemeinschaft ist der entscheidende kulturelle Schritt« (GW XIV, 455), denn die der Gruppe überantwortete Macht artikuliert sich nun in Normen und Regularien, durch die zum Schutz aller die triebgesteuerte Gewaltbereitschaft und Sexualenergie eingedämmt werden. Freud bestimmt damit den Beginn von Kultur als Übergang von der freien Triebabfuhr zu einer sozialen Organisationsform, die nur um den Preis der Triebbeschränkung entstehen konnte. Neben diesen pragmatischen, den unmittelbaren Überlebenskampf betreffenden Motiven, die zur Kultur führten, ist in Freuds Narrativ des kulturellen Ursprungs aber entscheidend, daß erst durch den Vatermord die für die kulturelle Entwicklung unabdingbare Instanz etabliert werden konnte: das Gewissen. Denn damit das durch die einmalige Tat erreichte kulturelle Niveau erhalten werden kann, muß der äußeren Handlung eine Verinnerlichung der neuen kulturellen Regularien folgen.

Geschah der Vatermord noch ohne Rückbindung an moralische Gebote, so steht in Freuds Narrativ bereits die körperliche Einverleibung des Vaters für die psychische Introjektion seines Gesetzes. In Rückgriff auf ethnologische Studien (u. a. Lang 1905; Frazer 1910) folgert Freud, daß der Totenmahlzeit als erster Gedächtnisfeier für den Ermordeten in der weiteren kulturellen Entwicklung die Totemmahlzeit folgt, bei der in Stellvertretung für den Vater ein verehrtes, gefährliches Tier verzehrt wird. Erst durch symbolische Wiederholung in Ritualen kann die Erinnerung an die ursprüngliche Tat bewahrt, Schuldbewußtsein aufgebaut und das Tötungstabu soziomoralisch bekräftigt werden, denn »das Tabu ist ein Gewissensgebot, seine Verletzung läßt ein entsetzliches Schuldgefühl entstehen, welches ebenso selbstverständlich wie nach seiner Herkunft unbekannt ist« (GW IX, 85). Aufschlußreich ist an Freuds Narrativ vom Ursprung der Kultur jenseits seiner umstrittenen historischen Evidenz, daß in ihm in der Abfolge von Entwicklungsschritten ein Curriculum der Enkulturation entwickelt wird: Eine Tat (Tötung des Vaters), welche die Struktur des sozialen Miteinander entscheidend verändert (Etablierung der Brüderhorde), geht mit der Reorganisation der psychischen Repräsentanzen einher (Triebverzicht) und zieht die Notwendigkeit der Erneuerung kultureller Praxis mit sich (Rituale der Wiederholung), damit die neuen kulturellen Gebote (Tabus) dem Gedächtnis eingeschrieben (Verinnerlichung) und vom Gewissen überwacht werden können. Dieses Narrativ vom Ursprung kultureller Entwicklung, bei der die Herausbildung einer paternal fixierten, schuldbeladenen Erinnerungskultur im Zentrum steht, war für Freud so grundlegend, daß er es auch in seinen späteren kulturtheoretischen Schriften immer wieder aufgegriffen und vor allem für seine Deutung der Religionsgeschichte eingesetzt hat.

Religion als Gedächtnisgeschichte von Kultur

Wie Freud in seiner umfänglichen Schrift *Der Mann Moses und die monotheistische Religion* darlegte, vollzieht sich die Entwicklung der Religion vom Totemismus über den Polytheismus bis zum Monotheismus mit der »Wiederkehr des einen, einzigen, unumschränkt herrschenden Vatergottes« (GW XVI, 189). Bei dieser These stützt er sich auf Erkenntnisse aus seiner Individualpsychologie, denn analog zu frühkindlichen Erfahrungen, die erst nach einer Latenzzeit wieder aktiviert werden, könne auch in der Entwicklung der Religion der Urvater erst nach einer Phase des Vergessens im monotheistischen Gott wieder erinnert werden. Die Religion wird als Gedächtnisgeschichte kultureller Entwicklung gefaßt, denn die Menschheit habe sich mit der christlichen Lehre »am unverhülltesten zu der schuldvollen Tat der Urzeit« (GW IX, 185) bekannt und in der Idee der Erb-

sünde sei als unbewußte Erinnerung die »Versündigung gegen Gottvater« (GW IX, 185) bewahrt geblieben. Vergleichbar den neurotischen »Kompromißbildungen« (GW XVI, 181) werde in der Religion das traumatische Ereignis verdrängt, wie auch zugleich die Fixierung daran bekräftigt. Religiöse Rituale werden deshalb als Inszenierungen unter »Wiederholungszwang« (GW XVI, 180) verstanden, in denen die Bindung an eine ursprüngliche Familiengeschichte dargestellt wird, um in dieser Form im kulturellen Gedächtnis bewahrt zu bleiben. Freud analysiert die Religion aber nicht nur wie Symptome in einer Fallgeschichte, sondern setzt auch sein Narrativ vom Ursprung der Kultur als Deutungsmuster für ein zugrundeliegendes kulturelles Trauma ein.

Die Religion gewinnt für Freuds Kulturanalysen herausragende Bedeutung, weil ihre normative Verfaßtheit und rituelle Praxis in exemplarischer Weise kulturelle Artefakte bereitstellt, aus denen Rückschlüsse auf den Prozeß des Triebverzichts gezogen werden können. Insofern nämlich mit der Verinnerlichung der Gebote im einzelnen eine Gewissensinstanz aufgebaut wird, richtet sich die ursprünglich auf äußere Objekte gerichtete Aggression nun gegen das eigene Ich. Das Gewissen entwickelt mithin eine kulturschaffende Eigendynamik, denn es wurde nicht nur durch Triebverzicht aufgebaut, sondern fordert diesen vom Ich auch immer weiter ein. Freud geht sogar davon aus, daß der Triebverzicht als unabdingbare Bedingung von Kultur in der Religion gefeiert wird, daß er symbolisch einer Gottheit zum Opfer gebracht wurde, um verheiligt werden zu können. Er liest aber nicht nur symbolische Formen und Riten der Religion im Sinne einer kulturellen Gedächtnisgeschichte, sondern auch die psychosozialen Folgen, die für den Einzelnen aus der Notwendigkeit der Kompromißbildung entstehen.

Kulturentwicklung und Kulturarbeit

Davon ausgehend, daß prinzipiell jedem Menschen aufgrund seiner Triebausstattung kulturelle Anpassungsleistungen abverlangt werden müssen, nimmt Freud an, daß diese Kompromißbildungen immer schon an vorgängige kulturelle Entwicklungen anknüpfen: »In solcher Art steht der einzelne Mensch nicht nur unter der Einwirkung seines gegenwärtigen Kulturmilieus, sondern unterliegt auch dem Einflusse der Kulturgeschichte seiner Vorfahren« (GW X, 333 f.). Die Fähigkeit zur Kompromißbildung wird demnach biologisch ›erinnert‹, indem sie über genetische Dispositionen weitervererbt wird: »Die Menschen, die heute geboren werden, bringen ein Stück

Neigung (Disposition) zur Umwandlung der egoistischen in soziale Triebe als ererbte Organisation mit,
die auf leichte Anstöße hin diese Umwandlung
durchführt« (GW X, 333). Die Kultureignung des
Menschen verdankt sich also einem bereits angeborenen Teil der Kulturtauglichkeit und einer aktuell
von den jeweiligen Zeitumständen geforderten Anpassung.

Diese Kompromißbildungen vollziehen sich, wie
Freud dies in *Das Unbehagen in der Kultur* entfaltet
hat, als Kampf »zwischen Eros und Tod, Lebenstrieb
und Destruktionstrieb« (GW XIV, 481). Kultur wird
gleichsam als energetisches Triebausgleichsystem gedacht, denn ihre Aufgabe ist es, den Hauptvertreter
des Todestriebes, den Aggressionstrieb, einzudämmen und den Lebenstrieb kulturfördernd umzulei-
ten. Als Kulturarbeit faßt Freud die »Fähigkeit zur
Umbildung der egoistischen Triebe unter dem Einflusse der Erotik« (GW X, 334). Da der Sexualtrieb
beim Menschen wegen fehlender Periodizität stärker
ausgebildet ist als bei den meisten höheren Tieren, ist
es ihm möglich, seine Sexualenergien zu verschieben,
ohne daß sie an Intensität abnehmen. Die zur Kulturarbeit notwendigen Kräfte werden größtenteils
aus der Unterdrückung »der sogenannt *perversen* Anteile der Sexualerregung gewonnen« (GW VII, 151),
also aus jenen, die kulturell nicht erwünscht sind, wie
dies durch Gebote oder Verbote wie etwa das Inzesttabu angezeigt ist. Auch wenn die Stärke des Sexualtriebes individuell unterschiedlich ist und damit
auch der Anteil, der für die Kulturarbeit zur Verfügung gestellt werden kann, sieht Freud in der Unterdrückung der Aggression und Sublimierung libidinöser Energien doch »ein von der Kultur erzwungenes
Triebschicksal« (GW XIV, 457). Ja, er nimmt sogar
an, daß diese Formen der »»Kulturversagung‹« (GW
XIV, 457) das große Gebiet der sozialen Beziehungen
überhaupt beherrscht und hatte bereits in der *Analyse der Phobie eines fünfjährigen Knaben* gefordert,
»das Individuum mit der geringsten Einbuße an Aktivität kulturfähig und sozial verwertbar zu machen«
(GW VII, 376). Benannt wird damit das Dilemma,
daß auch der gesellschaftskritische Einzelne um der
sozialen Integration willen gezwungen ist, ein Gutteil
der kulturellen Forderungen zu erfüllen.

Kulturheuchelei und Anpassungsprozesse

Freud wußte aus der therapeutischen Arbeit um dieses Dilemma und geht davon aus, daß sich Kulturfortschritt und Triebunterdrückung reziprok zueinander verhalten, insofern der Einzelne um so mehr
gezwungen wird, seine Triebwünsche zurückzustellen

und egoistische Strebungen in altruistische zu verwandeln, je mehr die sittlichen Anforderungen steigen. Er befürchtet jedoch, daß innerhalb der Gesellschaft die Tendenz besteht, »die Anzahl der kulturell
veränderten Menschen arg zu überschätzen« (GW X,
335), da nur einige die ethischen Normen akzeptiert
und internalisiert haben und ein beträchtlicher Teil
lediglich kulturell gemäß handelt, so lange sich dies
auch mit den eigenen Interessen in Einklang bringen
läßt. Diese Form ›kultureller Mimikry‹ ist Produkt
der Kultur und unterminiert sie zugleich als Ideal-
form der Vergesellschaftung: »Es gibt also ungleich
mehr Kulturheuchler als wirklich kulturelle Menschen, ja man kann den Standpunkt diskutieren, ob
ein gewisses Maß von Kulturheuchelei nicht zur Aufrechterhaltung der Kultur unerläßlich sei, weil die
bereits organisierte Kultureignung der heute lebenden Menschen vielleicht für diese Leistung nicht zu-
reichen würde« (GW X, 336).

In der Kulturheuchelei macht Freud eine Haupt-
quelle des Leidens innerhalb sozialer Gemeinschaften
aus, da die Zurücknahme von aggressiven Strebungen zwar Gebot des sozialen Miteinanders ist, aber
dennoch jeder mit unterschiedlichen Formen von
Aggression konfrontiert wird. Kultur kann zwar die
unmittelbare Gewaltbereitschaft des Einzelnen teilweise durch Rechtsvorschriften und eigene Gewalt-
ausübung in Schach halten, »aber die vorsichtigeren
und feineren Äußerungen der menschlichen Aggression vermag das Gesetz nicht zu erfassen« (GW XIV,
472). Gerade weil egoistische Strebungen des Einzelnen durch kulturell akzeptierte Formen kaschiert
werden können und deshalb nicht ohne weiteres in
ihrer Kulturfeindlichkeit erkennbar sind, bilden sie
innerhalb der Gesellschaft ein unterschätztes Gewalt-
potential, das jederzeit explodieren kann.

Die Aggressionsbereitschaft innerhalb der Kultur
wird, wie Freud in *Zeitgemäßes über Krieg und Tod*
wie auch *Massenpsychologie und Ich-Analyse* ausführlich darlegt, besonders evident, wenn sie sich, wie besonders deutlich und kulturell sanktioniert, im Krieg
gegen Fremde außerhalb der eigenen Gruppe richten
kann. Während also die Unterdrückung oder Ka-
schierung der Aggression nach innen Bindungsener-
gien freisetzt, so stärkt selbst bei eng benachbarten
oder einander nahe stehenden Gemeinschaften die
wechselseitige Aggressionsneigung den »»Narzißmus
der kleinen Differenzen‹« (GW XIV, 474). Denn
wenn keine Empathie für den anderen aufgebaut
werden kann, so erscheint er als Fremder, dem gegenüber die Aggressionen zum Tragen kommen, welche
innerhalb der eigenen Gruppe durch libidinöse Strebungen gebunden werden können. Wie Freud aus-

führt, können sich Kulturgemeinschaften nur etablieren und erhalten, wenn sich ihre Mitglieder in wechselseitigen Identifizierungen auch aneinander binden. Libidinöse Bindungsenergie könne dann aufgebaut werden, wenn sich die Gruppenmitglieder nach festgelegten Kriterien als einander ähnlich erkennen und sich auf gemeinsame Idealvorstellungen verständigen können. Durch herausragende Persönlichkeiten oder Idealgestalten, mit denen repräsentiert wird, was in der Kulturentwicklung noch nicht erreicht wurde oder prinzipiell unerreichbar bleibt, könne das »Über-Ich einer Kulturepoche« (GW XIV, 501) aufgebaut werden. Freud kritisiert dabei jedoch, daß sich die ethischen Forderungen des kulturellen Über-Ichs nicht genügend an der Konstitution des Menschen orientieren, denn die Beherrschung der Triebe lasse sich nicht über eine bestimmte Grenze hinaus steigern, ohne daß es zur Auflehnung oder Neurose führt.

Die Fehlbarkeit von Kultur

Insofern die kulturelle Regelungsfunktion zur Triebunterdrückung den Einzelnen in seinem Freiheitsbedürfnis dauerhaft beschneidet und durch Zwang kränkt, diagnostiziert Freud eine pathogene Grundstruktur der Kultur. Freud zeigt damit eine Dialektik der Kulturentwicklung auf, bei der das, was durch sie vermieden werden soll, auch von ihr erzeugt und somit dem Mensch der Kultur »das Beste, was wir geworden sind, und ein gut Teil von dem, woran wir leiden« (GW XVI, 25 f.) verdankt. Denn der Einzelne, der durch Reaktions- und Kompensationsleistungen die psychosozialen Kosten für die kulturellen Ideale zu tragen hat, richtet sich gegen Anforderungen, die er nicht oder nur um den Preis der Verleugnung zu erfüllen vermag. Kultur produziert demnach ein Unbehagen, das sich ganz besonders der kulturellen Sexualmoral verdankt, wie Freud dies explizit in seiner Schrift Die »kulturelle« Sexualmoral und die moderne Nervosität ausführt.

Mit sozial-anamnestischem Impetus führt er die Zunahme nervöser Erkrankungen auf den Epochenumschwung zur urbanen Moderne zurück und wird damit zum dezidierten Zeitkritiker. Im Konkreten wird die wachsende Nervosität auf eine überkommene kulturelle Sexualmoral zurückgeführt, die den Anforderungen der modernen Gesellschaft gerade nicht mehr gerecht wird. An diesem Beispiel illustriert Freud noch einmal eindringlich seine grundlegende Erkenntnis, daß es nur einigen gelingen kann, sich mit ihrer triebdynamischen Ausstattung in Einklang mit den Kulturanforderungen zu bringen,

während andere dafür große Opfer bringen müssen oder als Kulturheuchler eine »doppelte Moral« (GW VII, 144) herausbilden. Er folgert, daß es bei der Unterdrückung des Sexualtriebes für die meisten Menschen eine Grenze gibt, über die hinaus ihre Konstitution den Kulturanforderungen nicht folgen kann. Denn wenn es nicht gelingt, die sexuellen Triebe in kulturell erwünschter Form zu unterdrücken oder durch Sublimierung in Kulturleistungen zu transformieren, so komme es zum Ausbruch neurotischer Störungen. Damit werde die kulturelle Sexualmoral, die gerade zu intensiver und produktiver Kulturarbeit befähigen und anreizen soll, kontraproduktiv, da der Einzelne so geschädigt wird, daß auch das kulturell gewünschte Ziel nicht mehr erreicht werden kann. Freud verdeutlicht diese These, indem er darlegt, daß die kulturelle Sexualmoral seiner Zeit »die Verpönung eines jeden Sexualverkehres mit Ausnahme des ehelich-monogamen« (GW VII, 144) fordere und durch das Gebot vorehelicher Abstinenz die Potenz der Männer schwächen und die Frigidität der Frauen begünstigen würde. Freud vermutet sogar, daß sich die Folgen dieser kulturellen Sexualmoral durch die ›nervösen‹ Mütter auch auf die nächste Generation übertragen könnte und es somit insgesamt zu einer Schwächung der Kultur komme. Wie Freud dies in Zwangshandlungen und Religionsübungen, Die »kulturelle« Sexualmoral und die moderne Nervosität und Das Unbehagen in der Kultur dargelegt hat, versteht er die durch die kulturelle Sexualmoral begünstigten Neurosen als Symptome einer Krankheit der Kultur der Moderne. Denn wenn die Kulturanforderungen innerhalb einer Sozietät so groß sind, daß die Mitglieder in kulturspezifische Krankheiten gedrängt werden, so müsse von einer »Pathologie der kulturellen Gemeinschaften« (GW XIV, 505) gesprochen werden. Indem Freud also die triebregulierenden Kompromißbildungen der Menschen wie personale Objektivationen von Kultur versteht und deren pathologische Erscheinungsformen als Symptombildungen der Kultur analysiert, führt er Individualpsychologie und psychoanalytische Kulturtheorie unmittelbar zusammen.

Das Verfahren der Kulturanalyse

Freud geht davon aus, dass sich die innerpsychischen Antagonismen in der Kulturentwicklung wie auf einer »weiteren Bühne« (GW XVI, 33) abspielen. Seine Kulturtheorie ist wie seine Individualpsychologie durch antagonistische Prinzipen bestimmt: Eine als natürlich gesetzte Grundausstattung des Menschen gerät mit einem in der Entwicklung später hinzutretenden Prinzip in konfliktreiche Auseinandersetzung. So wird in der Individualentwicklung das Lust- gegen das Realitätsprinzip verhandelt, in der Kulturentwicklung die Triebe gegen die kulturellen Gebote und Ansprüche. Ausgehend von den Ergebnissen seiner therapeutischen Arbeit, schließt Freud von der Individualpsychologie auf die von ihm so genannte Massenpsychologie. Die Kultur wird dabei wie die Organisationsform eines Kollektivsubjekts gefaßt, das durch ein kulturelles Über-Ich, mehr aber noch durch ein kollektives Unbewußtes gelenkt wird. Während dem kulturellen Über-Ich die Repräsentanzen von Kultur-Idealen eingelagert sind, wird im kollektiven Unbewußten ein ursprünglich reales Erleben nach den Gesetzen der Verschiebung und Verdichtung über Generationen hinweg tradiert. Analog dem analytisch-aufklärerischen Imperativ »Wo Es war, soll Ich werden« (GW XV, 86) konzentriert sich Freud auch in seinen kulturkritischen Schriften auf Analysemöglichkeiten des kollektiven Unbewußten und stützt sich dabei auf den Selbstäußerungsprozeß traumatischen Erlebens, wie er ihn in der Wiederkehr des Verdrängten von den frühen Schriften zur Individualpsychologie bis zu seiner späten Religionsschrift *Der Mann Moses und die monotheistische Religion* immer wieder zu beschreiben und zu bestimmen suchte. Da er davon ausgeht, daß auch in den kulturellen Praktiken, und hier insbesondere in den Ritualen, wie in der Neurose Verdrängungen wiederkehren, entwickelt er ein genuin psychoanalytisches Verfahren zur Lesbarkeit von Kultur, insofern er kulturelle Objektivationen als Symptome analysiert.

Darüber hinaus entwickelt Freud auch Ansätze zu einer psychoanalytischen Kulturkomparatistik, indem er die Ungleichzeitigkeit von Kulturen im Sinne eines evolutionären Modells deutet, durch das aus der kulturellen Praxis prämoderner Gesellschaften auf frühere Entwicklungsstufen der eigenen Kultur geschlossen werden kann (Waibl 1980). Um seine These zu stützen, daß in Mythen, Riten und Glaubensvorstellungen früher Kulturen noch deutliche Spuren einer unzugänglichen Vorzeit zu finden sind, die in verdeckter Form bis in die Gegenwart der Moderne hineinreichen, zieht er zahlreiche kulturanthropologische und ethnologische Schriften (u. a. Smith 1894/1927; Wundt 1906; Storfer 1911) heran und stützt seine Idee vom Ursprung der Kultur auf Darwins Theorem von der Urhorde und Hobbes' Vorstellung vom Krieg aller gegen alle. Aber auch die seinerzeit aktuellen wissenschaftlichen Erkenntnisse werden mit Ergebnissen seiner eigenen individualpsychologischen Forschungen abgeglichen und neu bewertet.

Freud schließt aus der Erkenntnis, daß im menschlichen Seelenhaushalt immer noch Bedürfnisse und Artikulationsweisen aus früheren Entwicklungsstadien zu finden sind, daß auch in der Kultur jede frühere Entwicklungsstufe in verdeckter Form erhalten bleibt. So kann Fortentwicklung zwar gehemmt sein, aber Regression jederzeit möglich werden, denn »das primitive Seelische ist im vollsten Sinne unvergänglich« (GW X, 337).

So versteht Freud ›Kultur‹ letztlich als Kosmos, in dem alle Entwicklungsstufen aktualisiert werden, da sich die Sozialisierung des Einzelnen immer innerhalb einer kulturellen Gemeinschaft vollzieht, in der mehrere Generationen und alle Altersstufen gleichzeitig präsent sind. Die Beobachtung kindlichen Verhaltens wird ihm ein Königsweg zur Kultur, denn er sieht darin ein reiches Anschauungsfeld für bereits überwunden geglaubte und verdrängte kulturelle Formen. So schöpft Freud aus der Analyse kindlicher Phobien und Ängste das Material, mit dem er unerschlossene Phasen der Kulturgeschichte füllt: »und in unerwarteter Reichhaltigkeit hat das analytische Studium des kindlichen Seelenlebens Stoff geliefert, um die Lücken unserer Kenntnis der Urzeiten auszufüllen« (GW XVI, 190). Die Intensität der Kastrationsangst wie auch Tierphobien deutet er als Zeugnisse einer mit dem Vater verbundenen Urangst: »Das Verhalten des neurotischen Kindes zu seinen Eltern im Ödipus- und Kastrationskomplex ist überreich an solchen Reaktionen, die individuell ungerechtfertigt erscheinen und erst phylogenetisch, durch die Beziehung auf das Erleben früherer Geschlechter, begreiflich werden« (GW XVI, 206). Den prinzipiell empirischen Mangel, welcher der Vorstellung von Kultur als triebdynamisch fundiertem Entwicklungsmodell inhärent ist, weil der präkulturelle Schwellenzustand schlechterdings nicht direkt zugänglich ist, kompensiert Freud durch Anschauungsmaterial, das er aus der Analyse der Individualentwicklung generierte. Eine Chance, »die Kluft zwischen Individual- und Massenpsychologie« (GW XVI, 207) überbrücken zu können, sieht Freud also in der vergleichenden Individualanalyse, da nur so frühere Dispositionen und Inhalte von Kultur zu bestimmen sind, die keiner individualgeschichtlichen, sondern phylogenetisch archaischen Erbschaft entstammen.

Freud versuchte, in seinen kulturkritischen Schriften gegen die Illusion anzugehen, daß die Kulturentwicklung zu einem größeren Glück der Menschen führt, und formulierte unmißverständlich: »Die Schicksalsfrage der Menschenart scheint mir zu sein, ob und in welchem Maße es ihrer Kulturentwicklung gelingen wird, der Störung des Zusammenlebens

durch den menschlichen Aggressions- und Selbstver-
nichtungstrieb Herr zu werden« (GW XIV, 506).
Freuds kritische, ja teilweise sogar kulturpessimistische Haltung ist nicht allein seiner Enttäuschung
über die zivilisatorische Entwicklung geschuldet,
sondern ergibt sich auch schlüssig aus seiner triebfundierten Konzeption von Kultur, mit der er die Gestehungskosten für den Einzelnen ebenso aufzudek-
ken suchte wie die Kulturheuchelei innerhalb der Gesellschaft. So ist in seinem Begriff von Kultur der all-
zeit schwelende Konflikt zwischen egoistischen und
altruistischen Strebungen mitthematisiert, welcher
die kulturelle Entwicklung zu einem zwar notwendigen, aber prinzipiell ambivalenten Unterfangen werden läßt.

Freuds kulturtheoretischen Ansätzen wurde nicht
die gleiche Aufmerksamkeit zuteil wie seiner therapeutisch orientierten Individualpsychologie, die auch
konzeptionell vielfach weiterentwickelt wurde. In kritischer Auseinandersetzung mit Freuds kulturtheore-
tischem Deutungsverfahren wurde in den Texten der
Frankfurter Schule bis zu neueren Untersuchungen
der Kulturanthropologie besonders an seine Analyse
des Zusammenhangs von Aggression und Kulturentwicklung angeknüpft, wobei Adornos und Horkheimers *Dialektik der Aufklärung* und Girards *Das Heilige und die Gewalt* herausragende Marksteine innerhalb dieses Rezeptions- und Diskussionszusammen-
hanges sind. *Der Mann Moses und die monotheistische
Religion* gehört nicht nur zu den neuerdings am häufigsten interpretierten Texten Freuds, sondern wurde
auch in der kulturellen Gedächtnisforschung (u. a.
Assmann 2000) um neue Lesarten ergänzt. Entscheidend weiterentwickelt wurde die psychoanalytische
Kulturtheorie durch den tiefenhermeneutischen Ansatz zur Kulturanalyse (Lorenzer 1988), die kultur-
komparatistischen Studien der Ethnopsychoanalyse
(Erdheim 1983; Reichmayr 1995), die Kulturpsycho-
logie (Boesch 1980) und die kulturvergleichende Psychologie (Thomas 2003). Jenseits der Kritik an
Freuds Vorstellungen zur Kultur im einzelnen
(Schmid-Noerr 1993) gewinnen seine kulturtheoretischen Ansätzen für die gegenwärtige kulturwissenschaftliche Forschung jedoch nicht nur hinsichtlich
innerer Stimmigkeit oder im Bezug zu seinen individualpsychologischen Schriften ihre Bedeutung, sondern auch im Kontext der Kulturtheorien der Moderne. Profilieren sich die kulturphilosophischen An-

sätze von Nietzsche und später Cassirer bei aller Un-
terschiedlichkeit des Erkenntnisinteresses vornehmlich gegenüber den Traditionen philosophischen
Denkens und basieren die kultursoziologischen
Theorien von Durkheim, Weber und Simmel im wesentlichen auf Beobachtung und Analyse der sozialen
Lebenswelt, so hat Freud durch seine psychoanalytische Methode eine Zugangsweise zur Kultur gefunden,
die sich aus Erfahrungswissen im Umgang mit
Patienten speiste und ihm deshalb erlaubte, nicht nur
zum kritischen Beobachter und Interpreten, sondern
auch anamnestisch geschulten Diagnostiker von Kultur zu werden. Sein Befund, daß Kultur als hoch-
komplexer Prozeß der Vergemeinschaftung wie auch
der Symptombildung zu verstehen ist, aus dem die
psychosozialen Gestehungskosten analysiert werden
können, ist am einzelnen Menschen orientiert und
bleibt für die Kulturforschung aktuell.

Literatur

Assmann, Jan: *Religion und kulturelles Gedächtnis. Zehn Studien.* München 2000.
Boesch, Ernst E.: *Kultur und Handlung. Einführung in die Kul-
turpsychologie.* Bern u. a. 1980.
Erdheim, Mario: *Die gesellschaftliche Produktion von Unbe-
wußtheit. Eine Einführung in den ethnopsychoanalytischen
Prozeß.* Frankfurt a. M. 1983.
Frazer, James G.: *Totemism and Exogamy.* 4 Bde. London
1910.
Girard, René: *Das Heilige und die Gewalt.* Frankfurt a. M. 1994
(frz. 1972).
Horkheimer, Max u. Theodor W. Adorno: *Dialektik der Aufklä-
rung* [1947]. Frankfurt a. M. 1973.
Lang, Andrew: *The Secret of the Totem.* London 1905.
Lorenzer, Alfred: Tiefenhermeneutische Kulturanalyse. In:
Hans-Dieter König u. a.: *Kultur-Analysen.* Frankfurt a. M.
1988, 11–98.
Reichmayr, Johannes: *Einführung in die Ethnopsychoanalyse.
Geschichte, Theorien und Methoden.* Frankfurt a. M. 1995.
Schmid-Noerr, Gunzelin: Zur Kritik des Freudschen Kultur-
begriffs. In: *Psyche* 47 (1993), 325–343.
Smith, W. Robertson: *Lectures on the Religion of the Semites*
[1894]. London [3]1927.
Storfer, Adolf Josef: *Zur Sonderstellung des Vatermordes: eine
rechtsgeschichtliche und völkerpsychologische Studie.* Leipzig
1911.
Thomas, Alexander (Hg.): *Kulturvergleichende Psychologie.*
Göttingen u. a. [2]2003.
Waibl, Elmar: *Gesellschaft und Kultur bei Hobbes und Freud.*
Wien 1980.
Wundt, Wilhelm: *Völkerpsychologie: eine Untersuchung der Ent-
wicklungsgesetze von Sprache, Mythus und Sitte; in 10 Bän-
den.* Leipzig 1906.

Ortrud Gutjahr

2. Antike und Mythos

Freuds Theorie über die Entstehungsbedingungen des Mythos

Die ersten Andeutungen zu einer Theorie des Mythos macht Freud in einem Brief an seinen Freund Wilhelm Fließ vom 12. 12. 1897, wo er von »endopsychischen Mythen« spricht. »Die unklare innere Wahrnehmung des eigenen psychischen Apparates« rege »zu Denkillusionen an, die natürlich nach außen projiziert werden und charakteristischerweise in die Zukunft und in ein Jenseits. Die Unsterblichkeit, Vergeltung, das ganze Jenseits sind solche Darstellungen unseres psychischen Inneren. Meschugge? Psycho-Mythologie« (F, 311). Hier trennt der Begründer der Psychoanalyse nicht zwischen Mythos und Religion. Die mythologischen Anschauungen entspringen nur psychologischen Bedingungen, nämlich einer unscharfen Wahrnehmung des »psychischen Apparates«, d. h. der Gesamtheit der Psyche. Die nähere Bestimmung der unklaren Wahrnehmung ist die mangelnde Unterscheidung zwischen innen und außen, was sich im Abwehrmodus der Projektion äußert. Durch projektive Vorgänge werden »Denkillusionen« – also unrealistische Vorstellungskomplexe oder Phantasien – als Wahrnehmungen äußerer Vorgänge empfunden.

Hier deutet sich schon die Nähe zur Psychologie der Traumvorgänge an, wie sie Freud zwei Jahre später in seinem Werk *Die Traumdeutung* (GW II/III) darlegen wird. Dort führt er einen speziellen Mythos, nämlich den von Ödipus, auf einen »uralten Traumstoff« (GW II/III, 270) kollektiven Charakters zurück. Dieser Spezialfall wird 1908 dadurch zu einem prinzipiellen Vorgang, daß Freud die Mythen »den entstellten Überresten von Wunschphantasien ganzer Nationen, den Säkularträumen der jungen Menschheit« (GW VII, 222) gleichsetzt. Wenn der Mythos dieselbe psychologische Struktur hat wie der Traum, dann ist er ein Kompromiß aus dem Wunsch und dessen Abwehr. »Die Wunschphantasien ganzer Nationen« können sich wie die Wunschmotive individueller Träume nicht einfach spontan, uneinge-

schränkt und in vollem Umfang durchsetzen, sondern unterliegen Abwehrvorgängen, z. B. Verdrängungsprozessen, da es sich in der Regel auch um verpönte Wünsche (ödipaler Art) handelt. Die Abwehr bewirkt die Entstellung des primären Wunschcharakters und kann ihn letztlich auch auf »Überreste« reduzieren.

Da das Wunsch-Abwehr-Modell ebenso Freuds Auffassung der Neurosen zugrunde liegt, gibt es auch eine Strukturgleichheit zwischen Mythos und Neurose. Freud ist der Ansicht, die »mythenbildenden Kräfte der Menschheit« seien »nicht erloschen«, sondern seien ursächlich daran beteiligt, »in den Neurosen dieselben psychischen Produkte zu erzeugen wie in den ältesten Zeiten« (GW VIII, 319). Die Strukturhomologie des Mythos mit dem Traum und der Neurose läßt die Freudsche Mythenkonzeption nun wieder so umfassend erscheinen wie in der zitierten brieflichen Mitteilung an Fließ, jetzt allerdings mit dem Vorteil einer präziseren Definition.

Die Strukturgleichheit von Mythos, Traum und Neurose fußt letztlich auch auf dem gemeinsamen theoretischen Fundament des Ödipuskomplexes. Die Konflikte und Konfliktlösungsstrategien innerhalb der ödipalen Triade sind die psychologische Strukturdominante, die primär die psychische Entwicklung des Kindes und die Ausbildung der psychischen Strukturen Ich, Es, Über-Ich, Ich-Ideal (GW XIII) vorantreibt. Die Auffassung des Ödipuskomplexes als einer anthropologischen Konstante gibt Freud die Möglichkeit, die Ontogenese mit der Phylogenese zu parallelisieren. Dabei wird die Sozietät als kollektives Subjekt konzipiert und behandelt wie das Individuum. Das Inzestverbot, das individuelle Entwicklung erst ermöglicht, wird zur Conditio sine qua non auch für die Entstehung menschlicher Kultur (GW IX). Hierbei darf nicht außer Acht gelassen werden, daß Freuds Begriff der Phylogenese sowohl biologische als auch historische Bedeutung hat (GW IX).

Das große Gewicht des Ödipuskomplexes macht es verständlich, daß er nach Freuds Meinung der Kern der Neurosen und das wichtigste Motiv der Traumentstehung ist. Als anthropologische Basisgröße bietet der Ödipuskomplex für den Begründer der Psychoanalyse den archimedischen Punkt, von dem aus er die psychoanalytische Deutung der Menschheitsentwicklung und der Mythen vornehmen kann. Er beschreibt 1923 die Entstehung seiner Anschauungen folgendermaßen: »Die Bedeutung des Ödipuskomplexes begann zu gigantischem Maß zu wachsen, man gewann die Ahnung, daß staatliche Ordnung, Sittlichkeit, Recht und Religion in der Urzeit der Menschheit miteinander als Reaktionsbildung auf den Ödipus-Komplex entstanden seien« (GW XIII, 229).

Obwohl Freud hinsichtlich der Genese keine Differenz zwischen Mythos und Religion sieht – beide sind nach seiner Auffassung ödipalen Ursprungs –, unterscheidet er 1912/1913 in *Totem und Tabu* (GW IX, 96) doch zwischen beiden. Dort vertritt er die Ansicht, daß die Menschheit hinsichtlich der Wirklichkeitserfassung drei Denksysteme entwickelt habe: das animistische (primitive Weltdeutung durch die Annahme von Allbeseelung), das religiöse (differenziertere Weltdeutung durch die Annahme spezieller für unterschiedliche Bereiche zuständiger Göttergestalten) und schließlich das wissenschaftliche (rationale Deutung bzw. Erklärung der Welt). Den Mythos ordnet er der animistischen Stufe zu.

Freud rekurriert in seinen späteren Schriften immer wieder auf die in *Totem und Tabu* (IX, 171–175) dargelegte, an Darwin orientierte Urhordenhypothese, wenn er sich Gedanken über den Ursprung des Mythos macht. In der Urhordensituation beherrschte das stärkste Männchen die Gruppe. Es ist im Alleinbesitz der Frauen und zwingt die Söhne zur sexuellen Abstinenz. Wer sich nicht an dieses Gebot hält, wird mit Kastration und Tod bedroht. Eines Tages rotten sich die frustrierten Söhne gegen den Urvater zusammen, töten ihn und verzehren ihn, was Identifizierung mit seiner Stärke bedeutet und die erste Totemmahlzeit darstellt. Da die Söhne den Vater nicht nur hassen, sondern ihn auch lieben und seine Stärke bewundern, entsteht in ihnen ein Schuldgefühl, das dazu führt, daß sie freiwillig und nachträglich sein Gebot der sexuellen Abstinenz gegenüber den Frauen ihrer Gruppe befolgten. So entsteht das Inzestverbot auch als innerer Vorgang. Mit den Themen von Vatermord und Inzest ist auch die Grundstruktur des Ödipuskomplexes beschrieben.

Da Freud im Laufe seiner zunehmenden klinischen Erfahrung immer mehr zu der Auffassung gelangt, daß die unbewußten Phantasien seiner Analysanden eine kollektive Dimension haben, die weit über die individuell gespeicherten unbewußten in-

fantilen Erlebnisdeterminanten hinausgehen, sucht er eine Erklärung dafür und findet sie im phylogenetischen Erbe aus der Urhordensituation. Der Begründer der Psychoanalyse denkt 1939 in seinem letzten großen Werk *Der Mann Moses und die monotheistische Religion* (GW XVI) an direkte Vererbungsvorgänge aus der Urhordensozietät. Er habe eine »ererbte Tradition und nicht eine durch Mitteilung fortgepflanzte im Sinne« (GW XVI, 207). »Das Verhalten des neurotischen Kindes zu seinen Eltern im Ödipus- und Kastrationskomplex« sei »überreich an solchen Reaktionen, die individuell ungerechtfertigt erscheinen und erst phylogenetisch durch die Beziehung auf das Erleben früherer Geschlechter begreiflich werden«. Freud stellt weiterhin im vollen Wissen darüber, daß »die gegenwärtige Einstellung der biologischen Wissenschaft […] von der Vererbung erworbener Eigenschaften nichts wissen will« (GW XVI, 207), die Behauptung auf, »die archaische Erbschaft des Menschen« umfasse »nicht nur Dispositionen, sondern auch Inhalte […], Erinnerungsspuren an das Erleben früherer Generationen« (GW XVI, 206). Mit dieser phylogenetischen Hypothese, die 1912/1913 (GW IX) durchaus nicht so biologisch klingt wie 1939, hat Freud »die Kluft zwischen Individual- und Massenpsychologie überbrückt« und kann nun »die Völker behandeln wie den einzelnen Neurotiker« (GW XVI, 207). Den Niederschlag dieses »archaischen Erbes« in den unbewußten Phantasien nennt er »Urphantasien« (GW XI), die Phantasien, die die Urszene, d.h. den sexuellen Verkehr der Eltern, betreffen, »Kastration« und »Verführung«.

Bei der Analyse des ›Wolfsmanns‹ verweist Freud auf einen regelrechten Konflikt in der Formung der unbewußten Phantasien zwischen dem, was sein Patient in seiner frühen Kindheit wohl real erlebt hat, und »dem hereditären Schema« mit seiner überindividuellen Symbolik. So z. B. sei in den Phantasien des ›Wolfsmanns‹ dessen homosexuell geliebter, weicher und depressiver Vater »zum Kastrator und Bedroher der kindlichen Sexualität« (GW XII, 155) geworden. Dieser unpersönliche und in der Monotonie seiner Erscheinungsweise unhistorisch anmutende Kern der unbewußten Phantasien, wie er sich auch in der kollektiven Bedeutung vieler Traumsymbole äußert, gehört zur alltäglichen psychoanalytischen Erfahrung und ist keinesfalls ein nebensächlicher Aspekt der Freudschen Theorie. Obwohl man dem Begründer der Psychoanalyse nicht eine besondere Neigung unterstellen kann, er gehe bei seinen Traumanalysen sofort in eine kollektive Bedeutungsschicht – geduldig forscht er bei entsprechenden Symbolen immer auch nach einer damit verbundenen persönlichen Motivierung –, so weicht er diesem Problem aber auch nicht aus und sucht nach einer Erklärung. Diese fällt nicht immer so kraß aus wie die von ihm postulierte hereditäre Übermittlung von Inhalten im *Mann Moses* (GW XVI). Bei der Diskussion der ›Wolfsmann‹-Analyse spricht er von »phylogenetisch mitgebrachten Schemata, die wie philosophische ›Kategorien‹ die Unterbringung der Lebenseindrücke besorgen«. Diese Schemata »seien Niederschläge der menschlichen Kulturgeschichte« (GW XII, 155). Anscheinend meint Freud mit »philosophischen ›Kategorien‹« unanschauliche Bedingungen apriorischer Art im Sinne Kants (1781), die die Erfahrungsinhalte im spezifischen Sinne als inhärente Schemata strukturieren.

Solche Aspekte, die in den heutigen primär um die Beteiligung von Sprache zentrierten Symboldebatten kaum eine Rolle mehr spielen, halte ich nach wie vor für diskussionswürdig. Selbst Erich Fromm, der Freud jeden Millimeter Boden streitig macht, sobald dieser die Biologie ins Spiel bringt, und sofort historische und gesellschaftliche Bedingungen für die Phänomene anzugeben weiß, anerkennt den unhistorischen Bodensatz der unbewußten Phantasien, wie er besonders in der Traumsymbolik sichtbar wird. Fromm nennt diese archaische Allgemeinheit der Bedeutungsstruktur in seinem Werk *Märchen, Mythen, Träume* (Gesamtausgabe, Bd. IX) schlicht »die Sprache der Menschheit«, die den Menschen aller Zeiten und Räume gemeinsam sei.

Wahrscheinlich ist der unhistorische Kern dieser kollektiven Symbolbezüge teilweise auf die Gleichförmigkeit der menschlichen Anatomie und Physiologie zurückzuführen, des weiteren auf die ebenfalls von der Kultur nicht hervorgebrachten, sondern von ihr nur spezifisch geformten relativ invarianten Grundzüge menschlicher Existenz: die Tatsache des Getrenntseins, die Geschlechterdifferenz und die Generationenschranke. Um diese drei Themenkreise zentrieren sich die Entwürfe psychoanalytischer Krankheitslehre. Trotzdem dürfte ein Rest bleiben, der durch diese Gesichtspunkte nicht abgedeckt ist. Freuds Versuch, die Ubiquität des Ödipuskomplexes, der die drei genannten Bereiche weitgehend umfaßt und damit im Zusammenhang auch den kollektiven Anteil der Traumsymbolik mitfundiert, theoretisch durch die phylogenetische Hypothese ausreichend zu begründen, sollte noch nicht als obsolet ad acta gelegt werden. Friedrich Wilhelm Eickhoff (2004) ist darin zuzustimmen, daß wir noch nicht in der Lage sind, Jan Assmanns verdienstvollen Begriff des »kulturellen Gedächtnisses« unbedenklich an die Stelle des »phylogenetischen Faktors« zu setzen. Es dürfte

realistischer sein, an eine »Ergänzungsreihe« (GW V, 141) zwischen biologischen Determinanten und Prozessen des »kulturellen Gedächtnisses« im Sinne von Assmann zu denken. Dabei halte ich die von Freud genannte unanschauliche apriorische Strukturierungstendenz, die die Erfahrungsinhalte in typischer Weise ordnet und formt, wie gesagt, für eine mögliche Hypothese.

Die moderne Entwicklungspsychologie förderte eine Reihe von erstaunlichen Fähigkeiten des Kleinkindes zu Tage, die auf präformierende Strukturen zurückzugehen scheinen (vgl. Stern 1996). Eickhoff nennt den Begriff des Präkonzeptes von Bion, der in wesentlicher Hinsicht dem apriorischen Schema Freuds entsprechen dürfte. C. G. Jung beschreibt 1954 durch seine Unterscheidung in ›Archetypus an sich‹ und ›archetypisches Bild‹ eine der Freudschen Konzeption ähnliche Struktur (vgl. Jung, *Gesammelte Werke* 8). Sein Bezugspunkt ist ebenfalls Kants Kategorienlehre. Das verwundert nicht, da die phylogenetische Hypothese in dem Gedankenaustausch der beiden Pioniere, wie er durch deren Briefwechsel dokumentiert ist (F/J), eine große Rolle spielt. Obwohl Jung zu Recht behauptet, er sei der einzige von Freuds Schülern, der die Theorie des archaischen Erbes in den tiefenseelischen Phantasiebildungen weiter verfolgt habe (Jung 1961), ist sein Ansatz von dem Freuds doch grundverschieden. Freud sieht in der kollektiven unbewußten Symbolik ausschließlich die Triebqualität, Jung bezeichnet die kollektiven unbewußten Symbole als archetypische Bilder, die Trieb und Geist vereinen. Der Archetypus an sich ist die Selbstdarstellung des Geistes.

1921 greift Freud in seinem Werk *Massenpsychologie und Ich-Analyse* (GW XIII, 151–155) noch einmal auf den »wissenschaftlichen Mythus« (ebd. 151) vom Mord am Urhordenvater durch seine Söhne zurück. Demnach konnte sich keiner aus der Bruderhorde an die Stelle des toten Vaters setzen, ohne neue Kämpfe auszulösen und ohne Angst, das Schicksal des Urvaters erleiden zu müssen. Auf die Zeit der gleichberechtigten totemistischen Brüdergemeinschaft folgte eine Epoche der Frauenherrschaft, die wiederum durch die Männer beendet wurde. Ein einzelner mochte sich in sehnsüchtigem Gedenken an den toten Vater aus der Masse lösen und sich an dessen Stelle setzen. Wenn das in der Phantasie geschah, die entsprechend ausgestaltet und kommuniziert wurde, war der erste epische Dichter geboren, der die Wirklichkeit umlog im Sinne seiner Bedürfnisse. Damit war der heroische Mythos geschaffen. Heros war derjenige, der den Vater alleine getötet hatte. Dadurch wurde er möglicherweise zum Vorläufer des Vatergottes.

Zusammenfassend stellt sich die Stufenfolge der Entwicklung von Freuds Theorie des Mythos folgendermaßen dar: Am Anfang steht die klinische Erfahrung der kollektiven Bedeutung mancher unbewußter Phantasien, wie sie sich in der Bildung neurotischer Symptome und vor allem in der Traumsymbolik äußern. So ist die häufige männliche Genitalbedeutung für geträumte längliche Gegenstände eindringenden Charakters und die weibliche Genitalbedeutung räumlich umschlossener Gebilde ein Beispiel für diesen allgemeinen Sinnbezug, der sich auch im unterschiedlichen Bedeutungsspektrum vieler Wörter äußert. So z. B. ist im Deutschen das Wort Scheide sowohl die Bezeichnung für das weibliche Genitale als auch für die Hülle des Schwertes, die Schwertscheide. Dieselben doppelsinnigen Verhältnisse drückt das lateinische Wort *vagina* aus. Im Deutschen wie im Lateinischen ist die symbolische Übersetzung von Scheide in Schwertscheide direkt ausgedrückt, die zweite Bedeutung des Schwertes als Penis erscheint nur indirekt. Bei diesem Beispiel ist die Ähnlichkeitsrelation hinsichtlich Form und Funktion zwischen der menschlichen Anatomie und der Symbolik so augenscheinlich, daß es keiner weiteren Zusatzannahmen bedurfte. Freud betont allerdings, daß es Symbolbildungen gebe, wo das »Tertium comparationis« nicht gegeben sei (GW VIII, 404).

Der nächste Schritt zu Freuds Mythentheorie ist die Annahme von der Ubiquität des Ödipuskomplexes, der als »Kern der Neurosen« und wichtigste Motivquelle des Träumens auch das dominante Motiv der Phantasiebildung überhaupt und damit auch der kollektiven mythologischen Phantasien ist. Da die individuellen unbewußten Phantasien im Unbewußten ständig eine schematisierende Bearbeitung im Sinne kollektiver mythologischer Erscheinungsformen (z. B. der Vater als angsteinflößender Kastrator beim Wolfsmann) erhalten, glaubt Freud, eine phylogenetisch verankerte Tendenz postulieren zu müssen, aus der die Schemata und die schematisierende Aktivität stammen.

Freuds Bezug zur antiken Mythologie

Die beiden Wurzeln der abendländischen Kultur, die griechisch-römische Antike und das Judentum, sind dem aus einer jüdischen Familie stammenden und auch über eine solide humanistische Bildung verfügenden Freud von Kindesbeinen an vertraut. Vor dem Anschauungsraum des griechischen und des jüdischen Mythos beginnt er schon früh, seine klinischen Erfahrungen zu reflektieren. Dabei ist dieses Verfahren nicht seine primäre Wahl, sondern wird ihm – wie er nicht müde wird zu versichern (vgl. GW I, 227) – durch die Eigenart seiner klinischen Erfahrungen nahegelegt, die von sich aus ständig die Wurzeln der westlichen Kultur berühren.

So entstammen folgerichtig die beiden Hauptpersonifikationen seiner klinischen Theorie, Ödipus und Narziß, der griechischen Mythologie. Viele mythologische Figuren tauchen in seinen Schriften auf. Aus der griechischen Mythologie sind dies – neben Ödipus und Narziß – Zeus und Kronos, Medea und Kreusa, Sphinx, Hydra, Prometheus, Ariadne und das Labyrinth, die Titanen, Medusa, der platonische Mythos vom Doppelmenschen (aus dem *Symposion*). Aus dem jüdischen Mythos: Adam, Jonas, Joseph und seine Brüder, Tobias. Wenigstens teilweise würde auch Moses in diese Reihe gehören. In der oft um ihn kreisenden Wahrnehmung Freuds ist Moses eine mythisch stark eingefärbte historische Figur (s. Kap. II.9.5).

Die wichtigste mythologische Gestalt ist für Freud Ödipus. Der Begründer der Psychoanalyse interessiert sich merkwürdigerweise nicht für den Ödipusmythos als ganzen, wozu alle griechischen Versionen gehören würden, sondern orientiert sich nur an dem Ödipusdrama von Sophokles. Wo im Sophoklesdrama Vatermord und Inzest allmählich deutlich werden, läßt der Dichter Jokaste sagen: »Denn viele Menschen sahen auch in Träumen schon sich zugesellt der Mutter: Doch wer all dies für nichtig achtet, trägt die Last des Lebens leicht« (Sophokles, zit. nach Freud GW II/III, 270).

An dieser Stelle des Dramas findet Freud den Inzest als »uralten Traumstoff«. Er bestätigt die Aussage von Sophokles durch den Hinweis, daß sich unbewußte Phantasien seiner Patienten von Inzest und Vatermord vor allem in Träumen äußern (GW II/III, 262–273). Deshalb behandelt er diesen für seine Theorie wichtigsten mythologischen Stoff 1900 in der *Traumdeutung* (GW II/III). Ausgehend von seiner emotionalen Betroffenheit stellt er fest, daß die erschütternde Wirkung der Tragödie von Sophokles' *König Ödipus* auf »eine Stimme in unserem Innern« zurückgehe, »welche die zwingende Gewalt des Schicksals im Ödipus anzuerkennen bereit ist«, da sein Schicksal

»auch das unsrige hätte werden können, weil das Orakel vor unserer Geburt denselben Fluch über uns verhängt hat wie über ihn. Uns allen vielleicht war es beschieden, die ersten sexuellen Regungen auf die Mutter, den ersten Haß und gewalttätigen Wunsch gegen den Vater zu richten; unsere Träume überzeugen uns davon. König Ödipus, der seinen Vater Laios erschlagen und seine Mutter Jokaste geheiratet hat, ist nur die Wunscherfüllung unserer Kindheit. [...] Vor der Person, an welcher sich jener urzeitliche Kindheitswunsch erfüllt hat, schaudern wir zurück mit dem ganzen Betrag der Verdrängung, welche diese Wünsche in unserem Innern seither erlitten haben« (GW II/III, 269).

Zwei Jahre früher, in einem Brief an W. Fließ vom 15. 10. 1897, findet sich ein unmittelbarer Selbstbezug, wo Freud berichtet, daß er »die Verliebtheit in die Mutter und die Eifersucht gegen den Vater« auch bei sich selbst gefunden habe und sie nun »für ein allgemeines Ereignis früher Kindheit« halte (F, 293).

Folgende Eckdaten genügen Freud, um eine Ubiquität des Ödipuskomplexes anzunehmen: das Auftauchen der Ödipusthematik bei seinen Patienten, vor allem in deren Träumen, bei sich selbst, in der Tragödie des Sophokles und im *Hamlet* von Shakespeare. Hamlet kann den Auftrag, den ihm die Erscheinung seines toten Vaters gibt (nämlich den Onkel zu erschlagen, der Hamlets Vater getötet, dessen Thron bestiegen und dessen Frau, die Mutter Hamlets, geehelicht hat) nicht erfüllen. Den Grund von Hamlets Zögern, seinen Onkel, den neuen König von Dänemark, umzubringen, sieht Freud in Schuldgefühlen, da Hamlet in seinen ödipalen Phantasien genau das getan hat, was er auf Geheiß seines Vaters am Onkel rächen soll (GW II/III, 271).

Obwohl Freud den Begriff des Ödipuskomplexes erst 1910 in seinem Aufsatz *Über Psychoanalyse* einführt (GW VIII, 50), hat er ihn in der Sache offensichtlich schon 1900 in der *Traumdeutung* konzipiert. Weitere Begründungen dafür, daß der Ödipuskomplex eine anthropologische Konstante sei, entnimmt er zunächst zwei biologischen Tatsachen: der lange dauernden infantilen Abhängigkeit des Kindes von den Eltern und dem zweifachen Ansatz der Sexualentwicklung: einmal in der Frühblüte der Sexualität zwischen dem dritten und fünften Lebensjahr, dann dem Neueinsatz in der Pubertät nach der Latenzzeit (GW XIII, 221).

Die bisherigen Darlegungen sind in enger Orientierung an der triebtheoretischen Sichtweise Freuds erfolgt. Heute gilt die Triebtheorie nicht wenigen Psychoanalytikern als überholt. Von den vier Psychologien der Psychoanalyse: Triebtheorie, Ich-Psychologie, Objekt-Beziehungs-Theorie und Selbst-Psychologie ist sie die älteste. Heute dominiert die Objekt-Beziehungs-Theorie. Ich selbst bin der Auffassung, daß die Psychoanalyse nicht auf ihr triebtheoretisches Fundament verzichten kann, ohne auf die Dauer auszutrocknen und ihre Identität zu verlieren. Freuds Begriff des Triebes ist nie eine rein biologische Kategorie gewesen, sondern immer eine Konzeption, die durch ihre vermittelnde Position zwischen Biologie und Psychologie nicht auf einen einfachen Nenner gebracht werden kann. In der Auffassung Freuds entsteht der Trieb – gemeint ist vor allem der Sexualtrieb – erst durch ein Beziehungserlebnis (GW V, 123) und wird dadurch geprägt im Sinne eines »Triebschicksals« (GW X, 232).

Jean Laplanche hat durch seine verdienstvollen Interpretationen zu Freuds »Verführungstheorie«, wonach die infantilen Sexualkonflikte weitgehend auf reale Verführungen durch erwachsene Bezugspersonen zurückgehen, und zu Freuds Theorie des Ödipuskomplexes der Triebtheorie einen Platz auch in der heutigen Psychoanalyse gegeben. Durch minutiöse Ausdeutungen des Freudschen Werkes, wie sie nur französische Psychoanalytiker leisten können, hat er die objektbeziehungspsychologische Substanz der Triebtheorie erschlossen. In seinem Werk *Die allgemeine Verführungstheorie und andere Aufsätze* (1988) legt er dar, daß der ödipale Konflikt nicht endogen aus dem Kind aufsteige, sondern dessen verstörte Reaktion auf die unbewußten, ihm geltenden sexuellen Phantasien der Erwachsenen sei. Das stehe mit der klinischen Erfahrung auch im Einklang. Des weiteren sei das Inzestverbot als etwas Sprachlich-Kulturelles und Kollektives allen persönlichen Erlebnisstrukturen vorgängig. Hier wird der Freudschen Feststellung des Kollektiv-Vorgängigen gegenüber dem persönlichen Erleben zwar Rechnung getragen, aber nicht mit phylogenetischen Begründungen.

Mit einer ähnlichen Intention wie Laplanche hat Georges Devereux 1953 in seinem Aufsatz *Why Oedipus killed Laius* anhand verschiedener Versionen des Ödipusmythos nachgewiesen, wie wenig Aktion und wie viel Reaktion auf vorherige Festlegungen und Konflikte seiner Eltern das Verhalten von Ödipus bestimmen und wie sehr Ödipus wesentliche Anteile des Schicksals seines Vaters wiederholt. Außerdem zieht Devereux Versionen des Mythos heran, die die homosexuelle Seite des Ödipuskomplexes beleuchten, die Liebe des Heros zu seinem Vater und die Rivalität mit seiner Mutter Jokaste um Laios.

Ein Überblick über psychoanalytische Mytheninterpretationen ergibt, daß für Psychoanalytiker der Ödipusmythos nach wie vor unter allen mythologischen Motiven das wichtigste ist.

Das umfassendste psychoanalytische Werk über Mythologie ist *Das Inzest-Motiv in Dichtung und Sage* (1912) von Otto Rank. Auch andere wichtige Schüler Freuds liefern Beiträge zum zentralen Mythos der Psychoanalyse. Karl Abraham (1909) befaßt sich mit der symbolischen Bedeutung der Dreizahl in der Ödipussage (ebd., 122); Sandor Ferenczi (1912) mit der Ausformung des Lust- und Realitätsprinzips; Theodor Reik (1920) sieht in der Begegnung zwischen Ödipus und der Sphinx einen erneuten Zusammenstoß zwischen Vater (Laios) und Sohn (Ödipus), verbunden mit religiösen Aspekten (Sphinx); Driek van der Sterren (1948/74) schreibt eine umfassende psychoanalytische Deutung des Sophokles-Dramas *König Ödipus*; Mark Kanzer (1950, 1964) analysiert die Ödipustrilogie von Sophokles (*Antigone, König Ödipus, Ödipus auf Kolonos*) und weist die Persistenz emotionaler Konflikte (Inzestliebe, rivalistische Aggression, Größenphantasien) in drei Generationen nach; Erich Fromm kann, was bei ihm nicht verwundert, im *König Ödipus* keinen Hinweis für Inzestliebe entdecken und sieht darin vielmehr einen Autoritätskonflikt, der auch die historische Dimension eines Kampfes zwischen Matriarchat und Patriarchat hat (vgl. Gesamtausgabe, Bd. VIII); Ava Siegler (1983) untersucht die Übereinstimmung und Differenz zwischen dem Ödipusmythos und dem Ödipuskomplex; Rolf Vogt (1986) legt unter Berücksichtigung aller griechischen Versionen der Ödipus-Sphinx-Thematik in Wort und Bild (Vasenmalerei, Reliefs) eine systematische Studie über einen Teilbereich des Ödipusmythos vor; John Steiner (1990) analysiert in einer an Melanie Klein und Wilfred Bion orientierten Untersuchung die Verleugnung der Wahrheit bei *Ödipus auf Kolonos* und sein Verfallensein an ein umfassendes Gefühl von Omnipotenz; Nicholas Rand (2001) kritisiert die Fixierung der Psychoanalytiker auf Vatermord und Inzest und demonstriert, wie sehr es im Ödipusmythos auch um die Verhüllung und Enthüllung von Geheimnissen geht.

Diese Reihe der erwähnten Arbeiten zum Ödipusmythos ist natürlich nicht vollständig. Sie soll nur ein Schlaglicht auf die kontinuierliche Auseinandersetzung der Psychoanalytiker mit einem wichtigen mythologischen Ausgangspunkt ihres Denkens werfen.

Freuds Methode der Mytheninterpretation

Neben der Neurose ist vor allem der Traum das Paradigma des Freudschen Mythenverständnisses. Die Methode der Traumdeutung besteht aus der Berücksichtigung der »freien Assoziationen« des Träumers zu seinem Traum und der Übersetzung von Symbolen mit überindividueller Bedeutung durch das Symbolverständnis des Analytikers. Allerdings wird auch im zweiten Falle zunächst nach den persönlichen Sinnbezügen dieser Symbole gesucht (GW II/III). Die bei einer Mytheninterpretation fehlenden »freien Assoziationen« eines Träumers werden ersetzt durch die zielgerichteten Assoziationen des Deuters Freud, die aus seiner klinischen Erfahrung, seiner Theorie und seinem allgemeinen Wissen stammen. Die Stimmigkeit der Interpretationsansätze wird am mythologischen Text überprüft.

Beispielsweise deutet Freud in seiner posthum erschienenen Arbeit *Das Medusenhaupt* (GW XVII, 45–48) die Medusa wie das Traumbild eines seiner Patienten. Er versteht die züngelnden Schlangen am Kopf der Medusa im Sinne des Traummechanismus »Darstellung durch das Gegenteil« (GW II/III, 474) als eine ganze Anzahl von Penissen, die den fehlenden Penis der Dämonin ersetzen und verdecken sollen. Da es ja keinen Träumer und damit keine freien Assoziationen gibt, verwendet Freud eine eigene Assoziation, die im Sinne der Zeitlosigkeit kollektiver Symbolik ein literarisches Beispiel aus einer anderen Zeit und Kultur, nämlich des französischen Dichters Rabelais, betrifft. Dazu erfolgen Hinweise, weitere Bezüge zur Medusa in der griechischen Mythologie und den Mythologien anderer Völker und Zeiten zu suchen.

Aus heutiger Sicht bedient sich Freud bei seinen Mythendeutungen nicht der primär auf der Analyse der Übertragung und Gegenübertragung basierenden psychoanalytischen Methode, sondern deduziert seine Deutungen aus seiner Theorie des Ödipuskomplexes. Der Begründer der Psychoanalyse hat wenig Interesse an speziellen Mythen. Nicht einmal der Ödipusmythos ist ihm eine gesonderte Untersuchung wert. Ihm geht es vor allem um die Demonstration der Allgemeingültigkeit seiner Theorie am mythischen Material. Heute werden Theorieübersetzungen der beschriebenen Art in der Psychoanalyse sehr kritisch gesehen, da mit dieser Methodik wenig Neues gefunden werden kann und am Anfang der theoretische Rahmen so dominant ist, daß er das Resultat der Untersuchung in wesentlicher Hinsicht schon vorausbestimmt. Als adäquate Art, sich Texten psychoanalytisch zu nähern, gilt die möglichst strikte Anwendung der psychoanalytischen Methode. Alfred Lorenzer hat 1986 einen viel beachteten Entwurf vorgelegt, der die psychoanalytische Methode auf die Analyse kultureller Inhalte anwendet. Hartmut Raguse (1991, 1993) stellt in Auseinandersetzung mit der Literaturwissenschaft und Bibelauslegung einen noch intensiveren Bezug der psychoanalytischen Textinterpretation zur klinischen Methode der Psychoanalyse her.

Auswirkungen von Freuds Mythentheorie im kulturellen Raum

Max Horkheimer und Theodor W. Adorno beziehen sich in ihrem epochalen Werk *Dialektik der Aufklä-*

rung (1947) nachdrücklich auf Freud. Hierbei subsumieren sie, ebenso wie später auch Hans Blumenberg, die religionspsychologischen Schriften Freuds unter den Begriff des Mythos. Der Begründer der Psychoanalyse betont am Mythos besonders den Machtaspekt, der sich im ständigen Versuch, sich der bedrohlichen äußeren und inneren Natur zu bemächtigen, manifestiert. Diese Macht-Ohnmacht-Dialektik ist der zentrale Ansatzpunkt von Horkheimer und Adorno. Virtuos benutzen sie das differenzierte Instrumentarium, das ihnen Freud zur Analyse der Macht- und Kontrollmechanismen gegenüber der inneren (Trieb-)Natur zur Verfügung stellt.

Der Philosoph Blumenberg orientiert sich in seinem Buch *Arbeit am Mythos* (1979) noch strikter an der Freudschen Theorie. Freuds Auffassung des Mythos als Kompromißbildung zwischen Triebwunsch und Abwehr erscheint bei Blumenberg als Konflikt zwischen dem »Absolutismus des Wunsches« und dem »Absolutismus der Wirklichkeit« (1979, 14). Den kulturellen Bezug zum Mythos über die Jahrhunderte hinweg, seine implizite und explizite Ausdeutung, Neubearbeitung, Transformation und Weiterführung auf allen relevanten Ebenen des gesellschaftlichen Prozesses nennt Blumenberg »Arbeit am Mythos«. Dementsprechend ist die Auseinandersetzung Freuds und der anderen Psychoanalytiker mit dem Ödipusmythos und die weitere Differenzierung der Theorie vom Ödipuskomplex »Arbeit am Mythos«. Dieser »Arbeit am Mythos« könne man nur nachgehen, wenn man die »Arbeit des Mythos« »schon im Rücken« habe (1979, 295).

Literatur

Abraham, Karl: Zwei Beiträge zur Symbolforschung: Zur symbolischen Bedeutung der Dreizahl; Der »Dreiweg« in der Ödipussage. In: *Imago* IX (1909), 1, 122–131.

Assmann, Jan: Sigmund Freud und das kulturelle Gedächtnis. In: *Psyche* 58 (2004), 1–25.

Blumenberg, Hans: *Arbeit am Mythos*. Frankfurt a.M. 1979.

Devereux, Georges: Why Oedipus Killed Laius: A Note on the Complementary Oedipus Complex. In: *International Journal of Psychoanalysis* 34 (1953), 132–141.

Eickhoff, Friedrich Wilhelm: Über die »unvermeidliche Kühnheit«, Erinnerungsspuren an das Erleben früherer Genera-

tionen anzunehmen. Wie unentbehrlich ist der von Freud erschlossene phylogenetische Faktor? In: *Psyche* 58 (2004), 448–457.

Ferenczi, Sándor: Symbolische Darstellung des Lust- und Realitätsprinzips im Ödipusmythos. In: *Imago* I (1912), 3, 276–284.

Fromm, Erich: *Gesamtausgabe in zwölf Bänden*. Hg. von Rainer Funk. München 1999.

Horkheimer, Max/Theodor W. Adorno: *Dialektik der Aufklärung*. Amsterdam 1947.

Jung, Carl Gustav: *Gesammelte Werke*. Bd. 1–18. Hg. von Marianne Niehus-Jung u.a. Olten 1971.

–: *Erinnerungen, Träume, Gedanken von C.G. Jung*. Aufgezeichnet und hg. von Aniela Jaffé. Olten/Freiburg i.Br. 1961.

Kant, Immanuel: *Kritik der reinen Vernunft* [1781]. Sämtliche Werke. Bd. 3. Leipzig 1924.

Kanzer, Mark: The Oedipus Trilogy. In: *Psychoanalytic Quarterly* 19 (1950), 561–572.

–: On Interpreting the Oedipus Plays. In: *The Psychoanalytic Study of Society* 3 (1964), 26–38.

Kerényi, Karl: *Die Mythologie der Griechen. II. Die Heroen-Geschichten*. Zürich 1958.

Laplanche, Jean: *Die allgemeine Verführungstheorie und andere Aufsätze*. Tübingen 1988.

Lorenzer, Alfred: Tiefenhermeneutische Kulturanalyse. In: Ders. (Hg.): *Kultur-Analysen*. Frankfurt a.M. 1986.

Raguse, Hartmut: Leserlenkung und Übertragungsentwicklung. In: *Zeitschrift für psychoanalytische Theorie und Praxis* 6 (1991), 106–120.

–: *Psychoanalyse und biblische Interpretation*. Stuttgart 1993.

Rand, Nicholas: Psychoanalytische Literaturbetrachtung am Beispiel von *König Ödipus*. In: *Psyche* 55 (2001), 1307–1328.

Rank, Otto: *Das Inzest-Motiv in Dichtung und Sage* [1912]. Darmstadt 1974.

Reik, Theodor: Ödipus und die Sphinx. In: *Imago* VI (1920), 2, 95–131.

Siegler, Ava: The Oedipusmyth and the Oedipuscomplex: Intersecting Realms, Shared Structures. In: *The International Review of Psycho-Analysis* 10 (1983), 205–215.

Steiner, John: The Retreat from Truth to Omnipotence in Sophocles' *Oedipus at Colonus*. In: *The International Review of Psycho-Analysis* 17 (1990), 227–239.

Stern, Daniel: *Die Lebenserfahrung des Säuglings* [1985]. Stuttgart 1996.

Sterren, Driek van der: *Ödipus* [1948]. München 1974.

Traverso, Paola: *»Psyche ist ein griechisches Wort …«* Rezeption und Wirkung der Antike im Werk von Sigmund Freud. Frankfurt a.M. 2003 (Italien. 2000).

Vogt, Rolf: *Psychoanalyse zwischen Mythos und Aufklärung oder Das Rätsel der Sphinx*. Frankfurt a.M./New York 1986.

Rolf Vogt

3. Religion

Durch Freuds gesamtes Werk zieht sich wie ein roter Faden das Thema Religion. Schon in voranalytischer Zeit, in den Schriften über Kokain, findet sich ein ausführlicher kulturgeschichtlicher Exkurs über die kultisch-religiöse Verwendung der »Cocablätter« bei den Indianern Perus:

»Die Sage erzählte, daß Manco Capac, der göttliche Sohn der Sonne, in der Urzeit von den Felsen des Titicacasees herabgestiegen sei und das Licht seines Vaters den armseligen Einwohnern gebracht habe, daß er sie die Kenntnis der Götter, die Ausübung der nützlichen Künste lehrte und ihnen die Coca schenkte, diese göttliche Pflanze, welche den Hungrigen sättigt, den Schwachen stärkt und sie ihr Mißgeschick vergessen macht. Cocablätter wurden den Göttern zum Opfer gebracht, Cocablätter während der gottesdienstlichen Handlungen gekaut, selbst den Toten Coca in den Mund gesteckt, um sie einer günstigen Aufnahme im Jenseits zu versichern« (Freud 1884, 44).

Vieles, was sich in Freuds späteren Schriften zur Religion findet, ist hier im Ansatz schon vorhanden: Die göttlichen Kräfte sollen der menschlichen Hilflosigkeit aufhelfen, mit der Grausamkeit der Natur und dem Sterben versöhnen. Das Kultur-Ideal, wie es sich in der heiligen Pflanze inkarniert, stillt stellvertretend die Vatersehnsucht und steht in engster Verbindung zu Kunst, Kult und Opferritual. Deophagie führt zur Identifikation mit dem Kulturheros und damit zur Massenbildung.

Der Freud-Schüler Ernest Jones hat darauf hingewiesen (Jones I–III), daß Freud kaum ein Problem mehr beschäftigte als die Frage, wie der Mensch zum Menschen wurde. Das schloß die Beschäftigung mit dem kulturell Frühen und den Religionen ein, die für ihn immer auch erste psychologische und anthropologische Welterklärungen darstellten. In seiner Kindheit war ihm die Philippson-Bibel mit ihren 685 Illustrationen und dem zweisprachigen Text (Hebräisch-Deutsch) sowie den ausführlichen enzyklopädischen Anmerkungen von großer Bedeutung: »Frühzeitige Vertiefung in die biblische Geschichte, kaum daß ich die Kunst des Lesens erlernt hatte, hat, wie ich viel später erkannte, die Richtung meines Interesses nachhaltig bestimmt« (Nachtr., 763; Pfrimmer 1982).

Gleichwohl hat Freud nach eigenem Zeugnis nie an eine übernatürliche Welt geglaubt. Seine Auffassung der Religionen war rein anthropologisch. Mythen sind »*in die Außenwelt projizierte Psychologie*« (»Psychopathologie des Alltagslebens«, GW IV, 287), die »*übersinnliche Realität*« kann in weiten Stücken in »*Psychologie des Unbewußten*« rückübersetzt werden. »*Metaphysik*« kann demzufolge durch »*Metapsychologie*« ersetzt werden (GW IV, 288). Doch damit war das Thema keineswegs abgetan. Wo in der Regel ein Punkt gesetzt wird, stand für Freud ein Doppelpunkt. Schon 1890, anläßlich der Beschäftigung mit der Frage, wie ärztliche Behandlung wirkt, die immer auch Seelenbehandlung ist, war er auf das Phänomen der »gläubigen Erwartung« gestoßen. Auch für das Phänomen der »Wunderheilungen« wollte er keine anderen Kräfte als seelische gelten lassen. Dabei attestierte er den »religiös Ungläubigen«, daß auch sie nicht auf Wunderheilungen zu verzichten bräuchten. Das Ansehen der heilenden Person oder des Ortes »und die Massenwirkung ersetzen ihnen vollauf den religiösen Glauben« (GW V, 299). Die gläubige Erwartung ist eine anthropologische Konstante. Sie findet sich »*beim Kinde gegen die geliebten Eltern*« (307) und läßt sich auch in der Hypnose beobachten. Für das Aufkommen von totalitären Herrschaftsformen, die sich als Ersatzreligionen verstehen lassen, ist die gläubige Erwartung von großer Erklärungskraft.

Religion als universelle Zwangsneurose

Ein aus dem Jahr 1907 stammender Essay, *Zwangshandlungen und Religionsübungen* (GW VII, 127–139), ist ein erster Schritt in Richtung auf *Totem und Tabu* und wird in der Regel etwas einseitig als Angriff Freuds auf die Religion gelesen (Ricœur 1966/1977, 211). Freud vergleicht in dieser originellen Arbeit die religiöse Praxis oder allgemeiner die religiösen Rituale mit dem privaten Zeremoniell der Zwangskranken. Auf beiden Seiten findet sich die gleiche Sorge, alle Einzelheiten des Ritus zu beachten, nichts auszulassen, die gleiche Gewissensqual im Fall eines Versäumnisses. Die besondere Gewissenhaftigkeit der Ausführung und die Angst bei Unterlassungen machen das Zeremoniell zu so etwas wie einer ›heiligen Handlung‹. Doch es gibt auch große Differenzen, da das neurotische Zeremoniell, im Unterschied zur Öffentlichkeit und Gemeinsamkeit der Religionsübung, privat und verborgen bleibt. Auch bietet sich die religiöse Kulthandlung als symbolisch und sinnvoll dar im Gegensatz zum läppischen und sinnlos erscheinenden Zeremoniell der Neurose. In diesem ›sakrilegischen Vergleich‹ erscheint die Zwangsneurose als »ein halb komisches, halb trauriges Zerrbild einer Privatreligion« (GW VII, 132). Dieser Gegensatz löst sich indes teilweise auf, wenn die Analyse den Sinn des Zeremoniells erschließt. Dem ›heiligen Verbot‹ und der ›heiligen Handlung‹ liegt in Neurose wie im religiösen Ritual ein Schuldbewußtsein zugrunde, eine äußerste Unreinheit im Zusammenhang einer verdrängten Triebregung. Über den Mechanismus der Verschiebung, wie Freud ihn erstmalig in der Traumarbeit studierte, können Verbindungen zwischen den oft ›läppischen Vorschriften‹ der Zwangsneurose und den abgewehrten sexuellen Trieben aufgezeigt werden. Auch in den Religionen kann es eine Verschiebung zu immer kleinlicheren Satzungen geben, die jedoch eher aggressive und ›sozialschädliche‹ Triebe‹ bannen sollen. Solche zeremoniellen Hypertrophien führen dann in Abständen – hier scheint Freud u. a. an Luthers Reformation gedacht zu haben – zu »ruckweise einsetzenden Reformen, welche das ursprüngliche Wertverhältnis herzustellen bemüht sind« (ebd., 138). Die Zwangsneurose ist also nach diesen Übereinstimmungen als »pathologisches Gegenstück zur Religionsbildung aufzufassen, die Neurose als eine individuelle Religiosität, die Religion als eine universelle Zwangsneurose zu bezeichnen« (ebd., 138 f.).

Einige Schlußfolgerungen lassen sich zu diesem Zeitpunkt und mit Blick auf weitere Entwicklungen bereits ziehen: Die menschliche Kulturentwicklung beruht auf Trieb- und Gewaltverzicht, zu dem die Religionen ihren wesentlichen Beitrag leisten. Religionen haben Schutzfunktion: Rache- und Vergeltungswünsche müssen nicht mehr ausgelebt, sondern können »der Gottheit zum Opfer« gebracht werden: »›Die Rache ist mein‹, spricht der Herr« (ebd., 139). Weiter zeigt sich die enge Verbindung von Höchstem und Niedrigstem. Das Heiligste, genauer das *Sacer* oder *Tabu*, leitet sich offenbar vom *Un*heiligsten ab. Dieses Thema wird Freud in *Über den Gegensinn der Urworte* (1910) und danach weiterführen. Allgemeiner ausgedrückt, verdankt sich Kultur der Transformation der Gewalt. Ohne Berücksichtigung dieser ge-

gensinnigen Urworte und der sie bezeichnenden Kräfte, was heute der ›Glutkern des Heiligen‹ genannt wird, kann ernsthaft nicht über Religion nachgedacht werden. Schließlich läßt sich dieser Text bereits mit seinen Analogien oder ›Übereinstimmungen‹ in Richtung auf *Totem und Tabu. Einige Übereinstimmungen im Seelenleben der Wilden und der Neurotiker* (s. Kap. II. 9.1) lesen.

Freud schrieb in einer Zeit, als die Komparatistik in den Kulturwissenschaften hoch im Kurs stand und die ritualtheoretischen Pioniere wie Robertson Smith, James Frazer, Emile Durkheim u. a. aufregende anthropologische Befunde und theoretische Erkenntnisse zu Tage förderten. Freuds Beitrag zu diesen Diskussionen läßt sich 1907 dahingehend zusammenfassen, daß sich in der Psychoanalyse des Individuums fossile oder archaische Ichsegmente finden, die sich den Befunden, wie sie die Religionswissenschaften ans Licht gebracht haben, zur Seite stellen lassen. Er wagte die These, daß das, was heute Neurose genannt wird, in gewissem Umfang auf »Zustandsphasen der Menschheit« verweist (F/Fer 12.7.15; Haas 2002, 38). Dabei muß dem Kult und dem Ritual, wie es in *Zwangshandlungen und Religionsübungen* geschieht, eine Schlüsselstellung eingeräumt werden. Archaismen in Neurose und Psychose legen wie die Kiemenbögen in der Embryonalentwicklung Zeugnis von der Frühzeit des Menschen ab, in der religiöse Riten eine Monopolstellung in Bezug auf die Kulturarbeit inne hatten. In einer Zeit, in der von Komparatistik in den Kulturwissenschaften wenig erwartet wird, dominiert die Meinung, Freud sei mit solchen Analogieschlüssen »in eine Sackgasse geraten« (Henseler 1995, 20).

Religion als Illusion

Religionskritik im engeren Sinn findet sich in *Die Zukunft einer Illusion* und in *Das Unbehagen in der Kultur* (s. Kap. II.9.3 und 9.4). Freud ging von der Ohnmacht und Hilflosigkeit des Menschen gegenüber den Naturgewalten aus. Elementare Katastrophen forderten dazu heraus, die menschlichen Kräfte zu vereinigen, innere Streitigkeiten vergessen zu machen und auf eine noch näher zu beschreibende Art kulturelle Schutzvorkehrungen zu erfinden. Dazu gehörte, daß die unpersönlichen Naturkräfte vermenschlicht wurden, um sich »heimisch im Unheimlichen« (GW XIV, 338) zu fühlen. So wurden die Ängste gegenüber den »gewalttätigen Übermenschen«, den Göttern, die sich im Grollen des Donners, Toben des Sturms und anderen Naturgewalten kundtaten, ermäßigt. Auf diese Art gelingt es auch dem Kind, seine Ängste gegenüber dem Elternpaar zu zähmen.

Wieder argumentiert Freud mit Hilfe von Analogien. So wie die kindliche Neurose sich in der Regel auswachse, bestehe auch die Hoffnung, daß sich die ›Menschheitsneurose‹, die aufs engste mit religiösen Wunschvorstellungen verbunden ist, auflöse und die Menschen erwachsen werden. Gerade jetzt befänden sich die Menschen der Neuzeit in einer quasi adoleszenten Ablösungsphase, von der zu hoffen sei, daß sie sich mit derselben »schicksalsmäßigen Unerbittlichkeit eines Wachstumsvorganges« (362) vollziehe wie jene. Dabei setzte er auf »die Erstarkung des wissenschaftlichen Geistes«, auf eine vom »Druck der religiösen Lehren befreiten Erziehung« (378), nur noch einem Gott folgend, der Vernunft oder dem Logos. Wenn es gelinge, den schädigenden Einfluß der Religion auf die sexuelle Entwicklung zurückzudrängen, wäre dies ein wichtiger Beitrag zur Volksgesundheit. Vom sexuellen Druck befreit, könne sich der Intellekt weit besser entfalten, und tatsächlich entstanden in der Zeit vor dem Zweiten Weltkrieg psychohygienische Aufklärungsschriften und sexualpolitische Bewegungen, die den Zusammenhang von autoritärer Gesellschaft, Sexualunterdrückung und Neurosenentstehung zum Inhalt hatten.

Dem Gläubigen bescheinigte Freud infantil, wirklichkeitsfremd und von den ›religiösen Tröstungen‹ wie von einem Narkotikum abhängig zu sein. In *Das Unbehagen in der Kultur* sprach er davon, daß die Teilhabe an einem »Massenwahn« vielen Menschen die »individuelle Neurose« (GW XIV, 444) erspare. Dabei sei der Gegenwartsmensch mit seiner Wissenschaft und Technik auf dem besten Wege, den Göttern, die einmal »Kulturideale« waren, als eine Art »Prothesengott« (451) immer ähnlicher zu werden. Dennoch fühle er sich in seiner »Gottähnlichkeit« keineswegs glücklich. Schließlich gipfelt sein Urteil in dem Hinweis, daß die Religionen das Gepräge der Zeit tragen, in denen sie entstanden sind, den »unwissenden Kinderzeiten der Menschheit« (GW XV, 181). Doch ihre Tröstungen verdienen kein Vertrauen, da nun die Welt eigentlich keine Kinderstube ist und deswegen »der Wahrheitsgehalt der Religion überhaupt vernachlässigt werden darf« (ebd., 181).

Freuds Religionskritik provozierte in den nachfolgenden Jahrzehnten heftige Diskussionen. Dabei wurde immer wieder bemerkt, daß die Ansichten Feuerbachs, Marx' und Nietzsches in vertiefender Weise fortgeführt wurden. Gleichzeitig verdient hervorgehoben zu werden, daß nicht wenige Theologen – angefangen mit dem aus Zürich stammenden Oskar Pfister, der zugleich Psychoanalytiker war – in

Freuds Religionskritik einen ernsthaften Versuch zur Läuterung der Religion sahen. Diese Ansicht findet sich auch bei Ricœur und Küng, dem *Die Zukunft einer Illusion* beinahe wie »ein pastoraler Glücksfall vorkommt« (Küng 1987, 123).

Gegenwärtig bietet sich ein verändertes Bild. Philosophen wie Habermas und Safranski befürchten, man könne die Desillusionierung zu weit treiben und damit ein Vakuum entstehen lassen, und zwar dort, wo bislang Gemeinschaftsbildung und Wertorientierung einer garantieleistenden göttlichen Instanz oblagen. Die erwachsene Mündigkeit, die Freud sich im Licht des wissenschaftlichen Geistes erhoffte, hat sich jedenfalls bis heute nicht eingestellt. Vielmehr ist unübersehbar, daß religiöse Bedürftigkeit ungebrochen fortbesteht. Wenn die Verbindlichkeit der Hochreligionen außer Kraft gesetzt ist, besteht nicht nur die Gefahr, daß Spiritualität in den ›esoterischen Hobbykeller‹ abwandert, sondern weit schlimmer, daß die Erlösungssehnsüchte in gefährlicher Weise pervertieren. Der Nationalsozialismus und der Stalinismus waren solche pervertierten Ersatzreligionen, in welche die Glaubenssehnsüchte, die in den Kirchen nicht mehr gebunden waren, eine neue Offenbarung fanden. Vielleicht waren Religionen, was die irdischen Glücksmöglichkeiten anlangt, immer schon realistischer. Sie verwiesen auf eine Transzendenz, in der etwas zur Vollendung kommen konnte, das in der säkularisierten und sich polytheistisch gebenden Immanenz nicht nur nicht zu befriedigen ist, sondern unerbittliche Rivalität und Eifersuchtskämpfe heraufbeschwört oder moralische Selbstüberforderungen, die in Depressionen münden. Auf diese protektive Funktion der Religion hatte schon seinerzeit Pfister hingewiesen. Gleichzeitig setzte er sich kritisch mit dem auseinander, was er Freuds »Messianität der Wissenschaft« (Pfister 1928/1977, 125) nannte und in der er ebenso viel Illusion erkannte.

Hier nun knüpft Habermas zu Beginn des 21. Jh.s an. Er sieht mit der biologischen Desillusionierung so etwas wie einen ›Kulturkampf‹ in den ›postsäkularen Gesellschaften‹ heraufziehen. Wenn es um den biotechnischen Umgang mit menschlichen Embryonen gehe, könne der Hinweis aus den ersten Sätzen der Bibel, daß der Mensch Geschöpf und Ebenbild Gottes sei, auch dem »religiös Unmusikalischen etwas sagen« (Habermas 2001, 30). Moralische Empfindungen, für die bislang nur eine angemessene ›Artikulationskraft‹ im Religiösen bestand, bedürften einer bewahrenden Übersetzung in eine säkulare Sprache. »Als sich Sünde in Schuld, das Vergehen gegen göttliche Gebote in den Verstoß gegen menschliche Gesetze verwandelte, ging etwas verloren« (ebd., 24).

Überhaupt zehre die Moderne, mehr als ihr bewußt sei, von »normativen Gehalten« (ebd., 20) religiöser Überlieferungen. Fortschrittsoptimistische Deutungen, wie sie Freud im Anschluß an Kopernikus und Darwin gab, werden der obdachlos gewordenen Moderne in einer wissenschaftlich entzauberten Welt zunehmend suspekt. Die verarmten Sprachspiele der Neurophysiologen mit ihrer Naturalisierung des Geistes haben längst den aufklärerischen Gestus Freuds, wonach das »Ich nicht Herr sei in seinem eigenen Haus« (GW XII, 11), übertrumpft und dem ›Ich‹ überhaupt jegliche Freiheit abgesprochen, es zur »Illusion« erklärt (Habermas 2004, 890).

Auch Safranski kommt nicht umhin, bestimmte Aspekte der Religion zu verteidigen. Er sieht in ihr nicht nur den Ort der Moralbegründung, Behausung und Sinnerfüllung, sondern macht, wie einhundert Jahre vor ihm William James, auf ihre belebenden und begeisternden Kräfte aufmerksam. Die entzauberten säkularen Zivilisationen sind in ihrer Vitalität so herabgekühlt, daß Depressionen und Süchte zu wichtigsten Volkskrankheiten angewachsen sind. Den totalitären Ideologien, die das Paradies auf Erden versprechen, hält Safranski »menschenfreundliche Religionen« entgegen, die in ihrer besten Ausprägung so etwas wie »geniale kulturelle Erfindungen« (Safranski 2004, 138) sind. Nimmt man aus der Kunstgeschichte Europas alles weg, was mit religiöser und christlicher Inspiration zu tun hat, wird man sehen, wie viel oder wie wenig übrig bleibt. Mit dem Schwinden der Transzendenz und einer warenförmig werdenden Kunst, die sich dem Markt und den Medienkonzernen, den gefürchteten Göttern unserer gegenwärtigen Hyperimmanenz, anzupassen beginnt, verlieren sich auch deren transformierende Kräfte. Noch gibt es die vielfältigen synkretistischen Versuche, mit dem Entschwundenen in Fühlung zu bleiben: museal, touristisch, kulturwissenschaftlich, ethnologisch und psychoanalytisch. Auch bei Freud findet sich in seiner anthropologischen »Wißbegierde« (GW XIV, 34) etwas von dem, was William James als ursprünglichen Titel für seine religionspsychologischen Vorlesungen vorgesehen hatte: »Man's Religious Appetites and their Satisfaction through Philosophy« (James 1901–02/1979).

Die Wahrheit der Religion

In *Der Zukunft einer Illusion* ging es Freud nicht um die »tiefsten Quellen des religiösen Gefühls, als vielmehr um das, was der gemeine Mann unter seiner Religion versteht« (GW XIV, 431). In dem Maße, wie er zu seinem eigentlichen Lebensthema zurückkehrte, seinem »Interesse« an »kulturellen Problemen [...], die dereinst den kaum zum Denken erwachten Jüngling gefesselt hatten« (GW XVI, 32), zog ihn erneut die Frage an, was menschliche Kultur im Innersten zusammenhält. Dazu mußte er den ablehnenden Blick auf die Religion zurücknehmen, ihr »bessere Gerechtigkeit« erweisen, um aus ihrem »Wahrheitsgehalt« (ebd., 33) grundlegende Einsichten zur Kulturentstehung zu entwickeln. Der Ausgangspunkt war *Totem und Tabu*. Doch auch auf dem Weg zu seinem Spätwerk, dem *Mann Moses*, formulierte Freud immer dann, wenn seine Schriften in die Nähe dieses Themas gelangten, seine Kulturtheorie weiter aus. So sehr die Psychoanalyse und andere Humanwissenschaften ihm in seiner Religionskritik gefolgt sind, so sehr verweigerten sie sich seinem kühnen Lieblingswerk, den *Übereinstimmungen im Seelenleben der Wilden und der Neurotiker*. »Immer klarer erkannte ich, daß die Geschehnisse der Menschheitsgeschichte, die Wechselwirkungen zwischen Menschennatur, Kulturentwicklung und jenen Niederschlägen urzeitlicher Erlebnisse, als deren Vertretung sich die Religion vordrängt, nur die Spiegelung der dynamischen Konflikte zwischen Ich, Es und Über-Ich sind, welche die Psychoanalyse beim Einzelmenschen studiert, die gleichen Vorgänge, auf einer weiteren Bühne wiederholt« (ebd., 32 f.).

Die Geschichte dieser Ablehnung ist rasch skizziert. 1920 unterzog der amerikanische Ethnologe A. L. Kroeber *Totem und Tabu* einer vernichtenden Kritik. Seitdem galt diese Schrift als ›ethnologisch widerlegt‹, und das um so mehr, als Kroeber der Psychoanalyse nahestand. Zwar milderte er 1939, dem Todesjahr Freuds und dem Beginn des Zweiten Weltkrieges, seinen wuchtigen Angriff in einer Retrospektive ganz erheblich und bezog nun dessen kulturtheoretische These nicht länger auf ein einmaliges prähistorisches Ereignis, sondern in Übereinstimmung mit dem Ödipuskomplex auf ein systematisches Geschehen, das sich über Jahrtausende der Hominisation erstreckt. Es muß aber tiefere Gründe geben, weswegen es der Psychoanalyse bisher kaum gelang, diese grundlegenden Gedanken über die Kulturentstehung aufzugreifen und weiterzuentwickeln.

Es fällt noch vergleichsweise leicht, die Götter als Projektionen zu entlarven. Doch der nächste Schritt, das in den Himmel Projizierte in menschliche Verhältnisse rückzuübersetzen, erscheint sehr viel schwerer. Die Entmystifizierung fällt halbherzig aus, weil Religion häufig als zu vernachlässigende Größe, etwa als ›Überbau‹, verkannt wird. Freuds Kulturtheorie wurde in der Folgezeit außerhalb der Psychoanalyse ernster genommen, und das Jahr 1972 leitet mit den zeitgleich und unabhängig voneinander erschienenen Werken von Walter Burkert und René Girard so etwas wie eine Renaissance ein. *Homo necans* (1972) und *Das Heilige und die Gewalt* (1972/92) greifen Gedanken Freuds auf und führen sie weiter. Danach enthüllen sich Religionen als gewaltverdauende und transformierende soziale Institutionen. Im Opferritual, in dem nach Art des Wiederholungszwangs traumatische oder unreine Gewalt in heilige Gewalt überführt wird, assimilieren Kulturen in ›spielerischer‹ Weise ihre Katastrophenerfahrungen und sakralisieren oder divinisieren sie. So arbeitet auch die Trauer, und auf die gleiche Weise eignen sich Kinder im Spiel ihre kulturelle Welt an. Was dort die kulturellen Institutionen, die schutzbringenden Ahnen und Götter sind, werden hier die seelischen Strukturen und Instanzen. Im Spiel wie im Ritual treffen Verstoßung, Sündenbockmechanismus, stellvertretendes Opfer und Übertragung zusammen, was beispielsweise die »*infantile Wiederkehr des Totemismus*« und die »Tierphobien der Kinder« (GW XIV, 93) in eindrucksvoller Weise bestätigen. In den letzten Jahrzehnten wurden Freuds *Übereinstimmungen* durch die Arbeiten Melanie Kleins, Donald W. Winnicotts und Wilfred Bions wie absichtslos weiter vervollständigt, und auch das Prozeßgeschehen der Trauer fügt sich hier mühelos ein (Haas 2002).

Der Altphilologe Burkert hat das dem Opferritual innewohnende Paradox, wonach sakrale Gewalt unreine Gewalt zu verhindern vermag, anhand altgriechischer Opferriten und Mythen in illusionsloser Klarheit dargelegt. In dieser antiidealistischen Sicht ist also nicht von den erbaulichen Seiten der Religion die Rede. Die britischen Ethnologen, die sog. Schule von Cambridge, wirkten mit ihrer Auffassung, daß sich das Theater, in Sonderheit die Tragödie, vom Ritus ableitet, äußerst anregend. Hier hat also der Theaterspiel den alten Opferstein ersetzt, nicht mehr versöhnendes Blut, sondern geweinte Tränen, Entsetzen und Mitleid reinigen das Gemeinwesen. Im Schlußkapitel von *Totem und Tabu* ist von der »tragischen Schuld« die Rede, die der Held auf sich nimmt. Auf ihn wird das »Verbrechen« übertragen, das alle bedrückt: »So wird der tragische Held – noch wider seinen Willen – zum Erlöser des Chors gemacht« (GW IX, 188).

Ödipus ist ein solcher tragischer Held. In Theben geht es um die Katastrophenerfahrung der Pest, für die es, gemäß den Forderungen der Orakel, einen Schuldigen geben muß. Girard hat deutlich gemacht, daß Orakel Sündenbockfallen sind und Inzest und Vatermord, seien sie nun vorgefallen oder nicht, nie-

mals eine Pest hervorrufen können. Entscheidender ist die Frage, warum Vatermord und Inzest ausschließlich einem Protagonisten zugesprochen werden (Girard 1972/1992, 111). Auf Ödipus versammelt sich alle Unreinheit der Katastrophe, er wird ›sacer‹ im negativsten Wortsinn oder was dasselbe ist, zum moralischen Monstrum. Mit seiner Verstoßung vermag sich im mythologischen Denken das Gemeinwesen zu reinigen. Doch später wird der sterbende Ödipus erhöht. In Sophokles' *Ödipus auf Kolonos* taucht ein veränderter Ödipus auf, von dessen Grab man sich nun Schutz erwartet, er ist auf dem Weg, ein Kulturheros zu werden. Im Grunde sind Götter sakralisierte Sündenböcke (GW XVI, 238; Girard 1972/1992, 390).

Solche Tragödien sind wie das Ritual Reinszenierungen, sie verweisen auf eine Urtragödie. Was bei Freud Urvatermord oder Urverbrechen heißt, nennt der Literaturwissenschaftler Girard Gründungsgewalt. Er steht hier gewissermaßen auf Freuds Schultern und kann dort, wo sein Vorgänger sich zunächst nur vorzutasten vermochte, systematisieren und dank seines minimalistischen Theoriegebrauchs weiter präzisieren. Seine ›mimetische Theorie‹ ist intersubjektiv oder soziologisch. Ihr fehlt die intrapsychische Dimension, was gegenüber der Psychoanalyse eine Vereinfachung darstellt. Für Freud war das Ritual »die Gedächtnisfeier der ungeheuerlichen Tat, von der das Schuldbewußtsein der Menschheit (die Erbsünde) herrührte, mit der soziale Organisation, Religion und sittliche Beschränkung gleichzeitig ihren Anfang nahmen« (GW XIV, 94). Girard läßt seine Gründungsgewalt mit einer Krise beginnen, die alles bisher Dagewesene übertrifft und zewegen mit den herkömmlichen rituellen Mitteln, zu denen die Verbote als ›negative Riten‹ gehören, nicht mehr beizulegen ist. Ansonsten hätte ein rituelles Opfer vom Rande des Gemeinwesens – ein Sklave, Fremder, Invalide, Kind oder Tier – genügt, um die Krise beizulegen und Frieden wiederherzustellen. Somit wäre der Kreislauf der Gewalt nicht länger angeregt, sondern beendet worden, und die Gottheit hätte die böse Gewalt verdaut und zu guter Stabilität und Ordnung besänftigt. Die Gründungsgewalt hingegen ist fundamental, und in der mimetischen Erregung wird schließlich das »versöhnende Opfer« (Girard 1972/1992, 104 ff.) nach Art des Sündenbocks in den eigenen Reihen gesucht und gefunden. Auf dieses versammelt sich projektiv das gesamte Übel, in dieses hinein wird es evakuiert und mit seiner Ausstoßung oder Ermordung eliminiert. Mit der Beendigung der Krise sakralisiert sich der so Hingemordete zum Heilsbringer und göttlichen Wesen. Die an ihn geknüpften Mythen verklären die Untat und lösen die Gewaltverhängnisse von den Menschen ab. »Das Religiöse befreit die Menschheit tatsächlich, denn es entlastet die Menschen von Vermutungen, die sie vergiften würden, würden sie sich der Krise so erinnern, wie sie tatsächlich stattgefunden hat« (ebd., 200).

Wäre Freud noch einmal auf jenen Manco Capac aus den Kokainschriften zurückgekommen, wäre er ohne Zweifel von einer entsprechenden Mythopoese ausgegangen. Für ihn ist die Religionsbildung auf den Boden des »Vaterkomplexes gestellt und über der Ambivalenz aufgebaut« (GW XIV, 94). Statt »Ambivalenz« benutzt Girard den stärkeren Ausdruck der Sakralisierung. Der Doppelsinn dieses Urwortes wird dem religiösen Prozeßgeschehen gerechter. Da es auch Brudermorde als Gründungsereignisse gibt, bestreitet Girard den Primat des Vaters. Entscheidend sei vielmehr, daß es ein Kollektivmord aus Anlaß einer lang anhaltenden Krise ist. Die Gründungsgewalt eröffnet einen neuen Ritualzyklus oder führt, wie es bei Freud heißt, zu einem neuen Kultur-Über-Ich. Die Hominisation kann man sich als Kette oder Abfolge solcher Gründungsereignisse vorstellen, die auf jeder Stufe zu mehr Verinnerlichung, kultureller Reflexivität und zu veränderten Verboten führt. Die Errichtung des Mosaischen Gesetzes wie auch den Anfang des abendländischen Kultur-Über-Ichs sehen Freud und Girard auf dem Boden solcher Gründungsmorde. Hier, im ›Glutkern des Heiligen‹, werden alte Traditionen eingeschmolzen und neue zum Leben erweckt. Doch es geschieht noch mehr, insofern in diesen Vorgängen auch die Kulturgesetze enthüllt und durchdrungen werden. In der Art, wie in den Evangelien die Passion Christi dargestellt wird, geben sich in der Auffassung Freuds und Girards die Kulturmechanismen am Eindeutigsten zu erkennen. Wenn es im Augenblick des Kreuzestodes bei Matthäus heißt: »Und siehe da, der Vorhang im Tempel zerriß in zwei Stücke von oben an bis unten aus« (Mt 27, 51), so ist damit der Durchblick auf das Verborgenste der Kulturentwicklung freigegeben: Das Heilige gibt sein düsteres und janusköpfiges Geheimnis preis. In der jüdisch-christlichen Tradition wird erstmalig die kulturstiftende Verbindung von Gewalt und Sakralem sichtbar, wird Religion um Religionskritik bereichert.

Immer wieder, mitten in seiner heftigsten Religionskritik, so auch in *Das Unbehagen in der Kultur*, kommt Freud nicht umhin, sich dem Wahrheitsgehalt der religiösen Überlieferungen zuzuwenden:

»Das Über-Ich einer Kulturepoche hat einen ähnlichen Ursprung wie das des Einzelmenschen, es ruht auf dem Eindruck, den große Führerpersönlichkeiten hinterlassen haben, Menschen von überwältigender Geisteskraft oder solche, in denen eine der menschlichen Strebungen die stärkste und reinste, darum oft auch einseitigste, Ausbildung gefunden hat. Die Analogie geht in vielen Fällen noch weiter, indem diese Personen – häufig genug, wenn auch nicht immer – zu ihrer Lebenszeit von den anderen verspottet, mißhandelt oder selbst auf grausame Art beseitigt wurden, wie ja auch der Urvater erst lange nach seiner gewaltsamen Tötung zur Göttlichkeit aufstieg. Für diese Schicksalsverknüpfung ist gerade die Person Jesu Christi das ergreifendste Beispiel, wenn sie nicht etwa dem Mythus angehört, der sie in dunkler Erinnerung an jenen Urvorgang ins Leben rief« (GW XIV, 501 f.).

Freud hat hier begonnen, Texte der Bibel anthropologisch zu lesen und sich ihrer enthüllenden Wirkung als Belege für seine Kulturtheorie zu bedienen. Diese biblische Anthropologie wird von Girard in weit größerem Umfang fortgesetzt.

Religionen wird heute mancherorts mit größerem Respekt begegnet; nicht zuletzt des zur Conditio humana gehörigen ›Glutkerns des *sacer*‹ wegen. Das Illusionäre wird heute – wie etwa bei Winnicott (1971/1973, 21 ff.) – positiver gesehen. Man kann Religionen als kollektive und oft großartige Kunstwerke auffassen. Im Archaischen wurzelnd und in die Zukunft offen, besitzen sie ein durch wiederkehrende Not und Krisen geläutertes Wissen um Lebenstatsachen. Man fängt an zu begreifen und zu würdigen, was sie an anthropologischem Realismus aufzuweisen haben. Habermas (2001) beispielsweise anerkennt das religionskritische Potential in der jüdisch-christlichen Tradition: ihre Fähigkeit zur »Entweihung des Sakralen« und zur Entzauberung der »Magie«. Sie hat »den Mythos überwunden, das Opfer sublimiert« (ebd., 28) und das Geheimnis des Opfer-Sündenbock-Mechanismus gelüftet. War im mythologischen Denken der Getötete oder Verstoßene wie Ödipus allein schuldig, so ist das Opfer in der Bibel, angefangen mit der Ermordung Abels bis hin zur Passion Christi, ein Unschuldiger. Hier kehren sich die Verhältnisse um, dem Täter oder dem Kollektiv wird nun, wie Kain, die Rolle des Schuldigen zuerkannt. Das macht den eigentlichen Sinn dieser Zeitenwende aus. Eine so verstandene »frohe Botschaft« (GW XVI, 244), diese Wahrheit der Religion, stellt immer noch eine Herausforderung und ein Ärgernis dar, für die profane Vernunft ebenso wie für das real existierende Christentum. Dennoch darf man vielleicht für »die Zukunft der Menschheit optimistisch sein«, denn »die Stimme des Intellekts ist leise, aber sie ruht nicht, ehe sie sich Gehör geschafft hat« (GW XIV, 377).

Literatur

Burkert, Walter: *Homo Necans. Interpretation altgriechischer Opferriten und Mythen*. Berlin/New York 1972.

Freud, Sigmund: Über Coca [1884]. In: Albrecht Hirschmüller (Hg.): *Schriften über Kokain*. Frankfurt a. M. 1996, 41–83.

Girard, René: *Das Heilige und die Gewalt*. Frankfurt a. M. 1992 (frz. 1972).

Haas, Eberhard Th.: *… und Freud hat doch recht. Die Entstehung der Kultur durch Transformation der Gewalt*. Gießen 2002.

Habermas, Jürgen: *Glauben und Wissen*. Frankfurt a. M. 2001.

–: Freiheit und Determinismus. In: *Deutsche Zeitschrift für Philosophie* 52 (2004), 871–890.

Henseler, Heinz: *Religion – Illusion? Eine psychoanalytische Deutung*. Göttingen 1995.

James, William: *Die Vielfalt religiöser Erfahrung*. Olten 1979 (engl. 1901–02).

Küng, Hans: *Freud und die Zukunft der Religion*. München 1987.

Pfister, Oskar: Die Illusion einer Zukunft [1928]. In: Eckart Nase/Joachim Scharfenberg (Hg.): *Psychoanalyse und Religion*. Darmstadt 1977, 101–141.

Pfrimmer, Théo: *Freud lecteur de la Bible*. Paris 1982.

Ricœur, Paul: Der Atheismus der Psychoanalyse Freuds [1966]. In: Eckart Nase/Joachim Scharfenberg (Hg.): *Psychoanalyse und Religion*. Darmstadt 1977, 206–218.

Safranski, Rüdiger: Der Wille zum Glauben. In: Alf Gerlach/Anne-Marie Schlösser/Anne Springer (Hg.): *Psychoanalyse des Glaubens*. Gießen 2004, 131–144.

Winnicott, Donald W.: *Vom Spiel zur Kreativität*. Stuttgart 1973 (engl. 1971).

Eberhard Th. Haas

4. Biologie und Materialismus

Trotz der überwältigend evidenten Tatsache, daß sich der psychoanalytische Diskurs im Reich von Texten und Zeichen, von Vergleichen, Metaphern und Metonymien bewegt und daß in ihm fortwährend ein Text in einen anderen übersetzt und metabolisiert wird, daß man es bei ihm, kurzum, mit einem durch und durch literarisch-auslegenden Diskurs zu tun hat, dessen ›Sinn‹ der subjektiven Zustimmung der Beteiligten bedarf und der also von ›Objektivität‹ im strengen Sinne weit entfernt ist, kann man nicht behaupten, Freuds Rekurs auf die Naturwissenschaften, auf Neurologie und Biologie sei bloß episodisch gewesen, und schon gar nicht, Freud habe sich nach 1895, also nach dem *Entwurf einer Psychologie* (Nachtr., 387–486), wie Octave Mannoni nahelegt (Mannoni 1968/1971, 18), ganz davon distanziert. Davon kann keine Rede sein.

Schon Freuds wissenschaftliche Biographie, der physikalistisch-materialistisch geprägte Hintergrund seiner langen Lehrjahre am Brückeschen Institut, seine Kokain-Experimente in den 1880er Jahren (s. Kap. II.1.2) und seine Aphasieforschungen zu Beginn der 1890er Jahre (s. Kap. II.1.3), seine Hinwendung zum Lamarckismus, dessen Spuren sich in den metapsychologischen Schriften aus der Zeit des Ersten Weltkriegs finden (s. Kap. II.5.4; Jones III, 365 ff.; Grubrich-Simitis 1985, 105 ff.), und vieles andere machen es hochwahrscheinlich, daß diese Prägung für ihn lebenslang bedeutsam blieb (GW XVII, 80; Nachtr., 672, 764 u.ö.; vgl. generell Sulloway 1979/1982). Wie selbstverständlich war für Freud Wissenschaft das, was unter dem dominanten Einfluß der zeitgenössischen Naturwissenschaft als ›eigentliche‹ Wissenschaft galt. Und da es Freuds erklärter Ehrgeiz war, seine Erfindung, die Psychoanalyse, als Wissenschaft auszuweisen, wollte sie denn dem vernichtenden Verdikt der Nichtwissenschaftlichkeit entgehen, mußte er immer wieder versuchen, sie »beyond interpretation« (Gedo 1998) anzusiedeln. Man kann darin durchaus eine wissenschaftspolitische Maßnahme sehen, die Freud dazu diente, der Psychoanalyse, durch die Neuartigkeit ihrer Entdeckungen stets in Gefahr, als bizarre Randerscheinung abgetan zu werden, im Feld der Wissenschaft Anerkennung zu verschaffen.

Die Psychoanalyse als »gemischte Rede«

Aber es dürfte dabei noch etwas anderes im Spiel gewesen sein. Von Anfang an war es Freud darum zu tun, der Psychoanalyse ein haltbares Fundament zu verschaffen, das in seinen Augen nur die Naturwissenschaft zu bieten vermochte. Die hermeneutische Rede des ›Sinns‹, welche die Psychoanalyse einerseits bestimmt, mußte daher immer wieder unterbrochen oder substituiert werden durch die Rede der ›Kraft‹, d.h. des Physikalismus, und der Biologie. Eros und Thanatos etwa sind dann nicht nur Figuren des Verstehens und der (Re-)Konstruktion eines lebensgeschichtlichen Sinns, sondern *auch* Gestalten des organischen Bios mit seinen unhintergehbaren Notwendigkeiten. Paul Ricœur hat für diese Eigentümlichkeit des Freudschen Diskurses die Bezeichnung »gemischte Rede« gefunden (Ricœur 1965/1969, 79) und diese als konstitutiv für das gesamte Werk erklärt. So heißt es z.B. noch in Freuds spätem *Abriß der Psychoanalyse*:

»Die Phänomene, die wir bearbeiteten, gehören nicht nur der Psychologie an, sie haben auch eine organisch-biologische Seite und dementsprechend haben wir in unseren Bemühungen um den Aufbau der Psychoanalyse auch bedeutsame biologische Funde gemacht und neue biologische Annahmen nicht vermeiden können. [...] Unsere Annahme eines räumlich ausgedehnten, zweckmäßig zusammengesetzten, durch die Bedürfnisse des Lebens entwickelten psychischen Apparates, der nur an einer bestimmten Stelle unter gewissen Bedingungen den Phänomenen des Bewußtseins Entstehung gibt, hat uns in den Stand gesetzt, die Psychologie auf einer ähnlichen Grundlage aufzurichten wie jede andere Naturwissenschaft, z.B. wie die Physik. Hier wie dort besteht die Aufgabe darin, hinter den unserer Wahrnehmung direkt gegebenen Eigenschaften (Qualitäten) des Forschungsobjektes anderes aufzudecken, was von der besonderen Aufnahmefähigkeit unserer Sinnesorgane unabhängiger und dem vermuteten realen Sachverhalt besser angenähert ist« (GW XVII, 125f.).

In der Tat gab sich Freud der Hoffnung hin,

»daß all unsere psychologischen Vorläufigkeiten einmal auf den Boden organischer Träger gestellt werden sollen. [...] Gerade weil ich sonst bemüht bin, alles andersartige, auch das biologische Denken, von der Psychologie ferne zu halten, will ich [...] ausdrücklich zugestehen, daß die Annahme gesonderter Ich- und Sexualtriebe, also die Libidotheorie, zum wenigsten auf psychologischem Grunde beruht, wesentlich biologisch gestützt ist« (GW X, 144). Schließlich findet sich bei Freud jene berühmte Formulierung, wonach »für das Psychische [...] das Biologische wirklich die Rolle des unterliegenden gewachsenen Felsens [spielt]« (GW XVI, 99).

Handelt es sich bei solchen Äußerungen, wie Jürgen Habermas meint, tatsächlich nur um ein »szientistisches Selbstmißverständnis« Freuds (Habermas 1968, 300 ff.), um eine Art Selbstverkennung, die als solche aufgeklärt und überwunden werden muß? Auf den ersten Blick könnte es so aussehen, denn nichts scheint unvereinbarer zu sein als die harte Begriffssprache des naturwissenschaftlichen Objektivismus, die auf generalisierbare Aussagen zielt, und die weiche und metaphorische Sprache des hermeneutischen Subjektivismus, die auf Verstehen, Intersubjektivität und Selbstreflexion aus ist.

Diese gewiß nachvollziehbare Einschätzung verkennt allerdings, daß Freud mehrere gute Gründe hatte, am Projekt der Psychoanalyse als Naturwissenschaft festzuhalten. Einer wurde schon erwähnt, der wissenschaftspolitische: Freud mußte daran gelegen sein, die Isolation, in der er sich mit seinen psychologischen Neuerungen befand, dadurch abzuschwächen, daß er sie offenhielt zur Naturwissenschaft hin, die ja bis heute das Wissenschaftsparadigma schlechthin ist. In diesem Zusammenhang sei daran erinnert, daß Freud zu seiner Zeit nicht der einzige war, der naturwissenschaftliche Erklärungsmodelle auf andere Bereiche zu übertragen versuchte. So bemühte sich Trofim D. Lyssenko in der damals jungen Sowjetunion, der marxistischen Gesellschaftslehre naturwissenschaftliche Grundlagen zu verschaffen (Grubrich-Simitis 1985, 111). Auch Freud-Schüler wie Otto Fenichel, Sándor Ferenczi, mit dem er sich eine zeitlang intensiv über Fragen des Lamarckismus austauschte (ebd., 87 ff.), und Wilhelm Reich zeigten sich empfänglich, wenn es darum ging, die Freudsche Psychoanalyse nicht auf das Feld einer reinen Hermeneutik zu beschränken.

Freuds hartnäckige und eigensinnige Option für die Biologie mag auch daher rühren, daß er ein Gespür dafür besaß, daß eine eher hermeneutische Lesart der Psychoanalyse einem Subjektivismus den Weg bahnt, der nicht nur den von ihm stets betonten wissenschaftlichen Charakter seiner Schöpfung bedroht, sondern diese auch selbst gänzlich aushöhlt, indem sie dem subjektiven Belieben anheimgestellt wird.

Wenn man sich die weitere Entwicklung nach Freud vor Augen hält, die dazu geführt hat, daß die Psychoanalyse in den Händen vieler ein Instrument geworden ist, das sich für und gegen fast alles benutzen läßt, kann man Freuds striktes Festhalten am Objektivitätsideal des Naturforschers besser verstehen. Es ist deshalb auch nur scheinbar paradox, daß Freud den Psychosomatiker Viktor von Weizsäcker in einem bestimmten Fall auf das Problematische von Deutungen aufmerksam machte, die in der ›Organsprache‹ vorgetragen werden: »Sie zeigten uns [...] den feineren Mechanismus der Störung, indem Sie auf entgegengesetzte Innervationen hinweisen, die einander aufheben oder beirren müssen. Von solchen Untersuchungen mußte ich die Analytiker aus erziehlichen Gründen fernhalten, denn Innervationen, Gefäßerweiterungen, Nervenbahnen wären zu gefährliche Versuchungen für sie gewesen, sie hatten zu lernen, sich auf psychologische Denkweisen zu beschränken« (zit. nach von Weizsäcker 1955, 125).

Aus »erziehlichen Gründen« mußte Freud zunächst einmal darauf achten, daß die Protagonisten der noch jungen Wissenschaft vom Unbewußten akzeptierten, die Tatsachen der Welt primär als psychologische Tatsachen zu betrachten – denn dies war Freuds erste große innovatorische Leistung. Erst dann, in einem weiteren Schritt, konnte er die Psychoanalytiker damit konfrontieren, daß das Seelische, alles menschliche Verhalten, wie immer gesellschaftlich-kulturell vermittelt, »in letzter Instanz« (um eine berühmte Formulierung von Friedrich Engels zu zitieren) in einem biologisch-organischen Substrat verankert ist: »Nach vollzogener psychoanalytischer Arbeit müssen wir [...] den Anschluß an die Biologie finden und dürfen zufrieden sein, wenn er schon jetzt in dem einen oder anderen wesentlichen Punkte gesichert scheint. [...] In der Biologie tritt uns die umfassendere Vorstellung des unsterblichen Keimplasmas entgegen, an welchem wie sukzessiv entwickelte Organe die einzelnen vergänglichen Individuen hängen; erst aus dieser können wir die Rolle der sexuellen Triebkräfte in der Physiologie und Psychologie des Einzelwesens richtig verstehen« (GW VIII, 410).

Eine narzißtische Kränkung

Überdies muß man sich klarmachen, daß Freuds Biologismus ausgezeichnet dazu taugt, seine These von den drei narzißtischen Kränkungen des Menschengeschlechts durch Kopernikus, Darwin und ihn selbst (GW XI, 294 f.; GW XII, 7 ff.) im Sinne der Darwinschen zu untermauern (Green 1991/1996,

180). Daß der Mensch zuallererst ein endliches Körperwesen ist, das »mit allen Tieren« (Bertolt Brecht) sterben muß, und daß die Einsicht in die Animalität und Endlichkeit des Homo sapiens dazu verhilft, jene Kluft zu überwinden, »die frühere Zeiten menschlicher Überhebung allzuweit zwischen Mensch und Tier aufgerissen haben«, wie es im *Mann Moses* heißt (GW XVI, 207) – dies gehörte gewiß zu den tiefsten Überzeugungen, die Freud nicht preiszugeben bereit war. Wenn einmal vom »Menschentier« die Rede ist, so ist das nicht metaphorisch gemeint, sondern wörtlich und entspricht exakt seiner lamarckistischen Auffassung, daß die Instinktausstattung des Tieres und die »archaische Erbschaft« des Menschen (ebd., 208) gar nicht sehr weit auseinanderliegen.

Dem Leib-Seele-Problem auf der Spur

Zuguterletzt, um Freuds affirmatives, aber keineswegs naives Verhältnis zur zeitgenössischen Naturwissenschaft angemessen zu würdigen, sei auf den wahrscheinlich wenig bekannten Sachverhalt verwiesen, daß Freud, wenn auch eher kryptisch – vielleicht auf dem Umweg über seinen Lieblingsdichter Heinrich Heine – ein Bewunderer Spinozas war, dem er eine »etwas scheue Hochachtung« entgegenbrachte (Nachtr., 670). Die wenigen Male, die Freud den großen Häretiker des 17. Jh.s erwähnt, lassen erkennen, mit welcher Emphase er, der doch ansonsten eine strikte Distanz zur Philosophie zu wahren trachtete – auch dies Ausdruck seiner kämpferischen antimetaphysischen und antispekulativen Haltung –, das Bild des marranischen Juden, seines »Unglaubensgenossen« (GW VI, 83), hochhielt. Womöglich erkannte Freud in Spinoza einen fernen Vorläufer seines eigenen Denkens; dafür spricht, daß in der Spinoza-Literatur häufig betont wird, der Holländer sei im eigentlichen Sinne der erste wissenschaftliche Psychologe der Neuzeit gewesen (in der Ausgabe der *Encyclopedia Britannica* von 1962 kann man sogar lesen, Spinoza habe die Psychoanalyse vorweggenommen). Wie Freud selber, wie Machiavelli, Hobbes, Darwin, Marx und Nietzsche gehört auch Spinoza dem Typus des »Philosophen der dunklen Aufklärung« an (Yovel 1989/1994, 421), d. h. einem intellektuellen Typus, der etwas Neues ans Licht gebracht hat, das als dunkel, erschreckend und zuweilen auch widersprüchlich empfunden wird. Wie Freud ging es Spinoza um die Naturalisierung des Menschen, die Ermächtigung des Naturhaft-Leiblichen, und wie Freud hat Spinoza, in einer bezwingenden Gegenbewegung gegen den Cartesianismus und dessen strengen Dualismus von »res cogitans« und »res extensa«, von Geist und Natur, die

Idee verfochten, es gebe eine Art Komplementarität von mentalen und körperlich-naturhaften Prozessen (vgl. ebd., 421 ff., 537). Für Spinoza ist der Geist bzw. die Seele eine »idea corporis«; Denken und Fühlen gehen gleichsam durch den Körper hindurch, entfalten sich jedenfalls nicht autonom von ihm als ein rein Geistiges.

Ähnlich definiert Freud die Affekte der Lust- und Unlustreihe, wenn er sie als die nur bewußten Manifestationen eines ihnen zugrundeliegenden quasiphysiologischen Prozesses beschreibt. Der Trieb wiederum ist für ihn ein »Grenzbegriff zwischen Seelischem und Somatischem«, er ist »psychischer Repräsentant der aus dem Körperinnern stammenden, in die Seele gelangenden Reize, […] ein Maß der Arbeitsanforderung, die dem Seelischen infolge seines Zusammenhanges mit dem Körperlichen auferlegt ist«, wie es in der metapsychologischen Schrift über *Triebe und Triebschicksale* heißt (GW X, 214). Was Freud vage genug »Zusammenhang« nennt, führt bei Spinoza den Titel »Komplementaritätsprinzip«. Zwar kann das eine, das Mentale bzw. Psychische, nicht auf das andere reduziert werden, was auch vice versa gilt; aber beide weisen einen gemeinsamen ontologischen Bezugspunkt auf. Wenn man Freud als heimlichen Spinozisten nimmt – heimlich deshalb, weil er es bekanntermaßen nicht schätzte, Philosophen als Gewährsleute zu zitieren –, erscheint seine Anstrengung, die Psychoanalyse naturwissenschaftlich zu fundieren, in einem anderem Licht als dem eines bloß »szientistischen Selbstmißverständnisses«: im Licht des Versuchs nämlich, die neuzeitliche Fragmentierung von Leib und Seele, von Natur und Geist – und im wissenschaftlichen Feld von Natur- und Geisteswissenschaften – aufzuheben (Grubrich-Simitis 1985, 111). Wer mag, kann diese Anstrengung Freuds als gescheitert betrachten. Aber als solche verdient sie jeden Respekt.

Literatur

Gedo, John E.: Überlegungen zur Metapsychologie, theoretischen Kohärenz, zur Hermeneutik und Biologie. In: *Psyche* 52 (1998), 1014–1040.

Green, André: Der Trieb in Freuds späten Arbeiten. In: *Über Freuds »Die endliche und die unendliche Analyse«*. Bearb. von Johann Michael Rotmann. Stuttgart-Bad Cannstatt 1996 (engl. 1991).

Grubrich-Simitis, Ilse: Metapsychologie und Metabiologie. Zu Sigmund Freuds Entwurf einer »Übersicht der Übertragungsneurosen«. In: Sigmund Freud: *Übersicht der Übertragungsneurosen. Ein bisher unbekanntes Manuskript*. Hg. von Ilse Grubrich-Simitis. Frankfurt a. M. 1985, 83–128.

Habermas, Jürgen: *Erkenntnis und Interesse*. Frankfurt a. M. 1968.

Mannoni, Octave: *Sigmund Freud in Selbstzeugnissen und Bilddokumenten*. Reinbek 1971 (frz. 1968).

Ricœur, Paul: *Die Interpretation. Ein Versuch über Freud.* Frankfurt a.M. 1969 (frz. 1965).

Schmidt, Alfred/Bernard Görlich: *Philosophie nach Freud. Das Vermächtnis eines geistigen Naturforschers.* Lüneburg 1995.

Sulloway, Frank J.: *Freud. Biologe der Seele. Jenseits der psychoanalytischen Legende.* Köln-Lövenich 1982 (engl. 1979).

Weizsäcker, Viktor von: *Natur und Geist.* München 1955.

Yovel, Yirmiyahu: *Spinoza. Das Abenteuer der Immanenz.* Göttingen 1994 (engl. 1989).

Hans-Martin Lohmann

5. Krankheit und Gesundheit

Psychisches Leiden als Folge von Verdrängung: Freuds revolutionäre Theorie

Erklärte man vor Freud psychische Erkrankungen, sofern man sie nicht als Simulation abtat, als Resultat eines unmoralischen Lebenswandels, einer vererbten, organischen Disposition zum Irresein oder eines Besessenseins von Dämonen, so leitete Freud einen grundlegenden Wandel im Verständnis psychischen Leidens ein. Neurosen und psychopathologische Symptome entstehen ihm zufolge aufgrund von Verdrängungen seelischer Inhalte. Verdrängte und damit unbewußt gewordene Vorgänge unterliegen einer Funktionsweise, die sich nicht mehr mit den Gesetzen des bewußten Denkens beschreiben lassen. Für das Verständnis seelischer Pathologien ist es notwendig, vom sog. Primärvorgang auszugehen, der sich durch eine Tendenz zur unmittelbaren Wunscherfüllung, die Dominanz des Lustprinzips gegenüber dem Realitätsprinzip und die Mechanismen der Verdichtung, Verschiebung und Symbolisierung auszeichnet. Diese Arbeitsweise des Unbewußten erklärt die Irrationalität der seelischen Operationen neurotischer Leidenszustände gegenüber der Modalität bewußter Verarbeitungsprozesse: Wieso muß sich z. B. jemand immer wieder zwanghaft die Hände waschen, obwohl sein Verstand ihm sagt, daß sie sauber sind? Warum fürchtet ein Patient zu verarmen, obwohl er real über große Reichtümer verfügt?

Freuds Theorie der Entstehung neurotischer Erkrankungen ist konsequent psychogenetisch angelegt. Somatische Faktoren werden von ihm zwar in seinem Konzept der Ergänzungsreihe berücksichtigt, bilden aber nur eine Disposition. Gleichwohl konzeptualisierte Freud seine Theorie in einem einheitswissenschaftlichen Rahmen. Denn eine ätiologische und psychopathologische klinische Theorie benötigt keine anderen Regeln der empirischen Sicherung ihrer Annahmen als solche aus der bewährten Naturwissenschaft. Diese methodologische Einstellung, zu der Freud sich 1911 sogar in einem Manifest bekannte (vgl. Kätzel 1990), trug ihm später den Vor-

wurf eines szientistischen Selbstmißverständnisses ein (Habermas 1968, 300 ff.) ein. Sie schien aber Freud wichtig zu sein, weil seine Theorie der Krankheitsentstehung ohnehin gegen alle damals gängigen Auffassungen verstieß.

Angefangen von den ersten Überlegungen zur Ätiologie der Hysterie bis hin zum späten *Abriß der Psychoanalyse* (GW XVII, 63–138) beschäftigte sich Freud mit dem Thema Normalität und Pathologie, Gesundheit und Krankheit. War sein psychogenetisches Modell der Symptomentstehung zunächst affektpsychologisch begründet, so wurde das Symptom zu einem späteren Zeitpunkt als Resultat einer traumatischen Einwirkung gefaßt. Nach der Revision der Traumatheorie in den späten 1890er Jahren rückte an die Stelle eines schlichten Ursache-Wirkungs-Modells ein überwiegend intrapsychisches Konfliktmodell. In diesem, so Freud, bilden zwar konflikthafte zwischenmenschliche Beziehungen in der Kindheit den Ausgangspunkt, aber im weiteren Verlauf gewinnt eine intrapsychische Eigendynamik der Verarbeitung des äußeren Konflikts die Oberhand.

Freud nahm seelische Erkrankungen ernst. Neurosen entstehen aus seelischen Ursachen und können mit ausschließlich seelischen Mitteln geheilt werden. Während die zeitgenössische Psychiatrie und Neurologie in den »Nerven«, im Gehirn, in der Vererbung oder in einer bakteriellen Infektion nach den schädlichen Noxen suchte, postulierte Freud einen psychischen Hintergrund als Krankheitsursache. Diesen fand er im konflikthaften Triebschicksal, wobei er den Begriff des Triebes zwar der Biologie entlehnte, damit aber keineswegs eine physiologisch-naturwissenschaftliche Kategorie einführte, wie manche Kritiker behaupteten, sondern mit dem Trieb einen Grenzbegriff zwischen Körperlichem und Seelischem postulierte. Die Psychoneurose ist somit auch keine »Drüsenkrankheit«, wie C. G. Jung (1932) Freud polemisch unterstellte, sondern das Resultat einer »Bildungsgeschichte«, einer Sozialisation, in der Erfahrungen mit Psychosexualität, Selbsterhaltung, Narzißmus, Aggression sowie deren konflikthafte Niederschläge von maßgeblicher Bedeutung sind.

Während die strikte Unterscheidung von Pathologie und Normalität wie selbstverständlich zum damaligen medizinischen und psychiatrischen Diskurs gehörte, was zugleich implizierte, Krankheit und Gesundheit anhand bestimmter Kriterien festzuschreiben, sprengte Freud die geläufige Dichotomie, indem er vorherrschenden medizinischen Auffassungen die Idee eines Kontinuums entgegensetzte: Menschen unterscheiden sich nicht gänzlich, sondern nur graduell hinsichtlich ihrer seelischen Gesundheit. Denn Gesundheit und Krankheit seien eben »nicht prinzipiell geschieden, sondern nur durch eine praktisch bestimmbare Summationsgrenze gesondert« (GW V, 8).

»Das Unbewußte dem Bewußtsein zugänglich machen«

Arbeits- und Liebesfähigkeit – so lautet die wohl am häufigsten geäußerte Formel, wenn Psychoanalytiker gefragt werden, wie Freud das Ziel der analytischen Behandlung und damit auch psychische Gesundheit definiert hat. Tatsächlich hat Freud diese Bestimmung aber nie schriftlich formuliert, und genau genommen neigte er wohl eher der Auffassung zu, daß erotischer Genuß und harte Arbeit sich tendenziell ausschlössen. Die angebliche Äußerung Freuds über Arbeits- und Liebesfähigkeit des »normalen Individuums« wurde vielmehr von Erik H. Erikson kolportiert (vgl. Elms 2005, 92) und entbehrt jeder nachprüfbaren Grundlage.

Ein Laie könnte erwarten, daß ein Großteil des Freudschen Werkes auch begrifflich von Gesundheit und Krankheit der Seele handelt. Tatsächlich aber gibt es bei ihm nur selten direkte Bezugnahmen auf diese Begriffe. Sehr wohl aber befaßte sich Freud mit den Aufgaben und Zielvorstellungen der analytischen Kur, die zur Erlangung psychischer Normalität notwendig sind. Diese bereits bei Freud erkennbare Tendenz hat sich auch bei späteren Psychoanalytikern durchgesetzt. So finden sich in einschlägigen psychoanalytischen Wörterbüchern und Kompendien keine Beiträge und, was auf den ersten Blick nicht minder erstaunlich ist, auch keine Einträge in den Sachwortregistern zu den Stichworten »Gesundheit« und »Krankheit«.

Auch wenn im Alltag der Ausruf, »Das ist doch nicht mehr normal« ein sicheres Wissen um eine Ideal- und Durchschnittsnorm vorauszusetzen scheint, löst gleichwohl jeder Versuch einer Definition von Gesundheit und Krankheit sehr schnell nicht enden wollende Diskussionen aus. Denn »Normalität« ist eine alltagspsychologische Umschreibung

von Gesundheit, die sich im medizinischen Sinn zwar funktional als Abwesenheit von Krankheit beschreiben läßt, im psychologischen Sinne jedoch alsbald soziale Wertvorstellungen und ideologische Voreingenommenheiten zu erkennen gibt. Freud vermied deshalb allzu verhaltens- und erlebnisnahe Formulierungen und bevorzugte abstrakte klinische oder metapsychologische Charakterisierungen für die Erreichung psychischer Normalität bzw. Gesundheit: z. B. »die Amnesien aufzuheben« und »das Unbewußte dem Bewußtsein zugänglich zu machen« (GW V, 8), oder wie es in *Die endliche und die unendliche Analyse* heißt: »Die Analyse soll die für die Ichfunktionen günstigsten psychologischen Bedingungen herstellen; damit wäre ihre Aufgabe erledigt« (GW XVI, 96). Gelegentlich findet man bei Freud allerdings auch Formulierungen, unter denen sich jedermann sofort etwas vorstellen kann, etwa in den populären *Vorlesungen zur Einführung in die Psychoanalyse*: »[...] ein genügendes Maß von Genuß- und Leistungsfähigkeit [...]« (GW XI, 476).

Auch wenn Freud davon ausging, daß Gesundheit und Krankheit auf einem Kontinuum angesiedelt sind, konnte er doch durchaus eine deutliche Abgrenzung vornehmen, wenn der Abstand zu einem fiktiven Idealzustand seelischer Gesundheit allzu groß zu sein schien, wie z. B. im Falle bestimmter Perversionen. Obgleich Freud einräumte, daß auch beim gesunden Individuum der Sexualität perverse Anteile beigemischt seien und man gerade auf dem Gebiet des Sexuallebens auf unlösbare Schwierigkeiten stoße, wenn man nicht umhin, gewisse Perversionen »für ›krankhaft‹ zu erklären« (GW V, 60). Allerdings dürfe man nicht erwarten, daß derart perverse Individuen in jedem Fall andersartige schwere Abnormitäten aufweisen. Nur im umgekehrten Falle gebe es eine starke Korrelation.

Auch beim psychotischen Erleben sind die Zuordnungen nicht so einfach, wie es auf den ersten Blick zu sein scheint. Denn im nächtlichen Traum regrediert auch der sog. gesunde Mensch auf eine psychotische Erlebniswelt. Allerdings weiß er beim Erwachen, daß er geträumt hat, und vermag Traumerleben und Realität auseinanderzuhalten. Und dennoch gibt es auch hier wieder fließende Übergänge zwischen den verschiedenen Erlebniszuständen von Neurose, Psychose und »Normalität«: »Neurose wie Psychose sind also beide Ausdruck der Rebellion des Es gegen die Außenwelt, seiner Unlust oder wenn man will, seiner Unfähigkeit, sich der realen Not, der Ananke, anzupassen [...] Die Neurose verleugnet die Realität nicht, sie will nur nichts von ihr wissen; die

Psychose verleugnet sie und sucht sie zu ersetzen. Normal oder ›gesund‹ heißen wir ein Verhalten, welches bestimmte Züge beider Reaktionen vereinigt, die Realität so wenig verleugnet wie die Neurose, sich aber dann wie die Psychose um ihre Abänderung bemüht« (GW XIII, 365).

Von den *Studien über Hysterie* bis zum *Abriß der Psychoanalyse*: Ungelöste Konflikte bilden das Pathogen

Freuds früher Theorie zufolge waren es unterdrückte traumatische Erlebnisse, welche die Kraft besaßen, noch Jahre nach dem veranlassenden Vorgang Symptome auszulösen. Freud erklärte diese Potenz damit, daß »die pathogen gewordenen Vorstellungen sich darum so frisch und affektkräftig erhalten, weil ihnen die normale Usur durch Abreagieren und durch Reproduktion in Zuständen ungehemmter Assoziation versagt ist« (GW I, 90). In diesem frühen Stadium der klinischen Theoriebildung führte er die Abwehr von unerträglichen Vorstellungen noch auf Scham zurück. Aufgrund ihrer Unvereinbarkeit mit der Selbstachtung und dem Selbstbild einer Person müssen bestimmte affektiv besetzte Vorstellungen abgewehrt werden. Zu einem späteren Zeitpunkt machte Freud dann überwiegend die ödipal determinierte Schuld für krankmachende Verdrängungsprozesse verantwortlich und blendete fortan das Schamerleben und Themen der Selbstachtung bei der Betrachtung von psychischer Gesundheit und Krankheit nahezu völlig aus.

Ein ungelöster ödipaler Konflikt bleibt im Unbewußten als Disposition bestehen und bildet die notwendige Bedingung für das Auftreten einer neurotischen Erkrankung. Aber erst wenn eine entsprechende auslösende Situation auftritt, wird dieser wieder reaktiviert. Das akzidentelle Erleben, zumeist in Form einer äußeren Versagung, bildet die hinreichende Bedingung. Durch die äußere Versagung, die nicht durch einen Triebaufschub gemildert werden kann, entsteht ein innerer Konflikt; dieser führt via Regression zum Wiederauftauchen infantiler Triebziele (z. B. aggressive Phantasien), die aber vom Über-Ich mißbilligt werden. Die Folge ist der Ausweg mittels neurotischer Symptombildung. Das Symptom stellt zumeist einen Kompromiß aus einem Rest von Triebbefriedigung und Bestrafung durch das Über-Ich dar.

Dieser Zusammenhang von neurotischem Symptom sowie äußerem und innerem Konflikt erfordert, das Symptom nicht isoliert, sondern ganzheitlich unter Berücksichtigung miteinander ringender dynamischer Kräfte und biographisch bedingter Erfahrungen ins Auge zu fassen.

Das Streben nach Wahrheit – Aufhebung der Verdrängung als Gesundheitsziel

Nachdem Freud die Vorstellung verabschiedet hatte, Heilung könne durch Hypnose und Katharsis stattfinden, ging es ihm in erster Linie um die Frage, wie unbewußte Wunschregungen bewußt gemacht werden können. Dies ließ sich weder durch Suggestion noch durch intellektuelle Beeinflussung, etwa mittels einer Übersetzung des Unbewußten durch den Analytiker, erreichen; aus diesem Grund mußte das Ziel, das Unbewußte bewußt zu machen, mit anderen Mitteln erreicht werden. Da der Patient der Bewußtmachung verdrängter Triebimpulse Widerstände entgegensetzt, müssen diese Widerstände dem Patienten zunächst bewußt gemacht werden. Dies geschieht am sinnvollsten in der Beziehung zum Analytiker. Der Kampf gegen den Widerstand kann somit nicht auf den längst verlassenen Schlachtfeldern der Kindheit geführt werden, sondern nur im Hier und Jetzt der psychoanalytischen Behandlung. Aus der früheren Krankheit muß deshalb eine Übertragungsneurose werden, die es gestattet, in der aktuellen Beziehung all die Schwierigkeiten zu thematisieren, die für die neurotischen Symptome verantwortlich sind. Die Bewußtmachung der bislang verdrängten Triebimpulse mit Hilfe der Analyse des Widerstands in der Übertragungsneurose läßt den Patienten erkennen, aufgrund welcher Ängste er seine Wünsche in der gegenwärtigen Beziehung, aber auch in der ursprünglichen Beziehung zu seinen Eltern verdrängen mußte. Nunmehr steht es in seinem eigenen Ermessen, ob er diese Wünsche bewußt und willentlich unterdrücken oder sie ausleben will.

Freud zufolge trägt die psychoanalytische Behandlung nicht nur dazu bei, Beschwerden und Symptome zu lindern, sondern vor allem dazu, den inneren Entscheidungsspielraum einer Person zu erweitern und das, was bislang als Zwang empfunden wurde, zu überwinden. Dabei schmälert jede vorschnelle Symptomheilung, die ohne das gründliche Durcharbeiten von Konflikten in der Übertragungsneurose stattfindet, die Möglichkeit, intentional über eigene Wünsche und Affekte verfügen zu können. Auch wenn die Linderung neurotischer Beschwerden von nahezu jedem Patienten als sichtbares Anzeichen der Gesundung herbeigesehnt wird, stand für Freud vor jeder Heilung das Erkennen unbewußter Zusammenhänge und Hintergründe der Erkrankung. Denn die zumeist nur vorübergehende Linderung der Symptome ergibt sich nicht selten aufgrund von Suggestionseffekten, Übertragungsliebe und Placebowirkungen und ist deshalb keineswegs von Dauer. Wichtiger war deshalb für Freud das beharrliche Streben nach Erkenntnis: »In der Psychoanalyse bestand von Anfang ein Junktim zwischen Heilen und Forschen, die Erkenntnis brachte den Erfolg, man konnte nicht behandeln, ohne etwas Neues zu erfahren, man gewann keine Aufklärung, ohne ihre wohltätige Wirkung zu erleben. Unser analytisches Verfahren ist das einzige, bei dem dies kostbare Zusammentreffen gewahrt bleibt« (GW XIV, 293 f.).

Die Aufhebung der Verdrängung im Zuge der Durcharbeitung der Übertragungsneurose mit dem Ziel, Selbsttäuschungen zu erkennen und ein größeres Maß an innerer Freiheit und Selbstreflexivität zu gewinnen, war für Freud die unverzichtbare Voraussetzung für die Erlangung psychischer Gesundheit. Mit der Annahme, daß dies bei einem geeigneten Patienten in der Zusammenarbeit mit einem genügend gut analysierten Therapeuten, der ein ausreichendes Maß an seelischer Reife aufweist, möglich sei, erwies Freud sich als genuiner Erbe der Aufklärung: »[D]ie Stimme des Intellekts ist leise, aber sie ruht nicht, ehe sie sich Gehör geschafft hat«, heißt es in *Die Zukunft einer Illusion* (GW XIV, 377).

Wahrheit im Sinne des Hervortretens unliebsamer Wahrheiten, die bislang vor anderen Menschen, aber auch vor einem selbst verborgen blieben, war lange Zeit das Ziel aller psychoanalytischen Bemühungen. Bislang Unbewußtes, der Verdrängung Anheimgefallenes sollte in einem schmerzlichen Prozeß wieder – oder erstmals – bewußt werden. Nur derjenige Mensch könne Verantwortung für sein Leben übernehmen, der sich mit übernommenen Vorurteilen und Ideologien, mit falschen Idealen und unrealistischen Erwartungshaltungen, mit seinen eigenen Lebenslügen und Selbsttäuschungen auseinandersetzt.

Freuds Vorstellungen von den Wirkungen der analytischen Kur entsprachen seiner objektivistischen wissenschaftlichen Einstellung, die für ihn das reifste Stadium des menschlichen Welt- und Selbstverständnisses darstellte. Der aufgeklärte Patient, der seinen eigenen Lügen nicht mehr glaubt, die aus individueller Verdrängung, aber auch aufgrund der Prägekraft soziokultureller Anpassungszwänge geboren sind, vermag sich kraft eigener Anstrengung immer stärker dem Typus des unvoreingenommenen, unbestechlichen und zur Objektivität verpflichteten Wissenschaftlers anzunähern. »Es ist unsere beste Zukunftshoffnung, daß der Intellekt – der wissenschaftliche Geist, die Vernunft – mit der Zeit die Diktatur im menschlichen Seelenleben erringen wird« (GW XV, 185).

Man hat oft gegen Freud vorgebracht, daß er in seiner Wertschätzung objektiven wissenschaftlichen Wissens den Versprechungen der Moderne, ihrem Szientismus allzu unkritisch aufgesessen sei. Denn die Menschen der sog. Postmoderne sind weitaus skeptischer hinsichtlich dessen geworden, was die Erkenntnisse der Wissenschaften zu einem gesünderen und psychisch befriedigenderen Leben beitragen können: nicht nur weil wir inzwischen ahnen oder wissen, wie fehleranfällig Wissenschaft ist, wie theorieimprägniert und paradigmengeleitet sie organisiert ist, sondern auch, weil nach einer Phase euphorischer Wissenschaftsbegeisterung die Begrenztheit wissenschaftlicher Welterklärung und -erfassung offen zutage liegt. Gleichwohl galt jahrzehntelang bei Psychoanalytikern die Produktion von »Einsicht« als das *sine qua non* einer analytischen Behandlung und als das oberste Ziel seelischer Gesundheit. Dementsprechend konnte Habermas (1968, 262) die Psychoanalyse »als das einzige greifbare Beispiel einer methodisch Selbstreflexion in Anspruch nehmenden Wissenschaft« bezeichnen.

Seit einigen Jahren gilt jedoch vielen Psychoanalytikern die Produktion von Wahrheit nicht mehr als Zielvorstellung einer psychoanalytischen Behandlung. Die Überzeugung, daß sich lediglich eine narrative Wahrheit erzielen lasse, ist an die Stelle derjenigen getreten, die an eine historische Wahrheit glaubt. Man bezweifelt, ob die Deutungen des Analytikers überhaupt jemals mit der Wirklichkeit des Patienten übereinstimmen können, was noch Freuds (GW XI, 473) erklärtes Ziel war. Vielmehr reiche es aus, wenn Deutungen ästhetischen Kriterien, z. B. der Stimmigkeit oder Kohärenz, genügen. Wichtiger als die Suche nach einer Übereinstimmung seien ohnehin ein neuartiges Beziehungserleben, emotional korrigierende Erfahrungen mit empathischen Selbstobjekten und überraschende Momente der Begegnung, in denen es zu Neukalibrierungen von Erfahrungsmustern komme.

Weitere Vorstellungen von Gesundheit: Vom neurotischen Elend zum ganz gewöhnlichen Unglück

Nur wenig bekannt und vermutlich auch nicht sehr beliebt ist eine Charakterisierung des Ziels einer analytischen Behandlung, die sich erstaunlicherweise bereits in einer frühen Schrift Freuds findet: die Verwandlung von hysterischem Elend »in gemeines Unglück«. Mit dieser enigmatischen Formulierung über das Ziel der psychoanalytischen Kur enden Freuds zusammen mit Breuer verfaßte *Studien über Hysterie*

(GW I, 312). Menschen müssen lernen, mit den realen Lebensumständen zu Rande zu kommen. Oftmals erwarten sie von einer analytischen Kur, daß sie zu neuen Menschen werden und ein ewiges Anrecht auf Glücklichsein erwerben. Aber es ist Freud zufolge schon viel erreicht und ein Anzeichen seelischer Gesundheit, wenn jemand die Welt, in der er lebt, realistisch wahrnehmen kann. »Depressiven Realismus« hat man diese Einstellung später genannt, weil sie den Betreffenden ohne Abwehr, irreführende Idealisierungen und Kinderträume die Realität so erfahren läßt, wie sie nun einmal ist: unberechenbar, voller Widersprüche und Ungerechtigkeiten, von äußerster Grausamkeit, aber auch hoffnungsvoll und ermutigend.

Psychische Gesundheit ist mit psychologischen Mitteln zu untersuchen

Entgegen der Versuchung, die für zahlreiche Biologen und Neurophysiologen gerade auch unserer Gegenwart darin besteht, Aussagen über psychisches Erleben in einer neurowissenschaftlichen Sprache zu formulieren, ohne dabei aber auf eine psychologische Sprache zu verzichten, versuchte Freud statt dessen ein genuin psychologisches bzw. tiefenpsychologisches Konzept auszuarbeiten. Mit seinem Anspruch, auf psychologischem Boden zu bleiben, widerstand er z. B. in der *Traumdeutung* oder in den *Drei Abhandlungen zur Sexualtheorie* dem Hang zum neurobiologischen Reduktionismus, der in einem wissenschaftsgläubigen Zeitalter mehr Prestige zu versprechen scheint als ein ausschließlich psychologisch geführter Diskurs. Dabei stand Freud als ausgebildeter Neuroanatom und -physiologe der naturwissenschaftlichen Betrachtungsweise keineswegs ablehnend gegenüber, im Gegenteil. Denn gelegentlich sprach er sogar die Hoffnung aus, seine neue Psychologie eines Tages neurobiologisch begründen und seelische Krankheiten auch medikamentös heilen zu können. Dennoch galt ihm Zeit seines Lebens die psychologische Konzeptualisierung psychischer Phänomene als gleichberechtigte Sache.

Gegen eine weit verbreitete psychologische Denk- und Introspektionsfaulheit beharrte Freud darauf, mit der psychoanalytischen Methode die vielfältigen Bedeutungen zu erforschen, die Menschen in ihren Beziehungen permanent erzeugen und die zu neurotischen Einschränkungen und Leidenszuständen führen. Angesichts aktueller Bestrebungen, psychische Gesundheit und Krankheit, wie schon im 19. Jh., neurowissenschaftlich im Gehirn zu verorten und den psychologischen und kulturellen Kontext

außer acht zu lassen, erscheint seine Einstellung nach wie vor als visionär.

Lebensziele und therapeutische Ziele – zur Rehabilitierung neurotischer Symptome

Die Frage nach der psychischen Gesundheit wurde im 20. Jh. von nahezu jedem psychoanalytischen Autor entsprechend seiner theoretischen Orientierung zu beantworten versucht (Sandler/Dreher 1999). Deutlich über Freuds ödipale Konfliktpathologie hinausgehend, wandten sich spätere Autoren lebensgeschichtlich frühen Traumatisierungen und Konflikten zu, etwa dem Grundkonflikt von Nähe, Bindung und Autonomie (Rudolf 2000). Frühe Traumatisierungen wirken sich beeinträchtigend auf die Entwicklung von strukturellen Fähigkeiten des Ichs aus, was wiederum die Verarbeitung von Konflikten erschwert. Zwar hielten spätere Generationen von Psychoanalytikern nach wie vor am Ziel der Einsicht und der Fähigkeit zur Selbstanalyse als Voraussetzung für seelische Gesundheit fest, räumten aber den sog. Lebenszielen oder therapeutischen Zielen einen zunehmend größeren Stellenwert ein. Damit erhielt auch die Heilung neurotischer Symptome eine größere Bedeutung. Psychische Gesundheit wurde nun stärker an Verhaltensmerkmalen festgemacht als am Streben nach Wahrheit. Mit der Konkretisierung dieser Merkmale von Gesundheit wurde freilich unvermeidlicherweise auch deren kulturelle und gesellschaftliche Bedingtheit offenkundig.

»Gesundheit« und »Krankheit« blieben auch nach Freud schwer zu fassende Kategorien

Die Kritik am weit verbreiteten medizinischen Krankheitsmodell bei der Diagnostik psychischer Gesundheit und Krankheit, die durch den sog. Labeling approach (vgl. Keupp 1972; Scheff 1972) in den 1970er Jahren angestoßen wurde, zeigte eine Nähe zu der Haltung Freuds, Gesundheit und Krankheit als polare Konzepte einander gegenüberzustellen. Im medizinischen Modell wird »abweichendes Verhalten« oder »Störung« als Abweichung von einem Apriori-Standard eines angeblich normalen und natürlichen Gesundheitszustandes aufgefaßt. Die Ursachen der als »Krankheit« diagnostizierten Befindlichkeit werden ins Individuum verlegt, ohne gegenwärtige oder vergangene Auslösebedingungen zu berücksichtigen. Sofern letzteres doch geschieht, bezeichnet man sie mit der nichtssagenden Formulierung »Stress«. Symptome werden als Ausdruck einer tieferliegenden Krankheitseinheit betrachtet, die letztlich auf endogene Faktoren biogenetischer Herkunft zurückzuführen sind. Bei der Suche nach einem pathologischen Substrat wird das soziale Beziehungsgefüge nicht mehr thematisiert, und die Bedeutung von gegenwärtigen und vergangenen Interaktionsprozessen bleibt völlig ausgeklammert. Diagnosen werden zu stigmatisierenden Zuschreibungsprozessen, die einen verhängnisvollen Kreislauf von Selbststigmatisierung, Übernahme der Krankenrolle und Unterwerfung unter das medizinische System zur Folge haben.

In der klinischen Psychologie gab man sich nicht mit als zu vage empfundenen Empfehlungen wie »Wo Es war, soll Ich werden« (GW XV, 86), zufrieden, sondern versuchte, auf diagnostischer und testtheoretischer Grundlage Kriterien für Gesundheit und Krankheit festzulegen. Es wurden Fragebögen entwickelt, um auf »objektiver« Basis »Neurotizismus«, »Ich-Resilienz«, »Depression«, »psychosoziales Wohlbefinden«, »Kohärenzerleben« u. a. m. als Faktoren psychischer Angepaßtheit zu diagnostizieren. Diese aufgrund von Selbsteinschätzung ermittelten Werte sollten die als zu subjektiv und fehleranfällig ermittelten Daten klinischer, vor allem aber psychodynamisch orientierter Diagnostiker ergänzen, wenn nicht sogar ersetzen. Eine kritische Analyse zeigt freilich, daß Menschen sich bezüglich ihrer Einschätzung täuschen können: Sie halten sich selbst für gesund, obwohl sie aus der Sicht eines Klinikers neurotisch sind oder eine Persönlichkeitsstörung aufweisen. Vielleicht existieren auf keinem anderen Gebiet derart viele unbewußte Selbsttäuschungen wie im Bereich von psychischer Gesundheit und Krankheit (Shedler u. a. 1993). Joyce McDougall (1989/1991) prägte den Ausdruck »Normopathie«, um damit Individuen zu charakterisieren, die eine panische Angst davor haben, als »unnormal« eingestuft zu werden, und sich durch ein hohes Maß an Verleugnung ihrer neurotischen Probleme auszeichnen. Die Nichtwahrnehmung und Nichtbenennbarkeit ihrer tatsächlich unbewußt vorhandenen Affekte können bei solchen Menschen zu massiven psychosomatischen Gefährdungen führen.

Sinnvoller als Methoden, bei denen Menschen sich z. B. hinsichtlich ihres Neurotizismus charakterisieren sollen, sind deshalb Fremdeinschätzungsverfahren, wie z. B. die *Operationalisierte Psychodynamische Diagnostik* (Arbeitskreis OPD 2000) und die darauf aufbauende *Heidelberger Umstrukturierungsskala* (HUSS; Rudolf u. a.. 2000) oder das von Clarkin u. a. (2002) entwickelte *Strukturelle Interview der Persönlichkeitsorganisation* (STIPO) zur Erfassung unterschiedlicher Niveaus der Persönlichkeitsstruk-

tur (neurotisch, borderline, psychotisch). Es ist an der Einschätzung der Identitätskonsolidierung, der interpersonellen Beziehungen, des Gebrauchs von Abwehrmechanismen und Anpassungsstrategien, des Umgangs mit Aggression, des Vorhandenseins sowie der Ausprägung moralischer Werte und der Qualität der Realitätsprüfung orientiert.

Alle diese diagnostischen Einschätzungskategorien bleiben aber im Rahmen eines Modells, in dem Abweichungen von einer als ideal definierten (nordamerikanischen/westeuropäischen) Norm (z. B. starke Abhängigkeit von anerkennenden Anderen ist »pathologischer« als eine geringere Abhängigkeit; verdrängen zu können ist »gesünder«, als spalten zu müssen) als Kriterium für Krankheit/Gesundheit gelten. Die Festlegung, wer oder was als gesund, krank oder pervers zu gelten hat, setzt sich auch weiterhin dem Verdacht aus, daß damit in erster Linie soziale Kontrolle gemeint ist. Betrachtet man z. B. die jahrzehntelange Einschätzung der Homosexualität als Perversion durch die nordamerikanische Psychoanalyse, wird die Kritik von Foucault (1961/1973) an der psychoanalytischen Diagnostik unmittelbar einsichtig. Der Diskurs über Gesundheit und Krankheit bleibt deshalb stets ein äußerst prekäres Unterfangen. Freuds Absicht, daß ein Analysand in der Kur der Wahrheit über sich selbst näherkommen könne und solle, ohne daß dabei vorschnell auf die Dichotomie von »Gesundheit« und »Krankheit« zurückgegriffen wird, ist insofern immer noch von aktueller Bedeutung.

Literatur

Arbeitskreis OPD (Hg.): *Operationalisierte psychodynamische Diagnostik. Grundlagen und Manual.* Bern 1996.

Clarkin, John, F./Eve Caligor/Barry Stern/Otto F. Kernberg: STIPO – Structural Interview of Personality Organization. New York: Unpublished manual, 2002.

Elms, A.C.: Der apokryphe Freud: Sigmund Freuds berühmteste »Zitate« und ihre wahren Quellen. In: *Luzifer-Amor* 18 (2005), 82–108.

Foucault, Michel: *Wahnsinn und Gesellschaft. Eine Geschichte des Wahns im Zeitalter der Vernunft.* Frankfurt a. M. 1973 (frz. 1961).

Habermas, Jürgen: *Erkenntnis und Interesse.* Frankfurt a. M. 1968.

Jung, Carl Gustav: Die Beziehungen der Psychotherapie zur Seelsorge [1932]. In: Ders.: *Zur Psychologie westlicher und östlicher Religion. Gesammelte Werke* Bd. XI. Olten 1948, 355–376.

Kätzel, Siegfried: Überlegungen zu einem »Freud-Dokument«. In: *Luzifer-Amor* 3 (1990), 164–167.

Keupp, Heiner: *Psychische Störungen als abweichendes Verhalten. Zur Soziogenese psychischer Störungen.* München 1972.

McDougall, Joyce: *Theater des Körpers.* München 1991 (engl. 1989).

Mertens, Wolfgang: *Einführung in die psychoanalytische Therapie* [1991]. Stuttgart 2005.

Mentzos, Stavros: *Neurotische Konfliktverarbeitung*. Frankfurt a. M. 1982.

Rudolf, Gerd: *Psychotherapeutische Medizin und Psychosomatik*. Stuttgart 2000.

– /Tilman Grande/Claudia Oberbracht: Die Heidelberger Umstrukturierungsskala. Ein Modell der Veränderung in psychoanalytischen Therapien und seine Operationalisierung in einer Schätzskala. In: *Psychotherapeut* 45 (2000), 237–246.

Sandler, Josef/Anna Ursula Dreher: *Was wollen die Psychoanalytiker? Das Problem der Ziele in der psychoanalytischen Behandlung*. Stuttgart 1999.

Scheff, Thomas: Die Rolle des psychisch Kranken und die Dynamik psychischer Störungen: Ein Bezugsrahmen für die Forschung. In: Heiner Keupp (Hg.): *Der Krankheitsmythos in der Psychopathologie*. München 1972, 136–156.

Shedler, Jonathan/Martin Mayman/Melvin Manis: The Illusion of Mental Health. In: *American Psychologist* 37 (1993), 1117–1131.

Wolfgang Mertens

6. Theater, Szene und Spiel

In Freuds Werk kommt dem Theater eine besondere Bedeutung zu, die sich allerdings dem systematischen Zugriff weitgehend entzieht. Offenkundig ist Freud bei der Entdeckung und methodischen Ausarbeitung der Psychoanalyse immer wieder auf Momente von Inszenierung und Schauspiel gestoßen. So sind in seiner Terminologie vielfältige Assoziationen zum Theater festgehalten und der psychoanalytischen Theorie zur weiteren Bearbeitung aufgegeben: Begriffe wie ›Szene‹, ›Schauplatz‹, ›Darstellung‹, ›Rolle‹ und ›Spiel‹ verweisen in unterschiedlichsten Kontexten auf das Theater und werfen über ihre argumentative und technische Funktion hinaus die Frage nach der Relevanz von Theater und Theatralität für Freuds Denken und für die Psychoanalyse insgesamt auf. Dabei geht es aber nicht bloß um einige Theatermetaphern, deren Aussage jeweils schon selbstverständlich wäre. Weite Teile der Freudschen Theorie oszillieren zwischen einem metaphorischen und einem ›eigentlichen‹ Bezug aufs Theater, stellen gerade diese Abgrenzung und mit ihr die kategorische Unterscheidung zwischen Fiktion und Wirklichkeit sowie eine strikte Trennung von ›normaler‹, künstlerischer und psychopathischer Phantasie in Frage. Um die Reflexion von Theateraspekten in Freuds Schriften zu skizzieren, wird daher auch der Wandlungsprozeß des modernen Theaters zu berücksichtigen sein und die bis heute anhaltende Auseinandersetzung des Theaters mit der Psychoanalyse. Von einer Auflösung tradierter Modelle von Bewußtsein und Subjektivität ging bereits die um 1890 einsetzende Krise des Dramas als literarischer Gattung aus. Die daraus resultierenden Neuansätze der »Theateravantgarden« haben dann vor allem die Ablösung des Theaters vom Primat des dramatischen Textes zugunsten neuer Formen von Körperinszenierung, Medialität und Performanz vorangetrieben. Erst im Kontext dieser Infragestellung des traditionellen Theaterbegriffs, wie ihn die Bürgerkultur des 18. und 19. Jh.s hervorgebracht hatte, wird die Tragweite der Wechselbeziehungen zwischen Theater und Psychoanalyse in Freuds Schriften absehbar.

Das Theater der Hysterie

Bereits die Anfänge von Freuds Auseinandersetzung mit psychisch bedingten Symptomen und Verhaltensweisen standen im Zeichen des Theaters. Sein folgenreicher Aufenthalt in Paris 1885/86, bei dem er in der Salpêtrière die Behandlungsmethoden von Jean-Martin Charcot studiert und im Theater die Darstellungskunst der berühmten Schauspielerin Sarah Bernhardt bewundert hat, machte ihn vertraut mit dem die ganze Epoche beherrschenden Phantasma der exaltierten unglücklich Liebenden. Die damals in Paris unternommenen Versuche, Hysterie als einheitlichen Krankheitskomplex zu erfassen und zu behandeln, waren bei den Patientinnen wie auch bei den Ärzten geprägt von Momenten der Inszenierung, der mimischen und mimetischen Hervorbringung eindrucksvoller Gesten und Posen. Darauf verweist Freud noch in dem 1913 erschienenen Artikel *Das Interesse an der Psychoanalyse*, worin er die Leistung der Psychoanalyse von Charcot abgrenzt, der die hysterischen Anfälle in »deskriptive Formeln« bannen wollte, und von Pierre Janet, der immerhin die in diesen Anfällen wirksame »unbewußte Vorstellung« erkannt habe: »die Psychoanalyse hat dargetan, daß sie mimische Darstellungen von erlebten und gedichteten Szenen sind, welche die Phantasie der Kranken beschäftigen, ohne ihnen bewußt zu werden. Durch Verdichtungen und Entstellungen der dargestellten Aktionen werden diese Pantomimen für den Zuschauer undurchsichtig gemacht« (GW VIII, 399). Mit dieser Beschreibung der Hysterie als einer obskuren theatralischen Aufführung unbewußter Szenen gibt Freud ein spektakuläres Beispiel dafür, wie vermeintlich bloß physiologisch erklärbare Phänomene als »psychische Akte« zu deuten sind. Absehbar wird damit zugleich die Problematik einer wissenschaftlichen Bezugnahme auf das ›darstellerische‹ Verhalten in der Hysterie. Um ihre vom mimischen Spiel untrennbaren Verschleierungsstrategien aufzudecken, bedarf auch der analytische Diskurs mimetischer Verfahren, welche die Darstellungen der kran-

ken Akteure als »Entstellungen« durchsichtig machen, wiederum *darstellen* sollen.

Weit über die Beobachtung der körperlichen
Selbstdarstellung der Patientinnen hinaus war Charcots Behandlungstechnik eine Inszenierung, die in
vieler Hinsicht als »Erfindung der Hysterie« zu bezeichnen ist (Didi-Huberman 1982/1995). In einem
Brief an seine Braut vergleicht Freud die Wirkung
Charcots auf ihn mit einer ästhetischen und szenischen Erfahrung: »Mein Hirn ist gesättigt wie nach
einem Theaterabend« (B, 189). Und in seinem Nachruf erwähnt er den öfters gegen den Pariser Arzt erhobenen »Vorwurf des Theatralischen« (GW I, 29).
Anlaß dafür war nicht nur Charcots Geschick, Patientinnen zu Demonstrationszwecken effektvoll zu
inszenieren, sondern auch seine Angewohnheit, ihre
›typischen‹ Gesten und Haltungen bei seinen Vorträgen nachzuahmen, die ästhetische Gestaltung dieses
Gestentheaters zu fördern und zu einem Repertoire
von Pathosformeln beizutragen. Die mit der Untersuchung der Hysterie eng verknüpfte Technik der
Hypnose wurde auf Theaterbühnen in ganz Europa
vorgeführt, noch bevor sie als Behandlungsmethode
zur Anwendung kam. Schon 1880 hatte Freud in
Wien eine solche Bühnenvorführung des berühmten
Hypnotiseurs Hansen besucht, die ihn von der
»Echtheit der hypnotischen Phänomene« überzeugte
(GW XIV, 40). Die plötzliche Zunahme von Hyste-
rie-Fällen um die Jahrhundertwende ging wohl auch
auf diese Mode der hypnotischen Auftritte zurück,
die ganz neue Möglichkeiten für ein mehr oder weniger öffentliches (Aus-)Agieren geschaffen hatte.
Später hat Freud das Agieren genauer definiert als
unbewußtes Ausleben eines Wiederholungszwangs,
wobei die Einbeziehung anderer, zumal des Analytikers im Prozeß der Übertragung, an die Stelle einer
bewußten Erinnerungsarbeit tritt (vgl. *Erinnern,
Wiederholen und Durcharbeiten*, GW X, 130 f.). Daß
sich gerade die Hysterie als übersteigertes theatrali-
sches Verhalten der analytischen Behandlung entziehen konnte, bemerkt Freud schon in den mit Josef
Breuer publizierten *Studien über Hysterie*. Im Gespräch mit einem anderen Arzt habe er die Resistenz
der Frau Emmy von N. einsehen müssen: »sie hatte
mit ihm – und noch vielen anderen Ärzten – dasselbe
Stück aufgeführt wie mit mir« (GW I, 162). So zeigt
sich im Kontext der Hysterie-Studien erstmals die
Ambivalenz in Freuds Haltung gegenüber Theater,
Mimesis und Spiel. Einerseits war er sich der täu-
schenden Macht von Verstellung, Vorstellung und
Darstellung (und damit ihrer ständigen Bedrohung
für die Behandlung und für das Ansehen der Psychoanalyse) voll bewußt. Andererseits blieb aber sowohl

die Einsicht in die theatralischen und performativen
Aspekte menschlichen Verhaltens als auch der Einsatz
von inszenatorischen Mitteln ein unverzichtbarer Bestandteil psychoanalytischer Technik und Theorie.

Katharsis und Spiel

Freud war auch vom Theater seiner Zeit beeinflußt.
Das zeigen seine häufigen Verweise nicht nur auf die
Dramen der Antike, auf Shakespeare und die deutsche Klassik, sondern ebenso auf zeitgenössische
Dramen, außerdem das Eingeständnis seiner »Doppelgängerscheu« gegenüber dem berühmten Schriftsteller und Theaterautor Arthur Schnitzler (vgl.
Worbs 1983, 179 ff.). Die von Jean Starobinski vorge-
schlagene Deutung, wonach Freuds scheinbare Verachtung der modernen Kunst und Literatur dazu
diente, als »Abwehrmechanismus« seine literarischen
Neigungen und die Angewiesenheit der Psychoanalyse auf die Darstellungsformen und Einsichten der
Dichter zu verschleiern (Starobinski 1970/1973, 99),
bleibt aufschlußreich für den Ort des Theaters in
Freuds Denken, für sein Interesse an der Darstellung
und Analyse von »Szenen«. (Auch dieser Begriff, den
Freud später vor allem auf den traumatischen Eindruck bei frühkindlichen Beobachtungen sexueller
Kontakte zwischen den Eltern anwendete, reicht in
die Zeit der Hysterie-Studien zurück. Zur »Urszene«
vgl. die *Geschichte einer infantilen Neurose*, GW XII,
65, aber auch den Brief an Fließ vom 2. Mai 1897, F,
253). Umgekehrt war die Rezeption der psychoanalytischen Schriften durch die Dichter seiner Zeit gerade im Hinblick auf die Darstellung unbewußter
Triebkonflikte im Theater fruchtbar – exemplarisch
bei Schnitzler wie bei Hugo von Hofmannsthal, der
seiner *Elektra*-Tragödie auf Anregung des Kritikers
und Dramatikers Hermann Bahr die *Studien über
Hysterie* zugrundelegte und damit die um 1900 in
Wien aufkommende Faszination für die Antike entscheidend geprägt hat. So wurde die »kathartische
Methode« der Hysterie-Behandlung über die Deutung des tragischen Konflikts als Wiederkehr des Verdrängten wieder zurückgeführt auf das Theater der
Tragödie. Daß Freud mit der Entdeckung des Ödipus-Komplexes auch seine Selbstanalyse in den Rahmen tragischer Erfahrung eingefügt hat, zeigt sein
Brief an Fließ vom 15. Oktober 1897, worin er erstmals – auch schon mit Blick auf Shakespeares *Hamlet*
– »die Verliebtheit in die Mutter und die Eifersucht
gegen den Vater [...] für ein allgemeines Ereignis
früher Kindheit« hält (F, 293). Wichtig für Freuds
Auffassung von Katharsis ist jedoch vor allem die
Neudeutung des aristotelischen Katharsis-Begriffs,

die Jacob Bernays (ein Onkel von Freuds Frau Martha) 1857 gegen die seit Lessing vorherrschende Idee einer moralischen Reinigung der Leidenschaften Furcht und Mitleid geltend gemacht hatte. Bernays verstand Katharsis eher als Reinigungsprozeß im physiologisch-medizinischen Sinne (vgl. Bernays 1970, VIf. und 9 ff.), woran Breuer und Freud anknüpfen konnten.

Freuds explizit dem Theater gewidmeter, 1906 entstandener Text *Psychopathische Personen auf der Bühne* (Nachtr., 655–661) bestimmt den Zweck des Schau-Spiels nicht nur im Hinblick auf Furcht und Mitleid, sondern zugleich als Erweckung von Lust durch eine Steigerung und Abfuhr von Affektspannungen. Die alte Frage, warum in der Tragödie gerade die Vorführung von Leiden Vergnügen bereiten könne, beantwortet Freud in der Tradition von Schillers Ästhetik mit dem *Spielcharakter* der Kunst und einer Distanzierung der in erster Linie seelischen Leiden des Helden vom Betrachter (ebd., 657). In diesem Sinne hat Freud mehrfach auch das Spielen von Kindern reflektiert, nicht nur als ein dem Tagtraum und der dichterischen Tätigkeit verwandtes Phantasieren, sondern als Wiederholung auch unangenehmer Szenen, deren einst passives Erleben »in die Aktivität des Spielens übergeht« (*Jenseits des Lustprinzips*, GW XIII, 14 f.). Ähnlich verwandelt die Tragödie die schmerzlichsten Eindrücke in ästhetischen Genuß, so daß eine gewisse Nähe von kindlichem Spielen und unbewußtem Agieren zur theatralen Aufführung absehbar wird, wenngleich die Funktion des Zuschauers jeweils eine andere ist. Im Kontext dieser anthropologischen Perspektive des Spiels steht bereits der Essay von 1906. So unterscheidet er die Typen des Dramas danach, ob sich der Kampf des Helden gegen die Götter (und die auch dem Drama zugrundeliegenden Opferriten), gegen soziale Institutionen oder gegen andere Helden richtet oder ob es um einen Konflikt konträrer Tendenzen im Seelenleben des Helden geht. Im engeren Sinne psychopathologisch sei erst das Drama, in dem sich unbewußte, verdrängte Regungen manifestieren könnten, was aber eine neurotische Disposition auch auf Seiten des Zuschauers erfordere. Demnach entscheiden über die Verwendbarkeit psychopathischer Charaktere auf der Bühne die *neurotische Labilität* des Publikums und die »Kunst des Dichters, Widerstände zu vermeiden und Vorlust zu geben«. Wichtig für das Spiel mit dem Abnormen im Theater ist dann vor allem, daß der neurotische Konflikt nicht schon als Faktum, sondern in der Entwicklung gezeigt wird, damit das Publikum in die Krankheit *versetzt* werden kann (ebd., 661).

Die latenten Triebkonflikte sollen »mit abgewandter Aufmerksamkeit« erfahren werden, so daß der Theaterbesucher »von Gefühlen ergriffen wird, anstatt sich Rechenschaft zu geben«. Bei dieser von Shakespeares *Hamlet* eröffneten Art des modernen Dramas bewirke das kollektive Durchleben der Neurose – als einer unbewußten Ersatzbefriedigung verdrängter infantiler Wünsche – die Funktion einer »Höherspannung« des psychischen Niveaus. Zur kathartischen Abreaktion der innerlichen Spannungen muß die Nähe zum Helden emotional erfaßt werden. Ähnlich aber wie Freud die Entwicklung der »eigentlichen Psychoanalyse« gerade als Ablösung von einer Methode der Katharsis verstand (GW XIV, 47), finden sich in seiner Auffassung des Theatervorgangs auch Momente, die gegen die Annahme eines bloß auf Einfühlung basierenden Vergnügens sprechen. So erwähnt er »Widerstände« gegen das Vorgeführte, mit denen der Dichter bei Mit-Leidenden rechnen muß. An seiner nüchternen Schilderung fällt außerdem auf, daß er im Hinblick auf das moderne Drama (wie auch sonst häufig) eher vom *Zuhörer* spricht. So kommt der Betrachter des Spiels als »Hörer« in den Blick, der eine gewisse Verantwortung für das Aufgeführte trägt, gerade wenn er sich damit identifiziert. Schon Freuds Beschreibung der für das Theater spezifischen »Illusion« hält fest, daß Identifikation nur in der Gewißheit möglich sei, daß auf der Bühne ein anderer handelt und daß es dabei um ein ungefährliches Spiel geht (Nachtr., 656). Zwar heißt es an anderer Stelle, anläßlich Shakespeares *Richard III.*, daß große Dichtungen durch Lücken in ihrer Motivierung unsere geistige Tätigkeit beschäftigen, so daß wir vom »kritischen Denken« abgelenkt würden (GW X, 369). Freud wollte sich aber auch und gerade bei Theaterstücken nicht damit abfinden, »daß ich ergriffen sein und dabei nicht wissen solle, warum ich es bin und was mich ergreift«, wie es in *Moses des Michelangelo* heißt (GW X, 172). So kommt zur kathartischen und regressiven Einfühlung immer wieder ein analytisches Moment, das die ›Ergriffenheit‹ durchkreuzt.

Die Spannung zwischen diesen beiden Aspekten der Theaterwahrnehmung bleibt ungelöst, wo Freud explizit Aufbau und Wirkung dramatischer Werke beschrieben hat, zumal in den Aufsätzen *Der Dichter und das Phantasieren*, *Das Motiv der Kästchenwahl* und *Einige Charaktertypen aus der psychoanalytischen Arbeit*. Weiter führen aber Freuds gelegentliche Hinweise auf Theaterbesuche in seinen Briefen, in denen er die eigenen Eindrücke und auch das Verhalten des Publikums eher unter soziologischen und anthropologischen Aspekten schildert. Da ist nicht nur von schauspielerischen Leistungen die Rede, sondern auch von Ablenkungen und Störungen der Wahrnehmung, von unerträglicher Hitze und Enge selbst auf teuren Plätzen. Daß Freud darauf öfters mit Migräne reagiert hat, muß nicht unbedingt auf ›Theatrophobie‹ schließen lassen (für die es im übrigen wenig Anhaltspunkte gibt), könnte aber auf gelegentliche Widerstände gegen übermäßiges Pathos hindeuten (vgl. B 176, 185, 199). Hat er sonst doch eher die *komischen* Seiten der Veranstaltung gewürdigt, eine zum Pathos ihrer Rolle mitunter quer stehende Körperlichkeit der Akteure und das respektlose Unterhaltungsbedürfnis des Publikums. Solche Wahrnehmungen lassen auch das szenische Spiel nicht mehr nur als ästhetische Einkleidung für unangenehme dichterische Wahrheiten erscheinen, sondern als eigenständige Realität. So bleibt Theater bei Freud nicht, wie gelegentlich behauptet wurde, auf eine Wirkungsästhetik der Tragödie beschränkt (vgl. Thoret 1988, e17), umfaßt zugleich Momente des Komischen und des kritischen Denkens. Was über den Rahmen der tragischen Katharsis hinausgeht, ist kaum aus dem Prinzip einer emotionalen Höherspannung durch Identifikation mit dem Leiden anderer zu erklären, deutet vielmehr auf eine Verknüpfung von aggressiven und affirmativen wie auch von kritischen und reflexiven Momenten im Verhalten des Betrachters. Vor diesem Hintergrund erweist sich schließlich auch die ›metaphorische‹ Bezugnahme auf Theateraspekte in Freuds Schriften weitaus vielschichtiger, als sie lange Zeit scheinen mochte (vgl. Conrad 2004, 105 ff.).

Darstellbarkeit und Inszenierung

Die *Traumdeutung*, deren Zitatfülle Freuds Beschäftigung mit der dramatischen Weltliteratur erstmals sichtbar gemacht hat (vgl. Worbs 1983, 91 f.), verwendet technische Begriffe, die eher indirekt auf die theatrale Repräsentation verweisen. So gilt als drittes Prinzip der Traumarbeit neben der Verdichtung und Verschiebung von psychischem Material die »Rücksicht auf Darstellbarkeit«. Durch seine Übersetzung des Begriffs mit »égard aux moyens de la mise en scène« hat Jacques Lacan den theatralen Aspekt des Traums betont, zugleich aber auf die Einbindung des Spiel-Moments in eine Logik der Schrift und des Signifikanten verwiesen (Lacan 1966, 511). Freud zufolge produziert die Traumarbeit eine »gegenwärtige Situation«, die gerade durch ihre visuelle Anschaulichkeit der Entstellung des latenten Traumgedankens dient (GW II/III, 538 ff.). Durch die Bildlichkeit, die Zensurfreiheit und den regressiven Charakter der

dargestellten Situationen wird ein »halluzinatorisches Erleben« ermöglicht (GW XI, 364 und 218) als eine Projektion von *Szenen*, in denen der Träumende »die Hauptrolle« spielt (GW X, 413; vgl. auch Meister 1991, 295 ff.). Diese Anlehnung an theatrale Vorgänge begegnet immer wieder in Freuds Traum-Diskurs, der selbst als eine Inszenierung erscheint, die immer nur Bruchstücke von Träumen preisgibt und dabei vor allem die Chancen und Aporien der Deutung vorführt. Auffällig ist in diesem Kontext, daß einer der am häufigsten und ausführlichsten besprochenen Träume einen *Theaterbesuch* darstellt: Die Träumerin befindet sich mit ihrem Mann in einem halbleeren Theater. Vor allem aus ihrem Ärger darüber, die Eintrittskarten zu früh und zu teuer gekauft zu haben, entfaltet Freud ihre Unzufriedenheit mit der voreilig geschlossenen Ehe (GW II/III, 419). Die *Vorlesungen zur Einführung in die Psychoanalyse* kommen mehrfach auf diesen Traum zurück, deuten das »Ins-Theater-Gehen« als Ersatzbildung fürs Heiraten, das damit die Form einer früheren Wunscherfüllung, der sexuell begründeten Schaulust, angenommen habe (vgl. GW XI, 122, 140, 227, 231). So führt die Deutung dieses Traums weit über den Argumentationskontext hinaus auf das ›Ansehen des Verbotenen‹ als Lust des Theaterzuschauers.

Die Bedeutung von Schau- und Exhibitionslust als zusammengehöriger Partialtriebe hat Freud in den *Drei Abhandlungen zur Sexualtheorie* skizziert (GW V, 66, 93 f.). Die libidinöse Besetzung des Sehens ist von daher immer in Zusammenhang zu denken mit der Lust oder auch der Angst davor, sich selbst (nicht nur die Sexualorgane, sondern den Körper insgesamt) auszustellen, zu zeigen. Diese Verknüpfung von aktiven und passiven Anteilen, Darstellung und Wahrnehmung, verweist aber gleichfalls auf das Theater, in dem sie trotz der äußerlich fixierten Positionen von Akteuren und Zuschauern jeweils auch auf der ›anderen Seite‹ eine wichtige Funktion hat: Im Theater wird nicht nur die Wunschvorstellung des Schauspielers, allein und restlos dem Blick des Publikums ausgesetzt zu sein, durch das Zusammenspiel mit anderen Akteuren gebrochen. Auch das voyeuristische Phantasma des Zuschauers, allein und selbst ungesehen ›ganz Auge‹ zu werden, erweist sich durch die spürbare Mit-Anwesenheit vieler anderer Zuschauer als Illusion. So sind gerade die Einsichten der Psychoanalyse in die szenische Bedingtheit von Eigen- und Fremdwahrnehmung sowie von Darstellung überhaupt geeignet, die Angewiesenheit des traditionellen bürgerlichen Theaters des 19. Jh.s auf Einfühlung und Voyeurismus aufzudecken. Freud selbst hat diese Konsequenz noch am ehesten reflektiert, wo er sich durch Theatereindrücke oder bei der Analyse von Träumen, Fehlleistungen und nicht zuletzt Witzen mit Momenten der komischen Bloßstellung des Illusionsapparates befaßt hat. Die Grenze dieser Reflexion liegt aber, ähnlich wie schon bei Charcot, gerade da, wo sich der theatrale Aufwand der psychoanalytischen Behandlung offenbart, bis hin zur technischen Anordnung, sich dem Blick des Patienten zu entziehen – zu sehen, ohne selbst gesehen zu werden (GW XIV, 53). Auf diese nicht immer eingestandene Nähe geht wohl auch die Ambivalenz in Freuds Einstellung gegenüber dem Theater zurück.

Daß nicht nur die modernen Dramatiker, sondern ebenso die Praxis der Inszenierung von der Psychoanalyse profitieren konnte (die ihrerseits dem Theater so viel zu verdanken hatte), konstatiert Freud in der *Psychopathologie des Alltagslebens*. Bei ihrem Auftritt in einem Ehebruchsdrama hätte die große Eleonora Duse durch das beiläufige Abstreifen des Eherings vor der Begegnung mit dem »Versucher« eine Symptomhandlung angebracht, »die so recht zeige, aus welcher Tiefe sie ihr Spiel heraufhole« (GW IV, 227). Die neuen Theaterformen aber, die über solche Formen der Anwendung psychoanalytischen Wissens hinaus seit den 1920er Jahren auch den theatralen Vorgang als solchen aufs Spiel zu setzen begannen, auch die Lust und Grausamkeit des Zuschauers explizit machten (hier seien nur Bertolt Brecht und Antonin Artaud genannt), hat Freud nicht mehr zur Kenntnis genommen – wenngleich er sich ihnen in manchen Punkten durchaus angenähert, ihren Theorien vorgearbeitet hat.

Daß eine explizit metaphorische Bezugnahme auf das Theater hilfreich sein kann, um eine therapeutische Auffassung der Subjektkonstitution zu formulieren, zeigen die Studien *Theater der Seele* und *Theater des Körpers* von Joyce McDougall (1982/1988 und 1989/1991). Samuel Weber hat jedoch geltend gemacht, daß der diesem Ansatz zugrundeliegende Begriff des autonomen, tätigen und seiner selbst gewissen Subjekts an der Komplexität von Freuds Theorie und an der Wirklichkeit des Theaters vorbeigeht (Weber 2004, 252 ff.). Gegen die auch bei McDougall zu beobachtende Tendenz, das Ich als Helden, Autor und Regisseur seines Spiels zu behandeln, hält Weber eine Polemik Freuds, der einst Alfred Adler vorgeworfen hat, dem Ich zuviel Macht eingeräumt zu haben, wo es bestenfalls *reagieren* kann: »Das Ich spielt dabei die lächerliche Rolle des dummen August im Zirkus, der den Zuschauern durch seine Gesten die Überzeugung beibringen will, daß sich alle Veränderungen in der Manege nur infolge seines Kommandos vollziehen« (GW X, 97). Der Vergleich erhellt

abermals, daß Freud ganz unterschiedliche Formen von Theatralität im Blick hatte, die – sei es in tragischer, sei es in komischer Perspektive – die Ohnmacht des Subjekts vorführen, die unvermeidliche Einsicht, »daß das Ich nicht Herr sei in seinem eigenen Haus« (GW XII, 11).

Gerade diese Erfahrung hat wesentlich dazu beigetragen, daß im Laufe des 20. Jh.s neue Theaterformen entstanden, die sich vom dramatischen Text emanzipiert haben, darüber hinaus aber auch auf Einfühlung und Rollenspiel weitgehend verzichten. Seit den Anfängen der Performance-Kunst in den 1950er Jahren sind die Theaterideen der historischen Avantgarden wieder aufgenommen worden, und inzwischen hat selbst die Auseinandersetzung mit dem Repertoire häufig Performance-Charakter. Goethes *Faust* beispielsweise, von Klaus Michael Grüber bereits 1975 in der Pariser Salpêtrière auf der Spur des Hysterie-Theaters inszeniert, ist seither immer weiter analysiert/zerlegt, der Part des tragischen Helden von mehreren Akteuren, im Chor oder gar vom Publikum aus gesprochen worden. Auch gegenwärtige Theorien von Theater und Performance beziehen sich häufig auf Freud und die Wirkungsgeschichte seiner Schriften (vgl. Campbell/Kear 2001). Schließlich haben sich seit 1980 zahlreiche internationale Theater-Projekte mit Freud befaßt (u. a. Robert Wilson: *The Life and Times of Sigmund Freud*, 1969, und Hélène Cixous: *Portrait de Dora*, 1978) oder an der Inszenierung von psychoanalytischen Fallbeispielen gearbeitet (Peter Brook: *L'homme qui . . .*, 1993, und *Je suis un phénomène*, 1999). Gerade solche Produktionen, die nicht bei einer therapeutischen Einfühlung in Konfliktsituationen (›Psychodrama‹) stehenbleiben, sondern das Theater insgesamt als Spiel mit der Situation von Akteuren und Zuschauern reflektieren, zeigen das vielfältige, durchaus auch kritische Potential der szenischen Auseinandersetzung mit Freuds Werk und dem Projekt der Psychoanalyse.

Literatur

Bernays, Jacob: *Grundzüge der verlorenen Abhandlung des Aristoteles über Wirkung der Tragödie* [1857]. Hg. von Karlfried Gründer. Hildesheim 1970.

Campbell, Patrick/Adrian Kear (Hg.): *Psychoanalysis and Performance*. London/New York 2001.

Conrad, Bettina: *Gelehrtentheater. Bühnenmetaphern in der Wissenschaftsgeschichte zwischen 1870 und 1914*. Tübingen 2004.

Didi-Huberman, Georges: *Erfindung der Hysterie. Die photographische Klinik von Jean-Martin Charcot*. München 1995 (frz. 1982).

Lacan, Jacques: L'instance de la lettre dans l'inconscient ou la raison depuis Freud. In: Ders.: *Écrits*. Paris 1966, 493–528.

McDougall, Joyce: *Theater der Seele*. München 1988 (frz. 1982).

–: *Theater des Körpers.* München 1991 (frz. 1989).

Meister, Monika: Die Zeichen des Traums und ihre szenische Repräsentation. In: *Maske und Kothurn* 37 (1991), H. 1–4, 295–310.

Starobinski, Jean: *Psychoanalyse und Literatur.* Frankfurt a. M. 1973 (frz. 1970).

Thoret, Yves: Place du théâtre dans l'Œuvre de Freud. In: *Degrés* 16 (1988) Nr. 56, e1–e20.

Weber, Samuel: Psychoanalysis and Theatricality. In: Ders.: *Theatricality as Medium.* New York 2004, 251–276.

Worbs, Michael: *Nervenkunst. Literatur und Psychoanalyse im Wien der Jahrhundertwende.* Frankfurt a. M. 1983.

Patrick Primavesi

IV. Rezeptions- und Wirkungsgeschichte

1. Psychoanalyse

1.1 Rezeption im deutschsprachigen Raum

Karl Abraham (1877–1925) war einer der frühesten Schüler Freuds und der erste Psychoanalytiker, der in Deutschland wirkte. Er hat ein umfangreiches wissenschaftliches Werk hinterlassen, das neben klinischen Arbeiten auch theoretische Schriften und solche zur angewandten Psychoanalyse umfaßt (Abraham 1982). Er differenzierte das Verständnis der prägenitalen Entwicklungsstufen und nutzte diese Einsichten zur Vertiefung des psychoanalytischen Psychoseverständnisses. Sowohl für die orale als auch für die anale Phase nahm er Stufungen vor: Abraham unterschied zwischen einer vorambivalenten oralen Saugestufe und einer oral-sadistischen Stufe, in der die Einverleibung mit Vernichtung assoziiert wird, sowie einer früheren analen Stufe, in der das Festhalten und Besitzen des Objekts, und einer späteren, in der die Ausstoßung des Objekts im Zentrum steht. Im Streit um die Laienanalyse stellte er sich eher gegen Freuds Auffassung, was diesen nicht hinderte, Abrahams bahnbrechende klinische Leistungen für die Psychoanalyse ohne Einschränkung zu würdigen (GW XIV, 564). Abraham war der Lehrer zahlreicher namhafter Analytiker, etwa Melanie Kleins.

Zwei weitere frühe Wegbegleiter Freuds waren Alfred Adler (1870–1937) und Carl Gustav Jung (1875–1961). Mit beiden kam es noch vor dem Ersten Weltkrieg zum Bruch. Während Adler die sog. Individualpsychologie begründete, aus der er die Libidotheorie eliminierte und an deren Stelle das individuelle Streben nach Geltung, Macht und Sicherheit setzte, kreierte Jung eine vage analytische Psychologie, die sich mehr mit Mythen und Symbolen befaßte als mit dem Unbewußten von Triebkonflikten. Nach scharfen Auseinandersetzungen mit Jung (vgl. F/J, 581 ff.), den Freud zunächst als seinen Kronprinzen eingesetzt hatte, und nach Jungs Demission als Präsident der Internationalen Psychoanalytischen Vereinigung (IPV) 1914 gründete Freud ein geheimes Komitee,

das die Geschicke der psychoanalytischen Bewegung lenken sollte. Seine Mitglieder waren Hanns Sachs (1881–1947), Ernest Jones (1879–1958), Karl Abraham, Otto Rank (1884–1939) und Sándor Ferenczi (1873–1933), später kam Max Eitingon (1881–1943) hinzu. Der vermögende Eitingon finanzierte nach dem Ende des Ersten Weltkriegs den Aufbau des Berliner Psychoanalytischen Instituts, der weltweit ersten Einrichtung dieser Art, die zugleich als Poliklinik und Ausbildungsstätte für angehende Psychoanalytiker fungierte. Hanns Sachs gilt als der erste professionelle Lehranalytiker der jungen psychoanalytischen Bewegung, auf ihn gehen die frühesten Regeln für eine standardisierte qualifizierte Ausbildung von Analytikern zurück (Lohmann 1991, 159 ff.). Noch in die Vorkriegszeit fällt die Gründung einer Reihe psychoanalytischer Zeitschriften: des *Jahrbuchs für psychoanalytische und psychopathologische Forschungen*, des *Zentralblatts für Psychoanalyse* und der *Imago*.

Sándor Ferenczi, wie Abraham und Jung Arzt, erweiterte die psychoanalytischen Konzeptionen um den *Versuch einer Genitaltheorie* (Ferenczi 1924), er verfaßte Schriften zur Technik der Psychoanalyse und eröffnete einen neuartigen, strukturellen Blick auf die Verführungstheorie Freuds. Sein Begriff der »Sprachverwirrung« zwischen Kindern und Erwachsenen als Verwirrung einer Sprache der Leidenschaft und einer Sprache der Zärtlichkeit (Ferenczi 1932/1972), unter den damaligen Freudianern höchst umkämpft, wurde Vorbereiter der allgemeinen Verführungstheorie von Jean Laplanche. Otto Rank, der sich Mitte der 1920er Jahre ebenfalls von Freud trennte, vertiefte das Konzept des »Familienromans« und prägte den Begriff des »Geburtstraumas« (Rank 1924/1998). Weitere wichtige Angehörige der ersten Generation von Freudianern in Deutschland, Österreich und der Schweiz waren Paul Federn, Viktor Tausk, Lou Andreas-Salomé und Helene Deutsch.

Das Werk Franz Alexanders (1891–1964) bildet einen Meilenstein beim Aufbau der psychosomatischen Medizin auf psychoanalytischer Grundlage. Er beschrieb die Zusammenhänge zwischen vegetativer Neurose, Konflikt und organischer Krankheit. Das Werk Thure von Uexkülls und die psychosomatischen Schriften Alexander Mitscherlichs fußen auf dieser Grundlage. Michael Balint (1896–1970) lenkte mit dem Konzept der primären Liebe die Aufmerksamkeit auf die frühe Mutter-Kind-Beziehung. Die sog. Grundstörung bezeichnet Fehlentwicklungen, die aus Defiziten und konflikthaften Einschränkungen dieser Primärerfahrung resultieren (Balint 1968/1970). Der Schweizer Psychiater Ludwig Binswanger (1881–1966) entwickelte die Daseinsanalyse. Siegfried Bernfeld (1892–1953), Otto Fenichel (1897–1950) und Wilhelm Reich (1897–1957) waren nicht zuletzt politisch engagierte Psychoanalytiker, die sich in unterschiedlichem Maße um die Zusammenführung von marxistischer Theorie und Psychoanalyse bemühten (vgl. Fenichel 1998). Bernfeld trat vor allem als Vermittler von Psychoanalyse und Pädagogik (Bernfeld 1925/1967), später als Freud-Biograph (Bernfeld/Cassirer Bernfeld 1981) hervor. Fenichels Neurosenlehre (Fenichel 1945/1974–1977) avancierte zum Klassiker des psychoanalytischen Verständnisses der Neurosen. Die kontroverseste Position bezog Reich, indem er neurotische Deformation, sexuelle Unterdrückung, autoritäre Erziehung und ökonomische Verhältnisse in einen historisch-materialistischen Zusammenhang zu bringen versuchte – was am Ende zu seinem Ausschluß aus der IPV führte. Es bleibt sein Verdienst, daß er mitten im Zeitalter faschistischer Massenbewegungen das Thema der regressiven Führer-Massen-Bindung auf die Tagesordnung setzte und damit die Freudsche Massenpsychologie (GW XIII, 71–161) politisch aktualisierte (Reich 1933/1971).

Anna Freud (1895–1982) gilt als Begründerin der Kinderpsychoanalyse. Mit ihrem Buch *Das Ich und die Abwehrmechanismen* (1936/1980) wurde ihre jüngste Tochter zur Theoretikerin und Vordenkerin der Ichpsychologie, deren eigentlicher Begründer Heinz Hartmann (1894–1970) war. Die Ichpsychologie beinhaltet eine Interessenverlagerung in der Betrachtung des psychischen Geschehens – weg von der Konfliktorientierung des Freudschen Ansatzes hin zum Anpassungsproblem, zu dessen Lösung das Ich mit seinen Funktionen den zentralen Beitrag liefert. Ichleistungen werden als primär und sekundär konfliktfreie Sphären betrachtet, ihre Entwicklung ist als allgemeine Entwicklungslehre formulierbar, wodurch die Psychoanalyse nicht zuletzt Anschluß an die akademische Psychologie fand. Ernst Kris, Rudolph Loewenstein und David Rapaport machten die Ichpsychologie zu einer einflußreichen, zeitweise dominan-

ten Strömung innerhalb der Psychoanalyse, vor allem in den Vereinigten Staaten, die nach dem Zweiten Weltkrieg auch die Freud-Rezeption im deutschsprachigen Raum zunächst stark beeinflußte.

Diese war durch den »Kulturbruch«, den der Sieg des Nationalsozialismus bedeutete, seit 1933 faktisch zum Stillstand gekommen. Die Ächtung Freuds und seines Werks sowie die Vertreibung und Emigration der jüdischen Analytiker aus Deutschland und Österreich führte zu einem verheerenden Aderlaß, der jahrzehntelang nicht kompensiert werden konnte (vgl. Lohmann 1984/1994; Lockot 1985; Cocks 1985). Erst in den 1960er und 70er Jahren gelang es der Restgruppe deutscher Freudianer, die sich seit etwa 1950 vor allem um Alexander Mitscherlich (1908–1982) und Margarete Mitscherlich-Nielsen geschart hatten, Freuds Psychoanalyse ins öffentliche Bewußtsein zurückzuholen und Anschluß an den internationalen Standard zu finden (Kurzweil 1993, 386 ff.). In diesem Prozeß der Wiederaneignung der Freudschen Psychoanalyse spielte die von Mitscherlich 1947 mitgegründete Zeitschrift *Psyche* eine wichtige Rolle (Lohmann 1996), ebenso die Tatsache, daß der Frankfurter S. Fischer Verlag 1960 die deutschsprachigen Rechte am Freudschen Werk erwarb und für dessen Verbreitung sorgte. Die Unterstützung, die die Freudianer durch die aus der amerikanischen Emigration zurückgekehrten führenden Köpfe der später sog. Frankfurter Schule, vorab Max Horkheimer und Theodor W. Adorno, erfuhren, trug nicht unwesentlich zum Erfolg des Unternehmens bei.

Vermutlich hat die Erfahrung der gewaltsamen Vertreibung der Psychoanalyse aus Deutschland, freilich auch die Renaissance marxistischen Denkens in den 1960er und 70er Jahren, erheblich dazu beigetragen, daß nicht wenige Vertreter der deutschsprachigen Psychoanalyse ungewöhnlich offen waren für politische und gesellschaftstheoretische Fragestellungen – offener jedenfalls als der angelsächsisch geprägte psychoanalytische *Mainstream*. So nimmt es nicht wunder, daß kulturspezifische Persönlichkeitsstrukturen und Charakterformationen in den Mittelpunkt des Interesses rückten. Dem freudomarxistischen Ansatz verbunden, begründete der ebenfalls in die USA emigrierte Sozialphilosoph Erich Fromm (1900–1980) die Neo-Psychoanalyse. Hierbei handelt es sich um eine soziologisch-philosophische Neuformulierung der psychoanalytischen Theorie. Das Individuum gilt als sozial bestimmtes, es entwickelt sich in Interaktion mit sozialen Institutionen, vor allem der Familie (Fromm 1936/1970). Im Gegenzug wird die Triebtheorie aufgegeben, und der Ödipuskomplex erscheint jetzt als Produkt vaterrechtlich verfaßter Gesellschaften und als Ausdruck eines Autoritätskonflikts. Fromms Theorien waren außerordentlich publikumswirksam und übten starken Einfluß auf Autoren wie Karen Horney, Harry Stack Sullivan und Gordon Allport aus.

Herbert Marcuse, wie Fromm Sozialphilosoph und einer der Hauptvertreter der Frankfurter Schule, wies Fromms Theorieansatz entschieden zurück, indem er darauf pochte, daß eine soziologische Orientierung nicht die Triebthematik verdrängen dürfe, da Freuds triebtheoretisches Denken zumindest implizit eine gesellschaftstheoretische Tiefendimension enthalte (Marcuse 1955/1970). Im Umkreis des wiedererstandenen Freudomarxismus, der z. T. an die Debatten aus den Jahren vor 1933 anknüpfte, trat eine neue Generation von Freudianern auf den Plan, die mit Reimut Reiche (*Sexualität und Klassenkampf*, 1968/1971) und Helmut Dahmer (*Libido und Gesellschaft*, 1973/1982) die Verbindung von Freudscher Triebtheorie und marxistisch inspirierter Gesellschaftstheorie zu forcieren trachtete.

Quer zu dieser Tendenz, wenn ihr auch nicht völlig fremd gegenüber, stand das Werk Alexander Mitscherlichs. Die Titel seiner wichtigsten Publikationen – *Auf dem Weg zur vaterlosen Gesellschaft* (1963), *Die Unwirtlichkeit unserer Städte* (1965) und *Die Unfähigkeit zu trauern* (1967, zusammen mit Margarete Mitscherlich) – signalisierten einerseits eine deutliche Orientierung an den traumatisierenden politischen und gesellschaftlichen Erfahrungen der jüngsten deutschen Geschichte, machten aber andererseits keine Konzessionen an den freudomarxistischen Diskurs. Mitscherlichs Werk blieb ein Solitär ohne längerfristige Wirkung (Lohmann 1987), ausgenommen seine psychosomatischen Arbeiten (Mitscherlich 1966/1967), während Margarete Mitscherlichs Hinwendung zum Feminismus der 1970er und 80er Jahre, den sie mit psychoanalytischen Versatzstücken ausstattete, anhaltenden öffentlichen Widerhall fand (Kutter 1989/2000, 56).

Treue zur Freudschen Triebtheorie zeichnet das Werk Alfred Lorenzers aus. Im Rahmen eines historisch-materialistischen Konzepts versuchte er, der Triebbestimmtheit des Subjekts Rechnung zu tragen. Das Triebgefüge sollte in den Schnittpunkt der einerseits organismisch-biologischen und andererseits kulturell-sozialen Determiniertheit des Menschen gerückt werden. Um dieses Programm einer kritischen Theorie des Subjekts einzulösen, bearbeitete Lorenzer eine große Bandbreite theoretischer und kulturwissenschaftlicher Fragestellungen: Sie reichen von der Konstruktion einer materialistischen Sozialisationstheorie bis hin zu einer wissenschaftstheoreti-

schen Auseinandersetzung mit der Psychoanalyse, in der diese als Tiefenhermeneutik Darstellung findet (Lorenzer 1974). In die Nähe von Lorenzers sozialisationstheoretischen und -kritischen Anstrengungen gehören vor allem die Arbeiten Klaus Horns zu einer kritischen Theorie des Subjekts (Kutter 1989/2000, 37 ff.). Hermann Argelander (1972) führte im klinischen Feld den Begriff der »Szene« und des »szenischen Verstehens« ein, den sich auch Lorenzer zunutze machte. Wolfgang Lochs (1967) Arbeiten galten nicht zuletzt einer philosophischen Grundierung der Psychoanalyse. Große Popularität auf dem Gebiet der Sozialpsychologie erlangte Horst Eberhard Richter mit seinen auflagenstarken Büchern, die freilich nicht selten dem verbreiteten öffentlichen Bedürfnis nach »Sinnorientierung« und »Lebenshilfe« entgegenkamen und deshalb der Psychoanalyse Freuds nur noch äußerlich verpflichtet waren.

Die Schweizer Psychoanalytiker Fritz Morgenthaler, Paul Parin, Goldy Parin-Matthèy und Mario Erdheim erweiterten die Freud-Rezeption im deutschsprachigen Bereich um die ethnologische bzw. ethnopsychoanalytische Perspektive. Durch die Einbeziehung des »Fremden« und eines kulturellen Unbewußten in den freudianischen Diskurs wurde dieser um eine Dimension bereichert, die der Psychoanalyse bis dahin weitgehend verschlossen war (Kurzweil 1993, 395 f.). Nicht zuletzt der dezidiert politische Ton, den die Schweizer anschlugen, machte sie zu Verbündeten der linken deutschen Freudianer um Helmut Dahmer und Hans-Martin Lohmann (vgl. Lohmann 1983/1985; 1984/1986; Kurzweil 1993, 397 ff.).

Eine singuläre Stellung innerhalb der deutschsprachigen Psychoanalyse nimmt die Psychoanalytikerin und Freud-Forscherin Ilse Grubrich-Simitis ein, die sich vor allem um die kritische Edition der Schriften und Briefwechsel Freuds verdient gemacht hat. Durch ihre bis heute bei weitem nicht abgeschlossene Arbeit – deren Ziel und »Ideal« eine Gesamtausgabe der Freudschen Schriften ist, die den strengen Maßstäben einer historisch-kritischen Edition genügt (Grubrich-Simitis 1993, 303 ff.; vgl. auch Nachtr., 27) – hat sie maßgeblich dazu beigetragen, daß das beklagenswert niedrige Niveau, auf dem Freuds Werk im deutschen Original lange verharrte, zumindest partiell überwunden werden konnte.

Im übrigen war und ist die Freud-Rezeption im deutschsprachigen Raum durch wechselnde Moden und Einflüsse determiniert. War es in den 1950er und 60er Jahren vor allem die Ichpsychologie, die den Freudianismus prägte, so folgten in den 1970er und 80er Jahren die Selbstpsychologie Heinz Kohuts und die Objektbeziehungstheorien Donald W. Winnicotts, Margaret Mahlers und Otto F. Kernbergs als diskursbeherrschende Theorien. Von bis heute wegweisender Bedeutung für die deutschsprachige Psychoanalyse ist das Werk Melanie Kleins (1882–1960). Die Kinderanalytikerin, die in mehrfacher Hinsicht als Antipodin Anna Freuds gelten kann (vgl. King/Steiner 1991/2000), hat eine ganze Anzahl neuer Konzepte in die psychoanalytische Diskussion eingeführt. Kleins Entwicklungslehre orientiert sich an der Modalität von Objektbeziehungen. Sie unterscheidet eine paranoid-schizoide von einer depressiven Position. In der paranoid-schizoiden Position erscheint das Objekt als Partialobjekt, was in erster Linie die Brust betrifft, die als gespaltenes Objekt, als gute und böse Brust auftritt. In dieser Position des Subjekts herrscht persekutorische Angst, die durch Introjektion und Projektion abgewehrt wird. Mit der zunehmenden Fähigkeit, das Objekt als ganzes zu erfassen und die Spaltung zu vermindern, tritt eine depressive Angst um das Objekt in den Vordergrund und fördert die Hemmung der Aggressivität sowie die stabilere Besetzung des Objekts und dessen Verinnerlichung.

Lothar Bayer/Hans-Martin Lohmann

Editionen von Freuds Werken

Freud war ein Mann des Buches und durch den 1919 von ihm gegründeten Internationalen Psychoanalytischen Verlag sogar fast ein Verleger. Neben vielen Einzelausgaben seiner Texte erschien dort auch seine erste Gesamtausgabe, die *Gesammelten Schriften* (Freud 1924–1934). Sie war unter dem Eindruck von Freuds Krebserkrankung 1923 geplant worden und sollte zunächst zehn Bände umfassen. Da er jedoch produktiv blieb, kamen bis 1934 noch zwei weitere Bände hinzu. Es handelt sich nicht um eine kritische Edition. Eine gewisse Zufälligkeit der Gliederung der Bände 11 und 12 ist die Folge ihrer nachträglichen Entstehung. Die zusammenhängend konzipierten Bände 1 bis 10 sind nach Themen geordnet, kritischer Kommentar und editorischer Apparat auf ein Minimum beschränkt. Die einzige komplexe editorische Entscheidung, von Freud selbst getroffen, betrifft die *Traumdeutung*: Band 2 präsentiert den Wortlaut der Erstausgabe des Opus magnum, wohingegen in Band 3 die zahlreichen, teils umfangreichen Ergänzungen zu den späteren Auflagen vorgelegt werden.

Bald nach seiner Emigration nach London hatte Freud 1939, als Nachfolge-Institution des von den Nationalsozialisten aufgelösten Internationalen Psychoanalytischen Verlags, die Imago Publishing Company gegründet. Hauptziel war, unter Mitwirkung von Marie Bonaparte, die Rettung der Wiener Gesamtausgabe, der *Gesammelten Schriften*, in der verwandelten Gestalt der auf achtzehn Bände geplanten *Gesammelten Werke*. Es war eine imposante Widerstandsgeste gegen Terror und Verfolgung, das Œuvre im Exil in »der geliebten Muttersprache« (GW X, 328) komplett verfügbar halten zu wollen. Band 1 bis 17 dieser zweiten Gesamtausgabe erschienen, nach Freuds Tod, zwischen 1940 und 1952. Das Manuskript des als Band 18 vorgesehenen *Gesamtregisters* gelangte jedoch nicht mehr zum Druck, ehe Imago Publishing Company 1961 aufgelöst wurde. Als der Frankfurter S. Fischer Verlag 1960 die Freud-Rechte erwarb, übernahm er neben dem Registermanuskript auch die Buchbestände der *Gesammelten Werke*. Wie im Falle der *Gesammelten Schriften* handelt es sich bei den Bänden 1 bis 17 nicht um eine kritische Edition; der editorische Apparat ist wiederum auf ein Minimum beschränkt. Manche Unzulänglichkeit ist nicht zuletzt Folge der erschwerten Arbeitsbedingungen in Kriegs- und unmittelbarer Nachkriegszeit. Im Unterschied zur Wiener Gesamtausgabe sind die Bände chronologisch geordnet. Die *Traumdeutung* wird in Gestalt ihrer achten, der letzten zu Freuds Lebzeiten erschienenen Auflage, also samt den integrierten Zusätzen, präsentiert. Das Manuskript des *Gesamtregisters* wurde im S. Fischer Verlag grundlegend überarbeitet und erschien 1968 als das bis zum damaligen Zeitpunkt überhaupt erste Freud-Gesamtregister. In dem 1987 veröffentlichten unnumerierten *Nachtragsband* zu den *Gesammelten Werken* wurden schließlich alle jene psychologisch-psychoanalytischen Texte gesammelt und mit einem umfangreichen kritischen Apparat versehen, die aus verschiedenen Gründen in den siebzehn Bänden fehlen, darunter Schriften, die erst später auftauchten, wie die »Übersicht der Übertragungsneurosen« (GW Nachtr., 634–651), und welche teils sogar in der *Standard Edition of the Complete Psychological Works of Sigmund Freud*, der von James Strachey edierten englischen Gesamtausgabe, nicht enthalten waren. Inklusive *Nachtragsband*, der thematisch gegliedert ist, innerhalb der Themenblöcke aber gleichfalls der Chronologie folgt, verkörpern die *Gesammelten Werke* die bis heute umfassendste Präsentation des Œuvres in der Originalsprache.

Die *Studienausgabe*, die erstmals zwischen 1969 und 1975 erschien, umfaßt zehn Bände und einen unnumerierten *Ergänzungsband*. Sie ist thematisch gegliedert. Sofern sie nicht ein einzelnes umfangreiches Werk präsentieren, gilt innerhalb der Bände, die jeweils mehrere Schriften zu einem bestimmten Thema sammeln, die chronologische Reihenfolge. Die *Studienausgabe* ist die bislang einzige Edition in der Originalsprache, die insgesamt mit einem umfangreichen kritischen Apparat ausgestattet ist. Neben neu hinzugefügten Passagen übernimmt der editorische Kommentar wesentliche Teile des für die *Standard Edition* verfaßten Apparats. U. a. wurden zahlreiche Revisionen, die Freud zumal an seinen Hauptwerken, etwa der *Traumdeutung* oder den *Drei Abhandlungen zur Sexualtheorie*, bei Neuauflagen vorzunehmen pflegte, also die sog. Druckvarianten, rekonstruiert, datiert und kenntlich gemacht. Mehr als zwei Drittel der in der *Standard Edition* vorgelegten Freud-Texte sind auch in der *Studienausgabe* enthalten. Anläßlich von Freuds 50. Todesjahr erschien 1989 eine revidierte und aktualisierte Neuausgabe dieser kritischen Edition. Zugleich wurde, unter dem neuen Titel *Freud-Bibliographie mit Werkkonkordanz*, die der *Studienausgabe* von Beginn an angegliederte *Sigmund Freud-Konkordanz und -Gesamtbibliographie* in erweiterter Fassung veröffentlicht, ein inzwischen auch international benutztes bibliographisches Arbeitsinstrument. An der großen Freud-Rezeption der 1970er Jahre, in der es in der BRD, nach dem vom NS-Regime verursachten Bruch in seiner Wirkungsgeschichte, zu einer Neuentdeckung des Œuvres kam, hatte die *Studienausgabe* entscheidenden Anteil.

Eine elementare, thematisch gegliederte und didaktisch kommentierte Einführung in Freuds Werk bietet seit 1978 die *Werkausgabe in zwei Bänden*, zuerst als gebundene Edition veröffentlicht, seit 2006 in Taschenbuchform. Gleichfalls in dieser Ausstattung wird seit 1991 in der Edition *Sigmund Freud · Werke im Taschenbuch* in insgesamt achtundzwanzig Bänden der Großteil des Freudschen Œuvres, in thematischer Gliederung, auf der Basis des GW-Wortlauts, angeboten, freilich zusätzlich ausgestattet mit Begleittexten, in welchen zeitgenössische Wissenschaftler die präsentierten Freud-Schriften mit der Psychoanalyse der Gegenwart verbinden.

Freud war kein Autor, der für die Schublade schrieb. Fast alle seine Texte sind unter seiner Aufsicht zu Lebzeiten veröffentlicht worden. Er hat sein Werk also in respektgebietend klarer, abgeschlossener Form hinterlassen. Wenn heute geklagt wird, es gäbe in der Originalsprache noch keine historisch-kritische Gesamtausgabe, so wird mitunter der Eindruck erweckt, das psychoanalytische Œuvre als solches sei gar nicht vollständig zugänglich. Dies ist unzutreffend. Überdies liegen in Gestalt der *Studienausgabe* und des umfangreichen *Nachtragsband*es der *Gesam-*

melten Werke weit mehr als zwei Drittel dieses Werkbereichs auch in solider kritischer Edition vor.

Bei einer Bewertung der Lage ist die historische Tatsache zu berücksichtigen, daß, als Freud 1938 ins Londoner Exil ging, die Editionsinitiative hinsichtlich seines Œuvres gleichsam mitemigrierte. James Strachey und seine Helfer haben dann im Kontext ihrer Arbeit an der *Standard Edition* seit den späten 1940er Jahren eine Editionskultur entwickelt, für die es in den 1960er Jahren, als der S. Fischer Verlag Freuds Werk in den deutschen Sprachraum zurückholte, hierzulande keine Entsprechung gab. So kam es zu der paradoxen Situation, daß die ersten deutschsprachigen kritischen Editionen der Werke, die *Studienausgabe* sowie der GW-*Nachtragsband*, ohne die Mitwirkung englischsprachiger Editoren nicht hätten entstehen können. Allerdings wurden in diesen Editionen bereits viele zusätzliche Bausteine für eine zukünftige historisch-kritische Gesamtausgabe zusammengetragen. Um nur zwei zu nennen: der *Nachtragsband* enthält neue und verbesserte Transkriptionen des »Entwurfs einer Psychologie« sowie der Originalnotizen über den Fall des »Rattenmannes«. Erwähnenswert ist, daß nun, in umgekehrter Kooperationsrichtung, viele dieser im deutschen Sprachraum erarbeiteten Bausteine in die vor dem Abschluß stehende *Revised Standard Edition* eingefügt werden.

Unterdessen ist als Eröffnung einer neuen Phase in der Geschichte der deutschsprachigen Freud-Editionen der Weg zu einer umfassenden historisch-kritischen Ausgabe gebahnt worden (Grubrich-Simitis 1993): Hierzu gehörte die detaillierte Rekonstruktion der ersten drei Phasen (Wien, bis 1938; London, 1938–1960, Frankfurt, seit 1960). Eine innovative Erforschung in der Library of Congress, Washington, aufbewahrten Handschriften Freuds eröffnete zudem erstmals Einblicke in die drei Stufen seines kreativen Prozesses (Notizen, Entwürfe, Reinschriften) sowie in den Reichtum der Entstehungsvarianten. Es zeigte sich ferner, daß von einigen Werken, z. B. *Jenseits des Lustprinzips*, nicht veröffentlichte, bislang unbekannte Erstfassungen überliefert sind usw. (Übrigens fällt auf, daß diese Forschungen über den arbeitenden Freud im fremdsprachigen Ausland, bei Psychoanalytikern wie bei Germanisten, auf wacheres Interesse stoßen als im deutschsprachigen Bereich.) Doch ist schon jetzt davon auszugehen, daß, bei aller Zunahme an Differenzierung, durch solche Funde und ihre editorische Verarbeitung die Kontur des Œuvres und das Bild des Autors sich nicht grundstürzend verändern werden. Der im letzten Teil des Buches von Grubrich-Simitis veröffentlichen

Skizze für eine zukünftige deutschsprachige historisch-kritische Gesamtausgabe zufolge würde diese umfassender sein als die *Standard Edition*, weil die vorwiegend neurowissenschaftlichen Frühschriften und zumindest die zentralen Konvolute des gewaltigen Brief-Korpus einzubeziehen wären. Auch hätte man die aussagekräftigen Entstehungsvarianten und frühen Textstufen zu berücksichtigen usw. Nicht zuletzt wurden im Kontext jener Skizze die Prinzipien reflektiert, welche die editorische Arbeit leiten könnten, sowie Mutmaßungen über Ergebnisse und Wirkung einer solchen neuen Gesamtausgabe angestellt. Deren Verwirklichung freilich bleibt eine Aufgabe der Zukunft. Und es ist festzuhalten: solange die in London entstandenen *Gesammelten Werke* nach wie vor die umfassendste deutschsprachige Edition sind, ist der Autor Sigmund Freud gleichsam nicht aus dem Exil zurückgekehrt.

Ilse Grubrich-Simitis

Werkausgaben

Gesammelte Schriften (12 Bde.). Bde. 1, 2, 3, 6, 9, 11 hg. von Anna Freud und A. J. Storfer; Bde. 4, 5, 7, 8, 10 hg. von Anna Freud, Otto Rank und A. J. Storfer; Bd. 12 hg. von Anna Freud und Robert Wälder. Wien 1924–34.

Gesammelte Werke (18 Bde. und unnummerierter *Nachtragsband*). Bde. 1–8, 10–14, 16, 17 hg. von Anna Freud, Edward Bibring, Willi Hoffer, Ernst Kris und Otto Isakower; Bde. 9, 15 hg. von Anna Freud, Edward Bibring und Ernst Kris; Bd. 18 (*Gesamtregister*, zusammengestellt von Lilla Veszy-Wagner) hg. von Anna Freud und Willi Hoffer; *Nachtragsband* hg. von Angela Richards, unter Mitwirkung von Ilse Grubrich-Simitis. Bde. 1–17 London 1940–52 (seit 1960 Frankfurt a. M.); Bd. 18 Frankfurt a. M. 1968; *Nachtragsband* Frankfurt a. M. 1987.

Studienausgabe (10 Bde. und unnummerierter *Ergänzungsband*). Bde. 1–10 hg. von Alexander Mitscherlich, Angela Richards und James Strachey; *Ergänzungsband* hg. von Alexander Mitscherlich, Angela Richards, James Strachey und Ilse Grubrich-Simitis. Frankfurt a. M. 1969–75.

Werkausgabe in zwei Bänden. Hg. von Anna Freud und Ilse Grubrich-Simitis. Frankfurt a. M. 1978; Nachdr. 2006.

Sigmund Freud · Werke im Taschenbuch (28 Bde.). Hg. von Ilse Grubrich-Simitis. Frankfurt a. M. seit 1991.

The Standard Edition of the Complete Psychological Works of Sigmund Freud (24 Bde.). Hg. von James Strachey in Zusammenarbeit mit Anna Freud, Alix Strachey und Alan Tyson, unter Mitwirkung von Angela Richards; Bd. 24 (*Indexes and Bibliographies*) zusammengestellt von Angela Richards. London 1953–74.

Sigmund Freud-Konkordanz und -Gesamtbibliographie. Zusammengestellt von Ingeborg Meyer-Palmedo. Frankfurt a. M. 1975. Erw. Aufl.: *Freud-Bibliographie mit Werkkonkordanz*. Bearbeitet von Ingeborg Meyer-Palmedo und Gerhard Fichtner. Frankfurt a. M. 1989; neuerlich verb. und erw. Aufl. 1999.

Literatur

Abraham, Karl: *Gesammelte Schriften in zwei Bänden*. Hg. von Johannes Cremerius. Frankfurt a. M. 1982.

Alexander, Franz: *Psychotherapeutische Medizin*. Berlin 1951.

Andreas-Salomé, Lou: *In der Schule bei Freud. Tagebuch eines Jahres (1912/1913)* [1958]. Hg. von Ernst Pfeiffer. Frankfurt a. M./Berlin/Wien 1983.

Argelander, Hermann: *Der Flieger. Eine charakteranalytische Fallstudie*. Frankfurt a. M. 1972.

Balint, Michael: *Therapeutische Aspekte der Regression. Die Theorie der Grundstörung*. Stuttgart 1970 (engl. 1968).

Bernfeld, Siegfried: *Sisyphos oder über die Grenzen der Erziehung* [1925]. Frankfurt a. M. 1967.

– /Suzanne Cassirer Bernfeld: *Bausteine der Freud-Biographik*. Hg. von Ilse Grubrich-Simitis. Frankfurt a. M. 1981.

Cocks, Geoffrey: *Psychotherapy in the Third Reich. The Göring Institute*. New York/Oxford 1985.

Dahmer, Helmut: *Libido und Gesellschaft. Studien über Freud und die Freudsche Linke* [1973]. Frankfurt a. M. 1982.

– (Hg.): *Analytische Sozialpsychologie*. Frankfurt a. M. 1980.

Erdheim, Mario: *Die gesellschaftliche Produktion von Unbewußtheit. Eine Einführung in den ethnopsychoanalytischen Prozeß*. Frankfurt a. M. 1982.

Fenichel, Otto: *Psychoanalytische Neurosenlehre*. Freiburg/Olten 1974–1977 (engl. 1945).

–: *119 Rundbriefe (1934–1945)*. Hg. von Elke Mühlleitner und Johannes Reichmayr. Frankfurt a. M./Basel 1998.

Ferenczi, Sándor: *Versuch einer Genitaltheorie*. Leipzig/Wien/Zürich 1924.

–: Sprachverwirrung zwischen dem Erwachsenen und dem Kind. Die Sprache der Zärtlichkeit und der Leidenschaft [1932]. In: Ders.: *Schriften*. Bd. 2. Hg. von Michael Balint. Frankfurt a. M. 1972, 303–313.

–: *Ohne Sympathie keine Heilung. Das klinische Tagebuch von 1932*. Hg. von Judith Dupont. Frankfurt a. M. 1988 (frz. 1985).

Freud, Anna: *Das Ich und die Abwehrmechanismen* [1936]. In: *Die Schriften der Anna Freud*, Bd. 1. München 1980, 191–355.

Fromm, Erich: Autorität und Familie. Sozialpsychologischer Teil [1936]. In: Hans-Peter Gente (Hg.): *Marxismus, Psychoanalyse, Sexpol*. Bd. 1. Frankfurt a. M. 1970, 251–306.

–: *Analytische Sozialpsychologie und Gesellschaftstheorie*. Frankfurt a. M. 1970.

Grubrich-Simitis, Ilse: *Zurück zu Freuds Texten. Stumme Dokumente sprechen machen*. Frankfurt a. M. 1993.

Kernberg, Otto F.: *Borderline-Störungen und pathologischer Narzißmus*. Frankfurt a. M. 1978 (engl. 1975).

King, Pearl/Riccardo Steiner (Hg.): *Die Freud/Klein-Kontroversen 1941–1945*. Stuttgart 2000 (engl. 1991).

Klein, Melanie: *Gesammelte Schriften*. Hg. von Ruth Cycon. Stuttgart-Bad Cannstatt 1995–2002.

Kohut, Heinz: *Narzißmus. Eine Theorie der psychoanalytischen Behandlung narzißtischer Persönlichkeitsstörungen*. Frankfurt a. M. 1973 (engl. 1971).

Kurzweil, Edith: *Freud und die Freudianer. Geschichte und Gegenwart der Psychoanalyse in Deutschland, Frankreich, England, Österreich und den USA*. Stuttgart 1993.

Kutter, Peter: *Moderne Psychoanalyse. Eine Einführung in die Psychologie unbewußter Prozesse* [1989]. Stuttgart 2000.

Loch, Wolfgang: *Krankheitslehre der Psychoanalyse*. Stuttgart 1967.

Lockot, Regine: *Erinnern und Durcharbeiten. Zur Geschichte der Psychoanalyse und Psychotherapie im Nationalsozialismus*. Frankfurt a. M. 1985.

Lohmann, Hans-Martin (Hg.): *Das Unbehagen in der Psychoanalyse. Eine Streitschrift* [1983]. Frankfurt a. M. 1985.

– (Hg.): *Die Psychoanalyse auf der Couch* [1984]. Frankfurt a. M. 1986.

– (Hg.): *Psychoanalyse und Nationalsozialismus. Beiträge zur Bearbeitung eines unbewältigten Traumas* [1984]. Frankfurt a. M. 1994.

–: *Alexander Mitscherlich mit Selbstzeugnissen und Bilddokumenten.* Reinbek 1987.

–: Laienanalytiker, Künstler, Bonvivant. Hanns Sachs und sein »Bubi Caligula«. In: Hanns Sachs: *Bubi Caligula* [1930]. Weinheim 1991, 153–167.

–: 50 Jahre »Psyche« (1947–1996). In: Tomas Plänkers u. a. (Hg.): *Psychoanalyse in Frankfurt am Main. Zerstörte Anfänge, Wiederannäherung, Entwicklungen.* Tübingen 1996, 753–756.

Lorenzer, Alfred: *Sprachzerstörung und Rekonstruktion. Vorarbeiten zu einer Metatheorie der Psychoanalyse.* Frankfurt a. M. 1970.

–: *Die Wahrheit der psychoanalytischen Erkenntnis. Ein historisch-materialistischer Entwurf.* Frankfurt a. M. 1974.

–: *Die Sprache, der Sinn, das Unbewußte. Psychoanalytisches Grundverständnis und Neurowissenschaften.* Hg. von Ulrike Prokop. Stuttgart 2002.

Mahler, Margaret: *Symbiose und Individuation.* Stuttgart 1972 (engl. 1968).

Marcuse, Herbert: *Triebstruktur und Gesellschaft. Ein philosophischer Beitrag zu Sigmund Freud.* Frankfurt a. M. 1970 (engl. 1955).

Mitscherlich, Alexander: *Auf dem Weg zur vaterlosen Gesellschaft.* München 1963.

–: *Die Unwirtlichkeit unserer Städte. Anstiftung zum Unfrieden.* Frankfurt a. M. 1965.

–: *Krankheit als Konflikt. Studien zur psychosomatischen Medizin I und II.* Frankfurt a. M. 1966/1967.

–: /Margarete Mitscherlich: *Die Unfähigkeit zu trauern. Grundlagen kollektiven Verhaltens.* München 1967.

Mitscherlich, Margarete: *Müssen wir hassen? Über den Konflikt zwischen innerer und äußerer Realität* [1972]. München 1980.

–: *Die friedfertige Frau. Eine psychoanalytische Untersuchung zur Aggression der Geschlechter.* Frankfurt a. M. 1985.

Parin, Paul/Fritz Morgenthaler/Goldy Parin-Matthèy: *Die Weißen denken zuviel. Psychoanalytische Untersuchungen bei den Dogon in Westafrika.* Zürich 1963.

–: *Fürchte deinen Nächsten wie dich selbst. Psychoanalyse und Gesellschaft am Modell der Agni in Westafrika.* Frankfurt a. M. 1971.

Rank, Otto: *Das Trauma der Geburt und seine Bedeutung für die Psychoanalyse* [1924]. Gießen 1998.

Reich, Wilhelm: *Die Funktion des Orgasmus* [1927]. Köln 1968.

–: *Charakteranalyse* [1933]. Köln 1968.

–: *Die Massenpsychologie des Faschismus* [1933]. Köln 1971.

Reiche, Reimut: *Sexualität und Klassenkampf. Zur Abwehr repressiver Entsublimierung* [1968]. Frankfurt a. M. 1971.

Sachs, Hanns: *Freud. Meister und Freund.* Frankfurt a. M./Berlin/Wien 1982 (engl. 1944).

Winnicott, Donald W.: *Von der Kinderheilkunde zur Psychoanalyse.* München 1976 (engl. 1958).

–: *Familie und individuelle Entwicklung.* München 1978 (engl. 1965).

1.2 Rezeption in Frankreich

1885–1924

In Frankreich begann die Rezeption der Freudschen Psychoanalyse mit Verzögerung, und das trotz bester Ausgangsbedingungen: Freud, der 1885/1886 bei Jean-Martin Charcot hospitiert hatte, veröffentlichte zwischen 1893 und 1896 in den beiden renommiertesten Fachzeitschriften jener Zeit (*Archives de neurologie, Revue neurologique*) insgesamt vier französisch geschriebene Artikel (GW I, 37–55, 343–353, 405–422; Freud 1893), in denen er die Notwendigkeit einer psychologischen Behandlung hysterischer und neurotischer Symptome darlegte. Die Beiträge fanden jedoch kaum Resonanz, außer bei Pierre Janet, der bereits damals darin nur eine Bestätigung seiner eigenen Forschungen sah (Mordier 1981, 55). Schon mit den ersten Veröffentlichungen Freuds setzte also jene heftige Rivalität zwischen Freud und Janet ein, die über Jahrzehnte immer wieder zu Prioritätenstreitigkeiten und Plagiatsvorwürfen führen sollte.

Erst im Jahr 1907 kommt es in Frankreich zu ersten Veröffentlichungen, die sich mit der Psychoanalyse befassen. Der Schweizer Alphonse Maeder, Schüler von Jung, stellt in den *Archives de Psychologie* das Verfahren der Traumdeutung in arg vereinfachender Weise vor; so berücksichtigt er nicht den Unterschied zwischen Unbewußtem und Unterbewußtsein und stellt das Freudsche Vorgehen noch in den Kontext einer hypnotischen Behandlung. Auch Charles Ladame, der 1908 dem französischen Publikum die Psychoanalyse als Verfahren der »Ideenassoziation« nahebringt, sieht darin ein Hilfsmittel für die »psychische Begutachtung der Kranken«; auch er stammt aus der Zürcher Schule. Weitere Veröffentlichungen bis 1911 lassen eine gewisse Methode erkennen: Die Psychoanalyse wird verkürzt zu einem in unterschiedlichen Kontexten anwendbaren Verfahren wahrgenommen; jede Erschütterung der herrschenden traditionellen Psychiatrie wird vermieden; die anstößigen Themen wie die Bedeutung der infantilen Sexualität und die Funktion der Symbolik in der Deutung werden ausgeklammert. Dabei spielt die Zürcher Schule um Bleuler und Jung die Rolle eines »Filters« (Mordier 1981, 62).

Als erster unvoreingenommener französischer Rezipient ist der in Poitiers ansässige Arzt Pierre Ernest René Morichau-Beauchant anzusehen, und er wird auch als solcher von Freud gewürdigt (F/J, 417; GW X, 72). Zwischen 1911 und 1922 verfaßt er mehrere Artikel über Homosexualität und Paranoia, über die Übertragung, zur Epilepsiebehandlung und zur

Autoerotik, wobei die frühen Arbeiten eindeutig und enthusiastisch mit dem herrschenden Antifreudianismus brechen, die verpönten Themen wie das der Sexualität aufgreifen und sich im Prioritätsstreit zwischen Freud und Janet auf die Wiener Seite stellen, die späteren Arbeiten hingegen eine Abwendung von den Freudschen Positionen und eine Rückkehr zu einem traditionellen psychiatrischen Verständnis zeigen. Morichau-Beauchant hatte sich 1912 der Zürcher Gruppe angeschlossen, und obwohl das aus pragmatischen Gründen geschah, scheint dieser Schritt nicht ohne Einfluß geblieben zu sein.

Das Jahr 1913 ist in zweierlei Hinsicht bedeutsam: Emmanuel Régis und Angelo Hesnard veröffentlichen zunächst als Zeitschriftenartikel und im folgenden Jahr ausgearbeitet als Buch die erste ausführliche Darstellung der psychoanalytischen Neurosen- und Psychosentheorie, die dennoch nicht minder verkürzend und vorurteilsbehaftet ist wie die meisten der frühen Stellungnahmen zur Freudschen Psychoanalyse auf französischem Boden. Sándor Ferenczi unterzieht das Buch einer gründlichen Kritik (Ferenczi 1985) und äußert den Verdacht, daß erkennbare Inkonsistenzen darauf zurückzuführen sind, daß von dem einen Autor eine halbwegs redliche Darstellung, vom anderen hingegen die wenig präzise, aber harsche Kritik der Psychoanalyse stammt (ebd., 44). In der Tat sollte Hesnard, aus dem später einer der Gründer und führenden Repräsentanten der französischen Psychoanalyse werden sollte, sich noch über Jahre hinweg vor einer klaren Abgrenzung von der unredlichen Kritik drücken, die aus der Feder seines akademischen Lehrers Régis stammte.

Auf dem 17. internationalen Medizinerkongreß in London kommt es 1913 zur ersten direkten Konfrontation zwischen den verschiedenen Vertretern der »psychodynamischen« Schulen aus Österreich, Frankreich und der Schweiz. Janet trägt eine scharfe Gesamtkritik der Freudschen Psychoanalyse vor, wobei er alles Beachtliche an ihr bereits im eigenen Werk vorformuliert findet, alles andere aber um so umstandsloser verwirft (wozu Freud selbst mehrfach Stellung nehmen wird; GW X, 72; GW XIV, 37, 44, 56). Eine zweite Abgrenzungsfolie, die von Janet und später auch von anderen immer wieder verwandt wird, ist die Stigmatisierung der Psychoanalyse als »Spekulation«, (Ausdruck oder Rest der deutschen) »Philosophie« oder sogar als »Metapsychiatrie«, ein von Kraepelin in Umlauf gebrachtes Schimpfwort (Ferenczi 1985, 29), dem auf französischer Seite der Anspruch auf Wissenschaftlichkeit entspricht. Noch auf dem Londoner Kongreß erfährt Janet eine scharfe Replik durch Ernest Jones, der sich die Widersprüche in Janets Vortrag annimmt.

Das Erscheinen der Arbeiten von Régis und Hesnard scheint die Londoner Niederlage Janets zu bestätigen. Doch in Wirklichkeit vermischen sich in deren Präsentation einer französischen Version der Freudschen Psychoanalyse Freudsche und Janetsche Positionen; Elisabeth Roudinesco spricht von einem einsickernden »Gelegenheitsjanetismus« (Roudinesco 1994, 206). Die Kriegs- und unmittelbaren Nachkriegsjahre bringen eine weitere Verschärfung des Tons, in den sich vermehrt nationalistische, rassistische und antisemitische Klänge mischen.

1925–1963

Erst Mitte der 1920er Jahre führt die Beschäftigung mit Freud in Frankreich zu ersten institutionellen Konsequenzen. 1925 gründet sich die Gruppe *Évolution psychiatrique (EP)*, die sich auch der Rezeption der Freudschen Ideen widmete; im Jahr 1926 kommt es dann zur Gründung der *Société Psychanalytique de Paris (SPP)*, und im folgenden Jahr erscheint die erste Nummer der *Revue française de psychanalyse*. Zu den zwölf Gründungsmitgliedern (von denen einige auch an der EP beteiligt sind) gehören neben dem unbestrittenen ›Pionier‹ der Psychoanalyse, Hesnard, als weitere Vertreter einer Psychoanalyse französischen Stils Édouard Pichon, der sich im weiteren Verlauf vor allem als Mitverfasser einer französischen Grammatik einen Namen machen wird, und René Laforgue, der lange Zeit den Kontakt zu Freud hält, ehe er durch Marie Bonaparte ausgestochen werden wird, die auch unter den Gründern ist und zunehmend die Wiener Linie zu vertreten versucht. Darin wird sie unterstützt von dem in Polen geborenen und in Berlin ausgebildeten Emigranten Rudolf Löwenstein; ebenfalls aus Polen stammt Eugénie Sokolnicka, und auch sie wurde 1921 von Freud als »seine legitime Vertreterin« (Roudinesco 1982/1994, 246) nach Paris geschickt. Sie arbeitet zeitweise am Krankenhaus Sainte-Anne, wird aber, weil sie keine medizinische Ausbildung hat, entlassen. 1934 nimmt sie sich das Leben. Aus Genf kommen Raymond de Saussure, der Sohn des Sprachwissenschaftlers Ferdinand de Saussure, und Charles Odier, die sich für die internationalistische Ausrichtung der Psychoanalyse einsetzen.

Die zwölf Gründungsmitglieder waren allesamt keine Theoretiker oder Praktiker von hohem Rang. Geprägt ist die Entwicklung der Gesellschaft von der Rivalität zwischen Marie Bonaparte, die mehr und mehr die Stellung als legitime Vertreterin der Freudschen Position in Paris ausfüllt, und den Repräsentanten einer französisch-angepaßten Psychoanalyse,

v. a. Pichon. Ihre Stellung hat Bonaparte v. a. mit dem Einsatz ihres Vermögens errungen; ihre größte Leistung dürfte der Erwerb der Briefe von Freud an Fließ (inklusive des *Entwurfs einer Psychologie*) gewesen sein, die sie zudem auch vor Freud selbst in Schutz brachte, der sie vernichten wollte.

1932 schloß sich ein junger Arzt, der mit seiner im selben Jahr veröffentlichten Dissertation *Über die paranoische Psychose in ihren Beziehungen zur Persönlichkeit* den Nachweis erbracht hatte, sich nicht nur in der damaligen Psychiatrie und Psychopathologie bestens auszukennen, sondern auch mit den zentralen Werken Freuds vertraut zu sein, der SPP an: Jacques Lacan (s. auch S. 357 ff.). Mit seinem Werk und seinen Ideen stieß er freilich eher bei den Surrealisten als bei den Pariser Psychoanalytikern auf Resonanz. Seine Lehranalyse bei Löwenstein dauerte sechseinhalb Jahre und fand nur dadurch ein Ende, daß Löwenstein ein weiteres Mal – Richtung USA – emigrieren mußte (Roudinesco 1993/1996, 118–124). Pichon sorgte dafür, daß Lacan 1938 als Analytiker und Vollmitglied der SPP anerkannt wurde.

Der Aufstieg Lacans begann nach dem Ende des Zweiten Weltkrieges. 1945 war von den wichtigen Protagonisten der Gründergeneration nur noch Bonaparte in maßgeblicher Funktion tätig: Pichon war 1940 gestorben; Hesnard geriet wegen seiner Weigerung, eine Lehranalyse durchzuführen, ins Abseits, und Laforgue hatte sich durch Unstimmigkeiten in seiner Haltung gegenüber der deutschen Besatzungsmacht in Mißkredit gebracht. Löwenstein und de Saussure waren und blieben im amerikanischen Exil, Odier war in die Schweiz zurückgekehrt. Bonapartes dezidierte Feindschaft gegen Lacan konnte nicht verhindern, daß dieser brillante Kopf einer zweiten Generation französischer Psychoanalytiker auch institutionell eine führende Rolle in der Nachkriegspsychoanalyse spielen sollte.

1953 kommt es zur Spaltung der SPP (der einzigen Spaltung in der französischen Psychoanalyse zu Lebzeiten Lacans, bei der dieser weder Subjekt noch Objekt war), und zwar wegen der Frage der Laienanalyse. Zusammen mit Daniel Lagache und Françoise Dolto schließt sich Lacan der neugegründeten *Société française de psychanalyse* (SFP) an, in der sich auch die Mehrzahl der Mitglieder der SPP einfindet, vor allem die jüngeren, die zumeist bei Lacan in Analyse sind (der u. a. wegen seiner Praxis der Kurzsitzungen eine größere Anzahl an Analysanden aufnehmen kann). Die Jahre 1953 bis 1963 sind wesentlich von der Lehre Lacans und seinem *Seminar* geprägt. 1958 kommt es zwischen Lagache, der die Verbindung von Psychoanalyse und Psychologie sucht, und Lacan zu

einer theoretischen Auseinandersetzung, die sich um die Funktion der Begriffe »Subjekt«, »Ich« und »Persönlichkeit« in der Psychoanalyse dreht (Lagache 1961; Lacan 1966).

Überschattet wird diese sehr produktive Phase von einem Konstruktionsfehler der SFP. Beim Verlassen der alten SPP hatten die Neugründer auch die Mitgliedschaft in der IPA verloren; die neue SFP mußte diese erst wieder beantragen. Wegen ihres Hasses auf Lacan machte sich Bonaparte gegen eine bedingungslose Aufnahme stark. Das Verfahren zog sich über fast zehn Jahre hin und endete im Oktober 1963 mit der Aufnahme der SFP in die IPA – unter der Bedingung der Streichung Lacans und Doltos aus der Liste der zugelassenen Lehranalytiker (ersterer wegen seiner Kurzzeitsitzungen, letztere wegen anderer Regelverstöße).

1964–2005

Lacan war genötigt, eine neue Institution zu gründen. Das geschah im Jahr 1964: die *École freudienne de Paris*. Begleitet wurde er von Serge Leclaire, Octave Mannoni, Maud Mannoni, Moustapha Safouan und vielen Jüngeren, die sich noch in Ausbildung befanden. Wichtige Schüler wandten sich von ihm ab: Jean Laplanche und J.-B. Pontalis schlossen sich der gleichfalls aus der SFP hervorgegangenen *Association psychanalytique de France (AFP)* an, der auch Lagache, Wladimir Granoff und Daniel Widlöcher angehören. 1969 erfährt die Schule Lacans selbst eine Abspaltung: Wegen des Streit um die »passe« verlassen François Perrier, Piera Aulagnier, Cornelius Castoriadis und Jean-Paul Valabrega die EFP und gründen die *Organisation psychanalytique de langue françoise* (OPLF) oder den *Quatrième Groupe*. Die »passe« (wörtlich: »Übergang«) war Lacans Versuch einer Reform der Lehranalyse und des Zulassungsverfahrens zum Analytiker. Als Konsequenz aus seinen Reflexionen über das »Begehren des Analytikers« hatte er auf der Selbstautorisierung des Analytikers bestanden und nach einem Verfahren gesucht, das diese gewährleisten konnte. In der »passe« hatte ein Kandidat, der sich um den Titel eines Analytikers der École bewarb, ein sog. »passant«, gegenüber zwei Analytikern, »passeurs« genannt, Rechenschaft von seiner Analyse abzulegen; die Aufgabe der »passeurs« war es, den Inhalt besagten Zeugnisses der letztlich entscheidenden Jury vorzutragen. Das Experiment geht gründlich schief, was Lacan 1978 eingesteht. 1980 löst Lacan die EFP auf und gründet 1981 die *École de la Cause freudienne*, an deren Arbeit er selbst, alt und krank, nicht mehr teilnimmt. Lacan stirbt am 9. September 1981.

Innerhalb des lacanianischen Zweigs der französischen Psychoanalyse ist es in den folgenden Jahren zu vielen Abspaltungen und Neugründungen kleinerer Gruppen gekommen. Im Gegenzug zu dieser massiven Zersplitterung ist der Schwiegersohn und Nachlaßverwalter Lacans, Jacques-Alain Miller, um Internationalisierung bemüht. Am 1. Februar 1992 wird die *Association mondiale de psychanalyse* (AMP) gegründet – ein sehr ambitioniertes Unterfangen angesichts dessen, daß der Lacanianismus psychoanalytisch eigentlich nur in Lateinamerika hatte Fuß fassen können.

Einen ganz anderen Ansatz, um der Zersplitterung der französischen Psychoanalytiker zu begegnen, unternimmt René Major. Mit der Gruppe und der Zeitschrift *Confrontations Freud* bietet er einen nicht institutionell gebundenen Raum an, in dem Mitglieder der unterschiedlichsten Gruppen und Vereinigungen sich austauschen können. Auch Jacques Derrida nimmt daran teil. 1989 lanciert Leclaire einen Aufruf zur Gründung einer unabhängigen *Association pour une instance des psychanalystes (APUI)*, der folgenlos bleibt. Mehr Geschick in der Wahl des günstigen Zeitpunkts beweist Major mit der Einberufung der *Generalstände der Psychoanalyse* in Paris im Jahr 2000; die Veranstaltung wird ein großer Erfolg.

Das Leben der beiden der IPA angehörenden Gesellschaften, SPP und AFP, verläuft in weniger turbulenten Bahnen. Immerhin hat der »rechtmäßige« Zweig der französischen Psychoanalyse einen Präsidenten und einen Vizepräsidenten der IPA hervorgebracht: Daniel Widlöcher und André Green. Und Frankreich kann für sich beanspruchen, die höchste Rate an Psychoanalytikern, bezogen auf eine Million Einwohner, zu haben (Roudinesco/Plon 1997, 325).

Freuds Werk in Frankreich

Die ersten Übersetzungen von Werken Freuds erschienen Anfang der 1920er Jahre. I. Meyersons Übersetzung der *Traumdeutung* z. B. kam 1926 heraus. Nach der Gründung der SPP beschleunigte sich der Prozeß des Übersetzens; eine Vielzahl von Werken wurde von Marie Bonaparte allein oder in Zusammenarbeit mit A. Berman oder Rudolf Löwenstein übersetzt. Zwar wurde nach der Gründung der SPP eine *Linguistische Kommission zur Vereinheitlichung des französischen psychoanalytischen Vokabulars* eingerichtet, die aber der Uneinheitlichkeit der terminologischen Entscheidungen in diesen frühen Übersetzungen nur bedingt abhelfen konnte – u. a. weil Pichon, der diese Kommission leitete, selbst kaum als Übersetzer in Erscheinung trat. Die Quali-

tät dieser frühen Übersetzungen wurde vor allem von Lacan immer wieder bemängelt, der ihnen generell ein fehlendes Theorie- und Begriffsgerüst sowie schwere sachliche Fehler im einzelnen vorwarf, was aber erst in den 1980er Jahren dazu führte, daß es in der von J.-B. Pontalis bei Gallimard geleiteten Reihe »Connaissance de l'inconscient« zu einer höheren Ansprüchen genügenden Neuübersetzung einiger wichtiger Werke kam. Jean Laplanche, der zuvor noch zusammen mit Pontalis das renommierte *Vokabular der Psychoanalyse* verfaßt hatte, verfolgte einen anderen Weg, nämlich den einer Gesamtausgabe der Werke Freuds. Seit 1992 erscheint, herausgegeben von André Bourguignon (1996 verstorben), Pierre Cotet und Jean Laplanche, die auf 21 Bände angelegte Edition der *Œuvres Complètes*; bis 2005 sind 13 Bände publiziert worden; 1989 war bereits ein Begleitband *traduire Freud* herausgekommen. Die Übersetzungen werden in Dreierteams erstellt, zusammengesetzt aus einem Romanisten, einem Germanisten und einem Psychoanalytiker (die sich an enge terminologische Vorgaben halten müssen), und aufwendig revidiert. Auffällig ist das Bemühen, bestimmte idiomatische Eigenheiten der Freudschen Sprache auch auf Kosten der leichteren Verständlichkeit wiederzugeben, aber ebenso auch der Wunsch, die Lacansche Terminologie zu unterlaufen: So wird etwa *Wunsch* nicht mehr wie in allen früheren Freud-Übersetzungen durch *désir* wiedergegeben, sondern durch das weit schwächere *souhait*. Entsprechend kritisch wurde die Gesamtausgabe teilweise in Frankreich aufgenommen (Roudinesco/Plon 1997, 1066).

Literatur

Barande, Ilse/Robert Barande: *Histoire de la psychanalyse en France*. Toulouse 1975.

Chatel, Marie-Magdeleine: Passe. In: Pierre Kaufmann (Hg.): *L'apport freudien. Éléments pour une encyclopédie de la psychanalyse*. Paris 1993, 299–312.

Ellenberger, Henri: *Die Entdeckung des Unbewußten* [1973]. Zürich 1985 (engl. 1970).

Fages, Jean-Baptiste: *Geschichte der Psychoanalyse nach Freud*. Frankfurt a. M./Berlin/Wien 1981 (frz. 1976).

Ferenczi, Sándor: Die psychiatrische Schule von Bordeaux über die Psychoanalyse. In: Ders.: *Bausteine zur Psychoanalyse IV* [1938]. Frankfurt a. M./Wien/Berlin 1985, 12–45.

Freud, Sigmund: Les diplégies cérébrales infantiles. In: *Revue neurologique* 8 (1893), 177–183.

Hesnard, Angelo/Emmanuel Régis: *La Psychanalyse des névroses et des psychoses, ses applications médicales et extra-médicales*. Paris 1914.

Janet, Pierre: *Etat mental des hystériques*. Paris 1894.

–: La Psychanalyse. In: *Journal de psychologie normale et pathologique* (1914), 1–36, 97–130.

Lacan, Jacques: Remarque sur le rapport de Daniel Lagache: Psychanalyse et structure de la personnalité. In: Ders.: *Écrits*. Paris 1966, 647–684.

Ladame, Charles: L'Association des idées et son utilisation

comme méthode d'examen dans les maladies mentales. In: *L'Encephale* (1908), 180–195.

Lagache, Daniel: Psychanalyse et structure de la personnalité. In: *La Psychanalyse* (1961), 5–58.

Maeder, Alphonse: Essai d'interprétation de quelques rêves. In: *Archives de psychologie* (1907), 354–375.

–: Contribution à la psychopathologie de la vie quotidienne. In: *Archives de psychologie* (1907) 149–152.

Major, René (Hg.): *États généraux de la psychanalyse. Juillet 2000.* Paris 2003.

Mijolla, Alain de: Freud en français jusqu'en 1940. In: *Revue internationale d'histoire de la psychanalyse* (1991), 283–289.

Mordier, Jean-Pierre: *Les débuts de la psychanalyse en France. 1895-1926.* Paris 1981.

Morichau-Beauchant, Pierre Ernest René: Le ›Rapport affectif‹ dans la cure des psychonévroses. In: *Gazette des hôpitaux civils et militaires.* 15. 11. 1911, 1845–1849.

Prévost, Claude: *Janet, Freud et la Psychologie clinique.* Paris 1973.

Roudinesco, Elisabeth: *Histoire de la Psychanalyse en France. 1. 1885–1939* [1982]. Paris 1994.

–: *Histoire de la psychanalyse en France. 2. 1925–1985.* Paris 1986.

–: *Wien – Paris. Die Geschichte der Psychoanalyse in Frankreich.* Weinheim/Berlin 1994.

–: *Jacques Lacan. Bericht über ein Leben, Geschichte eines Denksystems.* Köln 1996 (frz. 1993).

– /Michel Plon: *Dictionnaire de la psychanalyse.* Paris 1997.

Hans-Dieter Gondek

1.3 Rezeption in den anglo-amerikanischen Ländern

Der Blick auf die Freud-Rezeption in den USA und in Großbritannien ist nicht frei von Ambivalenz: Einerseits bedeutete die Aufnahme Freuds und vieler seiner Anhänger und Schüler in den angloamerikanischen Ländern zweifellos die Rettung der Psychoanalyse nach ihrer Vertreibung und Zerschlagung durch den Nationalsozialismus in Deutschland, Österreich und den okkupierten Ländern Europas. Andererseits hatte diese Rettung auch ihren Preis, indem sich das psychoanalytische Denken in den neuen Kontexten substantiell veränderte und sich ihnen anpaßte. Russell Jacoby spricht vom »Triumph des Konformismus« (Jacoby 1983/1985).

Freud-Rezeption in den USA

Wie wohl kaum ein anderes Land zeichnen sich die USA durch einen offenen intellektuellen Diskurs aus, der sich in hohem Maße neuen, außergewöhnlichen Ideen gegenüber aufgeschlossen und zugänglich erweist. So gewann auch die Psychoanalyse in den Vereinigten Staaten rasch eine hohe Popularität und verbreitete sich in Psychiatrie und Medizin ebenso wie später in den Geistes- und Kulturwissenschaften. Bereits vor dem Ersten Weltkrieg fanden psychoanalytische Ideen und Themen große Resonanz beim »progressive movement«, einer Bewegung von Politikern und Intellektuellen, welche die amerikanischen Wert- und Moralvorstellungen durch Industrialisierung und wirtschaftliche Prosperität bedroht sahen und dieser Entwicklung sowohl durch soziale Reformen als auch durch Veränderung des Individuums mithilfe von Psychotherapie und Erziehung begegnen wollten. So entstand in jenen Jahren eine Vielzahl von psychotherapeutischen Schulen. Die Psychoanalyse wurde als Verfahren betrachtet, das zum einen dem damaligen Trend zu einer »dynamischen Psychiatrie« entsprach und zum anderen einen Beitrag zur moralischen Erziehung leistete, indem es die Sublimierungs- und Selbststeuerungsfähigkeit des einzelnen förderte (vgl. Putnam 1915). Zu dieser eigenwilligen Rezeption der Psychoanalyse scheint auch Freud selbst mit seinen Vorlesungen an der Clark University (GW VIII, 1–60) im Jahr 1909 beigetragen zu haben. Er bot darin eine theoretisch stark vereinfachte, entsexualisierte Version der Psychoanalyse und rückte vor allem ihren therapeutischen Nutzen in den Mittelpunkt. Daß die Originalschriften Freuds den meisten amerikanischen Lesern aufgrund von

Sprachproblemen nicht zugänglich waren, führte zu weiteren Verständnisschwierigkeiten. Auch gaben die englischen Übersetzungen das Original nicht immer getreu wieder; so fügte etwa Abraham Arden Brill, ein junger, aus Österreich-Ungarn emigrierter Arzt, der später viele Jahre als Präsident der New Yorker Psychoanalytischen Gesellschaft tätig war, Freuds Texten hin und wieder Selbstgeschriebenes hinzu (May 1982, 491). Da Freud weder eine Klinik noch ein Forschungsinstitut leitete, reisten einige an der Psychoanalyse interessierte amerikanische Psychiater nach Zürich, um sich dort weiterbilden zu lassen. Sie lernten die Psychoanalyse somit in der Fassung Carl Gustav Jungs kennen. Freud selbst ›analysierte‹ einige Kollegen auf Kongressen oder auf dem Wege des brieflichen Austauschs.

Die 1920er Jahre entwickelten sich zu einer Blütezeit der Psychoanalyse in den USA. Sie diente nun nicht mehr zu moralischen Zwecken, sondern vielmehr zur Legitimation von Befreiungs- und Emanzipationsbewegungen und wurde Teil des liberalen öffentlichen Diskurses; in dieser Lesart unterstützte sie das amerikanische Ideal des *pursuit of happiness* (Roudinesco 2000/2004). Als Grund für die erstaunliche Verbreitung der Psychoanalyse im ersten Drittel des 20. Jh.s sieht Nathan G. Hale ihre Wandelbarkeit, die nicht zuletzt auf Freuds widersprüchliche Theoriebildung zurückgeht: »Psychoanalysis could be seen in its early guise as an optimistic movement of sexual and cultural reform or, from the perspective of Freud's final papers, as a stoical and tragic vision of unending conflict« (Hale 1995, 381). In dieser Zeit fand sie auch Eingang in die Sozialwissenschaften, z. B. in Psychologie, Soziologie und Anthropologie (Cooley, Mead, Benedict, Kardiner, Parsons). Doch verhinderte die zunehmende Medizinalisierung der amerikanischen Psychoanalyse, daß die breite sozialwissenschaftliche Rezeption auf die weitere Theoriebildung der Psychoanalyse Einfluß nahm.

Während sich Freud noch in seiner »*Selbstdarstellung*« von der Wertschätzung und Anerkennung der amerikanischen Kolleg/innen begeistert zeigte (GW XIV, 78), traten zunehmend Konflikte auf. Diese entzündeten sich an der Frage der sog. Laienanalyse. In Europa wurde dieses Problem durch die – später fallengelassene – Anklage gegen Theodor Reik wegen »Kurpfuscherei« akut, und Freud befürwortete von Anfang an energisch die psychoanalytische Ausbildung und Tätigkeit von Nichtmediziner/innen (GW XIV, 207–296). Freud wollte verhindern, daß aus der Analyse ein Spezialfach der Medizin wird, und »verhütet wissen, daß die Therapie die Wissenschaft erschlägt« (ebd., 291). So rechnete er auch »geisteswis-

senschaftlichen Stoff, psychologischen, kulturhistorischen, soziologischen« (ebd., 288) zu den zentralen Ausbildungsinhalten. Die wirkliche Scheidungsgrenze verlaufe nicht zwischen der ärztlichen Psychoanalyse und ihren Anwendungen, sondern »zwischen der wissenschaftlichen Psychoanalyse und ihren Anwendungen auf medizinischem und nichtmedizinischem Gebiet« (ebd., 295). Diese Haltung wurde von den amerikanischen Analytiker/innen nicht geteilt. Ihre Ablehnung der Laienanalyse beruhte wohl im wesentlichen auf pragmatischen Gründen, um z. B. die Zulassung und Anerkennung von Kliniken nicht zu gefährden. Das hatte erhebliche Konsequenzen für eine Reihe emigrierter europäischer Kolleg/innen, die vor dem Nationalsozialismus geflohen waren und nun eine medizinische Ausbildung nachholen mußten, um Mitglieder der psychoanalytischen Gesellschaften zu werden.

Diese Gesellschaften hatten sich inzwischen in vielen großen Städten gebildet und zur American Psychoanalytical Association (APA) zusammengeschlossen, die ihre Unabhängigkeit in Ausbildungs- und Zulassungsfragen von der Internationalen Psychoanalytischen Vereinigung (IPA) anstrebte und schließlich durchsetzte (zum komplexen Institutionalisierungsprozeß in den USA vgl. Hale 1971; May 1982). Doch nicht nur in Ausbildungsfragen, die im übrigen auch den Theoriebildungsprozeß wesentlich beeinflußten, unterschied sich die amerikanische Psychoanalyse von der europäischen; es wurden auch Patient/innen mit tiefgreifenderen, etwa psychotischen, Erkrankungen behandelt, was zu einer entsprechenden Änderung des therapeutischen Vorgehens führte (geringere Behandlungsfrequenz, kürzere Therapiedauer, Behandlung im stationären Kontext) (vgl. Roudinesco 2000/2004).

In den 1940er Jahren setzten Abgrenzungs- und Spaltungsbewegungen ein. Im New Yorker Institut hatten sich bereits zwei entgegengesetzte Gruppierungen gebildet, eine der »klinischen Orthodoxie« um Lawrence Kubie, Sándor Radó und Bertram Lewin und eine der »kulturalistischen Dissidenz« um Karen Horney und Harry Stack Sullivan, der die interpersonalen Beziehungen und das soziale Selbst in Anlehnung an George Herbert Mead und William James in den Blickpunkt rückte. Nachdem Horney keine Kandidat/innen mehr ausbilden durfte, verließ sie das Institut und gründete ein neues. Ihre Bücher, mit denen sie einer biologistischen Lesart der Psychoanalyse entgegentrat und aktuelle gesellschaftliche Einflüsse auf die psychische Struktur und das Verhalten und Erleben des einzelnen betonte, hatten nicht nur erhebliche Wirkung bei amerikanischen

Intellektuellen, sondern entwickelten sich auch zu Bestsellern, die eine große Leserschaft ansprachen (Kurzweil 1992).

Die Erfahrung von Verfolgung, Krieg und Exil führte zu einem Paradigmenwechsel der psychoanalytischen Theoriebildung: An die Stelle der innerpsychischen Konflikte und des Triebantagonismus trat die Betonung des Ich und des Selbst als relativ autonomen, realitätsadäquaten psychischen Instanzen. Die menschlichen Fähigkeiten zur Adaptation und zur Restitution nach extremtraumatischen Erfahrungen standen im Zentrum dessen, was Ichpsychologie genannt wurde, deren Hauptvertreter Heinz Hartmann, Rudolph Loewenstein und Ernst Kris waren. Diese Richtung, die sich am positivistischen Wissenschaftsideal orientierte, blieb etwa zwei Jahrzehnte lang bestimmend für das psychoanalytische Denken in den USA. Wesentliche Veränderungen der Psychoanalyse gingen von der Chicagoer Gruppe um Franz Alexander aus, die Behandlungskonzepte für psychosomatische Erkrankungen und Kurzzeittherapien entwickelte und damit die Frage der Indikation für die ›klassische‹ psychoanalytische Therapie aufwarf. Diese Debatten um Modifikationen der psychoanalytischen Theorie und Therapie wurden etwa 15 Jahre lang so intensiv geführt, daß Nathan Hale (1995) sie gar als psychoanalytische »Bürgerkriege« (»civil wars«) zwischen ›orthodoxen‹ bzw. ›klassischen‹ Analytikern und ›Revisionisten‹ bezeichnete.

Innerhalb der Ichpsychologie spielen entwicklungspsychologische Ansätze eine bedeutende Rolle, die sich aus der Beobachtung und Therapie von Kindern ergeben. So formulierte René A. Spitz wichtige Einsichten, indem er als erster auf die Bedeutung von emotionalen Austauschprozessen zwischen Mutter und Kind für die Bildung der psychischen Struktur des Kindes hinwies und damit die Grundlagen für die spätere Säuglingsforschung legte (Spitz 1959/1972). Margaret Mahler konzeptualisierte die psychische Geburt des Menschen, bei der Individuation und Separation komplexe Entwicklungsaufgaben für das Kind darstellen (Mahler 1968/1972; Mahler/Pine/Bergman 1975/1978). Entwicklung als lebenslangen Prozeß thematisierte Erik H. Erikson im Hinblick auf die Konstitution von Identität, mit der er auf das Wechselspiel von innerpsychischen und gesellschaftlichen Prozessen aufmerksam machte (Erikson 1950/1961).

Die Ichpsychologie in der Fassung von Heinz Hartmann (1964/1972) und David Rapaport (1942/1977) setzte sich schließlich als dominante Richtung durch und bildete den *mainstream* in der amerikanischen Psychoanalyse. Rapaport suchte die

Ansätze von Freud, Hartmann und Erikson zu einer ›allgemeinen Psychologie‹ zu verbinden und sich der akademischen Psychologie anzunähern. Die weitere ichpsychologische Theoriebildung entfernte sich durch Einbeziehung von Ergebnissen der Neurophysiologie, der Psychologie und der Ethologie zunehmend von der Psychoanalyse als Konfliktpsychologie und den Freudschen metapsychologischen Annahmen, die als veraltet und zu stark an Physik und Biologie orientiert zurückgewiesen wurden. Von diesen theoretischen Kontroversen zunächst unberührt blieb die klinische Ichpsychologie (K. R. Eissler, Merton Gill u. a.), die sich in den Auseinandersetzungen mit dem therapeutischen Vorgehen der ›Dissidenten‹, das als suggestiv und manipulativ kritisiert wurde, intensiv mit der ›klassischen‹ Behandlungspraxis beschäftigten. Im Lauf der Zeit wurden auch bisher triebtheoretisch formulierte Krankheitsbilder ichpsychologisch revidiert.

In diesem Kontext begann auch die Debatte um den Narzißmus, die zwischen Heinz Kohut und Otto F. Kernberg geführt wurde. Kohut entwickelte aus der Kritik an der Ichpsychologie die sog. Selbstpsychologie, bei der weniger Anpassungsprozesse im Vordergrund stehen als vielmehr die narzißtische Besetzung des Selbst, auf der die Persönlichkeitsentwicklung basiert (Kohut 1971/1973). Während Kohut narzißtische Größenphantasien im Rahmen einer ›normalen‹ Entwicklung thematisierte, befaßte sich Kernberg vorwiegend mit den pathologischen Formen des Narzißmus (Kernberg 1975/1978). Er betonte, daß sowohl der normale als auch der pathologische Narzißmus in der Objektbeziehung wurzele, wobei dies nicht eine interpersonale Beziehung meint, sondern in Anlehnung an Melanie Klein die internalisierte Beziehung von Selbst- und Objektrepräsentanzen. In seiner psychoanalytischen Objektbeziehungstheorie suchte er die Freudsche Triebtheorie mit Kleinianischen Konzepten und Mahlers Entwicklungspsychologie zu verbinden (Kurzweil 1992).

Seit etwa 1960 wurde verstärkt von einer ›Krise‹ der Psychoanalyse in den USA gesprochen und vielfältige Symptome und Mängel der psychoanalytischen Organisationen, der Therapie sowie der Theorie benannt (May 1982). Das Interesse junger Mediziner/innen an einer Ausbildung und an einer Mitgliedschaft in der APA nahm ab; man beklagte die Unwissenschaftlichkeit der Psychoanalyse, die Effektivität der Therapie blieb hinter den Erwartungen zurück. Um dem Kandidatenmangel zu begegnen, wurden auch Nichtmediziner/innen zur Ausbildung zugelassen – zunächst Personen, die in der Forschung besonders qualifiziert waren, später auch andere Interessenten. Gleichwohl blieb die klinisch-therapeutische Ausrichtung weiterhin dominant innerhalb der amerikanischen Psychoanalyse.

Weitgehend unabhängig davon etablierten sich psychoanalytische Konzepte auch in anderen Kontexten. Seit den 1970er Jahren haben psychoanalytische Ansätze – v. a. in der Lesart Jacques Lacans – großen Einfluß auf universitäre Diskurse, wobei die Rezeption Lacans im wesentlichen in den literaturwissenschaftlichen Instituten stattfindet (Roudinesco 2000/ 2004). Der interdisziplinäre Genderdiskurs brachte auch innerhalb der Psychoanalyse Bewegung in die Theoriebildung. So führte etwa die Kritik an der Freudschen Weiblichkeitskonzeption durch Analytikerinnen wie Jessica Benjamin zur Begründung einer differenztheoretischen, ›relationalen‹ Psychoanalyse (Benjamin 1993/1996). Ebenso konstruktiv sind auch Freud-Rezeptionen außerhalb der psychoanalytischen Community wie die von Judith Butler im Hinblick auf die Konzeptualisierung von Geschlechtsidentität und Objektwahl (Butler 1993/1995). Doch war jenseits dieser positiven Aufnahme Ende der 1980er, Anfang der 1990er Jahre ein öffentliches »Freud-bashing«, eine ebenso grundlose wie absurde Diffamierung Freuds und der Psychoanalyse insgesamt zu verzeichnen, die ihren Ursprung in der sog. »recovered memory«-Bewegung besaß und der Psychoanalyse Indifferenz gegenüber sexuellem Mißbrauch von Kindern vorwarf sowie das psychoanalytische Konzept infantiler Sexualität angriff. Wenngleich unter negativem Vorzeichen, scheinen derartige öffentlichen Attacken der Psychoanalyse jedoch eine gewisse Bedeutsamkeit zuzusprechen und ihren kritischen Stachel wiederzubeleben, den ihre Anhänger häufig längst aufgegeben haben.

Freud-Rezeption in Großbritannien

Im Unterschied zu den USA, in denen die Psychoanalyse große Popularität erlangte und sich im ganzen Land verbreitete, blieb sie in Großbritannien im wesentlichen auf ein Zentrum – London – beschränkt, in dem sie allerdings eine enorme Produktivität im Hinblick auf Theoriebildung und klinische Praxis entfaltete. Dem hohen Ansehen des britischen Instituts innerhalb der internationalen psychoanalytischen Bewegung steht die eher zögernde Anerkennung in England selbst gegenüber – weder in der Psychiatrie noch in der Psychologie vermochte sich die Psychoanalyse durchzusetzen (Dare 1982). Als zentrale Figur gilt der Freud-Schüler und -Biograph Ernest Jones, der die britische Gesellschaft gründete.

Er kam zunächst mit Freuds frühen Schriften in Berührung, bevor er in Zürich bei C. G. Jung hospitierte und schließlich eine Lehranalyse bei Sándor Ferenczi machte. Orientiert an der Tradition des britischen Empirismus, stimmte er nicht immer mit Freuds Ansichten überein, sah aber in solchen Differenzen das Kennzeichen lebendiger Wissenschaft (King/Holder 1992). Im Londoner Institut wurden, gegen Jones' Intentionen, auch Nichtmediziner/innen mit der Psychoanalyse vertraut gemacht, z. B. Alix und James Strachey, der Übersetzer der *Standard Edition* der Werke Freuds.

Von besonderem Interesse in London war die Beobachtung und Therapie von Kindern, die großen Einfluß auch auf die Behandlung von Erwachsenen und die Entwicklung theoretischer Konzepte ausübte. Die beiden Pionierinnen Anna Freud und Melanie Klein unterschieden sich v. a. in der Einschätzung der Bedeutung von psychischer und äußerer Realität. Während Klein die unbewußten Phantasien in den Mittelpunkt stellte, waren es bei Anna Freud die Abwehrprozesse als Ich-Leistungen. Auch die Betonung aggressiver und sadistischer Manifestationen in der infantilen Entwicklung und der Versuche ihrer Wiedergutmachung ist eine Besonderheit der Kleinianischen Psychoanalyse (vgl. King/Steiner 1991/ 2000; Grosskurth 1987/1993).

Doch führten diese unterschiedlichen Sichtweisen nicht, wie etwa in den Vereinigten Staaten, zu Spaltungen, sondern zu fruchtbaren theoretischen Kontroversen, die auch viele ausländische Analytiker interessierte. Neben diese beiden Gruppierungen – die A-Gruppe um Melanie Klein und die B-Gruppe um Anna Freud – trat noch eine weitere: die Gruppe der sog. »Independents« um Michael Balint, Ronald Fairbairn und später Donald Winnicott, die der ursprünglichen Freudschen Psychoanalyse nahestanden. Die Kleinianische Gruppe übte große Anziehung auf die lateinamerikanische Psychoanalyse aus und erwies sich zudem als außerordentlich theorieproduktiv, wie etwa Hanna Segal, die das Werk Kleins einem größeren Kreis erschloß, oder Wilfred Bion belegen, der sich dem unbewußten Denken und der Gruppenanalyse widmete. Prominent aus dem Kreis der B-Gruppe wurde Joseph Sandler mit seinen Forschungen an der Hampstead Clinic. Im Kontext der »Unabhängigen« entwickelte Fairbairn seine Theorie der Objektbeziehungen. Balint, der wie Ferenczi aus Ungarn stammte und dessen Ansatz weiterführte, kritisierte das Konzept des primären Narzißmus und betonte die Objektorientierung der Triebe. Damit näherte er sich den Vorstellungen Winnicotts, einem früheren Kinderarzt, der aus der

Behandlung von Kindern wichtige Anregungen für die Psychoanalyse bezog.

Die wohl wertvollste wissenschaftlich-publizistische Aktivität des Londoner Instituts liegt in der Förderung der Übersetzung des Freudschen Werkes durch James Strachey, deren Resultat die 24bändige *Standard Edition* ist, die der Edition der deutschen *Gesammelten Werke* Freuds in mancherlei Hinsicht überlegen ist. Seit vielen Jahren wird freilich über eine Revision dieser Übersetzung diskutiert, weil einige zentrale psychoanalytische Konzepte wie etwa der Begriff des »Triebes« oder der »Nachträglichkeit« mißverständlich ins Englische übertragen wurden. Eine zweite, die *Revised Standard Edition*, die um die zwischenzeitlich aufgefundenen Texte Freuds erweitert wird und die Debatte um strittige Übersetzungsfragen aufnimmt, steht vor dem Abschluß.

Literatur

Balint, Michael: *Die Urformen der Liebe und die Technik der Psychoanalyse.* Frankfurt a. M. 1966 (engl. 1947).

Benjamin, Jessica: *Phantasie und Geschlecht. Psychoanalytische Studien über Idealisierung, Anerkennung und Differenz.* Frankfurt a. M. 1996 (engl. 1993).

Bion, Wilfred R.: *Erfahrungen in Gruppen und andere Schriften.* Stuttgart 1971 (engl. 1961).

Butler, Judith: *Körper von Gewicht.* Berlin 1995 (engl. 1993).

Dare, Christopher: *Psychoanalyse in Großbritannien.* In: Eicke 1982, 542–549.

Eicke, Dieter (Hg.): *Tiefenpsychologie.* Bd. 2. Weinheim 1982.

Eissler, K. R.: *Todestrieb, Ambivalenz, Narzißmus.* München 1980 (engl. 1971).

Erikson, Erik H.: *Kindheit und Gesellschaft.* Stuttgart 1961 (engl. 1950).

Ferenczi, Sándor: *Schriften zur Psychoanalyse.* Hg. von Michael Balint. Frankfurt a. M. 1972.

Freud, Anna: *Die Schriften der Anna Freud.* Frankfurt a. M. 1987.

Gill, Merton M.: *Die Übertragungsanalyse.* Frankfurt a. M. 1996 (engl. 1982).

Grosskurth, Phyllis: *Melanie Klein. Ihre Welt, ihr Werk.* Stuttgart 1993 (engl. 1987).

Hale, Nathan G.: *Freud and the Americans. The Beginnings of Psychoanalysis in the United States 1876–1917.* New York 1971.

–: *Rise and Crisis of Psychoanalysis in the United States: Freud and the Americans 1917–1985.* New York 1995.

Hartmann, Heinz: *Ich-Psychologie. Studien zur psychoanalytischen Theorie.* Stuttgart 1972 (engl. 1964).

Horney, Karen: *Neue Wege in der Psychoanalyse.* München 1974 (engl. 1939).

Jacoby, Russell: *Die Verdrängung der Psychoanalyse oder Der Triumph des Konformismus.* Frankfurt a. M. 1985 (engl. 1983).

Kernberg, Otto F.: *Borderline-Störungen und pathologischer Narzißmus.* Frankfurt a. M. 1978 (engl. 1975).

–: *Objektbeziehungen und die Praxis der Psychoanalyse.* Stuttgart 1981 (engl. 1976).

King, Pearl/Alex Holder: *Great-Britain.* In: Kutter 1992, 150–172.

King, Pearl/Ricardo Steiner (Hg.): *Die Freud/Klein-Kontroversen 1941–1945.* Stuttgart 2000 (engl. 1991).

Klein, Melanie: *Gesammelte Schriften.* Stuttgart 1995 (engl. 1975).

Kohut, Heinz: *Narzißmus. Eine Theorie der psychoanalytischen Behandlung narzißtischer Persönlichkeitsstörungen.* Frankfurt a. M. 1973 (engl. 1971).

Kris, Ernst: Die Aufdeckung von Kindheitserinnerungen in der Psychoanalyse. In: *Psyche* 31 (1977), 732–768 (engl. 1956).

Kubie, Lawrence: *Psychoanalyse ohne Geheimnis.* Hamburg 1956 (engl. 1936).

Kurzweil, Edith: *USA.* In: Kutter 1992, 186–234.

–: *Freud und die Freudianer. Geschichte und Gegenwart der Psychoanalyse in Deutschland, Frankreich, England, Österreich und den USA.* Stuttgart 1993.

Kutter, Peter (Hg.): *Psychoanalysis International.* Bd. 1. Stuttgart 1992.

Lewin, Bertram: *Das Hochgefühl. Zur Psychoanalyse der gehobenen, hypomanischen und manischen Stimmung.* Frankfurt a. M. 1982 (engl. 1950).

Loewenstein, Rudolph M.: Das Problem der Deutung. In: *Psyche* 22 (1968), 187–198 (engl. 1951).

Mahler, Margaret: *Symbiose und Individuation.* Stuttgart 1972 (engl. 1968).

– /Fred Pine/Anni Bergman: *Die psychische Geburt des Menschen.* Frankfurt a. M. 1978 (engl. 1975).

May, Ulrike: Psychoanalyse in den USA. In: Eicke 1982, 482–527.

Putnam, James Jackson: *Human Motives.* Boston 1915.

Rapaport, David: *Gefühl und Erinnerung.* Stuttgart 1977 (engl. 1942).

– /Merton Gill: The Points of View and Assumptions of Metapsychology. In: *International Journal of Psychoanalysis* 40 (1959), 153–162.

Roudinesco, Elisabeth/Michel Plon: *Wörterbuch der Psychoanalyse.* Wien 2004 (frz. 2000).

Segal, Hanna: *Wahnvorstellung und künstlerische Kreativität.* Stuttgart 1996 (engl. 1991).

Spitz, René A.: *Eine genetische Feldtheorie der Ichbildung.* Frankfurt a. M. 1972 (engl. 1959).

Sullivan, Harry Stack: *The Interpersonal Theory of Psychiatry.* New York 1953.

Winnicott, Donald W.: *Von der Kinderheilkunde zur Psychoanalyse.* München 1976 (engl. 1958).

Ilka Quindeau

1.4 Institutionalisierung der Psychoanalyse

Die über hundertjährige Institutionsgeschichte der Psychoanalyse spiegelt die Ausbreitung einer notwendig kritischen Idee, ihre Fortschreibung und zugleich ihre Entschärfung wider. Die Freudsche Psychoanalyse mit ihrer Auswirkung auf die Geschichte des 20. Jh.s ist zugleich Produkt und Symptom dieser Geschichte und war wie diese von Spaltungen und Verwerfungen geprägt.

Frühgeschichte der psychoanalytischen Bewegung

Freuds erste psychoanalytische Erfahrungen waren nicht in den kollegialen Austausch einer Gruppe eingebettet. Nach der Entfremdung von Breuer und dem Ende des Austauschs mit Fließ 1897 folgte eine Phase der Selbstanalyse, die in die Publikation der *Traumdeutung* mündete. Erst 1902 bildete sich ein Kreis interessierter Kollegen, die »Psychologische Mittwochsgesellschaft«, die, auf 22 Mitglieder vergrößert, 1908 in »Wiener Psychoanalytische Vereinigung« umbenannt wurde (Jones 1955; Nunberg/Federn 1976 ff.; Fallend 1995).

Internationalisierung und Spaltungen

Auch im Ausland bildeten sich Arbeitsgruppen: 1907 in Zürich die Freudsche Gesellschaft (Jung), 1908 die Berliner Psychoanalytische Gesellschaft (Abraham), 1911 die New York Psychoanalytic Society (Brill) und die American Psychoanalytic Association (APsaA) (Putnam), 1913 die London Psychoanalytical Society (Jones) und die Ungarische Psychoanalytische Vereinigung (Ferenczi). Die vorübergehend aufgelöste Londoner Gesellschaft wurde 1919 in British Psychoanalytical Society umbenannt.

Die Gründung der Internationalen Psychoanalytischen Vereinigung (International Psychoanalytic Association, IPA) wurde in Nürnberg im März 1910 beschlossen. Erster Präsident wurde C. G. Jung, den Freud als Nachfolger betrachtete und dessen Ernennung zugleich die junge Psychoanalyse vom Odium der jüdischen Wissenschaft befreien sollte. Heute zählt die IPA weltweit um die 11.000 Mitglieder. Sie umfaßt 66 Teilgesellschaften und fünf Studiengruppen in 36 Ländern. Die Ausbildung folgt einem international geregelten Mindeststandard, trägt jedoch unterschiedlichen nationalen Gepflogenheiten Rechnung. Auch innerhalb nationaler Fachgesellschaften

ist oft durch Untergliederung oder durch Institutsbildungen mit deutlich unterschiedlichen theoretischen Orientierungen eine große Meinungsvielfalt gegeben. Neben den Fachgesellschaften und Instituten der IPA bestehen noch weitere psychoanalytische Gesellschaften, oft aus Spaltungs- und Sezessionsbewegungen hervorgegangen, die sich dennoch durchaus als Träger und kompetente Vermittler des psychoanalytischen Gedankens verstehen.

Schon bald nach der Gründung der IPA folgten erste Spaltungen: 1911 traten Adler und andere aus der Wiener Psychoanalytischen Vereinigung aus, 1912 folgte ihm Stekel (und mit ihm das *Zentralblatt*), 1913 erfolgte die Trennung von Freuds Hoffnungsträger Jung. Sie führte zur Gründung des »Geheimen Komitees« (bestehend aus Abraham, Freud, Ferenczi, Jones, Rank und Sachs, ab 1919 auch Eitingon), das sich die Aufgabe gesetzt hatte, künftig über die Reinheit der Freudschen Lehre zu wachen. Bis zum Zerwürfnis mit Ferenczi und Rank, das zu seiner Auflösung 1924 führte, wirkte das Komitee nachhaltig auf die institutionelle Entwicklung der Psychoanalyse, konnte aber weder weitere Spaltungen noch eine Weiterentwicklung der Psychoanalyse verhindern (Jones 1955/1962; Wittenberger 1988a, b, 1995; Grosskurth 1991; Fallend 1995).

In den USA spaltete vor allem die Frage der Laienanalyse die schnell gewachsene psychoanalytische Gemeinschaft. 1938 erklärte sich die APsaA in Ausbildungs- und Zulassungsfragen unabhängig von der IPA. Erst nach einem Rechtsstreit 1988 konnte die IPA auch Gesellschaften in den USA wieder anerkennen, die die Ausbildung von Nichtmedizinern zuließen (Wallerstein 1998). Weitere Spaltungen betrafen den Auszug der Neoanalytiker um Karen Horney aus der New York Psychoanalytic Society und – gegen ihren Willen – auch aus der APsaA (Rubins 1978). 1942 trat eine Gruppe von Analytikern um Radó aus der New Yorker Gesellschaft aus, konnte allerdings in der APsaA verbleiben (ebd.). 1947 verließen Sullivan und andere die Washington-Baltimore Society; aus dieser Sezession entstand später das William Alanson White-Institut in New York (Thompson 1995). Auch in Frankreich kam es nach der Ära von Marie Bonaparte in den Jahren 1953, 1964 und 1969 zu folgenreichen Spaltungen, verbunden vor allem mit dem Namen Jacques Lacan (de Mijolla 1995).

Mit den Spaltungen der psychoanalytischen Gesellschaften in Deutschland (s. u.) und Amerika entstanden neben der IPA auch andere internationale Zusammenschlüsse wie 1962 die International Federation of Psychoanalytic Societies (IFPS). Die IFPS, die sich als pluralistisches Forum versteht, umfaßt inzwischen 24 Mitgliedsgesellschaften aus Europa und Amerika mit etwa 2000 Mitgliedern.

Die erste reguläre psychoanalytische Ausbildung wurde an der 1920 von Eitingon und Simmel eröffneten Berliner Poliklinik eingerichtet. Die dort entwickelten Ausbildungsrichtlinien wurden 1925 in Bad Homburg für international verbindlich erklärt. Diese Kodifizierung der Ausbildung ist einerseits als Abgrenzung gegen die schon seit den Anfangsjahren üppig ins Kraut schießenden Formen der wilden Psychoanalyse verständlich – doch hat ihre Starre immer wieder Kritik an der Verflechtung von Ausbildung und Institutionserhalt wachgerufen (Balint 1948; Mannoni 1970/1973; Cremerius 1986; 1987).

Der psychoanalytischen Bewegung inhärente Spaltungstendenzen ergeben sich aus der Angst vor Ausstoßung (Brecht 1992), dem genealogischen Modell der Gruppenzugehörigkeit und dem für die Psychoanalyse typischen intensiven Paarverhältnis (Pines 1995), aber auch aus ihrem spezifischen Gegenstand: dem Widerspruch, eine der Aufdeckung gesellschaftlich produzierter Unbewußtheit im Subjekt dienende Praxis in der Form eines Vereins zu tradieren, der notwendig neue Unbewußtheit reproduziert (vgl. Dahmer 1982, 1988, 1989; Erdheim 1987). Dieser Widerspruch und die aus ihm entstehende notwendige Dissidenz (Cremerius 1982) müssen entweder selbstanalytisch erinnert und durchgearbeitet werden, oder sie führen zum Agieren in Sezessionen und Spaltungen. Wo beides unterdrückt wird, münden sie in den Verlust der kulturkritischen Potenz, wie etwa in der Medizinalisierung der Psychoanalyse.

Die Geschichte der Institutionskritik selbst zeigt aber auch das Reflexionspotential der psychoanalytischen Gesellschaften. Wenn sich Analytiker der eigenen Geschichte stellen, spüren sie die Macht der interpersonellen Abwehr in der eigenen Institution. So hat etwa die schmerzhafte Spaltung der deutschen Psychoanalyse nach dem Dritten Reich nach jahrzehntelanger Verleugnung heute in der deutschen Psychoanalyse zu einer Kultur historischer Reflexion geführt (Brecht u. a. 1985; Lockot 1985, 1994).

Verlag und Zeitschriften

Die frühen Schriften der Psychoanalyse erschienen meist bei Deuticke oder Heller in Wien. 1919 konnte Freud dank einer großzügigen Spende von Anton von Freund den Internationalen Psychoanalytischen Verlag in Wien gründen, ein Unternehmen von großer Bedeutung für die internationale Verbreitung der Psychoanalyse und des Freudschen Werks. Hier erschienen Freuds *Gesammelte Schriften* in 12 Bänden

(1924–1934). Der Verlag bot die Möglichkeit, psychoanalytische Titel unabhängig von ihrer Rentabilität zu publizieren. Verlagsleiter war Otto Rank bis zu seinem Rücktritt 1925 nach der Krise des »Geheimen Komitees«, später Storfer und ab 1932 Martin Freud bis zur erzwungenen Auflösung des Verlags 1938 (vgl. Fallend 1995; Hall 1988; Sigmund Freud-Gesellschaft 1995; Freud-Eitingon 2004). Die Gründung einer Londoner Tochter, der International Psycho-Analytic Press, erfolgte ebenfalls bereits 1919, nach Spannungen zwischen Jones und Rank 1922 wurde die International Psycho-Analytic Press unabhängig.

Als erstes psychoanalytisches Periodikum erschien ab 1909 das *Jahrbuch für Psychoanalytische und Psychopathologische Forschungen* (Hg.: Freud und Bleuler, Redakteur: Jung) bei Heller in Wien (1914 fortgesetzt bei Deuticke als *Jahrbuch der Psychoanalyse. Neue Folge d. Jahrbuchs für psychoanalytische u. psychopathologische Forschungen*, Hg.: Freud). Als weitere Zeitschrift entsteht 1910 mit der Gründung der IPA bei Bergmann in Wiesbaden das *Zentralblatt für Psychoanalyse. Medizinische Monatsschrift für Seelenkunde. Organ der Internationalen Psychoanalytischen Vereinigung* (Hg.: Freud, Redaktion: Adler und Stekel), nach der Trennung von Stekel, der über Rechte am *Zentralblatt* verfügte, seit 1913 fortgesetzt als *Internationale Zeitschrift für ärztliche Psychoanalyse. Offizielles Organ der Internationalen Psychoanalytischen Vereinigung*. 1912 erscheint bei Heller in Wien *Imago. Zeitschrift für Anwendung der Psychoanalyse auf die Geisteswissenschaften* (Hg.: Freud, Red.: Rank und Sachs) sowie bei Guilford Press in New York *The Psychoanalytic Review. An American Journal of Psychoanalytic Psychology Devoted to the Understanding of Behavior and Culture* (Hg.: National Psychological Association for Psychoanalysis, NPAP). Seit 1920 erscheint in London bei Baillière, Tindall and Cox *The International Journal of Psychoanalysis. Official Organ of the International Psycho-Analytical Association* (Hg.: Glover für die IPA).

Im März 2005 weist die ZDB (Zeitschriften-Datenbank der Berliner Staatsbibliothek) zum Titelstichwort »Psychoanal*« weltweit 269 Periodika nach. Eine Auswahl für den angloamerikanischen Sprachraum: *The Psychoanalytic Quarterly* (seit 1932), *American Imago* (seit 1939), *The American Journal of Psychoanalysis* (seit 1941), *Journal of the American Psychoanalytic Association* (seit 1953), *The Psychoanalytic Study of the Child* (seit 1945), *Psychoanalysis and Contemporary Science* (seit 1972), *Psychoanalysis and Contemporary Thought – A Quarterly of Integrative and Interdisciplinary Studies* (seit 1978), *International Forum of Psychoanalysis* (seit 1992); für Frankreich: *Revue Française de Psychanalyse* (seit 1927), *Nouvelle Revue de Psychanalyse* (seit 1970); für Deutschland: *Psyche. Zeitschrift für Psychoanalyse und ihre Anwendungen* (seit 1947), *Jahrbuch der Psychoanalyse. Beiträge zur Theorie und Praxis* (seit 1960), *Forum der Psychoanalyse* (seit 1985).

Spezielle Entwicklung in Deutschland

Um Abraham bildete sich in Berlin ab 1908 ein schnell wachsender Kreis von Psychoanalyse-Interessenten, der sich nach Gründung der IPA 1910 als Berliner Ortsgruppe der Internationalen Psychoanalytischen Vereinigung konstituierte, 1926 umbenannt in Deutsche Psychoanalytische Gesellschaft (DPG). 1920 eröffnet Eitingon die weitgehend von ihm selbst finanzierte erste psychoanalytische Poliklinik. Weitere Schritte waren die Gründung der Südwestdeutschen Arbeitsgemeinschaft (Frankfurt 1926), aus der 1929 das erste Frankfurter Psychoanalytische Institut hervorging, das durch enge Kooperation mit dem Frankfurter Institut für Sozialforschung weltweite Bedeutung erlangen sollte.

Seit der Machtergreifung der Nazis 1933 wurden die jüdischen Psychoanalytiker verfolgt und vertrieben: 1935 wurden die jüdischen Mitglieder der DPG zum Austritt gezwungen.

Die bis heute umstrittene, von Freud wohl gebilligte Politik des Überwinterns der meisten nichtjüdischen Psychoanalytiker führte 1936 zur Eingliederung ins Deutsche Institut für psychologische Forschung und Psychotherapie, das spätere Reichsinstitut für Psychotherapie. 1938 wurde die DPG aufgelöst und die Psychoanalyse als »Arbeitsgruppe A« mit Jungianern und Adlerianern der »Deutschen Seelenheilkunde« des Institutsleiters M. H. Göring gleichgeschaltet. Die Verbindung zur internationalen psychoanalytischen Diskussion brach ab, und auch im Inneren der Arbeitsgruppe verschoben sich die Machtverhältnisse zugunsten der Neopsychoanalyse Schultz-Henckes.

Neben Versuchen, nach dem Krieg in Anknüpfung an das Reichsinstitut neue Organisationsformen zu finden, konnte 1960 das Frankfurter Institut dank der Unterstützung von Max Horkheimer als Forschungs- und Ausbildungszentrum für Psychoanalyse wieder errichtet werden. Eine zentrale Rolle spielte dabei Alexander Mitscherlich. Heute ist das Sigmund-Freud-Institut ein renommiertes Zentrum psychoanalytischer Forschung.

Die Anknüpfung an das Reichsinstitut nach 1945 hatte bald zu einem Trennungskonflikt zwischen dessen ehemaligen Mitgliedern geführt: Die einen verstanden sich als Retter der Psychoanalyse in innerer Emigration und betrachteten die neoanalytische Formulierung der psychoanalytischen Metapsychologie und Behandlungstechnik durch Schultz-Hencke als Weiterentwicklung, während die anderen die in der Zeit der Gleichschaltung vertretenen Positionen für unanalytisch hielten und die Rückkehr zu den in der internationalen Diskussion herrschenden Positionen forderten. Es kam schließlich zur Spaltung der deutschen Psychoanalyse. Die neugegründete Deutsche Psychoanalytische Vereinigung (DPV) wurde 1951 von der IPA anerkannt, die vorläufige Anerkennung der DPG nicht verlängert. Es bedurfte Jahrzehnte der Auseinandersetzung und historischen Aufarbeitung (Brecht u. a. 1985; Lockot 1985, 1994), um diesen Prozeß transparent zu machen und eine Diskussion zwischen den gespaltenen Fachgesellschaften wieder zu ermöglichen. Inzwischen ist die DPG wieder (teilweise) in die IPA aufgenommen.

Die DPV verfügt inzwischen in Deutschland über 13 Ausbildungsinstitute und hat etwa 1.100 Mitglieder; die DPG mit ca. 800 Mitgliedern betreibt ihrerseits 14 Ausbildungsinstitute. Einen Sonderweg sind seit Kriegsende die »freien Institute« gegangen. Sie sind mit den Fachgesellschaften DPG und DPV, der jungianischen Deutschen Gesellschaft für Analytische Psychologie (DGAP), der adlerianischen Deutschen Gesellschaft für Individualpsychologie (DGIP) und einigen neugegründeten freien Instituten im 1949 gegründeten berufspolitischen Dachverband DGPT (Deutsche Gesellschaft für Psychotherapie und Tiefenpsychologie) organisiert, der heute die wesentliche Interessenvertretung der ärztlichen und nichtärztlichen Psychoanalytiker darstellt. Die DGPT vertritt bundesweit 53 Institute, davon 17 »freie« Institute, 3 Jung-Institute der DGAP (sowie Beteiligung an einem DPG-Institut), 6 Adler-Institute der DGIP), 13 Institute der DPV und 14 der DPG. Die DGPT zählt 2.806 ordentliche und 356 außerordentliche Mitglieder (Stand 2005).

Literatur

Balint, Michael: Über das psychoanalytische Ausbildungssystem. In: Ders.: *Die Urformen der Liebe*. Frankfurt a. M. 1981, 307–332 (engl. 1948).

Bernfeld, S.: Über die psychoanalytische Ausbildung [1952]. In: *Psyche* 38 (1984), 437–459 (engl. 1962).

Brecht, Karen: Paranoid-schizoide Aspekte im Institutionalisierungsprozeß der Psychoanalyse und seiner Kritik. In: Wiesse 1992, 51–55.

– /Volker Friedrich u. a. (Hg.): »*Hier geht das Leben auf eine sehr merkwürdige Weise weiter ...*« *Zur Geschichte der Psychoanalyse in Deutschland*. [o. O.] 1985.

Cremerius, Johannes: Die Bedeutung des Dissidenten für die Psychoanalyse. *Psyche* 36 (1982), 481–514.

–: Spurensicherung. Die ›Psycho-analytische Bewegung‹ und

das Elend der psychoanalytischen Institution. In: *Psyche* 40 (1986), 1063–1091.

–: Wenn wir als Psychoanalytiker die psychoanalytische Ausbildung organisieren, müssen wir sie psychoanalytisch organisieren! In: *Psyche* 41 (1987), 1067–1096.

Dahmer, Helmut: *Libido und Gesellschaft. Studien über Freud und die Freudsche Linke.* Frankfurt a.M. 1982.

–: Psychoanalyse und Organisation. In: *Werkblatt. Zeitschrift für Psychoanalyse und Gesellschaftskritik* 16–17 (1988), 7–14.

–: *Psychoanalyse ohne Grenzen.* Freiburg i.Br. 1989.

Erdheim, Mario: Das Verenden einer Institution. In: *Psyche* 40 (1986), 1092–1103.

Fallend, Karl: Eine Wissenschaft im Aufschwung. Psychoanalyse 1918–1934. In: Karl Fallend/W. Kienreich (Hg.): *Zur Geschichte der Psychoanalyse. Von ihren Anfängen bis zur Gegenwart.* Salzburg 1986, 27–35.

–: *Sonderlinge, Träumer, Sensitive. Psychoanalyse auf dem Weg zur Institution und Profession. Protokolle der Wiener Psychoanalytischen Vereinigung und biographische Studien.* Wien 1995.

Fenichel, Otto: *Hundertneunzehn Rundbriefe (1934–1945).* 2 Bde. Mit CD-ROM. Frankfurt a.M. 2002.

Freud, Sigmund/Max Eitingon: *Briefwechsel 1906–1939.* Hg. von Michael Schröter. 2 Bde. Tübingen 2004.

Grosskurth, Phyllis: *The Secret Ring. Freud's Inner Circle and the Politics of Psychoanalysis.* Reading 1991.

Jacoby, Russell: *Die Verdrängung der Psychoanalyse oder Der Triumph des Konformismus.* Frankfurt a.M. 1990.

Jones, Ernest: *Das Leben und Werk von Sigmund Freud.* Bd. 2: *Jahre der Reife 1901–1919.* Bern 1962 (engl. 1955).

Lockot, Regine: *Erinnern und Durcharbeiten. Zur Geschichte der Psychoanalyse und Psychotherapie im Nationalsozialismus.* Frankfurt a.M. 1985.

–: *Die Reinigung der Psychoanalyse. Die Deutsche Psychoanalytische Gesellschaft im Spiegel von Dokumenten und Zeitzeugen (1933–1951).* Tübingen 1994.

Mannoni, Maud: *Der Psychiater, sein Patient und die Psychoanalyse.* Olten 1973 (frz. 1970).

Mijolla, Alain de: Die Spaltungen in der psychoanalytischen Bewegung Frankreichs. In: Ludger M. Hermanns (Hg.): *Spaltungen in der Geschichte der Psychoanalyse.* Tübingen 1995, 168–191.

Nitzschke, Bernd: »…im Interesse unserer psychoanalytischen Sache in Deutschland«. Die Ausgrenzung Wilhelm Reichs aus der ›Internationalen Psychoanalytischen Vereinigung‹ – Marginalien zu einer Vereinsgeschichte oder Paradigma für den Prozeß der Institutionalisierung der Psychoanalyse unter (politisch) erschwerten Bedingungen? In: Wiesse 1992, 76–131.

Nunberg, Hermann/Ernst Federn (Hg.): *Protokolle der Wiener Psychoanalytischen Vereinigung.* Bd. I-IV. Frankfurt a.M. 1976–1981.

Psychoanalytisches Seminar Zürich (Hg.): *Between the devil and the deep blue sea. Psychoanalyse im Netz.* Freiburg i.Br. 1987.

Rubins, Jack L.: *Karen Horney – sanfte Rebellin der Psychoanalyse.* München 1980 (engl. 1978).

Sigmund Freud-Gesellschaft (Hg.): *Internationaler Psychoanalytischer Verlag 1919–1938: Ausstellung im Sigmund Freud-Museum 13.6–15. 11. 1995.* Wien 1995.

Thompson, Nellie L.: Spaltungen in der psychoanalytischen Bewegung Nordamerikas. In: Hermanns, Ludger M. (Hg.): *Spaltungen in der Geschichte der Psychoanalyse.* Tübingen 1995, 205–218.

Wallerstein Robert R.: The IPA and the American Psychoanalytic Association: a Perspective on the Regional Association Agreement. In: *International Journal of Psycho-Analysis* 79 (1998), H. 3, 553–64.

Wiesse, Jörg (Hg.): *Chaos und Regel. Die Psychoanalyse in ihren Institutionen.* Göttingen 1992. 76–131.

Abkürzungen:

APsaA   American Psychoanalytic Association

DGAP   Deutsche Gesellschaft für Analytische Psychologie

DGIP   Deutsche Gesellschaft für Individualpsychologie

DGPT   Deutsche Gesellschaft für Psychotherapie und Tiefenpsychologie

DPG   Deutsche Psychoanalytische Gesellschaft

DPV   Deutsche Psychoanalytische Vereinigung

IFPS   International Federation of Psychoanalytic Societies

IPA   International Psychoanalytic Association, Internationale Psychoanalytische Vereinigung

NPAP   National Psychological Association for Psychoanalysis

ZDB   Zeitschriften-Datenbank der Berliner Staatsbibliothek

Andreas Hamburger

2. Psychologie

Geschichtliche Aspekte

Die Zuschnitte der Fakultäten waren zu Freuds Zeiten von der heutigen Aufteilung recht verschieden. Die Psychologie war damals ein Teilgebiet der Philosophie, wenn sie nicht gänzlich von Philosophen betrieben wurde. Es gab eine beginnende empirische Psychologie, die mit den damaligen experimentellen Methoden vorwiegend Gedächtnis- und Lernforschung betrieb.

Im bibliographischen Register der *Gesammelten Werke* Freuds (GW XVIII, 977 ff.) kann man von den 794 erwähnten Autoren 37 im engeren Sinne psychologisch nennen, 16 von ihnen sind mir zumindest namentlich bekannt. Die zitierten Autoren decken einen Zeitraum von 1862 (Schleiermacher: »Psychologie«, ebd., 1020) bis 1920 (McDougall: »A note on Suggestion«, ebd. 1009) ab. Die meisten Zitate stammen aus der Zeit vor der Jahrhundertwende. Dies liegt daran, daß Freud beim Sammeln der Literatur für sein Werk über die Traumdeutung am ehesten wissenschaftlich (im heutigen Sinn) vorging. Immerhin werden einige große Wissenschaftler der Psychologie wie Wilhelm Wundt an 29 verschiedenen Stellen zitiert und Theodor Fechner an acht.

Im offiziellen Register der *Gesammelten Werke* sind die frühen Schriften Freuds zum Entwurf einer Psychologie von 1895, die posthum 1952 veröffentlicht wurden, nicht erwähnt. Das genaue Studium der frühen Schriften zeigt, daß sie neben der damaligen Neurologie sehr stark auf die empirischen Arbeiten über die Lern- und Gedächtnisforschung fokussieren, speziell auf Fechners *Elemente der Psychophysik* von 1860. Dies ist nicht unerheblich für die heutige Rezeption, weil gerade diese Arbeiten die engste Verbindung zur heutigen Neuropsychologie aufzuweisen haben (Panksepp 1999; Spitzer 2000; Nersessian/Solms 1999).

Nachdem diese frühen Arbeiten bis vor ungefähr 15 Jahren als szientistisches Selbstmißverständnis Freuds diskreditiert wurden, sind sie im Moment an vorderster Front der theoretischen Entwicklung zu verorten. Sie haben auch die psychoanalytische Entwicklung vor allem in der Metatheorie teilweise unbemerkt bzw. ungewollt sehr stark beeinflußt. Dazu gehören vor allem die Gesetze der Bahnung und Hemmung von neuronalen Aktivitäten, die mit einer Psychologie der Wahrnehmung, des Gedächtnisses, der Affekte und vor allem des Verlustes von Informationen verbunden sind (GW II/III). Im Vorgriff auf sehr moderne Auffassungen über das Nervensystem postuliert Freud verschiedene Neuronen, die sich durch ihre Durchlässigkeit unterscheiden. Dies sei Folge der unterschiedlichen chemischen Prozesse an den sogenannten Kontaktschranken – das sind Vorläufer der Synapsen. Solche Neuronen, die die Erregung nicht oder nur schwer durchließen, würden zu Trägern des Gedächtnisses, sogenannte Psy-Neuronen, und damit aller psychischen Vorgänge. Das Hereinbrechen oder die Überflutung mit Reizen endogenen oder exogenen Ursprungs oberhalb einer biologisch durch die Sinnesorgane vorgegebenen Reizschwelle setze neuronale Prozesse in Gang, die nach Entladung drängten, vor allem in die motorischen Neuronen. Auf dem Innervationsweg zu den motorischen Neuronen geschehe eine innere Veränderung (»Ausdruck der Gemütsbewegungen Schreien, Gefäßinnervation«; Nachtr., 410 f.), die dann als Affekt auch für andere wahrnehmbar würde. Die gesamte Logik der Besetzung von Repräsentanzen, der Verschiebung von Affektbeträgen, kurzum das dynamische und ökonomische Modell ist ohne diesen Rückgriff auf die Neuropsychologie des Lernens und auf Fechners *Psychophysik* nicht denkbar.

Andere heute ebenfalls hochaktuelle Autoren, die Freud maßgeblich beeinflußt haben, zitiert er, aus welchen Gründen auch immer, nicht. Dazu gehören Franz von Brentano (1874), der mit seiner Lehre von der Intentionalität, nach der alle seelischen Erscheinungen auf außerhalb des Bewußtseins liegende Gegenstände gerichtet sind, Begründer einer Theorie unbewußten Handelns wurde, die Narziss Ach (1905) empirisch umzusetzen versuchte. Die gesamten Arbeiten über die Möglichkeit oder Unmöglichkeit der

Zuordnung einer eigenen intentionalen Welt zu den Bindungspartnern stützen sich auf diese frühen Arbeiten. Auch sie haben ein sehr lebhaftes Korrelat in der neuropsychologischen Forschung, wo die Frage des Verständnisses von Fremdseelischem über die Erforschung der Spiegelneuronen einen gewaltigen Schritt nach vorne getan hat.

Freuds oben angeführte Lese- und Zitierpräferenzen werden in einem Abschnitt der Arbeit *Zur Frage der Laienanalyse* von 1926 verdeutlicht. Er erklärt hier die medizinischen Curricula, bis auf die Symptomatologie der Psychiatrie, für überflüssig. Biologie und Sexualwissenschaft seien für das Studium der Psychoanalyse an einer zukünftigen Universität ebenso relevant wie Geschichts-, Religions- und Literaturwissenschaften. An anderer Stelle wird immerhin Psychologie als Voraussetzung erwähnt. Insgesamt war Freud eher an der allgemeinen Psychologie interessiert.

Von den Anwendungswissenschaften war es vor allem die Heilpädagogik, die ihm ein Denk- und Betätigungsfeld eröffnete. Eine praktische klinische Psychologie jenseits der Psychoanalyse selbst gab es nur in Ansätzen, so daß bis nach dem Zweiten Weltkrieg der Export der psychoanalytischen Ideen in die Psychologie größer war als umgekehrt.

Integrationsversuche

Der erste und letzte systematische Versuch, die beiden Systeme Psychologie und Psychoanalyse miteinander zu verbinden, erfolgte dementsprechend 1949 in einem monumentalen Entwurf durch Dollard/Miller (1950). Sie versuchten das damals bekannte psychoanalytische Wissen, das sich im Gegensatz zu heute als einigermaßen kohärent darstellte, in die Sprache der Lerntheorien, die damals als deckungsgleich mit der Psychologie betrachtet wurden, umzuformulieren. Sie stützen sich dabei vor allem auf den sehr umfassenden Formalismus des moderaten Behavioristen Clark Leonhard Hull, dessen Formeln den Lernmodellen Freuds sehr nahe kamen. Am besten gelang dies mit den Abwehrmechanismen und einer Art Aktualgenese der Entstehung der neurotischen Konflikte. Es handelte sich nicht um einen Versuch, das klinische psychoanalytische Wissen zu widerlegen, sondern die Autoren wechselten die Beschreibungsebene, indem sie meist sprachfreies Mikroverhalten analysierten und damit sehr nahe an recht moderne Auffassungen über das Übertragungs- und Gegenübertragungsgeschehen sowohl im Alltagshandeln als auch in der Behandlung kamen (Krause 2003). Der Versuch blieb aber für die Praxis und die Theorie weitgehend folgenlos.

Gesetzliche Rahmenbedingungen

In der Praxis dauerte es noch 20 Jahre, ehe sich eine genuin psychologische Therapie durchsetzen konnte. In der Theorie verlor der modifizierte Behaviorismus von Hull, Tolman und Mowrer an Terrain, in der wissenschaftlichen Gemeinschaft ebenso wie die Psychoanalyse, die sich einerseits aufspaltete und andererseits – nach einer Blütezeit in der Psychiatrie der USA um 1950 und der Psychosomatik der Bundesrepublik in den Jahren bis zur Jahrtausendwende – heute nach Umfragen unter Studierenden oft als unmodern und wissenschaftsfeindlich verstanden wird (Leuzinger-Bohleber 2005). Die Psychologie als akademische Disziplin war davon unberührt. Durch das Verbot der Laienanalyse in den USA gab es nur Forschungsanalytiker mit psychologischer Schulung. Einer davon war David Rapaport (1973), der mit seinen Schriften eine unglaubliche Integrationskraft entwickelte.

Man kann sich vorstellen, welch anderen Ausgang die Psychoanalyse nicht nur in den USA genommen hätte, wenn die sehr lebendige akademische Gruppe der Psychologen nicht von vornherein einem Berufsverbot unterlegen wäre. In Deutschland hat die akademische Psychologie über das Psychotherapeutengesetz die angewandte psychotherapeutische Psychoanalyse weitgehend übernommen. Es gibt in den Weiterbildungsinstitutionen der Psychoanalytischen Verbände kaum noch Ärzte. Die gesetzlich vorgeschriebenen Zugangsvoraussetzungen sind ein akademisch anerkannter Abschluß in Psychologie mit Schwerpunkt in klinischer Psychologie. Damit besitzt die akademische Psychologie ein Monopol für den Zugang zur Krankenbehandlung, denn die Durchführung einer solchen ohne Approbation ist strafbar. Nur die Kinder- und Jugendtherapeuten können über einen Pädagogikabschluß in die Ausbildung einsteigen.

Psychoanalytische Curricula an den Universitäten

Psychoanalytisches Wissen ist aus den Curricula der akademischen Psychologie weitgehend verschwunden. Ab 1968 wurde das 1955 eingeführte Prüfungsfach »Tiefenpsychologie und Psychagogik« sukzessive durch das Fach »Klinische Psychologie« ersetzt, was in den meisten Fällen auch bedeutete, daß der psychoanalytische Gegenstand verschwand. Die neugeschaffenen Lehrstühle für klinische Psychologie wurden überwiegend mit verhaltens- bzw. gesprächstherapeutisch forschenden Kollegen besetzt, was nicht weiter verwundern mußte, da ein habilitierter psychologisch-psychoanalytischer Nachwuchs nicht vorhanden war.

Das Problem hat sich seitdem eher verschlimmert. Das durchschnittliche Abschlußalter der Absolventen der psychoanalytischen Verbände liegt bei 40 Jahren. Bis in die späten 1960er Jahre wurde der tiefenpsychologische Stoff von philosophisch und manchmal auch psychoanalytisch geschulten Psychologen gelehrt. Die Veranstaltungen waren vor allem auch wissenschaftstheoretisch recht anspruchsvoll. Durch den gleichzeitigen Wegfall des Pflichtprüfungsfaches »Philosophie« verschwand nicht nur der psychoanalytische Gegenstand, sondern auch eine bestimmte Form der Methodologie (systematische Introspektion) und des Schlußfolgerns (hermeneutische Vorgehensweise) aus der akademischen Psychologie. Damit ging der Bezug zu den Geisteswissenschaften in weiten Bereichen verloren (Krause 1987).

Gegenwärtig wird die Psychoanalyse, von wenigen Ausnahmen abgesehen, als eine von vielen Persönlichkeitstheorien im ersten Studienteil abgehandelt. Im allgemeinen werden metapsychologische Konzepte, die innerhalb der modernen Psychoanalyse entweder keine Bedeutung mehr haben oder umstritten sind, dargestellt. Neuentwicklungen werden nicht referiert.

Psychoanalytische Einrichtungen und Schulen

Im Jahr 2003 wurden im Internet unter »deutschsprachige psychoanalytische universitäre Einrichtungen« 36 Institutionen aufgeführt (http://www.rzuser.uni-heidelberg.de/~iy0/links/uni.htm). Davon waren sechs im engeren Sinn psychologische Lehrstühle, die nicht zu den medizinischen Fakultäten gehörten. Die anderen waren Lehrstühle für psychosomatische Medizin und Psychotherapie oder seltener solche für klinische Psychologie in den medizinischen Fakultäten. Von den 36 sind gegenwärtig (August 2005) 25 übriggeblieben, darunter alle psychologischen Lehrstühle, die sich sogar um zwei erweitert haben. Die eigentlichen Leidtragenden waren sehr renommierte Lehrstühle und Forschungseinrichtungen für Psychosomatik und Psychotherapie, die mit der Psychiatrie zwangsfusioniert wurden, oder die medizinische Psychologie, die ganz abgeschafft wurde. Die allgemeine Neuropsychologie hat allerdings mit den psychoanalytischen Theorien keine Probleme, im Gegenteil, sie werden in vielen Bereichen als affin beschrieben (Kandel 1996; LeDoux 1999; Damasio 1997).

In der psychoanalytischen Praxis ist eine einheitliche allgemeinpsychologische wissenschaftliche Theorie nicht mehr erkennbar. Hamilton hat in intensiven Interviews mit 65 psychoanalytischen Praktikern der Großräume London und Los Angeles mit statistischen Methoden – faktorenanalytisch – fünf unterschiedliche Gruppen eruiert, nämlich die Selbstpsychologen, die klassischen Freudianer, die Objektbeziehungstheoretiker, die Kleinianer. In neuerer Zeit sind die Bindungstheoretiker dazugekommen. In Deutschland haben wir noch Eigenentwicklungen, wie die Interaktionellen Psychoanalytiker, die man in Teilen mit den Objektbeziehungstheoretikern amerikanischer Prägung vergleichen kann.

Dann gibt es die französisch geprägte hermeneutische Gruppierung vor allem um den verstorbenen Jacques Lacan, die in Deutschland, aber auch in anderen Ländern ähnliche Entwicklungen stimuliert hat. Die gegenseitige Wahrnehmung und Zitierbereitschaft der Gruppen hat in den letzten Jahren massiv abgenommen, so daß die Binnendifferenzierung der unterschiedlichen Gruppen so groß ist, daß man auf der Ebene der Metatheorie eher von disparaten Gruppen ausgehen sollte, deren Gemeinsamkeit zumindest nicht in der präferierten wissenschaftlichen Theorie liegt. Die unterschiedlichen Gruppen haben ihre bevorzugten akademischen Partner, mit denen sie in engem Kontakt stehen. Die Hermeneutiker, die Literatur- und Geschichtswissenschaften, die Objektbeziehungstheoretiker, die Affekt- und Sozialpsychologie, die Bindungsanalytiker, die Entwicklungspsychologie mit dem Schwerpunkt auf der Bindungsforschung und andere akademische Wissensgebiete (in neuerer Zeit sind dies die Gedächtnisforschung und Neuropsychologie) haben in alle Bereiche hineingewirkt. Direkte akademische Forschungsprogramme zur Untersuchung von Hypothesen psychoanalytischer Metatheoriebestandteile sind selten. Häufig sind diese zu ungenau, um untersucht werden zu können. Am ehesten findet man solche in der Bindungsforschung, der Interaktionsforschung und in neuerer Zeit in der Neuropsychologie. Im Allgemeinen erfordert die Untersuchung psychoanalytischer Hypothesen, die aus der Metatheorie stammen, eine Umformulierung in den bestehenden Wissenskorpus der akademischen Psychologie.

Der Glaube, es gäbe eine eigene fertige kohärente wissenschaftliche Theorie, die sich Psychoanalyse nennt, war immer ein Selbstmißverständnis. Die Psychoanalyse war und ist eine Theorie, die mit mehr oder weniger gutem Erfolg versucht hat, das vorhandene Wissen aller relevanten Wissenschaften aus dem Blickwinkel der Behandlungen zu integrieren. Das

Spezielle der Theorie ist der Blickwinkel, aus dem heraus versucht wurde zu integrieren. Diese Theorie muß sich ebenso verändern wie die anderen wissenschaftlichen Theorien, wenn es denn neue Erkenntnisse gibt. Dies ist auch mit Einschränkungen geschehen. Mit Haynal (1994) nehme ich an, daß – wie die anderen großen theoretischen, kohärent erscheinenden Systeme – ein Psychoanalismus als eigene Theorie über den Menschen außerhalb von kleinen Zirkeln keine Überlebenschance hat.

Alles in allem hat die Psychoanalyse wohl mindestens so viel Wissen in die Nachbargebiete exportiert wie sie importiert hat. So sind viele entwicklungspsychologische Fragestellungen von Psychoanalytikern in die Wege geleitet worden. Ich erinnere an Bowlby, Spitz, Ainsworth, Stern etc. Einen Überblick dazu gibt Seiffge-Krenke (1994). Oft ist der Import verschämt verschwiegen worden. Die wissenschaftstheoretische Diskussion über die Bedeutung der Hermeneutik gilt nicht für die Theorie als Ganzes, sondern für das Verständnis des therapeutischen Geschehens (Haynal 1994).

Gegenwärtige psychoanalytische Forschungsinstitutionen

Was die Implantierung des Wissens an den psychologischen Forschungsinstitutionen betrifft, gibt es in der deutschsprachigen klinischen Psychologie die oben erwähnten vier Vertreter. Psychoanalytische Universitätsambulanzen gibt es zwei gegenüber 30 verhaltenstherapeutischen. Da es zusätzlich kaum habilitierten Nachwuchs gibt, müssen wir in der Klinischen Psychologie mit einem baldigen Ableben dieses Wissens rechnen. Es gibt einen Verbund der psychoanalytischen Forscher, die sich dagegen wehren (http://www.uni-koeln.de/phil-fak/psych/klin/ikpp/projekt/agppu.htm). Die psychoanalytischen Verbände haben keinerlei Anstrengungen erkennen lassen, den akademischen Nachwuchs zu fördern. Im Gegenteil, er wurde systematisch behindert. Das ändert sich im Moment. Es werden Forschungsstipendien ausgelobt, »summer schools« für Praktiker eingerichtet und Forschungsprojekte ausgeschrieben.

Die Studierenden an der Universität bekommen nur noch wenig über Psychoanalyse zu hören; wenn überhaupt, dann Berichte über den spekulativen Überbau (Krause 1987). Die Mehrzahl von ihnen würde auch bei einer Eigenerkrankung keine psychoanalytische Behandlung beginnen (Leuzinger-Bohleber 2005).

Im englischsprachigen Raum wurden 41 psychoanalysefreundliche Institutionen aufgeführt. Es ist keine Spitzeninstitution dabei, vier sind als gutes Mittelfeld bekannt. Die anderen sind eher unbekannt (http://www.umdnj.edu/psyevnts/psa.Schools.html).

Die Krankheitslehre der Psychoanalyse, die dereinst stil- und sprachbildend für den gesamten Bereich der Psychiatrie gewesen ist, hat durch die Erarbeitung der großen diagnostischen Manuale an Bedeutung verloren (Wittchen/Saß u. a. 1989). Der Bereich der im engeren Sinne psychodynamischen, konfliktorientierten Krankheitsvorstellungen hat durch die Ausgrenzung aus den psychiatrisch psychologischen Alltagsdiagnosen aber eher an Schärfe und Präzision gewonnen (Arbeitsgruppe OPD 1996). Die verhaltenstherapeutischen Psychologien sind dabei, einige Essentials psychoanalytischen Wissens wieder zu entdecken. Dazu gehören die unbewußten Pläne, die maladaptiven Schemata als Formen des Wiederholungszwanges und der Übertragung, der Widerstand und die Abwehr (Grawe 1998). Was aussteht, ist eine Systematik der Beziehungsgestaltung, die die Gegenübertragung einschließt (Krause 1999). Daran wird allerdings gearbeitet (Grawe 2004).

Zukunftsperspektiven

Die Dynamik der Entwicklung ist an die kognitive Verhaltenstherapie übergegangen. Sie macht allerdings über wesentliche Bereiche (noch) keine Aussagen. Als Beispiel seien nur identifikatorische Prozesse und deren Gesetzmäßigkeiten als Bausteine der Persönlichkeitsentwicklung einerseits und der Behandlung andererseits erwähnt, oder der Zusammenhang von Gewissensbildung und Symptomentwicklung. Von psychoanalytischer Seite wird es zu einer Systematisierung der Lernprozesse kommen müssen, die traditionell in der psychoanalytischen Krankheitslehre nur in Form von Alltagstheorien abgehandelt wurden. Hier ergibt sich eine Fülle von noch zu rezipierendem Wissen. Die Auseinandersetzungen über die Bedeutung der neuropsychologischen und allgemeinpsychologischen Befunde, z. B. der Affektforschung, erfordern ein konstantes Überprüfen der Krankheitslehre. Auch hier hat die Psychoanalyse noch mehr zu exportieren als viele gegenwärtig moderne psychologische Theorien. Grawe, Donati und Bernauer (1994) bestätigen, daß die psychoanalytische Therapie wissenschaftlich gut fundiert sei, ihre bescheidene Wirkungsbilanz jedoch auf den verkrusteten Ausbildungsstrukturen beruhe mit der Folge, daß die übliche Praxis viel weniger wissenschaftlich fundiert sei als der Ansatz als solcher.

Die Psychoanalyse als empirisch bestätigte psychologische Behandlungstechnik gibt es in Reinform auch nicht. Allein die gesetzlichen Krankenkassen unterscheiden fünf Formen von tiefenpsychologisch fundierten Verfahren neben der psychoanalytischen Psychotherapie. Nach einer beträchtlichen (narzißtischen) Erschütterung, die durch Arbeiten wie die von Grawe u. a. (1994) hervorgerufen wurden, hatten zumindest die tiefenpsychologisch fundierten Techniken den empirischen Elchtest bestanden. Nicht nur – wie vom wissenschaftlichen Beirat des Psychotherapeutengesetzes gefordert – in fünf der zwölf Indikationsgebiete des International Classification of Desease Nr. 10, sondern in elf liegt der Wirksamkeitsnachweis nach den im Moment rechtsverbindlichen empirischen Maßstäben vor (Leichsenring 2001, 2002; Brandl u. a. 2004).

Im Moment stellt sich das Verhältnis von Psychologie und Psychoanalyse so dar, daß durch den Verlust der Anbindung an die Universitäten die psychoanalytischen Institutionen reine Ausbildungsstätten geworden sind. Dies hat in Folge zu einer mangelhaften Durchmischung und Erneuerung durch die Konfrontation mit den Nachbarwissenschaften sowie den anderen Therapieformen geführt. Dieser Zustand ist auf Dauer nicht erträglich und sollte zielstrebig beendet werden. Dies kann einerseits durch den Ausbau einer Forschungslandschaft innerhalb der Ausbildungsinstitute geschehen und andererseits durch die Rückgewinnung psychoanalytischer Essentials in den universitären Einrichtungen. Das erste scheint im Moment einfacher als das zweite. Die Internationale Psychoanalytische Vereinigung (IPV) hat eine ständige Forschungskonferenz, die jährlich in London tagt, sowie eine Summerschool am London City College eingerichtet. Die deutsche Psychoanalytische Gesellschaft hat ein ähnliches Vorhaben gestartet.

Die Rückgewinnung psychoanalytischer Essentials an die Universitäten scheint schwierig. In der Umfrage von Jürgen Margraf (1994) haben von den über 27 Beratungsstellen an den klinisch-psychologischen Instituten nur drei eine psychoanalytische Ausrichtung, so daß auf absehbare Zeit eine psychoanalytische Ausbildung unter dem Dach bzw. dem Schutz der klinischen Psychologie nicht denkbar und nicht möglich ist. Dementsprechend sind auch alle Weiterbildungsinstitutionen, die innerhalb von Universitäten akkreditiert worden sind – bis auf eine –, verhaltenstherapeutisch orientiert.

Da in den ärmeren Ländern mit einer Finanzierung – einer wie auch immer gearteten staatlichen Weiterbildung – definitiv nicht zu rechnen ist und die Psychologie als strenges Numerus-Clausus-Fach keine Lehre nach Außen exportieren darf, bleiben wir auf absehbare Zeit auf die halbstaatlichen Formen von Weiterbildung angewiesen, die dazu tendieren, die Verbindung zur Wissenschaft aufzugeben.

Die Tradierung und Erneuerung des psychoanalytischen ›Know Hows‹ und Wissens ist gegenwärtig, wie in mehreren soziologischen Analysen festgestellt wurde, eine Mischung von wissenschaftlichem theologischem Seminar, Kunst- und Verwaltungshochschule (Kernberg 1986). Wahrscheinlich müssen alle Psychotherapieweiterbildungen in einem gewissen Ausmaß eine solche Art von Binnengliederung aufweisen. Auch die Verhaltenstherapeuten sind bei weitem theologischer als sie selbst meinen. Ich denke auch, man sollte den Ausbildungsteilnehmern die Wahl lassen, welche Art von Zielen sie innerhalb ihrer Ausbildung und mit ihren Patienten verfolgen möchten. Dem Konsumentenschutz zuliebe müßte allerdings dann auch deutlich gemacht werden, welche Ziele dies sind und ob sie mit dem Verfahren erreicht werden können.

Literatur

Ach, Narziss: *Über die Willenstätigkeit und das Denken: Eine experimentelle Untersuchung; mit einem Anhang: Über das Hipp'sche Chronoskop.* Göttingen 1905.

Arbeitsgruppe OPD: *Operationalisierte Psychodynamische Diagnostik. Grundlagen und Manual.* Bern 1996.

Brandl, Yvonne/Georg Bruns u. a.: Psychoanalytische Therapie. Stellungnahme für den Wissenschaftlichen Beirat Psychotherapie. In: *Forum der Psychoanalyse* 20 (2004), 13–125.

Brentano, Franz: *Psychologie vom empirischen Standpunkt* [1874]. Hamburg 1955.

Damasio, Antonio R.: *Descartes Irrtum. Fühlen, Denken und das menschliche Gehirn.* München/Leipzig 1997.

Dollard, John/Neal Miller: *Personality and Psychotherapy: Analysis in Terms of Learning, Thinking and Culture.* New York 1950.

Fechner, Gustav Theodor: *Elemente der Psychophysik.* Leipzig 1860.

Grawe, Klaus: Psychotherapieforschung zu Beginn der neunziger Jahre. In: *Psychologische Rundschau* 43 (1992), 132–162.

–: *Neuropsychotherapie.* Göttingen 2004.

– /Ruth Donati/Friederike Bernauer: *Psychotherapie im Wandel – von der Konfession zur Profession.* Göttingen/Bern 1994.

Gray, Paul: The Assault on Freud. In: *Time,* November 1993, 29, 37–47.

Haynal, André: *Psychoanalytische Erkenntnis.* Stuttgart 1994.

Kächele, Horst/Rainer Richter: Germany and Austria. In: Stefan de Schill/ Serge Lebovici (Hg.): *The Challenge of Psychoanalysis and Psychotherapy.* London/Philadelphia 1999, 48–63.

Kandel, Eric R.: *Neurowissenschaften.* Heidelberg 1996.

Kernberg, Otto: Institutional Problems of Psychoanalytic Education. In: *Journal of American Psychoanalytic Association* 34 (1986), 799–834.

–: Der gegenwärtige Stand der Psychoanalyse. In: *Psyche* 48 (1994), 483–508.

Krause, Rainer: Psychologie und Psychoanalyse. In: *Zeitschrift für Klinische Psychologie* 16 (1987), 2–10.

–: *Allgemeine psychoanalytische Krankheitslehre – Band 1: Grundlagen.* Stuttgart 1997.

–: *Allgemeine psychoanalytische Krankheitslehre – Band 2: Modelle.* Stuttgart 1998.

–: Rez. von Grawe, Klaus (1998): Psychologische Therapie. Göttingen: Hogrefe. In: *Der Psychotherapeut* (1999), 198–200.

–: Störungen der Emotionalität. In: Jürgen H. Otto/Hans A. Euler/Heinz Mandl (Hrsg.): *Emotionspsychologie.* Weinheim 2000, 545–555.

Leichsenring, Falk: Comparative Effects of Short-term Psychodynamic Psychotherapy and Cognitive Behavioral Therapy in Depression. A Meta-analytic Approach. In: *Clinical Psychology Review* 21 (2001), 401–419.

–: Zur Wirksamkeit psychodynamischer Therapie. Ein Überblick unter Berücksichtigung von Kriterien der Evidence-based Medicine. In: *Zeitschrift für Psychosomatische Medizin und Psychotherapie* 48 (2002), 139–162.

LeDoux, Joseph: Psychoanalytic Theory: Clues from the Brain: Commentary. In: *Neuro-Psychoanalysis – An Interdisciplinary Journal for Psychoanalysis and the Neurosciences* 44 (1999), 44–49.

Leuzinger-Bohleber, Marianne: *Developing Psychoanalytic Practice and Training.* Vortrag in Rio de Janeiro 2005.

Margraf, Jürgen: Mitteilungen der Fachgruppe klinische Psychologie. In: *Zeitschrift für klinische Psychologie* 23 (1994), 324–333.

Murray, Henry A.: Psychology and the University. In: Edwin S. Shneidman (Hg.): *Endeavors in Psychology. Selections from the Psychology of Henry A. Murray.* Neuaufl. New York 1988, 337–351.

Nersessian, Edwin/Mark Solms: Concluding Remarks. In: *Neuro-Psychoanalysis – An Interdisciplinary Journal for Psychoanalysis and the Neurosciences* 1.1 (1999), 91–96.

Panksepp, Jaak: Emotions as Viewed by Psychoanalysis and Neuroscience: An Exercise in Consilience. In: *Neuro-psychoanalysis – An Interdisciplinary Journal for Psychoanalysis and the Neurosciences* 1.1 (1999), 15–39.

Rapaport, David: *Die Struktur der psychoanalytischen Theorie, Versuch einer Systematik.* Stuttgart 1973.

Seiffge-Krenke, Inge: *Psychoanalytische Entwicklungspsychologie.* Vortrag auf dem Kongreß der Deutschen Gesellschaft für Psychologie. Hamburg 1994.

Spitzer, Manfred: *Geist im Netz. Modelle für Lernen, Denken und Handeln.* Heidelberg/Berlin 2000.

Wallerstein, Robert S.: Psychoanalysis and Academic Psychiatry-Bridges. In: *The Psychoanalytic Study of the Child*, 35 (1980), 419–448.

Wittchen, Hans-Ullrich/Henning Saß u.a.: *Diagnostisches und Statistisches Manual Psychischer Störungen. DSM-III-R.* Weinheim 1989.

Rainer Krause

3. Kulturwissenschaft

Schon früh hat Freud erkannt, daß das Unbewußte nicht nur eine Dimension des Individuums, sondern auch von Kollektiven, von kulturellen und sozialen Prozessen oder von Kunstwerken sei. Das Unbewußte gehöre zu den steuernden Kräften der Geschichte. Freud dehnte bald nach 1900 den Geltungsanspruch der Psychoanalyse bis in die Urgeschichte aus (*Totem und Tabu*, 1912/13) und legte die Grundlagen für die Ethnopsychoanalyse, für eine psychoanalytische Kulturtheorie, für die Psychohistorie und für die Anwendung der Psychoanalyse in der Sozialwissenschaft.

Seit Jahrhunderten gibt es ein protopsychoanalytisches Wissen vom Unbewußten. Das hat Henry F. Ellenberger in seinem klassischen Werk *Die Entdeckung des Unbewußten* (1961) dargestellt. Seit dem Ende des 18. Jh.s taucht in der Philosophie, der Psychologie, der Anthropologie und in der Ästhetik die Kategorie des Unbewußten auf. Sie war historisch fällig, weil die Philosophie der Aufklärung von Descartes bis Kant eine Bewußtseinsphilosophie war, die ihren Umschlag geradezu hervortrieb. Seit der Romantik war unabweisbar, daß das Unbewußte kein unbekannter Kontinent ist, den man nur zu besetzen habe, um ihn dem selbstgewissen Geist einzugemeinden. Das Unbewußte läßt sich nicht kolonisieren. Das ist eine Einsicht, die sich nicht einmal bei Freud völlig durchsetzte. Auch bei ihm gilt, daß das Unbewußte der bewußtmachenden Kritik zuzuführen sei. Zugleich aber fügt Freud sich in die Einsicht, wonach die Macht des Unbewußten niemals zu brechen sei. Die Reife eines Ich oder einer Kultur ist am Maß der Anerkennung des Unbewußten zu erkennen.

Mit Franz Anton Mesmer (1734–1817) und A.-M. J. de Puységur (1751–1825), der 1784 die hypnotische Kur erfand, beginnt ein Diskurs, der den qualitativen Status des Unbewußten demonstriert. In der romantischen Philosophie und Wissenschaft (Schelling, G. H. Schubert, C.A.F. Kluge, C. A. v. Eschenmayer, D. G. Kieser u. a.) wie in der Literatur (L. Tieck, Novalis, Jean Paul, A. v. Arnim, E.T.A. Hoffmann u. a.) sind zudem die kategoriale Autonomie des Unbewußten wie auch seine Mechanismen in allen Gebieten des Alltags herausgearbeitet worden.

Die von Ellenberger herausgestellten vier Gründungsväter der Psychologie des Unbewußten – P. Janet, C. G. Jung, S. Freud und A. Adler – sind ohne diese Vorgeschichte nicht denkbar. Wie oft, so ruht auch hier der wissenschaftliche Diskurs auf vorparadigmatischen Wissenskulturen. Doch noch heute stehen das Unbewußte und seine Diskurse im Ruch, das Widervernünftige zu fördern. Das Gegenteil ist der Fall: nicht die Anerkenntnis, sondern die Einkreisung und Ausschließung des Unbewußten treiben das Irrationale hervor. Freud hat dies in seinen ersten kulturanalytischen Schriften erkannt (*Die kulturelle Sexualmoral und die moderne Nervosität*, 1908), vor allem unter dem Eindruck des Zivilisationsbruchs im Ersten Weltkrieg (*Zeitgemäßes über Krieg und Tod*, 1915). Das Unbewußte ist eine Kraft, die, wenn sie nicht in zivile Formen eingebettet wird, selbst hochentwickelte Kulturen barbarisieren kann.

Freud war bis zuletzt der Überzeugung, daß das Unbewußte das Ergebnis einer urgeschichtlichen Verdrängung sei, durch die Kultur erwächst (*Totem und Tabu*, 1908; *Die Zukunft einer Illusion*, 1927; *Das Unbehagen in der Kultur*, 1939; *Der Mann Moses und die monotheistische Religion*, 1939). Das Unbewußte sei eine Urtatsache, so sehr seine Inhalte sich historisch wandeln mögen.

Dafür ist der Ödipus-Komplex der klassische Fall. Bei Freud wird die Tragödie *König Ödipus* des Sophokles (497/6–404 v. Chr.) gleichsam zu einer Maske von zeitlosen Konflikten zwischen unbewußtem Begehren und kulturellen Tabus. Für Freud sind dies Trieb-Konflikte, die in Theben ebenso wie im Wiener Bürgersohn oder in einer Stammeskultur auftreten. Freud hat damit einer ahistorischen Universalisierung Vorschub geleistet. Das Wiedererkennen der unbewußten Konflikte von Patienten der Wiener Gesellschaft um 1900 in den mythischen Formen der Antike ist jedoch nicht einfach ein projektiver Kurzschluß; sondern zugleich wird damit der Einsicht Tribut gezollt, daß im Inneren des zeitgenössischen Subjekts archaische Muster stillgestellt und dem Fluß der Zeit entzogen sein können. Diese achrone Struktur, welche im Individuum einen beherrschenden Einfluß auf Verhalten, Objektwahl und Selbstverständnis erlangen kann, wird von Freud auch mit der Metapher des »inneren Auslandes« belegt. Davon wird die Topik des Ich bestimmt. Sie erfaßt die qualitativen Brüche von Vertrautheit und Fremdheit, von Bewußt und Unbewußt, von Traum und Wachen, von Begehren und moralischer Kontrolle, vor allem aber von Zeitformen im Subjekt selbst. Der Einsicht entzogene, mächtige Triebformationen gehorchen dem Gesetz der Wiederholung: Es sind zeitlich stillgestellte, gleichwohl wirksame, quasi-mythische Muster. Zugleich stehen die bewußten Ich-Anteile im Takt zur historischen Zeit und ändern sich mit ihr. Dieses prekäre Verhältnis von Struktur und Geschichte, das auch für den späteren Strukturalismus von Claude Lévi-Strauss und seiner Nachfolger zentral ist, angemessen zu bestimmen, ist nicht nur für die Psychoanalyse, sondern für eine Theorie der kulturellen Systeme von größter Bedeutung.

Viele ›Ausdehnungen‹ des Ödipus-Komplexes auf außereuropäische oder urgeschichtliche Zustände haben sich, obwohl Freud sich in Ethnologie, Ägyptologie und Religionswissenschaft abzusichern suchte, vor der Geschichtsforschung nicht bewährt. Der Totemismus, in den Freud seine auf dem Vatermord beruhende Kulturentstehungstheorie eintrug, war schon zu seinen Zeiten ein überdehntes Paradigma, mit dem Ethnologen glaubten, universale Kulturmuster identifiziert zu haben. Gerade dieser falsche Universalismus, den Lévi-Strauss dekonstruierte (*Das Ende des Totemismus*, 1962/1965), gab Freud die Möglichkeit, den Ödipus-Komplex zu einer basalen Struktur von Kultur zu generalisieren. Ähnlich hat Freud den Ursprung der monotheistischen Religion im ägyptisch-jüdischen Überschneidungsraum aus einer scharfsinnigen, aber unhaltbaren Anwendung des Ödipus-Komplexes und seiner Verschuldungsdynamik gewonnen (*Der Mann Moses und die monotheistische Religion*, 1939).

Trotz der im einzelnen überholten Aussagen sind die kulturgeschichtlichen Ansätze Freuds produktiv. Sie sind nicht ohne Nachfolger geblieben. Die im 19. Jh. in der Religionskritik – z. B. bei Ludwig Feuerbach oder Karl Marx – verbreitete Annahme, wonach religiöse und mythische Mächte aus kollektiven Projektionen im Interesse der Herrschaftsstabilisierung hervorgegangen seien, ergänzt Freud um eine wichtige Dimension: danach verdanke sich die Resistenz der Religion ihrem unbewußten Funktionieren. Pro-

jektion, Introjektion, Identifizierung und andere Abwehrmechanismen stellen Initialsituationen still, deren verallgemeinerte Darstellung (in Form von Göttern, Mythen, Dämonen, Ursprungserzählungen, Träumen, magischen Ritualen etc.) eine kulturelle Gemeinschaft gerade gegen historischen Wandel abdichtet und somit zusammenhält. Die Freudsche Intuition weist für kulturhistorische Forschung in die richtige Richtung, wenn er religiöse Ursprungserzählungen oder ethnische Gebräuche als psychische Konflikt- oder Schlichtungsverläufe auslegt, die symbolisch geronnen sind.

Freud war klar, daß er dabei nicht positive Geschichtsschreibung betrieb, sondern historische Quellen *interpretierte*. Das unterscheidet ihn von C. G. Jung (1875–1961). Nach seiner Trennung von Freud befestigte Jung seine Überzeugung, daß der Vielfalt der symbolischen Formen ein überzeitliches Archiv von Archetypen zugrundeliege. Diese stellten den steuernden Code von kulturellen Praktiken dar. Jung glaubte, die überzeitlichen Symbole entziffert zu haben, welche die Konflikte von Individuen und kulturellen Einheiten steuern; während Freud umgekehrt die für Kulturen basalen Konflikte zu rekonstruieren suchte, welche in symbolischen Formen ihren Ausdruck fanden. Zum anderen unterscheidet sich Freud aber auch von Nachfolgern wie etwa von Otto Rank (1884–1939), dessen Werk *Das Inzest-Motiv in Sage und Dichtung* (1912/1926) eine kulturell wie historisch indifferente Synopse über das Inzest-Motiv enthält. Bereits von den 1910er Jahren an findet man in der psychoanalytischen Bewegung eine Fülle von Studien, welche im kulturellen Feld die psychoanalytischen Symptome aufsammelten – kontext- und geschichtslos. Freud war vorsichtiger. Er wußte, daß Psychoanalyse zur Projektion werden kann. Dies ist Freud bei der Herleitung des Monotheismus selbst widerfahren: Die Freudsche Ursprungserzählung des Judentums wurde unter der Hand zu *seiner* Auseinandersetzung mit dem eigenen Volk (vgl. Yerushalmi 1991/1992).

Freud zeigt eine nach ihm niemals wieder erreichte Offenheit der Psychoanalyse für Ethnologie, Religionswissenschaft und Kulturanalyse. Trotz der späteren Reduzierung der Psychoanalyse auf das Individuum und sein engstes Feld, die Familie, ist diese Wirkung Freuds nie zum Erliegen gekommen. Wie differenziert eine Religionswissenschaft mit dem Ödipus-Syndrom umgehen kann, zeigt heute etwa Klaus Heinrich (*Arbeiten mit Ödipus. Begriff der Verdrängung in der Religionswissenschaft*, 1995). Wie kreativ die Auseinandersetzung mit dem Freudschen Ödipus ausfallen kann, ist an Gilles Deleuze und Félix Guattari abzulesen, deren *Anti-Ödipus* (1972/ 1977) für eine junge Generation, die sich vom ödipalen Gesetz zu befreien suchte, zum Grundbuch wurde. Der *Anti-Ödipus* stand auch im Hintergrund von Klaus Theweleits *Männerphantasien* (1977/78), worin dieser das ödipale Verhängnis hochstilisierte zur Langzeit-Ursache für die präödipalen kollektiven Ekstasen, welche das unbewußte Unterfutter für männliche Gewaltregimes aller Couleur und Zeiten darstellten. Die Ethnopsychoanalyse dagegen fand in Georges Devereux sowohl theoretische wie praktische Ausformungen (*Angst und Methode in den Verhaltenswissenschaften*, 1967/1984; *Ethnopsychoanalyse*, 1972/1978). Devereux entwickelte auch eine komparatistische Psychoanalyse der Mythenforschung (*Baubo. Die mythische Vulva*, 1981) und eine ethnopsychoanalytische Variante der Traumdeutung (*Träume in der griechischen Tragödie*, 1976/85), welche die große Tradition der antiken und neuzeitlichen Traumbücher bis hin zu Freuds *Traumdeutung* (1900) fortsetzt. Hier sind auch die Einflüsse der Psychoanalyse auf die Ethnologie von Michel Leiris oder Claude Lévi-Strauss zu nennen. Auch in der Feldarbeit hat sich die Ethnopsychoanalyse bewährt, wofür Arbeiten aus dem Kreis um Paul Parin stehen (*Die Weißen denken zuviel. Psychoanalytische Untersuchungen bei den Dogon in Westafrika*, 1963; *Fürchte deinen Nächsten wie dich selbst. Psychoanalyse und Gesellschaft am Modell der Agni in Westafrika*, 1971). Sozialtheoretische Konsequenzen für das Zusammenspiel von Gesellschaft und Unbewußtem entwickelt Mario Erdheim (*Die gesellschaftliche Produktion von Unbewußtheit*, 1982).

In der Religionswissenschaft sind Forschungsrichtungen wie die von René Girard (*Das Heilige und die Gewalt*, 1972/1994) oder von Walter Burkert (*Homo Necans*, 1972) ohne den Einfluß Freuds kaum denkbar. Eine Kulturwissenschaft, die die symbolischen Formen und Pathosformeln (Aby Warburg), die Rituale und Imaginationen der Religionen untersucht, kann auf die von Freud initiierten Traditionen nicht verzichten. Doch auch von C. G. Jung gingen Anregungen aus, wofür die klassische Studie von Erich Neumann über *Die Große Mutter* (1956/85) exemplarisch ist.

Wie sinnvoll eine *gender*-Forschung sich mit der Psychoanalyse ergänzt, kann man an Hermann Baumann (*Das doppelte Geschlecht*, 1955/1980) ablesen. Lange vor feministischen Arbeiten in Nachfolge von Jacques Lacan (Judith Butler: *Körper von Gewicht*, 1993/1995) hat Baumann auf die kulturelle Verflüssigung der dualen *gender*-Ordnung hingewirkt. Für eine (feministische) Geschlechterforschung in kul-

turwissenschaftlicher Perspektive bleiben die Freudschen Einsichten in das kulturelle und biographische ›Gemachtsein‹ von geschlechtlichen Identitäten der entscheidende Ausgangspunkt.

Die sozialpsychologischen Arbeiten Freuds regten ferner sozialwissenschaftliche Adaptionen an, die er freilich kritisch bewertete: Siegfried Bernfeld (1893–1952) wurde für den Bereich einer emanzipatorischen Jugendforschung und Pädagogik einflußreich; während Wilhelm Reich (1897–1957) zum Ausgangspunkt für eine kulturrevolutionäre Befreiung wurde (SexPol-Bewegung der 1920er, 30er und 70er Jahre). Für die Kulturwissenschaft bedeutsamer wurden die empirischen Untersuchungen, welche von der frühen Frankfurter Schule geleistet wurden. Hier gelang die Verbindung der interpretativen Psychoanalyse mit Gesellschaftstheorie und sozialwissenschaftlicher Empirie. In Konsequenz dessen wurde eine kritische Theorie des Subjekts sowie der Gesellschaft geleistet: im Zusammenwirken von Ökonomie, politischer Herrschaft, Klassenschichtung und Ideologiebildungen wurde erstmals auch die Dimension unbewußter Dynamiken beachtet (Max Horkheimer/Theodor W. Adorno: *Dialektik der Aufklärung*, 1947; *Zeitschrift für Sozialforschung*, 1932–41; Erich Fromm/Max Horkheimer u. a.: *Studien über Autorität und Familie*, 1936).

Im Hintergrund solcher Studien stand neben den sexualwissenschaftlichen Arbeiten Freuds dessen kulturtheoretische Schrift *Das Unbehagen in der Kultur* (1930) sowie *Massenpsychologie und Ich-Analyse* (1921). Darin hatte Freud zuerst sein Konzept kollektiv irrationaler Reaktionsbildungen als Funktionen eines Triebversagung erfordernden Kulturprozesses entwickelt. Norbert Elias übertrug die Freudsche Psychoanalyse auf seine langwelligen Prozeßanalysen von Genese und Verlauf der europäischen Zivilisation (*Über den Prozeß der Zivilisation*, 1939). Die psychoanalytische Kulturforschung fand ihre Fortsetzung im Kreis um Alfred Lorenzer (*Psychoanalyse als Sozialwissenschaft*, 1971; *Kultur-Analysen*, 1986). Lorenzer hatte sich lange um Vermittlungen von Psychoanalyse, Sprachhandlungstheorien und Soziologie in mikro- wie makrosozialer Perspektive bemüht. Darin war Jürgen Habermas (*Erkenntnis und Interesse*, 1968) mit seiner kommunikationstheoretischen Reformulierung des Freudschen Modells vorangegangen.

Für die gegenwärtige Kulturwissenschaft nicht nur in Frankreich, sondern auch in den USA, England, Südamerika und Deutschland war Jacques Lacan (1901–1981) außerordentlich wirkungsvoll. Die Konzeption Lacans ist es, das Unbewußte »wie eine Sprache« zu denken. Zwar widerspricht Lacan dem cartesianischen Logozentrismus mit seiner Fundierung des Ich in der kontrollierten Handhabe der Begriffssprache. Und doch bleibt Lacan im Feld der Sprache und damit auf vertrautem Gelände. Lacan schließt an Bestimmungen Freuds an, die dieser für die Grammatik des Unbewußten konstatiert hatte. So kennt das Unbewußte keine Negation, keine Frageform, keine Hypotaxe, keine zeitlichen Modalisierungen; dafür wird es wesentlich durch Verdichtung (Metapher) und Verschiebung (Metonymie) bestimmt. Damit fehlen dem Unbewußten wesentliche Merkmale der Sprache, während die tropischen Figuren (Metapher, Metonymie) wiederum nicht dem Unbewußten allein zukommen, weil sie auch bewußte Sprechakte sein können, z. B. in der Literatur. Auch scheint nicht geklärt, warum die Sprache und nicht etwa die Logik von Bildern das Unbewußte charakterisiert. So folgt der Traum einer Bildlogik mehr als einer sprachlichen Grammatik.

Lacan gewinnt mit der von F. de Saussure beeinflußten Konzeption die Möglichkeit, eine nicht-substantialistische, dezentrierte Fassung des Subjekts zu konstruieren. Das Subjekt unterliegt der Sprache und dem in der symbolischen Ordnung sedimentierten, im Phallus konzentrierten Gesetz des Vaters. Durch dieses Gesetz wird das unbewußte Begehren unlöslich an seinen Mangel, die Unerreichbarkeit des Objekts und des imaginären Selbst gefesselt. Darauf beruht der »Mangel an Sein«, der Subjektwerdung und Begehren strukturiert. In manchen Zügen verewigt Lacan damit die ödipalen und patriarchalistischen und antifeministischen Züge der Freudschen Theorie. Dies ist oft kritisiert worden. Wirksam aber wurde ebenso die andere Seite seines Modells, wonach man dem konstruktiven Charakter aller Identitäten die Pointe geben und diese als Funktionen des Kulturprozesses erscheinen lassen kann. Das Unbewußte, als generative semiotische Maschine, ist dann, anders als in der Ödipus-Tragödie, kein Schicksal mehr, sondern ein Code sich verschiebender Bedeutungen, der den historischen Subjekten auch die Chance bietet, sich den Festlegungen der symbolischen Ordnung zu entziehen. Das ist zwar jenseits von Lacan gedacht, der auf der Unhintergehbarkeit des Gesetzes des Vaters besteht, nutzt aber die Lacansche Pointe, das Unbewußte und die symbolische Ordnung als Konstrukt zu verstehen. Damit werden, vor allem in den USA (z. B. Donna Haraway: *Die Neuerfindung der Natur*, 1991/95), Anschlüsse an die Cyberkultur gefunden, da diese eine postnaturale und tropische Modellierung von Selbstformationen, kulturellem Sinn und kommunikativen Prozessen zu

bieten scheint. Freud indes hätte solche Spielarten des Posthumanismus abgelehnt.

Ein sichereres Terrain bieten zwei andere Anwendungsfelder der Psychoanalyse. Das eine ist mit den Stichworten ›Idolenkult‹ und ›Fetischismus‹ zu umreißen. Es scheint so, daß die politischen Herrschaftssysteme wie die Massenmedien der Moderne ohne die Erzeugung von Idolen keine verläßliche Massenloyalität erzeugen. Die quasireligiösen Bindungen an erhöhte, projektive Figuren der Verehrung und Verkultung schaffen homogene Identifizierungsmuster, deren ungeheure Integrationskraft nur mittels einer kulturhistorischen Psychoanalyse zureichend verstanden wird. Ähnlich schaffen die massenhaft das Ich umgebenden Dinge, zu Fetischen des Begehrens mutiert, unbewußte Abhängigkeiten (ohne die Ding-Fetische verliert das Ich seinen Halt), welche als soziale Bindungsmittel strategisch eingesetzt werden. Hier gewinnt die psychoanalytische Kulturwissenschaft konkrete Forschungsaufgaben.

Zum zweiten leistet die Psychoanalyse gute Dienste bei der Entzifferung ästhetischer Prozesse der Produktion wie Rezeption von Kunst, allgemeiner von Objekten des Gefallens oder Mißfallens. Kunst ist nicht nur, aber doch auch, so Freud, die Freigabe des sonst Verbotenen (*Der Dichter und das Phantasieren*, 1908) – so ist jedes ästhetische Objekt ein Response des Begehrens im Kampf mit den Orthodoxien der Kultur. Das Imaginäre, und dazu gehören heute die Massenmedien, ist ein sich ständig umwälzendes und anreicherndes Archiv des Unbewußten, sozusagen seine medial externalisierte Gestalt, die in dieser Geronnenheit – als Kunstobjekt, Film, Roman, Tanz – entzifferbar wird für eine psychoanalytische Kulturwissenschaft. Mit Freud ist die mediale Maschine zu bestimmen, die mit *unheimlicher* Produktivität heute die unbewußten Phantasmen und Imaginationen generiert, welche unsere Kultur darstellen und unsere Gesellschaft zusammenhalten – vor ihrem Kollaps im Realen.

Literatur

Baumann, Hermann: *Das doppelte Geschlecht. Ethnologische Studien zur Bisexualität in Ritus und Mythos* [1955]. Berlin ²1980.

Burkert, Walter: *Homo Necans. Interpretationen altgriechischer Opferriten und Mythen.* Berlin/New York 1972.

Butler, Judith: *Körper von Gewicht. Die diskursiven Grenzen des Geschlechts.* Berlin 1995 (amerik. 1993).

Deleuze, Gilles/Félix Guattari: *Anti-Ödipus. Kapitalismus und Schizophrenie.* Frankfurt a. M. 1977 (frz. 1972).

Devereux, Georges: *Ethnopsychoanalyse.* Frankfurt a. M. 1978 (frz. 1972).

–: *Baubo – Die mythische Vulva.* Frankfurt a. M. 1981 (frz. 1983).

–: *Angst und Methode in den Verhaltenswissenschaften*. Frankfurt a.M. 1984 (frz. 1962).

–: *Träume in der griechischen Tragödie. Eine ethnopsychoanalytische Untersuchung*. Frankfurt a.M. 1985 (frz. 1979).

Elias, Norbert: *Über den Prozeß der Zivilisation. Soziogenetische und psychogenetische Untersuchungen* [1939]. 2 Bde. Frankfurt a.M. ²¹1997.

Ellenberger, Henry F.: *Die Entdeckung des Unbewußten. Geschichte und Entwicklung der dynamischen Psychiatrie von den Anfängen bis zu Janet, Freud, Adler und Jung*. Bern/Stuttgart/Wien 1973 (engl. 1970).

Erdheim, Mario: *Die gesellschaftliche Produktion von Unbewußtheit. Eine Einführung in den ethnopsychoanalytischen Prozeß*. Frankfurt a.M. 1982.

Fromm, Erich/Max Horkheimer u.a.: *Studien über Autorität und Familie*. Paris 1936.

Girard, René: *Das Heilige und die Gewalt*. Frankfurt a.M. 1994 (frz. 1972).

Habermas, Jürgen: *Erkenntnis und Interesse*. Frankfurt a.M. 1968.

Haraway, Donna: *Die Neuerfindung der Natur. Primaten, Cyborgs und Frauen*. Frankfurt a.M. 1995 (amerik. 1991).

Heinrich, Klaus: *Arbeiten mit Ödipus. Begriff der Verdrängung in der Religionswissenschaft*. Frankfurt a.M. 1993.

Horkheimer, Max (Hg.): *Zeitschrift für Sozialforschung*. Jg. 1–9 (1932–1941), Neudruck München 1980.

– /Theodor W. Adorno: *Dialektik der Aufklärung. Philosophische Fragmente*. Amsterdam 1947.

Lacan, Jacques: *Schriften I – III*. Olten 1973–1980 (frz. 1966).

Lévi-Strauss, Claude: *Das Ende des Totemismus*. Frankfurt a.M. 1965 (frz. 1960).

Lorenzer, Alfred: *Die Wahrheit der psychoanalytischen Erkenntnis. Ein historisch-materialistischer Entwurf* [1976]. Frankfurt a.M. 1985.

– (Hg.): *Kultur-Analysen*. Frankfurt a.M. 1986.

– /Helmut Dahmer/Klaus Horn/Karola Brede/Enno Schwanenberg: *Psychoanalyse als Sozialwissenschaft*. Frankfurt a.M. 1971.

Neumann, Erich: *Die Große Mutter. Eine Phänomenologie der weiblichen Gestaltungen des Unbewußten* [1956]. Olten/Freiburg i. Br. 1985.

Parin, Paul/Fritz Morgenthaler/Goldy Parin-Matthèy: *Die Weißen denken zuviel. Psychoanalytische Untersuchungen bei den Dogon in Westafrika* [1963]. Frankfurt a.M. 1991.

–: *Fürchte deinen Nächsten wie dich selbst. Psychoanalyse und Gesellschaft am Modell der Agni in Westafrika* [1971]. Frankfurt a.M. 1991.

Rank, Otto: *Das Inzest-Motiv in Dichtung und Sage [1912]*. Darmstadt 1974 [= Nachdruck der 2. Aufl. Leipzig/Wien 1926].

Theweleit, Klaus: *Männerphantasien*. 2 Bde. Frankfurt a.M. 1977/78.

Yerushalmi, Yosef Hayim: *Freuds Moses. Endliches und unendliches Judentum*. Berlin 1992 (engl. 1991).

Hartmut Böhme

4. Kunst und Kunsttheorie

Manche Kunstwerke der Romantik, des Symbolismus und der Dekadenz, lange vor dem Auftreten der Psychoanalyse geschaffen, lesen sich nachträglich wie gemalte, gezeichnete und in Bronze gegossene Kommentare zu Freuds *Traumdeutung*. Max Klingers Zyklus »Ein Handschuh«, um 1880 entstanden, ist ein zugleich erzählter und analysierter Traum. Ohne den einzelnen Bildern des Zyklus Gewalt anzutun, kann man ›unterhalb‹ des gemalten manifesten Traums die Arbeit der gemalten Traumentstellung, die Mechanismen der Traumarbeit und den latenten Traumgedanken erkennen und diese Bereiche voneinander scheiden. Das gleiche gilt für Odilon Redons »Dans le rêve« von 1879. Nachträglich kann man wohl sagen, daß *Die Traumdeutung* ohne das Klima, in dem diese Bilder entstanden, ihrerseits nicht hätte entstehen können. Nachträglich wirken diese visuellen Vorläufer Freuds aber auch schrecklich naiv und plakativ. Das ändert sich mit den Surrealisten, die, an der neuen Wissenschaft der Psychoanalyse geschult, deren Erkenntnisse bewußt in ihre literarischen und bildnerischen Produktionstechniken einbauen. Das Verschwinden, die Lücke, die Verneinung, die konvulsivische Zuckung der Hysterie werden bei André Breton oder Salvador Dalí zum Formprinzip der künstlerischen Gestaltung.

Mit der Veralltäglichung der Psychoanalyse ebbt die Begeisterung der Künste für die nun nicht mehr neue Wissenschaft auch rasch wieder ab. Es hätte nicht der nationalsozialistischen Barbarei bedurft, um die junge Allianz zu trennen. Das zeigt die amerikanische Kunstgeschichte. Wenn sich nach 1950 Künstlerinnen und Künstler für die Psychoanalyse interessieren, dann nicht mehr für irgendwelche Traumsymbole oder inzwischen langweilig gewordenen Enthüllungen aus dem Reich des verdrängten Sexuellen – nach dem Muster: lackierte Zehennägel = erigierter Penis; blicklose Augen der Statue = leere Depression. Wenn heute ein Künstler Elemente aus dem Vokabular der Psychoanalyse in sein Werk einbaut, dann nicht, wie noch Alfred Hitchcock, um etwas zu enthüllen, sondern eher, um den gutgläubigen

Psychoanalytiker in die Irre zu führen. Im Steinbruch der Kulturgeschichte liegen in ausreichender Zahl Stereotype aus der psychoanalytischen Enthüllungsära bereit. Das heißt nicht, daß eine solche Kunst, die sich, wie die *appropriation art*, die Kunst-Figuren ihrer Vorgänger aneignet, frei von unbewußten Bedeutungen wäre; aber diese liegen gewiß nicht in den Symbolen und Figuren aus der Asservatenkammer der Psychoanalyse.

Psychoanalyse als Kunst

Der Wirkungsgeschichte des Verhältnisses von Psychoanalyse und Kunst nähert man sich heute nur noch, wenn man das Stichwort *Psychoanalyse und Kunst* zugleich als ein *Psychoanalyse als Kunst* liest. Denn die Psychoanalyse hat auf die Kunst nicht dadurch besonders fruchtbar eingewirkt, daß Künstlerinnen und Künstler psychoanalytische Werke gelesen oder sich einer Psychoanalyse unterzogen hätten. Das haben Künstler zwar immer auch getan – heute nicht weniger als vor hundert Jahren. Viel entscheidender ist, daß die Psychoanalyse für eine subjektive Dimension der Erfahrung steht, die vielerlei strukturelle Gemeinsamkeiten mit der ästhetischen Erfahrung der Moderne teilt. Ein psychoanalytischer Prozeß stellt sich ebenso nur in der Muße des Sichfreimachens vom Heilungszwang ein, wie ein Kunstwerk nur in der Muße des Sichfreimachens vom Bedeutungszwang (was soll denn das bedeuten, was ich da herstelle, sehe oder höre?) sich einstellt. Beide brauchen eine gewisse Entlastung vom ökonomischen Praxisdruck. Ebenso brauchen beide eine gewisse Zeitlosigkeit, einen Zeitaufschub, eine Verweigerung der Antwort auf die Frage, wozu das gut sein soll. Kunst funktioniert ebenso wie ein psychoanalytischer Prozeß nur innerhalb eines gesellschaftlich definierten und von den Beteiligten akzeptierten Rahmens. Wie zum psychoanalytischen Prozeß die Festlegung der Stunde, des Honorars und der jeweiligen Aufgaben der beiden Partner des Geschehens gehört, so gehört zum Kunstwerk seine Präsentation in einem festgelegten Rahmen von Markt, Museum und der normativen Festlegung: Dies ist Kunst. Und vor allem: In der Kunst wird wie in der Psychoanalyse nach jeweils internen Regeln ein vorhandenes, bekanntes Etwas (die Ansicht eines Baums, ein Beziehungskonflikt) in ein neues, noch unbekanntes Etwas umgeformt.

Eine ziemlich gute Antwort auf die schwierige Frage »Was ist ein Bild?« hat Michael Polanyi gegeben. Danach umfaßt ein Bild »sowohl die perspektivische Tiefe seiner Malerei als auch die Flachheit seiner Leinwand, wobei diese kontradiktorischen Eigenschaften als eine verbundene Qualität gesehen werden; und in der Tat ist eben diese Qualität für ein normales Bild charakteristisch« (Polanyi 1970/1994, 154). Diese Bestimmung des Bildes als der Einheit des Widerspruchs von Flachheit und Tiefe, von Rahmen und Stoff, läßt sich vom Bild auf die Kunst überhaupt und von da auf die Psychoanalyse übertragen: Wenn wir die Trauben auf dem Bild so sehr für wirkliche halten, daß wir sie »wirklich« essen wollen, bricht das Bild zusammen, und wenn wir den Mord auf der Bühne für so wirklich halten, daß wir von unserem Sessel aufspringen und die Polizei rufen, bricht das Stück zusammen. Derselbe Grundkonflikt von Flachheit und Tiefe bestimmt auch den psychoanalytischen Prozeß. Eine Stunde dauert 50 Minuten und kostet 70 Euro; und innerhalb dieses »flachen« Rahmens drängt jetzt ein »tiefer« Triebwunsch zu Erfüllung und äußert sich in allen möglichen Formen von Liebe und Haß, Erwartung und Enttäuschung. Und wenn die Patientin ihren Analytiker nun wirklich küßt, oder schlimmer, der Analytiker mit seiner Patientin Sex macht, dann bricht noch etwas mehr zusammen als nur der Rahmen.

Kurz gesagt besteht die gemeinsame Schnittmenge von Psychoanalyse und Kunst in der Erschaffung eines intermediären oder imaginären Raumes – der Sprache, der Klänge, der Formen, der Bedeutungen – eines Raumes, in dem Sprache, Klänge, Formen und Bedeutungen von etwas in etwas anderes transformiert werden. Die intuitive Erfahrung dieser strukturellen Gemeinsamkeit wiegt stärker als solche inhaltlichen Motive wie »die Hysterie in der Kunst«, »der Traum in der Kunst« oder am Ende gar »der Ödipuskomplex in der Kunst«. Falls sich der Choreograph William Forsythe für die Psychoanalyse interessiert, dann wegen ihrer Potenz, die Elemente einer psychischen Ablaufbewegung von einander zu isolieren, einzelne Elemente stillzustellen und den Blick hypertroph auf sie einzustellen. Er zeigt dann eine – für unseren konventionellen Blick – verdrehte Armbeuge oder Schulter in ihrer diagnostischen Differenz

zur nächsten Armbeugen- und Schultersequenz, so wie wir etwa die Erscheinungsformen eines Angstäquivalentes in der Phobie, in der Bulimie und in der Perversion in ihrem Bewegungsablauf differentialdiagnostisch-hypertroph herausarbeiten.

Vier Zugänge der Psychoanalyse zur Kunst

Am Beitrag der Psychoanalyse zur Kunst lassen sich vier Felder unterscheiden: die Psychopathographie des Künstlers, die Interpretation von konkreten Kunstwerken mittels der sogenannten Gegenübertragung, der Beitrag der Psychoanalyse zu einer Philosophie der Kunst und die Erforschung der künstlerischen Kreativität. Im Werk einzelner psychoanalytischer Autoren überlagern sich natürlich diese Felder, wie schon bei Freud, auf vielfache Weise. Dennoch kann man einige Zugänge unterscheiden.

Ein psychopathographischer, über die Künstler-Psyche laufender Zugang

Dieser Zugang hat seine Urform in Freuds Leonardo-Arbeit (GW VIII, 127–211). Dabei wird ein Element X aus dem Leben des Künstlers, vorzugsweise ein Kindheitskonflikt oder ein frühes Trauma, mit einem Element Y aus seinem Kunstschaffen derart in eine Passung gebracht, daß die psychoanalytische Deutung Z plausibel erscheint. Im Falle von Freuds Leonardo sind das X die »zwei Mütter« und die »Geier-Phantasie«, das Y ist die zweifache Eigentümlichkeit in der Motivwahl und Motivgestaltung von Anna und Maria (zwei Mütter, die in schöner Harmonie im Schoß ineinander übergehen), und schließlich die psychoanalytische Engführung Z in einer Aussage über Leonardos nicht gelebte Homosexualität. Im Moment seiner Erschaffung war dieser Verknüpfungsmodus revolutionär – und so wirkte er auch, auf die Zeitgenossen und noch lange danach.

Die Faszinationsgeschichte dieses Essays – und des in ihm paradigmatisch entwickelten Zugangs – ist immer noch nicht an ihr Ende gelangt (vgl. Reiche 2001, 9 ff.), aber die Faszination hat sich inzwischen vielfach in hagiographische Dogmatik und redundante Langeweile verwandelt. Es stellte sich nämlich heraus, daß der Geier, auf den Freud seine Deutung über Leonardos homosexuelle Fellatio-Phantasie aufgebaut hatte, eine Gabelweihe war, die auf einem Übersetzungsfehler beruhte. Das war für K. R. Eissler, der später durch eine Goethe-Biographie bekannt wurde (die höchst interessant und lehrreich, wenn auch oft exzessiv mit dem genannten Verknüpfungsmodus *X:Y=Z* operiert) ein Anlaß, diesen Typus der Psychopathographie des Künstlers autoritär als psychoanalytisches Monopol festzuschreiben. Diese Festschreibung operiert in etwa mit der Zusatzfigur: Als Psychoanalytiker wissen wir, daß im Unbewußten eine Gabelweihe doch ein Geier ist, denn nur wir Psychoanalytiker haben die klinische Erfahrung … In diese Debatte griffen in den 1950er Jahren sowohl prominente Kunstwissenschaftler ein – unter ihnen Meyer Shapiro – als auch Psychoanalytiker, die ihrerseits ausgebildete Kunsthistoriker waren, wie z. B. Ernst Kris. Mit guten Argumenten vertraten sie vorsichtig einen Zugang über die Psychoanalyse der künstlerischen Form. Dabei wurden sie von Eissler brüsk zurückgewiesen:»Im Unbewußten aber, genauer: im Es und dem Verdrängten, findet sich von Ästhetik auch nicht eine Spur, es beschäftigt sich vielmehr mit Inhalten und archaischen Impulsen« (Eissler 1961/1992, 66). Diese kleine Probe Pulverdampf aus den 1950er Jahren mag genügen, um die Fronten in einem Krieg zu skizzieren, der untergründig immer noch andauert.

Adorno hat an den Anfang seiner *Ästhetischen Theorie*, etwa zehn Jahre später, eine weitausholende Kritik an Freuds Kunsttheorie gestellt. Ohne irgendwie zu leugnen, daß im künstlerischen Produktionsvorgang unbewußte Regungen im Werk sind – das ist für Adorno wie für uns eine Selbstverständlichkeit –, beharrte er doch auf dem Vorrang des Werks, auf seiner Autonomie jenseits aller möglichen individuellen Motive des künstlerischen Subjekts. Adornos Grundgedanke vom *Vorrang des Objekts* – er spricht von »der dem lebenden Subjekt vorgängigen Objektivität des Werkes an sich« (1970, 39) – ist für die meisten Psychoanalytiker offenbar eine unzumutbare Kränkung. Anders ist es nicht zu erklären, daß auch heute noch so viele psychoanalytische Arbeiten über Kunst und Künstler in ihrem Zentrum letztlich die von mir auf ihre Grundbestandteile heruntergekürzte Formel *X:Y=Z* aufweisen. Mit dieser Formel werden Kunst und Künstler als einander gleich behandelt, Objekt und Subjekt regressiv miteinander in Deckung gebracht. Dabei fängt es erst da an, interessant zu werden, wo man sich der künstlerischen Form und den Formgesetzen als dem »Ungleichen« zuwendet, als dem, das uns offenbar »als Kunst« so sehr anzieht und das nicht in der Psychologie des Subjekts aufgeht.

Der Zugang über die sogenannte Gegenübertragung auf das Kunstwerk

Auch dieser Zugang hat seine Urform in einer Arbeit Freuds, nämlich im *Moses des Michelangelo* (GW X, 171–201). Dort interessiert sich Freud überhaupt nicht für die psychopathologische oder auch nur im weitesten Sinn psychogenetische Verknüpfung von Autor und Werk. Er geht vielmehr aus von seiner eigenen anhaltenden affektiven Reaktion auf das Werk und versucht dann, diese am Werk verständlich zu machen und aufzulösen. Er stellt in dieser klassischen Arbeit sein »Ergriffensein« im Angesicht der Statue an den Anfang. Moses scheint im Begriff, die Gesetzestafeln im Zorn auf den Boden zu schleudern – und Freud schreibt, er habe sich aus seinem Blick »geschlichen, als gehörte ich selbst zu dem Gesindel, auf das sein Auge gerichtet ist, das keine Überzeugung festhalten kann, das nicht warten und nicht vertrauen will und jubelt, wenn es die Illusion des Götzenbildes wieder bekommen hat« (ebd., 175). Dieser affektiven Reaktion lag – darüber ist sich die Freud-Biographik heute einig – eine unbewußte Moses-Identifizierung zugrunde. Aber Freuds wirkliche oder nur als literarischer Kunstgriff gebrauchte affektive Reaktion und ihre Ausschmückung mit dem Wort »Gesindel« ist nicht selbst schon die Gegenübertragung.

Je nachdem wie der Begriff der Übertragung gehandhabt wird, sprechen unterschiedliche Autoren und Schulen entweder von der Übertragung des Betrachters/Lesers/Hörers auf das Werk oder aber, häufiger, von seiner Gegenübertragung. Diejenigen, die von Gegenübertragung sprechen, müssen die Werk-Betrachter-Beziehung stark intersubjektiv aufladen und supponieren, daß das Werk eine Beziehung zu uns aufnimmt, nämlich eine Übertragungsbeziehung, auf die wir mit einer Gegenübertragung reagieren. Das sind jedoch Feinheiten, die die gemeinsame Schwäche dieses Zugangs nur verdecken. Wenn der Begriff der Übertragung nicht jeden Sinn verlieren soll, dann beschreibt er die unbewußte Wurzel einer affektiven Reaktion auf eine Tätigkeit oder Eigenschaft des Objekts. Nicht jede affektive Reaktion ist eine Übertragung. Sobald ich diese Wurzel bewußt gemacht habe, handelt es sich streng genommen nicht mehr um eine Übertragung, denn diese löst sich ja mit der Bewußtmachung virtuell auf. Das gleiche gilt für die Gegenübertragung. Wenn ich sage: »Dieses Bild ist schön«, dann ist das ein ästhetisches Urteil, und diesem Urteil kann, wenn man diesen Terminus unbedingt verwenden will, eine unbewußte Disposition zugrunde liegen. Das ist aber eine letzt-

lich sinnlose Zusatzaussage, denn alle Urteile auf dieser Welt haben eine unbewußte Dimension. Das gleiche gilt für eine Aussage wie: »Dieses Bild löst völlige
Orientierungslosigkeit und Ängste vorm Alleingelas-
sen- und Fallengelassen-Werden aus«. Auch das ist
zunächst ein ästhetisches Urteil, wenn auch ein in
den üblichen Psycho-Jargon »löst aus« verpacktes
Urteil.

Alfred Lorenzer hat die Deutung von Werken der
Literatur und Kunst mithilfe eines Einstiegs über die
Gegenübertragung systematisiert und diesen Zugang
unter dem Namen »tiefenhermeneutische Kulturanalyse« (1968) in den psychoanalytischen Diskurs eingeführt. Besonders im deutschen Sprachraum ist die
Verwendung des Titels Tiefenhermeneutik zur
Selbstbeschreibung des eigenen Tuns bei Autoren, die
der Psychoanalyse verpflichtet sind, sehr beliebt. Bei
genauerem Hinsehen dient die Benennung einer sogenannten Übertragung/Gegenübertragung jedoch
nur der literarischen Einstimmung in die Ausbreitung der Deutung, die schon vorher im Kopf des Interpreten bereitlag. Die inflationäre Rede von Psychotherapeuten und Psychoanalytikern über »meine
Gegenübertragung« – gleichgültig ob in bezug auf
Patienten, Kunstwerke oder andere Objekte – ist ein
sicherer Indikator für eine Verschluderung des Denkens. In der Anwendungspraxis betreibt die Tiefenhermeneutik denselben systematischen Mißbrauch
mit der psychoanalytischen Methode, den sie am
psychobiographischen Zugang kritisiert.

Diesen gesamten, hier nur angedeuteten Komplex
hat der Soziologe Ulrich Oevermann unter dem
Stichwort *Subsumtionslogik versus Rekonstruktionslo-
gik* bearbeitet und damit die von ihm entwickelte *objektive Hermeneutik* als Gegenspielerin der Lorenzer-
Schule etabliert (Oevermann 1993). Sein Vorwurf
geht im Kern dahin, die Tiefenhermeneutik »subsu-
miere« das Kunstwerk unter schon bereitliegende
psychoanalytische Kategorien und Konzepte, unterwerfe das Kunstwerk also der »Logik« der Psychoanalyse, anstatt es in seinem Eigengehalt, gemäß seiner ihm eigenen Logik, allererst sprachlich zu »rekonstruieren«. Oevermann hat eine eigene Methode
der »sequenziellen Rekonstruktion« von kulturellen
Ausdrucksgestalten entwickelt – gleichgültig, ob es
sich hierbei um Kunstwerke, um massenkulturelle
events oder um Gesetzestexte handelt. Zu Recht hält
er der Tiefenhermeneutik entgegen, sie betreibe die
gleiche »Nachvollzugshermeneutik« wie die Philologie des 19. Jh.s. Nehmen wir zur Verdeutlichung einen zentralen Satz aus Kierkegaards berühmter Analyse von Mozarts *Don Giovanni*. In seiner Beschreibung der Ouvertüre heißt es: »[...] so ahnt das Ohr

in jenem hinsterbenden Bogenstrich die ganze Leidenschaft. Es ist eine Angst in jenem Aufblitzen, es
ist, als würde es in der tiefen Finsternis in Angst
geboren, und solchergestalt ist Don Juans Leben«
(Kierkegaard 1960, 156). Aus den Augenwinkeln erkennt man bereits, daß Don Giovannis »Angst« hier
unter die Existenzangst-Theorie Kierkegaards subsu-
miert wird – und daß wir, mit dieser Theorie ausgestattet, das Kunstwerk »nachvollziehen« sollen und
mit ihm wiederum die Auffassung Kierkegaards. Bei
einem modernen psychoanalytischen Autor könnten
wir den zitierten Satz leicht in folgender Variation
antreffen: »Der erste selbständige Melodiebogen in
den Violinen löst im Hörer eine Angst aus.« Stereoty-
perweise würde dieser Autor dann fortfahren, das
psychoanalytische Angst-Konzept zu referieren, dem
er anhängt – und er würde dann garantiert die An-
schlußstelle finden, an der Giovanni genau in dieses
Konzept paßt.

Die Frage nach der künstlerischen Kreativität

Zu Freuds Zeit gab es das eingedeutschte Wort »Kreativität« noch nicht. Freud sprach von »schöpferisch«
und von »Begabung« und war noch der Ansicht: »Die
Analyse kann nichts zur Aufklärung der künstlerischen Begabung sagen und auch die Aufdeckung der
Mittel, mit denen der Künstler arbeitet, der künstlerischen Technik, fällt ihr nicht zu« (GW XIV, 91).
Obwohl es also damals noch keine Kreativitätsfor-
schung gab, war das eine bescheidene Untertreibung.
Denn in der *Kindheitserinnerung des Leonardo da
Vinci* war Freud auf der Suche nach dem künstlerischen Impuls, der Leonardo antrieb, und er glaubte
diesen Impuls in Leonardos unbewußtem Verlangen
nach der Vereinigung der zwei Mütter gefunden zu
haben. Auf jeden Fall beruht die große Attraktivität
des Leonardo-Essays in dem suggestiven Versprechen, die Wurzeln der künstlerischen Begabung zu
entschlüsseln.

Schon in der *Traumdeutung* hatte Freud die Entstehung des Traums immer wieder mit der Entstehung eines Kunstwerkes verglichen. Und gewiß hat er
auch den Vergleich von Kunst und Spiel gebraucht,
so wenn er mutmaßt: »Jedes spielende Kind benimmt sich wie ein Dichter, indem es sich eine eigene
Welt schafft« (GW VIII, 213). Aber er hat die gemeinsamen Struktureigentümlichkeiten dieser »eigenen Welt« von Kunst und Traum, Kunst und Spiel,
Künstler und Kind nicht ins Zentrum der Aufmerksamkeit gerückt. Das ist eigentlich erst D. W. Winnicott mit seiner Lehre der *Übergangsobjekte und Über-*

gangsphänomene gelungen. Um dies tun zu können, mußte er sich erst von der orthodoxen psychoanalytischen Lehre frei machen und dieser bescheinigen, daß sie »den Blick für das Wesentliche verloren« habe, »nämlich die Frage nach dem kreativen Impuls« (1953/1973, 82).

Als Übergangsobjekt bezeichnet Winnicott ein materielles Etwas, das vom kleinen Kind zu einer bestimmten Zeit aus »objektiv« vorgefundenen Gegenständen »subjektiv« *erschaffen und mit besonderer Bedeutung ausgestattet* wird. Fortan schafft das Übergangsobjekt eine Zeitlang eine Brücke von der subjektiven zur objektiven Welt und zurück. Ursprünglich mag es aus der Not geboren sein, das abwesende Objekt (Mutter) zu ersetzen. Man würde es sich aber zu einfach machen, seine Wurzel und seine Funktion nur in der Ersetzung von abwesend/anwesend zu sehen. Bettzipfel, Tücher, Stoffpuppen mögen sich dafür wegen ihrer haptischen und olfaktorischen Eigenschaften besonders eignen. Es dürfen aber auch durchaus harte, kantige Gegenstände sein. Wenn seine Zeit um ist, wird das Übergangsobjekt wieder aufgegeben. Winnicott sagt über das Übergangsobjekt, es sei das erste reguläre Objekt, das »zugleich Nicht-Ich und doch niemals ganz Nicht-Ich ist« – wobei dieser Gegensatz nicht stört, sondern vielmehr weltbildend ist. Was sich in diesem »intermediären Bereich« ereignet, nennt Winnicott »primäre Kreativität«. Von besonderer Wichtigkeit ist, daß dieser Bereich nicht im Hinblick auf seine Zugehörigkeit zur inneren oder äußeren Realität in Frage gestellt wird. Und nur, wo diese Fähigkeit erhalten bleibt, *eine neue Realität* zu erschaffen, ohne daß – wie in der Psychose – innere und äußere Realität ineinanderfließen oder deren Grenzen zusammenbrechen, wird man dann im späteren Leben von künstlerischer Kreativität sprechen können. Mit dieser Schnittstelle ist zugleich eine große Gefährdung der künstlerischen Produktivkraft bezeichnet.

Winnicott hat sich freilich nicht für die Frage interessiert, was die künstlerische von der primären Kreativität unterscheidet. Aber mit seiner Art, die Dinge in einer von Freud so unterschiedlichen Art und Weise und mit einem ganz anderen begrifflichen Rahmen anzugehen, waren plötzlich viele Türen aufgestoßen, nicht nur die Tür zur künstlerischen Kreativität. Aus der Vielzahl gehaltvoller Arbeiten seien hier nur die von Phyllis Greenacre (1971) und John Gedo (1996) genannt.

Nicht jeder, der ein schönes Bild malt, ist ein Künstler. Zum Künstler wird er erst, wenn zwei weitere Gründe hinzukommen: Er muß malen müssen und er muß sich – ganz unpsychologisch zu verste-hen – den Zwängen der Professionalisierung innerhalb des vorgefundenen Kunstsystems aussetzen. Eine psychoanalytische Theorie der Kreativität muß dieses gesamte äußere Feld berücksichtigen, sonst fällt sie zurück in den Geniekult des vorletzten Jh.s (vgl. die Übersichtsarbeit von Clemenz 2005). Auf dessen Spuren treffen wir immer wieder in der psychoanalytischen Literatur. Ob wir überhaupt sinnvoll zwischen Genie und (gewöhnlichem) Künstler unterscheiden sollen, mag dahingestellt bleiben. Jedenfalls hat K. R. Eissler, der eisern am Geniebegriff festhält und Leonardo und Goethe als Genies bezeichnet – warum nicht Caravaggio oder Tizian oder Tintoretto? –, kein Kriterium für diese Superlativbildung angeben können: »Sie waren Menschen mit der Fähigkeit, den menschlichen Kosmos, oder einen Teil davon, in einer Weise wiederzuerschaffen, die bedeutsam war und die sich nicht mit irgendeiner früheren Wieder-Erschaffung vergleichen läßt« (Eissler 1963/1985, 1485). Implizit gibt Eissler damit als Kriterium die *Entstehung des Neuen* an. Dieses Kriterium bildet tatsächlich eine zentrale Achse für die Bestimmung von Kunst überhaupt. Aber bereits die Frage, wie »bedeutsam« dieses Neue sein müsse, um als neu gelten zu können, führt die Frage selbst ad absurdum.

Eine zweite Achse zur Bestimmung der künstlerischen Kreativität bildet, wie schon angedeutet, das Obligatorische des Schaffens, das Müssen. Vom Übergangsobjekt her gefragt: Was befähigt und – gleichzeitig – was zwingt den Künstler dazu, andauernd ein Objekt, das zugleich Ich und Nicht-Ich ist, *neu* zu erschaffen. Auf diese Frage nach dem Neuen ist die Psychoanalyse nicht gut vorbereitet. Sie ist nämlich konträr hierzu auf »das Alte« geeicht, nämlich auf biographische Determination und auf unbewußten Wiederholungszwang. Die meisten psychoanalytischen Ansätze sind, auch wenn sie das nicht wollen und sogar bestreiten, davon geprägt, daß der Künstler, auch wenn er das Neue schafft, eine alte psychodynamische Konstellation wiederholt. In dem immer gleichen Nachweis, daß hier doch *das Alte am Werk* ist, geht die Frage verloren, *wie gerade dadurch Neues entsteht*. Die Antwort auf diese Frage führt in die Richtung der Arbeit an der Form. Wenn wir den Begriff des Übergangsobjekts als Metapher für das unbekannte X nehmen, an dem die künstlerischen Kreativität ihren Anfang hat, dann können wir sagen: Der Künstler hat die Umformung des Übergangsobjekts so hoch besetzt, daß sie zu seiner Lebensaufgabe wird. Damit sind wir bei der Frage nach der Form angelangt.

Auf dem Weg zu einer Psychoanalyse der Form

Natürlich finden sich bei Freud vereinzelte Hinweise auf die Frage der Form. Die wohl prägnanteste Formel, in die er das interne Verhältnis von Künstler und Werk faßte, lautet: der Künstler »[...] stellt zwar seine persönlichen Wunschphantasien als erfüllt dar, aber diese werden zum Kunstwerk erst durch eine Umformung, welche das Anstößige dieser Wünsche mildert, den persönlichen Ursprung derselben verhüllt, und durch die Einhaltung von Schönheitsregeln den anderen bestechende Lustprämien bietet« (GW VIII, 417). Hier ist also allgemein von *Umformung* und von *Schönheitsregeln* die Rede. Freud betont immer wieder die Struktureigentümlichkeiten, die den Traum und das Kunstwerk sowohl voneinander unterscheiden als auch miteinander verbinden. Im Unterschied zu den »asozialen, narzißtischen Traumproduktionen« sind Kunstwerke »auf die Anteilnahme anderer Menschen berechnet, konnten bei diesen die nämlichen unbewußten Wunschregungen beleben und befriedigen. Überdies bedienten sie sich der Wahrnehmungslust der Formschönheit als ›Verlockungsprämie‹« (GW XIV, 90). Gemeinsam haben Traum und Kunstwerk vor allem eine *Umformung* nach *Regeln*. Für die Traumarbeit, also den Prozeß der Umformung des latenten Traumgedankens in den manifesten Traum, hat Freud einige solcher Regeln benannt: Verdichtung, Verschiebung, Darstellung durch das Gegenteil, Reihenbildungen (Serien). Es überrascht nicht, daß sich besonders für die moderne Kunst analoge Regeln der Transformation des Bildgedankens aufzeigen lassen.

Robert Waelder (1965/1973) hat in einer sehr interessanten Arbeit auf die drei Achsen des Freudschen Strukturmodells von Es-Ich-Überich drei Zugänge zum Kunstwerk eingetragen, die zugleich drei Zugänge zum Verständnis dessen sind, was wir Schönheit nennen. Im »Es-Zugang« geht es natürlich um die Wunscherfüllung, um das, was Freud in die zitierte Formel faßt: Der Künstler stellt seine persönlichen Wunschphantasien als im Kunstwerk erfüllt dar. Um diese Formel plausibel zu machen, müssen wir den Begriff der Wunschphantasien freilich etwas weiter fassen, so weit, daß darin auch der lebensgeschichtlich relevante traumatische Kern aufgehoben ist. Im »Überich-Zugang« geht es bei Waelder um Formen des ästhetischen Genusses – um Humor, Witz, Komik und dergleichen. Beim »Ich-Zugang«, der uns hier besonders interessiert, steht die Befriedigung über die Lösung von »unlösbaren« Aufgaben im Mittelpunkt, also die »Eleganz« oder »Perfektion«

in der Ökonomie der Mittel, die zur Lösung eines Problems führen. Hier stoßen wir wie nirgends sonst an die Grenzen der Psychoanalyse. Offenbar lassen sich der Bereich ästhetischer Urteile und der Bereich der Herstellung wohlgeformter Gebilde – Sätze, Klänge, Figuren, Sequenzen – nur sehr partiell mit psychoanalytischen Bordmitteln erfassen. Die offenkundige Freude eines einjährigen Kindes an einer Melodie, die auch die Erwachsenen als schön beurteilen, läßt sich nicht mit desexualisierter oder neutralisierter Ich-Energie erklären. Denn welche sexuellen Besetzungen oder Triebwünsche sollten das wohl sein, die im Alter von einem Jahr zu Geschmacksurteilen sublimiert sind? Das hat Waelder schon 1965 festgestellt und damit sehr vorsichtig am damals noch sehr starren Gehäuse der psychoanalytischen Trieblehre gerüttelt.

Pinchas Noy hat diesen Zugang weiter vorangetrieben und herausgearbeitet, daß und warum der Künstler die »vollkommene Form« anstreben muß. Diese vollkommene Form ist seine ganz persönliche subjektive Gleichung, geboren aus der Notwendigkeit, eine innere Ordnung der Selbstintegration wiederherzustellen, die sonst durch Fragmentierung und Zerfall bedroht wäre. Im Prozeß der Werkerschaffung wird mit der »äußeren« Ordnung des Werkes zugleich die innere Ordnung wiedererschaffen. Die vollkommene Form ist nach Noy durch »Harmonie, Ausgeglichenheit, Symmetrie und die Versöhnung von Gegensätzen« (1984, 200) gekennzeichnet. Das klingt einerseits ziemlich banal – und verlangt andererseits die Bereitschaft, die Begriffe der Harmonie, der Ausgeglichenheit usw. so weit auszulegen, daß sie auf die großen Werke der Moderne und der Gegenwartskunst anwendbar werden. Die Rätselfrage bleibt dabei weiterhin ungelöst: Offenbar gelingt es dem Künstler, uns Betrachtern (oder Hörern oder Lesern) eine *neue* Form als »bezwingend« und damit schließlich als schön »aufzuzwingen«, die nach konventionellen Gesichtspunkten »eben noch« als unharmonisch, unausgeglichen und zerklüftet oder sogar häßlich gegolten hätte. Wie also gelingt es dem Werk, unsere Widerstände zu überwinden und uns, wie der Name sagt, zu zwingen, es als bezwingend schön anzuerkennen? Das ist die Rätselfrage, die bei Freud mit den zitierten Stichworten der »Verlockungsprämie« und der »Lustprämie« anklingt. Zurecht war ihm diese Formulierung so wichtig, daß er sie immer wieder verwendete.

Vier Transformationsregeln

In der Psychoanalyse wie in der Kunst werden innere Bilder, Vorstellungen und Affekte freigesetzt, transformiert und neu gebunden. Die Art und Weise, wie dies geschieht, wird von unterschiedlichen psychoanalytischen Autoren und Schulen unterschiedlich konzeptualisiert. Die Modi und die Fokussierungen dieser Transformation und die hierbei verwendete Terminologie lassen sich zwanglos zu Formeln verdichten. Zum tieferen Verständnis müßte die gesamte Theorie der entsprechenden Schule referiert werden; das kann hier gewiß nicht geschehen. Vier solcher Formeln sind im Schaubild (s. S. 314) dargestellt. Die Beiträge von Freud und Winnicott sind oben schon so weit entwickelt worden, daß deren »Formeln« aus dem Schaubild unmittelbar hervorgehen. Nicht so die Beiträge der Melanie Klein-Schule und ihrer Weiterentwicklungen; diese seien hier wenigstens in ihren Grundzügen gestreift.

Die Bewegung der Wiedergutmachung (*reparation*), der Wiederherstellung des zerstörten Objektes bildet der Kleinianischen Theorie zufolge den unbewußten Kern einer jeden gelungenen Entwicklung – einer menschlichen Entwicklung, eines psychoanalytischen Prozesses oder eines Kunstwerks. Die Rekonstruktion dieser Bewegung bildet dann das, worin die Kleinianische Sicht nach ihrem eigenen Selbstverständnis über die Auffassung Freuds hinausweist (vgl. Segal 1996). In der Kleinianischen Terminologie formuliert: In der paranoid-schizoiden Position wird das geliebte und zugleich gehaßte Objekt aus Neid und Wut – in der Phantasie – zerstört; die depressive Position wird dadurch eingeleitet, daß das – in der Phantasie – zerstörte Objekt betrauert, die Tat als schuldhaft erlebt und die – innere – Beziehung zum Objekt nunmehr auf höherer Stufe wiederhergestellt wird. Diese Bewegung erscheint in der Form der Selbsterschaffung der Theorie wieder: Das psychoanalytische Erkenntnisobjekt wird als Freud-Code zerstört und als Melanie Klein-Code wiederhergestellt. Jedoch ist die in Frage stehende Bewegung der Zerstörung und Wiederherstellung, bei ausreichender Formalisierung, gewiß schon in der Freudschen Lehre enthalten; *ödipale Struktur* meint genau dies.

Die Bewegung der Zerstörung und Wiederherstellung kommt ihrerseits in jeder Kunstbeschreibung noch einmal vor. Indem wir beschreiben, ordnen und Diagramme herstellen, zerstören wir die Synchronie der ästhetischen Wahrnehmung. Diese Zerstörung läßt sich nur durch die Gelungenheit der Wiederherstellung des Werkes *als Text* rechtfertigen.

Diese Grundfigur ist von Wilfred Bion (1965/ 1997) in einer wiederum eigenen Theoriesprache weiterentwickelt worden. Bion hat zwar keine explizite psychoanalytische Kunst-Theorie vorgelegt, aber er denkt in einem Transformations-Paradigma, das sich sehr nahe an dem bewegt, was in der künstlerischen Tätigkeit und in der ästhetischen Wahrnehmung stattfindet. Darum ist dieses Paradigma zu Recht in vielen neueren psychoanalytischen Beiträgen zur Kunst präsent.

Bion zufolge beginnt das psychische Leben damit, daß quälende, schmerzhafte Gefühle – in erster Linie also der Hunger – ursprünglich als »böse Objekte« außerhalb des Selbst wahrgenommen werden. Diese bösen Objekte drängen darauf, ausgestoßen zu werden, so die Grundannahme der Theorie. Im Stillvorgang werden diese »bösen Objekte« vom Baby in die Mutter »ausgeschieden« (*evacuated*). Die normalempathische Mutter wandelt diese ausgestoßenen bösen Objekte, die Bion unverdauliche Fakten oder β-Elemente nennt, sukzessive in α-Elemente um. α-Elemente sind das, was die Mutter dem Kind zurückgibt, früher hätte man von primordialen guten Partialintrojekten gesprochen. Zu diesem Zweck stellt die Mutter in einem traumartigen Zustand, den Bion »reverie« nennt, einen »container« bereit, in dem sie die β-Elemente (»unverdauliche Fakten«) aufnimmt. Die Transformation von β in α wird also durch einen doppelten Ausscheidungsvorgang eingeleitet: Die Mutter scheidet Milch aus = gibt dem Kind die Brust (das gute Objekt). Aber das weiß das Kind nicht, nimmt omnipotenterweise zunächst an, die Milch komme aus seinem aktiv-saugenden Vorgehen an der Brust. Das Kind scheidet quälende Spannungen (Hunger usw.) in die »böse« Brust aus. Hieraus ergibt sich das Transformationsparadigma: Das Kind verinnerlicht ganz allmählich den Umwandlungsvorgang, den die Mutter ursprünglich mit den unverdaulichen Fakten vornimmt. Dadurch lernt es Schritt um Schritt, Abwesenheit und Spannung zu ertragen.

Was hat dies nun mit Kunst zu tun? Zunächst haben wir mit der Bion-Formel eine elegante und das heißt zugleich eine in sich konsistente psychoanalytische Theorie der »subjektiven« Entstehung von Raum und Zeit vor uns: Das mich befriedigende Objekt ist jetzt nicht da, wird aber wiederkommen (Zeit). Es ist jetzt an einem anderen Ort als ich, wird aber wiederkommen (Raum). Dieser Transformationsvorgang ist zugleich ein Erkenntnisvorgang; er bereitet Lust. Denken und Fühlen entstehen dieser Lehre zufolge aus ein und derselben Matrix.

In der Erzeugung von künstlerischen Objekten nimmt der Künstler – ebenso wie später der Betrachter im Genuß dieser Objekte – zugleich beide Positionen ein: die des Kindes, das mit »unverdaulichen Fakten« konfrontiert ist, und die der »containenden« Mutter, die diese ß-Elemente in Kunst umwandelt. Insbesondere in der modernen Kunst ist der konventionell-voreingenommene Betrachter seinerseits mit »unverdaulichen« β-Brocken konfrontiert, die er, wenn er sich, wie oben expliziert, selbstgenügsam dem Objekt überläßt, sukzessive in irgendeine Form von Verstehen und Genuß transformiert.

Die vier hier schematisch dargestellten Formeln operieren jeweils mit einer Transformations-Regel, die in der Kunst wirksam ist:

Autor	Formel	Paradigma	Transformations-Kriterium
Freud	Der Künstler stellt einen Triebwunsch als erfüllt dar. Die Einhaltung von Schönheitsregeln wirkt dabei als Verlockungsprämie.	Sublimierung	Privater asozialer Trieb wird in sozial verfügbaren Genuß umgewandelt.
Melanie Klein	Wiederherstellung des zerstörten Objekts. Im Spiel (Kind) und im Traum werden (destruktive) Phantasien in symbolischer Weise zur Darstellung gebracht.	Depressive Position	Umwandlung von paranoid-schizoiden in depressive Mechanismen.
Winnicott	Spielen. Alleinsein in Anwesenheit der (real abwesenden) good enough mother.	Übergangsobjekt	Ein Objekt, das zugleich Ich und Nicht-Ich ist.
Bion	Ermöglichung (containing) des Ertragens des Unaushaltbaren. Dies bahnt den Weg zum Genießen des Unverstehbaren.	Container-Contained	Umwandlung von nicht-verdaulichen β-Elementen in α-Elemente.

Leider sieht man vielen psychoanalytischen Publikationen, die sich mit einem konkreten Kunstwerk befassen, schon von weitem an, welcher Formel sie folgen – und wie sie das Werk unter diese Formel subsumieren. Es stellt sich dann das schale Gefühl ein, daß nicht das Werk verstanden, sondern dazu gebraucht oder sogar mißbraucht wurde, um ein psychoanalytisches Sprachspiel zu explizieren und das Weltbild eines Autors zu festigen.

Psychoanalyse als ästhetische Erfahrung

Von den vielen psychoanalytischen Autoren, die sich mit Kunst beschäftigen, stellt nur eine ganz kleine Minderheit die *Formfrage* – und innerhalb dieser kleinen Minderheit geht die große Mehrheit wiederum vom »schaffenden Subjekt« aus und nicht vom »erschaffenen Objekt«, also vom Werk. Und wenn vom Werk ausgegangen wird, dann oftmals nur, um dies in eine anthropomorphe Gestalt zu bringen, die dann wie ein Mensch – im Regelfall wie ein Patient – behandelt wird. Das Werk aber ist etwas *anderes*. Adorno sprach von diesem Anderen als dem »Vorrang des Objekts« (1970, 217, 477f.).

Allmählich setzt sich im psychoanalytischen Diskurs der Gedanke durch, daß auch die Psychoanalyse noch etwas anderes ist. Dieses Andere wird mit Metaphern wie *potential space, intermediärer Raum* oder *Das Dritte* bezeichnet. Wir richten unser Erkenntnisinteresse zunehmend nicht mehr auf »die« Neurose x des Analysanden y, sondern auf das Dritte, das entsteht, wenn die zwei Subjekte Analytiker und Analysand zusammenkommen. Dieses Dritte kann man auch mit dem dürren Wort »analytischer Prozeß« bezeichnen, aber in diesem Ausdruck kommt offenbar eine bestimmte Eigenschaft dieses emergenten Neuen nicht ausreichend zur Geltung. Profan taucht dieses Dritte im Gespräch schon immer in der Umschreibung »in meiner Analyse« auf – wenn ein Mensch einem anderen Menschen etwas von der besonderen Eigenschaft seiner Erfahrung »in« der Analyse mitteilen will, oder noch einfacher als »hier«, wenn der

Analysand seinem Analytiker mitteilen möchte, daß es etwas gibt, was eben nur »hier« in der Analyse stattfindet. Thomas Ogden nennt dieses emergente Dritte auch das »subject of analysis« (Ogden 1996, 884) – eine ins Deutsche nicht übersetzbare Metapher, denn »subject« oder »sujet« bedeutet im Englischen und Französischen sowohl das Subjekt wie den Gegenstand. Und genau darum handelt es sich: ein Subjekt-Objekt, das vom Analytiker und vom Analysanden zwar ins Leben gerufen wird, aber eine von beiden unabhängige Gestalt annimmt, die nicht willkürlich gesteuert oder verändert werden kann.

Von hier aus stellen wir fest: Die Psychoanalyse hat einen ganz eigenen Zugang zur ästhetischen Erfahrung und zur künstlerischen Form (oder zur Schönheit, was dasselbe ist). Dieser Zugang besteht gerade nicht in irgendeiner Anwendung irgendwelchen psychoanalytischen Wissens auf irgendwelche Kunstwerke, sondern er besteht in ihr selbst. So wenig das Gelungene eines gelungenen Kunstwerks darin besteht, daß der abgebildete Apfelbaum »realitätsgerecht« und die Perspektive »unverzerrt« wiedergegeben sind, so wenig besteht eine gelungene Analyse darin, daß eine sexuelle oder charakterliche Hemmung von einem »pathologischen« in einen »realitätsgerechten« Zustand umgewandelt worden sind.

Wenn ein psychoanalytischer Prozeß zu sich selbst findet, kommen Inhalt und Form tendenziell zur Deckung. Diese Konvergenz wird von beiden Beteiligten in einem ganz elementaren Sinn als schön empfunden. Inhalt: Das sind in diesem Fall die Probleme, Traumen und Konflikte, derentwegen der Analysand ursprünglich gekommen war. Form: Das ist die Art und Weise, wie diese Inhalte innerhalb des psychoanalytischen Behandlungsrahmens sukzessive in die Übertragung gelangen, dort zur Darstellung, zur Auflösung oder Umformung gelangen, auf jeden Fall: eine neue Gestalt annehmen.

Diese Konvergenz wird in Falldarstellungen selten oder nie in den Mittelpunkt gerückt, teils aus Scham vor der Preisgabe eines intimen *summum bonum*, teils aus Unvermögen, teils aus neurotischer und teils auch aus realer Angst vor der Zerstörung des Schönen, sobald dieses vor der Öffentlichkeit zur Darstellung gebracht wird. Am stärksten wiegt wohl das Unvermögen; denn nach hundert Jahren Psychoanalyse fangen wir gerade erst an, zu verstehen, was wir hier treiben.

Krise und Muße

Zwei Stichworte zum Verständnis dessen, was hier geschieht, sind *Krise* und *Muße*. Dieses aneinander gebundene Paar nimmt in der ästhetischen wie in der analytischen Erfahrung gleichermaßen eine zentrale Stelle ein und eröffnet darum einen neuen Zugang zur Psychoanalyse der Form, der strikt vom Werk ausgeht. Daß Kunsterfahrung oder Werkaneignung nur im Zustand der Muße möglich sind, gehört zur Struktureigenschaft der ästhetischen Erfahrung, also zu einer Eigenschaft, die durch alle Zeiten und für alle Kulturen gleichbleibt (Oevermann 1991; 1993). Nur in dieser Befindlichkeit kann das Subjekt in die Krise geraten, in die es geraten muß, um das Neue des Werks für sich selbst aufschließen zu können. Die entsprechende kunstgeschichtliche Semantik hierzu ist: Erschütterung, Ergriffenheit. Muße heißt also zweierlei: freigesetzt von Entscheidungs- und Praxisdruck und frei von normativen und Klassifikationszwängen. Der Betrachter soll die Krise, in die er gerät, nicht wie eine konventionelle Entscheidungskrise alsbald beheben müssen (»Dieses Bild finde ich nicht so gut«), und er soll das Werk auch nicht, wie in der alltäglichen Wirklichkeit, unter normativen Gesichtspunkten betrachten müssen (»Dies ist ein Hauptwerk des Manierismus«). Der Betrachter bringt sich also in einen Zustand, in dem er sich selbstgenügsam dem Gegenstand überlassen kann. Zu diesem Zweck wurde idealerweise die Institution des Museums geschaffen. Hier simuliert das Subjekt die Krise unter den krisenfreien Bedingungen der Muße. In einer knappen Gegenüberstellung wird sofort deutlich, wie diese Struktureigenschaften der ästhetischen Erfahrung in der psychoanalytischen Erfahrung wiederkehren (siehe Tabelle S. 316).

Das Bild als Text und sein Unbewußtes

So wie wir zum geträumten Traum keinen unmittelbaren Zugang haben, sondern, aus strukturlogischen Gründen, immer nur zum erzählten – gleich, ob uns selbst oder dem Analytiker erzählten – Traum haben, so haben wir auch keinen unmittelbaren Zugang zum gemalten Bild oder zur gespielten Musik, sondern wir müssen immer über die Brücke der Versprachlichung gehen. Sobald ich sage: »Dieses Bild ist schön«, habe ich auch schon ein textförmiges Protokoll einer, falls sie denn stattgefunden hat, unmittelbaren ästhetischen Erfahrung angefertigt. Das Bild ist dann schon zum Text geworden. Zwischen dem Künstler und seinem fertigen Werk besteht hier grundsätzlich die gleiche unüberschreitbare Kluft wie zwischen dem Werk und dem Betrachter. Der geschaffen habende Künstler ist von seinem Werk ebenso getrennt wie der »ergriffene« Betrachter. Über diese Trennung vom Werk sind der Künstler

Ästhetische Erfahrung	Psychoanalytischer Prozeß
Muße	Setting und Abstinenzregel erzeugen eine besondere, mußeähnliche Befindlichkeit.
Sich selbstgenügsam dem Gegenstand überlassen	Auf seiten des Analytikers: Schwingen zwischen gleichschwebender Aufmerksamkeit und Deutung (Eingriff). Auf seiten des Patienten: freie Assoziation (»... alles sagen, was Ihnen einfällt«).
Freigesetzt von Praxisdruck und Entscheidungszwang	Freigesetzt von Handlungsdruck; im Unterschied zu einer konventionellen therapeutischen Situation muß weder gehandelt noch »ein Rat gegeben« werden.
Simuliert die Krise unter den krisenfreien Bedingungen der Muße.	Die spontan sich einstellende Übertragung belebt (»simuliert«) eine lebensgeschichtliche Krise wieder. Produktion und Lösung der Krise fallen eineins.
Die Asymmetrie von Künstler und Betrachter wird vorausgesetzt.	Strukturelle Asymmetrie von Analytiker (dessen persönliche Belange und Begehren abgeschattet bleiben) und Patient (dessen Belange und Begehren fokussiert werden).

und der Betrachter miteinander verbunden, und genau diese Trennung können wir uns durch eine möglichst genaue sprachliche Rekonstruktion des Werkes zunutze machen. Hierin besteht die Chance der Psychoanalyse: das Werk so weit aufzuschließen, daß und bis sich psychoanalytische Anschlußstellen ohne Zwang ergeben.

Wir müssen also von dem Kunstwerk eine Beschreibung (ein Protokoll) anfertigen – und das tun wir, indem wir, der technischen Regel Freuds folgend, von der »Oberfläche zur Tiefe« vordringen. In einer philosophisch abgründigen Weise analysieren wir immer nur unser Protokoll des Bildes und nicht das Bild selbst. Daß dem so ist, kommt auch in der Bestimmung Adornos des Kunstwerks als des zugleich Identischen und Nichtidentischen zum Ausdruck: Jedes Bild ist ein Bild von etwas – und dieses durch das Bild bestimmte Etwas ist etwas anderes als das Bild selbst. Jedes Bild läßt einen Gegenstand erscheinen, der nicht das Bild selbst ist. Weil dies so ist, ist es auch die gewöhnliche Unterscheidung von »gegenständlich« und »abstrakt« irreführend und sinnlos. Es gibt keine abstrakten Bilder. Das erfahren wir geradezu mit Gewalt, wenn wir versuchen, ein sogenanntes abstraktes Bild zu beschreiben. Was immer wir beschreiben und wie unvollkommen diese Beschreibung ausfällt: Dies ist sein Gegenstand. Wenn wir konsequent in der Beschreibung verfahren, stellen wir unweigerlich fest: Ein Werk besteht nur aus – immer neu zu erschließenden – Oberflächen. Falls es so etwas gibt wie eine unbewußte Mitteilung im Kunstwerk, einen unbewußten Gehalt oder dergleichen, so liegen diese nicht in irgendeiner Tiefe des Werks verborgen, sondern an der Oberfläche. An der Radikalität dieser Forderung zerschellt die sogenannte Gegenübertragung auf das Werk, von der die tiefenhermeneutische Kulturanalyse ausgeht. Die Gegenübertragung muß sich an der Beschreibung abarbeiten und löst sich dann, wenn die Beschreibung gelingt, in ihr auf. Wenn man so vorgeht, löst man zugleich Adornos Forderung nach dem »Vorrang des Objekts« ein.

Was ist schön?

Wenn wir das gesamte Spektrum der durch die Physiologie – des Gleichgewichts, des binokularen Sehens, des Achsenkreuzes von Wirbelsäule und Schulterblatt, des Farbenspektrums usw. – vorgegebenen »Schönheitsregeln« (Freud) als gegeben voraussetzen, dann gibt es auf der Basis dieser Voraussetzungen einen noch lange nicht ausgeschöpften Bereich, auf dem in Zukunft der Beitrag der Psychoanalyse zur Kunst liegen wird: die Explikation der gemeinsamen Schnittmenge von Ergriffenheit, Denken und Schönheit.

Freud, um ein letztes Mal mit ihm zu beginnen, hat hier etwas forciert den Standpunkt der Hingabeverweigerung eingenommen. »In der Musik«, sagte er, »bin ich fast genußunfähig. Eine rationalistische oder vielleicht analytische Anlage sträubt sich in mir dagegen, daß ich ergriffen sein und nicht wissen solle, warum ich es bin, und was mich ergreift« (GW X, 172). Natürlich wußte Freud auch dort, wo er von der Moses-Statue des Michelangelo ergriffen war, gerade nicht, was ihn so ergreift. Wir sind immer von dem Rest er-griffen, den wir nicht be-griffen haben und den wir nicht begreifen können. In diesem Sinn sprach Adorno vom »Rätselcharakter« des Kunstwerks. Es kann kein Zufall sein, daß Freud die Grenzen des psychoanalytischen Kunstverstehens, so wie er dies Verstehen verstand, an der Musik festmachte. In einer hier nicht weiter zu bestimmenden Hinsicht ist die Musik die Mutter aller Künste. Von einer Melodie sagen wir umstandslos, was wir von einem Bild niemals sagen würden: Wir fühlen uns von ihr verstanden. Wir kehren also, und dies nur bei der Musik, die Subjekt-Objekt-Relation um. Aus diesem einfachen Grund verstummen auch vor der Musik die dummen Fragen nach der Bedeutung. Niemand fragt, was man unter diesem oder jenem Stück von Beethoven oder Coltraine oder den Rolling Stones zu verstehen habe und was diese oder jene Figur in einem Musikstück bedeuten solle.

Möglicherweise kommt das Gefühl, verstanden zu werden – das uns so ergreift –, daher, daß wir früher hören als sehen, jedenfalls in dem Sinn, wie wir im Mutterleib die Bewegungen und Töne der Mutter »hören«, und daß, von der Mutter bewegt zu werden und ihr dabei zuzuhören die elementare Form sowohl des Verstandenwerdens als auch des Nichtverstehens ist.

Intuitiv verhalten wir uns, wenn wir Musik hören und von ihr ergriffen sind, so, wie es Hegel für die »klassische Schönheit« der griechischen Antike wollte: sie ist »nicht die Bedeutung von irgendetwas, sondern das *sich selbst Bedeutende* und damit auch das *sich selber Deutende*« (1986, 13). So wie es die Aufgabe der Kunst ist, »das in sich selbst Gehaltvolle zu adäquater sinnlicher Gegenwart herauszustellen«, so ist es die Aufgabe der Philosophie der Kunst – und wir ergänzen: der Psychoanalyse –, »was dies Gehaltvolle und seine schöne Erscheinungsweise ist, denkend zu begreifen« (1986, 242). Es hat keinen Sinn, den Begriff der Schönheit, wie Luhmann dies tut, mit einem Tabu zu belegen, nur weil die Opposition schön-häßlich sich geschichtlich überholt hat (1995, 309 ff.). Wer dies tut, dem geht es wie mit dem Glauben: Wenn man ihm die Türe weist, dann kommt er als Aberglaube zur Hintertür wieder herein.

Was wir Schönheit nennen, ist vielfach determiniert. Eine Determinante liegt in der Befriedigung über die vollzogene Transformation von etwas Unverstandenem in Verstehen, von etwas Bedrohlichem in Bekanntes, von Fremdem in Wiedererkanntes, von Unerträglichem in Ertragbares, von Zerstörung in Versöhnung, von Ekel in Genuß. Die vier Formeln, die oben zusammengefaßt wurden, bestehen im Kern aus einem solchen Transformationskriterium – und versuchen, sich mithilfe dieses Kriteriums der Frage der Schönheit zu nähern.

Es liefe auf konkretistischen Kitsch hinaus, dem unerträglichen Lärm – um bei der Musik zu bleiben – die gehaltvolle Stille oder die harmonische Form oder die postharmonische Serialität oder irgendein anderes vergängliches Seiendes als das Schöne entgegenzusetzen. Schön ist das, was wir immer aufs Neue erträglich *machen*, was wir dennoch oder gerade deshalb zu genießen gelernt haben. Die in solchem Genuß aufgehobenen Wahrnehmungs- und Denkprozesse verweisen auf Internalisierungen, die bis zum Genießbarmachen des Unverdaulichen, wie oben beschrieben, zurückreichen.

Das Schöne hat viele Oppositionen: das Gefällige, das Kitschige, die Nachahmung, das Beliebige, das Konventionelle, das Erhabene. Das Schöne an der Sache ist nun: Alle Positionen auf dieser endlosen Reihe von Oppositionen können ihrerseits das »in sich selbst Gehaltvolle zu adäquater sinnlicher Gegenwart herausstellen« (Hegel), also ihrerseits so durchgeformt sein, daß Schönheit neu entsteht. Schönheit ist eine sich andauernd entziehende Bestimmung. Sobald man auf sie weist, verschwindet sie auch schon wieder, und es entsteht eine Lücke, eine Leere, die durch keine Definition, sondern nur durch das Begehren nach Schönheit gefüllt werden kann. Das ist das Feld, zu dem uns Lacan den Weg weist. Damit wäre dann eine fünfte Transformationsformel für die Psychoanalyse der Kunst angedeutet.

Literatur

Adorno, Theodor W.: *Ästhetische Theorie*. Gesammelte Schriften Bd. 7. Frankfurt a. M. 1970.

Bion, Wilfred R.: *Transformationen*. Frankfurt a. M. 1997 (engl. 1965).

Clemenz, Manfred: Psychoanalyse und künstlerische Kreativität. In: *Psyche* 59 (2005), 444–464.

Eissler, K. R.: *Goethe. Eine psychoanalytische Studie. 1775–1786.* Frankfurt a. M. 1985 (engl. 1963).

–: *Leonardo da Vinci. Psychoanalytische Notizen zu einem Rätsel.* Frankfurt a. M. 1992 (engl. 1961).

Gedo, John E.: *The Artist and the Emotional World. Creativity and Personality.* New York 1996.

Greenacre, Phyllis: *Emotional Growth. Psychoanalytic Studies of the Gifted and a Great Variety of other Individuals.* 2 Bde. New York 1971.

Hegel, G. W. F.: *Vorlesungen über die Ästhetik II.* Werke 14. Frankfurt a. M. 1986.

Kierkegaard, Sören: *Entweder-Oder.* Köln/Olten 1960.

Lorenzer, Alfred: Tiefenhermeneutische Kulturanalyse. In: Hans-Dieter König u. a. (Hg.): *Kultur-Analysen.* Frankfurt a. M. 1986, 11–98.

Luhmann, Niklas: *Die Kunst der Gesellschaft.* Frankfurt a. M. 1995.

Noy, Pinchas: Die formale Gestaltung in der Kunst: Ein ich-psychologischer Ansatz kreativen Gestaltens. In: H. Kraft (Hg.): *Psychoanalyse, Kreativität und Kunst heute.* Köln 1984,180–205.

Oevermann, Ulrich: Genetischer Strukturalismus und das sozialwissenschaftliche Problem der Erklärung der Entstehung des Neuen. In: Stefan Müller-Doohm (Hg.): *Jenseits der Utopie.* Frankfurt a.M. 1991, 267–336.

–: Die objektive Hermeneutik als unverzichtbare methodologische Grundlage für die Analyse von Subjektivität. Zugleich eine Kritik der Tiefenhermeneutik. In: Thomas Jung/ Stefan Müller-Doohm (Hg.): *'Wirklichkeit' im Deutungsprozeß.* Frankfurt a.M. 1993, 106–189.

Ogden, Thomas: Reconsidering three aspects of the psychoanalytical technique. In: *Int. Journal of Psychoanalysis* 77 (1996), 883–900.

Polanyi, Michael: Was ist ein Bild? [1970]. In: Gottfried Boehm (Hg.): *Was ist ein Bild?* München 1994, 148–162.

Reiche, Reimut: *Mutterseelenallein. Kunst, Form und Psychoanalyse.* Frankfurt a.M. 2001.

Segal, Hanna: *Traum, Phantasie und Kunst.* Stuttgart 1996 (engl. 1991).

Waelder, Robert: Psychoanalytische Wege zur Kunst. In: Helene Deutsch/Phyllis Greenacre/Robert Waelder: *Die Sigmund Freud Vorlesungen.* Frankfurt a.M. 1973 (engl. 1965), 161–238.

Winnicott, D.W.: Übergangsobjekte und Übergangsphänomene. In: Ders.: *Vom Spiel zur Kreativität.* Stuttgart 1973, 10–36 (engl. 1971).

Reimut Reiche

5. Literatur

Psychoanalyse in Europa und in den USA

Die Autoren und Autorinnen der literarischen Moderne zeigten sich von der Psychoanalyse fasziniert und provoziert, seit es diese gab, zuerst um 1900 in Wien, spätestens seit 1910 in allen anderen deutschsprachigen Zentren des literarischen Lebens, seit den 1920er Jahren in ganz Europa und in den USA.

In England wurde die Psychoanalyse-Rezeption maßgeblich von Angehörigen der Londoner »Bloomsbury Group« initiiert und getragen, zu der neben dem Freud-Übersetzer James Strachey u. a. Virginia Woolf und Lytton Strachey, der Begründer der psychoanalytisch inspirierten ›New Biography‹, gehörten (vgl. Munsch 2004). Schon 1913, als Ernest Jones die Londoner Psychoanalytische Vereinigung gründete, war die Psychoanalyse auch in den literarischen Kreisen permanentes Gesprächsthema, nicht nur in Bloomsbury. *Sons and Lovers* (1913) von D. H. Lawrence ist vermutlich der erste Roman, der in England unter dem Eindruck der Psychoanalyse geschrieben wurde; Lawrence hatte durch seine Geliebte Frieda von Richthofen die Psychoanalyse in der Version des in Bohemekreisen nach 1900 einflußreichen Psychoanalytikers und Kulturrevolutionärs Otto Gross kennengelernt.

Im Zusammenhang mit Gross nahm die literarische Intelligenz die Psychoanalyse im Januar 1914 auch in Frankreich wahr, als sich Guillaume Apollinaire in der Zeitschrift *Mercure de France* (16. 1. 1914) an der Pressekampagne deutscher Expressionisten gegen die rechtswidrige Verhaftung des Psychoanalytikers und seine Deportation in eine Anstalt beteiligte. André Breton, ein Bewunderer Apollinaires, experimentierte zusammen mit Philippe Soupault in *Die magnetischen Felder* (1920) mit jener ›automatischen Schreibweise‹, die, von Freud angeregt, zu einer der ästhetisch radikalsten Formen der literarischen Adaption psychoanalytischen Wissens und bald darauf zum Programm des französischen Surrealismus wurde. Anfang der 1920er Jahre, als Breton Sigmund Freud in Wien besuchte, wurde dieser von André Gide, dem Mitherausgeber der *Nouvelle Revue Française*, gebeten, die Veröffentlichung seiner Schriften in französischer Übersetzung zu genehmigen.

Die literarische Psychoanalyserezeption setzte in Italien später und verhaltener ein. Im Unterschied zur dadaistischen und surrealistischen Avantgardebewegung hatte der italienische Futurismus noch kein Interesse an der Psychoanalyse gezeigt. Der erste Roman, der sie in Italien thematisch und formal adaptierte, Italo Svevos *La coscienza di Zeno* (1923), fand in Frankreich, protegiert durch James Joyce, weit mehr Anerkennung als in Italien. Svevo war schon vor 1910 über den Triester Analytiker Edoardo Weiss auf Freuds Schriften gestoßen, kannte den psychoanalytischen Roman *Der Seelensucher* (1921) des Arztes Georg Groddeck und war mit dem Freudianer Wilhelm Stekel befreundet.

In den USA wurde Abraham A. Brill als Übersetzer Freuds und Begründer der American Psychoanalytical Association ab 1908 zum Promotor der psychoanalytischen Bewegung. 1909 präsentierte Freud selbst in Worcester (Massachusets) die Psychoanalyse mit vier Vorlesungen. Um 1920 beeinflußte sie in den USA das psychiatrische Denken in einem Ausmaß wie sonst nirgendwo, seit den 1920er Jahren (den »Freudian Twenties«) sämtliche Bereiche der Elite- und Massenkultur, nicht zuletzt die Literatur. Die Dramen Eugene O'Neills (*Strange Interlude*, 1928) oder Philip Barrys, wichtige Werke von Ludwig Lewisohn (*The Island Within*, 1928), Conrad Aiken (*Great Circle*, 1933; *King Coffin*, 1935) oder Scott Fitzgerald (*Tender Is the Night*, 1934) und die Literatur von Thornton Wilder, Clifford Odet, Lillian Hellmans, Paul Green, Tennessee Williams oder Arthur Miller sind ohne die Psychoanalyse kaum zu verstehen.

Psychoanalyse in der deutschen Literatur

Im deutschsprachigen Raum hatte Hermann Bahr, der Programmatiker der Wiener Moderne, 1904 in seinem »Dialog vom Tragischen« die aristotelische Katharsislehre im expliziten Rückgriff auf Josef Breuers und Sigmund Freuds *Studien über Hysterie* (1895) in ein psychoanalytisches Verständnis überführt. Hugo von Hofmannsthals Tragödienpraxis partizipierte etwa zur gleichen Zeit ebenfalls am damaligen Stand psychoanalytischen Wissens. Die Protagonistin seiner Tragödie *Elektra* konzipierte er als Hysterikerin und lehnte sich dabei an Breuers Krankengeschichte der Anna O. an. Die 1906 uraufgeführte Tragödie *Ödipus und die Sphinx* verarbeitet Elemente der zu diesem Zeitpunkt noch kaum verbreiteten *Traumdeutung*. Zum ersten Mal stand ein mit psychoanalytischem Wissen konzipierter Ödipus auf der Bühne. Wie Freud interpretierte Hofmannsthal die äußeren Schicksalsmächte, von denen die tragischen Figuren antiker Literatur abhängig sind, in Triebschicksale um und begriff die mythische Welt als Projektionen psychischen Geschehens.

Ihre breiteste und stärkste Akzeptanz unter den Autoren der Moderne erreichte die Psychoanalyse in Deutschland im Verlauf der 1920er Jahre. Thomas Mann bescheinigte ihr 1929 in seiner ersten großen Freud-Rede, »Die Stellung Freuds in der modernen Geistesgeschichte«, die Bedeutung einer »Weltbewegung«, von der »alle möglichen Gebiete des Geistes und der Wissenschaft sich ergriffen zeigten« (Mann 1991, 48). Die Psychoanalyse sei, so resümierte er, »einer der wichtigsten Bausteine, die beigetragen worden sind zum Fundament der Zukunft, der Wohnung einer befreiten und wissenden Menschheit« (Mann 1991, 54). Solche literarischen Lobreden auf Freud und die Psychoanalyse finden sich bei Schriftstellerinnen und Schriftstellern dieser Zeit zuhauf. Als 1930 in Frankfurt hinter den Kulissen heftig darum gestritten wurde, wer den Goethe-Preis erhalten sollte, war es vor allem den Repräsentanten der literarischen Moderne, namentlich Alfred Döblin, zu verdanken, daß Freud die Auszeichnung erhielt. Von erheblicher Bedeutung war, daß in der zweiten Sitzung der Jury ein Antrag auf Verleihung des Nobelpreises an Sigmund Freud verlesen wurde. Dreißig Schriftsteller hatten ihn unterzeichnet. Auf der eindrucksvollen Liste standen u. a. Lou Andreas-Salomé, Alfred Döblin, Iwan Goll, Walter Hasenclever, Hermann Hesse, Georg Kaiser, Thomas Mann, Walter Mehring, Romain Rolland, Ernst Toller, Ernst Weiß, Franz Werfel, Virginia Woolf, Paul Zech und Arnold Zweig.

Viele Autoren der Moderne waren durch ihre wissenschaftliche Ausbildung einschlägig auf die Rezeption der Psychoanalyse vorbereitet: Robert Musil, Alfred Döblin oder Richard Huelsenbeck, vor allem aber Arthur Schnitzler. Als Wissenschaftler nahm dieser, u. a. mit Rezensionen zu den von Freud Anfang der 1890er Jahre übersetzten und kommentierten Schriften Jean-Martin Charcots sowie Hippolyte Bernheims, bereits am Entstehungsprozeß der Psychoanalyse intensiv Anteil. *Die Traumdeutung* las er wenige Monate nach ihrem Erscheinen.

Mancher Autor lernte die Psychoanalyse als Patient kennen. Das Beispiel Rainer Maria Rilke, der im Winter 1911/12 eine psychoanalytische Behandlung erwog, doch dann davon Abstand nahm, weil er fürchtete, mit seiner Neurose auch seine Kreativität zu verlieren, ist keineswegs typisch. Hofmannsthal ließ sich zeitweilig von Wilhelm Fließ behandeln, Erich Mühsam 1907 von Otto Gross. Nicht zuletzt Franz Kafka und Franz Werfel haben sich mit dem später in Vergessenheit geratenen Kulturrevolutionär Gross intensiv auseinandergesetzt. Hermann Hesse unterzog sich 1916 bei einem Jung-Schüler, nach 1920 bei C. G. Jung selbst einer Therapie. Auch Richard Huelsenbeck, Arnold Zweig, Hermann Broch und sogar einer der heftigsten Kritiker (doch zugleich besten Kenner) Freuds, Robert Musil, ließen sich psychoanalytisch behandeln. Die meisten von ihnen litten unter schweren Arbeitsstörungen, und manche, so Hesse und Broch, beschrieben ihre Analyse als Befreiung zu neuer Kreativität. Hesse schrieb den Roman *Demian* (1919), der eine neue Phase seiner literarischen Produktivität einleitete, in der Zeit und unter dem nachweisbaren Eindruck seiner Psychotherapie bei J. B. Lang.

Die Spuren, die die Psychoanalyse in der Literatur des ganzen 20. Jh.s hinterlassen hat, sind seit den 1920er Jahren in ihrer Vielfalt kaum noch überschaubar. Literarisch eher konventionelle Autoren wie Stefan Zweig zeigten sich an ihr genauso interessiert wie Repräsentanten der surrealistischen Avantgarde in Frankreich (allen voran André Breton) oder der sprachexperimentellen Poesie nach dem Zweiten Weltkrieg. Arno Schmidt versuchte in der Auseinandersetzung mit James Joyce und mit Freuds Assoziationstheorie dem Einfluß des Unbewußten auf die Sprache Rechnung zu tragen und eine unter der kontrollierten Bewußtseinssprache liegende Bedeutungsschicht aufzudecken. Mit einer systematischen »Verschreibkunst« (der Begriff steht im Untertitel zu *Abend mit Goldrand*, 1975) griff Schmidt auf, was Freud sprachlichen ›Fehlleistungen‹ an aufschließender Kraft zuschrieb.

Die in der Psychoanalyse maßgeblich von Jacques Lacan vollzogene linguistische Wende mit ihrem Diktum, daß das Unbewußte wie eine Sprache strukturiert sei, kam den sprachexperimentellen Versuchen entgegen, das Unbewußte sprechen zu lassen und damit die logozentrische Macht der ›symbolischen Ordnung‹ (Lacan), die sprachlich vermittelte patriarchalische Struktur sozialer Beziehungen, zu unterlaufen. Was die französische Literaturtheoretikerin und Psychoanalytikerin Julia Kristeva in diesem Sinne programmatisch als *Revolution der poetischen Sprache* (1974) beschrieb, die die rhythmischen Qualitäten der Sprache, ihre körperlichen und materiellen Eigenschaften, ihre assoziativen Mehrdeutigkeiten, ihre Widersprüche und Sinnwidrigkeiten zur Geltung bringt und damit die Logik der sprachlichen Ordnung durch den sinnlichen Exzeß erweitern will, fand im deutschsprachigen Bereich seine Entsprechungen u. a. in der literarischen Praxis von Friederike Mayröcker (*mein herz mein zimmer mein name*, 1988) oder den Theater- und Hörstücken sowie den Performances von Ginka Steinwachs. Wenn diese Autorin in *g-l-ü-c-k* (1991) eine ihrer Figuren »Anna Lyse« nennt, erweist sie neben Kurt Schwitters' Avantgarde-Gedicht »Anna Blume« der Psychoanalyse ihre Referenz.

Die Literaturgeschichte des 20. Jh.s ist ohne die Rezeptionsgeschichte der Psychoanalyse nicht angemessen zu begreifen – so wie umgekehrt die Psychoanalyse nicht ohne ihre Auseinandersetzung mit Literatur. Ob Schnitzler, Hofmannsthal oder Kraus, Franziska zu Reventlow oder Lou Andreas-Salomé, Thomas Mann, Gerhart Hauptmann, Hesse, Kafka oder Musil, Döblin, Tucholsky oder Brecht, sie alle haben sich, mit mehr oder weniger kritischer Distanz, von der Psychoanalyse prägen lassen. Für die meisten hatte sie eine geradezu existentielle Bedeutung. Psychoanalyse und literarische Moderne reagierten gleichzeitig und in wechselseitiger Abhängigkeit auf gravierende Identitätsprobleme des modernen Subjekts angesichts zunehmend diskrepanter, schwer zu integrierender Ansprüche in ausdifferenzierten Gesellschaften. Psychoanalyse und Literatur kooperierten und konkurrierten dabei miteinander.

Diskrepanzen in der literarischen Psychoanalyserezeption

Zum gewichtigen und nachhaltig aufgegriffenen Gegenstand literaturwissenschaftlicher und zum Teil auch psychoanalytischer Forschung wurde die literarische Rezeption der Psychoanalyse erst seit den 1970er Jahren. Es gibt jedoch bis heute keine umfassende und systematische Darstellung oder Dokumentensammlung zu dem Thema, nur eine Vielzahl verstreuter und heterogener Einzelstudien. Erschwert wurden und werden die Untersuchungen dadurch,

daß die Selbstaussagen der an dem Beziehungsgeflecht zwischen Literatur und Psychoanalyse Beteiligten oft ungenau, widersprüchlich, ambivalent oder sogar irreführend sind. Die mitunter hochdramatische Beziehung zwischen Literatur und Psychoanalyse ist bei aller gegenseitigen Wertschätzung durch starke Rivalitäten gekennzeichnet. Hofmannsthal schrieb 1908 in einem Brief: »Freud, dessen Schriften ich sämtlich kenne, halte ich […] für eine absolute Mediocrität voll bornierten, provinzmäßigen Eigendünkels« (Hofmannsthal-Blätter 7 [1971], 74). Die polemischen Bemerkungen von Karl Kraus gegen die Psychoanalyse sind bekannt, vor allem sein Bonmot: »Psychoanalyse ist jene Geisteskrankheit, für deren Therapie sie sich hält« (*Die Fackel*, Nr. 376/277, 30. 5. 1913, 21).

Neben derartigen Äußerungen, die sich mühelos um viele andere ergänzen ließen, stehen jedoch, sogar bei Kraus und erst recht bei Hofmannsthal, solche, die von gehörigem Respekt gegenüber Freud zeugen. Sogar bei einem Autor wie Thomas Mann, dessen Auseinandersetzung mit der Psychoanalyse durch einschlägige Forschungen relativ umfassend beschrieben ist, bleiben viele offene Fragen. Ob er schon vor oder bei der Niederschrift der Erzählung *Tod in Venedig* (1912), die eine Vielzahl psychoanalytischer Interpretationen an sich zog, Freud gelesen hatte, ist ähnlich umstritten wie im Fall von Musils *Törleß* (1906). Die erste Erwähnung Freuds bei Mann findet sich in einer Notiz von 1916. Das vermutlich im Sommer 1915 entstandene »Analyse«-Kapitel im *Zauberberg* zeigt jedoch deutliche Lektürespuren von Freuds *Drei Abhandlungen zur Sexualtheorie* (1905). Daß Mann sie schon bald nach ihrem Erscheinen zur Kenntnis genommen hat, ist wahrscheinlich. Die frappierenden Parallelen der Novelle *Tod in Venedig* zu Wilhelm Jensens *Gradiva* legen nahe, daß er nicht nur diesen Roman, sondern auch Freuds 1907 erschienene Studie darüber kannte. Auch wenn dies nicht der Fall sein sollte, trifft doch Thomas Manns spätere Bemerkung zu, psychoanalytische Fragestellungen und Gedanken hätten um 1910 in der Luft gelegen, und man habe von der Psychoanalyse beeinflußt werden können, ohne direkten Kontakt mit ihr zu haben. Er selbst bemerkte darüber hinaus, wie sehr man damals über die Lektüre von Schopenhauer und Nietzsche mit Freudschen Denkmodellen vertraut wurde.

Irritierend widersprüchlich erscheinen die Aussagen Alfred Döblins über die Psychoanalyse (vgl. Anz 1997b; die folgenden Zitate sind dort nachgewiesen). Er artikulierte unter Berufung auf seine naturwissenschaftlich-psychiatrische Ausbildung und auf seine medizinische Praxis wiederholt sein Unbehagen an den ihm allzu spekulativ erscheinenden Elementen der Psychoanalyse, las indes seit etwa 1919 intensiv in Freuds Schriften und berief sich zu Beginn der 1920er Jahre in mehreren publizistischen Auseinandersetzungen mit der Psychoanalyse wiederholt zustimmend auf Freud. 1926 pries er Freud in einer Rede zu seinem 70. Geburtstag als einen »Wohltäter der Menschheit«, wies jedoch gleichzeitig nachdrücklich alle Prioritätsansprüche der Psychoanalyse gegenüber einer ihr entsprechenden Literatur zurück: »Man hat gesagt: Die Freudsche Tiefenpsychologie wird eine Tiefendichtung zur Folge haben, ein kompletter Unsinn. Noch immer hat Dostojewskij vor Freud gelebt, haben Ibsen und Strindberg vor Freud geschrieben. Und wir wissen ja, Freud hat selbst an ihnen gelernt und an ihnen demonstriert.« Ihm persönlich habe Freud »nichts Wunderbares gebracht«, erklärte er ein Jahr darauf, berief sich jedoch später mehrfach auf seine psychoanalytischen Erfahrungen, um die seinem Roman *Berlin Alexanderplatz* unterstellten Abhängigkeiten von James Joyce zurückzuweisen. Die »Assoziationstechnik« kenne er genauer als Joyce, »nämlich vom lebenden Objekt, von der Psychoanalyse«.

Für die Annahme, daß sich Döblin selbst in seiner ärztlichen Tätigkeit als praktizierender Psychoanalytiker begriffen und auch so bezeichnet habe, gibt es etliche Belege. In seiner *Autobiographischen Skizze* erklärt er Ende 1921: »Von meiner seelischen Entwicklung kann ich nichts sagen; da ich selbst Psychoanalyse treibe, weiß ich, wie falsch jede Selbstäußerung ist.« In einem Brief spricht er später von seiner »psychoanalytischen Tätigkeit«. Einer der heftigsten Angriffe Döblins gegen die Person Freud findet sich in einem Artikel, der im Februar 1939, etwa ein halbes Jahr also vor Freuds Tod, in der Pariser Exilzeitschrift *Die Zukunft* erschien. Über Freud, den Döblin sonst eher von seiner Kritik am psychoanalytischen Dogmatismus einiger Schüler ausnahm, heißt es da: »Angriffe, besonders witzige, ironische auf Freud sind zu begrüßen. Er ist von einer aschgrauen Dogmatik und von einer fanatischen Härte und Unerbittlichkeit in der Handhabung seiner Doktrin, daß man von vornherein einer Attacke auf ihn mit dem Ruf ›in tyrannos‹ applaudieren soll. Diktatoren sind nicht nur politisch unerträglich.« Die Psychoanalyse nimmt er in dem Artikel jedoch gegen die kontinuierliche Polemik aus der Schule seines akademischen Lehrers, des Psychiaters Alfred Hoche, in Schutz. Und Freuds Version der Psychoanalyse schätzt Döblin hier sehr viel höher ein als die Tiefenpsychologie Jungs. Seinen späten, der analytischen Erinnerungstechnik ver-

pflichteten Roman *Hamlet oder Die lange Nacht nimmt ein Ende* (1956) kommentierte Döblin mit der Bemerkung: »Es wurde eine Art psychoanalytischer Roman.«

Wie immer man die Äußerungen von Autoren der Moderne über die Psychoanalyse oder ihre literarischen Transformationen psychoanalytischen Wissens im einzelnen angemessen bezeichnen mag: als widersprüchlich, ambivalent oder differenziert, in jedem Fall sind die erheblichen Diskrepanzen in ihren Einschätzungen bemerkenswert. Ein frappierendes literarisches Beispiel lieferte wiederum Thomas Mann. Als er Hermann Hesses *Demian* (1919) gelesen hatte, notierte er mit Bewunderung in sein Tagebuch (29. 5. 1919), »das psychoanalytische Element [sei] darin entschieden geistiger u. bedeutender verwendet [...] als im ›Zauberberg‹« (Mann 1991, 19). Da unterschätzte er den eigenen Roman erheblich. Dieser ist einerseits in seiner durchgehenden Sexualsymbolik, in den Schilderungen von Träumen oder auch von Lachanfällen sowie in der literarischen Psychopathologie innerer Konflikte zwischen zivilisierter Selbstbeherrschung und anarchischen Leidenschaften eine Hommage an die Psychoanalyse. Sogar jener Schlüsselsatz, der als einziger im Druck hervorgehoben ist, greift eine Formulierung Freuds wörtlich auf (vgl. Pfeiffer 1997, 203–219). »Wäre es nicht besser, dem Tode den Platz in der Wirklichkeit und in unseren Gedanken einzuräumen, der ihm gebührt« (GW X, 354), schrieb Freud am Ende seines zweiten Kriegs-Essays. Thomas Mann modifizierte den Satz so: »*Der Mensch soll um der Güte und Liebe willen dem Tode keine Herrschaft einräumen über seine Gedanken*« (Mann 2002, 748). Der im Roman auftretende Psychoanalytiker Dr. Krokowski ist andererseits so dargestellt, daß die Psychoanalyse durch ihn einen ziemlich unsympathischen Repräsentanten erhält. Als dubiose, quasi religiöse Heilslehre eines fanatisierten jüdischen Einzelgängers wird sie diskreditiert und im Romanverlauf dann auch noch in die obskure Nähe okkultistischer Praktiken gerückt. Thomas Mann selbst hatte diese Diskrepanz gesehen und beschrieben, wenn auch in entschärfenden Formulierungen: Dr. Krokowski sei zwar »ein bißchen komisch«, erklärte er 1925. »Aber seine Komik ist vielleicht nur eine Schadloshaltung für tiefere Zugeständnisse, die der Autor im Inneren seiner Werke der Psychoanalyse macht« (Mann 1991, 23). Schärfer läßt der Autor seine Figur Settembrini die Diskrepanz der eigenen Einschätzung artikulieren. Auf die Frage »Sind Sie schlecht auf die Analyse zu sprechen?« antwortet er: »Sehr schlecht und sehr gut, beides abwechselnd«. Die Psychoanalyse sei gut als ein »Werkzeug der Aufklärung und der Zivilisation«, das »dumme Überzeugungen erschüttert«, »die Autorität unterwühlt« und »Knechte reif macht zur Freiheit«. Sie sei schlecht, »insofern sie die Tat verhindert, das Leben an den Wurzeln schädigt, unfähig, es zu gestalten« (Mann 2002, 338).

Sehr schlecht und sehr gut zu sprechen auf die Psychoanalyse war ebenfalls Robert Musil. Er gehört zu jenen Autoren, die den Ursachen für die dramatischen Spannungen zwischen moderner Literatur und Psychoanalyse vielleicht am dichtesten auf der Spur waren. Denn diese standen sich damals so nahe, daß die Nähe immer wieder in Rivalität umschlug. Eine »finster drohende und lockende Nachbarmacht« sei die Psychoanalyse für den Dichter, befand Musil. Doch nur so lange, fügte er hinzu, wie »er wenig von ihr versteht u[nd] sie ein Durcheinander von wissenschaftl[icher] Genialität und Journalismus bildet« (Musil 1978, 1404). Beunruhigt und gelockt zugleich haben ihn die literarischen Elemente, die der Psychoanalyse von Beginn an eigen waren. Es gebe, so notierte er, »psychologische Arbeiten, die wie Dichtungen sind. Es sind Beschreibungen pathologischer Seelenabläufe, die von einer wunderbaren Eindringlichkeit [...] sind« (Musil 1978, 1347). Mit ähnlicher Bewunderung hatte Alfred Döblin in seiner Rede zu Freuds 70. Geburtstag die inzwischen berühmte Bemerkung des Analytikers aus den *Studien über Hysterie* zitiert: »Ich bin nicht immer Psychotherapeut gewesen, sondern bin bei Lokaldiagnosen und Elektrodiagnostik erzogen worden wie andere Neuropathologen, und es berührt mich selbst noch eigentümlich, daß die Krankengeschichten, die ich schreibe, wie Novellen zu lesen sind, und daß sie sozusagen des ernsten Gepräges der Wissenschaftlichkeit entbehren« (GW I, 227). Gerade die Affinitäten der Psychoanalyse zur Literatur waren es jedoch, die bei Robert Musil ähnlich wie bei Döblin Aggression auf die »Pseudodichter« Freud, Jung oder auch Adler hervorriefen.

Beziehungskonstellationen zwischen Psychoanalyse und Literatur

Psychoanalyse und literarische Moderne begegneten sich um und nach 1900 in einer kultur- und diskursgeschichtlichen Konstellation, in der Literatur den Anspruch der naturalistischen Generation, den Fortschritten der Wissenschaften mit literarischen Mitteln Rechnung zu tragen, auf die Erkenntnis und Darstellung psychischer Prozesse übertrug. Umgekehrt näherten sich einflußreiche Segmente der Wissenschaft, unter ihnen die Psychoanalyse, den Erkenntnisqualitäten der Kunst und Literatur an, die von den Naturwissenschaften des 19. Jh.s für obsolet erklärt worden waren.

Die Verwissenschaftlichung des literarisch modernen Diskurses korrespondierte, zumindest was die Psychoanalyse angeht, um 1900 mit einer Literarisierung der Wissenschaft. Zum einen illustrierte und legitimierte Freud seine Theorien permanent mit literarischen Texten. Sie sind zum Teil in seine Terminologie eingegangen. Der »Ödipus-Komplex« ist dafür nur das prominenteste Beispiel. In seiner Studie über Wilhelm Jensens 1903 erschienenen Roman *Gradiva* nennt er die Dichter »wertvolle Bundesgenossen« (GW VII, 33) der wissenschaftlichen Psychologie. Zum anderen näherte sich die Psychoanalyse durch ihre narrativen Darstellungen von Lebens- und Krankengeschichten selbst der Literatur an. Krankengeschichten wiederum, wenn auch fiktive, sind für die psychopathophile literarische Moderne konstitutiv. Ihnen begegnete Freuds klassizistisches Literaturverständnis mit erheblicher Skepsis. *Psychopathische Personen auf der Bühne*, so der Titel seines 1906 verfaßten Aufsatzes, lehnte er ab, und nicht nur auf der Bühne, sondern in literarischen Texten generell. Und diese Abneigung ging mit Ressentiments gegenüber pathologischen Charakterzügen von Autoren einher. Dostojewskij beispielsweise hat er, wie ein Brief an Theodor Reik erklärt, »bei aller Bewunderung« nicht gemocht. »Das kommt daher, daß sich meine Geduld mit pathologischen Naturen in der Analyse erschöpft« (zit. nach Jones 1984, Bd. 3, 494).

Am Kampf gegen die »entarteten«, »kranken« Kunstwerke und Künstler der Moderne, wie er um und nach 1900 mit Argumenten sozialdarwinistischer und psychiatrischer, sozialistischer, deutschnationaler und rassistischer, heimatkunstbewegter und neoklassizistischer Provenienz geführt wurde, hat sich Freud allerdings nie beteiligt. Viele Autoren der Moderne kannte er persönlich, schätzte, was sie schrieben (vor allem die Prosa Schnitzlers, Thomas Manns, Arnold Zweigs), und wechselte mit ihnen zahlreiche Briefe. Daß Stefan Zweig an Freuds Grab eine Rede hielt, ist für die persönliche Ebene der Beziehung zwischen Literatur und Psychoanalyse von ähnlich symptomatischer Bedeutung wie der Nachruf Freuds auf Lou Andreas-Salomé. Die literarische Moderne stand ihm indes näher als er ihr. Expressionismus und Dadaismus wurden von ihm ignoriert. Die Bewunderung, die ihm später die Surrealisten entgegenbrachten, registrierte er, mochte diesen indes seinerseits wenig Verständnis entgegenbringen.

Bezeichnend für das gespannte Verhältnis Freuds zur Literatur und zu Autoren der Moderne ist sogar der überaus freundliche Brief, mit dem Freud am 14. Mai 1922 Arthur Schnitzler zum 60. Geburtstag gratulierte. Er ist in dem Versuch, Prioritätsstreitigkeiten gar nicht erst aufkommen zu lassen, generös, doch an der folgenden Passage ist fast alles falsch: »So habe ich den Eindruck gewonnen, daß Sie durch Intuition – eigentlich aber in Folge feiner Selbstwahrnehmung – alles das wissen, was ich in mühseliger Weise an anderen Menschen aufgedeckt habe« (Freud 1955, 97). Schnitzler hatte, und Freud war das keineswegs unbekannt, sein psychologisches Wissen keineswegs allein durch Intuition und Selbstbeobachtung erworben. Der Arzt ist vielmehr durch dieselbe Wiener medizinische Schule gegangen wie Freud und hatte sich wie er auf das Gebiet der Nervenkrankheiten spezialisiert, insbesondere auf Hysterie und Neurasthenie, und darüber auch publiziert. Freud wiederum hatte sein psychoanalytisches Wissen keineswegs nur aus der mühseligen Auseinandersetzung mit anderen Menschen erworben, sondern ebenfalls in Folge intensiver, durch eigene Krisen stimulierter Selbstbeobachtung.

Jenseits solcher persönlich motivierten Spannungen zwischen Literatur und Psychoanalyse ging es freilich um gegenseitige Selbstbehauptungen und Abgrenzungen eines eigenen Terrains. Gleichsam als Einmischung in innere Angelegenheiten wies Freud das Interesse der literarischen Moderne an psychopathologischen Stoffen zurück. Umgekehrt reagierten Autoren der Moderne hochempfindlich, wenn Psychoanalytiker in ihrem Interesse an der Kunst und an Künstlerpersönlichkeiten gegenüber dem Autor und seinem Werk von vornherein einen väterähnlichen Überlegenheitsanspruch behaupteten, während sie dem Autor die Rolle eines quasi neurotischen, bewußtseinsmäßig unterlegenen Patienten zuschrieben. Den produktiven Anstößen, für die man der Psychoanalyse dankbar war, stand die Bedrohung gegenüber, die von ihren Kunstinterpretationen ausging. Denn jeder Autor konnte durch sie, und zwar unfreiwillig und sogar öffentlich, mit seinen Werken zum pathologischen Fall und Untersuchungsobjekt werden. »Ich bin […] unvermögend mich gegen Interpretationen der vagsten Art zu wehren […], wenn morgen ein Freudianer meine sämtlichen Arbeiten bis aufs I-Tüpferl als infantil-erotische Hallucinationen ›erkennt‹« (zit. nach Urban 1978, 120), schrieb Hofmannsthal in einem Brief. Und Karl Kraus wütete: »Nervenärzten, die uns das Genie verpathologisieren, soll man mit dessen gesammelten Werken die Schädeldecke einschlagen« (Die Fackel, Nr. 256, 5. 6. 1908).

Mit dem Eingeständnis seiner »Doppelgänger-scheu« vor Schnitzler formulierte Freud in dem zitierten Brief allerdings zutreffend, was Psychoanalyse und literarische Moderne verband: »die nämlichen Voraussetzungen, Interessen und Ergebnisse«, das »Ergriffensein von der Wahrheit des Unbewußten, von der Triebnatur des Menschen« und der »Zersetzung der kulturell-konventionellen Sicherheiten« (Freud 1955, 97). Auf der Basis solcher Gemeinsamkeiten ist psychoanalytisches Wissen in die Figurenkonstellationen, die Themen und Motive sowie in die Handlungsmuster, in die Formen, die Bildlichkeit und in die Sprache literarischer Texte transformiert worden.

Indikatoren und Arten literarischer Adaption der Psychoanalyse

Zwischen bloßen Ähnlichkeiten oder Übereinstimmungen von Literatur und Psychoanalyse und bewußten Transformationen psychoanalytischer Kenntnisse in literarische Texte zu unterscheiden ist oft nicht leicht. Doch historisch vergleichende Aussagen über ungefähr zeitgleich entstandene Texte der Psychoanalyse und der Literatur haben einen anderen Status als Aussagen über psychoanalytisches Wissen, das ein Autor hatte, das in seine Texte eingegangen ist, das die Texte beim Leser zum adäquaten Verständnis voraussetzen oder auf das sich literarische Texte beziehen. Unabhängig von der Frage, ob ein Autor psychoanalytisches Wissen hatte und was er davon in seine literarischen Texte übertragen hat, ist es zwar durchaus legitim und sinnvoll, nach Ähnlichkeiten und Differenzen zwischen psychoanalytischen und literarischen Diskursen zu fragen. Solche Fragen können der historischen Rekonstruktion zeitgleicher und zeitsymptomatischer Interessen, Wahrnehmungen, Mentalitäten oder Diskursordnungen dienen. Die Antworten bedürfen keiner philologischen oder biographischen Nachweise gegenseitiger Beeinflussung. Ähnlichkeiten zwischen psychoanalytischen und literarischen Texten können aber auch Indikatoren dafür sein, daß diejenigen Autoren, die sie verfaßt haben, gleichsam personifizierte Schnittstellen bei der Interpenetration heterogener Diskursordnungen sind. Antworten darüber bedürfen der Reflexion unter anderem darüber, was in literarischen Texten als Indikator für eine Verarbeitung psychoanalytischen Wissens gelten kann.

Man kann dabei zwischen zuverlässigen und unzuverlässigen Indikatoren unterscheiden. Zuverlässige liegen vor,

– wenn literarische Texte in markierter Form (durch gekennzeichnete Zitate) oder auch unmarkierter

Form (wörtliche, doch nicht in Anführungszeichen gesetzte Zitate, Peri- und Paraphrasen, Anspielungen) auf psychoanalytische Texte Bezug nehmen;

– wenn sie einschlägige psychoanalytische Termini verwenden;
– wenn sie literarische Figuren einführen, die als professionelle Repräsentanten psychoanalytischen Wissens erkennbar sind.

Unzuverlässige Indikatoren sind hingegen Bestandteile literarischer Texte, die ein hohes Maß an Übereinstimmung mit typischen Bestandteilen psychoanalytischer Diskurse aufweisen, zum Beispiel eine ähnliche Konzentration auf das Interesse an

– ödipalen Figurenkonstellationen;
– Manifestationen des Unbewußten und nicht bewußtseinsfähigen psychischen Prozessen (Nacht- und Tagträume, individuelle Wahn- oder kollektive Phantasiegebilde, Fehlleistungen oder Symptombildungen);
– symbolischen Verschlüsselungen tabubesetzter Inhalte;
– pathologischen Konfliktmustern und Befindlichkeiten (Angstneurosen, Hysterie usw.);
– sexuellem Handeln und Begehren;
– Konstruktionen von Männlichkeit und Weiblichkeit;
– psychischen Bedingungen literarischer und künstlerischer Kreativität;
– Mustern der Individuation und Identitätsbildung.

Solche Indikatoren können in einzelnen literarischen Texten vorliegen oder in größeren Textcorpora eines Autors, einer Autorengruppe, einer Autorengeneration oder eines Zeitabschnitts mit signifikanter Regelmäßigkeit wiederkehren. Schlüssige Belege für die Verarbeitung psychoanalytischen Wissens bieten sie nicht, solange keine zuverlässigen textinternen Indikatoren oder textexternen (in Form von biographischen und autobiographischen Zeugnissen) hinzutreten.

Die literaturwissenschaftliche Reflexion über Indikatoren, die es erlauben, von einer literarischen Adaption psychoanalytischen Wissens zu sprechen, ist Voraussetzung zur Klärung der poetologischen Frage, mit welchen literarischen Techniken dieses Wissen in poetische Texte transformiert wird. Diese kann nur sinnvoll im Hinblick auf solche Texte gestellt werden, von denen sich einigermaßen zweifelsfrei sagen läßt, daß in ihnen psychoanalytisches Wissen verarbeitet worden ist.

Psychoanalytisches Wissen kann in die Figurenkonzeption, die Themen und Motive, die semantischen Oppositions- und Äquivalenzrelationen der Textelemente sowie in die Handlungskonstellationen, in die Erzählformen und in die Sprache literarischer Texte übertragen werden. Eine einfache, häufig und variationsreich gehandhabte Technik literarischer Verarbeitung psychoanalytischen Wissens besteht darin, es zu personifizieren, also Repräsentanten dieses Wissens (vor allem Ärzte, Psychiater, Psychoanalytiker) als literarische Figuren auftreten und sprechen zu lassen.

In Döblins *Berlin Alexanderplatz* (1929) erscheint einigen jungen, offensichtlich psychoanalytisch orientierten Ärzten das Leiden Franz Biberkopfs als »krankhafter Zustand von Hemmung und Gebundenheit, den eine Analyse schon klären würde« (Döblin 1996, 425). Namentlich oder verschlüsselt taucht der unorthodoxe Freud-Schüler Otto Gross in zahlreichen Erzähltexten und literarisierten Erinnerungen auf: als Doktor Askonas in Max Brods *Das große Wagnis* (1918), Dr. Gebhart in Franz Werfels *Barbara oder Die Frömmigkeit* (1929), Dr. Hoch in Johannes R. Bechers *Abschied* (1945), Dr. Kreuz in Leonhard Franks *Links wo das Herz ist* (1952), Dr. Othmar in Karl Ottens *Wurzeln* (1963). Franz Jung stellte ihn unverschlüsselt in den Mittelpunkt seines Romans *Sophie* (1916).

Otto Gross bot den literarischen Zeitgenossen mit seinen öffentlich ausgetragenen Vaterkonflikten ein anschauliches Exempel für jene Figurenkonstellationen, die Psychoanalyse und Literatur gleichermaßen und in wechselseitigem Interesse für einander immer wieder beschrieben haben. Eher selten liegen zuverlässige Indikatoren dafür vor, daß die literarische Gestaltung von Vater-Sohn-Konflikten psychoanalytisches Wissen transformiert hat. Ob beispielsweise der Psychoanalytiker Hanns Sachs, als er 1917 der ödipalen Konstellation in Walter Hasenclevers Drama *Der Sohn* (1914) nachspürte, etwas aufdeckte, was der expressionistische Autor ganz bewußt und mit psychoanalytischem Wissen oder eher intuitiv oder gar unbewußt konzipiert hatte, ist wie in vielen vergleichbaren Fällen (etwa Musils *Törleß* oder Kafkas *Urteil*) genauer zu klären. Im Fall von Kafkas 1912 geschriebener Erzählung liegt immerhin ein textexterner Indikator, wenn auch ein relativ vager, vor, insofern der Autor nach eigener Aussage bei der Niederschrift der Erzählung »Gedanken an Freud« (Tagebucheintrag vom 23. 9. 1912) gehabt hat. Ob er wirklich an Freud oder an was er dabei genau gedacht hat, können Literaturwissenschaftler nicht wissen. Aber sie können sich durch Kafkas Tagebuchnotiz zu der Hypothese anregen lassen, daß der Autor sein psychoanalytisches Wissen über den ödipalen Konflikt in den literarischen Text eingeschrieben hat, und davon ausgehend untersuchen, wie er das gemacht hat.

Nicht immer werden in der literarischen Ausgestaltung ödipaler Beziehungen die Zeichen einer Psychoanalyserezeption so deutlich gesetzt wie in Franz Werfels Novelle *Nicht der Mörder, der Ermordete ist schuldig* (1920), in der einer literarischen Figur unverkennbar die Theorien von Otto Gross in den Mund gelegt werden und der Protagonist am Ende den Fall eines Vatermordes, der mit der eigenen Lebensgeschichte eng verwoben ist, mit dem ausdrücklichen Verweis auf Ödipus kommentiert. Werfels Novelle ist weiterhin typisch für viele psychoanalytisch inspirierte Darstellungen und Erklärungen kriminellen Verhaltens sowie für die Beliebtheit von literarischen Motiven unbewußter und dadurch das Verhalten der Figuren um so wirksamer prägender Kindheitstraumata. Schon vor Werfel hatte sich Leonhard Frank in seiner psychiatrie- und justizkritischen Erzählung *Die Ursache* (1916) entsprechender Wissenselemente der Psychoanalyse ausdrücklich bedient. Der des Mordes an seinem Lehrer angeklagte Protagonist erklärt hier seine Tat vor Gericht mit vergessenen Kindheitserlebnissen. Nach dem Todesurteil ergänzt ein »Psychologieprofessor« diese Argumentation mit den Sätzen: »Diese Theorie der vergessenen Kindheitserlebnisse ist eine erst vor wenigen Jahren aufgekommene neue Richtung. Modernste Seelenanalyse« (Frank 1988, 88). Psychoanalytisches Wissen wird hier wie in vielen anderen Texten in der Weise literarisiert, daß ein Text erklärungsbedürftiges Verhalten seiner literarischen Figuren in Szene setzt und im Rekurs auf psychoanalytische Erklärungsmuster explizit motiviert. Wo dies nicht explizit geschieht, kann der Text beim Leser die Kenntnis solcher Erklärungsmuster auch voraussetzen.

Eine weitere Technik der literarischen Umformung psychoanalytischen Wissens besteht darin, semantische Oppositionen, die für psychoanalytische Diskurse konstitutiv sind, in den literarischen Text zu übernehmen oder ihnen in literarischen Diskursen schon vorher verbreitete Oppositionsbildungen anzugleichen. Zu den semantischen Leitdifferenzen der Psychoanalyse gehören die Gegenüberstellungen von Bewußtsein und Unbewußtem sowie, damit verbunden, von Moralität und Sexualität, Geist und Körper. Freuds Schriften selbst haben diese Oppositionen wiederholt in Metaphern des Kampfes verbildlicht und damit ihrer Literarisierung vorgearbeitet.

Eine subtilere Technik der Transformation psychoanalytischen Wissens ist die literarische Simulation von psychoanalytisch beschriebenen Mechanismen der Traumarbeit und der freien Assoziation. Diese hatte, ähnlich wie Brecht in seiner Verteidigung des Inneren Monologs im *Ulysses* gegen marxistische

Formalismusverdikte, Ernst Weiß im Blick, als er über den unter dem Titel *Zeno Cosini* 1929 ins Deutsche übersetzten Roman Italo Svevos schrieb: »Jede einigermaßen intensive Beschäftigung mit dem eigenen Ich wird seit einigen Jahren unter dem Sammelbegriff Psychoanalyse zusammengefaßt. Svevo war einer von denen, die den großen literarischen Wert dieser Methode erkannten und es ist anzunehmen, daß Joyce ihm den ersten Hinweis darauf verdankt« (Weiß-Blätter, 2. Folge, Nr. 3, 5). Schnitzler, der *Die Traumdeutung* wenige Monate nach ihrem Erscheinen gelesen hatte und bald nach der Lektüre seine Novelle *Leutnant Gustl* (1901) schrieb, verdankte seinem Wissen über die psychoanalytische Inszenierung der freien Assoziation die gegenüber früheren literarischen Ansätzen perfektionierte Kunst des Inneren Monologs.

Funktionsunterschiede zwischen Literatur und Psychoanalyse

Innerer Monolog und freie Assoziation haben eine partiell ähnliche Funktion, nämlich Aufschlüsse über psychische Prozesse zu verschaffen, die das kontrollierte Bewußtsein stärker entstellt als das ungehemmt monologisierende. Dennoch hat die freie Assoziation in der psychoanalytischen Theorie und Praxis zugleich auch eine andere Funktion als der Innere Monolog in literarischen Diskursen. Ziel eines literarischen Textes kann es nicht sein, die Figur, der der innere Monolog zugeschrieben wird, zu therapieren. Mit welchen Intentionen und Funktionen Literatur psychoanalytisches Wissen verarbeitet, hat Folgen für die Art der Wissensverarbeitung.

Forschungen über die Beziehung zwischen Psychoanalyse und Literatur haben neben den Affinitäten die Differenzen zwischen beiden zu beachten. Dichtung, so notierte schon Robert Musil, »ist etwas anderes als Psychologie, so wie eben Dichtung etwas anderes als Wissenschaft ist [...]. Die Unterscheidung selbst ist einfach: Dichtung vermittelt nicht Wissen und Erkenntnis. / Aber: Dichtung benutzt Wissen u. Erkenntnis« (Musil 1978, 967).

Auch da, wo literarisch erzählte Geschichten über psychische Krankheiten im Bemühen um wissenschaftlich abgesicherte Wahrscheinlichkeit das psychiatrische oder psychoanalytische Wissen ihrer Zeit kenntnisreich in sich aufgenommen haben, folgen sie anderen Intentionen als psychopathologischen Diagnosen und Fallbeschreibungen, zielen auf Emotionalisierung der Rezipienten, integrieren das Wissen in kultur- und sprachkritische Perspektiven oder vermitteln mit ihm ethische und ästhetische Konzepte.

In den ersten beiden Jahrzehnten des 20. Jh.s wird psychoanalytisches Wissen in literarischen Texten und ihren vitalistischen Kontexten (insbesondere Friedrich Nietzsches) dominant zum Funktionsträger von Vermittlungen der Werte des ›Lebens‹ (vgl. Titzmann 1999, 216 f.).

Psychoanalytische und literarische Beschreibungen eines Kampfes

Ungeachtet der fundamentalen Differenzen zwischen Literatur und Psychoanalyse ist die Interessengemeinschaft beider nicht zu übersehen. Sie ist auf einen Problemkomplex hin zentriert: die seit der Aufklärung forciert in Anspruch genommene Autonomie des Subjekts. Durch die Psychoanalyse, so konstatierte Freud, werde der menschlichen »Größensucht« eine noch größere Kränkung zugemutet als durch Kopernikus und Darwin. Nachdem die Menschheit von der Astronomie erfahren mußte, daß ihr Ort nicht der Mittelpunkt des Weltalls ist, und von der Biologie auf ihre Abstammung aus dem Tierreich verwiesen wurde, zeige ihr nun die Psychologie, daß das Ich »nicht einmal Herr ist im eigenen Hause« (GW XI, 295). Das autonome, sich selbst bewußt kontrollierende Subjekt ist nicht mehr, wie in der naturwissenschaftlichen Psychiatrie Wilhelm Griesingers oder der literarischen Psychologie des Realismus, der Normalfall, sondern eine Illusion oder allenfalls das nie ganz zu erreichende Ziel selbstreflexiver Anstrengungen. In der freien Assoziation wie im Inneren Monolog, im Traum wie im Wahn oder in pathologischen Symptomen zeigt es sich geschwächt, offenbaren sich auf erschreckende oder lustvoll entfesselte Weise die Wahrheiten des Unbewußten. Beschreibungen von Subjekten, die mit ihrer Autonomie auch ihre Kohärenz verloren haben, die in zwei und mehr Teile gespalten sind, liefern Psychoanalyse, Psychiatrie (Eugen Bleuler führte 1911 den Begriff »Schizophrenie«, Karl Jaspers 1913 den der »Depersonalisation« ein) und literarische Moderne in vergleichbarem Ausmaß. Und insofern die Teile des dissoziierten Ich häufig gegeneinander agieren, werden hier Kämpfe beschrieben, deren Schauplatz die menschliche Psyche ist.

Den Antagonismus von Sexualität und Moral, Unbewußtem und Bewußtem, Körper und Geist wird in Literatur und Psychoanalyse gleichermaßen immer wieder mit Metaphern des Kampfes dramatisiert. Zusammen mit »Unterdrückung«, »Widerstand« oder »Abwehr« gehört auch »Kampf« zum festen Inventar des psychoanalytischen Vokabulars. Lou Andreas-Salomé, die 1911 Freud persönlich kennenlernte und

bald zu seinem engsten Kreis gehörte, schrieb 1915, wohl nicht zufällig also während der Kriegszeit, in einem ihrer zahlreichen Beiträge zur Psychoanalyse vom »Krieg und Widerstreit der Triebe gegeneinander« (Imago 4, 1915/16, 257).

Psychoanalytische und literarische Texte um und nach 1900 erzählen in unterschiedlichen Variationen immer wieder die gleiche Geschichte des von fremden Mächten im eigenen Inneren bedrohten und um seine Autonomie kämpfenden Subjekts. »Blätter zur Bekämpfung des Machtwillens« hieß bezeichnenderweise jenes Zeitschriftenprojekt, durch das Franz Kafka sich Otto Gross verbunden sah. Und was damit bekämpft werden sollte, war nicht zuletzt der Machtwille im eigenen Ich.

Gross hatte den Vater-Sohn-Konflikt in der ihm eigenen Terminologie als den »ins Innere verlegten Kampf des Eigenen gegen das Fremde« (Gross 1980, 28) beschrieben, als Kampf zwischen den individuellen, insbesondere sexuellen Bedürfnissen und der ins eigene Innere eingedrungenen väterlichen Autorität. In Kafkas Beschreibungen der Machtkämpfe seiner Protagonisten mit dem Vater und vaterähnlichen Autoritäten entfaltet die patriarchale Macht erst ihre volle, siegreiche Wirksamkeit im Prozeß ihrer Verinnerlichung. Georg Bendemann vollstreckt das Todesurteil des Vaters an sich selbst. Joseph K. und Gregor Samsa verlieren ihren Kampf und sterben erst, nachdem sie selbst damit einverstanden sind.

Mit den semantischen Oppositionen, die sich in die dramatisierende Metaphorik des Kampfes mit ihren dichotomischen Freund-Feind-Schemata eingelagert finden, werden bestimmte Werthierarchien konstruiert, aber mit den gleichen Oppositionen können sie auch umgekehrt werden. Die Metaphorik des Kampfes, die die ausdifferenzierten Diskursordnungen in den Künsten und Wissenschaften übergreift, wird in der Moderne zum Medium sowohl der Konsens-, weit mehr aber noch der Dissensbildung. Sie läßt ganz unterschiedliche Positionen in der Bewertung des beschriebenen Kampfgeschehens zu. Die literarische Moderne ist dabei wie die Psychoanalyse keineswegs durch ein einheitliches Paradigma geprägt, sondern durch ein Neben- und kämpferisches Gegeneinander von unterschiedlichen, bei einzelnen Autoren zuweilen rasch wechselnden oder sich unterlaufenden Positionen. Moral- und rationalitätskritische Appelle zur Befreiung libidinöser und unbewußter Energien konkurrieren mit aufklärerischen Programmen zur Stärkung des autonomen, mannhaften Subjekts und mit klassisch-idealistischen Postulaten zur befriedenden Aufhebung der Gegensätze durch die integrative Kraft der Selbstreflexion. Die konfliktreiche Beziehung zwischen literarischer Moderne und Psychoanalyse beruht zu einem nicht geringen Teil auf konträren Positionen, die sie in Beschreibungen dieser Problemstoffe einnehmen.

Literatur

Anz, Thomas: Psychoanalyse in der literarischen Moderne. Ein Forschungsbericht und Projektentwurf. In: Karl Richter/Jörg Schönert/Michael Titzmann (Hg.): *Die Literatur und die Wissenschaften*. Stuttgart 1997a, 377–413.

–: Alfred Döblin und die Psychoanalyse. Kritische Anmerkungen zur Forschung. In: Gabriele Sander (Hg.): *Internationales Alfred-Döblin-Kolloquium, Leiden 1995*. Bern u.a. 1997b, 9–30.

– (Hg.): *Psychoanalyse in der modernen Literatur. Kooperation und Konkurrenz*. Würzburg 1999.

Borchers, Hans: *Freud und die amerikanische Literatur (1920–1940). Studien zur Rezeption der Psychoanalyse in den literarischen Zeitschriften und den Werken von Conrad Aiken, Ludwig Lewisohn und Floyd Dell*. München 1987.

Corino, Karl: Ödipus oder Orest? Robert Musil und die Psychoanalyse. In: Uwe Bauer/Dietmar Goltschnigg (Hg.): *Vom »Törleß« zum »Mann ohne Eigenschaften«*. München/Salzburg 1973, 123–235.

Cremerius, Johannes: *Freud und die Dichter*. Freiburg i.Br. 1995.

Dierks, Manfred: Thomas Mann und die Tiefenpsychologie. In: Helmut Koopmann (Hg.): *Thomas-Mann-Handbuch*. Stuttgart 1989, 284–300.

–: Der Wahn und die Träume in *Der Tod in Venedig*. Thomas Manns folgenreiche Freudlektüre im Jahre 1911. In: *Psyche* 44 (1990), 240–268.

Döblin, Alfred: *Berlin Alexanderplatz. Die Geschichte vom Franz Biberkopf* [1929]. Hg. von Werner Stauffacher. Zürich [u.a.] 1996.

Frank, Leonhard: *Die Ursache*. München/Zürich 1988.

Freud, Sigmund: Briefe an Arthur Schnitzler. Hg. v. Henry Schnitzler. In: *Die Neue Rundschau* 66 (1955), 95–106.

Gross, Otto: *Von geschlechtlicher Not zur sozialen Katastrophe*. Mit einem Textanhang von Franz Jung. Hg. von Kurt Kreiler. Frankfurt a.M. 1980.

Jones, Ernest: *Sigmund Freud. Leben und Werk*. München 1984.

Kyora, Sabine: *Psychoanalyse und Prosa im 20. Jh.* Stuttgart 1992.

Mann, Thomas: *Freud und die Psychoanalyse. Reden, Briefe, Notizen, Betrachtungen*. Hg. von Bernd Urban. Frankfurt a.M. 1991.

–: *Der Zauberberg* [1924]. Hg. und textkrit. durchges. von Michael Neumann. Frankfurt a.M. 2002.

Munsch, Matthias: *Psychoanalyse in der englischen Moderne. Die Bedeutung Sigmund Freuds für die Bloomsbury Group und Lytton Stracheys biographisches Schreiben*. Marburg 2004.

Musil, Robert: *Gesammelte Werke II. Prosa und Stücke, Kleine Prosa, Aphorismen, Autobiographisches, Essays und Reden*. Reinbek 1978.

Pfeiffer, Joachim: *Tod und Erzählen. Wege der literarischen Moderne um 1900*. Tübingen 1997.

Pfohlmann, Oliver: ›Eine finster drohende und lockende Nachbarmacht‹? Untersuchungen zu psychoanalytischen Literaturdeutungen am Beispiel von Robert Musil. München 2003.

Thomé, Horst: *Autonomes Ich und ›Inneres Ausland‹. Studien über Realismus, Tiefenpsychologie und Psychiatrie in deutschen Erzähltexten (1848–1914)*. Tübingen 1993.

Titzmann, Michael: Psychoanalytisches Wissen und literarische Darstellungsformen des Unbewußten in der Frühen Moderne. In: Anz 1999, 183–217.

Urban, Bernd (Hg.): *Hofmannsthal, Freud und die Psychoanalyse. Quellenkundliche Untersuchungen*. Frankfurt a.M. 1978.

Worbs, Michael: *Nervenkunst. Literatur und Psychoanalyse im Wien der Jahrhundertwende*. Frankfurt a.M. 1988.

Thomas Anz

6. Literaturwissenschaft

Freud im Kontext der Geisteswissenschaften seiner Zeit

Die große kulturtheoretische Bedeutung von Freuds Entdeckungen war früh offensichtlich, ebenso deren Bedeutung für die Literaturwissenschaft. Der neue Zugang zum Menschen, den die systematische Erforschung des Unbewußten ermöglichte, mußte auch einen neuen Zugang zu den Kulturphänomenen eröffnen: besonders zu den Kreationen im Bereich von Literatur und Kunst, die eng mit der menschlichen Psyche verknüpft sind (Reh 1986, 19 f.). Freud war sich der Affinität von Dichtung und Psychoanalyse von Anfang an bewußt und hat sie immer wieder thematisiert: Unter den Dichtern finde man »die tiefsten Kenner des menschlichen Seelenlebens« (GW VII, 34), sie seien »wertvolle Bundesgenossen«: »ihr Zeugnis ist hoch anzuschlagen, denn sie pflegen eine Menge von Dingen zwischen Himmel und Erde zu wissen, von denen sich unsere Schulweisheit noch nicht träumen läßt. In der Seelenkunde gar sind sie uns Alltagsmenschen weit voraus, weil sie da aus Quellen schöpfen, welche wir noch nicht für die Wissenschaft erschlossen haben« (GW VII, 33).

Dieses große Interesse an der »Seelenkunde«, das Freud den Schriftstellern zuspricht, findet sich auch in den um 1900 vorherrschenden geisteswissenschaftlichen Richtungen, die in Wilhelm Dilthey (1833–1911) ihren prominentesten Vertreter fanden. Die Auffassung der Nähe von Literatur zu Traum und Spiel, die wichtiger Bestandteil von Freuds Dichtungstheorie wurde, ist ein wesentlicher Aspekt auch von Diltheys Dichtungsauffassung: Der Dichter, so schreibt Dilthey, »trennt von der Wirklichkeit dies Reich des schönen Scheins. So bildet sich eine Traumsphäre der Dichtung, innerhalb deren im Augenblick der Begeisterung die Bilder volle Realität haben. Die Art von Illusion, die hier stattfindet, ist der vergleichbar, die wir am spielenden Kinde gewahren. Die Kunst ist ein Spiel. Der Dichter und das spielende Kind glauben beide, das Kind an das Leben seiner Puppen und Tiere, der Poet an die Wirklich-keit seiner Gestalten« (Dilthey 1924 VI, 98). Freud stellt in seinem ersten dichtungstheoretischen Aufsatz *Der Dichter und das Phantasieren* (1908) ähnliche Überlegungen an.

Trotz dieser Aufgeschlossenheit für psychologische Fragestellungen haben die Geisteswissenschaften – und insbesondere die Germanistik – zunächst ablehnend auf Freuds Theorien reagiert. Der Grund hierfür ist in einer seltsamen Ungleichzeitigkeit zu suchen, welche die Entwicklungen der Geisteswissenschaften und der Psychoanalyse kennzeichnet. Gerade zu dem Zeitpunkt, da Freud die Grundlagen seines Theoriegebäudes legt, befreit sich die Literaturwissenschaft vom naturwissenschaftlichen Anspruch des Positivismus und greift die Diltheysche Unterscheidung von Natur- und Geisteswissenschaften auf, die das »Erklären« (Naturwissenschaften) vom »Verstehen« (Geisteswissenschaften) sondert. Dilthey ist davon überzeugt, daß es eine unüberbrückbare und in der Sache begründete Differenz zwischen Geistes- und Naturwissenschaften gebe – eine Überzeugung, die jene mühevollen Versuche der Literaturwissenschaft im 19. Jh. konterkariert, sich in ihren Prämissen und ihrem methodischen Vorgehen die objektivierenden Methoden der Naturwissenschaften anzueignen und sich als strenge Wissenschaft zu etablieren.

In der Literaturwissenschaft war es vor allem Wilhelm Scherer (1841–1886), der – in strenger Anlehnung an die naturwissenschaftliche Methodik – die Beschränkung auf die Erforschung von Kausalzusammenhängen forderte (deswegen wurden in seiner Schule Biographismus und Quellenforschung so wichtig). Scherer war der Ansicht, daß eine Totalerkenntnis des literarischen Werks durch Ursachenanalyse möglich sei: durch die Analyse des vom Dichter biographisch Erlebten, des biologisch Ererbten und des in bewußter Arbeit Erlernten (vgl. von Matt 2001, 40). Das starke Interesse der frühen Psychoanalyse am Biographismus mag auch hierin begründet sein: in den Paradigmen des Positivismus, der in der Erforschung biographischer Determinanten einen Weg der Annäherung an die Naturwissenschaften erblickte. Als Freud die Grundsteine der Psychoanalyse legte, war jedoch in der Literaturwissenschaft die Absetzbewegung vom Positivismus voll im Gange; die Verstehenslehre Diltheys, die von der unüberwindbaren Subjektivität des Verstehensaktes ausging und die Eigenständigkeit der Geisteswissenschaften forderte, hatte sich durchgesetzt.

Ein entscheidender Grund für die anfängliche Ablehnung Freuds in der Literaturwissenschaft ist sicher in seiner Entscheidung für einen positivistischen Wissenschaftsbegriff zu suchen. Das wissenschaftstheoretische Dilemma, in dem er sich von Anfang an befand, konnte er nicht wirklich auflösen: Immer wieder schwankt sein Denken zwischen objektivierenden szientistischen und kritisch-hermeneutischen Ansätzen (vgl. Habermas 1968, 262 ff.). Diesem Dilemma sind auch die beiden Richtungen geschuldet, die die psychoanalytische Literaturbetrachtung in ihrer ersten Phase einschlägt: Der Biographismus einerseits, der von der untrennbaren Einheit von Autor und Werk ausgeht, wurzelt noch ganz in der positivistischen Tradition Wilhelm Scherers; von der detaillierten Einsicht in die Autorbiographie (einschließlich deren unbewußten Konstituenten) werden wichtige Aufschlüsse für das Verständnis des Werks erwartet. Die andere Richtung psychoanalytischer Literaturbetrachtung folgt dem hermeneutischen Modell der Traumdeutung, das mit der Rekonstruktion des verborgenen (latenten) Trauminhalts aus dem manifesten Traum einen hermeneutischen, auf Sinnverstehen ausgerichteten Ansatz bietet und als psychoanalytische Vorgabe für Textinterpretationen dienen kann.

Zur Frühgeschichte psychoanalytischer Textinterpretation

Die Frühphase psychoanalytischer Literaturbetrachtung ist, wie schon erwähnt, durch die ablehnende Haltung der Literaturwissenschaftler gekennzeichnet. Ausnahmen gibt es freilich, wie z. B. die positive Rezeption der *Traumdeutung* bereits im Jahr 1901 durch Friedrich von der Leyen, der in seiner Arbeit *Traum und Märchen* Freuds Modell der Traumdeutung zur Deutung von Märchen heranzieht und dabei auch auf die Theorie des Ödipuskomplexes rekurriert (Schrey 1975, 85). Insgesamt dominiert jedoch die Ablehnung – was neben den schon genannten wissenschaftstheoretischen Gründen auch mit dem latenten Antisemitismus zu tun hat, von dem die deutschsprachigen Universitäten damals durchzogen waren. Freud selbst schreibt über den Anti-

semitismus, der ihm bereits in der zweiten Hälfte des 19. Jh.s begegnete: »Die Universität, die ich 1873 bezog, brachte mir zunächst einige fühlbare Enttäuschungen. Vor allem traf mich die Zumutung, daß ich mich als minderwertig und nicht volkzugehörig fühlen sollte, weil ich Jude war« (GW XIV, 34). Er mußte sich gegen antisemitische Beschimpfungen zur Wehr setzen und stieß wegen seines Judentums auf Schwierigkeiten bei der Ernennung zum Professor (Schrey 1975, 112; s. auch GW II/III, 144). Der teils latente, teils offene Antisemitismus, der die Germanistik lange vor der Machtergreifung Hitlers prägte, gehört zu den dunkelsten Kapiteln ihrer Geschichte. Klaus Ziegler stellt in seiner Untersuchung *Deutsche Sprach- und Literaturwissenschaft im Dritten Reich* fest, »daß sogar während der Weimarer Republik in der Regel ein Jude kaum eine Chance hatte, in unserem Fach zum Ordinarius aufzusteigen – und mochte er, wie ein Fritz Strich oder Martin Sommerfeld, der Begabung und Leistung nach noch so überragend sein« (Ziegler 1965, 144).

Im wesentlichen sind es zunächst die Psychoanalytiker selbst, vor allem die der Mittwoch-Gesellschaft, die sich für Literatur und Kunst interessieren – allerdings verwenden sie künstlerische Produkte oft nur zur Illustration oder als Beleg psychoanalytischer Theorien. Dieses Legitimationsbedürfnis findet sich in etlichen Aufsätzen Freuds und seiner Schüler; die Literatur hat für Freud jedoch keineswegs nur illustrative Funktion, sie gehört vielmehr zu den Konstitutionsbedingungen der Psychoanalyse und wird immer wieder heuristisch – erkenntnisleitend – eingesetzt (Marx/Wild 1984, 167). Freud findet in der Literatur Muster psychoanalytischer Erkenntnisse: Dafür spricht schon die Begrifflichkeit des Grundtheorems vom »Ödipuskomplex«, die aus dem Sophokleischen Drama abgeleitet ist.

Bereits in der *Traumdeutung* (1900) liefert Freud literaturpsychologische Textinterpretationen und zieht sein Ödipus-Konzept zur Deutung von Shakespeares *Hamlet* heran: Er erklärt Hamlets seltsames Zögern, den Mörder seines Vaters zu töten, mit einem unbewußten Todeswunsch gegenüber dem Vater – wobei dieser Wunsch wiederum mit einer libidinösen Beziehung zur Mutter korreliere (GW II/III, 271 f.). Freuds Deutung stützt sich auf zahlreiche Textdetails und liefert wirkungsästhetische Überlegungen und Hinweise zum verdeckten Subtext des Dramas – es ist bemerkenswert, daß in dieser frühen Deutung die Autorpsychologie überhaupt keine Rolle spielt. Leider gewinnt in der Folgezeit das biographistische Interesse Freuds die Oberhand, an die Stelle von Form- und Inhaltsanalysen treten vermehrt Aufsätze zur Psychologie des Autors (etwa zu Dostojewski, Goethe, Leonardo da Vinci); die szientistisch-positivistische Orientierung Freuds scheint sich hier durchzusetzen.

Dies gilt zum Teil auch für die Beiträge in der Zeitschrift *Imago*, die seit 1907 von Hanns Sachs und Otto Rank herausgegeben wird (und immerhin bis 1937 erscheint). Diese *Zeitschrift für Anwendung der Psychoanalyse auf die Geisteswissenschaften* bezeugt das geisteswissenschaftliche Interesse der Psychoanalyse von ihrer Gründungszeit an; im Vorwort der Herausgeber zum ersten Heft heißt es programmatisch:

»Da das Unbewußte an der Entstehung aller psychischen und Kulturgebilde, an Religion und Sitte, an Sprache und Recht mitgearbeitet hat, ist ihre völlige Durchleuchtung ohne Kenntnis der Arbeit des Unbewußten unmöglich. [...] Eine wirkliche Seelenkunde, die den aus den Tiefen des Unbewußten immer neu hervorsprudelnden Phantasien den gebührenden weiten Geltungsbereich zuweist und sie durch alle ihre Schichtungen und Bedeutungswandlungen hindurch auf ihre eigentlichen Wurzeln zurückzuführen vermag, muß deshalb *alle* Geisteswissenschaften befruchten und ihnen neue Probleme und neue Lösungen bringen« (zit. nach Fischer 1980, 9).

Dieser Text steht beispielhaft für die kulturtheoretische Fundierung der Psychoanalyse und für ihren allgemeinen kulturwissenschaftlichen Anspruch.

Die Aufsätze der Zeitschrift *Imago* konzentrieren sich in ihrer Frühphase vor allem auf die Frage nach der Künstler-Pathographie und die nach der Verwandtschaft von Künstler und Neurotiker. Anknüpfungen an die psychiatrische Pathographie des 19. Jh.s, die mit den Degenerationsthesen eines Lombroso ihren Höhepunkt erreichte, sind offensichtlich: Der italienische Arzt Cesare Lombroso hatte in seiner Schrift *Genie und Irrsinn* (1864) die These vertreten, daß Genialität ein Ausfluß von Degeneration sei und daß die Entwicklung zum Genie oft von einer Form der Psychose ihren Ausgang nehme (Fischer 1980, 10). Der literarische Text wird hier zum Krankheitsprodukt, die Kreativität wird in enger Korrelation zum Persönlichkeitszerfall gesehen; die These unterstellt auf jeden Fall, daß Kunst immer durch Leiden erkauft sei.

In der Mittwoch-Gesellschaft war es vor allem der Arzt Isidor Sadger, der (z. B. im Blick auf C. F. Meyer oder Heinrich von Kleist) pathographische Analysen lieferte, zum Teil gegen den heftigen Widerspruch der anderen Mitglieder. Auch Freud äußerte sich kritisch zu Sadgers Thesen; er befürchtete offensichtlich, daß dieser dem Ruf der Psychoanalyse schaden könne – eine Befürchtung, die sich bewahrheiten sollte: Das Klischee vom »Dichter auf der Couch« haftet der Li-

teraturpsychologie bis heute an. Freud empfahl dringend, bei der Beschreibung von Dichterpersönlichkeiten vom Werk auszugehen. Es ist sicher kein Zufall, daß gerade die »Geisteswissenschaftler« der Wiener Psychoanalytischen Vereinigung (Max Graf, Otto Rank, Hanns Sachs) Einwände gegen die vorschnelle Pathologisierung der Künstler erhoben und die Forderung aufstellten, die psychoanalytische Beschäftigung mit Künstlerpersönlichkeiten müsse sich von der Pathographie des 19. Jh.s klar unterscheiden.

Auch Freud versucht sich immer wieder von der Pathographie-Tradition alten Stils abzugrenzen; er setzt sogar die Annahme einer Kausalität im Psychischen außer Kraft, wenn er etwa am Ende der Leonardo-Arbeit schreibt:

»Aber selbst bei ausgiebigster Verfügung über das historische Material und bei gesichertster Handhabung der psychischen Mechanismen würde eine psychoanalytische Untersuchung an zwei bedeutsamen Stellen die Einsicht in die Notwendigkeit nicht ergeben können, daß das Individuum nur so und nicht anders werden konnte. [...] Wir müssen hier einen Grad von Freiheit anerkennen, der psychoanalytisch nicht mehr aufzulösen ist. Ebensowenig darf man den Ausgang dieses Verdrängungsschubes als den einzig möglichen Ausgang hinstellen wollen. Einer anderen Person wäre es wahrscheinlich nicht geglückt, den Hauptanteil der Libido der Verdrängung durch die Sublimierung zur Wißbegierde zu entziehen.«

Und dann geht Freud noch einen entscheidenden Schritt weiter und gesteht ein, daß »auch das Wesen der künstlerischen Leistung uns psychoanalytisch unzugänglich ist« (GW VIII, 208 f.).

Vor dem Hintergrund der faschistischen Verunglimpfung von Künstlern als »entartet« ist Freuds Einschränkung besonders bedeutungsvoll. Statt pathographische Analysen durchzuführen, konzentriert er sich darauf, den Prozeß künstlerischer Kreativität zu durchleuchten. Dies geht aus den Protokollen der Mittwoch-Gesellschaft ausdrücklich hervor: Die Pathographie, so Freud, sei »nicht imstande, etwas Neues zu zeigen. Die Psychoanalyse dagegen gibt Auskunft über den Schaffensprozeß. Die Psychoanalyse verdient einen Platz vor der Pathographie« (Nunberg/Federn 1962/1976, 250). Die heftige Kontroverse, die sich um Sadgers pathographische Theorien spann, scheint nicht ohne Wirkung auf den Autor geblieben zu sein, da er 1912 einen Aufsatz in der *Imago* mit dem Titel veröffentlichte: *Von der Pathographie zur Psychographie* (abgedruckt in Fischer 1980, 64–85).

Insgesamt scheinen die Diskussionen der Mittwoch-Gesellschaft eine langfristige Wirkung erzielt zu haben. Autoren wie Ernst Kris und Edmund Bergler veröffentlichen 1933 und 1934 Künstler-Psychographien in der *Imago* (zu Messerschmidt und

Grabbe), die Freuds Beispiel im Leonardo-Aufsatz folgen und, noch über Freud hinausgehend, dem Wesen der künstlerischen Leistung nachspüren (Fischer 1980, 16).

Der zweite Themenkomplex, der in der Psychoanalytischen Vereinigung eine Rolle spielt, ist die Frage nach dem Zusammenhang von Künstlertum und Neurose. Auch hier finden sich leider krude Vereinfachungen, wie in dem Text von Wilhelm Stekel *Dichtung und Neurose* (1909), in dem er schlichtweg die These aufstellt, alle Dichter seien Neurotiker. Auch wenn Stekel von einem fortschrittlichen Neuroseverständnis ausgeht und unter Neurose ein mangelndes seelisches Gleichgewicht versteht, das die Qualität der künstlerischen Leistung nicht tangiere, ist hier doch die Quelle vieler Anfeindungen zu suchen, denen die Psychoanalyse bei Literaturwissenschaftlern lange Zeit ausgesetzt war. Dabei werden differenziertere Positionen unterschlagen, die sich bereits in den Anfängen Geltung verschafft hatten, wie z. B. Otto Ranks Arbeit *Der Künstler* von 1907: In dieser wichtigen frühen Untersuchung (die noch vor Freuds *Der Dichter und das Phantasieren* erschien) postuliert Rank die Ähnlichkeit von Traumarbeit und künstlerischer Arbeit und legt dar, daß der Künstler im Vergleich zum Träumer zu einer weitergehenden kontrollierten Triebabfuhr und zu einer anspruchsvolleren Form der Sublimation in der Lage sei: Im Gegensatz zum Neurotiker finde der Künstler aus der Regression wieder in die Realität zurück, seine Wunscherfüllung gestalte sich aktiv und unter Hervorbringung eines gesellschaftlich kommunizierbaren Produkts.

Wie sehr Freud das künstlerische Schaffen dem Dunstkreis der Pathologisierung entziehen wollte, zeigt seine Leonardo-Arbeit, in der er noch einen wesentlichen Schritt über die Entpathologisierung hinausgeht. Er stellt die Dichotomie von Gesundheit und Krankheit, Normalität und Neurose überhaupt in Frage:

»Heben wir ausdrücklich hervor, daß wir Leonardo niemals zu den Neurotikern oder ›Nervenkranken‹, wie das ungeschickte Wort lautet, gezählt haben. Wer sich darüber beklagt, daß wir es überhaupt wagen, aus der Pathologie gewonnene Gesichtspunkte auf ihn anzuwenden, der hält noch an Vorurteilen fest, die wir heute mit Recht aufgegeben haben. Wir glauben nicht mehr, daß Gesundheit und Krankheit, Normale und Nervöse, scharf voneinander zu sondern sind und daß neurotische Züge als Beweise einer allgemeinen Minderwertigkeit beurteilt werden müssen« (GW VIII, 203).

Dies ist Freuds entschiedenste Absage an die alte Form der Pathographie: Er enthebt die Pathologie dem Pathologischen, indem er nachweist, daß Traum, Tagtraum, Phantasie, Fehlleistung, Neurose,

Witz und künstlerisches Werk auf dieselben Grundmechanismen zurückzuführen sind: auf eine Kompromißbildung, die den Konflikt zwischen Triebwunsch und Realität auf jeweils unterschiedliche Weise bewältigt und dem versagten Wunsch auf Umwegen zur Geltung verhilft. Freud scheint hier dem Anspruch an das Glück, das im Plan der Schöpfung nicht vorgesehen sei (GW XIV, 434), eine Durchsetzungsfähigkeit zu bescheinigen, als deren beständiger Garant die Kunst anzusehen ist.

Dies ist auch ein Grundgedanke von Freuds Aufsatz *Der Dichter und das Phantasieren* (1908) (s. Kap. II.10.2), der den literarischen Schaffensprozeß als Fortführung des Tagtraums versteht und ihn aus der Erinnerung an das Glück des kindlichen Spiels (und dessen Ersetzung durch die Produktion des Kunstwerks) erklärt. Freuds Aufsatz ist deswegen so wichtig, weil er hier zum ersten Mal die These vom gleichsam utopischen und realitätskritischen Charakter des Kunstwerks aufstellt und zugleich eine wirkungsästhetische Erklärung für die Form des literarischen Textes liefert: Literatur könne auch verbotene Wünsche rezipierbar machen, weil sie über den »ästhetischen Lustgewinn«, über die »Verlockungsprämie« der Form die »Entbindung größerer Lust aus tiefer reichenden psychischen Quellen« ermögliche (GW VII, 223).

Diese Gedanken Freuds stehen einer anderen Arbeit nahe, die er schon 1905 verfaßt hatte und die ebenfalls für die Literaturwissenschaft besondere Geltung erlangte: *Der Witz und seine Beziehung zum Unbewußten* (s. Kap. II.5.2). Darin legt Freud dar, wie sich die Phantasie auf Umwegen über Verbote und Zwänge der Realität hinwegsetzen kann. Im Vordergrund von Freuds Witz-Analyse steht vor allem die Form, die den Charakter des Witzes wesentlich mitbestimmt. Der Witz kann sich gegen Autoritäten auflehnen, er ermöglicht die »Aufhebungen eingewurzelter Hemmungen und Verdrängungen« (GW VI, 151).

Die beiden letztgenannten Arbeiten Freuds wurden zu wichtigen Ausgangspunkten weiterführender Studien der psychoanalytischen Literaturinterpretation – allerdings ließen solche Arbeiten lange auf sich warten. Zuerst kam die lange Zwischenzeit, die durch den Nationalsozialismus bedingt war; erst in den 1960er Jahren erholte sich die Literaturpsychologie von dem Schlag, der fast jegliche literaturpsychologische Forschung – jedenfalls in Deutschland – zum Erliegen gebracht hatte.

Zwischenzeiten (bis 1960)

Die ablehnende Haltung gegenüber der Psychoanalyse war besonders in Deutschland spürbar und hat auch die Position der Germanistik nachhaltig – noch lange über das ›Dritte Reich‹ hinaus – bestimmt. Gisela Schrey (1975) hat die Gründe im einzelnen aufgeführt; neben den bereits genannten Faktoren fiel besonders der Materialismus-Vorwurf ins Gewicht, ebenso die Skepsis gegenüber einer vermeintlich »zergliedernden« Psychoanalyse, die dem geisteswissenschaftlichen (hermeneutischen) Postulat der Ganzheit, des Verstehens aus Sinnzusammenhängen zuwiderzulaufen schien. Reserviert reagierte die Literaturwissenschaft auch auf die Figurenpsychologie, die sich ausschließlich am Inhalt orientierte und die Formanalyse vernachlässigte. Diese Inhaltsorientierung mag ein Grund dafür sein, daß die frühen psychoanalytischen Textinterpretationen sich nicht um den literarischen Wert der Texte kümmerten – an Trivialtexten ließen sich psychische Phänomene manchmal sogar besser aufzeigen als an der sog. Höhenkammliteratur, was sich in Freuds Studie über Wilhelm Jensens *Gradiva* (s. Kap. II.10.1) bestätigt: Freud fand zwischen dem (literarisch eher anspruchslosen) Romantext und der psychoanalytischen Methode verblüffende Ähnlichkeiten: die große Bedeutung der Träume, die therapeutische Wirkung der Bewußtmachung des Verdrängten, den Zusammenfall von Aufklärung und Heilung (des Wahns).

Die detaillierte Inhaltsanalyse Freuds geht auf Fragen der ästhetischen Form und der literarischen Wertung nicht ein, sondern erfreut sich an der Intuition des Dichters, der psychoanalytische Einsichten vorweggenommen hatte, ohne es zu ahnen. Die Interessen Freuds schienen sich hier von denen der Literaturwissenschaft weit zu entfernen; auf der anderen Seite jedoch war Freud mit seinen Ausführungen über die Phantasietätigkeit des Dichters auch auf Fragen der Form (etwa auf ihre Vorlust-Funktion) eingegangen. Die Literaturwissenschaft griff diese Vorgaben zunächst nicht auf; es war wiederum ein Psychoanalytiker, der Freuds Analogiebildung von Dichtung und Tagtraum weiterführte. Hanns Sachs veröffentlichte 1924 seine bemerkenswerte Arbeit über *Gemeinsame Tagträume*, in der er die soziale wirkungsästhetische Dimension des Kunstwerks betonte: Der dichterischen Arbeit gelinge es, eine asoziale Tätigkeit (Tagtraum) durch Formgebung kommunizierbar zu machen und dabei auch tabuisierte Inhalte gesellschaftlich zu vermitteln.

Im Bereich der Literaturwissenschaft gab es nur wenige Autoren, die das Berührungstabu gegenüber der Psychoanalyse brachen. Dazu gehörte vor allem der Schweizer Literaturhistoriker Walter Muschg, der 1930 in seiner Antrittsvorlesung programmatisch forderte, die Literaturwissenschaft müsse sich endlich mit der Psychoanalyse auseinandersetzen. Die Vorlesung wurde unter dem Titel *Literaturwissenschaft und Psychoanalyse* publiziert (1930; auch in Urban 1973, 156–177). Muschg weist darauf hin, daß die Schriftsteller sich schon längst mit der Psychoanalyse beschäftigten und daraus Anstöße für ihr Schreiben bezögen; er erwähnt Thomas Mann, Hermann Hesse, Kafka und Döblin, insbesondere die Dichter Frankreichs, »wo der Name Freuds das Losungswort ganzer literarischer Gruppen geworden ist« (ebd., 160). Muschg äußert sich kritisch zur Pathographie Sadgers, wird aber den Freudschen Intentionen in überzeugender Weise gerecht und erwähnt insbesondere die These von den Tagträumen als Ersatz des kindlichen Spiels und als Vorstufe der dichterischen Arbeit (ebd., 166 f.). Literarische Texte versteht er als sprachliche Manifestationen unbewußter Prozesse, als Projektionen ›seelischer Tatsachen und Vorgänge nach außen«, als »verführerisch schöne Verkleidung des immer gleichen armen dichtenden Ichs« (ebd., 168).

Bis in die 1960er Jahre hinein legen sich die Literaturwissenschaftler äußerste Zurückhaltung auf. Es sind vor allem Nicht-Germanisten, die sich der psychoanalytischen Literaturinterpretation widmen: der Arzt und Psychoanalytiker Simenauer mit einer Studie über Rilke (1953); der Psychiater Rattner mit seiner Kafka-Studie (1964), noch sehr stark an den psychopathologischen Dichterbiographien orientiert; schließlich Peter Dettmering (z. B. 1976, 1978), der in seinen zahlreichen Analysen zwar weitgehend noch von den Triebkonflikten des Autors ausgeht, das Werk jedoch in seiner Eigenständigkeit ernst nimmt und – ganz im Sinne Freuds – Werkstruktur und Autorbiographie vermitteln will.

Ähnlich verläuft die Geschichte der Literaturpsychologie in *Frankreich*, wo sie sich erst seit den 1960er Jahren – dann allerdings sprunghaft – entwickelt. Auch dort findet die Psychoanalyse zunächst unter den Schriftstellern wesentlich größeren Anklang als unter den Literaturwissenschaftlern; sie inspiriert die literarische Avantgarde, vor allem die Surrealisten um André Breton, die mit ihrer Methode der freien Assoziation (*écriture automatique*) dem Unbewußten einen unmittelbaren Zugang zur Sprache ermöglichen wollen. Apollinaire war der erste Schriftsteller, der auf Freud hinwies (1914); Albert Thibaudet wird als eigentlicher Initiator der französischen Literaturpsychologie bezeichnet (Schönau/Pfeiffer 2003, 142) – auch wenn sein Aufsatz *Psychanalyse et critique* von 1921 viele Mißverständnisse enthält. Das Hauptwerk der frühen Literaturpsychologie in Frankreich stammt jedoch von einer Freud-Schülerin, der Psychoanalytikerin Marie Bonaparte, die in drei umfangreichen Bänden eine Psychobiographie Edgar Poes lieferte (1933, dt. 1934), in der sie – als gelehrige Freud-Adeptin – den *Texten* Poes das Hauptgewicht einräumte (die Bände 2 und 3 enthalten überwiegend Werkanalysen). Ihr Werk zielt nicht auf eine Pathographie des Dichters, auch wenn es dem heutigen Leser spekulativ und holzschnittartig erscheinen mag. Freud billigte jedenfalls die Synthese aus Werk und Biographie und verfaßte ein kurzes Vorwort, in dem er schrieb:

»Dank ihrer Deutungsarbeit versteht man jetzt, wieviel von den Charakteren seines [Poes] Werks durch die Eigenart des Mannes bedingt ist, erfährt aber auch, daß diese selbst der Niederschlag starker Gefühlsbindungen und schmerzlicher Erlebnisse seiner frühen Jugend war. Solche Untersuchungen sollen nicht das Genie des Dichters erklären, aber sie zeigen, welche Motive es geweckt haben und welcher Stoff ihm vom Schicksal aufgetragen wurde« (Bonaparte 1981, Bd. 1, Vorwort).

Auch hier betont Freud, daß sich die dichterische Produktivität kausalen Erklärungen entziehe – ein erneuter Abgrenzungsversuch gegenüber den Pathologisierungen der Psychiater, verbunden mit dem Anspruch, Aufschlüsse über die künstlerische Kreativität zu gewinnen.

Stärker als in Frankreich hat die Psychoanalyse und auch die psychoanalytische Literaturwissenschaft in den *USA* ein Refugium gefunden, das auch während der Interruptionen des Dritten Reichs eine Kontinuität garantierte. Die Psychoanalyse wurde dort begeistert rezipiert, nicht zuletzt deswegen, weil sie von der heuchlerischen repressiven Moral befreite, welche der Puritanismus mit sich brachte. Es ist erstaunlich, wie früh die Anwendung der Psychoanalyse auf Literatur und Kunst einsetzte. 1912 publizierte Frederick C. Prescott seine Studie *Poetry and Dreams*, die Freuds Theorie von der Literatur als Fortführung des Tagtraums aufgriff und weiterentwickelte. Bereits 1913 gewann ein Harvard-Student, Albert R. Chandler, einen Preis für eine rezeptionsästhetische Arbeit, die unter dem Titel *Tragic Effects in Sophocles Analyzed According to the Freudian Mind* veröffentlicht wurde. Auch Pathographien blieben nicht aus: zu Mark Twain (Brooks 1920), Edgar A. Poe (Krutch 1926) – manchmal gefährlich nahe an der Theorie vom neurotischen oder kranken Künstler.

Zu einer Zeit, da die Literaturpsychologie in Deutschland noch ganz darniederlag und unter den Nachwirkungen des Nationalsozialismus ebenso wie unter der Ausschließung durch die werkimmanente Methode zu leiden hatte, wurden in den Vereinigten Staaten bahnbrechende Arbeiten verfaßt, die die Forschung bis heute beeinflussen. 1952 erschien die Studie *Psychoanalytic Explorations in Art* von Ernst Kris, einem Repräsentanten der amerikanischen ich-psychologischen Ästhetik, also jener psychoanalytischen Richtung, die sich mehr für die Anpassungs- und Abwehrleistungen des Ich als für die Triebdynamik des Es interessiert. Im Unterschied zu den pathologischen Arbeiten herrscht hier die optimistische Überzeugung, daß kreative Äußerungen Manifestationen der Ich-Stärke, nicht der krankhaften Schwäche einer Person sind. Auch die Regression, die Kris im künstlerischen Schaffensprozeß konstatiert, steht im »Dienst des Ich«, unterscheidet sich also von pathologischen Formen der Regression gerade dadurch, daß ein Rückweg zur Realität immer möglich ist. Das Buch enthält auch die erste psychoanalytische Untersuchung zur Karikatur, ausgehend von Freuds Witztheorie.

Ein weiteres Standardwerk der amerikanischen Literaturpsychologie erschien 1957: *Fiction and the Unconscious* von Simon O. Lesser. Es untersucht die Funktionen der Literatur, die in der Bewältigung von inneren Konflikten, in der Versöhnung von Realitäts- und Lustprinzip und in der Entlastung von Schuldgefühlen bestünden. Ein bemerkenswertes Kapitel daraus wurde später unter dem Titel *Funktionen der Form* veröffentlicht (in Beutin 1972, 277–299) – hier wurden nach langer Zeit zum ersten Mal wieder die Ansätze Freuds aufgegriffen, die sich mit der ästhetischen Form und ihrer Funktion auseinandersetzen. Für Lesser befriedigt die Form Ansprüche des Über-Ich, sie steht im Dienst von Beherrschung (*mastery*) und Kontrolle der Phantasien und Triebimpulse:

»Wir haben bereits darauf hingewiesen, daß die Kunst einschließlich der Dichtung ebenso wie die Träume, neurotische Symptome und Witz eine Kompromißbildung ist, die auf mehr oder weniger verzerrte Weise sowohl unseren Trieben als auch unserer Abwehr gegen sie Ausdruck gibt. Unsere Wunschvorstellungen werden wahrscheinlich zum großen Teil, wenn auch nicht ausschließlich, durch den Inhalt befriedigt, unsere Abwehrmaßnahmen gegen sie durch die Form. Die Begriffsbestimmung der Form als Bestreben, das Über-Ich zu befriedigen, erhellt viele Eigenschaften der Form und sogar die Fachausdrücke, mit denen sie in der Ästhetik beschrieben werden« (in Beutin 1972, 284 f.).

In dem psychoanalysefreundlichen Klima der USA gediehen, neben produktions- und rezeptionsästhetischen Untersuchungen, zahlreiche Studien, die sich den vernachlässigten Werkstrukturen zuwandten; im

Anschluß an Freuds Traumtheorie wurden in den Texten die Mechanismen der Verdichtung, Verschiebung und Verbildlichung aufgezeigt und Symbolstrukturen analysiert. Exemplarisch läßt sich dies an der Kafka-Forschung aufzeigen, wo die »psychoanalytische Durchdringung« von Kafkas Werk »wahre Orgien« feierte (Politzer 1973, 220), angefangen mit Hellmuth Kaisers Deutung von Kafkas Strafphantasie (1931), die in der Zeitschrift *Imago* veröffentlicht wurde, über Charles Neiders *The Frozen Sea* (1948) bis hin zu den differenzierten, die Psychoanalyse behutsam einsetzenden Studien von Heinz Politzer und Walter H. Sokel. Ist Politzers *Parable and Paradox* (1962/65) dezidiert der Untersuchung von Kafkas Stil gewidmet, so weist der Untertitel von Sokels Kafka-Arbeit *Tragik und Ironie. Zur Struktur seiner Kunst* (1964) ebenso ausdrücklich auf seine strukturanalytische Absicht hin. Manche dieser Kafka-Deutungen sind von der Gefahr bestimmt, die der psychoanalytischen Textinterpretation allgemein und der Kafka-Deutung im besonderen droht: daß Symbole gedeutet, vereindeutigt und in die Begriffssprache der Psychoanalyse übersetzt werden. Die psychoanalytische Textdeutung bedient sich hierbei gern eines festen Symbolkanons oder der Dechiffriermethode (vor allem bezüglich der Sexualsymbolik), die Freud aber selbst als unwissenschaftlich verworfen hatte (GW II/ III, 101 ff.). Freud warnt vor der Anwendung der Symbolübersetzung losgelöst vom assoziativen Verfahren: »Die auf Symbolkenntnis beruhende Deutung ist keine Technik, welche die assoziative ersetzen oder sich mit ihr messen kann« (GW XI, 152).

Die Zeit nach 1968

Die Zeit der Studentenrevolte brachte Bewegung in die Methodendiskussion der Germanistik, die sich einseitig am Paradigma der Werkimmanenz orientiert hatte. Die werkimmanente Methode bedeutete nach dem Zweiten Weltkrieg sowohl Rückzug in den Binnenraum ästhetischer Strukturen und Formen als auch Flucht vor den verheerenden Aus- und Nachwirkungen nationalsozialistischer Politik. Mit der neuen Auffächerung des Methodenspektrums und der gesellschaftstheoretischen Ausrichtung des Faches nach 1968 erlangte auch die Psychoanalyse neue Beachtung in den Geisteswissenschaften, die nun als Gesellschaftswissenschaften verstanden wurden. Der Rückgriff auf die Kritische Theorie (Adorno, Horkheimer, Habermas) verschaffte Freudschem Gedankengut Eingang in die Theoriedebatte, da die Psychoanalyse neben der Hegelschen Dialektik und der Marxschen Gesellschaftstheorie zu den Grundpfei-

lern der Kritischen Theorie gehörte. 1968 erschien *Erkenntnis und Interesse* von Jürgen Habermas, dessen Auseinandersetzung mit Freud (Habermas 1968, 262–332) die wissenschaftstheoretische Diskussion nachhaltig bestimmte. Auch die Freudkritik Adornos in seiner *Ästhetischen Theorie* (Adorno 1973; zuerst 1970) fand Eingang in die literaturpsychologische Diskussion und beförderte die Methodenreflexion. Adorno hatte der psychoanalytischen Kunstbetrachtung vorgeworfen, sie verkenne – durch die einseitige Bindung des Werks an den Autor – den Widerstand, der dem Werk innewohne. Psychoanalyse verstehe Kunst als Kompromißbildung, als Anpassungsleistung an die Realität, und damit verfehle sie deren realitätskritischen Anspruch: »Mitschuldig an solcher Amusie ist der Kultus, den die Psychoanalyse mit dem Realitätsprinzip treibt: [...] Anpassung an die Realität wird zum summum bonum« (Adorno 1970/1973, 21). Diese Kritik war der Stachel, an dem sich folgende literaturpsychologische Theorien und Interpretationen abzuarbeiten hatten. Die 1970er Jahre boten dazu reichlich Gelegenheit. Sie sind das Jahrzehnt, in dem die psychoanalytische Literaturwissenschaft, zusammen mit sozialhistorischer und literatursoziologischer Forschung, einen außergewöhnlichen Aufschwung zu verzeichnen hat.

Das Grundparadigma: Traumanalogie

Wieder war es eine Antrittsvorlesung, die sich auf vergessene Ansätze Freuds zurückbesann, diese weiterentwickelte und in die literaturwissenschaftliche Debatte zu integrieren versuchte. Carl Pietzcker publizierte seine Antrittsvorlesung 1974 mit dem Titel *Zum Verhältnis von Traum und literarischem Kunstwerk*. Freud war in *Der Dichter und das Phantasieren* davon ausgegangen, daß Traum und Dichtung denselben Mechanismen (Verdichtung, Verschiebung, Verbildlichung) folgten und daß sich deswegen das Literaturmodell am Traummodell orientieren lasse. Pietzcker betont neben der Analogie besonders die Unterschiede von Traum und Kunstwerk – eine Abgrenzung, die für die Literaturwissenschaft grundlegend sein muß, will sie das Spezifische des Kunstwerks begreifen und eine Theorie des literarischen Werks entwickeln. Freud selbst hatte rückblickend auf die Unterschiede hingewiesen: Die Kunstwerke seien »Phantasiebefriedigungen unbewußter Wünsche, ganz wie die Träume, mit denen sie auch den Charakter des Kompromisses gemein hatten, denn auch sie mußten den offenen Konflikt mit den Mächten der Verdrängung vermeiden. Aber zum Unterschied von den asozialen, narzißtischen Traumproduktionen waren sie auf die Anteilnahme anderer Menschen berechnet, konnten bei diesen die nämlichen unbewußten Wunschregungen beleben und befriedigen« (GW XIV, 90). Die Traumanalogie bezieht sich also auf die Phantasiebefriedigung unbewußter Wünsche – hier gehen das dichtende Individuum wie der Träumer beharrlich ihrem Lustgewinn nach, die dichterische Phantasie ist »eine Korrektur der unbefriedigenden Wirklichkeit« (GW VII, 216), keineswegs nur eine Anpassung an die Realität. Das Kunstprodukt ist jedoch nicht narzißtisch wie der Traum, sondern auf Kommunizierbarkeit, auf gesellschaftliche Anteilnahme hin angelegt. Die Kunstarbeit (in die vielfältige literarisch-sprachliche und kulturspezifische Elemente eingehen) ist neben der Mitteilbarkeit auch darauf ausgerichtet, die unbewußten Wünsche des Lesers zu befriedigen und dessen innere Zensur zu umgehen. Dazu dient dem Kunstwerk die Form als »Vorlust« oder »Verlockungsprämie« (GW VII, 223).

Hier, an der Freudschen Funktionsbestimmung und Definition der literarischen Form, setzt Pietzckers Kritik an: Die Qualität des Ästhetischen werde dadurch nur unzureichend bestimmt. Nach Freuds Theorie steht der Inhalt im Dienst der Wunschbefriedigung, die Form ist nur Vorlustlieferant, der »Zuckerguß über beliebig Verbotenem« (Pietzcker 1974, 60). Außerdem seien die Prozesse der Verdichtung, Verschiebung und Verbildlichung beim (Tag-)Traum und beim literarischen Text nicht einfach dieselben (da die äußere Realität das literarische Werk viel stärker mitkonstituiert). Die Realität ragt stärker in das Kunstwerk hinein, es unterliegt den Forderungen nach Verständlichkeit und Kommunizierbarkeit, ist von dem Widerspruch zwischen individuellem Anspruch und äußerer Realität geprägt, der nach dialektischer Auflösung drängt: »So ist das Kunstwerk kritisch gegen die äußere Realität und hält ihr den Anspruch der Bedürfnisse in einer vorweggenommenen Befriedigung polemisch entgegen. Zugleich aber ist es trotz dieses kritischen und utopischen Moments affirmativ und versöhnt das Individuum mit jener Realität, insofern es Befriedigung trotz ihr und sogar in ihr eben doch gewährt« (ebd., 62 f.).

Als eigentliche Aufgabe der psychoanalytischen Literaturbetrachtung bestimmt Pietzcker die Rekonstruktion der Kunstarbeit – eines Prozesses, in den viele Momente der äußeren Realität eingegangen sind. Dem individualpsychologischen und ahistorischen Ansatz Freuds setzt er ein sozialpsychologisches und historisches Modell entgegen und fordert, daß die historische Analyse konstitutiver Bestandteil der Interpretation sein müsse: Wenn Bedürfnisse und

Realität nicht geschichtslos verstanden werden, kann auch deren Vermittlungsprozeß (die Kunstarbeit) nur unter Einbeziehung sozialhistorischer Überlegungen analysiert werden. Der Zwang zur Mitteilbarkeit verändert die Kunstarbeit und verstärkt ihren differentiellen Charakter gegenüber der Traumarbeit. Die Verschiebung darf z. B. nicht bis zur Unverständlichkeit getrieben werden; der Bezug zur Realität ist implizit immer mitgedacht, selbst da, wo sich der Text subversiv gegen die gesellschaftliche Realität wendet und seine Unverständlichkeit gegen die Verständlichkeit des »Normalen« ausspielt. Das Werk konstituiert sich im fortgesetzten Konflikt von Bedürfnis und Realität und in der Vermittlung beider: »Mit jeder weiteren Begrenzung vom unbewußten Bedürfnis hin zur äußeren Realität nehmen die Ichleistungen und damit das Realitätsbewußtsein zu. Die literarische Form ist dann als letzte Begrenzung dieser Reihe die höchste Ichleistung des Werks. Sie ist die letzte Begrenzung der ins Werk eingegangenen Konflikte und Vermittlungen gegen eine historisch bestimmte äußere Realität. Sie ist eine historisch spezifische Begrenzung historisch spezifischer Konflikte und Vermittlungen, also keine beliebige versüßende Verhüllung über beliebig Verbotenem« (ebd., 63). In der Interpretation läßt sich dann zeigen, inwiefern der Text auf eine innere oder äußere Realität reagiert, wie er den Konflikt zwischen Trieb und historischer Realität gestaltet, in welche Rollen er seinen Erzähler schlüpfen läßt, was er offen darstellt und was er verdeckt.

Pietzcker versucht hier nichts weniger, als eine Theorie des literarischen Werks unter psychoanalytischen Vorzeichen zu entwickeln, welche die Ungeschichtlichkeit der Freudschen Begriffe überwindet und sie als geschichtlich veränderbare neu versteht. Zugleich wertet er die bewußten Anteile der Kunstarbeit (die immer in Traditionen und Diskurse eingebettet ist) auf und setzt dabei die ästhetischen Aspekte des Kunstwerks ins Licht.

Dieses Anliegen verfolgt Pietzcker auch in seinen weiteren Schriften, zuallererst in der *Einführung in die Psychoanalyse des literarischen Kunstwerks* (1983). Spätestens hier ist die Psychoanalyse in der Literaturwissenschaft angekommen und in ihr Systemgebäude integriert. Die Fragestellung ist nicht mehr nur eine produktions- oder rezeptionsästhetische, sondern eine dezidiert literaturtheoretische: Es geht nicht nur um die Frage, wie sich die dichterische Phantasie in einzelnen Figuren und Figurenkonstellationen ausgestaltet und entwickelt, sondern wie der Kunstcharakter eines Werks psychoanalytisch zu erschließen ist. Pietzcker möchte zeigen, daß die Psychoanalyse konstitutiv für den wissenschaftlichen Umgang mit dem literarischen Werk ist, daß ohne sie dessen gesellschaftliche und historische Bestimmtheit nicht angemessen begriffen werden kann.

Freuds kunst- und kulturtheoretische Schriften sind (mehr als seine klinischen Werke) durchaus von historischem Bewußtsein geprägt – darauf weist Peter von Matt in seinem einführenden Text *Literaturwissenschaft und Psychoanalyse* (1972/2001) hin. Freud untersucht in seiner *Traumdeutung* die sich im Lauf der Geschichte verändernden ödipalen Strukturen von Sophokles' *Ödipus* und Shakespeares *Hamlet*, die jeweils unterschiedlich über die dichterische Phantasie vermittelt sind: »Im *Ödipus* wird die zugrundeliegende Wunschphantasie des Kindes wie im Traum ans Licht gezogen und realisiert; im *Hamlet* bleibt sie verdrängt, und wir erfahren von ihrer Existenz – dem Sachverhalt bei einer Neurose ähnlich – nur durch die von ihr ausgehenden Hemmungswirkungen« (GW II/III, 271). Aus dieser Einsicht zieht Freud eine kulturtheoretische Folgerung. Er erkennt darin eine historisch sich verändernde und stets wachsende Verdrängung, die dem Kulturprozeß zugrundeliege: »In der veränderten Behandlung des nämliches Stoffes offenbart sich der ganze Unterschied im Seelenleben der beiden weit auseinanderliegenden Kulturperioden, das säkulare Fortschreiten der Verdrängung im Gemütsleben der Menschheit« (ebd.). Freud geht davon aus, daß es eine Über-Ich-Bildung auch für Kollektive und für historische Epochen gibt, daß sich eine fundamentale psychische Struktur im Verlauf der Epochen transformiert und unterschiedlich in Erscheinung tritt. Freud geht in seiner Theoriebildung jedoch nicht so weit, die Struktur des Ödipuskomplexes, an dem sich die Über-Ich-Bildung kristallisiert, selbst in Frage zu stellen und als historisch bedingt anzusehen.

Das psychodramatische Substrat

In dem erwähnten Text *Literaturwissenschaft und Psychoanalyse* (2001), der bereits 1972 erschienen ist, entwickelt Peter von Matt ein heuristisches Theorem, das von späteren Autoren wiederholt aufgegriffen und für die Literaturanalyse fruchtbar gemacht wurde. Es geht ebenfalls von der Traumanalogie des literarischen Werks aus; anstatt von latenten Traumgedanken oder Phantasiestruktur zu sprechen, verwendet von Matt den Begriff des »psychodramatischen Substrats« (ebd., 68); dadurch wird das Mißverständnis vermieden, es handle sich um die psychische Struktur des Autors. Von Matt versteht unter »psychodramatischem Substrat« eine überindivi-

duelle Struktur, die als »abstrakte Statik« des Werks fungiert, dieses aus sich hervortreibt und in der Interpretationsarbeit als eine verborgene Substruktur des Textes erschlossen werden kann (ebd., 77) – wie eine Art Energiefeld, das entscheidenden Anteil an der »ästhetischen Strahlung« des Werks hat (ebd., 67). Peter von Matt erläutert seinen Grundbegriff am Beispiel des *Tell*-Dramas, von dessen widersprüchlicher Anlage er zunächst ausgeht: der Zusammenhanglosigkeit zwischen Tells Einzelaktion (dem Mord an Gessler) und der Kollektivaktion der Staatsgründung (dem Rütlischwur). Diese Zusammenhanglosigkeit falle umso stärker ins Gewicht, als die Abwesenheit Tells beim Rütlischwur von Schiller gegen die historischen Quellen gestaltet wurde.

In seiner Deutung dieser Leerstelle greift von Matt auf Freuds Kulturtheorie in *Totem und Tabu* (1912/13) zurück, wonach die »Urhorde« den übermächtigen Vater erschlägt und danach von Schuldgefühlen gepeinigt wird – entscheidend ist hier die zugrundeliegende (kollektive) Phantasie, nicht die historische Realität. Dem Drama Schillers gelinge es, das Schuldbewußtsein von der »Brüderhorde« in einem ersten Schritt auf Tell und dann auf die Figur des Parricida umzulenken: Die »Brüder« dürfen von seinem Mord an Gessler zunächst nichts wissen, »deshalb distanziert er sich so entschieden vom Verbrüderungsritual auf dem Rütli und gilt schließlich als der Befreier von allen« (von Matt 1972/2001, 71).

»Für das psychodramatische Substrat des Tell-Stücks will das nun besagen, daß dieses am Schluß notwendigerweise freigesetzte oder ausbrechende Schuldbewußtsein auf irgendeine Weise aufgefangen oder im voraus ökonomisch umgeleitet werden muß. Das Stück muß ja nun einmal triumphal schließen und nicht mit einem allgemeinen Katzenjammer. Ein solcher Katzenjammer ist jedoch, dem Modell gemäß, unvermeidlich, wenn der Brüderclan gemeinsam Gessler tötet. Folglich hat es ein einzelner zu tun; stellvertretend für alle andern muß er die Vatergestalt töten, aber jene andern dürfen davon gar nichts wissen. Und so verhält es sich mit Tell; deshalb distanziert er sich so entschieden vom Verbrüderungsritual auf dem Rütli und gilt schließlich trotzdem als Befreier von allen« (ebd.).

Im Dramentext sei also – neben vielem anderen – ein Muster erkennbar, das die Bewältigung von kollektiven Schuldgefühlen vorführt (nicht die des Autors). Peter von Matts Interpretation vermag eine Leerstelle des Textes zu besetzen, die bis dahin nicht beachtet wurde – ohne daß andere Deutungen des Dramas dadurch ungültig würden. Einmal mehr wird deutlich, daß Freuds dichtungstheoretische Arbeit *Der Dichter und das Phantasieren* von 1908 lange wirksam blieb und in den 1970er Jahren literaturwissenschaftliche Theorien anzustoßen vermochte.

Die psychokritische Methode (Mauron)

Phantasiestruktur des Werks, psychodramatisches Substrat – beide Begriffe gehen von der psychoanalytischen Einsicht aus, daß es Strukturen, Motivkomplexe und Bildbereiche in einem literarischen Text gibt, die wie ein unbewußter Subtext fungieren, aus dem heraus sich das »manifeste« Werk generiert. Der Deutungskunst des Literaturwissenschaftlers ist es überlassen, die subtextuelle Werkstruktur zu ermitteln. Der französische Literaturwissenschaftler Charles Mauron (1899–1966) hat, beginnend in den 1950er Jahren, einen streng wissenschaftlichen empirischen Ansatz entwickelt, der die Gefahr der Beliebigkeit solcher Interpretationen überwinden soll. Mit seiner »Psychokritik« entwirft Mauron ein Verfahren, mit dem er die Äußerungen des Unbewußten in den sprachlichen Manifestationen erforschen und auf ihren Ursprung zurückführen will: auf den *mythe personnel* des Autors. Dieser persönliche Mythos wird nach wissenschaftlichen Maßstäben aus einem Assoziationsnetz (*réseau d'associations*) erschlossen, das durch »obsessionelle Metaphern« (*métaphores obsédantes*) geformt ist. Mauron geht davon aus, daß sich in jedem Werk durch Überlagerung (*superposition*) von Texten Assoziationsnetze erkennen lassen, die wiederum die Konstruktion eines *mythe personnel* erlauben: Durch diesen erschließe sich die unbewußte Persönlichkeit des Autors. Erst nach allen Textanalysen und Rekonstruktionen läßt Mauron einen Vergleich mit der Autorbiographie zu – entscheidend für dieses Verfahren ist, daß der *mythe personnel* allein aus den Strukturen des Werks abgeleitet wird.

Was Mauron unter »Superposition« von Texten versteht, zeigt er am Beispiel von drei Sonetten Mallarmés auf, die alle um das Haar der Geliebten kreisen (Mauron 1962, 37 ff.; Lentzen 1975, 88). Beim Vergleich der Texte kristallisiert sich ein Netz von Begriffen, ein »assoziatives Netz« heraus, das Mauron als Geflecht von *mort, combat, triomphe, grandeur* und *rire* bestimmt: Dies sind die »obsessionellen Metaphern«, die dem Text als Motivstruktur zugrundeliegen. Die Hypothese, daß sich auch alle anderen Gedichte aus dieser obsessionellen Struktur generieren, muß durch weitere »Superpositionen« – die sich wie eine Partitur lesen lassen – nachgewiesen werden. Das assoziative Netz erweist sich – so Mauron – als konstant und ist somit Ausdruck einer Obsession, die sich als Ausdruck unbewußter Strukturen des Autors verstehen läßt. Die obsessionellen Metaphern sind aber nicht auf reale Begebenheiten oder Erfahrungen zurückzuführen; sie entsprechen unbewußten Bildern, die den Hintergrund bewußter Phantasien abgeben. Die Konstanz der Bilder (die mit der Wiederkehr von Traumbildern vergleichbar ist) läßt auf eine dramatische Grundsituation (z.B. eine konflikthafte Urszene) schließen, die sich in den wandelbaren Motiven des Werks endlos variiert.

Bemerkenswert an Maurons Methode ist der streng wissenschaftliche Anspruch, der mit Maurons erster beruflicher Karriere als Ingenieur zu tun haben mag. Die Methode orientiert sich jedoch nicht am Positivismus und dessen biographistischem, an Kausalbeziehungen interessierten Verfahren, sie nimmt vielmehr die Werkstruktur zum Ausgangspunkt und ist eher mit der strukturalistischen Methode verwandt, die sich erst später in Frankreich durchsetzen wird.

An Maurons Methode wird einmal mehr deutlich, daß sich produktionsästhetische, rezeptionsästhetische und interpretatorische Fragestellungen häufig miteinander verschränken: Die Methode setzt bei der Lektüre an, die nach wissenschaftlichen Regeln zu erfolgen hat, führt zur Werkstruktur (den »obsessiven Metaphern«) und gelangt von dort zu Fragen des kreativen Prozesses und der Biographie, die als letzte Beglaubigungsinstanz eingesetzt wird.

So originell Maurons Ansatz sein mag, so ist doch zu Recht eingewandt worden, daß der wissenschaftliche Anspruch empirischer Überprüfbarkeit im Grunde nicht haltbar ist (Lentzen 1975, 99 f.): Die Erarbeitung der *réseaux associatifs* ist immer von subjektiven Einstellungen abhängig, so daß jeder Leser zu anderen Ergebnissen gelangen und einen anderen *mythe personnel* konstruieren wird. Dies mag auch der Grund dafür sein, daß Maurons psychokritisches Verfahren kaum Nachfolger gefunden hat.

Die Rezeptionstheorie Norman N. Hollands

Einen anderen »persönlichen Mythos« versucht Norman N. Holland (geb. 1927), ein amerikanischer Literaturwissenschaftler, zu rekonstruieren: den des Lesers. Holland hat, neben vielen anderen Untersuchungen, als erster eine empirische Rezeptionstheorie entworfen, die die unterschiedlichen Reaktionsweisen verschiedener Leser auf den selben Text untersucht. Die Übertragung des Begriffs »persönlicher Mythos« auf den Leser findet sich in Hollands Buch *Poems in Persons* (1973) ausdrücklich: »We can know more about the writer and about the way he set down a fragment of his personal myth. By the same token, we can also know more about the reader's personal myth and we can discover from his associations with a text how he is responding to the writer's original creation« (ebd., 60). Inwiefern Maurons Psychokritik im Hintergrund stand, bleibt unklar; die inhaltliche Nähe ist jedoch nicht zu übersehen. In beiden Fällen geht es um die Persönlichkeitsstruktur, die durch unbewußte Muster, durch Abwehr- und Anpassungsleistungen, die oft in die frühe Kindheit zurückreichen, geprägt ist.

Holland verwendet neben dem Begriff des *personal myth* auch den des *identity theme* (mit Identität ist hier nicht eine fixe Größe gemeint, sondern eine Strategie der Selbst- und Fremddeutung): Jeder Leser schafft beim Lesen das Werk neu, indem er es seinen (unbewußten) Strukturen, seinem Identitätskonzept anpaßt. Die empirische Versuchsanordnung Hollands besteht darin, daß über einen Zeitraum von ca. zehn Wochen mehrere Personen einmal wöchentlich epische, lyrische oder dramatische Texte lesen und sich mit dem Versuchsleiter darüber unterhalten, der das Gespräch aufzeichnet. Sie sollen keine literarischen Analysen liefern, sondern ihre Assoziationen und Gefühle äußern, die der Text in ihnen auslöst. Die große Menge an Interviewmaterial (etwa 500 Seiten pro Person) dient als Primärquelle für die Persönlichkeitsanalyse. Holland glaubt zeigen zu können, daß jeder Leser das literarische Werk seinem *identity theme* anpaßt, indem er in der Begegnung mit dem Text seine eigenen Anpassungs- und Abwehrmechanismen rekonstruiert, so daß die Phantasie- und Abwehrstruktur des Werks auch zu der des Lesers wird: »The question ›Where is the fantasy and defense, in the work or in the reader?‹ ceases to have any meaning« (ebd., 98). Hollands Verdienst ist es, nachgewiesen zu haben, wie sehr die individuellen Rezeptionsweisen divergieren und wie sehr sie mit dem *personal myth* des Lesers zusammenhängen – bis hin zu dessen Bereitschaft, den Textsinn solange zu verzerren, bis er mit dem Identitätsthema übereinstimmt. Holland gelangt so zu einer radikal individualisierten Auffassung der Leserreaktion, die keine überindividuelle Verbindlichkeit mehr beanspruchen kann.

Zu beachten ist jedoch, daß es Holland um die alltägliche, vorwissenschaftliche Lektürepraxis geht, nicht um das Geschäft der Literaturwissenschaft (auch wenn die Identitätskonzepte sicher auch die literaturwissenschaftliche Rezeption beeinflussen). Die Literaturwissenschaft weiß zwar, daß die Subjektivität konstitutiv in den Leseakt mit eingeht, aber auch, daß es ihr gelingen muß, die Interpretation durch Belege an Quellen, an Textmerkmalen und Strukturen überindividuell zu beglaubigen.

Gegenübertragung als Modell literarischer Kommunikation

In der Literaturwissenschaft vollzog sich in den 1970er Jahren ein Paradigmenwechsel von der Text- zur Leserorientierung, der im Entwurf einer neuen Rezeptionsästhetik (Jauß, Iser) zum Ausdruck kam. Dieser Wechsel machte sich auch in der psychoanalytischen Literaturwissenschaft bemerkbar; neben älteren Ansätzen (wie der empirischen Rezeptionsforschung Norman N. Hollands) entwickelten sich neue Paradigmen, die den Text in seiner kommunikativen Struktur untersuchten und im Akt des Lesens – analog zum therapeutischen Setting – den Aspekt der Gegenübertragung hervorhoben.

Wenn der Interpret in Shakespeares *Hamlet* den Wunsch der Vatertötung (und dessen Hemmung) als psychodramatisches Substrat ermittelt, dann entdeckt er damit ein (unbewußtes) Übertragungsangebot des Textes, das seine eigenen Ängste, Schuldgefühle oder Tötungswünsche reaktiviert. Die Wirkungsstrategie des Textes, die im Werk mit der »Opus-Phantasie« (von Matt) angelegt ist und die darauf zielt, die Rezeption des Lesers zu steuern, kann auch als Übertragungsangebot verstanden werden – analog zu dem Begriff, der die Eigenart des psychoanalytischen Settings beschreibt: Der Analysand »überträgt« Erfahrungen, Einstellungen und Gefühle aus früheren Objektbeziehungen auf die Szene mit dem Analytiker und reagiert damit inadäquat auf die aktuelle Kommunikationssituation. Solche Prozesse laufen in allen zwischenmenschlichen Beziehungen mehr oder weniger unbewußt ab: Wir stehen immer im Bann der Vergangenheit, und unsere gegenwärtigen Beziehungen werden durch frühere Erfahrungen kontaminiert.

Seit den 1980er Jahren finden sich in der psychoanalytischen Literaturwissenschaft verstärkt Theorien, die den Text als Übertragungsangebot begreifen, auf das der Leser seinerseits mit Gegenübertragungen reagiert (also mit Projektion, Identifikation usw.). Im psychoanalytischen Setting bedeutet die Analyse der Übertragungs- und Gegenübertragungsprozesse einen Erkenntnisfortschritt, der unbewußtes psychisches Material dem Bewußtsein zugänglich macht (dies gilt für den Analysanden wie für den Analytiker). Analog hierzu gewinnt der Leser Erkenntnisse, wenn er seine »Gegenübertragung« als spezifische Reaktion auf das Übertragungsangebot des Textes versteht – er beschreitet dann den Weg hin zu einer (selbst)kritischeren Lektüre. Herma und Sebastian Goeppert haben die typischen Gegenübertragungsprobleme beschrieben, die bei der Literaturinterpretation auftreten können:

»1. Komplexe Inhalte eines Werkes werden, ohne eine genauere Vorstellung von historischen, kommunikativen und situativen Kontexten zu haben, auf einfache Grundmuster (etwa den Ödipuskomplex) reduziert. Der literarische Text dient dann vorwiegend dazu, zentrale Hypothesen der Metapsychologie zu bestätigen und darüber hinaus den Anspruch der Gültigkeit psychoanalytischer Interpretationen außerhalb der psychoanalytischen Behandlungssituation zu legitimieren. 2. Literarische Texte werden überdeutet im Sinne einer willkürlichen Aufladung mit psychoanalytischen Bedeutungen, die sich aber weniger an den Bedingungen des Textes selbst als vielmehr am aktuellen Stand der psychoanalytischen Hypothesenbildung orientieren« (Goeppert 1981, 75 f.).

Es kann für den wissenschaftlichen Leser also sehr wichtig sein, sich seine Gegenübertragungsreaktionen bewußt zu machen, um einengende oder verfälschende Reaktionen auf den Text zu vermeiden oder zumindest unter Kontrolle zu halten.

Interpretationen, die der Gegenübertragung unreflektiert verhaftet bleiben, gelangen leicht zu einem verzerrten Bild ihres Gegenstandes, seien sie psychoanalytisch orientiert oder nicht (Pietzcker 1992, 33). Gegenübertragungsanalyse bedeutet, daß die Interpretierenden sich gewissermaßen selbst analysieren, sich ihrer Faszination, ihrer Verunsicherung oder ihrer Abwehr gegenüber dem Text bewußt werden – nicht, um die Gegenübertragung als erkenntnisverhindernd auszuschalten und eine klinisch ›reine‹ Textinterpretation zu liefern, sondern um Gegenübertragung als Erkenntnisinstrument zu nutzen (ebd., 35). Subjektive Reaktionen werden zugelassen, um die Wirkungspotentiale des Textes aus der Kommunikationssituation Text-Leser zu erschließen:

»Forschungsgegenstand ist also nicht in erster Linie der Text als abgegrenztes und für sich bestehendes Objekt. Forschungsgegenstand ist vorzüglich das Verhältnis zwischen dem Text [...] und den Rezipierenden. Als deren reflektierenden Vertreter versteht sich der Interpret. Er erkundet den Text von diesem Verhältnis her so, daß dessen Figuren und Szenen, Handlung und Sprache als Wirkungspotentiale der Rezeptionsprozesse sichtbar werden: als Strategien des Erzählens, des lyrischen Sprechens oder des Spiels auf der Bühne« (ebd., 36).

Untersucht Norman N. Holland die Rezeptionsvorgänge in unterschiedlichen Leser/innen, so zielt die Gegenübertragungsanalyse auf eine Selbsterforschung bei der Lektüre, die einerseits den Lesevorgang vor verfälschenden Übertragungen bewahren kann, andererseits in der Analyse der subjektiven Reaktionen die Wirkungsstrategien des Textes erschließt und den Text nicht isoliert, sondern als Element einer Kommunikationssituation begreift. Dies setzt voraus, daß der Interpret sich sowohl auf die vom Text hervorgerufenen Reaktionen einläßt als auch in analysierender Beobachtung zu ihnen auf Distanz geht. Ausgehend von dem psychoanalytischen

Übertragungs- und Gegenübertragungskonzept wurde so ein Interpretationsmodell entwickelt, das die hermeneutische Theorie Gadamers von der Vorurteilsstruktur des Verstehens (wonach das Vorverständnis konstitutiv in den Verstehensakt eingeht) um die *unbewußten* Anteile des Vorverständnisses und des Verstehenden erweitert. Für Pietzcker wird nun anstelle der Traumdeutung die Gegenübertragungsanalyse zum Paradigma psychoanalytischer Textdeutung und zu einem neuen Modell eines erfahrungsbezogenen Literaturunterrichts (ebd., 66).

Literatur als Interaktionsform (Alfred Lorenzer)

Von dem lebenspraktischen Bezug der Psychoanalyse und der Literatur geht Alfred Lorenzer (1922–2002) aus, der seit den 1970er Jahren der psychoanalytischen Literaturwissenschaft neue Impulse gegeben hat. Durch eine schwere Krankheit wurde er an der Weiterarbeit gehindert, seine fruchtbaren Ansätze haben nicht die Fortführung erfahren, die sie verdient hätten. Im Rahmen seiner kritischen Theorie des Subjekts versteht er die Psychoanalyse als kritisches Verfahren, das an der problematischen Lebenspraxis ansetzt, um hinter die Fassade falscher Harmonie zu gelangen und die Widersprüche zwischen anerkannten, bewußtseinsfähigen und unterdrücktverbotenen Lebensentwürfen aufzudecken (Lorenzer 1978, 73). Er setzt die psychoanalytische Praxis in Analogie zu literarischen Entwürfen: In beiden gehe es um den Widerstreit zwischen verbotenen und anerkannten (im Bewußtsein zugelassenen) Lebensentwürfen – und darum, die unterdrückte Lebenspraxis bewußt zu machen. Das Entscheidende am psychoanalytischen Verfahren ist für ihn die Interaktion zwischen Analysand und Analytiker: Die Psychoanalyse sei keine Beobachtungswissenschaft, sondern, wenn man so will, eine Beziehungswissenschaft: »Untersucht wird nicht der Patient als umschriebenes Gegenüber, sondern das *Verhältnis* zwischen dem Patienten und dem Analytiker« in der Absicht, auf diesem Wege die Beziehungsformeln (die Interaktionsform) kennenzulernen (ebd., 74).

Lorenzer betont die Ähnlichkeit zwischen den Interaktionsformen der Analyse und der literarischen Kommunikation: Der Leser (bzw. der Literaturwissenschaftler) tritt dem Text nicht gegenüber, um ihn distanziert zu untersuchen, sondern um mit den Figuren des Textes in Interaktion (in eine Szene) zu treten. Ziel dieses »szenischen Verstehens« ist ein emanzipatorisches: Sowohl im psychoanalytischen Prozeß als auch in der psychoanalytischen Literaturinterpretation sollen neue »bewußtlos unmittelbare« lebenspraktische Entwürfe zur Anerkennung gebracht und in das Gesamtsystem der symbolischen Interaktionsformen eingefügt werden. Es geht Lorenzer also nicht darum, latente Sinnzusammenhänge zu entschlüsseln oder unbewußte Textstrukturen bewußt zu machen, sondern um die Dynamik der Beziehung zwischen Text und Interpret und um die lebenspraktische Erweiterung unbewußter Wahrnehmungs- und Erfahrungsmöglichkeiten. Dieser Ansatz wurde verschiedentlich für die Literaturinterpretation fruchtbar gemacht: Jürgen Belgrad widmete die Festschrift für Lorenzer den »Dimensionen szenischen Verstehens« (Belgrad 1987); Achim Würker untersuchte die »unbewußten Lebensentwürfe« E.T.A. Hoffmanns und Max Frischs (Würker 1991, 1993) mit dem Anspruch, zu einer »Erneuerung der psychoanalytischen Literaturinterpretation« (so der Untertitel der Hoffmann-Studie) beizutragen. Leider hat das Interesse an den Kultur-Analysen Lorenzers in der letzten Zeit nachgelassen, wohl im selben Maße, wie das Interesse an einer kritischen psychoanalytischen Sozialforschung zurückging.

The Power of Form

Die Erforschung literarischer Formen (und Strukturen) blieb lange Zeit ein Stiefkind der psychoanalytischen Forschung, was die Literaturwissenschaft immer wieder zu ihrer ablehnenden Haltung legitimierte. Freud hatte sich Gedanken zur Funktion der literarischen Form gemacht, die für ihn darin besteht, zur angstfreien Wunscherfüllung zu verlocken, indem sie das Anstößige des verbotenen Wunsches mildert und dem Leser zur »Vorlust« verhilft. Pietzcker (1978) hatte versucht, die von Freud beschriebene Funktion im Hinblick auf einen psychoanalytischen Literaturbegriff zu erweitern. Insgesamt blieb jedoch die psychoanalytische Auseinandersetzung mit der literarischen Form bescheiden und stellte lange Zeit eine Lücke literaturpsychologischer Forschung dar. Erst im Jahr 1989 fand eine Tagung des Freiburger Arbeitskreises »Literatur und Psychoanalyse« statt, die sich ausdrücklich diesem Thema widmete und die Ergebnisse in Band 9 der *Freiburger literaturpsychologischen Gespräche* veröffentlichte.

Dieser Band beginnt mit einem Forschungsbericht (Pietzcker 1990), der detailliert den Forschungsstand beschreibt und bis heute der einzige dieser Art geblieben ist. Er zeigt, daß sich doch zahlreiche Arbeiten finden lassen, die Freuds These von der »Vorlustfunktion« der Form aufgegriffen und weitergeführt haben. Dabei wird häufig auf das spielerische Mo-

ment der Form hingewiesen, die Vergnügen bereite und – dem Spiel ähnlich – auf vielfache Weise zur Aufwandsersparnis beitrage. Dies gilt für Phänomene wie den Reim, der nicht nur als lustvolle Regression zu kindlichem Sprachverhalten verstanden werden kann, sondern auch als »Aufmerksamkeitsersparnis«, die sich beim Wiedererkennen des Gleichen in Lust umsetzt (Pietzcker 1990, 13). Im Unterschied zu dieser triebpsychologisch-ökonomischen Betrachtungsweise betonen Autoren wie Lesser (1957) oder Ehrenzweig (1953) die Über-Ich-Funktion der Form, die im Dienst der Bändigung verbotener Triebe stehe, Angst und Schuldgefühle besänftige, Kontrolle, Ordnung und Sicherheit garantiere – und unter diesen Vorzeichen doch wieder ein Nachlassen der Ich-Aufmerksamkeit und die Hingabe an unbewußte Wünsche ermögliche.

Eine Akzentverschiebung nahmen amerikanische Ich-Psychologen vor, die der literarischen Form unterschiedliche Ich-Funktionen zuschrieben; dabei wurden besonders die ichfunktionalen Abwehrmechanismen der Form hervorgehoben, die dem Ich ihrerseits Vergnügen oder Befriedigung verschafften: Beherrschung der Triebe und der äußeren Realität, Ordnung, Übersicht und Verständlichkeit. Es sei nicht verschwiegen, daß diese Form ich-psychologischer Ansätze heute mit Skepsis betrachtet wird, da sie die Funktionen der Ich-Kontrolle und der Anpassung an die Realität überbetonen. Gerade die Literatur entfaltet im Gegensatz hierzu oft eine anarchische, subversive Energie, die in solchen Ansätzen schwer in ihr Recht gesetzt werden kann.

Selbstpsychologen in der Nachfolge von Hanns Sachs und Melanie Klein betonen die narzißtische Funktion der Form: Der Schriftsteller liebt in der Schönheit des Werks sich selbst, genießt seine Allmacht in einem Medium, das er anderen zur Bewunderung anbietet. Fairbairn, ein Schüler Kleins, geht einen Schritt weiter und vertritt eine These, die auf der Freiburger Tagung von 1989 zu heftigen Kontroversen führte: Er versteht künstlerische Form als Versuch des Subjekts, die in der depressiv-paranoiden Position zerstörten Objekte wiederherzustellen und sich so gegen Schuldgefühle und Objektverlust zu sichern. »Alle Formkriterien – Einheit, Vollständigkeit, Selbstgenügsamkeit, Harmonie, Vollkommenheit usw. – sind Mittel zur Sicherstellung der Integrität und der Unsterblichkeit des Objekts« (Bush 1984, 168). Die literarische Form hat somit die Funktion einer Restitution: In der ästhetischen Produktion werden zerstörerische Wünsche abgewehrt, indem ihnen durch das ästhetisch geformte Werk ein idealisiertes Objekt entgegengesetzt wird. Diese an Melanie Klein orientierten Thesen erscheinen außerordentlich spekulativ, gehen sie doch von der unbewiesenen Existenz einer »paranoiden Position« des Kleinkindes aus, in der aggressive und zerstörerische Impulse die Oberhand gewinnen. Oral-sadistische und libidinöse Triebe sind nach dieser Theorie schon in einer sehr frühen Phase gleichzeitig vorhanden und führen zu einer Ambivalenz, die eine Objektspaltung in »gut« und »böse« zur Folge hat. Das Ich in dieser Phase ist sehr wenig integriert und besitzt nur eine begrenzte Fähigkeit, die Angst zu ertragen. Die Existenz einer »paranoiden Position« des Kleinkindes, die in späteren Phasen wieder virulent werden könne, ist, wie gesagt, unter Psychoanalytikern sehr umstritten – und deswegen auch die Theorie der Form, die daraus abgeleitet wird.

Einen selbstpsychologischen Ansatz verfolgt auch Pinchas Noy (1979), für den die Funktion der Form darin besteht, die desintegrierten Teile des Selbst zu einer integrierten Einheit zu ordnen und die Beziehung zwischen Selbst, seinen Objekten und der Realität sicherzustellen; dies gelingt in der »dialektischen Form«, die widersprüchliche Gefühle darstellt und miteinander vermittelt – mit dem Ziel, Harmonie, Gleichgewicht und die Integration des Selbst herzustellen, indem sie die unterschiedlichsten Entwicklungsstufen dieser Integration in sich aufnimmt – von den frühen bis hin zu den kompliziertesten Strukturen des gereiften Selbst (Pietzcker 1990, 23).

Die umfangreichste psychoanalytische Studie zur ästhetischen Form hat Gilbert J. Rose mit seinem Buch *The Power of Form* (1980) vorgelegt – es ist die erste und bisher einzige Monographie, die ganz der Form gewidmet ist. Rose erblickt in der künstlerischen Formgebung ein schöpferisches Wechselspiel zwischen Primärprozeß (Auflösung) und Sekundärprozeß (Restitution), zwischen der Aufweichung der Grenzen von Selbst und Objekt und einer neuen Selbstkonstitution, die sich durch die Form »draußen« als neues Selbst verbildliche. In den Formprozeß können alle Momente der Selbstkonstitution eingehen, die für die Entwicklung des Künstlers von Bedeutung waren, von den verschwimmenden Grenzen des Primärprozesses über Körpererfahrungen (wie die motorische Identifikation mit Rhythmen und Klängen) bis hin zur Ausbildung des »Übergangsobjekts«: Dieses Konzept des Übergangsobjekts, das auf Winnicott zurückgeht, nimmt in Roses Theorie eine zentrale Stellung ein. In der formalen Strukturierung des Werks können die Grenzen zwischen Selbst und Welt verschoben und – je nach Strukturierungsgrad – als mehr der äußeren Realität oder dem Selbst zugehörig empfunden werden. Das Übergangsobjekt

gehört nach Winnicott sowohl dem Selbst als auch der äußeren Realität an und bezeichnet einen wichtigen Entwicklungsschritt in der Subjekt-Objekt-Differenzierung.

Während die meisten der erwähnten Theorien produktions- und rezeptionsästhetisch orientiert sind, versucht Fritz Gesing (1990) eine Synthese, in welche die unterschiedlichen Aspekte der Trias Autor-Werk-Leser eingehen. Für ihn hat die Form insbesondere eine kommunikative Funktion; sie baut eine spezifische Kommunikationsstruktur auf, in der Inhalte vermittelt werden können. Gesing verwendet hierzu den Begriff der »Opus-Phantasie«, der auf Peter von Matt zurückgeht (damit ist das im Schreiben vorphantasierte und auf einen fiktiven Leserkreis hin imaginierte Werk gemeint): Das Werk appelliert auf bewußter wie auf unbewußter Ebene an den Leser und ist Auslöser von Übertragungen und Gegenübertragungen – dabei spielen Elemente der literarischen Form eine wichtige Rolle: Sie vermitteln und steuern die kommunikativen Akte (ebd., 45). Auch wenn Gesing am Ende seines Beitrags die Form-Elemente des Werks detailliert untersucht, gelingt ihm nur ansatzweise, was Pietzcker als bleibendes Desiderat der Literaturpsychologie bezeichnet: die Erforschung des Zusammenhangs von Form und Inhalt, der sich als Prozeß fortschreitender Vermittlung von Lust- und Realitätsprinzip darstellen läßt, wobei die Form sich als Grenze im Wechselspiel von Ich, Es und Über-Ich erweist. An dieser Grenze werde das Geschichtlich-Gesellschaftliche von Literatur am deutlichsten erkennbar (Pietzcker 1990, 28).

Die Neulektüre Freuds durch Jacques Lacan und ihre Bedeutung für die Literaturwissenschaft

Die folgenreichste Neuinterpretation und Weiterentwicklung der Freudschen Psychoanalyse verdanken wir Jacques Lacan (1901–1981), einem französischen Mediziner und Psychoanalytiker, der auch auf die psychoanalytische Literaturwissenschaft maßgeblichen Einfluß ausübte. Nachdem Lacan mit der nationalen und internationalen Gesellschaft für Psychoanalyse gebrochen hatte, gründete er eine eigene Freud-Schule in Paris (*Ecole Freudienne*), die er 1980, kurz vor seinem Tod, wieder auflöste. Die wichtigsten seiner Theorien wurden unter dem Titel *Ecrits* 1966 (dt. *Schriften* 1973 ff./³1991) veröffentlicht. Lacans Arbeit stellt eine Neulektüre Freuds im Licht strukturalistischer und poststrukturalistischer Theorien dar.

Zwei Gedanken Lacans sind im weiteren Verlauf

für die psychoanalytische Literaturinterpretation besonders bedeutsam geworden. Einmal die Theorie vom imaginären Charakter der menschlichen Selbstfindung im Spiegelstadium des Kindes (*Das Spiegelstadium als Bildner der Ichfunktion*, 1991; frz. 1936/49): Das Kind bilde zum ersten Mal ein Ich im sog. Spiegelstadium aus, wenn es seine Gestalt als ganze, vollkommene im Spiegel erblickt, wobei (dies ist entscheidend) der bewundernde Blick der Mutter diese Wahrnehmung der Ganzheit zustimmend bestätigt. Infolge dieser Wahrnehmung glaube das Subjekt an seine Einheit und Vollkommenheit, die jedoch nur im Imaginären vorhanden sei; Lacan spricht deshalb auch von einer »wahnhaften Identität« (ebd., 67). Lacans Theorie verändert die Subjektauffassung radikal, denn nach seiner Ansicht ist die Subjektgenese von Selbstüberschätzung und Allmachtsphantasien geprägt und ständig vom Zerfall bedroht. Damit erteilt er dem selbstreflexiven Subjekt cartesianischer Prägung (»Ich denke, also bin ich«) eine entschiedene Absage. Das Spiegelstadium ist für Lacan letzten Endes kein realer Vorgang, sondern die Metapher eines fiktiven Selbstkonzepts, das keines konkreten Spiegels bedarf: Es verweist auf eine Vorstellung, die Selbsterkenntnis gerade ausschließt (Wright 1985, 36f.). Der Begriff umschreibt metaphorisch jenen Vorgang, nach dem das Ich aus einer imaginären Projektion entsteht, aus einer Identifizierung mit einem anderen *ganzen* Objekt (einem Ideal-Ich).

Eine stabilere Subjektkonstitution erfolgt erst mit dem Eintritt in die Sprache – doch auch hier ist die Stabilität trügerisch, da die Sprache aus einem unendlichen Verweisungssystem von Zeichen besteht, das der Struktur des menschlichen Begehrens entspricht. Hieraus folgert Lacan sein zweites grundlegendes Theorem, daß nämlich das Unbewußte wie eine Sprache (*comme un langage*) strukturiert, ja, daß es sogar ein Produkt der Sprache sei. Diese Auffassung hängt mit seiner Zeichentheorie zusammen, welche die strukturalistische Theorie überschreitet: Im Sprachzeichen erfolgt nach Saussure eine Verbindung und Strukturierung zweier chaotischer Kontinuen, der Laute (Signifikanten) und der Begriffe (Signifikate). Für Saussure bilden Signifikant und Signifikat eine Einheit, nämlich das Zeichen, das unsere (chaotische) Wahrnehmung allererst strukturiert. Lacan jedoch geht davon aus, daß es eine feste Verbindung von Signifikant und Signifikat gebe; er bestreitet die linguistische These, daß sich der Signifikant nach einem vorgegebenen Signifikat richte, im Gegenteil: »Das Signifikat, das ist der Effekt des Signifikanten« (Schriften II, 22). Hierin – in

der Umkehrung der Relation von Signifikant und Signifikat und der Zuweisung der Toplage an den Signifikanten – besteht Lacans »wirkungsgeschichtlicher Geniestreich« (Bossinade 2000, 32).

Der psychoanalytische Hintergrund dieses linguistischen Paradigmenwechsels ist ein Verdrängungs- und Verschiebungsvorgang: Durch das ödipale Gesetz (das »Gesetz des Vaters«) wird die ursprüngliche Liebe zur Mutter verboten und verdrängt; der Vater ist der Dritte, der die symbiotische Beziehung zwischen Mutter und Kind untersagt und die Trennung vom mütterlichen Objekt verordnet. Das (mütterliche) Objekt des Begehrens gilt von da an als verloren und muß durch andere Objekte substituiert werden. Das Verbot des Vaters, das Inzestverbot, das Lacan auch als »symbolische Kastration« bezeichnet, setzt eine endlose Substitution und einen Prozeß des Begehrens in Gang, der nicht gestillt werden kann. Immer wieder kommt Lacan auf die Analogie zwischen psychischen und sprachlich-linguistischen Prozessen zurück: Der Entthronung des Signifikats entspricht die Unterordnung des Subjekts unter den Signifikanten oder die »Dominanz des Signifikanten über das Subjekt« (Schriften I, 60). Der metonymische Prozeß der Verschiebung verweist stets auf andere Signifikanten und damit auf die Unmöglichkeit eines stabilen Sinns. Das Unbewußte gleicht der Sprachstruktur, weil das Begehren (der Inhalt des Unbewußten) die Struktur einer unendlichen und unabschließbaren Signifikation hat.

Das endlose Verweisungssystem bedeutet für Lacan jedoch keine Bedeutungsanarchie, »denn die bei Saussure angelegte Bevorzugung des Signifikats ist bei Lacan in den Primat eines einzigen Signifikanten verschoben« (Bossinade 2000, 32), nämlich den des ›Phallus‹: der symbolischen Repräsentation des männlichen Penis. Der Mangel der Frau (ihre Penislosigkeit) prädestiniert den Phallus dazu, so Lacan, zum Signifikanten des Mangels schlechthin zu werden, zum privilegierten Signifikanten, dem keinerlei Signifikat mehr entspricht (ebd., 58). In der problematischen Bezeichnung der Penislosigkeit der Frau als »Kastration« folgt Lacan der Begriffsvorgabe Freuds – es leuchtet ein, daß die feministische Theoriebildung und Diskurskritik, die sich seit den 1970er Jahren entwickelte, den Ansatz Lacans als zwiespältig empfand. Einerseits wurde als positiv gewertet, daß der »Geschlechtsbiologismus« Freuds durch eine Sprachsymbolik ersetzt wurde; andererseits wurde die Fixierung von Frauen auf die Position ›nicht-phallisch‹ – in Verbindung mit dem Kastrationsbegriff Freuds – als inakzeptabel empfunden. Die psychoanalytische Literaturwissenschaft hat von dieser

Verschiebung auf die Sprach- und Symbolebene profitiert; zugleich war der Paradigmenwechsel Ausgangspunkt für eine Ausdifferenzierung der psychoanalytischen Geschlechtertheorie.

Lacan selbst hat seine Theorie auf einen literarischen Text angewandt, auf E. A. Poes *Der entwendete Brief*, an dem er die Unendlichkeit des Begehrens, die Rolle des Signifikanten und den Zusammenhang beider aufzeigte. In Poes Text geht es um einen kompromittierenden Brief an die Königin von Frankreich, der von einem Minister entwendet und dann dem Dieb wiederum geraubt wird. Für Lacan nimmt der Brief (frz. *la lettre!*) die Stelle des privilegierten Signifikanten ein, der die Bahn des Begehrens und seine Wende hin zum Ort des Anderen als Ort der Sprache beschreibt (Bossinade 2000, 60). Gerade der Eintritt in die symbolische Ordnung der Sprache ist es ja, der die Abkehr vom Symbiosewunsch, die Hinwendung zum Anderen und damit den Eintritt in die unendliche Zirkulation des Begehrens (der symbolischen Ersatzbildungen) ermöglicht. Im Anschluß an Lacans Poe-Studie hat sich eine heftige und zugleich fruchtbare Debatte entwickelt, die auch die psychoanalytische Literaturwissenschaft weiter vorantrieb (Felman 1987, Haselstein 1991).

Lacans Theorien sind ausgesprochen anregend für die Literaturwissenschaft geworden – zuerst in Frankreich und Amerika, nach zögernder Rezeption dann auch innerhalb des deutschsprachigen Raums. Eine der ersten Arbeiten, die sich an Lacan orientierte und zu seiner Verbreitung beitrug, war Helga Gallas' Kleist-Studie *Das Textbegehren des ›Michael Kohlhaas‹* (1981). Die Novelle Kleists wird dort als »Textbegehren« gedeutet: Im Kern der Interpretation erscheinen die Pferde als Phallussubstitute – also als Ersatz dessen, was zur Vollständigkeit fehlt, was als Signifikant der imaginären Ganzheit des Ichs figuriert. Ihre Degradation wäre dann als Bedrohung der imaginären Einheit des Ichs zu verstehen. Das Begehren, das sich auf etwas richte, was es nie gegeben hat (den Phallus der Mutter), treibe wechselnde Ersatzbildungen im Text hervor, schließlich die Kapsel mit dem Zettel, Substitut fehlender Ganzheit für Kohlhaas wie für den Kurfürsten. Zahlreiche andere Interpretationen folgten Lacans Ansatz oder reflektierten ihn theoretisch, u. a. Wright (1987/88), Hagestedt (1988), Hofmann (1996).

Dekonstruktivistische Ansätze, Gender Studies und Literaturwissenschaft

Die Theorie Lacans erscheint zunächst eher frauenfeindlich, ist für ihn die Frau doch der Ort eines Mangels, der durch Phalluslosigkeit markiert ist. Doch durch die Verankerung des Begriffs »Phallus« im Symbolischen der Sprache (Phallus als privilegierter Signifikant) und durch seine symbolische Bedeutung (Integrität, Vollkommenheit) ist er sowohl dem Bereich des Organischen als auch dem des biologischen Geschlechts enthoben. Phallus ist nicht Organ, sondern Symbol: Er verweist auf jenen grundlegenden Mangel, der darin besteht, daß man zur Befriedigung des Begehrens immer auf ein Anderes angewiesen bleibt, das sich – wie die unendlichen Verschiebungen des Signifikanten – stets entzieht. Insofern bezeichnet der Phallus auch keinen Vorrang eines Geschlechts vor dem anderen.

Diese Rückführung des Geschlechts auf eine Sprachfunktion ließ den Lacanschen Ansatz gerade im Bereich der literaturwissenschaftlichen Gender Studies produktiv werden und näherte ihn dekonstruktiven Ansätzen an, die essentialistische Vorstellungen von Geschlecht und Subjekt verwarfen (Müller 1995, 302).

Die *feministische Literaturwissenschaft* interessierte sich zunächst für die Frauenbildforschung, für die »imaginierte Weiblichkeit« (Bovenschen 1979) und die »verborgene Frau« (Stephan/Weigel 1983), für die Suche nach verschütteten Traditionslinien und vergessenen Autorinnen und für die Revision des literarischen Kanons – immer mit dem Ziel, die dominante Männerperspektive, den einseitigen männlichen Blick auf Texte und in Texten transparent zu machen und zu überwinden. Die Legitimationskrise dieser Forschungsrichtung hing mit ihrem Theoriedefizit zusammen, das in den 1970er Jahren vor allem französische Wissenschaftlerinnen mit poststrukturalistischen Ansätzen (besonders im Rückgriff auf Lacan) zu kompensieren versuchten.

Hélène Cixous, Luce Irigaray, Julia Kristeva und Monique Wittig waren bestrebt, die Bedeutung des Weiblichen im Bereich der Sprache (der *écriture féminine*) zu verorten und es von seiner Bindung an den Körper her zu begreifen. Auf jeden Fall wird – bei allen Unterschieden – Weiblichkeit nie außerhalb sprachlicher Strukturen gedacht, und für alle Autorinnen ist das bestimmende Ziel die Dekonstruktion des abendländischen Logozentrismus und die Befreiung der Sprache aus vorgegebenen (männlich determinierten) Bedeutungszusammenhängen. Deswegen müsse sich eine *écriture féminine* der heterosexuellen Metaphorisierung und Fetischisierung des weiblichen Körpers widersetzen und eine Subversion der patriarchalischen Aneignung von Sprache und der symbolischen Ordnung betreiben – etwa durch die Anbindung der Sprache an Stimme und Körper der

Mutter. Für Cixous (*1937) ist weibliches Schreiben nicht an die Autorschaft von Frauen gebunden, es ist vielmehr ein Schreiben von der dezentralisierten Position der Frau und vom Rand der symbolischen Ordnung her, aus der die Frauen seit langem ausgeschlossen sind. Weiblich schreiben können in diesem Sinn auch männliche Autoren, sofern sie sich bis in die Sprachstruktur hinein dem dominanten patriarchalischen Diskurs entziehen.

Besonders Irigaray (*1932) betont die Ortlosigkeit der Frau in der sprachlichen Ordnung, der sie eine weibliche Ökonomie des Flüssigen, Spielerischen, Unabschließbaren, der Nicht-Einheit entgegensetzt. Indem sie die Sprache an Körper und Sexualität bindet, sucht sie das binäre Denken zu unterlaufen. Lacans Auffassung, daß sich das Weibliche über den Mangel (des Phallus) definiere, setzt sie ein gegenteiliges Verständnis der Beziehung von Selbst und Anderem entgegen: eine Ökonomie des Überschusses und der Verausgabung (Art. »Écriture féminine« in Nünning 2004, 132).

Den wohl größten Einfluß auf die feministische Literaturwissenschaft hat Julia Kristeva (*1941) ausgeübt, die französische Literaturwissenschaftlerin und praktizierende Psychoanalytikerin, die in ihren zahlreichen Untersuchungen psychoanalytische, linguistische und kulturtheoretische Fragestellungen verknüpft. Ihr Studium bei Roland Barthes und Jacques Lacan markiert schon die Hauptrichtungen ihres späteren Forschungsinteresses, die poststrukturalistische Orientierung ihrer literaturwissenschaftlichen und psychoanalytischen Schriften. Ihr früher Text *Die Revolution der poetischen Sprache* (1974/1978) gilt immer noch als bedeutendstes Werk der feministischen Literaturwissenschaft. Kristeva ergänzt und modifiziert darin die Kategorien Lacans vom Imaginären und Symbolischen, indem sie ihnen den Begriff des »Semiotischen« an die Seite stellt. Während das Symbolische auf die dominante sprachliche Ordnung und auf das Gesetz des Vaters bezogen ist, wird das Semiotische dem Präödipalen der frühen Mutter-Kind-Dyade zugeordnet (wichtig ist, daß Mutter und Vater hier als zeichentheoretische Positionen, nicht als biologische Wesenheiten begriffen werden); deswegen kann sich das Semiotische den Strukturgesetzen und Determinanten der Sprache entziehen und so zur Destabilisierung und Subversion der symbolischen Ordnung beitragen. Kristeva findet das Semiotische besonders in avantgardistischen Texten der klassischen Moderne (bei Lautréamont und Mallarmé) wieder, an denen sie die Funktionsweise, die »Revolution« der poetischen Sprache erläutert: die Dominanz des Klanglichen, Rhythmischen und Rhe-

torischen, die das Semantische und dessen Sinnsetzungen unterlaufen.

Zählt man typische Merkmale der *écriture féminine* auf, so zeigt sich, daß es sich keineswegs um Merkmale ›weiblichen‹ Schreibens im biologischen Sinn handelt, sondern um Merkmale vieler Texte der literarischen Moderne: Auflösung von Gattungsgrenzen, Unabgeschlossenheit, nichtlineares Erzählen, Dialogizität, syntagmatische und grammatikalische Brüche, Betonung der Materialität der Sprache wie Rhythmus und Homophonie (Kroll 2002, 132). Dekonstruktive Prozesse, die das essentialistische Verständnis der Geschlechter in Frage stellen, sind längst Teil jener literarischen Moderne geworden, die das Erbe der Aufklärung kritisch beleuchtet. Poststrukturalistische Ansätze der Gender Studies haben die Sensibilität für solche literarischen Phänomene geschärft oder sie überhaupt erst ins Bewußtsein gehoben. Dekonstruktivistische Lektüren haben autonome Subjektkonzeptionen und feste Vorstellungen von ›Weiblichkeit‹ und ›Männlichkeit‹ unterlaufen (Vinken 1992) und die kulturelle Konstruiertheit der Kategorie ›Geschlecht‹ bewußt gemacht (Butler 1990/1991).

Schon Freud hatte festgestellt, das Ich sei nicht Herr im eigenen Haus. Die Dekonstruktion radikalisiert diese Einsicht auf zeichentheoretischer Ebene und stellt mit dem metaphysischen Substanzbegriff auch die begriffliche Einheit von Subjekt und Geschlecht in Frage. Judith Butler treibt das dekonstruktive Denken radikal weiter und versteht den Geschlechterdualismus grundsätzlich als sozio-kulturelles Konstrukt, das sich als natürlich ausgibt, aber im Grunde in einem Netz von Diskurs und Macht entsteht. Der heterosexuell determinierte Dualismus der Geschlechter erscheint so als Zwangssystem und Komödie, als Parodie und Imitation seiner selbst, als »Performanz« (Kroll 2002, 45). Eine dekonstruktive Lektüre von Texten kann die Performativität der Geschlechterkonstruktionen sichtbar machen und zugleich ihre subversive Destabilisierung vorantreiben.

Mit diesen Ansätzen, deren kritische Rezeption in der Literaturwissenschaft erst am Anfang steht, liegt eine der entschiedensten Korrekturen des Freudschen psychoanalytischen Modells vor. Freud war sich selbst seiner unzulänglichen Kenntnisse der weiblichen Sexualität bewußt, er sprach vom »dark continent« (GW XIV, 241) und vom »Rätsel der Weiblichkeit« (GW XV, 120). Zentraler Bezugspunkt war für ihn die männliche Sexualität, von der er die weibliche ableitete. Die erwähnten Ansätze feministischer Autorinnen besinnen sich sowohl auf die symbolische Funktion der Sprache als auch auf die kulturelle

Konstruktion von Geschlecht, die über die Sprache vermittelt ist. Die feministische Literaturwissenschaft erkannte das subversive Potential der poetischen Sprache, die in bestimmten Texten eine Bastion gegen den Logozentrismus und die patriarchalische Herrschaft des Diskurses, gegen die Konzeption eines autonomen Subjekts und gegen feste Vorstellungen von ›Weiblichkeit‹ und ›Männlichkeit‹ darstellt.

Ganz offensichtlich – dies zeigen die angeführten Beispiele – verbindet sich die psychoanalytische Literaturwissenschaft in letzter Zeit mit zahlreichen anderen Ansätzen und Fragestellungen, die ihr erneut ein gesellschaftskritisches und innovatives Potential zueignen. Die Gendertheorien haben psychoanalytische Ansätze aufgenommen, sie aber von biologistischen und essentialistischen Elementen gereinigt. Durch die Verbindung mit neueren Kategorien wie ›Fremdheit‹, ›Rasse‹, ›Klassenzugehörigkeit‹ vermögen sie die psychologischen Phänomene etwa des Rassismus, des Ethnozentrismus, des Postkolonialismus (Bhabha 2000) und der ihnen innewohnenden Gewalt zu durchleuchten. Im Zusammenhang mit solchen Fragestellungen wird die psychoanalytische Literaturinterpretation auch zukünftig einen Ort haben. Sie entgeht dadurch der Reduktion auf individualpsychologische Theoreme oder auf eine reine Zeichentheorie, öffnet sich vielmehr neuen kulturtheoretischen und anthropologischen Fragestellungen und kehrt damit gewissermaßen an den Ort der Kulturtheorie zurück, den Freud der Psychoanalyse von Anfang an zugedacht hatte.

Literatur

Adorno, Theodor W.: *Ästhetische Theorie* [1970]. Frankfurt a. M. 1973.

Belgrad, Jürgen (Hg.): *Zur Idee einer psychoanalytischen Sozialforschung. Dimensionen szenischen Verstehens. Alfred Lorenzer zum 65. Geburtstag.* Frankfurt a. M. 1987.

Beutin, Wolfgang (Hg.): *Literatur und Psychoanalyse. Ansätze zu einer psychoanalytischen Textinterpretation.* München 1972.

Bhabha, Homi K.: *Die Verortung der Kulturen.* Tübingen 2000.

Bonaparte, Marie: *Edgar Poe. Eine psychoanalytische Studie* [1934]. 3 Bde. Frankfurt a. M. 1981 (frz. 1933).

Bossinade, Johanna: *Poststrukturalistische Literaturtheorie.* Stuttgart/Weimar 2000.

Bovenschen, Silvia: *Die imaginierte Weiblichkeit. Exemplarische Untersuchungen zu kulturgeschichtlichen und literarischen Präsentationsformen des Weiblichen.* Frankfurt a. M. 1979.

Brooks, Van Wyck: *The Ordeal of Mark Twain* [1920)]. New York 1977.

Bush, Marshall: *Das Formproblem in der psychoanalytischen Kunsttheorie* (engl. 1967). In: Hartmut Kraft (Hg.): *Psychoanalyse, Kunst und Kreativität heute. Die Entwicklung der analytischen Kunstpsychologie seit Freud.* Köln 1984, 146–179.

Butler, Judith: *Das Unbehagen der Geschlechter.* Frankfurt a. M. 1991 (engl. 1990).

Dettmering, Peter: *Dichtung und Psychoanalyse.* 2 Bde. Eschborn 1976, 1978.

Dilthey, Wilhelm: Dichterische Einbildungskraft und Wahnsinn. In: Ders.: *Gesammelte Schriften* VI. Leipzig/Berlin 1924, 90–102.

Ehrenzweig, Anton: *The Psycho-analysis of Artistic Vision and Hearing. An Introduction to a Theory of Unconscious Perception.* London 1953.

Fairbairn, W. Ronald D.: The Ultimate Basis of Aesthetic Experience. In: *British Journal of Pychology* 29 (1938/39), 167–181.

Felman, Shoshana: The Case of Poe. Applications/Implications of Psychoanalysis. In: Dies.: *Jacques Lacan and the Adventure of Insight. Psychoanalysis in Contemporary Culture.* Cambridge/Massachusetts/London 1987, 27–51.

Fischer, Jens Malte (Hg.): *Psychoanalytische Literaturinterpretation. Aufsätze aus ›Imago. Zeitschrift für Anwendung der Psychoanalyse auf die Geisteswissenschaften‹ (1912–1937).* Tübingen 1980.

Flaake, Karin: Psychoanalyse. In: Christina von Braun/Inge Stephan (Hg.): *Gender Studien. Eine Einführung.* Stuttgart/Weimar 2000, 169–179.

Gallas, Helga: *Das Textbegehren des ›Michael Kohlhaas‹. Die Sprache des Unbewußten und der Sinn der Literatur.* Reinbek 1981.

Gesing, Fritz: Annäherung an eine psychoanalytische Theorie der literarischen Form. In: *Freiburger literaturpsychologische Gespräche* 9 (1990), 64–91.

Goeppert, Herma/Sebastian Goeppert: Zum Verständnis von Sprache und Übertragung in Becketts *Endspiel*. In: Bernd Urban/Winfried Kudzus (Hg.): *Psychoanalytische und psychopathologische Literaturinterpretation.* Darmstadt 1981, 72–86.

Habermas, Jürgen: *Erkenntnis und Interesse.* Frankfurt a. M. 1968.

Hagestedt, Jens: *Die Entzifferung des Unbewußten. Zur Hermeneutik psychoanalytischer Textinterpretation.* Frankfurt a. M. 1988.

Haselstein, Ulla: *Entziffernde Hermeneutik. Zum Begriff der Lektüre in der psychoanalytischen Theorie des Unbewußten.* München 1991.

Hofmann, Roger: *Beschreibungen des Abwesenden. Lektüren nach Lacan.* Frankfurt a. M. 1996.

Holland, Norman N.: *Poems in Persons. An Introduction to the Psychoanalysis of Literature.* New York 1973.

Kaiser, Hellmuth: Franz Kafkas Inferno. Eine psychologische Deutung seiner Strafphantasie [1931]. In: Politzer 1973, 69–142.

Kristeva, Julia: *Die Revolution der poetischen Sprache.* Frankfurt a. M. 1978 (frz. 1974).

Kroll, Renate (Hg.): *Metzler Lexikon Gender Studies Geschlechterforschung. Ansätze – Personen – Grundbegriffe.* Stuttgart/Weimar 2002.

Krutch, Joseph Wood: *Edgar Allan Poe. A Study in Genius.* New York 1926.

Lacan, Jacques: *Schriften* Bd. I u. II, ausgew. und hg. von Norbert Haas [1973/85]. Weinheim/Berlin ³1991.

–: Das Spiegelstadium als Bildner der Ichfunktion wie sie uns in der psychoanalytischen Erfahrung erscheint. In: Ders.: *Schriften* Bd. I, 61–70 (frz. 1936/49).

Lentzen, Manfred: Charles Mauron. In: *Französische Literaturkritik der Gegenwart in Einzeldarstellungen.* Hg. von Wolf-Dietrich Lange. Stuttgart 1975, 86–102.

Lesser, Simon O.: *Fiction and the Unconscious.* Boston 1957.

–: Die Funktionen der Form. In: Beutin 1972, 277–299.

Lorenzer, Alfred: Der Gegenstand psychoanalytischer Textinterpretation. In: Sebastian Goeppert (Hg.): *Perspektiven psychoanalytischer Literaturkritik*. Freiburg i. Br. 1978, 71–81.

Marx, Reiner/Reiner Wild: Psychoanalyse und Literaturwissenschaft. In: *Zeitschrift für Literaturwissenschaft und Linguistik* 14 (1984), H. 53/54, 166–193.

Matt, Peter von: Die Opus-Phantasie. Das phantasierte Werk als Metaphantasie im kreativen Prozeß. In: *Psyche* 33 (1979), 193–212.

–: *Literaturwissenschaft und Psychoanalyse* [1972]. Stuttgart 2001.

Mauron, Charles: *Des métaphores obsédantes au mythe personnel. Introduction à la psychocritique*. Paris 1962.

Müller, Marlene: Pychoanalyse und Gender. In: Jürgen Fohrmann (Hg.): *Literaturwissenschaft*. München 1995, 297–310.

Muschg, Walter: *Psychoanalyse und Literaturwissenschaft*. Antrittsvorlesung, gehalten an der Universität Zürich. Berlin 1930.

Neider, Charles: *The Frozen Sea. A Study of Franz Kafka*. New York 1948.

Nunberg, Herman/Ernst Federn (Hg.): *Protokolle der Wiener Psychoanalytischen Vereinigung*, Bd. I 1906–1908 [1962]. Frankfurt a. M. 1976.

Nünning, Ansgar (Hg.): *Metzler Lexikon Literatur- und Kulturtheorie. Ansätze – Personen – Grundbegriffe* [1998]. Stuttgart/Weimar ³2004.

Noy, Pinchas: An Ego-psychological Approach to Creativity. In: *Psychoanalytic Quarterly* 48 (1979), 229–256.

Pietzcker, Carl: Zum Verhältnis von Traum und literarischem Kunstwerk. In: Johannes Cremerius (Hg.): *Psychoanalytische Textinterpretation*. Hamburg 1974, 57–69.

–: Zur Psychoanalyse der literarischen Form. In: Sebastian Goppert (Hg.): *Perspektiven psychoanalytischer Literaturkritik*. Freiburg i.Br.1978, 124–157.

–: *Einführung in die Psychoanalyse des literarischen Kunstwerks am Beispiel von Jean Pauls ›Rede des toten Christus‹*. Würzburg 1983.

–: Überblick über die psychoanalytische Forschung zur literarischen Form. In: *Freiburger literaturpsychologische Gespräche* 9 (1990), 9–32.

–: *Lesend interpretieren. Zur psychoanalytischen Deutung literarischer Texte*. Würzburg 1992.

Politzer, Heinz: *Kafka. Der Künstler*. Frankfurt a.M. 1965 (amerikan. *Parable and Paradox*, 1962).

– (Hg.:) *Franz Kafka*. Darmstadt 1973.

Prescott, Frederick C.: *Poetry and Dreams*. Boston 1912.

Rattner, Josef: *Kafka und das Vater-Problem. Ein Beitrag zum tiefenpsychologischen Problem der Kinder-Erziehung. Interpretation von Kafkas Brief an den Vater*. München 1964.

Reh, Albert: *Literatur und Psychologie*. Bern u.a. 1986.

Rose, Gilbert J.: *The Power of Form. A Psychoanalytic Approach to Aesthetic Form*. New York 1980/²1986.

Schönau, Walter/Joachim Pfeiffer: *Einführung in die psychoanalytische Literaturwissenschaft*. Stuttgart/Weimar ²2003.

Schrey, Gisela: *Literaturästhetik der Psychoanalyse und ihre Rezeption in der deutschen Germanistik von 1933*. Frankfurt a.M. 1975.

Simenauer, Erich: *Rainer Maria Rilke. Legende und Mythos*. Frankfurt a.M. 1953.

Sokel, Walter H.: *Franz Kafka – Tragik und Ironie. Zur Struktur seiner Kunst*. München 1964.

Starobinski, Jean: *Psychoanalyse und Literatur*. Frankfurt a.M. 1973 (frz. 1970).

Stephan, Inge/Sigrid Weigel (Hg.): *Die verborgene Frau. 6 Beiträge zu einer feministischen Literaturwissenschaft*. Berlin 1983.

Urban, Bernd (Hg.): *Psychoanalyse und Literaturwissenschaft. Texte zur Geschichte ihrer Beziehungen*. Tübingen 1973.

Vinken, Barbara (Hg.): *Dekonstruktiver Feminismus. Literaturwissenschaft in Amerika*. Frankfurt a.M. 1992.

Wright, Elizabeth: Klassische und strukturalistische Ansätze der psychoanalytischen Literaturforschung. In: Jochen Hörisch/Christoph Tholen (Hg.): *Eingebildete Texte. Affairen zwischen Psychoanalyse und Literaturwissenschaft*. München 1985, 26–48.

–: Another Look at Lacan and Literary Criticism. In: *New Literary History* 19 (1987/88), 617–627.

Würker, Achim: *Technik als Abwehr. Die unbewußten Lebensentwürfe in Max Frischs ›Homo faber‹*. Frankfurt a.M. 1991.

–: *Das Verhängnis der Wünsche. Unbewußte Lebensentwürfe in Erzählungen E.T.A. Hoffmanns; mit Überlegungen zu einer Erneuerung der psychoanalytischen Literaturinterpretation*. Frankfurt a.M. 1993.

Ziegler, Klaus: Deutsche Sprach- und Literaturwissenschaft im Dritten Reich. In: Andreas Flitner (Hg.): *Deutsches Geistesleben und Nationalsozialismus*. Tübingen 1965, 144–159.

Joachim Pfeiffer

7. Philosophie

Die französische Phänomenologie und die Freudsche Psychoanalyse

Die Anfänge: Politzer, Minkowski, Lacan

Die frühe philosophische Rezeption Freuds in Frankreich ist eng mit der Rezeption der Phänomenologie von Husserl und Heidegger verbunden, was verwundern mag, da weder Husserl noch Heidegger die Auseinandersetzung mit der Psychoanalyse suchten. Hier kommen als Vermittler Karl Jaspers, Max Scheler und später der Husserl- und Heidegger-Rezipient Ludwig Binswanger ins Spiel, die insbesondere für all jene mit Interesse an Fragestellungen der Psychopathologie einen phänomengesättigteren Zugang boten. Schelers 1912 erstmals erschienenes, 1922 stark überarbeitetes und erweitertes Werk *Wesen und Formen der Sympathie*, das sich methodisch dem Husserlschen Verfahren der phänomenologischen Reduktion verschrieben hatte, würdigt die Freudsche Psychoanalyse als ernstzunehmenden Ansatz (z. B. Scheler 1973, 34 f., 195), der allerdings unter einer zu generalistischen und unreflektiert eingesetzten Begrifflichkeit leide. Zentrale Zielscheibe dieser Kritik ist insbesondere Freuds Konzept der *libido* (ebd., 198 ff.). Scheler lehnt Freuds Beitrag am Ende als eine Spielart »naturalistischer Theorie« mit einer Tendenz zur Reduktion der vielfältigen Phänomene der Liebe auf Trieb und Geschlechtsliebe ab (ebd., 175). Das Buch liegt seit 1928 in französischer Übersetzung vor und wird von Minkowski, Lacan, Sartre und Merleau-Ponty ebenso wie andere Werke desselben Autors ausgiebig rezipiert; gleiches gilt für Karl Jaspers, insbesondere für seine *Allgemeine Psychopathologie* (1913), die seit 1928 auf französisch zugänglich ist.

Für die erste ausführliche philosophische Stellungnahme zur Psychoanalyse in französischer Sprache zeichnet der in Paris lebende gebürtige Ungar Georges Politzer verantwortlich: Er legt 1929 eine vehemente Kritik der akademischen Psychologie vor (Politzer 1929/1974), der er eine Subsumtion psychischer Phänomene unter abstrakte Entitäten und eine Verdopplung der physischen Natur durch eine mythologische Innenwelt zum Vorwurf macht (Waldenfels 1983/1987, 398 f.). Für das von ihm postulierte Projekt einer »konkreten Psychologie« wendet er sich u. a. an die Freudsche Psychoanalyse, zu der er jedoch nicht mehr als eine »ambivalente Einstellung« gewinnt, die noch für die phänomenologische Tradition der Freud-Rezeption, v. a. für Sartre und Merleau-Ponty, mitprägend sein sollte (ebd., 399, 464).

Der 1885 in Sankt Petersburg in einer jüdischen Familie polnischer Herkunft geborene Eugène Minkowski gibt mit seinem 1933 veröffentlichten Hauptwerk *Die gelebte Zeit* den nächsten Anstoß zur weiteren philosophisch orientierten Freud-Rezeption, und zwar in einem noch engeren Bezug zur deutschen phänomenologischen Tradition, die Minkowski während seines Philosophiestudiums in München kennengelernt hatte. Im Grunde ist das Buch eine Untersuchung zur Psychopathologie des Raum- und Zeitbewußtseins, und der Ausgangspunkt ist stärker von der Philosophie Bergsons, des *élan personnel*, als von der Phänomenologie geprägt. Der Psychoanalyse wird ein legitimes ›ethisches‹ Anliegen zugebilligt; sie steht in der antiken Tradition des »Erkenne Dich selbst«. Anstoß genommen wird nicht etwa am Begriff des Unbewußten, sondern an seiner Erschöpfung durch eine von außen her erfolgende Deutung, die Minkowski als »Rationalisierung« bezeichnet und der er eine durch Bergson motivierte Selbstäußerung des Unbewußten als »unversiegbare Quelle des Lebens« gegenüberstellt (Minkowski 1933/1971, 62 f.). Damit ist ein Interpretationsschema vorgezeichnet, das die Psychoanalysekritik auch bei Sartre, Merleau-Ponty u. a. im Grundzug bestimmen wird: Die Psychoanalyse wird abgelehnt, weil sie in angeblich äußerlicher, objektivierender und verdinglichender Manier dem Subjekt den Sinn seines Tuns oder Lassens, seiner Fehlhandlungen, Träume und Symptome nahezubringen sucht und es damit eines Zugangs zu sich selbst entfremdet.

Jacques Lacan hatte 1935 Minkowskis Buch ausführlich in einer Rezension gewürdigt (Lacan gehörte der von Minkowski mitbegründeten Gruppe *Évolution psychiatrique* an), ihm jedoch die Vernachlässigung von Freuds genetischer Theorie vorgehalten (Lacan 1935/1936). Sein Haupteinwand war freilich ein ganz anderer: die Nichtbeachtung Heideggers, insbesondere von *Sein und Zeit*. Zu diesem Zeitpunkt hatte Lacan bereits seine eigene Rezeption der Freudschen Theorie in der 1932 veröffentlichten medizinischen Dissertation *Über die paranoische Psychose in ihren Beziehungen zur Persönlichkeit* (1975/2003) dokumentiert. Lacan arbeitet darin eine eigenständige Theorie der (gesunden wie kranken) Persönlichkeit heraus, die er gegen das jeweilige Krankheitsverständnis und die ätiologischen Grundansätze der zeitgenössischen psychiatrischen Pathologien verteidigt. Die eigentliche Bewährung erfolgt indes am Fall *Aimée*, der psychiatrischen Beurteilung der Vorgänge um eine alleinerziehende Angestellte, die sich schriftstellerisch berufen fühlt, scheitert und schließlich eine beliebte Theaterschauspielerin mit einem Messer attackiert, was ihre zwangsweise Psychiatrisierung zur Folge hat. Lacan diagnostiziert eine von ihm selbst so genannte Selbstbestrafungsparanoia und zeigt sich in diesem Kontext als in hohem Maße von der Psychoanalyse angeregt. Das Spektrum der diskutierten Schriften reicht von den zentralen Werken Freuds (v. a. den Arbeiten zur Metapsychologie und zur Begründung der zweiten Topik) über die Schriften der wichtigsten Schüler (Abraham, Fenichel, Ferenczi, Rank, Simmel) bis zu den einschlägigen Untersuchungen zur Psychoanalyse des kriminellen Verhaltens. Auch wenn Lacan sehr um eine Integration psychiatrischer und psychoanalytischer Herangehensweisen bemüht ist und einseitige Würdigungen oder Bevorzugungen vermeidet (neben Freud werden auch Bleuler, Clérambault, Jaspers, Kretschmer und Kraepelin hervorgehoben), ist doch nicht zu verkennen, daß die Analyse des Falls *Aimée* im großen und ganzen auf psychoanalytischem Boden steht. Gegen Lacans Intention, aber nicht ganz unbegreiflich, wurde Lacans Dissertation stärker im literarisch-surrealistischen Milieu (z. B. von Dalí) als innerhalb der Psychiatrie wahrgenommen (Roudinesco 1993/1996, 102 ff.).

Sartres Abwehr des Freudschen »Unbewußten«

Lacan selbst erhob erst 1936, vielleicht sogar erst ab 1945 den Anspruch, als ein genuiner Angehöriger der psychoanalytischen Gemeinschaft gehört zu werden. In den Jahren des Zweiten Weltkriegs vermied er jede öffentliche Stellungnahme oder Publikation. Anders als Jean-Paul Sartre, dessen erstes großes Werk *Das Sein und das Nichts* 1943, also noch zur Zeit der deutschen Besatzung, erschien. Sartre hatte sich, nicht zuletzt befördert durch einen vierjährigen Aufenthalt in Berlin (1933–1937), während der 1930er Jahre zunächst ausgiebig mit dem Werk Husserls (»Husserl hatte mich gepackt, ich sah alles durch die Perspektiven seiner Philosophie [...] Ich war ›Husserlianer‹ und sollte es auch lange bleiben«; Sartre 1983/1984b, 267), weiter mit Heidegger sowie mit Scheler und Jaspers befaßt. Die Einwände gegen die Freudsche Psychoanalyse, die man erstmals 1939 in der *Skizze einer Theorie der Emotionen* zu lesen bekommt, liegen ganz auf der v. a. von Scheler und Jaspers vorgezeichneten Linie. Die Psychoanalyse deute einen jeden »Bewußtseinszustand« als für etwas anderes stehend, nämlich für ein von der Zensur verdrängtes Begehren; damit liege die »Bedeutung« dieses Bewußtseins in etwas, von dem das Bewußtsein selbst nichts weiß, worin Sartre ebenso einen »flagranten Widerspruch« sieht wie in der gleichzeitigen Ansetzung einer »Kausalitätsverbindung« und einer »Verstehensverbindung« zur Erklärung psychischer Phänomene (Sartre 1982, 282 ff.). Die einzige konkrete Untermauerung für seine Kritik sucht Sartre nicht etwa bei Freud, sondern in Wilhelm Stekels Buch über *Die Geschlechtskälte der Frau* (1921), nicht wissend oder nicht beachtend, wie wenig repräsentativ das *enfant terrible* Stekel für die psychoanalytische Theorie ist (dessen Buch in französischer Übersetzung freilich ein Bestseller war und bis 1945 22 Auflagen erreichte).

Die gegen die Psychoanalyse gerichteten Argumente sind dieselben in *Das Sein und das Nichts*, aber sie gewinnen dadurch eine größere Schärfe, aber auch einen neuen Stellenwert, daß Sartre nun explizit ein Alternativprojekt entwirft: eine »existentielle Psychoanalyse« (Sartre 1943/1991, 956 ff.). »Die empirische Psychoanalyse [= die Freudsche Psychoanalyse] geht ja von dem Postulat eines unbewußten Psychismus aus, der sich der Intuition des Subjekts prinzipiell entzieht. Die existentielle Psychoanalyse verwirft das Postulat des Unbewußten: das psychische Faktum erstreckt sich für sie auch auf das Bewußtsein« (ebd., 978, vgl. 983). Mit dem Unbewußten werden zugleich Status und Funktion des Analytikers verworfen. Sartre verwahrt sich gegen die künstliche Trennung mittels einer »Zensur, die wie eine Demarkationslinie mit Zoll, Paß- und Devisenkontrolle usw.« wirkt (124) und die zugleich insofern einen objektivierenden Zugriff bedeutet, als das psychische Faktum auf äußere »mehr oder weniger wahrscheinliche Hypothesen« (125) zurückgeführt wird (etwa dem »Ödipuskomplex«), statt dem Bewußtsein anheimgestellt zu bleiben. Sartre glaubt, nicht »auf die Mitwirkung eines Psychoanalytikers« angewiesen zu sein, »der als der *Vermittler* zwischen meinen unbewußten Trieben und meinem bewußten Leben erscheint«, und er weist die Psychoanalyse sogar mit Blick auf das Projekt einer Selbstanalyse zurück, insofern auch da noch ein Mißtrauen gegen jede »Art von Intuition« vorausgesetzt wird, »wenn ich *von außen her* auf meinen Fall abstrakte Schemata und erlernte Regeln anwende« (126). Die Psychoanalyse führe eine Spaltung herbei – zwischen »Täuscher und Getäuschtem« (124) – und ende damit bei einer »Lüge ohne Lügner« (126); Ziel der »existentiellen Psychoanalyse« ist es dagegen, »die Dualität von Täuscher und Getäuschtem wiederherzustellen« (124).

Weitere Nobilitierungen erfährt die »existentielle Psychoanalyse« von Jaspers und von Heidegger her: Sartre reklamiert für sich das »Verstehen« (ebd., 960), das Jaspers vom naturwissenschaftlichen, auf Kausalität bezogenen »Erklären« abhebt (Jaspers 1913), und zu dem er die »empirische Psychoanalyse« und die Psychologie überhaupt in ihrer »unaufhörlichen Jagd nach der Ursache« (962) nicht fähig sieht. Die »empirische Psychoanalyse« bleibt einem »vorontologische[n] grundlegende[n] Verständnis, das der Mensch von der menschlichen Person hat« verhaftet (975); die »existentielle Psychoanalyse« zielt mittels einer »phänomenologischen Ontologie« (so der Untertitel des Werkes) auf die »menschliche Wahrheit der Person« (974). »Doch was die Ontologie der Psychoanalyse lehren kann, ist zunächst der *wahre* Ursprung der Bedeutungen der Dinge und ihre *wahre* Beziehung zur menschlichen-Realität« (1031). Diese Wahrheit ist die menschliche *Freiheit*, vor die die »existentielle Psychoanalyse« zurückzugehen nicht bereit ist; »die empirische Psychoanalyse dagegen behauptet, daß die primäre Affektivität des Individuums ein jungfräuliches Wachs *vor* dessen Geschichte ist« (976). »Die empirische Psychoanalyse sucht den *Komplex* zu bestimmen, dessen Name schon die Polyvalenz aller sich darauf beziehenden Bedeutungen anzeigt. Die existentielle Psychoanalyse sucht die *ursprüngliche Wahl* zu bestimmen« (977).

Mit der phänomenologisch motivierten methodischen Grundannahme, daß »*nichts* Ursache des Bewußtseins ist«, daß vielmehr das Bewußtsein »Ursache seiner eigenen Seinsweise« ist, wird auch konsequent jede Möglichkeit einer Genese des Bewußtseins »aus den Dunkelzonen des Unbewußten oder des Physiologischen« zurückgewiesen (ebd., 26, vgl. 313). Vielmehr wird das Bewußtsein selbst zu diesem »Nichts«. Die weitere phänomenologische methodi-

sche Voraussetzung, daß alles Bewußtsein »Bewußtsein von etwas« ist (19), wird von Sartre zur These eines »nicht-thetischen Bewußtseins« und schließlich eines »präreflexiven Cogito« gesteigert, denen gegenüber die Annahme eines unbewußten Wissens keinen Bestand haben kann (22 f.). Entsprechend schließt Sartre auch die Differenz zwischen »Wahrnehmungsbewußtsein« und »Wahrnehmung«; beide sind eins (ebd., 27).

Die eigentliche Rekonstruktion und Überwindung des Freudschen Unbewußten ist jedoch der »mauvaise foi«, der »Unaufrichtigkeit« vorbehalten. Sartre beschreibt mit ihr den Grundvorgang jener Selbstobjektivierung, der auch die Prozedur einer psychoanalytischen Behandlung überhaupt erst ermöglicht, und zwar am Beispiel *unserer* Angst, zu der wir nicht stehen: »So fliehen wir vor der Angst, indem wir versuchen, uns *von außen her* als *Anderen* oder als *ein Ding* zu erfassen« (114). In einer an Heideggers Uneigentlichkeit/Eigentlichkeit erinnernden Argumentation bin ich nach Sartre auch dann immer noch meine Angst, wenn ich ihr entkomme, von ihr nichts wissen will; »[...] wenn ich meine Angst bin, um vor ihr zu fliehen, setzt das voraus, daß ich mich gegenüber dem, was ich bin, dezentrieren kann, daß ich die Angst sein kann in der Form ›sie nicht zu sein‹, daß ich über ein nichtendes Vermögen innerhalb der Angst verfügen kann. Dieses nichtende Vermögen nichtet die Angst, insofern ich sie fliehe, und nichtet sich selbst, insofern *ich sie bin, um sie zu fliehen*. Das ist das, was man *Unaufrichtigkeit [mauvaise foi]* nennt. Es geht also nicht darum, die Angst aus dem Bewußtsein zu vertreiben oder sie als unbewußtes psychisches Phänomen zu konstituieren: sondern ich kann mich ganz einfach unaufrichtig in das Erfassen der Angst begeben, die ich bin, und diese Unaufrichtigkeit, die das Nichts, das ich mir gegenüber *bin*, ausfüllen soll, impliziert gerade dieses Nichts, das durch sie aufgehoben wird« (ebd., 115 f.).

Für Elisabeth Roudinesco ist Sartre »der erste französische Theoretiker, der eine wirkliche phänomenologische Lesart des Freudschen Unbewußten vorlegt« (Roudinesco 1990, 591).

Allerdings ist dies nicht der einzige Berührungspunkt von Sartres »phänomenologischer Ontologie« mit dem Freudschen Werk. Die Analysen der Angst und Scham begeben sich ebenso auf genuin psychoanalytisches Terrain wie die Rekonstruktionen der Einstellungen des »Masochismus« und des »Sadismus«. Daß es dabei zu keiner innigeren Auseinandersetzung mit freudianischen Positionen kommt, dürfte letztlich an fehlenden materialen Kenntnissen Sartres liegen. Jedenfalls ist das einzige Werk eines

Psychoanalytikers, aus dem zitiert wird, auch hier Stekels *Die Geschlechtskälte der Frau* (ebd., 131 f.). Folglich verwundert es auch nicht, daß Sartre da, wo er in geschlechtlichen Fragen konkret wird und etwa über das weibliche Geschlecht sinniert, sich zu einem Assoziationsbogen versteigt, der auch intellektuell in einen Abgrund namens *Loch* führt und bei dem man hart an sich halten muß, um nicht vorschnell die Angst vor einer *vagina dentata* zu attestieren (ebd., 1047 ff.; vgl. Sartre 1983/1984, 219 ff.). Um so weniger sollte man es als Koketterie nehmen, wenn Sartre von seinem eigenen Projekt der »existentiellen Psychoanalyse« sagt: »Diese Psychoanalyse hat ihren Freud noch nicht gefunden; allenfalls vermitteln gewisse besonders geglückte Biographien eine Ahnung davon« (ebd., 986). Und kündigt sofort anschließend sein Flaubert-Projekt an.

Andererseits darf nicht übersehen werden, daß bestimmte Darstellungen Sartres äußerst anregend für die Psychoanalyse waren. Das gilt besonders für die Analyse des *Blicks*. Wenn Sartre als Wahrheit des »Den-Andern-sehens« das »Vom-Andern-gesehen-werden« herausarbeitet, und zwar als »permanente Möglichkeit, von ihm gesehen zu werden« (ebd., 464), dann ist daran nicht nur die Nähe zu einem, freilich trivial aufgefaßten, Modell des Über-Ichs auffällig, sondern auch die damit gegebene Möglichkeit einer Ablösung des Blicks von konkreten schauenden Anderen. So manifestiert sich das Phänomen *Blick* bereits im Geräusch von Schritten, im Knacken von Zweigen, ja im Fenster eines Hauses: Daß ich es bin, der diesen *Blick* gleichsam imaginiert, tut dem Phänomen keinen Abbruch (465 f.). Sartres Analyse kulminiert im Blick durch das Schlüsselloch und dem sich einstellenden Affekt der Scham beim – tatsächlichen oder vorgestellten – Ertapptwerden in dieser Situation (467 ff.). Lacan hat in seiner eigenen Rekonstruktion des *Blicks* als eines Objekts im psychoanalytischen Sinne an Sartres Analyse die Dichte der Beschreibung gelobt, als ihren Mangel den Nicht-Bezug auf das Begehren des Subjekts getadelt (Lacan 1973/1978, 89 f.; Gondek 1998; Cremonini 2003).

Sartres zweites großes Werk, die *Kritik der dialektischen Vernunft*, genauer, die als »Methodenkapitel« vorweg veröffentlichte Schrift *Marxismus und Existentialismus*, zeigt eine gewisse Verschiebung an, denn im Rahmen eines Freudo-Marxismus kann Sartre der Freudschen Psychoanalyse nun eine positive Funktion zugestehen: »Allein die Psychoanalyse ermöglicht heute ein wirklich eingehendes Studium der ersten Versuche, in denen ein Kind noch ganz im Dunkeln tappend – ohne es zu begreifen – die ihm von den Erwachsenen auferlegte gesellschaftliche

Rolle zu spielen sucht; nur die Psychoanalyse kann uns zeigen, wie es an dieser Rolle erstickt, wie es sie abzustreifen versucht oder wie es gänzlich in sie hineinwächst.« Die gesuchte Verbindung mit dem Marxismus setzt aber auch sogleich der Psychoanalyse enge Grenzen: »Wie oft hat man es nicht unternommen, Robespierre psychoanalytisch zu untersuchen, ohne überhaupt zu verstehen, daß die Widersprüche in seinem Verhalten durch die objektiven Widersprüche seiner Lage bedingt waren?« (Sartre 1960/1964, 51). Letztlich plädiert Sartre sogar dafür, das Prinzip des dialektischen Widerspruchs in die Topik von Es, Ich und Über-Ich einzutragen (Sartre 1960/1967, 18); doch praktisch bleibt das Vorhaben folgenlos. Extrem kenntnisreich zeigt sich Sartre auch hier nicht.

Bei einem anderen Projekt konnte Sartre es sich nicht leisten, ohne ausreichende materiale Kenntnisse Position zu beziehen: 1958 wird Sartre von John Huston mit der Abfassung eines Drehbuchs für einen Film über die frühen Entdeckerjahre im Leben Freuds beauftragt. Was Sartre schließlich abliefert, hätte für einen siebenstündigen Film gereicht; Huston und Sartre überwerfen sich. Der Film wird auf der Grundlage einer umgearbeiteten Version von Sartres erstem *treatment* gedreht; er erweist sich als Flop. Sartre verweigert die Nennung seines Namens im Abspann (Pontalis 1984/1993; Koch 1990; Roudinesco 1990, 597–610). Sartre zog den ersten Band der Freudbiographie von Ernest Jones sowie den 1950 in zensierter Fassung veröffentlichten Freud-Fließ-Briefwechsel heran; die Dramaturgie, der er den Stoff unterwarf, war allerdings die konventionelle eines klassischen Helden der Wissenschaft, der sich im Ringen um die Wahrheit ebenso gegen borniert wie bösartige Widerstände durchzusetzen vermag. J.-B. Pontalis sieht den Charme der Veröffentlichung des Freud-Drehbuchs denn auch mehr in dem, was es über Sartre auszusagen vermag: »Ich glaube nicht [...], daß Sartre mit seinem Drehbuch eine originelle, persönliche ›Deutung‹ Freuds bietet. Dagegen würde ich eher glauben, daß Freud Sartre *gedeutet* hat [...]« (Pontalis 1984/1993, 25). Pontalis führt als Beleg an, daß Sartre nach dem Abenteuer mit der Drehbuch-Abfassung seine eigene Autobiographie beginnt, die in eine »Selbstanalyse« umschlägt, und daß er zu diesem Zweck beginnt, seine eigenen Träume aufzuzeichnen (ebd., 26). Roudinesco sieht gar eine enge Verbindung zwischen der Unterschlagung von Freuds Vaterkonflikt in Sartres *Freud* und dessen eigener Behauptung, nicht wie die Anderen einem *Über-Ich* zu unterstehen (Roudinesco 1990, 607 f.): »Es gibt keine guten Väter, das ist die Regel; die Schuld daran soll man nicht den Menschen geben, sondern dem Band der Vaterschaft, das faul ist. [...] Hätte mein Vater weitergelebt, er hätte mich mit seiner ganzen Länge überragt und dabei erdrückt. Glücklicherweise starb er sehr früh [...] War es ein Glück oder ein Unglück? Ich weiß es nicht; aber ich stimme gern der Deutung eines bedeutenden Psychoanalytikers zu: ich habe kein Über-Ich« (Sartre 1965/1984a, 18). Dieser bedeutende Psychoanalytiker kann Lacan mit Sicherheit nicht gewesen sein; im Gegenteil, gerade Lacan hat mit einer strukturalen Version des Ödipus- und Kastrationskomplexes und der Konzeption eines *Namen-des-Vaters* als symbolischer (von Leben und Tod unbetroffener) Vaterinstanz einer solchen konkretistischen Ausflucht aus dem Drama einen Riegel vorgeschoben.

Sartres ebenso monumentale wie unvollendete Studie über Flaubert, *Der Idiot der Familie* (1971–1972/1977–1980), kann mit Fug und Recht als *die* Ausführung *des* Projekts der existentiellen Psychoanalyse gelten, wiewohl sich auch viele Übereinstimmungen mit dem in Frankreich gepflegten Verfahren der *Psychokritik* finden lassen (Mauron 1963). Es bedürfte eingehender Analysen, um festzustellen, inwieweit die Verwendung psychoanalytischer Begrifflichkeit hier noch einen Rest Freudschen Denkens gewähren läßt – oder gar rehabilitiert – bzw. in welchem Umfang das Projekt der existentiellen Psychoanalyse es vermag, diese Begrifflichkeit in einen neuen geschlossenen und eigenständigen Denkzusammenhang so zu integrieren, daß sie, einen gänzlich neuen Sinn annehmend, darin aufgehen. Gegen Manfred Franks Mutmaßung, Sartres »eigentlicher Gesprächspartner« in diesem Werk sei Lacan (Frank 1980, 93), spricht freilich weniger dessen genau einmalige Nennung (Sartre, Bd. 1 1971/1977, 24) als vielmehr die Tatsache, daß dessen zentralen Begriffe »Signifikant«, »Signifikat« und »Signifikation« beinahe bis hin zur Parodie umgedeutet werden (ebd., 59).

Die postum veröffentlichten *Entwürfe für eine Moralphilosophie* bringen keine substantiell neuen Einsichten (vgl. z. B. Sartre 1983/2005, 347 f.). Und Sartres Veröffentlichung des Manuskripts von dem *Narr mit dem Tonbandgerät* 1969 in *Les Temps Modernes* (1969/2001) kann man ebenso getrost als den »Tiefpunkt« von »Sartres Auseinandersetzung mit der Psychoanalyse« ansehen (Cremonini 2003, 190), wie man Sartres Zurückweisung der Behauptung, er habe sich damit über die Psychoanalyse nicht lustig machen wollen, für eine gute Illustration der »mauvaise foi« halten kann.

Merleau-Ponty: Vom Leib zum Fleisch

Für den frühen Merleau-Ponty der 1940er Jahre läßt sich bezüglich seines Verhältnisses zur Psychoanalyse ungefähr dasselbe konstatieren wie für den Sartre derselben Phase – was nicht zu verwundern braucht, da Merleau-Ponty wie Sartre intellektuell mit Husserl, Heidegger, Jaspers und Scheler sowie den führenden Autoren der *Gestalttheorie* (Goldstein, Koffka, Wertheimer) groß geworden ist: Die materialen Kenntnisse psychoanalytischer Schriften sind bescheiden; die Abwehr wenig fundiert, aber massiv. In *Die Struktur des Verhaltens*, im Original 1942 erschienen, wird Freud kein einziges Mal wörtlich zitiert. Vorgeworfen wird ihm dennoch der »Mißbrauch des kausalen Denkens« (1942/1976, 202), die Verwendung problematischer »energetische[r] Metaphern« sowie das überzogen verallgemeinerte Konzept der *libido* (ebd., 205). Generell vermißt Merleau-Ponty das Normale bei Freud – »Das Werk Freuds ist nicht eine Darstellung der menschlichen Existenz, sondern ein Verzeichnis von Anomalien, so häufig sie auch auftreten mögen« – und damit die Grundlage für eine Transzendierung der »Freudschen Mechanismen« (ebd.). *Transzendenz* wird generell zum Gegenentwurf zu Freuds (verkürzt aufgefaßtem) Konzept der *Regression* (Gondek 2000, 183). Ansonsten beschränkt sich der Autor darauf, die Kritiken von Politzer und Goldstein beifällig zu referieren.

Gegenüber dem Erstlingswerk weist die *Phänomenologie der Wahrnehmung* von 1945 einen klaren Wechsel in der Perspektive auf: Denn nun wird der *Leib* nicht mehr aus psychologischer Außenbetrachtung, sondern aus der inneren Erfahrung heraus betrachtet. Daß damit indes »eine intensivere Freud-Auslegung spürbar« werde (Stoller 1999, 55), scheint kaum belegbar. Daß Freud erstmals im Wortlaut zitiert wird – dreimal aus zwei verschiedenen Schriften (Merleau-Ponty 1945/1966, 189, 194) –, dürfte das kaum bestätigen; denn außer einer erkennbaren Zustimmung zu Freuds Begriff der Überdeterminierung und einer Zurücknahme des alten »Mechanismus«-Verdikts über Freuds materiale Untersuchungen gibt dies nichts her. Und das Zugeständnis einer Nähe Freuds zu phänomenologischen Methoden wird durch das Adverb »unwissentlich« klar unterlaufen (ebd., 189). In diesem Kontext erhält auch der scheinbar unvermeidliche Freud-Schüler Stekel (von Merleau-Ponty selbst als »abtrünnig« bezeichnet) seinen Auftritt; ausgerechnet dessen Buch über *Die Geschlechtskälte der Frau* wird als Beleg dafür genommen, daß es der Psychoanalyse nicht um eine »Biologisierung der Psychologie«, sondern um das Aufzeigen einer »dialektische[n] Bewegung« gehe, in der »die Geschlechtlichkeit wieder dem Ganzen des Menschseins integriert« werde (ebd., 189). Polemisch formuliert, könnte man sagen, daß die auffälligste Veränderung in Merleau-Pontys Einstellung zur Psychoanalyse in der Auswechslung der angeführten Kritiker besteht: An die Stelle von Politzer und Goldstein treten nun Sartre und Binswanger (Gondek 2000, 185 ff.).

Ein anderes Bild vermitteln die Vorlesungen, die postum in Form von Mitschriften und Aufzeichnungen zugänglich gemacht wurden. In den Vorlesungen, die Merleau-Ponty 1949–1952 am Lehrstuhl für Kinderpsychologie und Pädagogik an der Sorbonne hält, werden nicht nur die Entwicklung des Ödipuskomplexes und die Stadien der prägenitalen Sexualität, die Triebtheorie und die zweite Topik Freuds kompetent dargestellt, sondern auch Anna Freud und Melanie Klein mit ihren jeweiligen Ansätzen zur Psychoanalyse des Kindes, Jacques Lacan mit seiner Theorie des Spiegelstadiums und dem Enzyklopädie-Aufsatz von 1938 über die Familie (Lacan 1938/1980) sowie namhafte Vertreter der zweiten und dritten Generation nach Freud (Erikson, Glover, Lagache, O. Mannoni usw.) kommen zu Wort. Die Darstellung ist frei von jeder Polemik, in der Sache geht es um einen Theorievergleich mit psychologischen Ansätzen. So wird etwa Lacans Spiegelstadium mit den psychologischen Überlegungen Henri Wallons zum Verhalten des Kleinkindes gegenüber dem Spiegel konfrontiert, und Merleau-Ponty arbeitet sehr präzise den Zugewinn der Lacanschen Version heraus (Merleau-Ponty 1995/2000a, 324 f.). Merleau-Ponty unterscheidet zwischen einer »Psychoanalyse im engeren Sinne« und einer »im weiteren Sinne«: Zur ersten Kategorie zählt er Freuds Werk mit seiner Theorie der infantilen Sexualität (die allerdings noch die Sexualität des Erwachsenen prägt) und der Hypothese des Unbewußten, zur zweiten sollen mehr die Arbeiten von Politzer, Bachelard (der freilich mehr von Jungs Archetypenlehre beeinflußt war), Sartre (die existentielle Psychoanalyse) und schließlich Lacan mit seinem Artikel über *Die Familie* (der in der Tat einen Ausflug in die Ethnologie/Soziologie der Familie beinhaltet) gehören (Merleau-Ponty 1995/2000a, 108).

Der vielversprechende Ansatz der Sorbonne-Vorlesungen wird von Merleau-Pontys einschlägigen Aufsätzen aus den 1950er Jahren nur bedingt eingelöst. So reiht der Vortrag von 1951, »Der Mensch und die Widersetzlichkeit der Dinge«, zwar Freud in die Phalanx der wesentlichen Autoren der ersten Hälfte des 20. Jh.s ein – neben Gide, Valéry, Proust, Husserl und Heidegger –, allerdings um den Preis einer starken Verkürzung und Verleugnung. So wird der »Trieb« um all das gebracht, was ihn als Trieb bei Freud auszeichnet, und stellt sich am Ende als die »geistige Bindung« heraus, die das Kind mit seinen Eltern unterhält. »Das Wesen der Theorie Freuds besteht jedoch in dem Nachweis, daß der Mensch in diesem Sinne keinen Sexualtrieb hat [. . .]« (Merleau-Ponty 1960, 1961/1984, 118). Ähnliches widerfährt dem »proteushaften Begriff« des Unbewußten, der sich schon bei Freud selbst anerkanntermaßen als »unausgereift« dargestellt habe, und für den Merleau-Ponty nach einer an Sartres *Das Sein und das Nichts* erinnernden Argumentation die Ersetzung durch den Ausdruck *»perception ambiguë«*, »doppelsinnige Wahrnehmung« empfiehlt (ebd., 120 f.). Das Gesetz dieser Übersetzung(sbedürftigkeit) der Psychoanalyse und die Grundlage für das eingenommene vormundschaftliche Verhältnis formuliert Merleau-Ponty in seinem »Vorwort« zu Angelo Hesnards *L'Œuvre de Freud et son importance pour le monde moderne* von 1960. Es gilt, »die Psychoanalyse von der szientistischen oder objektivistischen Ideologie [zu] trennen, das Freudsche Unbewußte als ein archaisches oder primordiales Bewußtsein an[zu]sehen, das Verdrängte als einen Erfahrungsbereich, den wir nicht integriert haben« usw.; kurzum: »Die Phänomenologie stellt hier der Psychoanalyse Kategorien und Ausdrucksmittel zur Verfügung, deren sie bedarf, um ganz sie selbst zu sein« (Merleau-Ponty 1960/2000b, 325). Eine Alternative wäre, »Freud wie einen Klassiker lesen zu lernen«; in dem Fall wäre es angebracht, das Unbewußte »weiterhin das Unbewußte zu nennen – unter der Bedingung allerdings, daß man weiß, daß dieses Wort auf ein Rätsel verweist« (ebd., 330). Pontalis stellt zu Recht fest, daß Merleau-Ponty Freud sehr selektiv wahrgenommen habe, mit klaren Vorlieben für jene Passagen, in denen Freud am phänomenologischsten erschien (etwa mit dem sehr allgemeinen Sinnbegriff der *Traumdeutung* oder in dem in archäologischer Metaphorik schwelgenden Text über Jensens *Gradiva* [GW VII, 29–125]), daß aber das Freudsche Unbewußte als eigenes System, und zwar als ein System des (unbewußten) Denkens, für Merleau-Ponty stets ein Stein des Anstoßes blieb (Pontalis 1965/1974, 72 ff.). Die 2003 veröffentlichten Notizen der Vorlesung über *Passivität*, auf die sich Pontalis stützt, bestätigen dies vollkommen (Merleau-Ponty 2003, 202 f., 220 f.).

Einen weiteren Schritt der Annäherung an die Freudsche Psychoanalyse findet man – in Spuren – in den postum veröffentlichten Schriften. Das unter dem Titel *Das Sichtbare und das Unsichtbare* veröffentlichte unabgeschlossene Manuskript plus Arbeitsnotizen zeigt den Phänomenologen bei der Ausarbeitung eines Unternehmens, das er selbst als »Ontologie des Inneren« (Merleau-Ponty 1964/1986, 299) oder »Intra-Ontologie« (ebd., 288) bezeichnet. Es steht nicht länger die aktive Erfahrung der Wahrnehmung in ihren den Leib bestimmenden Qualitäten im Zentrum, sondern ihr vorausgehend die ontologische Rekonstruktion jener quasi infrastrukturellen Beziehungen, die Berühren und Berührbarkeit, Sehen und Sichtbarkeit usw. zueinander verhalten. Es geht Merleau-Ponty um das Aufdecken einer »Zwischenleiblichkeit« (ebd., 185), eines »Fleisches der Welt« (181 f.), das als »Stoff« oder »Element« für übergreifende Beziehungen zwischen Sichtbarem und Sehendem, Berührbarem und Berührendem herhalten kann, die Merleau-Ponty als Überlappung, Verflechtung, Höhlung, Einrollung, ja als »Einfaltung«, »Einstülpung« (199) und »Reversibilität« (187 ff., 201 ff., 330 f.) beschreibt: z. B. das Sehende als Ausstülpung des Sichtbaren, als eine aus dem Sichtbaren hervorgehende »Selbst«bezüglichkeit. Folglich ist der (menschliche) Leib selbst von diesem »Fleisch der Welt« her zu denken und nicht umgekehrt.

Für diese »Philosophie des Fleisches« reklamiert Merleau-Ponty als Vorläufer die Freudsche Psychoanalyse (ebd., 335, 338): »Die Philosophie von Freud ist also nicht Philosophie des Körpers, sondern Philosophie des Fleisches – Das Es, das Unbewußte, – und das Ich (Korrelate) vom Fleisch aus zu begreifen [...]« (ebd., 338 f., vgl. 335). Es ist nicht immer ganz klar, in welchem Maße entweder die frühkindlichen, zu einem guten Teil phantasmatisch geprägten Beziehungen des kleinen Kindes zum mütterlichen Leib, wie bei Melanie Klein beschrieben, oder die Beziehungen zu den Elementen gemeint sind, über die sich Gaston Bachelard seine Gedanken gemacht hat (Bachelard 1938/1959; 1957/1975; 1960). Das gilt selbst noch für die konkreten Bezugnahmen, etwa auf die Analyse des *Wolfsmanns* (die sich generell unter Phänomenologen großer Beliebtheit erfreut) und der »Assoziationen«, die vom Schmetterling zur Birne und zur Amme Gruscha führen bzw. der Assoziation der Espe [(W)espe] mit den Initialen des Patienten (S. P.) (GW XII, 27–157): Diese »sind in Wirklichkeit ›Strahlen‹ der Zeit und der Welt« (Merleau-Ponty 1964/1986, 303), und das »Unglaubliche« der Freudschen Analysen rührt daher, daß man sie fälschlicherweise »in einem Denker realisiert«; indes: »Alles spielt sich im nicht-konventionellen Denken ab« (ebd., 304).

Man kann nicht abschließend beurteilen, wohin das durch den frühen Tod unterbrochene Vorhaben

einer »*ontologische[n]* Psychoanalyse« (338) Merleau-Ponty in seinem Verhältnis zur Freudschen Psychoanalyse noch geführt hätte. Den Bemühungen um eine strukturalistische Reformulierung der Beziehungen von Sprache und Psyche hat sich Merleau-Ponty versagt – trotz seiner Freundschaft mit Jacques Lacan (vgl. Lévi-Strauss/Eribon 1988/1989, 112 f.). Das hat Lacan mitnichten daran gehindert, das Erscheinen von *Das Sichtbare und das Unsichtbare* in seinem Seminar 1964 ausführlich zu würdigen und auf dieser Folie seine eigene Auffassung vom Sehen, vom Sichtbaren und vom Blick zu entwickeln (1973/1978, 77; Baas 1998).

Paul Ricœur: Archäologie des Subjekts und Teleologie des Bewußtseins

Paul Ricœur ist der erste unter den französischen Phänomenologen, der sich auf das Unternehmen einer Gesamtdeutung der Freudschen Theorie einläßt. Bereits 1950 hatte er in *Le Volontaire et l'Involontaire*, dem ersten einer auf drei Bände geplanten *Philosophie des Willens*, die Auseinandersetzung mit der Psychoanalyse gesucht; doch hier war das Resultat noch eine massive Ablehnung, da die Psychoanalyse aufgrund ihrer »mechanistischen« Auffassung und dem daraus resultierenden »Realismus« des Unbewußten keinen wertvollen Beitrag zu der von Ricœur angestrebten Philosophie des Willens als Philosophie der Freiheit leisten könne: Sie verschaffe nicht nur keinen oder bloß einen reduktiven Zugang zu den höheren Kulturleistungen, sondern führe auch wegen ihrer »Vorliebe für Abstiege in die Unterwelten« außerhalb ihres therapeutischen Wirkens zur kulturellen Erniedrigung (Ricœur 1950, 352 ff.; Waldenfels 1983/1987, 285 f.; Welsen 1986, 20 ff.).

Die im Gegensatz zwischen einem *Realismus* des Unbewußten und einem *Idealismus* des Bewußtseins verwirklichte Frontstellung sollte auch die spätere Beschäftigung mit Freud prägen – nur daß Ricœur nun die einseitige Zuordnung aufgibt, die Polarität ins Freudsche Werk hineinversetzt und sich darauf beschränkt, das unzureichend ausgeprägte Moment des *Bewußtseins* bzw. des *Geistes* gegen die herkömmliche Freud-Deutung stärker zu machen. Das ist die Ausgangslage der großen Freud-Interpretation, die Ricœur 1965 unter dem Titel *Die Interpretation. Ein Versuch über Freud* vorlegt. Das Werk besteht aus drei »Büchern«: einer *Problematik* oder Exposition von »Freuds Situation«, einer *Analytik* oder »Freud-Lektüre«, die eine ungemein material- und kenntnisreiche Untersuchung zentraler Texte des Freudschen Werks und der Sekundärliteratur enthält, und einer

Dialektik, worunter der Autor eine »philosophische Freud-Interpretation« versteht. *Freuds Situation* sieht Ricœur durch den »Streit der Interpretationen« geprägt, in dem sich etwa eine »Phänomenologie der Religion«, die auf eine »Remystifizierung der Rede (discours)« abhebt, und eben die Psychoanalyse als eine »Entmystifizierung der Rede« gegenüberstehen (Ricœur 1965/1974, 55). Streitpunkt ist insbesondere das Verständnis des Symbols, das entweder als Entstellung eines verborgenen und gar nicht heiligen Sinns oder aber als Offenbarung eines tiefen menschlichen Sinns gelesen werden kann. Freud rückt so in eine Reihe mit Marx und Nietzsche als Vertreter einer »Schule des Zweifels« oder Argwohns (ebd., 46).

Aber Ricœur liest Freud mitnichten nur unter einer hermeneutischen Perspektive. Vielmehr baut er sich eine geschickte Konstruktion auf, die es ihm ermöglicht, weit tiefer in die Freudsche Problematik einzudringen, ohne dafür gänzlich seinen phänomenologisch-hermeneutischen Boden aufzugeben: Er rekonstruiert den Freudschen Diskurs als einen »gemischten, ja ambigen Diskurs« (79), und das nicht nur im Sinne des Zwiespalts im Symbolbegriff, sondern in einer Spannung, die sich als ein »offenbares Dilemma« darstellen wird: »[...] die Psychoanalyse wird uns abwechselnd als die Erklärung psychischer Phänomene durch Kräftekonflikte erscheinen, folglich als Energetik, und als die Exegese des manifesten Sinns durch einen latenten Sinn, folglich als Hermeneutik« (76). Es geht darum, die angemessene Bewegungsform zu finden: »[...] die Aufgabe [...] wird darin bestehen, die Kluft der beiden Diskursordnungen zu übersteigen und den Punkt zu erreichen, an dem zu begreifen ist, daß die Energetik durch eine Hermeneutik *hindurchgeht* und daß die Hermeneutik eine Energetik *entdeckt*« (79). So steht etwa der *Traum*, wie Freud ihn analysiert und deutet, »zwischen Sinn und Kraft« – zu ersterem zieht ihn sein Erzählcharakter, zu letzterem zielt ihn sein Bezug zum »Wunsch« bzw. *Begehren*, das Ricœur in eine Reihe mit Spinozas *conatus*, Leibniz' *appetitus* und Nietzsches *Willen zur Macht* stellt (104).

Eine zentrale Schwäche, die Ricœur bei Freud erkennt, ist die Abstraktheit (insbesondere) der (ersten) Topik. Ricœur führt das auf eine »solipsistische« Grundanlage bzw. das Fehlen einer Theorie der Intersubjektivität bei Freud zurück (75). Dies gilt vor allem für die theoretische Konzeption der psychoanalytischen Praxis, die nach Ricœur nur als ein Vorgang zwischen zwei Bewußtseinen gedacht werden kann. Und so bildet die Hegelsche *Phänomenologie des Geistes* die Folie für eine bedeutsame Ergänzung der Freudschen Theorie: Während Freud vor allem

den Strang einer »Archäologie des Subjekts« bestens ausgeführt habe, sei der Strang einer »Teleologie des Bewußtseins« vernachlässigt worden. Ricœur zeigt das, gut nachvollziehbar, an bestimmten Ambivalenzen und Leerstellen in der Theorie der Identifizierung und der Sublimierung. Freuds eigene Beschreibung dreier Formen der *Identifizierung* stützt sich implizit auf eine Unterscheidung zwischen einem *Wunsch, zu sein wie* und einem *Wunsch zu haben*; doch der *Wunsch zu sein wie* wird nur vermeintlich aus dem *Wunsch zu haben* hergeleitet (490 ff.).

Und Freuds Theorie der Sublimierung krankt daran, daß sie zwar die Quelle der Triebkräfte benennen kann, aus denen sich die Sublimierung speist, aber nichts über die Richtung und die ethische Qualität des Sublimierungsvorgangs zu sagen weiß (495 ff.). Ricœur liest diese spezifischen Schwierigkeiten, in die Freud sich bringt, im Interesse, an ihnen aufzuzeigen, wie sich bei Freud »eine thematische Archäologie des Unbewußten mit einer nicht thematisierten Teleologie des ›Bewußtwerdens‹ (verbindet)« (472).

Man kann sich natürlich fragen, ob Hegels *Phänomenologie des Geistes* als »teleologische Dialektik« (477) der Praxis der Psychoanalyse jene Prozessualität eintragen kann, die ihr nach Ricœur angeblich fehlt. Hier stößt der Philosoph sicherlich an Grenzen seiner Kompetenz. Dennoch kann man seinen »Versuch über Freud« mitnichten einfach abtun. Erstaunlicherweise sind genau die Philosophen, auf die er sich in seiner Initiative stützt – neben Hegel vor allem Spinoza – auch bei Lacan, zumindest im Werk der 1950er und frühen 1960er Jahre, ähnlich präsent. Der Unterschied ist vielleicht geringer, als es die Begriffstitel »Dialektik des Bewußtseins« und »Dialektik des Begehrens« vermuten lassen, und wäre auf jeden Fall eine nähere Auslotung wert.

Ricœur ist im weiteren Verlauf seiner Auseinandersetzung mit dem »Streit der Interpretationen« noch des öfteren präzisierend, erweiternd und verteidigend auf seine Freud-Interpretation eingegangen (Ricœur 1969a/1973; 1969b/1974). In seiner späteren Erzähltheorie (Ricœur 1983–1985/1988–1991) oder in seinem Alterswerk über Geschichte und Gedächtnis (Ricœur 2000/2004) spielen Freud oder die Psychoanalyse kaum mehr eine Rolle.

Ausblick auf die neuere französische Phänomenologie

Der für die französische Phänomenologie äußerst wichtige jüdische Denker Emmanuel Lévinas hat selbst keinen über Andeutungen hinausgehenden Bezug auf die Freudsche Psychoanalyse genommen. Dennoch hat seine Konzeption eines (metaphysischen) Begehrens und einer Ethik des Anderen als anderen Menschen, der mich ethisch immer schon angeht, bevor ich überhaupt selbst als Ich initiativ werde, Interpretationen provoziert, die eine gewisse Nähe zu Freud und/oder Lacan zu erkennen glaubten. Vor allem mit seinem zweiten Hauptwerk, *Jenseits des Seins*, hatte Lévinas durch die Verwendung psychopathologisch besetzter Termini wie ›Verfolgung‹, ›Trauma‹ und ›Psychose‹ solchen Überlegungen Vorschub geleistet (Lévinas 1961/1987, 1974/1992; Weber 1990; Schneider 1991; Gondek 1992; Assoun 1993). Auch Michel Henry, der sich in einer Vielzahl von Werken darum bemüht, die Phänomenologie auf eine »Selbstbewegung« und »Selbstaffektivität« des Lebens zu gründen, hat in seiner *Généalogie de la psychanalyse* die Freudschen Grundbegriffe entsprechend zu rekonstruieren versucht (Henry 1985).

Der Merleau-Ponty nahestehende Alphonse de Waelhens hat allen Vorbehalten gegen die Freudsche Auffassung vom Unbewußten zum Trotz u.a. ein Buch über *Die Psychose* (1972) geschrieben, in dem neben daseinsanalytischen Ansätzen auch solche der Psychoanalyse, darunter Lacan, ausführlich diskutiert werden. Unter den jüngeren Autoren ist neben Rudolf Bernet, der sich in diversen Arbeiten von der Husserlschen Phänomenologie her der Freudschen und Lacanschen Psychoanalyse nähert (Bernet 1998, 2001), vor allem Marc Richir zu nennen. *Phénoménologie et institution symbolique* (1988) läßt sich explizit von Freuds *Wiederholungszwang* und *Todestrieb* und deren spezifisch Lacanschen Variationen anregen (Richir 1988). *Phénoménologie en esquisses* (2000) bietet eine phänomenologische Rekonstruktion des Freudschen Primärvorgangs an. Und die Hinwendung zu den Grundproblemen der Psychopathologie im jüngsten Werk des Autors, *Phantasia, imagination, affectivité* (2004), wird von einem von Husserl her ausgearbeiteten Begriff von Einbildung und Phantasie mit Hilfe von Freud und Binswanger in Angriff genommen.

Literatur

Assoun, Paul-Laurent: Le sujet et l'autre chez Lévinas et Lacan. In: *Rue Descartes* 7 (1993) 123–145.

Baas, Bernard: *De la Chose à l'objet*. Brüssel 1998.

Bachelard, Gaston: *Psychoanalyse des Feuers*. Stuttgart 1959 (frz. 1938).

–: *Poetik des Raumes*. Frankfurt a.M. 1975 (frz. 1957).

–: *La poétique de la rêverie*. Paris 1960.

Bedorf, Thomas: *Dimensionen des Dritten*. München 2003.

Bernet, Rudolf: Trieb und Transzendenz. Zur Theorie der Sublimierung. In: Bernhard Waldenfels/Iris Därmann (Hg.):

Der Anspruch des Anderen. Perspektiven phänomenologischer Ethik. München 1998, 197–217.

–: Das traumatisierte Subjekt. In: Matthias Fischer/Hans-Dieter Gondek/Burkhard Liebsch (Hg.): *Vernunft im Zeichen des Fremden. Zur Philosophie von Bernhard Waldenfels*. Frankfurt a.M. 2001, 225–252.

Cabestan, Philippe: Sartre und Lévinas: Die Frage des Subjekts. In: Thomas Bedorf/Andreas Cremonini (Hg.): *Verfehlte Begegnung. Lévinas und Sartre als philosophische Zeitgenossen*. München 2005, 123–137.

Cremonini, Andreas: *Die Durchquerung des Cogito. Lacan contra Sartre*. München 2003.

Frank, Manfred: Das Individuum in der Rolle des Idioten. Die hermeneutische Konzeption des *Flaubert*. In: Traugott König (Hg.): *Sartres Flaubert lesen. Essay zu Der Idiot der Familie*. Reinbek 1980, 84–108.

Gondek, Hans-Dieter: Cogito und Séparation – Lacan/Lévinas. In: *Fragmente* 38/39 (1992), 43–76.

–: Der Blick – zwischen Sartre und Lacan. In: *RISS* 1 (1998), 175–196.

–: Der Leib, das Unbewußte und das Fleisch. Merleau-Ponty und die Psychoanalyse. In: Regula Giuliani (Hg.): *Merleau-Ponty und die Kulturwissenschaften*. München 2000, 178–198.

Harasym, Sarah (Hg.): *Lévinas and Lacan. The Missed Encounter*. Albany 1998.

Henry, Michel: *Généalogie de la Psychanalyse. Le commencement perdu*. Paris 1985.

–: Ricœur et Freud: entre psychanalyse et phénoménologie. In: Jean Greisch/Richard Kearnay (Hg.): *Paul Ricœur. Les Métamorphoses de la raison herméneutique*. Paris 1991, 127–143.

Hodard, Philippe: *Sartre. Entre Marx et Freud*. Paris 1979.

Jaspers, Karl: *Allgemeine Psychopathologie*. Berlin 1913.

Juranville, Alain: *La philosophie comme savoir de l'existence*. 3 Bde. Paris 2000.

–: Der Andere und das Wissen. In: Thomas Bedorf/Andreas Cremonini (Hg.): *Verfehlte Begegnung. Lévinas und Sartre als philosophische Zeitgenossen*. München 2005, 139–163.

Koch, Gertrud: Sartre projette Freud sur l'écran. In: *Les Temps modernes* 4 (1990), 569–588.

Lacan, Jacques: *Über die paranoische Psychose in ihren Beziehungen zur Persönlichkeit*. Wien 2003 (frz. [1932] 1975).

–: Rezension von E. Minkowskis *Le temps vécu. Études phénomenologiques*. In: *Recherches philosophiques* 5 (1935/36), 424–431.

–: Die Familie. In: *Schriften III*. Olten/Freiburg i.Br. 1980, 39–100 (frz. 1938).

–: *Die vier Grundbegriffe der Psychoanalyse*. Olten/Freiburg i.Br. 1978 (frz. 1973).

Lévinas, Emmanuel: *Totalität und Unendlichkeit*. Freiburg/München 1987 (frz. 1961).

–: *Jenseits des Seins oder anders als Sein geschieht*. Freiburg/München 1992 (frz. 1974).

Lévi-Strauss, Claude/Didier Eribon: *Das Nahe und das Ferne*. Frankfurt a.M. 1989 (frz. 1988).

Mauron, Charles: *Des métaphores obsédantes au mythe personnel. Introduction à la psychocritique*. Paris 1963.

Merleau-Ponty, Maurice: *Die Struktur des Verhaltens*. Berlin/New York 1976 (frz. 1942).

–: *Phänomenologie der Wahrnehmung*. Berlin/New York 1966 (frz. 1945).

–: Vorwort (zu Angelo Hesnard: *L'Œuvre de Freud et son importance pour le monde moderne*). In: Regula Giuliani (Hg.): *Merleau-Ponty und die Kulturwissenschaften*. München 2000b, 325–331 (frz. 1960).

–: *Das Auge und der Geist*. Hamburg 1984 (frz. 1960, 1961).

–: *Das Sichtbare und das Unsichtbare*. München 1986 (frz. 1964).

–: *Keime der Vernunft. Vorlesungen an der Sorbonne 1949-1952*. München 1994 (frz. 1988).

–: *Die Natur. Vorlesungen am Collège de France 1956-1960*. München 2000a (frz. 1995).

–: *L'Institution. La Passivité. Notes de cours au Collège de France* (1954–1955). Paris 2003.

Minkowski, Eugène: *Die gelebte Zeit*. 2 Bde. Salzburg 1971 (frz. 1933).

Politzer, Georges: *Kritik der Grundlagen der Psychologie*. Frankfurt a. M. 1978 (frz. 1928).

–: *Kritik der klassischen Psychologie*. Köln 1974 (frz. 1929).

Pontalis, J.-B.: Vorwort. In: Jean-Paul Sartre: *Freud. Das Drehbuch*. Reinbek 1993, 9–30 (frz. 1984).

–: *Aus dem Blick verlieren. Im Horizont der Psychoanalyse*. München 1991 (frz. 1988).

–: Das Problem des Unbewußten bei Merleau-Ponty. In: Ders.: *Nach Freud* [1968]. Frankfurt a.M. 1974, 66–84 (frz. 1965).

Richir, Marc: *Phénoménologie et institution symbolique*. Grenoble 1988.

–: Phänomenologisches und symbolisches Bewußtsein und Unbewußtes: Der Primärvorgang im Traum. In: Ders.: *Das Abenteuer der Sinnbildung. Ansätze zur Phänomenalität der Sprache*. Wien 2000, 111–155 (frz. 2000).

–: *Phantasia, imagination, affectivité*. Grenoble 2004.

Ricœur, Paul: *Le volontaire et l'involontaire*. Paris 1950.

–: *Die Interpretation. Ein Versuch über Freud* [1969]. Frankfurt a. M. 1974 (frz. 1965).

–: *Hermeneutik und Strukturalismus*. München 1973 (frz. 1969a).

–: *Hermeneutik und Psychoanalyse*. München 1974 (frz. 1969b).

–: *Zeit und Erzählung*. 3 Bde. München 1988–91 (frz. 1983–85).

–: *Gedächtnis Geschichte Vergessen*. München 2004 (frz. 2000).

Roudinesco, Elisabeth: Sartre lecteur de Freud. In: *Les Temps modernes* 4 (1990), 589–613.

–: *Jacques Lacan. Bericht über ein Leben, Geschichte eines Denksystems*. Köln 1996 (frz. 1993).

Sartre, Jean-Paul: *Die Transzendenz des Ego. Philosophische Essays 1931-1939*. Reinbek 1982a.

–: *Das Imaginäre. Phänomenologische Psychologie der Einbildungskraft*. Reinbek 1971 (frz. 1940).

–: *Das Sein und das Nichts. Versuch einer phänomenologischen Ontologie*. Reinbek 1991 (frz. 1943).

–: *Saint Genet, Komödiant und Märtyrer*. Reinbek 1982b (frz. 1952).

–: *Marxismus und Existentialismus. Versuch einer Methodik*. Reinbek 1964 (frz. 1960).

–: *Kritik der dialektischen Vernunft. 1. Band: Theorie der gesellschaftlichen Praxis*. Reinbek 1967 (frz. 1960).

–: *Die Wörter* [1968]. Reinbek 1984a (frz. 1965).

–: *Der Idiot der Familie*. 5 Bde. Reinbek 1977–1980 (Paris 1971–1972).

–: *Tagebücher. November 1939 – März 1940*. Reinbek 1984b (frz. 1983).

–: *Entwürfe für eine Moralphilosophie*. Reinbek 2005 (frz. 1983).

–: *Freud. Das Drehbuch*. Reinbek 1993 (frz. 1984).

–: Der Narr mit dem Tonband oder Die psychoanalysierte Psychoanalyse. In: Peter Knopp/Vincent von Wroblewsky (Hg.): *Jean-Paul Sartre. Carnets 2000*. Berlin/Wien 2001, 131–147 (frz. 1969).

Scheler, Max: *Wesen und Formen der Sympathie* [1912/1922]. In: *Gesammelte Werke*. Bd. 7. Bern 1973, 7–258.

Schneider, Monique: La proximité chez Lévinas et le *Nebenmensch* freudien. In: *L'Herne 60: Emmanuel Lévinas*. Paris 1991, 431–443.

Stekel, Wilhelm: *Die Geschlechtskälte der Frau*. Berlin 1921.

Stoller, Silvia: Merleau-Pontys Psychoanalyse-Rezeption. In: *Phänomenologische Forschungen* 1999, 43–76.

Verweyst, Markus: *Das Begehren der Anerkennung. Subjekttheoretische Positionen bei Heidegger, Sartre, Freud und Lacan*. Frankfurt a. M. 2000.

Waelhens, Alphonse de: *La Psychose. Essai d'interprétation analytique et existentiale*. Louvain/Paris 1972.

Waldenfels, Bernhard: *Phänomenologie in Frankreich* [1983]. Frankfurt a. M. 1987.

Waltz, Matthias: *Ordnung der Namen*. Frankfurt a. M. 1993.

Weber, Elisabeth: *Verfolgung und Trauma*. Wien 1990.

Welsen, *Philosophie und Psychoanalyse. Zum Begriff der Hermeneutik in der Freud-Deutung Paul Ricœurs*. Tübingen 1986.

Hans-Dieter Gondek

Jacques Lacans »Rückkehr zu Freud«

Person und Werk von Jacques Lacan im Kontext der philosophischen Beschäftigung mit Freud in Frankreich zu diskutieren, ist problematisch. Seinem Selbstverständnis als praktizierender Psychoanalytiker, der sich in Theorie und Praxis stets als Freudianer verstanden hat, wird man damit keineswegs gerecht. Andererseits hat Lacan unbestreitbar die Freudsche Psychoanalyse massiv und gezielt in einer Weise reformuliert, daß sie für die philosophischen und geisteswissenschaftlichen Theoriedebatten der 1950er bis 1980er Jahre anschlußfähig und selbst befruchtend wurde; so hat auch die Lacan-Rezeption zumindest in der frühen Phase vor allem in den Geisteswissenschaften stattgefunden (Gondek/Schmid/Widmer 1996). Zudem hat sich Lacan mit nahezu allen anderen hier diskutierten Denkern auseinandergesetzt; mit einigen war er befreundet (Roman Jakobson, Claude Lévi-Strauss, Maurice Merleau-Ponty).

Für Lacans Reformulierung der Freudschen Psychoanalyse lassen sich (die frühe Phase der Aneignung der Psychoanalyse – 1930–1939 – bleibt hier ausgeklammert) summarisch drei Phasen unterscheiden, die sich allerdings mehr nach äußeren Parametern richten, als daß sich intern zwingend eine solche Untergliederung abzeichnet: die Neubegründung der Psychoanalyse als strukturale Theorie (1945–1963); die Theorien der Sexuierung und der Subjektivierung (1964–1973); die späten Versuche der Formalisierung (1974–1979).

Die Jahre 1945–1953

Die erste Phase von Lacans Durcharbeitung und Reformulierung des Freudschen Werkes setzt systematisch im Jahr 1953 ein, als nach der Spaltung der *Société psychanalytique de Paris* (SPP) Lacan als führender, für die Ausbildung zuständiger Vertreter der neu gegründeten *Société française de psychanalyse* (SFP) sein bislang seit 1951 privat betriebenes Seminar zum offiziellen Ausbildungsseminar umwidmet und zudem durch zwei wegweisende Vorträge seine Position als Erneuerer der Psychoanalyse geltend macht. Dieser institutionellen wie theoretischen Zäsur gehen (neben weiteren) zwei Texte voraus, deren Wirkung sich durch das weitere Werk hindurchzieht und die selbst dabei immer wieder neue Einbindungen und Überarbeitungen erfahren.

Für sich genommen scheint der 1945 unmittelbar nach der Befreiung veröffentlichte Text über *Die logische Zeit und die Assertion der antizipierten Gewißheit* (1966/1980a – Lacans erste öffentliche Wortmeldung seit 1938) eher einen Ausflug in die gehobene Kultur intellektueller Rätsellust darzustellen. Ein Gefängnisdirektor verspricht jedem von drei Gefangenen die Freiheit, wenn dieser auf logisch schlüssige Weise – und nicht nach Wahrscheinlichkeitserwägungen! – darlegen kann, welche Farbe die Scheibe hat, die für ihn selbst unsichtbar auf seinem Rücken angebracht ist: Zur Verfügung stehen drei weiße und zwei schwarze Scheiben. Es stellt sich heraus, daß alle drei Gefangenen gleichzeitig bei dem Direktor vorstellig werden und darlegen können, daß sie eine weiße Scheibe auf dem Rücken tragen: Dies ist der einzige hinreichend komplexe Fall, bei dem ausgeschlossen ist, daß es einen gibt, der sofort evident erkennen kann, daß er weiß sein muß, weil er zwei mit schwarzen Scheiben auf dem Rücken sieht, oder der erkennt, daß er weiß sein muß, weil der eine mit der weißen Scheibe nicht sofort losläuft, obwohl der dritte, den er selber sieht, schwarz ist. Im strengen Sinne ›logisch‹ ist die gegebene Erklärung freilich nicht: Sie muß Bezug nehmen auf ein zweimaliges Innehalten der drei Subjekte im Prozeß der Selbstvergewisserung, oder, in Lacans Worten: Was nicht im *Augenblick eines Blicks* erfahrbar ist, braucht eine *Zeit zu begreifen* und schließlich zu seiner Versicherung einen *Moment des Schließens*. Keine Logik, kein Werden einer Gewißheit ohne Zeit (was eine Revolutionierung des Verständnisses von Logik bedeutet), was aber auch einen Ausblick auf die spezifische praktische Arbeit Lacans mit der Zeit im psychoanalytischen Prozeß erlaubt: der »Skansion« genannte Abbruch der Sitzung zum Zwecke der Betonung, des

Signifikantmachens innerhalb der Übertragung – und damit Lacans unorthodoxer, scheinbar willkürlicher Umgang mit der Sitzungsdauer, der ihm ständige Schwierigkeiten einbrachte bis hin zum schließlichen Bruch mit der Internationalen Psychoanalytischen Vereinigung 1963 (Roudinesco 1986, 288–377).

Man hat das »Sophisma« von den drei Gefangenen zeitgeschichtlich mit Blick auf die Befreiung Frankreichs von der deutschen Besatzung gedeutet, aber auch auf den psychoanalytischen Prozeß bezogen sowie als Replik auf Sartres Mystifizierung der individuellen Freiheit gelesen (Roudinesco 1993/1996, 271–274). Ausholendere Werkinterpretationen haben die Wirkung dieses Theorems bis hin zu den späten Analysen der Subjektivierung und Sexuierung verfolgt (Porge 1989; Gondek 1997; Langlitz 2005, 62–70; Bergande 2006). Es läßt sich daran auch ein Interesse an spieltheoretischen Erwägungen ablesen, das Lacan mit Claude Lévi-Strauss teilt, der noch anders anregend auf ihn wirkt.

Der zweite wesentliche Text aus der Zeit vor 1953 ist der 1949 gehaltene Vortrag über *Das Spiegelstadium als Bildner der Ichfunktion* (Lacan 1966/1973a), der eine bis in die 1930er Jahre reichende Vorgeschichte hat. Das kleine Kind zeigt im Alter zwischen 6 und 18 Monaten einen plötzlichen Gestaltwandel in seiner Reaktion auf sein Spiegelbild: Es nimmt dieses in einer jubilatorischen Geste auf. Lacan greift die Beobachtungen und auch für sich beachtenswerten psychologischen Interpretationen dieses Vorgangs durch Henri Wallon (1934) auf, gibt ihnen aber einen anderen Stellenwert, indem er den gesamten Vorgang als Stiftung des Ichideals aus dem Spiegelbild begreift: Was dem kleinen Kind als solches gegenübertritt, ist das Bild einer Ganzheit und Geschlossenheit an Gestalt, die es selbst innerlich weder von seiner eigenen motorischen Beherrschung her noch in seiner triebmäßigen Zerrissenheit »interozeptiv« verifizieren kann. Das Spiegelstadium ist der Startpunkt einer »asymptotischen« Annäherung, die aber niemals zu einer vollständigen Schließung der Kluft führen wird. Der Vorrang des Imaginären in der Herstellung des Ichs kompensiert die für den Menschen typische »Vorzeitigkeit der Geburt«, bestärkt aber auch die dem Ich eigene »Verkennung«.

1953 und die Folgen.
Lacan und die Philosophie

Der eigentliche Beginn der spezifischen Umarbeitung der Freudschen Psychoanalyse durch Lacan fällt aber in das Jahr 1953. Am 8. Juli 1953 spricht Lacan vor der neugegründeten SFP über *Das Symbolische, das Imaginäre und das Reale* (2005b). Die Psychoanalyse »heilt« den »Patienten« nicht dadurch, daß sie ihm seine Einbildungen – Produkte eines aus der Bahn geworfenen Imaginären – austreibt und ihn so zu einem adäquaten Verhältnis zur Realität zurückführt. Für Lacan ist ein solches Verständnis psychotherapeutischer Intervention »human engineering«, wobei der Grundfehler bereits in einem instrumentellen Mißverständnis der Sprache liegt – generell theoretisch, aber vor allem in ihrer Funktion als Medium der praktizierten Psychoanalyse. Nach Lacan ist die Sprache als privilegierter Zugang zum Symbolischen zu verstehen; sie eröffnet eine auf Wahrheit, wechselseitige Anerkennung und intersubjektive Ordnung abhebende Überwindung imaginärer Verhaftungen und quälender Wiederholungen eines unabgegoltenen Realen.

Ziel der Analyse ist nicht die Wiederherstellung einer an einer äußeren Norm bemessenen geistigen Gesundheit oder die Erlangung eines entsprechenden Wohlgefühls, sondern das gemeinsame Erreichen einer Wahrheit des Subjekts, mag diese seiner Gesundheit auch abträglicher sein als der gegenwärtige Zustand. Eine Instrumentalisierung der Psychoanalyse zu äußerlich gesetzten Zwecken gibt es nicht: Wer eine Psychoanalyse beginnt, weil er seine Ehe retten will, wird in Kauf nehmen müssen, daß sich ihm eine Wahrheit erweist, die genau diese Ehe endgültig sprengt. Vielmehr ist dieser Wunsch bereits Symptom, hinter dem sich möglicherweise ein ganz anderes Begehren verbirgt. In seinem berühmten Rom-Vortrag vom 27. September 1953 über *Funktion und Feld des Sprechens und der Sprache in der Psychoanalyse* (1966/1973b) zeigt Lacan, wie die »Zeit zu begreifen« und die »Momente des Schließens« den psychoanalytischen Prozeß als Wiederaneignung einer verlorenen Geschichtlichkeit strukturieren.

In den beiden Vorträgen von 1953 trägt Lacan zwei Grundforderungen vor, die seine gesamte Arbeit und die seiner Schüler in den kommenden Jahren beschäftigen: 1. die Rückkehr zu den Texten Freuds und 2. der Anschluß der Psychoanalyse an die avancierten Wissenschaften der damaligen Zeit. Der Impetus der ersten Forderung ist gegen Tendenzen der Verflachung, der theorielosen Pragmatik in der Ausübung der Psychoanalyse und gegen ihre Medizinalisierung und die Aufweichung ihrer Grenzen gegenüber alternativen Therapieformen gerichtet. Daß dies nicht auf die blinde Wiederherstellung einer Orthodoxie hinausläuft, dafür steht der zweite Anspruch: die Reformulierung der Psychoanalyse auf einem Niveau, das ihr den Anschluß an die zeitgenössisch arrivierten Wissenschaften erlaubt.

Die erste Anknüpfung ist die an die Sprachwissenschaften, und zwar analog der Art und Weise, wie Claude Lévi-Strauss in seinem Entwurf zu einer *Strukturalen Anthropologie* und seiner Reformulierung des Inzestverbots als in Verwandtschaftsbeziehungen niedergelegtes kulturstiftendes Gesetz auf die Linguistik Saussures und ihre Grundbegriffe zurückgegriffen hat (Lévi-Strauss 1958/1967; 1947/1981). Man kann Lacans Unternehmen zunächst einmal als die entsprechende Parallelkonzeption für das Feld der Psychoanalyse ansehen (Zafiropoulis 2003a). Dazu gehört auch das Interesse an Kybernetik, Stochastik, Wahrscheinlichkeits- und Spieltheorie. Insbesondere in den frühen 1950er Jahren bemüht sich Lacan, mithilfe sog. Markow-Ketten Effekte unbewußter Determination zu erklären (Lacan 1966/1973c, 44 ff.; 1977/1980c, 227 ff.; Charraud 1997; Schmidgen 1997). Von Saussure übernimmt Lacan die zentralen Begriffspaare (langue/parole [Sprache/Sprechen], signifiant/signifié, synchronisch/diachronisch) (Saussure 1916), verleiht ihnen allerdings, zentriert auf die Theorie des Unbewußten, einen radikal anderen Sinn. Während bei Saussure Signifikant und Signifikat analytisch-methodische Abstraktionen am Grundkonzept des als ihre Einheit verstandenen Zeichens (*signe*) darstellen, behauptet Lacan eine Autonomie des Signifikanten, zu dem es kein adäquates Signifikat gibt, als Elementareinheit für die Positivität unbewußter Sinnwirkungen (Gondek 2001, 151 ff.; Khurana 2003). Und mit der Konzeption einer »Rhetorik des Unbewußten« ersetzt er die energetische Terminologie in Freuds *Traumdeutung* (»Verschiebung« und »Verdichtung« als die »Werkmeister« der Traumarbeit) durch die Tropen »Metapher« und »Metonymie« (Lacan 1966/1975a, 34 ff., Gondek 2000c, 205 ff.).

Die Parallele zur *Strukturalen Anthropologie* von Lévi-Strauss hat eine entscheidende Grenze. Anders als Lévi-Strauss hält Lacan an einem starken, philosophisch aufgeladenen Subjektbegriff fest. Das ist auch der Grund, warum man ihn trotz einer zumindest temporären Nähe zum Strukturalismus nicht als Strukturalisten im strengen Sinne ansehen kann (vgl. dagegen Dosse Bd. 1, 1991/1996, 145). Anders als Lévi-Strauss (vgl. Lévi-Strauss 1973/1975; Delruelle 1989) hat sich Lacan durchgehend an Schlüsseltexten und -problemen der philosophischen Tradition orientiert und diese für die Reformulierung der Freudschen Psychoanalyse nutzbar gemacht. Das hat zwar nicht den Stellenwert einer systematischen Auseinandersetzung mit der Philosophie, die Lacan als solche ablehnt (vgl. Juranville 1984/1990), ist aber auch nicht als reiner Eklektizismus oder gar als »Plagiarismus« abzutun (Borch-Jabobsen 1990/1999, 12).

Die Bezugnahmen reichen von Platon bis Heidegger und darüber hinaus: Platons *Menon* dient Lacan zur Erörterung des Problems der »Wiedererinnerung« eines unbewußten Wissens (Lacan 1977/1980c, 22 ff.), und anhand von Platons *Symposion* arbeitet Lacan am Beispiel des Sokrates die Situation des Analytikers in der Übertragung heraus (Lacan 1991a). Von Aristoteles werden die »vier Ursachen« (Lacan 1966/1975d), das Verhältnis von *automaton* und *tyche* für ein psychoanalytisches Verständnis des Verhältnisses von Zufall und Notwendigkeit (Lacan 1973/1978, 59 ff.) und im späteren Werk das »logische Viereck« (Lacan 1965–66; 1966–67) aufgenommen. Descartes kommt ein ganz ausgezeichneter Stellenwert zu, da das cartesische Subjekt – Subjekt des Zweifels und der Gewißheit und letztlich der Wissenschaft – von Lacan mit dem unbewußten Subjekt der Psychoanalyse identifiziert wird (Lacan 1973/1978, 41 f., 49; Gondek 1992). Spinoza ist ein Denker, der Lacan seit seiner Jugend begleitet (Lacan 1975a/2002; 1973/1978, 289 f.).

Die Auseinandersetzung mit der Kantischen Ethik ist besonders folgenreich für Lacan, und zwar über die plakative Konfrontation von Kant mit Sade hinaus (Lacan 1966/1975b; 1986/1996), denn sie mündet in die Konzeption eines Gesetzes des Begehrens und einer Ethik der Psychoanalyse (Lacan 1986/1996; Baas 1992). Mit Hegel hat sich Lacan die gesamten 1950er Jahre befaßt; im Mittelpunkt steht die Herr-Knecht-Dialektik aus dem Selbstbewußtseinskapitel der *Phänomenologie des Geistes*, die Lacan vor allem über die wirkungsmächtige Interpretation Alexandre Kojèves rezipierte. Kierkegaard spielt nicht nur eine große Rolle in Lacans eigener Überwindung des anfänglichen Hegelianismus (Lacan 2005c, 75), sondern gab auch für das Denken der Wiederholung (Lacan 1973/1978), die Ausarbeitung der Theorie der Angst (Lacan 2004) und die Erörterung der jüdisch-christlichen Tradition (Lacan 2005d, 90 ff.) wesentliche Anstöße (Adam 2005). Heidegger schließlich war für Lacan wegen seiner Konzeption der Zeitlichkeit, des Primats der Zukunft und der Geschichtlichkeit von Interesse (Juranville 1984/1990); Lacan legte sogar eine eigene Übersetzung von Heideggers Vortrag *Logos* vor (Gondek 1997b). Von Sartre und Merleau-Ponty setzte sich Lacan deutlich ab; vor allem letzterer aber dürfte mit seinem späten Projekt einer »Intra-Ontologie« und der Unterlaufung der klassischen Subjekt-Objekt- und Aktiv-Passiv-Schematisierungen im Denken von Sehen und Sichtbarkeit Lacan wesentliche Anregungen für seine eigene Theorie des Objekts gegeben haben (Lacan 1961/1980b; 1973/1978). Als wiederkehrende Stichwortge-

ber zu nennen sind außerdem Augustinus, Thomas von Aquin, Cusanus, Angelus Silesius und Pascal; im Spätwerk werden dann vor allem Frege, Russell, Wittgenstein und Kripke wichtig. Außerdem hat sich Lacan vielfach sowohl auf die antike und die klassische als auch auf die moderne Literatur bezogen – von Homer und Ovid über Molière und Racine bis hin zu James Joyce und Marguerite Duras.

Die 1950er Jahre sind wesentlich durch die Ausarbeitung des Verhältnisses von Symbolischem und Imaginärem bestimmt: Lacan erweitert seine Konzeption des Spiegelstadiums zu einem komplexen Modell, das die Integration von Symbolischem und Imaginärem erlauben soll, indem in die Position des Subjekts nicht nur die Konfrontation mit dem Spiegelbild als Ichideal (a, der kleine andere), sondern auch die symbolische Anerkennung durch den großen Anderen (A) eingeht. Der große Andere kann sowohl personifiziert als jenes Elternteil angesehen werden, das den Blick des kleinen Kindes erwidert, das bei dem es haltenden oder begleitenden Erwachsenen eine Bestätigung für seine jubelnde Begrüßung des Spiegelbildes sucht, als auch Symbol für die Dimension der Andersheit sein, auf die sich alle Regungen des Subjekts einlassen müssen, weil sie letztlich durch die Dimension der sprachlichen Mitteilung hindurchgehen müssen. Er »verkörpert« indes zugleich die Dimension der Wahrheit, insofern selbst noch die Lüge an eine solche appelliert. Im Lacanschen Werk findet zunächst eine Verschiebung vom personalen zum abstrakt-sprachlichen Aspekt des Anderen statt, der die Vorgegebenheit der Sprache als einer »Batterie von Signifikanten« ausdrückt; der darin liegenden Tendenz zu einer gewissen Idealisierung dieses Anderen (Instanz des Dritten, des Paktes oder Bundes, der übergreifenden Ordnung) wird spätestens Ende der 1950er Jahre dadurch abgeholfen, daß der Status dieses Anderen selbst als von Fiktionen gestützt und nicht letztbegründbar erwiesen wird.

Das Seminar am Krankenhaus Sainte-Anne (1953–1963)

In den ersten beiden Seminaren wird die Theorie des Ichs näher ausgearbeitet (Lacan 1975b/1978; 1977/1980c). Das Seminar III von 1955–56 (Lacan 1981/1997) ist den Psychosen gewidmet. Hier nimmt Lacan seine 1951 mit der Analyse des *Rattenmanns* begonnene, 1952 mit der des *Wolfsmanns* fortgesetzte Auseinandersetzung mit den großen Fällen Freuds wieder auf: Das Seminar dreht sich um Daniel Paul Schrebers *Denkwürdigkeiten eines Nervenkranken* und Freuds paranoiatheoretische Beschäftigung mit dieser Schrift. Sein Stellenwert für die Theorie des Symbolischen ist beträchtlich: Für das Symbolische ist eine bestimmte Verknüpfung von Signifikant und Signifikat (die Lacan ja als separate, autonome Ketten bestimmt hatte) an besonderen Stellen erforderlich, die er (der Sprache des Polsterers entnommen) als »Steppunkte« bezeichnet. Einer dieser Steppunkte betrifft die Funktion des Vaters. Ohne solche Verknüpfungen ist die Instanz des Anderen und damit eine gründende Rede wie in Akten des Versprechens oder des Schwurs, aber auch institutionell in solchen der Taufe oder der Heirat haltlos; ihr Ausfall – bedingt durch die *Verwerfung* eines zentralen Signifikanten – kennzeichnet die Psychose.

Mit dem Theorem vom »Namen-des-Vaters« beginnt Lacan eine laufend verfeinerte Differenzierung von Position und Gestalt des Vaters nach den drei Seinsregistern ›real‹, ›imaginär‹ und ›symbolisch‹, die vor allem zu einer Revision des Freudschen Ödipus- und Kastrationskomplexes führt (Lacan 1998). Dem vorgelagert ist allerdings die Revision der psychoanalytischen Theorie von Objekt und Objektbeziehung, die im Seminar IV (1994/2003) anhand von Freuds Arbeit über den *kleinen Hans* (GW VII, 241–377) durchgeführt wird. Das psychoanalytische »Objekt« ist im Grunde ein »Objektmangel«, den es entsprechend den drei Seinsdimensionen differenziert zu bestimmen gilt. Die Kastration wird um zwei Entzugsmodi erweitert, »Privation« und »Frustration« (als Übersetzung des Freudschen »Versagung«): Die Kastration ist selbst *symbolisch* und zieht eine »symbolische Schuld« nach sich; ihr Gegenstand, der bedrohte Phallus, ist *imaginär*, ihr Agent ist der *reale* Vater; die *imaginäre* Frustration, die in einem imaginären Schaden zum Ausdruck kommt, hat die *reale* Brust als Objekt, ihr Agent ist die *symbolische* Mutter; die *reale* Privation, die sich in einem »realen Loch« anzeigt, gilt dem *symbolischen* Phallus, ihr Agent ist der *imaginäre* Vater (Lacan 1994/2003, 40 f., 67, 317). Letzteres ist Lacans Reformulierung der Grundlagen des Freudschen Penisneids. Für die Phobie des *kleinen Hans* macht Lacan massiv die Mutter wegen ihrer sexuellen Vereinnahmung des Kindes verantwortlich.

Das Seminar V (1998) über *Die Bildungen des Unbewußten* rekonstruiert Freuds Theorie des Witzes mit den Mitteln der Signifikantentheorie und der Rhetorik des Unbewußten (Metapher/Metonymie). Es enthält weiter die umfassendste Darstellung von Lacans Revision des Freudschen Ödipus- und Kastrationskomplexes, eine Theorie des Symptoms und wichtige Ausdifferenzierungen in der Lacanschen Be-

grifflichkeit, darunter die Abgrenzung von Begehren vs. Genießen und Begehren vs. Anspruch. Lacan nimmt einen ersten Anlauf zu einer bestimmten Formalisierung, nämlich die in vier Schritten vollzogene Konstruktion des »Graphen des Begehrens«, der nicht nur die Dimensionen des Imaginären und Symbolischen als Gliederungsebenen in einer umfassenden Struktur darstellt, sondern auch so komplexen Gebilden wie dem Phantasma einen theoretisch-formalen Ort zuweist. Immerhin kann Lacan zeigen, daß sich dieser »Graph« auch als analytisches Instrument in der Unterscheidung von Zwangsneurose und Hysterie bewährt (Lacan 1998, 469 f.; 1966/1975c, 179 ff.).

Für das Seminar VI (1958–59) über *Das Begehren und seine Deutung* sind die beiden Begriffe nicht antithetisch gemeint: Die Positivität des Begehrens ist seine Deutung, und diese kann ein Begehren auch als eine Abwehr gegen das Begehren erweisen, wie Lacan mit der Reinterpretation eines bereits von Freud gedeuteten Traumes zeigt (GW VIII, 238). Eine ontologische »Substanz« des Begehrens gibt es nicht. Dargelegt wird das an Shakespeares *Hamlet*, der als eine »Tragödie des Begehrens« gelesen wird. Deren Hoffnungslosigkeit wird darauf zurückgeführt, daß Hamlets als Geist umherirrender ermordeter Vater aufgrund seines unerlösten Zustands nicht mehr als Anderer und damit als Garant von Wahrheit fungieren kann; der Auftrag, den er Hamlet mitgibt, nämlich seinen Mörder mitten ›in der Blüte seiner Sünden‹ zu töten, ist selbst eine vergiftete Botschaft, die Hamlet erst erfüllen kann, als er sich mit seinem imaginären anderen, Laertes, der auch sein Rivale in der Trauer um Ophelia ist (die er selbst in den Tod geschickt hat), zu identifizieren vermag – was dazu führt, daß die beiden sich gegenseitig töten. Ansonsten ist das Seminar ein Meilenstein in der Ausarbeitung des Objekts *a*, jenes Prototyps aller Objekte, das in einer fiktiven Genese gebildet wird, indem das Subjekt einen Teil seiner selbst von sich »abtrennt«, und das fortan als »Ursache« für das Begehren des Subjekts fungiert (Lacan unterscheidet vier solche Objekte *a*: Brust, Fäzes, Blick und Stimme).

Im Seminar VII (1986/1996) über *Die Ethik der Psychoanalyse* werden die Konsequenzen aus der bisherigen Neuausarbeitung der Freudschen Theorie in praktisch-ethischer Hinsicht gezogen. Lacan setzt sich mit den drei großen abendländischen Ethikentwürfen auseinander: der aristotelischen Tugendethik, der kantischen Pflichtethik und dem Utilitarismus (als am »größten Nutzen für die größte Zahl« orientiert), deren Gemeinsamkeit die ist, daß der Ethikentwurf auf einem Ideal beruht. Dem stellt Lacan eine *Ethik des Realen*, genauer eine *Ethik des Begehrens* gegenüber: Das Begehren wird als eine ethische Materie nobilitiert, die nicht in einem grundsätzlichen Gegensatz zum Ethischen steht. Als höchstes ethisches Gebot der Psychoanalyse gilt für Lacan, »nicht in seinem Begehren nachzugeben«. Einer der neu eingeführten Zentralbegriffe des Seminars ist »das Ding«. Das Ding ist das, was als absoluter Referent allen signifikanten Bildungen und damit auch dem Lustprinzip vorausliegt und jenes Moment an irreduzibler Fremdheit darstellt, das nicht nur dem Zugang zum Anderen Grenzen setzt, sondern auch zum Innersten seiner selbst. Darüber hinaus ist Lacan bemüht, Heideggers Auffassung vom Ding als »Geviert« zu integrieren, in dem Erde und Himmel, die Göttlichen und die Sterblichen ins Verhältnis gesetzt werden (Heidegger 1954a, 170). Als Realisierung eines unbedingten, eines »reinen« Begehrens stellt Lacan in einer ausführlichen Interpretation die *Antigone* des Sophokles dar.

Das Seminar VIII (1991a) über *Die Übertragung* zieht aus den zeitgenössischen Debatten über die Gegenübertragung eine andere Konsequenz: Es handelt sich dabei nicht um eine Regung des Analytikers, die der vom Analysanten ausgehenden Übertragung komplementär ist, sondern um die grundsätzliche Implikation des Analytikers in der Übertragung, es handelt sich um sein Begehren (und zwar nicht um sein persönliches Begehren, sondern um das Begehren, das seiner Funktion als Analytiker entspricht). Die Problematik der Übertragung entfaltet Lacan denn auch nicht an der psychoanalytischen Diskussion, sondern an Platons *Symposion*, in dem die Teilnehmer aufgefordert werden, eine Lobrede auf den Eros zu halten, darunter Sokrates, der als einziger den Gott der Liebe nicht idealisiert. Mit dem Auftritt des betrunkenen Alkibiades kommt es zu einer performativen Zuspitzung, insofern dieser eine Lobrede auf Sokrates hält, der allerdings nicht der Adressat des Begehrens des Alkibiades ist; dies ist vielmehr Agathon, was Sokrates genau deshalb zu erkennen vermag, weil er sich aus diesem Spiel des Begehrens heraushält und so eine quasi analytische Position übernehmen kann. Im Schlußteil des Seminars wird anhand dreier Stücke von Paul Claudel die Vaterschaft neu bedacht.

Das Seminar IX (1961–62) über *Die Identifizierung* arbeitet ausgehend vom unterschiedlichen Status der Eins, einmal als Totalität, dann als Element der Abzählbarkeit verstanden, sowohl die Theorie des Subjekts als auch die Theorie des Signifikanten um die Frage der Identität herum stärker heraus. Der Status des Signifikanten ist durch eine absolute Differenz zu

allen anderen Signifikanten bestimmt; damit ist der Signifikant endgültig als ein rein formales Element begriffen. Die Differenz zum Verständnis des Signifikanten bei Saussure könnte nicht größer sein. In diesem Seminar greift Lacan erstmals auf topologische Konstruktionen (Möbiusband, Torus, *crosscap*) zur Darstellung wesentlicher Subjektbeziehungen zurück.

Im Seminar X (2004) über *Die Angst* wagt sich Lacan nicht etwa auf das schlüpfrige Feld der Affekte und Emotionen, sondern weist dem ausgezeichneten Affekt der Angst eine Funktion zu, die philosophisch bisher dem cartesischen Cogito zugesprochen wird: Die Angst wird zur Instanz der Gewißheit, insofern sie das ist, »was nicht täuscht« (Gondek 1990; 1992). Tritt sie auf, so signalisiert sie dem Subjekt, daß es um sein Sein und um die Kastration, nämlich um die Begegnung mit jenem ausgezeichneten Objekt *a* geht, das Lacan nun immer mehr als seine originäre Entdeckung innerhalb der Freudschen Psychoanalyse darstellt. Entsprechend bietet das Seminar auch die umfassendste Darlegung der Konstitution der vier Objekte, die als solche mit dem Phallus ins Verhältnis gesetzt werden.

Das folgende Jahr ist von einem Einschnitt gezeichnet: Lacan bricht sein Seminar über *Die Namen-des-Vaters* nach der ersten Sitzung ab (Lacan 2005d, 65–104), nachdem er am Vorabend erfahren hatte, daß er aus der Liste der ausbildenden Analytiker gestrichen worden war. Damit endet auch sein Wirken im Hörsaal des Hospitals Sainte-Anne, in dem er seit 1953 sein Seminar durchführte. Im Januar 1964 beginnt Lacan an neuer Wirkungsstätte, nämlich der École normale supérieure, unter dem Titel *Die vier Grundbegriffe der Psychoanalyse* ein ganz neues Seminar. Die vier Grundbegriffe sind das Unbewußte, die Wiederholung, die Übertragung und der Trieb. Lacan stellt noch deutlicher die konstitutive Verantwortung des Psychoanalytikers für die Eröffnung des Unbewußten heraus (»das Unbewußte [...] ist ethisch verfaßt«; Lacan 1973/1978, 39 f.), arbeitet in Auseinandersetzung mit Merleau-Ponty und Sartre den Blick als Objekt *a* stärker heraus und legt eine strikt nicht-biologische Triebtheorie vor, nämlich als kreisende Bewegung um jenes Objekt *a*, das so konturiert, aber niemals erreicht wird.

Das Seminar in den Jahren des Erfolgs. Lacan an der Universität (1964–1979)

Sechs Jahre lang wird Jacques Lacan sein Seminar als Lehrbeauftragter an der École normale supérieure durchführen können; 1969 werden ihm die Räume entzogen. Es sind die Jahre, in denen Lacan auch über die Grenzen Frankreichs hinaus berühmt wird, sein Seminar aber auch durch den großen Zulauf an die Grenze seiner Durchführbarkeit gerät. 1966 erscheinen unter dem Titel *Écrits* Lacans gesammelte Schriften, ein Band von 900 Seiten Umfang, der dennoch zum Bestseller wird, weil Lacan den richtigen Zeitpunkt für die Publikation abgewartet hat, nämlich das ›Strukturalismuswunderjahr‹, in der besagte Strömung ihren höchsten Wirkungsgrad erreicht. Die Seminare dieser Jahre sind durch fortschreitende Formalisierungsbemühungen bestimmt, die Lacan sich vor allem von der mathematischen Topologie verspricht; das »Möbiusband« oder die »Kleinsche Flasche« sind vielversprechende Modelle für die Charakterisierung des Subjekts in seinen vor allem unbewußten Beziehungen zum Objekt, zum Anderen, zum Symptom usw.

1966–67 im Seminar XIV unternimmt Lacan einen weiteren Anlauf zur Bestimmung der *Logik des Phantasmas*, und wieder steht eine Neubearbeitung der Situation des cartesischen Cogito im Mittelpunkt. Erstmals macht Lacan direkte Anleihen bei Marx; die Unterscheidung von Gebrauchswert, Tauschwert und Mehrwert nutzt er für eine Neubestimmung der Beziehungen zwischen Lust und Genießen durch Erweiterung um eine Mehrlust oder ein Mehrgenießen [*plus-de-jouir*]. 1969 im Seminar XVII, *Die Kehrseite der Psychoanalyse*, machte er dieses Mehrgenießen zu einem der vier Elemente einer Konstruktion von vier Diskursen, die Lacan als grundlegende Typen der Produktion von Wissen und Wahrheit ansah: Der »Diskurs des Herrn« war der Diskurs der autoritären Setzung eines sog. Herrnsignifikanten; dem »Diskurs der Universität« unterstand die konservative Verwaltung des Wissens; der »Diskurs der Hysterischen« war eine Herausforderung des universitären Wissens, der aber letztlich den Herrn stützte, und der »Diskurs der Analyse« ist derjenige, der die Wahrheit des Wissens erweisen will und kann. Für Versuche, dieses Modell der vier Diskurse auf die Analyse sozialer und ideologischer Beziehungen anzuwenden, erwies es sich allerdings als zu speziell.

Lacan ließ sich indes nicht für die Ziele der diversen politischen Bewegungen, insbesondere nicht für den Maoismus in der Phase seiner Radikalisierung, einspannen. Den aufbegehrenden Studenten in Vincennes, die ihn bei einem Vortrag provozieren wollten, sagte er, daß das, was sie »als Revolutionäre anstreben« würden, ein »maître«, ein »Herr« oder »Meister« sei, und daß sie ihn auch bekommen werden (Lacan 1991b, 239 f.). Der feministischen Kritik an der Psychoanalyse und ihrem angeblichen Phallo-

zentrismus begegnete er mit einer provozierenden Neubestimmung des Verhältnisses der Geschlechter – ausgehend von den Kernsätzen, daß es »ein Geschlechtsverhältnis nicht gibt« (Lacan 1975c/1986, 39) und daß »Die Frau nicht existiert« (ebd., 79 f.). Das bedeutete nun gerade nicht eine Erniedrigung oder Ausschließung der Frauen, sondern zunächst einmal ihre Freisetzung aus allen Eingliederungen in Komplementärverhältnisse: Die Frau ist nicht die Ergänzung oder das Gegenstück zum Mann, weil es keine die beiden Geschlechter übergreifende Beziehung, weil es kein für beide geltendes gemeinsames Maß gibt. Mit den »Formeln der Sexuierung« versucht Lacan, die unterschiedliche und unvergleichbare Einschreibung der Positionen von Mann und Frau im Verhältnis zu Kastration, Objekt *a* und Genießen logisch zu formalisieren. Dabei erweist sich die Frau als »nicht-ganz«, was heißen soll, daß sie nicht ganz der phallischen Funktion und damit der Universalität des Gesetzes der Kastration unterliegt, was ihr wiederum den Zugang zu einem nicht-phallischen Genießen gewährt.

Die späte Phase der Lacanschen Lehre steht unter dem Signum des Borromäischen Knotens, was auf das Familienwappen des Grafen Borromeo zurückgeht, das drei derart ineinander verschlungene Ringe aufweist, daß man jeweils zwei dieser Ringe zerschneiden muß, um den dritten freizusetzen. Der Borromäische Knoten ist das Emblem für die Integration der drei Seinsdimensionen des Realen, des Imaginären und des Symbolischen, für deren »Konsistenz«. Mißratene Knoten oder Ketten können durch einen supplementären Ring oder ein supplementäres Glied eine neue Konsistenz erhalten; diese Funktion erfüllt nach Lacan das »Symptom« oder »sinthome«, wie Lacan es nach alter Version und mit einer Joyceschen Anspielung auf den »saint homme« oder den »heiligen Thomas« schreibt.

Von 1969 an kann Lacan sein Seminar als Lehrbeauftragter in Räumen der Rechtsfakultät der Sorbonne abhalten. Den Charakter eines Ausbildungsseminars hat das Seminar schon lange verloren. Lacan beschäftigt in seinem Bemühen, formale Lösungen für die Konsistenzprobleme der Seinsdimensionen zu finden, topologisch geschulte Mathematiker, die ihm zuarbeiten. Die darum geführten Diskussionen prägen den Stil der späten Seminare.

Vom Lacanschen Seminar der Jahre 1953 bis 1979 sind bislang die Seminare I, II, III, IV, V, VII, VIII, X, XI, XVI, XVII, XX und XXIII erschienen (ins Deutsche übersetzt sind die Seminare I, II, III, IV, VII, XI und XX). Von den 1966 erschienenen *Écrits* ist eine Teilübersetzung in drei Bänden erschienen. 2001 ist unter dem Titel *Autres écrits* eine Sammlung der Schriften Lacans nach 1966 veröffentlicht worden; eine deutsche Übersetzung steht aus.

Radikalisierungen nach Lacan

Die 1960er und 1970er Jahre waren auch die Hochzeit eines reaktivierten Freudomarxismus, und einige Initiativen nahmen in der Umgebung Lacans ihren Ausgang. Der Philosoph und Marxist Louis Althusser hatte 1964 einen Text über *Freud und Lacan* veröffentlicht, in dem er sein an Marx erprobtes Konzept eines »epistemologischen Bruchs« auf die Psychoanalyse anwendete. Bei Marx hatte Althusser auf diese Weise zwischen einer ideologischen Frühphase und einer reifen Zeit der echten Wissenschaft unterschieden und so zu unterbinden versucht, daß man im Namen eines Humanismus etwa aus den *Ökonomisch-Philosophischen Manuskripten* von 1844 Ansprüche gegen die Hauptwerke wie *Das Kapital* ableiten konnte (Althusser u. a. 1965). In seinem Artikel über *Freud und Lacan* repräsentiert Lacan die Verwissenschaftlichung der Psychoanalyse, Freud dagegen die ideologische Vorgeschichte. Lacans »Rückkehr zu Freud« ist indes nicht die Rückkehr zur noch kompromittierten Jugend einer Wissenschaft, sondern die Hebung Freuds auf das Niveau der Reife, das Lacan dadurch erreicht, daß er dem wissenschaftlichen Objekt der Psychoanalyse, dem Unbewußten, mittels der Linguistik eine haltbare theoretische Fundierung gibt (Althusser 1993, 26 ff.). In postum veröffentlichten Schriften, insbesondere in den *Briefen an D...* (seinen Analytiker R. Diatkine), weist Althusser die Funktion des epistemologischen Bruchs deutlicher aus. Er stellt die »*definitive Teilungslinie*« dar: »Man kann nur mit denen diskutieren, die diese Teilungslinie überschritten haben, denn erst jenseits dieser Linie beginnt das... Heil, ich meine der Bereich, in dem eine theoretische Reflexion mit ihrer Ausübung beginnen kann« (ebd., 58 f.).

Es verwundert nicht, daß Althusser privat eingestand, »in Freudscher und Lacanscher Theorie völlig unwissend« zu sein, »außer vom Hörensagen« (ebd., 220). Althussers Stellungnahme ist aus anderem Grund interessant: Mit ihr nobilitiert er die Hinwendung einiger seiner Schüler zu Lacan, darunter die von Jacques-Alain Miller, dem späteren Schwiegersohn und Nachlaßverwalter Lacans, die nicht ohne Einfluß auf die Lehre Lacans geblieben ist.

1972 wurde Lacan selbst das Opfer einer Absetzbewegung: Der *Anti-Ödipus* von Gilles Deleuze und Félix Guattari brach im Namen eines radikalisierten Marxismus mit der Psychoanalyse, wobei die Autoren keinen substantiellen Unterschied mehr machten zwischen Freud und Lacan. Das extrem polemische Werk – mit einer ebenso extremen kulturell-politischen Wirkung – propagierte und zelebrierte im Namen einer »Schizoanalyse« Fluchtbewegungen der Deterritorialisierung, der organlosen Körper und der neuen Konnektionen subjektloser »Wunschmaschinen«. Demgegenüber hatte die Psychoanalyse nur die familiale Territoralisierung der Wünsche anzubieten (Deleuze/Guattari 1972/1974).

Jean-François Lyotard legte 1974 mit einem nicht weniger verrückten Werk nach, *Économie libidinale* oder *Ökonomie des Wunsches* (1974/1984), das die Natur des Kapitalismus aus der Prostitution ableiten wollte. Die Kritik der Psychoanalyse erfolgt im Namen der sich ergebenden »Intensitäten«, unabhängig von den Ordnungen Lust- und Realitätsprinzip, und einer – mit und gegen Lacan – behaupteten »Azephalie« oder »Kopflosigkeit« des Unbewußten (ebd., 33).

Sowohl Deleuze als auch Lyotard hatten zu der Zeit schon eine respektable Anzahl von Werken vorgelegt; doch nur Lyotard hatte sich zuvor schon intensiv mit der Freudschen Psychoanalyse beschäftigt. *Discours Figure* (Lyotard 1971) setzt sich im Gegenentwurf zu den damals dominanten Textsemiotiken für eine Ästhetik ein, die sich einem »Sehen ohne Subjekt«, einem »herrenlosen Auge« (Waldenfels 1983/1987, 362) und einem sich im bildlichen Figuralen niederschlagenden Begehren verschrieb. In diesem Zusammenhang setzt sich Lyotard nicht nur ausführlich mit Freuds *Traumdeutung*, insbesondere ihren Darstellungsmitteln, auseinander, sondern befaßte sich auch im Rahmen einer Diskussion von Referenztheorien mit Freuds Aufsatz über die *Die Verneinung* (GW XIV 9–15), den er sogar selbst übersetzte (Lyotard 1971, 131 ff.). Das Buch enthält auch eine eingehende Auseinandersetzung mit Lacans Ersetzung der beiden Mechanismen der Traumarbeit, Verdichtung und Verschiebung, durch Metapher und Metonymie.

Literatur

Adam, Rodolphe: *Lacan et Kierkegaard*. Paris 2005.

Althusser, Louis: *Die Zukunft hat Zeit. Die Tatsachen.* Frankfurt a. M. 1993 (frz. 1992).

–: *Écrits sur la psychanalyse. Freud et Lacan.* Paris 1993.

–: *Sur la philosophie.* Paris 1994.

– u. a.: *Lire Le Capital.* 2 Bde. Paris 1965.

Baas, Bernard: *Le désir pur.* Louvain 1992.

–: *De la Chose à l'objet* a. Louvain 1998.

Bergande, Wolfram: *Synkope der Existenz. Die Logik des Unbewußten in der Kunst.* Diss. Wuppertal 2006.

Boehme, Tim Caspar: *Ethik und Genießen. Kant und Lacan.* Wien 2005.

Borch-Jacobsen, Mikkel: *Lacan. Der absolute Herr und Meister.* München 1999 (frz. 1990).

Charraud, Nathalie: *Lacan et les Mathématiques.* Paris 1997.

Copjec, Joan: *Lies mein Begehren. Lacan gegen die Historisten.* München 2004 (engl. 1994).

Cremonini, Andreas: *Die Durchquerung des Cogito. Lacan contra Sartre.* München 2003.

Deleuze, Gilles: *Differenz und Wiederholung.* München 1992 (frz. 1968).

–: *Logik des Sinns.* Frankfurt a.M. 1993 (frz. 1969).

–: *Woran erkennt man den Strukturalismus?* [1974]. Berlin 1992 (frz. 1973).

–: *Die einsame Insel. Texte und Gespräche 1953-1974.* Frankfurt a.M. 2003 (frz. 2002).

Deleuze, Gilles/Félix Guattari: *Anti-Ödipus. Kapitalismus und Schizophrenie I.* Frankfurt a.M. 1974 (frz. 1972).

–: *Tausend Plateaus.* Berlin 1992 (frz. 1980).

Delruelle, Édouard: *Claude Lévi-Strauss et la philosophie.* Brüssel 1989.

Dosse, François: *Geschichte des Strukturalismus.* 2 Bde. Hamburg Bd. 1 1996, Bd. 2 1997 (frz. Bd. 1 1991, Bd. 2 1992).

Ey, Henri (Hg.): *L'Inconscient.* Paris 1966.

Forrester, John: *The Seductions of Psychoanalysis. Freud, Lacan and Derrida.* Cambridge 1990.

Gondek, Hans-Dieter: *Angst – Einbildungskraft – Sprache.* München 1990.

–: Die Angst als »das, was nicht täuscht«. In: B.H.F. Taureck (Hg.): *Psychoanalyse und Philosophie. Lacan in der Diskussion.* Frankfurt a.M. 1992, 107–137.

–: Die Zeitlichkeit des Unbewußten und die logische Zeit. In: *Texte – Psychoanalyse, Ästhetik, Kulturkritik* 3 (1997a), 47–73.

–: Logos und Übersetzung – Heidegger als Übersetzer Heraklits, Lacan als Übersetzer Heideggers. In: Alfred Hirsch (Hg.): *Übersetzung und Dekonstruktion.* Frankfurt a.M. 1997b, 263–348.

–: Eine psychoanalytische Anthropologie des Bildes. In: *RISS* 2 (2000a), 9–27.

–: Traum, Bild und Tod – Michel Foucault als Leser von Freud und Binswanger. In: *RISS* 2 (2000b), 169–288.

–: Der Freudsche Traum und seine französische Deutung: Foucault, Lacan, Derrida als Leser der *Traumdeutung.* In: Lydia Marinelli/Andreas Mayer (Hg.): *Die Lesbarkeit der Träume.* Frankfurt a.M. 2000c, 189–250.

–: Subjekt, Sprache und Erkenntnis. Philosophische Zugänge zur Lacanschen Psychoanalyse. In: Gondek/Hofmann/Lohmann 2001, 130–163.

– /Roger Hofmann/Hans-Martin Lohmann (Hg.): *Jacques Lacan – Wege zu seinem Werk.* Stuttgart 2001.

– /Michael Schmid/Peter Widmer: Lacan in den deutschsprachigen Ländern – eine Bilanz. In: *RISS* (1996), 113–139.

Heidegger, Martin: Das Ding. In: Ders.: *Vorträge und Aufsätze.* Pfullingen 1954a, 157–175.

–: Logos. In: Ders.: *Vorträge und Aufsätze.* Pfullingen 1954b, 199–221.

Israël, Lucien: *Die unerhörte Botschaft der Hysterie.* München/Basel 1993 (frz. 1976).

Jalley, Émile: *Freud, Wallon, Lacan. L'enfant au miroir.* Paris 1998.

Juranville, Alain: *Lacan und die Philosophie.* München 1990 (frz. 1984).

Khurana, Thomas: *Die Dispersion des Unbewußten.* Gießen 2003.

Lacan, Jacques: *Über die paranoische Psychose in ihren Beziehungen zur Persönlichkeit und Frühe Schriften über die Paranoia.* Wien 2002 (frz. [1932] 1975a).

–: Die logische Zeit und die Assertion der antizipierten Gewißheit. In: *Schriften III.* Olten/Freiburg i.Br. 1980a, 101–121 (frz. 1966).

–: Das Spiegelstadium als Bildner der Ichfunktion. In: *Schriften I.* Olten/Freiburg i.Br. 1973a, 61–70 (frz. 1966).

–: Funktion und Feld des Sprechens und der Sprache in der Psychoanalyse. In: *Schriften I.* Olten/Freiburg i.Br. 1973b, 71–169 (frz. 1966).

–: Das Seminar über E.A. Poes »Der entwendete Brief«. In: *Schriften I.* Olten/Freiburg i.Br. 1973c, 7–60 (frz. 1966).

–: Das Drängen des Buchstabens im Unbewußten oder die Vernunft seit Freud. In: *Schriften II.* Olten/Freiburg i.Br. 1975a, 15–55 (frz. 1966).

–: Kant mit Sade. In: *Schriften II.* Olten/Freiburg i.Br. 1975b, 133–163 (frz. 1966).

–: Die Subversion des Subjekts und die Dialektik des Begehrens im Freudschen Unbewußten. In: *Schriften II.* Olten/Freiburg i.Br. 1975c, 165–204 (frz. 1966).

–: Die Wissenschaft und die Wahrheit. In: *Schriften II.* Olten/Freiburg i.Br. 1975d, 231–257 (frz. 1966).

–: Maurice Merleau-Ponty. In: *Schriften III.* Olten/Freiburg i.Br. 1980b, 237–249 (frz. 1961).

–: *Das Seminar Buch I: Freuds technische Schriften (1953–54).* Olten/Freiburg i.Br. 1978 (frz. 1975b).

–: *Das Seminar Buch II: Das Ich in der Theorie Freuds und in der Technik der Psychoanalyse (1954–55).* Olten/Freiburg i.Br. 1980c (frz. 1977).

–: *Das Seminar Buch III: Die Psychosen (1955–56).* Weinheim/Berlin 1997 (frz. 1981).

–: *Das Seminar Buch IV: Die Objektbeziehung (1956–57).* Wien 2003 (frz. 1994).

–: *Le Séminaire Livre V: Les formations de l'inconscient (1957–58).* Paris 1998.

–: *Le Séminaire Livre VI: Le désir et son interprétation (1958–59)* [unveröffentlicht].

–: *Das Seminar Buch VII: Die Ethik der Psychoanalyse (1959–60).* Weinheim/Berlin 1996 (frz. 1986).

–: *Le Séminaire Livre VIII: Le transfert (1960–61).* Paris 1991a.

–: *Le Séminaire Livre IX: L'identification (1961–62)* [unveröffentlicht].

–: *Le Séminaire Livre X: L'angoisse (1962–63).* Paris 2004.

–: *Das Seminar Buch XI: Die vier Grundbegriffe der Psychoanalyse (1964).* Olten/Freiburg i.Br. 1978 (frz. 1973).

–: *Le Séminaire Livre XIII: L objet de la psychanalyse (1965–66)* [unveröffentlicht].

–: *Le Séminaire Livre XIV: La logique du fantasme (1966–67)* [unveröffentlicht].

–: *Le Séminaire Livre XV: L'acte psychanalytique (1967–68)* [unveröffentlicht].

–: *Le Séminaire Livre XVI: D'un Autre à l'autre (1968–69).* Paris 2006.

–: *Le Séminaire Livre XVII: L'envers de la psychanalyse (1969–70).* Paris 1991b.

–: *Das Seminar Buch XX: Encore (1972–73).* Weinheim/Berlin 1986 (frz. 1975c).

–: *Le Séminaire Livre XXIII: Le sinthome (1975–76).* Paris 2005a.

–: Le symbolique, l'imaginaire et le réel. In: *Des noms-du-père.* Paris 2005c, 9–63.

–: Introductions aux Noms-du-Père. In: *Des noms-du-père.* Paris 2005c, 65–104.

Lang, Hermann: *Die Sprache und das Unbewußte. Jacques Lacans Grundlegung der Psychoanalyse.* Frankfurt a.M. 1973.

Langlitz, Nicolas: *Die Zeit der Psychoanalyse. Lacan und das Problem der Sitzungsdauer.* Frankfurt a.M. 2005.

Laplanche, Jean: *Leben und Tod in der Psychoanalyse.* Olten/Freiburg i.Br. 1974 (frz. 1970).

Leclaire, Serge: *Psychoanalysieren.* Wien 1999 (frz. 1968).

–: *Das Reale entlarven*. Olten/Freiburg i.Br. 1976 (frz. 1971).

–: *Ein Kind wird getötet*. Wien 2004 (frz. 1975).

Lévi-Strauss, Claude: *Strukturale Anthropologie*. Frankfurt a.M. 1967 (frz. 1958).

–: *Strukturale Anthropologie II*. Frankfurt a.M. 1975 (frz. 1973).

–: *Die elementaren Strukturen der Verwandtschaft*. Frankfurt a.M. 1981 (frz. 1947, 1967).

Lyotard, Jean-François: *Die Phänomenologie*. Hamburg 1993 (frz. 1954).

–: *Discours Figure*. Paris 1971.

–: *Des dispositifs pulsionnels*. Paris 1973a.

–: *Dérivé à partir de Marx et Freud*. Paris 1973b.

–: *Ökonomie des Wunsches*. Bremen 1984 (frz. 1974).

Marini, Marcelle: *Lacan*. Paris 1986.

Maury, Liliane: *Wallon. Autoportrait d'une époque*. Paris 1995.

Moulier-Boutang, Yann: *Louis Althusser. Une biographie*. Paris 1993.

Porge, Erik: *Se compter trois. Le temps logique de Lacan*. Toulouse 1989.

–: *Jacques Lacan, un psychanalyste*. Ramonville Saint-Agne 2000.

Rölli, Marc: *Gilles Deleuze. Philosophie des transzendentalen Empirismus*. Wien 2003.

Roudinesco, Elisabeth: *Histoire de la psychanalyse en France. 2 (1925–1985)*. Paris 1986.

–: *Jacques Lacan. Bericht über ein Leben, Geschichte eines Denksystems*. Köln 1996 (frz. 1993).

Safouan, Moustapha: *Lacaniana. Les séminaires de Jacques Lacan. 1953-1963*. Paris 2001.

– (Hg.): *Lacaniana. Les séminaires de Jacques Lacan. 1964-1979*. Paris 2005.

Saussure, Ferdinand de: *Cours de linguistique générale*. Genf 1916.

Schmidgen, Henning: *Das Unbewußte der Maschinen. Konzeptionen des Psychischen bei Guattari, Deleuze und Lacan*. München 1997.

Simonis, Yvan: *Claude Lévi-Strauss ou »la passion de l'inceste«*. Paris 1968.

Waldenfels, Bernhard: *Phänomenologie in Frankreich* [1983]. Frankfurt a.M. 1987.

Wallon, Henri: *Les origines du caractère chez l'enfant*. Paris 1934.

Waltz, Matthias: Ethik der Welt – Ethik des Realen. In: Gondek/Hofmann/Lohmann 2001, 97–129.

Weber, Samuel: *Rückkehr zu Freud. Jacques Lacans Ent-stellung der Psychoanalyse*. Frankfurt a.M./Berlin/Wien 1978.

Widmer, Peter: *Subversion des Begehrens. Eine Einführung in Jacques Lacans Werk*. Wien 1997.

Zafiropoulos, Markos: *Lacan et Lévi-Strauss ou le retour à Freud. 1951-1957*. Paris 2003a.

– (Hg.): *Les années Lacan*. Paris 2003b.

Žižek, Slavoj: *Der erhabenste aller Hysteriker. Psychoanalyse und die Philosophie des deutschen Idealismus I*. Wien 1991.

–: *Verweilen beim Negativen. Psychoanalyse und die Philosophie des deutschen Idealismus II*. Wien 1993.

–: *Der nie aufgehende Rest. Ein Versuch über Schelling und die damit zusammenhängenden Gegenstände*. Wien 1996 (engl. 1996).

–: *Die Tücke des Subjekts*. Frankfurt a.M. 2001 (engl. 1999).

Hans-Dieter Gondek

Michel Foucault – vom Tod im Traum zur »Ästhetik der Existenz«

Michel Foucault hat sich von seiner ersten Veröffentlichung an vehement mit der Freudschen Psychoanalyse auseinandergesetzt. Die 1954 erschienene *Einführung* in die französische Ausgabe von Ludwig Binswangers *Traum und Existenz* zeigt einen Foucault, der – mit Binswanger – gleichsam schon über die Psychoanalyse hinaus ist: Während Binswanger mit seinem Verfahren der Deutung von Träumen den Zugang zu den »Modalitäten der Existenz« bahnt, soll sich die Freudsche Traumdeutung in einer »Hermeneutik von Symbolen« erschöpfen und in einer »äußerlichen, noch im Bereich der Entschlüsselung verbleibenden Deutung« verharren (Foucault 1954a/ 2001, 111). Freud sei allein an der »semantischen Funktion« der Träume interessiert und vernachlässige darüber ihre »morphologische und syntaktische Struktur« (ebd., 113); unzureichend sei sein Begriff des Bildes bzw. des Imaginären, und aufgrund einer »unzureichende[n] Ausarbeitung des Symbolbegriffs« (116) verfehle er die »mit der Gesamtheit ihrer signifikativen Implikationen erfaßte imaginäre Struktur« (117). (Foucault bezieht sich neben der *Traumdeutung* vor allem auf die Analysen von *Schreber* und *Dora*.) Freud sei »über ein von der Psychologie des 19. Jahrhunderts fest errichtetes Postulat« nicht hinausgekommen: »daß der Traum eine Rhapsodie von Bildern sei« (126); er habe den »Traum psychologisiert« (126). In diese Kritik werden auch Melanie Klein und Jacques Lacan einbezogen, die komplementärer Fehler geziehen werden (117f.). Und auch die Husserlsche Phänomenologie wird als ungenügend zurückgewiesen (122ff.).

Es ist schnell erkennbar, daß sich Foucault in seinem Verständnis des Traums und seiner Deutung an C.G. Jung bzw. Gaston Bachelard orientiert. Der Traum ist für ihn der Zugang zu den Mythen – und letztlich zum Tod: »Am tiefsten Punkt seines Traumes begegnet der Mensch seinem Tod [...]. Der Tod trägt nun den Sinn der Versöhnung, und der Traum, in dem sich dieser Tod bildlich dargestellt findet, ist damit das Grundlegendste, das man tun kann: Er besagt nicht mehr die Unterbrechung des Lebens, sondern die Vollendung der Existenz [...]« (143f.). Daß Foucault diese Beziehung zum Tod mit Freuds Todesverständnis für unvereinbar hält, ist gut nachvollziehbar, die von Foucault genannten Gründe weniger.

So psychologisch ihm die Freudsche Psychoanalyse hier als Deutungsverfahren erscheint, so eindeutig grenzt er sie in anderem Kontext von der Psychologie ab. Im 1957 verfaßten Überblick über *Die wissen-schaftliche Forschung und die Psychologie* nimmt er Freud vor dem Vorwurf in Schutz, mit seiner Theorie des Unbewußten bloß eine Ausweitung der Psychologie vorzunehmen, und arbeitet sehr genau die Umwälzung heraus, die im Konzept des Unbewußten liegt, da von ihm her das Bewußtsein als »Abwehrverhalten gegen das Unbewußte« anzusehen ist. Die Psychoanalyse repräsentiere das Potential für ein »Sich-Losreißen von den konstituierten Formen des Wissens« (Foucault 1957/2001, 203). Ambivalent liest sich freilich das Lob der Psychoanalyse, sie habe in der »Krankheit« die »psychologische Wahrheit der Gesundheit« bzw. in der »Sexualität« die »natürliche Positivität des Menschen« entdeckt (ebd., 216).

In *Psychologie und Geisteskrankheit* hatte Foucault eine sehr allgemeine Darstellung der psychoanalytischen Theorie der Abwehrformen vorgelegt (1954b/1968, 51 ff.). Im zweiten Teil des Buches (der 1962 neu ausgearbeitet wurde und eine frühere, stark an Pawlow orientierte Fassung ersetzte) wird Freud mit Hinblick auf den Wahnsinn gewürdigt: »Freud eröffnet als erster wieder die Möglichkeit einer Kommunikation zwischen der Vernunft und der Unvernunft im Wagnis einer gemeinsamen Sprache, die jederzeit abbrechen, sich im Unzugänglichen auflösen konnte« (ebd., 106). Foucaults große Untersuchung über *Die Geschichte des Wahnsinns im klassischen Zeitalter* [*Wahnsinn und Gesellschaft*] war explizit von der These eines historisch situierbaren Bruchs – zwischen Montaigne und Descartes – ausgegangen, mit der Folge, daß sich seitdem der Wahnsinn »im Exil« befinde (Foucault 1961a/1969, 70). Trotz dieses für die Neuzeit geltenden Bruchs erhebt Foucault den Anspruch, nicht »eine Geschichte der Psychiatrie, sondern des Wahnsinns selbst« zu schreiben (Foucault 1961b/2001, 229), für deren Möglichkeit Freud als Zeuge aufgerufen wird: »Deshalb muß man gerecht sein mit Freud. [...] Freud nahm den Wahnsinn auf der Ebene seiner *Sprache* wieder auf, rekonstituierte eines der wesentlichen Elemente einer vom Positivismus auf das Schweigen reduzierten Erfahrung; er fügte der Liste der psychologischen Behandlungen des Wahnsinns nicht eine Erweiterung hinzu; er stellte innerhalb des medizinischen Denkens die Möglichkeit eines Dialogs mit der Unvernunft wieder her« (Foucault 1972, 360). Und dennoch ist das letzte, in diesem Buch über Freud gefällte Urteil höchst ambivalent, denn eine letzte Schwelle habe die Psychoanalyse nicht überwinden können: Sie habe diese »letzte Struktur« nicht abgestreift, daß nämlich der Psychoanalytiker immer noch als »Arzt« fungiere und so weder »die Stimmen der Unvernunft zu hören

noch die Zeichen des Irrsinns für sich selbst zu entziffern« vermag (Foucault 1961a/1969, 535).

1966 legt Foucault *Die Ordnung der Dinge* vor, mit dem Untertitel: *Eine Archäologie der Humanwissenschaften*. Der Psychoanalyse wird in diesem Zusammenhang eine »kritische Funktion« zugesprochen, die sie genau deshalb erfüllen kann, weil sie nicht zum Kanon besagter Humanwissenschaften gehört (in erster Linie Biologie, Ökonomie und Philologie): »ein ständiges Prinzip der Unruhe, des Infragestellens, der Kritik, des Bestreitens dessen [zu] bilden, was sonst hat als erworben gelten können« (Foucault 1966/1971, 447). Mehr noch, ihre Leistung ist es, einen Zugang herzustellen zu »jenem Tod«, »jenem Begehren« und »jenem Gesetz«, zu dem ein von Positivität und Empirie bestimmtes Wissen keinen Zugang hat – eben weil sie »die Bedingungen der Möglichkeit jeglichen Wissens über den Menschen« bezeichnen (ebd., 449). Doch wird die Psychoanalyse daraus niemals eine »allgemeine Theorie des Menschen oder eine Anthropologie« machen, weil sie durch ihre »Praxis«, »diese Verengung des Verhältnisses zwischen zwei Individuen«, an einer solchen Verallgemeinerung gehindert wird.

1966 bewegte sich Foucault in einem immanenten Feld der Wissensordnungen, der *episteme*. In den Analysen der 1970er Jahre sollte ein anderes Konzept einen immer größeren Stellenwert erlangen: Eine »Analytik der Macht« wird die noch ideengeschichtlich erscheinenden Ansätze des frühen Foucault durch die Analyse von Diskursen, Praktiken, Apparaten, »Dispositiven« und ihren Verflechtungen in »Macht-Wissen-Komplexen« ablösen. Der 1976 veröffentlichte erste Band einer auf sechs Bände geplanten, in der Form aber nicht verwirklichten *Geschichte der Sexualität*: *Der Wille zum Wissen*, ist ein für Foucault sehr atypisches Buch, insofern es in sehr elementaren Thesen ein der Ausführung harrendes Programm umreißt, Material nur beispielhaft hinzuzieht und in der Zuspitzung zuweilen ins Polemische umschlägt. Im Zentrum steht die Kritik der »Repressionshypothese«, die Annahme einer Unterdrückung der Sexualität in der bürgerlichen Moderne. Dem setzt Foucault entgegen, daß keine Periode von einer solch großen Geschwätzigkeit gekennzeichnet sei wie eben diese Moderne, eingeschlossen das sog. »viktorianische Zeitalter«. Die Psychoanalyse wird zum einen in eine lange Geschichte der Beichte und des (mehr oder weniger erzwungenen) »Geständnisses«, der »diskursiven Orthopädie« eingebunden (Foucault 1976/1977, 42; 1977/2003, 412–414) und damit für eine allgemeine Sexualisierung der Diskurse und gar für die Einpflanzung von Perversionen mitverantwortlich gemacht (Foucault 1976/1977, 50 f.); zum anderen habe es allein die Psychoanalyse vermocht, dem Diskurs der Heredität, dem »zeitgenössischen Aufstieg des Rassismus« und letztlich auch dem Faschismus zu widerstehen – und zwar, weil sie der Sexualität das »Gesetz« gab: »das Gesetz der Allianz, das Gesetz der verbotenen Blutschande, das Gesetz des Vater-Souveräns. Um das Begehren sollte wieder die ganze alte Ordnung der Macht zusammengerufen werden.« Doch sei sie deshalb auch an »eine bestimmte historische Konjunktur gebunden« (ebd., 179). Gerechterweise ist festzuhalten, daß letztlich weniger Freud als vielmehr Wilhelm Reich der Adressat von Foucaults Angriff auf die »Repressionshypothese« ist – und mit ihm die früheren wie aktuellen Ansätze eines Freudomarxismus (ebd., 157). Doch enthält das Buch auch eine klare Pointe gegen Lacan, indem bestritten wird, daß ein »Begehren« außerhalb der Macht denkbar sei (Foucault ebd., 101; Eribon 1994/1998, 259 ff.).

Die 1984 kurz vor Foucaults Tod veröffentlichten Bände II und III der *Geschichte der Sexualität* zeigen fast keine Berührungspunkte mehr zu psychoanalytischen Fragestellungen: Foucault ist bis in die griechische und römische Antike zurückgegangen, um an den Praktiken des sexuellen Umgangs mit Frauen und Knaben ein »Ästhetik der Existenz« genanntes Konzept männlicher Selbstbeherrschung zurückzugewinnen, das augenscheinlich keiner »Hermeneutik des Begehrens« bedarf, sondern sich auf den »Gebrauch der Lüste« konzentriert (Foucault 1984/1986). Am Gegensatz der mit »Begehren« und »Lust« verbundenen unterschiedlichen Perspektiven macht sich auch der Bruch mit dem langjährigen Freund Gilles Deleuze fest (Deleuze 1994/1996).

Literatur

Deleuze, Gilles: *Foucault.* Frankfurt a. M. 1987 (frz. 1986).
–: Begehren und Lust. In: Friedrich Balke/Joseph Vogl (Hg.): *Gilles Deleuze – Fluchtlinien der Philosophie.* München 1996, 230–240 (frz. 1994).
Derrida, Jacques: »Gerecht sein gegenüber Freud«. Die Geschichte des Wahnsinns im Zeitalter der Psychoanalyse. In: *Vergessen wir nicht – die Psychoanalyse!* Frankfurt a. M. 1998, 59–127 (frz. 1996).
Eribon, Didier: *Michel Foucault. Eine Biographie.* Frankfurt a. M. 1991 (frz. 1989).
–: *Michel Foucault und seine Zeitgenossen.* München 1998 (frz. 1994).
Forrester, John: Michel Foucault und die Geschichte der Psychoanalyse. In: Marcelo Marques (Hg.): *Foucault und die Psychoanalyse.* Tübingen 1990, 75–128 (engl. 1980).
Foucault, Michel: Einführung (in L. Binswanger: *Traum und Existenz*). In: *Dits et écrits. Schriften.* Bd. I. Frankfurt a. M. 2001, 107–174 (frz. 1954a).
–: *Psychologie und Geisteskrankheit.* Frankfurt a. M. 1968 (frz. 1954b, 1962).
–: Die wissenschaftliche Forschung und die Psychologie. In: *Dits et écrits. Schriften.* Bd. I. Frankfurt a. M. 2001, 196–222 (frz. 1957).
–: *Wahnsinn und Gesellschaft. Eine Geschichte des Wahns im Zeitalter der Vernunft.* Frankfurt a. M. 1969 (frz. 1961a).
–: Vorwort (zu *Histoire de la folie*). In: *Dits et écrits. Schriften.* Bd. I. Frankfurt a. M. 2001, 223–234 (frz. 1961b).
–: *Die Ordnung der Dinge.* Frankfurt a. M. 1971 (frz. 1966).
–: *Archäologie des Wissens.* Frankfurt a. M. 1973 (frz. 1969).
–: *Histoire de la folie à l'âge classique.* Paris 1972.
–: *Sexualität und Wahrheit.* Bd. I: *Der Wille zum Wissen.* Frankfurt a. M. 1977 (frz. 1976).
–: Das Spiel des Michel Foucault. In: *Dits et écrits. Schriften.* Bd. III. Frankfurt a. M. 2003, 391–429 (frz. 1977).
–: Lacan, der »Befreier« der Psychoanalyse. In: *Dits et écrits. Schriften.* Bd. IV. Frankfurt a. M. 2005, 248–249 (frz. 1982).
–: *Sexualität und Wahrheit.* Bd. II: *Der Gebrauch der Lüste.* Bd. III: *Die Sorge um sich.* Frankfurt a. M. 1986 (frz. 1984).
Gondek, Hans-Dieter: Traum, Bild und Tod. Michel Foucault als Leser von Freud und Binswanger. In: *RISS 2* (2000), 169–188.
Lagrange, Jacques: Lesarten der Psychoanalyse im Foucaultschen Text. In: Marcelo Marques (Hg.): *Foucault und die Psychoanalyse.* Tübingen 1990, 11–74.
Miller, Jacques-Alain: Michel Foucault und die Psychoanalyse. In: François Ewald/Bernhard Waldenfels (Hg.): *Spiele der Wahrheit. Michel Foucaults Denken.* Frankfurt a. M. 1991, 66–73 (frz. 1989).
Miller, James: *Die Leidenschaft des Michel Foucault. Eine Biographie.* Köln 1995 (engl. 1993).

Hans-Dieter Gondek

Jacques Derrida – von der psychischen Schrift zum Archiv der Psychoanalyse

Jacques Derrida ist unter den französischen Philosophen derjenige gewesen, der mit größtem Nachdruck für sich den Anspruch erhob, sich als bekennender Nicht-Analysierter nicht nur zur Psychoanalyse äußern zu dürfen, sondern dies auch in einer Weise zu tun, die nicht von vornherein als der Psychoanalyse bloß äußerlich zurückzusetzen ist (Derrida 1980/1987c). Mehr noch nahm er dies zum Anlaß, die daran sichtbar werdende institutionelle Politik der Psychoanalyse zu befragen – die durchaus etwas mit dem spezifischen Charakter ihrer Gründung, ihrer Praxis und ihrer Ausbildung zu tun hat: Für Derrida gilt es, den »Filiationen« in der Geschichte der Psychoanalyse abzulesen, wie sehr in ihnen ein Unanalysiertes in Freud fortwirkt (Derrida 1980/1987a, 20, 59, 91). Andererseits ist Derrida der Auseinandersetzung mit der Psychoanalyse auch über jene besondere Phase der 1970er bis 1980er Jahre hinaus treu geblieben, in denen ein Intellektueller, vor allem in Paris, es sich gar nicht erlauben konnte, der Psychoanalyse keine Beachtung zu schenken.

Diese Auseinandersetzung setzte 1966 in einem theoretisch-philosophischen Horizont mit Derridas

Vortrag über *Freud und der Schauplatz der Schrift* ein, gehalten auf Einladung von André Green am Institut de Psychanalyse (Derrida 1967/1972, 302–350). In einem Durchgang durch das Freudsche Werk, der vom *Entwurf einer Psychologie* von 1895 bis zur *Notiz über den »Wunderblock«* von 1925 (GW XIV, 1–8) und darüber hinaus reicht, arbeitet Derrida zwei im Freudschen Werk separat wirksame Metaphernreihen von Schrift und Text heraus, die sich in der Tat erst im Modell des Wunderblocks zu einem funktionierenden Ganzen fügen, einem Gedächtnisapparat, der zwei divergente Eigenschaften vereint: die jederzeitige Aufnahmebereitschaft für neue Impressionen bei gleichzeitiger unvergeßlicher Speicherung alles jemals Aufgenommenen. Derrida zeigt genau die Verschiebung und Verspätung im Spiel dieser Metaphernreihen am Werk, die von der Psychoanalyse selbst in ihrer Theorie des psychischen Apparates und ihrer Praxis der Deutung thematisiert werden. Die Metaphern erweisen sich als keineswegs willkürlich gewählt: In ihnen spielt sich bereits ein Prozeß der Technisierung der Psyche ab, und zwar so, daß *techne* und *psyche* einander niemals äußerlich sind, und das mit Implikationen für das Denken des Verhältnisses von Leben und Tod.

Freud wird gewisser metaphysischer Reste in der Begrifflichkeit geziehen, etwa in seinem Begriff von Zeit, Zeitlichkeit und Zeitlosigkeit (der unbewußten Wünsche). Doch geht es Derrida dabei nicht um Belehrung oder um Einholung der psychoanalytischen Theorie in die Philosophie, sondern um ein Zweckbündnis, das mit dem übergreifenden Projekt namens *Dekonstruktion* zu tun hat. Dekonstruktion als metaphysikkritisches Projekt setzt nicht nur auf *in*nerphilosophische Auseinandersetzungen, sondern auch auf *äußere* Herausforderungen in Form fremden oder dissidenten Denkens, wozu Derrida auch die Psychoanalyse zählt – eben soweit sie sich von metaphysischen Begriffsresten zu trennen weiß.

Ein Lehrstück ist Derridas Umgang mit Freuds Theorie vom Fetischismus in *Glas*. Was Freud als eine Ausnahme darstellt, nämlich als eine Beschreibung von »ganz raffinierten Fällen«, in denen die *Bejahung* und die *Verleugnung* der Kastration *zugleich* vollzogen wird (GW XIV, 316), wird von Derrida gegen einen bestimmten Ernst der Kastration gewendet, von dem sich die Psychoanalyse nicht zu lösen weiß: Man kann die Kastration spielen (und dieses Spiel mit der Kastration sollte auch in der schwierigen persönlichen Beziehung von Derrida und Lacan eine Rolle spielen; Roudinesco 1986, 418 f.): »Die Finte besteht darin, so zu tun, als verliere man, als kastriere man sich, als gebe man sich den Tod, um ihm zu

entgehen. Doch die Finte entgeht dem nicht. [...] Ein Fetischismus entfaltet sich so grenzenlos, innerhalb dessen die Umrisse eines *strikten* Fetischismus zu umgrenzen sind: der Fetischismus, in welchem *die* Metaphysik sich stets windet« (Derrida 1972, 235 f.).

1980 hat Derrida eine ausführliche Satz-für-Satz-Interpretation von Freuds *Jenseits des Lustprinzips* (GW XIII, 1–69) vorgelegt. Neben brillanten Einzeldeutungen (Fort-Da-Spiel; Lust- und Realitätsprinzip; Leben-Tod-Überleben) leistet sie etwas gänzlich Neues: Sie liest Freuds Text autobiographisch und testamentarisch – als Text, in dem Freud selbst spekuliert, und zwar auf das Überleben und das Geschick der Psychoanalyse in seinem Namen und mit seinem Namen, auf das Ankommen einer Sendung und das Zurückholen einer Sendung (wie im Fort-Da-Spiel), und in dem er selbst Schwierigkeiten mit seinem eigenen Gang, mit dem jeweiligen »einen Schritt weiter« hat, den er unaufhörlich in seinem Text fordert (Derrida 1980/1987a).

Lacans Reformulierung der Freudschen Psychoanalyse wird von Derrida einer massiven Kritik unterzogen, die der sophistizierten Naivität gilt, mit der sich Lacan bei Hegel und Heidegger bedient und damit höchst verdächtige Konstruktionen in die Psychoanalyse hereinholt wie etwa das idealistische Konzept der »Aufhebung« bei Hegel oder die klassisch metaphysische Entgegensetzung des Sinnlichen und des Intelligiblen (Derrida 1980/1987b).

Dem Archiv verschrieben von 1995 widmet sich neben einer Fortführung der 1966 aufgenommenen Erörterung der Gedächtnistheorie bei Freud einer Auseinandersetzung mit Yosef Hayim Yerushalmi und seiner Behauptung, die Psychoanalyse sei eine (auch nach Freudscher Intention) »jüdische Wissenschaft« (Derrida 1995/1997; Yerushalmi 1991/1992). Derrida arbeitet die Implikationen dieser These heraus, darunter die zu stellende Frage nach dem Verhältnis von Wissenschaft und Beschneidung. Auf einer anläßlich des dreißigsten Jahrestags des Erscheinens von Foucaults *Geschichte des Wahnsinns* von Elisabeth Roudinesco und René Major initiierten Tagung war Derrida Foucaults schwierigem Verhältnis zur Psychoanalyse nachgegangen. Dieser Beitrag ging später zusammen mit einer erneuten Stellungnahme zu Lacan in den Band *Résistances – de la psychanalyse* ein, der auf deutsch in leicht variierter Zusammenstellung unter dem Titel *Vergessen wir nicht – die Psychoanalyse!* erschien (Derrida 1996/1998). Im Jahr 2000 wurde Derrida die Ehre zuteil, den Eröffnungsvortrag für die in Paris veranstalteten *Generalstände der Psychoanalyse* zu halten: *Seelenstände der Psychoana-*

lyse (2000/2002) ist eine Reflexion über den Begriff *Grausamkeit* in Freuds Theorie, insbesondere seine Nähe und Distanz zum Todes- oder Aggressionstrieb.

De quoi demain. . . (*Woraus wird Morgen gemacht sein?*) ist die Aufzeichnung eines langen Gesprächs, das Elisabeth Roudinesco und Jacques Derrida miteinander führten (Derrida/Roudinesco 2001/2006). Das letzte und umfangreichste Kapitel heißt (auf Merleau-Ponty anspielend) *Lob der Psychoanalyse*. Derrida zeigt sich sehr zufrieden mit dem ihm angedienten Titel eines »Freundes der Psychoanalyse«. Der Freund unterliegt keiner institutionellen Bindung, obgleich die Freundschaft doch größter Verpflichtungen fähig ist; zudem ist sie frei von allen Bezügen der Verwandtschaft oder gar des Blutes, wie sie etwa in der vielfach beschworenen Brüderlichkeit zum Tragen kommt (ebd., 271 ff.; Derrida 1996/1998, 304 ff.). Doch als Freund braucht er keine Rücksicht zu nehmen, ja, er darf es gar nicht: Er hält die Freudsche Begrifflichkeit, etwa die der zwei Topiken, nicht für überlebensfähig – es sind »vorläufige Waffen, ja zusammengebastelte rhetorische Werkzeuge gegen eine Philosophie des Bewußtseins, der transparenten und voll verantwortlichen Intentionalität« (Derrida/Roudinesco 2001/2006, 279 f.). Das wird nicht mit der Intention vertreten, daß die Psychoanalyse sich anzupassen habe, etwa an die Vorgaben der Neurobiologie, sondern daß sie vielmehr ihr Schreiben »im Namen eines Wissens ohne Alibi«, im Namen »theoretischer ›Fiktionen‹« zu pflegen und weiterzuführen habe (ebd., 281).

In Derridas Umgebung sind einige wichtige Arbeiten zur Psychoanalyse entstanden, vor allem von Sarah Kofman, Philippe Lacoue-Labarthe und Jean-Luc Nancy.

Literatur

Bernet, Rudolf: Derrida – Husserl – Freud. Die Spur der Übertragung. In: Hans-Dieter Gondek/Bernhard Waldenfels (Hg.): *Einsätze des Denkens. Zur Philosophie von Jacques Derrida.* Frankfurt a. M. 1997, 99–123 (engl. 1994).

Derrida, Jacques: *Die Schrift und die Differenz.* Frankfurt a. M. 1972 (frz. 1967).

–: *Grammatologie.* Frankfurt a. M. 1974 (frz. 1967).

–: *Die Stimme und das Phänomen.* Frankfurt a. M. 2003 (frz. 1972).

–: *Dissemination.* Wien 1995 (frz. 1972).

–: *Randgänge der Philosophie.* Wien 2000 (frz. 1972).

–: *Glas.* Paris 1972.

–: Spekulieren – über/auf »Freud«. In: *Die Postkarte.* 2. Lieferung. Berlin 1987a, 7–181 (frz. 1980).

–: Der Facteur der Wahrheit. In: *Die Postkarte.* 2. Lieferung. Berlin 1987b, 183–281 (frz. 1980).

–: Du Tout. In: *Die Postkarte.* 2. Lieferung. Berlin 1987c, 283–310 (frz. 1980).

–: *Psyché. Inventions de l'autre.* Paris 1987.

–: *Limited Inc.* Wien 2001 (frz. 1990).

–: *Falschgeld. Zeit geben I.* München 1993 (frz. 1991).

–: *Auslassungspunkte.* Wien 1998 (frz. 1992).

–: *Marx' Gespenster.* Frankfurt a. M. 1996 (frz. 1993).

–: *Politik der Freundschaft.* Frankfurt a. M. 2000 (frz. 1994).

–: *Dem Archiv verschrieben.* Berlin 1997 (frz. 1995).

–: *Vergessen wir nicht – die Psychoanalyse!* Frankfurt a. M. 1998 (frz. 1996).

–: *Seelenstände der Psychoanalyse.* Frankfurt a. M. 2002 (frz. 2000).

–: *Le toucher, Jean-Luc Nancy.* Paris 2000.

–: Et si l'animal repondait? In: *L'Herne 83: Derrida.* Paris 2004, 117–129.

– /Geoffrey Bennington: *Jacques Derrida. Ein Portrait.* Frankfurt a. M. 1994 (frz. 1991).

– /Elisabeth Roudinesco: *Woraus wird Morgen gemacht sein? Ein Dialog.* Stuttgart 2006 (frz. 2001).

Gondek, Hans-Dieter: »La séance continue«. Jacques Derrida und die Psychoanalyse. In: Derrida 1996/1998, 179–232.

– /Bernhard Waldenfels (Hg.): *Einsätze des Denkens. Zur Philosophie von Jacques Derrida.* Frankfurt a. M. 1997.

Kofman, Sarah: *Die Kindheit der Kunst.* München 1993 (frz. 1985).

Lacoue-Labarthe, Philippe/Jean-Luc Nancy: *Le titre de la lettre.* Paris 1973.

Roudinesco, Elisabeth: *Histoire de la psychanalyse en France. 2 (1925–1985).* Paris 1986.

Yerushalmi, Yosef Hayim: *Freuds Moses. Endliches und unendliches Judentum.* Berlin 1992 (engl. 1991).

Hans-Dieter Gondek

Klinische Implikationen der Lacanschen Psychoanalyse

Jacques Lacan hat Theorie und Technik der Freudschen Psychoanalyse, die für ihn nicht zu trennen sind, erheblich modifiziert. Ab 1951 führte er, um der atemporalen Struktur des Unbewußten besser Genüge zu tun und der Sklerotisierung der Kur durch zeitlich limitierte Sitzungen entgegenzuwirken – niemand kann wirklich begründen, warum eine analytische Sitzung genau 45 Minuten zu dauern hat, obwohl dies bis heute als heilige Regel gilt –, Sitzungen von variabler Dauer ein, die von Lacans Kritikern in pejorativer Absicht als »kurze Sitzungen« bezeichnet werden. Hintergrund dieser technischen Neuerung ist zunächst Lacans Konzeption des Ichs, das als Objekt, wie bei Freud, vor allem aber aufgrund seiner Entstehung im sog. Spiegelstadium (Lacan 1966/1973c) und seiner imaginären Identifizierungen als eine Instanz der systematischen Verkennung dem Zugang zum Unbewußten (Ich und Subjekt sind ekzentrisch) im Wege steht und deshalb nicht noch gestärkt werden darf. Die entfremdenden, weil extern induzierten Identifizierungen des Ichs müssen Lacan zufolge dekonstruiert werden, wozu nicht zuletzt der veränderte zeitliche Rahmen der Kur dienen soll. Für Lacan fördert die traditionelle Handhabung des Zeitrahmens in seiner zwanghaften Applikation geradezu die Widerstandsfunktionen des Ichs, das sich in dieser garantierten Zeitzuteilung bequem installieren kann, und verhindert damit die Arbeit an den kostbaren Momenten der Öffnung des Unbewußten.

Aber auch Lacans Deutungstechnik, die sich vor allem, freilich längst nicht nur auf die Betonung und Hervorhebung von Signifikanten stützt, verstärkt, ebenso wie die unkalkulierbare Dauer einer Sitzung, den erwünschten Überraschungseffekt. Das Gewicht, das Lacan der Signifikantendeutung beilegt, ist einerseits eine direkte Folge seiner Annahme, daß das Unbewußte wie eine Sprache strukturiert ist (Lacan 1966/1975d). Die einzelnen Zeichen der Sprache erhalten ihren Wert aber andererseits nur durch Differenz und Opposition zu anderen Zeichen, so daß allein Deutungen, die das Differenzspiel der Signifikanten aufnehmen, der Signifikantenkette entlanggleiten und diese von verdrängten Signifikanten unterbrochene Kette wiederherstellen können, um dergestalt zum Begehren des Analysanten zu gelangen. In seiner späten Schrift *Konstruktionen in der Analyse* (GW XVI, 41–56) hatte Freud bereits darauf hingewiesen, daß es in der Kur nicht immer zu wiedergewonnenen Erinnerungen kommt, daß aber die Wahrheit der Konstruktion therapeutisch dasselbe leisten könne wie jene Wiedergewinnung.

Einen noch weiteren Schritt weg von der Hermeneutik als der Wissenschaft von der Entschlüsselung von Bedeutungen, die auf einem transzendentalen Signifikat beruhen, tut Lacan, wenn er immer wieder festhält, dass das Begehren seine Deutung ist (vgl. z. B. Lacan 1958/59). Die modifizierte Handhabung des Rahmens und – freilich nicht ausschließliche – Signifikantendeutungen dienen zum anderen dazu, das Wissen des Analytikers wie dasjenige des Analysanten (seines Ichs) zugunsten einer unbewußten Wahrheit schrittweise zurückzunehmen. Damit kommt eine neue Auffassung der Übertragung ins Spiel. Ausgangspunkt der Übertragung ist die Liebe, die von Anfang an ambivalent, d. h. mit Haß gemischt ist, zu jenem Subjekt, dem Wissen unterstellt wird. Der Analytiker ist natürlich nicht im Besitz dieses Wissens. Aber er kann dem Analysanten durch den Abbau von dessen imaginärem Wissen und durch die Auflösung (Analyse) von dessen imaginären Identifikationen den Zugang zu seiner Wahrheit, nämlich seinen singulären Umgang mit dem Mangel und dem Bezug zu seinem Begehren, eröffnen. Indem das Subjekt dazu ermutigt wird, in bezug auf sein Begehren nicht nachzugeben – womit Lacan die ethische Dimension der Psychoanalyse herausstreicht –, wird der Analytiker nicht zu einer weiteren Identifikationsfigur, sondern zu einem Objekt a, das

die Ursache des Begehrens in der Analyse ist und das, am Ende der Kur, vom Analysanten aufgegeben werden kann und muß. Dies gilt Lacan zufolge für die Behandlung von Neurosen.

Anders als Freud hat sich Lacan zeit seines Lebens auch der Theorie und Behandlung der Psychosen gewidmet, die neben Neurosen und Perversionen eine ganz eigene klinische Struktur bilden. Die Psychose als Struktur beruht für Lacan im wesentlichen auf dem Mechanismus der Verwerfung. In ihr fehlt der »Name des Vaters«, der die erste Metapher – und mit ihr die Voraussetzung für das Funktionieren von Sprache – und die symbolische Kastration – also den Mangel, der dem Begehren zugrundeliegt – einführt. Mit dieser Verwerfung sind eigentlich die Grundvoraussetzungen für eine psychoanalytische Behandlung nicht gegeben, denn der Wunsch nach einer Kur entsteht allein aus dem Mangel, und Deutungen sind nur möglich, wenn die linguistischen Mechanismen der Metaphorisierung und Metonymisierung funktionieren. Gleichwohl hat Lacan (und viele seine Nachfolger) nicht aufgehört, mit psychotischen Patienten zu arbeiten, indem er den Schwerpunkt der Behandlung auf die Arbeit am Symbolischen legte und z. B. ein Nein einzuführen versuchte, mit der Absicht, einen zumindest partiellen Mangel zu konstituieren (Borens 1993).

Schließlich hat sich Lacan auch der dritten klinischen Struktur, den Perversionen, zugewandt. In Anlehnung an Freud betont er die Verleugnung in der Perversion und zeigt, daß, wenn sich die Neurose als Frage zu erkennen gibt, die Perversion sich durch das Fehlen einer Frage auszeichnet. Der Perverse weiß, daß seine (perversen) Akte dem Genießen des Anderen dienen. Dieses Wissen in Verbindung mit einer wenig verläßlichen Einschreibung des Namens des Vaters, die ihn zu einer permanenten Umgehung des Gesetzes veranlaßt, behindert die Möglichkeit der Behandlung des perversen Subjekts fundamental, scheint es sich doch nicht auf die notwendige Voraussetzung zur Übertragung einzulassen, da es als wissendes keinem anderen Subjekt Wissen unterstellen kann. Lacan selbst hat zu der Frage der Behandelbarkeit keine eindeutige Stellung genommen; er selbst arbeitete, wie die meisten Analytiker, mit Perversen, doch gilt es zu bedenken, daß aufgrund der schon von Freud festgehaltenen Spaltung in der Perversion, wenn überhaupt, dann nur der neurotische Anteil des perversen Subjekts sich auf die Arbeit der Kur einzulassen vermag.

Literatur

Borens, Raymond: Das fehlende Nein. Ein Beitrag zum Verständnis der Psychose. In: Günter Lempa/Elisabeth Troje (Hg.): *Psychoanalytische Technik, ihre Anwendungen und Veränderungen in der Psychotherapie*, Göttingen 2004, 50–65.

–: Fragmentarische Überlegungen zur Psychose. In: *RISS* 8 (1993), 40–49.

Lacan, Jacques: Le désir et son interprétation. Seminar 1958/59 [unveröffentlicht].

–: Das Spiegelstadium als Bildner der Ichfunktion. In: *Schriften I*. Olten/Freiburg i.Br. 1973, 61–70 (frz. 1966).

–: Die Wissenschaft und die Wahrheit. In: *Schriften II*, Olten/Freiburg i. Br. 1975, 231–257 (frz. 1966).

Raymond Borens

8. Marxismus

Im historischen Rückblick kann man die Geschichte des Verhältnisses von Marxismus und Freudscher Psychoanalyse getrost als die eines weitgehenden Mißverständnisses, aber auch wechselseitiger Ignoranz bezeichnen. Auch wenn es in den 1920er und frühen 1930er Jahren und dann noch einmal um 1968 mehr oder minder ernsthafte Versuche gab, historischen Materialismus und Freudianismus einander anzunähern, bleibt unterm Strich die Erkenntnis, daß jene Versuche als gescheitert betrachtet werden müssen. Zu groß und bedeutend waren die Unvereinbarkeiten zwischen einer psychologischen Theorie, die die Irrationalität unbewußter Prozesse und die Eigenmächtigkeit und Unverfügbarkeit des Trieblebens in den Mittelpunkt ihres Welt- und Menschenverständnisses stellt, und einer Sozialtheorie, die auf die Rationalität und Aufgeklärtheit der Akteure gesellschaftlicher Veränderung setzt, als daß eine plausible Vermittlung beider, die mehr als bloßer Wunsch oder bloße Behauptung ist, möglich gewesen wäre.

So ist es denn auch keineswegs verwunderlich, daß Freud selber so gut wie keine Notiz von Marx und dem zeitgenössischen Marxismus genommen hat (Jones III, 403). Eher beiläufig erledigt er, der notorische Materialist, in der *Neuen Folge der Vorlesungen zur Einführung in die Psychoanalyse* den Marxismus mit dem Hinweis, dessen dialektische Geschichtsauffassung sei »ein Niederschlag jener dunklen Hegelschen Philosophie, durch deren Schule auch Marx gegangen ist«, und insofern alles andere als materialistisch (GW XV, 191 f.). Außerdem mokiert sich Freud über den Marxismus als eine Art Religionsersatz und »Quelle einer Offenbarung«, die für seine Anhänger an die Stelle von Bibel und Koran getreten sei (ebd., 195). Auch im Hinblick auf »das große Kulturexperiment« (GW XIV, 330) im bolschewistischen Rußland zeigt sich Freud eher skeptisch, indem er anmerkt, es sei doch höchst fraglich, ob die vom Marxismus geforderte und vom sowjetischen Kommunismus praktizierte Abschaffung des Privateigentums an Produktionsmitteln tatsächlich zu besseren und friedlicheren Verhältnissen unter den Menschen führe. »Mit der Aufhebung des Privateigentums«, schreibt Freud in *Das Unbehagen in der Kultur*, »entzieht man der menschlichen Aggressionslust eines ihrer Werkzeuge, gewiß ein starkes, und gewiß nicht das stärkste« (ebd., 473), denn es bleibe dabei, daß Aggressionsneigung und -lust beim Menschen unbezwingbar seien (ebd.). Im ganzen sieht Freud im Marxismus eine geistige und politische Gestalt, die sich Illusionen über die menschliche Natur und deren »Unbändigkeit« hingebe (GW XV, 197; GW XIV, 504), indem sie an das Verbesserungsfähige und Gute im Menschen glaube. Von heute her kann man sagen, daß Freud das Scheitern des sowjetmarxistischen Gesellschaftsmodells, das ja nicht nur ökonomische, sondern auch andere, z. B. sozialpsychologische, Ursachen hatte, mit enormer Klarsicht vorausgesehen hat (vgl. z. B. GW XIV, 369).

Die erste Freud-Marx-Debatte

Freuds distanzierter, allenfalls skeptisch neutraler Haltung gegenüber Marxismus und Bolschewismus zum Trotz gab es zu Beginn der 1920er Jahre in der jungen Sowjetunion gewisse Bemühungen seitens einer aufgeschlossenen linken Intelligenzija, Freud und Marx einander näherzubringen (Etkind 1993/1996, 219 ff.). Dieser sog. Freudomarxismus kaprizierte sich in erster Linie darauf, aus dem Freudschen Lehrgebäude einen Extrakt an Leitlinien zu destillieren, die dazu taugen sollten, auf dem Gebiet der Erziehung Anwendung zu finden. So wurde 1921 in Moskau ein psychoanalytisches Kinderheim eröffnet, das von der Pädagogin Wera Schmidt geleitet wurde und an dem bekannte Psychoanalytiker wie Iwan Jermakow und Mosche Wulff arbeiteten. Als »Freudismus« mutierte Freuds Lehre zu einer Art Psychotechnik, »Pädologie« genannt, zur Konditionierung des sowjetischen Nachwuchses. Freilich zeigte sich relativ bald, daß der der Psychoanalyse unterstellte »Sexualismus« und »Pansexualismus« mit den Zielen des Aufbaus einer neuen Gesellschaftsordnung und der

Aufzucht eines »neuen Menschen« unvereinbar war und von daher bekämpft werden mußte. Insgesamt, so kann man resümieren, erwies sich die Psychoanalyse aus Sicht der neuen bolschewistischen Machthaber und der Mehrheit der Parteiintellektuellen als zu individualistisch, eigenbrötlerisch und »bürgerlich«, als daß sie mit den utopischen Vorstellungen vom egalitären Kollektiv kompatibel gewesen wäre (vgl. die in Sandkühler 1970 dokumentierte Debatte). Mit der politischen Entmachtung und der Verbannung Lew Trotzkijs Ende der 1920er Jahre, der sich für eine Rezeption der Psychoanalyse stark gemacht hatte, war ihr Schicksal in der Sowjetunion faktisch besiegelt. Spätestens Mitte der 1930er Jahre, als Stalin seine Machtstellung im sowjetischen Partei- und Terrorapparat endgültig gefestigt hatte, war sie dort wieder von der Bildfläche verschwunden (Nitzschke 1989, 113). Fortan galt: »Freudismus: eine reaktionäre idealistische Richtung, die in der bourgeoisen wissenschaftlichen Psychologie weit verbreitet ist [...] Freudismus wie Neo-Freudismus stehen jetzt im Dienste des Imperialismus, welcher diese ›Lehren‹ von der Unterordnung des Bewußtseins unter das Unbewußte dazu benutzt, die niedrigsten und widerwärtigsten Triebe zu rechtfertigen und zu entwickeln« (zit. nach ebd., 115).

Die ernsthaftesten Versuche einer Vermittlung von Psychoanalyse und Marxismus gab es im deutschsprachigen Raum – dem Mutterboden sowohl der einen wie des anderen. Marxistisch orientierte Freudianer wie Siegfried Bernfeld und Wilhelm Reich erhofften sich von einer auf psychoanalytischen Erkenntnissen basierenden Pädagogik (Bernfeld) und von einer die herrschende oppressive Sexualmoral sprengenden Politisierung des Sexus (Reich) weitreichende revolutionäre Konsequenzen, denen Freud selber freilich eher skeptisch abwartend gegenüberstand. So versuchte Bernfeld (1926) auch theoretisch, eine innere Nähe von Marxismus und Psychoanalyse zu konstruieren. Es gebe, so sein Argument, eine »Identität der Denkweise« (ebd., 14) von Freud und Marx insofern, als beide materialistisch, antiidealistisch, »destruktiv« und gegen alle »Werte« seien. Die innere Verwandtschaft beider Lehren bestehe weiterhin in der Parallele der Geschichte des Seelenlebens und der Geschichte der Gesellschaft – die von Freud diagnostizierte Neurose sei auch eine »soziale Erkrankung« (ebd., 26). Wie Freud postuliere, daß es Kriege geben müsse, solange die Existenzbedingungen der Völker so verschieden seien (GW X, 325), so postuliere der Marxismus die Notwendigkeit des Klassenkampfs, solange die Existenzbedingungen der Klassen so verschieden seien. Bernfelds Fazit lautet: »Freud hat sich

nirgends als Sozialist, aber ebensowenig irgendwo als Gegner des Sozialismus bekannt« (ebd., 18).

Während also Linksfreudianer wie Bernfeld, Reich (zumindest in einer frühen Phase seines Denkens) und Otto Fenichel darum bemüht waren, Triebtheorie und Sozialtheorie in eine gemeinsame Perspektive zu rücken, gab es, ähnlich wie in der Sowjetunion der 1920er und frühen 1930er Jahre, auch in der deutschen Debatte entschiedene Gegenstimmen. So warf Fritz Sternberg (1932) der Psychoanalyse generell geschichtliche Blindheit und »A-Historizität« vor (ebd., 121) und dekretierte: »Freud weiß nichts von Klassen und Klassenkämpfen« (ebd., 123). Auch der einflußreiche marxistische Theoretiker Georg Lukács, Autor von *Geschichte und Klassenbewußtsein* (1923), wandte sich vehement gegen jeden Versuch, die Freudsche Theorie in das Lehrgebäude des Marxismus zu integrieren (vgl. Dahmer 1973, 299ff.). Die heute als ›klassisch‹ zu bezeichnende Debatte zwischen Psychoanalyse und Marxismus, wie inhaltlich unbefriedigend sie auch immer geführt wurde, da sie stets von politischen Großwetterlagen mitdeterminiert war (Nitzschke 1989, 122), geriet durch den Sieg des Nationalsozialismus in Deutschland und Mitteleuropa sowie durch den Triumph des Stalinismus in der Sowjetunion und Osteuropa für Jahrzehnte vollständig in die Defensive und verstummte schließlich ganz.

Die zweite Freud-Marx-Debatte

Erst Ende der 1960er Jahre kam es im Zuge der Wiederaneignung freudianischer und marxistischer Traditionen durch eine neue Generation von Intellektuellen, die mit den Denkverboten und Tabus der Nachkriegsgesellschaft brach, zu einer, wenn auch nur kurzzeitigen, Renaissance der Freud-Marx-Debatte. Freilich zeigte sich schon an den publizistischen Strategien dieser zweiten Debatte (Sandkühler 1970; Gente 1970; Dahmer 1972; 1973, 257–304), daß im wesentlichen nur die alten Positionen referiert und rekapituliert wurden. In einer Flut von Drucken wurden die Schriften von Reich, Bernfeld und Fenichel aus den 1920er und 1930er Jahren verbreitet, ohne daß inhaltlich neue Argumente vorgetragen wurden. Wie schon in jenen Jahren diente der erneute Versuch der Vermittlung von Psychoanalyse und Marxismus hauptsächlich dazu, einen als progressiv geltenden pädagogischen und sozialisatorischen Stil zu propagieren, der als »antiautoritär« und »antirepressiv« markiert wurde und auf eine umfassende sexuelle Befreiung zielte. In dem Maße allerdings, wie die allgemeinen revolutionären Hoffnungen der Generation von 1968 sich bald als illusionär erwiesen, stürzten auch die sozialpädagogischen Höhenflüge einer antiautoritären Erziehung mit all ihren skurrilen und abstoßenden Begleiterscheinungen wie Ikarus ins Bodenlose ab.

Allerdings gab es auch einige wenige ambitionierte theoretische Versuche, Marx und Freud, historischen Materialismus und Triebtheorie miteinander zu versöhnen und die Debatte auf dem Niveau gegenwärtiger gesellschaftlicher Konflikte und Fragestellungen zu führen. So wies Reimut Reiche in seiner vielgelesenen Schrift *Sexualität und Klassenkampf* (1968) darauf hin, daß sich im »Spätkapitalismus« (wie es damals hieß) die Funktion der Sexualität grundlegend gewandelt habe. Während in historisch früheren Phasen des Kapitalismus (»Konkurrenzkapitalismus«) eine repressive Funktion der Sexualität dominiert habe (ebd., 32 ff.), könne der zeitgenössische Kapitalismus auf diese Funktion weitgehend verzichten und eine liberalisierte und warenförmig zugerichtete Sexualität propagieren, die freier und ungebundener sei denn je zuvor: »Die Sexualität wird ein Stück weit ›freigelassen‹«, aber, so Reiche, gerade auf diese Weise »in den Dienst der Herrschaftssicherung genommen« (ebd., 41). Deshalb glaubte er im Anschluß an Herbert Marcuse, vor einer »repressiven Entsublimierung« der Sexualität, wie sie in seinen Augen auch Teile der antiautoritären Bewegung praktizierten, nachdrücklich warnen zu müssen.

Helmut Dahmers Debattenbeiträge konzentrierten sich im wesentlichen auf die schon in den 1920er Jahren aufgeworfene Frage nach den möglichen Gemeinsamkeiten von Freudscher und Marxscher Theorie. Wenn es bei ihm heißt, Freuds Psychologie sei zwar »sozialhistorisch unaufgeklärt – aber sie sagt viel darüber, was unter diesen [den kapitalistischen, HML] Verhältnissen aus dem Menschen wird« (Dahmer 1972, 106), so war damit in solcher Pauschalität freilich wenig gewonnen. Ebensowenig wie mit dem Hinweis, die sachliche Nähe von Psychoanalyse und Marxismus ergebe sich aus der Verwandtschaftlichkeit des Konflikts der seelischen Instanzen und des Konflikts der sozialen Klassen – als ob beide Konflikte irgendeinen gemeinsamen Bezugspunkt hätten (vgl. Lohmann 1996/2005) – und daraus, daß Freud und Marx gegen den »gesunden Menschenverstand« verstoßen (Dahmer 1972, 107), was wohl wahr ist, aber genauso auf Platon, Kant und Nietzsche zutrifft. Als ein zentrales Widerstandsmoment der Freudschen Psychoanalyse gegen ihre geschichtsmaterialistische Vermittelbarkeit diagnostizierte Dahmer ihr »szientistisches Selbstmißverständnis« als Naturwissenschaft der Seele – darin Jürgen Habermas (1968,

300 ff.) folgend – und plädierte dementsprechend für eine Transformation der Psychoanalyse in ein konsequent »dialektisch-hermeneutisches Verfahren« (Dahmer 1973, 25) – was immer das sei. Der ungeklärte wissenschaftstheoretische Status der Psychoanalyse zwischen Biologie, Soziologie und Geisteswissenschaften verhindere, daß ihr »gesellschaftlicher Erfahrungsgehalt« (ebd., 26) zum Tragen komme. Diesen von Dahmer angemahnten Erfahrungsgehalt – den der Bedürftigkeit und des Leidens der gesellschaftlichen Individuen, den beide, Freud und Marx, im Blick gehabt hätten – versuchte Karola Brede zu einer Zeit, als die Freud-Marx-Debatte in Westeuropa bereits weitgehend abgeflaut war, im Anschluß an ein Streitgespräch zwischen dem Psychoanalytiker André Green und dem marxistischen Philosophen Lucien Sève über »Marxisme et psychanalyse« inhaltlich herauszuarbeiten (Brede 1984/1986).

Demgegenüber gab sich Peter Brückner wesentlich nüchterner und skeptischer. Denn, so sein Monitum, der Kapitalismus sei so wenig aus Triebschicksalen herzuleiten und zu erklären wie umgekehrt psychische Abwehrmechanismen klassenanalytisch interpretiert werden könnten (Brückner 1972, 393). Damit ließ Brückner letztlich nur erkennen, daß jeder noch so gutgemeinte Versuch, Freud und Marx in eine gemeinsame Perspektive zu zwingen, zum Scheitern verurteilt sei. Implizit folgte er damit der methodischen Vorgabe der Kritischen Theorie, vor allem Adornos (vgl. Kap. IV.9), die Gegenstandsbereiche von Psychologie und Gesellschaftstheorie bis auf weiteres strikt auseinanderzuhalten und sie in dieser Getrenntheit gemäß ihrer je eigenen Sachlogik zu untersuchen – gegen jede »erpreßte Versöhnung« (Adorno 1958/1974; vgl. auch Adorno 1955/1974, 13).

Einen – hier allerdings zu vernachlässigenden – Sonderfall des Freudomarxismus stellt die in den 1960er Jahren in Frankreich geführte Debatte über das Verhältnis von Marxismus und Psychoanalyse dar, an dem u. a. Philosophen wie Jean-Paul Sartre (Sartre 1960/1964; 1960/1967) und Louis Althusser beteiligt waren (zu dieser Debatte vgl. Kap. IV.7). Auch das von Marxismus und (Lacanscher) Psychoanalyse gleichermaßen inspirierte Werk des slowenischen Philosophen Slavoj Žižek gehört ins Register des Freudomarxismus (Žižek 1999/2001).

Geld und Trieb

Einen originellen Seitentrieb der Debatte zwischen Marxismus und Psychoanalyse bildet die Diskussion über Geld und Geldinteresse – oder hätte sie bilden

können, wenn sie je geführt worden wäre (vgl. Borneman 1973/1977). Seit Freuds kleiner Arbeit über
Charakter und Analerotik (GW VII, 201–209) hat es
seitens der Psychoanalyse immer wieder Ansätze und
Versuche gegeben, dem Geheimnis des »Geldfe-
tischs« (Marx) triebtheoretisch auf die Spur zu kommen und damit ein Thema anzuschlagen, das in der
marxistischen Theorie eine überragend prominente
Stellung besetzt: Geld/Kapital als sich selbst verwer-
tender Wert, d. h. als die irrationale Ursprungsset-
zung par excellence, auf dem der Kapitalismus bis
heute beruht. Erinnert sei an die Arbeiten etwa von
Karl Abraham (*Das Geldausgeben im Angstzustand*,
1917), Bernhard Dattner (*Gold und Kot*, 1913), Otto
Fenichel (*Der Trieb der Geldakkumulation*, 1938),
Sándor Ferenczi (*Zur Ontogenie des Geldinteresses*,
1914; *Pecunia – olet*, 1916), Susan Isaacs (*Besitz und
Besitzgier: Eine Kleinianische Deutung*, 1948), René
Laforgue (*Gold und Kapital. Psychoanalytische Bemerkungen*, 1931) und Theodor Reik (*Gold und Kot*,
1915). Auch wenn die Psychoanalyse mit ihren Beiträgen keine historische Kapitalismusanalyse liefern
konnte und wollte, so sind doch ihre Erkenntnisse
über die dem Kapitalismus in seiner bürgerlich-libe-
ralen Phase günstigen Charaktereigenschaften und
Zwangsneurosen, d. h. über ›Tugenden‹ wie Sparen,
Sammeln, Sauberkeit, Ordnungssinn und Gründlich-
keit, für eine materialistische Geschichts- und Gesellschaftstheorie alles andere als belanglos (vgl. Harsch
1995). Der insgesamt hyperrationale Zug, der dem
Marxismus seit jeher anhaftet und ihn hindert, die
irrationalen und ›triebhaften‹ Seiten der kapitalistischen Vergesellschaftung angemessen wahrzunehmen, führte dazu, daß eine wirklich inhaltliche Auseinandersetzung über die Sonderbarkeit des »Geldinteresses« zwischen Marxismus und Psychoanalyse
nie stattfand. Ironischerweise hat der Marxismus in Gestalt der kommunistischen Volksrepublik China jenes
einstmals von ihm verpönte Interesse inzwischen zur
obersten Staatsräson erhoben.

Literatur

Adorno, Theodor W.: Zum Verhältnis von Soziologie und Psy-
chologie [1955]. In: *Sociologica I. Aufsätze. Max Horkheimer*
zum sechzigsten Geburtstag gewidmet. Frankfurt a. M./Köln
1974, 11–45.
–: Erpreßte Versöhnung [1958]. In: Ders.: *Noten zur Literatur.
Gesammelte Schriften 11*. Frankfurt a. M. 1974, 251–280.
Bernfeld, Siegfried: Sozialismus und Psychoanalyse [1926]. In:
Gente 1970, 11–29.
Borneman, Ernest: *Psychoanalyse des Geldes. Eine kritische Un-
tersuchung psychoanalytischer Geldtheorien* [1973]. Frank-
furt a. M. 1977.
Brede, Karola: Zum Verhältnis von gesellschaftlicher Arbeit
und Trieb: Marx und Freud im Vergleich. In: Hans-Martin
Lohmann (Hg.): *Die Psychoanalyse auf der Couch* [1984].
Frankfurt a. M. 1986, 47–59.
Brückner, Peter: Marx, Freud. In: Gente 1972, 360–395.
Dahmer, Helmut: Psychoanalyse und historischer Materialis-
mus. In: Alfred Lorenzer u. a. (Hg.): *Psychoanalyse als So-
zialwissenschaft*. Frankfurt a. M. 1971, 60–92.
–: Wilhelm Reich – seine Stellung zu Freud und Marx. In:
Gente 1972, 80–115.
–: *Libido und Gesellschaft. Studien über Freud und die Freud-
sche Linke*. Frankfurt a. M. 1973.
Etkind, Alexander: *Eros des Unmöglichen. Die Geschichte der
Psychoanalyse in Rußland*. Leipzig 1996 (russ. 1993).
Gente, Hans-Peter (Hg.): *Marxismus, Psychoanalyse, Sexpol*.
Frankfurt a. M. Bd. 1 1970, Bd. 2 1972.
Habermas, Jürgen: *Erkenntnis und Interesse*. Frankfurt a. M.
1968.
Harsch, Wolfgang: *Die psychoanalytische Geldtheorie*. Frankfurt
a. M. 1995.
Lohmann, Hans-Martin: Die Konflikttheorie der Psychoana-
lyse. In: Thorsten Bonacker (Hg.): *Sozialwissenschaftliche
Konflikttheorien. Eine Einführung* [1996]. Wiesbaden 2005,
447–459.
Nitzschke, Bernd: Marxismus und Psychoanalyse. Historische
und aktuelle Aspekte der Freud-Marx-Debatte. In: *Luzifer-
Amor* 2 (1989), 108–138.
Osborne, Reuben: *Marxismus und Psychoanalyse*. Frankfurt
a. M. 1975 (engl. 1937).
Reiche, Reimut: *Sexualität und Klassenkampf. Zur Abwehr re-
pressiver Entsublimierung*. Frankfurt a. M. 1968.
Sandkühler, Hans-Jörg (Hg.): *Bernfeld, Reich, Jurinetz, Sapir,
Stoljarov: Psychoanalyse und Marxismus. Dokumentation ei-
ner Kontroverse*. Frankfurt a. M. 1970.
Sartre, Jean-Paul: *Marxismus und Existentialismus. Versuch ei-
ner Methodik*. Reinbek 1964 (frz. 1960).
–: *Kritik der dialektischen Vernunft*. Reinbek 1967 (frz. 1960).
Sternberg, Fritz: Marxismus und Verdrängung [1932]. In:
Gente 1970, 115–128.
Žižek, Slavoj: *Die Tücke des Subjekts*. Frankfurt a. M. 2001
(engl. 1999).

Hans-Martin Lohmann

9. Kritische Theorie

Schon in den ausgehenden 1920er und frühen 1930er Jahren ließen die Vertreter der später sog. Kritischen Theorie bzw. Frankfurter Schule ein ausgeprägtes Interesse an Freud und der Psychoanalyse erkennen. Das mag zum einen damit zusammenhängen, daß die Protagonisten dieser Schule, bevor sie 1933 zur Emigration gezwungen wurden, enge Kontakte zu den in Frankfurt a. M. tätigen Psychoanalytikern unterhielten (Lohmann 1989, 94 f.). Dies waren u. a. Karl Landauer, Heinrich Meng, Frieda Fromm-Reichmann und Erich Fromm, Mitglieder des 1929 gegründeten Frankfurter Psychoanalytischen Instituts, die, da sie über kein eigenes Domizil verfügten, die Gastfreundschaft des von Carl Grünberg gegründeten und seit 1930 von Max Horkheimer geleiteten Instituts für Sozialforschung genossen, in dessen Räumen sie ihre Veranstaltungen abhielten. Fromm und Landauer gehörten zu den späteren Mitarbeitern und -autoren der vom Institut initiierten *Studien über Autorität und Familie*, während Horkheimer wiederum in Analyse bei Landauer war, um sich seine Hemmung, ohne vorbereiteten Text Vorlesungen zu halten, »wegtherapieren« zu lassen (Wiggershaus 1986, 61).

Ausschlaggebend für das Interesse Horkheimers, Theodor W. Adornos und Herbert Marcuses – Fromm war beides: Mitglied des Instituts und ausgebildeter Psychoanalytiker – an der Freudschen Theorie war indessen etwas anderes. Im Gegensatz zum Offizialmarxismus jener Jahre, der die Konstitution von Klassenbewußtsein bei den ausgebeuteten Massen mit deren ›objektiver Klassenlage‹ im kapitalistischen Produktionsprozeß verknüpfte, erkannten sie, daß objektive Lage und subjektives Bewußtsein keineswegs übereinstimmen müssen. Im Gegenteil. Deshalb war für sie die Situation anders und wesentlich komplizierter. Wenn, wie Horkheimer am Vorabend des Nationalsozialismus notierte, »die Wirtschaft bis weit in die geheiligten innerseelischen Bezirke hineinspielt« (Horkheimer 1934/1987, 416) und wenn »das Handeln numerisch bedeutender sozialer Schichten nicht durch die Erkenntnis, sondern durch

eine das Bewußtsein verfälschende Triebmotorik bestimmt« wird (Horkheimer 1932/1988, 59), das gegen ihre eigenen Lebensinteressen verstößt, dann bedürfe es einer Psychologie, die diesen Widerspruch zu erklären und aufzulösen in der Lage ist. »Es wäre zu erforschen, wie die psychischen Mechanismen zustande kommen, durch die es möglich ist, daß Spannungen zwischen den gesellschaftlichen Klassen, die auf Grund der ökonomischen Lage zu Konflikten drängen, latent bleiben können« (ebd., 60). Und: »Das Ökonomische erscheint als das Umfassende und Primäre, aber die Erkenntnis der Bedingtheit im einzelnen, die Durchforschung der vermittelnden Hergänge selbst und daher auch das Begreifen des Resultats hängen von der psychologischen Arbeit ab« (ebd., 65). Damit waren die Umrisse eines anspruchsvollen Theorieprogramms skizziert, das sich auf der Basis der Freudschen Theorie des Unbewußten als Politische Psychologie etablierte (s. Kap. IV.15) und in den 1930er und 1940er Jahren zu folgenreichen, großenteils empirischen Forschungsprojekten über Autorität und Familie (Fromm 1936/1970), den autoritären Charakter (Adorno 1950/1973), über Antisemitismus und Vorurteil (Horkheimer/Flowerman 1949–1950) und die Struktur der faschistischen Propaganda (Adorno 1951/1971) führte.

Mit Freud gegen Freud

War die Freud-Rezeption der Kritischen Theorie während der 1930er Jahre noch wesentlich von dem praktisch-politischen Impuls bestimmt, mit den Mitteln der Psychoanalyse die Kluft zwischen objektiven gesellschaftlich-ökonomischen Verhältnissen und subjektiven Bewußtseinslagen der betroffenen Individuen auszuleuchten und so einen Beitrag zur politischen Aufklärung zu leisten, so sollte sich dies im Verlauf der 1940er Jahre ändern (vgl. Reiche 1993/2002, 27; Krovoza/Schneider 1996, 636). Mit der *Dialektik der Aufklärung* (Horkheimer/Adorno 1947), entstanden im Schlagschatten der nationalsozialistischen Vernichtungspolitik und unter dem Eindruck geschichtlich neuer technischer Zerstörungspotentiale, trat ein Werk auf den Plan, dessen Sprengkraft sich vor allem darin erwies, daß es den noch von Freud, etwa in der *Zukunft einer Illusion* (GW XIV, 323–380), postulierten Zusammenhang von Illusionszerstörung und Vernunftfortschritt grundsätzlich infragestellte. Die Zertrümmerung z. B. religiöser Vorstellungen, die Freuds Psychoanalyse ins Auge faßt, erscheint jetzt nicht mehr als notwendiger Schritt einer Entmythologisierung auf dem Weg zu vernunftgeleiteter Aufklärung und Selbstbestimmung der Gattung, sondern selber als Teil eines Programms, das Vernunft und Fortschritt vollends zu ruinieren droht. Reimut Reiches Beobachtung, daß seit dem Ende des Nationalsozialismus Religionskritik praktisch kein psychoanalytisches Thema mehr ist, weil Religion sich weitgehend von selbst erledigt hat (Reiche 1993/2002, 24), hält die Ambivalenz oder ›Dialektik‹ dieses Fortschritts fest: Weil im Zeitalter aufgeklärter Vernunft alle Religion, überhaupt die Reste prä-rationaler, mythischer Weltbilder ausgedient haben, kann eine wissenschaftlich-technisch vereinseitigte Ratio triumphieren (vgl. Horkheimer 1947/1967), die, wie der Nationalsozialismus, buchstäblich über Leichen geht. Im Licht dieser Diagnose, die Aufklärung als Selbstillusion, als eine Art neue Mythologie begreift, gerät auch das Freudsche Denken mit seinem zentralen Gegensatz von Illusion und Aufklärung ins Zwielicht.

Zumal im Odysseus-Exkurs der *Dialektik der Aufklärung* entfaltet die Freud-Kritik von Horkheimer und Adorno ihre volle Wucht. So wie Freud in *Totem und Tabu* (GW IX) oder in der Illusionsschrift eine kulturkonstitutive Reihe beschreibt, in dem die Sukzession von Mord am Urvater, von Reue und Schuldgefühlen der Brüderhorde und von der anschließenden Errichtung von Verboten und Geboten bzw. der Übergang von Religion/Illusion zur Vernunft ohne Wenn und Aber als Gewinn und Fortschritt verbucht wird, so illuminieren Horkheimer/Adorno die Irrfahrten des Odysseus, gleichsam des ›ersten Bürgers‹, zwar ebenfalls, im Gegensatz zu Freud freilich als eher evolutionär angelegten Prozeß eines zivilisatorischen Fortschritts, ohne aber den Preis zu verschweigen, den solcher Fortschritt verlangt. Der im doppelten Sinn ›verschlagene‹ Odysseus ist im Dienst seiner unbedingten Selbsterhaltung dazu verdammt, all das zu tun, was er eigentlich lassen möchte, und all das zu lassen, was er eigentlich tun möchte. Seine mühsam zusammengehaltene ›Identität‹, sein Selbst verzehrt sich, indem es »das Leben versäumt, das es rettet« (Horkheimer/Adorno 1947, 71): »Furchtbares

hat die Menschheit sich antun müssen, bis das Selbst, der identische, zweckgerichtete, männliche Charakter des Menschen geschaffen war, und etwas davon wird noch in jeder Kindheit wiederholt« (ebd., 47). Das richtet sich frontal gegen Freud, für den der Prozeß vernünftiger gesellschaftlicher Rationalisierung nach jenem sozialisatorischen Modell verläuft, in dem sich das ›triebhafte‹, narzißtische, in Illusionen verstrickte Kind zum aufgeklärt sprechenden und handelnden Erwachsenen läutert – für die Autoren der *Dialektik der Aufklärung* eher ein Akt der Gewalt als einer der Emanzipation.

Trotz dieser ohne Zweifel fundamentalen Kritik an Freuds Kulturtheorie, sofern diese sich einem linearen Fortschrittsdenken verpflichtet weiß, ist gleichwohl schwerlich zu übersehen, daß zumal das Odysseus-Kapitel mit seiner geschichtsphilosophischen Rekonstruktion eines bürgerlichen Urtypus durchaus nach dem Muster der frühen Freudschen Sexualtheorie argumentiert. Allenthalben hat sich eine triebfreundliche Version des Freudianismus in den Text eingeschrieben (vgl. Lohmann 1989, 100). Gegen den natur- und selbstbeherrschenden Zug der mythenbrechenden Aufklärung, der an der Figur des Odysseus und an den von ihm bestandenen Abenteuern prototypisch entfaltet wird, nominieren Horkheimer und Adorno ein nicht-asketisches Ich, das der Lust das Ihre gibt, statt sie mit Fluch zu belegen.

Wenn Adorno noch zwanzig Jahre später schreibt: »Der Bürger wünscht die Kunst üppig und das Leben asketisch; umgekehrt wäre es besser« (Adorno 1970, 27), dann nimmt er damit nicht nur ein Leitmotiv aus der *Dialektik der Aufklärung* wieder auf, sondern auch eines des frühen Freud, der der herrschenden kulturellen Sexualmoral im Namen des Lustprinzips eine Absage erteilt (GW VII, 143–167). Mit Freud wird die »Geschichte der Entsagung« (Horkheimer/Adorno 1947, 71), d. h. die Geschichte der westlichen Zivilisation von ihren griechischen Anfängen bis zur Gegenwart, nicht länger als ›Fortschritt‹ rationalisiert, sondern in ihrer ganzen ärmlichen Nacktheit bloßgestellt. Daß Odysseus sich nicht jenem Weiblichen überläßt, das den Autoren der *Dialektik der Aufklärung* zufolge eine »größere Affinität zur Natur« (ebd., 135) aufweist, daß er vielmehr schlaue Vorkehrungen trifft, den Gesang der Sirenen zwar zu hören, ihm aber nicht zu erliegen, ist der Sündenfall des (männlichen) Geistes schlechthin, ja ist überhaupt erst der Konstitutionsakt verstümmelter Subjektivität. »Die Anstrengung, das Ich zusammenzuhalten, haftet dem Ich auf allen Stufen an, und stets war die Lockung, es zu verlieren, mit der blinden Entschlossenheit zu seiner Erhaltung gepaart« (ebd., 47). Solche Sätze kann nur schreiben, wer ›durch Freud hindurch‹ gegangen ist.

Adorno und die ›amerikanisierte‹ Psychoanalyse

Die Erfahrungen des amerikanischen Exils, aus dem Horkheimer und Adorno Ende der 1940er, Anfang der 1950er Jahre in die Bundesrepublik Deutschland zurückkehrten, bildeten nicht zuletzt für Adorno einen Einschnitt hinsichtlich seiner Freud- und Psychoanalyse-Rezeption. Die stets vorhandene Nähe der amerikanischen Psychoanalyse zu Medizin und Psychiatrie, die schon Freud in den 1920er Jahren im Namen der Laienanalyse bekämpft hatte, der Vorrang der Therapeutik gegenüber der wissenschaftlichen Seite der Psychoanalyse sowie schließlich die intellektuelle Dominanz, die die Ichpsychologie in den 1940er und 1950er Jahren in den USA gewann (s. Kap. IV.1.3), verstärkten bei Adorno nunmehr den Verdacht, die Psychoanalyse sei auf dem besten Weg, zu einer reinen Anpassungspsychologie zu denaturieren. Seine noch weitgehend im Exil entstandenen und 1951 unter dem Titel *Minima Moralia* veröffentlichten Gedanken und Aphorismen (Adorno 1951/1969) thematisieren ein ums andere Mal eine Entwicklung, die Adorno zufolge einem Selbstverrat der Psychoanalyse gleichkommt. Im Zentrum der Kritik steht nun Freud als Sachwalter einer Lehre, die, so Adorno, das Diktat von psychischer Gesundheit und Normalität propagiere, das von der Psychoanalyse praktisch exekutiert werde. Während Adorno auf polemische Distanz zum amerikanischen Normalitätsideal geht, indem er »die zeitgemäße Krankheit gerade im Normalen« sieht (ebd., 69), betreibt die konventionalisierte Psychoanalyse (79) in seinen Augen bloß noch seelische Hygiene im Dienste sozialer Anpassung: »Der regular guy, das popular girl müssen nicht nur ihre Begierden und Erkenntnisse verdrängen, sondern auch noch alle die Symptome, die in bürgerlichen Zeiten aus der Verdrängung folgten. [...] Bestätigt ist der Argwohn, den die Psychoanalyse hegte, ehe sie selber zu einem Stück Hygiene sich machte« (79).

Nicht weniger rigoros gibt sich Adornos Kritik, wenn sie Freud »unaufgeklärte Aufklärung« vorhält (ebd., 72), insofern dieser das Lustprinzip zum bloßen Mittel der Arterhaltung erniedrige und damit einer übergeordneten Ratio unterwerfe, die auf den Namen ›Rationalisierung‹ hört: »Nur wer es vermöchte, in der blinden somatischen Lust, die keine Intention hat und die letzte stillt, die Utopie zu bestimmen, wäre einer Idee von Wahrheit fähig, die

standhielte. In Freuds Werk aber reproduziert sich wider Willen die Doppelfeindschaft gegen Geist und Lust, deren gemeinsame Wurzel zu erkennen Psychoanalyse gerade das Mittel geliefert hat« (72). Adornos Kritik gipfelt in dem Satz, an der Psychoanalyse sei nichts wahr als ihre Übertreibungen (56), die sie gerade vor dem bewahren könnten, was ihre Erstarrung zur Konvention ausmache.

Eine weitere Gelegenheit, sich kritisch mit der Psychoanalyse zu befassen, bot die populäre Neo-Psychoanalyse Karen Horneys (Adorno 1952/1973). Interessanterweise wird hier wiederum Freud, und zwar unter Einschluß seines biologischen Materialismus, als orthodoxer Kronzeuge gegen einen ›Kulturalismus‹ instrumentalisiert (z. B. ebd., 96 f., 107 f., 111), der bereits in den späten 1930er Jahren zur Trennung des Instituts für Sozialforschung von Erich Fromm geführt hatte, der ähnlich wie Horney eine um die Trieb- und Sexualtheorie kastrierte Version des Freudianismus propagierte. Im Kulturalismus à la Horney und Fromm, der für neurotische Deformationen und Konflikte in erster Linie das soziale Milieu und Umweltfaktoren verantwortlich macht und damit eine banale »Soziologisierung der Psychoanalyse« betreibt (ebd., 94), erkennt Adorno den Versuch, die Psychoanalyse zu entskandalisieren und sie mit dem Pragmatismus amerikanischer Lebenseinstellungen zu versöhnen: »Die Gesundheit, die ihr [Horney] vorschwebt, ist vom Schlag der gleichen Gesellschaft, die sie für die Entstehung der Neurosen verantwortlich macht« (ebd., 105 f.). Mit ähnlicher Schärfe wird Marcuse im Epilog zu *Triebstruktur und Gesellschaft* (Marcuse 1955/1970, 234 ff.) gegen den kulturalistischen Revisionismus zu Felde ziehen.

Wie jede Theorie hat auch die Kritische Theorie Adornos einen geschichtlichen Index, einen Zeitkern. Aus der (wie immer berechtigten) Kritik an Freud und der ›amerikanisierten‹ Psychoanalyse – die Adorno zuweilen kurzerhand zusammenwirft, als hätte Freud nie den *american way of life* abgelehnt und vor dem Einfluß der amerikanischen Analytiker auf die Psychoanalyse gewarnt – spricht auch die Enttäuschung des Emigranten über ein Land, das ihn zwar aufgenommen hat, das aber zugleich mentale Eigenarten kultiviert, die einem Europäer schwer verständlich und erträglich sind. Hinzukommt die Erfahrung des Kalten Krieges und der aufziehenden McCarthy-Ära mit ihren politischen Zumutungen gerade für die linken Emigranten. Vielleicht hängt der massive Ideologieverdacht, unter den Adorno die Psychoanalyse stellt, aber auch damit zusammen, daß der Freudianismus in den USA aus jenem Kontext herausgerissen war, der seine Rezeption in den

1920er und 1930er Jahren seitens der Kritischen Theorie begünstigt hatte – aus dem Kontext politischer Kämpfe, in denen es um die legitimen Emanzipationsinteressen konkreter Gesellschaftsindividuen geht (Krovoza/Schneider 1996, 636), was ja übrigens genauso auch für die soziologische Theorie gilt (vgl. Adorno/Horkheimer 2005, 427 f.).

Soziologie und Psychologie

Mitte der 1950er Jahre war für Adorno der Traum von der Vermittlung von Psychoanalyse und Gesellschaftstheorie endgültig ausgeträumt. In dem programmatischen Aufsatz *Zum Verhältnis von Soziologie und Psychologie* (Adorno 1955/1974) stellte er gänzlich in Abrede, Psychoanalyse und Gesellschaftstheorie könnten sich wechselseitig integrieren oder ergänzen. Waren die Vertreter der Kritischen Theorie in den 1930er Jahren noch stillschweigend davon ausgegangen, daß die Freudsche Theorie zumindest den Status einer Hilfswissenschaft für die Soziologie in Anspruch nehmen könne – wie der späte Freud umgekehrt in der Soziologie »nichts anderes […] als angewandte Psychologie« (GW XV, 194) –, so wird diese Annahme nun kategorisch zurückgewiesen: »Nur durch die Bestimmung der Differenz hindurch, nicht durch erweiterte Begriffe, wird ihr Verhältnis angemessen ausgedrückt […]« (Adorno 1955/1974, 13).

Dieser von Adorno postulierten Differenz liegen zwei Sachverhalte zugrunde. Zum einen bewirke die faktische Herrschaft der objektiven sozioökonomischen Verhältnisse, d. h. des vollendeten kapitalistischen Tauschsystems, über die gesellschaftlichen Individuen deren zunehmende Ohnmacht und Bedeutungslosigkeit: »Die gesellschaftliche Macht bedarf kaum mehr der vermittelnden Agenturen von Ich und Individualität« (ebd., 43) und deshalb auch keiner Psychologie mehr, es sei denn als Reparaturbetrieb: »Die vorbürgerliche Welt kennt Psychologie noch nicht, die total vergesellschaftete nicht mehr« (ebd.). Zweitens und unabhängig von dieser Tatsache konstatiert Adorno, daß trotz Freuds gelegentlicher Annahme von psycho-sozialen Großeinheiten, wie sie z. B. in Formulierungen wie »libidinöse Struktur einer Armee« oder »Massenseelen« (GW XIII, 103, 144) zum Ausdruck kommt, Psychologie und Soziologie immer wieder auseinanderfallen, weil und insofern sie es mit unterschiedlichen Gegenstandsbereichen zu tun haben (Adorno 1955/1974, 25 f.). Bei genauerem Hinsehen zeigt sich nämlich stets, daß, was als ›gesellschaftliches Unbewußtes‹ imponiert, am Ende in Gesellschaftliches einerseits und individuelle

psychische Struktur und Funktion andererseits zerbricht, die jeweils getrennt untersucht werden müssen, wobei Adorno die Hoffnung nicht aufgibt, daß gerade die »monadologische« Betrachtungsweise des Individuums dessen reine Inwendigkeit sprengt und das »Allgemeine«, das Gesellschaftliche am Individuum zum Vorschein bringt (ebd., 18).

Mit Blick auf Adornos Differenzpostulat hält Reiche fest, »daß die Psychoanalyse vom Primat des Unbewußten und der Triebnatur ausgehen *muß* und daß die Gesellschaftswissenschaften von dem Anspruch ausgehen *müssen*, Gesellschaft sei das logische Apriori von Individualität« (Reiche 1993/2002, 23; vgl. auch Reiche 1995/2004, 26). Die Getrenntheit von Psychologie und Soziologie ist also nicht einer beliebigen Entscheidung geschuldet, sondern der Sache selbst. – In einem späten *Postscriptum* hat Adorno seine strenge Position hinsichtlich des ›Veraltens des Individuums‹ insoweit relativiert, als er konzedierte, daß es Grenzen der Vergesellschaftung im Subjekt gebe, die Psychologie nicht gänzlich überflüssig machten, und daß seine Kritik am Individuum nicht dessen Abschaffung meine (Adorno 1966/1972, 91 f.; Müller-Doohm 2003, 593).

Adornos Rezeption Freuds und der Psychoanalyse ist ebenso komplex wie vielschichtig. Feststeht aber, daß niemand aus dem Umfeld der Kritischen Theorie, auch nicht Herbert Marcuse, Freud intensiver beim Wort genommen hat als Adorno. Ohne es immer eigens zu deklarieren, finden sich in Adornos materialen Ausführungen sei es zu philosophisch-erkenntnistheoretischen, sei es zu ästhetischen oder gesellschaftstheoretischen Fragen, die er ohnehin nicht strikt auseinanderhält, vielfältige implizite Bezugnahmen auf die Theorie des Unbewußten. Vielleicht kommt man seinen Freud-Lektüren am nächsten, wenn man sich klarmacht, daß es ein Denkmotiv bei Adorno gibt, das sich wie ein roter Faden durch sein gesamtes Werk zieht und darauf zielt, das zivilisatorische *principium individuationis* selber, sofern es sich mit gesellschaftlichem Zwang verbündet, zu sabotieren. Man kann auch sagen, daß Adorno sich weigerte, erwachsen zu werden (vgl. Hörisch 2003, 38 ff.), wovon unzählige Äußerungen in seinem Werk zeugen. Dies aber ist ein genuin freudianisches Motiv (das Freud selber freilich immer wieder zugunsten einer bestimmten Vorstellung von ›Kultur‹ unterlaufen hat). Wenn es bei Freud z. B. heißt, Geld sei kein Kinderwunsch (F, 320) und »das Interesse am Gelde« sei eines, »welches der Kindheit noch gefehlt hat« (GW VII, 208), dann wird damit das Bild einer Individualität beschworen, die sich nicht der Logik des Äquivalententauschs, für Adorno der Sündenfall der Gattung schlechthin (Hörisch 2003, 47), verschrieben hat. Wer diesseits oder jenseits des Tauschprinzips steht, vermag sich jenes Staunen und Wünschen zu bewahren, das nur Kindern eigen ist und von dem Adorno nicht lassen wollte.

Im Abschnitt »Metaphysik und Kultur« in der späten *Negativen Dialektik* findet sich ein Bekenntnis, wie es abgründig-freudianischer kaum sein könnte: »Kindheit ahnt etwas davon [von den Fragen des materiellen Daseins, HML] in der Faszination, die von der Zone des Abdeckers, dem Aas, dem widerlich süßen Geruch der Verwesung, den anrüchigen Ausdrücken für jene Zone ausgeht. Die Macht jenes Bereichs im Unbewußten mag nicht geringer sein als die des infantil sexuellen; beide überblenden sich in der analen Fixierung, sind aber kaum dasselbe. Unbewußtes Wissen flüstert den Kindern zu, was da von der zivilisatorischen Erziehung verdrängt wird, darum ginge es: die armselige physische Existenz zündet ins oberste Interesse, das kaum weniger verdrängt wird, ins Was ist das und Wohin geht es. Wem gelänge, auf das sich zu besinnen, was ihn einmal aus den Worten Luderbach und Schweinstiege ansprang, wäre wohl näher am absoluten Wissen als das Hegelsche Kapitel, das es dem Leser verspricht, um es ihm überlegen zu versagen« (Adorno 1966/1970, 356 f.). Wer Adornos *Traumprotokolle* (2005) liest, wird sich schwerlich dem Urteil verschließen können, daß hier einer der Sache nach mehr von Freud begriffen hat als die allermeisten Psychoanalytiker.

Herbert Marcuses revolutionärer Eros

Marcuses Freud-Rezeption steht unter einem anderen Stern als diejenige Adornos und Horkheimers. Während die Frankfurter sich weigerten, aus dem Bannkreis von Kritik und ›Negativität‹ herauszutreten – es sei denn in gelegentlichen quasi-theologischen Andeutungen »vom Standpunkt der Erlösung« aus (Adorno 1951/1969, 333) –, ging Marcuse, der in Amerika geblieben war, in den 1950er Jahren daran, in *Eros and Civilisation* (in deutscher Übersetzung zunächst unter dem Titel *Eros und Kultur*, später als *Triebstruktur und Gesellschaft* veröffentlicht) einen positiven Begriff von Aufklärung zu formulieren (Marcuse 1955/1970). Gegen Freuds These, daß ohne Triebverzicht und Triebunterdrückung, ohne Anerkennung des Realitätsprinzips keine Zivilisation auskommen könne, macht er die These stark, daß eine repressionsfreie Kultur durchaus möglich sei. Wenn der durch die bisherige Kultur gefesselte Eros so entbunden würde, daß er »dauerhafte kulturelle gesellschaftsbildende Beziehungen« zu schaffen imstande

ist (ebd., 47), dann könnten die aggressiven und destruktiven Tendenzen, die wiederum durch eine herrschaftsbedingte »zusätzliche Unterdrückung« (ebd., 40) verstärkt werden, endlich neutralisiert werden. War für Freud der Ausgang des Kampfs zwischen Eros und Thanatos grundsätzlich offen (GW XIV, 506), so glaubt Marcuse im Kulturprozeß eine gleichsam unterirdische erotische Potenz am Werk zu sehen, die immer wieder zum Durchbruch drängt: »Daß das Realitätsprinzip in der menschlichen Entwicklung stets von neuem befestigt werden muß, deutet darauf hin, daß sein Sieg über das Lustprinzip niemals vollständig und niemals sicher ist. [...] Was die Kultur bändigt und unterdrückt – die Ansprüche des Lustprinzips –, das lebt weiterhin in der Kultur selbst fort. Das Unbewußte behält die Ziele des überwundenen Lustprinzips bei« (Marcuse 1955/1970, 21). Wie bei Adorno sind es nicht zuletzt »die verbotenen Bilder und Impulse der Kindheit« (ebd., 24), die Marcuse zu der Annahme bringen, das Lustprinzip sei gewissermaßen unsterblich. Vor diesem optimistischen Hintergrund, den Marcuse im zweiten Teil seines Buches unter dem Titel »Jenseits des Realitätsprinzips« vor allem als ästhetischen Entwurf mit kräftigen Pinselstrichen ausmalt, verschwindet allerdings die nicht nur von Freud gestellte Frage, ob man sich überhaupt eine Zivilisation vorstellen könne, die vollkommen auf Zwang und Triebeinschränkung verzichtet, ob z. B. jemals die gesellschaftlich notwendige Arbeit, Marx' »Reich der Notwendigkeit«, in welcher Organisationsform auch immer, unter der Herrschaft des Eros gedacht werden könne. Bei Marcuse wird diese Frage mit einem Satz erledigt (ebd., 133).

Um so bemerkenswerter ist, daß Marcuse in den 1960er Jahren einen Aufsatz vorlegte, der in Ton und Gestus zunächst ganz anders ausfällt als *Triebstruktur und Gesellschaft*. Bereits in seiner Studie *Der eindimensionale Mensch* (Marcuse 1964/1967) hatte er dargelegt, daß die sozioökonomischen Veränderungen und ›Rationalisierungen‹ der modernen Industriegesellschaften grundlegende Veränderungen auch der psychischen Verfassung der Individuen nach sich ziehen. Diese Veränderungen betreffen in erster Linie die Autonomie des Ich, die Marcuses Diagnose zufolge immer stärker zugunsten einer diffusen, sozialtechnisch gelenkten und manipulierten Masse eingezogen wird. Wo es aber kein autonomiefähiges Ich mehr gibt, »veraltet« auch die Psychoanalyse (Marcuse 1965/1984), ist diese doch sowohl als Behandlungsmethode wie als gesellschaftskritische Idee, die zwischen dem, was ist, und dem, was sein könnte, unterscheidet, elementar auf ein konfliktbewußtes Ich angewiesen (Reiche 1993/2002, 26). Auf dem gesellschaftlichen Programm stehen nunmehr die Entsublimierung libidinöser Energien (»repressive Entsublimierung«) durch soziale Agenturen, Schwächung der Vaterimago, die den ödipalen Konflikt zunehmend obsolet macht, und die Übertragung des Ichideals auf ein kollektives Ideal (Marcuse 1965/1984, 76). Dieser düsteren sozialpsychologischen Diagnose, die grosso modo mit derjenigen des späten Adorno konvergiert, stellt Marcuse nun allerdings eine ›Idee‹ von Psychoanalyse gegenüber, die diese zwar als objektiv überholt, zugleich aber als Pfand auf die Zukunft erscheinen läßt: »Was veraltet ist, ist deswegen nicht falsch« (ebd., 77). Denn die Freudschen Begriffe beschwören nicht nur eine Vergangenheit, sondern, so Marcuse, auch »eine neu zu gewinnende Zukunft«: »Die Wahrheit der Psychoanalyse liegt darin, daß sie ihren herausforderndsten Hypothesen die Treue hält« (ebd., 78). Mit diesem Ausblick kehrt Marcuse zu jenem optimistischen, die Macht des Eros anrufenden Tableau zurück, das er schon in *Triebstruktur und Gesellschaft* errichtet hatte. Von diesem erotisierten Optimismus ließ sich nicht zuletzt die Protestgeneration von 1968 entzünden, die in Marcuse ihren wahren Mentor fand.

Literatur

Adorno, Theodor W.: *Studien zum autoritären Charakter*. Frankfurt a. M. 1973 (engl. 1950). [Teil von: Theodor W. Adorno u. a.: *The Authoritarian Personality*. New York 1950].

–: Die Freudsche Theorie und die Struktur der faschistischen Propaganda [1951]. In: Ders.: *Kritik. Kleine Schriften zur Gesellschaft*. Hg. von Rolf Tiedemann. Frankfurt a. M. 1971, 34–66.

–: *Minima Moralia. Reflexionen aus dem beschädigten Leben* [1951]. Frankfurt a. M. 1969.

–: Die revidierte Psychoanalyse [1952]. In: Max Horkheimer/ Theodor W. Adorno: *Sociologica II. Reden und Vorträge*. Frankfurt a. M./Köln 1973, 94–112.

–: Zum Verhältnis von Soziologie und Psychologie [1955]. In: *Sociologica I. Aufsätze. Max Horkheimer zum sechzigsten Geburtstag gewidmet*. Frankfurt a. M./Köln 1974, 11–45.

–: Postscriptum [1966]. In: Ders.: *Gesammelte Schriften*. Bd. 8. Hg. von Rolf Tiedemann. Frankfurt a. M. 1972, 86–92.

–: *Negative Dialektik* [1966]. Frankfurt a. M. 1970.

–: *Ästhetische Theorie. Gesammelte Schriften*. Bd. 7. Hg. von Gretel Adorno und Rolf Tiedemann. Frankfurt a. M. 1970.

–: *Traumprotokolle*. Hg. von Christoph Gödde und Henri Lonitz. Frankfurt a. M. 2005.

– /Max Horkheimer: *Briefwechsel 1927–1969. Bd. III: 1945–1949*. Hg. von Christoph Gödde und Henri Lonitz. Frankfurt a. M. 2005.

Fromm, Erich: Autorität und Familie. Sozialpsychologischer Teil [1936]. In: Hans-Peter Gente (Hg.): *Marxismus, Psychoanalyse, Sexpol*. Bd. 1. Frankfurt a. M. 1970, 251–306.

Hörisch, Jochen: *Es gibt (k)ein richtiges Leben im falschen*. Frankfurt a. M. 2003.

Horkheimer, Max: Geschichte und Psychologie [1932]. In: Max Horkheimer: *Gesammelte Schriften*. Bd. 3. Hg. von Alfred Schmidt. Frankfurt a. M. 1988, 48–69.

– [unter dem Pseudonym Heinrich Regius]: *Dämmerung. Notizen in Deutschland* [1934]. In: Ders.: *Gesammelte Schriften*. Bd. 2. Hg. von Gunzelin Schmid Noerr. Frankfurt a. M. 1987, 309–452.

–: *Zur Kritik der instrumentellen Vernunft*. Hg. von Alfred Schmidt. Frankfurt a. M. 1967 (engl. 1947).

– /Theodor W. Adorno: *Dialektik der Aufklärung. Philosophische Fragmente*. Amsterdam 1947.

– /Samuel H. Flowerman: *Studies in Prejudice*. New York 1949–1950.

Krovoza, Alfred/Christian Schneider: Politische Philosophie – politische Psychologie. Über das Verhältnis von Kritischer Theorie und Psychoanalyse nach 1945. In: Tomas Plänkers u. a. (Hg.): *Psychoanalyse in Frankfurt am Main. Zerstörte Anfänge, Wiederannäherung, Entwicklungen*. Tübingen 1996, 630–653.

Lohmann, Hans-Martin: Frankfurter Kreuz – Frankfurter Crux. Zur Freud-Rezeption der frühen Kritischen Theorie Horkheimers und Adornos. In: *Luzifer-Amor* 2 (1989), 93–107.

Marcuse, Herbert: *Triebstruktur und Gesellschaft. Ein philosophischer Beitrag zu Sigmund Freud*. Frankfurt a. M. 1970 (engl. 1955).

–: *Der eindimensionale Mensch. Studien zur Ideologie der fortgeschrittenen Industriegesellschaft*. Neuwied/Berlin 1967 (engl.1964).

–: Das Veralten der Psychoanalyse. In: Ders.: *Schriften in 9 Bänden*. Bd. 8. Frankfurt a. M. 1984, 60–78 (engl. 1965).

Müller-Doohm, Stefan: *Adorno. Eine Biographie*. Frankfurt a. M. 2003.

Reiche, Reimut: Einleitung zu: Sigmund Freud: *Massenpsychologie und Ich-Analyse/Die Zukunft einer Illusion* [1993]. Frankfurt a. M. 2002, 7–30.

–: Von innen nach außen? Sackgassen im Diskurs über Psychoanalyse und Gesellschaft [1995]. In: Ders.: *Triebschicksal der Gesellschaft. Über den Strukturwandel der Psyche*. Frankfurt a. M./New York 2004, 9–39.

Wiggershaus, Rolf: *Die Frankfurter Schule. Geschichte, theoretische Entwicklung, politische Bedeutung*. München/Wien 1986.

Hans-Martin Lohmann

10. Feminismus/Gender Studies

Phasen der Rezeption und Wirkungsgeschichte

Die Beziehung zwischen Psychoanalyse und Feminismus ist durch unterschiedliche Phasen gekennzeichnet:

- Zu Beginn der Frauenbewegung Ende der 1960er, Anfang der 1970er Jahre wurden Freuds Annahmen zur weiblichen Entwicklung und Sexualität heftig kritisiert, von einigen wenigen Theoretikerinnen aber auch in differenzierterer Weise rezipiert.
- In der zweiten Hälfte der 1970er bis Anfang der 1990er Jahre war die Beziehung zwischen Feminismus und Psychoanalyse – insbesondere in ihrer objektbeziehungstheoretischen Weiterentwicklung und ihrer Lacanschen Reformulierung – geprägt von einem Verhältnis wechselseitiger Bereicherung.
- Seit den 1990er Jahren hat die Psychoanalyse an Bedeutung für feministische Diskussionen verloren. Ins Zentrum rückten dekonstruktivistische theoretische Ansätze, in denen Zweigeschlechtlichkeit als sozial hergestelltes, nicht aber biologisch verankertes Phänomen verstanden und die Nähe der Psychoanalyse zur geschlechtlichen Körperlichkeit damit als obsolet begriffen wurde. Dennoch hat es weiterhin eine Reihe auch an Freudsche Annahmen anknüpfende psychoanalytische Forschungen unter einer Geschlechterperspektive gegeben, die einzelne Aspekte der Entwicklung von Mädchen und vereinzelt auch von Jungen zum Thema hatten. Sie bewegen sich jedoch eher am Rand aktueller Diskussionen der Frauen- und Geschlechterforschung.

Freuds Weiblichkeitstheorie als Provokation für den Feminismus

Feministische Diskussionen zu Beginn der Frauenbewegung Ende der 1960er, Anfang der 1970er Jahre haben sich – soweit sie auf die Psychoanalyse Bezug genommen haben – insbesondere entzündet an Freuds Annahmen zur weiblichen Entwicklung und Sexualität, die als Festschreibung der Minderwertigkeit von Frauen über anatomische und damit unveränderbare Gegebenheiten verstanden wurden. Schon Simone de Beauvoir setzte sich in ihrem in der Frauenbewegung breit rezipierten Werk *Das andere Geschlecht* mit der Freudschen Psychoanalyse auseinander. Sie fand darin »gewisse fruchtbare Ideen« (Beauvoir 1949/1951, 60), kritisierte jedoch die den Annahmen zur weiblichen Entwicklung und Sexualität zugrundeliegende Orientierung am Modell des Mannes und die darin enthaltene Entwertung der Frau. Ähnlich stand in anderen feministischen Argumentationen die Ablehnung von Formulierungen Freuds im Zentrum, in denen er von einer »organischen Minderwertigkeit« (GW XIV, 524) des kleinen Mädchens spricht, vom fehlenden Penis als einem organischen »Defekt« (526), der die »Tatsache der Kastration« (522) anzeigt, den Penisneid von Mädchen und Frauen begründet und Auslöser für Entwicklungsprozesse ist, die hinführen zu einer Weiblichkeit, die sich bestimmt über die Anerkennung der »Überlegenheit des Mannes« (522) und der entsprechenden »Entwertung« des eigenen Geschlechts (526), über Passivität und das Angewiesensein auf narzißtische Bestätigung durch den Mann. In solchen Formulierungen wurde der Versuch einer Legitimierung der gesellschaftlichen Vorherrschaft der Männer und Unterdrückung der Frauen auf der Basis biologischer Gegebenheiten gesehen. So kritisierten US-amerikanische Feministinnen wie Kate Millett (1969/1971) und Shulamith Firestone (1970/1975) in ihren auch in der deutschsprachigen Frauenbewegung breit rezipierten Publikationen die Psychoanalyse als ideologisches Gedankengebäude einer sexuellen Gegenrevolution und als Instrument erneuter Frauenunterdrückung. In eine ähnliche Richtung zielte die Kritik von Betty Friedan in einer damals ebenfalls bedeutsamen Veröffentlichung: »Der Weiblichkeitswahn schöpfte seine Kraft aus dem Freudschen Denken« (Friedan 1963/1970, 68).

In der Vehemenz der Kritik an der Freudschen

Weiblichkeitstheorie und ihrem polemischen Grundton zeigt sich das emotionale Engagement, mit dem Feministinnen zu dieser Zeit gegen gesellschaftliche Verhältnisse kämpften, als deren Zentrum die Unterdrückung der Frau durch den Mann gesehen wurde. Freuds Annahmen zur weiblichen Entwicklung und Sexualität wurden in diesem Zusammenhang als Prototyp einer Position angegriffen, die die bestehenden Machtverhältnisse zwischen den Geschlechtern durch einen Rückbezug auf Naturhaftes und damit unveränderbare Gegebenheiten zu rechtfertigen und festzuschreiben versucht, die die »Inferiorität der Frau als eine gottgegebene, unabänderliche Tatsache« (ebd., 77) ansieht. Daher ging es in dieser Kritik weniger um eine differenzierte Auseinandersetzung mit Freuds theoretischen Annahmen, sondern primär um geschlechterpolitisch motivierte Argumentationen im Namen einer sich als unterdrückt verstehenden Gruppe.

Es gab jedoch auch eine feministisch orientierte Kritik an der undifferenzierten Rezeption der Freudschen theoretischen Annahmen durch die Frauenbewegung. So betonten Juliet Mitchell, eine in England lebende Feministin, deren Publikation *Psychoanalyse und Feminismus* (1974/1976) auch in der Bundesrepublik Deutschland rezipiert wurde, und Carol Hagemann-White (1979), Soziologin und Aktivistin der westdeutschen Frauenbewegung, die produktiven Potentiale der Freudschen Psychoanalyse für feministische Positionen. Mitchell wies darauf hin, daß Freuds Analysen durch entsprechende uneindeutige Formulierungen zwar als Rechtfertigung der Minderwertigkeit der Frauen mißverstanden werden können, ihre Bedeutung aber darin zu sehen sei, daß die psychische Verankerung frauenunterdrückender Verhältnisse in Frauen und Männern analysiert wird. Die von Freud beschriebenen Wege der Entwicklung von Mädchen und Frauen werden verstanden als gesellschaftlich nahegelegte Sozialisationsprozesse unter Bedingungen von ›patriarchalischen Gesellschaften‹, d.h. Gesellschaften, die auf der Vorherrschaft der Männer und Zweitrangigkeit der Frauen beruhen. Ähnlich argumentierte Hagemann-White in einem 1975 in Berlin gehaltenen Vortrag, in dem sie ihre Zugehörigkeit zur autonomen Frauenbewegung mit ihren psychoanalytisch orientierten Erkenntnisinteressen zu verbinden versuchte (Hagemann-White 1979, 8). Hagemann-White betonte die Bedeutung, die die Annahme eines Unbewußten, d.h. einer Dimension menschlichen Verhaltens und Handelns jenseits intentionaler und rationaler Erwägungen, für das Verstehen von auf Ungleichheit beruhenden Geschlechterverhältnissen hat. Das Produktive der

Freudschen Psychoanalyse besteht für sie darin, einen methodischen Zugang zur Geschichte unterdrückter Bedürfnisse (ebd., 85) zu eröffnen, der es ermöglicht, auch die Ebene der Sehnsüchte, Ängste und Phantasien einzubeziehen. Damit wird ein Wunschreservoir thematisierbar, das ebenso auf Befreiung von männlicher Vorherrschaft abzielende Elemente enthält wie solche, die eine Bindung an entsprechende Verhältnisse – z. B. eine »Anziehungskraft der Männergewalt« (ebd., 79) – implizieren.

Diese positive Rezeption der Spezifika der Freudschen Psychoanalyse durch feministisch orientierte Wissenschaftlerinnen bereitete den Boden für eine systematische Reformulierung seiner Annahmen zur weiblichen Entwicklung und Sexualität im Kontext der in den 1970er Jahren sich zunehmend etablierenden universitären bzw. wissenschaftsbezogenen Frauenforschung und Frauenbewegung.

Reformulierungen der Annahmen zu weiblicher Sexualität und geschlechtsspezifischen Entwicklungsverläufen aus feministischer Perspektive in der zweiten Hälfte der 1970er und den 80er Jahren

Gemeinsamkeiten der Positionen

Schon in den 1920er und 1930er Jahren stießen Freuds Annahmen zur weiblichen Sexualität insbesondere bei Psychoanalytikerinnen wie Karen Horney und Melanie Klein auf Widerspruch, eine systematischere Neuformulierung von geschlechtsspezifischen Entwicklungsverläufen aus psychoanalytischer und zugleich frauenbezogener Sicht erfolgte jedoch erst im Kontext feministischer Diskussionen, die im Gefolge der Frauenbewegung in der zweiten Hälfte der 1970er und Anfang der 1980er Jahre an Bedeutung gewannen. Entscheidende Anstöße dazu gaben in Deutschland insbesondere die Übersetzung des von der französischen Psychoanalytikerin Janine Chasseguet-Smirgel herausgegebenen Aufsatzbandes *Psychoanalyse der weiblichen Sexualität* (1964/1974), in dem vorsichtige Reformulierungen der Freudschen Weiblichkeitstheorie vorgenommen wurden, dann die sich ebenfalls kritisch mit psychoanalytischen Weiblichkeitsvorstellungen auseinandersetzenden Analysen von Psychoanalytikerinnen wie Margarete Mitscherlich (1975, 1978) und Marina Gambaroff (1984) sowie die umfassende Studie der Kultur- und Religionswissenschaftlerin Renate Schlesier (1981). Schlesier wendet die von Freud entwickelten Konzepte der Verdrängung, des Unbewußten und der Mythologie sowie die von ihm begründeten methodischen Verfahren auf seine eigene Weiblichkeitskonstruktion an und zeigt die Ambivalenz dieser Konstruktion: In ihr sind Entmythologisierung und damit Aufklärung gleichermaßen enthalten wie eine Remythologisierung, die insbesondere ihren Ausdruck findet im Kastrationsmodell der Weiblichkeit, das von Freud nicht weiter auf verdrängte Inhalte befragt wurde. Für Schlesier ist die »Kehrseite des Weiblichkeitstabus, das in Freuds entsexualisierender Bestimmung der Weiblichkeit zum Ausdruck kommt« (ebd., 12), eine »Vergöttlichung der Weiblichkeit« (ebd.) und damit eine erneute Mythologisierung. Schlesiers Studie war insbesondere bedeutsam für Frauen, die – entweder therapeutisch oder wissenschaftlich – mit den Mitteln der Psychoanalyse arbeiteten und dem Stand der Diskussion zur weiblichen Sexualität und Entwicklung unzufrieden waren.

In der deutschsprachigen feministischen Bewegung hatten die von den amerikanischen Sozialwissenschaftlerinnen Nancy Chodorow (1978/1985) und Dorothy Dinnerstein (1976/1979) entwickelten theoretischen Ansätze zu geschlechtsspezifischen Entwicklungsverläufen eine größere Bedeutung. Diese Studien argumentieren wesentlich auf der Basis einer objektbeziehungstheoretischen – d. h. frühe Beziehungsmuster einbeziehenden – Weiterentwicklung psychoanalytischer Ansätze zur Untersuchung individueller Entwicklungen. Ein anderer wesentlicher Diskussionsstrang bezog sich auf eine feministische Weiterentwicklung der Lacanschen Reformulierung der Freudschen Psychoanalyse durch französische Theoretikerinnen, z. B. Luce Irigaray, Hélène Cixous und Julia Kristeva.

In der zweiten Hälfte der 1970er bis zum Beginn der 1990er Jahre war die Beziehung zwischen Feminismus und Psychoanalyse auf der Basis dieser beiden Argumentationsrichtungen geprägt von einem Verhältnis wechselseitiger Bereicherung. Sowohl in frauenbewegten universitären und wissenschaftlichen Diskussionen als auch einer sich als feministisch verstehenden Psychoanalyse waren differenztheoretische Sichtweisen von Bedeutung: Ausgehend von der Notwendigkeit, Frauen und für Frauen Spezifisches innerhalb einer traditionell von männlichen Definitionen und Denkweisen geprägten wissenschaftlichen Forschung und Theoriebildung überhaupt erst einmal sichtbar und als Nichtdefizitäres deutlich zu machen, galt das Erkenntnisinteresse vor allem den Differenzen zwischen Frauen und Männern, insbesondere auch den Unterschieden in den subjektiven Orientierungs- und Verhaltensmustern. Auf dieser Basis gab es – trotz aller theoretischen Unterschiede – eine

Reihe von Gemeinsamkeiten zwischen den beiden zentralen Diskussionssträngen innerhalb der feministischen Psychoanalyse, den objektbeziehungstheoretisch argumentierenden und den an einer kritischen Reformulierung der Lacanschen Psychoanalyse orientierten Ansätzen:

– Differenz- statt Defizitperspektive: Es wurden Unterschiede zwischen den Geschlechtern herausgearbeitet, ohne dabei eine Seite als defizitär oder überlegen bewerten zu wollen. Für Frauen typische Entwicklungen und damit verbundene Orientierungs- und Verhaltensmuster wurden nicht mehr – wie es bei Freud und in vielen anderen psychoanalytischen Studien der Fall war – an denen der Männer gemessen und vor diesem Hintergrund als abweichend charakterisiert, sondern in ihrer Andersartigkeit, ihren eigenen Bedeutungsgehalten und Regelhaftigkeiten beschrieben.
– Systematische Berücksichtigung früher Entwicklungen für beide Geschlechter: Die frühe Mutter-Kind-Beziehung rückte stärker in den Mittelpunkt psychoanalytischen Interesses und damit die große Bedeutung von Frauen und die besondere affektive Qualität ihrer Beziehung zum Kind.
– Komplementaritätsperspektive: Für Frauen und für Männer typische Orientierungs- und Verhaltensmuster wurden nicht als voneinander unabhängig gesehen, sondern als systematisch aufeinander bezogen und miteinander verwoben. Sie wurden verstanden als Ausdruck eines Geschlechterarrangements, in dem Zusammengehöriges auseinandergerissen und auf unterschiedliche Geschlechter verteilt wird und beide Geschlechter auf diese Weise aufeinander angewiesen und voneinander abhängig sind.
– Sozialer Bezug: Für Frauen und für Männer typische Entwicklungsverläufe und Muster von Identität wurden verstanden als Ergebnis konkreter gesellschaftlicher Verhältnisse, die Resultat historischer Entwicklungen und damit auch veränderbar sind.

Objektbeziehungstheoretische Ansätze zu geschlechtsspezifischen Entwicklungsverläufen

Grundlegend für viele differenztheoretisch orientierte Studien der Frauenforschung war die objektbeziehungstheoretisch orientierte Untersuchung von Nancy Chodorow *Das Erbe der Mütter* (1978/1985). Es war die erste und ausführlichste Studie zu geschlechtsspezifischen Entwicklungsverläufen sowie entsprechenden Mustern von Identität. Chodorow bezieht sich positiv auf Freuds Annahme eines Unbewußten, der Bedeutung von Wünschen, Ängsten und Phantasien, die eine eigene innerpsychische Welt schaffen, die nicht umstandslos als Widerspiegelung äußerer Verhältnisse zu verstehen ist. Sie hält jedoch eine Ergänzung der Freudschen triebtheoretischen Argumentationen durch die Einbeziehung der Qualität der Beziehung zu den frühen Bezugspersonen für notwendig, um die Komplexität individueller Entwicklungsprozesse beschreiben zu können. Sie grenzt sich dabei nicht von Freudschen Annahmen ab, sondern sieht die Möglichkeit einer Vermittlung beider Positionen. In ihrem theoretischen Ansatz »finden sowohl Triebe als auch soziale Beziehungen Platz« (ebd., 66).

Wie in objektbeziehungstheoretischen Argumentationen generell stehen dann jedoch Aspekte der frühen Beziehungsmuster im Zentrum. Ausgangspunkt der Studie ist eine frauenpolitische Frage: Die Frage nach den Ursachen der Stabilität einer Arbeitsteilung zwischen den Geschlechtern, in der Frauen zuständig sind für die Betreuung der Kinder und genereller für ›Gefühlsarbeit‹, also für emotionale Unterstützung und Zuwendung, während Männern vermeintlich von Rationalität dominierte Bereiche – wie der der öffentlich sichtbaren Einflußnahme – zugeordnet bleiben. Diese Arbeitsteilung zwischen den Geschlechtern ist – so die Annahme – deshalb so stabil, weil sie tief in den psychischen Strukturen von Frauen und Männern verankert ist.

Im Zentrum des Interesses steht eine Analyse dieser psychischen Verankerung und der Möglichkeiten einer Veränderung. Die Argumentationslinie der Studie läßt sich vereinfachend so darstellen: Eine bestimmte Arbeitsteilung zwischen den Geschlechtern legt für Mädchen und Jungen differierende Entwicklungsprozesse nahe, die unterschiedliche psychische Strukturen zur Folge haben, die es wiederum wahrscheinlich machen, daß später beide – Frauen und Männer – die Aufgaben im Geschlechterarrangement übernehmen, die traditionell für sie vorgesehen sind. Als zentrales, die Sozialisationsprozesse von Mädchen und Jungen strukturierendes Prinzip wird die Tatsache gesehen, daß es unter gegenwärtigen gesellschaftlichen Bedingungen Frauen sind, die für die Betreuung ihrer Kinder in den ersten Lebensmonaten und -jahren zuständig sind: Die damit verbundene Gleichgeschlechtlichkeit zwischen Mutter und Tochter und unterschiedliche Geschlechtlichkeit zwischen Mutter und Sohn schafft – unabhängig von den Intentionen und Erziehungsvorstellungen der Mütter – strukturell unterschiedliche Bedingungen für die Entwicklungsprozesse von Mädchen und Jungen. Die

dem entsprechenden psychischen Strukturen – für Frauen spezifische, die auf Verbundenheit mit anderen beruhen, und für Männer typische, die auf Trennung, Abgrenzung und Distanzierung basieren – sind dann wieder genau jene, die den traditionellen Aufgabenverteilungen zwischen den Geschlechtern entsprechen. Um diesen Kreislauf der Stabilisierung bestehender Verhältnisse aufzulösen, müssen sich – so die Veränderungsperspektive, die von vielen psychoanalytisch orientierten Studien dieser Zeit geteilt wurde – Männer und Frauen gleichermaßen an der frühen Betreuung und Versorgung ihrer Kinder beteiligen, so daß Mädchen und Jungen ihre ersten Beziehungserfahrungen ebenso mit Personen männlichen wie weiblichen Geschlechts machen. Erst dann wird die Möglichkeit als gegeben gesehen, die Polarisierung der Geschlechtscharaktere – die Verkörperung von Nähebedürfnissen und Abhängigkeitswünschen in den Frauen und die von Wünschen nach Distanz und Autonomie in den Männern – aufzuheben und beiden Geschlechtern weniger vereinseitigende Entwicklungen zu eröffnen (vgl. Dinnerstein 1976/1979; Schmauch 1987).

Während die Untersuchung von Chodorow in feministischen Diskussionen große Bedeutung hatte, wurde eine andere Studie, die ebenso – allerdings weniger umfassend und differenziert – auf eine Analyse der Reproduktion bestehender Geschlechterverhältnisse zielte und ähnliche Veränderungsperspektiven entwarf, außerhalb frauenbewegter Zusammenhänge populärer: die unter dem Titel *Jokastes Kinder* (1980/1984) veröffentlichte Untersuchung der französischen Psychoanalytikerin Christiane Olivier. Olivier grenzt sich nachdrücklich von Freuds Annahmen zur weiblichen Entwicklung und Sexualität ab, die für sie eine wissenschaftliche Fundierung der Unumgänglichkeit einer Minderwertigkeit der Frau darstellen (ebd., 19). Dagegen setzt sie – ähnlich wie Chodorow – die Bedeutung früher Beziehungsmuster. Während Chodorow jedoch von einem prinzipiell positiven Verhältnis zwischen Mutter und Tochter ausgeht, ist diese Beziehung für Olivier geprägt durch einen Mangel: Die Kraft des sexuellen Begehrens – so die zentrale Annahme – läßt nur den Sohn für die Mutter zum narzißtisch hochgeschätzten Objekt werden, die Tochter dagegen erfährt keine entsprechende Wertschätzung. Die Mutter kann ihr kein Lustempfinden gegenüber ihrem Körper vermitteln, und vom Vater gehen ebenfalls keine entsprechenden Impulse aus, da er nicht an der frühen Versorgung und Betreuung seiner Tochter beteiligt ist und sie deshalb ohne sein Begehren bleibt. Die Folge ist nach Olivier ein Gefühl der Leere und der unstillbare Hunger nach Liebe, der Frauen lebenslang davon abhängig macht, für Männer ein begehrenswertes Objekt zu sein.

Diese ganz unterschiedlichen Argumentationsrichtungen in den Studien von Chodorow und Olivier – die beide psychoanalytisch orientiert sind und ähnliche Ziele verfolgen – machen die Problematik von Analysen deutlich, die mit dem Anspruch auftreten, Aussagen für ›die Frauen‹ und ›die Männer‹ machen zu wollen. Beide Autorinnen scheinen in ihren Studien jeweils unterschiedliche Gruppen von Frauen vor Augen gehabt zu haben: Chodorow – entsprechend ihrem feministischen Engagement – Frauen, die ihr eigenes Geschlecht und damit auch ihre Töchter positiv besetzen können, Olivier dagegen Frauen, für die Weiblichkeit entwertet und Männlichkeit idealisiert ist.

Die Studie von Chodorow gab – trotz der für differenztheoretische Untersuchungen typischen, die Polarisierung der Geschlechter festschreibenden Verallgemeinerung von Aussagen auf ›die Frauen‹ und ›die Männer‹ – wichtige Impulse für eine Analyse der strukturellen Bedingungen der Sozialisation der Geschlechter unter bestimmten gesellschaftlichen Verhältnissen. Zugleich wurde jedoch die Notwendigkeit differenzierterer Perspektiven deutlich, insbesondere bezogen auf

– eine Sichtweise auf Mütter, die konkrete Lebensbedingungen, Familienkonstellationen und mit dem Kind verbundene Phantasien, Wünsche und Ängste einbezieht und auf diese Weise Unterschiedlichkeiten stärker berücksichtigt,
– eine systematischere Einbeziehung auch der Väter – die für Chodorow lediglich ›emotional sekundär‹ waren – in die Analysen,
– eine Untersuchung auch sexueller Entwicklungen, die von Chodorow aufgrund des von ihr vertretenen, sich auf frühe Beziehungsmuster konzentrierenden objektbeziehungstheoretischen Ansatzes kein Thema waren,
– eine stärkere Berücksichtigung von Widersprüchlichem und Ambivalentem in Entwicklungen von Mädchen und Jungen.

Diese eine Geschlechterperspektive in der Psychoanalyse differenzierenden Momente wurden in späteren Arbeiten mit unterschiedlicher Schwerpunktsetzung wieder aufgegriffen.

Feministische Argumentationen im Kontext der Lacanschen Reformulierung der Freudschen Psychoanalyse

Ebenso wie die objektbeziehungstheoretisch argumentierenden Feministinnen hatten die an einer Reformulierung der Lacanschen Psychoanalyse orientierten Theoretikerinnen das Interesse, gegen die Definition der Frau als Mängelwesen das Sichtbarmachen eines eigenen Weiblichen zu setzen. Sie argumentieren auf der Basis der strukturalistischen Interpretation der Psychoanalyse durch Jacques Lacan und stellen dementsprechend die Bedeutung der symbolischen Ordnung, der Sprache und der Diskurse in den Vordergrund. Anders als in den objektbeziehungstheoretisch argumentierenden Ansätzen geht es weniger um das Nachzeichnen individueller und geschlechtsspezifischer Entwicklungen, als vielmehr um die Aufklärung über kulturelle Definitions- und Konstruktionsprinzipien, die als konstitutiv angesehen werden für die Kategorien ›Frau‹ und ›Mann‹ als den Einzelnen übergeordnete Struktur. Ausgespart bleiben in dieser Argumentationsrichtung jene Prozesse, über die die symbolische Ordnung und die Diskurse individuelle Entwicklungen gestalten (zu den Unterschieden und den Möglichkeiten einer Verknüpfung beider Positionen vgl. Liebsch 1994). Eine solche strukturalistisch orientierte feministische Rezeption und Reformulierung der Psychoanalyse war in den 1970er und 1980er Jahren insbesondere in Frankreich von großer Bedeutung, sie hat jedoch auch angloamerikanische Diskussionen stark geprägt und wurde in der westdeutschen Frauenbewegung und Frauenforschung breit rezipiert. Insbesondere hat sie in philosophischen, kultur- und literaturwissenschaftlichen Diskussionen Bedeutung gehabt.

Von besonderer Relevanz waren dabei zunächst die Publikationen der französischen Psychoanalytikerin und Philosophin Luce Irigaray, z.B. *Speculum* (1974/1980), *Das Geschlecht das nicht eins ist* (1977/1979) und *Die Ethik der sexuellen Differenz* (1984/1991). Ausgangspunkt der Argumentation von Irigaray war eine Kritik an der abendländischen Philosophie und insbesondere auch an Freuds Annahmen zur weiblichen Entwicklung und Sexualität. Die darin enthaltenen Defizitbeschreibungen machen es – so Irigaray – unmöglich, Frauen als zweites eigenständiges Geschlecht überhaupt wahrzunehmen. Indem weibliche Existenz nur als Mangel von Qualitäten begrifflich gefaßt ist, wird Weiblichkeit als Spiegelfunktion zum Mann konstruiert. In der symbolischen Ordnung existiert die Frau als eigenständige nicht, sie kann sich sprachlich nicht repräsentieren, damit gibt es auch keine sexuelle Differenz. Zunächst ist es nicht Irigarays Intention, diese Leerstelle Freuds zu füllen und ein Modell eigenständiger Weiblichkeit zu entwickeln, denn die patriarchale Dominanz in Sprache und Kultur wird für alles durchdringend und so unentrinnbar gehalten, daß jede Beschreibung dessen, was ›Frau‹ ist, einer männlich definierten Festschreibung gleichkäme. Irigaray setzt dagegen auf die Effekte eines parodierenden Nachahmens des um den Phallus als Symbol männlicher Macht zentrierten Diskurses, eines spielerischen und verwirrenden Umgangs mit dem Diskurs, durch den Zwischenräume und Verschiebungen in den Bedeutungen erscheinen können. Sie betont das ›Noch-Nicht‹ des weiblichen Seins (Irigaray 1974/1980; 1977/1979). Dennoch sind in Irigarays Schriften – und in den späteren immer deutlicher – Bestimmungen dessen enthalten, was das Eigene und Andere der Weiblichkeit ist. Dabei haben die besonderen Qualitäten eines weiblichen Begehrens und der Mutter-Tochter-Beziehung eine besondere Bedeutung. Gegen das bedeutungs- und machtverleihende Symbol des Phallus setzt sie eine in der weiblichen Morphologie – den sich berührenden Schamlippen – verankerte besondere weibliche Lust, die umfassend, autoerotisch und vielfältig ist (Irigaray 1977/1979). Der in der patriarchalischen symbolischen Ordnung, insbesondere der Sprache, dem Recht und der Religion verankerten männlichen Genealogie setzt Irigaray eine in der Mutter-Tochter-Beziehung begründete weibliche Genealogie entgegen. Der frühen Mutter-Tochter-Beziehung mit ihren lebensbestätigenden Elementen der Pflege, der Reziprozität und der Rücksichtnahme, die in den symbolischen Ordnung und damit auch psychoanalytischen Diskursen nicht repräsentiert ist, wird eine transformierende Kraft zugesprochen, der auf Identifikationen beruhenden Beziehung zwischen Mutter und Tochter und genereller zwischen Frauen untereinander ein die um den Phallus zentrierte symbolische Ordnung erodierendes Potential (Irigaray 1989).

Die in solchen Bestimmungen enthaltene Idealisierung des Weiblichen wurde in feministischen Diskussionen – ebenso wie Irigarays Tendenz zu biologistischen und essentialistischen Bestimmungen – zunehmend kritisiert. Sie hatten jedoch in der Anfangsphase der Frauenbewegung – ebenso wie andere differenztheoretische Ansätze – durch ihr positives Verständnis des weiblichen Körpers, der weiblichen Sexualität, der Mutter-Tochter-Beziehung sowie von Frauenbeziehungen generell eine wichtige frauenpolitische Bedeutung: Durch den Bezug auf ein positives Eigenes, das vom ›Männlichen‹ deutlich unter-

schieden ist, wurde eine Formulierung der Gemeinsamkeit aller Frauen möglich, die die Basis sein konnte für die Herausbildung eines politischen Subjekts ›wir Frauen‹.

Weniger eine in diesem Sinne frauenpolitische als eine literaturwissenschaftliche Bedeutung hatten die Analysen der französischen Literaturwissenschaftlerin und Psychoanalytikerin Julia Kristeva und von Hélène Cixous, einer ebenfalls in Frankreich lebenden Literaturwissenschaftlerin und Literatin. Kristeva verbindet kulturgeschichtliche, literaturtheoretische und linguistische Fragestellungen – orientiert an einer poststrukturalistischen Texttheorie – mit psychoanalytischen, an Lacan orientierten Annahmen. Zwar hatte sie ein distanziertes Verhältnis zur feministischen Theorie und Bewegung, ihre Texte wurden jedoch insbesondere in literaturwissenschaftlichen feministischen Zusammenhängen – mehr im angloamerikanischen als im deutschsprachigen Raum – rezipiert und diskutiert (vgl. Liebsch 1994, 142). Mit Lacan geht Kristeva davon aus, daß jede sprachliche Bezeichnung durch das ›Gesetz des Vaters‹ und damit der Bedeutungsdominanz des Phallus gekennzeichnet ist, so daß Weibliches sprachlich nicht repräsentiert und repräsentierbar ist. Mit Lacan teilt sie auch die Annahme, daß Voraussetzung für die kulturelle Entstehung von Bedeutung die Verdrängung der ersten Beziehung zum Körper der Mutter ist. Anders als Lacan nimmt sie jedoch an, daß die frühe Mutter-Kind-Beziehung eine spezifische Sprachform hervorbringt, die auch im Erwachsenenalter neben der Dimension sprachlicher Symbolik erhalten bleibt, aber unbewußt ist: das Semiotische, das Vorsprachliche, unmittelbar Sinnenbezogene, das mit den »Primärvorgängen« (Kristeva 1978/1974, 36) verbundene Prozesse der Sinngebung umfaßt.

Semiotisches und Symbolisches stehen für Kristeva im Prozeß der Sinngebung in einer dynamischen Beziehung zueinander, dem Semiotischen wird dabei eine subversive Kraft zugesprochen, da es die Sinnsetzungen des auf die dominante sprachliche Ordnung bezogenen Symbolischen durchkreuzt und destabilisiert. Entsprechende Prozesse werden an literarischen Texten aufgezeigt. Ebenso wie andere Theoretikerinnen, die feministische mit psychoanalytischen Ansätzen verbinden, unternimmt Kristeva mit der Konzeptualisierung eines aus der frühen Beziehung der Mutter zum Kind stammenden eigenen Systems der Sinngebung den Versuch, gegen die Sichtweise auf Frauen als Mängelwesen die positive Bedeutung des Weiblichen in psychoanalytische Konzepte einzubringen.

Eine ähnliche Intention verfolgte Hélène Cixous (1975/1976a; 1974/1976b). Auch sie betont die große Bedeutung der Beziehung der Mutter zu ihrem Kind, insbesondere auch den körperlichen Aspekt, der für sie Ursprung des Schreibens ist. Der durch die phallische Ordnung geprägten ›männlichen Ökonomie‹, die gemäß binärer und hierarchischer Oppositionen strukturiert ist, setzt sie eine ›weibliche libidinöse Ökonomie‹ entgegen, die alogisch, lebendig, beweglich und uneigennützig ist und ohne Selbstverlust zu geben vermag. Ihre Utopie ist das kreative Ausleben einer für jede Person konstitutiven Bisexualität, deren Annahme sie mit Freud teilt. Darin werden beide Ökonomien miteinander verbunden. Auch wenn als weiblich und als männlich kategorisierte ›Ökonomien‹ für Cixous prinzipiell bei beiden Geschlechtern auftreten können, ist in diesem Ansatz die Idealisierung des Weiblichen, die in allen differenztheoretischen Konzepten latent enthalten ist, besonders deutlich: Der in der Psychoanalyse Freuds und Lacans enthaltenen Definition der Frau als defizitär wird eine Positivierung des Weiblichen entgegengehalten, die nicht selten auf Wünsche und Phantasien rekurriert, die an die Mutter gebunden sind und z. B. uneigennützige Liebe, Geben ohne zu nehmen, konfliktfreie und sprachlose Zuneigung und Nähe enthalten. Damit haben diese Ansätze entgegen ihrer Intention eine Nähe zu traditionellen Weiblichkeits- und Mutterbildern.

Entstehungsbedingungen von Männlichkeit

Eine der wenigen Studien, die sich in den 1970er Jahren ausführlich mit männlicher Identität beschäftigt hat, ist die von Klaus Theweleit über *Männerphantasien* (1977/1978). Sie wurde in der westdeutschen Öffentlichkeit breit rezipiert und insbesondere in den sich im Gefolge der Frauenbewegung in einigen Städten bildenden kritischen ›Männergruppen‹ diskutiert. Theweleit versucht – sich eher assoziativ auf unterschiedliche Elemente der Freudschen theoretischen Annahmen beziehend – am Beispiel faschistischer Männlichkeit zentrale Elemente der Herausbildung männlicher Identität generell zu beschreiben. Zentral ist für ihn die Annahme, daß Männlichkeit sich unter gesellschaftlichen Verhältnissen, in denen Frauen die ersten wichtigen Bezugspersonen für ihre Kinder sind, als Abwehrreaktion gegen Weiblichkeit entwickelt. Damit argumentiert er ähnlich wie Nancy Chodorow, jedoch sehr viel zugespitzter die problematischen Seiten einer solchen Identitätsbildung betonend. Angenommen wird eine Haßliebe gegen das Weibliche, gegen dessen Verlockungen sich der Mann

mit einem ›Körperpanzer‹ ebenso zu schützen versucht wie gegen seine Wünsche nach Entgrenzung und Verschmelzung. Damit verbunden ist ein gespaltenes Frauenbild, das eine ›weiße‹, unschuldige Frau und eine bedrohlich sexualisierte, ›rote‹ Frau voneinander unterscheidet. Es entsteht ein paradoxer Zustand von Männlichkeit, in dem ein regressiver Wunsch nach Wiedervereinigung mit der ursprünglichen Weiblichkeit und eine aggressive Aufrichtung einer phallischen Identität zusammenkommen. Die Aggression, die mit dieser Form von Identität verbunden ist, richtet sich gleichermaßen gegen die Verlockungen des weiblichen Körpers wie gegen die eigenen Wünsche. Erst seit den 1990er Jahren sind Entwicklungsprozesse männlicher Identitäten dann wieder zum Zentrum psychoanalytischer Studien geworden.

Feministische Psychoanalyse und Frauenforschung zu Beginn der 1990er Jahre

Zu Beginn der 1990er Jahre gab es eine Reihe von psychoanalytisch orientierten Studien, die in der sich zunehmend an Universitäten und anderen wissenschaftlichen Einrichtungen etablierenden feministischen Wissenschaft bzw. Frauenforschung verankert waren. Zu dieser Zeit wurden psychoanalytisch orientierte Argumentationen noch als ein produktiver Theoriestrang der feministischen Wissenschaft bzw. Frauenforschung angesehen. Im Lauf der 1990er Jahre verlagerten sich die theoretischen Bezüge jedoch hin zu theoretischen Ansätzen, in denen der starke Körperbezug der Psychoanalyse als problematisch angesehen wurde.

In der deutschsprachigen Frauenforschung hatte die 1990 erschienene Studie der US-amerikanischen Psychoanalytikerin Jessica Benjamin *Die Fesseln der Liebe* (1988/1990) große Bedeutung. Benjamin orientiert sich an einem Verständnis von Psychoanalyse, in dem sie die Freudschen triebtheoretischen Annahmen mit objekttheoretischen Positionen zu verbinden suchte. Im Vordergrund stehen jedoch objektbeziehungstheoretisch orientierte Argumentationen. Benjamins Analysen zielen insbesondere ab auf:
- eine an den Ergebnissen der neueren Säuglingsforschung orientierte Kritik an bisherigen theoretischen Positionen in der Psychoanalyse,
- eine Neuformulierung geschlechtsspezifischer Entwicklungen.

Benjamin zeigt, daß die bisher in psychoanalytischen Diskussionen vorherrschenden theoretischen Ansätze – und damit auch die feministisch orientierten – zu einer Verfestigung von Mutterbildern beitragen, in denen Idealisierung und zugleich Entwertung des Weiblichen angelegt sind. Die Konzeptualisierung von Entwicklungsverläufen über eine Entgegensetzung von Symbiose, einem Einssein mit der Mutter, dem potentiell paradiesische Qualitäten zugesprochen werden, einerseits und Autonomie als schmerzlichem Prozeß der Ablösung von der Mutter andererseits, beinhaltet Phantasien von Mütterlichem, in denen eine eigene Subjektivität der Frauen, ein eigenes Leben keinen Raum haben: Verfestigt wird ein Bild des Mütterlichen als potentieller Quelle alles Guten, und – als Kehrseite nach den notwendigerweise sich einstellenden Enttäuschungen – auch als Ort alles Schlechten und Bösen. Benjamin entwickelt – gestützt auf Ergebnisse der in den USA insbesondere mit dem Namen von Daniel Stern verbundenen neueren Säuglingsforschung – ein anderes Konzept von individuellen Entwicklungen: ein Konzept, in dem ein lustvolles In-die-Welt-Gehen ebenso wichtig ist wie Verschmelzungserlebnisse mit der Mutter, in dem das Weggehen von der Mutter ebenso lustvoll sein kann wie die Nähe zu ihr. Eine solche Sichtweise auf Entwicklungen ermöglicht einen anderen Blick auf Mütter: Sie dürfen nicht nur ein eigenes Leben außerhalb des Kindes haben, es ist für geglückte kindliche Entwicklungen sogar erforderlich, daß Mütter sich als ›Andere‹, als Frauen mit einem ›eigenen Begehren‹, mit eigenen, vom Kind unabhängigen Wünschen und Interessen zeigen, denn nur so können Kinder das Glück genießen, mit einer äußeren, von ihnen unabhängigen Realität in Kontakt zu treten.

Von einer solchen neuen Sicht auf Mütter erhoffte Benjamin sich auch eine Veränderung geschlechtsspezifischer Entwicklungsverläufe. Damit richtete sie ihre Veränderungsperspektive nicht mehr nur – wie es bei den meisten der objektbeziehungstheoretisch orientierten Autorinnen der Fall war – auf eine Neuorganisation der Elternschaft, insbesondere die Beteiligung der Väter an der frühen Betreuung und Versorgung der Kinder, sondern auch auf eine Reformulierung des ›Mütterlichen‹. So zeigt Benjamin in ihren Analysen zu geschlechtsspezifischen Entwicklungsverläufen, daß kulturelle Bilder von Weiblichkeit und Männlichkeit und die ihnen entsprechende auch innerpsychisch verankerte Arbeitsteilung zwischen den Geschlechtern in individuellen Entwicklungsprozessen immer wieder eine Polarität der Geschlechter schaffen, in der die Spannung zwischen Autonomie und zugleich Angewiesensein auf andere nicht in jeder und jedem einzelnen ausbalanciert werden muß, sondern – indem beide Pole auf

unterschiedliche Geschlechter übertragen werden – Männer weiterhin für ›Autonomie‹, aktive Handlungsfähigkeit und ›Begehren‹ stehen und Frauen dementsprechend für ›Abhängigkeit‹ und mangelnde Subjektivität. Es ist das Verdienst dieser Studie, für zentrale frühe lebensgeschichtliche Phasen – z. B. die von der Psychoanalytikerin Margaret Mahler so genannte ›Wiederannäherungsphase‹ im Alter von 18 Monaten – gezeigt zu haben, wie die Entfaltung eines ›eigenen Begehrens‹ bei Mädchen schon früh gebremst und die Entwicklung illusionärer Autonomie bei Jungen gefördert wird. Ähnlich wie bei anderen objektbeziehungstheoretisch orientierten Autorinnen wird allerdings auch hier eine Reproduktion bestehender Geschlechterverhältnisse beschrieben, die wenig Differenzierungen innerhalb der Geschlechter zuläßt.

Ähnlich breit rezipiert wie Benjamins Studie wurde zu Beginn der 1990er Jahre in der deutschsprachigen Frauenforschung die Untersuchung der in Frankfurt am Main lehrenden Psychoanalytikerin Christa Rohde-Dachser *Expedition in den dunklen Kontinent* (1991). Rohde-Dachser erarbeitete eine umfassende Kritik an psychoanalytischen Konzepten zur weiblichen Entwicklung, in deren Zentrum die Auseinandersetzung mit Freuds Weiblichkeitstheorie steht. Mit dem methodischen Instrumentarium der Psychoanalyse – der tiefenhermeneutischen Textinterpretation – werden von ihr die unbewußten Gehalte theoretischer psychoanalytischer Texte herausgearbeitet. Bezogen auf Freuds Annahmen zur weiblichen Entwicklung kann sie zeigen, daß die ihr zugrundeliegenden unbewußten Phantasien geprägt sind von für Männer spezifischen Wünschen und Ängsten und wesentlich die Funktion haben, die Vorstellung von männlicher Einzigartigkeit und Überlegenheit zu stützen. Deutlich wird, daß die den psychoanalytischen Diskurs fundierenden Phantasien dem gleichen kollektiven Unbewußten entstammen, auf dem auch die Weiblichkeitsbestimmungen der patriarchalischen Gesellschaft und das patriarchalische Geschlechterverhältnis beruhen. Rohde-Dachsers Ansatz, die theoretischen Texten zugrundeliegenden unbewußten Phantasien herauszuarbeiten, hat der Frauenforschung zu Beginn der 1990er Jahre neue und produktive Perspektiven auf Möglichkeiten einer kritischen Analyse wissenschaftlicher Produktionen eröffnet. Deutlich wurde, wie stark die die bestehenden Geschlechterverhältnisse fundierenden psychischen Strukturen auch wissenschaftliche Erkenntnismöglichkeiten – auch die der Frauen – prägen.

Eine andere zu Beginn der 1990er Jahre in der

deutschsprachigen Frauenforschung rezipierte Studie setzt sich noch einmal intensiv mit Freuds Annahmen zur weiblichen und männlichen Entwicklung und dem Konzept des ›Penisneides‹ von Mädchen auseinander. Die amerikanische Psychoanalytikerin Irene Fast fand in ihrer Untersuchung *Von der Einheit zur Differenz* (1984/1991) einen Weg, die Entwicklung beider Geschlechter gleichermaßen ins Auge zu fassen und zu zeigen, daß für Kinder beiderlei Geschlechts das Bewußtwerden der anatomischen Geschlechtsunterschiede im zweiten Lebensjahr mit der Kränkung verbunden ist, über nur ein Geschlecht zu verfügen, und den entsprechenden Neid auf das andere Geschlecht zur Folge hat. Damit wurden die Diskussionen um die Freudschen Annahmen zur weiblichen Entwicklung entdramatisiert: Fast gelang es, Erfahrungen von Kränkung und Neid auf das jeweils andere Geschlecht als konstitutiv für Entwicklungsprozesse von Mädchen und Jungen aufzuzeigen und so die Blickrichtung auf beide Geschlechter zu erweitern – eine Perspektive, die in den 1990er Jahren in der Frauenforschung zunehmend an Bedeutung gewann und zu einer Veränderung der Benennung dieser Forschungsrichtung in ›Frauen- und Geschlechterforschung‹, ›Geschlechterforschung‹ oder ›gender studies‹ führte.

Die Dominanz dekonstruktivistischer Perspektiven in der Frauen- und Geschlechterforschung und der Bedeutungsverlust der Psychoanalyse in den 1990er Jahren

Im Verlauf der 1990er Jahre wurden feministische theoretische Ansätze, in denen der Nachweis von Differenzen zwischen Frauen und Männern im Zentrum stehen, zunehmend kritisiert. Das betraf auch die an einer feministischen Reformulierung psychoanalytischer Konzeptionen interessierten objektbeziehungstheoretischen Analysen zu geschlechtsspezifischen Entwicklungsverläufen und die an der Lacanschen Psychoanalyse orientierten Argumentationen. Im Zentrum der Kritik stand die schon im Ansatz dieser Forschungsrichtung angelegte Tendenz, die beiden Geschlechtergruppen ›Frauen‹ und ›Männer‹ ohne interne Differenzierungen einander gegenüberzustellen, damit unzulässige Verallgemeinerungen zu formulieren und binäre, polarisierende Geschlechterkonstruktionen festzuschreiben. Dagegengesetzt wurde eine Perspektive, die die Annahme einer Zweigeschlechtlichkeit, von zwei und nur zwei Geschlechtern, selbst als soziale Konstruktion, als Ergebnis gesellschaftlicher und kultureller Definitionen und

Konventionen sieht. In bundesrepublikanischen feministischen wissenschaftlichen Arbeiten stehen zwei unterschiedliche theoretische Ansätze – die sich beide auf angloamerikanische Diskussionen beziehen – im Zentrum dieser als ›dekonstruktivistisch‹ bezeichneten, weil auf die Dekonstruktion der Zweigeschlechtlichkeit zielenden, Debatten:

– eine interaktionstheoretisch fundierte Sichtweise, die die Zweigeschlechtlichkeit als Ergebnis sozialer Zuschreibungs- und Darstellungsprozesse, eines ›doing gender‹ in sozialen Interaktionen begreift (Gildemeister/Wetterer 1992),

– ein diskurstheoretisch orientierter Ansatz, der mit dem Namen von Judith Butler (1993/1995) verbunden ist und von der Annahme ausgeht, daß ›Geschlecht‹ und ›Zweigeschlechtlichkeit‹ allein das Ergebnis entsprechender gesellschaftlicher Diskurse, d.h. vornehmlich sprachlich organisierter Formen des Wissens sind.

Beide Ansätze verfolgen eine radikal auf die Bedeutung sozialer und kultureller Deutungen und Definitionen zielende Sichtweise: Die Dimension innerer Entwicklungen, psychischer Strukturen und Prozesse sowie geschlechtlicher Körperlichkeit mit den an sie geknüpften unbewußten Wünschen, Phantasien und Ängsten – zentrale Themen psychoanalytisch orientierter Forschungen – haben darin wenig Raum. So haben sich im Lauf der 1990er Jahre feministische Diskussionen und psychoanalytische Theoriebildungsprozesse auseinanderentwickelt. Es gibt weiterhin wichtige psychoanalytische Forschungen unter einer Geschlechterperspektive, aber diese sind kaum mehr – wie noch bis zu Beginn der 1990er Jahre – von Bedeutung für feministische und Gender-Debatten. Den Versuch einer Vermittlung beider Positionen unternimmt Nancy Chodorow (1999/2001) in einer Studie, in der sie die Bedeutung kultureller Definitionen und Konstruktionen für die Ausgestaltung unbewußter Dynamiken hervorhebt, in der sie umgekehrt aber auch auf die Relevanz der Dimension des Innerpsychischen für kulturelle und gesellschaftliche Prozesse hinweist (vgl. Liebsch 1997; Winterhager-Schmid 2004). Aus der Perspektive der Lacanschen Psychoanalyse verknüpfte Barbara Rendtorff (1996) dekonstruktivistische Annahmen zur Geschlechterdifferenz mit der insbesondere für die ödipale Phase als notwendig angesehenen Einsicht in die geschlechtliche Begrenztheit der eigenen Körperlichkeit, die zugleich die Konfrontation mit Nicht-Vollständigkeit, Vergänglichkeit, Abhängigkeit von anderen und der Unerfüllbarkeit des Begehrens bedeutet.

Psychoanalyse und Genderforschung seit den 1990er Jahren

Psychoanalytische Forschungen unter einer Geschlechterperspektive wurden in den 1990er Jahren zunächst überwiegend von Frauen und bezogen auf Probleme und Themen der Entwicklung von Mädchen durchgeführt. Zunehmend haben dann auch Männer über Prozesse der Entwicklung von Jungen gearbeitet.

Es erschien eine Reihe von wichtigen Studien, die sich mit bisher vernachlässigten Aspekten der Entwicklung von Mädchen beschäftigten. Sexualität und Körperlichkeit – in früheren Untersuchungen wie denen von Chodorow (1978/1985) und Benjamin (1988/1990) durch die für sie spezifische theoretische Orientierung ausgespart – wurden zu wichtigen Themen (zu entsprechenden Tendenzen in der Psychoanalyse generell vgl. Gast 1992). Dabei wurde auf neue Weise an Freudsche Ideen angeknüpft: Das von ihm entwickelte Konzept des »negativen Ödipuskomplex« (GW XIV, 517–537) wurde wieder aufgegriffen und damit die Annahme, daß die ödipale Phase auch die Liebe zum gleichgeschlechtlichen Elternteil und den eifersüchtigen Haß auf den gegengeschlechtlichen beinhaltet. Bezogen auf die entsprechenden Entwicklungen von Mädchen – die Freud ähnlich wie Jeanne Lampl-de Groot (1927) formulierte – wird angenommen, daß eine homosexuelle Orientierung an der Mutter den erotischen Wünschen an den Vater vorausgeht. Diese erotische Dimension in der Mutter-Tochter-Beziehung geriet dann aus dem Blickfeld psychoanalytischer Diskussionen, bis sie in den 1990er Jahren wieder aufgegriffen wurde. Sexuelle Entwicklungen werden – ähnlich wie bei Freud – nicht mehr nur als von heterosexuellen Wünschen und Phantasien geprägt gesehen: In der Entwicklung von Mädchen sind auf das eigene und das andere Geschlecht bezogene Wünsche und Phantasien gleichermaßen von Bedeutung. Dabei werden Entwicklungsprozesse in dieser Perspektive mitbeeinflußt von Tabuisierungen homosexueller Wünsche und Phantasien. Karin Bell spricht vom ›erotischen Glanz im Auge der Mutter‹, der die frühe Lust der Tochter an ihrem Körper bestätigen könnte, der oft aber fehlt, weil Schamgefühle und homosexuelle Ängste dominieren (Bell 1991; vgl. auch Flaake 1992; Moré 1997).

Unter dem Stichwort ›lesbischer Komplex‹ untersuchte Eva Poluda-Korte (1993) für die ödipale Phase – deren Beginn sie mit Melanie Klein sehr früh, ab dem ersten Lebensjahr ansetzt – das Schicksal des auf die Mutter gerichteten aktiven erotischen Werbens von kleinen Mädchen. Da nur wenige Mütter – wesentlich aufgrund homoerotischer Tabus – bestätigend und liebevoll mit dem aktiven Werben ihrer kleinen Tochter umgehen können, erhalten die Reaktionen der Väter auf das sich entfaltende Begehren der Tochter eine große Bedeutung. Poluda-Korte vermutet, daß ein Mädchen die ›heterosexuelle Verkehrsordnung‹, mit der sie in der ödipalen Phase konfrontiert wird – die Mutter wehrt das erotische Werben ihrer kleinen Tochter ab und bezieht sich erotisch und sexuell nur auf den Mann –, als starke Kränkung von seiten der Mutter erlebt, als eine entwertende Zurückweisung, die auch Folgen für das Selbstbewußtsein hat (vgl. Heigl-Evers/Weidenhammer 1988). Eine alle Entwicklungsphasen umfassende und sich intensiv auch mit den Freudschen Annahmen auseinandersetzende Darstellung der homoerotischen Wünsche, Phantasien und Ängste in der Mutter-Tochter-Beziehung wurde von Johanna Schäfer (1999) vorgelegt (vgl. auch Koellreuter 2000).

Eine andere in bisherigen Studien vernachlässigte Dimension in der Entwicklung von Mädchen war die der Aggression. Formulierte Margarete Mitscherlich (1985) noch ihre These von der ›friedfertigen Frau‹, so standen in den 1990er Jahren auch die bedrohlichen, zerstörerischen Potentiale weiblicher Aggressivität im Zentrum (Hamburger Arbeitskreis für Psychoanalyse und Feminismus 1995; vgl. Christian-Widmaier 2000). In einer umfassenden Studie zum Thema zeigt Tamara Musfeld (1997) die aus der Mutter-Tochter-Beziehung stammenden unbewußten Phantasien auf, die Aggression mit archaischen vernichtenden Qualitäten ausstatten und verhindern, daß sie produktiv genutzt werden kann als Kraft für ein eigenes Wünschen und Wollen, für eine aktive Handlungsfähigkeit.

Verbunden mit der Wiederentdeckung von Körperlichkeit, Sexualität und Erotik in der Entwicklung von Mädchen rückte eine lebensgeschichtliche Phase ins Zentrum des Interesses, die für entsprechende Entwicklungen eine große Bedeutung hat: die Adoleszenz, die Zeit des Übergangs von der Kindheit zum Erwachsensein, zum Frausein, in der Geschlechtlichkeit, Sexualität und weibliche Körperlichkeit zu zentralen Themen werden. Es erschienen einige Studien, die sowohl die mit den körperlichen Veränderungen, z. B. der ersten Menstruation verbundenen Wünsche, Phantasien und Ängste untersuchten als auch die Einbindungen dieser Entwicklungen in bestimmte soziale Definitionen und Bewertungen darstellen, durch die gesellschaftliche Weiblichkeitsbilder die Körperwahrnehmung und das Körpererleben prägen, und auf diese Weise in der Adoleszenz ›in den Leib geschrieben‹ werden (Dalsimer 1986/1993; die Beiträge in Flaake/King 1992; Flaake 2001; King 2002; Waldeck 1988).

Um die Möglichkeiten der Aneignung des ›inneren Geschlechts‹, des ›genitalen Innenraums‹ mit seinen schöpferischen Potenzen geht es in einer umfassenden Studie von Vera King (1995). Ausgangspunkt ist eine intensive Auseinandersetzung mit Freuds Fallgeschichte der »Dora« (GW V, 161–286). Auf dieser Basis wird die Bewegung von Erkenntnis und Abwehr von Erkenntnis, die »halbierte Aufklärung im Ursprung der Psychoanalyse« (King 1995, 1 ff.), die in Freuds Weiblichkeitstheorie zum Ausdruck kommt, rekonstruiert und die Nähe zu seinen eigenen adoleszenten Themen aufgezeigt, die eine narzißtische Verabsolutierung des eigenen Geschlechts, die Dominanz eingeschlechtlicher Schöpfungsphantasien und die angstbesetzte und ambivalente Sehnsucht nach dem anderen Geschlecht zur Folge hatte. Zugleich werden für die weibliche Adoleszenz am Beispiel der Fallgeschichte der »Dora« die Bedeutung der schöpferischen Potenzen des weiblichen innergenitalen Raums und die Notwendigkeit entsprechender Aneignungsprozesse in der Adoleszenz beschrieben.

Vereinzelt haben immer auch Männer zu Problemen der männlichen Entwicklung und Aspekten des Geschlechterverhältnisses gearbeitet (vgl. die zusammenfassende Darstellung in Mertens 1992/1993, zudem z. B. Benz 1989; Bosse 1994; Reiche 1990), seit Ende der 1990er Jahre gibt es jedoch vermehrt entsprechende Studien, die diesen bisher in der Genderforschung unterrepräsentierten Bereich auszufüllen beginnen. Deutlich wird dabei, daß die Psychoanalyse zwar dazu tendiert hat, den männlichen Körper und die männliche Entwicklung zur Norm zu erheben und Weibliches demgegenüber als defizitär zu erklären, daß in einer solchen Perspektive aber nicht nur weibliche Entwicklungen, sondern auch männliche nicht angemessen begriffen werden können.

In Studien zu männlichen Entwicklungen stehen wesentlich zwei Themen im Vordergrund:
– die Vater-Sohn-Beziehung,
– die Verknüpfung von Männlichkeit mit Gewalt.
Mit der Vater-Sohn-Beziehung haben sich insbesondere Peter Blos (1985/1990), Lothar Schon (2000) und Josef Christian Aigner (2001) auseinandergesetzt. Im Vordergrund steht dabei der Aspekt eines Mangels in dieser Beziehung: Es geht um die *Sehnsucht nach dem Vater* (Schon 2000), zum Thema wird *Der ferne Vater* (Aigner 2001). Einig sind sich die Autoren in der Betonung der potentiell positiven Funktionen von Vätern im Prozeß des Heranwachsens ihrer Söhne und der Notwendigkeit einer stärkeren Präsenz, die nicht nur auf äußere Anwesenheit, sondern auf emotionale Anteilnahme abzielt. Vor diesem Hintergrund konzeptualisiert Blos (1985/1990) verschiedene Vatertypen in Abhängigkeit vom Entwicklungsstadium des Sohnes. Schon (2000) beschreibt – auf der Basis der Erfahrungen von Jungen und Männern mit nicht oder kaum anwesenden Vätern – für unterschiedliche lebensgeschichtliche Phasen die positiven Funktionen einer väterlichen Präsenz. Aigner (2001) erarbeitet – in intensiver Auseinandersetzung mit psychoanalytischen Annahmen zur Vater-Sohn-Beziehung beginnend bei Freud – theoretische Annahmen zu neuen Väterlichkeitsdimensionen in präödipalen und ödipalen Entwicklungsphasen. Dabei bezieht er sich – ähnlich wie Psychoanalytikerinnen hinsichtlich der weiblichen Entwicklung – positiv auf Freuds Konzept des ›negativen Ödipuskomplexes‹, in dem für Jungen die zärtliche, erotisch gefärbte Haltung gegenüber dem Vater betont wird, hält jedoch eine Definition dieser Gefühle als ›feminin‹ – wie es bei Freud geschieht – für problematisch, da sie Geschlechterpolaritäten verstärkt und einer Integration solcher homoerotischen Beziehungsqualitäten in positiv besetzte Männlichkeitsbilder entgegensteht.

In einem zweiten Schwerpunkt der auf männliche Entwicklungen bezogenen Forschungen geht es – wie schon ähnlich bei Theweleit (1977/1978) – um die Verknüpfung von männlicher Geschlechtsidentität mit Gewalt. Die umfassendste Studie zu diesem Thema ist dabei die von Rolf Pohl (2004; zum Thema vgl. auch Königseder 2003; Nitzschke 2003). Pohl analysiert die Konstitution der männlichen Sexualität im Medium primärer Objekterfahrungen und verbindet damit triebtheoretisch orientierte mit objektbeziehungstheoretischen Annahmen. Gezeigt wird, daß für männliche Geschlechtsidentität unter den bestehenden gesellschaftlichen Verhältnissen eine ambivalente bis feindselige Einstellung zu Frauen kennzeichnend ist. Weibliches wird unbewußt als Bedrohung erlebt und deshalb abgewehrt, Sexualität erhält eine phallisch-aggressive Ausrichtung. Sexualität und Aggressivität sind damit untrennbar miteinander verwoben und haben so eine latente Nähe zu Gewalt und Gewaltbereitschaft gegenüber Frauen. Diese entspringt einer aus Begierde, Angst, Neid, Wut und Haß bestimmten unbewußten Einstellung zum Weiblichen. Pohl illustriert die Verflechtung von männlicher Sexualität und Aggressivität am Beispiel der Massenvergewaltigungen in Kriegen des 20. und

21. Jh.s und stellt damit einen aktuellen politischen Bezug her, der das produktive Potential dieser psychoanalytischen, auf die Untersuchung männlicher Geschlechtsidentität bezogenen Forschungsrichtung der Gender Studies zeigt.

Zusammenfassend läßt sich feststellen, daß eine psychoanalytische Orientierung, wie sie von Freuds theoretischen Konzepten ihren Ausgangspunkt genommen hat, in der Genderforschung seit den 1990er Jahren zwar nicht mehr die Bedeutung hat, wie sie für die Frauen- und Geschlechterforschung in der zweiten Hälfte der 1970er bis Anfang der 1990er Jahre kennzeichnend war, daß sie aber – wenn auch neben anderen, z. T. dominanteren theoretischen Ansätzen – immer noch wichtige Beiträge zum Verständnis von Geschlechterverhältnissen und geschlechtlichen Identitäten liefert. Kontrovers diskutiert wurden immer wieder Freuds Annahmen zur weiblichen Entwicklung, zunehmend bedeutsam geworden ist jedoch eine Perspektive, in der an Kernstücke Freudscher theoretischer Konzepte angeknüpft wird, um aktuelle Themen zu bearbeiten. Dazu gehören z. B. die systematische Berücksichtigung auch homoerotischer Wünsche und Phantasien im Verlauf der Entwicklung von Mädchen und Jungen, insbesondere aber die Annahme eines Unbewußten, einer Dimension menschlichen Verhaltens und Handelns jenseits bewußter Intentionen, durch die sich auch auf das Geschlechterverhältnis bezogene Veränderungen oft als schwieriger erweisen, als es den explizit formulierbaren Vorstellungen von Frauen und Männern entspricht.

Literatur

Aigner, Josef Christian: *Der ferne Vater. Zur Psychoanalyse von Vatererfahrung, männlicher Entwicklung und negativem Ödipuskomplex.* Gießen 2001.

Beauvoir, Simone de: *Das andere Geschlecht. Sitte und Sexus der Frau.* Hamburg 1951 (frz. 1949).

Bell, Karin: »Aspekte weiblicher Entwicklung«. In: *Forum der Psychoanalyse* 7 (1991), 111–126.

Benjamin, Jessica: *Die Fesseln der Liebe. Psychoanalyse, Feminismus und das Problem der Macht.* Basel/Frankfurt a. M. 1990 (engl. 1988).

Benz, Andreas: »Weibliche Unerschöpflichkeit und männliche Erschöpfbarkeit: Gebärneid der Männer und der Myelos-Mythos«. In: Lillian Rotter: *Sex-Appeal und männliche Ohnmacht.* Hg. von Andreas Benz. Freiburg i.Br. 1989.

Berger, Margarete: »Durch diese schöne Anstrengung mit sich selbst bekannt gemacht …«. Über Texte zu Töchtern und Vätern. In: M. Berger/J. Wiesse (Hg.): *Geschlecht und Gewalt.* Psychoanalytische Blätter. Bd. 4. Göttingen/Zürich 1996, 120–160.

Blos, Peter: *Sohn und Vater. Diesseits und jenseits des Ödipuskomplexes.* Stuttgart 1990 (engl. 1985).

Bosse, Hans: *Der fremde Mann. Jugend, Männlichkeit, Macht. Eine Ethnoanalyse.* Unter Mitarbeit von Werner Knauss. Frankfurt a. M. 1994.

Butler, Judith: *Körper von Gewicht. Die diskursiven Grenzen des Geschlechts.* Frankfurt a. M. 1995 (engl. 1993).

Chasseguet-Smirgel, Janine (Hg.): *Psychoanalyse der weiblichen Sexualität.* Frankfurt a. M. 1974 (frz. 1964).

Chodorow, Nancy J.: *Das Erbe der Mütter. Psychoanalyse und Soziologie der Geschlechter.* München 1985 (engl. 1978).

–: *Die Macht der Gefühle. Subjekt und Bedeutung in Psychoanalyse, Geschlecht und Kultur.* Stuttgart 2002 (engl. 1999).

Christian-Widmaier, Petra: Aggression in Frau-Frau-Analysen. In: *Forum der Psychoanalyse* 16 (2000), 231–246.

Cixous, Hélène: Schreiben und Begehren. In: *Alternative* 19 (1976), 155–159 (frz. 1974).

–: Schreiben, Feminität, Veränderung. In: *Alternative* 19 (1976), 134–147 (frz. 1975).

Dalsimer, Katherine: *Vom Mädchen zur Frau. Literarische Darstellungen – psychoanalytisch betrachtet.* Berlin/Heidelberg 1993 (engl. 1986).

Dinnerstein, Dorothy: *Das Arrangement der Geschlechter.* Stuttgart 1979 (engl. 1976).

Fast, Irene: *Von der Einheit zur Differenz. Psychoanalyse der Geschlechtsidentität.* Berlin/ Heidelberg/New York 1991 (engl. 1984).

Firestone, Shulamith: *Frauenbefreiung und sexuelle Revolution.* Frankfurt a. M. 1975 (engl. 1970).

Flaake, Karin/Vera King (Hg.): *Weibliche Adoleszenz. Zur Sozialisation junger Frauen.* Frankfurt a. M./New York 1992.

Flaake, Karin: Ein Körper für sich allein. Sexuelle Entwicklungen und körperliche Weiblichkeit in der Mutter-Tochter-Beziehung. In: *Psyche* 46 (1992), 642–652.

–: *Körper, Sexualität und Geschlecht. Studien zur Adoleszenz junger Frauen.* Gießen 2001.

Friedan, Betty: *Der Weiblichkeitswahn oder die Selbstbefreiung der Frau. Ein Emanzipationskonzept.* Reinbek 1970 (engl. 1963).

Gambaroff, Marina: *Utopie der Treue.* Reinbek 1984.

Gast, Lilli: Libido und Narzißmus. *Vom Verlust des Sexuellen im psychoanalytischen Diskurs. Eine Spurensicherung.* Tübingen 1992.

Gildemeister, Regine/Angelika Wetterer: »Wie Geschlechter gemacht werden. Die soziale Konstruktion der Zweigeschlechtlichkeit und ihre Reifizierung in der Frauenforschung«. In: Gudrun-Axeli Knapp/Angelika Wetterer (Hg.): *TraditionenBrüche. Entwicklungen feministischer Theorie.* Freiburg i.Br. 1992, 201–254.

Hagemann-White, Carol: *Frauenbewegung und Psychoanalyse.* Basel/Frankfurt a. M. 1979.

Hamburger Arbeitskreis für Psychoanalyse und Feminismus (Hg.): *Evas Biß. Weibliche Aggressivität und ihre Wirklichkeiten.* Freiburg i.Br. 1995.

Heigl-Evers, Annelise/Brigitte Weidenhammer: *Der Körper als Bedeutungslandschaft. Die unbewußte Organisation der weiblichen Geschlechtsidentität.* Bern/Stuttgart/Toronto 1988.

Irigaray, Luce: *Speculum. Spiegel des anderen Geschlechts.* Frankfurt a. M. 1980 (frz. 1974).

–: *Das Geschlecht, das nicht eins ist.* Berlin 1979 (frz. 1977).

–: *Ethik der sexuellen Differenz.* Frankfurt a. M. 1991 (frz. 1984).

–: *Genealogie der Geschlechter.* Freiburg i.Br. 1989 (frz. 1987).

–: *Zur Geschlechterdifferenz. Interviews und Vorträge.* Wien 1987.

King, Vera: *Die Urszene der Psychoanalyse. Adoleszenz und Geschlechterspannung im Fall Dora.* Stuttgart 1995.

–: *Die Entstehung des Neuen in der Adoleszenz. Individuation, Generativität und Geschlecht in modernisierten Gesellschaften.* Opladen 2002.

Koellreuter, Anna: *Das Tabu des Begehrens. Zur Verflüchtigung des Sexuellen in Theorie und Praxis der feministischen Psychoanalyse.* Gießen 2000.

Königseder, Karl: Der bedrohte Mann. Männlichkeit und Destruktivität. In: Sylvia von Arx u. a. (Hg.): *Koordinaten der Männlichkeit. Orientierungsversuche.* Tübingen 2003, 119–140.

Kristeva, Julia: *Die Revolution der poetischen Sprache.* Frankfurt a. M. 1978 (frz. 1974).

–: Produktivität der Frau. In: *alternative* 108/109 (1976), 166–172 (frz. 1975).

–: *Fremde sind wir uns selbst.* Frankfurt a. M. 1990 (frz. 1988).

Lampl-de Groot, Jeanne: Zur Entwicklungsgeschichte des Ödipuskomplexes der Frau. In: *Internationale Zeitschrift für Psychoanalyse* 13 (1927), 269–282.

Liebsch, Katharina: *Vom Weib zur Weiblichkeit? Psychoanalytische Konstruktionen in feministischer Theorie.* Bielefeld 1994.

–: Wie werden Geschlechtsidentitäten konstruiert? Überlegungen zum Verschwinden der Psychoanalyse aus der Geschlechterforschung. In: *Zeitschrift für Frauenforschung* 1+2 (1997), 6–16.

Mertens, Wolfgang: *Entwicklung der Psychosexualität und der Geschlechtsidentität.* Bd. 1 und 2, Stuttgart 1992/1993.

Millett, Kate: *Sexus und Herrschaft. Die Tyrannei des Mannes in unserer Gesellschaft.* München 1971 (engl. 1969).

Mitchell, Juliet: *Psychoanalyse und Feminismus. Freud, Reich, Laing und die Frauenbewegung.* Frankfurt a. M. 1976 (engl. 1974).

Mitscherlich-Nielsen, Margarete: »Psychoanalyse und weibliche Sexualität«. In: *Psyche* 29 (1975), 769–788.

–: »Zur Psychoanalyse der Weiblichkeit«. In: *Psyche* 32 (1978), 669–440.

–: *Die friedfertige Frau.* Frankfurt a. M. 1985.

Moré, Angela: Die Bedeutung der Genitalien in der Entwicklung von (Körper)Selbstbild und Wirklichkeitssinn. In: *Forum der Psychoanalyse* 4 (1997), 312–337.

Musfeld, Tamara: *Im Schatten der Weiblichkeit. Über die Fesselung weiblicher Kraft und Potenz durch das Tabu der Aggression.* Tübingen 1997.

Nitzschke, Bernd: Kastrationsangst und phallischer Triumph. Anmerkungen zu Sigmund Freuds Männlichkeitskonstruktion. In: Sylvia von Arx u. a. (Hg.): *Koordinaten der Männlichkeit. Orientierungsversuche.* Tübingen 2003, 49–66.

Olivier, Christiane: *Jokastes Kinder. Die Psyche der Frau im Schatten der Mutter.* München 1984 (frz. 1980).

Pohl, Rolf: *Feindbild Frau. Männliche Sexualität, Gewalt und die Abwehr des Weiblichen.* Hannover 2004.

Poluda-Korte, Eva S.: »Der ›lesbische Komplex‹. Das homosexuelle Tabu und die Weiblichkeit«. In: Eva Maria Alves: *Stumme Liebe. Der ›lesbische Komplex‹ in der Psychoanalyse.* Freiburg i.Br. 1993, 73–132.

Reiche, Reimut: *Geschlechterspannung. Eine psychoanalytische Untersuchung.* Frankfurt a. M. 1990.

Rendtorff, Barbara: *Geschlecht und symbolische Kastration. Über Körper, Matrix, Tod und Wissen.* Königstein/Taunus 1996.

Rohde-Dachser, Christa: *Expedition in den dunklen Kontinent. Weiblichkeit im Diskurs der Psychoanalyse.* Berlin/Heidelberg/New York 1991.

Schäfer, Johanna: *Vergessene Sehnsucht. Der negative weibliche Ödipuskomplex in der Psychoanalyse.* Göttingen 1999.

Schlesier, Renate: *Konstruktionen der Weiblichkeit bei Sigmund Freud.* Frankfurt a. M. 1981.

Schmauch, Ulrike: *Anatomie und Schicksal. Zur Psychoanalyse der frühen Geschlechtersozialisation.* Frankfurt a. M. 1987.

Schon, Lothar: *Sehnsucht nach dem Vater. Die Dynamik der Vater-Sohn-Beziehung.* Stuttgart 2000.

Theweleit, Klaus: *Männerphantasien.* 2 Bde. Basel/Frankfurt a. M. 1977/1978.

Waldeck, Ruth: »Der rote Fleck im dunklen Kontinent«. In: *Zeitschrift für Sexualforschung* 1 und 2 (1988), 189–205; 337–350.

Winterhager-Schmid, Luise: Geschlecht als psychische Realität – Psychoanalytische Beiträge. In: Edith Glaser u. a. (Hg.): *Handbuch Gender und Erziehungswissenschaft.* Bad Heilbrunn 2004, 127–146.

Karin Flaake

11. Pädagogik

Von Anfang an waren Psychoanalyse und Pädagogik eng aufeinander bezogen, auch wenn sie – jedenfalls für Freud – getrennte Wissenschaftsbereiche darstellten. Bis heute ist strittig, ob es in wissenschaftstheoretischer Hinsicht eine »Psychoanalytische Pädagogik« als eigenständige Forschungsdisziplin gibt oder ob die Psychoanalyse nicht lediglich als Hilfswissenschaft für die Pädagogik anzusehen ist. Außer Zweifel steht jedoch, daß die Psychoanalyse gerade durch die Berührung mit pädagogischen Fragestellungen zu gesellschafts- und kulturkritischen Auseinandersetzungen veranlaßt wurde, die sie im Rückzug auf individualpsychologische Positionen immer wieder vernachlässigte. So konnte Hans Füchtner formulieren, die Psychoanalytische Pädagogik sei der ›fortschrittlichste Zweig der Psychoanalytischen Bewegung‹ (Füchtner 1978, 197) – die Arbeit mit Heimkindern, Verwahrlosten und Deklassierten habe die gesellschaftspolitische Wahrnehmung der Psychoanalyse geschärft.

Freud hat sich selbst nie als Pädagoge verstanden, er war aber immer davon überzeugt, daß die psychoanalytischen Erkenntnisse von eminenter Bedeutung für die Pädagogik seien.

Freud und die Pädagogik

Schon in Freuds *Drei Abhandlungen zur Sexualtheorie* (1905) finden sich lange Ausführungen über die infantile Sexualität und die »Umgestaltungen der Pubertät« – Studien, die einer intensiven Beobachtung der kindlichen Entwicklung entspringen: »Verstünden es die Menschen, aus der direkten Beobachtung des Kindes zu lernen, so hätten diese ›Drei Abhandlungen‹ überhaupt ungeschrieben bleiben können« (GW V, 32). Freud kritisiert hier implizit die Voreingenommenheit der Pädagogen, die z. B. vom Sexualleben des Kindes nichts wissen wollen oder sogar dessen Existenz abstreiten. Einen Hauptgrund hierfür sieht er in der Verdrängung der eigenen Kindheitserfahrungen und in der Unfähigkeit, sich in das Kind einzufühlen: »Das gewichtige Interesse der Er-

ziehungslehre an der Psychoanalyse stützt sich auf einen zur Evidenz gebrachten Satz. Ein Erzieher kann nur sein, wer sich in das kindliche Seelenleben einfühlen kann [...]« (GW VIII, 419). Es ist interessant, daß Freud im Kontext seiner pädagogischen Überlegungen zu einer radikaleren Gesellschaftskritik gelangt als in anderen Theoriezusammenhängen; man bekommt den Eindruck, daß die Pädagogik das sozialkritische Sensorium der Psychoanalyse schärft und diese zu deutlicheren Stellungnahmen veranlaßt. Freud kritisiert denn auch vehement die repressive Erziehung seiner Zeit, die ihre Aufgabe schlecht erfülle und den Kindern großen Schaden zufüge: Die Erziehung »hat sich bisher immer nur die Beherrschung, oft richtiger Unterdrückung der Triebe zur Aufgabe gestellt; der Erfolg war kein befriedigender und dort, wo es gelang, geschah es zum Vorteil einer kleinen Anzahl bevorzugter Menschen, von denen Triebunterdrückung nicht gefordert wird. Man fragte auch nicht danach, auf welchem Wege und mit welchen Opfern die Unterdrückung der unbequemen Triebe erreicht wurde« (GW VII, 376). Die Erziehung stehe also im Dienst der Mächtigen, die die Triebunterdrückung der Schwachen für ihre Zwecke funktionalisierten.

In der Schrift *Das Unbehagen in der Kultur* (1930) präzisiert er seine Vorwürfe, wenn er schreibt, die Erziehung bereite den jungen Menschen schlecht auf das Erwachsenenleben vor: »Daß sie dem jugendlichen Menschen verheimlicht, welche Rolle die Sexualität in seinem Leben spielen wird, ist nicht der einzige Vorwurf, den man gegen die heutige Erziehung erheben muß. Sie sündigt außerdem darin, daß sie ihn nicht auf die Aggression vorbereitet, deren Objekt er zu werden bestimmt ist« (GW XIV, 494). Für Freud war die zeitgenössische Erziehungspraxis defizitär, da sie von einem falschen Menschenbild ausging und dem Heranwachsenden mehr Schaden als Nutzen zufügte.

Bei der umstrittenen Frage, inwieweit die Erziehung die psychische Entwicklung des Menschen überhaupt beeinflussen könne, nimmt Freud einen klaren Standpunkt ein: Er ist der Überzeugung, daß sie »einen mächtigen Einfluß geltend machen kann« zu der Entstehung bzw. Vermeidung von Störungen (GW VII, 376) – und daß deswegen auch die Psychoanalyse einen beträchtlichen Beitrag zur Aufklärung der Erzieher und zur Verbesserung der Erziehungspraxis leisten könne.

Die grundlegende Schwierigkeit jeder Erziehungspraxis sieht Freud in der Ausbalancierung von Befriedigung und Versagung: »Die Erziehung hat also ihren Weg zu suchen zwischen der Scylla des Gewährenlassens und der Charybdis des Versagens. Wenn die Aufgabe überhaupt nicht unlösbar ist, muß ein Optimum für die Erziehung aufzufinden sein, wie sie am meisten leisten und am wenigsten schaden kann. [...] Wenn sie das Optimum findet und ihre Aufgabe in idealer Weise löst, dann kann sie hoffen, den einen Faktor in der Ätiologie der Erkrankung, den Einfluß der akzidentellen Kindheitstraumen, auszulöschen« (GW XVI, 160). Freud knüpft somit große Hoffnungen an die Möglichkeit, eine psychoanalytisch orientierte Pädagogik könne Neurosen verhindern, also »neurosenprophylaktisch« wirksam sein. Spätere psychoanalytische Pädagogen, insbesondere seine Tochter Anna Freud, werden diesen Optimismus nicht mehr teilen und die Einflußmöglichkeiten der Erziehung geringer einschätzen.

Skeptischer ist Freud jedoch bezüglich der Konstituierung einer Psychoanalytischen Pädagogik als eigenständiger wissenschaftlicher Disziplin. Er mißt der Psychoanalyse eher den Status einer Hilfswissenschaft für die Pädagogik zu, eine wissenschaftstheoretisch begründbare Synthese beider Wissenschaften hält er für unmöglich. So schreibt er in seinem Vorwort zu August Aichhorns Buch *Verwahrloste Jugend. Die Psychoanalyse in der Fürsorgeerziehung* (1925): »Die zweite Mahnung klingt eher konservativ, sie besagt, daß die Erziehungsarbeit etwas *sui generis* ist, das nicht mit psychoanalytischer Beeinflussung verwechselt und nicht durch sie ersetzt werden kann. Die Psychoanalyse des Kindes kann von der Erziehung als Hilfsmittel herangezogen werden. Aber sie ist nicht dazu geeignet, an ihre Stelle zu treten. Nicht nur praktische Gründe verbieten es, sondern auch theoretische Überlegungen widerraten es« (GW XIV, 566). Freud beharrt auf der Eigenständigkeit beider Wissenschaften und bezieht schon früh Stellung in einer Debatte, die besonders in den 1970er Jahren virulent werden sollte. Er benennt die *differentia specifica* von psychoanalytischer Behandlung und erzieherischer Praxis: das psychoanalytische Setting, das sich nicht einfach auf die Beziehungsform Erzieher – Kind übertragen lasse. Zwar verwendet Freud den Begriff der »Nacherziehung« für die Neurosenbehandlung, er versteht ihn aber in uneigentlichem Sinn und setzt ihn keineswegs in Analogie zur erzieherischen Praxis: »Man darf sich nicht durch die übrigens vollberechtigte Aussage irreleiten lassen, die Psychoanalyse des erwachsenen Neurotikers sei einer Nacherziehung desselben gleichzustellen. Ein Kind, auch ein entgleistes und verwahrlostes Kind, ist eben noch kein Neurotiker und Nacherziehung etwas ganz anderes als Erziehung des Unfertigen. Die Möglichkeit der analytischen Beeinflussung ruht auf ganz bestimmten Voraussetzungen, die man als ›analytische Situation‹ zusammenfassen kann« (GW XIV, 566). Die ›analytische Situation‹ beruht wesentlich auf Übertragung und Gegenübertragung; eine Grundfrage der späteren Diskussion wird es sein, ob die Formen der Übertragung und ihre Bewußtmachung auch den Erziehungsprozeß konstituieren.

Die Anfänge der Psychoanalytischen Pädagogik

Der Optimismus Freuds, die Erziehung könne die psychische Entwicklung positiv beeinflussen, wirkte auf die erste Psychoanalytikergeneration äußerst stimulierend und führte zu zahlreichen Versuchen, eine Psychoanalytische Pädagogik praktisch und theoretisch zu begründen. Bereits der erste »Internationale Psychoanalytische Kongreß« im Jahr 1908 (Salzburg) war dem Thema »Psychoanalyse und Erziehung« gewidmet; Sándor Ferenczi hielt auf der Tagung einen Vortrag, in dem er den Optimismus der Gründergeneration zum Ausdruck brachte: »Eine diesen Lehren entsprechende rationellere Kindererziehung wird einen großen Teil der drückenden psychischen Lasten wegräumen« (Ferenczi 1970, 7).

In den 1920er Jahren erlebte die Psychoanalytische Pädagogik ihre Blütezeit. Pädagogische Experimente wurden durchgeführt, Institutionen gegründet: Die Wiener Psychoanalytische Vereinigung richtete 1923 eine Erziehungsberatungsstelle ein und organisierte Kurse für Pädagogen; Siegfried Bernfeld gründete 1919 das »Kinderheim Baumgarten«, in dem er jüdischen Kindern, meist verwahrlost und ohne Angehörige, eine Heim- und Schulerziehung angedeihen ließ (Bernfeld 1969); Wera Schmidt betreute 1924 fünfjährige Kinder in einem Moskauer »Kinderheim-Laboratorium« nach psychoanalytischen Grundsätzen; in Wien rief die Amerikanerin Dorothy Burlingham eine psychoanalytisch-pädagogische Versuchsschule ins Leben, die »Burlingham-Rosenfeldschule«, an der Psychoanalytische Pädagogen unterrichteten; 1925 erschien August Aichhorns Studie *Verwahrloste*

Jugend; ein Jahr später wurde die *Zeitschrift für Psychoanalytische Pädagogik* gegründet (sie mußte 1937 ihr Erscheinen aus politischen Gründen einstellen). Lili Roubiczek stellte eine Verbindung zwischen der Psychoanalyse und der Montessori-Pädagogik her und eröffnete das erste Montessori-Heim für Arbeiterkinder in Wien. Das *Psychoanalytische Volksbuch*, 1926 von Federn und Meng in zwei Bänden herausgegeben, verkündete im Vorwort programmatisch: »Die Psychoanalyse findet ihren letzten Sinn und ihren reinsten Erfolg als Erziehungswissenschaft« (Kaufhold 2001, 31). Wie sehr die Psychoanalytischen Pädagogen auf die Psychoanalyse der damaligen Zeit einwirkten, zeigt die Feststellung von Helene Deutsch, der Leiterin des Wiener Psychoanalytischen Lehrinstituts: Psychoanalytische Pädagogen hätten den größten Anteil am »Aufblühen« der Psychoanalytischen Bewegung (ebd., 42).

Neben dem Seelsorger Oskar Pfister und dem Lehrer Hans Zulliger machte sich besonders Siegfried Bernfeld um die Psychoanalytische Pädagogik verdient; er war nicht nur einer der begabtesten, sondern auch radikalsten Schüler Freuds – wenn er sich etwa für eine grundlegende Veränderung der Erziehungsinstitutionen aussprach. Er radikalisierte Freuds Gesellschaftskritik und schlug als erster eine Brücke zur Soziologie, in Konsequenz seiner sozialistischen Einstellung (Wagner-Winterhager 1988, 114 ff.). Bernfelds Grundthese ist noch heute bedenkenswert: Jeder Erzieher scheitere an seiner eigenen Erziehungsideologie: dem Glauben, es gebe einen Handlungsspielraum pädagogischer Autonomie außerhalb gesellschaftlicher Machtfaktoren; jeder Erzieher sei Opfer der gesellschaftlichen Zurichtung seiner Triebwünsche, und deswegen reproduziere er unbewußt das, was ihm selbst durch Erziehung angetan wurde – und nur die Psychoanalyse könne diesen verhängnisvollen Zusammenhang überwinden, indem sie ihn bewußt mache (ebd., 116). Noch heute ist die Beschreibung der Erziehungsversuche im »Kinderheim Baumgarten« eine faszinierende Lektüre: Formen einer emanzipatorischen Erziehung werden hier vorgestellt, die von großem Respekt gegenüber den Kindern getragen sind und antiautoritäre Erziehungsmodelle der 1970er Jahre vorwegnehmen. Der aufklärerische Impuls von Freuds Werk überträgt sich hier auf die erzieherische Praxis (vgl. Bernfeld 1969, 84 ff.).

Schulpädagogische Studien unternahm Hans Zulliger, der das Prinzip der »pädagogischen Analyse« entwickelte. Er wandte psychoanalytische Methoden auf den Umgang mit schwierigen Schülern, Stotterern und verhaltensauffälligen Kindern an. Dabei

sollte, analog zum psychoanalytischen Setting, die Übertragungsbeziehung genutzt werden, um dem Schüler zur Aufrichtung eines Ich-Ideals zu verhelfen (wobei der Lehrer sich als Hilfs-Ich, als Ich-Ideal etablieren sollte). Leider hatten gerade die Arbeiten mit elternlosen Kindern und Jugendlichen (Bernfeld, Zulliger, Wera Schmidt) oft nicht den erhofften Erfolg – auch deswegen, weil die Verwaltungen der Heime den neuen Erziehungsmethoden ablehnend gegenüberstanden.

Der erfolgreichste Zweig der Psychoanalytischen Pädagogik wurde die Kinderanalyse, die vor allem von Anna Freud weiterentwickelt wurde. Im Unterschied zu der orthodoxeren Melanie Klein vertrat Anna Freud die Ansicht, daß die psychoanalytische Erinnerungsarbeit in der Kindertherapie nicht ausreiche oder sogar problematisch sei, auf jeden Fall aber durch pädagogische Maßnahmen ergänzt werden müsse. Wegen der unabgeschlossenen Entwicklung des Kindes müsse der Kinderanalytiker (im Unterschied zum Erwachsenenanalytiker) eine ichstützende und ichstärkende Funktion haben und die Stelle des Ich-Ideals einnehmen.

Dem Optimismus der Anfänge, der die Psychoanalytische Pädagogik an die Möglichkeit einer vollständigen Neurosenprophylaxe glauben ließ, folgte bald die Ernüchterung. Anna Freud führt neben den Erfolgen der »psychoanalytischen Erziehungslehre« (neues Verständnis für die orale Phase, Toleranz für autoerotische Betätigungen, größere Nachsicht bei der Reinlichkeitserziehung, Freiheit für Schau- und Zeigelust, größere Aufrichtigkeit in sexuellen Dingen) auch deren Mißerfolge an: Die Anfälligkeit für Neurosen habe nicht wirklich verringert werden können, da diese »der Preis sind, den die Menschheit für die Kulturentwicklung zahlt« (A. Freud 1968, 18). Auch die sexuelle Aufklärung habe oft nicht das beabsichtigte Ziel erreicht – was mit der Unreife der infantilen Sexualkonstitution zusammenhänge (ebd., 17).

Bei allen Übersteigerungen oder Irrwegen vermochte die Psychoanalytische Pädagogik jedoch der Psychoanalyse wichtige gesellschaftspolitische Anstöße zu geben und ihr kritisches Potential zu aktivieren. Innerhalb der Psychoanalyse stellte sie eine entschiedene Protestbewegung dar, die sich nicht nur gegen veraltete Erziehungsmethoden, sondern gegen die bestehende Gesellschaftsordnung überhaupt wandte. Anstelle des privaten Arzt-Patienten-Verhältnisses interessierte sie sich für den »sozialen Ort« (Bernfeld), der zu einer Kritik der Erziehungsprinzipien und -institutionen herausforderte. Die Psychoanalytische Pädagogik hielt sich damit an Freud, der von den »Mängeln unserer gegenwärtigen sozialen Einrichtungen« überzeugt war und in der *Neuen Folge der Vorlesungen* Kritik an der ›parteiischen‹ Erziehung übte, die anstrebe, »daß sich das Kind der bestehenden Gesellschaftsordnung einordne, ohne Rücksicht darauf, wie wertvoll oder wie haltbar diese an sich sei« (GW XV, 162).

Psychoanalyse und Pädagogik nach 1968: Entwicklungen, Probleme, Kontroversen

Auch für die Psychoanalytische Pädagogik (wie für die Psychoanalyse selbst) bedeutete das ›Dritte Reich‹ einen Rückschritt, von dem sie sich nur schwer erholte. Viele Pädagogen gingen ins Exil, das Erscheinen der *Zeitschrift für Psychoanalytische Pädagogik* wurde eingestellt; in den USA erschien als Nachfolgeorgan *The Psychoanalytic Study of the Child*, das aber fast ausschließlich kindertherapeutisch orientiert war.

Vor allem die von der Kritischen Theorie beeinflußte Studentenbewegung und die gesellschaftskritischen Theoretiker, die nach 1968 die Diskussion bestimmten, begannen sich auf die emanzipatorische Pädagogik Siegfried Bernfelds, Sándor Ferenczis oder anderer Autoren der 1920er Jahre zurückzubesinnen und gaben deren Schriften neu heraus. Hans Füchtner stellte 1978 in der Zeitschrift *Psyche* jedoch skeptisch fest: »Keine Psychologie hat uns soviel über das Kind gelehrt wie die Psychoanalyse. Die Annahme, es müßte folglich auch heute so etwas wie eine Psychoanalytische Pädagogik geben, ist naheliegend, aber leider falsch. [...] Es stellt sich die Frage, wo die Psychoanalytische Pädagogik abgeblieben ist, warum es sie nicht mehr gibt und wodurch sie ersetzt worden ist« (Füchtner 1968, 193). Für ihr »Verschwinden« führt er unterschiedliche Gründe an: einmal die Enttäuschung der optimistischen Annahme, infantile Neurosen ließen sich prinzipiell durch die Vermeidung von Erziehungsfehlern beseitigen. Zum anderen die Medizinalisierung der Psychoanalyse in der Situation des Exils: Viele psychoanalytische Pädagogen konnten im Exil nur überleben, indem sie sich aus der pädagogischen in eine (kinder-)therapeutische Arbeit zurückzogen. Dazu kommt, daß andere psychologische Richtungen nach dem Krieg erfolgreicher waren als die Psychoanalyse (z. B. Lerntheorie, humanistische Psychologie) und diese aus der Pädagogik verdrängten. In der Gegenwart machen empirische Richtungen den psychoanalytischen Ansätzen das Feld streitig.

In mancher Hinsicht erscheint Füchtners Einschätzung zu pessimistisch: Wichtige Einsichten der Psychoanalyse zur Kleinkindererziehung haben sich inzwischen als selbstverständlich in der Pädagogik durchgesetzt: etwa die große Bedeutung der frühen Mutter-Kind-Beziehung auf der Basis des Konzepts frühkindlicher Objektbeziehungen (Entwicklung von Urvertrauen und Selbstwertgefühl); die liberale Haltung in der Sauberkeitserziehung (ausgehend von der psychoanalytischen Theorie der analen Partiallust); die wichtige Rolle von »Übergangsobjekten« bei der Bewältigung von Verlust- und Trennungsängsten auf der Grundlage von Winnicotts Objektbeziehungstheorie (Wagner-Winterhager 1988, 112). Trotz der Aufnahme psychoanalytischer Erkenntnisse in die Pädagogik blieb es jedoch – hier ist Füchtner zuzustimmen – bei einer eher marginalen Rezeption psychoanalytischer Theoreme; insgesamt verhielt sich die Pädagogische Psychologie abweisend gegenüber der Psychoanalyse und deren kritischem Potential, was u. a. mit den bürgerlich individualistischen Orientierungen der Pädagogischen Psychologie zu tun haben mag (Füchtner 1978, 203).

Vor allem gelang es der Psychoanalytischen Pädagogik nicht, »die Integration von Psychoanalyse und Pädagogik auf der Ebene der Theorie zu vollziehen« (Körner 1980, 779). Jürgen Körner stellte 1980 die These von der Unmöglichkeit einer Psychoanalytischen Pädagogik als eigener Wissenschaft auf. Er versuchte das wissenschaftstheoretische Defizit der Psychoanalytischen Pädagogik aufzudecken und zog dabei das psychoanalytische Setting als Grundlage der psychoanalytischen Theorie in seine Überlegungen mit ein. Er geht von der Annahme der Psychoanalytischen Pädagogik aus, daß sie neurosenprophylaktisch wirksam sein könne: daß also die »regrediente« psychoanalytische Therapie zu einer »progredienten« (prophylaktischen) Erziehung umgewendet werden könne. Diese Ansicht habe mit dem szientistischen Selbstmißverständnis Freuds zu tun, der an einer naturwissenschaftlichen Begründung der Psychoanalyse festhielt: Die Psychoanalytische Pädagogik setze voraus, daß es eine kausale Ätiologie der Neurosen gebe und entsprechend auch einen auf Kausalitätsbeziehungen gegründeten Zusammenhang von pädagogischem Handeln und zukünftiger psychischer Entwicklung. Das sinnkritische Verfahren der Psychoanalyse lasse jedoch »keine Voraussagen über zukünftiges Erleben und Verhalten analytisch behandelter Individuen zu« (ebd., 778) Wenn man davon ausgeht, daß die Psychoanalyse eine historisch-hermeneutische Wissenschaft ist, kann das Konzept der Neurosenprophylaxe, so Körner, nicht aufrechterhalten werden. Auch die Anwendung des Übertragungskonzepts auf die pädagogische Situation erscheint ihm problematisch: Da Übertragung und Gegenübertragung in der pädagogischen Situation *nicht* mit Erinnerungen verknüpft sind (was im psychoanalytischen Setting eine Voraussetzung für erfolgreiches Durcharbeiten ist), könne man sie kaum pädagogisch anwenden. »Die Heimlichkeit, mit der die Übertragungsprozesse aktuelle soziale Beziehungen prägen, fördert ihre Wirksamkeit und erschwert ihre Bearbeitung in der Schüler-Lehrer-Interaktion« (ebd., 781). Das Fazit: »Beharrt die Psychoanalyse auf ihrem Selbstverständnis, so scheint es für sie keine Möglichkeit zu geben, sich auf eine Pädagogik einzulassen – zu verschieden sind die Ziele, Methoden und Handlungskompetenzen« (ebd., 786). Eine Lösung sieht Körner in der strikten Trennung von pädagogischen und psychoanalytischen Kompetenzen, die er im Fall des kleinen Hans (*Analyse der Phobie eines fünfjährigen Knaben*, GW VII, 241–377) paradigmatisch verwirklicht sieht: Dort sind Erzieher und Analytiker nicht in einer Person vereinigt; Freud hatte keinen regelmäßigen Kontakt mit dem Jungen, er begleitete den ›Therapieverlauf‹ mit dem Vater. Gerade aus der Distanz schöpfe die Psychoanalyse ihr kritisches Potential als »reflexive, hermeneutische Kritik pädagogischer Praxis« (ebd., 786).

So anregend Körners Überlegungen in wissenschaftstheoretischer Hinsicht sind, so problematisch sind manche seiner Argumente und Schlußfolgerungen. Im Grunde reduziert er Psychoanalyse auf ein therapeutisches Verfahren; Psychoanalytische Pädagogik beschränkt er auf instrumentelles Handeln und auf »Neurosenprophylaxe« (vgl. auch Neugebauer 1992, 382 f.). Körner (1992) selbst scheint seine ursprüngliche Position später relativiert zu haben.

Die gegenwärtige Situation ist von vorsichtiger Annäherung bestimmt. Entscheidend dabei ist, daß die Pädagogik nicht mehr primär zum therapeutischen Modell, sondern zum Menschenbild und zur Kulturtheorie der Psychoanalyse in Beziehung gesetzt wird (Bittner 1985; Figdor 1993). Autoren, die weiterhin für eine Abgrenzung der beiden Disziplinen plädieren, tun dies, um das Selbstverständnis der einen oder anderen Wissenschaft zu schützen: Auf seiten der Pädagogen herrscht die Angst vor, Psychoanalyse degradiere die Pädagogik zu einem Instrument der Anpassung, wenn sie erwarte, daß sie neurotisches Verhalten gesellschaftskonform korrigiere – und dabei unterschlage, daß neurotische Symptome auch eine Form des sozialen Protests oder ein subversiver Ausdruck des Unbewußten sein können (Figdor 1993, 77).

Es ist bemerkenswert, in welch geringem Maß psychoanalytische Einsichten und Methoden bisher für die Schule fruchtbar gemacht wurden. Hier klafft eine Lücke, die sich nur zum Teil durch die Problematik einer Übertragung des Arzt-Patienten-Settings auf die pädagogische Situation erklären läßt. Das Aufdecken unbewußter Konflikte im Lehrer-Schüler-Verhältnis stößt offensichtlich auf Ängste, die sich einer systematischen Analyse der Übertragungs- und Gegenübertragungsbeziehungen in den Weg stellen. Bernfeld hat schon vor langem darauf hingewiesen, daß die Lehrer im Unterricht das reproduzierten, was ihnen selbst in der Erziehung angetan wurde – und daß man diesen verhängnisvollen Zirkel nur durch psychoanalytische Prozesse und Erfahrungen durchbrechen könne. Im Unterschied zur Arzt-Patienten-Beziehung müßte in einer zukünftigen psychoanalytischen Schulpädagogik deshalb die Lehrperson in den Vordergrund treten; im Rahmen eines ›szenischen Verstehens‹ sollte sie Einsicht in ihre (positiven und negativen) Gegenübertragungsreaktionen erhalten. Das Scheitern gut vorbereiteter Unterrichtsstunden, die emotionalen Verstrickungen von Lehrern und Schülern (bis hin zu unterschwelligen erotischen Abhängigkeiten), die Unberechenbarkeit massenpsychologischer Schülerreaktionen – all dies wären wichtige Themen einer psychoanalytisch orientierten schulischen Pädagogik. Doch die Institution Schule gibt hier nur unzureichende Hilfestellungen. Es scheint ein Geburtsfehler der Pädagogik als Wissenschaft zu sein, daß sie das Augenmerk primär auf den Schüler lenkt und Übertragungs- und Gegenübertragungsphänomene vor allem unter der Perspektive der Störung wahrnimmt (vgl. hierzu Büttner/Finger-Trescher 1991; Hirblinger 2001).

Die Diskussion über die Möglichkeit oder Unmöglichkeit einer Psychoanalytischen Pädagogik ist noch keineswegs an ein Ende gekommen; sie setzt sich in dem seit 1989 erscheinenden *Jahrbuch für Psychoanalytische Pädagogik* fort. Auf jeden Fall können sich die beiden Disziplinen wertvolle Anstöße geben, wenn sie weiterhin im Dialog bleiben: Die Pädagogik kann von der psychoanalytischen Anthropologie, ihrer Kritischen Theorie des Subjekts und der objektbeziehungstheoretischen Erweiterung der psychoanalytischen Entwicklungstheorie profitieren (Figdor 1993, 81); die Psychoanalyse von der Pädagogik, wenn sie offen bleibt für gesellschaftliche Prozesse von Erziehung (die von ihr andere Handlungskonzepte erfordern als das therapeutische Setting). An einer Begegnung von Psychoanalyse und Pädagogik werden auch in Zukunft all jene interessiert sein, die der Überzeugung sind, daß die Erziehung von unbewußten Prozessen in der menschlichen Entwicklung ausgehen muß und ihnen Rechnung zu tragen hat.

Literatur

Bernfeld, Siegfried: »Kinderheim Baumgarten – Bericht über einen ernsthaften Versuch mit neuer Erziehung«. In: Ders.: *Antiautoritäre Erziehung und Psychoanalyse*. Ausgew. Schriften Bd. 1. Hg. von Lutz von Werder u. Reinhart Wolff. Darmstadt 1969, 84–191.

–: Der soziale Ort und seine Bedeutung für Neurose, Verwahrlosung und Pädagogik. In: Ebd., 198–211.

–: *Sisyphos oder die Grenzen der Erziehung* [1925]. Frankfurt a.M. 1970.

Bittner, Günther (Hg.): *Pädagogik und Psychoanalyse. Beiträge zur Geschichte, Theorie und Praxis einer interdisziplinären Kooperation*. Würzburg 1985.

Büttner, Christian/Urte Finger-Trescher (Hg.): *Psychoanalyse und schulische Konflikte*. Mainz 1991.

Ferenczi, Sándor: Psychoanalyse und Pädagogik [1908]. In: Ders.: *Schriften zur Psychoanalyse*, Bd. 1. Hg. u. eingel. von M. Balint. Frankfurt a.M. 1970, 1–11.

Figdor, Helmuth: Wissenschaftstheoretische Grundlagen der Psychoanalytischen Pädagogik. In: *Grundlagen der Psychoanalytischen Pädagogik*. Hg. von Mario Muck u. Hans-Georg Trescher. Mainz 1993, 63–99 (Neuaufl. 2001).

Freud, Anna: *Wege und Irrwege in der Kinderentwicklung*. Stuttgart 1968.

Füchtner, Hans: Psychoanalytische Pädagogik. Über das Verschwinden einer Wissenschaft und die Folgen. In: *Psyche* 32 (1978), 193–210.

Hasenclever, Wolf-Dieter (Hg.): *Pädagogik und Psychoanalyse. Marienauer Symposium zum 100. Geburtstag Gertrud Bondys*. Frankfurt a.M. 1990.

Hirblinger, Heiner: *Einführung in die psychoanalytische Pädagogik der Schule*. Würzburg 2001.

Kaufhold, Roland: *Bettelheim, Ekstein, Federn: Impulse für die psychoanalytisch-pädagogische Bewegung*. Gießen 2001.

Körner, Jürgen: Über das Verhältnis von Psychoanalyse und Pädagogik. In: *Psyche* 34 (1980), 769–789.

–: Auf dem Wege zu einer Psychoanalytischen Pädagogik. In: *Jahrbuch für Psychoanalytische Pädagogik* 4 (1992), 66–84.

Muck, Mario/Hans-Georg Trescher (Hg.): *Grundlagen der Psychoanalytischen Pädagogik*. Mainz 1993.

Neugebauer, Helmut: *Aufklärung, Bildung und Erziehung der Seele. Erkenntnistheoretische Standortbestimmung der Psychoanalyse als Tiefenhermeneutik bei S. Freud, J. Habermas und A. Lorenzer in ihrer Relevanz für die Neubegründung einer psychoanalytisch orientierten Pädagogik*. Diss. Konstanz 1992.

Rehm, Willy: *Die psychoanalytische Erziehungslehre. Anfänge und Entwicklung*. München 1968.

Wagner-Winterhager, Luise: Psychoanalytische Pädagogik in ihren Anfängen. In: *Neue Praxis. Zeitschrift für Sozialarbeit, Sozialpädagogik und Sozialpolitik* 18 (1988), 111–119.

Joachim Pfeiffer

12. Film- und Kinotheorie

Einleitende Vorbemerkungen

Bereits in historischer Perspektive gibt es eine unübersehbare Nähe zwischen Psychoanalyse und Kine-
mathographie. Beide erblickten um 1900 das Licht
der Welt und haben das 20. Jh. in kultureller Hinsicht
nicht unwesentlich geprägt. Freud hat die unbewußte
Verankerung bewußter Handlungen, Gefühle, Einstellungen und Gedanken beim Menschen entdeckt
und dessen Träume analysiert. Der Film hat mit seinen technischen Mitteln die Möglichkeit eröffnet,
daß wir kollektive Zeugen eben dieser menschlichen
Äußerungen im Kino werden.

Der Film reproduziert jedoch keineswegs unmittelbar unbewußt motiviertes menschliches Fühlen
und Verhalten. Mit Hilfe seiner technischen Mittel
stellt er vielmehr – so der französische Filmtheoretiker Jean-Louis Baudry (1975/1994) – die »Simulation« von Fühlen und Verhalten her. Das Medium
vermag es, den im dunklen Kinosaal still dasitzenden
Zuschauern, den Gefangenen in Platons Höhle gleich
(vgl. ebd.), die Abbilder der Abbilder der Realität als
Realität auszugeben, in den Zuschauern einen »Realitätseindruck« (ebd., 1052) hervorzurufen, der sie
Wahrnehmungen mit Vorstellungen verwechseln
läßt, als sei das, was zu sehen ist, »das Mehr-als-
Reale« (ebd., 1070). Pontalis (1984/1993) verweist
darauf, daß das Unbewußte den Bildern äußerlich ist,
ihnen komme nur dann eine unbewußte Bedeutung
zu, wenn die Zuschauer ihr unbewußtes Erleben auf
sie projizieren (vgl. Baudry 1975/1994, 1067; Zeul
2006).

Trotz Freuds skeptischer Haltung dem neuen Medium Film gegenüber haben sich Psychoanalytiker
seit dem Bestehen des Kinos immer wieder mit ihm
beschäftigt (Zeul 1994). Im Zentrum der meisten
psychoanalytischen Texte steht die Untersuchung der
strukturellen Ähnlichkeit von Traum und Film (vgl.
Montani/Pietranera 1946) sowie die Interpretation
einzelner Filme, die sich an klinischen Theorien orientiert. Bis in die 1960er Jahre greifen die Autoren
überwiegend auf den Ödipuskomplex und dessen

vielfältige Regressionsformen zurück. Seit dem Beginn der 1970er Jahre wird gern die Kohutsche und
Kernbergsche Theorie narzißtischer Störungen in
Dienst genommen. In der Verlagerung vom ödipalen
Geschehen zur narzißtischen Dynamik spiegelt sich
eine innerpsychoanalytische Entwicklung wider, bei
der die Narzißmustheorie und ihre klinische Anwendung zunehmend an Bedeutung gewinnen. Auch das
Konzept der Urszene findet bei der Analyse von Film-
produktion und -rezeption gelegentlich Verwendung.

Seit den späten 1990er Jahren kann man verstärkt
ein wiedererwachtes Interesse der Psychoanalyse am
Film verzeichnen. Aus dem »Aschenbrödel der ästhetischen Kunstbetrachtung« (Andreas-Salomé, zit.
nach Baudry 1975/1994, 1049) ist eine prächtige
Prinzessin geworden, die der Literatur inzwischen
ernstzunehmende Konkurrenz macht. Seit 1995, als
auf dem Internationalen Psychoanalytischen Kongreß in San Francisco und im Rahmen eines anschließenden Filmkongresses in Santa Mónica dem
Film im psychoanalytischen Diskurs breiter Raum
zuerkannt wurde, vergeht kaum eine internationale
oder nationale psychoanalytische Tagung, die sich
nicht mit der Analyse einzelner Filme beschäftigt. Die
Zeitschrift *Psyche* hat im Jahr 2000 eine eigene Film-
rubrik eingerichtet, in der in unregelmäßigen Abständen Filminterpretationen gedruckt werden. Das
International Journal of Psychoanalysis veröffentlichte
ab 1997 Filminterpretationen, die später in einem
Sammelband publiziert wurden (Gabbard 2001). Der
englische Analytiker Andrea Sabbadini (2003) gab
ein Buch heraus, in dem diverse Vorträge, die auf
einem Filmfestival in London gehalten wurden, zusammengestellt sind. Das Thema des Festivals war
dem europäischen Kino gewidmet. Die versammelten Texte bestehen überwiegend aus Filminterpretationen und aus Statements der Regisseure zu ihren je
eigenen Filmen. Die aktuellen Veröffentlichungen
und Vorträge zum Thema ›Psychoanalyse und Film‹
sind geprägt von inhaltlicher Vielfalt und theoretischer Heterogenität. Anders als in der sog. ersten

Phase, die den Zeitraum von 1917 bis etwa 1990 umfaßt, gibt es heute einen intensiven Austausch im Rahmen der Veröffentlichungen und Tagungen.

Verfilmung von Psychoanalyse

Kontroversen: Freud, Abraham, Sachs und Bernfeld

Es gibt Filme, deren Absicht es ist, mit filmischen Mitteln über Behandlungsmethode und Klinik der Psychoanalyse aufzuklären. Von diesen Filmen sind solche zu unterscheiden, in denen die Psychoanalyse Teil der Filmerzählung ist, wie z.B in Alfred Hitchcocks Klassikern *Spellbound (Ich kämpfe um Dich)* aus dem Jahr 1945, *Vertigo* (1958; *Aus dem Reich der Toten*) und *Marnie* (1964; *Marnie*). Freud hat aus seiner ablehnenden Haltung dem neuen Medium gegenüber nie einen Hehl gemacht. Die Auseinandersetzung zwischen Freud auf der einen, Karl Abraham, Hanns Sachs und Siegfried Bernfeld auf der anderen Seite über das Projekt einer Verfilmung von Psychoanalyse ist immer wieder dokumentiert worden (vgl. Eppensteiner u. a. 1987; Fallend/Reichmayr 1992; Zeul 1994; Ries 2000). Freud hat sich bekanntlich vehement gegen das Filmprojekt gestellt, nicht zuletzt aufgrund bürgerlicher Vorurteile. So heißt es in einem Brief an Sándor Ferenczi: »[... D]ie Verfilmung [der Psychoanalyse, M. Z.] läßt sich so wenig vermeiden wie – scheint es – der Bubikopf, aber ich lasse mir selbst keinen schneiden und will auch mit keinem Film in persönliche Verbindung gebracht werden« (F/Fer III/2, 49). Zugleich machte Freud aber auch einen ernstzunehmenden Einwand Abraham gegenüber geltend, als er schrieb: »Mein Haupteinwand bleibt, daß ich es nicht für möglich halte, unsere Abstraktionen in irgendwie respektabler Weise plastisch darzustellen. Zu etwas Insipidem wollen wir ja unsere Zustimmung nicht geben« (F/A, 357). Trotz Freuds ablehnender Haltung dem Abraham/Sachsschen Filmprojekt gegenüber wurde unter der wissenschaftlicher Beratung der beiden Analytiker 1925 der erste psychoanalytische Film *Geheimnisse einer Seele* unter der Regie von G. W. Pabst gedreht. Im Zentrum der Filmhandlung steht ein impotenter Professor, der von krankhafter Eifersucht auf seine Frau geplagt wird, der er eine heimliche Liebesaffäre mit ihrem Vetter unterstellt. Seine mörderischen Phantasien werden in mehreren psychoanalytischen Sitzungen erfolgreich behandelt. Die Zusammenarbeit der beiden Drehbuchautoren Karl Neumann und Collin Ross mit Abraham und Sachs gestaltete

sich für letztere als wenig befriedigend. Neumann war Filmproduzent der UFA und Ross ein bekannter Reiseschriftsteller, der wenig von Psychoanalyse verstand. »Die Bezeichnung ›psychoanalytischer‹ Film, das Auftreten eines behandelnden Psychoanalytikers im Film täuschten darüber hinweg, daß es den beiden Mitarbeitern [Abraham und Sachs, M. Z.] nur in bescheidenem Maße möglich war, psychoanalytische Erkenntnisse im Film unterzubringen und auszudrücken *und die dem neuen technischen Medium innewohnenden Gestaltungsmöglichkeiten für die Darstellung psychoanalytischen Denkens zu nutzen*« (Fallend/Reichmayr 1992, 134; kursiv von mir, M. Z.).

Siegfried Bernfeld hatte im selben Jahr, in dem der Filmproduzent Hans Neumann an Abraham und Sachs herangetreten war, seinerseits ein Drehbuch für einen psychoanalytischen Films mit dem Titel *Entwurf zu einer filmischen Darstellung der Freudschen Psychoanalyse im Rahmen eines abendfüllenden Spielfilms* (vgl. Sierek/Eppensteiner 2000, 37 ff.) verfaßt. Schon im Titel deutet sich die doppelte Anlage des Drehbuchs an: Einerseits entwirft Bernfeld Szenen für einen narrativen, abendfüllenden Spielfilm, andererseits will er die Zuschauer didaktisch über Psychoanalyse aufklären, wenn er einen Analytiker auftreten läßt, der dem Träumer-Protagonisten den Aufbau und die Funktionsweise seiner Träume erklärt – ein Unterfangen, das die gestalterischen Eigenarten des Mediums zu wenig berücksichtigt. »Die vom Autor gewählte Form, in der sich die Problematik des Träumers enthüllen wird, ist die der kreisförmigen Darstellungsweise, innerhalb derer sich Erinnerungen, Träume, Tagträume und gegenwärtige Realität Spiralen gleich überlagern und sich wechselseitig beeinflussen. Darüber stellt sich [...] eine filmische Realität her« (Zeul 1997, 183). Mit dem Auftreten des Analytikers zeichnet sich ein Bruch in der filmischen Narration ab. Wie ein Lehrer macht Bernfeld den potentiellen Zuschauer mit der Psychoanalyse vertraut und verfehlt so das Eigentümliche des Mediums, aber auch die Sache der Psychoanalyse selbst.

Insofern wurden Freuds Einwände gegen eine Verfilmung der Psychoanalyse durchaus bestätigt. Pontalis zufolge (Pontalis 1984/1993, 28) fehlt den *Geheimnissen einer Seele* die spezifische »Verfälschung« mentaler Träume in filmische Materialität, weil sie ohne Rücksicht auf die dem Medium eigene Ästhetik gestaltet werden und sich der Ablichtung eines sprachlichen Diskurses und nicht der Eigenart des filmischen Diskurses verdanken. Baudry (1975/1994) vertritt die Auffassung, daß der Traum im Kino »ebenso funktioniert wie der Traum im Traum, indem er den Realitätseindruck genau auf die gleiche Weise zerstört, wie der Gedanke, den man träumt, sich in den Traum einfügt: als Mittel der Abwehr gegen den Wunsch [...] des Traums. Die Entrückung des Traums in die Projektion hat unweigerlich zur Folge, den Zuschauer auf sein Bewußtsein als Zuschauer zu verweisen, eine Distanz herzustellen, die das Artefakt bloßstellt« (ebd., 1060 f.). Freilich gibt es durchaus gelungene Trauminszenierungen im Film, wenn sie zum Teil der Filmerzählung selbst werden. Pedros Traum von der Mutter in Luis Buñuels *Los olvidados (Die Vergessenen)* bricht nicht mit dem Rest der Filmerzählung, sondern sie ist Teil von ihr und verstärkt den vom Film verursachten Realitätseindruck beim Zuschauer.

In seinem Vorwort zu Sartres *Freud*-Drehbuch schreibt Pontalis: »Nichts aus dem psychischen Leben kann ohne Verfälschung im Bild wiedergegeben werden. Die Annahmeverweigerung, die Freud Abraham entgegenhält, bringt nur eine ursprüngliche Annahmeverweigerung zum Ausdruck: Das Bild *nimmt* das Unbewußte nicht *an*« (Pontalis 1984/1993, 28). Genauso unmißverständlich heißt es: »Das Unbewußte läßt sich ebenso wenig *sehen* wie das Sein der Philosophen« (ebd.). Hanns Sachs hatte bereits auf die kreative Umwandlung (Pontalis' »Verfälschung«) hingewiesen, welche die psychische Realität erfahren müsse, wenn sie in filmische Materialität überführt werden soll (Sachs 1929). Die filmische Gestaltung von psychischen Erlebnisweisen besteht für ihn darin, diese in äußerlich wahrnehmbare, in gestaltete, sich bewegende Bilder zu übersetzen. Diese Bilder zeichnen sich im Gegensatz zu den Bildern des Traums durch Dreidimensionalität, Materialität und beliebige Wiederholbarkeit aus. Den Bildern des Films kommt im Vergleich mit der Flüchtigkeit des Traumbildes Organisation und Konstanz zu. Zusammenfassend kann man sagen, daß die Darstellung von Psychoanalyse im Film, sei es in Form von Träumen oder von Behandlungssequenzen, die bereits von Freud formulierte Unmöglichkeit der unmittelbaren Darstellung psychischer Abstraktionen bestätigt. Die Inszenierung von psychoanalytischer Didaktik zerstört den Realitätseindruck, zieht die Zuschauer nicht in das filmische Geschehen hinein, sondern degradiert sie zu nüchternen, unbeteiligten Beobachtern.

John Huston und die Psychoanalyse

20 Jahre nach der Uraufführung von *Geheimnisse einer Seele* erteilte das War Department der Vereinigten Staaten dem Regisseur John Huston den Auftrag, einen Dokumentarfilm über die von den Kriegsschau-

plätzen des Zweiten Weltkriegs zurückgekehrten psychisch schwer erkrankten amerikanischen Soldaten zu drehen (vgl. Zeul 2000). Der Film ist unter dem Titel *Let there be Light* in die Filmgeschichte eingegangen. Die für 1946 geplante Uraufführung fand erst 35 Jahre später, im Jahr 1981, statt. Das Aufführungsverbot wurde damit begründet, daß nicht von allen ehemaligen Betroffenen eine Einwilligungserklärung für die Darstellung ihrer Krankengeschichte vorgelegen habe. In seiner Autobiographie äußert sich Huston (1980/1986) beeindruckt von den Heilungserfolgen, die im Militärkrankenhaus Mason auf Long Island erzielt wurden, und verweist auf die psychische Ätiologie der Erkrankungen. »Männer, die nicht mehr laufen konnten, waren plötzlich wieder in der Lage, ihre Beine zu bewegen, Männer, die nicht mehr sprechen konnten, hatten plötzlich ihre Stimme wieder. Natürlich handelte es sich bei diesen Einschränkungen um hysterische Symptome; es war deshalb wichtig, ihre Besserung mit großer Sorgfalt zu verfolgen« (ebd., 154; Übers. M. Z.). Huston hatte sich, wie Freud ein halbes Jahrhundert früher, nicht von der lärmenden Körpersymptomatik irritieren lassen, vielmehr mit seiner Kamera ihre psychische Verursachung enthüllt, die in belastenden Kriegserlebnissen, aber auch in unbewußten infantilen Konflikten und psychosexuellen Traumatisierungen bestand. Sein Film dokumentiert die Hysterie – entgegen der vorherrschenden Meinung, es handele sich dabei ausschließlich um eine typisch weibliche Erkrankung – auch als männliche Störung. In seiner *Freud*-Verfilmung hingegen, die den frühen Freud bis zum Tod seines Vaters zum Gegenstand hat, verweist Huston das Unbewußte strikt in einen vom bewußten Erleben getrennten Bereich, indem er es als etwas Dämonisches inszeniert. Dieses Dämonische war Huston zufolge etwas, »das Schwefel speien sollte. Wir stellten uns vor, daß der Abstieg Freuds ins Unbewußte ebenso schreckenerregend sein müßte wie der Dantes in die Hölle« (ebd., 352). Der Abstieg Freuds ins Unbewußte seiner Träume gestaltet sich in Hustons Film denn auch eher unfreiwillig komisch und macht die Zuschauer zu gelangweilten oder amüsierten Beobachtern. Die Heilung der Protagonistin Cäcilie durch Freud erfolgt über detektivisches Ausfragen. Huston verbindet infantile Traumatisierung monokausal mit der Entwicklung des Symptoms.

Psychoanalyse bei Hitchcock und Buñuel

In ähnlicher Tradition wie Hustons *Freud* stehen auch die Psychoanalyse-Filme Alfred Hitchcocks, die ebenfalls das Ausfrageverfahren und die Verbindung des kindlichen Traumas, die Ursprungsszene, mit der psychischen Symptomatik ins Zentrum der Erzählung rücken. Die Aufklärung über diese monokausale Verursachung führt zur Heilung. Gertrud Koch (1987) hat auf die Tradition der Hitchcock-Filme hingewiesen, die nicht zu trennen sei von jener Version der Psychoanalyse, die seinerzeit in den USA überwiegend den Stempel einer Technik trug und pragmatisch ausgerichtet war. Die Filme *Spellbound*, *Vertigo* und *Marnie* stehen in dieser Hollywood-Tradition. Wenngleich es sich bei diesen Filmen um die Inszenierung des psychoanalytisch-detektivischen Ausfrageverfahrens handelt, in dessen Verlauf das infantile Urerlebnis rekonstruiert wird, sind *Spellbound* und *Vertigo* gleichwohl gelungene Filme, während *Marnie* deutlich schwächer ist. Harris und Lasky (1979/1982) vertreten die Auffassung, daß es sich bei den Aufklärungsversuchen des neurotischen Verhaltens von Marnie um dilettantische Versuche mit der Freudschen Psychoanalyse handele. Die Faszination von *Spellbound* und *Vertigo* liegt umgekehrt weniger in der Inszenierung des psychoanalytischen Verfahrens als vielmehr im Suspense, der das Agieren der Protagonisten bestimmt und zur Auflösung des Rätsels um den falschen Dr. Edwards und die falsche Madeleine drängt. Es ist eindrucksvoll, wie es Hitchcock gelingt, eine überzeugende Mischung von – zugegebenermaßen verkürzter – Psychoanalyse und Krimi herzustellen. Wie in *Vertigo* inszeniert Hitchcock in *Rear Window (Das Fenster zum Hof)* einen psychisch behinderten Protagonisten, Jeff, der sich nicht für die Frau entscheiden kann, die er liebt. Zugleich aber ist Jeff physisch durch seinen Beinbruch behindert, der ihn an den Rollstuhl fesselt. Hitchcock verknüpft nun die neurotisch geprägte Liebesgeschichte zwischen Jeff und Lisa mit der Arbeit des Meisterdetektivs Jeff, der mit Lisas Hilfe einen Mord im Hinterhaus seines Appartements aufklärt. Sowohl in *Rear Window* als auch in *Vertigo* ist die Psychoanalyse eingelassen in die Inszenierung der Protagonisten als neurotisch beschädigter Menschen.

Im filmischen Werk Luis Buñuels bildet die Psychoanalyse einen integralen Bestandteil des Buñuelschen Surrealismus, der sich wie die Psychoanalyse nicht mit dem Schein der Dinge zufrieden gibt. In seinen Filmen kommt der Psychoanalyse ein aufklärerischer Charakter über menschliches Fühlen und Handeln zu: Der Regisseur hat im Entwurf seiner Protagonisten menschliche, überwiegend destruktive Triebhaftigkeit und den Wiederholungszwang, von denen auch die Freudsche Psychoanalyse spricht, filmisch meisterhaft dargestellt. Die verlorenen Kinder in *Los olvidados* (1950; *Die Vergessenen*) sind nicht nur Opfer der sozialen Verhältnisse in den Slums der mexikanischen Hauptstadt. Ihr Handeln, ihr Scheitern und ihr Sterben verdanken sich auch der Wirkungsweise des Todestriebes. Auch die Situation einer Abendgesellschaft von Angehörigen der mexikanischen Oberschicht in *El ángel exterminador* (1962; *Der Würgeengel*), die das Haus des Gastgebers nicht verlassen können, obgleich keine äußeren Hindernisse bestehen, wird beherrscht vom Todestrieb. Dieses Triebgeschehen manifestiert sich in totaler Kommunikationslosigkeit und in der Unfähigkeit zur Erinnerung der Eingeschlossenen. Als eine junge Frau die Anwesenden auffordert, sich zu erinnern, kommen die Gäste schließlich frei, um allerdings später in der Kathedrale wiederum eingeschlossen zu werden.

Buñuels berühmte, in Spanien entstandene Filme *Viridiana* (1961) und *Tristana* (1970) sind ebenfalls gekennzeichnet durch ein destruktives Triebgeschehen auf seiten der Protagonistinnen und Protagonisten, wenngleich insbesondere *Viridiana* sich durch Buñuels spezifischen, vom Surrealismus geprägten schwarzen Humor auszeichnet. Die Persiflage der Bettler auf das Letzte Abendmahl Christi legt davon Zeugnis ab. So unterschiedliche Filme wie *Ensayo de un crimen* (1955; *Das verbrecherische Leben des Archibaldo de la Cruz*) und *Belle de Jour* (1967) stellen psychoanalytische Porträts der Protagonisten dar, die ebenfalls stark von Buñuels speziellem Humor geprägt sind. Während der Protagonist Archibaldo de la Cruz ein verhinderter Frauenmörder ist, dem immer dann, wenn er in seiner Phantasie darauf aus ist, eine Frau töten, ein anderer zuvorkommt und die phantasierte Tat in Realität umsetzt, zeichnet Buñuel Belle de Jour als verhinderte Prostituierte, der keine sexuelle Praktik fremd ist.

Parallelisierung der Gestaltung von Traum und Film

Psychoanalytische Autorinnen und Autoren, die sich mit dem Thema Traum und Film beschäftigen (Pratt 1943; Montani/Pietranera 1946; Chasseguet-Smirgel 1971/1988; Projections 1996), heben in der Regel hervor, daß Mechanismen wie Verschiebung, Verdichtung, Rücksicht auf Darstellbarkeit sowohl für psychisches Erleben als auch für den Film Gültigkeit haben. Sie registrieren traumähnliche Zustände, die im Zuschauer beim Sehen eines Films ausgelöst werden, und verweisen auf den regressiven, halluzinatorisch-befriedigenden Aspekt beim Betrachten von Filmen, der dem des Traums ähnlich ist. Montani und Pietranera (1946) greifen für ihre Kinotheorie die von Freud in der *Traumdeutung* formulierte Annahme auf, daß ein abstrakter Gedanke im Traum seine bildliche Darstellung erfahre, und postulieren, daß es ein tiefes phylogenetisch verankertes Bedürfnis im Menschen gebe, sich bildlich auszudrücken. Weiterhin gehen sie davon aus, daß Traum und Film beide dieselbe regressive Technik benutzen und daß der »reine Film« sich der Sprache des Unbewußten, die Literatur hingegen der des Bewußtseins bediene. Auch Chasseguet-Smirgel (1971/1988) vertritt die These, daß im Film und im Traum aufgrund der Bildhaftigkeit beider und ihrer Nähe zum Primärprozeß den Filmbildern Unbewußtes inhärent sei, und schreibt:»Ich glaube, daß der Film – wegen des großen Gewichts, das er dem Bild gibt – ein bevorzugtes Mittel darstellt, das phantasmatische Leben auf unmittelbarste Weise vorzustellen« (ebd., 82). Die Annahme eines Parallelismus von Traum und Film blendet allerdings das filmisch Hergestellte der Bilder aus. Von den Erklärungsansätzen, die die Bildhaftigkeit von Traum und Film ins Zentrum ihrer Argumentation rücken, unterscheiden sich die Ansätze von Pratt (1943) und Mauerhofer (1958). Für diese Autoren ist »die Traumähnlichkeit des Films etwas über den kinematographischen Apparat Hergestelltes, das aus dem Zusammenspiel von regressiven Prozessen im Zuschauer, der Dunkelheit des Kinosaals, der Ästhetik und der Technizität des Films resultiert« (Pratt zit. nach Zeul 1994, 984).

Traum als regressiver Bewußtseinszustand

Der Versuch, gemeinsame Gestaltungsmechanismen von Traum und Film zu benennen, führt zu keinem befriedigenden und überzeugenden Ergebnis. Der Film ist kein Traum, er kann jedoch traumähnliche Zustände auslösen. Die Verwendung der Traummetapher erweist sich als äußerst ergiebig für die Markierung unterschiedlicher regressiver Bewußtseinszustände beim Zuschauer, in denen es zu einer Verwechslung von Wahrnehmung und Vorstellung kommt (vgl. Baudry 1975/1994; Koch 2002; Zeul 2006). Hellsichtig hatte Lou Andreas-Salomé bereits 1912 auf die psychologische Bedeutung des Films für den Zuschauer aufmerksam gemacht.

»Wie denn das Kino überhaupt keine kleine Rolle für uns spielt – worüber ich nicht erst jetzt nachdenklich geworden bin. Zu dem vielen, was man über dieses Aschenbrödel der ästhetischen Kunstbetrachtung an Ehrenrettendem sagen könnte, gehören auch ein paar rein psychologische Erwägungen. Die eine betrifft den Umstand, daß allein die Filmtechnik eine Raschheit der Bildfolge ermöglicht, die annähernd unserem eigenen Vorstellungsvermögen entspricht und auch gewissermaßen dessen Sprunghaftigkeit imitiert. [...] Die zweite

Erwägung betrifft den Umstand, daß, selbst wenn von bloßem, oberflächlichstem Vergnügen geredet werden kann, die Fülle des Verschiedenartigen einen ganz eigentümlich mit Formen, mit Bildern und Eindrücken der Sinne beschenkt: und sowohl für den in seiner Einseitigkeit stumpf gewordenen Tagesarbeiter als für den Geistesarbeiter in seiner beruflichen und gedanklichen Tretmühle bedeutet das allein und an sich schon eine Spur künstlerischen Erlebens der Dinge. Beides läßt bedenken, ob nicht diese Rücksicht auf unsere seelische Konstitution die Zukunft des Filmtheaters bedeuten könnte – den kleinen goldenen Pantoffel für das Aschenbrödel der Kunst« (zit. nach Baudry 1975/1994, 1049 f.).

Dieses Zitat nimmt die von Baudry festgestellte Einheit von Projektion und dem Subjekt vorweg, auf das diese sich richtet. Bei Andreas-Salomés Überlegungen handelt es sich nicht um die »seelische Konstitution« des Films oder der Zuschauer, sondern vielmehr um ein Zusammenpassen von beiden.

Baudry (1975/1994) hat mit seiner Apparatus-Theorie, die er philosophisch in Platons Höhle und psychoanalytisch in Lewins Traumleinwand (1946) ansiedelt, eine primitive, in der oralen Phase beheimatete Weise der Projektion und des Sehens von Film entworfen. Ausgehend von Platons Höhlen-Metapher macht er auf die Ähnlichkeit von psychischem und filmischem Apparat aufmerksam, indem er darauf verweist, daß das filmische »Dispositiv« (ebd., 1047 ff.), »das alleine die Projektion betrifft, bei der das Subjekt, an das sich die Projektion richtet, eingeschlossen ist« (ebd., 1052), eine künstliche Regression auszulösen in der Lage ist, die die psychische Regression imitiert. Baudry vergleicht die Bewegungslosigkeit der Gefangenen in Platons Höhle mit der Unbeweglichkeit des Neugeborenen, dessen Motorik noch nicht ausgebildet ist, und mit der Unbeweglichkeit des Schlafenden, der, so Lewin (1950/1982), diesen frühen Entwicklungszustand wiederholt. Der Kinobesucher ähnelt Baudry zufolge dem motorisch eingeschränkten Säugling oder dem Schläfer. Nun gehen die Zuschauer freilich nicht ins Kino, um zu schlafen; die motorische Unbeweglichkeit und die Dunkelheit im Kinosaal rufen jedoch schlafähnliche Reaktionen hervor. Der Schlaf bedingt Umwandlungen im psychischen Apparat, Besetzungen werden labil, es findet eine passagere Rückkehr zum Narzißmus statt, die Mobilität ist eingeschränkt. In dieser regressiven Situation haben die Träume ihren Platz, in denen Wahrnehmungen zu Vorstellungen werden, zu einem »mehr als-*Reale[m]*, etwas Realere[m] als-real [...], um es von dem Realitätsgefühl zu unterscheiden, das die Realität in der Normalsituation des Wachzustandes vermittelt« (ebd., 1064).

An anderer Stelle beeilt sich Baudry richtigzustellen, daß es ihm nicht um eine Gleichsetzung von Kino und Traum geht: Der Unterschied bestehe darin, daß beim Filmsehen ein reales Wahrnehmungsobjekt (vgl. ebd., 1073) vorhanden sei, das im Traum fehle. Hier geben sich die Vorstellungen als Realität aus. »Während nämlich in den Träumen und Halluzinationen die Vorstellungen als wahrgenommene Realität auftreten, gibt es im Kino hingegen eine reale Wahrnehmung [...] der Realität. [...] Im Traum und in der Halluzination geben sich die Vorstellungen unter Abwesenheit der Wahrnehmung als Realität aus« (ebd., 1073). Er betont, daß der Film einen »Kino-Effekt« (ebd.) auslöst, der mit dem Realitätseindruck, den der Traum vermittelt, zu vergleichen sei. Kino und Traum rufen auf unterschiedliche Weise regressive Bewußtseinszustände im Zuschauer auf. Im Wunsch nach Kino sieht Baudry das Bedürfnis des Subjekts, vorübergehend zu jenem Entwicklungsstadium zurückzukehren, in dem die Grenzen zwischen Innen und Außen, zwischen Körper und Außenwelt noch fließend sind. Das Subjekt hat den Kino-Apparat erschaffen, der es in die Lage versetzt, mit seiner Projektion verlorene und zugleich ersehnte Lust kurzzeitig bereitzustellen.

Um das Ausmaß der von der Projektion herbeigeführten Regression zu kennzeichnen, rekurriert Baudry auf das Konzept der Traumleinwand, das der amerikanische Psychoanalytiker Bertram Lewin in die Psychoanalyse eingebracht hat (Lewin 1946; 1953), das als früheste visuelle Erinnerungsspur die Fütterung des Säuglings an der Mutterbrust, die Mutterbrust selbst, die den Schlaf ermöglicht, repräsentiert. In der Füttersituation können sich orale Wünsche – essen, gegessen werden und schlafen – manifestieren. Die Anwesenheit der Traumleinwand im Traum repräsentiert halluzinatorische Bedürfnisbefriedigung eben dieser drei Wünsche. René Spitz (1955) hat Lewin insofern widersprochen, als für ihn die früheste visuelle Wahrnehmung nicht die Mutterbrust darstellt, sondern das Gesicht der Mutter. Die primäre, primitivste Wahrnehmung situiert Spitz in der Mundhöhle. Diese Wahrnehmung rechnet er der Tastwahrnehmung zu, die ursprünglicher sei als die Fernwahrnehmung, die sich erst im Prozeß der Entwicklung des Säuglings mit Hilfe der Objektbeziehungen herausbildet. Dieser Phase rechnet Spitz die Traumleinwand zu. Beim Trinken an der Mutterbrust oder an der Flasche vermischen sich beide Wahrnehmungsformen, weil das Kind die Brustwarze oder die Flasche im Mund spürt und zugleich das Gesicht der Mutter anblickt. Die Lewinsche Traumleinwand siedelt Spitz nun in diesem Übergangsstadium an, in dem Tast- oder Kontaktwahrnehmung und visuelle Wahrnehmung noch miteinander vermischt sind. Für dieses Stadium ist das »Überfließen« (ebd., 648)

typisch. In der Stillsituation »vereinigen sich [...] die taktilen und die visuellen Wahrnehmungen, die ja Wahrnehmungen einer Gesamtsituation sind, zu einer undifferenzierten Einheit, einer ›Gestalt‹, in welcher jedes Teilerlebnis für das Gesamterlebnis steht« (ebd., 648). Die Projektion von Film, die Dunkelheit des Kinosaals und die erzwungene Unbeweglichkeit rufen Regressionen hervor, die die Zuschauer vorübergehend zu Säuglingen werden lassen (Zeul 2006). Während sie den Film sehen, saugen sie zugleich die Filmbilder auf und genießen die Film-Füttersituation, die die primitive Säuglingsfütterung simuliert. Film wird, dieser Argumentation folgend, nicht nur gesehen, sondern auch aufgesogen und gegessen »introjiziert« (vgl. Torok 1968/1983).

Tagtraum und Film

Der französische Filmtheoretiker Christian Metz (1975/1994) beschäftigt sich ebenfalls mit Ähnlichkeiten und Verschiedenheiten von Traum und Film. Er tut dies von zwei Seiten her: vom Bewußtseinszustand der Zuschauer, dem »filmischen Zustand« (ebd., 1031), und von der Eigenart des diegetischen Films. »Es gibt außerhalb des filmischen Zustands nur wenige Situationen, in denen ein Subjekt besonders dichte und durchorganisierte äußere Eindrücke eben in dem Augenblick empfängt, da seine Unbeweglichkeit [im Kinosessel, M. Z.] es innerlich dafür disponiert sie ›über-zu-empfangen‹« (ebd., 1021). Schlaf- und Wachzustand bilden das Bezugssystem für die Thesen von Metz, die er nach drei Aspekten gliedert. Der filmische Zustand und der Traumzustand sind nicht identisch, da der Träumende nicht weiß, daß er träumt, der Filmzuschauer sich aber bewußt ist, daß er sich im Kino aufhält. Für das Kino gelte anders als für den Traum, daß nicht von einer echten Täuschung die Rede sein könne. Das Kino rufe vielmehr einen bestimmten Realitätseindruck hervor. Der zweite von Metz festgehaltene Unterschied hängt eng mit dem ersten zusammen insofern, als Filmwahrnehmung eine reale Wahrnehmung sei (ebd., 1012), die von allen Zuschauern geteilt werde, während der Traum nur vom Träumenden wahrgenommen werde. Als drittes Unterscheidungsmerkmal grenzt der Autor den Filmtext vom Traumtext ab. Der Filmtext sei konstruierter und logischer als der Traumtext. »Der diegetische Film ist im allgemeinen sehr viel ›logischer‹ und ›konstruierter‹ als der Traum« (ebd., 1023). Der Unterschied zwischen beiden besteht darin, daß der Film nie in der Lage ist, die erinnerte oder auch die erzählte Absurdität eines Traums wiederzugeben. Auf die Strukturiertheit und die Organisation des erzählenden Charakters des Filmtextes verweisend, schreibt Metz: »Die Geschichte eines Films verläuft immer klar [...]: Sie ist eine *erzählte* Geschichte, oder kurz gesagt, eine Geschichte, die in einer Erzählung enthalten ist. [...] Die Geschichte des Traums ist eine ›reine‹ Geschichte, eine Geschichte ohne Erzählung, die im Aufruhr oder in der Finsternis entsteht, eine Geschichte, die durch keinerlei narrative Instanz *geformt* (oder deformiert) wird, eine Geschichte von nirgendwo, die niemand niemandem erzählt. Dennoch ist sie eine Geschichte: Im Traum ebenso wie im Film gibt es nicht nur Bilder, sondern ganz offensichtlich durch die Bilder gewebte, organisierte oder chaotische Abfolge von Orten, Handlungen, Augenblicken, Gestalten« (ebd., 1028).

Metz, der von der Nähe des Films zum Wachzustand sowohl beim Regisseur wie beim Zuschauer ausgeht, vergleicht den hochorganisierten Film mit einem Tagtraum, der zu seiner Entstehung nicht den Schlaf als Voraussetzung hat und konstruierter und weniger absurd ist als der nächtliche Traum. Tagtraum und Filmsehen ereignen sich in einem Zustand herabgesetzter Wachheit. »Wenn Film und Tagtraum in einer direkteren Konkurrenz stehen als Film und Traum, wenn sie dauernd aufeinander übergreifen, dann deshalb, weil sie beide an einem Punkt der Realitätsanpassung eingreifen – oder an einem Punkt der Regression. Der Traum gehört der Kindheit und der Nacht, der Film und der Tagtraum sind erwachsener und gehören dem Tag; allerdings nicht dem hellen Tag, sondern vielmehr dem Abend« (ebd., 1040). Im Tagtraum können durchaus primärprozeßhafte Vorstellungen ausgelöst werden, es kommt jedoch nicht zu einer Verwechslung von Wahrnehmung und Vorstellung. Anders als für Baudry (1975/1994) erreichen für Metz aufgrund der Strukturiertheit des Films die in den Zuschauern ausgelösten Regressionen nie das Stadium der halluzinatorischen Wunscherfüllung. Die Festigkeit des diegetischen Films erlaubt es den Zuschauern nicht, ihn beliebig für die eigene Wunscherfüllung zu benutzen. Der Traum hingegen stellt bekanntlich eine genaue, zuverlässige und befriedigende Antwort auf den Wunsch dar.

Der französische Filmtheoretiker Bellour diskutiert den Vergleich des Kinos mit dem Traum bei Baudry und Metz und geht von einer Kongruenz von Kino und Hypnosedispositiv aus. Er verweist auf die aktiv gestaltende Kraft der Hypnose und verbindet diesen Hinweis mit Sterns Ansatz vom aktiven Säugling (Bellour 2004; 2006)

Feministische Filmtheorie

Die feministische Filmtheorie nimmt ihren Ausgang in der neuen Frauenbewegung in den USA, die u. a. die Frage nach der Darstellung von Weiblichkeit in der Kunst aufgeworfen hatte. Eine der bedeutendsten Filmtheoretikerinnen der 1970er Jahre ist Laura Mulvey, die mit ihrer bahnbrechenden Arbeit *Visuelle Lust und narratives Kino* (1978/1980) den Ausschluß von Weiblichkeit als handelndes Subjekt im Film theoretisch faßt und zugleich kritisiert. Mulvey formuliert die These von der Verschweißung des Kamera-Blicks mit dem männlichen Zuschauerblick, die sie im Rückgriff auf Lacans Spiegelstadium und das Freudsche Konzept der Schaulust aufstellt. Über die universell gültige Blickorientierung, die Mulvey insbesondere für das narrative Hollywood-Kino postuliert, wird eine vorgängige Beziehung zwischen Kamera (Film) und Zuschauer festgeschrieben, die zwischen den Polen des voyeuristischen Filmvergnügens von Männern und der exhibitionistischen Zurschaustellung von Frauen im Film aufgespannt ist. Exemplarisch illustriert sie ihre Thesen anhand einer Analyse von Hitchcock- und Sternberg-Filmen, wobei die Bedeutung der Pole von Sehen und Gesehenwerden den zentralen Platz ihrer Argumentation einnimmt. Das aktive Sehen, das die Filmerzählung vorantreibt, ist die Sache des Mannes, das Gesehenwerden die der Frau, die zum begehrten Objekt und zum Angstobjekt des Mannes wird. Mit dieser Annahme aber geht die Autorin davon aus, daß der Film ausschließlich phallische Identifizierungen in den Zuschauern mobilisiert.

Die Kritik an Mulveys Ansatz zentrierte sich im wesentlichen um die Frage, wie die Begeisterung der Frauen für das »Männerkino« (Koch 1981) zu erklären sei. Renate Lippert (1994) hat in einem Literaturüberblick über feministische Filmtheorien die Themen des Blicks, der Schaulust und der Identifizierungen aufgeführt, die innerhalb feministischer Filmtheorien kontrovers diskutiert werden. Die ausschließliche Betonung der Bedeutung des männlichen Blicks, die Festlegung der Schaulust auf das männliche Kinopublikum und die Annahme der phallischen Identifizierungen werden von verschiedenen Autorinnen und Autoren relativiert oder infrage gestellt. Koch (1981) geht z. B. davon aus, daß es durchaus einen weiblichen Voyeurismus gebe und daß es für Frauen lustvoll sei, andere Frauen anzuschauen. Rodowick (1982), Studlar (1985) und Bergstrom (1979) vertreten die These, daß sich beim Filmsehen eine Vielzahl von Identifizierungen einstellt, die das lustvolle Erleben, männlich und weiblich zugleich sein zu wollen, provoziere. Studlar (1985) geht davon aus, daß die Zuschauer im Kino auf eine frühe präödipale Phase regredieren und mit dem Film verschmelzen. Koch (1988) macht darauf aufmerksam, daß die These von der Verschweißung des männlichen Kamerablicks mit dem männlichen Zuschauerblick das weibliche Vergnügen am Film nicht erklären könne, indem sie auf die vorsprachliche Qualität der Filmbilder verweist: »Die Rolle des Publikums wäre dann gar nicht so festgeschrieben auf die spätere des Voyeurs hin, der ja einen intentional gerichteten Blick hat (auf die phallische Frau hin), sondern ebenso vergleichbar dem sprachlosen Säugling, der sich in die Arme der Mutter gelehnt an einer Welt vorbeitragen läßt, zu der er sich umstandslos dazuzählt. Vielleicht ist die Kamera nicht erst vorm Schlüsselloch, sondern schon im Kinderwagen erfunden worden« (ebd., 26). Weibliches Filmvergnügen speist sich unter der Annahme präödipaler Identifizierungen aus Regressionen, die eine frühe Stufe in der weiblichen Entwicklung wiederbeleben, in der es zu einem überaus befriedigenden halluzinatorischen Wiederfinden der frühen libidinös besetzten Mutter kommt, die dem Subjekt Gleichheit der Körper und des Empfindens widerspiegelt.

Psychoanalytische Filminterpretationen

Neben der Beschäftigung mit dem Verhältnis von Traum und Film haben psychoanalytische Autoren ihre Aufmerksamkeit der Analyse je konkreter Filme gewidmet. Es lassen sich drei Ansätze psychoanalytischer Filminterpretation unterscheiden:
1. der biographisch-pathographische, der von unbewußten Konflikten des Filmemachers auf den unbewußten Gehalt eines Films schließt.
2. der inhaltliche, der am manifesten Inhalt eines Films ansetzt, um von dort unter Verwendung psychoanalytisch-klinischer Theoriestücke dessen unbewußten symbolischen Gehalt aufzuspüren, und
3. der formale, der an der ästhetischen Gestaltung eines Films zunächst unter Außerachtlassung von Inhalten ansetzt und den symbolischen Gehalt eines Filmes entschlüsselt (vgl. Sachs 1929; Chasseguet-Smirgel 1969/1970; Zeul 1997).
Chasseguet-Smirgel (1969/1970) hat den biographischen Zugang zur Interpretation eines Kunstwerks grundsätzlich kritisiert. »Eine solche Methode, das Kunstwerk psychoanalytisch zu betrachten, entspricht der Auffassung, die psychoanalytische Behandlung sei ein Ermittlungsverfahren, um gewisse, oft verdrängte, traumatische Elemente zu eruieren

und die Triebkonflikte ans Licht zu ziehen. Demnach sollten in einem analogen Verfahren jene pathogenen Elemente im Kunstwerk aufgespürt werden, auf die man durch die Kenntnis biographischer Daten hingeführt wird« (ebd., 802). Was Chasseguet-Smirgel insgesamt für das Kunstwerk geltend macht, kann man auch auf den Film übertragen bzw. auf die Versuche, ihn auf dem Wege der Entschlüsselung der Psychopathologie seines Autors zu analysieren. Die Autorin moniert, daß die Verwendung von Lebensdaten eines Künstlers nicht *lege artis* psychoanalytisch sei und daß diese den Informationen gleichkämen, die während einer analytischen Behandlung an den Analytiker von Dritten herangetragen würden. Es werde deshalb ganz und gar nicht subjektives Erleben analysiert, wie dies in der Psychoanalyse üblich sei. Wende man das biographische Verfahren an, lege man den Künstler zwangsweise auf die Couch. Ein weiterer Einwand Chasseguet-Smirgels liegt in der Einseitigkeit, ja in der Verfälschung einer Interpretation. Ein in einem Kunstwerk immer wieder auftauchendes Thema müsse nicht notwendigerweise mit einem Ereignis im Leben des Künstlers in Verbindung gebracht werden, in ihm könne sich auch eine Wunschphantasie manifestieren (vgl. Zeul 1994, 978). Der Inhalt einer so gewonnenen Interpretation ist zufälligen Charakters. Sie ist unhinterfragbar und entzieht sich der Überprüfung anhand der formalen Gestaltung und der Ästhetik der Bildersequenzen.

Die Psychopathologie des Regisseurs im Film wiederfinden zu wollen, läßt zudem außer acht, daß der fertige Film nicht das Produkt eines einzelnen, sondern eines ganzen Ensembles (Kameramann, Beleuchter, Cutter etc.) ist. Auch die Interpretation des Mediums unter der Verwendung ödipaler Konfliktkonstellationen mit ihren regressiven Bewegungen und verschiedener Selbstpathologien nimmt dem Film seine konkrete ästhetische Aussagekraft und macht ihn zum Ausschnitt einer psychoanalytischen Krankenbehandlung. Die Psychoanalytikerin Adrienne Harris und der Filmhistoriker Robert Sklar (1998) kritisieren ebenfalls die Verwendung von psychoanalytischen Theorien bei der Analyse von Filmen und merken dazu an: »Psychoanalytiker exportieren ihren theoretischen Apparat in andere Wissenschaften (hier auf die Analyse von Filmen, M. Z.), ohne ihr Unternehmen in der Komplexität des Mediums, seinem Kontext, seiner Ästhetik und seiner Praxis zu verankern« (ebd., 223; Übers. M. Z.). Dekontextualisiertes psychoanalytisches Interpretieren von Film bezeichnen die Autoren als »wilde Analyse« (ebd.).

Methodisch erschließt sich der Film über die Verwendung der Übertragung. Dieses psychoanalytische Verfahren bedarf einer Modifikation im Hinblick auf den Erkenntnisgegenstand Film, der kein psychisches, sondern ein materielles Gebilde ist. Der Film ist im Gegensatz zum Patienten in der psychoanalytischen Behandlung nicht zum Mitspielen in einer gemeinsamen Aufführung bereit, so wie es sich im Zusammenspiel von Übertragung und Gegenübertragung konstelliert. Dieser Umstand macht die Verwendung der Dynamik von Übertragung und Gegenübertragung im Dienst des Erschließens unbewußter Botschaften im Film unbrauchbar. Der Film überträgt nicht, ihm ist das Unbewußte äußerlich, deshalb kann bei den Reaktionen der Interpreten nicht von Gegenübertragung gesprochen werden, sie übertragen vielmehr auf den Film ihre eigenen unbewußten Wünsche, Phantasien und ihre Abwehr. Die Analyse dieser Übertragungsreaktion kommt einer Selbstanalyse gleich, in der die vom Film evozierten bewußten und unbewußten Reaktionen zum Gegenstand der Untersuchung werden. Übertragungen schaffen eine Filmstory, die geprägt ist durch unbewußtes Erleben der Interpreten, das wiederum aus der aktuellen Begegnung mit dem Film und der Wiederbelebung von Objektbeziehungen, Ängsten und Abwehr gespeist wird.

Übertragung ist kein Mechanismus, der nur in der psychoanalytischen Behandlung zu beobachten ist, er ist vielmehr ubiquitär. Die psychoanalytische Methode macht ihn sich aber zunutze, um fremdpsychisches Erleben im Hier und Jetzt der Behandlung zu verstehen und seine Verankerung in der Biographie der Patienten vorzunehmen. Freud war der Auffassung, daß Übertragung in der Wiederholung früher Wünsche und Ängste der Patienten besteht, die die aktuelle analytische Beziehung entsprechend verzerren und einen Widerstand gegen das Erinnern darstellen. Nach heutiger Auffassung steht die Dynamik der Beziehung zwischen Analytiker und Patient im Zentrum psychoanalytischer Arbeit. Aus dieser Sicht manifestiert sich in der Übertragung nicht nur eine Wiederholung der Vergangenheit. In ihr manifestieren sich auch neue Erfahrungen, die aus den Antworten des Patienten auf Angebote, die vom Analytiker kommen, resultieren. Kernberg (2004) hält die beiden Verständnisansätze von Übertragung, den klassischen und den konstruktivistischen, gegeneinander. »Der zeitgenössische Fokus auf die psychoanalytische Beziehung als einer Interaktion zwischen Übertragung und Gegenübertragung hat sich von der klassischen ›objektivistischen‹ Definition der Übertragung als einer unbewußten Wiederholung pathogener Konflikte im Hier und Jetzt hinweg- und

auf eine ›konstruktivistische‹ Betrachtung der Übertragung hinbewegt, die gespeist wird aus der Reaktivierung unbewußter Konflikte aus der Vergangenheit des Patienten und seiner realistischen Reaktion auf die Persönlichkeit, die Interventionen und die Gegenübertragung des Analytikers« (ebd., 246 f.; Übers. M. Z.). Auf Filmanalyse bezogen bedeutet dies, daß beim Sehen eines Films zwar unbewußte Phantasien, Ängste und Objektbeziehungen im Interpreten mobilisiert werden, die allerdings schon immer überlagert und geprägt sind durch die aktuelle Begegnung mit dem Medium. Aufgrund der Bedeutsamkeit dieser aktuellen Konfrontation können Filme neue Erfahrungen auslösen, die nicht in Manifestationen unbewußter infantiler Konflikte des Interpreten bestehen.

Literatur

Albersmeier, Franz-Josef (Hg.): *Texte zur Theorie des Films* [1979]. Stuttgart 2003.

Andreas-Salomé, Lou: *In der Schule bei Freud. Tagebuch eines Jahres (1912/13)* [1958]. Frankfurt a. M./Berlin/Wien 1983.

Baudry, Jean-Louis: Das Dispositiv: Metapsychologische Bemerkungen des Realitätseindrucks. In: *Psyche* 48 (1994), 1047–1074 (frz. 1975).

Bellour, Raymond: Wie man mit Daniel Stern das Kino besser fühlen/denken kann. In: Ludwig Nagl (Hg.): *Film denken/ Thinking Film*. Wien 2004, 213–236.

–: Hypnose und Film. In: Christiane Voss/Gertrud Koch (Hg.): *… Kraft der Illusion*. München 2006 (im Druck).

Bergstrom, Janet: Enunciation and sexual difference. In: *Camera Obscura* 3–4 (1979), 33–70.

Bernfeld, Siegfried: Drehbuch »Entwurf zu einer filmischen Darstellung der Freudschen Psychoanalyse im Rahmen eines abendfüllenden Spielfilms« [1925]. In: Sierek/Eppensteiner 2000, 37–98.

Chasseguet-Smirgel, Janine: »Letztes Jahr in Marienbad«. Zur Methodologie der psychoanalytischen Erschließung eines Kunstwerks. In: *Psyche* 24 (1970) 801–826 (frz. 1969).

–: Unterhaltung über das Kino. In: Dies.: *Kunst und schöpferische Persönlichkeit*. München/Wien 1988, 82–87 (frz. 1971).

Eppensteiner, Barbara/Karl Fallend/Johannes Reichmayr: Die Psychoanalyse im Film 1925/26 (Berlin/Wien). In: *Psyche* 41 (1987), 129–139.

Fallend, Karl/Johannes Reichmayr (Hg.): *Siegfried Bernfeld oder die Grenzen der Psychoanalyse*. Frankfurt a. M. 1992.

Gabbard, Glen O. (Hg.): *Psychoanalysis and Film*. London 2001.

Harris, Adrienne/Robert Sklar: Wild Film Theory, Wild Film Analysis. In: *Psychoanalytic Inquiry* 18 (1998), 222–237.

Harris, Robert A./Michael A. Lasky: *Alfred Hitchcock und seine Filme*. München 1982 (engl. 1979).

Huston, John: *A libro abierto (An open book)*. Madrid 1986 (engl. 1980).

Kernberg, Otto: The Influence of the Gender of Patient and Analyst on the Psychoanalytic Relationship. In: Ders.: *Contemporary Controversies in Psychoanalytic Theory, Techniques and their Applications*. New Haven/London 2004 246–266.

Koch, Gertrud: Warum Frauen ins Männerkino gehen. In: Peter Gorsen u. a. (Hg.): *Frauen in der Kunst*. Bd. 1. Frankfurt a. M. 1980, 15–29.

–: Eine verliebte Ärztin spielt Traumdetektiv. Zu Alfred Hitchcocks Film *Spellbound* (USA 1945). In: Karola Brede u. a. (Hg.): *Befreiung zum Widerstand. Aufsätze zu Feminismus, Psychoanalyse und Politik*. Frankfurt a. M. 1987, 108–114.

–: *Was ich erbeute, sind Bilder. Zum Diskurs der Geschlechter im Film*. Frankfurt a. M. 1988.

–: Traumleinwand – filmtheoretische Ausdeutungen eines psychoanalytischen Konzepts. In: Stefan Hau/Wolfgang Leuschner/Heinrich Deserno (Hg): *Traum-Expedition*. Tübingen 2002, 277–288.

Lewin, Bertram: Sleep, the Mouth and the Dream Screen. In: *Psychoanalytic Quarterly* 15 (1946), 419–434.

–: *Das Hochgefühl. Zur Psychoanalyse der gehobenen, hypomanischen und manischen Stimmung*. Frankfurt a. M. 1982 (engl. 1950).

–: Reconsideration of the Dream Screen. In: *Psychoanalytic Quarterly* 22 (1953), 174–199.

Lippert, Renate: »Ist der Blick männlich?«. Texte zur feministischen Filmtheorie. In: *Psyche* 48 (1994), 1088–1100.

Mauerhofer, Hugo: Psicología de la experiencia cinematográfica. In: *Archivos de criminología neuropsiquiárica y disciplinas conexas* 6 (1958), 432–436.

Metz, Christian: Der fiktionale Film und sein Zuschauer. Eine metapsychologische Untersuchung. In: *Psyche* 48 (1994), 1014–1046 (frz. 1975).

Montani, Angelo/Guilio Pietranera: First Contributions of the Psychoanalysis and Aesthetics of Motion-Picture. In: *Psychoanalytic Review* 33 (1946), 177–196.

Mulvey, Laura: Visuelle Lust und narratives Kino. In: Peter Gorson u. a. (Hg): *Frauen in der Kunst*. Bd. I. Frankfurt a. M. 1980, 30–46 (engl. 1978).

Pontalis, J.-B.: Vorwort [1984]. In: Jean-Paul Sartre: *Freud. Das Drehbuch*. Reinbek 1993, 7–30.

Pratt, John: Notes on Commercial Movie Technique. In: *International Journal of Psychoanalysis* 24 (1943), 185–188.

Projections. The Forum of the Psychoanalytic Study of Film 1966.

Ries, Paul: Film und Psychoanalyse in Berlin und Wien 1925. In: Sierek/Eppensteiner 2000, 171–196.

Rodowick, D. N.: The Difficulty of Difference. In: *Wide Angle* 5 (1982), 4–15.

Sabbadini, Andrea (Hg.): *The Couch and the Silver Screen*. Hove/New York 2003.

Sachs, Hanns: Zur Psychologie des Films. In: *Die psychoanalytische Bewegung* 1 (1929), 122–126.

Sierek, Karl/Barbara Eppensteiner (Hg): *Der Analytiker im Kino*. Frankfurt a. M. 2000.

Spitz, René A.: Die Urhöhle [1955]. In: *Psyche* 9 (1955), 641–667.

–: *Vom Säugling zum Kleinkind. Naturgeschichte der Mutter-Kind-Beziehungen im ersten Lebensjahr*. Stuttgart 1985 (engl. 1965).

Studlar, Gaylyn: Schaulust und masochistische Ästhetik. In: *Frauen und Film* 39 (1985), 15–19.

Torok, Maria: Trauerkrankheit und Phantasma des »Cadavre exquis«. In: *Psyche* 37 (1983), 497–519 (frz. 1968).

Zeul, Mechthild: Die homosexuelle Phase in der weiblichen Entwicklung. In: *Zeitschrift für Sexualforschung* 7 (1993), 313–325.

–: Bilder des Unbewußten. Zur Geschichte der psychoanalytischen Filmtheorie. In: *Psyche* 48 (1994), 975–1003.

–: *Carmen & Co. Weiblichkeit und Sexualität im Film*. Stuttgart 1997.

–: Männerträume vom ewig Weiblichen. In: Sierek/Eppensteiner 2000, 99–109.

–: Einführende Überlegungen zur Erstellung einer psychoanalytischen Filmtheorie. In: Ralf Zwiebel/Annegret Mahler-Bungers (Hg.): *Projektion und Wirklichkeit. Die unbewußte Botschaft des Films*. Göttingen 2006 (im Druck).

Filmographie

Belle de Jour (Belle de Jour) (1967), Luis Buñuel, Frankreich.

El ángel exterminador (Der Würgeengel) (1962), Luis Buñuel, Mexiko.

Ensayo de un crimen (Das verbrecherische Leben des Archibaldo de la Curz) (1955), Luis Buñuel, Mexico.

Freud (Freud) (1961), John Huston, USA.

Geheimnisse einer Seele (1925), G. W. Pabst, Deutschland.

Let there be Light (Es werde Licht) (1946), John Huston, USA.

Los olvidados (Die Vergessenen) (1950), Luis Buñuel, Mexico.

Marnie (Marnie) (1964), Alfred Hitchcock, USA.

Rear Window (Das Fenster zum Hof) (1954), Alfred Hitchcock, USA.

Spellbound (Ich kämpfe um Dich) (1945), Alfred Hitchcock, USA.

Tristana (Tristana) (1970), Luis Buñuel, Spanien.

Vertigo (Aus dem Reich der Toten) (1958), Alfred Hitchcock, USA.

Viridiana (Viridiana) (1961), Luis Buñuel, Spanien.

Mechthild Zeul

13. Ethnopsychoanalyse

Die Psychoanalyse Sigmund Freuds enthält ein Modell des Fremden, des Anderen, des *alter ego*. Dieses Modell kann auch auf Erscheinungen ausgedehnt werden, die außerhalb unseres gesellschaftlich-kulturellen Lebens und seiner Konventionen liegen. Dies hat Freud in der theoretisch-spekulativen Schrift *Totem und Tabu* versucht (GW IX, 1–194). Er argumentiert aus einem Blickwinkel, den wir heute evolutionistisch, ethnozentrisch und androzentrisch nennen würden. Die »Universalität des Unbewußten« blieb dennoch das leitende theoretische Prinzip. Dadurch wurde ein Abgleiten in ein Arten- oder Rassen-Unbewußtes verhindert, Vorstellungen, die zum Beispiel Carl Gustav Jung vorschwebten. In der psychoanalytischen Bewegung wurde jedoch das Vorurteil tradiert, daß ihre Methode und Technik auf Angehörige fremder Kulturen nicht anwendbar seien. Darum brauchte es lange, bis die psychoanalytische Praxis ihre universalistische Theorie einholte und eine psychoanalytische Beschäftigung mit Angehörigen nicht-europäischer Kulturen beginnen konnte. Dem Vorurteil wirkten diejenigen Psychoanalytiker entgegen, die sich um die Bestimmung des Verhältnisses von Individuum, Unbewußtheit, Kultur und Gesellschaft bemühten und soziologische und ethnologische Fragestellungen aufnahmen, um sie mit psychoanalytischen Mitteln zu beantworten. Einige unter ihnen, als erster Géza Róheim, haben die psychoanalytische Ethnologie geschaffen, aus der sich eine interkulturelle psychoanalytische Psychotherapiepraxis und die Forschungspraxis der Ethnopsychoanalyse entwickelten.

Zur Geschichte der psychoanalytischen Ethnologie

Die von Freud eröffnete Perspektive, die Bedeutung des Unbewußten in Kultur und Geschichte zu bestimmen, hat zahlreiche Konzepte hervorgebracht, mit denen die Vorstellungen über die Wechselwirkung zwischen Individuum, Kultur und Unbewußtem differenziert und erweitert wurden. Diese konzentrierten sich bis in die Jahre vor dem Zweiten Weltkrieg um die Frage der »Universalität des Ödipuskomplexes«.

Die Fragestellung hat sich als überholt erwiesen. »Niemand wird heute mehr bestreiten, daß es Gesellschaftsformen mit ganz unterschiedlichen Familienstrukturen und voneinander abweichenden Inzest-Verboten gibt, die sich auf keinen Fall allein aus den biologischen Tatsachen der Paarung und Fortpflanzung erklären lassen« (Parsons 1974, 209). Otto Fenichel, der wie Sigmund Freud die wissenschaftsgeschichtliche Bedeutung der Psychoanalyse in ihrer Anwendung in den Kultur- und Gesellschaftswissenschaften sah, gab den entsprechenden Veröffentlichungen in seinen »geheimen Rundbriefen«, die er von 1934 bis 1945 verfaßte, breiten Raum (Fenichel 1998). Er war mit Freud der Meinung, daß bei Angehörigen nicht-europäischer Kulturen die psychoanalytische Methode und Technik nicht anwendbar seien.

In den USA begann gegen Ende der 1930er Jahre mit der kulturrelativistisch orientierten »Culture and Personality«-Forschung eine erste praktische Integration der Psychoanalyse in die Ethnologie. Psychoanalytiker kooperierten bei Feldforschungen, die von Kulturanthropologen und Psychoanalytikern gemeinsam durchgeführten Untersuchungen wurden durch psychoanalytische Vorstellungen angeleitet. Georges Devereux konzipierte nach seinen ethnologischen Forschungen in verschiedenen Kulturen und seiner psychotherapeutischen Arbeit mit Patienten, die aus einer indianischen Kultur stammten, eine methodische Verbindung von Ethnologie und Psychoanalyse (Devereux 1951/1985, 1967/1973). Es gab neben Devereux ethnologisch ausgebildete Psychoanalytiker, die mit ihren Forschungen in den 1950er und 1960er Jahren zur methodischen Annäherung zwischen Psychoanalyse und Ethnologie beitrugen. Die Untersuchungen von L. Bryce Boyer und seiner Frau, der Ethnologin Ruth Boyer, und Mitarbeitern begann 1957 und waren als langfristiges Projekt bei den Apachen des Mescalerostammes angelegt. Werner Muensterberger hat wesentlich dazu beigetragen, daß sich nach dem Zweiten Weltkrieg eine kontinuierliche Beschäftigung mit Fragen der Anwendung der Psychoanalyse im Bereich der Sozialwissenschaften und im besonderen auf dem Gebiet der psychoanalytischen Ethnologie herausbildete. Prominente Psychoanalytiker wie Marie Bonaparte, Erik Erikson und John Flugel haben auf dem Gebiet der psychoanalytischen Ethnologie gearbeitet und gehören mit Ethnologen und Kulturanthropologen wie Richard Thurnwald, Margaret Mead und Erika Bourguignon und zahlreichen anderen zu ihren Wegbereitern (Spain 1992, Heald/Deluz 1994, Reichmayr u. a. 2003).

Psychoanalytische interkulturelle Psychotherapiepraxis

Die Erfahrungen von Pionieren der transkulturellen Psychiatrie wie Frantz Fanon und Henri Collomb sind für die Entwicklung der ethnopsychoanalytischen Psychotherapiepraxis grundlegend. In Frankreich entstand schon Ende der 1970er Jahre, bedingt durch die Zuwanderung nach dem Ende der kolonialen Herrschaft Frankreichs in Nord- und Westafrika und durch seine Integrationspolitik, ein Bedarf an einer psychosozialen und psychotherapeutischen Arbeit mit Migranten. Die theoretischen Arbeiten von Georges Devereux und die sozialpsychiatrischen Innovationen von Henri Collomb und Mitarbeitern im Senegal bildeten Grundlagen für die verschiedenen Richtungen der französischen ethnopsychoanalytischen Therapiepraxis.

Es ist bezeichnend für die neue Situation der psychotherapeutischen Arbeit mit einer verschiedenen Kulturen zugehörigen Patientenschaft, daß »Kultur« und »Migration« einen prominenten Stellenwert in der psychotherapeutischen Praxis erhalten. Psychoanalytiker und Psychotherapeuten, meist mit eigenen Migrationserfahrungen, suchten nach Möglichkeiten, um den Zugang zu ihren Patienten zu erleichtern – ähnlich wie der Ethnopsychoanalytiker als Forscher in der fremden Kultur es tat. Tobie Nathan entwickelte ein psychotherapeutisches Setting, bei dem die Herkunftskultur durch ein multikulturelles Team, die Einbeziehung von Übersetzern und den Einsatz von Elementen aus traditionellen Heilverfahren besonders akzentuiert wurde. Der transkulturelle Psychotherapeut muß in der Lage sein, sich von den Normalitätsvorstellungen seiner eigenen Kultur distanzieren zu können, um das Fremde aus seinem eigenen kulturellen und sozialen Kontext heraus verstehen zu können. Die interkulturelle Psychothe-

rapiepraxis wird in Frankreich an verschiedenen Orten weiterentwickelt. Marie Rose Moro leitet in der Nachfolge von Nathan eine Einrichtung für Kinder- und Jugendlichenpsychopathologie an der psychiatrischen Ambulanz Avicenne und entwickelte ein eigenes ethnopsychoanalytisches Gruppensetting. Sie hat sich vor allem mit den psychologischen Problemen der zweiten Generation und mit der transkulturellen Eltern-Kind-Therapie beschäftigt (Moro 1999).

Im deutschsprachigen Raum geht die Bezeichnung »interkulturelle psychoanalytische Therapie« auf die Publikation von Peter Möhring und Roland Apsel aus dem Jahr 1995 zurück (Möhring/Apsel 1995). Etwa dieser Zeitpunkt markiert ein neues Anwendungsfeld der deutschsprachigen Psychoanalyse, in das Erfahrungen und Wissen aus der psychoanalytischen Ethnologie, der Ethnopsychoanalyse, der transkulturellen Psychiatrie, der Medizinanthropologie, der Ethnomedizin und verwandten Disziplinen eingeflossen sind. Diese klinisch-praxisbezogene ethnopsychoanalytische oder ethnopsychiatrische Richtung wird vor allem von Psychoanalytikern, Ethnologen, Psychotherapeuten, Psychiatern und Klinischen Psychologen getragen, die psychotherapeutische und beraterische Erfahrungen mit Migranten gesammelt haben. Ein weiterer Sammelband zur interkulturellen psychoanalytischen Therapie wurde unter dem Titel *Kultur, Migration, Psychoanalyse* von Fernanda Pedrina, Vera Saller, Regula Weiss und Mirna Würgler vorgelegt (Pedrina u. a. 1999).

Ethnopsychoanalyse

In den Arbeiten von Devereux, Muensterberger und Boyer in den 1950er und 1960er Jahren wurde das methodisch-technische Instrumentarium der Psychoanalyse in der interkulturellen Psychotherapie eingesetzt und für Forschungszwecke genutzt. Die vorausgehenden Verbindungen von Psychoanalyse und Ethnologie hatten das ethnologische Material nur auf der Basis psychoanalytischer Erfahrungen und Theorien neu interpretiert. Nun wurde eine genuin psychoanalytische Auseinandersetzung mit Angehörigen nicht-europäischer Gesellschaften und Kulturen möglich.

Der Ausdruck ›Ethnopsychoanalyse‹ wurde von Georges Devereux bei seinen theoretischen Bemühungen verwendet, eine kulturübergreifende Psychiatrie und Psychotherapie zu konzipieren. Im deutschsprachigen Raum ist der Begriff vor allem mit den psychoanalytischen Forschungen der Zürcher Psychoanalytiker Paul Parin, Fritz Morgenthaler und

Goldy Parin-Matthèy in Westafrika verbunden. Als zeitgeschichtlicher und politischer Kontext der frankophonen und deutschsprachigen Tradition der Ethnopsychoanalyse sind die Befreiungsbewegungen und -kämpfe der Kolonialzeit und der Zeit der Dekolonisierung auf dem afrikanischen Kontinent zu sehen. Kosmopolitisch und antikolonialistisch eingestellte Psychoanalytiker und psychoanalytisch denkende Psychiater und Ethnologen, die in fremden Kulturen arbeiteten und forschten, lösten die vor allem durch rassistische Vorurteile gesetzten Grenzen für psychologisches Verstehen auf. Frantz Fanon kommentierte diesen Prozeß mit dem Satz »Das kolonisierte Ding wird Mensch« (Fanon 1986). Die kulturellen Unterschiede wurden psychoanalytisch zugänglich »Wir haben zwei dicke Bände und viele Einzeldarstellungen benötigt, um darzustellen, wie es uns gelang, die Kulturunterschiede schrittweise zu überwinden. Danach aber drängten die gleichen Themen ins Gespräch wie bei Europäern: Kindheit, Pubertät, Sexualität, Familie, Beruf, Krankheit, Alter, Tod. Die Dynamik unbewußter Kräfte, Icheinstellungen oder Forderungen des Überich sind von den gleichen Wünschen und Ängsten bestimmt wie bei uns« (Parin 2005, 163).

Die Hindernisse bei der Ausarbeitung des Verfahrens lagen nicht auf der theoretischen Ebene oder in den Grundannahmen der psychoanalytischen Theorie, die in ihren Ansätzen (etwa dem Konzept der Verdrängung oder der Auffassung des Über-Ich) die Wirkung gesellschaftlicher Kräfte immer berücksichtigt hatte, sondern vielmehr in den Umständen, unter denen die psychoanalytische Forschung in der eigenen Kultur betrieben wurde.

»Der psychoanalytische Beobachter gehörte immer der gleichen Gesellschaft und oft der gleichen Klasse an wie sein Analysand, den er untersuchte, und beide hatten mehr oder weniger die gleiche Sozialisation durchgemacht. Die nötige Distanz zur Erfassung gesellschaftlicher Prozesse war kaum zu gewinnen. Zumindest diese eine Schwierigkeit fällt weg, wenn man das Instrument der Psychoanalyse auf Angehörige eines anderen Volkes anwendet, besonders wenn man sich damit außerhalb dessen bedigbt, was man den ›abendländischen Kulturkreis‹ genannt hat. Dann tritt der Zusammenhang gesellschaftlicher Einrichtungen und Prozesse mit psychischen Strukturen und Funktionen ungleich klarer hervor« (Parin 1976, 2).

Die Psychoanalytiker lösten die psychoanalytische Technik aus ihrem klinischen Setting und setzten sie auf ethnologischem Untersuchungsgebiet als Forschungsmethode ein.

Die Hauptinstrumente, die Analyse der Übertragung und Gegenübertragung, die Bearbeitung der Widerstände und die Benutzung von Deutungen wurden bei den psychoanalytischen Gesprächen mit den Dogon in Mali in Westafrika auf der dritten Forschungsreise erstmals eingesetzt. 1963 erschien die Studie *Die Weißen denken zuviel. Psychoanalytische Untersuchungen bei den Dogon in Westafrika* (Parin/Morgenthaler u. a. 1993). Das Forschungsziel bestand darin, »zu prüfen, ob sich die Technik der Psychoanalyse dazu eignet, das Innenleben von Menschen zu verstehen, die in einem traditionsgeleiteten westafrikanischen Gesellschaftsgefüge leben« (Parin 1965, 342), sowie Kenntnisse darüber zu erwerben, in welcher anderen Art und Weise sich bei ihnen das »Ich« aus dem »Es« entwickelt hat. »Der Sinn der Untersuchung ist der, Afrikaner so zu uns sprechen zu lassen, wie sie selber fühlen und denken, und sie dabei zu verstehen« (Parin/Morgenthaler u. a. 1993, 34). Aus den psychoanalytischen Erfahrungen bei den Dogon konnte abgeleitet werden, »daß die Psychologie des abendländischen Menschen nur einen Spezialfall der Möglichkeiten beschreibt, wie das menschliche Seelenleben beschaffen sein kann« (ebd., 534).

Das umfangreiche Material, das bei den Agni, die im tropischen Regenwald an der Elfenbeinküste leben, von Dezember 1965 bis Mai 1966 erhoben werden konnte, wurde in dem Band *Fürchte deinen Nächsten wie dich selbst. Psychoanalyse und Gesellschaft am Modell der Agni in Westafrika* (1971) verarbeitet (Parin/Morgenthaler u. a. 1971). Im Unterschied zur Untersuchung über die Dogon, in deren Mittelpunkt die Erfassung der psychischen Struktur einzelner Personen stand, wird in der Studie über die Agni die Wechselwirkung zwischen individuellen und gesellschaftlichen Strukturen besonders beachtet und die Stellung des Individuums im Rahmen seiner Kultur hervorgehoben. Ausgehend von den unterschiedlichen Bedingungen bei den Agni im Vergleich zu den Dogon kamen die Forscher zu der Annahme, daß sich auch bei der Psychologie der Agni tiefgreifende Unterschiede ergeben würden, und sie sahen darin auch eine »Herausforderung an die direkte Anwendung der psychoanalytischen Methode: Kann sie dazu beitragen, Menschen aus matrilinear organisierten Sozietäten zu verstehen, obzwar sie aus der Psychologie patrilinear geordneter entstanden ist und eine ihrer Grundkonzeptionen, der ödipale Konflikt – angeblich oder wirklich – ausschließlich der patriarchalen Familienorganisation entstammt?« (Parin/Morgenthaler u. a. 1971, 13).

Diese Fragestellung wurde in ein übergeordnetes Forschungsziel eingebettet: Mit Hilfe der Ethnopsychoanalyse bei den Agni sollte ein Beitrag zum Verhältnis von Psychoanalyse und Sozialwissenschaften geleistet werden, indem das Ineinandergreifen individueller und gesellschaftlicher Kräfte mit den technischen und methodischen Mitteln der Psychoanalyse aufgezeigt wird, unter Einbeziehung eines dialektisch-materialistischen Gesellschaftsmodells.

Das Ergebnis war, daß vor allem die Wirkungen der gesellschaftlichen Kräfte im Individuum zum Ausdruck kommen und im Vordergrund stehen und daß die biologischen Momente gegenüber den kulturellen und sozialhistorischen Bedingungen zurücktreten. Die Wirkung der gesellschaftlichen Kräfte im Individuum wurde mit den Begriffen des »Gruppen-Ich« und des »Clangewissens« theoretisch gefaßt, mit denen eine spezifische Ich und Über-Ich Entwicklung beschrieben wurde. Auch bei der Formierung der ödipalen Konflikte und der Aggression zeigten sich wesentliche Unterschiede zu Erfahrungen in der europäischen psychoanalytischen Praxis (Parin 1992; Parin/Parin-Matthèy 1988).

Die Erfahrungen der Psychoanalytiker in Westafrika standen im Wechselverhältnis mit denjenigen in der eigenen Gesellschaft. Die psychoanalytische Arbeit bei den Dogon und den Agni hat die Wahrnehmung für die Verhältnisse in der eigenen Gesellschaft geschärft. Durch diese Distanzierung konnten bei der psychoanalytischen Arbeit in der eigenen Kultur komplexe gesellschaftliche Prozesse erfaßt und in die psychoanalytische Theorie und Praxis miteinbezogen werden. Auf der theoretischen Ebene wurde diesen kulturvergleichenden Erfahrungen mit dem Modell der Anpassungsmechanismen des Ichs Rechnung getragen. Die Anpassungsmechanismen entlasten »das Ich in ähnlicher Weise von der ständigen Auseinandersetzung mit der Außenwelt [...] wie die Abwehrmechanismen das gegenüber den abgewiesenen Triebansprüchen leisten« (Parin 1977, 485). Damit konnte die soziale Umwelt nicht mehr wie bisher bei Freud und in den Modellen der psychoanalytischen Ich-Psychologie als unveränderliche Größe angesetzt werden, sondern es war möglich, unterschiedliche soziale und gesellschaftliche Gegebenheiten und Verhältnisse in der Struktur und für die Funktion des Ichs zu studieren und so die Leistungen des Ichs in einer sich verändernden und auf es einwirkenden Umwelt zu bestimmen.

Die Zürcher Psychoanalytiker haben mit ihrer Kritik des Medicozentrismus in der Psychoanalyse eine ethnozentrische Selbstaufklärung der Psychoanalyse in Theorie und Praxis geleistet. »Als Psychoanalytiker sind wir wegen der lebendigen Erfahrung mit Afrikanern freier und mutiger geworden, besser im Stande, auf die sozialen Beziehungen unserer Analysanden in Europa einzugehen, und weniger geneigt, ein Verhalten, das von unserem eigenen abweicht, als krankhaft

anzusehen. Das hat auch auf unsere theoretischen Anschauungen zurückgewirkt« (Parin/Morgenthaler u. a. 1993, 18).

Für die ethnopsychoanalytischen Erfahrungen ist es charakteristisch, daß mit ihnen die Grenzen zum Verständnis von Individuen in fremden Kulturen überwunden und in eine Pendelbewegung zwischen der eigenen und der fremden Kultur eingebunden wurden. Diese Leistung ist mit der von Freud vergleichbar, mit der er erstmals in der *Traumdeutung* die starre Abgrenzung zwischen dem, was als psychisch normal und krank in Psychiatrie, Psychopathologie und Psychologie gegolten hatte, auflöste. Damit konnte sich die Psychoanalyse von einer psychopathologischen Theorie zu einer allgemeinen Psychologie erweitern. Das fruchtbare Ergebnis der ethnopsychoanalytischen Grenzüberschreitung war: »Erst die Ethnopsychoanalyse hat eine Theorie des Subjekts mit dem bestehenden Wissen um die verschiedenen Kulturen zu einem neuen Wissen vom Menschen und seinen so vielfältigen Lebensformen und -möglichkeiten verbunden« (Parin 1982, 11).

Die ethnopsychoanalytischen Erfahrungen der Zürcher Wissenschaftler haben zu weiteren Untersuchungen angeregt, die sich die neuen methodischen und technischen Errungenschaften mit der Psychoanalyse in der Feldforschung zunutze machten (Reichmayr 2003). Es entstanden Arbeiten von Psychoanalytikern mit ethnologischem Interesse (Rodríguez Rabanal 1990, 1995; Maier 1996; Gerlach 2000) und von Ethnologen mit psychoanalytischen Qualifikationen (Nadig 1986; Weiss 1991; Kubik 2003, 2004), um nur auf einige Autoren hinzuweisen.

In der seit 1990 erscheinenden Reihe *Ethnopsychoanalyse* werden neuere Arbeiten vorgestellt. Es gibt theoretische Arbeiten zur Ethnopsychoanalyse, die sich mit ihrer Wissenschaftsgeschichte, der Rolle des Unbewußten im Verhältnis von Individuum, Kultur und Gesellschaft und mit methodischen Fragen befassen (Hauschild 1981; Erdheim 1982, 1988; Nadig 1992). Für die Entwicklung von genuin psychoanalytischen Methoden und Techniken, die bei der ethnologischen Anwendung der Psychoanalyse in der Feldforschung eingesetzt werden können, plädiert auch der psychoanalytisch geschulte Ethnologe Andras Zempléni, der über lange Jahre in Westafrika forschte und der Gruppe um den Ethnopsychiater Henri Collomb angehörte, der in den 1960er Jahren in Dakar ein gemeindenahes psychiatrisches Behandlungs-, Forschungs- und Ausbildungs-Zentrum schuf (Zempléni 1977, 87 f.).

Heute können wir beobachten, daß sich die Forschungsparadigmen in der Ethnologie, den Kultur-

und Sozialwissenschaften den wissenschaftstheoretischen und methodischen Positionen der Ethnopsychoanalyse annähern.

»Dies hängt auf methodologischer Ebene mit der psychoanalytischen Technik zusammen, die dem Unbewußten, der Subjektivität, dem Beziehungsverlauf und dem spezifischen Kontext (Rahmen/Setting) eine große Bedeutung beimißt, mit der Methode der freien Assoziation an konflikt- und prozeßhafte Verläufe anknüpft und an orts- und situationsspezifische Bedingungen und Beziehungen gebundenes Material erhebt und deutet. Je eindeutiger Parin, Morgenthaler und Parin-Matthèy diesen methodischen Ansatz in ihren ethnopsychoanalytischen Untersuchungen praktizierten, umso präziser nahmen sie damit die Konkretisierung poststrukturalistischer Forschungspostulate vorweg. Mit dem systematischen Einsatz der Technik der Psychoanalyse als Forschungsmethode im Feld wurde das sozialwissenschaftliche Tabu gegenüber der kontext-, der zeit- und standortbezogenen Interpretation gebrochen« (Nadig/Reichmayr 2000, 78 f.).

Literatur

Devereux, Georges: *Angst und Methode in den Verhaltenswissenschaften.* München/Wien 1973 (engl. 1967).

–: *Realität und Traum. Psychotherapie eines Prärie-Indianers.* Frankfurt a. M. 1985 (engl. 1951).

Erdheim, Mario: *Die gesellschaftliche Produktion von Unbewußtheit. Eine Einführung in den ethnopsychoanalytischen Prozeß.* Frankfurt a. M. 1982.

–: *Psychoanalyse und Unbewußtheit in der Kultur. Aufsätze 1980–1987.* Frankfurt a. M. 1988.

Fanon, Frantz: *Das kolonisierte Ding wird Mensch. Ausgewählte Schriften.* Leipzig 1986.

Fenichel, Otto: *119 Rundbriefe. Bd. 1. Europa (1934–1938).* Hg. von Johannes Reichmayr/Elke Mühlleitner. Bd. 2. *Amerika (1938–1945).* Hg. von Elke Mühlleitner/Johannes Reichmayr. Frankfurt a. M. 1998.

Gerlach, Alf: *Die Tigerkuh. Ethnopsychoanalytische Erkundungen.* Gießen 2000.

Hauschild, Thomas: Ethno-Psychoanalyse. Symboltheorien an der Grenze zweier Wissenschaften. In: Wolfgang Schmied-Kowarzik/Justin Stagl (Hg.): *Grundfragen der Ethnologie. Beiträge zur gegenwärtigen Theorie-Diskussion.* Berlin 1981, 151–168.

Heald, Suzette/Ariane Deluz (Hg.): *Anthropology and Psychoanalysis. An encounter through culture.* London/New York 1994.

Kubik, Gerhard: *Zur ontogenetischen Basis der Inzestscheu. Ein kulturvergleichender Ansatz.* Münster/Hamburg/London 2003.

–: *Totemismus. Ethnopsychoanalytische Forschungsmaterialien und Interpretationen aus Ost- und Zentralafrika, 1962–2002.* Münster/Hamburg/London 2004.

Maier, Christian: *Das Leuchten der Papaya. Ein Bericht von den Trobriandern in Melanesien. Mit einem Vorwort von Paul Parin.* Hamburg 1996.

Möhring, Peter/Roland Apsel (Hg.): *Interkulturelle psychoanalytische Therapie.* Frankfurt a. M. 1995.

Moro, Marie Rose: Aufwachsen im Exil. Ethnopsychoanalyse mit Eltern und Kindern. In: Pedrina u. a. 1999, 149–186.

Nadig, Maya: *Die verborgene Kultur der Frau. Ethnopsychoanalytische Gespräche mit Bäuerinnen in Mexiko. Subjektivität und Gesellschaft im Alltag von Otomi-Frauen.* Frankfurt a. M. 1986.

–: Der ethnologische Weg zur Erkenntnis. Das weibliche Subjekt in der feministischen Wissenschaft. In: Gudrun-Axeli Knapp/Angelika Wetterer (Hg.): *Traditionen Brüche. Entwicklungen feministischer Theorie.* Freiburg i. Br. 1992.

– /Johannes Reichmayr: Paul Parin, Fritz Morgenthaler und Goldy Parin-Matthèy. In: Uwe Flick/Ernst von Kardorff/Ines Steinke (Hg.): *Qualitative Forschung. Ein Handbuch.* Reinbek bei Hamburg 2000, 72–84.

Parin, Paul: Orale Eigenschaften des Ich bei Westafrikanern. In: *Schweizerische Zeitschrift für Psychologie und ihre Anwendungen* 24 (1965), 342–347.

–: Das Mikroskop der vergleichenden Psychoanalyse und die Makrosoziätet. In: *Psyche* 30 (1976), 1–25.

–: Das Ich und die Anpassungs-Mechanismen. In: *Psyche* 31 (1977), 481–515.

–: Vorwort zur deutschen Ausgabe. In: Boyer, L. Bryce: *Kindheit und Mythos. Eine ethno-psychoanalytische Studie der Apachen.* Stuttgart 1982, 9–12.

–: *Der Widerspruch im Subjekt. Ethnopsychoanalytische Studien.* Hamburg 1992.

–: *Psychoanalyse, Ethnopsychoanalyse, Kulturkritik. 245 Texte auf CD-ROM.* Hg. von Johannes Reichmayr, Willem van den Broek und Michael Reichmayr. Gießen 2004.

–: Ethnopsychoanalytische Erfahrungen mit einer Kulturdifferenz. Mitteleuropa trifft Westafrika. In: *Psyche* 59 (2005), 162–168.

Parin, Paul/Goldy Parin-Matthèy: *Subjekt im Widerspruch.* Frankfurt a. M. 1988.

Parin, Paul/Fritz Morgenthaler/Goldy Parin-Matthèy: *Fürchte deinen Nächsten wie dich selbst. Psychoanalyse und Gesellschaft am Modell der Agni in Westafrika.* Frankfurt a. M. 1971.

–: *Die Weissen denken zuviel. Psychoanalytische Untersuchungen bei den Dogon in Westafrika.* Hamburg 1993.

Parsons, Anne: Besitzt der Ödipuskomplex universelle Gültigkeit? Eine kritische Stellungnahme zur Jones-Malinowski-Kontroverse sowie die Darstellung eines süditalienischen Kernkomplexes. In: Werner Muensterberger (Hg.): *Der Mensch und seine Kultur. Psychoanalytische Ethnologie nach »Totem und Tabu«.* München 1974, 206–259.

Pedrina, Fernanda/Vera Saller/Regula Weiss/Mirna Würgler (Hg.): *Kultur, Migration und Psychoanalyse. Therapeutische Konsequenzen theoretischer Konzepte.* Tübingen 1999.

Reichmayr, Johannes: *Ethnopsychoanalyse. Geschichte, Konzepte, Anwendungen.* Gießen 2003.

– /Ursula Wagner/Caroline Ouederrou/Binja Pletzer: *Psychoanalyse und Ethnologie. Biographisches Lexikon der psychoanalytischen Ethnologie, Ethnopsychoanalyse und interkulturellen psychoanalytischen Therapie.* Gießen 2003. Siehe auch: www.chambre.at/lex-epsa

Rodríguez Rabanal, César: *Überleben im Slum. Psychosoziale Probleme in peruanischen Elendsvierteln.* Frankfurt a. M. 1990.

–: *Elend und Gewalt. Eine psychoanalytische Studie aus Peru. Unter Mitarbeit von Celina Rodriguez Drescher.* Frankfurt a. M. 1995.

Spain, David. H. (Hg.): *Psychoanalytic Anthropology after Freud. Essays Marking the Fiftieth Anniversary of Freud's Death.* New York 1992.

Weiss, Florence: *Die dreisten Frauen. Ethnopsychoanalytische Gespräche in Papua-Neuguinea.* Frankfurt a. M./New York 1991.

Zempléni, Andras: From Symptom to Sacrifice. The Story of Khady Fall. In: Vincent Crapanzano/Vivian Garrison: *Case Studies in Spirit Possession.* New York u. a. 1977, 87–139.

Johannes Reichmayr

14. Soziologie

Beide Wissenschaften verbindet eine lange und schwierige Geschichte, voll von Mißverständnissen, Streit und Kontaktproblemen. Trotzdem zeigen sowohl die Resultate ihrer Kooperation als auch eine systematische Analyse, daß ihre Kooperation sinnvoll ist – was wiederum die Probleme erklärungsbedürftig macht. Entsprechend werden im Folgenden zunächst die bisherigen Kontakte skizziert und anschließend die strukturellen Schwierigkeiten der Kooperation diskutiert. Darauf folgt noch ein Ausblick auf Möglichkeiten des Diskurses.

Die Beziehungsgeschichte von Psychoanalyse und Soziologie

Freud kannte die Soziologie kaum. Er hatte nur von Marx gehört (Durkheim zitiert er lediglich als Ethnologen), dessen Werk er für einseitig und politisch utopisch hielt. Unabhängig davon hatte er ein Weltbild, in dessen Mittelpunkt die Psychologie des Menschen stand. Aus ihr heraus entwickelte sich soziale Wirklichkeit – als Symptom, als bewußte oder unbewußte Bewältigung. Daher war für ihn Soziologie auch (nur) »angewandte Psychologie«. So beschreibt er in *Die Zukunft einer Illusion* die Welt als Jammertal, voller Unzulänglichkeiten, vor allem auch psychischer Art. Der Mensch sei (ähnlich wie bei Hobbes und Schopenhauer) ein nicht zum Glück geborenes und sozial nur mäßig angepaßtes bzw. begabtes Wesen. Die Regelung der sozialen Beziehungen sei notwendig, aber unerfreulich, weil sie zusätzliche Einschränkungen und Druck mit sich bringt. Alles in allem sei das Leben daher wenig angenehm – man muß arbeiten, gehorchen und seine Triebe beherrschen. Hier setzt für Freud die doppelte Funktion der Religion an: Sie diszipliniert und kanalisiert Triebimpulse und sie bietet (halluzinierte) Befriedigung von Erlösungs- und Schutzbedürfnissen. Dies gelingt, weil Religionen Projektionen einer mächtigen Vaterimago sind, also einem (unbewußten) inneren Bild entsprechen. Allerdings sind Religionen nur so lange nötig, wie keine bessere, sprich: bewußte Be-

wältigung der Probleme möglich ist, so daß Freud zumindest die Chance einer Zukunft ohne sozial formatierten Wahn und Repression sieht. – Was in der Sache aus verschiedenen Gründen problematisch ist, war jedoch ein neuer Blick auf Gesellschaft: Daß ihre Institutionen psychodynamische Ursachen haben können und latente psychodynamische Bedürfnisse behandeln, war eine neue, produktive Sichtweise, die von Freud selbst zunächst rudimentär und mit psychologischer Schlagseite verwendet wurde.

In Freuds Nachfolge spaltete sich diese Perspektive. Die »Rechtsfreudianer« übernahmen vor allem die Idee, daß soziale Institutionen Ausdruck unbewußter Konflikte sind und machten sich auf die Suche nach universellen Zusammenhängen. So sah beispielsweise Róheim (1977) den Ursprung der Tauschwirtschaft in der Mutter-Kind-Beziehung: Der Säugling bekommt Milch und gibt dafür Kot. Dieses reduktionistische Programm wurde von den »Linksfreudianern« heftig kritisiert. Sie versuchten stattdessen, die Dialektik von psychischer und sozialer Entwicklung (meist mit Hilfe marxistischer Konzepte) bezogen auf spezifische Themen darzustellen. So argumentierten etwa Fromm (1932) und Fenichel (1938), daß die ökonomische Entwicklung die Entstehung spezifischer Verhaltensweisen fördere und honoriere, deren Vorhandensein wiederum die Dynamik der Ökonomie fördere – die New Economy braucht Abenteurer; sie zieht sie an und wird dadurch beschleunigt.

Die öffentliche Auseinandersetzung um die Psychoanalyse führte dazu, daß sie auch von Soziologen zur Kenntnis genommen und kommentiert wurde. In der deutschsprachigen Soziologie wurde die Psychoanalyse nur zögerlich rezipiert; die Versuche, soziale Sachverhalte psychoanalytisch zu erklären, lösten meist Verärgerung aus und wurden energisch zurückgewiesen. Das Niveau der Auseinandersetzung schwankte dabei erheblich. In der Zeit bis 1933 gab es eine Reihe von Äußerungen, die vor allem durch massives Unverständnis und affektive Ablehnung auffallen. So stellt Spann im Rahmen seines generellen Feldzugs gegen »moralische Mörder und Frevler« Freud in eine Reihe mit Marx, Büchner, Darwin, Haeckel, J. St. Mill: »Heute stürmen ihre Nachfolger fast ungedeckt vor, nicht zum mindesten die Unholde der Geldgier und gar jene der Sexualität, die sich mit Männern wie Freud an der Spitze zur Führung der Welt anschicken (wie schwach stand doch der Sexualverbrecher Rousseau gegen Freud da!)« (Spann Bd. 12, 288). Entsprechend zufrieden war er, daß »man die Bücher des Unholdentums öffentlich ins Feuer warf« (ebd. Bd. 7, 181).

Einige Autoren wollten sichtlich nichts mit den von der Psychoanalyse angesprochenen Themen zu tun haben. So schrieb etwa Sombart, daß der Bereich des Erkennbaren überschritten werde, wenn »Beweggründe […] aus den Bereichen der rationalen Überlegung auf der Treppe der Tiefenpsychologie in die dunklen Gebiete des menschlichen Gefühls und Trieblebens, in die Katakomben und Kloaken der menschlichen Seele (Psychoanalyse!), ins Fabelreich des ›Unbewußten‹ hinabführen, wo kein Licht der Ratio mehr leuchtet, wo wir nichts mehr ›verstehen‹, sondern nur Regelmäßigkeiten registrieren und ordnen können (wie bei aller Naturerkenntnis)« (Sombart 1956, 13). Andere reagierten eher mit Kopfschütteln und Unverständnis (etwa Geiger 1928). Andere Autoren zeigten distanzierte Neutralität (Scheler, Jerusalem) oder bemühten sich um vorsichtige Annäherung (Mannheim, Oppenheimer). Max Weber hat Freuds Schriften zur Kenntnis genommen, sich aber nicht öffentlich zu ihnen geäußert. In einem Brief anerkannte er die Bedeutung, die eine gereifte psychoanalytische Theorie gewinnen könnte, wenn es ihr gelänge, ihre Behauptungen auf eine breitere empirische Basis zu stellen. Er schreibt an Else Jaffé: Es »unterliegt keinem Zweifel, daß Freuds Gedankenreihen für ganze Serien von kultur-, speziell *religions*-historischen und sittengeschichtlichen Erscheinungen zu einer Interpretationsquelle von sehr großer Bedeutung werden *können*« (Weber Bd. 11/5, 394). Sehr kritisch kommentierte er dagegen Versuche, aus ihr eine »Weltanschauung« zu entwikkeln. Eine ähnliche Position vertrat Scheler (»Die junge psychoanalytische Wissenschaft hat uns – trotz ihrer Übertreibungen – […] noch viel zu sagen über die Schicksalsbildung des Menschen«, Scheler 1923, 272). Noch positiver waren die Einschätzungen beispielsweise von Jerusalem (1925) und Vleugels (1923/24), der im Rahmen der in den 1920er Jahren florierenden »Soziologie der Masse« eine Kooperation von Soziologie und Psychoanalyse für produktiv erachtete.

Die Entwicklung in den USA

Insgesamt litt die deutschsprachige Auseinandersetzung nicht nur an einer gewissen Oberflächlichkeit, sondern auch an Schwerblütigkeit. Die Diskussionen gehen meist schnell ins Prinzipielle: Ob man so überhaupt denken darf und kann, ob die Freudsche Psychoanalyse nicht »die Krankheit ist, für deren Heilung sie sich hält« (so bekanntlich Karl Kraus). Davon unterscheidet sich der amerikanische Diskurs ganz erheblich. Auch in den USA hat die Freudsche Theorie für erhebliche Kontroversen gesorgt, aber die Reaktion des akademischen Betriebs war – entsprechend der stärkeren Bereitschaft in den USA, Neues auszuprobieren – neugierig und aufgeschlossen. Man schaute sich an, was geboten wird, und überlegte, was davon zu nutzen sei. So ergab sich eine wesentlich differenziertere und entspanntere Auseinandersetzung, in deren Verlauf eine ganze Reihe von Autoren im Theorieangebot der Psychoanalyse bei aller Kritik sinnvolle Anknüpfungspunkte sah: Lasswell, Ogburn, Burgess und andere bescheinigten ihr Relevanz für die Entwicklung der Methoden empirischer Sozialforschung. Lasswell sah Freuds wichtigste methodische Leistung in der Entwicklung einer neuen Sichtweise interpersonalen Geschehens, der er methodisch wie theoretisch große Bedeutung zumaß: »It seems safe to conclude […] that we are on the threshold of rapid advance throughout the entire range of social scientific research, and that this advance will be enormously faciliated in the future, as in the past, by the work of Freud« (1939, 390). Eine ganze Reihe von Autoren sah im psychoanalytischen Denken wichtige Bausteine einer modernen Gesellschaftstheorie. Ogburn (1922) übertrug einige von Freuds Konzepten auf soziale und ökonomische Veränderungen – nicht zuletzt auch deswegen, weil er eine ähnliche Weltsicht vertrat und Freud ihm als willkommener Bündnisgenosse erschien. Burgess (z. B. 1939) billigte der Psychoanalyse eine wichtige Erklärungsleistung zu und skizzierte gemeinsame Projekte von Soziologie und Psychoanalyse. Talcott Parsons integrierte sie schließlich in prominenter Funktion in seine strukturell-funktionale Theorie. Parsons gehörte zu den wenigen Theoretikern mit Doppelqualifikation. Auf Grund einer Lehranalyse und intensiver theoretischer Beschäftigung war er einer der wenigen, die über Anwendungen vor allem der Kulturtheorie auf soziologische Fragestellungen hinauskamen. Von ihm stammt die – neben den Entwürfen der Theoretiker im Umfeld der Kritischen Theorie – einzige systematische Kooperations- und Integrationsmatrix von Soziologie und Psychoana lyse: Er untersuchte, wie Gesellschaften über die Formatierung von Ich, Es und Über-Ich passende Persönlichkeitsmerkmale zu erzeugen versuchen, und wie erst durch die Internalisierung von sozialen Programmen Handeln »gesellschaftsfähig« wird. (z. B. 1951, 1953; eine nähere Diskussion dieses bemerkenswerten Entwurfs würde diesen Rahmen sprengen.)

In einem Rück- und Überblick im Jahr 1957 sah Hinkle noch eine blühende Kooperation und fruchtbare Perspektiven. Es kam jedoch anders. Der Diskurs erlahmte. Auch wenn noch weiterhin Monographien wie die von Weinstein und Platt erschienen (1975) – den Eindruck einer vielversprechenden Kooperation gewinnt man schon lange nicht mehr. Dazu hat nicht nur die anhaltende Kritik an psychoanalytischen Vorstellungen beigetragen. Unter dem Vorzeichen des Methodologischen Empirismus führten wissenschaftstheoretische Auseinandersetzungen naturgemäß zu einer strikten Ablehnung der Psychoanalyse. Erinnert sei nur an Poppers und Nagels Verdikt: Was keine (eindeutig) prüfbaren Hypothesen hervorbringt, ist keine Theorie. (Auch) diese Kritik an der Psychoanalyse war von wenig Sachkenntnis getrübt und ging in keiner Weise auf die Erkenntnisprobleme psychodynamischer Prozesse ein (vgl. Schülein 1999). Stärker noch mag die Generationsfolge gewirkt haben – die »postparsonische« Soziologie trennte sich konsequent von vielem, was vorher wichtig und richtig erschien. Auf jeden Fall war die Psychoanalyse inzwischen auch in gewisser Weise zum Normalinventar an Theorien geworden; andere Theoriemodelle hatten die Position einer vielversprechenden Innovation eingenommen, während die Psychoanalyse (zu) eng dem Denken der Vorkriegszeit verwandt schien. Parsons' Nutzung der »Über-Ich«-Theorie als Modus der Anpassung des Individuums an soziale Strukturen machte sie zu einer Zielscheibe in der Auseinandersetzung am »oversocialized concept of man« (Wrong 1961, 183–193). In den 1990er Jahren hat dann die »neurobiologische Wende« durch die Entwicklung der Gehirnforschung erheblich dazu beigetragen, daß die psychodynamische Semantik als obsolet eingeschätzt wurde.

Die Diskussion in Deutschland

Die deutschsprachige Diskussion der Thematik verlief in der Nachkriegszeit zunächst vorsichtig, aber im Prinzip positiv. Kenntnisse der Psychoanalyse gehörten auch zur Grundausstattung der Soziologie. Die Exponenten verschiedener Richtungen waren sich einig, daß ihre Lehren zwar Verzerrungen und

Einseitigkeiten enthielten, sie jedoch zur Entwicklung und Verbesserung der Soziologie beitragen können – sowohl v. Wiese (1950/51) als auch König (1973) und Adorno (1955) äußerten sich in diesem Sinne (und meinten damit jeweils Verschiedenes). In gewisser Weise bestätigt wurde dieser Optimismus dadurch, daß sowohl in den USA als auch in Deutschland einige psychoanalytisch orientierte Zeitdiagnosen zu Bestsellern wurden. Riesmans *Die Einsame Masse* (1958) mit ihrer griffigen Unterscheidung zwischen dem traditionsgeleiteten, dem innengeleiteten und dem außengeleiteten Menschen als Modellen traditioneller, frühmoderner und fortgeschrittener Industriegesellschaften gewann ebenso Orientierungswert wie die Interpretation der Nachkriegszeit und ihrer Verleugnung des Nationalsozialismus als *Unfähigkeit zu trauern* (Mitscherlich/Mitscherlich 1967) oder die *Vaterlose Gesellschaft* (Mitscherlich 1963) als Stichwort für eine Kultur, in der die väterliche Autorität blaß und durch Systemlogik ersetzt wird.

Dann kamen die wilden 1960er Jahre (ich vereinfache), die die Soziologie ebenso überraschten wie die Nachkriegsgesellschaft. Mit der »bürgerlichen Gesellschaft« geriet auch die »bürgerliche Soziologie« unter Beschuß einer eruptiven Opposition. Eine der vielen Frontlinien war dabei die Auseinandersetzung um die normative Ordnung der Nachkriegszeit, die mit der strukturellen Modernisierung nicht mitgehalten hatte. Die damit verbundenen Konflikte wurden als Gegensätze von restaurativ/konservativ und fortschrittlich/revolutionär aufgefaßt und dargestellt, wobei nicht zuletzt den Themen ›Sexualität‹ und ›Konsum‹ eine Schlüsselstellung zugewiesen wurde. Im Kampf gegen »repressive Sexualmoral« und den »Konsumterror« dienten dabei nicht zuletzt die frühen Schriften von Wilhelm Reich und die späten von Herbert Marcuse als theoretisches Rüstzeug. Der frühe Reich war ein ungewöhnlicher Kliniker und engagierter Sozialpolitiker, der unter schwierigen Umständen und mit plakativen Mitteln versuchte, psychoanalytische Erkenntnisse gegen die Borniertheit des zeitgenössischen Verständnisses von psychodynamischen Problemen zu setzen. Der späte Marcuse hatte den Schwung eines großen, scharfsinnigen Visionärs, dessen Idealisierungen gut zum Selbstverständnis (von Teilen) der Studentenbewegung paßten. Das Erklärungspotential ihrer Schriften war naturgemäß doppelt limitiert, aber der damit verbundene Vereinfachungseffekt kam dem Bedürfnis ebenfalls entgegen.

Dadurch geriet auch die Psychoanalyse in den Sog der Auseinandersetzungen. Sie wurde als Zeuge und

Helfer gegen die Repressivität der bürgerlichen Gesellschaft und die Unfähigkeit der Soziologie, diese Themen zu behandeln, angeführt und eingesetzt – oft mehr als Schlaginstrument denn als Argument. Ein Titel wie *Die Funktion des Orgasmus* (Reich) – ein im übrigen weitgehend klinischer Text – reichte oft, um die gewünschte Signalwirkung zu erreichen. Analoges spielte sich in bestimmten Kreisen gesellschaftskritischer Diskussion ab. Um die (angeblich) angepaßte und ideologisch verzerrte bürgerliche Soziologie zu ersetzen, wurde die Marxsche Theorie mit psychoanalytischen Konzepten kombiniert. Es entwickelte sich eine Art Neuauflage der Freud-Marx-Debatte der 1920er Jahre (vgl. Kap. IV.8).

Strukturelle Schwierigkeiten der Kooperation

Wie immer, wenn Themen und Paradigmen Konjunktur haben, entwickelte sich daraus eine Literatur-Blase aus Texten, die schnell und inkompetent produziert wurden (vgl. z. B. die Texte von Schneider und Duhm) – eine Fülle von selbsternannten Experten machte sich daran, aus Freud und Marx ein Wunderelexier zur Erklärung (und Lösung) aller Probleme zu brauen. Und wie meistens bekam auch dieses Strohfeuer der Entwicklung der Theorien nicht. Sowohl ihre Instrumentalisierung für sachfremde Zwecke als auch die damit verbundenen wenig durchdachten Zugriffe auf sensible Theorieangebote bewirkten einen Bumerangeffekt. Die Nachfolgediskurse wollten mit der Asche des Strohfeuers nichts zu tun haben. Seitdem ist das Zitieren von Marx und Freud in der deutschsprachigen Mainstream-Soziologie kaum mehr möglich und gilt als degoutant, mindestens aber als Zeichen der Zugehörigkeit zu veralteten und marginalen Diskursen.

Aber auch unabhängig von dieser Logik von Theorieverschleiß und nachfolgender Abstoßungsreaktion wäre eine Fortsetzung des Dialogs zwischen Soziologie und Psychoanalyse eher unwahrscheinlich gewesen. Denn die dazu erforderlichen strukturellen Bedingungen hatten sich nicht hinreichend entwikkelt. Generell sind interdisziplinäre Diskurse schwierig. Vor allem, wenn sich Überschneidungen im Erklärungsanspruch ergeben, werden die Beteiligten in ihrer Fachidentität erschüttert (vgl. dazu ausführlicher Schülein 2002). Das verschärft die Konkurrenz und damit die Tendenz, sich auf sicheres Terrain (das eigene) zurückzuziehen und die andere Seite abzuweisen und abzuwerten. Es gibt also keine problemlose Grenze, keine problemlose Schnittmenge. Dies erschwert den Aufbau eines gemeinsamen Themenfeldes und methodischer Kooperation. Für Soziologie und Psychoanalyse gilt dies in aller Schärfe, weil es erhebliche Schnittmengen gibt: Beide beschäftigen sich mit der Steuerung von Handeln und den damit verbundenen Auswirkungen, aber sie tun dies mit gänzlich verschiedenen, sich prima vista ausschließenden und negierenden Strategien. Dadurch geraten sie leicht, fast unvermeidlich in eine Erklärungskonkurrenz.

Dazu kommt erschwerend eine strukturelle interne Ähnlichkeit. Beide Fächer haben jedes für sich ganz erhebliche Balanceprobleme: Sie besitzen keine eindeutige Identität, keinen harten Kern an sicheren Methoden und Theorien, nicht einmal ein eindeutiges Thema. Es gibt weder »die« Soziologie noch »die« Psychoanalyse. Beide sind multiparadigmatisch und präsentieren sich als ein vergleichsweise disparates Nebeneinander unterschiedlicher Ansätze und Denkschulen. Das belastet die innere Stabilität und damit auch die Außenkontakte auf beiden Seiten, aber auch die Ansprechbarkeit und Zurechenbarkeit von außen. Zumindest ergibt sich etwa für die Soziologie das zusätzliche Problem, es nicht mit einer einzigen Theorie, sondern mit einem Spektrum an objektpsychologischen, bindungstheoretischen, ichpsychologischen, orthodoxen, kleinianischen, lacanianischen oder anderen Ansätzen zu tun zu haben und mit Eigenmitteln weder deren Dissens noch Konsens behandeln zu können.

Entsprechend schwierig ist hier ein Diskurs. Er verlangt ein hohes Maß an Bereitschaft und Fähigkeit, Dezentrierungen (möglicherweise sogar Depotenzierungen) auszuhalten, sich auf heterodoxe Sichtweisen einzulassen, was entsprechende Absicherungen und Vorkehrungen verlangt. Daran mangelte es jedoch auf beiden Seiten. Die Psychoanalyse hat sich weitgehend als klinische Institution etabliert, die ihre Aktivitäten auf (eine bestimmte Art von) Therapie konzentriert. Dies hat Innen- wie Außeneffekte. Die Einseitigkeit der Ausrichtung und der fehlende Kontakt zu externen Entwicklungen führten dazu, daß der Freudsche Anspruch, die Psychoanalyse als Allgemeine Psychologie zu entwickeln, nicht in gleichem Maße realisiert wurde wie die therapeutischen Möglichkeiten. Gleichzeitig hat die Psychoanalyse es versäumt, sich in der (Wissenschafts-)Öffentlichkeit hinreichend deutlich zu präsentieren und auf sich aufmerksam zu machen. Es fehlt ihr an akademischer Präsenz, was zu einer weitgehenden Binnenorientierung mit entsprechenden Isolationsschäden beitrug. Umgekehrt sind dadurch Weiterentwicklungen im Arkanum der berufsständischen Vereinigungen verblieben und kaum nach außen gedrungen. Die Isolation der Psychoanalyse ist dabei ein Effekt beidseitiger Bemühungen. Während seitens der akademischen Wissenschaften die Angebote der Psychoanalyse häufig ignoriert oder ohne ernsthafte Auseinandersetzung abqualifiziert wurden, zog sich die Psychoanalyse weitgehend hinter die Mauern der Profession zurück und verzichtete lange auf Außenkontakte. Erst in den 1990er Jahren wurde diese Politik zumindest teilweise korrigiert. Bis dato ist davon jedoch keine allzu externe Wirkung ausgegangen.

Die Soziologie hat es ihrerseits versäumt, sich genauer über die Psychoanalyse zu informieren. Zunächst hat die externe Bedeutung der Psychoanalyse (als Teil der Allgemeinbildung und der öffentlichen Diskurse) abgenommen, so daß von dort wenige Anregungen kommen und auch nur noch sehr begrenzt Basiskenntnisse über Freud und die Psychoanalyse vorhanden sind. Aber auch die interne Auseinandersetzung hat sich nicht weiterentwickelt. Daß die frühen Äußerungen der Soziologie zum Thema das Potential der Psychoanalyse verkannten bzw. auf problematische Weise zu nutzen versuchten, hing nicht nur mit geringer Sachkenntnis bzw. oberflächlicher Lektüre zusammen. Entscheidend war nicht zuletzt, daß beide Sichtweisen noch in Frühphasen ihrer Entwicklung steckten. Besonders die Psychoanalyse befand sich ganz am Anfang und war zwangsläufig in vieler Hinsicht krude und unterentwickelt. Ihr Leistungsvermögen mußte daher aus in den von Freud vorgelegten Ansätzen erst herausgearbeitet werden, was entsprechend intensive Auseinandersetzung vorausgesetzt hätte. Dies wiederum war für viele – vor allem die von Themen und Methoden irritierten – Leser zu schwierig. Spätere Entwicklungen sind dagegen kaum oder nicht zur Kenntnis genommen worden. Dadurch bleibt die Auseinandersetzung mit ihr auf dem Niveau ihrer Frühphase. Die Psychoanalyse, zumal die moderne, ist in der Soziologie weitgehend unbekannt.

Zukünftige Möglichkeiten des Diskurses

Kurz: Die Psychoanalyse existiert gegenwärtig in der Soziologie nur als Gerücht, um nicht zu sagen: als Gespenst aus vergangenen Zeiten – mit einer Ausnahme, die jedoch einen bestimmten Sonderbereich betrifft: die Organisationsanalyse. Hier gibt es seit längerem – sozusagen ungestört von den sonst herrschenden Störungen – eine intensive Kooperation von Organisationstheorie und Psychoanalyse (vgl. z. B. Sievers u. a. 2003). In diesem Grenzbereich hat sich – vor allem bei Praktikern – gezeigt, daß es nicht nur die Möglichkeit, sondern die Notwendigkeit der

wechselseitigen Ergänzung gibt, weil die Dynamik von Organisationen nur unter Einbezug der Akteure und das Handeln der Akteure wiederum nur unter Einbeziehung ihrer bewußten und unbewußten Impulse verständlich wird. Rangkämpfe und Mobbing, destruktive Gruppenlähmungen und Führungskonflikte sind nicht (allein) auf Fehler der formalen Struktur zurückzuführen. Was als »Mikropolitik« oder als strategische Spiele bezeichnet wird, ist häufig imprägniert von psychodynamischen Programmen der Beteiligten. Hier kann psychoanalytisches Denken helfen, ein differenzierteres und qualifizierteres Bild der Problemlage zu gewinnen und Interventionsstrategien zu entwickeln. Daher gibt es hier eher viele Grenzgänger und Kooperationsformen.

Das ändert nichts daran, daß der Diskurs im Kern der Fächer darniederliegt bzw. nicht vorhanden ist. Daran wird sich nichts ändern, wenn sich nicht die Rahmenbedingungen ändern: Die Soziologie muß verstehen, daß sie allein mit eigenen Mitteln nicht imstande ist, hinreichende subjekttheoretische Vorstellungen hervorzubringen und die dafür erforderliche Kontaktfähigkeit zu entwickeln. Mutatis mutandis gilt dies auch für die Psychoanalyse. Sie muß zusätzlich ihre ›Außenpolitik‹ grundsätzlich ändern. Sie muß offensiver werden, ihren Platz im Feld der Wissenschaften aktiv suchen, statt sich auf ihre therapeutischen Anwendungen zu beschränken. – Was wäre dabei zu gewinnen? Für beide Seiten eine Ausweitung ihres Reflexionspotentials. Nimmt man das Thema ›Handlung‹ (vgl. Schülein 1998), so zeigt sich die Möglichkeit, zunächst genetisch einen differenzierteren Zugang zu gewinnen. Die Soziologie spricht von Sozialisation und meint damit, daß Sprache, Denken, Handeln und Fühlen unter dem Einfluß der sozialen Bedingungen (vermittelt durch die primären Bezugspersonen) entwickelt und geformt werden. Wenn man nicht von einer bloßen Einprägung sozialer Bedingungen ausgehen will, gehört dazu eine Vorstellung, was denn da beeinflußt wird, wie externe Bedingungen in interne Verhältnisse umgesetzt werden und interne Impulse sich auf die Bedingungen auswirken. Eine solche Theorie der Psyche und der psychodynamischen Entwicklung bietet die Psychoanalyse. Zusammen können beide Theorien klären, wie es möglich ist, daß jeder Sozialisationsprozeß individuell ist und dennoch sowohl sozial als auch psychisch ein spezifisches Profil gewinnen kann – wie biopsychische Ausstattung und sozialer Kontext interferieren und zur Entwicklung etwa eines »außengeleiteten« Menschen führen, der sein Handeln an dem orientiert, was er für sozial opportun hält. Weder Soziologie noch Psychoanalyse können ein Thema dieser Art allein behandeln.

Darüber hinaus könnte in Kooperation der Ablauf von Handlungen wesentlich besser analysiert werden. Die Soziologie kann erklären, wie eine Situation, in der gehandelt wird, aussieht: Was sie für soziale Vorgaben (von Statushierarchien bis zu den materialisierten Normen) enthält, welche Erwartungen und Handlungsalternativen wirksam sind, was die Aufrechterhaltung von Sozialordnung und sozialer Identität verlangt. Sie kann auch die soziale Ausstattung der Akteure beschreiben – was typische Kognitionen, Dispositionen, Ausdrucksformen sind. Die Psychoanalyse kann beschreiben, in welcher Form die äußeren Gegebenheiten intrapsychisch verarbeitet werden und wie umgekehrt intrapsychische Gegebenheiten – Bedürfniskonfigurationen, Ängste, Hoffnungen, Sehnsüchte – sich an Situationen festmachen. Aus beiden Vorgaben läßt sich das Profil einer intrapsychischen Verarbeitung von Handlungsaufforderungen entwickeln: Welche bewußten und unbewußten inneren Assoziationen und Dispositionen durch die Situation aktiviert werden, wie die daraus resultierende psychische Dynamik erlebt und zugleich bewußt (auf der Basis vorhandenen Wissens) reflektiert und abgewogen wird (z. B.: welche Handlungsalternativen werden entwickelt und welche Konsequenzen erwartet man sich von ihnen?). Es ließe sich dann das Ergebnis dieser inneren Verhandlungen, der Handlungsentwurf als Resultat eines »Kräfteparallelogramms« beschreiben und verstehen, was seine Umsetzung in Handlungen manifest und latent zum Ausdruck bringt und wie dadurch die Situation verändert und die anderen Akteure auf spezifische (multiple) Weise stimuliert werden.

Analog lassen sich auch weitere Ebenen der sozialen Realität behandeln – Interaktionen, konkrete Sozialorganisationen, abstrakte Sozialstruktur und schließlich auch die der Gesellschaft als Gesamtzusammenhang der sozialen wie der psychischen Faktoren. Entsprechende Versuche sind nicht leicht, sie sind riskant, aber sie lohnen sich.

Literatur

Adorno, Theodor W.: Zum Verhältnis von Soziologie und Psychologie. In: *Sociologica*. Frankfurt a. M./Köln 1955.
Burgess, Ernest W.: The Influence of Sigmund Freud upon Sociology in the United States. In: *American Journal of Sociology* 45 (1939), 356–375.
Duhm, Dieter: *Angst im Kapitalismus*. Lampertheim 1972.
Fenichel, Otto: The Drive to Amass Wealth. In: *Psychoanalytic Quarterly* 7 (1938), 69–95.
Fromm, Erich: Die psychoanalytische Charakterologie. In: *Zeitschrift für Sozialforschung* 1 (1932), 28–54.
Geiger, Theodor: *Die Gestaltung der Geselung*. Karlsruhe 1928.
Hinkle, Gisela J.: Sociology and Psychoanalysis. In: H. Becker/A. Boskoff (Hg.): *Modern Sociological Theory*. New York 1957, 574–603.
Jerusalem, Franz W.: *Soziologie des Rechts I. Gesetzmäßigkeiten und Kollektiv*. Jena 1925.
König, René: Psychoanalyse und sozialer Wandel. In: *Kölner Zeitschrift für Soziologie und Sozialpsychologie* 25 (1973), 611–618.
Lasswell, Harold D.: The Contribution of Freud's Insight Interview to the Social Sciences. In: *American Journal of Sociology* 45 (1939), 375–390.
Marcuse, Herbert: *Der eindimensionale Mensch*. Berlin 1967.
Mitscherlich, Alexander: *Auf dem Weg zur vaterlosen Gesellschaft. Ideen zur Sozialpsychologie*. München 1963.
– /Margarete Mitscherlich: *Die Unfähigkeit zu trauern. Grundlagen kollektiven Verhaltens*. München 1967.
Ogburn, William F.: *Social Change*. New York 1992.
Parsons, Talcott: *The Social System*. Glencoe, Ill. 1951.
–: Psychoanalysis and Social Science. In: F. Alexander/H. Ross (Hg.): *Twenty Years of Psychoanalysis*. New York 1953, 186–215.
Reich, Wilhelm: *Massenpsychologie des Faschismus*. Kopenhagen/Wien/Zürich 1933.
Riesman, David: *Die einsame Masse*. Reinbek 1958 (engl. 1953).
Róheim, Géza: *Psychoanalyse und Anthropologie*. Frankfurt a. M. 1977.
Scheler, Max: *Die Wissensformen und die Gesellschaft*. Leipzig 1923.
Schneider, Michael: *Neurose und Klassenkampf*. Reinbek 1973.
Schülein, Johann August: Handlungstheorie und Psychoanalyse. In: A. Balog/M. Gabriel (Hg.): *Soziologische Handlungstheorie. Einheit oder Vielfalt*. Opladen 1998, 285–315.
–: *Die Logik der Psychoanalyse. Eine erkenntnistheoretische Studie*. Gießen 1999.
–: *Autopoietische Realität und konnotative Theorie. Über Balanceprobleme sozialwissenschaftlichen Erkennens*. Weilerswist 2002.
Sievers, Burkard u. a. (Hg.): *Das Unbewusste in Organisationen*. Gießen 2003.
Sombart, Werner: *Der Bourgeois* [1913]. München 1956.
Spann, Othmar: *Gesamtausgabe*. Graz 1965 ff.
Vleugels, Wilhelm: Zu Freuds Theorie von der Psychoanalyse. In: *Kölner Vierteljahreshefte für Soziologie* 3 (1923/24), 42–75.
Weber, Max: *Gesammelte Werke*. Tübingen 1986 ff.
Weinstein, Fred/Gerald M. Platt: *Psychoanalytische Soziologie*. München 1975.
Wiese, Leopold v.: Soziologie und Psychoanalyse. In: *Kölner Zeitschrift für Soziologie und Sozialpsychologie* 3 (950/51), 459–469.
Wrong, Dennis H.: The Oversocialized Concept of Man in Modern Sociology. In: *American Sociological Review* 26 (1961), 183–193.

Johann August Schülein

15. Politische Psychologie

In der 35. und abschließenden Vorlesung der *Neuen Folge der Vorlesungen zur Einführung in die Psychoanalyse* (»Über eine Weltanschauung«) äußert sich Freud im Jahr 1932 über den Marxismus, dessen Entwicklung von einer materialistischen Wissenschaft zur religionsähnlichen Weltanschauung und die Erfolgsaussichten des an sich begrüßenswerten sozialen Experiments der bolschewistischen Revolution in Rußland (GW XV, 193 ff.). Derartige Äußerungen sind sehr selten in Freuds Werk und stehen an dieser Stelle der *Vorlesungen* eigentlich schon außerhalb des wissenschaftlichen Werks im engeren Sinne. Freud scheint sich, was politische Themen angeht, distanziert, fast schon abstinent verhalten zu haben. Dieser Eindruck ändert sich, wenn man seine letzte große Abhandlung *Der Mann Moses und die monotheistische Religion*, geschrieben in den Jahren 1934 bis 38 und 1939 (GW XVI) publiziert, als eine Antisemitismustheorie liest, die sie ohne Zweifel auch ist, wie etwa Richard J. Bernstein (1998/2003) zeigt. Eine derartige »politische Lektüre« legen durchaus auch andere Schriften Freuds nahe. Und kürzlich ist sogar die These vertreten worden, der Gehalt des Freudschen Werks insgesamt erschließe sich überhaupt erst in einer politischen Lektüre (Brunner 1995/2001). Auf die richtige Spur, was eine Politische Psychologie angeht, geraten wir endgültig, wenn wir uns an die Bemerkung Helmut Dahmers erinnern, in Otto Fenichels streng systematischem Lehrbuch der *Psychoanalytischen Neurosenlehre*, dessen allgemeiner Teil erst in der amerikanischen Emigration verfaßt wurde, finde sich ein bedeutsamer politischer Gehalt als in den Schriften seiner freudo-marxistischen Phase, wenn man einmal von seiner Kritik am psychoanalytischen Psychologismus absehe. Für Freud gilt das natürlich ganz genau so, d.h. gerade der Kernbereich seiner Lehre bietet einer Politischen Psychologie ein immer noch unausgeschöpftes Konzept- und Methodenarsenal. Die Möglichkeit seiner entsprechenden Verwendung hängt allerdings vom Verständnis dessen ab, was Politische Psychologie sei.

Was ist Politische Psychologie?

Die Politische Psychologie ist keine – zumindest noch keine – wissenschaftliche Disziplin oder Teildisziplin. Das gilt in besonderer Weise für eine Politische Psychologie, die sich an der Lehre Freuds und der Psychoanalyse orientiert. Die Frage ist, ob sie in dieser Form, nämlich als wissenschaftliche Disziplin, insbesondere für eine psychoanalytische Politische Psychologie überhaupt ein erstrebenswertes Ziel wäre oder ob gerade ihr der Status eines auf spezifische historisch-gesellschaftliche Konstellationen bezogenen wissenschaftlichen Analyse- und Arbeitsfeldes nicht angemessener wäre. Das schlösse ein, daß eine nicht vollständig von den Idiosynkrasien der besonderen Lebensgeschichte eines einzelnen Forschers, wie Freud ihn im übrigen selber repräsentierte, abgezogene Sichtweise zum Einsatz kommen könnte. Der Preis von Abstrichen vom wissenschaftlichen Ideal einer vollkommenen methodischen Übertragbarkeit und einer restlosen Intersubjektivität wäre angesichts des zu erwartenden Erkenntnisgewinns vielleicht nicht zu hoch. Noch über diese Gestalt einer wissenschaftlichen (Teil-)Disziplin hinausgehend schwebte es Klaus Horn (1975) offenbar vor, eine psychoanalytisch informierte Politische Psychologie als eine Art Meta- oder Vermittlungsdisziplin für andere Sozialwissenschaften auszubauen, während Peter Brückner (1967, 1970) sie etwa zeitgleich in einem Zirkel von eigenem praktisch-politischem Engagement, das er gleichsam als *action research* verstand, und der psychologisch-psychoanalytischen Reflexion auf dieses Handeln angesiedelt sah – als eine Art Medium der Selbstverständigung Einzelner oder einer Gruppe, die sich für die Änderung gesellschaftlicher Verhältnisse einsetzt. »Politik« bleibt, gerade in der Perspektive einer Politischen Psychologie, auch in der wissenschaftlichen Betrachtungsweise ein spezifischer Gegenstand. Sie muß sich ihrer wie immer gearteten Verbindung zu Handelnden, Hoffenden und Leidenden sicher sein, was den wissenschaftlichen Betrachter selber einschließt, ohne sich dabei jedoch von den

sie tragenden wissenschaftlichen Ressourcen abzu-
schneiden: Natürlich muß der Unterschied zur bloßen Meinung und zur politischen Tagesschriftstelle-
rei markierbar bleiben. Das heißt aber auch, daß sie
im Kontext kritischer, nicht traditioneller Theorie
(Horkheimer 1937) den ihr eigentümlichen Ort findet.

Wenn Politische Psychologie kein eigenständiges
wissenschaftliches Fach ist, aber auch keine Teil- oder
Unterdisziplin eines Faches, etwa der Psychologie,
der Soziologie oder der Politischen Wissenschaft, auf
das sie sich als ihr Fundament im Sinne einer angewandten Wissenschaft beziehen könnte und wenn sie
als Sichtweise und Arbeitsrichtung zu betreiben ist,
so folgt daraus ihre Inter- bzw. Transdisziplinarität
und vielleicht auch die Tatsache, daß sie stärker als
andere wissenschaftliche Anstrengungen »außerwis-
senschaftlichen Bestimmungsgründen« (P. Brückner)
sowie praktisch-politisch motivierten Erkenntnisinteressen unterliegt. Zu den genannten Wissenschaften tritt sie als Sichtweise in ein kritisches und/oder
kompensatorisches Verhältnis, um dort, wie Horkheimer (1932) es genannt hat, »hilfswissenschaftli-
che« Funktionen zu übernehmen. Seiner Auffassung
nach könnte sie sogar, einen bestimmten Zustand der
Gesellschaft vorausgesetzt, in dem wesentlich noch
psychologische Faktoren die Bindung der Menschen
an die politische Form der Herrschaft bestimmen,
zur Bezugs- und Leitwissenschaft der kritischen Gesellschaftstheorie werden, so daß gleichsam eine
»Kritik der politischen Psychologie« die »Kritik der
politischen Ökonomie« ablöste – eine Änderung des
»Rangverhältnisses von Ökonomik und Psychologie
hinsichtlich der Geschichte« (ebd., 58) eintreten
könnte.

Einen derartigen Paradigmenwechsel hat Herbert
Marcuse übrigens in seiner erst spät und nach der
Trennung vom Institut für Sozialforschung einsetzenden Freud-Rezeption perspektivisch angedeutet.
In *Eros und Kultur* bzw. *Triebstruktur und Gesellschaft*
(1955/1957) versucht er zu zeigen, daß man alle metapsychologischen Grundlagen der Psychoanalyse
einschließlich der Todestriebhypothese aufrecht erhalten kann, ohne deswegen, wie Freud es tat, ein
gattungsgeschichtliches Verhängnis annehmen zu
müssen, in dessen Verlauf, wie es aus dem *Unbehagen
in der Kultur* (1930, GW XIV) hervorgeht, die Kultur
an ihren eigenen Stoffwechselprodukten zugrunde
geht. Nach Marcuse gibt es – auf der Grundlage der
Freudschen Theorie selber konzipierbar – ein »Jenseits des Realitätsprinzips«, so daß die selbstdestruk-
tiven Tendenzen der Menschen wieder in die Bindung an eine spezifische Gesellschaftsformation zurückgeführt werden können. In diesem zentralen

Punkt bestünde dann kein Widerspruch mehr zwischen Marx und Freud. Im *Eindimensionalen Menschen* (1964/1967) wird deutlich, in welchem Ausmaß für Marcuse in der »fortgeschrittenen Industriegesellschaft« die Eindimensionalisierung der Gesellschaft, d. h. auch eine bestimmte Form der
politischen Verfassung, von psychologischen Faktoren abhängig geworden ist. Im übrigen haben wir in
Horkheimers Aufsatz über »Geschichte und Psychologie« (1932) das entfaltete Programm einer psychoanalytischen Politischen Psychologie vorliegen.

Die gegenwärtige Phase der gesellschaftlichen Entwicklung – wir befinden uns am Vorabend von 1933
– sei dadurch gekennzeichnet, daß »das Handeln numerisch bedeutender sozialer Schichten nicht durch
die Erkenntnis, sondern durch eine das Bewußtsein
verfälschende Triebmotorik bestimmt« (ebd., 59) sei,
d. h. es verstoße massiv gegen ihre mittel- und lang-
fristigen Lebensinteressen. Eine Psychologie, die
diese »irrationalen, zwangsmäßig die Menschen bestimmenden Mächte psychologisch« aufdecken
wolle, müsse »weitgehend Psychologie des Unbewußten sein«. Das sei die »durch die gegebenen gesellschaftlichen Verhältnisse bedingte Gestalt« des politisch-psychologischen Denkens, die allerdings nicht
unterschiedslos auf alle gesellschaftlichen Schichten
in gleicher Weise anzuwenden sei. Daraus leitet sich
die Forderung nach einer »differenzierten Gruppenpsychologie« anstelle einer »Massenpsychologie« ab.

Allgemein gilt, daß der Psychologie vornehmlich
in Gestalt der Psychoanalyse, die Aufgabe zufällt, die
psychischen Vermittlungen zwischen der ökonomischen und den sonstigen kulturellen, gesellschaftlichen und politischen Entwicklungen aufzudecken.
Der Gegenstand der Psychologie ist, wie Horkheimer
es ausdrückt, »in die Geschichte verflochten« (ebd.,
57). In einer derartigen Politischen Psychologie kann
sich, folgen wir noch ein Stück weit dieser Auffassung, ein emanzipatives Erkenntnisinteresse, das zumindest ja auch den methodischen Kern der Freudschen Psychoanalyse trägt, letztlich nur durchsetzen,
wenn sie in eine Gesellschaftstheorie oder Geschichtsauffassung eingespannt ist, zu der sie in ein –
nicht zuletzt empirisch – ergänzendes, korrigierendes
oder kompensatorisches, alles in allem kritisches Verhältnis tritt und wenn sie nach Maßgabe dieses Verhältnisses auf psychologisch erklärungsbedürftige,
krisenhafte Entwicklungen der Gesellschaft ihren
Blick richtet. Darüber hinaus ist sie ein von emanzi-
pativen sozialen Bewegungen nur allzuoft – zum eigenen Schaden – verschmähtes Medium der Selbstreflexion der politisch Handelnden. Sind diese Kriterien nicht erfüllt, kann Politische Psychologie als Bin-

destrich-Psychologie allenfalls Verfügungswissen bereitstellen, das jedoch jenseits der technisch-instrumentellen Handlungsdimension keinen Erklärungswert besitzt. In jedem Fall ist einer psychoanalytischen Politischen Psychologie ein weiter Begriff des Politischen und ein umfassendes Verständnis von Politik zugrunde zu legen. Anderenfalls könnte die Psychoanalyse für eine Politische Psychologie nicht jenes Arsenal an Methoden und Konzepten bieten, das sie tatsächlich darstellt.

Massenpsychologie

Was nun die Wurzeln einer Politischen Psychologie bei Freud selber angeht, so ist vorab darauf hinzuweisen, daß in seinen Schriften und in seinem Denken die Grenzen zwischen Kulturtheorie, Sozialpsychologie und Politischer Psychologie unbestimmt sind und, wenn ihre Unterscheidung überhaupt sinnvoll sein sollte, im Geiste des eben skizzierten Verständnisses von Politischer Psychologie zu ziehen wären. So zeigt die hier in besonderer Weise einschlägige Schrift *Massenpsychologie und Ich-Analyse* (1921, GW XIII) einen Doppelcharakter von Sozialpsychologie und Politischer Psychologie. Freud analysiert genau genommen eigentlich gar keine »Massen«, wenn ihm die »künstlichen Massen« Kirche und Heer vor Augen stehen – jedenfalls nicht im landläufigen Sinne von Massenpsychologie. Die Massen, an die wir denken und die seine Vorgänger analysiert haben – unorganisierte, spontane, panische –, sind Freud zufolge bereits Zerfallsprodukte jener Massen, denen sein Interesse gilt. Sein Blick ist auf den psychologischen Kitt konzentriert, der soziale Gebilde überhaupt zusammenhält, aber auch die Desintegrations- und Transformationskräfte, die der Psychologe beobachten kann. Er findet sie sowohl in den libidinösen Bindungen der Massenmitglieder untereinander als auch in ihren libidinösen Bindungen an eine Spitze der gesellschaftlichen Hierarchie (Führer, Ideen, Symbole etc.), in denen je spezifische und ansonsten sehr differente Formen von Objektbeziehungen (Identifizierung, Introjektion eines äußeren Objekts ins Ich bzw. Ich-Ideal) zum Zuge kommen.

Insofern ist Freuds Massenpsychologie Sozialpsychologie oder sogar die psychologische Grundlage von Soziologie schlechthin, die darüber hinaus noch eine kulturtheoretische Begründung erfährt, wenn Freud sagt, daß der Urvater seine Söhne in Gestalt der gegen ihn aufbegehrenden Brüderhorde in die Massenpsychologie »gezwungen« habe (ebd., 138) – nach seiner Auffassung ein zentrales Element des Beginns menschlicher Kultur und Gesellschaft überhaupt. Gleichzeitig ist seine Massenpsychologie jedoch im präzisen Sinne Politische Psychologie, insofern sie autoritätsgeführte Massen analysiert und in atemberaubender Weise die psychologischen Mechanismen bloßlegt, die vor allem in einem der drei sog. reinen Typen legitimer Herrschaft, die Max Weber in seiner Soziologie der Herrschaft unterscheidet, nämlich dem der charismatischen Herrschaft, am Werke sind – atemberaubend deswegen weil mit diesem Instrumentarium aufs genaueste sich die Arbeits- und Wirkungsweise des faschistischen Demagogen beschreiben lassen, der in Deutschland erst Jahre nach dem Erscheinen von Freuds Schrift auf den Höhepunkt seiner Wirksamkeit gelangte. Das hat Adorno in seiner Schrift »Die Freudsche Theorie und die Struktur der faschistischen Propaganda« eindringlich dargelegt. Allerdings nimmt er abschließend eine Geltungseinschränkung des psychoanalytischen Analysetypus vor, wenn er fragt, »ob der Faschismus als Massenphänomen überhaupt psychologisch erklärt werden kann« (1951, 62) und diese Frage entschieden verneint. Diese Geltungseinschränkung bleibt jedenfalls so lange in Kraft, wie der von Horkheimer ins Auge gefaßte Paradigmenwechsel von einer Kritik der politischen Ökonomie zu einer Kritik der politischen Psychologie historisch nicht auf der Tagesordnung steht. Auf der anderen Seite hat Serge Moscovici mit seinem *Zeitalter der Massen* (1981/1986) engagiert für eine wissenschaftliche Erneuerung der Massenpsychologie plädiert, zu der er mit seiner »logischen Rekonstruktion« der einschlägigen Theorien von Gustave Le Bon, Gabriel Tarde und Sigmund Freud beizutragen hoffte, hatte sich diese doch nach Freud in eine unsystematische Vielfalt wie Klein- und Großgruppenpsychologie, Massenkommunikationsforschung etc. wissenschaftlich aufgelöst. Sein Argument für diese Erneuerung ist, daß die Massenpsychologie neben der politischen Ökonomie eine der beiden Humanwissenschaften gewesen sei, deren Ideen Geschichte gemacht hätten, d.h. sie hätten den Ereignissen unserer Epoche den Stempel aufgedrückt, während Soziologie, Anthropologie oder Linguistik lediglich von der Geschichte gemacht worden seien (ebd., 13). Darüber hinaus werden Massenphänomene die Zukunft der Menschen bestimmen, wie aus der globalen Verstädterung, der Migration, der Zerstörung traditionaler Lebenszusammenhänge und der demographischen Entwicklung hervorgeht. Sie werde allerdings ihren sehr provisorischen wissenschaftlichen Charakter nur verändern können, wenn sie ihre Mißachtung ökonomischer und gesellschaftlicher Faktoren aufgeben und die historische Spezifität berücksichtigen werde (ebd., 480 ff.)

Antisemitismus und autoritäre Persönlichkeit

Selbst wenn man die Politische Psychologie auf eine besondere Sichtweise beschränkt, die allerdings im Falle der Psychoanalyse nur in einem bestimmten theoretisch-wissenschaftlichen Kontext, d. h. in einem sehr breiten Verwendungszusammenhang, ihr tatsächliches Potential entfalten kann, haben sich historisch doch so etwas wie fast »natürliche« Gegenstände und Arbeitsfelder einer psychoanalytischen Politischen Psychologie (und selbstverständlich einer analytischen Sozialpsychologie) entwickelt: Soziales Vorurteil, Antisemitismus, Rassismus, Fremdenfeindlichkeit, Autoritarismus u. a. Das sind fast ausnahmslos Arbeitsfelder, die nicht in separaten Abhandlungen Freuds wie etwa das Verhalten in und von Massen in der *Massenpsychologie* vorgebildet sind. Vielmehr kommen in ihnen zentrale Annahmen der Psychoanalyse insgesamt wie Trieb, Abwehr und Widerstand, der Lehre von den Abwehrmechanismen und der dynamischen Betrachtungsweise, die psychische Phänomene als Resultate von Konflikten und ihrer mißglückenden Bearbeitung sieht, zur Anwendung (vgl. Krovoza 1996). So konnte insbesondere mit den Mitteln der Psychoanalyse gezeigt werden, daß der Antisemitismus kein soziales Vorurteil wie jedes andere ist, sondern tief in der europäisch-christlichen Kultur- und Zivilisationsgeschichte sowie der ihr entsprechenden psychohistorischen Entwicklung und Sozialisationsgeschichte, ja im europäisch-abendländischen Rationalitätstypus schlechthin verankert ist. In diesem Punkt allerdings liegt als späte Initialanalyse Freuds *Mann Moses* vor, der die tiefe psychische Verankerung eines reinen Monotheismus im Judentum darlegt. Unter Aktualisierung seines Traumakonzepts, der Annahme unbewußter Erinnerungsspuren, die eine generationenübergreifende Kommunikation steuern und zu einer wiederholten »Wiederkehr des Verdrängten« führen, zeichnet Freud den psychohistorischen Weg zur reinen »Geistigkeit« der jüdischen Religion nach, der gegenüber einzelne Züge des Christentums als polytheistische Regression erscheinen müssen. Aus dieser Differenz speise sich der religiös motivierte Antisemitismus.

Rudolph M. Loewenstein zeigt dann in seiner *Psychoanalyse des Antisemitismus* (1952/1967), die übrigens Adorno in einer Rezension »als eine Art Kompendium der Forschungen über das Rassevorurteil« bezeichnet hat, wie unheilvoll diese Differenz gerade deswegen wirken mußte, weil in »Israel und Christenheit« ein, wie er es nennt, »Kultur-Paar« zu sehen

ist. Dem in die rassistische Dimension säkularisierten Antisemitismus war dann das berühmte »Psychiatrische Symposion zum Antisemitismus« 1944 in San Francisco (Simmel 1946/1993) gewidmet. Hieran nahmen neben Horkheimer auch die Autoren der Studie über die *Authoritarian Personality* teil, und hier wurde auch die Frage erörtert, ob der Antisemitismus eine Massenneurose oder -psychose sei. Während Otto Fenichel die Bezeichnung ›Massenneurose‹ schon wegen der antisozialen Konsequenzen der neurotischen Erkrankung ablehnt, gelingt es Ernst Simmel, die Bezeichnung ›Massenpsychose‹ insofern plausibel zu machen, als er im Antisemitismus einen psychotischen, v. a. auf primitiven projektiven Mechanismen beruhenden Massenwahn sieht, der dem einzelnen Antisemiten als sekundären Krankheitsgewinn gleichsam die normale psychische Funktionsfähigkeit sichere und unter Umständen individuelle Erkrankung erspare.

Die vielleicht avancierteste Theorie des Antisemitismus, das Kapitel über die »Elemente des Antisemitismus« aus der *Dialektik der Aufklärung* (1947/1987), ist ohne Freuds Psychoanalyse im wahrsten Sinne des Wortes undenkbar. Die »Elemente« zeigen allerdings in Thesenform nur Umrisse einer derartigen Theorie. Die sechste These, die man als anthropologisch-erkenntnistheoretisch bezeichnen könnte, kreist um die Begriffe Projektion, falsche bzw. pathische Projektion und Paranoia. Horkheimer und Adorno gehen davon aus, daß die projektiven Anteile von Wahrnehmen, Denken und Erkennen, die im übrigen jeder Einsicht als Brücke zwischen Eigenem und Fremdem, Bekanntem und Unbekanntem vorausgehen, langsam – sowohl phylo- wie ontogenetisch – durch die Entwicklung und Stärkung von Ich-Funktionen kontrolliert werden. Antisemitismus als pathische Projektion ist eine immer gegenwärtige Möglichkeit des Denkens, das wie der abendländische Rationalitätstypus zu großen Anteilen in den Funktionskreis von Selbsterhaltung und Naturbeherrschung gebannt bleibt und die an bestimmte Ich-Leistungen gebundene Stufe der Reflexion nicht erreicht. Vernichtungsantisemitismus steht dann Ende eines Denkens, in dem die Projektion nicht durch die »bewußte Arbeit des Gedankens« (1947/1987, 224) sublimiert und die »durch Reflexion ungebrochene Selbstbehauptung« (ebd., 230), die in der instrumentellen Vernunft vorherrscht, nicht transzendiert wird. Die falschen Projektionen schließen sich dann zu einer paranoiden Struktur zusammen, die Ideologie und Gesellschaft beherrscht. So wird gesellschaftliche Destruktivität in großem Maßstab frei. Wie immer diskussionsbedürftig diese sechste These der »Elemente« sein mag, zeigt sie doch erneut den kaum zu unterschätzenden Einfluß der Freudschen Lehre auf die kritische Theorie der Gesellschaft und ihren Beitrag zu einer Politischen Psychologie.

Als das erfahrungswissenschaftliche Paradigma einer Politischen Psychologie können im übrigen die empirischen Studien des Instituts für Sozialforschung gelten, von denen teilweise schon die Rede war: *Autorität und Familie* (1936), v.a. wegen des »Sozialpsychologischen Teils« von Erich Fromm der im Zusammenhang dieser Studie entstandenen, aber nicht bzw. nur sehr bruchstückhaft in ihm publizierten empirischen Studien Fromms (1980), die in der vorliegenden Fassung allerdings nicht weit über die Präsentation des Datenmaterials hinausgekommen sind, aber wegen des psychoanalytisch-sozialpsychologischen Erhebungsansatzes und als zeitgeschichtliches Dokument ihre Bedeutung haben; die *Studies in Prejudice* (1950) mit dem Zentrum der *Authoritarian Personality* (1950/1973), wobei die zeitgleiche Entstehung der »Elemente« und der empirischen Studien zum Antisemitismus ein Licht auf das für die kritische Theorie eigentümliche Verhältnis von Empirie und Theorie wirft; und schließlich das *Gruppenexperiment* (1955) des nach dem Zweiten Weltkrieg nach Frankfurt zurückgekehrten Instituts, das die Bewußtseins- und Unbewußtseinsverfassung der westdeutschen Nachkriegsbevölkerung zu ermitteln versuchte. Daß diese Studien in der Nachkriegsentwicklung der akademischen Politischen Psychologie nicht als ein derartiges Paradigma wirksam geworden sind, hatte Gründe, bleibt aber bedauerlich (dazu und zum Folgenden vgl. Krovoza/Schneider 1988).

Die Unfähigkeit zu trauern

Mit Alexander Mitscherlich tritt in den 1950er und 1960er Jahren eine Gestalt mit einer ganz anderen intellektuellen Physiognomie als Repräsentant einer politischen Psychologie hervor. Von den nach Deutschland zurückgekehrten Vertretern der Frankfurter Schule, mit denen er gerne in einem Atemzug genannt wird und mit denen er in der Tat wissenschaftlich und wissenschaftspolitisch eng kooperierte, unterscheidet ihn Prinzipielles. Aus der psychosomatischen Medizin Viktor von Weizsäckerscher Prägung herstammend und von einer zunächst anthropologisch verstandenen synkretistischen Psychoanalyse ausgehend, sollte er zum Protagonisten der Rückholung der Freudschen Psychoanalyse, wie sie sich v.a. im angelsächsischen Bereich entwickelt hatte, nach Deutschland werden. Die Grundlage des politisch-psychologischen wie des sozialpsychologi-

schen Denkens in der Psychoanalyse exklusiv Freudscher Provenienz teilt er also mit den Frankfurtern. Mitscherlichs »klinischer«, individualisierender, insbesondere auf die Pathogenese des »Sozialkörpers« und des »politischen Körpers« gerichteter Blick unterscheidet ihn prinzipiell vom gesellschafts- und – aus einem bestimmten Gesellschaftsverständnis herrührenden – totalitätskritischen Blick der »Frankfurter«. Das verändert natürlich auch gegenüber diesen Position und Verwendungsart der über das therapeutische Handeln hinausgreifenden Psychoanalyse. Für Mitscherlich bleibt das Behandlungszimmer, wie er in *Die Unfähigkeit zu trauern* (1967) hervorhebt, die Erfahrungsbasis der politisch-psychologischen Analyse. Vornehmlich an Genese und Erscheinungsbild der sozialen Pathologie interessiert, interveniert er mit großer öffentlicher Resonanz in die politischen und sozialen Formierungsprozesse der westdeutschen Nachkriegsgesellschaft. Er ist es, der mit dem *Weg zur vaterlosen Gesellschaft* (1963), der *Unwirtlichkeit unserer Städte* (1965), der *Unfähigkeit zu trauern* (1967, gemeinsam mit Margarete Mitscherlich) und schließlich dem *Kampf um die Erinnerung* (1975), das allerdings bereits auf eine neue Phase politisch-psychologischen Denkens in der Bundesrepublik hindeutet, die Stichworte gibt, die im kritischen Selbstverständnis dieser Epoche eine zentrale Rolle spielten.

Ein herausragendes Beispiel politischer Psychologie ist ohne Zweifel die im Bezugsrahmen von Freuds *Trauer und Melancholie* (1917, GW X, 427–446) erfolgende Analyse der westdeutschen Nachkriegsentwicklung: Die Deutschen waren in ihrer Mehrheit unfähig, Trauerarbeit über die mit NS-Herrschaft und Krieg verlorenen Objekte zu leisten. Das Risiko des Abgleitens dieser Trauer in die Depression (›Melancholie‹) war selbstverständlich gegeben. Aber nur in einem Prozeß der Trauer hätten die Menschen sich von diesen Objekten trennen können, um dann psychisch in der Lage zu sein, die Schuld für die tatsächlichen Opfer des Gewaltexzesses anzuerkennen. Das depressive Risiko wurde mit einer manischen materiellen Wiederaufbauleistung überspielt, die allerdings psychodynamisch zu einer Wahrnehmungs-, Reflexions- und Handlungseinschränkung auf so gut wie allen anderen gesellschaftlichen Lebensgebieten führte, so daß die westdeutsche Nachkriegsrestauration, Ergebnis von Immobilismus und Einschränkung, als Symptom einer psychosozialen Pathologie erscheinen konnte. Das konvergiert im übrigen mit Ergebnissen des bereits erwähnten *Gruppenexperiments*: Adorno hatte seiner qualitativen Auswertung von Materialien aus der Erhebung den Titel »Schuld und Abwehr« gegeben. Der Interpretationshorizont für eine psychoanalytisch-traumatheoretische Analyse derselben Symptomatik sollte sich erst etwas später eröffnen.

Aggression und Trauma

Auf zwei ihrer ›natürlichen‹ Gegenständen muß eine psychoanalytische Politische Psychologie zukünftig ihre Aufmerksamkeit konzentrieren, die Martin Wangh in seinem »Psychoanalytischen Selbstbild« von 1995 folgendermaßen markiert: »Zu zwei Themen sollte die heutige Psychoanalyse nach meiner Ansicht ihren wissenschaftlichen und gesellschaftlichen Beitrag leisten: erstens zur [...] Erforschung der Entstehung und Fortdauer von Vorurteilen, zweitens zur Erforschung der Ursachen menschlicher Aggression. Obgleich der ›Kalte Krieg‹ zu Ende ist, ist die Menschheit noch immer durch atomare Selbstzerstörung bedroht. [...] Da der Geist, der die totale Selbstzerstörung der Menschen bewerkstelligen kann, mittlerweile aus der Flasche heraus ist, ist wohl auch der Impuls, ihn zu beschwören (das heißt, Thanatos die Oberhand über Eros gewinnen zu lassen) heute allgegenwärtig, und deshalb hat kaum etwas unsere Aufmerksamkeit dringenden verdient als dieses Thema« (Wangh 1995, 405 f.).

Mit einer leichten thematischen Parameterverschiebung bleibt diese Schwerpunktsetzung gültig: Zur fortbestehenden atomaren Bedrohung kommen regionale und sog. ›vergessene‹ Kriege, die oft mit genozidalen Prozessen verbunden sind, sowie die globale terroristische Destruktivität. Und es geht nicht nur um die »Fortdauer von Vorurteilen« – wobei der Begriff ›Vorurteil‹ für sich genommen immer etwas verharmlosendes und angesichts der möglichen destruktiven Konsequenzen beschwichtigendes hat –, sondern um ihren, ihre Gefährlichkeit steigernden aktuellen Gestaltwandel: Fremdenfeindlichkeit, Rassismus, Nationalismus, Ethnisierung politischer und sozialer Konflikte, Fundamentalismus.

Gerade im Hinblick auf diese Aufgabenstellung ist die Aktualisierung und Rehabilitierung des psychoanalytischen Traumakonzepts von besonderer Bedeutung. Freud hatte mit der Entwicklung seiner Lehre vom voranalytischen Stadium zur eigentlichen Psychoanalyse, die mit der *Traumdeutung* (1900) vollzogen wird, das Traumakonzept, das noch die *Studien über Hysterie* (1895) bestimmt hatte, zwar nicht aufgegeben. Es war aber zugunsten des Triebkonzepts und damit der psychischen Realität, der Phantasietätigkeit und des inneren Konflikts in den Hintergrund getreten. Mit dem traumatisch verur-

sachten Phänomen der Kriegsneurosen des Ersten Weltkriegs wurde das Traumakonzept klinisch wieder aktuell und mit der Entdeckung eines Wiederholungszwanges, der in der endlosen Wiederholung psychisch traumatisierender Einbrüche der äußeren Realität bestehen konnte und einen nicht auf die konflikthafte Dynamik in der Lust/Unlust-Dimension reduzierbaren Faktor darzustellen schien und zur Annahme eines *Jenseits des Lustprinzips* (1920) zwang, wurde das Trauma auch metapsychologisch reflektiert. Freud selber hat es in *Der Mann Moses* (1939) zur Erklärung der jüdischen Religionsentwicklung herangezogen. Die therapeutische und gutachterliche Beschäftigung mit den Überlebenden des Holocaust führte dann zu beträchtlichen Erweiterungen des Trauma-Begriffs in Richtung auf ›kumulatives Trauma‹, ›Extremtraumatisierung‹ etc. Eine wichtige Entdeckung in diesem Zusammenhang, die auch für eine Politische Psychologie von größtem Interesse ist, war der intergenerationelle Transfer des Traumas in Familien von Überlebenden. Die Pionierarbeit auf diesem Gebiet stammte von einer langjährigen New Yorker ›Group for the Psychoanalytic Study of the Effect of the Holocaust on the Second Generation‹ (vgl. Bergmann u. a. 1995).

Dies alles zusammengenommen führte zu ganz neuen psychoanalytischen Einsichten in die Natur des psychischen Traumas (vgl. Bohleber 2000), das eine Politische Psychologie sich zunehmend zunutze machen wird, fokussieren sie doch konzeptuell wie behandlungspraktisch eine traumatisierende politisch-gesellschaftliche Realität, wie wir sie in Kriegen, genozidalen Prozessen, Diktaturen und Gewaltherrschaften antreffen. Im übrigen hatte Ilse Grubrich-Simitis, die auch einen Beitrag zur deutschen Fassung des Berichts der eben erwähnten Study Group beigesteuert hatte, in einer Abhandlung bereits 1987 gezeigt, daß Trauma-Modell und Trieb-Modell neurosentheoretisch und metapsychologisch durchaus integrierbar sind und sich weniger konflikthaft zueinander verhalten, als Freud vielleicht angenommen hat. Politische Psychologen haben sich dieses erweiterte psychoanalytische Traumakonzept bereits zunutze gemacht, so etwa Vamik D. Volkan für das Verständnis bewaffneter Konflikte und der praktischen Beratungstätigkeit in Friedensverhandlungen (vgl. Volkan 2000).

Angesichts einer derart weit ins Praktische gehenden psychoanalytischen Politischen Psychologie sei abschließend noch einmal an Horkheimers Positionsbestimmung der Psychoanalyse im Bezugsrahmen einer kritischen Theorie der Gesellschaft erinnert, die weder mit dem Wandel dieser Theorie noch mit ihrem Zerfall als eine regulative Idee preisgegeben werden muß, nämlich die Position der Kritik. Mit dem Wandel der kritischen Theorie insbesondere in der Folge der *Dialektik der Aufklärung* (1947) und der Aufgabe des Projekts eines ›interdisziplinären Materialismus‹ bleibt die Psychoanalyse für Adorno als eine negative Theorie hochbedeutsam (vgl. Krovoza 2003, 928). Und die epistemische Konvergenz beispielsweise von Geschichtswissenschaft und Psychoanalyse angesichts des Holocaust wird ebenfalls von jener regulativen Idee gespeist: Beide haben die Aufgabe, das Ungetane der Vergangenheit zu befreien und ihre nicht eingelösten Versprechen wieder zu beleben. Dieser Weg führt, wie Paul Ricœur es formuliert, zu einer »Geschichtsschreibung der Opfer« (zit. nach ebd., 931) und – zu einer Heilung des Traumas. So wird die Psychoanalyse auch in Gestalt einer Politischen Psychologie ab und an und weit entfernt von normalwissenschaftlicher Konstanz die Position der Kritik einnehmen.

Literatur

Adorno, Theodor W.: *Studien zum autoritären Charakter.* Frankfurt a.M. 1973 (engl. 1950, in den GS in der engl. Originalfassung).

–: Die Freudsche Theorie und die Struktur der faschistischen Propaganda. In: *Kritik. Kleine Schriften zur Gesellschaft.* Frankfurt a.M. 1971, 34–66 (dt. Übersetzung der engl. Originalfassung von 1951, die sich auch in den GS findet).

Bergmann, Martin S. u.a.: *Kinder der Täter - Kinder der Opfer. Psychoanalyse und Holocaust.* Frankfurt a.M. 1995 (engl. 1982).

Bernstein, Richard J.: *Freud und das Vermächtnis des Moses.* Berlin/Wien 2003 (engl. 1998).

Bohleber, Werner: Die Entwicklung der Traumatheorie in der Psychoanalyse. In: *Psyche* 54 (2000), 797–839.

Brückner, Peter: Die Transformation des demokratischen Bewußtseins. In: Johannes Agnoli/ Peter Brückner: *Die Transformation der Demokratie.* Berlin 1967, 89–194.

–: Provokation als organisierte Selbstfreigabe. In: Hermann Giesecke u.a.: *Politische Aktion und politisches Lernen.* München 1970, 175–235.

Brunner, José: *Psyche und Macht. Freud politisch lesen.* Stuttgart 2001 (engl. 1995).

Fromm, Erich: *Arbeiter und Angestellte am Vorabend des Dritten Reiches. Eine sozialpsychologische Untersuchung.* Hg. von W. Bonß. Stuttgart 1980.

Grubrich-Simitis, Ilse: Trauma oder Trieb – Trieb und Trauma. Lektionen aus Sigmund Freuds phylogenetischer Phantasie von 1915. In: *Psyche* 41 (1987), 992–1023.

Gruppenexperiment. Ein Studienbericht. Bearbeitet von Friedrich Pollock. Frankfurt a.M. 1955.

Horkheimer, Max: Geschichte und Psychologie [1932]. In: GS 3. Hg. von Alfred Schmidt. Frankfurt a.M. 1988, 48–69.

–: Traditionelle und kritische Theorie [1937]. In: GS 4. Hg. von Alfred Schmidt. Frankfurt a.M. 1988, 162–216.

– /Theodor W. Adorno: *Dialektik der Aufklärung. Philosophische Fragmente* [1947]. In: M. Horkheimer GS 5. Hg. von Gunzelin Schmid-Noerr. Frankfurt a.M. 1987, 12–290.

– /Samuel H. Flowerman: *Studies in Prejudice.* New York 1949/50.

Horn, Klaus: Sozialpsychologie versus politische Psychologie [1975]. In: *Schriften zur kritischen Theorie des Subjekts I: Politische Psychologie.* Hg. von Hans-Joachim Busch. Frankfurt a.M. 1989, 89–105.

Krovoza, Alfred/Christian Schneider: Politische Psychologie in der Bundesrepublik. Positionen und methodische Probleme. In: H. König (Hg.): *Politische Psychologie heute.* Opladen 1988, 13–35.

Krovoza, Alfred: *Politische Psychologie. Ein Arbeitsfeld der Psychoanalyse.* Stuttgart 1996.

–: Psychoanalyse und Geschichtswissenschaft. Anmerkungen zu Stationen eines Projekts. In: *Psyche* 57 (2003), 904–937.

Loewenstein, Rudolph M.: *Psychoanalyse des Antisemitismus.* Frankfurt a.M. 1967 (frz. 1952).

Marcuse, Herbert: *Eros und Kultur. Ein philosophischer Beitrag zu Sigmund Freud.* Stuttgart 1957 (engl. 1955, seit 1965 in Frankfurt a.M. unter dem Titel *Triebstruktur und Gesellschaft*).

–: *Der eindimensionale Mensch. Studien zur Ideologie der fortgeschrittenen Industriegesellschaft.* Neuwied/Berlin 1967 (engl. 1964).

Mitscherlich, Alexander: *Auf dem Weg zur vaterlosen Gesellschaft. Ideen zur Sozialpsychologie.* München 1963.

–: *Die Unwirtlichkeit unserer Städte.* Frankfurt a.M. 1965.

–: *Der Kampf um die Erinnerung. Psychoanalyse für fortgeschrittene Anfänger.* München 1975.

– /Margarete Mitscherlich: *Die Unfähigkeit zu trauern. Grundlagen kollektiven Verhaltens.* München 1967.

Moscovici, Serge: *Das Zeitalter der Massen. Eine historische Abhandlung zur Massenpsychologie.* Frankfurt a.M. 1986 (frz. 1981).

Simmel, Ernst (Hg.): *Antisemitismus.* Frankfurt a.M. 1993 (engl. 1946).

Studien über Autorität und Familie. Forschungsberichte aus dem Institut für Sozialforschung. Paris 1936.

Volkan, Vamik D.: Großgruppenidentität und auserwähltes Trauma. In: *Psyche* 54 (2000), 931–953.

Wangh, Martin: Ein psychoanalytisches Selbstbild. In: Ludger M. Hermanns (Hg.): *Psychoanalyse in Selbstdarstellungen.* Bd. 3. Tübingen 1995, 331–418.

Alfred Krovoza

V. Anhang

1. Zeittafel

1856	6. Mai Geburt von Sigismund Schlomo Freud in Freiberg (heute Příbor) in Mähren. Eltern: Kallamon Jacob Freud und Amalia, geb. Nathanson
1859/60	Umzug der Familie erst nach Leipzig, dann nach Wien
1865	Eintritt ins Gymnasium
1873	Schulabschluß, Beginn des Medizinstudiums
1876	Zwei Studienreisen nach Triest. Eintritt ins Labor Ernst Brückes
1878	Beginn der Freundschaft mit Josef Breuer
1879/80	Einjähriger Militärdienst
1881	Abschluß des Studiums mit Promotion
1882	Freud verlobt sich mit Martha Bernays
1883	Tätigkeit am Wiener Allgemeinen Krankenhaus
1884	Experimente mit Kokain
1885	Ernennung zum Privatdozenten
1885/86	Studienaufenthalt in Paris an Charcots Salpêtrière
1886	Eröffnung einer Privatpraxis. Heirat mit Martha
1887	Geburt der Tochter Mathilde. Erster Kontakt mit Wilhelm Fließ
1889	Geburt des Sohnes Jean-Martin. Besuch von Hippolyte Bernheim in Nancy
1891	*Zur Auffassung der Aphasien*
1892	Geburt des Sohnes Oliver. Bezug der Wohnung in der Berggasse 19
1893	Geburt des Sohnes Ernst. Enge Zusammenarbeit mit Breuer
1894	Geburt der Tochter Sophie
1895	Geburt der Tochter Anna. *Studien über Hysterie* (gemeinsam mit Breuer), *Entwurf einer Psychologie*
1896	Tod des Vaters. Sexuelle Traumatheorie (Verführungstheorie)
1897	Aufgabe der Verführungstheorie
1899	*Die Traumdeutung*, im Titelblatt vordatiert auf 1900
1901	*Zur Psychopathologie des Alltagslebens*
1902	Ernennung zum außerordentlichen Titular-Professor. Erste Schüler (Alfred Adler, Max Kahane, Rudolf Reitler, Wilhelm Stekel) und Beginn der Mittwoch-Gesellschaft (ab 1908: Wiener Psychoanalytische Vereinigung)
1904	Ende der Beziehung zu Fließ
1905	*Der Witz und seine Beziehung zum Unbewußten*, *Drei Abhandlungen zur Sexualtheorie*
1906	Beginn der Briefwechsels mit C. G. Jung
1907	Karl Abraham und Max Eitingon schließen sich dem Kreis um Freud an, Freundschaft mit Ludwig Binswanger
1908	Beginn der Zusammenarbeit mit Sándor Ferenczi, erste Begegnung mit Ernest Jones. *Die »kulturelle« Sexualmoral und die moderne Nervosität*
1909	Vortragsreise in die Vereinigten Staaten
1910	Psychoanalytischer Kongreß in Nürnberg, Gründung der Internationalen Psychoanalytischen Vereinigung. *Eine Kindheitserinnerung des Leonardo da Vinci*
1911	Beginn der Freundschaft mit Lou Andreas-Salomé. Bruch mit Adler.
1912	Wachsende Spannungen mit Jung. Gründung des »geheimen Komitees«
1912/13	*Totem und Tabu*. Bruch mit Jung
1914	*Zur Geschichte der psychoanalytischen Bewegung*, *Zur Einführung des Narzißmus*, *Der Moses des Michelangelo*
1915	*Zeitgemäßes über Krieg und Tod*. Abhandlungen zur Metapsychologie
1916/17	*Vorlesungen zur Einführung in die Psychoanalyse*
1918	Psychoanalytischer Kongreß in Budapest und Erfolge bei der Behandlung der »Kriegsneurosen«
1920	Tod von Freuds Tochter Sophie. Eröffnung des Berliner Psychoanalytischen Instituts mit Poliklinik. Gründung des Internationalen Psychoanalytischen Verlags. *Jenseits des Lustprinzips*

1921	*Massenpsychologie und Ich-Analyse*
1923	Krebsdiagnose. *Das Ich und das Es*
1925	Konflikt mit Otto Rank. Tod von Breuer und Abraham. »*Selbstdarstellung*«
1926	*Hemmung, Symptom und Angst, Die Frage der Laienanalyse*
1927	*Die Zukunft einer Illusion*
1930	Goethe-Preis der Stadt Frankfurt a. M. Tod der Mutter. *Das Unbehagen in der Kultur*
1932	Briefwechsel mit Albert Einstein über das Thema *Warum Krieg?*
1933	Im Mai in Deutschland Verbrennung der Bücher Freuds und anderer jüdischer und linker Autoren durch die Nazis. Tod von Ferenczi. *Neue Folge der Vorlesungen zur Einführung in die Psychoanalyse*
1936	80. Geburtstag, zu dem Thomas Mann in privatem Kreis den Festvortrag hält
1938	Im März »Anschluß« Österreichs an Nazideutschland. Im Juni Abreise Freuds und seiner Familie ins Londoner Exil

1939	Gründung der Imago Publishing Company, in der ab 1940 Freuds *Gesammelte Werke* erscheinen. *Der Mann Moses und die monotheistische Religion*. Am 23.9. Tod Freuds
1950	*Aus den Anfängen der Psychoanalyse*
1951	Tod von Martha Freud
1953	Der erste Band der Freud-Biographie von Ernest Jones. Beginn der englischen Freud-Ausgabe, der *Standard Edition of the Complete Psychological Works of Sigmund Freud*
1960	Der Frankfurter S. Fischer Verlag erwirbt von Imago Publishing die Rechte an Freuds Werk
1969	Beginn der von Alexander Mitscherlich, Angela Richards und James Strachey herausgegebenen *Studienausgabe* des Freudschen Werkes
1982	Tod von Anna Freud
1987	Erscheinen des *Nachtragsbandes* zu den *Gesammelten Werken*. Freud-Biographie von Peter Gay

2. Siglen und Abkürzungen

GW (mit römischer Bandnummer) = Sigmund Freud: Gesammelte Werke Bd. I-XVIII. Unter Mitwirkung von Marie Bonaparte hg. von Anna Freud, Edward Bibring, Willi Hoffer, Ernst Kris und Otto Isakower. London/Frankfurt a. M. 1940ff.

Nachtr. = Sigmund Freud: Gesammelte Werke, Nachtragsband. Hg. von Angela Richards unter Mitwirkung von Ilse Grubrich-Simitis. Frankfurt a. M. 1987.

B = Sigmund Freud: Briefe 1873–1939. Hg. von Ernst und Lucie Freud. Frankfurt a. M. 1980.

F = Sigmund Freud: Briefe an Wilhelm Fließ 1887–1904. Hg. von Jeffrey Moussaieff Masson. Bearb. der deutschen Fassung von Michael Schröter. Frankfurt a. M. 1986.

S = Sigmund Freud: Jugendbriefe an Eduard Silberstein 1871–1881. Hg. von Walter Boehlich. Frankfurt a. M. 1989.

C = The Complete Correspondence of Sigmund Freud and Ernest Jones 1908–1939. Hg. von R. Andrew Paskauskas. Cambridge/London 1993.

F/A = Sigmund Freud und Karl Abraham: Briefe 1907–1926. Hg. von Hilda C. Abraham und Ernst L. Freud. Frankfurt a. M. 1980.

F/AS = Sigmund Freud und Lou Andreas-Salomé: Briefwechsel. Hg. von Ernst Pfeiffer. Frankfurt a. M. 1980.

F/B = Sigmund Freud und Ludwig Binswanger: Briefwechsel 1908–1938. Hg. von Gerhard Fichtner. Frankfurt a. M. 1992.

F/E = Sigmund Freud und Max Eitingon: Briefwechsel 1906–1939. Hg. von Michael Schröter. Tübingen 2004.

F/Fer = Sigmund Freud und Sándor Ferenczi: Briefwechsel. Hg. von Eva Brabant, Ernst Falzeder und Patrizia Giampieri-Deutsch unter der wissensch. Leitung von André Haynal. Wien/Köln/Weimar 1993ff.

F/G = Sigmund Freud und Georg Groddeck: Briefe über das Es. Hg. von Margaretha Honegger. München 1974.

F/J = Sigmund Freud und C. G. Jung: Briefwechsel. Hg. von William McGuire und Wolfgang Sauerländer. Frankfurt a. M. 1974.

F/P = Sigmund Freud und Oskar Pfister: Briefe 1909–1939. Hg. von Ernst L. Freud und Heinrich Meng. Frankfurt a. M. 1980.

Gay = Peter Gay: Freud. Eine Biographie für unsere Zeit. Frankfurt a. M. 1989.

Jones I-III = Ernest Jones: Das Leben und Werk von Sigmund Freud, Bd. I-III. Bern/Stuttgart/Wien 1960–1962.

3. Freuds Schriften chronologisch nach den Gesammelten Werken (GW + Nachtragsband)

GW I (1892–1899)

Ein Fall von hypnotischer Heilung, nebst Bemerkungen über die Entstehung hysterischer Symptome durch den »Gegenwillen« (1892/1893), 1–17

Charcot (1893), 19–35

Quelques considérations pour une étude comparative des paralusies motrices organiques et hystériques (1893), 37–55

Die Abwehr-Neuropsychosen (1894), 57–74

Studien über Hysterie (1895), 75–312

Über die Berechtigung, von der Neurasthenie einen bestimmten Symptomenkomplex als »Angst-Neurose« abzutrennen (1895), 313–342

Obsessions et phobies. Leur mécanisme psychique et leur étiologie (1895), 343–353

Zur Kritik der »Angstneurose« (1895), 355–376

Weitere Bemerkungen über die Abwehr-Neuropsychosen (1896), 377–403

L'hérédité et l'étiologie des névroses (1896), 405–422

Zur Ätiologie der Hysterie (1896), 423–459

Inhaltsangaben der wissenschaftlichen Arbeiten des Privatdocenten Dr. Sigm. Freud 1877–1897 (1897), 461–488

Die Sexualität in der Ätiologie der Neurosen (1898), 489–516

Zum psychischen Mechanismus der Vergeßlichkeit (1898), 517–527

Über Deckerinnerungen (1899), 529–554

Zusatz zum VII. Bande: Vorwort zur ersten Auflage der »Sammlung kleiner Schriften zur Neurosenlehre aus den Jahren 1893–1906« (1906), 555–558

Zusatz zum XIV. Bande: Einige Nachträge zum Ganzen der Traumdeutung (1925), 559–573

GW II/III (1900–1901)

Die Traumdeutung (1900), V-XV, 1–642

Über den Traum (1901), 643–700

GW IV (1901)

Zur Psychopathologie des Alltagslebens (1901), 1–310

GW V (1904–1905)

Die Freudsche psychoanalytische Methode (1904), 1–10

Über Psychotherapie (1905), 11–26

Drei Abhandlungen zur Sexualtheorie (1905), 27–145

Meine Ansichten über die Rolle der Sexualität in der Ätiologie der Neurosen (1905), 147–159

Bruchstück einer Hysterie-Analyse (1905), 161–286

Psychische Behandlung (Seelenbehandlung) (1905), 287–315

GW VI (1905)

Der Witz und seine Beziehung zum Unbewußten (1905), 1–269

GW VII (1906–1909)

Tatbestandsdiagnostik und Psychoanalyse (1906), 1–15

Zur sexuellen Aufklärung der Kinder (1907), 17–27

Der Wahn und die Träume in W. Jensens »Gradiva« (1907), 29–125

Zwangshandlungen und Religionsübungen (1907), 127–139

Die »kulturelle« Sexualmoral und die moderne Nervosität (1908), 141–167

Über infantile Sexualtheorien (1908), 169–188

Hysterische Phantasien und ihre Beziehung zur Bisexualität (1908), 189–199

Charakter und Analerotik (1908), 201–209

Der Dichter und das Phantasieren (1908), 211–223

Der Familienroman der Neurotiker (1909), 225–231

Allgemeines über den hysterischen Anfall (1909), 233–240

Analyse der Phobie eines fünfjährigen Knaben (1909), 241–377

Bemerkungen über einen Fall von Zwangsneurose (1909), 379–463

Vorwort zu »Nervöse Angstzustände und ihre Behandlung« von Dr. Wilhelm Stekel (1908), 467–468

4. Die Autorinnen und Autoren

Aichhorn, Thomas: Psychoanalytiker in Privatpraxis in Wien

Anz, Thomas: Professor für Neuere deutsche Literatur an der Universität Marburg

Assmann, Jan: Professor em. für Ägyptologie an der Universität Heidelberg und Honorarprofessor für allgemeine Kulturwissenschaft und Religionstheorie an der Universität Konstanz

Bayer, Lothar: habilitierter Soziologe und Psychoanalytiker in Privatpraxis in Frankfurt a. M.

Böhme, Hartmut: Professor für Kulturtheorie und Mentalitätsgeschichte an der Humboldt-Universität Berlin

Borens, Raymond: Psychoanalytiker in Privatpraxis in Basel

Buchholz, Michael B.: Apl. Professor am Fachbereich Sozialwissenschaft der Universität Göttingen, o. Professor an der Sigmund-Freud-Privat-Universität Wien

Deserno, Heinrich: Sigmund-Freud-Institut in Frankfurt a. M. Leiter der Psychotherapeutischen Sprechstunde und der Spezialsprechstunde für depressive Erkrankungen und Facharzt für Psychotherapeutische Medizin, Psychoanalytiker

Dierks, Manfred: Professor em. für Neuere deutsche Literaturwissenschaft an der Carl von Ossietzky-Universität Oldenburg

Flaake, Karin: Professorin für Soziologie mit dem Schwerpunkt Frauen- und Geschlechterforschung an der Carl von Ossietzky-Universität Oldenburg

Fliedl, Konstanze: Professorin für Neuere deutsche Literatur an der Universität Salzburg

Früh, Friedl: Psychoanalytikerin in Privatpraxis in Wien

Giefer, Michael: Arzt für Psychotherapeutische Medizin und Psychoanalytiker in Bad Homburg

Gödde, Günter: Psychologischer Psychotherapeut in eigener Praxis, Dozent, Supervisor und Lehrtherapeut an der Berliner Akademie für Psychotherapie

Gondek, Hans-Dieter: Freier Publizist, Übersetzer und wissenschaftlicher Mitarbeiter an der Bergischen Universität Wuppertal

Grubrich-Simitis, Ilse: Psychoanalytikerin in Privatpraxis in Frankfurt a. M.

Gutjahr, Ortrud: Professorin für Neuere deutsche Literatur und Interkulturelle Literaturwissenschaft, Mitherausgeberin des Jahrbuchs für Literatur und Psychoanalyse

Haas, Eberhard Th.: Arzt für Psychiatrie, Psychoanalytiker in eigener Praxis

Hamburger, Andreas: Privatdozent an der Universität Kassel, niedergelassen als Psychoanalytiker in München und Murnau

Hock, Udo: Psychoanalytiker in Privatpraxis in Berlin

Krause, Rainer: Professor am Lehrstuhl für klinische Psychologie und Psychotherapie an der Universität des Saarlandes (Saarbrücken)

Krone-Bayer, Kerstin: Künstlerin in Frankfurt a. M.

Krovoza, Alfred: Professor für Sozialpsychologie am Institut für Soziologie und Sozialpsychologie der Universität Hannover

Lange-Kirchheim, Astrid: Privatdozentin für Neuere deutsche Literaturgeschichte an der Universität Freiburg

Lindner, Burkhardt: Professor für Geschichte und Ästhetik der Medien an der Johann Wolfgang Goethe-Universität Frankfurt a. M.

Lohmann, Hans-Martin: Freier Publizist in Frankfurt a. M.

Mertens, Wolfgang: Professor für Psychologie und Psychoanalyse an der Universität München

Pfeiffer, Joachim: Professor für Neuere deutsche Literatur und Literaturdidaktik an der Pädagogischen Hochschule Freiburg

Pietzcker, Carl: Professor i. R. für Neuere deutsche Literatur an der Universität Freiburg

Plänkers, Tomas: Mitarbeiter des Sigmund-Freud-Instituts und Psychoanalytiker in Privatpraxis in Frankfurt a. M.

Primavesi, Patrick: Wissenschaftlicher Assistent am Institut für Theater-, Film- und Medienwissenschaft der Johann Wolfgang Goethe-Universität Frankfurt a. M.

Quindeau, Ilka: Psychoanalytikerin in Privatpraxis und Professorin an der Fachhochschule Frankfurt a. M.

Reiche, Reimut: Privatdozent und Psychoanalytiker in Privatpraxis in Frankfurt a. M.

Reichmayr, Johannes: Professor an der Sigmund-Freud-Privat-Universität Wien und Psychoanalytiker am dortigen Ambulatorium

Rohde-Dachser, Christa: Emeritierte Professorin für Psychoanalyse und Psychoanalytikerin in Privatpraxis in Frankfurt a. M.

Schröter, Michael: Freier Autor in Berlin

Schülein, Johann August: Professor für Soziologie am Institut für Soziologie und Empirische Sozialforschung der Wirtschaftsuniversität Wien. Honorarprofessor an der Universität Gießen

Sigusch, Volkmar: Direktor des Instituts für Sexualwissenschaft des Klinikums der Johann Wolfgang Goethe-Universität Frankfurt a. M.

Staufenberg, Heidi: Analytische Kinder- und Jugendlichenpsychotherapeutin in Privatpraxis in Frankfurt a. M.

Vogt, Rolf: Professor em. für Psychologie mit dem Schwerpunkt Psychoanalyse an der Universität Bremen und praktizierender Psychoanalytiker in Heidelberg

Will, Herbert: Psychoanalytiker in Privatpraxis in München

Zeul, Mechthild: Psychoanalytikerin in Privatpraxis in Madrid und Frankfurt a. M.

Personenregister

MIX

Papier aus verantwortungsvollen Quellen
Paper from responsible sources

FSC® C105338

If you have any concerns about our products,
you can contact us on
ProductSafety@springernature.com

In case Publisher is established outside the EU,
the EU authorized representative is:
Springer Nature Customer Service Center GmbH
Europaplatz 3, 69115 Heidelberg, Germany

Printed by Libri Plureos GmbH
in Hamburg, Germany